Die Deutschen und ihre Nation

Peter Graf Kielmansegg

Nach der Katastrophe

Eine Geschichte des geteilten Deutschland

Siedler Deutsche Geschichte

Die Deutschen und ihre Nation

Horst Möller · Fürstenstaat oder Bürgernation
Deutschland 1763–1815

Heinrich Lutz · Zwischen Habsburg und Preußen
Deutschland 1815–1866

Michael Stürmer · Das ruhelose Reich
Deutschland 1866–1918

Hagen Schulze · Weimar
Deutschland 1917–1933

Hans-Ulrich Thamer · Verführung und Gewalt
Deutschland 1933–1945

Adolf Birke · Nation ohne Haus
Deutschland 1945–1961

Peter Graf Kielmansegg · Nach der Katastrophe
Deutschland 1945–1990

Das Reich und die Deutschen

Hans K. Schulze · Vom Reich der Franken zum Land der Deutschen
Merowinger und Karolinger

Hans K. Schulze · Hegemoniales Kaisertum
Ottonen und Salier

Hartmut Boockmann · Stauferzeit und spätes Mittelalter
Deutschland 1125–1517

Heinz Schilling · Aufbruch und Krise
Deutschland 1517–1648

Heinz Schilling · Höfe und Allianzen
Deutschland 1648–1763

Das Reich und die Germanen

Herwig Wolfram · Herrschaftsbildungen zwischen
Antike und Mittelalter

Die Deutschen und ihre Nation

Peter Graf Kielmansegg

Nach der Katastrophe

Eine Geschichte des geteilten Deutschland

im
Siedler Verlag

Inhalt

Vierter Teil
Ein gespaltenes Land

Anhang

»Deutschland, die Wangen hektisch gerötet, taumelte dazumal auf der Höhe wüster Triumphe, im Begriffe, die Welt zu gewinnen kraft des einen Vertrages, den es zu halten gesonnen war, und den es mit seinem Blute gezeichnet hatte. Heute stürzt es, von Dämonen umschlungen, über einem Auge die Hand und mit dem andern ins Grauen starrend, hinab von Verzweiflung zu Verzweiflung. Wann wird es des Schlundes Grund erreichen? Wann wird aus letzter Hoffnungslosigkeit, ein Wunder, das über den Glauben geht, das Licht der Hoffnung tagen? Ein einsamer Mann faltet seine Hände und spricht: Gott sei euerer armen Seele gnädig, mein Freund, mein Vaterland.« Mit diesen Worten, die Thomas Mann seinen Erzähler im Inferno des zu Ende gehenden Zweiten Weltkrieges niederschreiben läßt, endet der Roman »Doktor Faustus«. »Dazumal« – das ist der August 1940, in dem die Erzählung endet. »Heute« – das ist der April 1945, in dem der Chronist seine Aufzeichnungen abschließt. Der Vertrag ist der Bund, den Deutschland wie der Held des Romans Adrian Leverkühn mit dem Teufel geschlossen hat. Und die Deutschlandfigur in ihrem Höllensturz – jeder, der einmal vor Michelangelos »Jüngstem Gericht« an der Stirnwand der Sixtinischen Kapelle gestanden hat, wird sie wiedererkennen –: es ist die zentrale Figur aus der Gruppe der Verdammten, von Dämonen der Tiefe hinabgezogen, vollkommen hoffnungslos, »ins Grauen starrend«.

Apokalypse, Jüngstes Gericht – das sind Metaphern. Aber es waren in den letzten Tagen des Krieges in Deutschland und für Deutschland keine fernliegenden Assoziationen. Zumal der Anblick der zerstörten deutschen Städte mußte sie heraufbeschwören. Berlin, am Tag der Kapitulation »ein brennender, rauchender, explodierender und Tod verbreitender Vulkan« – so sah es ein amerikanischer Offizier auf dem Weg nach Karlshorst.[1] Noch zweieinhalb Jahre später, im November 1947, notierte Max Frisch in seinem Tagebuch über Berlin: »Ein Hügelland von Backstein, darunter die Verschütteten, darüber die glimmenden Sterne; das Letzte, was sich da rührt, sind die Ratten.«[2] Köln im Sommer 1945, in den Aufzeichnungen eines englischen Besuchers: »Die Stadt ist tot, und die Bewohner halten sich in Kellern und Erdgeschossen auf. Ohne ihre Stadt sind sie die Ratten in den Kellern oder Fledermäuse, die um die Türme des Doms kurven.«[3] Noch einmal Max Frisch, Mai 1946: »München kann man sich vorstellen, Frankfurt nicht mehr.«[4]

Natürlich gab es in Deutschland im Mai 1945 nicht nur die Trümmerlandschaften der Städte. Es gab auch die blühenden Frühsommerlandschaften, die der Krieg unversehrt gelassen hatte. Aber in seinen zerstörten Städten sah Deutschland sich gleichsam selbst ins Gesicht und mußte sich fragen: War dies das Ende – *finis Germaniae*?

Es gibt, so dicht und endlos das Gewebe der Kontinuität auch ist, in der Geschichte dann und wann ein wirkliches Ende. Die Römer haben Karthago nach dem Dritten Punischen Krieg ausgelöscht. Daß dergleichen im 20. Jahrhundert sich nicht mehr wiederholen konnte, alles Reden vom karthagischen Frieden, das es ja gegeben hat, deshalb nicht wörtlich zu nehmen war, ist natürlich richtig. Aber für den deutschen Osten gilt eben doch, daß ihn ein durchaus karthagisches Schicksal getroffen hat. Es gibt ihn nicht mehr – er ist in einem wirklichen Jüngsten Gericht der Geschichte untergegangen. Und mancher Stadt, Dresden etwa, werden die Male eines beinahe karthagischen Endes immer aufgeprägt bleiben. Die Frage: *Finis Germaniae?* war also, am 8. Mai 1945 gestellt, nicht nur pathetische Rhetorik.

Antwort auf diese Frage zu geben, war zuerst und vor allem Sache der Sieger. Am 7. Mai in Reims und noch einmal in der Nacht vom 8. auf den 9. Mai in Karlshorst hatte das Oberkommando der Wehrmacht – eine Regierung, die für Deutschland zu handeln befugt gewesen wäre, erkannten die Alliierten schon gar nicht mehr an – bedingungslos kapituliert. Nie zuvor in der neuzeitlichen Geschichte Europas war ein besiegter Staat so vollständig in die Gewalt der Sieger gefallen. Ob er als Staat unter Staaten fortbestehen würde und wie er fortbestehen würde, lag ganz in ihrer Hand. Und hätten die Deutschen mehr von den Deutschlanddiskussionen gewußt, die in den Hauptstädten der Sieger in den Kriegsjahren geführt worden waren und noch geführt wurden, dann wäre ihnen klar gewesen, daß zeitweilig viel mehr als nur die staatliche Einheit, nämlich die Bedingungen zivilisierten Überlebens, in Frage gestanden hatte. Es hat durchaus Befürworter einer drakonischen Bestrafung gegeben. Und selbst wer aus Gründen der Vernunft nicht für drakonische Bestrafung war, stimmte doch jedenfalls mit allen anderen darin überein, daß es Deutschland auf jede Weise unmöglich gemacht werden müsse, noch einmal zum Störer und Zerstörer des Friedens zu werden.

Freilich: Bei allem Zorn und, nach allem, was geschehen war, oft wohl auch Haß war das Deutschlandproblem für die Siegermächte letzten Endes eine Sache nüchterner Prüfung ihrer Erfahrungen mit Deutschland, nüchterner Bestimmung ihrer Interessen, nüchterner Abwägung ihrer Zukunftskalküle. Den Deutschen selbst mußte es, wenn sie ehrlich waren, viel schwerer fallen, eine Antwort auf die Frage zu finden, was aus ihnen und ihrem Land werden solle. Für sie ging es nicht nur und zuerst darum, ob Deutschland als Staat fortbestehen werde, sondern vor allem darum, ob es für die Deutschen als Nation nach dem Pakt mit dem Teufel – um noch einmal an Thomas Manns apokalyptisches Bild zu erinnern – noch eine Zukunft geben könne. *Finis Germaniae* – hing das nicht, ganz unabhängig von den physischen Zerstörungen, die der Krieg angerichtet hatte, und den politischen Folgen, die er haben würde, als ein moralisches Verdikt über den Deutschen? Würden sie nicht, wie es ein Flugblatt der Weißen Rose ihnen vorhergesagt hatte, »auf ewig das von aller Welt gehaßte und ausgestoßene Volk sein«?[5] Sie hatten ja nicht nur einen Weltkrieg vom Zaun gebrochen, der Europa verwüstet hatte, sie waren in diesem Krieg auch, auf vielfältig gestufte Weise, zu Tätern, Komplizen, Duldern eines Verbrechens geworden, das in der Weltgeschichte nicht seinesgleichen hatte. Konnte die deutsche Nation als ein sich selbst bejahendes Subjekt nach Auschwitz fortexistieren?

Kaum ein Deutscher wird am 8. Mai und nach dem 8. Mai 1945 so gefragt haben. Schon deshalb nicht, weil jeder alle Kräfte im Überlebenskampf des Tages brauchte. Auch ahnten viele Deutsche, obschon ihnen die Schrecken der Konzentrationslager im eigenen Land von den Siegern 1945 sogleich schonungslos vor Augen gebracht wurden, von der Vernichtung des europäischen Judentums zunächst nur Vages. Außerdem: Wie sollten die Deutschen weiterleben, wenn nicht als Deutsche? Und doch war ihnen, ob sie es wußten oder nicht, von dem Augenblick an, in dem das nationalsozialistische Regime begann, seine Wahnideen im deutschen Namen in mörderische Taten umzusetzen, die Frage nach ihrer Zukunft als Volk unter Völkern, nach den moralischen Voraussetzungen ihrer politischen Existenz gestellt. Mag sie auch erst später ins Bewußtsein oder Unterbewußtsein gedrungen sein, entkommen konnten sie ihr nicht.

Was werden würde, war die eine Frage, eher dunkel und unbeantwortbar, vor der die Deutschen am 8. Mai 1945 standen. Wie es zu der Katastrophe kommen konnte, die andere. Auch für sie gilt: Es herrschte Ratlosigkeit. Man kann das in Friedrich Meineckes Schrift »Die deutsche Katastrophe«, in den ersten Monaten nach Kriegsende geschrieben, nachlesen. Der tief erschütterte Dreiundachtzigjährige, Nestor und Doyen der deutschen Historiker, versucht Anworten zu geben und macht doch, indem er es versucht, nur deutlich, wie unfaßbar, gänzlich unerklärlich ihm und allen der Zivilisationsbruch war, der sich in Deutschland zwischen dem 30. Januar 1933 und dem 8. Mai 1945 ereignet hatte. Wo waren seine Ursachen zu suchen? Wie hatten sich die Bedingungen seiner Möglichkeit in der deutschen Geschichte herausgebildet? Wie weit mußte man auf der Suche nach Antworten zurückgehen?

Die Formel vom deutschen Sonderweg hat im Streitgespräch über die Ursachen der Katastrophe zeitweilig eine beträchtliche Rolle gespielt, mehr unter den deutschen als unter den nicht-deutschen Historikern. Man hat ihr freilich die Frage entgegengehalten, ob es denn so etwas wie einen normalen Entwicklungsweg der Völker und Staaten Europas gegeben habe; ob nicht die Regionen Europas alle ihre eigenen, sehr unterschiedlichen Wege gegangen seien – von Skandinavien bis Spanien, von England bis Rußland –, und welches denn dann der Königsweg sei, den Deutschland verfehlt habe in einem Europa so vieler eigener Wege. Die Frage war wohl begründet.

Erklärungen des Unerklärlichen bietet der Sonderwegsgedanke jedenfalls nicht, auch dann nicht, wenn man die Vorstellung von einer europäischen Normalität reduziert auf die Annahme, daß es doch immerhin eine europäische Norm gebe, an der sich Modernisierungsprozesse messen lassen, ein Maß, in der europäischen Geschichte angelegt, das uns etwas über das Gelingen und Mißlingen von Modernisierungsprozessen sagt. Gewiß: Man kann politische Modernität nach solchen Standards ziemlich eindeutig bestimmen – es ist die Fähigkeit einer Gesellschaft, sich nach den Regeln der Demokratie und des Verfassungsstaates zu regieren. Und man kann feststellen, daß Deutschland zu jener Gruppe von Staaten gehört, denen der Übergang zur politischen Modernität nicht katastrophenfrei gelungen ist. Aber was ist gewonnen, wenn man die nationalsozialistische Phase der deutschen Geschichte als Übergangs- und Modernisierungskatastrophe klassifiziert? Auch der Spanische Bürgerkrieg, sogar die Französische Revolution, so wie sie verlief, mitsamt den Nachbeben, die Frankreich ein Jahrhundert hindurch erschüttert haben, waren Übergangskatastrophen. Aber was hat die Französische Revolution, was hat der Spanische Bürgerkrieg mit dem nationalsozialistischen Völkermord gemein? Das Etikett »Modernisierungskatastrophe« macht, was sich in Deutschland ereignete, um nichts verständlicher. Daß der Übergang in die politische Modernität – keineswegs überall, aber doch häufig – von heftigen Ausbrüchen der Gewalt, Erschütterungen von Staat und Gesellschaft, Kriegen begleitet war, ist eine Sache. Daß Deutschland sich auf diesem Weg in eine Barbarei verirrt hat, die, bis sie geschah, allen undenkbar erscheinen mußte, eine andere.

Um noch etwas genauer zu argumentieren: Es ist nicht schwierig, Gründe dafür zu benennen, daß Deutschland zu Beginn des 20. Jahrhunderts in seiner politischen Entwicklung, gemessen am westeuropäischen Entwicklungsstand, zurücklag. Der aus den besonderen deutschen Verhältnissen zu erklärende triumphale Doppelerfolg des Ancien régime im 19. Jahrhundert, erst die Niederschlagung der Revolution von 1848/49, dann die Reichsgründung von 1871, hatte die Weichen in andere Richtung gestellt. Und es ist erst recht nicht schwierig, die Frage zu beantworten, woran der verspätete Versuch von 1918/19, den Schritt in die politische Modernität zu tun, scheiterte: Ein durch Krieg und Niederlage ins Krankhafte gesteigerter Nationalismus hat verhindert, daß die Deutschen aus dem Zusammenbruch des Kaiserreiches lernten, was sie hätten lernen müssen, um sich in Demokratie und Verfassungsstaat hineinzufinden. Aber keine der Erklärungen für die Verspätung und das Scheitern Deutschlands auf dem Weg zur politischen Modernität macht den jähen Zivilisationsbruch verständlich, der sich im nationalsozialistischen Deutschland ereignete. Er bleibt letztlich unbegreiflich. Die Deutschen haben lange gebraucht, sich auch nur der Frage, wie es zu diesem Absturz kommen konnte, mit der nötigen Radikalität zu stellen. Ob man sehr weit über die Frage hinausgelangen kann, steht dahin.

Der 8. Mai 1945 – ein Ende: nicht das Ende, nicht *finis Germaniae*, aber doch ein Schlußpunkt in der deutschen Geschichte, einer Geschichte, in der das Rätsel ihres katastrophischen Ausgangs letztlich ein Rätsel bleibt. Das war im Dunkel der anfänglichen völligen Zukunftsungewißheit zunächst einmal alles, was sich zu diesem Datum sagen ließ. Inzwischen ist deutlich, wie sehr der 8. Mai 1945 auch und vor allem ein Datum des Anfangs, des Neubeginns ist. Ende und Anfang oder auch: Die beiden so gänzlich ungleichen Hälften, in die das 20. Jahrhundert für Deutschland geteilt ist, haben viel miteinander zu tun. Es war die Katastrophe, die Deutschland demokratiefähig gemacht hat. Es war die Katastrophe, die Deutschland gelehrt hat, sich in die europäische Staatengesellschaft einzufügen. Es war die Katastrophe, die Deutschland gezwungen hat, sich selbst neu zu definieren. Das heißt nicht, daß das Gelingen deutscher Geschichte in der zweiten Jahrhunderthälfte im vollständigen Scheitern, das ihm vorausging, schon angelegt gewesen sei. Die Katastrophe war nur eine notwendige, sie war keine hinreichende Bedingung des Lernens. Gewiß: Die Niederlage war von einer Totalität, die keine Illusionen, keine Verschleierungen mehr zuließ. Auch war es die zweite Katastrophe in einer Generation. Der blinde Trotz, heißt das, mit dem die Deutschen auf die erste reagiert hatten, hatte sich verbraucht. Aber das allein hätte

Deutschland, eine Trümmerwüste, nur noch Erinnerung an das, was es einmal gewesen war und nie wieder sein würde, so stellten sich die deutschen Städte im Mai 1945 dem Betrachter dar.

Potsdam war, gleich anderen Mittelstädten, noch in den letzten Wochen des Krieges in Schutt und Asche gelegt worden, so als müsse es dafür büßen, daß es im März 1933 den Schauplatz für eine theatralische Verbrüderung von Preußentum und Nationalsozialismus abgegeben hatte. Über dem Trümmerschutt des Stadtschlosses erhebt sich die Ruine der Nikolaikirche.

für einen gelingenden Neubeginn der deutschen Geschichte wohl nicht gereicht. Es bedurfte dazu über den Katastrophenschock hinaus einer ganz außerordentlichen Gunst der Umstände.

Zum einen vollzog sich, wenn nicht die Gründung, dann doch die Einwurzelung der Demokratie in Westdeutschland unter den vorteilhaftesten wirtschaftlichen Bedingungen. Das »Wirtschaftswunder«, wie man es alsbald nannte, zog im ersten Jahrzehnt die Demokratie gleichsam mit. Zum anderen half, vor allem in den Anfangsjahren, der Kalte Krieg. Das mag zynisch klingen, aber er hat tatsächlich so gewirkt. Es ist für Deutschlands Schicksal entscheidend gewesen, daß die Kriegskonstellation, die Deutschland wenig Zukunftschancen ließ, innerhalb von kaum zwei Jahren durch einen ganz andersartigen dramatischen Weltkonflikt zuerst überlagert, dann verdrängt worden ist. Dem neuen Konflikt entsprang der Zwang, Deutschland gleichsam widernatürlich rasch zu rehabilitieren, es aus dem Stand des Besiegten in den Status des Partners auf Bewährung zu überführen. Erst diese Entwicklung hat vermutlich die Voraussetzungen geschaffen, unter denen Deutschland die »Chancen der Katastrophe« nutzen konnte.

Daß das westliche Deutschland diese Chancen, daß es die Gunst der Umstände gut genutzt hat, daran kann man rückblickend nicht ernstlich zweifeln. Das westliche Deutschland: Damit kommt die Teilung als – freilich nicht unmittelbare – Folge der Katastrophe in den Blick. Gerade weil es so offenkundig ist, was Westdeutschland aus seinen Chancen gemacht hat, drängt sich die Frage auf: Haben die Deutschen, die 1945 in den sowjetischen Machtbereich gerieten und für beinahe ein halbes Jahrhundert Untertanen des Moskauer Imperiums wurden, den Preis dafür bezahlt? Das ist nicht an erster Stelle die Frage, ob die Teilung hätte verhindert oder in den fünfziger Jahren wieder rückgängig gemacht werden können. Die wird zu stellen und zu erörtern sein und letztlich unbeantwortet bleiben. Es ist viel eher die an die Vermutung der Zwangsläufigkeit des Teilungsschicksals geknüpfte Frage: Ist es eigentlich irgendwann ins Bewußtsein der Westdeutschen gedrungen, wie sehr die Geschichte sie privilegiert hat? Die Chance des Anfangs, des Neubeginns – sie war wesentlich ihnen vorbehalten. Die Folgelasten der Katastrophe hatten vor allem die Deutschen im Osten zu tragen. Die extreme, willkürliche Ungleichverteilung dieser Lasten ist eines der Grundprobleme jener deutschen Geschichte, die mit dem 8. Mai 1945 begann.

Es versteht sich von selbst, daß das östliche, das kommunistisch regierte Deutschland sich anders sah. Von Anfang an war Kern seines Selbstverständnisses und seines Selbstbewußtseins die Überzeugung, daß einzig das von ihm in Angriff genommene sozialistische Experiment ein wirklicher Neubeginn sei; daß nur im Osten die Lehren aus der Geschichte gezogen, die »Chancen der Katastrophe« genutzt worden seien. Der Anspruch ist nicht eingelöst worden, das können spätestens seit 1989 selbst seine Protagonisten nicht mehr leugnen. Aber ob der Anspruch nicht zunächst einmal ernst genommen werden mußte, diese Frage ist damit nicht erledigt. Das heißt: So wie das von der Katastrophenerfahrung bestimmte, von der Katastrophe überschattete erstaunliche Gelingen von Demokratie das eine Hauptthema der deutsche Geschichte in der zweiten, glücklicheren Jahrhunderthälfte ist, ist das Scheitern des konkurrierenden sozialistischen Experiments, das im deutschen

Fall ja auch nicht einfach eines von vielen war, sondern in hohem Maße auf die einzigartige deutsche Vorgeschichte zurückbezogen, das andere. Trotz des Scheiterns mag man darin, daß das Land im Schatten der Katastrophe zwei Wege einschlug, die Unmöglichkeit gespiegelt sehen, auf die Fragen, die die Vergangenheit der Deutschen an ihre Zukunft stellte, sogleich die eine richtige Antwort zu geben. Aber die Zweistaatlichkeit hatte schließlich doch keine Dauer, und darin zeigt sich, daß bei allen Unvollkommenheiten der westdeutschen Demokratie eben doch nur eine zukunftsfähige Antwort verfügbar war. Zwei Versuche, Wege aus der Katastrophe zu finden, Gelingen des einen und Mißlingen des anderen, zwei Fragen an die deutsche Geschichte diesseits der Katastrophe, die an Gelingen und Mißlingen anknüpfen – das ist das einfache Grundmuster, das die folgende Darstellung bestimmt.

Am Ende bleibt zu bedenken, ob die Zäsur, für die das Datum 8. Mai 1945 steht, in diesen Vorüberlegungen nicht vielleicht überscharf gezeichnet ist. Allzu exakte Aufgliederungen des Kontinuums der Geschichte betrachtet der Historiker in der Regel mit einer gewissen professionellen Skepsis. Auch gegen das Epochenjahr 1945 läßt sich manches vorbringen und ist manches vorgebracht worden. Die Alltagsgeschichtsschreibung hat geltend gemacht, das Jahrfünft zwischen 1943 und 1948 sei insgesamt als eine aus den Fugen geratene Zeit erlebt worden, in der das Jahr 1945 für viele gar nicht besonders hervortrat. Der Sozialhistoriker kann darauf verweisen, daß die eigentlich dramatischen Prozesse gesellschaftlichen Wandels erst viel später, nämlich zwei Jahrzehnte nach Kriegsende, eingesetzt hätten und daß die fünfziger Jahre überhaupt sozialgeschichtlich in vieler Hinsicht noch der ersten Jahrhunderthälfte zuzurechnen seien. Mentalitätsgeschichtlich stellt das Jahr 1968 wahrscheinlich eine viel einschneidendere Zäsur dar als das Jahr 1945. Wer die internationalen Beziehungen in den Blick nimmt, wird darauf aufmerksam machen, daß das neue bipolare Weltsystem, die Grundstruktur des Ost-West-Konflikts, sich erst 1947/48, nicht schon 1945 herausgebildet habe.

Das alles ist richtig und sagt doch nur wenig über die Epochenbedeutung des Jahres 1945. Geschichte schreitet auf verschiedenen Ebenen in unterschiedlichen Geschwindigkeiten fort. Etwas anders formuliert: Auf den unterschiedlichen Ebenen geschichtlichen Geschehens gelten nicht die gleichen Bewegungsgesetze. Und dennoch gibt es Zäsuren, die viele historische Schichten durchschneiden. Der 8. Mai 1945 steht symbolisch für eine solche Zäsur. Er steht für die zwölf nationalsozialistischen Jahre insgesamt. Sie stellen den tiefsten Einschnitt in der deutschen Geschichte überhaupt dar. Alle Geschichte von 1945 an ist Geschichte im Schatten und im Bewußtsein der einmal geschehenen Katastrophe. Natürlich verbinden zahllose Kontinuitätslinien das Davor und das Danach miteinander. Aber was den Abgrund überbrückt, ist nur noch gebrochene Kontinuität. Das heißt, es gilt beides: Die deutsche Geschichte diesseits der Katastrophe ist wirklich eine neue Geschichte, kein anderes europäisches Volk hat in einer vergleichbaren Weise mit einer »zweiten Geschichte« neu begonnen. Und: Die deutsche Geschichte, die 1945 begonnen hat, ist und bleibt in einem einzigartigen Sinn eine Geschichte, die eine Vorgeschichte hat.

Erster Teil
Zwischen Ende und Anfang

1. Die Sieger und die Teilung Deutschlands

I.

Von allen Fragen, vor die der Sieg die Sieger stellte, war diese vielleicht nicht die dringlichste, aber doch, dem Rang nach, die erste: Sollten sie das besiegte Deutschland als Nationalstaat, so wie ihn Bismarck 1871 – nicht zur Begeisterung Europas – geschaffen hatte, wenn auch in engeren Grenzen, fortbestehen lassen oder nicht? Seit 1941, jenem Wendejahr des Zweiten Weltkriegs, in dem Hitler erst die Sowjetunion angriff und dann die Vereinigten Staaten herausforderte, hat man in London, Moskau und Washington darüber nachgedacht. Und es scheint, als hätten alle drei großen Mächte der Anti-Hitler-Koalition, als hätten Churchill, Roosevelt und Stalin die Zerstückelung Deutschlands während der Kriegsjahre durchaus ernsthaft ins Auge gefaßt. In Teheran, im November 1943, bei der ersten Kriegszusammenkunft der »großen Drei«, wurde die Absicht, Deutschland in mehrere Staaten aufzuteilen, einvernehmlich zu Protokoll genommen, und in Jalta, im Februar 1945, wurde diese Absicht ausdrücklich bekräftigt. Definitive Beschlüsse sind dann freilich nie gefaßt, geschweige denn verkündet worden.

Auf keiner Seite scheinen die Teilungsüberlegungen wirklich zu Ende gedacht worden zu sein. Offenbar mochte sich in dieser entscheidenden Frage niemand vorzeitig festlegen. Und so ist es denn auch keinem der Beteiligten sonderlich schwergefallen, im Frühjahr 1945, in den Wochen nach Jalta, den Kurs zu wechseln. Zwar ist in Jalta noch ein Ausschuß eingesetzt worden, der sich mit dem Teilungsthema beschäftigen sollte. Aber er diente nur noch dazu, einen Schlußpunkt hinter die ganze Debatte zu setzen. Am 25. März ließ die Sowjetunion die Westmächte wissen, sie verstehe die Absichtserklärung der Krimkonferenz »nicht als unbedingte Verpflichtung, sondern nur als eine Möglichkeit, auf Deutschland Druck auszuüben«.[1] Sie stieß nicht auf Widerspruch, und damit waren die Überlegungen der Kriegszeit, die Bismarcksche Reichsgründung rückgängig zu machen, einstweilen zu den Akten gelegt.

Wie läßt sich diese eher beiläufig vollzogene, aber für Deutschland folgenreiche Wendung erklären? Soweit es sich um Stalin und seine Politik handelt, gibt es keine sichere Antwort. Überhaupt haben wir noch immer kein ganz klares Bild von den Zielen der sowjetischen Deutschlandpolitik in den entscheidenden Kriegs- und Nachkriegsjahren, weil die Wissenschaft noch immer keinen Zugang zu allen Quellen hat. Man muß das gelegentlich in Erinnerung rufen – gegen eine Geschichtsschreibung, die den Kalten Krieg und die deutsche Nachkriegsentwicklung so abhandelt, als sei sie mit Stalins innersten Überlegungen auf das beste und zuverlässigste vertraut. Mehr oder minder plausible, mehr oder minder gut abgesicherte Vermutungen, darum handelt es sich bei Aussagen über Stalins Ziele und Strategien.

Stalins Kurswechsel in der Teilungsfrage läßt sich wohl am ehesten aus dem Gang des Krieges erklären. 1943, als Stalin in Teheran energisch die Zerstückelung verfocht, standen die deutschen Armeen noch tief in Rußland. Die Frage, wie man dauerhaft Sicherheit vor Deutschland gewinnen könne, mußte die ganz und gar beherrschende sein. Im Februar 1945, zur Zeit der Konferenz von Jalta, hatte sich die Rote Armee Ostmitteleuropa bereits unterworfen. Sie hatte die Oder überschritten und stand dicht vor Berlin, während die Westalliierten, durch die Ardennenoffensive aufgehalten, noch nicht einmal den Rhein erreicht hatten. Stalin wußte, daß seine Truppen am Ende des Krieges mitten in Deutschland stehen würden. Man muß annehmen, daß er in den Horizonten dieser Siegeskonstellation Möglichkeiten angelegt sah, die für die Sowjetunion weit interessanter waren als die alten Teilungspläne. Vermutlich erwartete er, im ungeteilten Deutschland werde die Sowjetunion, mit dem sicheren Faustpfand der eigenen Besatzungszone in der Hand, Einfluß auf das Ganze gewinnen können. Was das genau bedeuten mochte, zumal nach einem Rückzug der Amerikaner aus Europa, war in den letzten Kriegsmonaten noch nicht abzusehen. Daß er sich gerade in dieser Ungewißheit mit einer Entscheidung für den Fort-

Das Chaos der Bombennächte, der Vertreibung, des Zusammenbruchs hatte vielfach selbst Familien auseinandergerissen. Eltern auf der Suche nach ihren Kindern – Kinder auf der Suche nach ihren Eltern: Sinnbild der Auflösung aller Ordnung, aber auch der Hoffnung, Ordnung wiederzugewinnen. Viele Spuren freilich haben sich in den Monaten des Endes für immer verloren, an den Fronten, im Inferno untergehender Städte, auf den Straßen der Vertreibung.

bestand Deutschlands mehr Möglichkeiten offenhalten könne als mit einer Festlegung auf die Aufteilung in verschiedene Staaten, davon scheint Stalin ausgegangen zu sein.

Ein zweites, sehr spezifisches Interesse fiel gegen die Aufteilung in die Waagschale: das Interesse an Reparationen. Dieses Interesse hat die Deutschlandpolitik der ausgebluteten, erschöpften, in ihren westlichen Regionen bis auf den Grund zerstörten Sowjetunion in den ersten Nachkriegsjahren entscheidend mitbestimmt; wahrscheinlich ist es auch bei der Abwendung von den Teilungsplänen wirksam gewesen. Der Gedanke lag ja nahe, daß ein in Kleinstaaten zergliedertes Deutschland für die reparationshungrige Sowjetunion bei weitem nicht würde leisten können, was es als Ganzes leisten konnte. Jedenfalls war Stalin der erste der Sieger, der – am 9. Mai, dem Tag, an dem Marschall Schukow kurz nach Mitternacht in Karlshorst die Kapitulation der Wehrmacht entgegengenommen hatte – die Welt wissen ließ, die Sowjetunion schicke sich nicht an, »Deutschland zu zerstückeln oder zu vernichten«.[2] Offen bleibt dabei freilich, warum Stalin noch in Jalta darauf bestand, die Teilungsfrage müsse nun definitiv beantwortet werden, und erst in den Wochen danach andere Absichten erkennen ließ.

In Washington und London waren die Teilungsüberlegungen Roosevelts und Churchills von Anfang an auf Widerspruch gestoßen, vor allem in den Außenministerien. Zumal in Washington hat sich dieser Widerspruch nicht leicht durchgesetzt, schon gar nicht der ihm zugrunde liegende Gedanke, Sicherheit vor Deutschland könne auf die Dauer nicht durch noch so harte Bestrafung, sondern nur durch den Aufbau einer lebensfähigen Demokratie in dem besiegten Lande gewonnen werden. Daß der Morgenthau-Plan, das schärfste Plädoyer für eine Deutschlandpolitik von unnachsichtiger Härte – wenn auch nicht der Zerstückelung –, jedenfalls zeitweilig die Zustimmung Roosevelts fand, zeigt, wie stark die Gegenseite war. Auch für die amerikanische Politik gilt: Erst in den Wochen nach Jalta setzte sich der Einspruch gegen die Teilungspläne endgültig durch. Jetzt, da der Sieg so gut wie erfochten war und die Probleme Nachkriegseuropas konkreter ins Auge gefaßt werden mußten, gewann der Gedanke an Plausibilität, daß jenes Europa, das man sich in Washington wünschte, ein Europa ökonomisch gesunder Demokratien mit offenen Märkten, nicht gut ohne ein politisch und wirtschaftlich lebensfähiges Deutschland gedacht werden könne. Der Vormarsch der Roten Armee durch Ostmitteleuropa nach Deutschland hinein, in dem sich Absichten imperialer Besitzergreifung von Anfang an in brutaler Deutlichkeit ankündigten, hat dabei gewiß eine wesentliche Rolle gespielt. Er rückte die Frage, welche Ziele die Sowjetunion in Europa verfolge, notwendig immer mehr in den Mittelpunkt besorgter Überlegungen. Im übrigen hat sich auch das Eigengewicht der praktischen Vereinbarungen über die Verwaltung des besiegten Deutschlands durch die Siegermächte in der unmittelbaren Nachkriegszeit, die den Fortbestand Deutschlands zunächst einmal voraussetzten, bereits in den letzten Kriegsmonaten zunehmend geltend gemacht.

Was England angeht, so hat Churchill das Problem des europäischen Gleichgewichts zu keinem Zeitpunkt aus den Augen verloren, auch in seinen auf das Problem »Preußen« – als hätte er es immer noch mit dem Wilhelminischen Deutschland zu tun – fixierten Teilungsplänen der Kriegsjahre bis Jalta nicht. Seit die Rote Armee die Grenzen der Sowjetunion überschritten hatte, wuchs mit jedem Tag ihres Vordringens seine Sorge, das Ergebnis des Krieges könne eine russische Hegemonie auf dem Kontinent sein. Kurz nach seiner Rückkehr aus Jalta stellte Churchill, einer seiner Mitarbeiter hat es überliefert, die nachdenkliche Frage: Wenn die Zerstörung Deutschlands vollendet sei, »was wird dann noch zwischen den weißen Ebenen Rußlands und den weißen Klippen von Dover liegen«?[3] Es war nur natürlich, daß die europäische Macht Großbritannien diese Sorge dringlicher, unmittelbarer empfand, als die Vereinigten Staaten sie verspürten, und früher Konsequenzen daraus zog.

Aber auch wirtschaftliche Argumente sprachen gegen die Teilungspläne. London fürchtete die ökonomischen Folgen einer Zerstückelung Deutschlands; fürchtete, zu Recht, wie sich zeigen sollte, die Kosten, die es als Besatzungsmacht in seinem Teil

Deutschlands zu tragen haben würde; fürchtete um die Fähigkeit Deutschlands, Reparationen zu leisten – lapidar notierte Schatzkanzler Anderson in einer Denkschrift im Frühjahr 1945, man könne entweder eine Zerstückelungspolitik oder eine Reparationspolitik verfolgen, »ganz sicher aber nicht beides auf einmal«;[4] fürchtete auf lange Sicht, daß eine Verarmung Deutschlands auch den britischen Wirtschaftsinteressen schaden würde. Zu alledem warf das Foreign Office eine Frage auf, die auch das State Department in Washington den Verfechtern der Teilung stellte: Ob man sich denn dazu verurteilen wolle, eine Deutschland aufgezwungene Teilung auf die Dauer mit Gewalt aufrechtzuerhalten?[5] Mehr als vierzig Jahre später hatte diese Frage auch die östliche Siegermacht eingeholt.

II.

Keine Teilung als einvernehmlich von den Siegern vollzogenes Urteil – das stand am 8. Mai 1945 fest. Die Teilung, die dann doch kam, war von ganz anderer Art. Die Formel, mit der etwa die Sowjetunion die Deutschen in den Jahrzehnten der Zweistaatlichkeit so oft auf die Anerkennung der Teilung verpflichten wollte, mit der auch die Deutschen selbst sich von der Endgültigkeit der Teilung zu überzeugen versuchten, die Formel, die Teilung sei eine Folge des von den Deutschen ausgelösten Zweiten Weltkrieges, war also nur eine Halbwahrheit. Natürlich hätte es ohne Nationalsozialismus, ohne Krieg, ohne Niederlage keine Teilung gegeben, aber das waren nur die Bedingungen der Möglichkeit. Wirklich geteilt hat Deutschland der Ost-West-Konflikt. Die beiden deutschen Staaten, das ist die präzisere Formel, sind Geschöpfe des Kalten Krieges gewesen. Vorentscheidungen freilich, die sich im Rückblick als Weichenstellungen auf die Teilung des besiegten Landes hin darstellen, sind schon im Krieg gefallen, Entscheidungen, die jene Ausgangslage geschaffen haben, aus der heraus der Kalte Krieg dann zur Doppelgründung von 1949 führen konnte. Zwei vor allem sind zu nennen: der Entschluß, den Krieg bis zur bedingungslosen Unterwerfung Deutschlands zu führen und das besiegte Land auf unbestimmte Zeit zu besetzen – ein Kriegsziel, das man in den Kriegen der europäischen Neuzeit bis dahin nicht gekannt hatte; und die Vereinbarung, Deutschland in Besatzungszonen aufzuteilen.

Die Forderung nach bedingungsloser Kapitulation ist im Januar 1943 in Casablanca beschlossen worden. Roosevelt – von der amerikanischen Erfahrung eines Bürgerkrieges geprägt, in dem es keinen Raum für ein ausgehandeltes Kriegsende gegeben hatte, entschlossen auch, den Besiegten nicht noch einmal, wie es sein Vorgänger Wilson mit den Vierzehn Punkten getan hatte, die rechtlichen und moralischen Argumente gegen die ihnen auferlegten Friedensbedingungen selbst zu liefern – hatte sie ins Gespräch gebracht, Churchill und später dann Stalin stimmten ihr bereitwillig zu.

Im Oktober 1943 legten die Außenminister in Moskau Genaueres fest: daß Deutschland in seinen Grenzen von 1937 von den Siegermächten besetzt und bis auf weiteres auch von ihnen regiert werden würde. Die Tragweite des Entschlusses, Deutschland nicht nur

Die Rote Armee marschiert in Halle ein!

Der Abzug der amerik. Truppen ist in vollem Gange.

Das geräumte Gebiet wird von der Roten Armee besetzt.

Ueber die Frage, sollen wir die Antifaschistische Bevölkerung von Halle auffordern, der Roten Armee einen würdigen Empfang zu bereiten, ist wohl eine Diskussion überflüssig.

Es genügt, die Gegenfrage zu stellen: Wie würde es auf die Roten Armee wirken, wenn jeder Empfang unterbleibt.

Wir begrüßen mit der Roten Armee ihren Marschall Stalin, der im Bunde mit den Führern der Verbündeten Churchill und Truman die Aktionen gegen die Kriegs-

Von den Soldaten der Roten Armee wird und wurde in dieser Hinsicht nicht mehr gefrevelt, wie von den Soldaten anderer Armeen auch. Es gibt keinen einzigen Fall, wo von den führenden Männern der Roten Armee oder der Sowjetunion derartige Verfehlungen gutgeheißen werden. Ja sogar mit der Todesstrafe wurde gegen die vorgegangen, die das Ehrenkleid der Roten Armee durch unsaubere Handlungen beschmutzt haben.

Der Soldat der Roten Armee kommt nicht als Feind des deutschen Volkes, er ist der Feind der Naziverbrecher, er kommt als Freund aller Antifaschisten. Der Soldat der Roten Armee ist es gewöhnt, durch sein Verhalten und Betragen Freunde für die Sowjetunion zu werben.

Antifaschisten, wir müssen uns das Vertrauen der Roten Armee

Die Verabredung über die Zoneneinteilung nötigte Amerikaner und Briten, sich Ende Juni aus weiten Teilen Mitteldeutschlands, die sie in den letzten Kriegswochen besetzt hatten, wieder zurückzuziehen.

Im Text des Plakats spiegeln sich die Empfindungen, mit denen die Bevölkerung die Rote Armee erwartete, sehr deutlich. Nur die Kommunisten fürchteten sie nicht.

bis zur bedingungslosen Unterwerfung bekriegen, sondern nach der Unterwerfung auch noch auf unbestimmte Zeit besetzt halten zu wollen, kann gar nicht überschätzt werden – die militärische Präsenz der beiden Weltmächte in Mitteleuropa, die die europäische Nachkriegsgeschichte für ein halbes Jahrhundert bestimmt hat, geht ja auf diesen Entschluß zurück. In ihm wird sichtbar, daß Deutschland von seinen Gegnern nicht mehr als ein zivilisiertes Land unter anderen angesehen wurde. Wenn überhaupt, so konnte den Deutschen die Rückkehr in den Kreis sich selbst regierender Völker nur nach einer langen Periode der Bestrafung, der Buße, des Wandels, der Bewährung gestattet werden.

Was die Zonengliederung angeht, so ist sie in der sogenannten European Advisory Group, einem von den Außenministern eingesetzten diplomatischen Ausschuß, beraten und in einem Protokoll vom 12. September 1944 erstmals einvernehmlich fixiert worden, wesentlich auf Betreiben der britischen Regierung, die – bis zum Sommer 1944 keineswegs grundlos – fürchtete, der größte Teil Deutschlands werde bei Kriegsende von den Russen besetzt sein. Auch darüber, daß alle Siegermächte in Berlin präsent sein sollten, einigte man sich schon im September 1944. Wenig später wurden die Modalitäten der Besatzungsherrschaft dem Grundsatz nach festgelegt. Jede Siegermacht sollte das Regiment in ihrer Zone in eigener Verantwortung durch ihren Oberbefehlshaber führen. Gemeinsam und einstimmig sollten die Oberbefehlshaber in den Deutschland als Ganzes betreffenden Angelegenheiten entscheiden. Alle diese Verabredungen wurden in Jalta von den drei Regierungschefs gebilligt, mit einer zumal für die ersten Nachkriegsjahre höchst folgenreichen Ergänzung, die Churchill durchsetzte: Frankreich sollte vierte Besatzungsmacht werden mit einer eigenen Zone, die im Westen und Südwesten aus der amerikanischen und der englischen Zone herausgeschnitten war.

Vier Wochen nach der bedingungslosen Kapitulation, am 5. Juni 1945, übernahmen die Siegermächte durch ihre Oberbefehlshaber in den Trümmern der Reichshauptstadt in förmlicher Erklärung »die oberste Regierungsgewalt in Deutschland, einschließlich aller Befugnisse der deutschen Regierung, des Oberkommandos der Wehrmacht und der Regierungen, Verwaltungen und Behörden der Länder, Städte und Gemeinden«.[6] Sie fügten hinzu – und dieser Satz hat später, in den staatsrechtlichen Erörterungen der Frage, ob das Reich untergegangen sei oder fortbestehe, eine Rolle gespielt –, die Übernahme der Regierungsgewalt bewirke nicht die Annexion. Das ganze Ausmaß der Verantwortung, die ihnen mit der »obersten Regierungsgewalt« zufiel, ist ihnen schwerlich deutlich bewußt gewesen.

Ende Juni wurde auch die Vereinbarung über die Besatzungszonen vollzogen. Sie kam nun, anders als es 1944 zu erwarten gewesen war, den Russen, nicht den Westmächten zugute. Die englischen und amerikanischen Truppen, die bei Kriegsende etwa die Linie Wismar–Chemnitz erreicht hatten, räumten jetzt die Gebiete, die den Russen zugewiesen worden waren – Churchills Idee, sie als Faustpfand in der Hand zu behalten, hatte in Washington kein Gehör gefunden. Im Gegenzug durften die Westmächte in ihre Berliner Sektoren einrücken. Die Grenze zwischen Ost und West, in London als bloße Zonengrenze verabredet und in Jalta als solche beschlossen, war nun durchs Land gezogen. Sie folgte mit geringen Abweichungen dem Verlauf der alten Grenzen aus der Zeit des Deutschen Bundes zwischen Mecklenburg, Preußen, Thüringen auf der einen und Holstein, Hannover, Braunschweig, Hessen und Bayern auf der anderen Seite. Die geographischen Ausgangspositionen für die Teilung Deutschlands waren bezogen; auch für die Teilung Berlins, ohne die die Teilungsgeschichte insgesamt vielleicht anders verlaufen wäre.

Noch eine dritte zukunftsbestimmende Vorentscheidung der Sieger, die schon während des Krieges fiel, ist hier zu nennen. Sie ist von anderer Art, schmerzhafter und endgültiger als alles, was dem besiegten Land sonst auferlegt wurde: die Entscheidung über den deutschen Osten. Ziemlich genau ein Viertel seines Territoriums von 1937 wurde faktisch schon während der letzten Kriegsmonate von Deutschland abgetrennt. Es wurde mit diesem Schnitt nicht nur eine Grenze verschoben – ein Kernstück des deutschen Kulturraums in Mitteleuropa versank in dem von Hitler ausgelösten Inferno: Schlesien, Ostpreußen, Pommern wurden ausgelöscht. Deutschland würde ohne seinen Osten nie mehr sein, was es einmal gewesen war. Trotz aller rechtlichen Vorbehalte: Am 8. Mai 1945, als der Krieg zu Ende ging, war die Amputation im Grunde bereits unwiderruflich vollzogen.

Stalin ist, nächst Hitler, diese Schicksalsentscheidung vor allem zuzurechnen. Die Polen konnten Wünsche äußern, hatten aber nichts zu entscheiden. Die Westmächte haben nur Nebenrollen, im einzelnen freilich nicht unwichtige Nebenrollen, gespielt. Stalins Entschlossenheit, die Beute aus dem Pakt mit Hitler – die baltischen Staaten, die weißrussischen und ukrainischen Gebiete, die im Russisch-Polnischen Krieg von 1920/21 verlorengegangen waren, Bessarabien im Süden – festzuhalten, war das Ausgangsdatum. Aus dieser Entschlossenheit ergab sich der Plan, Polen mit deutschem Territorium zu entschädigen, beinahe von selbst. Stalin hat ihn denn auch schon im ersten Kriegsjahr ins Gespräch gebracht und beharrlich weiterverfolgt, bis in Potsdam das Ziel erreicht war.

Auf ernsthaften Widerspruch stieß er im Grunde nur bei der polnischen Exilregierung in London, die sich der Abtretung Ostpolens bis zuletzt widersetzt hat und dafür nach Westen nicht zu weit ausgreifen wollte – sie hatte wohl auch ein Gespür für Stalins Nebenabsicht, zwischen Polen und Deutschen dauerhafte Feindschaft zu stiften. Die Zustimmung der Westmächte zu seinem Plan, Polen nach Westen zu verschieben, auch zu seinem in Teheran erstmals vorgetragenen Anspruch, die Sowjetunion müsse das nördliche Ostpreußen erhalten, hat Stalin hingegen ziemlich mühelos erlangt. Bündnisrücksichten haben dabei eine wesentliche Rolle gespielt. Schon auf der ersten Kriegskonferenz der großen Drei, 1943 in Teheran, hat man sich im Grundsatz geeinigt. Nur über den Umfang der Operation ist es zu Meinungsverschiedenheiten gekommen, wobei die Westmächte eher praktische als prinzipielle Bedenken gegen zu weit ausgreifende Zielsetzungen vorbrachten. In Teheran war von der Oder-Grenze die Rede. Weiter wollten Churchill und Roosevelt auch in Jalta nicht gehen, während Stalin nun von Oder und Neiße sprach. Scheinbar blieb die Frage offen, tatsächlich hatte Stalin sich schon im Juli 1944 in einem geheimen Vertrag mit »seinen« Polen, dem kurz zuvor gebildeten Lubliner Komitee, auf die Oder-Neiße-Grenze festgelegt.[7] Und im Frühjahr und Frühsommer 1945 baute er stetig ein Fait accompli auf, indem er die Verwaltung der Gebiete, die er den Polen zugesagt hatte, Schritt für Schritt der provisorischen polnischen Regierung übertrug. Daß in Jalta eine Vereinbarung über die polnische Westgrenze nicht zustande gekommen war, war ihm dabei so wenig ein Hindernis wie das Drei-Mächte-Abkommen über die Besatzungszonen, das ausdrücklich von Deutschland in den Grenzen von 1937 sprach. In Potsdam trug diese Politik dann ihre Früchte.

Nicht nur die Annexion, auch die Vertreibung war eine lange beschlossene Sache, beschlossen nicht nur über die deutschen Ostgebiete, sondern vor allem auch über die in Böhmen und Mähren lebenden Deutschen. Tatsächlich hat Beneš, der tschechoslowakische Staatspräsident im Londoner Exil, wohl als erster Pläne der Massenaustreibung entwickelt und dann zielstrebig verfolgt. Daß Stalin und die Polen keine Bedenken hatten, die Grenzverschiebung durch Vertreibung der Deutschen unwiderruflich zu machen, versteht sich beinahe von selbst. Aber auch die Londoner Politik hat den Gedanken von früh an mit erstaunlicher Selbstverständlichkeit und Konsequenz in ihr Kalkül einbezogen –

die traumatische Erinnerung an die Krise, die in den Krieg geführt hatte, an München 1938 im besonderen, hat dabei sicher eine Rolle gespielt. Es scheint, als habe erst die Londoner Bereitwilligkeit Beneš ermuntert, aufs Ganze zu gehen.

Die USA haben sich eher mäßigend als antreibend geäußert, aber nie ernstlichen oder gar prinzipiellen Einspruch erhoben. Nur über Größenordnungen wurde diskutiert. Prinzipiell triumphierte die brutale Logik des Arguments, daß nach allem, was geschehen war, Polen in seinen neuen Grenzen und der Tschechoslowakei in ihren Grenzen von 1919 starke deutsche Minderheiten schlechterdings nicht mehr zuzumuten seien. In Jalta wurde für die Massenaustreibungen endgültig grünes Licht gegeben. Als man dann in Potsdam, viel zu spät und ohne wirklichen Nachdruck, in das Konferenzkommuniqué hineinschrieb, die »Überführung« der Deutschen solle »in ordnungsgemäßer und humaner Weise« erfolgen, war das nur noch eine schwache Geste zur Beruhigung westlicher Gewissen. Mit der Wirklichkeit der Vertreibung, in der die Verbrechen Hitler-Deutschlands an Osteuropa furchtbar auf die Deutschen im Osten zurückschlugen, hatte dieser fromme Wunsch nicht das geringste zu tun.

III.

Bedingungslos der Herrschaft der Sieger unterworfen, besetzt, in Besatzungszonen aufgeteilt, im Osten amputiert, aber nach dem Willen der Sieger noch eine Einheit, harrte Deutschland der weiteren Verfügungen über seine Zukunft. Gut zwei Monate nach der Kapitulation – auf dem fernöstlichen Kriegsschauplatz wurde noch gekämpft – trafen die großen Drei zu ihrer dritten und letzten Konferenz zusammen: Stalin, der einzige, der vom ersten Tag in Teheran bis zum letzten in Potsdam am Verhandlungstisch gesessen hat, Truman, seit April Nachfolger Roosevelts, selbstbewußt und unerfahren, und Churchill, der während der Konferenz sein Amt dem Wahlsieger Atlee übergeben mußte. Stalin hatte »den Raum Berlin« für die Zusammenkunft vorgeschlagen. In der Trostlosigkeit der völlig zerstörten Hauptstadt selbst war an eine große internationale Konferenz freilich nicht zu denken. So zogen die Herren der Welt mit ihrem Gefolge in die Villen Babelsbergs ein. Im Kronprinzenschloß Cecilienhof, im Ersten Weltkrieg gebaut, wurden die Verhandlungen geführt.

Wie hat die Potsdamer Konferenz – in den Protokollen der Alliierten Konferenz von Berlin genannt –, wie hat das Potsdamer Abkommen,[8] das der Form nach nur ein Konferenzkommuniqué war, auf die Geschichte Nachkriegsdeutschlands eingewirkt? Wo steht die Zusammenkunft im Prozeß des Zerfalls der Siegerkoalition? Vermutlich hat sie die Entwicklung, die aus den Bundesgenossen des Krieges Feinde im Kalten Krieg machte, weder verlangsamt noch beschleunigt. Der Wille der Kriegskoalition, die Zusammenarbeit fortzusetzen, war auf ihr unzweifelhaft noch lebendig, und zwar bei allen drei Mächten. Aber er war schon überschattet. Jetzt, da es den gemeinsamen Feind, der das Bündnis zusammengebracht und zusammengehalten hatte, nicht mehr gab, begann das tiefe Miß-

Im Schloß Cecilienhof in Potsdam berieten die Großen Drei zwei Wochen lang, vom 7. Juli bis zum 2. August 1945, darüber, wie es nach ihrem militärischen Triumph über Deutschland weitergehen solle. Noch war die Absicht, das Kriegsbündnis fortzuführen, bestimmend, aber das Mißtrauen wuchs rasch. Stalin erhielt nebenbei eine Lektion in Demokratie. Churchill, hier noch Hand in Hand mit Truman und Stalin, im Begriff, nach London abzureisen, wo das Ergebnis der Unterhauswahlen bekanntgegeben werden sollte, kehrte nicht zurück. Für ihn kam der Wahlsieger und neue Premierminister Clement Attlee. Was Stalin von dieser Art des Machtwechsels dachte, ist nicht überliefert.

trauen, mit dem die einander so fremden Systeme sich gegenüberstanden, begannen stark divergierende Interessen handlungsbestimmend zu werden. In Potsdam war gerade der Punkt erreicht, an dem die Illusion einer Einigung noch möglich war, wirkliche Einigung schon nicht mehr. Die Scheinkompromisse von Potsdam – wie schon der große Scheinkompromiß von Jalta, die »Erklärung über das befreite Europa« – spiegeln wider, daß die angelsächsischen Demokratien und das despotisch regierte Rußland zwar einen Krieg gemeinsam führen und gewinnen, nicht aber den europäischen Frieden gemeinsam gestalten konnten.

Die Scheinkompromisse von Potsdam – das zielt vor allem auf die Behandlung der deutschen Probleme, die keineswegs das einzige, aber natürlich ein Hauptthema der Konferenz bildeten. Gestritten wurde lange und zäh über die Reparationen. Auf der einen Seite standen die Russen mit ihrem verständlichen Reparationshunger, ihrer Entschlossenheit, soviel wie möglich an materiellen Entschädigungen aus dem besiegten Land, dem ganzen Deutschland, herauszuholen. Auf der anderen die Amerikaner, die nicht bereit waren, irgendeiner Reparationsregelung zuzustimmen, die darauf hinauslaufen konnte, daß sie selbst am Ende zu zahlen haben würden, und die Engländer, die sich so wenig wie die Amerikaner als Besatzungsmacht unabsehbare ökonomische Lasten aufbürden lassen wollten und deshalb darauf beharrten, die Deutschen müßten sich selbst erhalten können. Gestritten wurde auch über die Grenzfrage. Die Russen bestanden auf dem von ihnen geschaffenen Fait accompli der Grenze an der Oder und der Görlitzer Neiße, die Amerikaner und Engländer sträubten sich, verärgert über das eigenmächtige Vorgehen der Russen und Polen, gegen dieses Fait accompli und wollten allenfalls die Glatzer Neiße, viel weiter im Osten, akzeptieren. Dabei war keine Sympathie für die Deutschen im Spiel – die empfand am Potsdamer Verhandlungstisch begreiflicherweise niemand, vielmehr fürchteten die Westmächte das Millionenheer der Flüchtlinge, fürchteten auch die wirtschaftlichen Folgen einer so drastischen Amputation.

Gewiß, man wollte sich einigen, und man einigte sich schließlich auch. Ein Kompromißvorschlag des amerikanischen Außenministers Byrnes, der die beiden Streitfragen miteinander verknüpfte, wies den Ausweg. Aber der Kompromiß gab beiden Seiten doch nur, was ihnen die jeweils andere Seite ohnehin nicht streitig machen konnte. Er verwies die drei Mächte und Frankreich zur Befriedigung ihrer Ansprüche auf ihre eigenen Zonen, ohne die Reparationen der Höhe nach zu fixieren; er schirmte die westlichen Zonen, von gewissen ausdrücklich festgelegten, zum Teil an Gegenleistungen gebundenen Lieferungsverpflichtungen abgesehen, also gegen russische Forderungen ab. Die Sowjetunion erhielt für diesen Verzicht nicht nur freie Hand in ihrer eigenen Zone – eine Ermächtigung, von der sie gründlich Gebrauch gemacht hat –, sie erhielt vor allem die – wenn auch rechtlich nur vorläufige – Anerkennung der von ihr einseitig festgelegten Oder-Neiße-Grenze. Übrigens spiegelt der Kompromiß eine Art von Rangordnung der Streitfragen wider: Das Reparationsthema war den Westmächten offensichtlich wichtiger als die Grenzfrage.

Daß das Potsdamer Abkommen nur noch die Illusion der Einigkeit aufrechterhielt, nicht mehr Ausdruck wirklicher Übereinstimmung war, trat nicht erst später zutage, etwa in dem jahrelang geführten Streit über die Reparationen, in dem beide Seiten keinen Millimeter nachgaben. Der Text des Abkommens selbst in seiner Widersprüchlichkeit verrät es bereits. Neben den Vereinbarungen über die Reparationen, die Deutschland notwendig in Wirtschaftszonen auseinanderreißen mußten, stand der lapidare Satz: »Während der Besatzungszeit ist Deutschland als eine wirtschaftliche Einheit zu betrachten«, der zudem noch völlig ignorierte, daß einer auf Planwirtschaft fixierten östlichen Besatzungsmacht die auf Marktwirtschaft eingeschworenen westlichen Besatzungsmächte gegenüberstanden. Ohne jede genauere Abgrenzung der Kompetenzen wurde »die oberste Regierungsgewalt in Deutschland« – wie schon in Jalta und in der Proklamation vom 5. Juni – einerseits den Oberbefehlshabern für ihre Zonen, andererseits aber auch allen Oberbefehlshabern gemeinsam »in den Deutschland als Ganzes betreffenden Fragen« übertragen. Was die polnische Westgrenze angeht, so schob das Abkommen zwar einerseits die endgültige Regelung bis zu einer »Friedenskonferenz« auf, besiegelte aber andererseits die Endgültigkeit der Oder-Neiße-Linie wenige Seiten später, indem es die Vertreibung der deutschen Bevölkerung aus den Ostgebieten guthieß. Und selbst für das – wesentlich auf amerikanische Vorarbeiten gestützte – rigorose Programm der »Ausrottung des deutschen Militarismus und Nazismus«, auf das man sich, entschlossen, das deutsche Übel mit Stumpf und Stiel auszutilgen, rasch und ohne Mühe geeinigt hatte, gilt: Geeinigt hatte man sich nur scheinbar. Es war schon damals naiv anzunehmen, Ost und West könnten das gleiche meinen, wenn sie vom Aufbau einer Demokratie in Deutschland oder auch nur von der »Ausrottung des Nazismus« sprachen.

Der Absicht nach ist das Potsdamer Abkommen dennoch ein gemeinsames deutschlandpolitisches Programm der Siegermächte gewesen – die Hauptbeteiligten haben, als sie Potsdam verließen, wohl wirklich gemeint, nun würden sie Deutschland nach seinen Grundsätzen gemeinsam regieren. Für die Deutschen, wenn sie im Chaos der ersten Nachkriegsmonate denn überhaupt davon Notiz nahmen, las sich dieses Programm als eine Botschaft der Härte, aber nicht der gänzlichen Hoffnungslosigkeit: Auf einstweilen unabsehbare Zeit würde Deutschland von den Siegern regiert werden, durch die vier Mächte im Kontrollrat und durch jede einzeln in ihrer Zone, unterstützt von einer stark dezentralisierten deutschen Verwaltung, aber auch von vier zentralen Staatssekretariaten; auf die Dauer würde es Deutschland, wenn es zu lernen bereit war, erlaubt sein, eine Demokratie aufzubauen; vorab aber waren Militarismus und Nazismus mit der Wurzel auszureißen, wozu gründliche Säuberungen und Strafgerichte würden vollzogen werden müssen; die industriellen Kapazitäten würden zu erheblichen Teilen abgebaut werden, aber die Einheit Deutschlands als Wirtschaftsraum, seine Fähigkeit, sich aus eigener Kraft zu erhalten, sollte bewahrt werden; über die Ostgrenze würde endgültig erst in einem Friedensvertrag entschieden werden.

Tatsächlich hat dieses Programm, hat das Abkommen als Abkommen, wie man weiß, keine großen Wirkungen entfaltet, sosehr es auch über lange Zeit vor allem der Sowjetunion im Kalten Krieg als Argument gedient hat. Alle vier Siegermächte haben sich in der Folgezeit in ihrem Umgang mit dem besiegten Land nicht von den Potsdamer Vereinbarungen, sondern von ihren Interessen bestimmen lassen. Das heißt nicht, daß der Gang der Verhandlungen und die Ergebnisse für Deutschland im Grunde folgenlos gewesen wären. Wenn auch alles dafür spricht, daß die Wirtschaftseinheit im Grunde schon mit der Aufgliederung Restdeutschlands in Besatzungszonen verloren war, so hat die Potsdamer Reparationsregelung doch ganz sicher an der Zerstörung dieser Einheit kräftig mitgewirkt – nüchterne Beobachter haben das im August 1945 sogleich vorausgesagt.[9]

Auch die Entscheidung, ob südlich der Oder die westliche oder die östliche Neiße Deutschlands Ostgrenze sein, ob also ein beträchtlicher Teil Schlesiens deutsch bleiben werde, ist erst in Potsdam gefallen. Es liegt für Deutschland Tragik in der Verworrenheit der Verhandlungen, die dazu führte, daß die Amerikaner im Rahmen ihres Kompromißvorschlages die westliche Neiße in dem Augenblick akzeptierten, in dem Stalin offenbar bereit war, für eine befriedigende Regelung der Reparationsfrage die östliche Neiße hinzunehmen.

»Geduld ist keine typisch amerikanische Eigenschaft«, notierte ein junger englischer Diplomat in Potsdam.[10] Hätte mehr Geduld zu einem anderen Ergebnis führen können? Für George Kennan, damals Botschaftsrat in Moskau, war das Abkommen ein Dokument der Illusionen, der Fehleinschätzung der Sowjetunion. »Ich kann mich an kein politisches Dokument erinnern«, schreibt er in seinen Memoiren, »das mich je so deprimiert hätte wie das von Truman unterzeichnete Kommuniqué am Ende dieser wirren und verwirrenden Verhandlungen.«[11] Deutsche Kritik wird sich freilich immer vor Augen halten müssen: Für das Bündnis der Sieger, das fortzuführen einstweilen noch alle drei Mächte entschlossen waren, war die Einigung als solche wichtig, viel wichtiger begreiflicherweise als die Interessen des besiegten Landes. Die Chancen fortgesetzter Kooperation auf dessen Kosten zu wahren, war in Potsdam für alle Beteiligten noch ganz selbstverständlich.

IV.

Wie lange hat es gedauert, bis die Weichen definitiv in Richtung Teilung gestellt wurden? War schon mit dem Scheitern der Pariser Außenministerkonferenz im Sommer 1946 alles entschieden, oder gab es noch bis zum Frühjahr, gar bis zum Dezember 1947 Verhandlungsspielräume? Hat es überhaupt die Chance einer anderen Entwicklung gegeben? Fragen, die noch einmal zu der Feststellung zurückführen, die am Anfang stand: Die beiden deutschen Staaten von 1949 seien Geschöpfe des Kalten Krieges gewesen. Es geht um das in der Geschichtsschreibung weitläufig und kontrovers erörterte Doppelproblem, ob der Kalte Krieg vermeidbar gewesen wäre und ob er zur Teilung Deutschlands führen mußte.

Bei allen Meinungsverschiedenheiten über die Ursprünge des Kalten Krieges sind die Historiker sich doch darüber einig, daß in der ersten Phase nicht der Streit um Deutschland, sondern der Streit um Osteuropa, vor allem Polen, für die Entfremdung zwischen den Kriegsverbündeten entscheidend gewesen ist. Dieser Streit aber, der dem Kalten Krieg die ersten und – bis zum Prager Umsturz vom Frühjahr 1948 – wohl auch die stärksten Impulse gegeben hat, war in der gegebenen Konstellation fast unentrinnbar angelegt.

Auf der einen Seite war Stalin, durch den Sieg zum Herrn Osteuropas geworden, entschlossen, es zu bleiben. Sicherheit durch Vorfeld-Hegemonie war sein wichtigstes strategisches Kriegsziel. Die Anfänge deuten, was die Methoden angeht, auf eine gewisse Flexibilität hin. Es war nicht von vornherein ausgemacht, welche Kontrollintensität, welche Formen der Kontrolle die Sowjetunion für notwendig halten würde. Dabei mag die Erwartung, die Kriegsallianz werde sich vielleicht erhalten lassen, durchaus eine Rolle gespielt haben. Aber sehr rasch zeigte sich, daß der sowjetische Anspruch auf eine gesicherte Vormachtstellung im ostmitteleuropäischen Raum selbst mit begrenzter politischer Freiheit für die Länder und in den Ländern dieses Raumes unvereinbar war. Es war mehr als wahrscheinlich, daß die sowjetische Hegemonialpolitik, einer inneren Logik folgend, über kurz oder lang in eine harte Sowjetisierungspolitik, eine Politik der vertrauten totalitären Mittel umschlagen würde. So ist es dann auch gekommen. Nach einer von Milovan Djilas überlieferten Bemerkung hat Stalin die Entwicklung schon im April 1945 vorhergesagt. Dieser Krieg, erklärte er seinen Zuhörern, sei von anderer Art als die Kriege der Vergangenheit: »Wer immer ein Gebiet besetzt, erlegt ihm auch sein eigenes gesellschaftliches System auf. Jeder führt sein eigenes System ein, soweit seine Armee vordringen kann. Es kann nicht anders sein.«[12]

Auf der anderen Seite hatten die Vereinigten Staaten gemeinsam mit Großbritannien zu Beginn des Krieges in der Atlantik-Charta verkündet, alle Völker sollten das Recht zurückerhalten, sich selbst die Regierungsform zu wählen, unter der sie leben wollten. Ihr entschiedenes Beharren auf der Forderung nach freien Wahlen auch im befreiten Osteuropa, zumal in Polen, war, daran kann kein Zweifel bestehen, eine Sache elementarer Überzeugung. Sie läßt sich nicht einfach auf amerikanische »Interessen«, was immer das sein mag, zurückführen. Die auf Roosevelt zielende kritische Bemerkung Wilfried Loths: »Indem die amerikanische Führung Selbstbestimmung Osteuropas und sowjetische Freundschaft zugleich haben wollte, verspielte sie beides«, trifft deshalb, so präzise sie ist, das eigentliche Problem nicht.[13] Die Amerikaner konnten, ohne ihre eigenen Ideale zu verraten, die Selbstbestimmung der osteuropäischen Völker nicht einfach auf dem Altar der Freundschaft mit der Sowjetunion opfern.

Ob die Amerikaner klug handelten, steht auf einem anderen Blatt. Sie hatten nicht die Macht, die Sowjetunion in Osteuropa zu anderen als rein verbalen, niemals ernstgemeinten Zugeständnissen zu zwingen.[14] Wie wenig selbst die Atombombe an dieser Ohnmacht änderte, hat Truman, zu seiner Überraschung wohl, schon in Potsdam erfahren. Er hatte, eher beiläufig, Stalin von der neuen amerikanischen Waffe – die Russen zogen erst 1949 gleich – berichtet, aber spürbare Wirkung damit nicht erzielt. Und dabei blieb es. Am Ende mußten die USA die sowjetische Hegemonie über Osteuropa mit allen Folgen für die betroffenen Völker doch anerkennen. So gesehen hatte ihre hartnäckige Einmischung – dies die sowjetische Perspektive – in die osteuropäischen Verhältnisse, ihre Weigerung, der Sowjetunion freie Hand vor ihrer Haustür zu lassen, keine andere Wirkung, als das Mißtrauen des immer mißtrauischen Despoten im Kreml zu schüren. Aber es steht dem Historiker nicht zu, der amerikanischen Politik rückblickend zu empfehlen, sie hätte sich um das Schicksal der osteuropäischen Völker besser nicht gekümmert, weil ohnehin nichts auszurichten gewesen sei.

Der Streit um die Demokratie in Osteuropa hat das Kriegsbündnis zuerst erschüttert. Die Sorge um Westeuropa war es, die den Westen unter amerikanischer Führung zum Kalten Krieg sich formieren ließ. Daß Westeuropa nicht unter sowjetischen Einfluß fallen dürfe, war von Anfang an die erste, die grundlegende Prämisse der amerikanischen Nachkriegspolitik in Europa. So aufrichtig ihre Absicht, mit der Sowjetunion zusammenzuarbeiten, ursprünglich auch war, sobald die Amerikaner zu der Überzeugung gelangten, es sei das eine nicht mit dem anderen zu vereinbaren, mußte die Entscheidung früher oder später – tatsächlich ist die kooperative Linie nicht rasch und leicht verlassen worden – zugunsten des ersten Ziels fallen.

Aber war Westeuropa denn wirklich bedroht? Diese Frage ist bis heute nicht mit Sicherheit zu beantworten. Vermutlich hatte Stalin, was Westeuropa angeht, keine festen Pläne. Welche Möglichkeiten sich der Sowjetunion bieten würden, hing davon ab, ob die Amerikaner in Europa bleiben oder ob sie gehen würden – Roosevelt hatte in Jalta von einem Abzug binnen zwei Jahren gesprochen –, und natürlich auch von den politischen und wirtschaftlichen Entwicklungen in Westeuropa selbst, auf die durch Volksfrontbündnisse Einfluß zu nehmen die Sowjetunion sich Hoffnung machen durfte. Vorrang hatte für Stalin ganz gewiß die Sicherung der Kriegsbeute. Auch darf man annehmen, daß er sich der Erschöpfung seines Landes sehr bewußt war. Das spräche gegen kühne Ambitionen, bei geduldiger Bereitschaft, Gelegenheiten des Einflußgewinns zu nutzen, wo es denn ohne Risiko möglich war. Welchen Preis Stalin für die Fortführung der Zusammenarbeit mit den Westmächten, an der er wahrscheinlich nicht uninteressiert war, zu zahlen bereit gewesen wäre, bleibt unklar.

Was immer Stalins Ziele gewesen sein mögen – entscheidend war, wie man seine Politik im Westen wahrnahm. Der Westen zog, das konnte nicht anders sein, seine Schlüsse wesentlich aus dem Zugriff der Sowjetunion auf Osteuropa. Von 1946 an wuchs das Mißtrauen rasch. Aus der zunehmenden Entschlossenheit und Härte, mit der die Sowjetunion sich Osteuropa gefügig machte, las man immer mehr über Osteuropa hinaus gerichtete gezielt-expansive Absichten heraus. Daß die Sowjetunion Ansprüche auf Präsenz in Persien, der Türkei und Nordafrika anmeldete, mußte den Verdacht erhärten. Und die Verhältnisse in Westeuropa selbst, das Nachkriegselend und die Nachkriegsschwäche, dazu die Stärke der auf Moskau eingeschworenen kommunistischen Parteien, zumal in Frankreich und Italien, wirkten nicht eben beruhigend. Im Gegenteil: Braute sich da in den Ruinen des Krieges, in Hunger und Kälte, nicht eine Stimmung der Verzweiflung zusammen? Und spekulierte die Sowjetunion nicht eben darauf? So verdichtete sich das Mißtrauen dem Kriegsverbündeten gegenüber allmählich zu der Gewißheit, es mit einem bedrohlichen Gegner zu tun zu haben, dessen weltrevolutionäre Ideologie ernst zu nehmen sei.

Diese wachsende Gewißheit mußte der amerikanischen Europapolitik eine neue Richtung geben, eben jene, die sie 1947 einschlug. Wenn Westeuropa – um Osteuropa ging es zu diesem Zeitpunkt schon gar nicht mehr – im Vorfeld sowjetischer Hegemonialmacht akut gefährdet war, dann war ein Engagement in Westeuropa und für Westeuropa unabweisbar. Wie für die amerikanische Nachkriegspolitik überhaupt ist es auch für diese Wendung müßig, ein einzelnes Motiv – das ökonomische etwa, auf das die Geschichtswissenschaft so viel Mühe verwandt hat – säuberlich herauspräparieren zu wollen. Ideal und Interesse, politisches und ökonomisches Kalkül, die Verteidigung der liberalen Demokratie und die Sicherung wichtiger Märkte – beides war ganz und gar ineinander verwoben. Die Frage, die bleibt, ist nicht die nach dem Motiv, sondern die, ob die Lage richtig beurteilt wurde. Aber selbst wenn es nur Ungewißheit über die Absichten der Sowjetunion gewesen wäre – angesichts einer russischen Hegemonie über den halben Kontinent, russischer Truppen an der Elbe konnte es nicht ausbleiben, daß die andere Hälfte des Kontinents sich unter amerikanischer Führung zu einem Gegenblock formierte. Aus ebendieser Reaktion wiederum hat die Sowjetunion vermutlich den Schluß gezogen, daß der Kapitalismus sich zu einer aggressiven Konfrontationsstrategie sammle.

War damit auch der Kalte Krieg, so wie er dann tatsächlich ausgetragen wurde, unvermeidlich geworden? Hätte man sich nicht über den defensiven Charakter der Blockbildung auf beiden Seiten verständigen können? Theoretisch wohl – vorausgesetzt natürlich, daß Stalin wirklich keine weiterreichenden Ziele verfolgte. Tatsächlich setzt eine solche Verständigung ein einigermaßen stabiles wechselseitiges Vertrauen voraus, und eben das konnte sich unter der unaufhebbaren Bedingung des Systemgegensatzes nicht bilden.

Dies ist der Kontext des Streites um Deutschland, der zur Teilung führte. Aber der Streit um Deutschland darf nicht einfach nur als selbstverständliche Folge des allgemeinen Entfremdungs- und Verfeindungsprozesses gesehen werden, der die Kriegskoalition sprengte. Es sind in den deutschen Verhältnissen auch sehr spezifische, gleichsam lokale Streitimpulse wirksam gewesen, denen der Ost-West-Konflikt dann freilich eine Dynamik gab, die das deutsche Thema rasch in sein Zentrum rückte. Und da die Sowjetunion und die Westmächte nirgendwo in so enger Verbindung miteinander standen wie in Deutschland, das ihnen als gemeinsame Beute zugefallen war, mußte der Bruch zwischen ihnen in Deutschland auch die dramatischsten Folgen haben.

V.

Noch immer gibt die Forschung sehr unterschiedliche Antworten auf die Frage, welche Ziele die Sowjetunion in Deutschland zwischen 1945 und 1949 verfolgt habe.[15] So viel ist klar: Deutschland war für die Sowjetunion ein anderer Fall als Polen, Ungarn, die Länder Ostmitteleuropas. Es war ein geteiltes Land, in dem die Sowjetunion unmittelbar mit den Mächten des Westens zu tun hatte. Im einzelnen ist einiges deutlich erkennbar: der Reparationshunger, das Interesse an einem Zugriff auf das Ruhrgebiet, die Entschlossenheit zu verhindern, daß Deutschland jemals wieder zu einer starken, bedrohlichen Macht werden könnte. Aber welche deutschlandpolitische Konzeption stand hinter solchen handfesten Interessen? Hatte die Sowjetunion 1945 überhaupt eine klare deutschlandpolitische Konzeption? Hat es einen oder mehrere Kurswechsel gegeben?

Die vorherrschende Auffassung ist die, daß für die sowjetische Deutschlandpolitik bis 1949, vielleicht sogar noch darüber hinaus, eine auffallende Uneindeutigkeit charakteristisch sei und daß diese Uneindeutigkeit sich am besten mit der Annahme erklären lasse, Moskau habe zwischen mehreren deutschlandpolitischen Zielsetzungen geschwankt. Oder auch: Die Sowjetunion habe mehrere miteinander unvereinbare deutschlandpolitische Ziele gleichzeitig verfolgt, um sich möglichst lange verschiedene Optionen offenzuhalten. Diese Auffassung hat tatsächlich die besten Argumente für sich. Von Anfang an verfuhr die Sowjetunion mit ihrer Zone nach Gutdünken, schirmte sie gegen den Einfluß des Kontrollrates konsequent ab. Die DDR stellt sich als eine Art von logischem Ergebnis dieser Besatzungspolitik dar. Zugleich plädierte und agitierte die Sowjetunion aber auch mit erstaunlicher Beharrlichkeit für eine gesamtdeutsche Lösung. Dabei scheint sie nicht nur an das Traumziel eines von der SED regierten, sowjetischem Einfluß weit geöffneten Deutschlands gedacht, sondern unter gewissen Voraussetzungen auch eine neutralisierte, antifaschistische, dabei nicht notwendig »volksdemokratisch« verfaßte deutsche Demo-

Reparationen sind ein zentrales, vielleicht das zentrale Streitthema in jenem Entfremdungsprozeß gewesen, in dem die Kriegskoalition sich 1946/47 rasch auflöste.

Für die Russen war Deutschland zunächst einmal Beuteobjekt, ihr Reparationshunger war gewaltig. Amerikaner und Briten fürchteten, daß sie letztlich zu zahlen haben würden, wenn man den Deutschen nicht das zum Überleben Nötige ließ.

Die Potsdamer Reparationsvereinbarungen, die den Russen ein begrenztes Reparationsquantum auch aus den westlichen Besatzungszonen zugestanden hatten, haben denn auch nicht lange gehalten.

kratie in Erwägung gezogen zu haben. Aber dieses Spiel mit verschiedenen Optionen den Teil und das Ganze betreffend, wenn es denn eins war, fügte sich nicht zu einer stimmigen Konzeption. Es ist, heißt das, der Sowjetunion nicht gelungen, eine Strategie zu entwickeln, in der ihre Interessen am Teil, der eigenen Zone, und am Ganzen, dem gesamten Deutschland, schlüssig miteinander verbunden waren.

Der entschlossene Zugriff auf die eigene Zone ist die eine Seite. Er diente der Stillung des ungeheuren Reparationshungers, der vielleicht die elementarste Konstante der sowjetischen Deutschlandpolitik der ersten Nachkriegsjahre gewesen ist. Er diente aber auch dem Aufbau der Hegemonialstellung, die die Sowjetunion sich in ganz Osteuropa errichtete. Und das heißt: Jene Eigendynamik der Sowjetisierung, von der im Blick auf Osteuropa die Rede war, wurde auch in der sowjetischen Zone in Gang gesetzt.

Andererseits hat die Sowjetunion mit einiger Hartnäckigkeit das Ziel verfolgt, Einfluß auf das ganze Deutschland zu gewinnen. Viel spricht dafür, daß ihre Besatzungspolitik – jedenfalls in der ersten Phase – in starkem Maße auf dieses ganze Deutschland ausgerichtet war. Die frühe Zulassung von Parteien und Gewerkschaften durch die Sowjetische Militäradministration (10. Juni 1945 – einen Monat vor Beginn der Konferenz von Potsdam!); die bemerkenswerte Zurückhaltung des Aufrufs, mit dem die KPD am 11. Juni 1945 an die Öffentlichkeit trat – das Wort »Sozialismus« kam in ihm nicht vor; die Politik des Bündnisses der KPD mit den anderen lizenzierten Parteien im Zeichen des »Antifaschismus«; die Einrichtung von »Deutschen Zentralverwaltungen« in Berlin schon im Juli 1945 auf Befehl der Militärregierung – das alles deutet auf eine Strategie hin, die über die eigene Besatzungszone hinauszielte. Selbst die erzwungene Vereinigung von KPD und SPD zur SED im Frühjahr 1946 läßt sich noch dieser Strategie zuordnen, wäre dann freilich die wohl folgenreichste Fehlkalkulation der sowjetischen Deutschlandpolitik gewesen.

Wollte die Sowjetunion vor allem verhindern, daß der westliche, größere Teil Deutschlands mit seinen Potentialen ganz in den amerikanisch-britischen Einflußbereich einbezogen wurde? Machte sich die Sowjetunion Hoffnungen, das ganze Deutschland in ihren Hegemonialbereich hineinziehen zu können? Djilas berichtet von entsprechenden Äußerungen sowjetischer Führer im Frühjahr 1946.[16] Oder ging es ihr tatsächlich »nur« um »zehn Milliarden Dollar Reparationen und die Beteiligung an einer Vier-Mächte-Kontrolle der Ruhr« – Molotows knappe, präzise und nicht ganz unglaubwürdige Antwort, als Byrnes ihn am Ende der Pariser Außenministerkonferenz im Sommer 1946 fragte, was die Sowjetunion denn in Deutschland wirklich wolle.[17]

Wahrscheinlich haben alle drei Zielsetzungen mit wechselndem Gewicht zeitweilig eine Rolle gespielt, wobei das Interesse, sich Zugang zu den ökonomischen Potentialen ganz Deutschlands zu verschaffen, vermutlich das stärkste Motiv war. Aber was immer es an gesamtdeutschen Ambitionen in Moskau gegeben haben mag – die doch nicht gegen die Westmächte zu verwirklichen waren; für die, wenn mehr gemeint war als bloße Ausbeutung, auch deutsche Sympathien gewonnen werden mußten –, es ist nicht erkennbar, daß sie auf den Umgang der Sowjetunion mit ihrer eigenen Zone bestimmend Einfluß gehabt hätten. Das ist der Punkt, an dem die sowjetische Deutschlandpolitik gleichsam mit sich selbst in Widerspruch geriet. Der Kreml, obschon über die eigene Zone hinausblickend, war, so scheint es, nicht wirklich, zumindest nicht rechtzeitig – vor der endgültigen Erstarrung der Verhältnisse – bereit, den Preis für eine chancenreiche offensive Deutschlandstrategie zu zahlen. Die Risikoschwelle, jenseits derer die exklusive Verfügungsfreiheit über die eigene Zone gefährdet gewesen wäre, hat er nie überschritten. Moskaus Deutschlandpolitik stellt sich, jedenfalls im Ergebnis, als eine Spatz-in-der-Hand-Politik dar. Der ominöse Satz »Perspektive – es wird zwei Deutschlands geben«, in einer Moskauer Gesprächsnotiz vom Juni 1945 festgehalten und wohl eher als Spekulation über den wahrscheinlichen Gang der Dinge denn als frühe Absichtserklärung zu deuten, ist zu einer Art von *self-fulfilling prophecy* geworden.[18]

Für die westliche Seite gilt: In den ersten ein bis anderthalb Jahren war das Potsdamer Programm einer Zusammenarbeit der Siegermächte in Deutschland, bei allen Irritationen, die sich rasch einstellten, Richtschnur. George Kennans Notiz aus dem Sommer 1945: »Die Idee, Deutschland gemeinsam mit den Russen regieren zu wollen, ist ein Wahn«, war noch durchaus gegen den Strom geschrieben.[19] Die Auffassung, man müsse aus übergeordneten, weltpolitischen Gründen versuchen, die Allianz fortzuführen, gerade im besetzten Deutschland, war zunächst die vorherrschende, in Washington wie in London. Die Frage, welchen Preis man für die Zusammenarbeit zu zahlen bereit war, wurde freilich weder klar gestellt noch klar beantwortet. Insofern kann von einer durchdachten deutschlandpolitischen Konzeption für diese Zeit kaum die Rede sein. Die wurde erst mit dem Kurswechsel der Jahre 1946/47 entwickelt, als sich in den westlichen Hauptstädten die Auffassung durchsetzte, die Sowjetunion bedrohe Westeuropa und sei in der deutschen Frage im besonderen nicht länger als Partner, sondern als Gegner anzusehen. Und dann war es eine Konzeption der Teilung. Von 1947 an wurde sie konsequent in die Tat umgesetzt.

Die Überzeugung, es sei an der Zeit, den Versuch einer gemeinsamen Deutschlandpolitik der vier Mächte aufzugeben, hat in London früher die Oberhand gewonnen als in Washington. Das hatte zunächst mit der Einschätzung der sowjetischen Gefahr im allgemeinen zu tun. Schon im Frühjahr 1946 wurden im Foreign Office Überlegungen angestellt, die die Truman-Doktrin des Frühjahrs 1947 gewissermaßen vorwegnahmen. Ernest Bevin selbst, der Außenminister, notierte im Mai, fast auf den Tag ein Jahr nach Kriegsende: »Die russische Gefahr ist inzwischen genauso groß, möglicherweise sogar noch größer als die Gefahr eines wiedererstarkten Deutschlands. Am schlimmsten aber wäre ein wiedererstarktes Deutschland, das gemeinsame Sache mit Rußland macht oder von ihm beherrscht würde.«[20] Es hat aber auch damit zu tun, daß Großbritannien – hochverschuldet, exportschwach, arm an Devisen – mit dramatischen wirtschaftlichen Schwierigkeiten zu kämpfen hatte. Die Regierung war nicht länger bereit, die Lasten, die dem Land aus seiner Besatzungsverantwortung erwuchsen, dem britischen Steuerzahler aufzubürden. Die Deutschen mußten folglich in die Lage versetzt werden, das, was sie zum Überleben brauchten, auf dem Weltmarkt selbst zu kaufen. Dazu mußte sich in Deutschland, zwischen den Zonen, etwas bewegen. Mit der Sowjetunion aber würde sich nichts bewegen. Also mußte man ohne sie handeln.

Es war das ökonomische Motiv, das die britische Regierung zu besonderer Eile antrieb. Vom Sommer 1946 an hat sie mit wachsender Entschiedenheit auf die Umorientierung der westlichen Deutschlandpolitik hingearbeitet. Großbritannien, heißt das, hat mit der früh gewonnenen Überzeugung, daß sein Interesse in der Konsolidierung des westlichen Deutschlands liege, letztlich also in der Teilung und nicht länger im sicherheitspolitisch riskanten und ökonomisch belastenden Festhalten am gesamtdeutschen Potsdamer Programm, eine wichtige Vorreiterrolle in der Nachkriegsentwicklung gespielt.

Die Amerikaner, auf die alles ankam, haben mit der Entscheidung für die Westlösung länger gezögert, sie dann freilich um so entschlossener durchgesetzt. Der Vertragsentwurf, den Byrnes im Frühjahr und noch einmal im Sommer 1946 auf der Pariser Tagung des Rates der Außenminister ins Gespräch brachte, war noch ganz und gar Ausdruck des Bemühens, eine »Potsdamer«, das heißt eine gemeinsame Lösung des Deutschlandproblems zu finden. Er sah vor, Deutschland für 25 Jahre – auf sowjetische Einwände hin erklärte Byrnes sich sogar mit vierzig Jahren einverstanden – den Status der Waffenlosigkeit und der Neutralität unter der Aufsicht der Siegermächte aufzuerlegen, ihm aber in naher Zukunft wieder eine eigene Regierung zu geben. Für vordringlich erklärte Byrnes im übrigen die Wiederherstellung der wirtschaftlichen Einheit. Molotow lehnte ab. Aus seinen Gegenforderungen läßt sich ein klares Bild über die Gründe des sowjetischen Neins nicht gewinnen. Scheute Stalin vor jeder – auch mittelfristigen – vertraglichen Verpflichtung zurück, seine Truppen aus Deutschland abzuziehen? Wollte er keine Vereinbarung, die die politische Präsenz der Amerikaner in Mitteleuropa auf lange Zeit festgeschrieben hätte? Wich er einfach aus, wann immer sich eine Entwicklung abzeichnete, die die eigene Zone seinem ungehinderten Zugriff wieder hätte entziehen können? Jedenfalls hat dieses Nein eine wichtige Weiche für die deutsche wie für die europäische Geschichte gestellt.

Trotz des Scheiterns seiner Vertragsinitiative: Auch die berühmte, den Besiegten in freundlicher Strenge zugewandte Rede, die Byrnes, wenige Wochen nach der Pariser Konferenz, am 6. September 1946 in Stuttgart hielt und die von vielen Deutschen als Wendepunkt der Nachkriegsgeschichte empfunden wurde, war wohl noch nicht die definitive Ankündigung eines Kurswechsels. In gewissem Sinn warb sie um die Deutschen, wollte ihnen Mut machen und machte ihnen Mut – das war eine Antwort auf Molotow, der den Deutschen in Paris Avancen gemacht hatte. Sie übte vorsichtige Kritik an der sowjetischen Politik, besonders am sowjetischen Gebaren im Kontrollrat, aber die gesamtdeutsche Perspektive war doch noch ganz bestimmend.

Ähnlich vorsichtig hat man die Vereinigung der amerikanischen mit der britischen Zone zur sogenannten Bizone einzuschätzen, die, im Juli 1946, nach der gescheiterten Pariser Außenministerkonferenz und wohl auch in Reaktion auf ihr Scheitern beschlossen, zum 1. Januar 1947 vollzogen wurde. Sie war noch keineswegs jener planmäßige erste Schritt in Richtung Westlösung, als die sie sich später, im Rückblick, darstellte, jedenfalls nicht für die Amerikaner. In London mag man schon weiter gedacht haben. Beide Mächte suchten, zwischen zwei Elendswintern, einen Ausweg aus der bedrängenden wirtschaftlichen Malaise im besetzten Deutschland, die auf die USA als Steuerlast, auf England als schwer erträgliche Beanspruchung der knappen Dollarreserven zurückschlug. Ohne Aufhebung der Wirtschaftsgrenzen, die die Zonen hermetisch gegeneinander abschotteten, war kein Fortschritt zu erhoffen. Und da die Russen wie die Franzosen, obschon von den Amerikanern in Paris nachdrücklich eingeladen mitzutun, auf dieser Abschottung ihrer Herrschaftsbereiche bestanden, handelten die Angelsachsen allein. Ein pragmatisches Unternehmen also, eine Reaktion auf eine akute Notlage, wenn auch niemand übersehen konnte, daß es sich faktisch um einen Schritt zur Verfestigung der Ost-West-Spaltung Deutschlands handelte.

Ihren Wendepunkt hat die amerikanische Deutschlandpolitik vermutlich erst im Frühjahr 1947 erreicht, als sich in Washington die Auffassung endgültig durchsetzte, die kommunistische Großmacht Sowjetunion bedrohe das durch Krieg und Nachkriegselend lebensgefährlich geschwächte Westeuropa.[21] In wenigen Monaten gewann nun eine neue außenpolitische Strategie Gestalt, eine Strategie, die die politische und die ökonomische Stabilisierung Westeuropas zur vordringlichen Aufgabe der amerikanischen Politik erhob:

Viele Deutsche erinnerten sich später der Rede, die der amerikanische Außenminister Byrnes am 6. September 1946 in Stuttgart hielt, als des Augenblicks, in dem sie zum ersten Mal wieder so etwas wie Hoffnung empfunden hätten. Noch ging es nicht um die Errichtung des Weststaates. Aber für jeden aufmerksamen Zuhörer war erkennbar, daß die Westmächte unter dem Druck des sich anbahnenden Kalten Krieges um die Deutschen zu werben begannen.

Im März, der englische Rückzug aus dem griechischen Bürgerkrieg war der Anlaß, wurde in bewußt dramatischer Akzentuierung die sogenannte Truman-Doktrin verkündet, in der die USA sich zur Unterstützung der »freien Völker« in ihrem Kampf gegen »totalitäre Bewegungen« verpflichteten. Und im Juni kündigte Außenminister Marshall ein Programm wirtschaftlicher Hilfe für Europa an, das als Marshall-Plan Geschichte gemacht hat. Auch hier gilt: Wer auf das ökonomische Eigeninteresse der Amerikaner an diesem Programm hinweist, sagt nichts Falsches, aber er trifft nicht den Kern. Der Kern war, daß europäisches und amerikanisches Interesse in einer zukunftsweisenden politischen Konzeption zur Deckung gebracht wurde.

Präsentiert wurde der Marshall-Plan noch mit einer gesamteuropäischen Perspektive, aber tatsächlich bedeutete das – selbstverständlich für den ganzen sowjetischen Hegemonialbereich verbindliche – Nein Moskaus, daß mit ihm der Aufbau des Westblocks begann. Damit war für das Deutschlandproblem ein neuer politischer Kontext gegeben. Ohne Westdeutschland mit seinen ökonomischen Potentialen, in welcher Form auch immer, an Westeuropa zu binden, in den Wiederaufbau Westeuropas einzubeziehen, war die Aufgabe der Stabilisierung Westeuropas nicht zu bewältigen – diese Überzeugung wurde nun handlungsbestimmend. Die wichtigsten deutschlandpolitischen Dokumente des Sommers 1947 geben darüber bereits in aller Klarheit Auskunft. In den Richtlinien, die der amerikanische Militärgouverneur General Clay im Juli 1947 von seiner Regierung erhielt – sie ersetzten die berüchtigte Direktive JCS 1067 aus dem Jahre 1945 –, hieß es: »Für ein geordnetes und blühendes Europa sind die wirtschaftlichen Beiträge eines stabilen und produktiven Deutschlands ebenso notwendig wie die Beschränkungen, die die Garantie geben sollen, daß der destruktive Militarismus in Deutschland nicht wieder aufleben wird.«[22] Und wenige Wochen später begründeten Amerikaner und Engländer die Aufkündigung des sehr restriktiven gemeinsamen Industrieplans der vier Besatzungsmächte aus dem Jahr 1946 vornehmlich mit dem Argument, es habe sich erwiesen, daß Deutschland unter den bisherigen Bedingungen nicht seinen unerläßlichen Teil zur wirtschaftlichen Wiederherstellung von Europa als Ganzem beitragen könne.[23]

Ohne Westdeutschland konnte insbesondere auch der Marshall-Plan mit seiner Idee, durch das Instrument amerikanischer Hilfe wirtschaftliche Zusammenarbeit zwischen den europäischen Ländern in Gang zu bringen und dadurch einen Genesungsprozeß einzuleiten, keinen Erfolg haben. Man kann den Zusammenhang in einer Umkehrung der Perspektive auch so formulieren: Die amerikanische Deutschlandpolitik war, jetzt mehr denn je, im Grunde Westeuropapolitik. In einer Ausarbeitung des State Department vom Mai 1949, als die Entwicklung schon viel weiter fortgeschritten war, ist das mit aller Klarheit ausgesprochen: »Our concern is with the future of Europe and not with Germany as a problem by itself.«[24]

Aus der veränderten Lagebeurteilung folgte, daß Lösungen des Deutschlandproblems, die die Angliederung Westdeutschlands an Westeuropa erschweren oder unmöglich machen würden, nun nicht mehr erwünscht sein konnten. Alle Vereinbarungen, die der Sowjetunion Möglichkeiten der Einwirkung auf ganz Deutschland eröffneten – und das heißt praktisch alle denkbaren gesamtdeutschen Lösungen –, mußten als gefährlich erscheinen. Ein irgendwie neutralisiertes Deutschland konnte in Abhängigkeit von der Sowjetunion geraten, sich vielleicht sogar freiwillig der Sowjetunion zuwenden. Tatsächlich war die Sorge, die Sowjetunion könne auf der gesamtdeutschen Bühne – etwa durch eine dominierende KPD – entscheidende Vorteile gewinnen, erstaunlich groß. In den Akten taucht sie immer wieder auf.

Die beiden Außenministerkonferenzen des Jahres 1947, auf denen die vier Siegermächte zum letzten Mal über die Zukunft des noch nicht definitiv geteilten Deutschlands verhandelten, im Frühjahr in Moskau, im späten Herbst in London, sind in ihrem Verlauf nur zu verstehen, wenn man sie, was die westliche Seite angeht, als Stationen des Übergangs sieht. Noch verhandelte man, aber so, wie man den Gegner jetzt einschätzte, konnte man Verhandlungslösungen, die ja immer nur Kompromißlösungen sein konnten, im Grunde nicht mehr wünschen. Ob es im April noch eine schwache Chance der Einigung gab, steht dahin – zeitweilig hatte es den Anschein; im Dezember gab es sie sicher nicht mehr. Der Westen wie der Osten knüpften ihre – nachdrücklich beteuerte – Bereitschaft, Schritte der Wiederzusammenführung der Zonen, der gemeinsamen Konstituierung einer deutschen Demokratie zu tun, an Bedingungen, von denen sie wissen konnten und wohl auch wußten, daß sie für die andere Seite unannehmbar waren: Die Sowjetunion bestand einmal mehr auf dem Vorrang ihrer Reparationsansprüche, die auch aus der laufenden Produktion zu befriedigen seien, was Engländer und Amerikaner ablehnten. Sie verlangten ihrerseits, Deutschland durch die Aufhebung der inneren Wirtschaftsgrenzen wieder wirtschaftlich lebensfähig zu machen. Die Westmächte bestanden auf einer föderalistischen Verfassung für das zukünftige Deutschland. Darauf wollte die Sowjetunion sich nicht einlassen – ein doch wohl sekundärer Streit, der so geführt wurde, als suchten die einstigen Alliierten geradezu Konfliktstoff. Die USA beharrten auf der Vorläufigkeit der Oder-Neiße-Grenze – was sich angesichts der längst vollzogenen Vertreibung der Deutschen nur noch taktisch erklären läßt –, die Sowjetunion bestand auf ihrer faktischen Endgültigkeit. Dazu kam Frankreich mit seinen Sonderwünschen.

Nicht daß die Streitgespräche der Außenminister in diesen letzten Verhandlungsrunden nur noch Scheingefechte gewesen wären – in Moskau jedenfalls wurde noch ernsthaft verhandelt. Für Außenminister Marshall hat sich wohl erst mit den Eindrücken, die er in Moskau gewann – daß die Sowjetunion sehr bewußt auf Zeit spiele, während der »Patient Westeuropa« zugrunde gehe –, die Lage gänzlich geklärt.[25] Aber die wahren Gründe der Unmöglichkeit, sich auf eine gemeinsame Lösung der deutschen Frage zu einigen, blieben hinter der Konferenzrhetorik eher verborgen. Keine Seite sprach aus, daß sie in den Ungewißheiten des sich rasch verschärfenden Ost-West-Konflikts nicht mehr gewillt sei, ihr Verfügungsrecht über den eigenen Anteil an der Beute Deutschland zur Disposition zu stellen. Wie sollte es auch anders sein? Nachdem der Kalte Krieg nun einmal ausgebrochen war, mußte nüchterne Kalkulation der eigenen Interessen – um die deutschen ging es ja nicht – jede der entzweiten Siegermächte notwendig zu dem Schluß führen, daß keine der allenfalls aushandelbaren gesamtdeutschen Lösungen ihr so viele Vorteile bringen konnte wie die Teilung.

Es ist angesichts der Folgen kein Wunder, daß man damals schon gefragt hat und heute noch fragt, ob die über mehr als zwei Jahre – vom Sommer 1946 bis zum Winter 1947 – zäh geführten Deutschlandverhandlungen der Alliierten nicht auch anders hätten ausgehen können. In ihrer konkretesten Fassung lautet die Frage: Hatten die Westmächte es in der Hand, durch ein Entgegenkommen in der Reparationsfrage oder durch die Bereitschaft, den Russen die so heftig begehrte Präsenz an der Ruhr zuzugestehen, eine Verständigung über Deutschland herbeizuführen, eine Verständigung, die sich gegen den Sog des Kalten Krieges hätte behaupten können?

Tatsächlich hatte der Streit der Siegermächte, wie wir gesehen haben, eine sehr starke ökonomische Komponente. Unterschiedliche ökonomische Interessen oder auch, im Falle der Sowjetunion und Großbritanniens, unterschiedliche wirtschaftliche Notlagen der Besatzungsmächte stießen im besetzten Deutschland in einer spannungsreichen Dreieckskonstellation aufeinander: Die Sowjetunion focht mit größter Hartnäckigkeit für die vorrangige Befriedigung ihrer Reparationsforderungen aus dem Reservoir ganz Deutschlands. Auch die laufende Produktion gehörte für sie zu diesem Reservoir. Die USA wollten auf keinen Fall zulassen, daß der amerikanische Steuerzahler in letzter Instanz für diese Forderungen aufzukommen haben würde. Schließlich Großbritannien, dem die Kosten der Besatzungsherrschaft sehr rasch über den Kopf wuchsen, zumal die Bürde, seine übervölkerte, hungernde Zone mit Nahrungsmitteln, die auf dem Weltmarkt nur für knappe Devisen zu haben waren, zu versorgen. Die angelsächsischen Mächte bestanden folgerichtig – durchaus nicht aus altruistischen Gründen – darauf, Deutschland müsse zuerst in die

Lage versetzt werden, sich notdürftig selbst zu ernähren, was voraussetze, daß die Besatzungsmächte Deutschland gemäß den Potsdamer Beschlüssen als ein Wirtschaftsgebiet behandelten und ihre Reparationsansprüche nicht aus der laufenden Produktion befriedigten. Die habe zuerst den Export zu bedienen.

Aber war dieser Streit um Reparationen und Besatzungslasten nicht doch einer von der Art, der Kompromissen zugänglich ist, wenn man nur will? Warum kam es nicht zu einem Kompromiß? Vermutlich deshalb nicht, weil es eben doch nicht nur um Reparationen und Besatzungslasten ging. Der materielle Streit war eingelagert in einen elementareren Konflikt. Der Kalte Krieg war nicht einfach ein Versehen. Er entwickelte sich aus dem Zusammenstoß zweier einander fremder politischer Welten. Sie hatten Grund, einander zu mißtrauen. Wer es so sieht, wird zögern, die Ausgangsfrage, ob die zwei Jahre alliierter Verhandlungen über Deutschland nicht auch anders hätten enden können, bejahend zu beantworten.

VI.

Unmittelbar nach Abbruch der Londoner Konferenz, um die Jahreswende 1947/48, einigten sich Washington und London darauf, daß jetzt der Weg der »Westlösung«, lange schon erwogen und durchdacht, ohne weiteren Verzug beschritten werden müsse. Das Potsdamer Programm einer gemeinsamen Deutschlandpolitik der drei Siegermächte war endgültig gescheitert. Deutschland geriet nun ganz und gar in den Sog des sich eilig formierenden und rasch erstarrenden »Systems von 1948« (Hans-Peter Schwarz), eines Systems hochgerüsteter, aber – wie sich herausstellen sollte – leidlich stabiler amerikanisch-russischer Konfrontation, das Deutschland und Europa für vierzig Jahre in zwei scharf gegeneinander abgegrenzte Hegemonialsphären auseinanderreißen sollte. In der dichten Folge der Entscheidungsdaten des ersten Halbjahres 1948 spiegelt sich, was die westliche Seite angeht, dieser Sog auf das deutlichste wider.

Im April gab Westeuropa mit der Gründung der Organisation für wirtschaftliche Zusammenarbeit in Europa (OEEC) endlich die von den Amerikanern geforderte konstruktive Antwort auf das Hilfsangebot des Marshall-Plans. Westdeutschland, vertreten durch die drei Besatzungsmächte, war, der amerikanischen Konzeption entsprechend, von Anfang an einbezogen. Die Bundesrepublik trat dann im Oktober 1949 die Rechtsnachfolge der Zonen in der Mitgliedschaft an. Die Aufnahme in die OEEC war der erste Schritt der institutionellen Einbindung Westdeutschlands in die sich formierende westeuropäisch-atlantische Staatengemeinschaft, ein Schritt, der unvermeidlich die Teilung weiter verfestigte. Daß es mit der Einbeziehung des Wirtschaftsraumes Westdeutschland in die westliche Wiederaufbaugemeinschaft begann, ist natürlich kein Zufall. Die Unentbehrlichkeit Westdeutschlands als Produzent, als Lieferant, als Markt steht am Anfang seines Wiederaufstiegs. Kurz zuvor, im März, wenige Wochen nach dem Prager Umsturz, der die expansiven Zielsetzungen der Sowjetunion eindeutig zu belegen schien, hatten England, Frankreich und die Beneluxstaaten in Brüssel einen Verteidigungspakt unterzeichnet, der schon nicht mehr auf Deutschland zielte. Und im Juni, unmittelbar vor Beginn der Berliner Blockade, die dann alle Prozesse westlicher Blockbildung forcierte, tat der Senat in Washington den ersten Schritt auf dem Weg, der die USA in die Nordatlantische Verteidigungsgemeinschaft führte: Er verabschiedete die sogenannte Vandenberg-Resolution, die Europa die amerikanische Bündnisbereitschaft vorsichtig signalisierte. Es sind dieselben Wochen und Monate, in denen die Westmächte auch die Modalitäten der Gründung eines westdeutschen Staates unter sich aushandelten.

Auszuhandeln war diese Staatsgründung vor allem zwischen den Angelsachsen als den Promotoren auf der einen und Frankreich, das zähen Widerstand leistete, auf der anderen Seite. Den ganz und gar beherrschenden Impuls der französischen Deutschlandpolitik der frühen Nachkriegszeit hat der französische Außenminister Bidault noch Ende 1947, im Rückblick auf die gescheiterte Londoner Konferenz, in die Worte gefaßt: »Unser Standpunkt wird von dem Willen beherrscht, daß Deutschland niemals mehr die Gefahr und die Geißel werden könne, die es für Generationen von Franzosen war.«[26] Endlich und endgültig Sicherheit vor Deutschland zu gewinnen – darum ging es. Dieses Motiv hat sich in Frankreich gegen den aufkommenden Kalten Krieg viel zäher behauptet als bei den anderen Kriegsgegnern Deutschlands. Zu Beginn des Jahres 1948 freilich war längst klargeworden, daß Frankreich als bloß fiktive Siegermacht seine Maximalziele – endlich, zumindest indirekt, die Rheingrenze zu gewinnen, das Ruhrgebiet aus Deutschland herauszulösen und darüber hinaus die Nationalstaatsgründung von 1871 faktisch rückgängig zu machen – nicht würde erreichen können. Die USA und England dachten keinen Augenblick daran, sich auf derart ausschweifende Amputationspläne einzulassen – die deutsche Westgrenze hat die Katastrophe des Zweiten Weltkriegs denn auch bekanntlich praktisch unversehrt überdauert. Selbst die Abtrennung des Saargebietes, die die angelsächsischen Mächte den Franzosen zu konzedieren bereit waren, hat keinen Bestand gehabt. Aber mag der Widerstand Frankreichs gegen die angelsächsische Deutschlandpolitik letzten Endes auch erfolglos gewesen sein, hartnäckig war er.

Anfänglich, als Angelsachsen und Russen noch um Zusammenarbeit im Kontrollrat bemüht waren, hatte Frankreich die Einstimmigkeitsregel, die dort galt, folgenreich ausgenutzt, um jeden Kontrollratsbeschluß zu verhindern, der die vier Zonen als ein Deutschland behandelte. Der Versuch, mit dieser Obstruktionspolitik Druck zugunsten seiner territorialen Forderungen auszuüben, hatte zwar nichts gebracht, aber er hatte den Kontrollrat in einer Zeit lahmgelegt, in der er vielleicht noch hätte funktionieren können. Insbesondere der amerikanische Militärgouverneur Clay war auf die Franzosen zeitweilig schlechter zu sprechen als auf die Russen. Auch zur angelsächsischen Bizone hatten die Franzosen deutlich Distanz gehalten und sich hinter ziemlich hermetisch geschlossenen Grenzen nicht daran hindern lassen, ihre Zone nach Kräften wirtschaftlich auszubeuten.

Und jetzt, da es um die Gründung eines westdeutschen Staates ging, setzte Paris seine Verfügungsgewalt über die eigene Zone dazu ein, den Wiederbeginn deutscher Staatlichkeit, wenn schon nicht zu verhindern, dann doch wenigstens zu verzögern und so stark wie möglich im Sinn der eigenen Sicherheitsbedürfnisse zu modifizieren. Ohne den Druck der energisch vorwärts drängenden Amerikaner hätte sich wenig bewegt. Die Sorge um die labile politische Konstellation in Frankreich zwang die USA freilich zugleich zur Behutsamkeit in ihrer Auseinandersetzung mit der französischen Deutschlandpolitik.

Es sind in der kritischen Verhandlungsphase des ersten Halbjahres 1948 denn auch nicht allein die Amerikaner gewesen, die das Einlenken der Franzosen bewirkt haben. Die dramatische Entwicklung des Ost-West-Konflikts half kräftig nach. Zudem begann, vorsichtig und langsam, in Frankreich die Einsicht wirksam zu werden – personifiziert in dem Lothringer Robert Schuman, seit November 1947 Ministerpräsident, später, in den entscheidenden Anfangsjahren der Bundesrepublik, französischer Außenminister –, daß eine neuartige, europäische Lösung des deutschen Problems auch dem französischen Interesse besser diene als ein gesteigertes Versailles. So konnte nach Monaten schwieriger Verhandlungen Einigung vermeldet werden.

Das Londoner Deutschlandkommuniqué vom 7. Juni 1948 darf mehr als irgendein anderes Dokument als Geburtsurkunde der Bundesrepublik gelten. Die nüchterne Botschaft, die den neuen westdeutschen Staat ankündigte, lautete: »Die Delegationen sind (...) übereingekommen, ihren Regierungen zu empfehlen, daß die Militärgouverneure eine gemeinsame Sitzung mit den Ministerpräsidenten der Westzonen Deutschlands abhalten sollten. Auf dieser Sitzung werden die Ministerpräsidenten Vollmacht erhalten, eine verfassunggebende Versammlung zur Ausarbeitung einer Verfassung einzuberufen, die von den Ländern zu genehmigen sein wird.«[27] Frankreich sicherte das Kommuniqué die Errichtung einer internationalen Behörde zur »Kontrolle über die Verteilung der Kohle-, Koks- und Stahlproduktion der Ruhr« zu. Das war weit weniger, als Frankreich ursprünglich um seiner Sicherheit willen für notwendig erachtet hatte, aber es war immerhin etwas. Auch war in fast schon anachronistischer Ausführlichkeit davon die Rede, wie man dem Wiedererstehen der deutschen Gefahr durch dauerhafte kontrollierte Entwaffnung Deutschlands vorbeugen wolle, obwohl man doch in Washington und London im Sommer 1948, wenige Monate nach dem Prager Umsturz, im Schatten der sich immer deutlicher ankündigenden Berliner Blockade längst ganz andere Sorgen hatte.

Zugleich hieß es aber auch zukunftsorientiert, das wirtschaftliche Leben der Länder Westeuropas und eines demokratischen Deutschlands müsse eng miteinander verbunden werden, »damit ihr politisches und wirtschaftliches Wohlergehen erreicht werden kann«. Die westeuropäische Perspektive der in den Jahren 1947/48 konzipierten angelsächsischen Deutschlandpolitik mit ihrem starken ökonomischen Akzent wird hier erneut ganz deutlich. Drei Jahre waren seit Kriegsende vergangen. Es lag nun bei den Deutschen, den Westdeutschen, die allein angesprochen waren und antworten konnten, sich zu diesem Angebot der Sieger, eine neue politische Existenz zu beginnen, zu äußern.

Ein erster entscheidender Schritt wurde freilich noch weitgehend ohne die Mitwirkung der Deutschen getan, kaum daß die Londoner Beratungen abgeschlossen waren. Am 20. Juni 1948 erhielten die westlichen Besatzungszonen eine neue Währung – die Deutsche

Mark. Die wirtschaftliche Teilung Deutschlands, längst in fast jeder Hinsicht schon Realität, wurde damit endgültig vollzogen. Nach den Potsdamer Vereinbarungen waren für die Währung alle vier Siegermächte gemeinsam zuständig. Es hatte denn auch bis ins Frühjahr 1948 hinein jahrelange, vergebliche Vier-Mächte-Verhandlungen über eine gesamtdeutsche Währungsreform gegeben. In ihnen hatte sich gezeigt, daß das Interesse der Russen an dieser Angelegenheit eher gering war – sie waren mit dem planwirtschaftlichen System ihrer Zone viel weniger auf eine funktionsfähige Währung angewiesen als der Westen und mit der für Besatzungszwecke reichlich und leicht verfügbaren Reichsmark ganz zufrieden. Den Amerikanern andererseits war die Währungsreform um so dringlicher geworden, je mehr das Weststaatsprojekt Gestalt annahm. Ohne Währungsreform, ohne eine stabile, harte Währung konnte es eine wirtschaftliche Gesundung Westdeutschlands nicht geben, ohne Währungsreform – ohne westdeutsche Währungsreform – konnte der Marshall-Plan nicht greifen. Zudem: Der westdeutsche Staat brauchte eine westdeutsche Währung, eine Währung, die nicht von der Sowjetischen Besatzungszone aus beeinflußbar war, etwa durch den Druck von Banknoten. Die Währungsreform war also ein notwendiger und wesentlicher Schritt der Verwirklichung des Plans, die westlichen Besatzungszonen als westdeutschen Staat in die westliche Staatengemeinschaft einzubinden. Sobald die eine Entscheidung gefallen war, mußte die andere folgen. Folgerichtig brachen die Amerikaner die Verhandlungen mit den Russen im März 1948 ab und trieben ihr Vorhaben im Westen nun rasch voran.

Die Deutschen durften sich Gedanken machen, sie durften Hilfsdienste leisten, mitentschieden haben sie nicht. Im Grundsätzlichen gab es zwischen ihnen und den Amerikanern freilich auch keinen Dissens. An der Notwendigkeit eines drastischen Währungsschnitts bestand angesichts der Dimensionen der aufgestauten Inflation, die das Dritte Reich hinterlassen hatte, nicht der geringste Zweifel, allenfalls über Modalitäten war man uneins. So vertrat man auf deutscher Seite die Auffassung, die Währungsreform müsse mit einem Lastenausgleich verbunden werden, während die Amerikaner, besorgt, die Stabilität der neuen Währung könne sogleich wieder in Gefahr geraten, den Lastenausgleich in die Zukunft verwiesen, übrigens ohne auf allzu heftigen deutschen Widerstand zu stoßen.

Überhaupt neigten die Amerikaner im Grundsätzlichen wie in den Details der Ausführung eher zur Härte. Sie wollten eine wirksame Reform, da blieb für Gerechtigkeitserwägungen nicht viel Raum. Trotzdem war es vermutlich ein schmerzhafter Glücksfall, daß eine Besatzungsmacht, die keine Rücksichten zu nehmen brauchte, den notwendigen Schnitt radikal vollzog – alle Geldvermögen verloren 90 bis 95 Prozent ihres Wertes. Eine demokratisch gewählte deutsche Regierung, umdrängt von organisierten Interessen, hätte das schwerlich beschließen können. Im Grunde wußten die Deutschen das, so wie sie wußten, daß es ihnen auch aus einem anderen Grunde kaum möglich gewesen wäre, die Währungsreform selbst zu vollziehen – sie war ja ein ganz entschiedener Schritt in die Endgültigkeit der Teilung hinein. Gustav Stolper hatte schon 1947 geschrieben: »Bestehen einmal eine westliche und eine östliche Währung nebeneinander, so wird die Trennung der beiden Teile Deutschlands vollkommen.«[28] Ein Oktroi also, der den Deutschen willkommen sein mußte und doch nicht willkommen sein konnte.

Mit den Londoner Beschlüssen und der ihnen zuzuordnenden Währungsreform war die sowjetische Doppelstrategie, unbehinderte Verfügung über die eigene Zone zu beanspruchen und Einfluß auf das ganze Deutschland zu suchen, sichtbar gescheitert, gescheitert nicht zuletzt an den Prioritäten, die die Sowjetunion selbst gesetzt hatte – dem Zugriff auf den Teil hatte sie im Ergebnis alle weiterreichenden, das Ganze betreffenden Ziele geopfert. Es mag sein, daß die Sowjetunion, anders als die Westmächte, sich 1948 noch immer mehrere deutschlandpolitische Optionen offenzuhalten versuchte. Tatsächlich aber hatte auch sie, so wie sie sich ihres Teils von Deutschland bemächtigt hatte, schon eine Wahl getroffen. Noch aber war sie, gegen die Logik ihrer eigenen Politik, nicht bereit, die definitive Ausgliederung der westlichen Besatzungszonen aus dem Potsdamer Arrangement hinzunehmen.

Die Antwort Moskaus auf die Londoner Beschlüsse war die Blockade von West-Berlin, die, nach Vorgeplänkeln im Frühjahr 1948, die Westsektoren der Stadt mehr als zehn Monate lang, vom Juni 1948 bis in den Mai 1949 hinein, von allen Verbindungen zu Land und zu Wasser mit Westdeutschland abschnitt – ein großangelegter, ziemlich barbarischer Versuch der Erpressung durch Aushungerung. An dieser dramatischen Herausforderung hätte die westliche Deutschlandpolitik noch im letzten Augenblick scheitern können. Es war ja keineswegs vorherzusehen, daß es möglich sein würde, mehr als zwei Millionen Menschen monatelang – sogar einen Winter hindurch – aus der Luft zu versorgen. Viele Fachleute waren anfangs der Meinung, das könne allenfalls ein paar Wochen lang gelingen. Die Sowjetunion konnte sich also durchaus Hoffnung machen, die Westmächte zum Einlenken zwingen zu können, zur Wiederaufnahme von Verhandlungen über Deutsch-

»Ihr Völker der Welt, schaut auf diese Stadt!« Mit diesen Worten rief Ernst Reuter am 9. September 1948 vom Platz der Republik vor der Reichstagsruine aus die »Völker der Welt« zur Hilfe für das blockierte Berlin auf. Noch lag der schwere Winter 1948/49 vor den West-Berlinern. Niemand konnte wissen, ob die Stadt mit Hilfe der Luftbrücke würde standhalten können. In den Monaten der Belagerung gewann Ernst Reuter seine Statur als einer der bedeutenden Politiker Nachkriegsdeutschlands. Wäre er nicht schon 1953 gestorben, hätte er in der Geschichte der Bundesrepublik wohl auch noch eine andere Rolle spielen können.

Die Blockade ist beendet. Stalin hat aufgegeben. Straßensperren, die an der Ost-West-Sektorengrenze aus Trümmerschutt errichtet worden waren, werden beseitigt. Das Leben in der Stadt, so scheint es, normalisiert sich wieder.

land, zur Vertagung der Weststaatsgründung. Eine solche Wendung aber hätte zu diesem Zeitpunkt nur noch als Kapitulation der Westmächte vor der Sowjetunion wahrgenommen werden können, mit unabsehbaren psychologischen Auswirkungen vor allem in Deutschland. Auch der Rückzug der Westmächte aus Berlin, obschon das für Stalin wohl nicht das Primärziel der Operation war, wäre ein bedeutender politischer Erfolg für die Sowjetunion gewesen. So oder so wären die Karten für das Spiel um Deutschland neu gemischt gewesen.

Die Rechnung ging nicht auf, aber sie hätte aufgehen können. Die Blockade ist, so gesehen, einer der Kreuzwege der Nachkriegsgeschichte gewesen. Vorübergehend hat man in Washington und London tatsächlich darüber nachgedacht, ob man nicht nachgeben müsse, hat, zumindest auf der zweiten Ebene, die Preisgabe des ganzen Weststaatsplans in Erwägung gezogen. Aber das Wunderwerk der Luftbrücke, wesentlich eine Leistung zuerst, was den kühnen Entschluß angeht, des Generals Clay, dann seiner Organisatoren und Piloten, trug den Sieg davon. Im Luftbrückeneinsatz startete und landete zeitweilig alle neunzig Sekunden eine Maschine. Bis zu 300 Maschinen, in fünf Ebenen fliegend, waren gleichzeitig in der Luft. 1398 Flüge an einem Tag verbuchte die Statistik als Höchstleistung.[29] Nachdem die Stadt den Winter überstanden hatte, war klar, daß der Erpressungsversuch gescheitert war. Die Sowjetunion gab auf.

Rechtlich hieß das zwar nur Rückkehr zum Status quo ante, in dem der Luftkorridor durch ein Abkommen, die Landwege hingegen nur durch mündliche Absprachen abgesichert waren. So blieb es bis 1972. Aber politisch war es ein Sieg von weitreichender Bedeutung. Weil sie den bündigen Beweis für die Aggressivität der Sowjetunion zu liefern schien, hat die Berliner Blockade die Verhandlungen über ein westliches Verteidigungsbündnis wesentlich vorwärtsgetrieben. Sie hat die Gründung eines westdeutschen Staates nicht aufgehalten, sondern beschleunigt. Sie hat auf der westlichen Seite Sieger und Besiegte wie kein anderes Nachkriegsereignis in einem dramatischen Erlebnis gemeinsamer Bedrohung und Bewährung einander näher gebracht. Sie hat der Stadt Berlin, bis dahin die in der Welt wenig geliebte Hauptstadt Preußens, des Kaiserreichs, des nationalsozialistischen Deutschlands, zumal in der amerikanischen Vorstellungswelt einen Vorzugsplatz verschafft. Berlin – das war von nun an ein Symbolwort für den Willen zur Selbstbehauptung in Freiheit. Die Berliner der Blockadezeit waren vermutlich die ersten Deutschen, für die man in der westlichen Welt nach 1945 wieder Sympathie empfand.

Die Blockade hat letztlich das Gegenteil von dem bewirkt, was sie bewirken sollte. Aber es hätte eben auch anders ausgehen können. Hätte die Sowjetunion, statt den Westen mit der Blockade unter Druck zu setzen, mit einem verlockenden Einheitsangebot auf die Londoner Beschlüsse reagiert, so wären die Chancen, die Weststaatsgründung zu verhindern, freilich ungleich größer gewesen. Aber sie hätte dabei ihre Zone zur Disposition stellen müssen, und dazu konnte sie sich auch in diesem Augenblick nicht entschließen.

Begleitet war die Blockade von dem kommunistischen Versuch, das demokratische Stadtregiment Berlins, das noch immer die Ost-West-Grenze übergreifend – ein Unikum im schon geteilten Deutschland – alle vier Sektoren der Stadt mühsam zusammenhielt, gewaltsam aus den Angeln zu heben. Er mag als Vorbereitung der Machtübernahme in ganz Berlin gedacht gewesen sein. Faktisch endete er nach chaotischen Monaten im November 1948 mit der Teilung der Stadt. Neben die gewählte, nun auf die Westsektoren beschränkte Stadtregierung unter Ernst Reuter trat im Osten eine kommunistische Zweit- und Gegenregierung. Ernst Reuter aber wurde in den Monaten der Blockade zur eindrucksvollen Verkörperung des Willens der West-Berliner, der Herausforderung standzuhalten.

Gibt es am Ende eine Antwort auf die Frage, wer Deutschland geteilt habe? Es ist eine sehr deutsche Frage. Für keine der Siegermächte war die Einheit Deutschlands ein Wert an sich. Warum hätte sie es auch sein sollen? Es waren strategische Kalküle gewesen, die sie die Teilungspläne der Kriegszeit hatten beiseite legen lassen, und es waren strategische Kalküle, die sie zu einer anderen Art von Teilungspolitik zurückführten: Die Teilung wurde nicht mehr einvernehmlich, sondern gegeneinander betrieben. Sie war nicht mehr Ziel, sondern in Kauf genommene Folge. Es ging nicht mehr um die Schwächung Deutschlands, sondern darum, sich selbst im Ost-West-Konflikt stark zu machen.

Für den rasch fortschreitenden Spaltungsprozeß ist, so stellt es sich im Rückblick dar, die Aufgliederung des besiegten Landes in Besatzungszonen ohne wirksame Regelungen des Zusammenhalts das bestimmende Ausgangsdatum gewesen. Sie bedeutete, daß es zur Teilung des Landes kommen mußte, wenn die Besatzungsmächte sich über seine Zukunft nicht einigten. Selbst unter günstigen Bedingungen wäre eine solche Verständigung vier Großmächten mit sehr unterschiedlichen Interessen nicht leichtgefallen. In der polarisierenden Konstellation des beginnenden Kalten Krieges wäre sie ein politisches Wunder gewesen. Faktisch haben die Russen in der Art und Weise, in der sie von ihrer Zone Besitz ergriffen und sie nach Westen hin abriegelten, die Teilung zuerst vollzogen. Ihre Entschlossenheit, was die unmittelbaren Zwecke der Besatzungsherrschaft angeht, kontrastiert freilich eigentümlich mit ihrem Zögern, sich zwischen mehreren deutschlandpolitischen Optionen zu entscheiden. Die Engländer und die Amerikaner haben sich umgekehrt nach einer kurzen »Potsdamer Phase« ziemlich früh bewußt für die Teilung entschieden. Sie gaben spätestens von 1947 an der festen Eingliederung ihrer Besatzungszonen in die westliche Hemisphäre den Vorzug vor allen aushandelbaren gesamtdeutschen Lösungen mit ihren Risiken.

Daß der Entschluß zur Gründung eines Teilstaates auf westlicher Seite zuerst gefaßt wurde, ergab sich aus der Asymmetrie des europäischen Status quo. Die Sowjetunion stand, was die Organisation ihrer im wesentlichen auf militärische Präsenz gegründeten Hegemonie in Ostmitteleuropa angeht, nicht unter Zeitdruck. Sie hatte ihr Vorfeld bis zur Elbe jedenfalls von 1948 an unter sicherer Kontrolle. Die Frage der staatlichen Verfaßtheit ihrer Zone hatte für Moskau im Augenblick wenig reale Bedeutung. Westeuropa auf der anderen Seite begann überhaupt erst 1948 sich zu organisieren, kooperativ, nicht hegemonial, so groß das Gewicht der Vereinigten Staaten in den gemeinsamen Entscheidungen auch war. Westdeutschland ließ sich in diesen Prozeß nur einbeziehen als ein nach den Prinzipien der westlichen Welt verfaßter Staat. Der Westen konnte im Gegensatz zu Moskau also nicht warten. Daß er wie der Gegner in den öffentlichen Schaugefechten der Diplomatie des Kalten Krieges auch dann noch von der Einheit Deutschlands als dem angestrebten Ziel sprach, als er sie längst abgeschrieben hatte, geschah, um die Deutschen nicht zu verprellen. In dieser Rücksichtnahme kündigte sich an, daß die Besiegten, über die einstweilen noch verfügt wurde, nicht lange reines Objekt bleiben würden.

2. Die Besiegten und die Teilung Deutschlands

I.

Die Sieger sind den Weg von der Potsdamer Konferenz im Juli 1945 bis zum Zusammentreffen der Außenminister in London im Dezember 1947 gegangen, ohne daß die Besiegten auch nur bescheidenen Einfluß auf ihre Entscheidungen hätten nehmen können. Sie hatten nicht einmal zu den Vorzimmern der Konferenzen Zutritt, und hätten sie ihn gehabt, wäre das ohne Belang gewesen: Was einer Einigung der Sieger über die Zukunft Deutschlands im Weg stand, war von den Deutschen nicht aus dem Weg zu räumen. Eine Chance, die Teilung abzuwenden, haben sie nicht gehabt.

Und doch war es keineswegs belanglos, wie die Deutschen sich zu den Entwicklungen stellten, die sie trafen. Das gilt vor allem für den Westen des Landes. Ob es den westlichen Besatzungsmächten möglich gewesen wäre – wenn sie es denn gewollt hätten –, für längere Zeit eine Art von aufgeklärter Kolonialherrschaft über die Deutschen auszuüben, steht dahin. Vermutlich nicht. Unmöglich war es jedenfalls, eine Demokratie – selbst eine Demokratie unter Vormundschaft – ohne Mitwirkung von Repräsentanten ihrer zukünftigen Bürger zu errichten. Die Entscheidung für den Weststaat brachte deshalb, ob man wollte oder nicht, die Deutschen ins Spiel. Und die westdeutsche Republik ist dann ja auch – ein Geburtsumstand von gar nicht zu überschätzender Bedeutung – als ein gemeinsames Werk von Siegern und Besiegten entstanden. Die Deutschen haben sie, obschon zögernd, mitgegründet. Anders hätte das Unternehmen gar nicht gelingen können.

Die Schlüsselfrage für den Westen lautet daher: Wie läßt sich die erstaunliche Konvergenz der Interessen zwischen Siegern und Besiegten erklären, die für die Gründung der Bundesrepublik schlechthin entscheidend war? Oder, auf die Besiegten zielend, da von den Siegern schon ausführlich die Rede war: Was hat die politischen Repräsentanten der Westdeutschen veranlaßt, auf die amerikanisch-englischen Pläne einzugehen? Hätten sie durch Verweigerung jedenfalls die Verfestigung der Teilung verhindern können? Wie groß war ihr Handlungsspielraum? Was hätte Verweigerung bedeutet? Wie hätte man in Washington und in London auf eine Verweigerung reagiert? Konvergenz der Interessen ist eben nur die eine Seite der Medaille, die andere bleibt, auch für den Westen, bis 1949 das steile Machtgefälle der Okkupationsjahre von den hohen Podesten der Siegermächte hinab zu den besiegten Deutschen.

Im Osten haben wir es mit einer grundlegend anderen Konstellation zu tun. Die Sowjetunion hatte es, was den Umgang mit ihrem eigenen Besatzungsgebiet angeht, einfacher als die Westmächte. Sie war keine Demokratie, es ging ihr auch nicht um Demokratie. Sie war in allem, was sie mit ihrer Zone unternahm, schließlich auch mit der Gegenstaatsgründung, viel weniger auf das Einverständnis, die Mitarbeit der Deutschen angewiesen als die Westmächte. Alles, was sie, mit ihrer militärischen Macht als sicherem Fundament, brauchte, war jene auf bedingungslose Gefolgschaft eingeschworene Schar von Helfern, die sie zuerst in der KPD, dann in der SED besaß und deren maßgebliche Figuren sie aus der Schule des Moskauer Exils selbst mitgebracht hatte. Die Kernfrage für den Osten ist mithin allein die nach den Zielen und Wegen der sowjetischen Deutschlandpolitik. Um Zustimmung wurde – nicht ohne Aufwand – geworben, aber wo sie nicht zu erlangen war, wurde sie inszeniert. Einspruch war den Deutschen nicht gestattet – womit freilich auch die Grenzen sowjetischer Deutschlandpolitik bezeichnet sind. Ihre Wirkung konnte nicht weiter reichen als die sowjetische Macht.

II.

Die Grundbefindlichkeit der Deutschen zwischen Zusammenbruch und Neubeginn, zwischen Ost und West war Zukunftsungewißheit – Zukunftsungewißheit in einem sehr bedrängenden persönlichen Sinn, Zukunftsungewißheit aber auch, soweit man daran denken mochte oder mußte, im Blick auf das politische Schicksal des eigenen Landes. Der aufkommende Kalte Krieg hat da keineswegs sogleich Klarheit geschaffen. In fast allen politischen Äußerungen der Nachkriegsjahre, links, rechts, in der Mitte, bis in die ersten Verfassungsentwürfe hinein, spiegelt sich wider, daß die deutsche Nation, der deutsche Nationalstaat – wenn auch von den Einsichtigen entschieden in europäische Zusammenhänge hineingerückt – ganz selbstverständlich über den Zusammenbruch hinweg Bezugspunkt des politischen Denkens geblieben war. Selbst vom »Reich« sprach man erstaunlich unbefangen. Was zwanzig, dreißig Jahre später in Deutschland für einige Zeit zur historischen Schulweisheit erklärt wurde – der Nationalstaat von 1871 sei eben doch nur eine Episode der deutschen Geschichte gewesen –, im unmittelbaren Schatten der Katastrophe haben es die meisten Deutschen durchaus nicht so empfunden.

Aber gerade weil es so war, stellten sich dem besetzten Land, das, ohnmächtig und ums schiere Überleben kämpfend, vom Augenblick der bedingungslosen Kapitulation an Tag für Tag sichtbar tiefer in den neuen Nachkriegskonflikt hineingezogen wurde, die Fragen nach seiner Zukunft nur um so bedrängender und für viele verwirrender. Was war vom Konflikt der Sieger untereinander für Deutschland zu befürchten? Auf welche Entwicklung galt es sich einzustellen? Würden sich die vier Mächte doch noch einigen oder nicht? Würden die Amerikaner in Europa bleiben oder gehen? War es klug, war es unvermeidlich, Partei zu ergreifen? Und wann? Jede Beschäftigung mit dem, was in Deutschland zwischen 1945 und 1948 politisch gedacht, gesagt, getan wurde, muß sich dieser Ungewißheiten bewußt sein.

Daß Teilung drohte, und mehr als bloße Teilung, Teilung durch eine Weltgrenze nämlich zwischen zwei einander feindlich gegenüberstehenden Hemisphären, war für die Deutschen schon früh zu erkennen, und zwar nicht nur, weil die Außenministerkonferenzen mit der deutschen Frage keinen Schritt weiter kamen – seit dem Scheitern der Moskauer Gespräche im Frühjahr 1947 war das für jedermann offenkundig, nicht nur, weil es auch sonst an Anzeichen dafür nicht fehlte, daß die Kriegskoalition zerbrach, sondern vor allem, weil sich in Deutschland selbst der Osten und der Westen des Landes hinter den von den Besatzungsmächten gezogenen Demarkationslinien dramatisch auseinanderentwickelten.

Nach den Potsdamer Beschlüssen hatte der Kontrollrat als Organ gemeinsamer Besatzungsherrschaft der vier Siegermächte Deutschland zusammenhalten, zumal seine Einheit als Wirtschaftsgebiet bewahren sollen. Tatsächlich hat er diese Aufgabe nie erfüllt. Zunächst war es vor allem Frankreich, das ihn durch seine Vetopolitik daran hinderte. Sie betraf praktisch alle Beschlüsse, die den Zusammenhang und Zusammenhalt der vier Zonen zu stärken geeignet gewesen wären – die Errichtung gesamtdeutscher Staatssekretariate etwa, wie man sie in Potsdam verabredet hatte. Die Sowjetunion, die sogleich mit der Abschottung der eigenen Zone begann, konnte sich gewissermaßen hinter Frankreich verstecken. Dann war es der Ost-West-Konflikt, der den Kontrollrat immer stärker lähmte, bis hin zu seinem kläglichen Ende im Frühjahr 1948, im Schatten der Londoner Konferenz. Gewiß, er hat Spuren hinterlassen – einen nicht ganz unbedeutenden Bestand an gesamtdeutschem Besatzungsrecht in Gestalt von über einhundert Kontrollratsgesetzen und -direktiven, die belegen, daß es doch immerhin Versuche gab zusammenzuarbeiten. Aber dieser Spuren ungeachtet hat nicht der Kontrollrat Deutschland regiert, nicht einmal im ersten Jahr nach Potsdam, vielmehr regierte jeder der vier Militärgouverneure seine Zone nach den Weisungen seiner Regierung in voller Selbständigkeit. Das hat rasch zu einer Art von Dreispaltung, politisch wie ökonomisch, des besetzten Landes geführt, einer Dreispaltung, die von Anfang an sehr elementar in den Alltag der Deutschen hineinwirkte: die Ostzone, wie sie noch lange heißen sollte, unter russischer Herrschaft, der Südwesten, den die Franzosen entschlossen und scharf als ihren Anteil an der Kriegsbeute vom übrigen Deutschland abgrenzten, dazwischen die beiden angelsächsischen Zonen, von 1947 an ökonomisch und administrativ zur Bizone zusammenwachsend.

Politisch dreigespalten – das heißt: Im Osten begannen sich ziemlich bald die Konturen einer sozialistischen Ordnung nach sowjetischem Muster abzuzeichnen. Wenn die Besatzungsmacht, sei es aus strategischen, sei es aus taktischen Kalkülen, anfänglich auch eine gewisse Behutsamkeit walten ließ, hat sie doch der Kommunistischen Partei vom ersten Tage an die Vorherrschaft gesichert und unverzüglich eine revolutionäre Veränderung der Eigentumsverhältnisse in Angriff genommen. Im Westen war es gerade umgekehrt: Anfänge demokratischen Lebens im freiheitlichen Verständnis, wenn auch streng überwacht, freie Wahlen also, Parteienwettbewerb, Pluralismus, aber keine tiefen Eingriffe der Besatzungsmächte in die gesellschaftlichen Strukturen, wobei die französische Zone zwar durchaus zum Westen gehörte, aber von den besonderen Interessen der französischen Politik eben doch auf Distanz zu ihren Nachbarzonen gehalten wurde. Ökonomisch dreigespalten meint in dieser frühen Zeit vor allem: Während im Osten und im Südwesten die Sieger an Reparationen aus dem besetzten Land herauszuholen suchten, was herauszuholen war, konnten die übervölkerten angelsächsischen Zonen, bei aller Gemeinsamkeit

Nicht nur zwischen Ost und West wurde eine Grenze quer durch Deutschland gezogen, alle Besatzungszonen schotteten sich zunächst einmal gegeneinander ab. Die amerikanische und die britische Zone wurden freilich sehr bald schon zur Bizone zusammengefaßt. Die französische Zone hingegen grenzte sich sehr hartnäckig ab – aus politischen wie aus ökonomischen Gründen. Der Schlagbaum stand in der kleinen Stadt Dietenheim an der Iller.

des deutschen Elends über die Zonengrenzen hinweg, doch auf Nothilfe von seiten ihrer Besatzungsmächte rechnen. In den ersten drei Nachkriegsjahren, in der Zeit vor Inkrafttreten des Marshall-Plans also, haben sie Hilfslieferungen – im wesentlichen Nahrungs- und Futtermittel – im Wert von zwei Milliarden Dollar erhalten.[30]

Die Grenze im Südwesten hatte freilich bei aller Besorgnis, zu der die gegen die Einheit Deutschlands gerichtete französische Politik bis 1949 Anlaß gab, keine dramatisch-bedrohlichen Züge; anders die zwischen Ost und West – sie war scharf bewacht, gefährlich zu überschreiten, die Lebenszusammenhänge immer rücksichtsloser zerschneidend, je tiefer Deutschland in den Kalten Krieg hineingeriet. Zwei Jahre nach Kriegsende lebte man diesseits und jenseits bereits in verschiedenen Welten. Der bayerische Ministerpräsident Ehard sprach es aus, als er seine Kollegen aus allen deutschen Ländern Anfang Juni 1947 in München zu der legendären Ministerpräsidentenkonferenz begrüßte: Eine Reise über die innerdeutsche Grenze zwischen Ost und West sei zu einer »Reise in ein anderes Land, einen anderen Erdteil« geworden.[31] Zur selben Zeit notierte ein westdeutscher Besucher der sowjetischen Zone: »Die Furcht vor einer endgültigen Abspaltung der Ostzone hat in der Bevölkerung geradezu pathologische Züge angenommen.«[32] Diejenigen, die nach Lage der Dinge Opfer der Teilung werden mußten, ahnten bereits, daß sie es werden würden. Daß die Folgen der Kriegskatastrophe den Deutschen von der Geographie ungleich zugemessen wurden, hatte sich im Untergang Ostdeutschlands zum ersten Mal gezeigt. Jetzt, im fortschreitenden Prozeß der Teilung, zeigte es sich zum zweiten Mal.

III.

Man wird nicht sagen können, die Deutschen hätten sich dem Prozeß der Teilung mit aller Kraft, ihre – bescheidenen – Möglichkeiten phantasievoll und unermüdlich nutzend, entgegengestellt. Natürlich hat es an Bekenntnissen zur Einheit nicht gefehlt, aber von wirklichen Anstrengungen, sich handelnd gegen die Teilungsentwicklung zu stemmen, von gesamtdeutschen Aktionen gar, ist wenig zu berichten.

Das ist nicht so erstaunlich, wie es klingt. Zu den banalen Gründen gehört gewiß der, daß die Sorge ums Überleben, die Sorge, in den Trümmern einer zerstörten Welt wieder Boden unter die Füße zu bekommen, für die meisten Deutschen in den ersten Jahren nach der Katastrophe übermächtig war und alle Politik in den Hintergrund drängte. Hinzu kam die tägliche Erfahrung der Ohnmacht. War nicht offenkundig, daß die Entscheidungen über Deutschland auf den Konferenzen der Sieger fielen? Es gab auch weniger banale Gründe: Dort, wo die »Furcht vor der Spaltung« so dramatisch wuchs, hatten die Deutschen je länger, desto weniger die Freiheit, einen eigenen politischen Willen zu äußern. Und dort, wo sie diese Freiheit allmählich gewannen, brauchten sie die Spaltung im Grunde nicht zu fürchten. Im Westen war man, bei aller Zukunftsungewißheit, auf der sicheren Seite. Und diese Sicherheit – Sicherheit vor den Russen, Sicherheit vor dem Kommunismus – war, ob man es sich eingestand oder nicht, den Menschen wichtiger als die Einheit.[33] Die Angst vor der östlichen Siegermacht saß tief, und in ihr wirkte keineswegs nur die Propaganda des Nationalsozialismus nach, wie man gelegentlich behauptet hat. In ihr war vor allem der Schock gegenwärtig, den der Eroberungszug der Roten Armee durch das halbe Deutschland, von Ostpreußen bis zur Elbe, hinterlassen hatte. Was sich danach, vom Sommer 1945 an in der Ostzone abspielte, war wenig geeignet, ihn zu dämpfen.

Aber mit diesen Hinweisen ist die Frage nach der Reaktion jedenfalls der Westdeutschen auf die Wahrnehmung, daß die Teilung des Landes sich anbahnte, nicht erledigt. Es gab ja früh schon Kristallisationskerne wieder beginnenden, wenn auch durch die Zonengliederung fragmentierten politischen Lebens. Es gab die Länder, in denen die Deutschen schon 1945 ein erstes, bescheidenes, aber wichtiges Stück staatlicher Verfaßtheit wiedergewannen. Es gab die Parteien, auch sie schon vom Sommer 1945 an auf dem Plan, die bei aller Regionalität der Anfänge natürlich mit dem Ziel antraten, Parteien des ganzen Deutschlands zu werden. Warum ist, was an politischer Artikulations- und Handlungsfähigkeit Schritt für Schritt zurückgewonnen wurde, nicht zu entschiedenerem, aktiverem Einspruch gegen den Teilungsprozeß genutzt worden? Gewiß, der Spielraum war eng.

Keine der vier Siegermächte wollte sich in den komplizierten Verhandlungskonstellationen der Jahre 1946 und 1947 durch deutsche Initiativen, die nicht in das eigene deutschlandpolitische Konzept hineinpaßten, stören lassen. Aber der harte Kern der Antwort ist doch: Der übermächtige Sog des Ost-West-Gegensatzes hat eben auch die Deutschen rasch und gründlich erfaßt. Er war es, der die Deutschen die Teilung schließlich selbst mit vollziehen ließ. Nirgends wird das sichtbarer als in der Entwicklung der Parteien im zweigeteilten Deutschland der Jahre 1945 bis 1948.

Die deutschen Parteien sind 1945 regional wieder- und neu entstanden. Der Kontrollrat, in dieser wie in den meisten wichtigen Fragen früh zerstritten, war außerstande, die Entwicklung mit einheitlichen Vorgaben zu lenken. Die vier Besatzungsmächte taktierten durchaus unterschiedlich. Gleichwohl haben sich in allen Besatzungszonen in den ersten Nachkriegsmonaten, gestützt von der Lizenzierungspolitik der Siegermächte, aus vielfältigen örtlichen Initiativen zunächst dieselben vier Parteien formiert: zwei Wiedergründungen, die SPD und die KPD, und zwei Neugründungen, eine christliche und eine liberale Partei. Aber diese Konvergenz der Gründungsphase war nicht von langer Dauer. Die Sozialdemokraten, Christlichen Demokraten, Liberalen des Ostens – die Kommunisten sind ein Thema für sich – hatten es von vornherein mit grundlegend anderen Bedingungen zu tun als die des Westens: mit einer privilegierten Hegemonialpartei, die der Besatzungsmacht aufs engste verbunden war und von ihr mit allen Mitteln begünstigt wurde; mit der nach dem Einstimmigkeitsprinzip operierenden »Einheitsfront der antifaschistisch-demokratischen Parteien«, in die sie vom ersten Tag an fest eingebunden waren; mit einer Besatzungsmacht, für die das Mehrparteiensystem ohnehin nur eine taktische Konzession war. Gegen diese Ausgangslage, erst recht gegen die sich schnell verschärfende Ost-West-Spannung ist es keiner der drei Parteien auch nur vorübergehend gelungen, so etwas wie gesamtdeutsche Handlungsfähigkeit über die Ost-West-Demarkationslinie hinweg zu gewinnen. Der Weg vom anfänglichen Miteinander über mißtrauische Distanz zum Bruch und zur Feindschaft war kurz. Spätestens von 1948 an führten auch die deutschen Parteien in Ost und West einen Kalten Krieg gegeneinander.

In dieser Entwicklung kommt dem dramatischen Zusammenstoß zwischen Sozialdemokraten und Kommunisten zentrale Bedeutung zu. Die Entscheidung der westdeutschen SPD gegen eine wie auch immer geartete Liaison mit der KPD; die von der sowjetischen Besatzungsmacht verordnete Fusion von KPD und SPD zur SED, vollzogen mit der – wenn auch unter stärkstem Druck erteilten – Zustimmung der ostzonalen SPD-Führung; die Reaktion der westdeutschen Sozialdemokraten auf die, wie sie es wahrnahmen, Zwangsvereinigung – diese Folge von Ereignissen macht wie kein anderer Vorgang der Nachkriegsgeschichte beides deutlich: daß die Deutschen in den Ost-West-Konflikt wie in einen Strudel hineingesogen wurden, aber auch, daß sie von Anfang an nicht nur Opfer des Kalten Krieges waren, sondern ebenso Mithandelnde. Es steht außer Frage, daß der frühe Bruch zwischen den beiden Parteien dem Teilungsprozeß wesentliche innerdeutsche Impulse gegeben hat.

Er kam für viele überraschend. Die Überzeugung, die Antwort auf den Faschismus

Pieck und Grotewohl demonstrieren auf dem Gründungsparteitag der SED am 22. April 1946 fröhliche Eintracht. Ganz so fröhlich-einträchtig war es auf dem Weg zur Vereinigung nicht zugegangen. Die Meinungen in der SPD der SBZ waren geteilt gewesen, Grotewohl selbst hatte geschwankt, ohne starken Druck der Besatzungsmacht wäre die Vereinigung nicht zustande gekommen. So wie sie zustande kam, war es unausweichlich, daß sich vom Frühjahr 1946 an die SED und die Westzonen-SPD Kurt Schumachers ganz unversöhnlich gegenüberstanden. Deshalb ist die Gründung der SED eines der zentralen Ereignisse in der deutschen Teilungsgeschichte.

könne nur der Sozialismus sein, war, als das Hitler-Reich zusammenbrach, weit verbreitet; und mit ihr unter denen, die sich als Sozialisten verstanden, die Bereitschaft, ja Entschlossenheit zur Gemeinsamkeit. Wäre der 30. Januar 1933, wäre die Eroberung der Macht durch den Nationalsozialismus, fragte man sich, auch gegen eine einige Arbeiterbewegung möglich gewesen? Die Weichen schienen in Richtung auf eine Allianz der beiden Arbeiterparteien gestellt zu sein.

Wäre es zum Bündnis gekommen, die deutsche Nachkriegsgeschichte hätte einen anderen Verlauf genommen. Daß es nicht zustande kam, daß die beiden Parteien sich schon ein Jahr nach Kriegsende in erbitterter Feindschaft gegenüberstanden, hat mehr als einen Grund. Aber keine Erklärung kommt an Kurt Schumacher vorbei, vom Sommer 1945 bis zu seinem Tode 1952 die schlechthin beherrschende politische Persönlichkeit in der westdeutschen Sozialdemokratie, ihr unbestrittener Führer. Es war eine Leistung von historischem Rang, daß er die Sozialdemokraten des Westens 1945/46 dahin brachte, ihm in seinem apodiktischen Nein zu allen Bündnis- und Fusionsplänen zu folgen. Aber mit dieser Leistung ist er eben auch die Personifikation des tragischen Dilemmas, in das seine Partei in den ersten Nachkriegsjahren verstrickt war, des Dilemmas, die Einheit bewahren zu wollen und doch die Teilung im Konflikt mit der SED unerbittlich mitzuvollziehen. Leidenschaftlich und kämpferisch wie kaum ein anderer deutscher Politiker der Nachkriegsjahre hat Schumacher sich zur Bewahrung der Einheit Deutschlands, »des Reiches«, als der ersten Aufgabe deutscher Politik bekannt und ist doch der Überzeugung gefolgt, daß nicht jeder Preis für die Einheit gezahlt werden dürfe.

Taktische Erwägungen, auf die oft verwiesen wird, mögen bei dem kompromißlosen Antikommunismus des sozialdemokratischen Parteiführers mitgespielt haben, etwa das Ziel, mit der SPD ins bürgerliche Wählerlager vorzustoßen. Bestimmend aber waren prinzipielle Überlegungen. Für Schumacher war die KPD weder eine demokratische noch eine sozialistische, noch auch – und dies schon gar nicht – eine deutsche Partei. »Wir sehen grundsätzlich in der KP nicht eine deutsche Klassen-, sondern eine fremde Staatspartei«, ein Instrument russischer Großmachtpolitik nämlich – an diesem kategorischen, letztlich richtigen Urteil hat er unbeirrbar festgehalten.[34] Die bitteren späten Weimarer Jahre, die Schumacher sehr gegenwärtig waren – sie lagen ja kaum mehr als ein Jahrzehnt zurück –, hatten es vorgeprägt: »Auch Kain und Abel waren Brüder«, hielt er denen entgegen, die auf die gemeinsamen Wurzeln verwiesen.[35] Und der Anschauungsunterricht, den die KPD als Erfüllungsgehilfin der sowjetischen Besatzungsmacht den Deutschen erteilte, hat sein Urteil bekräftigt. Dieser Anschauungsunterricht vor allem hat im Herbst und Winter 1945 Schumacher geholfen, die westdeutsche Sozialdemokratie praktisch geschlossen auf seinen antikommunistischen Kurs einzuschwören.

Unrettbar ruiniert hat die Bündnisidee freilich wohl erst der vom Herbst 1945 an von KPD und sowjetischer Militäradministration in engster Zusammenarbeit betriebene und im Frühjahr 1946 herbeigezwungene Zusammenschluß der beiden Arbeiterparteien zur SED. Er stand nicht von Anfang an auf der Agenda. Vielmehr sind die Moskauer Exilführung der KPD und die Besatzungsmacht zunächst mit dem Ziel angetreten, eine eigenständige KPD wiederaufzubauen, der man es offenbar zutraute, in einem »antifaschistischen Block«, gestützt durch eine ihr nahestehende SPD, die politische Schlüsselrolle im Nachkriegsdeutschland zu spielen, im ganzen Deutschland, nicht nur in der sowjetischen Zone. Schon nach wenigen Monaten, im Herbst 1945, wurde dieser Kurs aber korrigiert. Es ist nicht ganz klar, ob es die KPD oder die Besatzungsmacht war, die den Anstoß gab. Jedenfalls haben beide vom November an mit aller Macht auf den Zusammenschluß gedrängt. Der brutale Eifer, mit dem die sowjetische Militärverwaltung dabei auf allen Ebenen zu Werke ging, deutet darauf hin, daß das Ziel für die Sowjetunion jetzt einen sehr hohen Rang hatte.

Die Gründe für den dramatischen Schwenk, so plötzlich er – nur zwei, drei Monate nach der Wiedergründung der KPD – auch kam, sind nicht schwer zu erschließen. Die Sowjetunion ging in ihrem deutschlandpolitischen Kalkül allem Anschein nach zunächst davon aus, daß die Partei ihres Vertrauens in Wahlen werde Erfolg haben müssen, um eine Hegemonialposition zu gewinnen. Ob man nun anfänglich der KPD zutraute, Mehrheits-

Nur in Berlin erhielten die Mitglieder der SPD im März 1946 Gelegenheit, über die Vereinigung abzustimmen. Die westlichen Besatzungsmächte bestanden darauf. Das Votum fiel eindeutig aus, gegen die Vereinigung. Das Plakat vor dem Wilmersdorfer Parteibüro der SPD spricht von politischer Vergewaltigung. Das zeigt, wie die Mehrheit der Sozialdemokraten dachte.

partei zu werden, oder nicht, im Lauf des Herbstes wurde klar, daß die Aussichten der KPD keineswegs glänzend waren und daß die SPD, die auch in der sowjetischen Zone sichtbar an Stärke und Selbstbewußtsein gewann, nicht einfach als Erfüllungsgehilfin in Rechnung gestellt werden könne. Das aber hieß: Die KPD mußte sich die SPD einverleiben. Die vereinigte Arbeiterpartei mochte dann stark genug sein, nicht nur – zusammen mit der Besatzungsmacht – die eigene Zone zu kontrollieren, sondern auch im übrigen Deutschland eine einflußreiche Rolle zu spielen.

Die dramatische Vorgeschichte der Fusion wirft bis heute Fragen auf.[36] Wie soll man das Taktieren des Berliner Zentralausschusses der SPD beurteilen, der nach einem ersten eiligen Bekenntnis zur Einheit der Arbeiterparteien im Sommer 1945 im Herbst dann zunehmend auf Distanz zur KPD ging, um vom Dezember an, in sich selbst gespalten, ohne sichere Kontrolle über die Partei draußen im Lande, nicht einmal in sicherer Verbindung mit ihr, dem wachsenden Druck von Besatzungsmacht und KPD Schritt für Schritt nachzugeben? Und wie seinen Vorsitzenden Otto Grotewohl, der wie Schumacher in den letzten Jahren der Weimarer Republik noch sozialdemokratischer Reichstagsabgeordneter gewesen war und jetzt zur Hauptfigur der ostzonalen SPD wurde? Das Wissen, daß es angesichts der gegebenen Machtverhältnisse auf die Alternative Vereinigung oder Verbot hinauslaufe, hat am Ende natürlich eine Rolle gespielt, dazu die Hoffnung, man werde sich gegen die Kommunisten behaupten, die Einheitspartei dominieren können; wohl auch die Ansicht, der Sozialismus sei wichtiger als die »formale« Demokratie; und die Überzeugung, das besiegte Deutschland könne bei der Sowjetunion eher als bei den Westmächten auf ein gewisses Verständnis rechnen. Bei Grotewohl war fraglos auch persönlicher Ehrgeiz im Spiel – die Besatzungsmacht hat sich seiner nicht ohne Geschick bedient.

Andererseits ist zu fragen: Wie ist die kühle Unberührtheit einzuschätzen, mit der Schumacher der Entwicklung im Osten ihren Lauf ließ? Hätte er nicht dem bedrängten Ost-Berliner Parteiführer, der in der kritischen Phase – auf die Notwendigkeit einer gesamtdeutschen Entscheidung verweisend – auf Zeit zu spielen versuchte, taktisch entgegenkommen können? Hat Schumacher die Sozialdemokratie der sowjetischen Zone von vornherein abgeschrieben? Dafür spricht viel – und man kann diesen Fatalismus einfach für Realismus halten. Gegen den Willen der Besatzungsmacht gab es in der Tat keine Überlebenschancen für eine eigenständige Sozialdemokratie, auch nicht für eine ostorientierte Sozialdemokratie, wie Grotewohl sie sich dachte. In der Vereinigung gab es sie erst recht nicht. Eine sozialistische Einheitspartei konnte in der Sowjetischen Besatzungszone nur eine kommunistische Partei werden. Zudem stand das prinzipielle Ja zur Vereinigung, mit dem sich die Berliner SPD früh selbst gefesselt hatte und das man dann im Herbst und Winter 1945/46 durch kein Lavieren mehr aus der Welt schaffen konnte, einer gemeinsamen Abwehrfront der Parteiführungen in Hannover und Berlin von Anfang an im Wege.[37] Die persönlichen Führungsrivalitäten zwischen Schumacher und Grotewohl hingegen – man einigte sich darauf, der eine solle bis auf weiteres die Partei im Westen führen, der andere im Osten – waren zwar nicht bedeutungslos, aber auch sicher nicht entscheidend.

Gute Gründe für Schumachers Haltung gab es also – und doch hat sie etwas Befremdliches. Gewiß war, so wie die Lage sich im Winter 1945/46 darstellte, kein Taktieren, sondern eine prinzipielle Entscheidung gefordert. Aber in der Art, in der Schumacher den bedrängten, von den Verhältnissen überforderten, in Illusionen befangenen Grotewohl mitsamt der ostzonalen SPD seinem Schicksal überließ, wird doch auch früh schon eine Neigung des westlichen Deutschlands zum Rückzug auf sich selbst sichtbar, die nicht nur Beifall verdient.

War es eine »Zwangsvereinigung«? Über diese Frage hat man sich heftig gestritten, auch nach 1990 noch einmal. Das Geschehen ist schwer auf einen einzigen Begriff zu bringen. Einerseits hat die Besatzungsmacht mit massivem, gelegentlich brutalem Druck, mit Manipulation, Einschüchterungen, falschen Versprechungen auf die SPD ihrer Zone eingewirkt. Andererseits konnte sie bei ihrem Drängen eine weit verbreitete Empfänglichkeit für die Einheitsparole ausbeuten. Enge Zusammenarbeit zwischen SPD und KPD erschien den meisten Sozialdemokraten als selbstverständlich, auch der Gedanke eines Zusammenschlusses hatte jedenfalls anfänglich viele Befürworter. Im Herbst und Winter 1945 griffen dann angesichts der Erfahrungen, die man mit den von der Besatzungsmacht privilegierten Kommunisten machte, Ernüchterung und Verärgerung um sich. Wie Meinungen und Stimmungen am Ende verteilt waren, ist nicht exakt zu ermitteln. Dafür, daß eine Mehrheit der SPD den Weg in die SED im Frühjahr 1946 mit Enthusiasmus ging, spricht nicht viel. Dafür, daß die Vereinigung ohne den enormen Druck nicht zustande gekommen wäre, eine ganze Menge. Im Mehrheitsvotum des Zentralausschusses zugunsten der Vereinigung, zu dem es in der entscheidenden Sitzung am 10./11. Februar 1946 erst im zweiten Anlauf kam, mischten sich Hoffnungen, Furcht, Opportunismus und Resignation. Für die Stimmung der Mitglieder ist die West-Berliner Urabstimmung immerhin ein Indiz. Sie ging klar gegen die Fusion aus – freilich war nur nach dem »sofortigen Zusammenschluß« gefragt.[38] Das alles ist tatsächlich kaum in eine einzige, kurze Formel zu fassen.

Wie man sie auch benennt – mit der Vereinigung der beiden Parteien im Osten war ein entscheidender Schritt der Teilung Deutschlands im Parteiensystem getan: hier die SPD als eine nur noch westdeutsche Partei, dort die SED, ostdeutsche Hegemonial-, schließlich Staatspartei und in den westlichen Besatzungszonen (West-Berlin ausgenommen) nicht zugelassen. Zwischen beiden der Abgrund einer Feindschaft, die sich angesichts der Verfolgung widerspenstiger Sozialdemokraten durch Besatzungsmacht und SED zu außerordentlicher Heftigkeit steigerte. Alle Möglichkeiten des deutsch-deutschen Gesprächs waren fürs erste zerstört – ohne die SPD auf der einen und, wie die Verhältnisse nun einmal waren, die SED auf der anderen Seite ließ es sich ja nicht führen. Gerade in den für die Teilungsentwicklung kritischen Jahren 1946 und 1947 hat das sehr konkrete und weitreichende Folgen gehabt.

Zwei Jahre länger als die SPD hat die CDU eine Art von gesamtdeutschem Zusammenhang bewahren können. 1948 riß der Kalte Krieg auch diese Partei auseinander. Einer ihrer Führer im Osten steht wie kein anderer deutscher Nachkriegspolitiker für den Versuch, Deutschland in einer verzweifelten Anstrengung gegen die Logik des Weltkonflikts zwischen Ost und West zusammenzuhalten – Jakob Kaiser. In der christlichen Gewerkschaftsbewegung verwurzelt, ein Mann des Widerstandes, wurde er 1946/47 Vorsitzender der CDU in der Sowjetischen Besatzungszone und war, bis er diese Basis verlor, einer der Anwärter auf das Führungsamt in einer gesamtdeutschen CDU, zu der es dann nicht mehr kommen sollte. Sieht man Kurt Schumacher und Konrad Adenauer, in dieser zeitlichen Folge, als die Leitfiguren frühen westdeutschen Einschwenkens in den Ost-West-Konflikt an – es gibt da in der Tat eine auf den ersten Blick überraschende Nähe der großen Gegenspieler zueinander –, so ist Jakob Kaiser der eigentliche Antipode beider gewesen. Sein Scheitern zeigt exemplarisch, mit welcher Macht der Kalte Krieg auch die Widerstrebenden unter den Deutschen in seine Fronten zwang. So wie der Konflikt zwischen Kaiser und Adenauer (dem zwischen Schumacher und Grotewohl nicht ganz unähnlich) zeigt: Für den Osten, soweit er sich nicht zum Kommunismus bekannte, hing alles an der Bewahrung der Einheit, der Westen hatte eine Zukunft auch ohne die Einheit – und man wußte es hier und dort.

In dem beschwörenden Appell: »Es darf keinen östlich oder westlich orientierten Politiker geben. Es darf nur deutsche Politiker geben, die ihren Willen auf den deutschen Zusammenhalt gerichtet halten«, hat Jakob Kaiser die Maxime seines Handelns eindringlich – und illusionär – formuliert.[39] Diese Maxime leitete ihn insbesondere bei seinem hartnäckigen, am Ende vergeblichen Bemühen, im Jahr der für die deutsche Frage entscheidenden Außenministerkonferenzen von Moskau und London alle Parteien zu einer »nationalen Repräsentation« zusammenzuführen, die den Deutschen zwar keinen Einfluß, aber eine Stimme gegeben hätte.

Gescheitert ist Kaiser mit seinem leidenschaftlichen Werben für ein Deutschland der Mitte, ein Deutschland zwischen Ost und West in letzter Instanz natürlich an den Siegermächten. Seine nicht sonderlich präzisen Vorstellungen von Deutschland als einer »Brücke zwischen Ost und West« hatten mit ihren Interessen wenig zu tun. Aber auch in Deutschland selbst fand er sich schließlich zwischen allen Stühlen. Für die Sozialdemokraten, für die jedes Zusammenwirken mit der SED undenkbar war, war eben deshalb auch der Plan einer »nationalen Repräsentation« nicht diskutabel. Kaisers eigene Partei, die CDU, konnte an diesem Punkt flexibler sein. Aber nachdrückliche Unterstützung hat er in der CDU der Westzonen gleichwohl nur da und dort gefunden. Vor allem Konrad Adenauer, seit Januar 1946 an der Spitze der CDU in der britischen Besatzungszone, mißtraute ihm, sah in Jakob Kaiser wohl auch einen Rivalen. Kaiser erwiderte diese Abneigung aufrichtig. Egon Bahr hat den zornigen Ausruf überliefert: »Adenauer, dieser Separatist, muß weg.«[40]

Ein Separatist war Adenauer nicht, aber er beurteilte die politische Lage des besiegten und besetzten Deutschlands grundlegend anders als Kaiser. Schon im Herbst 1945 stand für ihn fest, daß das Vordringen der Russen bis zur Elbe zur Teilung Europas führen müsse, daß der von ihnen besetzte Teil Deutschlands »für eine nicht zu schätzende Zeit für Deutschland verloren« sei und daß, was von Deutschland blieb, den Anschluß an Westeuropa suchen müsse.[41] Zudem sah er die ostzonale CDU-Führung, eingebunden in die Blockpolitik, in einer problematischen Abhängigkeit von der sowjetischen Besatzungsmacht, ein Eindruck, der in der CDU des Westens und des Südens verbreitet war. Der

Kein anderer führender Politiker Nachkriegsdeutschlands hat sich dem Sog des Weltkonflikts, der Deutschland auseinanderriß, so entgegengestemmt wie Jakob Kaiser. Die Verhältnisse waren stärker, viel stärker als er. Aber es wäre befremdlich, wenn es die Illusion, die Einheit lasse sich bewahren, wenn die Deutschen es nur wollten, nicht gegeben hätte. 1946 – das Bild zeigt Kaiser bei den Wahlen zum Berliner Abgeordnetenhaus im Oktober des Jahres – schien noch vieles offen zu sein.

Führungsanspruch der Berliner Gründungsgruppe, den die Russen mit ihrer frühen Zulassungsentscheidung aus leicht durchschaubaren Gründen hatten stützen wollen, hat sich denn auch in den westlichen Besatzungszonen nicht durchsetzen lassen – in der CDU so wenig wie in Schumachers SPD, und bei den Liberalen auch nicht.

Im Lauf des Jahres 1947 verlor Kaiser jenes Minimum an politischem Handlungsspielraum in der Ostzone, das er brauchte, um gesamtdeutsch agieren zu können. Da er nicht bereit war, für die CDU allen Anspruch auf Eigenständigkeit innerhalb des SED-geführten Blocks aufzugeben, wurde er Ende des Jahres von der Besatzungsmacht aus dem Amt gejagt. Anlaß war seine Weigerung, mit der CDU den ihm zugedachten Part in der Volkskongreßbewegung zu spielen. Der Vorgang sagt einiges über die Deutschlandpolitik der Sowjetunion aus. Wenn sie entschlossen gewesen wäre, mit vollem Einsatz die amerikanisch-englischen Pläne der Weststaatsbildung zu durchkreuzen, hätte sie auf einen Mann wie Kaiser setzen müssen. Daß sie ihn aus seinem Parteiamt drängte, ist ein sehr deutlicher Beleg für die Starrheit totalitären Herrschaftsdenkens, durch das sich die Sowjetunion alle Chancen einer weiter ausgreifenden Deutschlandpolitik selbst zerstörte.

Mit Kaisers Ausbootung im Osten war, was es an gesamtdeutschem Zusammenhang in der CDU bis dahin gegeben hatte, zerrissen. Was die Liberalen angeht, so bleibt nur hinzuzufügen, daß sie den Weg der nichtkommunistischen Parteien der Ostzone in die Sackgasse der Blockpartei hinein, halb genötigt und halb verlockt zu immer engerer Anpassung an die SED, besonders widerstandslos gegangen sind, obwohl sie doch programmatisch den Kommunisten am fernsten standen. So zerbrach denn auch die 1947 mit großer Mühe geschaffene gesamtdeutsche Parteieinheit der Liberalen schon nach wenigen Monaten wieder. 1948 war, das ist das Fazit, die Spaltung Deutschlands im deutschen Parteiensystem vollzogen. Eine Kraft des Zusammenhalts ist es nach 1945 zu keinem Zeitpunkt mehr gewesen.

IV.

Neben den Parteiführern sind die Ministerpräsidenten der siebzehn Länder, die die Besatzungsmächte 1945/46 geschaffen hatten, die zweite politische Kerngruppe im Nachkriegsdeutschland gewesen. In gewissem Sinne wären sie sogar zuerst zu nennen: Mit mehr Recht als irgend jemand anderes konnten sie für sich in Anspruch nehmen, die einzigen demokratisch legitimierten Sprecher der Deutschen zu sein, nachdem im Herbst 1946 und im Frühjahr 1947 in allen deutschen Ländern die ersten Landtage gewählt worden waren – selbst die SED hatte sich für dieses eine Mal einem halbwegs freien Wettbewerb gestellt. Aber ihre schwierige Rolle im Teilungsprozeß haben auch die Ministerpräsidenten eher vom Strom getrieben als gegen ihn schwimmend gespielt. Kein Ereignis macht das deutlicher als die viel erörterte Münchner Ministerpräsidentenkonferenz vom 5./6. Juni 1947, die einzige gesamtdeutsche, zu der es, nach einer vergeblichen Initiative des Jahres 1946,[42] in der Nachkriegszeit gekommen ist – nicht zufällig kurz nach dem Abbruch der Moskauer Außenministerkonferenz, die den Deutschen erschreckend vor Augen geführt hatte, daß mit einer Einigung der Siegermächte über die Zukunft Deutschlands kaum noch zu rechnen war.

Gewiß ist die Münchner Ministerpräsidentenkonferenz nicht allein am Ost-West-Gegensatz gescheitert. Die für die frühen Nachkriegsjahre charakteristische westdeutsche Rivalität zwischen den Ministerpräsidenten und den Parteiführungen, zumal der sozialdemokratischen, wer das bessere Recht habe, in der Notlage zerstörter Staatlichkeit für die Deutschen zu sprechen, spielte hemmend hinein, stärker noch die alle gesamtdeutschen Initiativen blockierende Politik Frankreichs. Aber bestimmend für den Verlauf war, daß der Ost-West-Konflikt schon zu einem deutschen Binnenkonflikt geworden war. Beide Seiten sind im Grunde ohne jeden Verhandlungsspielraum in die Verhandlungen eingetreten.

Die Ministerpräsidenten des Westens waren darauf festgelegt, daß nur die – nach dem Schreckenswinter 1946/47 in der Tat dringlichen – praktischen Aufgaben des Kampfes gegen die allgemeine Not Gegenstand der Beratungen sein könnten, mochten hinter der Konferenzinitiative ursprünglich auch weiterreichende politische Motive gestanden haben. Sie waren darauf festgelegt, weil die sozialdemokratischen Ministerpräsidenten nicht

Nur eine Nacht lang haben im Juni 1947 in München alle deutschen Ministerpräsidenten um einen Tisch gesessen, dann waren die Westdeutschen (stehend die Vertreterin Berlins Louise Schröder) wieder unter sich.

Aber an dieser Nacht, in der man sich nur um die Tagesordnung stritt, hat sich immer wieder die Phantasie entzündet. Hätten die Ministerpräsidenten Deutschland zusammenhalten können? Gegen die Besatzungsmächte, deren Beobachter mit am Tisch saßen, ganz sicher nicht.

Übrigens erzählt das Bild auch etwas von der Ärmlichkeit der Nachkriegsverhältnisse.

bereit waren, mit der SED – vier der fünf ostdeutschen Ministerpräsidenten gehörten ihr an – politische Gespräche über die Zukunft Deutschlands zu führen. Und weil die französische Besatzungsmacht ihre Ministerpräsidenten nur mit der Auflage hatte reisen lassen, daß über politische Themen nicht gesprochen werden dürfe.

Auf der anderen Seite, in der SED, stritt man sich darüber, ob man überhaupt nach München fahren solle. Die Besatzungsmacht gab ihre Einwilligung zögernd, im letzten Augenblick. Und als die Ministerpräsidenten der Ostzone sich dann auf den Weg machten, nahmen sie die Bedingung mit, die Tagesordnung müsse dem SED-Standpunkt zur Wiederherstellung der Einheit Deutschlands Rechnung tragen. Ihre ultimative Forderung lautete denn auch, es müsse zuerst und vor allem über die »Bildung einer deutschen Zentralverwaltung durch Verständigung der demokratischen Parteien und Gewerkschaften zur Schaffung eines deutschen Einheitsstaates« gesprochen werden. Die Absicht der SED, sich selbst als Partei samt ihren Hilfstruppen gegen den Einspruch der SPD ins gesamtdeutsche Spiel zu bringen, ist offenkundig. Andererseits kann sie nicht wirklich erwartet haben, die Gegenseite werde sich auf diesen mit Reizwörtern gespickten Antrag einlassen. So indiskutabel wie für die SPD das Ansinnen, sich mit der SED als »demokratischer Partei« »verständigen« zu sollen, war für die süddeutschen Föderalisten das Bekenntnis zum »Einheitsstaat« – schließlich hatte Bayern, durch seinen Ministerpräsidenten Ehard, Initiator und Gastgeber der Konferenz, mit der Zusammenkunft der Repräsentanten der deutschen Länder ursprünglich gerade einen nachdrücklichen föderalistischen Akzent setzen wollen. Die SED kann also eigentlich nur beabsichtigt haben, aus der Ablehnung ihres Antrags zur deutschen Einheit durch die westdeutsche Seite propagandistischen Nutzen zu ziehen. Zu dieser Deutung paßt, daß ihre Repräsentanten nach einer nächtlichen Debatte über die Tagesordnung, die zu nichts führte, unverzüglich wieder abreisten.[43] Fast erleichtert, so scheint es, gingen die Zurückgebliebenen zu den Beratungen im eigenen, engeren Kreise über.

Das Scheitern der Münchner Zusammenkunft hatte einen durchaus dramatischen Akzent und hat ihn im Nachklang, in der Geschichtsschreibung, da und dort auch behalten. Aber davon, daß eine historische Chance vertan worden sei, kann schwerlich die Rede sein. Nicht das Münchner, sondern das Moskauer Scheitern in den Wochen zuvor war entscheidend. Selbst wenn es in München zu gemeinsamen Beschlüssen gekommen wäre, die Besiegten hätten auch durch ihre Einigkeit die Uneinigkeit der Sieger nicht überspielen können. Die Bedeutung der Konferenz liegt eher darin, daß sie sichtbar machte, wie tief die politische Kluft zwischen West und Ost auch in Deutschland zwei Jahre nach Kriegsende bereits war. Es waren eben nicht nur die Vorgaben der Besatzungsmächte, die eine Einigung in München verhinderten. Die Deutschen selbst waren zu einer entschiedenen gemeinsamen Anstrengung, die sich gegen den vom Ost-West-Konflikt ausgehenden Teilungssog richtete, schon nicht mehr imstande. Das bleibt auch dann bedeutsam, wenn man nicht annimmt, Appelle der Deutschen, einmütig oder nicht, hätten am Ausgang der Verhandlungen der Siegermächte in den Jahren 1946 und 1947 irgend etwas ändern können.

Im Spätherbst 1947, im Vorfeld der Londoner Außenministerkonferenz, von der man wußte, daß sie der letzte Einigungsversuch der Siegermächte sein würde, tauchte der Gedanke einer gesamtdeutschen Ministerpräsidentenkonferenz noch einmal auf, aber nur, um alsbald, vor allem auf den Einspruch der SPD hin, wieder zu den Akten gelegt zu werden. Reinhold Maier, der Stuttgarter Ministerpräsident, hatte also gute Gründe, als er Anfang 1948 in einer öffentlichen Rede skeptisch zweifelnd fragte: »Was würden wir Deutsche tun, wenn wir in der nämlichen Situation wie in der heutigen etwa allein wären, allein zu entscheiden hätten? (…) Wären wir wirklich nicht einig genug, um die gegebene Situation aus eigener Kraft zum guten Ende zu führen?«[44]

Ein Jahr nach der Münchner Zusammenkunft war es soweit: Die Deutschen im Westen mußten sich entscheiden. Am 1. Juli 1948 – zehn Tage zuvor hatte die Währungsreform Deutschland endgültig in zwei Wirtschaftsräume aufgespalten – übergaben die Militärgouverneure der drei Westmächte den Ministerpräsidenten ihrer Zonen in Frankfurt drei knappe Dokumente, die den Deutschen eröffneten, was man in London über sie beschlossen hatte.[45] Im ersten und wichtigsten wurden die Ministerpräsidenten ermächtigt, »eine Verfassunggebende Versammlung einzuberufen, die spätestens am 1. September 1948 zusammentreten sollte«. Diese Versammlung, so hieß es kurz und bündig, werde eine demokratische Verfassung ausarbeiten, eine Verfassung, »die für die beteiligten Länder eine Regierungsform des föderalistischen Typs schafft, die am besten geeignet ist, die gegenwärtig zerrissene deutsche Einheit schließlich wieder herzustellen, und die Rechte der beteiligten Länder schützt, eine angemessene Zentralinstanz schafft und die Garantien der individuellen Rechte und Freiheiten enthält«. »Die Ratifizierung in jedem beteiligten Land«, so wurde den Deutschen weiter mitgeteilt, »erfolgt durch ein Referendum.« Das zweite Dokument »ersuchte« die Ministerpräsidenten, »die Grenzen der einzelnen Länder zu überprüfen, um zu bestimmen, welche Änderungen sie etwa vorzuschlagen wünschen«. Das dritte schließlich kündigte ein Besatzungsstatut an, einen ersten Schritt also der Verrechtlichung der Beziehungen zwischen Siegern und Besiegten, wie ihn die deutsche Seite seit einiger Zeit forderte. Es skizzierte die Grundsätze für ein solches Statut und »ersuchte« die Ministerpräsidenten, sich zu diesen Grundsätzen zu äußern.

Die Bedeutung dieses Augenblicks der Rückkehr auf die Bühne der Handelnden haben die beteiligten Deutschen sehr klar empfunden. Bis dahin hatten die Besatzungsmächte auch im Westen gerade in den wesentlichen Fragen souverän ihre Verfügungen getroffen. Die Deutschen waren allenfalls gehört worden, und dies in einem Stil, der demonstrativ betonte, wer zu entscheiden hatte und wer nicht. So war es bei der Errichtung der Bizone gewesen, so bei dem in drei Schritten zwischen Herbst 1946 und Frühjahr 1948 vollzogenen Auf- und Ausbau der Institutionen der Bizone, der Organe des »Wirtschaftsrates«, wie er vom Herbst 1947 an hieß. Und so war es vor allem auch bei der Währungsreform gewesen. Es gibt gute Gründe dafür, in der Währungsreform vom 20. Juni 1948 den ersten Akt der westdeutschen Staatsgründung zu sehen – mit der westdeutschen Währung erhielt das kommende westdeutsche Gemeinwesen ein erstes Stück seiner Identität. Aber gerade diese Perspektive läßt den Kontrast zwischen dem ersten, ökonomischen Teilungs- und Gründungsakt, bei dem die Deutschen nur als Handlanger fungierten, und dem zweiten, politischen, bei dem sie Mithandelnde waren und sein mußten, besonders scharf hervortreten.

Die Deutschen im Westen waren, daran ist kein Zweifel, eingestimmt auf die Entscheidung, die nun zu treffen war, auch wenn sie sich dessen vielleicht noch gar nicht recht bewußt waren. Das gilt nicht nur für die politischen Führungsgruppen, es gilt auch für die Bevölkerung im allgemeinen. Schon für den Herbst 1947 konstatiert ein Kommentar zu den Meinungsumfragen, die die amerikanische Militärregierung in ihrer Zone regelmäßig durchführen ließ: »On many issues of the day, the German people were apathetically resigned, or persistently deluded. On some issues, however, such as turning to the West for economic and world leadership their opinions were crystallized in positive directions« – will sagen: in Richtung Westen.[46]

Was die Demoskopen hier als Ausrichtung von Erwartungen und Hoffnungen auf den Westen wahrnahmen, war zuerst und vor allem die Suche nach Sicherheit. Sicherheit suchten die Deutschen vor der Not. Wo anders als bei den Amerikanern mit ihrer im Marshall-Plan bekundeten Bereitschaft, auch den Besiegten wieder auf die Beine zu helfen, ließ sie sich finden? Wo anders lagen Chancen wirtschaftlicher Wiedergesundung? Sicherheit suchten die Deutschen im Westen natürlich auch vor der Bedrohung, als die sie die östliche, jenseits der Elbe herrschende Siegermacht wahrnahmen. Wo anders als bei den Amerikanern, die eben jetzt, im Sommer 1948, eindrucksvoll zur Schutzmacht der belagerten Stadt West-Berlin aufstiegen, ließ sie sich finden? Russenfurcht und Antikommunismus sind in diesen Jahren in Deutschland eine politisch prägende Verbindung von besonderer Virulenz eingegangen: Furcht vor den Russen, die ihre tiefsten Wurzeln in dem traumatischen Erlebnis des Einbruchs der Roten Armee 1945 hatte, und Ablehnung des Kommunismus, der die Praxis kommunistischer Herrschaft im eigenen Lande in reichem und erschreckendem Anschauungsunterricht vom ersten Tag an unaufhörlich neue Impulse gab.[47] Suche nach Sicherheit – in der Atmosphäre des dramatisch sich zuspitzenden Kalten Krieges hieß das für viele schließlich wohl auch: ein Bedürfnis nach Zugehörigkeit, nach einem Platz nicht zwischen den Lagern, sondern in der Geborgenheit eines Lagers, des westlichen natürlich, in dem eben jene politische Lebensform zu Hause war, die die Deutschen, soweit sie die Freiheit der Wahl hatten, zu der ihren machen wollten.

An Motiven, sich nach Westen zu orientieren, fehlte es also nicht. Die Hoffnung andererseits – stärkste Gegenkraft –, die vier Siegermächte würden sich über Deutschlands Zukunft einigen können, war, wie es nicht anders sein konnte, seit 1945 stetig schwächer geworden. Anfang 1948 bekannte sich nur noch einer von vier befragten Deutschen zu ihr, zwei Jahre zuvor waren es vier von fünfen gewesen. Es ist deshalb nicht sehr überraschend, daß sich in einer Umfrage vom September 1948 – der Parlamentarische Rat versammelte sich eben in Bonn – siebzig Prozent der Befragten dafür aussprachen, einen provisorischen westdeutschen Staat zu errichten.[48]

Die Deutschen mögen eingestimmt gewesen sein auf die Entwicklung, mit der der Sommer 1948 sie konfrontierte. Leicht zu beantworten waren die Entscheidungsfragen, die sich nun stellten, dennoch nicht. Wohl hatte sich seit dem Scheitern der letzten Vier-Mächte-Konferenz im Dezember 1947 unter westdeutschen Politikern eine Art von Grundkonsens etwa des Inhalts herausgebildet, daß man jetzt über das Bizonen-Arrangement hinausgehen und die drei Westzonen in einer staatsähnlichen Organisation zusammenführen müsse, ohne dabei die Schwelle der Gründung eines Weststaates zu überschreiten. Aber hinter der Provisoriumsformel, die das Etikett für diesen Konsens abgab, standen ganz unterschiedliche Auffassungen, standen auch offene Fragen, die nur wenige konsequent durchdacht hatten.

Für manche hatte der Provisoriumsvorbehalt nur noch taktische Bedeutung in dem Spiel, das Ost und West mit dem Ziel gegeneinander spielten, die Schuld für die Teilung der anderen Seite zuzuschieben. So betrachtet stand hinter ihm die Überzeugung, daß es, jedenfalls auf Zeit, keine vernünftige Alternative zum Aufbau eines westdeutschen Staates in der vollen Bedeutung des Begriffes, eingebettet in westeuropäische Zusammenhänge, gebe. Diese Überzeugung ist in der politischen Publizistik früher und deutlicher ausgesprochen worden als von Politikern, die sie teilten, sich aber in Zurückhaltung übten. Zu den entschiedenen publizistischen Verfechtern der Westorientierung Westdeutschlands gehört etwa Wilhelm Röpke, der Nationalökonom, der von Genf aus lebhaft an den deutschen Dingen Anteil nahm. Unter den Politikern, die es nicht anders sahen, aber vorsichtiger formulierten, ist natürlich Konrad Adenauer an erster Stelle zu nennen.

Andere meinten den Provisoriumsvorbehalt ganz ernst. Was sollte er dann aber zum Ausdruck bringen? Daß es einen deutschen Staat erst nach der Überwindung der Teilung wieder geben könne und dürfe, folglich Souveränität für ein westdeutsches Provisorium gar nicht anzustreben sei? Daß aus einem westdeutschen Provisorium, wenn die Einheit nicht rasch wiederzugewinnen war, am Ende doch ein westdeutscher Staat werden könne, sobald die (West-)Deutschen das volle Recht der Selbstregierung zurückerhielten? In den Äußerungen der SPD, die den Provisoriumsvorbehalt mit besonderem Nachdruck verfocht, wurde zwischen diesen beiden Varianten nicht deutlich unterschieden. Es scheint, daß Kurt Schumacher bei seinen im Grundsatz zustimmenden, aber doch höchst zurückhaltenden Kommentaren zur Gründungsinitiative des Sommers 1948 – »Worum es in Deutschland geht, das sind Dinge der Praxis, der Organisation für die Erstarkung der Wirtschaft und für die Durchführung des Marshall-Plans«[49] – eher die fehlende Souveränität als die Teilung im Auge hatte. Das würde bedeuten, daß er über sein Ja zu einer »Organisation für die Erstarkung der Wirtschaft« hinaus dem Gedanken eines Weststaates – als Zwischenlösung – nicht ablehnend gegenüberstand, sofern diesem Staat nur die souveräne Selbstregierung zugestanden wurde. Daß der – vorläufige – Rückzug auf einen westdeutschen Kernstaat Schumacher, der aus dem Osten stammte, aus dem westpreußischen Kulm, viel schwerer fiel als dem Rheinländer Adenauer, ist nicht erstaunlich.

Die Frankfurter Dokumente waren den Ministerpräsidenten übergeben worden – sie also waren es, die nun aus dem Gestrüpp der Fragen und Abwägungen heraustreten mußten, um für die Westdeutschen eine Antwort zu geben. Nicht wenige unter ihnen haben über diesen einen historischen Augenblick hinaus als Landespolitiker weit und erfolgreich in die Bundesrepublik hinein gewirkt: die hanseatischen Bürgermeister Max Brauer und Wilhelm Kaisen, der Schwabe Reinhold Maier, Karl Arnold, Hans Ehard, Hinrich-Wilhelm Kopf als Repräsentanten der drei großen Länder Nordrhein-Westfalen, Bayern und Niedersachsen, der Gastgeber der Zusammenkunft auf dem Koblenzer »Rittersturz«, Peter Altmeier, der am längsten von allen amtieren sollte, bis in das Epochenjahr der Bundesrepublik 1969 hinein. Daß die Antwort der Deutschen auf die Londoner Beschlüsse von den Regierungschefs der Länder eingefordert wurde, ergab sich, so wenig das den Führungen der beiden großen Parteien CDU und SPD auch gefallen mochte, zwingend aus den

Verhältnissen: Wer sonst hätte nach den Regeln der Demokratie als legitimiert gelten können, sie zu geben? In ihrer Mehrheit haben die Ministerpräsidenten durchaus Wert darauf gelegt, im Einklang mit den – hinter den Kulissen an den Beratungen beteiligten – Parteiführungen zu handeln. Aber das Verhandlungsgespräch mit den Besatzungsmächten in seiner zeitweilig scharfen Zuspitzung und mit seinen spontanen Wendungen haben sie geführt. Sie hatten deshalb auch das Ergebnis zu verantworten.

Alle Beteiligten haben den Gang der Ereignisse im Juli 1948, von der Frankfurter Zusammenkunft am 1. Juli über die Koblenzer Beratungen der Ministerpräsidenten, die zweite deutsch-alliierte Begegnung am 20. Juli, die anschließende Konferenz der Ministerpräsidenten im hessischen Jagdschloß Niederwald bis hin zum dritten Zusammentreffen der Ministerpäsidenten mit den Militärgouverneuren am 26. Juli, das den Kompromiß brachte, als dramatisch empfunden.[50] Schon bei zeitgenössischen Kommentatoren, dann auch in der Geschichtsschreibung findet sich das Urteil, die Ministerpräsidenten hätten sich, vor allem unter dem Druck Clays, gezwungen gesehen, in der Kernfrage einen entscheidenden Schritt weiter zu gehen, als es eigentlich ihre Absicht gewesen sei. Darüber kann man streiten. Jedenfalls ist die Einigung ausgehandelt, nicht diktiert worden. Ob es im Gang der Verhandlungen wirklich einen Augenblick gegeben hat, in dem sie zu scheitern drohten, ist zweifelhaft. Nur die Franzosen waren am Erfolg uninteressiert, um nicht zu sagen: am Mißlingen interessiert. Sie haben, in durchsichtigem Doppelspiel, die Deutschen deshalb zur Unnachgiebigkeit zu ermuntern versucht. Für die anderen Beteiligten, Angelsachsen und Deutsche, gab es an dem Punkt, den die Entwicklung im Sommer 1948 erreicht hatte, im Grunde keine Alternative mehr zu einer Einigung.

Das heißt nicht, daß die Deutschen sich mit der Einigung leichtgetan hätten. Auf allen ihren Überlegungen lag der Schatten der Frage, ob ihr Ja zur angelsächsischen Initiative nicht letzte Chancen, die Einheit zu bewahren, zerstöre. Aber nicht einer der zur Mitentscheidung Aufgerufenen hat sich deshalb dafür ausgesprochen, das im Dokument I niedergelegte Angebot einfach zurückzuweisen, auch der sozialdemokratische Parteivorstand nicht, in dem am nachdrücklichsten Bedenken geltend gemacht wurden. Und keiner hat sich am Ende auf Bedingungen versteift, die eine Verständigung mit den Alliierten unmöglich gemacht hätten. Daß eine Einladung an die Adresse der ostdeutschen Ministerpräsidenten, sich an den Gesprächen zu beteiligen, nicht ernstlich in Erwägung gezogen wurde – die Militärgouverneure hatten diese Entscheidung der deutschen Seite überlassen –, ist ein zusätzlicher Hinweis auf die Entschlossenheit, zu einem Ergebnis zu kommen.

Natürlich gab es jenseits der Grundübereinstimmungen erhebliche Meinungsverschiedenheiten im Kreis der Ministerpräsidenten, wenn auch nicht, die Namen zeigen es an, in Parteifronten. Die einen, Brauer, Ehard, Kaisen, Maier, auch der hessische Ministerpräsident Stock, drängten vorwärts, betonten die Notwendigkeit, im Aufbau gemeinsamer Handlungsfähigkeit weiterzukommen. Andere, der beredt und prinzipiell argumentierende südwürttembergische Justizminister Carlo Schmid vor allem, bald darauf einer der Hauptakteure im Parlamentarischen Rat, bremsten eher: Nur ein Verwaltungsstatut komme in Betracht, von Staat und Verfassung könne und dürfe nicht die Rede sein. Im

Die Ministerpräsidenten der elf westdeutschen Länder waren es, die im Sommer 1948 die historische Entscheidung zu treffen hatten, wie sich das westliche Deutschland zu dem Ansinnen der drei westlichen Besatzungsmächte, einen Weststaat zu gründen, stellen sollte.

Ganz frei waren sie als Repräsentanten eines besiegten und besetzten Landes im Zentrum des Ost-West-Konflikts gewiß nicht, aber sie waren auch nicht einfach Befehlsempfänger. Beides war ihnen sehr bewußt, als sie die Frankfurter Dokumente, durch die sie ermächtigt wurden, eine verfassunggebende Versammlung einzuberufen, entgegennahmen.

Von rechts nach links:
Leo Wohleb (Baden), Hans Ehard (Bayern), Wilhelm Kaisen (Bremen), Max Brauer (Hamburg), Christian Stock (Hessen), Karl Arnold (Nordrhein-Westfalen), Hinrich Kopf (Niedersachsen).

übrigen komme es im Grunde nur auf das Besatzungsstatut an, das werde die eigentliche Verfassung sein. Schmid verfocht damit die im sozialdemokratischen Parteivorstand dominierende Position, auf die er selbst wiederum bestimmenden Einfluß genommen hatte.

In der Balance der deutschen Antwort waren zunächst die Vorbehalte stärker akzentuiert als die Zustimmung. In ihrer Antwortnote vom 10. Juli – Carlo Schmids Handschrift ist deutlich erkennbar – begrüßten die Ministerpräsidenten die Absichten der Westmächte zwar, fuhren dann aber nachdrücklich fort: »Die Ministerpräsidenten glauben jedoch, daß, unbeschadet der Gewährung möglichst vollständiger Autonomie an die Bevölkerung dieses Gebietes, alles vermieden werden müßte, was dem zu schaffenden Gebilde den Charakter eines Staates verleihen würde (…).«[51] Nur vorläufige organisatorische Maßnahmen könnten getroffen werden. Und weiter heißt es: »In Anbetracht der bisherigen Unmöglichkeit einer Einigung der vier Besatzungsmächte über Deutschland müssen die Ministerpräsidenten besonderen Wert darauf legen, daß bei der bevorstehenden Neuregelung alles vermieden wird, was geeignet sein könnte, die Spaltung zwischen West und Ost weiter zu vertiefen.«

Diese Antwort löste eine Krise aus. Vor allem Clay reagierte heftig, überheftig. Er sah das ganze politische Programm der Londoner Beschlüsse, die den Franzosen so mühsam abgerungen worden waren, gefährdet. Die Deutschen wußten in der Tat wenig davon, wie groß die Meinungsverschiedenheiten zwischen Angelsachsen und Franzosen waren, wie labil ihre Kompromisse, wie leicht möglich deshalb der Rückfall hinter schon Erreichtes. Aber nüchterne Betrachtung zeigte dann doch, daß der Dissens sich auf einige wenige Punkte reduzieren ließ, an denen auf beiden Seiten niemand das ganze Projekt scheitern lassen wollte.

Nicht daß es, wie man im Rückblick meinen mag, im Grunde um Nebensächlichkeiten gegangen wäre. Aber eben auch nicht um die alles entscheidende Kernfrage. Die Deutschen setzten, immer noch Konsens bewahrend, die Akzente ihres »Ja, aber« etwas anders. Die Alliierten kamen ihnen in terminologischen Fragen entgegen: Statt »Verfassung« durfte es »Grundgesetz«, statt »Verfassunggebende Versammlung« »Parlamentarischer Rat« heißen. In der, so schien es zunächst einmal, schwierigsten Streitfrage – die Alliierten forderten ein Verfassungsreferendum, die Ministerpräsidenten wollten sich darauf nicht einlassen – einigte man sich auf Vertagung. Sie wurde später, nach Abschluß der Beratungen des Parlamentarischen Rates, im deutschen Sinn entschieden. Den Alliierten waren inzwischen selbst Zweifel an der Weisheit ihres Verlangens gekommen. Bei dem für die Franzosen bedeutsamen Neugliederungsthema schließlich, das die Alliierten eigentlich vor der Verfassungsgesetzgebung hatten erledigt wissen wollen, erlangten die Ministerpräsidenten, die sich nicht hatten einigen können, den erbetenen Aufschub. Nur in der Frage des Besatzungsstatutes blieb es dabei, daß die Militärgouverneure den von deutscher Seite gewünschten Erlaß vor Beginn der Verfassungsberatungen für unmöglich erklärten. Mit diesem Kompromiß waren die Weichen gestellt, und zwar von Besatzungsmächten und Deutschen gemeinsam. Anders hätte ein solcher Schritt auch gar nicht getan werden können – Kurt Schumachers dogmatische Forderung, die Besatzungsmächte hätten die Verantwortung für das – wie immer zu klassifizierende – Projekt Westdeutschland allein zu übernehmen, hätte alles zum Stillstand gebracht. Sie zeigt übrigens noch einmal, wie schwer gerade Schumacher die Entscheidung für den Weststaat trotz aller Einsicht in die Notwendigkeit fiel.

Unter den Gründen, sich auf das Angebot Washingtons und Londons mit mehr oder minder entschiedenen Vorbehalten einzulassen, stand für die Ministerpräsidenten der Druck, der vom fortdauernden wirtschaftlichen Nachkriegselend ausging, obenan; daneben das Ziel, drei Jahre nach Kriegsende endlich wieder ein Stück eigenen politischen Handlungsspielraums zu gewinnen. Mit der Währungsreform und dem Beitritt der Westzonen zur OEEC waren die ersten Schritte zur förmlichen Konstituierung eines Wirtschaftsraumes Westdeutschland ja schon getan. Die drei Zonen jetzt auch politisch zu verschmelzen und handlungsfähig zu machen, erschien als wichtigste Vorbedingung der weiteren Gesundung. Daß dabei endlich die scharfe, angesichts der Ziele der französischen Deutschlandpolitik noch immer beunruhigende Separierung der französischen Besatzungszone überwunden werden konnte, war ein starkes zusätzliches Motiv.

Auch Berlin, die gerade vom Würgegriff der Blockade erfaßte Stadt, hat in den Abwägungen eine Rolle gespielt. Gegen durchaus vorhandene Besorgnisse, die angelsächsischen Pläne einer Weststaatsgründung könnten Berlin gefährden, ja den Kalten Krieg im Zentrum Europas überhaupt bedenklich verschärfen, hatte Ernst Reuter, als gewählter, aber infolge sowjetischen Einspruchs noch nicht bestätigter Oberbürgermeister Vertreter Berlins auf der zweiten Zusammenkunft der Ministerpräsidenten, das Berlin-Argument in die andere Waagschale geworfen. Eines, so hatte er gesagt, könne man in Berlin und im Osten nicht ertragen: das Verbleiben des Westens in seinem bisherigen unentschiedenen Status. »Wir sind der Meinung, daß die politische und die ökonomische Konsolidierung des Westens eine elementare Voraussetzung für die Gesundung auch unserer Verhältnisse und für die Rückkehr des Ostens zum gemeinsamen Mutterland ist.«[52] Das hatte Eindruck gemacht. Daß ein politischer Konflikt zwischen Westdeutschland und den Westmächten das blockierte Berlin in größte Gefahr bringen würde, war ohnehin klar.

Was gab es an Gegengründen? Daß die Verwirklichung der westlichen Pläne die Spaltung verfestigen würde, lag auf der Hand. Aber ein Nein zu diesen Plänen hätte sich doch wohl nur rechtfertigen lassen, wenn es konkrete und unmittelbare Aussichten auf eine Überwindung der schon vollzogenen Teilung eröffnet hätte. Darauf konnte 1948 niemand mehr ernstlich hoffen. Es war, heißt das, schwierig geworden, eine realistische Alternative zu dem Kurs, auf den die Amerikaner, noch Besatzungs- und schon Schutzmacht, die Westdeutschen drängten, zu benennen. Die Aussichten, die sich mit einem prinzipiellen Ja verbanden, waren viel konkreter als die Hoffnungen, die sich an ein Aufschieben der Entscheidung knüpfen ließen. Die Risiken andererseits einer verzögernden Reaktion, einer Ablehnung gar, waren für die Deutschen nicht abzuschätzen, da sie nicht wußten, welche Konsequenzen die Westmächte aus ihr ziehen würden. Es konnte also nur um die Modalitäten des Ja gehen. Die hat man in Kompromissen gefunden, Kompromissen zwischen den Militärgouverneuren und den Ministerpräsidenten, Kompromissen aber auch zwischen den Ministerpräsidenten selbst, die nicht selbstverständlich waren. Das ist an der publizistischen Debatte zwischen den Befürwortern eines konsequenten Einschwenkens auf die Weststaatslösung und denen, die so weit nicht gehen wollten, abzulesen: Sie hatte durchaus Schärfen.

Auch wenn einer der Beteiligten, Max Brauer, die Suche nach diesen Kompromissen als »Viel Lärm um nichts«,[53] als bloßen Streit um Worte beschrieben hat – sie war mehr. Für die Amerikaner ging es darum, einen von den Deutschen selbst gewollten und selbst gegründeten, in diesem Sinn unzweifelhaft legitimen, wenn auch nicht souveränen Weststaat in die Phalanx des sich konsolidierenden Westeuropas einzufügen. Ebendeshalb kam für sie auch keine bloße Fortentwicklung der oktroyierten Frankfurter Institutionen der Bizone in Betracht – das sahen die Deutschen übrigens ähnlich. Für die Deutschen kam es darauf an, den Schritt der Gründung eines westdeutschen Gemeinwesens so zu tun, daß er im aktuellen politischen Streit und im Fortgang der Geschichte nicht als Akt der definitiven Selbstaufgabe des deutschen Nationalstaates verstanden werden konnte. Der Provisoriumsvorbehalt, unzweideutig zum Ausdruck gebracht, war für sie unverzichtbar. Daß das zu schaffende Gebilde deshalb ein Nicht-Staat sein müsse, war freilich eine wenig plausible Folgerung, jedenfalls wenn man zugleich »möglichst vollständige Autonomie« forderte. Nur ein als Staat angelegtes westdeutsches Gemeinwesen konnte nach Wiedererlangung der Souveränität streben. Der Parlamentarische Rat hat denn auch dem auf die deutsche Einheit bezogenen Provisoriumsvorbehalt eine andere Fassung gegeben und ist ganz selbstverständlich davon ausgegangen, daß er einen Staat zu gründen habe.

VI.

Am 1. September 1948 fand sich die bescheidene Versammlung des Parlamentarischen Rates – siebzig Abgeordnete, von den Landtagen entsandt, davon fünf, ohne Stimmrecht, aus West-Berlin – im Lichthof des Zoologischen Museums König in Bonn, unter »Bären, Schimpansen, Gorillas und anderen Exemplaren exotischer Tierwelt«, wie Carlo Schmid in seinen Erinnerungen schreibt,[54] zur konstituierenden Sitzung zusammen. Die Ministerpräsidenten hatten sich im August auf die rheinische Universitätsstadt verständigt. Acht Monate später, am 8. Mai 1949, dem vierten Jahrestag der bedingungslosen Kapitulation, schloß diese Versammlung ihre Beratungen mit der dritten Lesung des Verfassungsentwurfs ab. Die Frucht ihrer Arbeit, das »Grundgesetz« der Bundesrepublik Deutschland, wurde zur erfolgreichsten Verfassung der Deutschen. Es ist denn auch kein Zweifel daran, daß der Parlamentarische Rat Anspruch darauf hat, trotz der Einschränkungen, denen er unterlag, als eine im vollen Sinn des Wortes verfassunggebende Versammlung, nach dem Paulskirchen-Parlament und der Weimarer Nationalversammlung die dritte in der deutschen Geschichte, die den Namen verdient, anerkannt zu werden. Diese Einschränkungen freilich mußten zumal den Zeitgenossen als gravierend erscheinen. Es fehlte dem Parlamentarischen Rat die Legitimation unmittelbarer Wahl, die Ministerpräsidenten hatten das so gewollt, und es fehlte ihm die volle Freiheit des souveränen Verfassungsgebers. Er arbeitete nach Vorgaben und unter Aufsicht der Besatzungsmächte. Das Ergebnis seiner Beratungen hatte er ihnen zur Genehmigung vorzulegen. Es war nicht ganz einfach, unter solchen Bedingungen eine Verfassung von unbestreitbarer demokratischer Legitimität zu schaffen.

In den Frankfurter Dokumenten selbst hatten die Alliierten dem Parlamentarischen Rat nur sehr allgemeine Richtlinien vorgegeben – Demokratie, Föderalismus, Rechtsstaat. Das wollten auch die Deutschen. Aber hinter diesen Wegweisungen verbargen sich doch, den Deutschen im einzelnen unbekannt, sehr viel konkretere Erwartungen. Die Arbeit des Parlamentarischen Rates ist denn auch von den Siegermächten sehr genau beobachtet worden. Alliierte Verbindungsstäbe waren in Bonn tätig, unzählige Gespräche, offizielle wie inoffizielle, sind zwischen beiden Seiten geführt worden, mehr als einmal ist es zu förmlichen Interventionen der Militärgouverneure gekommen, allemal kritische Momente.[55] Aber so wenig die Alliierten glaubten, den Deutschen ganz freie Hand lassen zu können – sie waren gemeinsam mit den Deutschen doch auch sehr daran interessiert, daß eine Verfassung zustande käme, die die Deutschen als die ihre ansehen und annehmen könnten, eine Verfassung auf dem festen Fundament demokratischer Legitimität. Das heißt: Es mußte selbst der Anschein eines Diktats unbedingt vermieden werden. So sahen es jedenfalls die Amerikaner und die Briten. Die Franzosen hingegen setzten im Grunde ihren hinhaltenden Widerstand gegen die Weststaatsgründung fort, wollten sich allenfalls mit einer lockeren Föderation, mehr Staatenbund als Bundesstaat, abfinden, eine Lösung, für die die Zustimmung des Parlamentarischen Rates nicht zu haben sein würde.

Die Föderalismusproblematik war der eigentlich neuralgische Punkt, weil an diesem Punkt entschiedene Erwartungen der Alliierten und ausgeprägte Meinungsverschiedenheiten unter den Deutschen aufeinandertrafen. Die Amerikaner brachten aus ihren eigenen Verhältnissen sehr genaue Vorstellungen davon mit, was Föderalismus sei und was er für die Demokratie bedeute, Vorstellungen insbesondere zur Finanzverfassung: ohne strikte finanzielle Unabhängigkeit der Gliedstaaten vom Bund kein Föderalismus. Für die Franzosen hatten allein sicherheitspolitische Überlegungen Bedeutung: Die Gliedstaaten sollten so stark wie nur irgend möglich sein, damit der Bund so schwach wie nur irgend möglich war. Nur für die Briten war der Föderalismus kein Thema ersten Ranges. Im deutschen Föderalismusstreit standen sich im Parlamentarischen Rat die Union samt Deutscher Partei und Zentrum auf der einen Seite und SPD und FDP auf der anderen gegenüber. Der Verdacht lag nahe, daß jede Seite das Zusammenspiel mit den Alliierten – sei es den Briten, sei es den Amerikanern oder gar Franzosen – suchte. Dieser Verdacht hat die Zusammenarbeit der Deutschen untereinander nicht leichter gemacht hat.

In der Schlußphase der Verfassungsarbeit kam es denn auch zu einer Krise, die sich zunächst durchaus dramatisch ausnahm. Schon im November 1948 hatten die Militärgouverneure in einem Aide-mémoire darauf aufmerksam gemacht, daß es ihnen mit der Londoner Formel von der »Regierungsform föderalistischen Typs« ernst sei. Und als ihnen im Februar 1949 der Parlamentarische Rat den Verfassungsentwurf nach Abschluß der Beratungen im Hauptausschuß, vor den letzten Plenarlesungen, vorlegte, erklärten sie, daß er in acht Punkten den Londoner Vorgaben nicht genüge. Sie mißbilligten vor allem die Verteilung der Gesetzgebungszuständigkeiten zwischen Bund und Ländern und die Finanzverfassung als zu zentralistisch, mißbilligten, hieß das aus deutscher Sicht, den Entwurf gerade in den Zonen labiler und mühsam ausgehandelter Kompromisse.

Beide Seiten standen nun vor der Frage: Wie riskant war ein Kurs der Unnachgiebigkeit? Durfte man das Risiko des Scheiterns der gemeinsamen Staatsgründung eingehen? Konrad Adenauer, als Präsident des Parlamentarischen Rates auf der deutschen Seite schon jetzt die Schlüsselfigur im deutsch-alliierten Gespräch, waren die Details der Verfassung weit weniger wichtig als die Weststaatsgründung, die Wiedergewinnung politischer Handlungsfähigkeit an sich. Er plädierte für ein Entgegenkommen der Deutschen. So sah es auch seine Partei. Kurt Schumacher hingegen lehnte jedes Nachgeben kategorisch ab, nicht nur weil ihm die Forderung der Alliierten, die Länder zu stärken, in der Sache zuwider war, sondern auch, weil er glaubte, in seinem leidenschaftlich-hartnäckig geführten politischen Kampf gegen die Besatzungsherrschaft endlich ein Exempel statuieren zu können und zu müssen. Es gab Widerspruch in seiner Partei, aber er setzte sich durch.

Auf der Gegenseite waren die Engländer die Kompromißbereiten, während die Franzosen und mehr noch, mit einer erstaunlichen Hartnäckigkeit, Clay den Gegenpart zu Schumachers Unbeweglichkeit spielten. Clay mag die amerikanische Ausprägung des Föderalismus mit ihrem dualistischen System der Steuergesetzgebung und der Steuerverwaltung für das verbindliche Muster des Föderalismus schlechthin gehalten haben. Aber vor allem glaubte er wohl einen politischen Sieg Schumachers als schädlich für die alliierten Interessen verhindern zu müssen. Erst das Eingreifen der Außenminister, die meinten, die Weststaatsgründung müsse nun endlich ins Werk gesetzt werden, führte aus der Krise heraus. Es mag eine Rolle gespielt haben, daß sich am Horizont neue Vier-Mächte-Gespräche abzeichneten – die Berlin-Blockade lief damals aus. Jedenfalls entschieden die Minister sich dafür, den Deutschen entgegenzukommen. Offensichtlich haben die Engländer dies den Sozialdemokraten signalisiert – da gab es eine gewisse Nähe –, bevor es der Parlamentarische Rat erfuhr, eine Indiskretion, die es Schumacher erleichterte, seinen Kurs bis zum Ende durchzuhalten und sich das Nachgeben der Alliierten gutzuschreiben.[56] Adenauers Zorn über diese, wie er es empfand, Düpierung klingt noch in seinen Memoiren nach.[57]

Die Schlußepisode wirkte bis in den ersten Bundestagswahlkampf hinein. Sie beendete eine merkwürdig überspannte Krise. Welchen Sinn hätte es gehabt, das gemeinsame Vorhaben jetzt noch am Streit um einige Verfassungsregeln scheitern zu lassen? So gesehen hatten auf beiden Seiten die Kompromißbereiten die besseren Argumente. Gleichwohl darf man nicht vergessen: Hätte Adenauers Flexibilität den Ausgang bestimmt, die Weichen wären, was das Bund-Länder-Verhältnis angeht, anders gestellt gewesen. Aus einer anderen Verteilung der Gesetzgebungszuständigkeiten, insbesondere der Zuständigkeiten für die Steuergesetzgebung, hätte sich eine sehr andere Verfassungswirklichkeit entwickeln können.

Mit der Verständigung zwischen dem Parlamentarischen Rat und den Besatzungsmächten war der Weg für das Ratifikationsverfahren frei. Der Konflikt des Frühjahrs 1949 zeigt noch einmal, daß die Formel von der Konvergenz der Interessen, die den Prozeß der Entstehung der Bundesrepublik bestimmt habe, so richtig sie ist, nicht harmonisierend mißverstanden werden darf. Das Unternehmen einer demokratischen Staatsgründung in einem geteilten Land in einer Art von Kooperation zwischen Siegern und Besiegten war schwierig und im Konkreten mehr als einmal in Gefahr, auf Klippen aufzulaufen. Aber der Wille, die Klippen zu umschiffen, war auf beiden Seiten eben doch der bestimmende. Am 8. Mai stimmte der Parlamentarische Rat mit 53 gegen zwölf Stimmen dem Grundgesetz in dritter Lesung zu, wobei von den zwölf Gegenstimmen nur zwei, die der KPD, der Weststaatsgründung als solcher galten, die übrigen, abgegeben von der Mehrheit der CSU-Abgeordneten, vom Zentrum und von der DP, mißbilligten die Verfassung in bestimmten Aspekten. Vier Tage später erteilten die Militärgouverneure dem Grundgesetz ihre Zustimmung unter Verweis auf den Vorrang des Besatzungsstatuts im allgemeinen und mit einigen Einschränkungen im besonderen. Deren wichtigste war, daß Berlin »derzeit« nicht, wie der Verfassungsentwurf es vorsah, ein Land der Bundesrepublik Deutschland

Die Eröffnung des Parlamentarischen Rates am 1. September 1949 im Lichthof des Zoologischen Museums Alexander König an der Koblenzer Straße in Bonn ist eine oft beschriebene Szene. Die zukünftigen Verfassungsväter mitsamt den sehr wenigen Verfassungsmüttern sitzen im Mittelblock. Der Ministerpräsident des gastgebenden Landes, Karl Arnold, begrüßt sie. Auf der linken Seite läßt sich erkennen, daß die Besatzungsmächte durchaus gewillt waren, die Verfassungsberatungen wachsam zu begleiten.

werden könne. Man wollte die Sowjetunion nicht unnötig provozieren. Dabei ist es in den 41 Jahren der Lebenszeit der Bonner Republik geblieben.

Wie die Ministerpräsidenten es gewünscht hatten, schloß sich als eigentlich konstitutiver Akt der Verfassungsgesetzgebung auf deutscher Seite die Ratifikation durch die Landtage an.[58] Zehn votierten mit klaren Mehrheiten zustimmend, der bayerische, auch er mit deutlicher Mehrheit, ablehnend. Er erkannte freilich die Rechtsverbindlichkeit des nach dem vereinbarten Verfahren – also durch mindestens zwei Drittel der Landtage – ordnungsgemäß ratifizierten Grundgesetzes auch für Bayern ausdrücklich an. Am 23. Mai 1949 konnte der Parlamentarische Rat mit der feierlichen Verkündung des »Grundgesetzes für die Bundesrepublik Deutschland« seine Arbeit beschließen.

Kurz zuvor, im April, war von den drei Militärgouverneuren verkündet worden, was sich vielen als die eigentliche, die primäre Verfassung des zukünftigen Weststaates darstellte: das Besatzungsstatut. Vier Jahre nach Kriegsende formulierten die Sieger in ihm zum ersten Mal Regeln der Selbstbeschränkung der Siegerallmacht, ohne die eine Staatsgründung in der Tat sinnlos gewesen wäre. Zwar gaben sie kein Recht endgültig an die

Deutschen zurück, die Selbstbeschränkung blieb einem Bewährungsvorbehalt unterstellt, aber der Kernsatz: »Der Bund und die beteiligten Länder haben, lediglich den Beschränkungen dieses Statuts unterworfen, volle gesetzgebende, vollziehende und rechtsprechende Gewalt gemäß dem Grundgesetz und den Länderverfassungen« klang doch vielversprechend und war auch so gemeint.[59] Die expliziten Begrenzungen dieser Ermächtigung – sie betrafen unter anderem die auswärtige Politik und den Außenhandel, auch Änderungen des Grundgesetzes blieben an die Zustimmung der Besatzungsmächte gebunden – waren freilich eher weit gefaßt. Alles hing nun von der Handhabung des Statuts ab. Tatsächlich verlor es in einer Folge von Revisionen bis zur definitiven Aufhebung 1955 seine Bedeutung viel schneller, als irgend jemand es vorhergesehen hatte. So gesehen steht das Besatzungsstatut zwar für eine wichtige Wende der Nachkriegsgeschichte, aber das eigentlich zukunftsbedeutsame Gründungsdokument ist, entgegen manchen Erwartungen, eben doch das Grundgesetz geworden.

Daß Frankreichs Sicherheitsbedürfnisse mit dem Besatzungsstatut nicht befriedigt waren, braucht kaum gesagt zu werden. Seit den Londoner Verhandlungen des ersten Halbjahres 1948 war klar, daß die Weststaatsgründung nur in engster Verknüpfung mit besonderen Vereinbarungen, die auf die französischen Ängste jedenfalls ein Stück weit Bedacht nahmen, zustande kommen würde. So ist es alles andere als ein Zufall, daß in den Frühjahrswochen, in denen die Verfassungsentscheidungen fielen, auch diese Vereinbarungen unter Dach und Fach gebracht wurden – nach schwierigen Verhandlungen mit einem immer noch widerstrebenden, mit sich selbst uneinigen Frankreich, das das Faustpfand seiner Zone bis zur letzten Sekunde fest in der Hand behielt. Das Ruhrstatut ist hier vor allem zu nennen, das die Verteilung von Kohle, Koks und Stahl an der Ruhr einer internationalen Behörde übertrug, ohne das Territorium selbst, wie Frankreich es eigentlich gewünscht hatte, zu internationalisieren. Daneben standen Vereinbarungen, die die Industrie der zukünftigen Bundesrepublik fortdauernden Beschränkungen und Kontrollen unterwarfen; Fortschreibungen der älteren Vier-Mächte-Regelungen, die für die Deutschen zwar Erleichterungen brachten, aber immer noch zahlreiche Verbote und Mengenbegrenzungen aufrechterhielten. Auch die Einrichtung eines »militärischen Sicherheitsamtes« wurde verabredet, das die Einhaltung der Entwaffnungsbestimmungen überwachen sollte. Selbst die Gründung der Nordatlantischen Verteidigungsgemeinschaft gehört, auf einer anderen politischen Ebene, noch in diesen Zusammenhang. Natürlich hatte dieses Bündnis schon nicht mehr die deutsche Gefahr im Visier, aber ohne die verbindliche amerikanische Zusage des Beistandes gegen jeden Angriff, die der Atlantikpakt Westeuropa brachte, hätte Frankreich sich vermutlich auch im Frühjahr 1949 noch nicht entschließen können, den Weg zur Gründung der Bundesrepublik freizugeben.

Ein komplizierter, dicht verknüpfter, mühsam ausbalancierter Verbund von Entscheidungen also war es, der den westdeutschen Staat hervorbrachte. In ihm spiegelt sich eine wichtige Phase des schwierigen Prozesses der Überführung Deutschlands, Westdeutschlands, aus dem Status des besiegten Weltkriegsgegners in den Status des Verbündeten im Kalten Krieg wider. Westdeutschland war jetzt für eine Zeit des Übergangs beides zugleich: noch besiegter Gegner und schon zukünftiger Verbündeter; noch, jedenfalls in der Wahrnehmung der Franzosen, das alte Sicherheitsproblem und schon, in der Wahrnehmung der Amerikaner, der neue Sicherheitspartner. Die Ausgangslage für die Außenpolitik des entstehenden westdeutschen Staates ist damit bereits beschrieben.

Das Bemerkenswerteste an der Gründung dieses Staates ist vielleicht, daß sie unter den Deutschen des Westens nicht ernstlich umstritten war – noch ein Jahr zuvor wäre das kaum vorherzusagen gewesen. Zwar war der Konflikt in gewissem Sinn nur hinausgeschoben – der heftige Streit der frühen fünfziger Jahre um die Westintegration der Bundesrepublik war ja nichts anderes als ein verspäteter, an den ersten, entscheidenden außenpolitischen Weichenstellungen festgemachter Gründungskonflikt –, aber ins Leben trat der westdeutsche Staat 1949, ohne auf entschiedenen politischen Widerspruch zu stoßen. Die KPD, die ihm als einzige Partei ein prinzipielles Nein entgegensetzte, war schon 1949 nur noch eine Randgruppe. Die Konsensformeln, in denen der Teilstaat sein Selbstverständnis fixierte, waren nicht mehr die, an die die Ministerpräsidenten im Sommer 1948 gedacht hatten. Sie waren wirklichkeitsnäher und haben den westdeutschen Staat denn auch – im letzten Jahrzehnt seiner Existenz freilich keineswegs mehr unbestritten – bis an sein Ende begleitet. Nicht davon war die Rede, daß das neue Gebilde eigentlich gar kein Staat sei, sondern davon, daß es ein Staat auf dem Weg zurück zum ganzen Deutschland sei. Die Präambel des Grundgesetzes sprach von der Übergangszeit, für die das staatliche Leben neu zu ordnen sei, und davon, daß das gesamte deutsche Volk aufgefordert bleibe, »in freier Selbstbestimmung die Einheit und Freiheit Deutschlands zu vollenden«. Art. 23 – längst totgeglaubt, sollte er im Jahre 1990 entscheidende Bedeutung gewinnen – hielt die Verfassung offen für den Beitritt »anderer Teile Deutschlands«. Und im Schlußartikel wurde der westdeutsche Staat noch einmal ausdrücklich zu einem Staat auf Zeit erklärt.

Es ist kein Zweifel, daß uns in diesen Formeln die Überzeugungen der Gründer begegnen. Nur als einen durch die Weltverhältnisse erzwungenen, unvermeidlichen Zwischenschritt wollten und konnten sie die Weststaatsgründung ansehen. Die einen mochten dabei in kürzeren, die anderen in längeren Zeiträumen denken. Die einen formulierten leidenschaftlicher – Thomas Dehler etwa sprach von der künftigen Bundesrepublik als dem »Piemont für die Wiederherstellung der deutschen Einheit«[60] –, die anderen nüchterner, juristischer, die spätere Lehre vom »Kernstaat« vorbereitend (das Wort taucht in der ersten Regierungserklärung schon auf). Daß der westdeutsche Staat nicht dauern werde und dauern dürfe, war für alle gleichsam die Bedingung seiner Gründung. Überraschend oft ist dabei schon in dieser frühen Zeit, in der doch auch im Westen das Nachkriegselend noch allgegenwärtig war, der Gedanke geäußert worden, es werde die wirtschaftliche Entwicklung im westlichen Deutschland sein, die die Ostzone schließlich hinüberziehen werde. Westdeutschland müsse und werde den Osten des Landes »wie ein Magnet« anziehen, das ist dem Wort oder der Sache nach von vielen gesagt worden, die jetzt den Weg einschlugen, der über den westdeutschen Teilstaat zur Wiederherstellung Deutschlands führen sollte.

Der erste war wohl Kurt Schumacher. Schon 1947 skizzierte er, was man die »Magnetstrategie« nennen könnte. Die Prosperität der Westzonen könne den Westen zum ökonomischen Magneten machen. Kein anderer Weg zur Erringung der deutschen Einheit sei möglich, »als diese ökonomische Magnetisierung des Westens, die ihre Anziehungskraft auf den Osten so stark ausüben muß, daß auf die Dauer die bloße Innehabung des Machtapparates dagegen kein sicheres Mittel ist«.[61] Es ist erstaunlich, wie genau dieser Satz das Schicksal der DDR vorhersagt. »Es ist gewiß ein schwerer und vermutlich ein langer Weg«, hatte Schumacher hinzugefügt. Daß er ein halbes Jahrhundert dauern würde, konnte er sich so wenig wie irgendein Zeitgenosse vorstellen.

Es bleibt die Frage, wie es mit der demokratischen Legitimität der Staatsgründung bestellt war. Im Gründungsakt war auf der deutschen Seite die Gründungshoheit von den Ministerpräsidenten, bei denen die Entscheidung über die Annahme der Frankfurter Dokumente gelegen hatte, auf die Parteien im Parlamentarischen Rat übergegangen. Das Grundgesetz, heißt das, kam nicht als Bundesvertrag zwischen den Ländern zustande, sondern wurde geschaffen von einer verfassunggebenden Versammlung, die im Namen der Nation handelte. Auch war es keine in wesentlichen Gehalten fremdbestimmte Verfassung, so präsent die Alliierten im Prozeß der Verfassungsgesetzgebung auch waren. Es wäre kein ganz anderes Grundgesetz entstanden, wenn es die Aufsicht der Sieger nicht gegeben hätte. Das Grundrechtsfundament, das parlamentarische System in seiner besonderen Ausprägung, die starke Verfassungsgerichtsbarkeit – das waren deutsche Entscheidungen. Einzig auf die Ausgestaltung der Bundesstaatlichkeit haben die Alliierten erheblichen Einfluß genommen, in der Schlußkonfrontation aber selbst hier nachgegeben. Im übrigen gab es gerade auf diesem Felde auch auf deutscher Seite die schärfsten Dissense, so daß ganz offen ist, auf welchen Kompromiß sich die Deutschen, wären sie mit sich allein gewesen, geeinigt hätten.

Eine Antwort auf die Frage nach der demokratischen Legitimität ist das alles noch nicht. Diese Frage stellt sich natürlich vor allem deshalb, weil die verfassunggebende Gewalt des Volkes nicht wirklich zum Zuge gekommen ist. Daß die Gründer von denen, für die sie handelten, keine ausdrückliche Vollmacht erhalten hatten, ist unbestreitbar, ebenso, daß den Bürgern keine Gelegenheit gegeben wurde, ausdrücklich ja oder nein zur Verfassung zu sagen. Die Landtage, die die Abgeordneten zum Parlamentarischen Rat entsandten und die dann auch anstelle der Bürger das Grundgesetz ratifizierten, waren im Herbst 1946 und im Frühjahr 1947 gewählt worden, längst bevor der Weststaat auf die Tagesordnung der Politik gesetzt wurde.

Dem Hinweis auf die Verfahrensmängel, für die es ja gute Gründe gab, kann man die demoskopischen Daten entgegenhalten. Sie lassen wenig Zweifel daran, daß die Westdeutschen in ihrer großen Mehrheit die Gründung der Bundesrepublik billigend hinnahmen, weil sie die Hoffnung auf eine Einigung der vier Siegermächte verloren hatten. Die Berliner Blockade hat auch hier ihre Rolle gespielt, mehr noch vielleicht die Tatsache, daß der wirtschaftliche Aufschwung in den Westzonen inzwischen spürbar eingesetzt hatte. Und der hatte, für jedermann erkennbar, mit der Westorientierung zu tun. Freilich ist Billigung der Staatsgründung nicht gleich Zustimmung zu einer ganz bestimmten Verfassung. Von den Verfassungsberatungen hatten die meisten im Alltag der Nachkriegswelt, der auch in diesem ersten Jahr nach der Währungsreform immer noch hart genug war, kaum Notiz genommen. Ein Beteiligter hat den Parlamentarischen Rat denn auch als in »einen Nebel der Anonymität gehüllt« beschrieben.[62] Mehr als ein stillschweigendes, vorläufiges, eher distanziertes Einverständnis mit dem Gründungsakt kann man also nicht unterstellen, und selbst dieses »distanzierten Einverständnisses« waren sich die Akteure nicht ganz sicher. Die Ablehnung eines Verfassungsreferendums erst durch die Ministerpräsidenten, dann durch den Parlamentarischen Rat hatte jedenfalls auch mit der Überlegung zu tun, das Volk sei in dieser Sache weniger berechenbar, von der agitatorischen Einheitspropaganda der SED möglicherweise doch stärker beeindruckbar als die Landtage.[63] Wirkliche Legitimität, das ist das Fazit, konnte das neue Gemeinwesen nicht aus dem Gründungsakt gewinnen, sie mußte ihm erst noch zuwachsen.

VII.

Acht Wochen nach der Wahl zum ersten Bundestag, am 7. Oktober, wurde der Gegenstaat im Osten, die Deutsche Demokratische Republik, gegründet. Bewußt hatte man dem Westen den Vortritt gelassen – wohl nicht nur, weil das Odium, Deutschland gespalten zu haben, auf ihn fallen sollte, sondern auch, weil Stalin offenbar wirklich bis zum letzten Augenblick gezögert hat, in seinem Teil Deutschlands ein Fait accompli zu schaffen. Daß die sowjetische Deutschlandpolitik der Nachkriegsjahre eine merkwürdige Mischung aus Entschlossenheit im Zugriff auf die eigene Zone und Unentschlossenheit, was die strategischen Ziele angeht, gewesen sei, an diesen Befund ist hier, wo es um die Vorgeschichte der ostdeutschen Staatsgründung geht, noch einmal zu erinnern.

Einerseits trieb die Sowjetunion in ihrer Zone und mit ihrer Zone eine Besatzungspolitik, die klar wenn schon nicht auf Kolonisierung, dann doch auf einen sowjetisch geprägten ostdeutschen Staat hinauslief. Schon mit den ersten gewaltsamen Eingriffen in die vorgefundenen Eigentumsverhältnisse wurden Entwicklungen in Gang gebracht, die auf eigenstaatliche Absicherung angewiesen waren. Die Sowjetunion konnte nicht erwarten, daß sie sich mit ihnen im ganzen Deutschland durchsetzen würde. Das gilt auch für die politischen Strukturen, die die Besatzungsmacht alsbald schuf, die Hegemonie, die sie ihrer Partei, erst der KPD, dann der SED, sicherte. Mit Demokratie hatte das von Anfang an nichts zu tun. Wenn man über den eigenen Beuteanteil dauerhaft verläßlich verfügen wollte, mußte man aus ihm einen Satellitenstaat machen.

Andererseits ist offensichtlich, daß die Sowjetunion bis 1949 bemüht war, sich eine gesamtdeutsche Option – was immer an Hoffnungen und Erwartungen dahinterstecken mochte – offenzuhalten. Die Zurückhaltung der ersten Proklamationen von KPD und SED, der begrenzte politische Pluralismus, der in den ersten Jahren noch toleriert wurde, die halbwegs freien Wahlen des Jahres 1946 weisen in diese Richtung. Und selbst als der Kalte Krieg schon voll entbrannt war, in den Jahren 1948 und 1949, empfahl Stalin der SED immer noch beharrlich zumindest taktische Zurückhaltung. Die Verhinderung der Weststaatsgründung hatte für ihn offensichtlich Vorrang vor der Gründung eines Oststaates. Und daraus kann man schließen – man muß es nicht –, er habe noch immer mit gesamtdeutschen Möglichkeiten gespielt.

Die Interessenlage der SED war eine andere. Auch sie hat anfangs wohl gesamtdeutsche Ambitionen gehabt. Mit einiger Phantasie ließen sich auf die Fusion der beiden Arbeiterparteien ja Hoffnungen gründen. Aber es muß der SED früh, nach den Wahlen der Jahre 1946/47 im Westen, klargeworden sein, daß sie keine Chance hatte, in einem vereinten Deutschland unter Bedingungen freien Wettbewerbs eine gewichtige oder gar maßgebliche Rolle zu spielen. Für sie gab es vom Zeitpunkt dieser Erkenntnis an keine Alternative mehr zu dem Programm, aus der Sowjetischen Besatzungszone einen SED-Staat zu machen. Es ist deshalb auch nicht überraschend, daß von Wilhelm Pieck, dem Führer der ostdeutschen Kommunisten und späteren ersten und einzigen Präsidenten der DDR, schon vom September 1946 Bemerkungen überliefert sind, die eben dieses Programm skizzieren.[64] Sicherung, Festigung, Ausbau der Herrschaft im eigenen Haus, darum ging es der SED viel eindeutiger noch als der Sowjetunion, die im Ergebnis zwar auch der Logik der Maxime gefolgt ist, einmal eroberte Macht in Deutschland nicht zugunsten möglichen weiteren Einflußgewinns aufs Spiel zu setzen, aber doch mit größerer taktischer Flexibilität.

Die Kampagne gegen die Weststaatsgründung, die 1947 beginnend mit wachsender Schärfe von Osten her geführt wurde, hat die SED denn auch eher im Auftrag der Sowjetunion als im eigenen Interesse geführt. Für die SED, so hat es Manfred Overesch formuliert, war zu diesem Zeitpunkt bereits klar, »daß sie nur werden konnte, was sie werden wollte, stärkste politische Kraft, wenn sie nicht erreichte, was sie forderte, die deutsche Einheit«.[65] Hauptinstrument der Kampagne war die Volkskongreßbewegung, im Herbst 1947 ins Leben gerufen, um der sowjetischen Deutschlandpolitik während der Londoner Verhandlungen deutschen Rückhalt zu geben, fortgeführt im zweiten (März 1948) und dritten (Mai 1949) Volkskongreß, nun mit Stoßrichtung gegen die sich abzeichnende Staatsgründung im Westen. Gedacht oder doch jedenfalls ausgegeben als Stimme einer gesamtdeutschen Volksbewegung »für Einheit und gerechten Frieden«, war der Volkskongreß tatsächlich nie etwas anderes als eine von der SED geführte und kontrollierte Propagandaorganisation im Dienst der sowjetischen Deutschlandpolitik und war es so offensichtlich, daß man nach einer Erklärung für sein Scheitern nicht lange suchen muß.

Es war die innere Widersprüchlichkeit der sowjetischen Deutschlandpolitik, als Widersprüchlichkeit auch der Deutschlandpolitik der SED sich gleichsam verdoppelnd, die den Kampf gegen die Weststaatsgründung von vornherein aussichtslos machte. Der beharrlich vorwärtsgetriebene Aufbau einer kommunistischen Parteidiktatur diesseits der Teilungslinie und das Werben für die Einheit jenseits – das ließ sich nicht zu einer glaubwürdigen Politik verbinden. Tatsächlich hat die Volkskongreßbewegung im Westen Deutschlands kaum Einfluß gewinnen können. Wie sollte sie auch, da in allen ihren Einheitsappellen, allenfalls leicht verschleiert, die Entwicklung in der Sowjetischen Besatzungszone als Muster genannt wurde, an dem ganz Deutschland sich zu orientieren habe.

Auch das mit großem Aufwand inszenierte »Volksbegehren für die Einheit Deutsch-

Je klarer die Absicht der Westmächte, aus ihren Zonen einen Staat zu bilden, erkennbar wurde, desto entschiedener trat die SED, den Vorgaben der Moskauer Deutschlandpolitik gemäß, als Vorkämpferin der Einheit auf. Auch die Erinnerung an die Revolution von 1848 wurde im Gedenkjahr 1948 zu diesem Zweck genutzt. Im Mai 1948 war es noch möglich, daß Wilhelm Pieck, einer der beiden Vorsitzenden der SED und von 1949 bis zu seinem Tode Staatspräsident der DDR, auf einer Kundgebung auf dem Frankfurter Römerberg sprach. Zwei Jahre später, nach der Gründung der beiden deutschen Staaten, war das undenkbar geworden.

lands« vom Frühsommer 1948, das es in der Ostzone mit kräftiger Nachhilfe der Machthaber auf 95 Prozent Ja-Stimmen brachte, fand im Westen nur sehr geringe Resonanz, und das nicht nur, weil es von den Westmächten behindert wurde. In den Monaten, in denen sich die Berlin-Blockade sichtbar anbahnte, war das sowjetische und ostdeutsche Werben um westdeutsche Stimmen für die Einheit nicht mehr sehr glaubwürdig. Im übrigen haben die Sowjetunion und mit ihr die SED in ihrer Deutschlandpolitik durchgehend die Möglichkeit überschätzt, die Deutschen mit nationalen Parolen mobilisieren zu können. Nachkriegsdeutschland war eben nicht mehr die Weimarer Republik. Das freilich war nicht so ohne weiteres vorauszusehen. Kurt Schumacher etwa beunruhigte die nationale Agitation der SED durchaus, und seine eigene nationale Rhetorik war auch dazu bestimmt, dieser Agitation entgegenzuwirken.

Den Kampf gegen die Weststaatsgründung zu führen, war nur eine von zwei Aufgaben der Volkskongreßbewegung; ihr anderer, von 1948 an zunehmend bedeutsamer Auftrag hieß, die Oststaatsgründung vorzubereiten. Der vom zweiten Volkskongreß gewählte Volksrat arbeitete die Verfassung aus. Sie hatte zwar noch eine deutlich gesamtdeutsche Ausrichtung, allenfalls mit ein paar »volksdemokratischen« Einsprengseln, wurde aber, vom dritten Volkskongreß gebilligt, im Oktober 1949 zur Verfassung der DDR erklärt. Und der vom dritten Volkskongreß neu gewählte Volksrat wurde zur provisorischen Volkskammer, zum provisorischen Parlament des neuen Staates also, gemacht – jeder

Kolonnen, Fahnen, Transparente: die SED feiert am 11. Oktober 1949 die Gründung der DDR. Bei der Bonner Staatsgründung war es stiller zugegangen, niemand hatte das Volk auf die Straße gerufen.

Bis hin zu den letzten, makabren Aufmärschen an ihrem vierzigsten Geburtstag hat die DDR sich immer pompöser inszeniert als die unsichere Bundesrepublik. Aber so wie sie sich selbst inszenierte, hat sie immer auch Erinnerungen an die andere deutsche Diktatur geweckt.

Schritt im knappen Abstand von Tagen oder Wochen den entsprechenden Gründungsschritten des Westens nachgetan.

Das Ziel freilich, das Besatzungsmacht und SED mit diesen Prozeduren verfolgten, dem Gründungsakt zumindest den Anschein demokratischer Legitimität zu verschaffen, konnte nicht erreicht werden. Zu offenkundig war, daß die Volkskongreßbewegung sich nicht einmal indirekt auf allgemeine, freie Wahlen berufen konnte. Sie war nicht mehr als ein demokratisches Feigenblatt. Zu den beiden ersten Volkskongressen hatten Massenorganisationen, Parteien, darunter die westdeutsche KPD, Betriebsversammlungen, auch die ostzonalen Landtage Delegierte entsandt – jene Mischung aus demokratischem Schein und manipulativer Wirklichkeit, die für den kommunistischen Umgang mit der Demokratie charakteristisch ist. Der dritte Volkskongreß war zwar direkt gewählt, aber die SED hatte, zum ersten Mal, für diese Wahlen das Verfahren der Einheitsliste durchgesetzt, hatte sich die Mehrheit der Plätze auf dieser Einheitsliste gesichert, hatte in einer manipulativen Fragestellung, wie sie für Diktaturen charakteristisch ist, Wahlentscheidung und Volksabstimmung miteinander verknüpft und hatte schließlich noch beim Auszählen nachhelfen müssen, um wenigstens 66,1 Prozent Ja-Stimmen präsentieren zu können – eine gescheiterte Generalprobe, wenn man so will, für die Pseudowahlen der Parteidiktatur der Zukunft.[66]

Das war im Mai 1949, zur Zeit der Verabschiedung des Grundgesetzes. Noch immer führte die SED, den Direktiven der sowjetischen Deutschlandpolitik folgend, mit immer schärferen, wütenderen Angriffen auf die »Spalter« ihre Einheitskampagne. Tatsächlich waren ihre Führer spätestens seit dem Frühjahr 1948 davon überzeugt, daß die Entwicklung auf einen Oststaat, einen SED-Staat, hinauslaufe. Man darf vermuten, daß sie in diesen letzten anderthalb Jahren mit einiger Ungeduld auf grünes Licht aus Moskau gewartet haben. Aber Stalin hielt sie lange hin. Erst im September 1949, die Bundesrepublik hatte sich inzwischen in ihren wesentlichen Verfassungsorganen konstituiert, gab er den Weg zur Gründung der DDR endgültig frei. Die ersten Bundestagswahlen vom 14. August 1949 hatten für jedermann sichtbar gemacht, daß die SED mit ihrer Strategie, sich als Vorkämpferin der nationalen Einheit zu präsentieren und eine Art von gesamtdeutschem Widerstand gegen die Weststaatsgründung zu mobilisieren, vollständig gescheitert war. Das Ergebnis, 5,7 Prozent der Stimmen für die KPD, sprach eine eindeutige Sprache.

Daß es bei der Gegenstaatsgründung im Osten nicht zu einem Votum der Betroffenen kommen würde, war vorab längst entschieden. Der im Mai pro forma vom dritten Volkskongreß gewählte, faktisch von der SED nominierte Volksrat wurde zum vorläufigen Parlament der DDR erklärt. Die eigentlichen Volkskammerwahlen wurden hinausgeschoben, so wie die fälligen Landtagswahlen hinausgeschoben wurden, ein Beschluß, den Besatzungsmacht und SED nur mit einiger Mühe, mit Druck und falschen Versprechungen – vor allem die CDU sträubte sich – hatten durchsetzen können. Im Prozeß des Aufbaus ihrer Alleinherrschaft hatte die SED jetzt also den Punkt des endgültigen und eindeutigen Bruchs mit dem Demokratieprinzip erreicht, das bei den Wahlen des Jahres 1946, wenn auch beschädigt, noch gegolten hatte. Die klare Absicht war, es zu offenen Wahlen mit konkurrierenden Parteien überhaupt nicht mehr kommen zu lassen. Deutlicher konnte die SED nicht sichtbar machen, daß sie selbst nicht daran glaubte, eine Mehrheit der Ostdeutschen für sich und ihre Staatsgründung gewonnen zu haben. Ihr Staat hat die Legitimitätsschwäche, mit der er geboren wurde, bis zu seinem Ende nicht überwunden.

Dem Selbstbewußtsein der neuen Herren tat der Geburtsmakel freilich keinen Abbruch. Wie für die Bonner Staatsgründer war auch für sie ihr deutscher Staat der einzig legitime, berufen, bald das ganze Deutschland zu werden. Einen Tag, nachdem in Bonn Bundestag und Bundesrat zusammengetreten waren, notierte Wilhelm Pieck im Blick auf die bevorstehende Gegengründung: »Das eigentliche Deutschland (...) ist (...) die Sowjetische Besatzungszone. Daher handelt es sich nicht um eine ostdeutsche Staatenbildung oder um eine ostdeutsche Regierung, sondern um die Regierung für Gesamtdeutschland.«[67] Die westlichen Besatzungszonen seien aus Deutschland herausgerissen worden. Zwei deutsche Staaten also, die sich beide im Vollzug der Teilung zu dem Ziel bekannten, die Teilung überwinden zu wollen, deren jeder den anderen als illegitim verwarf. Zwei deutsche Staaten, die folglich nicht nebeneinander, sondern nur gegeneinander existieren konnten.

3. Zweierlei Neubeginn

I.

Die elementarste Nachkriegswirklichkeit war für die meisten Deutschen der Hunger.[68] Dem, was die Menschen erlebt haben, käme man am nächsten, wenn man die Geschichte der frühen Nachkriegsjahre als eine Geschichte des Hungerns, des Frierens, des Suchens erzählte. Man muß sich dieser Bedingungen erinnern. Dann darf man auch die Fragen stellen, die dem Historiker als die eigentlich wichtigen erscheinen: Welche Konsequenzen haben die Deutschen aus der physischen und moralischen Katastrophe, in die sie sich vom Nationalsozialismus hatten führen lassen, gezogen? Was haben sie, jeder für sich und alle gemeinsam, aus ihrem beispiellosen Absturz gelernt? Hat es so etwas wie einen Neubeginn gegeben?

Es sind die skeptischen Antworten auf diese Fragen gewesen, obschon in einem eigentümlichen Spannungsverhältnis zur Erfolgsgeschichte der westdeutschen Demokratie stehend, die die Diskussion bestimmt haben. Früh schon und dann wieder nach 1968 ist, was den Westen Deutschlands angeht, das Stichwort »Restauration« gefallen, der Vorwurf erhoben worden, die notwendige Erneuerung sei ausgeblieben, wobei im Kern fast immer die »Restauration« des »Kapitalismus« gemeint war.[69] In einem nüchterneren Ton, weniger auf Klage und Anklage gestimmt, hat die Geschichtswissenschaft nach Kontinuitäten und Diskontinuitäten gefragt. Auch in dieser Frage schwingt freilich oft genug der Zweifel mit, ob die Deutschen jenen Bruch mit der Vergangenheit, der ihnen nach der katastrophalsten Verirrung ihrer Geschichte aufgegeben gewesen sei, wirklich vollzogen hätten. Es geht bei diesem Thema keineswegs nur um die ersten Nachkriegsjahre. Antworten lassen sich häufig nur geben, wenn man Entwicklungslinien, den Wandel der Einstellungen etwa, bis weit in die Geschichte der beiden deutschen Staaten hinein verfolgt. Aber den Jahren zwischen Zusammenbruch und Staatsgründung kommt doch besondere Bedeutung zu.

Bestimmend mußten, was die frühen Weichenstellungen angeht, zunächst einmal die Siegermächte sein. Daß sie das bedingungslos kapitulierende Land durch Besetzung vollständig ihrer Kontrolle unterwarfen, geschah ja nicht nur, um den Sieg zu vollenden und Deutschland zu bestrafen oder auszubeuten. Es geschah auch, weil die Sieger dieses unheimliche Land nach ihren – der gemeinsamen Potsdamer Formeln ungeachtet höchst unterschiedlichen – Vorstellungen in ein ganz anderes verwandeln wollten, seine politischen, gesellschaftlichen, ökonomischen Strukturen, selbst sein Denken – »stamping out the whole tradition on which the German nation has been built«,[70] wie es in einer Londoner Aktennotiz aus dem Jahr 1943 heißt. Es war ein Vorhaben, zu dem es, von dem ähnlich gelagerten Fall Japan abgesehen, in der modernen Geschichte keine Parallele gibt. Daß es bei

Das Elend eines verlorenen Krieges – die Menschen ruiniert, das Land zerstört. Und das Glück eines Care-Pakets aus dem unermeßlich reichen Wunderland Amerika.

diesem Vorhaben zunächst einmal nicht um eine bessere Zukunft für Deutschland, sondern um die Sicherheit der Welt vor Deutschland ging, versteht sich von selbst.

Wie die Siegermächte dabei zu Werke gingen, was sie an Wandel bewirkt oder verhindert, wie sie die beiden Deutschlands, die sie schufen, geprägt haben, ist eine der Grundfragen der deutschen Geschichte nach 1945. Man darf freilich nicht vergessen, daß die eigentliche Besatzungsherrschaft im westlichen Deutschland nur wenige Jahre gedauert hat, genau vier Jahre und vier Monate von der bedingungslosen Kapitulation bis zum Inkrafttreten des Besatzungsstatuts. Die ursprünglichen Programme der Zivilisierung oder Rezivilisierung Deutschlands unter dem Protektorat der Siegermächte hatten eher mit Jahrzehnten gerechnet, auch wenn das nirgends klar fixiert war.

Und die Deutschen? Auch hier muß von Anfang an zwischen Ost und West als zwei verschiedenen Welten unterschieden werden. Für den Westen gilt, was schon im Blick auf die Staatsgründung gesagt wurde: Jeder Schritt der Neukonstituierung des Gemeinwesens mußte bei aller extremen Asymmetrie der Machtverhältnisse letzten Endes doch von Siegern und Besiegten gemeinsam getan werden. Die Macht, zu verbieten und zu bestrafen, ist eine Sache, die Macht, einen neuen Anfang ins Werk zu setzen, eine ganz andere. Die war, je länger, desto mehr, selbst in der kurzen Phase absoluter Siegerherrschaft schon faktisch zwischen Siegern und Besiegten geteilt, mochten die Besiegten es auch, wie viele Ohnmachtsbekundungen zeigen, ganz anders wahrnehmen. Der Aufbau der westdeutschen Demokratie ist, so spannungsreich, so schwierig das Zusammenwirken auch war, der Sache nach von Anfang an ein kooperatives Unternehmen gewesen. Nach dem deutschen Anteil an diesem Unternehmen, an den Anfängen des Neuen wie am Fortdauern des Alten ist also ebenso zu fragen wie nach dem der Besatzungsmächte. Vieles ist im übrigen weder von den Siegern noch von den Besiegten wirklich entschieden, sondern von den Zwängen, die von den Verhältnissen ausgingen, in die eine oder die andere Richtung gelenkt worden.

»Das Hauptziel der Alliierten ist es, Deutschland daran zu hindern, je wieder eine Bedrohung des Weltfriedens zu werden.«[71] Das war der gemeinsame Ausgangspunkt der Besatzungspolitik aller vier Siegermächte – mehr freilich auch nicht. Wie mit Deutschland umzugehen sei, davon hatten sie alle ihre eigenen Vorstellungen. Die Amerikaner kamen als strafende Richter und als politische Erzieher, ja Missionare zugleich. Bei ihnen verband sich – bis zur pragmatischen Wende bei Ausbruch des Kalten Krieges – eine sehr prinzipielle moralische Strenge gegenüber einem in unbegreifliche Barbarei abgestürzten Volk mit einer programmatischen Entschlossenheit, den Boden für Demokratie in Deutschland zu bereiten. Man vergißt angesichts der Wende, die die deutsch-amerikanischen Beziehungen später genommen haben, leicht, wie unnachsichtig gerade die Amerikaner anfänglich über die Deutschen geurteilt haben. Die Potsdamer Leitbegriffe »demilitarization, denacification, deindustrialization, democratization« stammten aus ihren Entwürfen. Und sie meinten es ernst damit. Sie ließen dem großen Nürnberger Tribunal der drei Siegermächte gegen die »Hauptkriegsverbrecher« zwölf weitere Prozesse gegen Handlanger und Schergen des Systems, gegen SS-Ärzte, gegen Diplomaten, Generäle, Wirtschaftsführer folgen. Die Entnazifizierung nahmen sie rigoroser, unnachsichtiger in Angriff als Briten und Franzosen. Aber sie haben auch als erste, im Januar 1946, die Deutschen wieder zu demokratischen Wahlen aufgerufen, haben sich überhaupt fast von der ersten Stunde an mit Eifer und Energie darangemacht, den Deutschen Schritt für Schritt Demokratie beizubringen. Das unbarmherzige Diktum »Deutschland wird nicht besetzt zum Zweck seiner Befreiung, sondern als ein besiegter Feindstaat«[72] war, gerade was die Amerikaner angeht, von Anfang an nur die halbe Wahrheit.

Bei den Engländern war gewiß nicht das demokratische Selbstbewußtsein, wohl aber die Entschlossenheit zu strafen wie der Eifer zu erziehen schwächer ausgeprägt. Sie gingen ihre Aufgaben nüchterner an, skeptischer, orientiert an den eigenen Interessen, zudem geprägt von einer langen, erfahrungsreichen Vergangenheit als Kolonialmacht. Substantielle Pläne für eine gemeinsame Besatzungspolitik gab es ohnehin nicht. Sehr lange haben die Engländer Besatzungspolitik mit eigenem Profil im übrigen nicht treiben können. Von 1947 an hatten infolge der wirtschaftlichen Schwäche Großbritanniens die Amerikaner das Heft für die ganze Bizone fest in der Hand.

Was beide Mächte miteinander verband, war die Neigung, sich in ihrem Demokratverständnis ganz selbstverständlich an die heimatlichen Gegebenheiten zu halten, an die vertrauten Formen des Föderalismus, der kommunalen Selbstverwaltung, der Bildungseinrichtungen, des öffentlichen Dienstes. Von der deutschen Geschichte, den deutschen

Verhältnissen im allgemeinen wußten sie aller Emigranten-Expertisen ungeachtet gleichermaßen wenig. Diese Ahnungslosigkeit hat zur Verbreitung der mit dem Namen Lord Vansittarts oder Henry Morgenthaus verbundenen Vorstellung von den Deutschen als einer besonderen Spezies Mensch mit schweren, gleichsam genetisch-moralischen Defekten viel beigetragen. Die späte Entdeckung des vollen Ausmaßes nationalsozialistischer Barbarei gab solchen Urteilen ja auch noch 1945 die kräftigste Nahrung. Aber sie haben einer konstruktiven Deutschlandpolitik erstaunlicherweise dann doch nicht wirklich entgegengestanden. Dabei hat der Kalte Krieg gewiß seine Rolle gespielt. Mit der Entscheidung für den Weststaat gewannen die Imperative des politischen und wirtschaftlichen Wiederaufbaus ein entscheidendes Übergewicht über die Bestrafungs- und Entnazifizierungspläne. Die Entwicklung beschleunigte sich dramatisch. Die Richtung aber blieb, vom Teilungsentschluß abgesehen, die gleiche.

Frankreich schließlich – erst recht natürlich die Sowjetunion – ging mit seiner Zone einen ganz eigenen Weg. Er mündete erst 1949 in eine gemeinsame westdeutsche Zukunft ein. Das Trauma zweier Weltkriege, zumal der Niederlage von 1940, verband sich in der französischen Besatzungspolitik auf eigentümliche Weise mit dem fast hochmütigen, sehr stark kulturell grundierten Selbstbewußtsein der Grande Nation. Für Frankreich ging es zuerst und vor allem um Sicherheit vor Deutschland, um Schwächung Deutschlands also. Seine Besatzungspolitik stand zunächst einmal konsequent im Dienst dieses einen, klassisch machtpolitisch verstandenen Ziels. Nicht Demokratieentwicklung an sich, sondern Ausrichtung der eigenen Zone auf Frankreich und deren Abschottung vom übrigen Deutschland hatten deshalb den Primat. War insoweit größte Härte und Entschiedenheit für die französische Besatzungspolitik kennzeichnend, konnten andererseits manche Fragen, die andernorts prinzipielle Bedeutung hatten – die Entnazifizierung etwa –, eher nach Gesichtspunkten der Opportunität behandelt werden. Daß dies ausgeprägte Sicherheitsbedürfnis die Politik der Besatzungsmacht Frankreich stark und unmittelbar bestimmt habe, heißt nicht, Frankreich sei an dem Versuch, aus den Deutschen ein anderes Volk zu machen, unbeteiligt geblieben. Es war beteiligt, aber auf seine Weise, vor allem mit einer sehr aktiven, auf die Präsentation des französischen Beitrages zur westlichen Zivilisation ausgerichteten Kulturpolitik. In ihren Absichten, wohl auch in ihren Wirkungen kann diese Kulturpolitik durchaus als eine Art von Demokratisierungspolitik verstanden werden.

II.

Neubeginn heißt, was Westdeutschland angeht, im Kern Demokratiegründung. Deshalb muß vom Aufbau der politischen Institutionen zuerst die Rede sein. Sie sind in den Restaurations- und Kontinuitätsdiskussionen nicht selten vernachlässigt worden, so als sei dieser Aufbau eine bare Selbstverständlichkeit gewesen. Selbstverständlich war nach 1945 nichts.

Am Anfang stehen die Länder und die Parteien. Mit wenigen Entscheidungen haben die Alliierten die politische Gestalt Westdeutschlands so dauerhaft geprägt wie mit der frühen Gründung der Länder: die Amerikaner schon im September 1945 vorangehend, die Briten, die es vornehmlich mit den westlichen Provinzen des durch die Ost-West-Zonengrenze bereits zerteilten Preußens zu tun hatten, und die Franzosen im nächsten Jahr folgend. Es war nach der Flurbereinigung der napoleonischen Zeit und den preußischen Annexionen des Jahres 1866 der dritte tiefe Eingriff in die territorialen Gegebenheiten Deutschlands in anderthalb Jahrhunderten. Wiederum kam er, wie 1803, von außen. Dabei waren die Motive der Siegermächte nicht die gleichen. Für die Amerikaner gehörten Föderalismus und Demokratie ganz selbstverständlich zusammen, für die Engländer und Franzosen standen sicherheitspolitische Überlegungen im Vordergrund. Die gemeinsame angelsächsische Perspektive andererseits war die eines Bundesstaates, während die Franzosen zunächst entschlossen waren, allenfalls einen lockeren Staatenbund zuzulassen. Separatistische Bestrebungen, die sich vorübergehend und nicht sonderlich kräftig in Bayern, unter französischem Einfluß im Südwesten und unter dänischem in Schleswig regten, stießen bei den angelsächsischen Besatzungsmächten auf keinerlei Entgegenkommen, und für die französischen Absichten, das Ruhrgebiet aus dem deutschen Staatsverband herauszulösen, waren sie erst recht nicht zu gewinnen.

Nicht nur das Prinzip des Föderalismus war mit der Schaffung der Länder durch Dekret der Sieger dem zukünftigen westdeutschen Staat vorgegeben – auf diese ureigenste Tradition hätten sich die Deutschen, wenn auch über den genauen Zuschnitt einer föderalistischen Ordnung alles andere als einig, nach den zwölf Jahren der Diktatur so oder so besonnen. Vorgegeben war ihm auch seine territoriale Binnengestalt im einzelnen. Und bei dieser ersten, von den Alliierten verordneten Gestalt ist es, mancherlei späteren Neugliederungsinitiativen und einem Neugliederungsauftrag des Grundgesetzes (Art. 29 a. F.) zum Trotz, geblieben, mit der einen Ausnahme des Südwestens, wo die ganz und gar künstliche Querteilung der Länder Baden und Württemberg, Folge der Grenzziehung zwischen der amerikanischen und der französischen Zone, nach der Gründung der Bundesrepublik alsbald rückgängig gemacht wurde. Diese Korrektur und die über sie hinausführende, gegen zähen, nur langsam verglimmenden badischen Widerstand durchgesetzte Vereinigung der beiden Länder zum »Südweststaat« sind der einzige genuin deutsche Beitrag zur Binnengliederung der westdeutschen Republik.

Daß die alliierten Entscheidungen, getroffen ohne allzuviel Rücksicht auf mancherlei einander widerstreitende deutsche Wünsche und Bestrebungen, Bestand hatten, zeigt, wie rasch sich politische Interessen an territoriale Strukturen anlagern. Es zeigt aber doch wohl auch, daß die Länder – jedenfalls in ihrer Mehrheit – so künstlich-ungeschichtliche Schöpfungen nicht waren, wie oft behauptet wird und wie es die Zonen tatsächlich gewesen sind. Was für Bayern und die beiden Hansestädte unbestritten gilt, gilt in weniger strengem Sinn auch für Schleswig-Holstein, Niedersachsen, Hessen, den vereinigten Südwesten: Es sind Länder mit starken Wurzeln in der deutschen Territorialgeschichte. Einzig Nordrhein-Westfalen und Rheinland-Pfalz sind – neben dem Sonderfall des Saarlandes –

Die Gemeinden waren für die administrative Überlebenskontinuität wichtig. Mit der Errichtung der Länder begann Deutschland sich politisch wieder zu organisieren.

In Süddeutschland war das leichter, nicht nur weil die Amerikaner von Hause aus Föderalisten waren, sondern auch weil man es südlich des Mains nicht mit dem Problem Preußen zu tun hatte. Die britische Besatzungszone war im wesentlichen ehemals preußisches Territorium.

Wie sollte man hier neu beginnen? Man ging von den Provinzen aus. Unter dem springenden Niedersachsenroß wurde im Rathaus zu Hannover 1946 zunächst das Land Hannover gegründet, aus dem dann das Land Niedersachsen wurde.

Gebilde ohne jede historische Identität, die sich allein Kalkülen der Besatzungsmächte verdanken. Das Land Nordrhein-Westfalen wurde von den Engländern geschaffen, um die französische Forderung nach einem internationalisierten Ruhrterritorium auszumanövrieren. Und Rheinland-Pfalz entstand als eine Zusammenfügung dessen, was nach der Schaffung der Länder Baden und Württemberg-Hohenzollern von der französischen Zone übriggeblieben war. Daß es, bei allen Unterschieden zwischen groß und klein, in der zweiten deutschen Republik kein wirklich dominantes Land mehr gegeben hat, kein bundesrepublikanisches Preußen, war vielleicht die wichtigste strukturelle Folge des föderalistischen Neubeginns nach 1945. »Bonn war nicht Weimar« gilt auch hier.

Was die Parteien angeht, so waren es vier, die unter der Aufsicht der lizenzierenden Besatzungsmächte im Sommer und Herbst 1945 in allen vier Zonen die Bühne betraten: zwei, die aus Verfolgung, Untergrund, Emigration nach zwölf Jahren Diktatur zurückkehrten, nämlich Sozialdemokraten und Kommunisten, daneben die Christlich Demokratische Union, in Bayern Christlich Soziale Union, eine wirkliche Neugründung, und als vierte die Freie Demokratische Partei, in der sich der deutsche Liberalismus wieder einmal neu formierte, anfänglich unter mancherlei verschiedenen regionalen Namen. Es sind diese vier Parteien, die die Geschichte des geteilten Deutschlands bestimmen sollten. Haben die Besatzungsmächte also mit ihrer Lizenzierungspolitik entscheidende Weichen gestellt?

Den Zeitpunkt haben die Russen bestimmt. Sie haben als erste, einen Monat nach Kriegsende, fünf Wochen vor der Potsdamer Konferenz und ganz sicher in strategischer Absicht, die Zulassungen für ihre Zone ausgesprochen, freilich mit der Sicherheitskette der festen Einbindung der nicht-kommunistischen Parteien in einen »antifaschistisch-demokratischen Block«. Die Westmächte hätten gern länger gewartet, hätten einem langsameren Aufbau politischer Strukturen von unten nach oben den Vorzug gegeben. Sie mußten nun aber folgen. Mit ihrem widersprüchlichen Doppelziel, einer demokratischen Entwicklung Raum zu geben und sie doch auch unter Kontrolle zu halten, hatten sie es schwerer als die Russen. An ihren Lizenzierungsentscheidungen läßt sich das ablesen. Gründungen, die im Nationalismusverdacht standen, auch Flüchtlingsparteien hatten keine Lizenzierungschance – das war einzusehen und hinzunehmen. Schwerer taten sich die auf Demokratie verpflichteten Besatzungsmächte mit dem Ziel, eine zu starke Fragmentierung des Parteiensystems zu verhindern, so gute Gründe sie, Weimar vor Augen, für diese Zielsetzung haben mochten. Eine relativ großzügige Zulassungspolitik führte denn auch dazu, daß das Parteiensystem schon von 1946 an wieder ausfranste. Der ersten Vierergruppe folgten weitere Parteien, das Zentrum darunter und zwei Regionalparteien konservativer Prägung, im Norden die in welfischen Traditionen wurzelnde Niedersächsische Landespartei, später Deutsche Partei, im Süden die Bayernpartei, mit ihrem fast schon separatistischen Partikularismus zeitweilig eine gefährliche Konkurrentin für die CSU. Und bei der ersten Bundestagswahl waren bereits wieder mehr als ein Dutzend Parteien im Rennen.

Gleichwohl hat die Lizenzierungspolitik der drei westlichen Besatzungsmächte durchaus folgenreich in die frühe Bundesrepublik hineingewirkt. Sie hat den »Lizenzparteien« nicht nur nationalistisch-demagogischen Wettbewerbsdruck von rechts außen her erspart, sondern hat vor allem bewirkt, daß zur ersten Bundestagswahl noch keine Flüchtlingspartei antreten konnte. Das mag für den knappen Vorsprung der Union vor der SPD entscheidend gewesen sein. 1953, als der BHE (Block der Heimatvertriebenen und Entrechteten) in den Bundestag einzog, war die Union dann schon ungefährdet die dominierende Partei. Man darf den Einfluß der Lizenzierungsentscheidungen freilich auch nicht überbewerten. Seine Struktur hat das westdeutsche Parteiensystem durch die Wählerentscheidungen des ersten Jahrzehnts der Republik erhalten, nicht vorher. Und auch für die Lizenzzeit gilt, daß die wirklich zukunftsbestimmenden Entscheidungen auf der deutschen Seite fielen, nicht in der Lizenzierungspolitik: die Entscheidung gegen das Bündnis der Sozialdemokraten mit den Kommunisten, gegen die vereinigte Arbeiterpartei, und die Entscheidung für eine christliche Partei, eine »Union«, wie sie sich in programmatischer Absicht nannte, alte konfessionelle und soziale Trennungslinien überspannend.

Dem Bündnis mit der KPD hatte Schumacher den einen Schlüsselsatz seines politischen Glaubensbekenntnisses entgegengesetzt: »Für uns gibt es keinen Sozialismus ohne Demokratie.« Hinzuzufügen bleibt der andere, vertrautere, nicht weniger kategorisch formulierte und gemeinte: »In Deutschland wird die Demokratie sozialistisch sein, oder sie wird gar nicht sein.«[73] Er stammt aus derselben frühen Rede des Parteiführers. Für dieses Programm, für die sozialistische Demokratie, den demokratischen Sozialismus, sollte die Mehrheit gewonnen werden und würde, das war Schumachers Überzeugung, nach allem, was geschehen war, die Mehrheit gewonnen werden können. Mehrheit, das hieß freilich: Eine Klassenpartei im alten Sinn, beschränkt auf die Klientel der Industriearbeiterschaft, konnte die SPD nicht bleiben. Sie mußte die Mittelschichten gewinnen, mußte eine sozialistische Volkspartei werden. Schumacher hat denn auch, als er 1945 an die Arbeit ging, durchaus nicht an den einfachen Wiederaufbau der Weimarer SPD gedacht.

Freilich sollte sich zeigen, daß mit den Funktionären der alten Sozialdemokratie – und sie waren es, die sogleich allerorten die Sache in die Hand nahmen – zunächst einmal auch nur die alte Sozialdemokratie wiederaufzubauen war. Gewiß stießen in der Stunde des Neubeginns im Schatten der Katastrophe nicht wenige zur SPD, die nicht in den Parteitraditionen verwurzelt waren: Carlo Schmid, der rasch in die Spitze aufstieg, Adolf Arndt, der in der Bundestagsfraktion der fünfziger Jahre eine bedeutende Rolle spielen sollte, der Nationalökonom Karl Schiller, der junge Helmut Schmidt, um nur einige zu nennen. Das war wichtig für später, bestimmend für die Anfänge war es nicht.

Was die Union angeht, so hat einer ihrer Gründungsväter, Jakob Kaiser, später gesagt, die Idee habe in der Luft gelegen.[74] Es ist angesichts des Gewichts der Zentrumstradition in der Tat bemerkenswert, wie selbstverständlich sich – aufs Ganze gesehen – überall, in Berlin ebenso wie in Frankfurt und in Köln, um nur drei wichtige, in ihrer politischen Orientierung durchaus unterschiedliche Gründungszentren zu nennen, der Gedanke durchsetzte, eine überkonfessionelle christliche Partei sei das Gebot der Stunde. Zwar formierten sich christliche Volksparteien überall im katholischen Westeuropa jener Jahre, aber der deutsche Fall war angesichts der einzigartigen Bikonfessionalität des Landes doch ein sehr besonderer.

Eine Diskussion darüber, ob man mit dem Protestantismus, dem nicht-säkularisierten Protestantismus, zusammengehen solle, hat es im politischen Katholizismus Deutschlands auch vor 1933 schon gegeben. Aber erst die große Katastrophe, die dramatische Zukunftsungewißheit im Schatten der Katastrophe hat dem Gedanken zum Durchbruch verholfen – auch beim Episkopat, dessen Segen für das Unionsprojekt wichtig war –, die Zentrumstradition defensiver Konfessionspolitik sei nicht länger eine angemessene Antwort auf die Herausforderungen einer aus den Fugen geratenen Zeit. Eine neue christliche Volkspartei, so das Kalkül, würde viel bessere Chancen haben, im Nachkriegsdeutschland eine führende Rolle zu spielen. Dabei erinnerte man sich natürlich daran, daß das Zentrum 1933 mit seiner Zustimmung zum Ermächtigungsgesetz nicht sehr rühmlich von der politischen Bühne abgetreten war. Gleichwohl ist der Abschied vom Zentrum vielen von denen, die in dieser Partei ihre politische Heimat gehabt hatten, nicht leichtgefallen. Adenauer hat es für sich bekundet.[75]

Auch auf der anderen Seite, der protestantischen, gab es Vorbehalte, ein altes Mißtrauen. Mehr als eine Vernunftehe war es zunächst einmal nicht. Aber für den protestantischen Konservativismus norddeutscher Provenienz galt natürlich noch viel mehr als für das Zentrum, daß er politisch diskreditiert war. In christlich-föderalem Gewande durfte er sich am ehesten wieder hervorwagen.

Union – damit war nicht nur der Brückenschlag über Konfessions-, sondern auch der über Klassengrenzen gemeint. Aber in dieser Hinsicht waren die Konturen des Anfangs viel unschärfer. Gründergruppen in Berlin, im Rheinland, in Hessen proklamierten mit Entschiedenheit den christlichen Sozialismus. Andere, unterschiedlich geprägt im Norden und im Süden, dachten gerade umgekehrt an die Sammlung der Kräfte gegen den Sozialismus. Ein Chamäleon sei die Partei, befand ein ausländischer Beobachter 1946, sozialistisch hier und entschieden antisozialistisch dort.[76] Die Einigungsformel »Christlich Demokratische Union« bündelte also ein problematisch weites Spektrum politischer Positionen, von einem christlich getönten Sozialismus über den Zentrumskatholizismus, der den starken Kern der neuen Partei ausmachte, und den süddeutschen Föderalismus bis hin zu dem in Orientierungsnöte geratenen norddeutsch-protestantischen Konservativismus. Es ist erstaunlich, wie wenig die starken Ambivalenzen den Aufstieg der Union behindert haben.

Zunächst einmal war freilich ganz offen, was aus dieser Mischung werden würde. Nur soviel zeichnete sich sogleich ab: Zu einer Sammlung aller bürgerlichen Kräfte im Zeichen der Union würde es nicht kommen. Für aufrechte Liberale – den Schwaben Reinhold Maier etwa – war das »Christlich« im Parteietikett so irritierend wie der sozialistische Beiklang mancher Gründungsproklamationen. Die Wiederkehr einer liberalen Partei war so gesehen in den übrigen Gründungsentscheidungen schon angelegt, einer Partei, die wieder einmal den Versuch machte, die in Deutschland so traditionsreiche Spaltung des Liberalismus in einen rechten und einen linken Flügel zu überwinden. Folgenreich, auf kurze wie auf lange Frist, war schließlich auch der Entschluß der bayerischen Union, selbständig zu bleiben. Er hat zunächst vor allem bewirkt, daß die CDU ihren Schwerpunkt eher im Westen als im Süden fand. Konrad Adenauer hat das bei seinem raschen Aufstieg in der Partei geholfen. Er übernahm schon Anfang 1946 den Vorsitz der CDU in der britischen Besatzungszone, während es einen CDU-Vorsitzenden für die amerikanische, übrigens auch die französische Zone nicht gab und nach Lage der Dinge nicht geben konnte.

Die wirkliche Bedeutung der Gründungsinitiativen konnte sich freilich erst aus den Wählerreaktionen ergeben. Insofern müssen die Wahlen der Jahre 1946/47, beginnend mit den Kommunalwahlen in der amerikanischen Zone im Januar 1946 und endend mit den Landtagswahlen in der französischen Zone im Frühsommer 1947, als durchaus konstitutive Akte mit weitreichenden Wirkungen begriffen werden. Das gilt insbesondere für die erste Runde der Landtagswahlen in den drei westlichen Besatzungszonen. Sie haben über den Wirtschaftsrat und den Parlamentarischen Rat die Weichenstellungen der Jahre 1947 bis 1949, soweit die Deutschen überhaupt an ihnen beteiligt waren, entscheidend mitbestimmt. In ihnen etablierten sich bei respektablen, aber nicht sonderlich hohen Wahlbeteiligungen um siebzig Prozent, die neuen christlichen Unionsparteien und die Sozialdemokraten, nahezu gleich stark, als die dominierenden politischen Gruppierungen:

37,6 Prozent der Stimmen gewann die vor allem im Süden und Westen erfolgreiche CDU/CSU, 35 Prozent die im Norden stärkere SPD, während die Liberalen und die KPD mit jeweils knapp über neun Prozent der Stimmen deutlich zurücklagen.[77]

Man muß diese Zahlen mit denen des Weimarer Jahrzehnts zusammen sehen. Die SPD war nach ihrem Erfolg bei den Wahlen zur Verfassunggebenden Nationalversammlung (37,9 Prozent) über die Dreißig-Prozent-Hürde nie mehr hinausgekommen, 1932 hatte sie gerade noch zwanzig Prozent erreicht. Das Zentrum hatte sich nach einem Spitzenergebnis von 19,7 Prozent ebenfalls im Jahr 1919 mit Resultaten um zwölf Prozent zufriedengeben müssen. Die KPD hatte es in den späten Jahren der Weimarer Republik bis auf beinahe siebzehn Prozent gebracht. Und etwa jeder dritte Wähler hatte 1932 für die Nationalsozialisten gestimmt. Vor diesem Hintergrund wird erkennbar, daß ein neues Parteiensystem im Entstehen war, auch wenn die Stammwähler von SPD, KPD und Zentrum ihren alten Bindungen gewiß treu blieben. Daß die ersten Äußerungen der Wähler auch politische Signale für die Besatzungsmächte waren, versteht sich von selbst.

Man hat gelegentlich darüber nachgedacht, ob sich in der Offenheit des politischen Neubeginns nicht auch ein ganz anderes Parteiensystems hätte entwickeln können. Hätten Sozialdemokraten und christliche Sozialisten in einer dogmatisch nicht gebundenen linken Volkspartei zusammengefunden – die Idee tauchte 1945 da und dort auf –, so wäre für die CDU, wie sie tatsächlich entstand, wohl kein Raum gewesen. Die SPD hätte dazu freilich ihre in einer langen, bedeutungsschweren Geschichte gewachsene Identität preisgeben müssen. Dazu waren weder Führung noch Gefolgschaft jemals bereit.

III.

Von 1946 an fielen Verfassungsentscheidungen. Der Handlungsspielraum, den die Siegermächte den Deutschen in Verfassungsfragen einräumten, war bemerkenswert weit. Das gilt schon für die früheste Verfassungsgesetzgebung im Sommer und Herbst 1946 in den Ländern der amerikanischen Zone. Es gilt trotz der bekannten alliierten Interventionen auch für die Beratungen des Parlamentarischen Rates 1948/49. Dieser Handlungsspielraum ergab sich vor allem aus der Übereinstimmung in den Grundfragen: Daß es um den Aufbau einer föderalistisch verfaßten Demokratie im westlichen Verständnis gehe, eines Rechtsstaates, der Menschenrechte gewährleiste, war zwischen Siegern und Besiegten unstreitig. Er ergab sich aber auch aus der Zurückhaltung der Besatzungsmächte – mehr der Amerikaner und der Engländer als der Franzosen – in den Prozessen westdeutscher Verfassungsgesetzgebung.

Zumal die Amerikaner wünschten, die Deutschen möchten die neuen Verfassungsordnungen als die ihren begreifen, sie sich, wie General Clay es gelegentlich ganz amerikanisch ausdrückte, mit »patriotic fervor«[78] zu eigen machen. Von Anfang an war es deshalb das Bestreben, alles zu vermeiden, was den Eindruck eines Verfassungsoktrois erwecken konnte. Auch wenn die Besatzungsmächte den Deutschen nicht einfach freie Hand ließen, die Beratungen überwachten, auf sie einwirkten – sie taten es eher mit Argumenten als mit Weisungen und verständigungsbereit. Selbst der dramatische Zusammenstoß im Frühjahr 1949, in der Schlußphase der Grundgesetzberatungen, ging zugunsten des Parlamentarischen Rates aus. Die wenigen Fälle von Gewicht, in denen tatsächlich über die Deutschen hinweg und gegen sie entschieden wurde – die vielzitierte Aussetzung des Artikels 41 der hessischen Verfassung oder der Berlin-Vorbehalt bei der Genehmigung des Grundgesetzes –, ändern am Gesamtbild nichts.

Was für die Verfassungen gilt, gilt auch für das demokratische Regelwerk im weiteren Sinn, das im Zuge der Demokratiegründung geschaffen werden mußte: Die Spuren des Einflusses der Besatzungsmächte, der Amerikaner und Briten, sind nicht sehr stark. Selbst wo sie ernstlich den Versuch gemacht haben, Elemente ihrer eigenen Demokratiepraxis nach Deutschland zu verpflanzen, haben sie, wenn die Deutschen sich sperrten, auf die Dauer wenig Erfolg gehabt. Die englischen Bemühungen, die Deutschen von den Vorzügen des Mehrheitswahlrechts zu überzeugen, führten nicht weit. Man hätte es verordnen müssen, und das ist nie ernsthaft erwogen worden. Man begnügte sich mit Modifikationen des Verhältniswahlsystems, die dann für die Bundesrepublik charakteristisch geworden sind. Spektakulärer noch scheiterten Engländer und Amerikaner mit ihrem hartnäckig betriebenen Projekt einer Reform des öffentlichen Dienstes. Am sichtbarsten waren die Spuren alliierten Einwirkens lange Zeit – sind es in Einzelheiten bis heute – in den Gemeindeverfassungen. Aber auch hier gilt, daß sich aus der Transplantation etwa der englischen Formen kommunaler Demokratie ins englisch besetzte Nordwestdeutschland eine durchaus andersartige deutsche Praxis entwickelte.

Auf deutscher Seite ist der Prozeß der Grundlegung der neuen Demokratie durch Verfassungsgesetzgebung – beginnend 1946 in den Ländern der amerikanischen Zone, weitergeführt mit dem Grundgesetz und abgeschlossen in den Ländern der britischen Zone, die sich ihre Verfassungen erst nach dem Inkrafttreten des Grundgesetzes gaben – bei aller Schärfe der Rivalität zwischen den beiden dominierenden Parteien, die von Anfang an gegeben war, durch das Bemühen um Konsens geprägt gewesen. Die Besatzungsmächte wünschten es so, die Aufgabe, um die es ging, die Lage, in der man sich befand, die Geschichte, die man hinter sich hatte, legten es nahe. Nicht nur das Grundgesetz, auch die meisten Landesverfassungen sind im Einvernehmen zwischen den beiden großen Parteien verabschiedet worden. Man hat sie deshalb auch als »Verfassungen der Mitte« (Frank Pfetsch) gekennzeichnet. Ihr Kompromißcharakter tritt nicht selten in eigentümlichen Additionen katholischer und sozialistischer Staatszielprogrammatik in Erscheinung. Über bestimmte Verfassungsfragen ist freilich auch heftig gestritten worden – über keine erbitterter als über das »Elternrecht«, die Verfassungsgarantie konfessioneller Schulen also. Es waren die Schulartikel, deretwegen die SPD den Verfassungen von Nordrhein-Westfalen und Rheinland-Pfalz am Ende die Zustimmung verweigerte.[79]

Das Hauptthema der Verfassungsdebatten der Nachkriegsjahre ist der Föderalismus gewesen, offen oder versteckt allgegenwärtig in den politischen Auseinandersetzungen, schon bevor es wirklich auf der Tagesordnung stand. Die Fixierung auf dieses Thema ist nicht leicht zu erklären. Bei den Föderalisten – sie waren in der CDU des Südwestens und Westens, natürlich in der CSU und der Bayern-Partei, im Norden in anderer Färbung eher in der DP als in der CDU versammelt – herrschte die Überzeugung, daß Zentralismus und »Borussismus« die Kernübel der jüngsten deutschen Geschichte seien, die Wurzeln allen Unheils. Die wichtigste Lehre der Vergangenheit sei die, daß ein erneuertes demokratisches Deutschland ein entschieden föderalistisches Deutschland sein müsse. Man kann sich des Eindrucks nicht ganz erwehren, einer der Vorzüge dieser Deutung der deutschen Geschichte seit 1866/1871 sei der gewesen, daß sie es erlaubte, unangenehmeren Fragen nach den Ursachen der Katastrophe aus dem Weg zu gehen.

Die Sozialdemokratie auf der anderen Seite war in ihrer Mehrheit nie sonderlich föderalismusfreundlich gewesen und auch durch die Erfahrung des Nationalsozialismus nicht föderalismusfreundlicher geworden. Sie sah in der raschen Wiederherstellung handlungsfähiger deutscher Staatlichkeit das erste, wichtigste Ziel. Ohne einen handlungsfähigen Staat konnte es keine Politik umfassender gesellschaftlicher Reformen, keine politische Lenkung der Wirtschaft geben. Je stärker die Fragmentierung des Staates, so fürchtete sie, desto begrenzter der Handlungsspielraum für sozialdemokratische Politik. Zumal Kurt Schumacher sah es so. Er hat von den Ländern, von ihrem »Partikularismus« kaum anders als gereizt und verächtlich gesprochen.

Als es mit der Weststaatsgründung ernst wurde, drei Jahre nach Kriegsende, wurde bereits nicht mehr so prinzipiell diskutiert wie in den Anfängen. Eine bloße Konföderation souveräner Länder stand nicht länger zur Debatte. Und bei den die Arbeit des Parlamentarischen Rates vorbereitenden Beratungen der Sachverständigen in Herrenchiemsee hat man sich ohne längere Kontroversen darauf geeinigt, daß es nicht um einen neuen, konstitutiven Bundesschluß gehe wie 1867 und 1871, daß vielmehr vom Fortbestand des Reiches auszugehen sei – eine wichtige Vorentscheidung, wie denn überhaupt der Herrenchiemseer Entwurf die Bonner Beratungen stark beeinflußt hat. Aber das bedeutet nicht, daß der Parlamentarische Rat mit der Föderalismusproblematik ohne allzu große Mühe fertig geworden wäre. Er fand Kompromißlösungen, aber er fand sie keineswegs leicht und schnell, wobei es durchaus sein mag, daß die Auseinandersetzungen noch heftiger gewesen wären, hätte nicht gerade bei der Föderalismusthematik jederzeit die Intervention der Alliierten gedroht.

Ein, vielleicht der Hauptkonfliktgegenstand war die Gestalt der zweiten Kammer. Der Kompromiß, auf den es schließlich hinauslief, gab den Föderalisten, was ihnen vor allem wichtig war: eine zweite Kammer mit Befugnissen der Mitwirkung an der Bundesgesetzgebung, in der – der besonderen deutschen Verfassungstradition seit 1867 entsprechend – die Länder durch ihre Regierungen vertreten waren. Er gab ihnen, heißt das, den Bundesrat anstelle eines Senats nach amerikanischem Muster, wie ihn die SPD und Teile der CDU gewünscht hatten. Und er gab auch den Sozialdemokraten, was ihnen vor allem wichtig war: ziemlich ausgedehnte Gesetzgebungszuständigkeiten des Bundes, konzentriert überwiegend beim Bundestag, da der Bundesrat nicht als gleichberechtigte zweite Kammer konzipiert war; dazu eine Finanzverfassung, die den Bund verhältnismäßig stark machte.

Wie sich die föderalistische Ordnung von diesem Kompromiß ausgehend tatsächlich entwickeln würde, hat niemand vorausgesehen.

Mußte der Kompromiß im Föderalismusstreit mühsam gesucht werden, so gab es konkreten, nicht nur prinzipiellen Konsens in Verfassungsfragen vor allem dort, wo die gemeinsamen und übereinstimmend interpretierten Erfahrungen mit der Weimarer Verfassung ihn nahelegten: Daß Vorkehrungen zur Gewährleistung der Stabilität und der Handlungsfähigkeit parlamentarischer Regierungen nötig seien, daß das Staatsoberhaupt nicht mehr Mitspieler im politischen Spiel sein solle, daß die Demokratie die Fähigkeit haben müsse, sich gegen ihre Feinde zu verteidigen, daß die Grundrechte durch Gerichte zuverlässig gesichert werden müßten und daß der Schutz der Verfassung einem Verfassungsgericht anzuvertrauen sei – über diese »Weimarer Lehren« waren sich die Beteiligten über die Parteigrenzen hinweg ziemlich einig. Sie haben die Verfassungsberatungen in den Ländern wie im Parlamentarischen Rat geprägt, freilich auf unterschiedliche Weise. Der Parlamentarische Rat hat nüchtern gedacht und formuliert. Die Landesverfassungsgesetzgeber haben sich bei ihrem Bemühen, die Vergangenheit durch Verfassungstexte zu bewältigen, nicht selten in eine gewisse Geschwätzigkeit verloren.[80]

Eher beiläufig wurde die wichtige Entscheidung getroffen – auch sie mit Weimarer Erfahrungen begründet –, auf Verfassungselemente der direkten Demokratie ganz zu verzichten. Es ist nicht klar, ob dabei prinzipielle oder aktuelle Überlegungen ausschlaggebend waren, die vielzitierte Debattenbemerkung von Theodor Heuss, die direkte Demokratie sei eine »Prämie für Demagogen«, gibt darüber keine Auskunft.[81] Wie immer motiviert, die Entscheidung ist folgenreich gewesen. Mindestens zweimal, im Wiederbewaffnungsstreit der frühen fünfziger und im Nachrüstungsstreit der frühen achtziger Jahre, hätte ein Volksentscheid die Weichen der bundesrepublikanischen Geschichte vermutlich anders gestellt.

Im übrigen schloß der Konsens über das, was aus der Weimarer Erfahrung zu lernen sei, natürlich auch Zonen des Dissenses ein: Man war sich, beispielsweise, einig darüber, daß es Verfassungsgerichtsbarkeit geben solle, aber man war sich nicht einig darüber, wie das Gericht zu besetzen sei – ein Streit, der bis in die Anfangsjahre der Bundesrepublik fortgeführt wurde. Aus dem sozialdemokratischen Demokratieverständnis, in dessen Mitte das Recht der Mehrheit, das Recht veränderungsentschlossener Mehrheiten, stand, folgte die Forderung, dem spezifisch »politischen« Charakter des Gerichts in der Besetzung Rechnung zu tragen. Das konservative Demokratieverständnis der Gegenseite hingegen begriff das Gericht als Institution des Minderheitenschutzes, die voll teilhaben müsse an der gesicherten Unabhängigkeit der Dritten Gewalt, wie denn überhaupt die Begrenzung der Mehrheitsmacht, etwa auch durch den Föderalismus, diesem Verständnis von Demokratie ebenso wichtig war wie das Recht der Mehrheit selbst. Gleichwohl bleibt die Ausgangsfeststellung richtig: Die Verfassungsgesetzgebung ist nicht das Feld dramatischer Gründungskontroversen gewesen. Von den vier Parteien, die die Geschichte der Bundesrepublik bestimmen sollten, hat nur die CSU, unzufrieden mit dem Föderalismuskompromiß, dem Grundgesetz mehrheitlich die Zustimmung verweigert.

So selbstverständlich für alle Beteiligten die Entscheidung für Demokratie und Verfassungsstaat war, so offen war im Schatten der Katastrophe die Frage nach der Wirtschaftsordnung der Zukunft. Die Weichenstellungen, die das entstehende westdeutsche Gemeinwesen in wenigen Jahren auf den marktwirtschaftlichen Weg – den Entwicklungspfad der Sozialen Marktwirtschaft – geführt haben, sind denn auch, zumindest zeitweilig, besonders kontrovers beurteilt worden: Beginnt mit ihnen eine Erfolgsgeschichte, ohne die das Gelingen des zweiten deutschen Demokratieexperiments überhaupt nicht gedacht werden kann? Oder ist in ihnen die Chance wirklicher Erneuerung verfehlt worden?

Das Potsdamer Abkommen hatte keine Vorentscheidung über die zukünftige Wirtschaftsordnung getroffen. Es hatte nur festgelegt, die für Kriegsproduktion nutzbare Industrie sei abzubauen, darüber hinaus sei »die übermäßige Konzentration der Wirtschaftskraft« zu beseitigen – das Sicherheitsverlangen der Sieger ist deutlich erkennbar das bestimmende Motiv. Den Besatzungsmächten war also ziemlich freie Hand gelassen. Was das für den Westen bedeuten würde, war nicht von Anfang an ausgemacht.

Die Amerikaner brachten ihren Liberalismus mit, ihren selbst von der Weltwirtschaftskrise nicht ernstlich erschütterten Glauben an Marktwirtschaft, Unternehmertum, Privateigentum. Kapitalismus und Demokratie gehörten für sie durchaus zusammen, erst recht Kapitalismus und Effizienz. Sie brachten aber auch den Eifer mit, mit dem sie im eigenen Land jahrzehntelang um des Wettbewerbs willen »die übermäßige Konzentration der Wirtschaftskraft« – ziemlich erfolglos – bekämpft hatten. Dezentralisierung, Dekartellisierung, Entflechtung waren dementsprechend die Leitbegriffe ihres »Demokratisierungsprogramms« für die Wirtschaft; sie standen für die einzige Strukturreform im wirtschaftlichen Bereich, die die Amerikaner jedenfalls anfangs ernstlich vorwärtstrieben.

Anders die Engländer, die mit dem Ruhrgebiet die wichtigste deutsche Industrieregion in der Hand hatten. In London regierte seit Juli 1945 die Labour Party. Sie hatte sich die sozialistische Umgestaltung Englands zum Ziel gesetzt. Die Erwartung, der demokratische Sozialismus werde ihr Programm auch für Deutschland sein, war insbesondere bei deutschen Sozialdemokraten und Gewerkschaftern verbreitet. Daß nicht nur im Osten, sondern auch im Westen die Besatzungsmächte zunächst einmal ihre Hand auf viele der großen Unternehmen und Produktionsstätten legten, hat solche Hoffnungen bestärkt.

Tatsächlich hat man in London sozialistische Lösungen für die eigene Besatzungszone nach reiflicher Überlegung auch ins Auge gefaßt. Im Herbst 1946 wurde angekündigt, wichtige Sektoren der deutschen Industrie sollten in öffentliches Eigentum überführt werden. Aber ein umfassendes Programm sozialistischer Reformen für die eigene Besatzungszone gab es in London nicht. Auch war missionarischer Sozialisierungseifer dabei weit weniger bestimmend als wiederum das Sicherheitsmotiv, freilich in einer charakteristisch sozialistischen Variante, in Gestalt der Überzeugung nämlich, daß es einen engen Zusammenhang zwischen der Aggressivität der deutschen Politik in der Vergangenheit und der privaten Verfügungsmacht über die Industriepotentiale etwa der Ruhr gegeben habe. Zudem war sich die Londoner Regierung der – bei wachsender Abhängigkeit von den USA schrumpfenden – Grenzen ihres Handlungsspielraums sehr bewußt. Vor allem aber: Man hatte nicht die Absicht, »to ram Socialism down the Germans' throat«,[82] wie es in einer Aufzeichnung aus dem Foreign Office drastisch formuliert wurde. Nur mit den Deutschen, nicht gegen sie konnten nach britischer Überzeugung dauerhafte Strukturreformen verwirklicht werden. Im Grunde gilt für die Amerikaner, bei entschieden anderen Präferenzen, nichts anderes. Also hing auch in dieser Frage viel, nicht alles, an den Deutschen selbst.

Die Zeugnisse der Zeit lassen keinen Zweifel: Die Überzeugung, die Zukunft gehöre dem Sozialismus, war in Deutschland – und nicht nur in Deutschland – unmittelbar nach dem Zusammenbruch der nationalsozialistischen Gewaltherrschaft weit verbreitet. Um nur eines dieser vielen Zeugnisse zu zitieren: »Die nun einige Menschenalter währende geistig-politische Auseinandersetzung um den Sozialismus kann heute wohl als zugunsten des Sozialismus entschieden angesehen werden.«[83] Einer Begründung schien es nicht mehr zu bedürfen. Im ersten Nachkriegsaufruf der deutschen Sozialdemokraten heißt es: »Der politische Weg des deutschen Volkes in eine bessere Zukunft ist (...) klar vorgezeichnet: Demokratie in Staat und Gemeinde, Sozialismus in Wirtschaft und Gesellschaft.«[84] Im Sommer 1945 schien dieser Satz weit mehr als nur die Parole der alten, wiedergeborenen Arbeiterbewegung zu sein, Stimmung und Erwartung einer ganzen Generation von Überlebenden, so konnte man meinen, artikulierte sich in ihm. Was das sein werde, Sozialismus, darauf hatte man sehr präzise Antworten freilich nicht parat: gesellschaftliche Verfügungsgewalt über die großen und wichtigen Unternehmen, aber möglichst kein Staatseigentum; Planung, aber keine verwaltete Wirtschaft; Mitbestimmung auf allen Ebenen.

Ihre Wurzeln hatten diese Stimmung und Erwartung in der Deutung der Vergangenheit, dem doppelten Katastrophenschock der Weltwirtschaftskrise und der nationalsozialistischen Diktatur. War es nicht offenkundig, daß in der verhängnisvollen weltweiten Wirtschaftskrise der späten zwanziger und frühen dreißiger Jahre die kapitalistische Art des Wirtschaftens gescheitert war? War es nicht ebenso offenkundig, daß demokratiefeindliche Wirtschaftsmacht zum Untergang der Weimarer Republik beigetragen hatte? Viktor Agartz, der sozialdemokratische Wirtschaftstheoretiker, sprach davon, auf der Nürnberger Anklagebank fehle »ein System und seine Dynamik«, der Kapitalismus nämlich.[85] Was war aus der ganzen Katastrophenepoche zu lernen, wenn nicht dies, daß Planung nötig sei und öffentliche Kontrolle über die Produktionsmittel? Im übrigen waren es ja nicht nur die Lehren der Vergangenheit, es waren auch die Imperative der gegenwärtigen und zukünftigen Knappheit in einem zerstörten Lande, die zwingend den sozialistischen Weg zu weisen schienen. Die frühen Landesverfassungen, in den Jahren 1946/47 geschrieben, mit ihren wohlmeinend-unbestimmten Bekenntnissen zur »Lenkung der Erzeugung und Güterverteilung durch den Staat« und ihren – in der Regel präziseren – Sozialisierungsartikeln legen ein deutliches Zeugnis von dieser Sicht auf Vergangenheit, Gegenwart und Zukunft ab. Sie spiegeln alle, mehr oder minder deutlich, die Überzeugung von der Unvermeidlichkeit einer geplanten Bedarfsdeckungswirtschaft wider.

Und doch kann von einer Eindeutigkeit der Ausgangslage im westlichen Nachkriegsdeutschland nicht die Rede sein. Wie wichtig die Frage, Kapitalismus oder Sozialismus, Markt- oder Planwirtschaft den Menschen außerhalb der politischen Arena wirklich war, ist nicht genau auszumachen. Es gibt Meinungsumfragen, einige Volksentscheide, in denen Mehrheiten sich für die Vergesellschaftung bestimmter Produktionsmittel aussprachen.[86] Aber daß für die meisten Menschen die Frage, welcher Weg am schnellsten aus dem Hunger herausführe, die einzig wichtige war, darf man annehmen. Der in der Restaurationsdebatte erhobene Vorwurf, die Arbeiterschaft sei nicht zugunsten des Sozialismus mobilisiert worden, etwa in Streiks, unterstellt, daß sie im Überlebenskampf der ersten Nachkriegsjahre für nicht-existentielle, abstrakte, ordnungspolitische Ziele zu mobilisieren gewesen wäre – vermutlich zu Unrecht.

Was die Parteien angeht, so sprachen sich zunächst einmal nur die Liberalen entschieden gegen den Sozialismus aus. Für die Sozialdemokratie auf der anderen Seite stand er im Zentrum ihrer Nachkriegsprogrammatik. Viel, in gewissem Sinne alles, hing von der neuen christlichen Partei der Mitte ab. Sie hatte ihre Schwierigkeiten mit dem Thema. Adenauer, der von den linken Stimmungen der Nachkriegszeit nie erfaßt wurde, der die Union vielmehr im Grunde von Anfang an als Bollwerk gegen den Sozialismus verstand, hat noch im Rückblick gemeint, daß der Sozialismusstreit die junge CDU hätte spalten können.[87] »Sozialismus aus christlicher Verantwortung« – das ist fraglos eine der konstitutiven Ideen der Frühzeit der CDU gewesen. Noch einmal stoßen wir auf Jakob Kaiser, der wie andere Repräsentanten des linken Flügels der neuen Partei aus der christlichen Gewerkschaftsbewegung kam, als Schlüsselfigur. »Deutschland als Brücke« – das war eben nicht nur außenpolitisch, sondern auch ordnungspolitisch gemeint. Dabei bekannten sich Kaiser und seine Gesinnungsfreunde mit der Formel vom »Sozialismus aus christlicher Verantwortung« keineswegs zur marxistischen Dogmatik. Sie bekannten sich zu einem sozialistisch verstandenen Gerechtigkeitsideal und zu einem – freilich vagen – sozialistischen Handlungsprogramm.

Aber so vernehmlich sich der christliche Sozialismus in der CDU zunächst einmal auch artikulierte, es war von Anfang an doch nur eine Strömung in einer Partei, die ihr Programm und ihr Profil noch suchte. Der sozialistisch-materialistischen Deutung der Ursachen der Katastrophe stand eine christliche entgegen, die das Wesen des Nationalsozialismus als Abfall von Gott begriff und in der Rückkehr zum christlichen Naturrechtsdenken das Gebot der Stunde sah. »Wir wollen die Grundsätze des christlichen Naturrechts wiederherstellen«, war einer der zentralen Sätze der programmatischen Kölner Rede Adenauers vom 24. März 1946.[88] Selbst das sogenannte Ahlener Programm, das die CDU der britischen Besatzungszone sich im Februar 1947 gab, ist keineswegs so eindeutig ein Programm des christlichen Sozialismus gewesen, wie man das später oft behauptet hat. Ein aufmerksamer Leser wird es, den vielzitierten ersten Satz der Präambel: »Das kapitalistische Wirtschaftssystem ist den staatlichen und sozialen Lebensinteressen des deutschen Volkes nicht gerecht geworden« eingeschlossen, als ein Programm des Kompromisses und der Unbestimmtheit lesen.[89]

Aber auch wenn man die Beschlüsse von Ahlen anders einschätzt: Die Chancen des christlichen Sozialismus, sich in der Partei durchzusetzen, waren vermutlich von vornherein recht begrenzt, und zwar nicht nur, weil das Gewicht ganz anderer, besitzbürgerlicher Interessen und Überzeugungen in der Partei wenn schon nicht bereits vom ersten Tage an stark war, dann doch rasch stärker wurde; nicht nur, weil der »christliche Sozialismus« selbst, mißtrauisch gegen die wirtschaftliche Macht des Staates wie die des Unternehmers, gegen Plan wie Markt, auf seine eigenen Fragen keine klaren Antworten fand, sondern auch und wohl vor allem, weil die Mechanik des Wettbewerbs mit der SPD die CDU in die andere Richtung zog. Auch der beginnende Kalte Krieg tat das Seine, vielleicht sogar das meiste. Im übrigen hat die Idee des »Sozialismus aus christlicher Verantwortung« in der bayerischen Schwesterpartei, der CSU, nie Fuß gefaßt. Hätte diese Idee sich in der CDU durchgesetzt, so hätte sich notwendig ein anderes Parteiensystem entwickelt.

Das waren die Ausgangspositionen. Wann aber fielen die Entscheidungen über die Wirtschaftsordnung Westdeutschlands, und wie fielen sie? Was die Eigentumsordnung angeht, so ist zu fragen: Warum ist es – von der Währungsreform abgesehen, die nur die Geldvermögen betraf, und dies gewiß nicht in sozialistischer Absicht – zu tieferen Eingriffen in die Eigentumsordnung nicht gekommen? Im Blick auf den für die Wirtschaftsordnung konstitutiven Lenkungsmechanismus muß gleichsam gegenläufig gefragt werden: Planwirtschaft war unter den Bedingungen extremen Mangels in den ersten Nachkriegsjahren ja der Status quo auch im westlichen Deutschland – wie kam es zu dem relativ frühen und definitiven Ausbruch aus diesem System? Drittens schließlich stellt sich die Frage, warum von den Mitbestimmungsideen, die in fast allen Nachkriegsplänen für den Neuaufbau der Wirtschaftsordnung so bedeutsam figurieren, wenig geblieben ist. Schon die Auffächerung der Fragen deutet an, daß einfache Antworten vermutlich nicht ausreichen.

Für die Restaurationsliteratur haben die Amerikaner den entscheidenden Part gespielt, will sagen den Sozialismus verhindert.[90] In der Tat haben sie ihre Möglichkeiten genutzt, auf die Entwicklung im Sinne ihrer Interessen wie ihrer Ideale Einfluß zu nehmen, zugunsten einer Wirtschaftsordnung des »free enterprise« also, und diese Möglichkeiten erstreckten sich seit 1947 zunehmend auch auf die britische Zone: Die Engländer hatten als Gegenleistung für die Bereitschaft der Amerikaner, sie finanziell zu entlasten, die amerikanische Prärogative in den bizonalen Gremien der Besatzungsherrschaft anerkennen müssen, wobei den Amerikanern vor allem der Einfluß auf das Ruhrgebiet wichtig war. Aber hat die Besatzungsmacht USA die Deutschen auf einen Weg gezwungen, den sie nicht gehen wollten und, hätten sie frei entscheiden können, nicht gegangen wären? Ließ – eine sanftere Variante derselben These – der Marshall-Plan Westdeutschland gar keine andere Wahl, als das amerikanische Leitbild zu akzeptieren?

Daß die überlegene Wirtschaftskraft der USA eine der wesentlichen Determinanten der Nachkriegsentwicklung des zerstörten Westeuropas gewesen ist, ist offenkundig; daß die USA von ihrer wirtschaftlichen Stärke bewußt auch politischen Gebrauch machten, etwa in deutschlandpolitischen Meinungsverschiedenheiten mit Frankreich und England, ebenso. Aber gerade für den besonderen deutschen Fall gilt, daß die politischen Auswirkungen ökonomischer Abhängigkeit eher indirekter Natur waren. Ein Instrument, das gezielt und wirkungsvoll eingesetzt wurde, um die Deutschen in Fragen der Wirtschaftsordnung unter Druck zu setzen, ist der Marshall-Plan nicht gewesen. Er wirkte politisch vor allem als eines der stärksten Argumente für die Vernünftigkeit der Westorientierung, wirkte so, trotz mancher Reserven, auch auf Sozialdemokraten und Gewerkschafter.

Greifbarer (und angreifbarer) ist der amerikanische Einfluß dort, wo die USA als Besatzungsmacht den deutschen Landesgesetzgebern der frühen Nachkriegszeit offen entgegentraten. Es hat zwischen 1946 und 1948 in mehreren Ländern Verfassungs- und Gesetzesbeschlüsse zur Vergesellschaftung von Produktionsmitteln, vor allem des Bergbaus, gegeben. Die Taktik Clays im Umgang mit diesen Beschlüssen, auf die 1947 auch die Engländer förmlich verpflichtet wurden, hat man mit der Formel »Präjudizierung durch Verbot aller Präjudizierungen« (Hans H. Hartwich) beschrieben. Sie trifft etwas Richtiges. Clays Interventionen – etwa gegen den Sozialisierungsartikel der hessischen Verfassung vom Herbst 1946[91] oder gegen das nordrhein-westfälische Gesetz zur Vergesellschaftung des Kohlenbergbaus vom August 1948, auch gegen weitreichende Mitbestimmungsregelungen, wie sie das hessische Betriebsrätegesetz vom August 1948 vorsah – waren Suspendierungen. Sie wurden mit dem Argument begründet, einem zukünftigen deutschen Gesetzgeber dürfe in grundlegenden Fragen der Gestaltung der Wirtschaftsordnung nicht vorgegriffen werden.[92] Hinter dieser – in der Begründung ja keineswegs unplausiblen – Verzögerungsstrategie stand unzweifelhaft die Hoffnung, die freie Wirtschaft werde, wenn man ihr nur Zeit lasse, ihre Vorzüge unweigerlich erweisen. Aber jenseits allen Taktierens war sie eben doch auch auf die Bereitschaft gegründet, die Deutschen am Ende selbst entscheiden zu lassen. Daß Clay mit seinem Verzögerungsspiel Erfolg haben würde, konnte er nur hoffen, nicht vorhersehen. Insofern ist die Formel von der »Präjudizierung durch Verbot aller Präjudizierungen« eine Ex-post-Weisheit.

Im übrigen spielten auch ganz praktische Überlegungen eine wichtige Rolle: Die Amerikaner fürchteten die unberechenbaren wirtschaftlichen Risiken von Sozialisierungsexperimenten an der Ruhr, die doch als Industrieregion höchste Bedeutung für die wirtschaftliche Gesundung nicht nur Deutschlands, sondern ganz Westeuropas hatte, wie denn überhaupt das Gewicht solcher von den Umständen des Augenblicks diktierten Überlegungen für die Besatzungspolitik hoch veranschlagt werden muß. Der sehr zögerliche Umgang etwa mit der Bodenreform, an sich ein beschlossenes Projekt der Besatzungspolitik, erklärt sich wesentlich aus der Abneigung, in einer Zeit des Hungers in die ländlichen Eigentumsverhältnisse einzugreifen.

Wäre die frühe Sozialisierungsgesetzgebung der Länder in Kraft getreten, so wäre die Ausgangslage für die Bundesrepublik zweifellos eine andere gewesen. Aber es ist kaum anzunehmen, daß sektoral begrenzte Vergesellschaftungen in einzelnen Ländern die Entwicklung insgesamt in eine andere Richtung gelenkt, das heißt den Schritt in die Marktwirtschaft verhindert hätten. Ob sie, vom Bergbau vielleicht abgesehen, nach den Verfassungsentscheidungen des Parlamentarischen Rates und der Wählerentscheidung vom

August 1949 in einer marktwirtschaftlich orientierten Bundesrepublik überhaupt Bestand gehabt hätten, steht dahin. Vielleicht hätte der Weg zu einem limitierten Staatskapitalismus französischen oder italienischen Typs führen können. Jedenfalls sollte man sich die Bedeutung der amerikanischen Suspendierungen nicht zu dramatisch ausmalen.

Daß die Engländer, hätten sie freie Hand gehabt, einer Sozialisierung von Bergbau und Schwerindustrie an der Ruhr durch das Land Nordrhein-Westfalen nicht entgegengetreten wären, ist mehr als wahrscheinlich. Aber da sie seit 1947 nicht mehr Herren im eigenen Hause waren, war das einzige Stück »Sozialismus«, das sie der westdeutschen Demokratie hinterließen, die Mitbestimmungsregelung in der Montanindustrie. Sie entwickelte sich 1946/47 in der unter Treuhandverwaltung stehenden Eisen- und Stahlindustrie des Ruhrgebietes ohne gesetzliche Grundlage als ein Arrangement der Praxis – ein Arrangement, zu dem es in der amerikanischen Besatzungszone schwerlich hätte kommen können. Für die britische Besatzungsmacht waren Zweckmäßigkeitserwägungen bestimmend, programmatische Bedeutung hatte die »Mitbestimmung« im Labour-Sozialismus keineswegs. Die Gewerkschaften sahen darin immerhin einen Schritt in die richtige Richtung. Für die von Enteignung bedrohte Unternehmerschaft schließlich war es ein taktisches Entgegenkommen in defensiver Absicht. Die Ad-hoc-Vereinbarung, der erste Grundstein zum Gebäude bundesrepublikanischer Sozialpartnerschaft, hatte weitreichende Wirkungen: Sie ist zum Ausgangspunkt einer höchst bedeutsamen westdeutschen Sonderentwicklung geworden.

Alles in allem ist also von dauerhaften Einwirkungen der Besatzungspolitik auf die Eigentums- und Vermögensstrukturen in Westdeutschland wenig zu berichten: das aufschiebende Veto der Amerikaner gegen Sozialisierungsinitiativen in einigen Ländern, die Zustimmung der Briten zum Mitbestimmungsarrangement in der Ruhrindustrie, die ernsthaften und hartnäckigen Bemühungen beider Besatzungsmächte um eine Entflechtung der großen Banken und Industriekonzerne, die dann freilich nur in Rudimenten Bestand hatte.

Genaugenommen ist die Währungsreform der tiefste von allen Eingriffen gewesen, die den Besatzungsmächten zuzurechnen sind. Die amerikanische Entscheidung, einen gleichzeitigen Lastenausgleich nicht zuzulassen, mag ihre guten praktischen Gründe für sich gehabt haben. Aber sie bedeutete, daß die Lasten des Währungsschnitts, die doch gemeinsam zu tragende Kriegsfolgen waren, höchst ungleich und unbillig verteilt wurden. Die Sachwertbesitzer, an erster Stelle die Produktionsmittelbesitzer, die der beginnende Aufschwung ohnehin begünstigte, waren die Gewinner. Bestimmte bestehende Eigentumsrechte und Eigentumswerte wurden nachhaltig aufgewertet. Das Geld samt den Geldforderungen andererseits verlor seinen Wert fast ganz, was unter anderem die Flüchtlinge noch einmal hart traf. Mit dem noch vom Wirtschaftsrat beschlossenen Soforthilfegesetz versuchte man die gröbste akute Not zu lindern, ein Ausgleich für die Unbilligkeiten der Währungsreform war das jedoch nicht. Wären von der Währungsreform nicht so außerordentliche Wachstumsimpulse ausgegangen, die Frage nach der Gerechtigkeit dieser »Reform« hätte heftigere Debatten, vielleicht Konflikte ausgelöst.

Was ist zu dem Anteil der Deutschen an den Entscheidungen, aufgrund derer sich die Wirtschaftsordnung des zukünftigen westdeutschen Gemeinwesens herausbildete, zu sagen? Er ist, aufs Ganze gesehen, bedeutend gewesen. Die Formel vom konfliktreichen Zusammenwirken unter Ungleichen paßt auch hier. Folgenreich waren freilich nicht die ausnahmslos mehr oder minder deutlich von sozialistischem Wirtschaftsdenken geprägten frühen Landesverfassungen. Das blieb Papier. Die Weichen wurden erst im Wirtschaftsrat der Bizone und im Parlamentarischen Rat gestellt, endgültig dann in den ersten Bundestagswahlen und mit der ersten Regierungsbildung. Der Wirtschaftsrat wurde nach einer ersten, relativ erfolglosen Phase der Zwei-Zonen-Verwaltung im Sommer 1947 als eine von den Landtagen bestellte parlamentarische Versammlung mit begrenzten Gesetzgebungszuständigkeiten geschaffen; selbstverständlich unterstand er der strengen Aufsicht der Alliierten – ohne ihre Zustimmung konnte kein Gesetz in Kraft treten. In seiner Zusammensetzung spiegelten sich die Ergebnisse der ersten Landtagswahlen der amerikanischen und der britischen Zone wider: je zwanzig Vertreter der SPD und der CDU/CSU, vier Liberale, drei Vertreter der KPD, je zwei der konservativen Deutschen Partei und des Zentrums und ein Repräsentant der konfusen bayerischen Wiederaufbauvereinigung (WAV). Anfang 1948 verdoppelte man die Zahl der Mandate. Es herrschte also Gleichstand zwischen den beiden Großen, aber mit den Liberalen und der DP zusammen besaß die CDU/CSU – der sozialistische Flügel der Partei war im Wirtschaftsrat nur noch schwach vertreten – eine, wenn auch sehr knappe, strategische Mehrheit, weil SPD, KPD, Zentrum und WAV keine zu gemeinsamem politischem Handeln fähige Gruppierung darstellten. Angesichts der Bedeutung dieser Mehrheitsverhältnisse lohnt es sich, daran zu erinnern, daß die Amerikaner das Prinzip proportionaler Vertretung im Wirtschaftsrat gegen die Engländer durchgesetzt hatten, die allen Ländern die gleiche Zahl von Vertretern hatten geben wollen. Das hätte zu einer sozialdemokratischen Mehrheit geführt.

Die Parteienkonstellation im Wirtschaftsrat ist folgenreich gewesen, nicht nur für die zweijährige Lebenszeit des Wirtschaftsrates selbst, sondern weit darüber hinaus. Hier, im Wirtschaftsrat, ist das Bündnis von 1949, das die Entwicklung des westdeutschen Gemeinwesens in den entscheidenden ersten anderthalb Jahrzehnten seiner Existenz bestimmen sollte, bereits 1947 faktisch geschlossen worden. Es wurde gewissermaßen gegen den Zeitgeist geschlossen. In den Ländern dominierten bis zum Ende der vierziger Jahre, zum Teil darüber hinaus, große Koalitionen. Die Überzeugung, daß in der Stunde der Not Gemeinsamkeit geboten sei, war weit verbreitet. Es lag ja auch nahe, so zu denken. Aber die beiden Parteiführer Konrad Adenauer und Kurt Schumacher dachten anders. Sie hielten nichts von einer Politik der Kompromisse zwischen den beiden großen Parteien. Aus Überlegung, Instinkt, wohl auch persönlicher Abneigung gegeneinander zogen sie klare Fronten, Auseinandersetzung, das Entweder-Oder vor. Daran, daß im Wirtschaftsrat schon von 1947 an das Gegeneinander von bürgerlicher Mehrheit und sozialdemokratischer Opposition bestimmend wurde – »Parteienstreit«, wie vielfach mit kritischem Unterton vermerkt wurde –, haben sie, obschon beide nicht Mitglieder des Wirtschaftsrates, wesentlichen Anteil.

Der Anlaß, der aus der nicht-sozialistischen Mehrheit im Wirtschaftsrat eine Art von früher Regierungskoalition machte, war die Neuwahl des Wirtschaftsdirektors, die mit der Bildung des Wirtschaftsrates im Juli 1947 notwendig geworden war. Viktor Agartz, Sozialdemokrat marxistischer Observanz, streng planwirtschaftlich denkend, war von dem Amt, das er seit Anfang des Jahres innegehabt hatte, kurz zuvor wegen Meinungsverschiedenheiten mit der britischen Besatzungsmacht zurückgetreten. Die bürgerliche Mehrheit im Wirtschaftsrat weigerte sich nun, den von der SPD vorgeschlagenen Nachfolger zu wählen. Sie weigerte sich, weil zu diesem Zeitpunkt bereits alle Wirtschaftsministerien in den Ländern in den Händen von Sozialdemokraten waren – und das nicht zufällig. Es war also kein beiläufiger Streit, der hier ausbrach. Der Anspruch der SPD, dem westlichen Deutschland wirtschaftspolitisch die Richtung zu weisen, stieß auf durchaus grundsätzlich gemeinten Widerspruch. Auf diesen Widerspruch hin zog sich die SPD in trotziger Konsequenz im Wirtschaftsrat ganz in die Opposition zurück. Vor allem Kurt Schumacher wollte es so. Die SPD hat die Rolle, die sie damals freiwillig übernahm, fast zwanzig Jahre lang, bis 1966, spielen müssen.

Man hat Schumacher vorgeworfen, dieser Rückzug sei ein taktischer Fehler gewesen. Er hat die Bedeutung des Wirtschaftsrates in der Tat unterschätzt. Zwar waren ihm die Mehrheitsverhältnisse vorgegeben – es gab im Wirtschaftsrat nun einmal keine sozialistische Mehrheit, was viele linke Kritiker der Nachkriegs-SPD ignoriert haben –, aber sein Kommentar zur Frankfurter Direktorenwahl zeigt, daß er die Lage auch falsch einschätzte: »Die Sozialdemokratie kämpft unbeirrbar um Demokratie und Sozialismus. Für sie ist die Entscheidung von Frankfurt ein Provisorium in einer Kette von Provisorien. Bald wird das heutige Provisorium zugunsten einer sozialistischen Entwicklung überwunden sein.«[93] Es sollte sich rasch erweisen, daß diese Selbstsicherheit, gegründet auf die Erwartung sozialdemokratischer Wahlsiege der Zukunft, die Realitäten der Nachkriegsentwicklung verfehlte, so wie auch der Rigorismus, mit dem Schumacher Deutschland als ganz und gar fremdbestimmt wahrnahm, das Ausmaß deutscher Möglichkeiten – und Mitverantwortlichkeiten – verkannte. Kurt Schumacher war, das zeigt sich hier besonders deutlich, ein Mann kategorischer Einseitigkeiten. Der Weg der Nachkriegssozialdemokratie in die Isolation hat viel damit zu tun.

Die Mehrheitsverhältnisse im Wirtschaftsrat bedeuteten für sich genommen freilich noch nicht die Entscheidung für die Marktwirtschaft. Sie wäre ohne Ludwig Erhard, den vierten Wirtschaftsdirektor der Zwei-Zonen-Verwaltung, so früh und so konsequent nicht gefallen. Erhard gehört zu den wenigen Handelnden auf deutscher Seite, die wie Kurt Schumacher mit seiner Absage an die Kommunisten oder die Ministerpräsidenten mit ihrem bedingten Ja zur Weststaatsgründung auf dem Wege von der bedingungslosen Kapitulation zur westdeutschen Demokratie eine wirklich konstitutive Entscheidung getroffen haben. Um so bemerkenswerter ist es, daß es Zufälle waren, die ihn ins Amt brachten – folgenreiche Zufälle.

Nicht, daß Erhard allein gestanden hätte. Ohne die Unterstützung, die er bei der Mehrheit des Wirtschaftsrates für seine Politik fand, hätte er nichts ausrichten können,

Ludwig Erhard (zweiter von links) am 2. März 1948 als frischgekürter Direktor des Wirtschaftsrates mit Mitgliedern des Wirtschaftsrates und Verwaltungsräten. Erhard wurde nur deshalb Wirtschaftsdirektor der Bizone, weil sein Vorgänger wegen ungebührlicher Kritik an den amerikanischen Hilfslieferungen im Januar 1948 von General Clay entlassen wurde. Es war die FDP, die Erhard für den Frankfurter Posten vorschlug.

Erhard ist neben Konrad Adenauer der weitaus populärste Politiker der frühen Bundesrepublik gewesen, gleichsam die Inkarnation des »Wirtschaftswunders«. Mit den Entscheidungen von 1948 hat er tatsächlich historische Weichen gestellt, stärker als mit allem, was er später tat. Erhard, 1897 geboren, stammte aus Fürth, aus bescheidenen Verhältnissen. Er studierte nach dem Ersten Weltkrieg Wirtschaftswissenschaften und arbeitete dann in einem wirtschaftswissenschaftlichen Forschungsinstitut. Nach seiner frühen beruflichen Prägung war er also eher ein Mann der Theorie als der Praxis, wenn auch einer sehr praxisnahen Theorie. Zum Nationalsozialismus hielt er klare Distanz. In die Politik holten ihn nach 1945 die Amerikaner. Auch hier blieb er in gewissem Sinn ein Theoretiker, ein Mann der Grundsätze. Er hat sich denn auch, mit großem Selbstbewußtsein, vor allem als Fachmann verstanden, der Kraft des Argumentes vertraut. Die Politik im engeren Sinne – das Parteiwesen, das Taktieren, den Kampf um Einfluß – hat er nie geliebt und nie beherrscht. Auch ein Administrator war er nicht. Erst spät ist er der Partei beigetreten, an deren Spitze er am Ende stand. Hingegen zog er gern in Wahlkämpfe, um die marktwirtschaftliche Botschaft, von der er überzeugt war, dem Volk zu verkünden. Mit seinen Stärken war er der richtige Mann für die Aufgabe, die ihm 1948 zufiel. Sein Erfolg brachte ihn schließlich bis ins Kanzleramt, für das er mit seinen Schwächen nicht der Richtige war.

 und ohne den Rückhalt, den ihm General Clay gegen die Bedenken seiner eigenen Fachleute gewährte, wohl auch nichts. Das Veto einer Siegermacht konnte auch 1948 noch jede deutsche Politikinitiative stoppen. Aber es war in einem sehr persönlichen Sinne Erhards Entschluß, mit der Währungsreform als der Conditio sine qua non jeder wirtschaftlichen Erholung den Ausbruch aus der Planwirtschaft der ersten Nachkriegsjahre zu verbinden. Vermutlich hätte kein anderer Politiker den Mut gehabt, so früh so weit zu gehen. Vermutlich hätte auch kein anderer Politiker eine solche Strategie so unbeirrbar durchgehalten. Geholfen hat ihm, daß zwar nicht der Glaube an den Markt, aber doch die Skepsis gegenüber den bisherigen wenig erfolgreichen Praktiken der Bewirtschaftung drei Jahre nach Kriegsende weit verbreitet war; wohl auch, daß liberale Ordnungstheorien, die neue Perspektiven eröffneten, seit etwa 1947 gegenüber den sozialistischen intellektuell deutlich in der Offensive waren.

Erhard übernahm das Amt des Wirtschaftsdirektors erst im Frühjahr 1948. Von Anfang an ließ er nicht den geringsten Zweifel an seiner Absicht, mit der Zwangswirtschaft so rasch wie möglich Schluß zu machen. Und er warb mit einer von allen Beteiligten bezeugten Leidenschaft und Überzeugungskraft um eine Mehrheit für seine Pläne, die ihm keineswegs von Anfang an sicher war. Er setzte sich durch. Das »Gesetz über Leitsätze für die Bewirtschaftung und Preispolitik nach der Geldreform«, eine Art von wirtschaftspolitischem Programm in Gesetzesform, dazu bestimmt, zusammen mit der Währungsreform die Kräfte des Marktes zu mobilisieren, wurde, am Vorabend der Währungsreform dem Wirtschaftsrat vorgelegt, mit 50 gegen 37 Stimmen verabschiedet. Den Alliierten präsentierte Erhard dieses erstaunliche Gesetz ganz bewußt als Fait accompli – Theodor Eschenburg hat das einen »Handstreich« genannt, der in den Jahren der Besatzungsherrschaft nicht seinesgleichen gehabt habe.[94] Es lief im Kern auf eine Ermächtigung des Wirtschaftsdirektors – also Erhards – hinaus, zu tun, was er für richtig hielt. Die Maximen, die Erhard sich selbst als »Leitsätze« in der Anlage zu seinem Ermächtigungsgesetz mit auf den Weg gab, lauteten eindeutig und schlicht: »Der Freigabe aus der Bewirtschaftung ist vor ihrer Beibehaltung der Vorzug zu geben«, und: »Der Freigabe der Preise ist vor der behördlichen Festsetzung der Vorzug zu geben.«[95] Ausgenommen blieben vor allem die Hauptnahrungsmittel, auch die Mieten und einige wichtige Rohstoffe. Mit diesem Gesetz und der Währungsreform war, Ende Juni 1948, der Weststaat ökonomisch gegründet.

Das Votum des Wirtschaftsrates vom 18. Juni 1948 war ein wichtiger Schritt auch auf dem Weg, der Ludwig Erhard und die Union zusammenführte. Erhard war ja nicht von Anfang an ein Mann der Union. Die FDP war es gewesen, die ihn, der seine ersten politischen Schritte in Bayern getan hatte, für die Frankfurter Aufgabe empfohlen hatte. Sie betrachtete ihn als einen der Ihren. Erhard selbst sah sich eher als Ökonomen denn als Parteipolitiker. Aber er wußte natürlich, daß er seine Ziele nur mit einer Partei erreichen konnte, einer starken Partei, also der Union. Adenauer auf der anderen Seite, der in Wirtschaftsordnungsfragen höchst pragmatisch dachte, hatte sicher nicht zuletzt den bevorstehenden Wahlkampf für den ersten Bundestag im Blick, als er mit einer ersten Einladung im August 1948 daranging, Erhard an die Union zu binden – eine Konvergenz der Interessen also. Ein

Jahr später, im Juli 1949, wurde das für die Bundesrepublik so bedeutsame Bündnis definitiv geschlossen. Die CDU machte sich in den Düsseldorfer Leitsätzen die Erhardschen Prinzipien programmatisch zu eigen, ohne daß noch ernstlicher Widerspruch laut wurde.

Ganz so selbstverständlich, wie es im Rückblick scheinen mag, war diese Entwicklung freilich doch nicht. Schließlich gab es einen, wenn auch schwächer werdenden linken Flügel mit sozialistischen Neigungen in der Partei. Und auch die politische Rechte hatte sich in Deutschland in der Vergangenheit durchaus nicht durch betont marktwirtschaftliche Überzeugungen ausgezeichnet. Es war zu einem guten Teil der Sog der Erhardschen Politik, der die Union zur Partei der Sozialen Marktwirtschaft gemacht hat. Besiegelt hat das Bündnis der Erfolg, wie denn überhaupt erst der Erfolg den Entscheidungen von 1948 Dauer verliehen hat. Eine wegweisende Rolle hat die CDU auf dem Weg zur Marktwirtschaft also nicht gespielt, aber ihre Wendung vom Ahlener Programm zu den Düsseldorfer Leitsätzen war für die binnendeutsche Kräftekonstellation ausschlaggebend.

Zu dieser Wendung hat Erhard wesentlich beigetragen. Geholfen hat ihm, daß die Partei ihre politische Identität in Auseinandersetzung mit der Sozialdemokratie als dem Hauptrivalen im Kampf um die Macht finden mußte. Das gab den Kräften in der CDU, Adenauer an ihrer Spitze, denen es nicht um den besseren Sozialismus, sondern um eine Alternative zum Sozialismus ging, nach und nach das Übergewicht. Sie sind vermutlich von Anfang an stärker gewesen, als sie, zunächst einmal Zurückhaltung übend, zu sein schienen. Übrigens haben die Düsseldorfer Leitsätze das Ahlener Programm keineswegs förmlich aufgehoben – es war einfach obsolet geworden.

Es gehört zu den Merkwürdigkeiten der Nachkriegsgeschichte, daß auch die Gewerkschaften, deren Position nach 1945 doch so stark zu sein schien, die Entwicklung nicht in eine andere Richtung haben lenken können. Man hat sie denn auch in scharfer Kritik eine »blinde Macht« genannt (Theo Pirker), eine Macht, die ihre Chancen nicht erkannt habe. Es ist richtig: So entschieden die Gewerkschaften die Überzeugung des ganzen linken Lagers teilten, dem Sozialismus gehöre die Zukunft – »Der Kapitalismus liegt in seinen letzten Zügen«, hatte Hans Böckler, der 1949 der erste Vorsitzende des DGB werden sollte, 1946 verkündet[96] –, auch bei ihnen fällt eine eigentümliche Zurückhaltung im Einsatz für ihre Programmatik auf. Aber wie groß war ihr Handlungsspielraum?

Es ist denkbar, daß die Gewerkschaften über das hinaus, was ihnen in der Montanindustrie zufiel, Positionen betrieblicher Mitbestimmung hätten erobern und festhalten können, wenn sie entschlossen und rechtzeitig dafür gekämpft hätten. Es ist nicht denkbar, daß sie gegen die Besatzungsmächte und gegen parlamentarische Mehrheiten Westdeutschland eine Wirtschaftsordnung ihrer Wahl hätten aufzwingen können. Daß sie es nicht versucht haben, hat mit »Blindheit« wenig zu tun. Es gab gute Gründe dafür, mit dem Streik als politischer Waffe in den gegebenen Verhältnissen vorsichtig umzugehen: die Schwierigkeiten des organisatorischen Aufbaus, dessen Tempo die Besatzungsmächte bewußt drosselten; der zumal in den Betriebsräten anfänglich recht starke kommunistische Einfluß; der Primat der Produktion in einer Zeit allgemeiner Not. Im übrigen läßt sich in einer gewerkschaftlichen Politik, die eher auf parlamentarische Mehrheitsentscheidungen als auf direkte Aktion setzt, doch auch ein Stück demokratiegemäßer Selbstbescheidung eines Verbandes entdecken, der eben nicht das Ganze repräsentierte.

Nicht im programmatischen Erfolg also liegt für die deutschen Gewerkschaften die Bedeutung der frühen Nachkriegsjahre, sondern im organisatorischen Neuansatz. Daß es 1945 nicht zu einer Wiederbelebung des alten Systems konkurrierender Richtungsgewerkschaften kam, sondern zu einer in Industriegewerkschaften gegliederten Einheitsgewerkschaft, ist ähnlich wie die Neuformierung des Parteiensystems eine der für die westdeutsche Demokratie konstitutiven Vorentscheidungen gewesen. »Die Einheitsgewerkschaft ist das Ziel aller, die guten Willens sind«, hatte Böckler im Sommer 1945 geschrieben.[97] Er hatte recht: Nach dem Schockerlebnis der Zerschlagung der Gewerkschaften durch die nationalsozialistische Diktatur wollte fast niemand mehr zu den Weimarer Verhältnissen zurückkehren. Offen war nur, ob die Einheitsgewerkschaft ein Bündnis relativ selbständiger Industriegewerkschaften oder eine zentralisierte Großgewerkschaft sein würde. Es waren wesentlich die Amerikaner und Engländer, die die Weichen zugunsten der föderativen Lösung als »der Sache der Demokratie am dienlichsten«[98] stellten. Für Böckler und andere Gewerkschaftsführer (keineswegs alle!) war das eine bittere Enttäuschung. Aber auch hier gilt, daß die Entscheidung der Besatzungsmächte keinen Bestand gehabt hätte, wenn sich nicht deutsche Interessen mit ihr verknüpft hätten.

In den Verfassungsberatungen des Parlamentarischen Rates, die zwei Monate nach dem Frankfurter Aufbruch in die Marktwirtschaft begannen, haben Fragen der Wirtschaftsordnung keine wesentliche Rolle gespielt. Anders als in den verfassunggebenden Versammlungen der Länder hat sich die SPD nicht darum bemüht, sozialistische Programmatik in die Verfassung hineinzuschreiben – zur Enttäuschung der Gewerkschaften, die für ihre lange Wunschliste wenig Unterstützung fanden. Wichtig war der sozialdemokratischen Führung etwas anderes: in weitgefaßten Gesetzgebungskompetenzen des Bundes zukünftigen sozialdemokratischen Parlamentsmehrheiten Handlungsfreiheit für sozialdemokratische Politik zu sichern. Sie war davon überzeugt, daß es auf parlamentarische Mehrheiten, nicht auf Verfassungsproklamationen ankommen werde. Die Strategie der Zurückhaltung hatte im übrigen viel mit der Meinung zu tun, daß es nur um eine vorläufige Verfassung, ein Organisationsstatut von zweifelhafter Legitimität gehe, auszuarbeiten ohne die volle Freiheit der Entscheidung, auch mit der taktischen Überlegung, daß ein rascher Abschluß der Beratungen und baldige Parlamentswahlen im Interesse der SPD lägen.

Mit der CDU/CSU hatte es im übrigen eine Art von Gentleman's Agreement des Inhalts gegeben, daß beide Seiten darauf verzichten würden, mit ihrer gesellschaftspolitischen Programmatik in die Verfassung hineinzudrängen, eine Verabredung heißt das, sich im Grundrechtsteil der Verfassung, wie der Herrenchiemseer Entwurf es empfahl, auf die klassischen Freiheitsrechte zu beschränken. Während aber die Union sich durch diese Verabredung keineswegs daran hindern ließ, Forderungen der Kirche aufzugreifen und in die Debatte einzubringen – Art. 6, der Ehe und Familie den Schutz des Staates zusichert, ist auf diese Weise ins Grundgesetz gekommen –, blieb die SPD, wenn auch irritiert, bei ihrer

Linie. War das, neben dem Rückzug in die Oppositionsrolle im Wirtschaftsrat, der zweite strategische Fehler, mit dem die SPD sich schon in der Vorgeschichte der westdeutschen Demokratie ausmanövriert hat?

Auch hier sind die Mehrheitsverhältnisse zu bedenken. Sie waren für die Sozialdemokraten im Parlamentarischen Rat noch etwas ungünstiger als im Wirtschaftsrat, da CDU/CSU, FDP und DP gemeinsam über 34 von 65 Stimmen verfügten. Zwar agierten diese vier Parteien in den Verfassungsberatungen keineswegs als feste Koalition, vielmehr stand die FDP beim Thema Föderalismus der SPD näher als der CDU, und die Festschreibung des Elternrechtes ist von einer SPD/FDP/KPD-Mehrheit verhindert worden. Aber für eine sozialistische Verfassungsprogrammatik gab es im Parlamentarischen Rat keine Mehrheitschance. Dennoch: Hätten die Sozialdemokraten ernstlich gewollt, hätten sie vermutlich mehr erreichen können – schließlich war ihre Zustimmung zum Grundgesetz unerläßlich. Sie haben die Bedeutung der »provisorischen« Verfassung ebenso unterschätzt, wie sie ihre Aussichten, die Politik der zukünftigen Bundesrepublik maßgeblich zu beeinflussen, überschätzt haben.

So wenig wie der Sozialismus ist freilich die Marktwirtschaft ausdrücklich im Grundgesetz festgeschrieben worden. Ist das Grundgesetz also als eine in Fragen der Wirtschaftsordnung offene Verfassung geschaffen worden? Das Bundesverfassungsgericht hat sich so geäußert. Wieviel Spielraum die individuellen Freiheitsrechte des Grundgesetzes für staatliche Planung, die Eigentumsartikel 14 und 15 für die Vergesellschaftung von Produktionsmitteln lassen, diese Fragen haben sich in der Geschichte der Bundesrepublik freilich nie ernstlich gestellt, und deshalb brauchte das Gericht sie auch nicht zu beantworten. In historischer, nicht in juristischer Betrachtung wird man sagen müssen: Das Grundgesetz hat sich nicht gegen die Vorentscheidungen, die bis 1948 gefallen waren, gewendet und hat sie eben dadurch bestätigt, so wie dann auch die ersten Bundestagswahlen die faktische Entwicklung bestätigt haben.

V.

Demokratiegründung in Westdeutschland als ein gemeinsames Projekt von Siegern und Besiegten – so kann man, was sich von 1947 an ereignete, durchaus beschreiben. Man muß dabei freilich die Grenzen dieser Gemeinsamkeit im Blick behalten, die Widerstände und Trägheiten, auf die das Vorhaben, ein ganzes Land und Volk umzuprägen, notwendig stießen. Man darf die Möglichkeiten der Sieger nicht überschätzen. Da sie nicht gewaltsam vorgehen konnten und wollten, sondern das Arrangement mit den Deutschen suchten, waren ihre Handlungsspielräume eher eng. Sie waren es schon deshalb, weil im Westen die Zeit so kurz war, in der die Besatzungsmächte wirklich als Sieger in Deutschland schalten und walten konnten. Schon mit der Einsetzung der ersten Landesregierungen gewannen die Deutschen die Möglichkeit mitzureden. Und nach wenigen Jahren, nicht Jahrzehnten, wie man ursprünglich gedacht hatte, waren sie – beinahe – wieder Herren im eigenen Land.

Übrigens waren die Deutschen nicht immer im Unrecht, wenn sie sich alliierten Reforminitiativen widersetzten, und die Besatzungsmächte nicht immer im Recht, wenn sie gegen deutsche, vermeintlich demokratiefeindliche Traditionen ihre eigenen Vorstellungen von demokratiefreundlichen Institutionen setzten.

Man kann die Schwierigkeiten des Zusammenwirkens von Siegern und Besiegten im Prozeß der Demokratiegründung an einigen Projekten exemplarisch sichtbar machen, die, obschon minderen Ranges als die Verfassung selbst, für die Alliierten doch einen sehr hohen Stellenwert hatten. In diese Kategorie gehört der Versuch, die Deutschen zu einer grundlegenden Reform des öffentlichen Dienstes zu zwingen, mit dem die Sieger an den Besiegten scheiterten. Auch an den Bemühungen, das deutsche Erziehungswesen umzugestalten, läßt sich die Schwäche der Sieger und die Stärke der Besiegten beispielhaft illustrieren. Umgekehrt gab es Implantationen, mit denen die Alliierten Erfolg hatten, obwohl die Deutschen sich sträubten. Die Rundfunkverfassung ist der bedeutsamste Fall dieser Art.

Amerikaner wie Engländer haben einer grundlegenden Erneuerung des deutschen Beamtenwesens eine überragende Bedeutung für das Gelingen des Demokratieexperiments beigemessen. Sie waren davon überzeugt, daß mit der traditionellen deutschen Beamtenschaft – in ihren Augen eine autoritäre, elitäre, zudem durch Verstrickung in das NS-System kompromittierte Kaste – eine Demokratie nicht aufgebaut werden könne. Bis in die frühen fünfziger Jahre haben sie denn auch mit ganz ungewöhnlicher Hartnäckigkeit auf »Demokratisierung« des öffentlichen Dienstes gedrängt, was im wesentlichen hieß: Anpassung an angelsächsische Muster. Erweiterung des Rekrutierungsfeldes, Laufbahndurchlässigkeit, Aufhebung des Juristenmonopols, Relativierung des Lebenszeitprinzips sind ein paar Stichworte aus der Reformagenda. Noch im Februar 1949 wurde ein Reformgesetz oktroyiert. Erreicht haben die Alliierten am Ende fast nichts. Art. 33 des Grundgesetzes (GG), der die »hergebrachten Grundsätze des Berufsbeamtentums« auch noch zu Verfassungsehren erhob, wirkt vor diesem Hintergrund geradezu wie eine Verhöhnung ihrer Anstrengungen. Wahrscheinlich illustriert keine andere Geschichte aus den Besatzungsjahren so drastisch die Grenzen rechtlich unbegrenzter Siegermacht, die die Zusammenarbeit mit den Besiegten sucht und suchen muß. Im deutschen Widerstand gegen die Zumutung der Reform verbanden sich wirkungsvoll Zunftinteresse, ein historisch begründetes professionelles Selbstbewußtsein und ein historisch unbegründetes gutes Gewissen. Die Taktik des Widerstandes – nicht nur in dieser Frage – war die Verzögerung. Und seine Stärke war es, daß die Betroffenen selbst in Parlamenten und Verwaltungen das Schicksal der Reform in den Händen hielten – auch ein Oktroi konnte nicht an ihnen vorbei wirksam werden. Solche Hindernisse zu überwinden hätte es eines Zugriffs bedurft, der 1948/49 für die Westmächte nicht mehr in Betracht kam; zudem wären andere Zeithorizonte notwendig gewesen.

Eine ganz andere Frage ist es, ob die Angelsachsen die Bedeutung der von ihnen geforderten Strukturreformen nicht überschätzten, weil sie die Bereitschaft der deutschen Beamtenschaft umzudenken unterschätzten. Das erboste Urteil aus amerikanischer Feder

»A reactionary but powerful clique with allegiance only to the state actively opposing true democratic progress and ever susceptible to totalitarian influence from within and without«,[99] traf 1948/49 ganz sicher nicht mehr die Wirklichkeit. Gewiß erklärten sich auch die Staatsdiener, wie fast alle Deutschen, für unschuldig: Der deutsche Beamte habe immer nur »in vorbildlicher Pflichttreue und Selbstlosigkeit« dem Staat an sich gedient[100] – ein, nach Hitler, bemerkenswertes Argument. Aber tatsächlich wurde sehr rasch deutlich, daß die Beamtenschaft der zweiten Republik sich dem demokratischen Verfassungsstaat anders und definitiver zuwandte, als es die der ersten getan hatte. Auch wären späterem Urteil manche der alliierten Forderungen durchaus als rückschrittlich erschienen – die nach dem unpolitischen Beamten beispielsweise –, während umgekehrt die rasch und massiv einsetzende Tendenz der deutschen Parteien, auf die Schaltstellen der Ministerialbürokratie zuzugreifen, in der Zukunft als ein Stück demokratiegemäßer Reform präsentiert werden sollte. Das zeigt, daß die Reformdebatte der späten vierziger und frühen fünfziger Jahre nicht nach einem ganz einfachen Schema interpretiert werden kann.

Von der Reform des Erziehungswesens läßt sich eine sehr ähnliche Geschichte erzählen: Drängen auf Reformen, Kommissionen, Gutachten, Anordnungen auf der einen Seite, hinhaltender Widerstand auf der anderen. Den Amerikanern ging es vor allem um die Demokratisierung des Schulwesens – Herstellung von Chancengleichheit hieß das für sie, Schulgeldfreiheit, Lernmittelfreiheit, sechsjährige Grundschulzeit.[101] Auch die Akademisierung der Lehrerbildung für alle Schularten gehörte zum amerikanischen Programm. In Bayern bildeten zudem die Konfessionsschulen einen besonderen Streitgegenstand zwischen Besatzungsmacht und Landesregierung. Für die Briten stand die Reform der Universität obenan. Die deutsche Universität sei, dies das sehr englische Argument des Erziehungsberaters der Militärregierung Robert Birley, schon deshalb mitverantwortlich für den Nationalsozialismus, weil sie nichts getan habe, um das deutsche Volk daran zu hindern, die Herrschaft einer Partei hinzunehmen, »which based its philosophy on sheer nonsense«.[102] Das Gutachten, das eine von Birley geleitete, vornehmlich mit hochrangigen deutschen Experten besetzte Kommission damals vorlegte, wäre noch zwanzig Jahre später ein vorzüglicher Reformleitfaden gewesen.

Aber was für die Reform des öffentlichen Dienstes gilt, gilt auch hier: Bewirkt haben alle diese Anstrengungen am Ende nicht viel, weder in der britischen noch in der amerikanischen Zone, obwohl die Besatzungsmächte in den Sozialdemokraten und auch in den Gewerkschaften gewichtige Bundesgenossen hatten. Die Verzögerungstaktik derer, die den Status quo verteidigten, hatte Erfolg. Das gegliederte Schulwesen und die Universität blieben im wesentlichen in ihrer traditionellen Gestalt erhalten. Natürlich kann man auch in diesem Fall die Frage stellen, ob Gesamtschule und Demokratie oder umgekehrt das herkömmliche deutsche Bildungssystem und die Katastrophe von 1933 wirklich so eng zusammengehörten, wie die Angelsachsen glaubten. Aber wie immer man sie beantwortet: daß die Besatzungsmächte mit ihrem Reformprogramm scheiterten, war folgenreich, wenn auch nicht sehr erstaunlich. Wieder bestätigt sich, daß sich ohne die Mitarbeit der Deutschen, und das hieß vor allem ohne die Mitarbeit der von den Besatzungsmächten selbst früh etablierten, durch Wahlen legitimierten Landesregierungen, nun einmal nicht viel bewegen ließ, wenn man es denn ernst meinte mit dem Ziel, eine Demokratie in Deutschland aufzubauen. Je weiter die Zeit fortschritt, desto weniger.

Hinter dem deutschen Widerstand standen Interessen und Überzeugungen gleichermaßen. Die Hartnäckigkeit, mit der eine breite Koalition vom Philologenverband bis zum Klerus das Gymnasium verteidigte, wie auch das Selbstbewußtsein, mit dem die Universitäten glaubten, ohne ernsthafte Selbstprüfung die zwölf dunklen Jahre von sich abschütteln zu können, zeigen sehr viel deutlicher noch als die Auseinandersetzungen um den öffentlichen Dienst, daß von der Katastrophe eben nicht nur Impulse der Erneuerung ausgingen, sondern auch und vielleicht sogar vor allem Reflexe des Beharrens auf Traditionen, die man als unbeschädigt, ja bestätigt wahrnahm.

Das Gegenbeispiel bildet die oktroyierte Rundfunkverfassung. Daß »die strukturellen und personellen Eingriffe der Alliierten in keinem anderen Bereich so fundamentale Bedeutung für die spätere Entwicklung in der Bundesrepublik erlangten wie bei Presse und Rundfunk«,[103] läßt sich schwerlich beweisen. Unstreitig aber haben wir es mit einem Musterfall erfolgreicher und folgenreicher Besatzungspolitik zu tun. Die wichtigste Erfolgsbedingung ist wohl die Radikalität gewesen, mit der die Alliierten die Massenmedien ihrer unmittelbaren Kontrolle unterwarfen. Nichts sollte fortleben, was Teil des nationalsozialistischen Propagandaapparates gewesen war. Bei den Zeitungen und Zeitschriften hieß das: Vergabe von Lizenzen nur an Personen mit untadeliger Vergangenheit – kaum irgendwo ist nach 1945 sorgfältiger geprüft worden als bei der Erteilung dieses Rechtes. Zeitungs- und Zeitschriftenverleger, die im Dritten Reich tätig gewesen waren, erhielten ein Berufsverbot. Als die Lizenzschranke 1949 fiel und Art. 5 des Grundgesetzes den Markt freigab, war eine neue Zeitungslandschaft entstanden: Fast alle wichtigen Zeitungen der Bundesrepublik haben als »Lizenzzeitungen« begonnen.

Beim Rundfunk gingen die Alliierten noch einen Schritt weiter. Sie übernahmen ihn zunächst einmal selbst. Ihr wichtigstes Reformziel war es, ihm für die Zukunft Unabhängigkeit vom Staat, vor allem also von der Regierung, zu sichern. Für die Engländer lag es nahe, sich am Modell der BBC zu orientieren. Der NWDR mit seinem ersten, englischen Generaldirektor Hugh Greene wurde denn auch der BBC nachgebildet: ein unabhängiger Aufsichtsrat (Rundfunkrat), ein von diesem bestellter Verwaltungsrat, ein dem Verwaltungsrat verantwortlicher Intendant als Leitungsgremien einer Anstalt öffentlichen Rechts. Die Amerikaner wählten für ihre Zone die gleiche Konstruktion, nicht etwa die ihnen vertraute privatwirtschaftliche Rundfunkverfassung. Sie entschieden sich allerdings für eine föderalistische Aufgliederung des Rundfunks, wie sie dann später, mit der Auflösung des NWDR, für die ganze Bundesrepublik charakteristisch wurde; auch für einen etwas anderen Typ von Rundfunkrat. Die Franzosen schließlich gründeten nach den gleichen Prinzipien den Südwestfunk.

Die Rundfunkverfassung der späteren Bundesrepublik war damit in ihren wesentlichen Zügen bereits geschaffen: Der Rundfunk gehörte nun in die Gesetzgebungszuständigkeit der Länder, und er blieb bis in die achtziger Jahre hinein ein Monopol öffentlichrechtlicher Anstalten, unter der Aufsicht unabhängiger Rundfunkräte, die Politik und Gesellschaft in ihrem Pluralismus zu repräsentieren bestimmt waren. Das war ein entschiedener Bruch mit der Weimarer Frühgeschichte des Rundfunks. Vor 1933 war der Rundfunk ein Reichsmonopol in der Zuständigkeit des Postministeriums gewesen, unmittelbar der Einwirkung der Reichsregierung ausgesetzt. Es ist wenig wahrscheinlich, daß die Deutschen, allein gelassen, sich entschlossen hätten, mit dieser Tradition zu brechen. Sie haben getan, was sie konnten, um auf das Modell der Besatzungsmächte modifizierend Einfluß zu nehmen. Die bittere Bemerkung Clays, das deutsche Unvermögen zu begreifen, was demokratische Freiheit wirklich bedeute, habe sich auf zwei Gebieten am deutlichsten gezeigt: bei den Schulreformen und bei der Pressegesetzgebung, bezog sich gewiß auch auf den Streit um die Rundfunkverfassung.[104] Ganz haben die Alliierten ihr Ziel denn auch nicht erreicht. Unabhängigkeit von Staat und Regierung, das sichert hinläng-

Zwölf Jahre lang hatten die Deutschen nur lesen und hören dürfen, was den Filter der nationalsozialistischen Zensur passiert hatte. Die Indoktrination hatte ihre Spuren hinterlassen. Amerikaner, Briten und Franzosen haben große Mühe darauf verwandt, gerade das Zeitungs- und Rundfunkwesen von den Fundamenten her neu aufzubauen. Ihre Aufsicht war mehr Anleitung als Zensur, alles in allem erfolgreiche Anleitung. So war für die Nachkriegsdeutschen schon der armseligste Zeitungskiosk ein Stück wiedergewonnener Freiheit.

lich der Art. 5 des Grundgesetzes. Die Parteien hingegen haben gemeinsam die von den Alliierten oktroyierte Rundfunkverfassung geradezu als einen Schlüssel genutzt, um sich Zugang zu den Anstalten und in gewissem Sinne Kontrolle über sie zu verschaffen – ein exemplarischer Fall der Instrumentalisierung einer Reform zu Zwecken, die eigentlich nicht gemeint waren. Nicht nur hier haben die Parteien schon in den frühen Nachkriegsjahren einträchtig die Weichen in Richtung auf den »Parteienstaat« Bundesrepublik gestellt.

So wichtig die Frage war, welches die richtigen Institutionen für den zweiten Demokratieversuch der Deutschen seien, wichtiger war im Grunde noch die Frage, in welcher inneren Verfassung sich die Deutschen diesem Versuch zuwandten. Ließ sich Demokratie denn mit denen aufbauen, die eben noch die Untertanen des Hitler-Reiches gewesen waren, fast alle, schuldig oder hilflos, auf irgendeine Weise in die Menschheitsverbrechen des Nationalsozialismus verstrickt, sechs Millionen von ihnen (oder mehr) bis zum bitteren Ende Mitglieder der Partei? Die Antwort ist einfach: Wenn man Demokratie wollte, mußte man es versuchen. Man konnte nicht mit den wenigen beginnen, die die Bewährungsprobe bestanden hatten, konnte auch nicht auf die sichtbare Läuterung der vielen warten. Man mußte darauf vertrauen, daß die Katastrophe für die große Mehrheit der Deutschen die Bindungen an den Nationalsozialismus zerstört hatte, und so war es am Ende dann ja auch. Die Antwort ist aber auch schwierig: Aus einer Vergangenheit wie der nationalsozialistischen gibt es keinen politisch gangbaren Weg zur Demokratie, der dem moralischen Bedürfnis nach Sühne und Erneuerung auch nur entfernt Genüge täte. Wie sollte man mit diesem Dilemma umgehen?

Am Anfang stand das große Reinigungsprogramm der Sieger, Entnazifizierung genannt. Daß es fehlgeschlagen sei, ist das ziemlich einmütige Urteil der Historiker.[105] Auch die Zeitgenossen haben es schon so gesehen. Man kann das in Eugen Kogons berühmtem Aufsatz »Das Recht auf den politischen Irrtum« aus dem Jahr 1947 nachlesen.[106] Was das freilich heißt, »gescheitert«, »fehlgeschlagen«, das wird oft nicht sehr deutlich. Man müßte dazu die Frage beantworten, was denn die Kriterien des Erfolgs gewesen wären.

Auf die Entnazifizierung, darauf, alle Schuldigen zu bestrafen und aus dem gesamten öffentlichen Leben alle nationalsozialistischen Einflüsse zu entfernen, hatten sich die Sieger in Potsdam geeinigt. Allerdings hatten sie sich nur auf das Prinzip geeinigt. Tatsächlich ist jede Besatzungsmacht ihren eigenen Weg gegangen, und keine ist ihn ganz streng gegangen. Es hat Korrekturen, Neuansätze, Kurswechsel, schließlich – nicht nur im Westen – einen ziemlich plötzlichen Abbruch des ganzen Unternehmens gegeben. Auch diese Unstetigkeit war dem Erfolg nicht zuträglich.

Für die Amerikaner, und eigentlich nur für sie, war die Entnazifizierung als solche bis zur Wende von 1947/48, in strengem Eifer betrieben, ein Kernstück ihrer Deutschlandpolitik. Dabei hat der Druck der Öffentlichkeit, die Härte gegenüber Deutschland forderte, des Kongresses, der dieser Öffentlichkeit politisches Gewicht verlieh, eine erhebliche Rolle gespielt. Den verantwortlichen Befehlshabern in Deutschland hat dieser Druck ihr Geschäft nicht erleichtert. Die Briten hielten von dem ganzen Programm nicht viel und versuchten, grundsätzlich an den amerikanischen Vorgaben orientiert, es pragmatisch zu handhaben. Für die Franzosen war die Entnazifizierung in ihren durch Sicherheitsinteressen bestimmten deutschlandpolitischen Aktivitäten allenfalls ein Randelement, obschon auch sie auf die Amerikaner Rücksicht nehmen mußten. Belastete versuchten denn auch, sich den Amerikanern zu entziehen und in der britischen, vor allem aber in der französischen Zone unterzutauchen. Für die Russen schließlich war die Entnazifizierung eines der Instrumente, einen gewaltsamen politisch-gesellschaftlichen Strukturwandel, wie er ihren Hegemonialinteressen entsprach, in Gang zu bringen.

Die Anfänge waren chaotisch, wie es kaum anders sein konnte. Das Bestreben, alle ehemals aktiven Nationalsozialisten aus allen Positionen von öffentlicher Bedeutung zu entfernen, prallte mit der Notwendigkeit, die öffentlichen Einrichtungen – Verwaltung, Gerichte, Schulen – notdürftig funktionsfähig zu halten, besonders in der amerikanischen Zone hart zusammen. Nach den ersten Monaten wurde in allen vier Besatzungszonen deutlich, daß es ohne die förmliche Mitwirkung der Deutschen nicht ging.[107] Das Entnazi-

»Die Bank der Kriegsverbrecher« hat der sowjetische Fotograf Boris Puschkin diese Aufnahme vom 3. Mai 1945 überschrieben. Die Frauen, denen hier von den Alliierten der Prozeß gemacht wird, waren Aufseherinnen im KZ Bergen-Belsen gewesen. Was mag in ihnen vorgegangen sein, als sie mit ihren Untaten konfrontiert wurden? Die versteinerten Gesichter lassen nichts erkennen. Eben nur dies: Versteinerung.

fizierungsverfahren wurde ihnen freilich vorgegeben, von den Amerikanern in einem ungeheuer rigorosen Schematismus. Alle erwachsenen Deutschen mußten in der amerikanischen Besatzungszone einen Fragebogen ausfüllen, der dann, sofern sich gewisse Verdachtsmomente ergaben, zu einem Verfahren vor einer sogenannten Spruchkammer führte, das seinerseits mit der Einstufung in fünf Belastungskategorien mit genau festgelegten Sühnefolgen endete. Millionen von Fragebögen also, Hunderttausende von Verfahren vor Hunderten von Spruchkammern, in denen Deutsche über Deutsche – unter Aufsicht der Siegermacht – befinden sollten. Es war ein Programm, das an sich selbst erstickte. Wie fragwürdig dieser amerikanische Versuch war – die Briten und Franzosen, um es noch einmal zu sagen, haben nur widerwillig und eingeschränkt mitgemacht –, läßt sich an den Zahlen ablesen, die am Ende standen: Knapp 25 000 von den 3,6 Millionen, deren Verfahren in den Westzonen abgeschlossen wurden, sind in die Kategorie der Hauptschuldigen und der Belasteten eingestuft worden, um die es doch eigentlich hätte gehen müssen.[108]

Hinter diesen Zahlen verbirgt sich im übrigen noch eine Fehlentwicklung ganz besonderer Art: Das Unternehmen Entnazifizierung wurde, als die westliche Politik die Weststaatsgründung definitiv ins Auge faßte, also vom Herbst 1947 an, ziemlich abrupt abgebrochen, gerade auch von den Amerikanern, denen es nun nicht mehr ins politische Konzept paßte. Das aber bedeutete, daß gerade viele der schwereren Fälle, die man im Interesse der wenig und auf Rehabilitation wartenden Belasteten zurückgestellt hatte, gar nicht mehr ins Verfahren kamen. Das hat, wie auch die amerikanische Praxis der »Vorabbestrafung« bestimmter Kategorien von Verdächtigen – Berufsverbot bis zur Entlastung im Spruchkammerverfahren –, sehr viel zur Diskreditierung der Entnazifizierung unter den Deutschen beigetragen: Im März 1946 äußerten sich siebzig Prozent zustimmend zur Entnazifizierung, drei Jahre später waren es nur noch siebzehn Prozent.[109] Selbst die Kirchen kritisierten die Siegermächte scharf, bedenklich scharf.

Späteres Urteil hat die Fehlentwicklung auf die Formel gebracht, in der Entnazifizierung seien Rehabilitation und Säuberung zu ein und demselben Vorgang verschmolzen.[110] Sie trifft die Wirklichkeit. Zwar ist es eine Sache der Logik, daß, wo glaubwürdig schuldig gesprochen werden soll, auch freigesprochen – also rehabilitiert – werden muß. Aber der purgatorische Übereifer, mit dem die Amerikaner ein ganzes Volk vor Spruchkammern zitierten, mußte den Freispruch zur Regel, den Schuldspruch zur Ausnahme machen und damit einem Programm, das als Säuberungsprogramm gedacht war, die eigentlich beabsichtigte Wirkung nehmen. Ob ein Entnazifizierungsprogramm anderer Konzeption die Bereitschaft der Deutschen hätte fördern können, über ihre jeweils eigene Verstrickung in die totalitäre Vergangenheit nachzudenken, bleibt ungewiß. Daß das tatsächlich Praktizierte solches Nachdenken eher blockiert, Entlastungssolidarität zwischen den Deutschen gestiftet hat, steht außer Frage.

Ein gescheitertes Experiment? Für dieses Urteil spricht viel. Die Schwächen insbesondere des amerikanischen Versuchs liegen auf der Hand. Zum einen griff er viel zu weit aus, zum anderen unterschied er nicht klar zwischen zwei nahe beieinanderliegenden, aber doch sehr verschiedenen Aufgaben: der Ahndung von Schuld mit den Mitteln des Rechts, die nach den Grundsätzen des Rechtsstaates den Nachweis von individuell zurechenbarem Fehlverhalten voraussetzt; und der »Säuberung«, die der kompromittierten Schicht von Dienern des nationalsozialistischen Regimes ihre Ämter nehmen und sie denen übergeben mußte, denen der Aufbau der Demokratie anvertraut werden konnte. Er unterschied nicht klar, so kann man es auch formulieren, zwischen der Aufgabe, mit der Vergangenheit abzurechnen, und der anderen, Vorsorge für die Zukunft zu treffen.

Was aus dem Zusammentreffen beider Schwächen werden würde, war vorherzusehen. Hunderttausende, gar Millionen von Einzelfällen ließen sich in dem Zeitraum, in dem gehandelt werden mußte, nicht individuell nach rechtsstaatlichen Grundsätzen sorgfältig überprüfen. Selbst für Zehntausende von Amtsinhabern war das schwierig. Aber für einen solchen Kreis hätte sich ein schematisches Vorgehen durchaus rechtfertigen lassen, wenn es nach relativ abstrakten Kriterien der Belastung und Kompromittierung plausibel eingegrenzt worden wäre. Eine derartige Fokussierung der Entnazifizierungsbemühungen hätte Klarheit über den primären Zweck des ganzen Unternehmens vorausgesetzt, Klarheit darüber, daß es zunächst einmal darum gehen mußte, diejenigen aus Positionen der Verantwortung herauszuholen und herauszuhalten, die als Repräsentanten des alten Regimes – auch im zweiten und dritten Glied – zu gelten hatten, und durch glaubwürdige Repräsentanten des Neuanfangs zu ersetzen. Mit dieser Kernaufgabe der »Säuberung« in

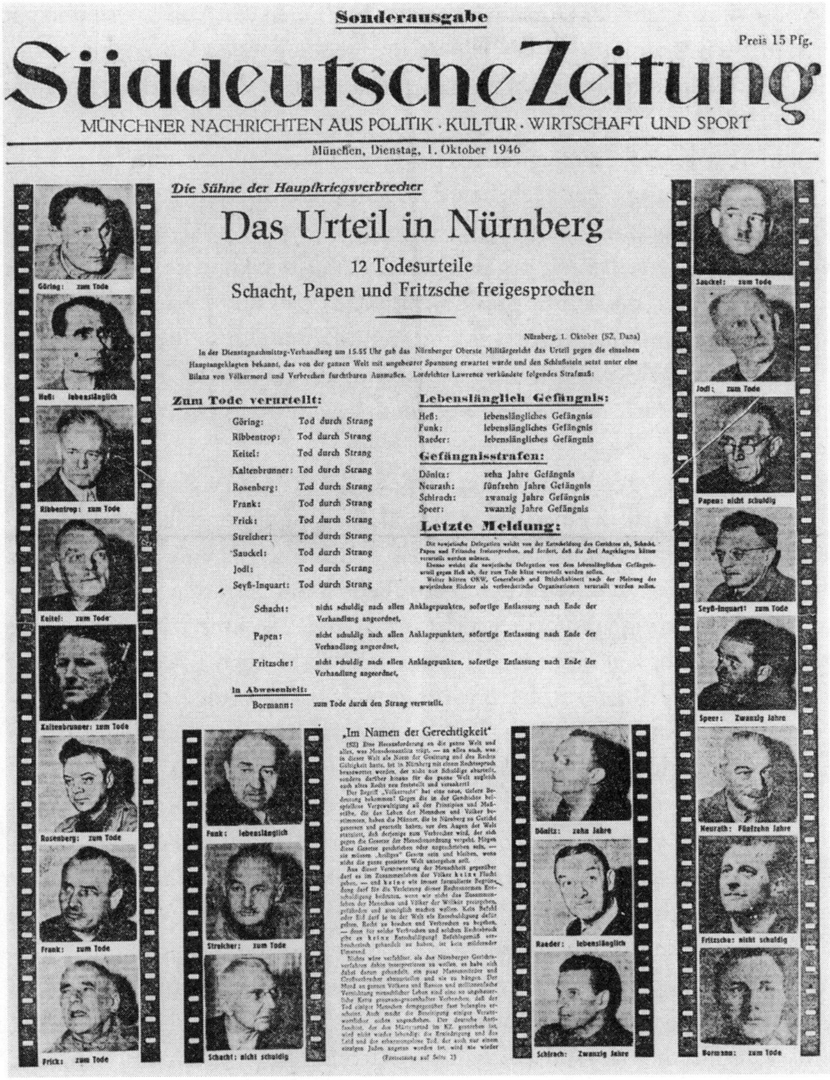

Sonderausgabe

Preis 15 Pfg.

Süddeutsche Zeitung

MÜNCHNER NACHRICHTEN AUS POLITIK · KULTUR · WIRTSCHAFT UND SPORT

München, Dienstag, 1. Oktober 1946

Die Sühne der Hauptkriegsverbrecher

Das Urteil in Nürnberg

12 Todesurteile
Schacht, Papen und Fritzsche freigesprochen

Nürnberg, 1. Oktober (SZ, Dana)

In der Dienstagnachmittag-Verhandlung um 15.55 Uhr gab das Nürnberger Oberste Militärgericht das Urteil gegen die einzelnen Hauptangeklagten bekannt, das von der ganzen Welt mit ungeheurer Spannung erwartet wurde und den Schlußstein setzt unter eine Bilanz von Völkermord und Verbrechen furchtbaren Ausmaßes. Lordrichter Lawrence verkündete folgendes Strafmaß:

Zum Tode verurteilt:

Göring: Tod durch Strang
Ribbentrop: Tod durch Strang
Keitel: Tod durch Strang
Kaltenbrunner: Tod durch Strang
Rosenberg: Tod durch Strang
Frank: Tod durch Strang
Frick: Tod durch Strang
Streicher: Tod durch Strang
Sauckel: Tod durch Strang
Jodl: Tod durch Strang
Seyß-Inquart: Tod durch Strang

Lebenslänglich Gefängnis:

Heß: lebenslängliches Gefängnis
Funk: lebenslängliches Gefängnis
Raeder: lebenslängliches Gefängnis

Gefängnisstrafen:

Dönitz: zehn Jahre Gefängnis
Neurath: fünfzehn Jahre Gefängnis
Schirach: zwanzig Jahre Gefängnis
Speer: zwanzig Jahre Gefängnis

Letzte Meldung:

Die sowjetische Delegation weicht von der Entscheidung des Gerichtes ab, Schacht, Papen und Fritzsche freizusprechen, und fordert, daß die drei Angeklagten hätten verurteilt werden müssen.

Ebenso weicht die sowjetische Delegation von dem lebenslänglichen Gefängnisurteil gegen Heß ab, der zum Tode hätte verurteilt werden sollen.

Weiter hätten OKW, Generalstab und Reichskabinett nach der Meinung der sowjetischen Richter als verbrecherische Organisationen verurteilt werden sollen.

Schacht: nicht schuldig nach allen Anklagepunkten, sofortige Entlassung nach Ende der Verhandlung angeordnet.
Papen: nicht schuldig nach allen Anklagepunkten, sofortige Entlassung nach Ende der Verhandlung angeordnet.
Fritzsche: nicht schuldig nach allen Anklagepunkten, sofortige Entlassung nach Ende der Verhandlung angeordnet.

In Abwesenheit:

Bormann: zum Tode durch den Strang verurteilt.

„Im Namen der Gerechtigkeit"

(SZ) Eine Herausforderung an die ganze Welt und alles, was Menschenantlitz trägt, — an alles auch, was in dieser Welt als Norm der Gesittung und des Rechts Gültigkeit hatte, ist in Nürnberg mit einem Rechtsspruch beantwortet worden, der nicht nur Schuldige aburteilt, sondern darüber hinaus für die ganze Welt zugleich auch altes Recht neu festsetzt und verankert!

(Fortsetzung auf Seite 2)

Göring: zum Tode · Heß: lebenslänglich · Ribbentrop: zum Tode · Keitel: zum Tode · Kaltenbrunner: zum Tode · Rosenberg: zum Tode · Frank: zum Tode · Frick: zum Tode · Funk: lebenslänglich · Streicher: zum Tode · Schacht: nicht schuldig · Dönitz: zehn Jahre · Raeder: lebenslänglich · Schirach: Zwanzig Jahre · Sauckel: zum Tode · Jodl: zum Tode · Papen: nicht schuldig · Seyß-Inquart: zum Tode · Speer: Zwanzig Jahre · Neurath: Fünfzehn Jahre · Fritzsche: nicht schuldig · Bormann: zum Tode

Der Begriff Völkerrecht habe eine neue, tiefere Bedeutung bekommen, schrieb die »Süddeutsche Zeitung«, als das Nürnberger Tribunal am 1. Oktober 1946 seine Urteile verkündete. Die Hoffnung, mit dem Urteilsspruch werde ein neues Zeitalter des Rechts beginnen, in dem auch die im Namen des Staates begangenen Verbrechen nicht mehr ungesühnt bleiben würden, hat getrogen. Das ändert nichts daran, daß der Versuch, das Völkerrecht weiterzuentwickeln, angesichts der Ungeheuerlichkeit der nationalsozialistischen Verbrechen stärkste Gründe für sich hatte. Auch ist das im wesentlichen nach angelsächsischem Prozeßrecht geführte Verfahren trotz der problematischen sowjetischen Mitwirkung im ganzen fair gewesen. Beweismaterial lag in erdrückender Fülle und Eindeutigkeit vor. Die meisten der 22 Urteile sind jedenfalls nach moralischen Maßstäben nicht angreifbar. Die frühe, spektakuläre Aburteilung von »Hauptkriegsverbrechern« hat freilich wohl auch die Wirkung gehabt, daß sich unter den Deutschen das Gefühl verbreitete, es sei getan, was zur Ahndung der nationalsozialistischen Verbrechen getan werden müsse.

unbestimmter Weise die Absicht der Umerziehung von Millionen von Mitläufern und gar noch der strafrechtlichen Verfolgung derer, die Verbrechen begangen hatten, zu vermischen, war kein vernünftiges Programm. Das haben später auch die Amerikaner eingesehen,[111] aber eben zu spät.

Ein klarer definiertes, schärfer eingegrenztes Entnazifizierungsprogramm hätte wohl auch eher mit der Zustimmung einer Mehrheit der Deutschen rechnen können. Die Bereitschaft, eine Art von Säuberung zu akzeptieren, endete unter den Deutschen naturgemäß dort, wo die eigene Verstrickung begann, und das heißt: Sie reichte nicht weit. Zu viele hatten dem Regime eben doch ohne große Skrupel gedient. Wieviel an Entnazifizierung es ohne die Besatzungsmächte gegeben hätte, steht dahin. Um so wichtiger war es, daß die Siegermächte mit einer Konzeption zu Werke gingen, die jedenfalls die einsichtigen Deutschen überzeugte. An einer solchen Konzeption, von der Ausführung nicht zu reden, hat es gefehlt.

Auch wenn sie das Etikett »gescheitertes Experiment« trägt, wirkungslos war die Entnazifizierung nicht. Man darf zum einen ihre symbolische Bedeutung nicht unterschätzen. Die demonstrative Verurteilung des Nationalsozialismus, die mit ihr vollzogen wurde, und zwar so, daß viele von ihr zumindest vorübergehend betroffen waren, war für seine definitive Delegitimierung vermutlich nicht unwichtig. Die Entnazifizierung mag die Einsicht in die Notwendigkeit eines Neuanfangs gefördert haben, auch dort, wo die Einsicht in Schuld fehlte. Sie hat zum anderen vorübergehend, für wenige, wichtige Übergangsjahre, Freiräume geschaffen, in denen nicht nur neue Karrieren begonnen haben und 1933 abgebrochene wieder aufgenommen wurden, sondern auch neue Personalkonstellationen sich formieren konnten. Einer moralisch integren Gegenelite konnte sie nicht zur Macht verhelfen, weil es sie nicht gab. Eine amerikanische Untersuchung hat das Ergebnis für das Stichjahr 1956 so zusammengefaßt: Etwa die Hälfte derer, die zu dieser Zeit die Schlüsselpositionen der jungen Republik innehatten, seien weder aktive Gegner noch aktive und einflußreiche Anhänger des Nationalsozialismus gewesen. Knapp zwanzig Prozent seien als Gegner des Regimes einzustufen, eine ungefähr gleich große Gruppe als »supporters but only in relatively minor capacities«.[112]

Dieser Befund bedarf freilich der Aufschlüsselung nach Elitesegmenten. Auf dem Feld der Politik ist die Zäsur zwischen Diktatur und Demokratie sehr deutlich.[113] Die Führungsschicht des alten Systems ist verschwunden, in der des neuen ist der Anteil der Regimegegner, der Verfolgten, der Emigranten relativ hoch, vor allem bei den Sozialdemokraten, während bei den bürgerlichen Parteien Politiker dominieren, die die Hitler-Jahre zurückgezogen, in Distanz zum System, vielleicht bedrängt, aber nicht in aktivem Engagement gegen das System hinter sich gebracht hatten. Konrad Adenauer und Theodor Heuss sind typische Beispiele.

Auf anderen Feldern sah es anders aus, im Staatsdienst und in der Wirtschaft vor allem. In diesen Bereichen haben wir es sehr häufig mit einem Fortgang der Karrieren nach kurzem Intervall, mit einem hohen Maß an Karrierekontinuität über den Systembruch hinweg zu tun. Unterbrechungen in den ersten Nachkriegsjahren hat es vielfältig gege-

Mit dem Versuch einer gründlichen Reinigung und Erneuerung des öffentlichen Dienstes sind die Amerikaner wohl auch deshalb gescheitert, weil sie ihn anfangs zu gründlich gemacht und dann zu abrupt aufgegeben haben.

Gerade unter den Richtern haben nicht wenige nach vorübergehender Suspendierung den Weg in hohe Richterämter der Republik zurückgefunden, die aus der nationalsozialistischen Zeit belastet waren. Das Bild zeigt die Vereidigung von Richtern durch amerikanische Offiziere in München 1945.

ben, aber spätestens Anfang der fünfziger Jahre waren die meisten Ministerialbeamten, Diplomaten, Richter, Professoren in ihre Laufbahnen zurückgekehrt. Für die führenden Männer der Wirtschaft gilt das noch stärker. Die Übertreibungen der frühen Entnazifizierungsaktivitäten wirkten hier von 1948 an eher gegenläufig. Die Deutschen waren erleichtert, selbst nicht noch einmal genauer hinsehen zu müssen, und taten es auch nicht. So hat es, um nur vom Staatsdienst zu sprechen, in jenem Gewebe der Karrierekontinuitäten ohne Frage eine beträchtliche Zahl von problematischen, in Einzelfällen unerträglichen Übergängen aus dem Dienst der Diktatur in den Dienst der Demokratie gegeben, Übergängen, die jedenfalls das viel genutzte Argument von der Unentbehrlichkeit des professionellen Sachverstandes nicht rechtfertigen konnte.

Die westdeutsche Demokratie hat sich mit dieser fragwürdigen Toleranz geschadet. Schaden nahm die Glaubwürdigkeit ihrer Absage an die Vergangenheit, damit auch ihre

Integrationskraft. Hingegen ist das Weimarer Problem mangelnder Loyalität in den Reihen der vom alten Regime übernommenen Staatsdiener nie ein Problem der Bonner Republik geworden. Das Thema der Kontinuitäten stellt sich deshalb ganz anders. Alle Kontinuitäten, gerade auch die hier erörterten personellen, sind anders als nach der Niederlage von 1918 gleichsam eingebettet in einen dramatischen Schub politischen Lernens, ausgelöst von den Erschütterungen einer einzigartigen Katastrophe. Die Formel von der »Kontinuität des Opportunismus« (Lutz Niethammer) trifft, bei allen Opportunismen im einzelnen, die Sache nicht. Dafür war dann doch, alles in allem, zuviel Einsicht im Spiel. Das war freilich 1949 noch nicht so deutlich zu erkennen wie im Rückblick auf die vier Jahrzehnte der Bonner Republik. Auch muß, wenn vom Lernen die Rede ist, zwischen den hier in Rede stehenden eher abrupten Wirkungen der Katastrophe und dem viel langsamer ablaufenden Prozeß der Ausbildung einer traumatisch geprägten demokratischen politischen Kultur, die für die Bundesrepublik einmal charakteristisch werden sollte, unterschieden werden.

Zum Stichwort Entnazifizierung gehört – jedenfalls was die Amerikaner angeht, und sie sind nun einmal die für Westdeutschland entscheidende Besatzungsmacht gewesen – das Stichwort *reeducation*, Umerziehung. Es sollte den Deutschen ja nicht nur der Nationalsozialismus ausgetrieben, sie sollten für die Demokratie gewonnen werden. Dieses Erziehungsvorhaben war recht eigentlich der ideelle Kern der amerikanischen Besatzungspolitik. Das Wort *reeducation* hatte in deutschen Ohren lange keinen guten Klang. Das ist nicht erstaunlich. Die programmatisch verkündete Absicht, aus den Deutschen ein anderes Volk zu machen, mußte auf heftige Ressentiments stoßen, selbst in den tiefen Schatten einer schlimmen Vergangenheit.

Inzwischen aber hat die Geschichtswissenschaft begonnen, den Beitrag dieses Programms zum späteren Erfolg der Bundesrepublik unvoreingenommener zu untersuchen und sorgfältiger abzuwägen.[114] Ihn exakt zu bestimmen ist unmöglich. Gilt schon für den Neubau der Institutionen, daß wir zwar den Anteil der Sieger daran ziemlich genau ermitteln können – vom Grundgesetz über die neue Währung mitsamt unabhängiger Zentralbank bis zur Rundfunkverfassung –, nicht aber die Bedeutung dieses Anteils für das Gelingen der Demokratiegründung in Westdeutschland, so gilt das erst recht für die »Umerziehung«, den Versuch, den Deutschen neue Anschauungen, neue Überzeugungen einzupflanzen, sie demokratietauglich zu machen. Wir können die Anstrengungen beschreiben, die zumal die Amerikaner gemacht haben, aber wir wissen nur wenig und können nicht viel wissen über ihre Wirkung. Immerhin ist die Vielfalt und Intensität der Bemühungen eindrucksvoll – von den Kursen in den Kriegsgefangenenlagern über die Amerikahäuser, den früh beginnenden Studentenaustausch, die Anleitung von Presse und Rundfunk bis hin zu den Initiativen, das deutsche Erziehungswesen auf Demokratie auszurichten. Es ist plausibler zu vermuten, daß diese Anstrengungen in ihrer Summe der westdeutschen Demokratie mit auf den Weg geholfen haben, als das Gegenteil zu unterstellen.

Als Prozeß der Demokratiegründung lassen sich die vier Jahre zwischen Ende und Anfang, zwischen 1945 und 1949, für die Sowjetische Besatzungszone sicher nicht beschreiben – so unablässig von Demokratie auch geredet wurde –, eher als Prozeß der Machtergreifung. Aus einem kontrollierten politischen Pluralismus des Anfangs wurde über ein hegemoniales Zwischenstadium die Alleinherrschaft der SED. Man kann sich schwer des Eindrucks erwehren, daß dieser Prozeß einer inneren Logik folgte; daß es letztlich auf die Alleinherrschaft der SED, die Parteidiktatur, hinauslaufen mußte. Natürlich ist auch hier noch einmal daran zu erinnern, daß wir von einer gewissen Unbestimmtheit der sowjetischen Deutschlandpolitik auszugehen haben. Schon deshalb ist es vernünftig, die Frage, ob es nicht auch anders hätte kommen können, nicht ganz aus den Augen zu verlieren. Ist es denkbar, daß der kontrollierte Pluralismus des Anfangs hätte fortdauern können? Und selbst wenn nicht, mußte am Ende die sozialistische Diktatur zur Kopie des sowjetischen Modells werden?

Wie immer die Antworten ausfallen, festzuhalten ist, daß die Entwicklung im Osten anders als die im Westen vom ersten Tag an vom Zusammenspiel der Besatzungsmacht mit einer privilegierten Partei bestimmt worden ist. Wir wissen über dieses Zusammenspiel inzwischen einiges. Die sowjetische Militäradministration hat ihre Partei an einem sehr kurzen Zügel geführt. Sie hat, heißt das, die Entwicklung ihrer Zone mit einer ganz anderen Ausschließlichkeit und Direktheit bestimmt, als es die westlichen Siegermächte getan haben. Die KPD, von 1946 an die SED, war ihr dabei ein williges Instrument, wie es nicht anders sein konnte bei einer Partei, die seit den zwanziger Jahren blind auf die Sowjetunion eingeschworen war, einer Partei, deren Führer in den blutigen Jahren des Moskauer Exils ihren Herrn und Meister kennen- und fürchten gelernt hatten. Bevorzugtes Instrument zu sein bedeutete freilich auch intime Nähe, und die wiederum brachte von Anfang an eine Art der Teilhabe an der Siegermacht mit sich, wie es sie in Westdeutschland nie gegeben hat. Im Westen waren alle Deutschen Besiegte. Im Osten räumte die Besatzungsmacht der KPD-Führung einen Zwischenstatus zwischen Siegern und Besiegten ein, der gewiß nicht zu ihrer Popularität beigetragen hat. Vielen galt erst die KPD, dann die SED als die »Russenpartei«. Und sie war es natürlich auch.

Festmachen läßt sich die Strategie des Anfangs, läßt sich der »kontrollierte Pluralismus« zum einen an der Zulassung von vier Parteien, mit der die russische Besatzungspolitik bereits vor der Potsdamer Konferenz die Initiative ergriff, zum anderen natürlich an dem bemerkenswerten Aufruf, mit dem das ZK der KPD sich am 11. Juni 1945 der deutschen Öffentlichkeit präsentierte. Seine Kernbotschaft lautete: »Wir sind der Auffassung, daß der Weg, Deutschland das Sowjetsystem aufzuzwingen, falsch wäre, denn dieser Weg entspricht nicht den gegenwärtigen Entwicklungsbedingungen in Deutschland. Wir sind vielmehr der Auffassung, daß die entscheidenden Interessen des deutschen Volkes in der gegenwärtigen Lage für Deutschland einen anderen Weg vorschreiben, und zwar den Weg der Aufrichtung eines antifaschistischen, demokratischen Regimes, einer parlamentarisch-demokratischen Republik mit allen demokratischen Rechten und Freiheiten für das Volk.«[115]

In dem fraglos auf ganz Deutschland zielenden Kalkül des Juni-Aufrufs wird jene Strategie sichtbar, die Moskau der kommunistischen Weltbewegung seit der zweiten Hälfte der dreißiger Jahre ganz allgemein verordnet hatte – das besiegte, dem Kondominium von vier Siegermächten unterworfene Deutschland war nur ein besonderer Anwendungsfall –: nicht Eroberung der Macht im Kampf gegen die »bürgerliche Demokratie«, sondern Aufbau von Machtpositionen in der »bürgerlichen Demokratie« mit dem Instrumentarium antifaschistischer Bündnisse. Für diese Strategie schienen sich ja nicht nur im Nachkriegsdeutschland, sondern fast überall in Europa gute Chancen zu bieten, zudem war sie am ehesten mit dem zunächst einmal vermutlich starken Interesse Moskaus an der Erhaltung der Kriegskoalition vereinbar.

Daß der Generallinie taktischer Zurückhaltung die Machtchancen geopfert werden würden, die mit der Präsenz der Roten Armee verbunden waren, war freilich nicht zu erwarten. Tatsächlich wurde denn auch, wo die Rote Armee stand, ein anderes Spiel gespielt: Eine Hegemonialposition für die kommunistischen Parteien war hier das Ziel, vom ersten Tag an angestrebt und auch rasch erreicht, ohne viel Rücksicht auf die Regeln der Demokratie – und sei es der »antifaschistischen Demokratie«. Dort, wo die Machtverhältnisse günstig waren, wurde so unverzüglich sichtbar, daß das Verhältnis der Kommunistischen Partei zur Demokratie ein rein taktisches war. Zum Rechtsstaat hatte sie, wie sich noch rascher zeigte, nicht einmal ein taktisches Verhältnis. In Wahrheit handelte es sich also um eine in sich widersprüchliche Doppelstrategie – die antifaschistische Demokratie mit kommunistischer Regierungsbeteiligung dort, wo nicht mehr zu erreichen war, und eine auf die Rote Armee gestützte Hegemonialposition der Kommunistischen Partei in dem von der Sowjetunion kontrollierten Bereich. Widersprüchlich war das deshalb, weil man mit der osteuropäischen Variante des direkten Zugriffs auf die Macht zerstörte, was es an Erfolgschancen für die westeuropäische, indirekte Variante allenfalls gegeben haben mag. Deutschland lag zunächst einmal gewissermaßen auf der Grenzlinie. Die Rote Armee stand im Lande, aber nur in einer Zone. Für Deutschland kamen also beide Strategievarianten in Betracht. Moskau mußte wissen, ob es den Teil oder das Ganze wollte. Der Aufruf vom 11. Juni schien in die eine Richtung zu deuten, die Herrschaftspraxis in der eigenen Zone wies klar in die andere.

Im übrigen ließen die deutschen KPD-Führer gar keinen Zweifel daran, daß die antifaschistische, bürgerliche Demokratie, von der der Aufruf sprach, nur als Übergangsordnung gedacht sei. Wilhelm Pieck erklärte in seiner ersten Rede nach der Rückkehr aus Moskau im Juli 1945: »Wir verzichten nicht auf den Sozialismus, wenn wir heute die Forderung nach demokratischer Erneuerung stellen.«[116] Und der Parteitheoretiker Anton Ackermann machte in seinem die Strategie der Jahre 1945/46 abstützenden Leitaufsatz »Gibt es einen besonderen deutschen Weg zum Sozialismus?« ganz klar, daß, mochte der Weg auch ein besonderer sein, das Ziel der Sozialismus im kommunistischen Verständnis war.[117]

Der Wiederaufbau der Verwaltung in der SBZ (hier noch im späteren West-Berlin) war im engen Zusammenspiel zwischen Besatzungsmacht und KPD von Anfang an ein Stück Machtergreifung.

Dabei hat die Besatzungsmacht nach allem, was wir heute wissen, die KPD, später die SED am kurzen Zügel geführt.

Daß der »kontrollierte Pluralismus« in halbwegs freien Verhältnissen der KPD nicht einmal in der Sowjetischen Besatzungszone eine Hegemonialposition bringen würde, haben Besatzungsmacht und KPD im Herbst 1945 begriffen. Sie entschlossen sich zur »Eroberung« – so hat Kurt Schumacher den Vorgang bezeichnet[118] – der Sozialdemokratie. In den letzten freien Reichstagswahlen der Weimarer Zeit (November 1932) war die KPD zwar ziemlich nahe an die SPD herangekommen (16,9 Prozent zu 20,4 Prozent), aber selbst die Wiederholung dieses Ergebnisses wäre für die Ziele, die die KPD verfolgte, problematisch gewesen. Der Weg, den die Partei nach kurzem taktischen Zögern im Sommer 1945 ging, war denn auch nur konsequent. Es gab, wenn man sich überhaupt Wahlen stellen wollte, zur Vereinigung mit der SPD keine Alternative. Und daß der Weg von der Vereinigung dann sehr rasch zur Zerstörung selbst des letzten Scheins von Partnerschaft und Gleichberechtigung in der Partei neuen Typs, der SED von 1948, weiterführte, war ebenso folgerichtig: An ihrem Umgang mit der Sozialdemokratie kann man besonders gut ablesen, wie der Wille zur Macht die KPD auf ziemlich geradem Wege vom kontrollierten Pluralismus zur Eroberung der Hegemonie und dann zum Ausbau der Hegemonie zur Alleinherrschaft weitertrieb.

Zunächst freilich standen noch Wahlen auf dem Programm. In ihnen zeigte sich, daß selbst die Einheitspartei den Kommunisten das erhoffte klare Wählermandat nicht verschaffte, so massiv die Besatzungsmacht ihre Mittel auch zugunsten der SED und zu Lasten der verbliebenen Konkurrenten ins Spiel brachte: Bei den Landtagswahlen im Herbst 1946 gewannen CDU und LDP zusammen 49,1 Prozent der Stimmen, die SED 47,6 Prozent; in Berlin, wo die SED wegen des Vier-Mächte-Regiments gegen die SPD antreten mußte, blieben ihr 19,8 Prozent der Stimmen gegen 48,7 Prozent allein für die SPD. Diese Zahlen lassen die Frage offen, ob der demokratische Sozialismus in der sowjetischen Zone in den ersten Nachkriegsjahren mehrheitsfähig gewesen wäre – vermutlich ja. Daß der nichtdemokratische Sozialismus der SED es nicht war, steht außer Frage. Die ersten Nachkriegswahlen sind in der Sowjetischen Besatzungszone denn auch zugleich die letzten gewesen. Mit der Ende 1947 ins Leben gerufenen Volkskongreßbewegung machte die SED dann schon den Versuch, sich unabhängig von den Wahlergebnissen des Jahres 1946 und gegen sie demokratische Scheinlegitimität zu holen.

Während die Sozialdemokratie als unmittelbarer Konkurrent ausgeschaltet werden mußte und ausgeschaltet wurde, brauchten die beiden bürgerlichen Parteien nur ihrer Selbständigkeit beraubt zu werden. Auch für sie begann der Weg in den Untergang mit der Einbindung in die auf das Einstimmigkeitsprinzip festgelegte »Einheitsfront der antifaschistischen, demokratischen Parteien«. Diesen ersten Schritt taten CDU und Liberale (LPD) noch durchaus freiwillig. Dem Argument, jetzt komme es auf gemeinsames Handeln an, war schwer zu widersprechen. Auf welche Beschränkungen der eigenen Handlungsfreiheit man sich in der »Einheitsfront« einließ, war nicht sogleich absehbar. Aber sehr schnell wurden die Handlungsspielräume gegenüber der SED eng. Im Zusammenspiel konnten Hegemonialpartei und Besatzungsmacht einen Druck erzeugen, dem sich die bürgerlichen Parteien in allen ernsthaften Streitfällen haben beugen müssen. Es gab, wie es nicht anders sein konnte, Konflikte in der »Einheitsfront«, vor allem bei den raschen, tiefen Eingriffen in die vorgefundenen Eigentumsverhältnisse. Das rechtfertigt es, mit aller Vorsicht vom kontrollierten Pluralismus des Anfangs zu sprechen. Aber der Ausgang dieser Konflikte war nie offen. Auch im kontrollierten Pluralismus verbarg sich schon die hegemoniale Konstellation. Ohnehin hatte die KPD im administrativen Bereich schon in den ersten Wochen und Monaten dafür gesorgt, daß die entscheidenden Positionen, die oft nicht die sichtbarsten waren, an ihre Leute fielen: das Personalwesen, die Polizei, die Zuständigkeiten für die Entnazifizierung und die Bodenreform, die Enteignungen überhaupt.

Am Ende des kurzen Weges in die Diktatur stand für die bürgerlichen Parteien die »Nationale Front«, 1949 geschaffen, die Einheitsliste also, mit der der Parteienwettbewerb definitiv aufgehoben wurde. Aus Parteien mit einem eigenen politischen Willen waren nun bloße Hilfstruppen der SED geworden. Vor allem die CDU hat sich gegen diese Entwicklung zur Wehr gesetzt; zwei Parteivorsitzende wurden nacheinander von der Besatzungsmacht aus dem Amt gedrängt, aber am Ende hat auch sie abgedankt. Das war gewiß vor allem, bei der CDU wie bei der LDP, eine Kapitulation vor den Machtverhältnissen in ihrer Eindeutigkeit. Aber es war auf dem Wege von der Block-Vereinbarung des Sommers 1945 bis zur Gründung der Nationalen Front vier Jahre später doch auch Naivität im Umgang mit den Kommunisten und ihren gradualistischen Machteroberungstechniken im Spiel. Leichter noch als mit den Parteien hatten die Kommunisten es mit den sogenannten Massenorganisationen, die alle, wenn sie es nicht wie die FDJ, der Jugendverband, von Anfang an waren, sehr rasch zu Nebenorganisationen der SED wurden, so etwa der Gewerkschaftsbund FDGB.

Auch die Umwälzung der Besitzverhältnisse, die Besatzungsmacht und KPD vom Herbst 1945 an entschlossen vorwärtstrieben, muß als Mittel einer Strategie begriffen werden, die auf die Hegemonie, am Ende die Alleinherrschaft der Kommunisten zielte. Nicht daß die antifaschistische Begründung nur ein Vorwand gewesen wäre; die Kommunisten glaubten, was sie sagten, nämlich daß sie mit den Verhältnissen aufräumten, die den Faschismus hervorgebracht hätten. Aber die Abrechnung mit dem Faschismus diente eben nicht nur zufällig, im Ergebnis, dem Aufbau der eigenen Machtpositionen, sondern wurde sehr bewußt als ein Mittel zu diesem Zweck genutzt, und diese Instrumentalisierung hat sie geprägt. Die großen Enteignungsaktionen der ersten Nachkriegsjahre trugen zwar das Etikett »Gegen Kriegsverbrecher und Naziaktivisten«, aber in Wahrheit ging es nicht um Schuld und Sühne, sondern um Klassenkampf, um jene »Expropriation der Expropriateure«, die zum Programm jeder kommunistischen Machtergreifung mit oder ohne nationalsozialistische Vorgeschichte gehört. Etwas genauer formuliert: Ihre Deutung des Faschismus als Klassenphänomen erlaubte es den Kommunisten, Klassen pauschal für den Nationalsozialismus verantwortlich zu machen, und das heißt, daß sie Klassenkampf und die Bestrafung von »Kriegsverbrechern und Naziaktivisten« als ein und dieselbe Sache begreifen und betreiben konnten.

Die antifaschistische Etikettierung der Enteignungskampagnen war nützlich vor

Der Boden – dem Bauern

„DER GRUNDBESITZ SOLL SICH IN UNSERER DEUTSCHEN HEIMAT AUF FESTE, GESUNDE UND PRODUKTIVE BAUERNWIRTSCHAFTEN STÜTZEN, DIE PRIVATEIGENTUM IHRES BESITZERS SIND."

URKUNDE

Auf Grund der Verordnung der Landesverwaltung Mecklenburg über die Bodenreform vom 5. Sept. 1945 wird dem Bauern

wohnhaft in der Gemeinde Kreis

ein Grundstück

im Umfang von ha, einschließlich Wald

rechtskräftig

zum persönlichen, vererbbaren Eigentum übergeben
Das dem Bauern
übergebene Grundstück liegt in der Gemeinde
und hat laut dem von der Bodenkommission aufgestellten Verteilungsplan die Nummer
Der Bauer erhält das Grundstück

schuldenfrei

Diese Urkunde berechtigt zur Eintragung des Grundstücks in das Grundbuch.

den 1945 Kreis

Der Präsident Der Landrat

allem, wenn man die Zustimmung derer gewinnen wollte, die keine Kommunisten waren. Mit sozialrevolutionären Doktrinen Unterstützung für tiefe Eingriffe in die bestehenden Eigentumsverhältnisse zu finden, ist in der Regel schwierig. Die Parole hingegen, diejenigen, die schuld seien am ganzen Unglück, müßten zugunsten des Volkes enteignet werden, klang 1945/46 gut, zumal wenn sie nur kleine Gruppen ins Visier nahm. Tatsächlich hat sich die SED eine ihrer ersten großen Enteignungsaktionen durch einen Volksentscheid bestätigen lassen. Im Juni 1946 wurde in Sachsen ein Gesetz, das etwa 1800 Betriebe von »Kriegs- und Naziverbrechern« enteignete, dem Volk vorgelegt und, bei hoher Beteiligung (93,7 Prozent), von einer großen Mehrheit gutgeheißen: 77,6 Prozent Ja- gegen 16,6 Prozent Nein-Stimmen und 5,8 Prozent ungültige Stimmen.[119] Auch wenn man in Rechnung stellt, daß für das Ja alle Mittel agitatorischer Propaganda aufgeboten worden waren – das Ergebnis spiegelt fraglos eine Stimmung wider, aber eben nicht das Einver-

Im Sonntagsstaat folgt die Siedlerfamilie den Landvermessern, die ihnen ihren Anteil am Grund und Boden des Rittergutes Kremplin bei Neuruppin zuweisen. Die Bodenreform war, zumal bei den Begünstigten – immerhin etwa eine halbe Million Menschen –, durchaus populär und ist es, wie sich nach 1990 zeigen sollte, geblieben. Sachkundigen war freilich von Anfang an klar, daß aus den winzigen, wenige Hektar großen Parzellen schwerlich überlebensfähige bäuerliche Betriebe werden würden. Zudem erwies sich die Zusicherung der Urkunde, der Siedler erhalte das Land als persönliches, vererbbares Eigentum, schon bald als Irreführung. In den fünfziger Jahren ging die SED daran, die Bauern mit allen Mitteln in Produktionsgenossenschaften zu treiben. Trotz ihrer Gewaltsamkeit sind, so scheint es, gerade die revolutionären Veränderungen der Agrarstruktur über das Ende der DDR hinaus zu einem besonders hartnäckig verteidigten Stück DDR-Identität geworden.

ständnis mit einer sozialen Revolution. Darauf hat die kommunistische Strategie der ersten Jahre durchaus Rücksicht genommen. Der sächsische Volksentscheid blieb übrigens der einzige in dieser Sache.

Bemerkenswert ist, daß der Anfang – nach den Banken und Sparkassen, die schon im Juli 1945 enteignet wurden – sehr demonstrativ mit dem Großgrundbesitz, nicht mit der Industrie gemacht wurde. Im September 1945 wurde die sogenannte Bodenreform beschlossen und sogleich vollzogen. Aller Landbesitz von mehr als hundert Hektar Fläche wurde enteignet und zum größten Teil, aufgeteilt in kleine Parzellen, an Siedler, überwiegend Flüchtlinge, übergeben; insgesamt waren das etwa 35 Prozent der landwirtschaftlichen Nutzfläche in der Sowjetischen Besatzungszone.[120] Ob dabei ein besonderer ideologischer Zorn auf den »Feudalismus« oder die Absicht, der Partei eine beträchtliche ländliche Klientel zu verschaffen, die Hauptrolle spielte, ist ungewiß. Jedenfalls bewirkte die Bodenreform bereits in den ersten Monaten der sowjetischen Besatzungsherrschaft einen dramatischen – wie sich zeigen sollte irreversiblen – gesellschaftlichen Strukturbruch.

Erst dann folgte die Industrie. Im späteren Herbst 1945 wurde mit antifaschistischem Etikett eine erste Enteignungskampagne gegen Tausende größere Unternehmungen in allen Branchen in Gang gesetzt. Zwar trat nach ihrem Abschluß erst einmal wieder eine gewisse Beruhigung ein, tatsächlich aber sind schon in dieser ersten Aktion über fünfzig Prozent der industriellen Produktionskapazitäten verstaatlicht worden.[121] Damit war sozusagen unter der Hand ein guter Teil der sozialistischen Revolution, von der noch gar nicht gesprochen wurde, schon vollzogen. Die CDU hat da und dort Verzögerungen, Korrekturen im Einzelfall bewirken können, mehr nicht. Auf dem Lande kaum, wohl aber in Industriebetrieben hat am Anfang Spontaneität bei den Enteignungen durchaus eine Rolle gespielt. Und es ist der SED später, als sie ihr System einer bürokratisch gesteuerten Staatsplanwirtschaft einführte – 1948 gab es die ersten Halbjahrespläne –, nicht ganz leichtgefallen, die Mit- und Selbstbestimmungsrechte, die nicht wenige Belegschaften sich im Chaos der unmittelbaren Nachkriegszeit gesichert hatten, wieder einzuziehen.

Nicht anders als die revolutionäre Umwälzung der Besitzverhältnisse ist die radikale Säuberung des öffentlichen Dienstes zu deuten: Auch sie wurde als Entnazifizierung betrieben und gerechtfertigt, war Entnazifizierung, aber zugleich eben auch ein Akt planmäßiger Machtergreifung. Die Gefolgschaft der alten, zusammengebrochenen Diktatur wurde gegen die zukünftige Gefolgschaft einer neuen, im Aufbau befindlichen Diktatur ausgetauscht. Wie die Programmatik der Hegemonialpartei es verlangte, handelte es sich auch hier nicht nur um einen Austausch von Personen, sondern um einen Umbruch sozialstruktureller Natur. »Proletarier«, um es zugespitzt zu formulieren, in aller Eile zu »Volksrichtern«, »Volksstaatsanwälten«, »Volkslehrern« notdürftig ausgebildet, hielten Einzug in Lehrerzimmer und Gerichtssäle. Zu diesem Umbruch gehört, daß auch die Institution Schule und die Institution öffentlicher Dienst sogleich einer revolutionären Veränderung unterworfen wurden: Die bisherige Gliederung des Schulsystems wurde aufgehoben, das Beamtentum abgeschafft.

Nimmt man den Entnazifizierungsaspekt für sich, so läßt sich durchaus die Auffassung vertreten, daß das sowjetische Programm (die Ausführung ist eine andere Sache) konsistenter, in gewissem Sinn plausibler war als das amerikanische: keine die ganze Bevölkerung erfassende Millioneninquisition, sondern Konzentration vor allem auf den öffentlichen Dienst, für den die rigorose Maxime gelten sollte, daß kein ehemaliger Nationalsozialist bleiben dürfe. Ganz ließ sich das nicht durchhalten, aber in wichtigen Bereichen, zumal in Schulen und in der Justiz, wurden praktisch keine Abstriche gemacht. Etwa 200 000 ehemalige Nationalsozialisten, so schätzt man, sind im Zuge der Entnazifizierung entlassen worden,[122] und sie sind nicht wiedergekehrt. Das ist der wichtigste Unterschied zur amerikanischen Entnazifizierungspolitik, die ja eher noch rigoroser angesetzt hatte als die sowjetische, dann auch zu ihrer westdeutschen Weiterführung, daß es eine Rehabilitierung in diesem spezifischen Sinn nicht gegeben hat. Zwar hat auch die Sowjetunion die Entnazifizierung schon 1947/48 aus Gründen der Opportunität sehr rasch, ja abrupt zum

Abschluß gebracht. Die »nur nominellen« Parteimitglieder, was immer das im einzelnen bedeutete, wurden nun eingeladen, am Aufbau der antifaschistischen Demokratie mitzuwirken. Es wurde sogar eine eigene Partei für ehemalige Nationalsozialisten gegründet. Aber eine Rückkehr in öffentliche Ämter hat es jedenfalls in den Bereichen innere Verwaltung, Polizei, Justiz, Schulen nicht gegeben.

Von der anderen, der brutalen Seite sowjetischer Entnazifizierungspolitik muß dann freilich auch die Rede sein. Zehntausende, oft in undurchschaubarer Willkür aufgegriffen, verschwanden in Lagern, wurden auf Nimmerwiedersehen verschleppt, ohne die geringste Aussicht auf ein rechtsstaatliches Verfahren. Selbst vor Hitler-Jungen hat diese Art von »Entnazifizierung« nicht haltgemacht. Im übrigen ging die Abrechnung mit der Vergangenheit sehr rasch in die Verfolgung politischer Gegner, nicht wenige Sozialdemokraten darunter, über. Ja, jeder der sich mißliebig machte, und sei es nur durch Beschwerden, mußte mit dem Schlimmsten rechnen. Man schätzt, daß in den sowjetischen Nachkriegslagern in Deutschland mindestens 65 000 Menschen umgekommen sind, das heißt etwa jeder dritte Lagerhäftling.[123] Dieses Stück Despotie wies schon früh und deutlich darauf hin, daß sich in der sowjetischen Zone in den Trümmern eines zerstörten Totalitarismus ein neuer, andersartiger Totalitarismus einrichtete. Am sichtbarsten war das dort, wo ein nationalsozialistisches Konzentrationslager sogleich zu einem sowjetischen wurde, etwa in Buchenwald.

In den willkürlichen Verhaftungen, Verschleppungen, Verurteilungen zeigte die sowjetische Besatzungsherrschaft ihr häßlichstes Gesicht. Natürlich auch und vielleicht mehr noch in den Vergewaltigungen, die nicht nur beim Einmarsch, nicht nur in den ersten Monaten, sondern über Jahre zum Besatzungsalltag gehörten. Sie haben das Bild, das der Besiegte vom Sieger gewann, wesentlich bestimmt. Dazu kam die rigorose wirtschaftliche Ausbeutung der Zone durch die Besatzungsmacht. Sie läßt sich angesichts der Verwüstungen, die der Krieg in der westlichen Sowjetunion hinterlassen hatte, gut verstehen. Aber sie »gut zu verstehen« mußte den Betroffenen eben doch sehr schwerfallen. Anfangs war es eine Art von Plünderungszug – zur Beute gehörten übrigens auch viele kulturelle Güter –, dann wurde die wirtschaftliche Nutzung des eroberten Landes in geordnetere Bahnen gelenkt. Drei einander überlappende Phasen lassen sich schematisch unterscheiden: zuerst die Demontage von Industrieanlagen und Infrastruktureinrichtungen in großem Stil, darauf der Zugriff auf die laufende Produktion und schließlich, gleichsam als Institutionalisierung des Zugriffs, die Verwandlung zahlreicher bedeutender Unternehmen in sowjetische Aktiengesellschaften, Betriebe also, die unter sowjetischer Leitung unmittelbar für die Sowjetunion arbeiteten. Zusammengenommen waren das keine Verhältnisse, in denen Sympathien für die Besatzungspolitik aufkeimen konnten. Daß auch die Sowjetunion wie die Westmächte sehr bald begann, sich in gewissem Sinn um die Zuneigung der Besiegten zu bemühen, durch eine sehr aktive Kulturpolitik etwa, hat daran nicht viel geändert. Die SED, die »Russenpartei«, tat sich schwer mit ihrer Aufgabe, für »ihre« Besatzungsmacht zu werben.

Am Ende stellt sich die Frage des Anfangs noch einmal: Ist die skizzierte Entwicklung von einer inneren Zwangsläufigkeit bestimmt gewesen? War die Parteidiktatur nach sowjetischem Muster das von Anfang an angestrebte Ziel? Oder haben externe Faktoren, hat der Kalte Krieg dem Gang der Dinge die entscheidende Wendung gegeben? Trotz des Aufrufes vom 11. Juni 1945: Es gibt keinen Zweifel daran, daß der KPD in der sowjetisch besetzten Zone von vornherein zumindest eine gesicherte Hegemonialposition zugedacht war. Das aber heißt: Vom ersten Tage an wurde eine Dynamik nicht des Aufbaus von Demokratie, sondern der Umgehung, Beschädigung, schließlich Zerstörung der für die Demokratie konstitutiven Regeln in Gang gesetzt. Es ist schwer zu sehen, wo der Prozeß hätte zum Stillstand kommen können, bevor nicht die unangefochtene Alleinherrschaft der KPD/SED erreicht war. Daß die SED sich erst 1948 zur »Partei neuen Typs«, zur stalinistischen Kaderpartei also, erklärte und daß sie mit der Erhebung des Marxismus-Leninismus zur verbindlichen Staatsdoktrin noch länger wartete, wirft ein Licht auf taktische Kalkulationen. Aber nichts spricht dafür, daß die Entwicklung hier einen qualitativen Sprung getan hätte. Natürlich hätte die Sowjetunion sie jederzeit anhalten können, etwa um einer mit den Westmächten ausgehandelten Deutschlandvereinbarung willen. Aber sie hat es nicht getan. Der Kalte Krieg hat sicher spätestens von 1947 an forcierend auf die innere Entwicklung der sowjetischen Zone eingewirkt; auch für den Konflikt zwischen Stalin und Tito, der 1948 ausbrach, gilt das. Aber über diese äußeren Impulse darf die Eigendynamik, die in der Sowjetischen Besatzungszone am Werke war, nicht vergessen werden.

Die »antifaschistische Umwälzung« fügt sich in diese Deutung ein. Die entscheidenden ersten tiefen Eingriffe in die vorgefundenen Strukturen fallen in die Jahre 1945/46, das heißt in die Zeit vor dem endgültigen Auseinanderbrechen der Siegerkoalition. Es ging ganz offensichtlich darum, so schnell wie möglich irreversible Faits accomplis zu schaffen. Gewiß, man konnte sich für die Enteignungsprogramme auf weitverbreitete Nachkriegsstimmungen stützen, aber davon, daß für die revolutionären Veränderungen eine auf Dauer tragfähige Mehrheitszustimmung in einem offenen Prozeß der Meinungsbildung gesucht worden wäre, kann keine Rede sein. Schon deshalb können die Eingriffe nicht als demokratiebegünstigende Reformen begriffen werden. Im übrigen ist die hauptsächliche politische Wirkung der Enteignungen die gewesen, daß sie die Gesellschaft dem Zugriff und Durchgriff der SED auf ihrem Weg zur Alleinherrschaft freigaben. Es ist kaum anzunehmen, daß dies nicht auch gewollt war.

Das alles schließt nicht aus, daß Stalin – die SED hatte andere Interessen – sich länger mehr Möglichkeiten offenhalten wollte, als er es tatsächlich getan hat. Aber auch wenn es so war: Es ist eine ganz und gar unplausible Vermutung, daß der von früh an betriebene Aufbau einer »Volksdemokratie« in der Sowjetischen Besatzungszone der Militäradministration und der SED, nicht aber Stalin, der anderes gewollt habe, zuzurechnen sei.[124] Dafür war Stalin denn doch eine zu beherrschende Figur. Die Sicherung der Macht war für alle Beteiligten etwas ganz Selbstverständliches, gleichsam Instinktgemäßes. Sie wußten es nicht anders, und es gab dabei eben keinen Punkt, an dem sie zwischen Demokratie und Diktatur für längere Zeit einfach hätten haltmachen können. Ob man sich deshalb in den viel fortgeschritteneren deutschen Verhältnissen so rasch auch auf die sowjetische Planwirtschaft als Modell hätte festlegen müssen, ist eine andere Frage. DDR-Ökonomen haben es später beklagt. In den Nachkriegsjahren sind andere Möglichkeiten nicht ernsthaft erörtert worden. Der Stalinismus hatte eben auch in dieser Hinsicht jede Phantasie abgetötet.

Jede Bilanz der Vor- und Gründungsgeschichte der DDR führt zu jener Rechtfertigungsformel, die im Zentrum dieser Geschichte steht: Antifaschismus. Sie hat für die DDR bis zu ihrem Ende existentielle Bedeutung behalten. Im Rückblick auf die frühen Nachkriegsjahre ist die Frage zu stellen: Stand der Neubeginn im anderen Teil Deutschlands wirklich im Zeichen einer radikaleren, glaubwürdigeren, zukunftsweisenderen Absage an die Vergangenheit als der Neubeginn im Westen, einer Absage, aus der dem SED-Staat trotz allem eine Art historischer Rechtfertigung hätte zuwachsen können oder gar zugewachsen ist? Nicht wenige Intellektuelle in der DDR, der Bundesrepublik, weltweit sind, zumal in ihrer Auseinandersetzung mit dem westdeutschen Staat, erstaunlich geneigt gewesen, diese Frage zu bejahen. Gedacht haben sie wohl vor allem an die viel konsequenteren personellen Säuberungen. Aber bewußt oder unbewußt haben sie sich damit auch auf die marxistische Faschismustheorie eingelassen, die den Faschismus schlicht als Ausgeburt des Kapitalismus begreift, woraus folgt, daß erst mit der Vergesellschaftung der Produktionsmittel das Übel mitsamt seinen Wurzeln ausgerissen ist. Das bedeutet dann: Ist der Kapitalismus beseitigt, ist das Thema Faschismus erledigt.

Selbst wenn diese Theorie die historische Evidenz, in der die Zusammenhänge sich tatsächlich unendlich viel komplexer darstellen, nicht gegen, sondern für sich hätte: Sie ändert nichts an dem elementaren Sachverhalt, daß zwischen 1945 und 1949 in der sowjetischen Zone eine Diktatur durch eine andere ersetzt wurde. Daß man den Aufbau einer neuen Diktatur, und sei es einer »Gegendiktatur«, eines neuen Totalitarismus, mit oder ohne Liquidierung des Kapitalismus, als einen besonders radikalen, glaubwürdigen Bruch mit der nationalsozialistischen Vergangenheit wahrnehmen konnte, ist schwer begreiflich. Wie immer sie zu erklären ist, mit der Wirklichkeit hatte diese Wahrnehmung wenig zu tun. Selbst die so oft gerühmte Entschiedenheit der Entnazifizierung, der Säuberung vor allem des öffentlichen Dienstes, hängt aufs engste mit der fortdauernden Geltung des Prinzips Diktatur zusammen.

VIII.

Vom Ende der Zwischenjahre her, von 1949 aus zurückblickend, ist noch einmal die Frage zu stellen: Wie offen war 1945 die Zukunft? Das für Deutschland – nicht nur für Deutschland – schicksalsbestimmende Ausgangsdatum war der Zerfall des Bündnisses der Sieger, seine Verkehrung in eine Gegnerschaft, die die Welt polarisierte. Diese Entwicklung mußte angesichts der Aufgliederung Deutschlands in Besatzungszonen die Teilung zur Folge haben. Mußte? Man kann nicht ganz ausschließen, daß bei etwas weniger Mißtrauen und etwas mehr Kompromißbereitschaft (etwa in der Reparationsfrage) 1946 noch eine Vereinbarung über ein neutralisiertes Deutschland hätte zustande kommen können.

Was das für Deutschland, was es für Europa bedeutet hätte, darüber kann man nur spekulieren. Aber die Vermutung ist nicht abwegig, daß dieses Deutschland mit dem der Zwischenkriegszeit viel mehr gemeinsam gehabt hätte, als es die beiden Deutschlands haben sollten, die dann tatsächlich entstanden, besonders was den internationalen Status angeht: nicht partnerschaftlich eingebunden, sondern isoliert, überwacht, mit Mißtrauen betrachtet – die Folgen für die innere Entwicklung kann man sich ausmalen.

Für den Osten bedeutete die Teilung, daß die Weichen gestellt waren. Es gab für die Deutschen selbst keine Zukunftsentscheidung von Bedeutung mehr zu treffen. Über die Ordnung, unter der, über die Zukunft, in der sie zu leben haben würden, war in dem Augenblick entschieden, in dem feststand, daß die Sowjetische Besatzungszone auf Dauer Teil des sowjetischen Imperiums werden würde. Die Deutschen östlich der Demarkationslinie, hieß das, blieben auf unabsehbare Zeit in der Katastrophe von 1945 gefangen. Wesentliche Schritte auf dem Weg in die Diktatur sind im übrigen, wie wir gesehen haben, noch vor dem offenen Ausbruch des Kalten Krieges getan worden. Der gesamtdeutsche Anspruch wurde nach außen aufrechterhalten, aber beim Aufbau des SED-Staates hat man im Grunde von früh an auf diesen Anspruch keine Rücksicht mehr genommen.

Die westliche Besatzungsherrschaft ist nicht selten als »Liberalisierungsdiktatur« gekennzeichnet worden. Der Begriff trifft den Charakter dieser Herrschaft nicht sehr gut. Er ignoriert, was für die Entwicklung im Westen gerade das Entscheidende war: jenes Zusammenwirken von Siegern und Besiegten, ohne das Demokratiegründung nicht möglich gewesen wäre. Die Deutschen, so viel sie zu lernen hatten und so schwer ihnen das Begreifen in mancher Hinsicht fiel, brauchten in eine freiheitliche Ordnung nicht hineingezwungen zu werden. Gewiß haben die Besatzungsmächte im Westen vieles angestoßen, auf den Weg gebracht, auch erzwungen, aber die entscheidende Bedeutung ihrer vierjährigen Präsenz und Herrschaft liegt doch eher darin, daß sie die Anfänge der Freiheit in Westdeutschland entlastet hat. 1949, als die Deutschen eine – wenn auch begrenzte – Verantwortung für sich selbst wieder förmlich übernahmen, war das Schlimmste bereits überstanden. Was es bedeutet hätte, wenn die Deutschen mit der erdrückenden Last der Katastrophenfolgen von Anfang an sich selbst überlassen geblieben wären, nur von außen überwacht, wenn sie Demokratie unter dem vollen Gewicht dieser Entscheidungs- und Verantwortungslast hätten einüben müssen, ist eine unbeantwortbare Frage. Besser wären die Aussichten für einen demokratischen Neubeginn sicher nicht gewesen. Eher kommen auch hier Weimarer Erinnerungen in den Sinn.

Zukunftsoffenheit, verstanden als Chancen der Mitentscheidung für die Deutschen selbst, hat es im Westen also durchaus gegeben. Warum, ist im Blick auf diese Chancen immer wieder gefragt worden, war die Reaktion auf die katastrophischen Erfahrungen mit dem Nationalsozialismus nicht eine politische Wendung nach links? Wie ist es zu erklären, daß der demokratische Sozialismus nicht zur bestimmenden politischen Kraft des Neubeginns geworden ist? Die Frage ist gewiß nicht mehr so wichtig, wie sie einmal gewesen sein mag, denn die Annahme, die sie dringlich machte – die Annahme, daß der linke, der sozialistische Weg der demokratischere, der »bessere« gewesen wäre –, wird kaum noch als sonderlich plausibel gelten können. Aber weil es die Erwartung der Nachkriegszeit selbst war, daß der Weg nach links führen werde, und weil zur Geburtsgeschichte der westdeutschen Demokratie folglich so viele enttäuschte Hoffnungen gehören, kommt kein Rückblick auf die frühen Jahre an dieser Frage vorbei. In einer weiteren Fassung betrifft sie im übrigen nicht nur Deutschland, sondern ganz Westeuropa. Das ganze Nachkriegswesteuropa hat sich, vielen Erwartungen zum Trotz, eher nach rechts als nach links orientiert.

Ist der Kalte Krieg auch hier die Antwort? Ein Kernstück der Antwort ist er jedenfalls. Es ist keine Frage, daß in der polarisierenden Atmosphäre des Konflikts, der sich ja sehr dramatisch entfaltete, alle Vorstellungen von einer politischen Existenz zwischen Ost und West, von Zwischenwegen Plausibilität und Anziehungskraft verloren; daß der düstere Schatten des östlichen Kommunismus auf den Sozialismus im allgemeinen fiel; und daß das Gefühl, bedroht, doppelt bedroht, zu sein – durch die Großmacht Rußland und durch den Kommunismus –, als Impuls wirkte, sich eher zur Mitte und nach rechts hin zu orientieren. Das gilt vor allem für das Bürgertum mit seiner tief verwurzelten Sozialismusfurcht.

Die greifbarste und folgenreichste Wirkung des aufkommenden Kalten Krieges war im übrigen vermutlich die, daß er den Entschluß der USA herbeiführte, in Europa zu bleiben. Auch diese Präsenz hat natürlich ihre – im einzelnen schwer zu bestimmenden – Auswirkungen auf die politische Orientierung Nachkriegswesteuropas gehabt, was freilich nicht heißt, Westeuropa habe mit seiner Wendung nach Westen, seiner Anlehnung an die Vereinigten Staaten auch die Weichen seiner inneren Entwicklung definitiv in eine ganz bestimmte Richtung gestellt. So einfach sind die Zusammenhänge nicht. Das Beispiel der englischen Labour-Regierung, die bis 1951 sozialistische Reformpolitik im Innern trieb und zugleich außenpolitisch eng mit den USA zusammenarbeitete, zeigt das.

Für Westdeutschland im besonderen gilt, daß die politischen Kräfteverhältnisse im Lande selbst, auf die freilich der Kalte Krieg wiederum seinen Einfluß genommen hat, letzten Endes wichtiger gewesen sind als die amerikanische Verzögerungstaktik. Entschlossenen sozialistischen Mehrheiten hätten die Amerikaner sich auf die Dauer nicht widersetzen können und nicht widersetzen wollen. Solche Mehrheiten gab es nicht. Auch eine vereinigte Arbeiterpartei wäre im Westen Deutschlands vermutlich keine Mehrheitspartei gewesen. Sie hat im übrigen nicht erst der Kalte Krieg unmöglich gemacht, auch nicht, wie viele Kritiker es sehen, Schumachers »fanatischer Antikommunismus«. Zwischen Kommunisten und Sozialdemokraten stand das Prinzip Demokratie, und darüber konnte keine Antifaschismus-Formel auf die Dauer hinwegtäuschen. Ebensowenig ist es ein Zufall, daß es nicht zu einem politikbestimmenden Bündnis zwischen marxistischem und christlichem Sozialismus gekommen ist. Die beiden Lager waren längst nicht so nahe beieinander, wie man oft gemeint hat.

Mag der Kalte Krieg auch ein Kernstück der Antwort sein: Die Erfahrung des Zusammenbruchs hat daneben für die Deutschen durchaus ihr eigenes Gewicht gehabt. Die Erwartung, historische Reflexion müsse diese Erfahrung in Aufbruchstimmung und sozialistische Zukunftsorientierung verwandeln, war verbreitet. Aber das heißt nicht, daß sie plausibel war. Mußte nicht der Instinkt sich im Angesicht vollkommener Zerstörung, im Erlebnis des Zusammenbruchs aller zivilisatorischen Sicherheiten ganz einfach darauf richten, das Gehäuse des Lebens wiederherzustellen, also gerade nicht auf Veränderung, sondern auf Wiedergewinnung des Verlorenen? Der Begriff Restauration, den Walter Dirks und Eugen Kogon Anfang der fünfziger Jahre in ihrer Auseinandersetzung mit der jungen Bundesrepublik in die Debatte einführten,[125] trifft die Sache nicht. Er trifft die Sache insbesondere nicht, wenn er in einer Art von marxistischer Engführung verwendet wird und über die Fortdauer »kapitalistischer Verhältnisse« allen politischen und gesellschaftlichen Wandel im übrigen für bedeutungslos erklärt. Er trifft sie aber auch nicht, wenn er jenes Bemühen, das Gehäuse des Lebens wiederherzustellen, Verlorenes wiederzugewinnen, unter einen prinzipiellen Verdacht der Illegitimität rückt. Die Katastrophe der Hitler-Jahre, des Krieges und des Zusammenbruchs hat einen Entwicklungssprung ausgelöst, der Deutschland demokratiefähig und demokratiewillig machte. Daß sich dieser Sprung nach vorn mit so viel scheinbar rückwärtsgewandtem Wiederaufbauen und Wiederherstellen verband, hat ihn vielleicht erst möglich gemacht.

Zweiter Teil
Die Bonner Republik – ihr Ort in der Welt

4. Die Westintegration

I.

Der Weltkonflikt, der den westdeutschen Staat hervorbrachte, hat ihm auch den Weg vorgezeichnet, den er dann einschlug; so sehr, scheint es, daß die Frage sich aufdrängt: Hätte die Bundesrepublik, die doch in ihren ersten Jahren nur eine Art von Protektorat der westlichen Siegermächte war, in der Konstellation des Kalten Krieges überhaupt einen anderen Weg gehen können? Aber auch die folgerichtigsten, zwingendsten Entwicklungen haben ihre Geschichte. Die Eingliederung des westdeutschen Staates in die Bündnisgemeinschaft des Westens ist alles andere als ein einfacher, gradliniger, gleichsam selbstläufiger Prozeß gewesen. Man muß, wenn man den Weg der Jahre 1949 bis 1955 nachzeichnet, den Gedanken ernst nehmen, daß es auch anders hätte ausgehen können.

1949, als die Bundesrepublik gegründet wurde, war das westliche Bündnissystem in seinen Grundstrukturen schon geschaffen: Mit dem Nordatlantikpakt war der Grund für die atlantische Sicherheitsgemeinschaft gelegt, mit der OEEC, der europäischen Antwort auf die Marshall-Plan-Initiative, ein Wirtschaftsbündnis für den Wiederaufbau des Westens geschaffen und mit dem Europarat ein erster Schritt in Richtung europäische Zusammenarbeit getan. Die Bundesrepublik wurde in diese Konfiguration hineingegründet. Das doppelte Ziel, das die Westmächte mit der Einfügung eines westdeutschen Staates in das sich eben formierende westliche Bündnissystem verfolgten, hat man auf die treffende Formel gebracht: Sicherheit mit Deutschland und Sicherheit vor Deutschland. Sicherheit mit Deutschland – das hieß: der westdeutsche Staat sollte seinen Beitrag zur Selbstbehauptung Westeuropas gegen die an der Elbe stehende eurasische Weltmacht Sowjetunion leisten, einen Beitrag, ohne den Westeuropa ökonomisch nicht gesunden konnte und, das sprach einstweilen noch kaum jemand aus, militärisch schwach bleiben würde. Sicherheit vor Deutschland meinte: den westdeutschen Staat so fest in die Gemeinschaft westlicher Staaten einbinden, daß die Deutschen gefährliche Eigenwege niemals wieder würden gehen können. Beide Ziele haben in der Deutschlandpolitik der Westmächte bis ans Ende des Ost-West-Konflikts und darüber hinaus ihre Bedeutung behalten.

Integration als Chance der Teilhabe und Mitwirkung und Integration als Medium der Kontrolle in einem, das also war die Gründungskonzeption der Westmächte. Dabei darf man freilich nicht an einen von vornherein ausgearbeiteten, genauen Plan denken. Auch waren die Gewichtungen der beiden Elemente durchaus unterschiedlich. Für die USA wurde die Sowjetunion von 1947 an sehr rasch zur eigentlichen Herausforderung, das Sicherheitsproblem Deutschland trat zurück, ohne daß man es in Washington aus den Augen verloren hätte.[1] Für die Franzosen ging es bis in die fünfziger Jahre immer noch wesentlich um »Sicherheit vor Deutschland« – die französische Sicherheitsobsession ist das

Golo Mann hat Konrad Adenauer den »Schöpfer der Bundesrepublik« genannt. Und er war es auch, soweit man dergleichen von einem Mann sagen kann. Dabei kam er, 1876 geboren, aus einer Zeit, die 1949 längst ferne Vergangenheit war. Als das Kaiserreich zusammenbrach, war Adenauer bereits 43 Jahre alt. Stresemann und Brüning waren jünger als Adenauer, an dem die Weimarer Republik vorüberging, als wolle sie ihn für zukünftige Aufgaben schonen. Adenauer war Rheinländer, Kölner, Katholik – er kam, heißt das, aus einem Deutschland, das im Kaiserreich so wenig eine bestimmende Rolle gespielt hat wie in der Weimarer Republik. Er war, wenn nicht der Herkunft, so doch der Lebensleistung und dem Lebensstil nach, ein Großbürger. Und auch für das Bürgertum in Deutschland gilt, daß es seine historische Stunde zwischen 1871 und 1945 noch nicht gehabt oder sie nicht genutzt hatte.

Die Herrschaft des Nationalsozialismus hat Adenauer zurückgezogen, zeitweilig bedrängt, ganz ohne Zugeständnisse überlebt. Bis 1933 war er fast sechzehn Jahre lang Oberbürgermeister von Köln, der viertgrößten Stadt des Reiches, gewesen, ein höchst erfolgreicher und angesehener Oberbürgermeister – das war seine eigentliche politische Lehrzeit, und mit Recht ist gelegentlich gesagt worden, sein Regierungsstil sei der eines Oberbürgermeisters gewesen. Seine Leistung für die Bundesrepublik besteht vor allem darin, daß er sie mit aller Konsequenz, zu der er fähig war, an den Westen gebunden hat. Vielleicht hat die Vision, von der er sich, bei aller Nüchternheit, leiten ließ und mit der er einer viel jüngeren Generation den Weg wies, etwas damit zu tun, daß er von weit her kam: Willy Brandt hat sehr treffend von Adenauers »vorbismarckschem Europäertum« gesprochen.

Neben der historischen Leistung scheint, was viele Zeitgenossen am Politiker und am Menschen Adenauer irritierte, an Bedeutung verloren zu haben: sein autoritäres Verständnis von Politik, seine Neigung zu Machiavellismen, seine Menschenverachtung, »sein sehr kalter Pragmatismus, der manchem als Zynismus erschien« (Franz Josef Strauß). Aber es gehört zum Bild, so wie zum Bild gehört, daß Adenauer, der so selbstsicher wirkte, nie aufgehört hat, sich zu sorgen, trotz aller Erfolge könne seine Mühe letzten Endes vergeblich sein. »Staatsmann der Sorge« ist die Überschrift, die Golo Mann seinem Essay zu Adenauers hunderstem Geburtstag gab.

schwierigste Problem der frühen Jahre der Adenauerschen Westpolitik gewesen –, ohne daß man in Paris die neuen Realitäten des Kalten Krieges leugnen konnte oder wollte. Nur in einem sehr abstrakten Sinn war man sich zwischen Washington und Paris über das Ziel der Einbindung Westdeutschlands in die westliche Gemeinschaft einig, keineswegs über die Bedingungen.

Gleichwohl: Die Gründungskonzeption der Siegermächte eröffnete der Bundesrepublik, die in einem nicht mehr rechtlosen, aber doch noch halbkolonialen Status ins Leben trat, Chancen. Sie zu nutzen bedurfte es freilich auf deutscher Seite einer Konzeption, die auf ebendiese Chancen zugeschnitten war. Es war Konrad Adenauer, der sie mitbrachte. Kein anderer westdeutscher Politiker jenes historischen Augenblicks paßte mit seinem politischen Denken und seinem politischen Programm so genau in die Konstellation hinein, die mit der Gründung des Weststaates entstanden war. Erst diese Entsprechung von vorgegebener Konstellation und außenpolitischer Konzeption des ersten Bundeskanzlers hat den außerordentlichen Aufstieg des westdeutschen Staates in den Jahren bis 1955 möglich gemacht. Ein Zusammentreffen, das durchaus nicht selbstverständlich war: Der Ausgang der Bundestagswahl 1949 war so knapp wie der Ausgang der ersten Kanzlerwahl im Parlament.

Schon aus den frühen Nachkriegsmonaten liegen Äußerungen Adenauers vor, in denen uns sein Urteil über die Weltlage, so wie es von 1949 an die deutsche Außenpolitik bestimmte, samt den Konsequenzen, die er daraus zog, sehr klar entgegentritt:[2] Die Sowjetunion hat sich östlich der Elbe zum Herrn Mittel- und Osteuropas gemacht. »Asien steht an der Elbe«, heißt es in einem Brief aus dem Frühjahr 1946.[3] Das bedeutet auf unabsehbare Zeit die Teilung Deutschlands. Westeuropa muß sich zusammenschließen, um in dieser Lage eine Überlebenschance zu haben. Das westliche Deutschland muß in den westeuropäischen Zusammenschluß einbezogen werden. Auf diesem Wege werden auch die Sicherheitsbedürfnisse der Nachbarn Deutschlands, vor allem Frankreichs, am besten befriedigt werden können. Nicht daß mit dieser Lagebeurteilung bereits ein detaillierter Meisterplan vorgelegen hätte, der später nur noch in die Tat umgesetzt zu werden brauchte. Die USA etwa haben in Adenauers politischem Weltbild erst allmählich ihren Platz gefunden. Und im Taktischen blieb er ohnehin offen. Aber in den Grundzügen war sein Bild von der Nachkriegswelt wie seine Vorstellung von den Notwendigkeiten und Möglichkeiten westdeutschen politischen Handelns in dieser Welt früh und klar ausgebildet.

Die Grundüberzeugungen, die uns hier begegnen, sind für die ganze lange Zeit von Adenauers Kanzlerschaft bestimmend geblieben. Zwei Konstanten vor allem lassen sich im Denken des Außenpolitikers Adenauer nachweisen: Er hat nie daran gezweifelt, daß die Sowjetunion, »die asiatische Diktatur«,[4] wie er sie in einem Gespräch mit de Gaulle nannte, Westeuropa bedrohe – es war sein Ceterum censeo, daß die Beherrschung der Welt durch den Kommunismus unter Führung der Sowjetunion das Ziel der Sowjetunion sei und bleibe.[5] Und er war sich sicher, daß die Versöhnung zwischen Deutschland und Frankreich, an der ihm so viel lag, im Zusammenschluß Europas, Westeuropas nach Lage der Dinge, gesucht werden müsse und gefunden werden könne. Daß die Vereinigten Staaten von

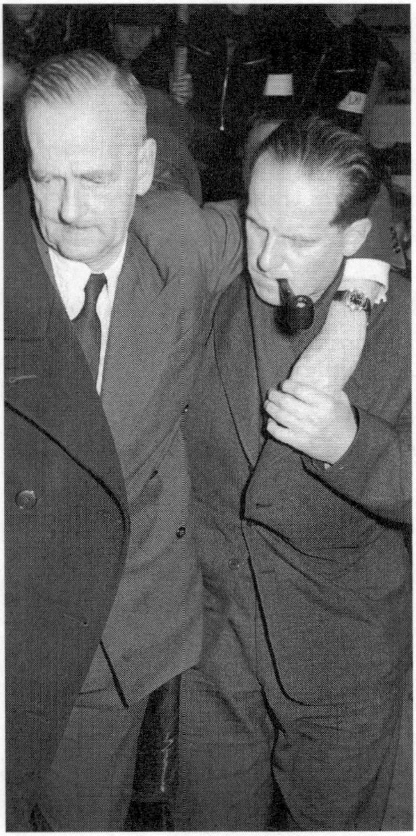

Es ist schwer, in Kurt Schumacher, dem Gegenspieler Adenauers in den frühen Jahren, nicht eine tragische Figur zu sehen. Im Ersten Weltkrieg war er als Kriegsfreiwilliger schwer verwundet worden, ein zehnjähriges KZ-Martyrium hatte nach 1933 seine Gesundheit vollends zerstört. Daß er überlebt hat, ist ein Wunder; daß er die Kraft und den Willen behielt, die SPD, in der er schon in den Weimarer Jahren aufgestiegen war, nach dem Krieg wiederaufzubauen und in die Bundesrepublik zu führen, nicht weniger. Seine Autorität als Parteiführer war zu Lebzeiten völlig unbestritten. Aber dazu, daß er das ersehnte Ziel, als Kanzler an die Spitze der Bundesrepublik zu treten, nicht erreichte, hat er wohl selbst in beträchtlichem Maße beigetragen. Als Redner verletzend scharf in der Attacke, als Politiker kompromißlos, als Sozialist durchaus klassenkämpferisch aggressiv, gegenüber den Besatzungsmächten ohne Scheu vor nationalistischen Tönen, hat er die Mehrheit der Westdeutschen 1949 nicht davon überzeugen können, daß er der richtige Mann für den historischen Augenblick sei. Auf dem Weg zu einer Wahlkampfveranstaltung in Berlin im Jui 1949 stützt er sich auf Herbert Wehner, der lange auf der anderen Seite, in den Reihen der KPD, gestanden hatte.

Europa die beste und dauerhafteste Sicherung der westlichen Nachbarn Deutschlands seien, war von Anfang an seine konstruktive Antwort auf das elementare Verlangen dieser Nachbarn nach dauerhafter Sicherheit vor Deutschland.[6] In einer solchen Bindung Deutschlands sah er im übrigen auch einen Schutz der Deutschen, denen er mißtraute, vor sich selbst, vor ihrer Unreife und Unstetigkeit.

Für den Erfolg seiner Politik ist nicht nur sein Verständnis für das Sicherheitsverlangen der Nachbarn wichtig gewesen, sondern auch der nüchterne Wirklichkeitssinn, mit dem er die Möglichkeiten des besiegten Landes beurteilte. Nur geduldig, Schritt für Schritt, zu Vorleistungen bereit konnte es vorwärtskommen. Vor allem aber: Es galt ein Fundament des Vertrauens zu legen, das war die schwierigste und dringlichste Aufgabe. »Wir mußten versuchen, Schritt für Schritt das Vertrauen zu uns Deutschen wieder zu wecken. Grundvoraussetzung hierfür war meines Erachtens ein klares Bekenntnis zum Westen, stetig und ohne Schwanken. Unsere außenpolitische Haltung mußte klar, folgerichtig und offen sein.«[7] Diese Sätze sind eine Art von Quintessenz der Außenpolitik Adenauers für die Jahre des Beginns. In der inneren Sicherheit, mit der er einer im Kern einfachen, aber der gegebenen Lage gemäßen Konzeption unbeirrbar folgte, lag zu einem guten Teil die Stärke des

Politikers Adenauer begründet. Er konnte das für Westdeutschland Mögliche und Notwendige aus Überzeugung, ohne zu schwanken, tun. Den Vorwurf, er denke zu einfach, nahm er gelassen hin. »Man muß die Dinge (...) so tief sehen, daß sie einfach sind«, hat er gelegentlich geantwortet.[8]

In alledem reagierte Adenauer nicht einfach nur auf den Augenblick. Er zog Konsequenzen – und das sehr bewußt – aus dem zweifachen Scheitern des 1871 gegründeten Reiches, das mit seinem Großmachtgebaren den Kontinent lange beunruhigt und schließlich ins Verderben gerissen hatte und sich selbst dazu. In jeder Maxime der Adenauerschen Außenpolitik steckte eine Absage an deutsche Traditionen, selbst in dem, was sich im nachhinein so selbstverständlich ausnimmt wie das Bekenntnis zum Westen. Der außenpolitische Kernsatz der Regierungserklärung von 20. September 1949: »Es besteht für uns kein Zweifel, daß wir nach unserer Herkunft und nach unserer Gesinnung zur westeuropäischen Welt gehören«,[9] steht in dem Land, das sich immer als Land der Mitte definiert hat, durchaus für einen Neuanfang.

Gab es, als die Bundesrepublik ihren Weg antrat, Alternativen zur Konzeption Adenauers? Über die Vorstellungen Jakob Kaisers von einem Deutschland zwischen Ost und West, einem Deutschland des Brückenschlags – Vorstellungen, die 1946, selbst 1947 noch den Polarisierungstendenzen hatten entgegengestellt werden können – war inzwischen der Kalte Krieg hinweggegangen. Aber gilt das auch für das außenpolitische Programm Kurt Schumachers? Welchen Weg hätte die Bundesrepublik eingeschlagen, wäre er ihr erster Kanzler geworden?

Schumacher teilte Adenauers Einschätzung der Sowjetunion: Er sah in ihr eine totalitäre Großmacht mit imperialistischen Zielen und in den ostdeutschen Kommunisten, wie wir wissen, die Handlanger dieser Großmacht. Westorientierung in einem allgemeinen politischen Sinn war denn auch für Schumacher selbstverständlich – von Jakob Kaisers Brückenillusion hielt er nicht das geringste. An erster Stelle aber stand die Bewahrung, die Wiederherstellung der Einheit Deutschlands. Ein Deutschland, das seine Einheit bewahren wollte, konnte nicht »Speerspitze« eines westlichen Blocks werden. Zudem: Ein Deutschland, das den freiheitlichen Sozialismus aufbauen wollte, konnte sich auch nicht einfach in die Gefolgschaft der Vormacht des Kapitalismus, der USA, begeben. Und wenn Deutschland sich einem vereinigten Europa anschloß, dann sollte es ein sozialistisches Europa unter britischer Führung sein, nicht das kapitalistische Kleineuropa der katholischen Politiker Adenauer und Schuman, für das Schumacher wenig Sympathie hegte. Mit alledem verband sich von Anfang an die kategorische Forderung nach Gleichberechtigung. Wenn man das ein Programm nennen will, so war es eines, das vielfältig mit den Realitäten zusammenstieß. Nationale Einheit, demokratischer Sozialismus, Frontstellung nach Osten, gegen Moskau wie gegen das verhaßte SED-Regime in Ost-Berlin, Westorientierung ohne Westbindung – wie sollte daraus eine schlüssige Konzeption politischen Handelns für den westdeutschen Staat werden? Jedenfalls bleibt offen, welche Außenpolitik sich aus diesen Ausgangspositionen entwickelt hätte. Nicht Schumacher, sondern Adenauer erhielt die Gelegenheit zu handeln.

Die berühmte Teppich-Episode auf dem Petersberg. Adenauer, den Hohen Kommissaren am 21. September 1949 sein Kabinett präsentierend, hat den Teppich betreten, der eigentlich den Repräsentanten der Besatzungsmächte vorbehalten war. Man hat in dieser Episode immer die listige Zähigkeit symbolisiert gesehen, mit der Adenauer vom ersten Tag an um die Wiedergewinnung der Souveränität kämpfte.

Seine Ziele hatte Adenauer nicht nur klar, sondern auch sehr konkret vor Augen: »Auf außenpolitischem Gebiet liegt unsere Linie fest. Sie richtet sich in erster Linie darauf, ein enges Verhältnis zu den Nachbarstaaten der westlichen Welt, insbesondere zu den Vereinigten Staaten, herzustellen. Es wird von uns mit aller Energie angestrebt werden, daß Deutschland so rasch wie möglich als gleichberechtigtes und gleichverpflichtetes Mitglied in die europäische Föderation aufgenommen wird«[10] – Sätze aus einem Brief, der im Sommer 1949, zweieinhalb Wochen vor der ersten Bundestagswahl, geschrieben wurde.

Aber so wichtig klare Ziele waren, zunächst galt es ein Minimum an Handlungsspielraum zu gewinnen. Die Bundesrepublik war ja noch keineswegs ein souveräner Staat. Nach dem Besatzungsstatut gehörte die Außenpolitik zu den Reservatrechten der Besatzungsmächte. Es gab nur einen Weg »außenpolitischen« Handelns – Verhandlungen mit den Hohen Kommissaren, die nun, nach der Verschmelzung der drei westlichen Zonen zur Bundesrepublik, gemeinsam vom Petersberg herab die alliierte Hoheitsgewalt ausübten: für die USA John McCloy, später als Freund der Deutschen gefeiert, aber in seinen Bonner Jahren durchaus noch nicht überzeugt von ihrer Demokratiefähigkeit; für Großbritannien Sir Brian Robertson, in den schwierigen ersten Monaten ein zuverlässig hilfreicher Partner Adenauers; und André François-Poncet, der das Land mit den größten Vorbehalten gegen den Neubeginn deutscher Staatlichkeit repräsentierte. Mit diesem Triumvirat waren die ersten Schritte der westdeutschen Republik auszuhandeln, Schritte aus dem Besatzungsstatut hinaus, Schritte in das Vertragsnetz der westlichen Welt hinein.

Weil Adenauer sein Ziel, die Bundesrepublik als gleichberechtigtes Glied in die westliche Völkergemeinschaft hineinzuführen, schließlich so souverän erreichte, vergißt man leicht, wie schwierig die Anfänge waren, wie hart die Verhandlungen, wie groß noch immer die Distanz zwischen Siegern und Besiegten. Man kann es in den Protokollen seiner zahllosen Gespräche mit den Hohen Kommissaren nachlesen.[11] Aber so mühselig, so demütigend bisweilen es auch begann, es wurde verhandelt. Die Staatsgründung hatte Westdeutschland handlungs- und verhandlungsfähig gemacht. Sie hatte eine Entwicklung in Gang gesetzt, die weiterführen mußte. Gleich die erste zwischen der Bundesrepublik und den Besatzungsmächten ausgehandelte Vereinbarung, das Petersberger Abkommen vom November 1949, ist ein Beispiel dafür, daß nun eine Mechanik des Quidproquo in Gang gekommen war, schwerfällig noch und keineswegs von gleich zu gleich, aber doch wirksam.

Franzosen und Engländer erklärten sich bereit – die Amerikaner waren es ohnehin –, ihre noch immer mit Eifer exekutierten Demontagepläne zusammenzustreichen. Sie kamen, heißt das, Adenauer an dem Punkt der dramatischsten Belastung der deutsch-alliierten Beziehungen entgegen. Adenauer zahlte mit dem Beitritt der Bundesrepublik zur Ruhrbehörde, mit der förmlichen Anerkennung also jenes Regimes internationaler Kontrolle über das wichtigste deutsche Industriegebiet, das den Franzosen 1948 in London zugestanden worden war, um ihre Zustimmung zur Weststaatsgründung zu erlangen. Dabei hat ihn, der hinter den Zugeständnissen des Augenblicks immer die Zukunft im Auge behielt und deshalb an den Details der jeweiligen Kompromisse nicht leidenschaftlich interessiert war, die Hoffnung geleitet, das Ruhrstatut könne ein Schritt zu einer europäischen Lösung sein. So ist denn auch an dieser ersten Verständigung, sosehr sie nach Geist und Inhalt noch der Besatzungszeit zugehört, schon abzulesen, wie es weitergehen würde.

II.

Es gibt auf dem Weg des westdeutschen Staates zur Volljährigkeit, dem Weg, auf dem er die Selbstbestimmung zurückgewann und sich zugleich Schritt für Schritt immer fester in die westliche Staatengemeinschaft eingliederte, drei Eckdaten: den 9. Mai 1950, an dem Robert Schuman der Öffentlichkeit den Vorschlag vorlegte, »die Gesamtheit der französisch-deutschen Kohle- und Stahlproduktion unter eine gemeinsame oberste Aufsichtsbehörde zu stellen, in einer Organisation, die den anderen europäischen Ländern zum Beitritt offensteht«;[12] den 25. Juni 1950, an dem Nordkorea Südkorea überfiel; und den 30. August 1954, an dem der Vertrag über die Europäische Verteidigungsgemeinschaft in der französischen Nationalversammlung scheiterte. Schumans – von Jean Monnet, dem großen, freilich eher im Hintergrund wirkenden Architekten der europäischen Einigung, ausgearbeiteter – Vorschlag brachte jenes konstruktive Prinzip in die Nachkriegspolitik ein, das die Verwandlung der Gegnerschaft in Partnerschaft in einer revolutionären Neuordnung der europäischen Staatenverhältnisse überhaupt erst möglich gemacht hat: die Idee der europäischen Integration. Der Koreakrieg setzte die Frage der Aufstellung westdeutscher Streitkräfte auf die Tagesordnung der westlichen Politik, die den weiteren Gang der Ereignisse dann für Jahre beherrscht hat. Und mit dem Scheitern der EVG war klar, daß der Weg des westdeutschen Staates nicht in eine Art von europäisch-bundesstaatlicher Ordnung führen würde, sondern in eine quasi-nationalstaatliche Existenz. In gewissem Sinn ist das erste Datum das bedeutsamste. Es ist mehr als ein Wendepunkt der Nachkriegsgeschichte, es steht am Beginn einer neuen Epoche europäischer Geschichte.

Die Katastrophe des Zweiten Weltkrieges hatte dem Europagedanken, der in den zwanziger Jahren ja schon einmal eine Scheinblüte erlebt hatte, neue, starke Impulse gegeben. Churchills berühmte Züricher Rede (17. September 1946) mit ihrem in tönender Rhetorik gemalten Zukunftsbild der Vereinigten Staaten von Europa ist nur ein Beispiel für die Aktualität des Themas nach 1945. Eine europäische Bewegung hatte sich formiert, Kongresse veranstaltet, Resolutionen verabschiedet. Die USA drängten. Auch der Gedanke, die Lösung des deutschen Problems, die Überwindung des deutsch-französischen Gegensatzes im besonderen sei in einer europäischen Entwicklung zu suchen, war verbreitet. Die Zeit schien reif zu sein für eine große europäische Initiative, eine westeuropäische Initiative, denn daß Europa spätestens seit 1947 geteilt war, mußten auch die zur Kenntnis nehmen, die auf ein ganzes Europa zwischen Ost und West gehofft hatten.

Und doch zögerte die Politik, sich auf die Idee der Integration wirklich einzulassen. Die ersten europäischen Organisationen der Jahre 1948/49, OEEC und Europarat, blieben streng auf die traditionellen Verfahren der Zusammenarbeit zwischen souveränen Staaten beschränkt. Vor allem die Engländer und die Skandinavier hatten darauf bestanden. Ebenso schienen die Siegermächte sich bei der fortdauernden Kontrolle über den westdeutschen Staat zunächst einmal durchaus konventioneller Mittel bedienen zu wollen: das Besatzungsstatut, die Ruhrbehörde, ein militärisches Sicherheitsamt mit Überwachungsaufgaben – all das weckte Erinnerungen an Versailles und die zwanziger Jahre. Im schon erwähnten Petersberger Abkommen standen diese Kontrollinstrumente noch ganz ausdrücklich im Mittelpunkt. Erst mit dem Vorschlag Robert Schumans wurde der entscheidende Schritt nach vorn getan: Die Idee einer Staatenintegration in Westeuropa wurde in den Dienst einer nicht-diskriminierenden Lösung des Sicherheitsproblems Deutschland gestellt – und umgekehrt. Womit auch gesagt ist: Der Ost-West-Konflikt hat zwar in einem allgemeinen Sinn als Katalysator des europäischen Einigungsprozesses gewirkt, der direktere Anstoß aber ging vom Problem Deutschland aus.

In gewissem Sinn lag in Schumans Initiative das Eingeständnis, daß Frankreichs Deutschlandpolitik der ersten Nachkriegsphase gescheitert war. Frankreich mußte sich darauf einstellen, daß Deutschlands, Westdeutschlands Rückkehr in die Staatengemeinschaft, vom Ost-West-Konflikt forciert, auf die Dauer nicht aufzuhalten war. Auch die internationale Ruhrbehörde würde Frankreichs Interessen nicht zuverlässig sichern können.

War es da nicht das Klügste, die »Flucht nach vorn« (Ludolf Herbst) anzutreten? Die Europäisierung der Schwerindustrie der beiden Länder würde es unmöglich machen, noch einmal Krieg gegeneinander zu führen. Sie würde, wie es in der Erklärung der französischen Regierung heißt, einen deutsch-französischen Krieg »nicht nur undenkbar, sondern materiell unmöglich machen«.[13] Sie würde Frankreich zudem einen gewissen, indirekten Einfluß auf die deutsche Schwerindustrie geben, nicht ganz unähnlich dem, den man über das Ruhrstatut angestrebt hatte. Und vor allem: Es würde eine dauerhafte, eine nicht reversible Lösung sein. Deutschland würde aus ihr nicht einfach wieder ausbrechen können. Nicht zuletzt erhoffte man sich für den Streit um die Saar, der inzwischen zur schwersten Belastung der deutsch-französischen Beziehungen geworden war (und es auf Jahre hinaus bleiben sollte), eine gewisse Entspannung.

All das waren nüchterne Interessenkalküle. Dabei war der Gedanke, mit einer Europäisierung gerade der deutsch-französischen Schwerindustrie zu beginnen, vielfach vorgedacht worden. Auch darf man nicht übersehen, daß in der Vorgeschichte der Initiative neben den deutschlandpolitischen noch ganz andere, nämlich wirtschaftspolitische Überlegungen eine Rolle gespielt haben. Die französische Regierung hoffte, ein europäischer Markt werde einen starken Modernisierungsdruck auf die zurückgebliebene französische Stahlindustrie ausüben und so helfen, Probleme zu lösen, mit denen man aus eigener Kraft nicht fertig wurde. Aber das alles ändert nichts daran, daß der Vorschlag vom 9. Mai 1950 eine historische Leistung der französischen Politik für Europa darstellt.

Die USA hatten nachgeholfen, hatten das von der Marshall-Plan-Hilfe abhängige Frankreich gedrängt und bedrängt, eine Integrationsinitiative zu ergreifen. Aber es war Frankreich, das über seinen Schatten hatte springen müssen und gesprungen war. In der Initiative Schumans hatte sich die französische Regierung den Gedanken einer gemeinsamen europäischen Zukunft für Frankreich und Deutschland zu gleichen Rechten im Prinzip zu eigen gemacht. Das Versailles-Denken war sichtbar überwunden. Die Wendung zum Konstruktiven, die sich zwischen 1945 und 1951 vollzogen hat, wird an der französischen Ruhrpolitik besonders deutlich sichtbar. 1945 hatte die Forderung gelautet: Abtrennung des Ruhrgebietes von Deutschland – das war ganz und gar das alte nationalstaatliche Sicherheitsdenken in den Kategorien der Machtkonkurrenz. Dann war mit dem Ruhrstatut die Tür einen Spalt breit für deutsche Mitsprache geöffnet worden. Jetzt wurde die Lösung des gleichen Sicherheitsproblems in der Europäisierung der deutschen und der französischen Schwerindustrie gesucht, das heißt in einer für Deutschland dauerhaft akzeptablen, weil nicht diskriminierenden Neubestimmung von Souveränität.

Adenauer stimmte zu, ohne einen Augenblick zu zögern, »aus ganzem Herzen«, wie es in seinen Erinnerungen heißt.[14] Der Vorschlag Schumans sprach nicht nur seine tiefe Überzeugung von der großen Bedeutung der deutsch-französischen Verständigung für die europäische Zukunft an. Er kam auch sehr exakt lange gehegten eigenen Vorstellungen entgegen, daß die Verflechtung der Wirtschaft über die Grenzen hinweg der sicherste Weg zu einem dauerhaften europäischen Frieden sei. Zudem bot der Schuman-Plan die Aussicht, sich von den Fesseln des Ruhrstatuts befreien zu können.

Kalkül und Enthusiasmus – auf diese Formel kann man die Motive des Europäers Adenauer bringen. Sie gilt für fast alle Beteiligten am beginnenden Prozeß der europäischen Integration. Aber sie gilt für die deutsche Politik in einer sehr besonderen Weise. Das Kalkül hatte die Chance rascher Rehabilitation im Blick, die der Weg der Integration eröffnete. Der Enthusiasmus galt der Aussicht, sich nach den furchtbaren Verfehlungen der jüngsten Vergangenheit in der Mitwirkung an einem großen, zukunftsweisenden Gemeinschaftsprojekt der europäischen Völker neu finden zu können. Gerade die frühen Jahre der deutschen Europapolitik sind von diesem Enthusiasmus in hohem Maße geprägt worden.

Am 18. April 1951 – ein knappes Jahr war seit Schumans Initiative vergangen – wurde der Vertrag über die Europäische Gemeinschaft für Kohle und Stahl von Frankreich, der Bundesrepublik, Italien und den Beneluxstaaten unterzeichnet. Ende des Jahres erlosch das Ruhrstatut. Der Aufbau einer integrierten europäischen Staatengemeinschaft hatte begonnen. Sie war auf dem begrenzten Felde ihrer Zuständigkeit mit substantieller supranationaler Entscheidungsmacht ausgestattet, auch wenn man der Hohen Behörde einen Ministerrat zur Seite gestellt hatte, in dem das Prinzip nationaler Mitwirkung institutionalisiert war. Großbritannien, auch die skandinavischen Staaten hatten sich gegen die Mitgliedschaft entschieden, eine Weichenstellung von weitreichender Bedeutung.

III.

Der Ausbruch des Koreakrieges am 25. Juni 1950 – die Verhandlungen über den Schuman-Plan hatten eben begonnen – hat in mehr als einer Hinsicht den Gang der europäischen Nachkriegsgeschichte entscheidend beeinflußt. Zwar hatte sich der Westen nicht nur als Wiederaufbaugemeinschaft, sondern auch als Sicherheitsgemeinschaft bereits konstituiert: Dem europäischen Verteidigungspakt von Brüssel 1948 war 1949 die nordatlantische Verteidigungsgemeinschaft gefolgt. In ihr hatten die USA, von England und Frankreich bedrängt, ganz gegen ihre Tradition eine, freilich sehr zurückhaltend formulierte, vertragliche Beistandspflicht gegenüber Westeuropa übernommen. Materiell aber war bis zum Sommer 1950 noch fast nichts für die Sicherheit Westeuropas getan worden. Die NATO im engeren Sinne, die Bündnisorganisation mit ihren integrierten Stäben, ihren Streitkräften, ihrer Infrastruktur, war noch nicht einmal in Ansätzen geschaffen. Die militärische Präsenz der USA in Europa war noch überaus schwach. Und die Wiederbewaffnung des westlichen Deutschlands war für die amtliche Politik der Besatzungsmächte noch kein Thema, auch wenn man in den westlichen Hauptstädten bereits vorsichtig über sie nachdachte, da und dort, vor allem bei den Militärs, auch schon ziemlich nachdrücklich von ihrer Notwendigkeit sprach.

Der Überfall Nordkoreas auf Südkorea veränderte die Welt. Von einem Tag auf den anderen hatte die Frage der Sicherheit Westeuropas höchste Priorität gewonnen. Die Diskussion über einen deutschen Beitrag ließ sich nicht länger hinausschieben, mehr noch: Die Aufstellung westdeutscher Streitkräfte war jetzt nur noch eine Frage der Zeit. Auf die Entscheidungen in Washington kam es an. Und die fielen schon im Sommer 1950. Der Überfall vom 25. Juni und der Krieg, der ihm folgte, hatten also einen sehr ähnlichen Effekt wie die Berliner Blockade zwei Jahre zuvor: Der Gegner gab dem Prozeß westlicher Allianzbildung einen entscheidenden Impuls, eher beschleunigend wohl als richtungsändernd, aber jedenfalls folgenreich. Auch hier mag man von einer Fehlkalkulation Stalins sprechen.

Wieder blieb den Franzosen zwischen der Scylla der Furcht vor den Russen und der Charybdis der Furcht vor den Deutschen nur die Flucht nach vorn. Die Amerikaner drängten mit großer Entschlossenheit, ja Härte: kein Aufbau amerikanischer militärischer Präsenz in Westeuropa ohne französische und englische Zustimmung zur Wiederbewaffnung der Bundesrepublik. Wieder hieß Flucht nach vorn: eine europäische Lösung. Erneut hat sie Jean Monnet konzipiert. Am 24. Oktober 1950, vier Monate nach Beginn des Krieges in Korea, legte der französische Ministerpräsident Pleven der Öffentlichkeit den Plan einer europäischen Armee mit deutscher Beteiligung vor. Die wortreich-gewundene Erklärung zeigt deutlich, wie schwer die Franzosen sich taten.[15] Daß es ihnen vor allem um die Vermeidung des größten Übels – deutsche Streitkräfte unter deutschem Befehl – ging, ist offensichtlich, mehr noch: Im Grunde war der französische Vorschlag in seiner ursprünglichen Fassung dazu bestimmt zu verhindern, was er widerwillig zu ermöglichen vorgab – die Wiederbewaffnung der Deutschen. Denn er sah Bedingungen vor, auf die die Bundesrepublik sich unmöglich einlassen konnte. Bezeichnend auch, daß die Erklärung Plevens die Erinnerung an die Kriegskoalition der vier Mächte heraufbeschwor. Gleichwohl: Paris hatte erst einmal die Initiative und das heißt Zeit gewonnen, freilich auch einen Verhandlungsprozeß mit ungewissem Ausgang in Gang gesetzt.

Adenauer, so scheint es, hätte in dieser heikelsten aller Fragen also einfach abwarten und es den Alliierten überlassen können, den ersten Schritt zu tun – vom Tag des Kriegsausbruchs in Korea an war es ja gewiß, daß sie ihn über kurz oder lang tun würden. Er hätte sich damit viel innenpolitischen Ärger ersparen können. Er hat anders gehandelt, hat das Thema Wiederbewaffnung von einem gewissen Zeitpunkt an seinerseits forciert. Warum? Adenauer wußte – das ist der erste Teil der Antwort – wenig von dem, was in Washington, Paris, London und zwischen Washington, Paris und London vor sich ging. Vor allem aber: Adenauer war, das zeigen die Quellen mit großer Deutlichkeit, von tiefer Sorge um die Sicherheit Westdeutschlands erfüllt. Und dies keineswegs erst seit dem 25. Juni 1950. Schon in den Monaten zuvor hatte ihn die Möglichkeit eines Angriffes aus dem Osten unablässig beschäftigt. Nicht nur, daß die Rote Armee den Streitkräften der Westmächte in Mitteleuropa weit überlegen war, hatte ihn beunruhigt, sondern beinahe noch mehr, daß in der DDR mit der sogenannten kasernierten Volkspolizei eine quasimilitärische Streitmacht aufgebaut wurde. In Gesprächen mit den Hohen Kommissaren trug er die Bitte vor, den Aufbau einer Bundespolizei zu genehmigen, auch das Thema eines deutschen Kontingentes in einer europäischen Streitmacht kam schon zur Sprache.

Die koreanischen Ereignisse belebten und beschleunigten Überlegungen und Gespräche, fachten natürlich auch die Ängste dramatisch an. Aber immer noch, so mußte es Adenauer scheinen, der nicht ahnte, wie weit die Dinge in Washington schon gediehen

Die entscheidende Wende in der französischen Nachkriegspolitik hin zu einem konstruktiven Umgang mit dem Deutschlandproblem wird zu Recht mit dem Namen Robert Schuman (Mitte) verbunden. Sein wichtigster Berater bei den ersten Schritten der Integrationspolitik war Jean Monnet (links). Die Aufnahme zeigt die beiden französischen Politiker während der Verhandlungen zum Schuman-Plan am 12. April 1951 in Paris.

waren, trat man auf der Stelle. So traf er in den Wochen nach dem 25. Juni »die waghalsigste seiner vielen waghalsigen Entscheidungen« (Hans-Peter Schwarz). Genaugenommen waren es zwei Entscheidungen: die Entscheidung, den Alliierten in aller Förmlichkeit einen deutschen Verteidigungsbeitrag anzubieten, und die Entscheidung, dieses Angebot mit der Souveränitätsfrage zu verknüpfen. Nach Vorgesprächen mit den Hohen Kommissaren richtete er Ende August, auf die für Mitte September anberaumte Außenministerkonferenz zielend, von der man Entscheidungen erwartete, zwei Memoranden an die Westmächte, in denen er »ein deutsches Kontingent« als Beitrag zu einer »internationalen westeuropäischen Armee« im Austausch gegen »eine umfassende Neugestaltung des gegenwärtigen Rechtszustandes« Westdeutschlands anbot[16] – gemeint war nichts Geringeres als die Aufhebung des Besatzungsstatuts, das doch gerade erst seit einem Jahr in Geltung war.[17] Das Junktim war nicht ausdrücklich formuliert, aber die Parallelität der beiden Memoranden ließ keinen Zweifel an des Kanzlers ehrgeiziger, die Besatzungsmächte herausfordernder Verhandlungskonzeption. Die »Erinnerungen« bestätigen den Zusammenhang: Adenauer nennt »die Erlangung der Souveränität« als erstes von drei Zielen, die er mit seiner Wiederbewaffnungsinitiative verfolgt habe. An zweiter Stelle folgt »Sicherheit gegenüber der Aufrüstung der Sowjetzone (!) durch Sowjetrußland« und dann »Herbeiführung einer europäischen Föderation«.[18] Trotz dieser Reihung wird man davon auszugehen haben, daß das Sicherheitsmotiv das ursprüngliche war und der Gedanke, aus Verteidigungsbeitrag und Besatzungsstatut ein Verhandlungspaket zu schnüren, erst relativ spät auftauchte.

Wie immer man das Angebot aber auch begründete, die innenpolitischen Risiken waren groß. Bis ins Kabinett hinein wurde sofort Widerspruch laut. Gustav Heinemann, Adenauers Innenminister, der wichtigste Repräsentant des deutschen Protestantismus in der Regierung, trat zurück, um zu einem der Wortführer des Kampfes gegen die Wiederbewaffnung zu werden, eines Kampfes, der nicht nur mit politischen, sondern auch, gerade was Heinemann angeht, mit moralischen, ja theologischen Argumenten geführt worden ist. Die Wiederbewaffnung als der Sündenfall der jungen Bundesrepublik, als Ausdruck ihrer Weigerung, die Niederlage von 1945 zu akzeptieren, ihrer Unfähigkeit, sich moralisch zu erneuern, theologisch gesprochen: Buße zu tun – das war die Position, für die Heinemann stand und die im deutschen Protestantismus und darüber hinaus durchaus Resonanz fand. Aber der Kanzler ließ sich überhaupt nicht irritieren. Er war sich seines Urteils sicher, wie fast immer, wenn es um Wesentliches ging.

Nach außen hin verband das Stichwort »westeuropäische Armee« seinen Vorstoß mit dem Pleven-Plan, der ein paar Wochen später der Öffentlichkeit präsentiert wurde. Aber das gemeinsame Stichwort bedeutete – das tritt hier viel klarer zutage als beim Schuman-Plan – einstweilen noch nicht, daß Europapolitik in Paris und Bonn den gleichen Zielen diente. Im Pleven-Plan ging es unverkennbar um die Fesselung Deutschlands, in Adenauers Augustmemoranden um die Wiedergewinnung der Gleichberechtigung als Folge eines deutschen Verteidigungsbeitrags. Adenauer mußte deshalb auf die USA setzen und konnte das auch tun. Die Konvergenz amerikanischer und deutscher Interessen blieb bis zur Mitte der fünfziger Jahre die bestimmende Konstellation für den Aufbau der westlichen Allianz.

Zur europäischen Lösung ist es, wie man weiß, nicht gekommen. Zwar gelang es, was schwierig genug war, den sechs Staaten, die sich bereits zur Montanunion zusammengeschlossen hatten, in den fünfzehn Monaten zwischen Februar 1951 und März 1952 den Vertrag über die Europäische Verteidigungsgemeinschaft auszuhandeln, und in fünf der Unterzeichnerstaaten nahm er auch die Hürde parlamentarischer Ratifikation relativ rasch. Frankreich aber zögerte die Entscheidung lange hinaus. Am 30. August 1954 schließlich, über zwei Jahre nach der Unterzeichnung, brachte eine Allianz von entschiedenen Gegnern und allzu lauen Befürwortern in der französischen Nationalversammlung den Vertrag zu Fall. Dieses Ende war keine Überraschung mehr. Frankreich mußte sich schwertun mit dem Vertrag, so wie er nun vorlag. Denn die deutsche Seite hatte sich in den Verhandlungen mit ihrer Forderung nach Gleichberechtigung weitgehend durchgesetzt. Das bedeutete: Der Vertrag war auf die Zukunft ausgerichtet, nicht auf die Vergangenheit. Er barg nun eine wirkliche europäische Chance. Das bedeutete aber auch: Vom Pleven-Plan, der durchaus Ungleichbehandlung gemeint hatte, war nicht viel geblieben. Den Ausschlag in der Nationalversammlung hat wohl gegeben, daß die Regierung Mendès-France es an jedem Engagement für den Vertrag hatte fehlen lassen.

Der Indochinakrieg hat hier folgenreich in die europäische Politik hineingewirkt. Am 7. Mai war die Dschungelfestung Điện Biên Phu gefallen. Mendès-France brauchte die Sowjetunion, um aus dem Debakel der Niederlage im fernöstlichen Kolonialkrieg herauszukommen. »Die Opferung der EVG war der Preis, den Mendès-France für den Frieden in Indochina zahlte.«[19] Übrigens zeigte das Votum der französischen Nationalversammlung auch an, daß die USA Frankreich nicht einfach dahin drängen konnten, wo sie es haben wollten. So gesehen war das späte Nein Frankreichs zu einem Projekt, das es selbst vorgeschlagen hatte und das die USA dann zu ihrer Sache gemacht hatten, nicht zuletzt eine Demonstration des Beharrens auf der eigenen Souveränität.

Adenauer hat den 30. August 1954 im Rückblick einen »schwarzen Tag für Europa« genannt, gar von einer Tragödie gesprochen.[20] Man muß das Wort nicht auf die Goldwaage legen. Jedenfalls ist das Urteil allgemein, daß das Scheitern der EVG als eine tiefe Zäsur anzusehen sei. Wer wie Adenauer samt einem guten Teil seiner politischen Gefolgschaft und seiner engsten Mitarbeiter den europäischen Bundesstaat wollte, konnte die EVG in der Tat als eine einzigartige Chance begreifen: als Chance nämlich – angetrieben durch den Imperativ, eine Lösung für das Problem der Wiederbewaffnung Westdeutschlands finden zu müssen –, früh, schon in der ersten Phase des Einigungsprozesses, den Kernbereich nationalstaatlicher Souveränität zu europäisieren. Mußte dieser Sprung in die Zukunft nicht wie von selbst zur – vom EVG-Vertrag in Art. 38 tatsächlich ins Auge gefaßten – politischen Union führen? Für sie wurden in den Jahren der EVG-Verhandlungen ja auch schon Pläne geschmiedet. Der später eingeschlagene Weg der Europäischen Wirtschaftsgemeinschaft barg solche Chancen nicht mehr.

Man kann freilich auch skeptischer über die Aussichten einer so stark forcierten Europäisierung urteilen, zumal im Rückblick auf vierzig Jahre Integrationsgeschichte. Wären die sechs Mitgliedstaaten der EVG, wären die Völker wirklich schon bereit gewesen, den Weg in die europäische Föderation weiterzugehen? Und wenn nicht, was hätte das bedeutet: eine europäische Armee unter einem europäischen Verteidigungsminister in einer auf unabsehbare Zeit noch national-staatlich bestimmten europäischen Wirklichkeit? Auch ist zu fragen, ob die EVG den anderen westeuropäischen Staaten noch eine Chance gelassen hätte, Anschluß an die europäische Entwicklung zu finden. Wie immer man auf solche Fragen antwortet, eins ist sicher: In der besonderen Situation des Nachkriegsjahrzehnts, in der die europäische Politik zunächst einmal Brücken über Abgründe alter Feindschaft und noch lebendiger Furcht schlagen mußte, war es eben nicht nur eine Chance, sondern auch eine Belastung für die Integrationsentwicklung, daß der Kalte Krieg das schwierigste aller Themen, das der deutschen Wiederbewaffnung, so früh ins Zentrum der europäischen Planungen schob.

Ob nun Tragödie oder nicht, der 30. August 1954 bedeutete für die Bundesrepublik ganz sicher mehr als für die übrigen westeuropäischen Staaten. Sie stand noch unter Besatzungsrecht, war nicht souverän, sie hätte, wäre die EVG Wirklichkeit geworden, den Status souveräner Staatlichkeit gleichsam übersprungen in eine europäische Zukunft hinein. Nun öffnete sich ihr ein ganz anderer Weg. Sosehr man im Augenblick des Stillstands angesichts der Ungewißheit, wie es weitergehen werde, auch erschrecken mochte – die Verhandlungsposition der Bundesrepublik war jetzt wesentlich stärker, als sie es 1951/52 gewesen war. Die EVG war an Frankreich gescheitert, Adenauer hingegen hatte die Ratifizierung gegen starke innere Widerstände durchgesetzt. Das mußte auf Washington Eindruck machen. Da das Junktim zwischen Verteidigungsbeitrag und Aufhebung des Besatzungsstatuts von beiden Seiten aufrechterhalten wurde – kein Verteidigungsbeitrag ohne Souveränität und Gleichberechtigung war die deutsche Position, keine Souveränität ohne Verteidigungsbeitrag die alliierte –, hatte die Bundesrepublik einen Anspruch auf eine rasche Lösung. Immerhin waren zwei Jahre seit der Unterzeichnung des EVG-Vertrages und des Deutschlandvertrages, der das Besatzungsstatut aufheben sollte, vergangen. Trotz aller Enttäuschung hat Adenauer den Ausweg denn auch rasch und präzise ins Auge gefaßt.

Am 31. August notierte Herbert Blankenhorn, Adenauers engster außenpolitischer Mitarbeiter: »Die Nachricht hat ihn hart getroffen. (...) Seine Linie: Fortsetzung der Arbeit am europäischen Zusammenschluß, Zurückstellung der Pläne einer integrierten europäischen Verteidigung, Durchsetzung der vollen Souveränität der Bundesrepublik und Eintritt in die NATO.«[21] Die NATO-Lösung hatte ihre offensichtlichen Vorteile, nicht zuletzt den, daß die schwierige Statusdifferenzierung zwischen EVG-Mitgliedstaaten, die zugleich der NATO angehörten, und der Bundesrepublik, die zur NATO nicht zugelassen war, wegfiel. Es gibt keinen Grund zu vermuten, daß es Adenauer schwergefallen wäre, auf sie umzuschwenken. Sie hatte bis zum 30. August 1954 des französischen Vetos wegen keine Chance gehabt. Nun war sie möglich geworden. Aber auch nach dem 30. August konnte die Bundesrepublik sich noch immer nicht selbst die Tür öffnen.

Es war England, vor allem in der Person des Außenministers Anthony Eden, das energisch die Initiative ergriff und die westliche Allianz überraschend schnell aus der Krise herausführte. Ende Oktober, kaum zwei Monate waren seit dem EVG-Votum der französischen Nationalversammlung vergangen, wurden nach schwierigen, zeitweise dramatischen Verhandlungen mit einem widerstrebenden Frankreich die Pariser Verträge unterzeichnet, die an die Stelle der gescheiterten Lösung von 1952 traten. Die Eingliederung der Bundesrepublik in die westliche Sicherheitsgemeinschaft wurde nun durch ihre Aufnahme in die NATO vollzogen. Mit anderen Worten: Die Bundesrepublik erhielt nun doch ihre eigene Armee, wenn auch eingebunden in ein Bündnis, das durch seine integrierten Kommandostrukturen weit mehr war als ein traditionelles Beistandsabkommen. Zugleich wurde sie Mitglied des zur Westeuropäischen Union umgeformten Brüsseler Paktes von 1948. Die WEU erhielt eine Doppelfunktion: Sie blieb Beistandspakt mit einem europäischen Entwicklungspotential und wurde zugleich Rüstungskontrollorganisation. Sie übernahm die Aufgabe, darüber zu wachen, daß die Bundesrepublik die von ihr eingegangenen Verpflichtungen der Rüstungsbegrenzung einhielt. Kern dieser Verpflichtungen war der Verzicht auf die Herstellung von atomaren, biologischen und chemischen Waffen, der bekanntlich anders als viele andere Eingrenzungen der Frühzeit zu einer dauerhaften Selbstbeschränkung der Bundesrepublik geworden ist. Ergänzend traten zu diesen vertraglichen Vereinbarungen eine amerikanische Zusage, Truppen in Westeuropa zu stationieren, sowie eine sehr viel präzisere englische Selbstverpflichtung, Truppen in bestimmter Stärke auf dem Kontinent zu unterhalten. Sie im Kabinett durchgesetzt zu haben, ist eines der wesentlichen Verdienste Edens. Beide angelsächsischen Mächte sind mit diesen Verpflichtungen über den Schatten ihrer insularen Tradition gesprungen und haben damit das kompliziert ausbalancierte Vereinbarungsgeflecht überhaupt erst möglich gemacht.

Trotz aller Rücksichtnahme auf die französischen Sicherheitsbedürfnisse: Am Ende hat Frankreich mit weniger »Sicherheit« vor Deutschland vorlieb nehmen müssen, als die EVG gebracht hätte. Wie ist es zu erklären, daß Paris die NATO-Mitgliedschaft schließlich doch hinnahm, nachdem es zur EVG eben noch nein gesagt hatte? Die NATO-Lösung hatte den Vorzug, daß sie Frankreich keinen eigenen Souveränitätsverzicht abverlangte. Vor allem aber ist wohl in Rechnung zu stellen, daß Frankreich sich mit dem Votum vom 30. August selbst ins Abseits manövriert hatte. Es trug allein die Verantwortung für das späte Scheitern eines mühevoll ausgehandelten Vertrages. Es konnte die Wiederbewaffnung Westdeutschlands nicht länger blockieren, ohne in eine vollständige politische Isolation zu geraten.

Der Saarkonflikt hätte freilich im letzten Augenblick noch einen Strich durch die Rechnung machen können. Erst als sich Adenauer und Mendès-France auf das Saarstatut geeinigt hatten, das, unter dem Vorbehalt einer Volksabstimmung und des zukünftigen Friedensvertrages, die Europäisierung des Saarlandes vorsah, war die Zustimmung Frankreichs zu dem ganzen Vertragskomplex gesichert. Bekanntlich hat das Nein der Betroffenen zum Saarstatut[22] dann den Weg zur Eingliederung des Saarlandes in die Bundesrepublik freigemacht und einen Schlußpunkt hinter einen bitteren Streit gesetzt, der das erste Jahrzehnt deutsch-französischer Nachkriegsbeziehungen bestimmt hat.

War Frankreich in gewissem Sinne der Verlierer der Verhandlungsrunde von 1954, so war die Bundesrepublik der Gewinner. Das Scheitern der EVG, so hat man gelegentlich pointiert gesagt, sei ein Glücksfall für die Bundesrepublik gewesen. Denn jetzt ergab sich die Gelegenheit, den 1951/52 ausgehandelten Vertrag zur Ablösung des Besatzungsstatuts, der ja noch nicht in Kraft getreten war, noch einmal zur Diskussion zu stellen und das ganze Paket Wiederbewaffnung gegen Souveränität neu zu schnüren, und dies, was die junge Bundesrepublik angeht, aus einer deutlich stärkeren Verhandlungsposition heraus. Tatsächlich wurden im zweiten Anlauf Ziele erreicht, die im ersten noch unerreichbar gewesen waren. 1951/52 waren die Besatzungsmächte noch nicht bereit gewesen, ihre Siegerrechte ganz aufzugeben. Die Überzeugung, daß die Deutschen ein langes Wegstück überwacht und geleitet werden müßten, saß tief. Die neu ausgehandelte Fassung des Deutschlandvertrages[23] brachte entscheidende Verbesserungen gegenüber der von 1952. Der allgemeine Notstandsvorbehalt wurde gestrichen, die fortdauernde Präsenz alliierter Truppen in der Bundesrepublik konsequent auf das Fundament einer Vereinbarung unter Gleichen gestellt, vor allem aber: Erst 1954 wurde der Bundesrepublik in diesen Worten »die volle Macht eines souveränen Staates über ihre inneren und äußeren Angelegenheiten« zugesprochen.

Das bleibt zwischen den Siegern und dem Besiegten von 1945 ein denkwürdiger und keineswegs selbstverständlicher Satz, auch wenn man in Rechnung stellt, daß seit der bedingungslosen Kapitulation neun Jahre verstrichen waren und das Besatzungsstatut von vornherein nur als Übergangsregelung für eine Bewährungszeit der westdeutschen Demokratie gedacht war. Daß die drei Mächte »die bisher von ihnen ausgeübten oder innegehabten Rechte und Verantwortlichkeiten in bezug auf Berlin und auf Deutschland als Ganzes einschließlich der Wiedervereinigung Deutschlands und einer friedensvertraglichen Regelung« zurückhielten, lag, wie sich zeigen sollte, durchaus im Interesse der Bundesrepublik, nicht nur Berlins wegen. Die Siegermächte reservierten sich in Art. 2 eben nicht nur ein Recht, sie übernahmen auch eine Verantwortlichkeit. Zusammen mit Art. 7 Abs. 2, in dem die Vertragspartner sich auf die Wiedervereinigung als gemeinsames Ziel festlegten – »ein wiedervereinigtes Deutschland, das eine freiheitlich-demokratische Verfassung, ähnlich wie die Bundesrepublik, besitzt und das in die europäische Gemeinschaft integriert ist« lautet die etwas umständliche Umschreibung –, ist Art. 2 zur entscheidenden bündnisrechtlichen Absicherung des Einspruchs der Bundesrepublik gegen die Endgültigkeit der Teilung geworden. Was die Verpflichtung der neu gewonnenen Bündnispartner auf das Wiedervereinigungsziel politisch wert war, mußte sich freilich erst noch erweisen.

Am 5. Mai 1955 traten die Pariser Verträge in Kraft. Adenauers Westpolitik hatte ihren Zenit, oder vielleicht besser: ihr Ziel, erreicht. Die Bundesrepublik war nun ein – fast – souveräner Staat. Sie war – fast – gleichberechtigter Partner in der atlantischen Sicherheitsgemeinschaft und Glied einer westeuropäischen Staatengemeinschaft, die einen Integrationsprozeß in Gang gesetzt hatte. Nicht rechtlich, wohl aber faktisch waren die Pariser Verträge eine Art von Friedensvertrag der drei westlichen Siegermächte mit dem westlichen Deutschland. Man hat dem 20. Jahrhundert oft vorgeworfen, daß es die Kunst, Frieden zu schließen, verlernt habe. Der Friedensschluß von 1955, wenn man ihn denn so nennen will, ist ein Gegenbeispiel. Auch wenn der Kalte Krieg als Geburtshelfer dieses Friedensschlusses eine entscheidende Rolle gespielt hat – ohne Mut, Weitsicht, konstruktive Phantasie auf beiden Seiten wäre er nicht möglich gewesen.

Es ist zu diesem Quasi-Friedensschluß übrigens auch das Londoner Schuldenabkommen von 1953 zu rechnen, ausgehandelt von Hermann Josef Abs, als Sprecher der Deutschen Bank eine der einflußreichsten Figuren der westdeutschen Wirtschaft in ihren ersten Jahrzehnten. Die westlichen Siegermächte hatten ihre Bereitschaft, das Besatzungsstatut aufzuheben, nicht zuletzt davon abhängig gemacht, daß es zu einer Vereinbarung über die Rückzahlung der deutschen Auslandsschulden aus der Vorkriegs- und der Nachkriegszeit komme. Diese Vereinbarung wurde im Londoner Abkommen zu für das Schuldnerland Deutschland verhältnismäßig günstigen Bedingungen erreicht.[24] Von 29,3 Milliarden Mark Schulden, die man errechnete, wurden der Bundesrepublik die Hälfte (14,8 Milliarden Mark) erlassen, wobei sich vor allem die Amerikaner als großzügig erwiesen. Bis 1988 sollten die verbleibenden 14,5 Milliarden Mark abgezahlt sein, tatsächlich wurde die letzte Rate schon 1966 gezahlt. Das Abkommen befaßte sich nicht mit dem Thema Reparationen. Aber Abs erklärte in London ausdrücklich, er gehe davon aus, daß weitere Forderungen unter dem Titel Reparationen nicht erhoben werden würden. Und niemand widersprach – ein eindringliches Beispiel dafür, daß Politik aus der Geschichte lernen kann. Das Londoner Abkommen hat zur Wiederherstellung des Vertrauens in die Kreditwürdigkeit Deutschlands – für eine in die Weltwirtschaft eingebundene Nation ein lebenswichtiges Kapital – wesentlich beigetragen.

Wichtiger noch als das Vertrauen der Welt in den Schuldner und Zahler Deutschland war freilich ihr Vertrauen in die moralische Integrität des neuen Deutschlands. Das konnte nur langsam wachsen. Daß es in den fünfziger Jahren allmählich Wurzeln schlug, hat viel mit dem Wiedergutmachungsabkommen zu tun, das zwischen der Bundesrepublik und dem Staat Israel, dazu der Conference on Jewish Material Claims against Germany 1951/52 ausgehandelt wurde. Die Verhandlungen waren, wie es nicht anders sein konnte, schwierig. Vielleicht wären sie gescheitert, hätte nicht Adenauer selbst sich sehr persönlich und sehr entschieden engagiert. Er sah den moralischen Rang gerade dieser Pflicht. Er sah auch, daß es für das besiegte Deutschland in seinem Bemühen, den Weg aus der Ächtung zurück in die Völkergemeinschaft zu finden, ein Gebot politischer Klugheit war, sie rasch und eindeutig anzuerkennen. In Franz Böhm, dem deutschen Verhandlungsführer, einem Mann, den Sachkenntnis und Gesinnung gleichermaßen zu dieser besonderen Mission befähigten, hatte er einen herausragenden Helfer. Am 10. September 1952 konnte die Vereinbarung in Luxemburg unterzeichnet werden – schweigend, wie die Beteiligten berichten. Sie sah Wiedergutmachungsleistungen in Höhe von insgesamt 3,45 Milliarden Mark vor. Einen Tag vor dem Deutschland- und dem EVG-Vertrag passierte das Abkommen im März 1953 den Bundestag – ein Zusammentreffen, das keineswegs zufällig war. Das Abstimmungsergebnis war freilich nicht sonderlich eindrucksvoll: 219 gegen 34 Stimmen bei 86 Enthaltungen, Zahlen, in denen sich vor allem wohl Bedenken gegen die Höhe der Wiedergutmachungssumme ausdrückten, aber auch die Sorge, es könne zu feindlichen Reaktionen der Araber kommen – man verpflichtete sich ja zu Leistungen an den Staat Israel. Nur die SPD-Fraktion stimmte geschlossen für die Vereinbarung.

IV.

Die grundlegenden außenpolitischen Entscheidungen des westdeutschen Staates sind nicht einmütig getroffen worden. Sie mußten in dramatischen Auseinandersetzungen durchgesetzt werden, Auseinandersetzungen, die das Land zeitweilig in zwei politische Lager teilten. Das gilt für die Westpolitik Adenauers in den frühen fünfziger Jahren, und es gilt für die Ostpolitik der sozial-liberalen Koalition zwanzig Jahre später. Beide Konflikte haben übrigens auch dies miteinander gemein, daß sie letztlich durch Wahlen – die Bundestagswahlen 1953 und 1972 – entschieden wurden und mittelfristig in einen stabilen Konsens einmündeten. Natürlich ist es kein Zufall, daß es gerade die außenpolitischen Weichenstellungen waren, an denen sich die großen öffentlichen Kontroversen der westdeutschen Republik vorzugsweise entzündet haben. Fragen der Außenpolitik hatten für die Bundesrepublik notwendigerweise eine existentiellere Bedeutung als für andere Staaten, zumal jene des ersten Jahrfünfts: Sie waren Gründungsentscheidungen, dem Akt der Verfassungsgebung ähnlich.

Die Bilanz der SPD ist, was dieses erste Jahrfünft angeht, eindeutig. Zum Marshall-Plan hatte sie noch ja gesagt, nicht enthusiastisch und mit dem Vorbehalt, den Deutschen müsse die ordnungspolitische Entscheidungsfreiheit erhalten bleiben, aber aus praktischen Gründen doch überzeugt. »Die Verantwortung für die Millionen Hungernder schreibt uns vor, diese große Initiative nicht zu entmutigen«, hatte Kurt Schumacher erklärt.[25] Zu Adenauers Westpolitik sagte die SPD konsequent nein, vom Petersberger Abkommen bis zu den Pariser Verträgen.

 Wie prinzipiell war dieses Nein? Es galt nicht der Westorientierung als solcher und galt doch jedem einzelnen Schritt, den Adenauer in Richtung Westen tat. Es galt Adenauers Bereitschaft zu kalkulierten Vorleistungen. Es galt dem Tempo, mit dem er die Entwicklung vorwärtstrieb. Es galt seinem Bestreben, keinen Rückweg offenzulassen, das sich in der ursprünglichen Fassung des Generalvertrags in einer Klausel der Bindung auch des wiedervereinigten Deutschlands an die Westverträge niedergeschlagen hatte, die Adenauer nicht einmal in der eigenen Gefolgschaft, im Kabinett und in der Fraktion, hatte durchsetzen können.[26] Schumacher bestand in prinzipiellem Widerspruch gegen Strategie wie Taktik Adenauers darauf, daß die Bundesrepublik nur als gleichberechtigter Partner Verpflichtungen eingehen könne; daß es der Adenauerschen Vorleistungen nicht bedürfe, weil die Zeit für die Bundesrepublik arbeite; daß eine rasche Integrationsentwicklung nicht im deutschen Interesse liege; daß in den vertraglichen Beziehungen zum Westen nichts endgültig und unauflöslich festgezurrt werden dürfe.

Ein Streit um Modalitäten? Schon die Schärfe, die Bitterkeit, mit der er ausgetragen wurde, spricht gegen diese Einschätzung. Ob man Rechte einforderte oder Vertrauen zu gewinnen suchte; ob man Gleichberechtigung als Voraussetzung oder als Ziel einer westorientierten Politik begriff; ob man für den westdeutschen Staat Handlungsfreiheit in Anlehnung an den Westen oder integrative Einbindung in die westliche Allianz anstrebte – das waren nicht nur taktische Varianten westdeutscher Außenpolitik, sondern prinzipielle Alternativen am Beginn ihres Weges.

Hinzuzufügen ist freilich: Bei aller Schärfe, in der Adenauer und Schumacher ihre Auseinandersetzungen führten – es gab zwischen ihren außenpolitischen Konzeptionen Punkte der Berührung, die es zwischen der SPD und Adenauer nach Schumachers Tod nicht mehr gab. Schumacher hat einen westdeutschen Verteidigungsbeitrag nicht prinzipiell abgelehnt, nach seinem Tod wurde der Widerstand der SPD gegen die Wiederbewaffnung sehr grundsätzlich. Schumacher war auch viel skeptischer gegenüber Neutralisierungsideen, als es die SPD der Jahre 1953 bis 1959 war.

Was über Schumachers frühen Tod hinaus in der SPD fortwirkte, war vor allem der nationale Akzent, den er dem sozialdemokratischen Kampf gegen Adenauers Westpolitik von Anfang an gegeben hatte. Daß die SPD in diesem Kampf eher die »nationalen Belange« verfocht, gegen eine Regierung, der sie vorwarf, die deutschen Interessen nicht entschieden genug zu vertreten oder gar sie ganz zu vergessen; daß, pointierter formuliert, die Invektive »Kanzler der Alliierten«[27] einem rechten Kanzler von einem linken Oppositionsführer an den Kopf geworfen wurde und nicht umgekehrt, ist im Rückblick auf Weimar oft und zu Recht als bedeutsam vermerkt worden. Wir haben es in der Tat mit politischen Frontverläufen zu tun, die in den alten Schemata nicht mehr zu erfassen sind.

Der materielle Kern des Konflikts zwischen Adenauer und den Gegnern seiner Politik war, zumal von 1952 an, die leidenschaftliche Auseinandersetzung darüber, ob die forcierte Westintegration dem Ziel, die Einheit Deutschlands wiederzugewinnen, diene oder es unerreichbar mache; etwas anders, konkreter formuliert: ob Verhandlungen mit der Sowjetunion über die Wiederherstellung der Einheit Deutschlands den Vorrang haben

Daß der Streit um die Wiederbewaffnung die Emotionen aufwühlte, ist nicht überraschend. Wichtig für die Republik war, daß er gleichwohl parlamentarisch entschieden werden konnte und die Entscheidung des Parlaments auch akzeptiert wurde. Die Demonstration fand im Februar 1955 statt und richtete sich gegen die Ratifizierung der Pariser Verträge, die die internationale Stellung der Bundesrepublik nach dem Scheitern der Europäischen Verteidigungsgemeinschaft neu regelten.

müßten vor der Westintegration der Bundesrepublik oder umgekehrt. Die sozialdemokratische Opposition hat so dezidiert den ersten Standpunkt verfochten wie Adenauer den zweiten. Beide Seiten waren überzeugt, daß dies die Schicksalsfrage der jungen Bundesrepublik sei. Und sie war es wohl auch. Ihre schärfste Zuspitzung erreichte die Auseinandersetzung, nicht überraschend, im Streit um die Wiederbewaffnung. Der wurde zwar auf mehreren Ebenen geführt, mit prinzipiell-moralischen Argumenten ebenso wie mit praktisch-politischen. Aber für die Sozialdemokratie ging es gerade auch im Wiederbewaffnungsstreit vor allem um die Spannung zwischen den Zielen Westintegration und nationale Einheit.

V.

Es war die Sowjetunion, die mit ihrer sich über vier Jahre hinziehenden propagandistisch-diplomatischen Offensive gegen die Westintegration der Bundesrepublik die westdeutsche Politik mit der Schicksalsfrage konfrontierte. Sie hatte zwar das Ihre zur Teilung beigetragen, aber die wahrscheinlichen Konsequenzen vielleicht doch nicht genau genug durchkalkuliert. Jedenfalls zeigte sich von 1950 an, daß sie keineswegs bereit war, die konsequente Westintegration des westdeutschen Staates mit allen seinen Potentialen einfach hinzunehmen. Tatsächlich ist es, das machen alle ihre Manöver mit großer Eindeutigkeit sichtbar, das Hauptziel der sowjetischen Deutschlandpolitik zwischen dem Herbst 1950 und dem Frühjahr 1955 gewesen, die Wiederbewaffnung Westdeutschlands und seine Eingliederung in die westliche Militärallianz zu verhindern.

Was wir bis heute nicht ganz sicher wissen: Welchen Preis war der Kreml bereit zu zahlen, um dieses Ziel zu erreichen? Er hielt eine Trumpfkarte in der Hand. Er konnte die Wiederherstellung der Einheit Deutschlands anbieten. Aber er konnte diese Karte nicht spielen, ohne »sein« Deutschland, den SED-Staat, preiszugeben. Dachte er zu irgendeinem Zeitpunkt – sei es vor, sei es nach Stalins Tod im März 1953 – daran, so weit zu gehen? Oder hoffte er darauf, mit dem diplomatisch wie propagandistisch eingesetzten Lockmittel Wiedervereinigung die Westpolitik Adenauers stören, vor allem die Wiederbewaffnung verhindern zu können, ohne den Preis wirklich zahlen zu müssen? Hat die sowjetische Führung die fraglichen viereinhalb Jahre hindurch konsequent eine Strategie verfolgt? Hat sie geschwankt? Waren sich – diese Frage stellt sich erst für die Phase nach Stalins Tod – die Kremlherren untereinander immer einig? Noch einmal: Ganz sicher wissen wir es bis heute nicht. Aber über das bloße Spekulieren sind wir inzwischen hinaus.[28]

Die Angebote, die die Sowjetunion im Zuge ihrer Störoffensive vorgelegt hat, kamen dem Westen unterschiedlich weit entgegen. Sie waren verlockender oder weniger verlockend – je nach dem Stand des Vorhabens der Wiederbewaffnung der Bundesrepublik im westlichen Bündnis. Am weitesten ging die Sowjetunion, jedenfalls in Worten, auf den Westen und die Bundesrepublik im besonderen im Frühjahr 1952 und Anfang 1955 zu, das heißt: kurz vor der Unterzeichnung des EVG-Vertrages und kurz vor der endgültigen Entscheidung über den Eintritt in die NATO. Im März/April 1952 wie im Januar 1955 schlug sie vor, in Verhandlungen über die Wiederherstellung der Einheit Deutschlands auf der Grundlage freier Wahlen einzutreten. Vor allem das Angebot von 1952 hat später die Phantasie entzündet und leidenschaftliche Debatten ausgelöst. Hat Stalin mit ihm die DDR zur Disposition gestellt? Die Akten des Außenministeriums, die in den neunziger Jahren der Forschung zugänglich gemacht wurden, sprechen eher dagegen.[29] Sie deuten auf taktische Zwecke hin. Das dürfte erst recht für das Angebot von 1955 gelten. Wenn in Moskau jemals ernstlich darüber nachgedacht worden ist, ob die Neutralität Gesamtdeutschlands den Preis DDR wert sei, dann nach allem, was wir wissen, gerade nicht 1952 oder 1955, sondern in den Monaten nach Stalins Tod im Frühjahr 1953. Jedenfalls ist Berija nach seinem Sturz im Juli 1953 der Vorwurf gemacht worden, er habe die DDR preisgeben wollen. Und die krisenhafte Entwicklung in der DDR gerade im Frühjahr und Frühsommer 1953 drängte der neuen sowjetischen Führung ja auch tatsächlich die Frage nach der Zukunft dieses offenbar kaum zu stabilisierenden Protektorats auf. Aber selbst wenn diese Frage, von wem auch immer, in Moskau damals ernsthaft gestellt worden ist, die Antwort war dann doch ganz eindeutig: Am 17. Juni 1953 fuhren sowjetische Panzer für das SED-Regime auf, Berija wurde exekutiert, ein deutliches Signal der Verhandlungsbereitschaft ist in den fraglichen Monaten von der Sowjetunion nicht ausgegangen.

Was hätte denn auch bei nüchternem Kalkül aus Moskauer Sicht für einen Rückzug aus der DDR gesprochen? Auf einen bestimmenden Einfluß der SED/KPD in einem wiedervereinigten Deutschland konnte die Sowjetunion nicht hoffen. Mehr als Neutralität eines im übrigen westlich verfaßten und orientierten Gesamtdeutschlands war für den Preis DDR nicht einzuhandeln. Würde man sich auf die Neutralität dieses Deutschlands aber verlassen können? Bruno Kreisky hat eine interessante Anwort auf diese Frage überliefert. Als er, damals Staatssekretär im österreichischen Außenamt, bei den Verhandlungen über den österreichischen Staatsvertrag im April 1955 den stellvertretenden sowjetischen Ministerpräsidenten Mikojan, einen der Weggefährten Stalins, fragte, ob die österreichische Lösung nicht auch für Deutschland in Betracht komme, erhielt er zur Antwort: Die Neutralität eines kleinen Staates wie Österreich lasse sich durch ein Stück Papier sichern, die Neutralität Deutschlands nicht.[30] Selbst wenn man im Kreml der Neutralitätszusage Deutschlands getraut hätte: Lohnte es sich, dafür die mitteleuropäische Bastion des Imperiums aufzugeben, den Siegespreis aus dem Großen Vaterländischen Krieg? Und war es, wenn die Sowjetunion die Glaubenslehre, auf die sie sich berief, ernst nahm, überhaupt denkbar, ein sozialistisches Regime der Liquidation zu überantworten?

Wirklich verhandelt haben Ost und West in den Jahren zwischen der Gründung der Bundesrepublik und dem Inkrafttreten der Pariser Verträge im Mai 1955 über die Möglichkeit einer Wiedervereinigung nur ein einziges Mal: auf der Berliner Außenministerkonferenz der vier Mächte im Januar 1954. Und auch diese Verhandlungen stützen die Vermutung, daß die Sowjetunion niemals bereit war, die DDR zu opfern. Molotow zeigte sich gänzlich unnachgiebig. Daß sein Vorschlag, die beiden deutschen Regierungen an Friedensverhandlungen zu beteiligen, vom Westen verworfen werden würde, wußte er natürlich. Man kann annehmen, daß die sowjetischen Verhandlungsangebote um so weniger ernst gemeint waren, je betonter sie die DDR ins Verhandlungsspiel zu bringen versuchten.

Störmanöver also, das ist die plausibelste Deutung der sowjetischen Offensive gegen Westintegration und Wiederbewaffnung der Bundesrepublik. Ob ein durchdachtes taktisches Kalkül dahinter stand, ist nicht ganz klar. Sollte »nationaler Widerstand« gegen Adenauer mobilisiert werden? Dafür spricht, daß die sowjetische Deutschlandpolitik des ersten Nachkriegsjahrzehnts den deutschen Nationalismus immer wieder zu instrumentalisieren versucht hat und dabei weit überschätzte, was von ihm nach der Katastrophe übriggeblieben war. Hoffte man im Kreml gar, Adenauer stürzen zu können, und setzte dabei auf SPD und KPD? Oder sollte in endlos hingeschleppten, ergebnislosen Verhandlungen dem komplizierten, umkämpften, auf die Gunst der Stunde angewiesenen westlichen Vertragswerk die Chance der Verwirklichung genommen werden? In solchen Praktiken waren die Sowjets ja Meister. So oder so, das Ziel war das gleiche und die DDR nicht der Preis, der in diesem Spiel wirklich gezahlt worden wäre.

Ob die sowjetische Politik der Bundesrepublik jemals die Wahl zwischen Westintegration und Fortdauer der Teilung einerseits und Neutralität und Wiedervereinigung andererseits anzubieten bereit war oder ihr diese Wahlmöglichkeit nur vorgaukeln wollte, um sie vom Weg der Westintegration abzubringen, ist aber nur eine von zwei Fragen, die zu bedenken sind. Die andere lautet: Wie ist die Bundesrepublik, die damals viel weniger sicher wissen konnte, was der Sowjetunion die Verhinderung der Eingliederung Westdeutschlands in das westliche Militärbündnis wert war, als man es heute weiß, mit ihrer Schicksalsfrage umgegangen? Gab es gute, zwingende Gründe für die Entscheidung Adenauers, die Moskauer Verhandlungsangebote abzulehnen, ohne sie auch nur zu prüfen? Die Wiedervereinigung hat diesen Fragen nichts von ihrem Gewicht genommen, im Gegenteil: Seit wir wissen, was vierzig Jahre Teilung dem geteilten Land zugefügt haben, sind sie eher noch dringlicher geworden. Stünde die Bundesrepublik vor der Geschichte nicht besser da, wenn sie sagen könnte, sie habe in den frühen fünfziger Jahren alles versucht, um herauszufinden, ob es nicht doch noch eine Chance gebe, die bereits weit fortgeschrittene Teilungsentwicklung rückgängig zu machen? Der Nachweis sei erbracht, daß es nicht in ihrer Macht gelegen habe, den Deutschen jenseits der Teilungsgrenze fast vierzig Jahre DDR mit ihren verheerenden Folgen zu ersparen.

Es ist die schon erwähnte sowjetische Notenoffensive des Frühjahrs 1952, an der sich das Streitgespräch über das Thema »Adenauer und Wiedervereinigung« früh entzündet hat. Publizisten wie Paul Sethe, Politiker wie Thomas Dehler und Gustav Heinemann in der berühmten Parlamentsdebatte vom 28. Januar 1958 haben es ein paar Jahre nach den Ereignissen leidenschaftlich begonnen, Historiker haben es fortgeführt.[31] Aber auch die Akteure des Jahres 1952 haben die Moskauer Wiedervereinigungsangebote jenes Frühjahrs schon als die ernsthafteste Herausforderung auf dem Weg der Westintegration wahrgenommen.

Stalins Angebot, in zwei Noten vom 10. März und 9. April vorgelegt, lautete: Deutschland wird in den Potsdamer Grenzen als einheitlicher Staat wiederhergestellt. Über die Durchführung freier gesamtdeutscher Wahlen – dies ein Zugeständnis erst der zweiten Note – nehmen die vier Besatzungsmächte alsbald Gespräche auf. Die Besatzungsmächte ziehen ihre Streitkräfte ab. Deutschland erhält das Recht, nationale Streitkräfte aufzustellen. Der Preis: »Deutschland verpflichtet sich, keinerlei Koalitionen oder Militärbündnisse einzugehen, die sich gegen irgendeinen Staat richten, der mit seinen Streitkräften am Krieg gegen Deutschland teilgenommen hat.«[32] Im Klartext: Deutschland verpflichtet sich zur Neutralität.

Die Antwort der Westmächte, an die die sowjetischen Noten gerichtet waren, verweigerte der Sowjetunion jedes Entgegenkommen im entscheidenden Punkt. Sie bestanden für ein wiedervereinigtes Deutschland auf der vollen Freiheit, Bündnisse einzugehen, lehnten zudem Verhandlungen über einen Friedensvertrag ab, solange nicht eine frei gewählte gesamtdeutsche Regierung daran teilnehmen könne, was ja bedeutete: Liquidierung der DDR als eine Art sowjetischer Vorleistung. Vor allem aber: Die Westmächte und die Bundesrepublik demonstrierten, daß es ihnen mit diesen Bedingungen ernst sei. Am 26. und 27. Mai, wenige Tage nach Eingang einer dritten sowjetischen Note, wurden die Westverträge wie vorgesehen unterzeichnet. Damit war klar, daß es zu den von Stalin vorgeschlagenen Verhandlungen nicht kommen würde. Daß der Notenwechsel sich noch eine Zeitlang hinzog, hatte keine Bedeutung mehr.

Warum die Weigerung, den Moskauer Absichten, über die man doch keine Gewißheit haben konnte, in Verhandlungen auf den Grund zu gehen? Was die drei Westmächte angeht, so ist die Antwort einfach. »Die Diskussion darüber, ob eine Wiedervereinigung Deutschlands überhaupt erwünscht sei, brachte eher mehr als weniger Argumente dafür, daß ein wiedervereinigtes Deutschland kein wünschenswertes Ziel sei.«[33] Diese Notiz, die sich im Protokoll einer Besprechung leitender Beamter des Washingtoner Außenministeriums findet, könnte genausogut in einer Pariser oder Londoner Aufzeichnung stehen. Die Eingliederung Westdeutschlands in die westliche Allianz war unter den gegebenen Verhältnissen für die Westmächte das Optimum, auch wenn Frankreich wie Großbritannien eine rasche Wiederbewaffnung der Deutschen im Grunde lieber vermieden hätten. Ein neutralisiertes wiedervereinigtes Deutschland war ein Risikofaktor, und auf dieses Risiko wollte keine der Westmächte sich einlassen. Der Verzicht auf die Westintegration der Bundesrepublik würde zudem bedeuten, daß sich die europäische Balance erheblich zu Lasten des Westens verschob. Ein wiedervereinigtes Deutschland in der EVG war für die Sowjetunion nicht akzeptabel (wohl auch, aus anderen Gründen, für Frankreich nicht), ein wiedervereinigtes Deutschland mit voller außenpolitischer Handlungsfreiheit folglich ebensowenig. Worüber sollte man also verhandeln? Alle Erwägungen, vielleicht doch Gespräche anzubieten, waren taktischer Natur.

Adenauer, obschon in einer weitaus schwierigeren Lage, war sich seines Urteils doch nicht weniger sicher. Schon im September 1951 hatte er den Hohen Kommissaren gegenüber das Prinzip formuliert: Wenn man, wie er, die Integration für unerläßlich halte, dann müsse man auf diesem Wege fortschreiten, gleichgültig was Rußland tue.[34] Genauso verhielt er sich, als es ein halbes Jahr später ernst wurde. In den Beratungen mit den Hohen Kommissaren über die sowjetischen Noten hat er sich vom ersten Tage an unbeirrbar, ohne jedes Schwanken, entschieden gegen Verhandlungen vor der Unterzeichnung, dann sogar der Ratifizierung der Verträge ausgesprochen. Der »Alpdruck Potsdam« scheint dabei eine bestimmende Rolle gespielt zu haben. Noch waren die Verträge mit den westlichen Siegermächten, die die Besatzungsherrschaft in völkerrechtlich gesicherte Partnerschaft verwandeln sollten, ja nicht in Kraft getreten. Noch hatte die Bundesrepublik keinen Anspruch, auch nur konsultiert zu werden, geschweige denn mit am Verhandlungstisch zu sitzen. »Ein falscher Schritt konnte uns das Vertrauen der Westmächte kosten, ein falscher Schritt, und wir waren lediglich Verhandlungsobjekt zwischen Ost und West.«[35] Das wäre dann die Rückkehr nach Potsdam gewesen –, und Potsdam, das hieß: »Einigen wir uns untereinander auf Kosten Deutschlands.«[36]

Das Mißtrauen gegen die Westmächte, das aus solchen Sätzen spricht, hat die Gefahr, die Sieger könnten einfach zum Jahr 1945 zurückkehren, vermutlich überschätzt. Aber es hat Adenauer die lange Wartezeit vom ersten, raschen Anlauf der Jahre 1950 bis 1952 bis zum schließlichen Inkrafttreten der Pariser Verträge 1955 hindurch begleitet. Die Sorge, das ganze Projekt seiner Westpolitik könne am Ende doch noch scheitern, war immer da. Und Schreckmomente hat es auch wirklich immer wieder gegeben, die kurze Phase der Verwirrung nach Stalins Tod etwa, als Churchill mit seinem Vorschlag einer Gipfelkonferenz alles in Frage zu stellen schien, was Adenauer bis dahin erreicht zu haben glaubte.

Was das von der Sowjetunion – in welcher Absicht auch immer – benannte Verhandlungsziel Neutralisierung Deutschlands angeht, so hat es für Adenauer nie einen Zweifel daran gegeben, weder 1952 noch später, daß Neutralität eine tödliche Gefahr darstelle. »Neutralisierung heißt Sowjetisierung« – an dieser These hat er immer festgehalten. Nicht nur Deutschland selbst werde im Niemandsland zwischen Ost und West auf die Dauer in den Sog der östlichen Weltmacht geraten, auch Westeuropa werde sich nicht behaupten können, weil es ohne Deutschland keine europäische Gemeinschaft geben werde, das Scheitern des europäischen Projektes aber zum Rückzug der USA führen müsse. Die Vorstellung, Deutschland könne den verlockenden Beispielen Schwedens, der Schweiz, Österreichs folgend sich aus der Weltgeschichte zurückziehen, wie sie da und dort geäußert wurde, hielt Adenauer für unsinnig.

Fraglos hatte diese Lagebeurteilung ein hohes Maß an Plausibilität für sich. Aber war nicht das Drängen der Opposition, die Mahnung eines Mannes wie Jakob Kaiser, Minister in Adenauers Kabinett, nichts dürfe unversucht bleiben, um herauszufinden, wozu die Sowjetunion wirklich bereit sei, auf andere Weise ebenso plausibel? War nicht auch der Einwand schlüssig, wenn man überhaupt mit der Sowjetunion verhandeln wolle, müsse man es tun, solange es noch etwas zu verhandeln gebe, also vor den Vertragsabschlüssen? Was war verantwortbare deutsche Politik in der gegebenen Situation der Ungewißheit? Adenauers westdeutsche Antwort lautete: Zuerst und vor allem aus dem Status des Besiegten herauskommen, die Gefahr eines Rückfalls in die Konstellation der Jahre 1945/46 bannen, Vertrauen aufbauen, Partner gewinnen – das alles konnte nur eine erfolgreiche Westpolitik des westdeutschen Staates leisten. Eine Vier-Mächte-Konferenz über das Stalinsche Angebot vor der Unterzeichnung der Westverträge war aus dieser Sicht mit außerordentlichen Risiken verbunden. Die Antwort Schumachers und Kaisers, die – der Sache nach – für die Deutschen unter sowjetischer Herrschaft sprachen, lautete: Risiken müssen in Kauf genommen werden, wenn es darum geht, Chancen der Gewinnung der Freiheit für die sowjetisch besetzte Zone auszuloten.

Jede der beiden Antworten hatte gute Gründe für sich. Aber man mußte wählen. Einfach war die Wahl nur für jemanden, der sich – wie Adenauer – seines Urteils über die Absichten Stalins ganz sicher war. Adenauers stärkstes Argument war dies, daß jedes – auch nur vorübergehende – Zögern das für die Deutschen lebenswichtige Vertrauen der Westmächte in die Verläßlichkeit der Bundesrepublik tief, mit unabsehbaren Folgen erschüttern werde. Es war die Quintessenz der Adenauerschen Politik, so hat es Henry Kissinger einfach und zutreffend formuliert, alle anderen Überlegungen der Notwendigkeit unterzuordnen, seinem Land den Ruf der Zuverlässigkeit und Standhaftigkeit wiederzugewinnen.[37]

Man mußte wählen – die Frage bleibt, ob es denn überhaupt die Freiheit der Wahl gab. Hätte die deutsche Politik, wenn sie sich gegen die Westmächte gestellt hätte, den Gang der Dinge beeinflussen können? Vermutlich hätten die Westmächte sich einer dringlichen deutschen Aufforderung, in Gespräche mit der Sowjetunion einzutreten, nicht entziehen können. Ob der westdeutsche Staat 1952 schon die Handlungsfreiheit besaß, ein sowjetisches Angebot Wiedervereinigung gegen Neutralisierung notfalls auch gegen den Willen der westlichen Besatzungsmächte anzunehmen, steht auf einem ganz anderen Blatt. Man vergißt leicht, daß die Bundesrepublik die grundlegenden Entscheidungen der frühen Jahre ja noch keineswegs als souveräner Staat treffen konnte, auch 1952 noch nicht. Freilich konnten die Westmächte die Bundesrepublik nicht in die westliche Allianz hineinzwingen. Die Folgen eines prinzipiellen Dissenses in dieser Frage wären in jedem Fall unabsehbar gewesen.

Auch wenn man die Frage, welchen Handlungsspielraum sich die sowjetische Deutschlandpolitik bis 1955 offenhielt, noch nicht für abschließend beantwortet hält, soviel steht fest: Für ein politisches Programm, das beides wollte, Westintegration und Wiedervereinigung, gab es in der Konfrontationskonstellation des Ost-West-Konflikts keine Chance. Hat Adenauer das nicht gesehen? Wollte er wirklich Westintegration und Wiedervereinigung? In welchen Fristen hat er gedacht? Seine zeitgenössischen Widersacher, Schumacher, Dehler, Heinemann, haben seine – mit größter Konsequenz durchgehaltene – Entscheidung für den Primat der Westintegration als Entscheidung gegen die Wiedervereinigung bekämpft. Spätere Kritiker haben dieser Entscheidung oft gute Gründe zugebilligt, dafür aber Adenauer der Unwahrhaftigkeit, der Unredlichkeit bezichtigt, weil er die Öffentlichkeit darüber hinweggetäuscht habe, daß seine Westpolitik von der Wiedervereinigung weg, nicht zu ihr hinführe. Schärfer zugespitzt lautet der Vorwurf, Adenauer habe die Wiedervereinigung überhaupt nicht gewollt, sondern nur »machiavellistisch« Scheinbekenntnisse zu ihr abgelegt, um seiner Westpolitik Zustimmung zu sichern.[38]

In der einen wie der anderen Version fällt die eigentümliche Fixierung der Kritik auf die Person Adenauers auf. Jede realistische westdeutsche Außenpolitik hätte für die Bundesrepublik Anlehnung im Westen suchen müssen. Jede westdeutsche Regierung der fünfziger Jahre wäre zugleich auf das Ziel Wiedervereinigung durch freie Wahlen verpflichtet gewesen. Da die Wiedervereinigung – wenn überhaupt und im günstigsten Fall – nur für den Preis der Neutralität zu haben gewesen wäre, war das eine unter den Bedingungen des Ost-West-Konflikts mit dem anderen nicht vereinbar – eine Konstellation, die den westdeutschen Staat politisch überforderte. Diesem Dilemma wäre keine Regierung entkommen. Es war in den Existenzbedingungen des Weststaates angelegt, bis in die Verfassung hinein,[39] und als ein Dilemma des Weststaates sollte es auch diskutiert werden. Fast alle sind, jedenfalls in der öffentlichen Rede der jungen Republik, der Schärfe des Dilemmas in der einen oder anderen Weise ausgewichen.

Das ist freilich noch keine Antwort auf die Frage nach der Redlichkeit der Adenauerschen Politik. Bekannte er sich zur Wiedervereinigung, ohne sie zu wollen? Wer die Zeugnisse, die wir von ihm und über ihn haben, in ihrer Summe zur Kenntnis nimmt, kann das nicht ernsthaft behaupten. Er wollte sie nicht zu den Bedingungen, zu denen sie im Ost-West-Konflikt allenfalls zu haben gewesen wäre, Bedingungen der Neutralität oder auch nur irgendeiner Art von Lockerung der Westintegration. Wobei er die feste, unwiderrufliche Westbindung auch als einen Schutz der Deutschen vor sich selbst für notwendig hielt.[40] Er wollte auch Verhandlungen nicht, die nach seiner Einschätzung viel größere Risiken als Chancen bargen. Das galt ganz besonders, solange die Westverträge noch nicht unter Dach und Fach waren, aber im Grunde blieb er bei seiner Skepsis auch über das Jahr 1955 hinaus. In einem Satz: Spielräume für eine aktive Wiedervereinigungspolitik sah Adenauer in der gegebenen Lage nicht, vor 1955 nicht und danach auch nicht. Es gab weder strategisch noch taktisch eine Alternative zur Geduld. Man mag über diese Lagebeurteilung streiten, aber der Vorwurf, Adenauer habe die Wiedervereinigung nicht gewollt, läßt sich auf sie nicht gründen. Adenauers wieder und wieder ausgesprochene Erwartung, irgendwann werde Moskau gegenüber einem starken und einigen Westen nachgeben müssen, mag lange, bis 1989, als naiv erschienen sein. Einen vernünftigen Grund, an ihrer Aufrichtigkeit zu zweifeln, gibt es nicht.

Kritischer kann man, muß man über Adenauers Wiedervereinigungsrhetorik urteilen. Sie hatte durchaus die Tendenz, Illusionen zu nähren, die harten Realitäten, so wie er selbst sie sah, zu verschleiern. Zumal im Kampf um die Westintegration in der ersten Hälfte der fünfziger Jahre hat Adenauer die Westverträge mit einer ganz unrealistischen Bestimmtheit als sicheren und raschen Weg zur Wiedervereinigung präsentiert, obwohl er es besser wußte.

Immerhin ist die Rangordnung der Werte, an der sich die Außenpolitik Adenauers orientierte, in aller Öffentlichkeit proklamiert und begründet worden: Freiheit, Frieden, Einheit. Eugen Gerstenmaier hat sie im Jahr 1954 zum Thema einer großen, programmatischen Parteitagsrede gemacht.[41] Daß die Einheit nicht den höchsten Rang hatte, ist nicht das sorgfältig gehütete Geheimnis einer »machiavellistischen« Politik gewesen. Ludwig Dehio hat keineswegs nachträglich, sondern als Zeitgenosse in dieser Relativierung des Einheitszieles im westlichen Nachkriegsdeutschland sogar ein Stück praktizierter europäischer Solidarität gesehen.[42] Die Kosten einer Entscheidung für die Einheit auch um den Preis der Neutralisierung hätte in der Tat ganz Westeuropa mitzutragen gehabt.

Der Streit mündet am Ende in die Frage ein, ob der Wähler bei seinem für den Weg der Bundesrepublik schlechthin entscheidenden Votum in der Bundestagswahl von 1953 gewußt habe, worum es ging, ob er also Adenauers Entscheidung, der Westintegration den Primat zu geben, zugestimmt habe. So schwierig Wahlentscheidungen zu interpretieren sind, soviel ist sicher: Über wenige Weichenstellungen in der Geschichte der Bundesrepublik hat man sich so lange und so gründlich gestritten wie über die Verträge, mit denen sie sich an den Westen band. Daß der Wähler nicht gewußt habe, was zur Entscheidung stand, daß ihn die Wiedervereinigungsrhetorik im besonderen irregeführt habe, davon kann schwerlich die Rede sein.

Im übrigen war der Ausgang der zweiten Bundestagswahl keineswegs von vornherein sicher. In den Landtagswahlen der Vorjahre hatte die Union erhebliche Rückschläge erlitten. Bis zum Frühsommer 1953 hatte die SPD in den Meinungsumfragen vorn gelegen. In der Wiederbewaffnungsfrage stand zunächst einmal eine klare Mehrheit der Westdeutschen gegen Adenauer, mit lautem Protest und schweigendem Widerwillen – man brauchte Zeit, sich an den Gedanken einer bundesrepublikanischen Armee zu gewöhnen. Wie sollte es wenige Jahre nach einer unvergleichlichen Kriegskatastrophe auch anders sein? Hätte das Grundgesetz den Volksentscheid gekannt, so hätte die Opposition durchaus die Chance gehabt, Adenauers Außenpolitik zu blockieren. So aber, in der repräsentativen Demokratie des Grundgesetzes, nahmen die Dinge eine andere Wendung. Am Ende half selbst das Thema Wiederbewaffnung der SPD nicht mehr. Das Votum vom Herbst 1953 war von überwältigender Eindeutigkeit.

Daß Adenauer die Mehrheit der Wähler für sich gewann, hatte er zu einem guten Teil natürlich den Erfolgen der Erhardschen Wirtschaftspolitik oder richtiger vielleicht: der wirtschaftlichen Aufwärtsentwicklung, für die Erhard stand, zu verdanken. Sie war es wesentlich, die der Adenauerschen Außenpolitik die parlamentarische Mehrheit verschaffte, ohne die sie hätte scheitern müssen. Aber das Vertrauensvotum der Wähler galt dem eingeschlagenen Weg insgesamt. Es schloß die Westpolitik mit ein. Der Primat der Westpolitik brauchte nicht mit den Mitteln arglistiger Täuschung gegen das leidenschaftliche Wiedervereinigungsverlangen einer Mehrheit der Westdeutschen durchgesetzt zu werden. Er entsprach einer Grundstimmung, einem elementaren Bedürfnis nach Sicherheit vor der Bedrohung aus dem Osten, nach Zugehörigkeit, nach Normalität. Das alles versprach die Westpolitik Adenauers nicht nur. Sie brachte es.

I.

Mit den Entscheidungen der Anfangsjahre war nicht nur eine Ausgangsposition bezogen. Sehr bewußt war die Bundesrepublik, ihres Selbstverständnisses als Staat auf Zeit ungeachtet, langfristige, ja irreversible Bindungen eingegangen.[43] Sie gehörte der von den USA geführten atlantischen Sicherheitsgemeinschaft an. Sie hatte teil am europäischen Integrationsprozeß, in dem Frankreich ihr wichtigster Partner war. Sie war einbezogen in die vom Westen dominierten weltwirtschaftlichen Zusammenhänge. Ihr Standort in dem durch den Ost-West-Konflikt strukturierten internationalen System war dauerhaft bestimmt. Aber sie war und blieb durch ihre Interessenlage wie durch ihren Status ein durchaus besonderes Glied der westlichen Allianz.

Was die Bundesrepublik von allen ihren Verbündeten grundsätzlich unterschied: Zu ihrer Existenz gehörte ein in der Verfassung verankerter prinzipieller Vorbehalt gegen den territorialen Status quo, ein Vorbehalt, mit dem sie trotz aller vertraglichen Zusicherungen allein stand, allein in einer weltpolitischen Konfliktkonstellation, die eben diesen Status quo gleichsam einfror. Als Glied der atlantischen Sicherheitsgemeinschaft fand sich die Bundesrepublik zudem durch ihre exponierte Randlage an der Grenze zwischen Ost und West, auch durch die Verletzlichkeit Berlins, in einer Sondersituation, besonders abhängig von der Bündnisvormacht USA, besonders betroffen von allen Auseinandersetzungen um die Bündnisstrategie. Ihre Sicherheitsinteressen waren nicht einfach identisch mit denen der anderen Allianzpartner. Und auch als Wirtschaftsmacht, die sie rasch wurde, hatte die Bundesrepublik ihr eigenes Interessenprofil: Sie brauchte die Offenheit der Märkte, weltweit, denn für ihren wachsenden Reichtum waren ihre Exportleistungen entscheidend. Sie unterwarf sich strikter Währungsdisziplin zu Hause – das barg Konfliktstoff im Umgang mit den verbündeten Nationen, die ja zugleich die potentesten Konkurrenten auf dem Weltmarkt waren. Je größer das Gewicht der Wirtschaftsmacht Bundesrepublik wurde, desto deutlicher mußte dieses Interessenprofil hervortreten.

Besonderheit der Interessenlage, Besonderheit aber auch des Status: Die Bundesrepublik ist 1955 nicht einfach eine Macht mittleren Ranges unter anderen geworden, weder rechtlich noch faktisch. Einen letzten Souveränitätsvorbehalt hatte der Deutschlandvertrag aufrechterhalten. Fremde Truppen standen im Land, in größerer Zahl als irgendwo sonst in der Welt, wenn auch als Verbündete. Den Vereinten Nationen gehörte die Bundesrepublik nicht an. Atommacht konnte sie nicht werden. Das macht sichtbar: Aus den Schatten der deutschen Vergangenheit ist die Bundesrepublik 1955 nicht herausgetreten. Sie ist überhaupt nie aus ihnen herausgetreten. Immer ist sie besonderen Bedingungen unterworfen geblieben. Immer galt der Imperativ, der Welt zu zeigen, daß sie es mit einem ganz anderen Deutschland zu tun habe. Vermutlich ist das der Grundimpuls der Außenpolitik des westdeutschen Staates überhaupt gewesen.

Gleichwohl: 1955 beginnt ein neuer Abschnitt in der Geschichte der Bundesrepublik. Die Gründungszeit ging zu Ende, in der der westdeutsche Staat seinen Platz in der westlichen Staatengemeinschaft gesucht und in raschem Aufstieg auch gefunden hatte. Eine lange Phase wachsender Orientierungsschwierigkeiten in einer sich wandelnden Welt begann. Sie dauerte bis zum Regierungswechsel von 1969. Der brachte den Entschluß, die westdeutsche Position im internationalen System ohne Preisgabe der Westbindung jedenfalls in einer wesentlichen Hinsicht, nämlich nach Osten, zur Sowjetunion und ihrem Hegemonialbereich hin, neu zu bestimmen. Nach Jahren der Konfrontation verließ die Bundesrepublik nun die Verteidigungsstellung einer Politik der Rechtsbewahrung zugunsten eines ausgehandelten Modus vivendi. Damit waren für die westdeutsche Außenpolitik der siebziger und achtziger Jahre die Weichen neu gestellt. Daß sie anderthalb Jahrzehnte dazu brauchte, zeigt, wie schwer der Bundesrepublik diese Umorientierung fiel.

Es hatte mehr als einen Grund, daß die Bundesrepublik nach 1955 rasch und auf lange Zeit in eher schwieriges Gelände geriet, vor allem aber den: Mitte der fünfziger Jahre begannen die strategischen Kräfteverhältnisse im Ost-West-Konflikt sich folgenreich zu verändern. 1955, drei Jahre nach den Amerikanern, früher als die Experten es erwartet hatten, zündeten die Russen ihre erste Wasserstoffbombe. Und in den folgenden Jahren wurde erkennbar, daß sie sehr bald auch über Interkontinentalraketen als Träger ihrer Atomwaffen verfügen würden. Das aber hieß: Die Vereinigten Staaten waren plötzlich tödlich verwundbar geworden – eine Bedrohung, die ihnen innerhalb weniger Jahre gleich zweimal dramatisch zu Bewußtsein gebracht wurde: zuerst in der Berlin-Krise der späten fünfziger Jahre, dann in der Kubakrise im Herbst 1962. Und so setzte mit der Wahrnehmung dieses neuen »Gleichgewichts des Schreckens« denn auch sehr rasch die Suche nach Möglichkeiten der Dämpfung des Ost-West-Konflikts, der Entschärfung seiner menschheitsbedrohenden Risiken ein.

Das mußte die Bundesrepublik mit ihrem prinzipiellen Vorbehalt gegen den deutschen Status quo, der ja nicht nur in ihren Interessen, sondern tief in ihrem Selbstverständnis verwurzelt war, in große Schwierigkeiten bringen. Denn »Entspannung« – das Schlüsselwort der neuen Phase des Ost-West-Konflikts – war nur auf der Grundlage des Status quo möglich. Entspannung mußte, heißt das, die Teilung Europas und Deutschlands zunächst einmal stabilisieren. Der Ost-West-Konflikt ging, um einen Begriff Richard Löwenthals zu benutzen, über den in ihn eingelagerten deutsch-sowjetischen »Sonderkonflikt« hinweg.[44] Folgen hatte das vor allem für die deutsch-amerikanischen Beziehungen. Sie hatten nach ihrer großen Zeit in den Gründungsjahren in der veränderten Weltlage erhebliche Belastungsproben durchzustehen. Die sowjetische Berlin-Offensive war die ernsteste, aber keineswegs die einzige. Auch in der atlantischen Sicherheitsgemeinschaft machte die Bundesrepublik, kaum daß sie ihr beigetreten war, die Erfahrung, daß es keine prästabilierte Harmonie zwischen deutschen und amerikanischen Interessen gab. Daneben stand freilich die andere Erfahrung, die sie in den Turbulenzen und Spannungen dieser wie späterer Jahre auch machte und die die Adenauersche Bündnispolitik letztlich bestätigte: Mit einer Grundloyalität der Verbündeten konnte sie rechnen. Sie hat nie mehr völlig allein gestanden.

Daß die westdeutsche Politik mit ihrem Beharren auf dem Wiedervereinigungsthema allmählich in einen Gegensatz zu den Entwicklungstendenzen des Ost-West-Konflikts geriet, ließ sich von früh an erkennen. In der Serie der Konferenzen, in denen die vier Mächte ihr Ende der vierziger Jahre abgebrochenes Gespräch nach Stalins Tod wieder aufnahmen – der Berliner Außenministerkonferenz vom Januar 1954, der Genfer Gipfelkonferenz vom Sommer 1955 und der ihr folgenden Außenministerkonferenz vom Herbst desselben Jahres, der zweiten Genfer Außenministerkonferenz schließlich vom Mai/Juni 1959 –, wiederholte sich ja nicht nur das vertraute, ermüdende Schauspiel völlig fruchtloser, ohne jeden Verständigungswillen geführter Streitgespräche über die Deutschlandfrage. Es zeigte sich vor allem, daß die Neigung, überhaupt noch über die Wiedervereinigung zu reden, abnahm. Zumal im Vergleich zwischen Genf 1955 und Genf 1959 wird das deutlich. Die Westmächte ließen sich von ihrem Verbündeten zwar noch in die Pflicht nehmen, aber etwas anderes als eben eine – zunehmend lästige – Pflichtübung war die Präsentation des Deutschlandthemas bei aller Loyalität für sie nicht mehr.

1959 erschien es zum letzten Mal auf der Agenda. Der Westen legte noch einmal einen Deutschlandplan vor, den nach dem amerikanischen Außenminister benannten Herter-Plan, auf den sich zu einigen übrigens auch im Binnenverhältnis keineswegs mehr einfach gewesen war – ernsthaft verhandelt wurde aber nur noch über die Berlin-Krise. In dem Maße, in dem das Entspannungsinteresse in den Vordergrund trat, mit ihm vor allem das Thema Abrüstung, mußte sich den Westmächten die Frage aufdrängen: Was hatte es für einen Sinn, Ost-West-Verhandlungen immer weiter mit der unlösbaren Deutschlandproblematik zu belasten? Ließ es sich mit der Teilung nicht recht gut leben? Ganz gewiß besser und sicherer als mit einem wiedervereinigten neutralisierten Deutschland. Willy Brandt, Regierender Bürgermeister von Berlin, berichtet, daß er Anfang 1959 – die Sowjetunion hatte ihre Berlin-Offensive eben eröffnet – den amerikanischen Außenminister Dulles nach der Möglichkeit eines Sonderstatus für Deutschland gefragt habe. Die Antwort lautete, »mit einiger Kälte« erteilt: »Die Russen und wir mögen uns über tausend Dinge uneinig sein. Doch über eines gibt es zwischen uns keine Meinungsverschiedenheit: Wir werden es nicht zulassen, daß ein wiedervereinigtes, bewaffnetes Deutschland im Niemandsland zwischen Ost und West umherirrt.«[45]

Was die Sowjetunion angeht: Wie immer man die Moskauer Deutschlandpolitik der frühen fünfziger Jahre einschätzt, spätestens von 1955 an zielte die sowjetische Politik eindeutig darauf, die deutsche Teilung zu befestigen, der DDR zur Anerkennung zu verhelfen. In der Schlußdirektive des Genfer Gipfels vom 23. Juli 1955 tauchte zwar noch einmal die Formel »freie Wahlen« auf, aber schon auf dem Rückflug von Genf widerrief Chruschtschow, der neue Herr im Kreml, die Genfer Zusage in Ost-Berlin faktisch mit der unmißverständlichen Feststellung: »Man kann die deutsche Frage nicht auf Kosten der Deutschen Demokratischen Republik lösen.«[46] Als Adenauer ein paar Wochen später, im Sep-

Der Genfer Gipfel im Juli 1955 war der einzige, auf dem die Regierungschefs aller vier Siegermächte jemals zusammentrafen (von links nach rechts Bulganin, Eisenhower, Faure, Eden). Sie gingen freundlich miteinander um. Die Hoffnungen, die sich in Deutschland an den »Geist von Genf« knüpften, waren freilich illusionär. Genf gehört eher in die Frühgeschichte der Entspannung, die den Status quo gerade zur Voraussetzung hatte, als in die Nachgeschichte der Kriegskonferenzen.

tember 1955, in Moskau über die Aufnahme diplomatischer Beziehungen verhandelte, stellte die sowjetische Seite ihr Desinteresse am Thema Wiedervereinigung geradezu demonstrativ zur Schau. Das sei eine Angelegenheit, über die sich die beiden deutschen Staaten verständigen müßten. Bei dieser Antwort blieb es nun. Dritten gegenüber sprach Chruschtschow mit der ihm eigenen Offenheit noch sehr viel deutlicher über die sowjetischen Interessen: »Wir ziehen siebzehn Millionen Deutsche unter unserem Einfluß siebzig Millionen wiedervereinigten Deutschen, auch wenn sie neutralisiert sind, vor.« Im übrigen wolle die Wiedervereinigung ohnehin niemand.[47] Daß sowjetische Äußerungen zur Deutschlandfrage in diesen Jahren immer wieder darauf verwiesen, auf dem sozialistischen Weg der DDR gebe es kein Zurück, wird man dabei durchaus ernst zu nehmen haben.[48] Die Sowjetunion konnte ein sozialistisches Regime in der Tat nicht preisgeben, ohne die Fundamente, auf die sie selbst gegründet war, zu erschüttern. Das Fazit jedenfalls lautet: Die DDR stand für die Sowjetunion nicht mehr zur Disposition – wenn sie denn jemals zur Disposition gestanden hat.

II.

Welche Möglichkeiten blieben der deutschen Politik in dieser Konstellation? Der Mann, der die Bundesrepublik durch die Chancen und Fährnisse beginnenden Wandels in den Ost-West-Beziehungen zu steuern hatte, blieb zunächst einmal Konrad Adenauer. Bis 1955 war er sein eigener Außenminister gewesen, unterstützt von einem kleinen Zirkel von Beratern: seinem Intimus Herbert Blankenhorn, dem ersten Staatssekretär des Auswärtigen

 Amtes Walter Hallstein, zuvor als Professor für Privat- und Gesellschaftsrecht an der Frankfurter Universität tätig, und Wilhelm Grewe, der als Völkerrechtsexperte ins Auswärtige Amt kam. Daß zwei der drei nicht dem alten Auswärtigen Amt entstammten, ist übrigens kein Zufall. 1955 mußte Adenauer, von seiner Partei gedrängt, das Auswärtige Amt zwar an Heinrich von Brentano abgeben, den Vorsitzenden der CDU/CSU-Fraktion im Bundestag und überzeugten »Europäer«, will sagen: einen besonders entschiedenen Verfechter des Integrationskurses. Aber er behielt die Zügel in der Hand. Er hat Brentano, auf dessen Loyalität er sich im übrigen vollkommen verlassen konnte, ausdrücklich darauf hingewiesen, daß er von seiner Richtlinienkompetenz in der auswärtigen Politik extensiven Gebrauch zu machen gedenke. Und so hat er es auch gehalten. Von Adenauer also wird weiter, jedenfalls bis 1961, fast allein die Rede sein müssen, wenn über die Außenpolitik der Bundesrepublik berichtet wird.

Es scheint, als habe für Adenauer das Problem der deutschen Teilung nach 1955 – nach Abschluß der elementaren Sicherungsarbeiten für den westlichen Teil Deutschlands also – an Bedeutung eher gewonnen. Wilhelm Grewe, der den Außenpolitiker Adenauer in diesen Jahren aus der Nähe beobachten konnte, hat es gelegentlich noch nachdrücklicher gesagt: Je länger Adenauer als Kanzler im Amt gewesen sei, desto mehr habe er sich als deutscher Staatsmann mit einer gesamtdeutschen Aufgabe und Verantwortung gefühlt.[49] Jedenfalls zeigen die Quellen gerade für die späten Regierungsjahre Adenauers eindeutig, daß von Gleichgültigkeit gegenüber dem Unglück der Teilung nicht die Rede sein kann. Wohl wuchs die Skepsis, was die Chancen einer baldigen Wiedervereinigung anging, aber die Frage, wie man die Verhältnisse in der »Zone« ins Erträgliche wenden, mehr Freiheit für die »Zone« erreichen könne, hat den Kanzler mehr denn je beschäftigt.

Nach Westen hin bestand die westdeutsche Politik darauf, das Wiedervereinigungsthema müsse im Zentrum der Ost-West-Verhandlungen stehen. Keine substantiellen Abrüstungsvereinbarungen ohne Fortschritte in der Deutschlandfrage, das wurde zur neuen Maxime der Bonner Politik. Keine deutsche Regierung, erklärte das Auswärtige Amt 1956 in aller Förmlichkeit, werde bereit sein, Vorschläge ernsthaft zu diskutieren, die die Entspannung auf der Grundlage einer auch nur vorübergehenden Anerkennung oder stillschweigenden Hinnahme der Teilung Deutschlands bewirken wollten.[50] Es ist offensichtlich, daß die Verbündeten ein solches Junktim auf die Dauer als eine Fessel empfinden mußten. Dies schon deshalb, weil die Erwartung ganz unrealistisch war, die Sowjetunion werde für ein Abrüstungs- oder Rüstungskontrollabkommen einseitig einen hohen politischen Preis zahlen. War das Junktim also vielleicht doch eher ein Versuch Adenauers, der in diesen Fragen taktischer dachte als etwa Brentano, indirekt bremsend auf Abrüstungsgespräche, an denen die Bundesrepublik ja nicht beteiligt war, Einfluß zu nehmen? Auch hinter der unermüdlich wiederholten These, nur allgemeine, nicht regional begrenzte Abrüstung sei sinnvoll, darf man taktische Motive vermuten.

Tatsächlich hat Adenauer in diesen Jahren nichts mehr gefürchtet als Sicherheitsarrangements zwischen Ost und West, die Deutschland in einen Sonderstatus verwiesen. Sein »cauchemar de Potsdam«, wie er ihn selbst in Anspielung auf Bismarck gelegentlich genannt hat, sein Mißtrauen, heißt das vor allem, gegen die westlichen Verbündeten, fand ständig neue Nahrung. Alle Pläne, in Mitteleuropa besondere Sicherheitszonen einzurichten, wie sie in der zweiten Hälfte der fünfziger Jahre in zahlreichen Varianten erörtert wurden und erhebliche Resonanz fanden, erschienen ihm als höchst bedenklich. Er hat sich mit allen Mitteln gegen sie zur Wehr gesetzt. Leicht konnten sie die Konstellation der Niederlage wiederherstellen. Zumindest würden solche Pläne unvermeidlich eine Aufwertung der DDR mit sich bringen. Ebendas machte sie ja für die Gegenseite interessant.

Bei alledem man muß sich daran erinnern: Noch gab es die Bundeswehr nicht. Noch hatte die Bundesrepublik nicht jenes Gewicht in die Waagschale der Macht zu legen, das sie gerade nach Adenauers Überzeugung erst wirklich bündnis- und verhandlungsfähig machte. Noch immer konnte der westdeutsche Staat, so fürchtete er, zum bloßen Objekt von Großmachtbeschlüssen werden. Adenauer, heißt das, wollte wohl auch einfach Zeit gewinnen, Zeit, vollendete Tatsachen zu schaffen.[51] Alles in allem: eine im Umgang mit ihren westlichen Verbündeten eher aus der Defensive heraus operierende Bundesrepublik.

Und was gilt für den Umgang mit dem Osten? Es ist nicht so, daß Adenauer überhaupt nur Westpolitik betrieben hätte. Als er im September 1955, vier Monate nach der Wiedergewinnung der Souveränität, nach Moskau flog – die spektakuläre Reise ist in ihren dramatischen wie in ihren pittoresken Details von vielen Beteiligten genau beschrieben worden[52] – und dort die Aufnahme diplomatischer Beziehungen vereinbarte, geschah das nicht nur, um den unumgänglichen Preis für die Freigabe der letzten überlebenden Kriegsgefangenen – kaum zehntausend waren es noch – zu entrichten. Gewiß, das war der harte Kern des mühsam ausgehandelten Geschäftes. Und den Kritikern, unter ihnen Brentano und Hallstein, die damals fanden, diplomatische Beziehungen dürften der Sowjetunion nur zugestanden werden, wenn man in der deutschen Frage vom Fleck komme, konnte er entgegenhalten, daß die moralische Verpflichtung, dem Elend zehntausendfacher Gefangenschaft in russischen Lagern zehn Jahre nach dem Krieg ein Ende zu machen, einen alle taktischen Erwägungen überragenden Rang habe. Aber ein politisches Kalkül war doch auch im Spiel: Adenauer wollte bei aller Rücksichtnahme auf den westlichen Rapallo-Komplex einen direkten politischen Kontakt zur östlichen Weltmacht haben.

Genutzt worden ist dieser Kontakt dann freilich erst von 1958 an mit einer gewissen Intensität, und da zog bald die Berlin-Krise herauf. Immerhin: Gespräche, die er im März 1958 mit dem sowjetischen Botschafter in Bonn, Smirnow, führte, auch der Meinungsaustausch mit Mikojan im folgenden Monat – übrigens die einzige hochrangige deutsch-sowjetische politische Begegnung zwischen 1955 und 1970 – zeigen einen Adenauer, der Möglichkeiten einer Verständigung mit der Sowjetunion ernsthaft erkunden will; der in diese Gespräche, die Grundsätze seiner offiziellen Deutschlandpolitik beiseite schiebend, die Frage einbringt, ob die Sowjetunion der DDR nicht den Status Österreichs einräumen könne. Er hat nie eine Antwort erhalten. Weshalb hätte die Sowjetunion auch an einer »Österreichlösung« für Deutschland (die eigentlich keine war) interessiert sein sollen? Wie in allen früheren westlichen Deutschlandvorschlägen wurde ihr faktisch die Preisgabe der DDR ohne westliche Gegenleistung zugemutet – die NATO-Mitgliedschaft der Bundesrepublik stand nicht zur Debatte. Der Vereinigungsverzicht war schon deshalb keine Gegenleistung, weil sehr zweifelhaft war, ob sich ein »Anschlußverbot« auf die Dauer aufrechterhalten lassen würde, wenn in der DDR das SED-Regime einmal durch eine demokratische Verfassungsordnung ersetzt war. Das ungeteilte Österreich war da ein ganz anderer Fall. Die DDR, das sagt das Schweigen der Sowjetunion, stand nicht zur Disposition. Die Sowjetunion wollte die Konsolidierung ihres Imperiums. Auch die Sozialdemokraten, die bis zum Ende der fünfziger Jahre an der Hoffnung festhielten, ein Auseinanderrücken der Blöcke könne doch noch Raum für die Wiedervereinigung schaffen, haben das schließlich zur Kenntnis nehmen müssen.

Viel Spielraum für eine westdeutsche »Ostpolitik« gab es also gewiß nicht. Gleichwohl kann man die Frage stellen: Warum hat Adenauer Alternativen zur offiziellen, maximalistischen Deutschlandpolitik mit ihrem nicht einlösbaren Versprechen, die Stärke des Westens werde die Wiedervereinigung herbeiführen, nur im geheimen erwogen? Auch wenn eine Österreichlösung für die DDR nicht oder nicht mehr zu erreichen war: Sie öffentlich vorzuschlagen, das heißt für die innere Freiheit der DDR den Verzicht, jedenfalls den vorläufigen Verzicht auf die Einheit anzubieten, hätte der westdeutschen Deutschlandpolitik doch eine größere Glaubwürdigkeit verliehen, hätte die Bundesrepublik wohl auch gegenüber ihren Verbündeten aus der Defensive herausgebracht.[53] Zwar deutete Adenauer gelegentlich an, was ihn bewegte, am eindringlichsten in einer Regierungserklärung im Oktober 1962: »Ich erkläre erneut, daß die Bundesrepublik bereit ist, über vieles mit sich reden zu lassen, wenn unsere Brüder in der Zone ihr Leben so einrichten können, wie sie wollen. Überlegungen der Menschlichkeit spielen für uns eine noch größere Rolle als nationale Überlegungen.«[54] Schon in den Tagen des ersten Smirnow-Gesprächs, im März 1958, hat Adenauer sich vor dem Bundestag ähnlich geäußert. Aber davon, daß die westdeutsche Deutschlandpolitik mit Entschiedenheit und Konsequenz den Primat der Freiheit vor der Einheit öffentlich zu ihrem Leitgedanken gemacht hätte, kann nicht die Rede sein. Glaubte Adenauer, den Westdeutschen so viel nicht zumuten zu können? Smirnow gegenüber hat er erklärt, er riskiere, von seinen Leuten gesteinigt zu werden.[55] Hielt er es für unklug, von den Maximalforderungen offiziell herunterzugehen, solange die Sowjetunion keinen Schritt entgegenkam? Wie auch immer, die merkwürdige Spannung zwischen deutschlandpolitischer Starrheit nach außen und einer bemerkenswerten Beweglichkeit im unverbindlichen Vier-Augen-Gespräch in den letzten fünf, sechs Jahren von Adenauers Kanzlerschaft ist auffällig.

Es gab in diesen Jahren ja nicht nur das Gedankenspiel der Österreichlösung. 1959 ließ Adenauer unter dem Druck der Berlin-Krise seinen Staatssekretär Globke einen Deutschlandplan ausarbeiten, der eine befristete, auf einen Volksentscheid in beiden Teilen Deutschlands hinführende Anerkennung der DDR vorsah.[56] Und gegen Ende seiner Kanzlerschaft brachte er, wiederum Smirnow gegenüber, den Gedanken eines »Burgfriedens« in der Deutschlandfrage ins Gespräch. Aber all das blieb geheim. An dem Urteil, daß es auf dem Feld der Deutschlandpolitik an Mut und an Weitsicht gefehlt hat, kommt man wohl nicht vorbei.

So freundlich ging es bei Adenauers Moskau-Besuch im September 1955 allenfalls bei den Banketten, nicht aber bei den Verhandlungen zu.

Wie das Ergebnis – Aufnahme diplomatischer Beziehungen ohne Fortschritte in der deutschen Frage gegen Freilassung der Kriegsgefangenen – aus deutscher Sicht zu bewerten sei, war in der deutschen Delegation umstritten.

Adenauer hatte gegen seine Berater entschieden. Hinter Bulganin, Adenauer, Chruschtschow und Suslow sieht man Kiesinger, Hallstein und Blankenhorn.

Diese Schwäche hat auch die Politik gegenüber den Staaten Ostmitteleuropas bestimmt. Man hatte sich bei dem notwendigen Bemühen, mögliche negative deutschlandpolitische Konsequenzen der Aufnahme diplomatischer Beziehungen zur Sowjetunion aufzufangen, durchaus einen gewissen Handlungsspielraum offengehalten. Der Sowjetunion war mitgeteilt worden, die Aufnahme diplomatischer Beziehungen bedeute keine indirekte Anerkennung der DDR. Sie hatte diese Mitteilung auch entgegengenommen. Darüber hinaus hatte die Bundesrepublik erklärt, die Anerkennung der DDR durch dritte Staaten werde weiterhin als unfreundlicher Akt gegenüber der Bundesrepublik angesehen werden und ernste Folgen haben. Aber man hatte sich nicht auf ganz bestimmte diplomatische Reaktionen festgelegt. Das geschah erst in der späteren Handhabung der nach dem Staatssekretär im Auswärtigen Amt Walter Hallstein benannten »Doktrin«.

Es hätte also die Möglichkeit offengestanden, auf die ostmitteleuropäischen Nachbarn zuzugehen. Und es gab in Ostmitteleuropa, zumal in Polen, nach 1955 auch die Bereitschaft, mit Westdeutschland Beziehungen anzuknüpfen. Die DDR hatte noch keine Vetoposition. Warschau, so scheint es, hätte auf einer Vorabanerkennung der Oder-Neiße-Grenze nicht bestanden. Aber die Bonner Regierung entschied sich gegen diplomatische Beziehungen mit den sogenannten Satellitenstaaten. Den Ausschlag hat wohl gegeben, daß man die deutschlandpolitischen Risiken der Aufnahme solcher Beziehungen zu einer beträchtlichen Zahl von Staaten, die die DDR anerkannt hatten, für zu groß hielt. Erst zehn Jahre später, unter viel schwierigeren Bedingungen, hat die Bundesrepublik sich auf den Weg gemacht.

Zu fragen bleibt in diesem Zusammenhang, wie sehr das Gewicht der Millionen von Wählerstimmen, die die Vertriebenen in die Waagschale zu werfen hatten, Richtung und Tempo der Ostpolitik der Bonner Republik über die Jahrzehnte mitbestimmt hat. Es steht außer Frage, daß das Wahlkalkül die Haltung zumal der Union zur Grenzfrage – von Adenauer bis Kohl – in starkem Maße beeinflußt hat. Aber heißt das auch, daß die Vertriebenen den Gang der Dinge folgenreich haben verlangsamen können? Bei den Polen betreffenden Entscheidungen der späten fünfziger Jahre mag ihr politisches Gewicht eine Rolle gespielt haben. Man muß sich aber klarmachen, daß bis in die sechziger Jahre hinein keineswegs nur die Vertriebenen, sondern die Deutschen insgesamt in ihrer Mehrheit nicht bereit waren, sich in den Verlust der Ostgebiete zu finden. Und als sich das änderte, hat sich die sozial-liberale Koalition von den Vertriebenen und ihren Verbänden nicht mehr daran hindern lassen, das Unvermeidliche zu tun. Übrigens ist auch daran zu erinnern, daß schon die erfolgreiche Eingliederungspolitik der fünfziger Jahre die wichtigste Voraussetzung für die Gewöhnung an den Gedanken des Verzichts schuf. Eine ernstlich »revisionistische« Politik hätte anders taktiert.

III.

Zweimal hat die Ost-West-Konfrontation in Deutschland bis an die Schwelle des Krieges geführt. Das erste Mal 1948, als Stalin seine Blockade über West-Berlin verhängte; das zweite Mal in den Jahren 1958 bis 1961, als West-Berlin noch einmal zum Ziel einer sowjetischen Offensive wurde, die zwar nicht zu einer zweiten Blockade führte, aber doch den dunklen Schatten der Möglichkeit einer zweiten Blockade auf die Stadt warf. Eröffnet wurde sie von Chruschtschow am 27. November 1958. An diesem Tag teilte die Sowjetunion den Westmächten mit, daß sie die Kriegsvereinbarungen über den Status von Berlin als nicht mehr in Kraft befindlich betrachte. Sie schlug vor, West-Berlin in eine »Freie Stadt« zu verwandeln, und kündigte an, falls innerhalb eines halben Jahres keine Übereinkunft zustande komme, werde sie der DDR die Kontrolle über die Verbindungswege zwischen Westdeutschland und West-Berlin übertragen – dies alles in einem Ton, der nichts Gutes verhieß. Einige Wochen später wurde der Entwurf eines Friedensvertrages nachgereicht, der zur Festschreibung der Dreistaatlichkeit Deutschlands aufforderte.

Es war in der Tat eine Offensive, so wie vier Jahre später die Installierung von Raketen auf Kuba eine Offensive war, ein Angriff auf den Status quo, der von einem herausfordernden Selbstbewußtsein der Weltmacht Sowjetunion unter der Führung Chruschtschows zeugte. Sie hatte nicht nur als Nuklearmacht mit den USA gleichgezogen, genau ein Jahr vor dem Berlin-Ultimatum hatte sie auch den ersten Erdsatelliten erfolgreich gestartet und damit, so schien es, ihre Überlegenheit in den modernsten Techniken unter Beweis gestellt. Jetzt fühlte man sich in Moskau offensichtlich stark genug, in Mitteleuropa die Front des Kalten Krieges zum eigenen Vorteil zu begradigen. Was war das genaue Ziel des – auch für die Sowjetunion selbst durchaus riskanten – Unternehmens? Vermutlich war es ein Doppelziel. Es müsse Schluß sein mit der von West-Berlin ausgehenden »Spionage-, Diversions- und sonstigen Wühltätigkeit«, forderte die Note vom 27. November wütend.[57] Dahinter ist die Absicht erkennbar, West-Berlin in die Hand zu bekommen. Eine »Freie Stadt« West-Berlin, aus der die Westmächte abgezogen wären, würde sich mit der DDR arrangieren müssen, ihr am Ende wohl zufallen. Damit wäre dann auch das offene Tor, durch das der stetige Flüchtlingsstrom seinen Weg nach Westen fand, geschlossen.[58] Zugleich zielte der Vorstoß aber sicher auch darauf, den Westen in Verhandlungen mit der DDR hineinzumanövrieren, ihn, schärfer formuliert, zur Anerkennung der DDR zu zwingen. So oder so ging es um die Stabilisierung der DDR, die Konsolidierung des sowjetischen Imperiums, für dessen westliche Grenzprovinz West-Berlin so etwas wie eine offene Wunde war.

Der Angriffspunkt war gut gewählt, was nicht schwierig war, denn Berlin war die schwächste Position des Westens. Daß starker Druck auf West-Berlin das Bündnis schweren Belastungen aussetzen würde, war leicht auszurechnen. Chruschtschow, ein politischer Pokerspieler, hat diesen Druck nach allen Regeln der Kunst inszeniert. Drei Jahre hindurch hat er immer wieder mit Krieg gedroht, falls der Westen sich nicht füge: Wenn es zu keiner Vereinbarung komme, werde er mit der DDR einen Friedensvertrag schließen. Dann sei sie für die Kontrolle der Zufahrtswege nach Berlin zuständig; jeden Versuch der Westmächte, sich den Zugang zu erzwingen, werde er mit Krieg beantworten. Lohne es sich, nur um der Weigerung Bonns willen, die DDR anzuerkennen, Krieg zu führen? Chruschtschow hat diese Frage den Westmächten ganz ausdrücklich und mehr als einmal gestellt. Er hat überhaupt in der Kampagne dieser Jahre nichts unversucht gelassen, um die Bundesrepublik als starrsinnigen, ja böswilligen Störenfried zu isolieren, umgekehrt sich aber auch gelegentlich bemüht, Bonn auf die Abwege eines Sondergesprächs zu locken. Überhaupt hat er sich in seiner Kriseninszenierung immer Handlungsspielräume offengehalten. Von seinen ultimativen Fristsetzungen hat er sich immer wieder gelöst. Er hat keine Faits accomplis geschaffen, insbesondere den angekündigten Friedensvertrag mit der DDR nicht abgeschlossen. Er war bei aller Härte, mit der er etwa Eisenhower und Kennedy gegenüber auftrat, bei aller Lust am Drohen und Prahlen mit der eigenen Stärke offenbar doch sehr risikobewußt, ja vorsichtig.

Gleichwohl war sein Angriff auf West-Berlin eine außerordentliche Herausforderung für das westliche Bündnis. Daß das Bündnis dieser Attacke standgehalten hat, daß in keinem Augenblick ernstlich eine Verständigung der Vier über die Bundesrepublik hinweg drohte, ist bemerkenswert. Man kann daran ablesen, daß sich belastbare Grundloyalitäten relativ rasch herausgebildet haben. Aber man darf darüber nicht vergessen, wie schwierig die Jahre der Berlin-Offensive besonders für die deutsch-amerikanischen Beziehungen gewesen sind. Auch die Freundschaft, die sich zwischen Adenauer und Eisenhowers strengem und souveränem Außenminister John Foster Dulles von 1954 an entwickelt hatte und das deutsch-amerikanische Verhältnis eine Zeitlang prägte, konnte nicht verhindern, daß 1958 kritische Zeiten anbrachen. Die Irritationen waren auf beiden Seiten zeitweilig groß.

Adenauer empfahl dem Westen, wie immer in Krisenzeiten, »fest zu bleiben«. Von Verhandlungen unter dem Druck ultimativer Drohungen hielt man in Bonn nichts. Über Konzessionen, über ein befristetes Arrangement mit der DDR ist zwar ganz im geheimen nachgedacht und gesprochen worden. Aber solche internen Erwägungen sind nicht politikwirksam geworden. Den Partnern gegenüber bestand die westdeutsche Politik darauf, daß die Stellung ohne Zurückweichen gehalten werden müsse. Im Kern war es eine Strategie des »Aussitzens«, die Adenauer seinen Verbündeten nahelegte und abverlangte.

Die Angelsachsen, die Risiken eines ernstlichen Zusammenstoßes vor Augen, der zur Weltkatastrophe werden konnte, suchten nach Spielräumen für einen Kompromiß. Zu ihren Schutzpflichten gegenüber West-Berlin mußten, wollten sie wohl auch stehen. Aber der Statuskonflikt zwischen der Bundesrepublik und der DDR war nicht ihre Sache. Die Verknüpfung von Berlin-, Deutschland- und Abrüstungsthematik sollte Verhandlungsmöglichkeiten eröffnen. Die Konzessionsbereitschaft war zeitweilig beträchtlich, zumal in der Regierung Eisenhower nach dem Tode von Adenauers vertrautem Partner Dulles, der im Mai 1959 starb. Weit konzessionsbereiter noch als Eisenhower war der britische Premierminister Macmillan. Bei ihm zeigte Chruschtschows Drohpoker die deutlichsten Wirkungen. Mit einem Stück Anerkennung der DDR, einem partiellen Verzicht auf Berliner Rechte, hoffte man in Washington und London, der Sowjetunion ihre Maximalforderungen abhandeln zu können; auch die Anerkennung der Oder-Neiße-Grenze wurde erwogen – Überlegungen, die in Bonn auf hartnäckigen Einspruch stießen. Tatsächlich waren die Lösungen, gegen die Bonn sich damals wehrte, jedenfalls für West-Berlin viel problematischer als die, die man dann Anfang der siebziger Jahre tatsächlich fand.

De Gaulle, dessen Kalkül ein anderes war, stützte als einziger westlicher Regierungschef Adenauer. Wie Adenauer lehnte er es ab, sich durch Kriegsdrohungen zu Verhandlungen zwingen zu lassen. Gemeinsame Verhandlungspositionen für das Gespräch mit der Sowjetunion zu verabreden, erwies sich folglich als überaus mühevoll. Adenauers Mißtrauen, immer wach, jetzt noch einmal gesteigert, traf vor allem die Amerikaner – von den Engländern erwartete er ohnehin nichts Gutes –, die ihrerseits über die deutsch-französische Unbeweglichkeit verärgert waren. Es ist aber diese »Unbeweglichkeit« gewesen, die – im Zusammenwirken mit der Unnachgiebigkeit Moskaus – in den kritischen Jahren verhindert hat, daß Berlin-Vereinbarungen ausgehandelt wurden, die zu bereuen es vermutlich sehr rasch reichlich Anlaß gegeben hätte.

Ihren Höhepunkt erreichte die Krise im Sommer 1961. Chruschtschow hatte inzwischen lernen können, daß er die Westmächte nicht zum Rückzug aus West-Berlin würde zwingen können; daß es zur wehr- und schutzlosen, auf striktes Wohlverhalten gegenüber der DDR verpflichteten »Freien Stadt West-Berlin« nicht kommen würde. Das westliche Bündnis hatte klargemacht, welche Positionen es zu verteidigen entschlossen war: die Präsenz der drei Westmächte in West-Berlin, den ungehinderten Zugang nach West-Berlin, das Recht der West-Berliner, über ihre Zukunft selbst zu bestimmen. Kennedy, seit wenigen Monaten erst im Amt, hatte sich viel deutlicher als Eisenhower darauf festgelegt, daß die USA für diese Positionen notfalls kämpfen würden. In Wien, wo die beiden Anfang Juni 1961 zusammentrafen, war es zu einer Konfrontation gekommen. Kennedy hatte auf Chruschtschows Drohungen – »Wenn Sie Krieg wollen, dann ist das Ihr Problem« – geantwortet: »Wir wollen den Kampf nicht – aber wir haben schon gekämpft.«[59] Aus Wien zurückgekehrt, hatte er zudem seine Entschlossenheit, die USA militärisch stärker zu machen, unmißverständlich deutlich gemacht.

Chruschtschow wußte also, woran er war. Das 1958 anvisierte Ziel war ohne Kriegsrisiko nicht erreichbar. Krieg, so drohend er auch davon sprach, wollte Chruschtschow natürlich genausowenig wie der Westen. Immer wieder war er selbst geschaffenen Handlungszwängen ausgewichen, hatte ultimativ gesetzte Fristen verstreichen lassen und die DDR, was den versprochenen separaten Friedensvertrag angeht, vertröstet. Jetzt freilich mußte er handeln. Sein »Angriffsplan«, wenn man ihn denn so nennen will, hatte nicht zum Erfolg geführt. Die Existenzkrise der DDR hingegen hatte sich dramatisch verschärft. Wenn schon nicht offensiv, dann mußte ihr doch wenigstens defensiv begegnet werden.

Seit November 1958 waren noch einmal annähernd 500 000 Menschen aus der DDR geflohen, die meisten über West-Berlin.[60] Es mußte etwas geschehen, ohne weiteren Verzug. Der Westen selbst hatte zu erkennen gegeben, wo der Ausweg lag. Die westlichen Garantieerklärungen, die in den Wochen nach dem Wiener Treffen abgegeben worden waren, hatten ganz eindeutig und bewußt von West-Berlin, nicht von Berlin und nicht von der Freiheit des Verkehrs in Berlin gesprochen. Das war ein Hinweis für Chruschtschow gewesen. Anfang August wurde Ulbricht in Moskau ermächtigt, den Ostteil Berlins abzusperren. Er hatte seinen Schutzherrn lange, im Frühjahr und Sommer 1961 mit zunehmender Heftigkeit gedrängt. Die Entscheidung traf Chruschtschow – er hat sich auch ausdrücklich dazu bekannt.[61] Angesichts der Risiken, die sie barg, konnte es nicht anders sein. Am 13. August, einem Sonntag, wurde unter dem Schutz von Panzern der Nationalen Volksarmee (NVA) ein Stacheldrahtverhau quer durch Berlin gezogen. Aus dem Drahtverhau wurde bald eine Mauer: Die Teilung Deutschlands war vollendet. Man hatte im Westen mit allem möglichen gerechnet. Sich vorzustellen, daß das ostdeutsche Regime in seiner Bedrängnis West-Berlin buchstäblich einmauern würde, dazu hatte die Phantasie nicht ausgereicht.

Das Moskauer Kalkül ging auf: Der Osten hatte die »Essentials« des Westens beachtet, der Westen ließ den Osten gewähren. Im Schatten der atomaren Waffen gab es keine Alternative zu der schon erprobten Grundregel des Ost-West-Konflikts: keine Intervention jenseits der Demarkationslinie. Sie hatte am 17. Juni 1953 gegolten, 1956 beim Ungarnaufstand, sie sollte am 21. August 1968 gelten, als die Warschauer-Pakt-Staaten in die Tschechoslowakei einmarschierten. Sie galt auch am 13. August 1961. Kein Beteiligter dachte daran, die Schwelle des Kriegsrisikos zu überschreiten. Weder wurde von Bonn aus gefordert, die Sperren gewaltsam niederzureißen, noch hat man in Washington diese Möglichkeit auch nur einen Augenblick lang erwogen. Für die Schutzmächte gab es sogar Grund zur Erleichterung. Die Sowjetunion hatte nach drei Jahren beängstigender Intransigenz

Der 13. August 1961 war ein Epochendatum der Nachkriegsgeschichte. Daß die Westmächte zusahen (und zusehen mußten), wie die DDR eine Mauer quer durch Berlin zog, hat den Deutschen endgültig klargemacht, daß sie auf lange Zeit mit dem Status quo würden leben müssen.

einen Ausweg aus der Krise gewählt, der die westlichen Positionen – vorläufig jedenfalls – faktisch respektierte. Wenn sie nicht weitergehen würde, was freilich zunächst einmal ungewiß blieb, hatte sie zurückgesteckt. Kennedys spontane Reaktion auf die dramatische Nachricht aus Berlin war denn auch: »Das ist das Ende der Berlin-Krise.« Er fügte hinzu: »Da gibt es nichts, was wir tun könnten – außer Krieg.«[62] Viel spricht tatsächlich dafür, daß die Krise ohne den Mauerbau sich weit gefährlicher hätte zuspitzen können.

Aber so nüchtern, wie man die Ereignisse in den westlichen Hauptstädten sah, konnte man sie in Deutschland nicht sehen. Der Schock des 13. August ist für die Deutschen wahrscheinlich das schmerzhafteste Erlebnis der Nachkriegsgeschichte gewesen. Über Nacht hatte jener »Staat, der nicht sein durfte«,[63] gedeckt von der Sowjetunion, ihnen mit unbarmherziger Eindeutigkeit vor Augen geführt, was Teilung unter den Bedingungen des atomar aufgeladenen Weltkonflikts zwischen Ost und West wirklich bedeutete. Die »Schutzmächte« hatten die Aktion des Ostens nicht nur hingenommen, sie hatten nicht einmal besonders energisch dagegen protestiert – ihre Erleichterung war ihnen gewissermaßen anzusehen gewesen, was gerade in Berlin viel Empörung auslöste, die dann mühsam wieder gedämpft werde mußte.

Daß der Ohnmachtsschock die Deutschen so unvorbereitet und so quälend traf, hat gewiß auch etwas mit der Rhetorik des Kalten Krieges im allgemeinen und der Wiedervereinigungsrhetorik im besonderen zu tun, die so selbstbewußt das Vertrauen in westliche Stärke gepredigt hatte. Das Urteil, am 13. August sei vor allem die Adenauersche Wieder-

Das Nachdenken darüber, wie man sich auf das Unabänderliche einstellen solle, begann nun ernsthaft.

Wut und Empörung, wie sie am 1. Mai 1962 auf dem Platz der Republik in der geteilten Stadt zum Ausdruck kamen, waren angesichts der Berliner Mauer sehr begreifliche Empfindungen. Aber bei der Suche nach einer neuen Politik waren sie eher hinderlich.

 vereinigungspolitik endgültig gescheitert, greift gleichwohl zu kurz. Es ist richtig: Nach dem 13. August konnte es keine Illusionen mehr darüber geben, daß der Westen weder den Willen noch die Möglichkeit besaß, den deutschen Status quo durch eine – wie immer verstandene – Politik der Stärke zu verändern. In den besonderen Berliner Verhältnissen hatte er ja nicht einmal den Status quo bewahren können. Vor allem aber machte der 13. August deutlich, daß die Bundesrepublik den zweiten deutschen Staat, hinter dem die Sowjetunion mit ihrem ganzen weltpolitischen Gewicht so entschieden stand, auf die Dauer nicht einfach würde ignorieren können. Bis zum Mauerbau hatte es noch eine gewisse Plausibilität gehabt, die DDR als einen nicht lebensfähigen, nicht endgültigen Scheinstaat anzusehen, danach nicht mehr. Und das traf nicht nur Adenauers Politik. Es traf die gemeinsamen Grundüberzeugungen westdeutscher Deutschlandpolitik. Der 13. August 1961 ist denn auch gerade von den Protagonisten der späteren Ostpolitik immer wieder als der Tag genannt worden, an dem sie begonnen hätten, sich über neue Wege – genauer über das »Leben mit der Teilung« – Gedanken zu machen. Der Mauerbau mitsamt der westlichen Reaktion habe klargemacht, daß die Deutschen, wenn es um ihr Teilungsproblem gehe, auf niemanden zählen könnten. »Also fingen wir an, selbst nachzudenken«,[64] so hat es Egon Bahr, schon damals Brandt-Vertrauter und später einer der Hauptakteure der sozial-liberalen Ostpolitik, formuliert.

Im übrigen war der Berlin-Konflikt mit dem Mauerbau nicht einfach beendet. Er schwelte noch eine Zeitlang weiter, spitzte sich auch zeitweilig erneut zu. Erst die Kubakrise im Herbst 1962 hat Chruschtschows unberechenbaren Offensivdrang endgültig gestoppt. Hätte Chruschtschow sich in Kuba durchgesetzt, wäre vermutlich auch West-Berlin erneut bedroht gewesen. So aber begnügte er sich mit dem Defensiverfolg. Auf der westlichen Seite ist der – trotz der Mauer – letztlich glimpfliche Ausgang zum einen Kennedy, zum anderen Adenauer und de Gaulle zuzuschreiben, die in den ersten Jahren des Konflikts – aus sehr unterschiedlichen Gründen – weitreichende Konzessionen verhindert haben. Es bleibt freilich die Frage, warum Chruschtschow sich trotz unaufhörlicher Drohungen nicht dazu entschließen konnte, den Schritt über den Rubikon zu tun, will sagen: den angekündigten Friedensvertrag mit der DDR zu schließen und ihr die Kontrolle über die Verbindungswege nach West-Berlin zu übertragen. Risikoscheu hat dabei sicher eine Rolle gespielt, aber wohl auch die Überlegung, daß die Sowjetunion damit wesentliche Siegerrechte aus der Hand geben würde.

Für Walter Ulbricht, der in den Krisenjahren wieder und wieder betont hatte, West-Berlin liege »auf dem Territorium der DDR«, war der Ausgang jedenfalls eine bittere Enttäuschung. Der »Vertrag über Freundschaft, gegenseitigen Beistand und Zusammenarbeit«, den die Sowjetunion im Juni 1964 mit der DDR abschloß, war sicher als ein Ersatz für den Friedensvertrag gedacht, ein Trostpreis. Er sprach von der »selbständigen politischen Einheit West-Berlin«, aber er gab der DDR die Rechte, die sie gern gehabt hätte, nicht.

Wenn es einen politischen Schlüsselbegriff der Epoche des Ost-West-Konflikts gibt, dann ist es der Begriff Sicherheit. Alle Außenpolitik, so könnte man es auch formulieren, war für die Mitgliedstaaten der nordatlantischen Verteidigungsgemeinschaft in der Konstellation des Ost-West-Konflikts letztlich Sicherheitspolitik. Ob es sich für den Westen wirklich um eine Epoche dauernder Bedrohung gehandelt hat; ob Sicherheit im Ost-West-Konflikt tatsächlich nur durch jene leidlich ausbalancierte Hochrüstung zu gewährleisten war, zu der sich Ost und West wechselseitig vier Jahrzehnte lang gezwungen haben, steht dahin. In der Bundesrepublik jedenfalls ist diese Fixierung auf Sicherheit – aus begreiflichen Gründen – besonders stark ausgeprägt gewesen, stärker wohl als im übrigen Westeuropa. Ihr Bedürfnis nach zuverlässigen Schutzgarantien durch das Bündnis artikulierte sich immer wieder neu. Für niemanden sonst war das Prinzip der integrierten Verteidigung, die Präsenz amerikanischer Streitkräfte, waren die nuklearen Zusagen der USA so wichtig wie für sie. Dafür war aber auch ihr Beitrag zur atlantischen Sicherheitsgemeinschaft beträchtlich. Die Bundeswehr war von den sechziger Jahren an die stärkste konventionelle Streitmacht Westeuropas. Sie war zudem konsequenter Bündnisarmee als die Streitkräfte irgendeines anderen Mitgliedstaates, die einzige wirkliche Bündnisarmee im strengen Sinn voller Eingliederung in die Allianz in Friedens- und Kriegszeiten. Zusätzlich stellte die Bundesrepublik fast allein das Territorium und die Infrastruktur für die amerikanische militärische Präsenz in Europa zur Verfügung, ein Bündnisbeitrag von ganz erheblicher Bedeutung.

Beides – ihre besondere Abhängigkeit vom Bündnis und ihr besonderer Beitrag zum Bündnis – hat die Bundesrepublik zur europäischen Schlüsselmacht der nordatlantischen Verteidigungsgemeinschaft gemacht, sie auch in fast alle ihre Binnenkonflikte mit Notwendigkeit hineingezogen.

Es sind drei Gegebenheiten im besonderen gewesen, die die Sicherheitslage der westlichen Allianz von den fünfziger Jahren an entscheidend bestimmt haben, drei Gegebenheiten, in denen auch die besonderen Sicherheitsdilemmata der Bundesrepublik ihre Wurzeln hatten: die von einem Bündnis von Demokratien nicht auszugleichende Überlegenheit des Ostens an konventionellen Streitkräften; der frühe Verlust des amerikanischen Atomwaffenmonopols – 1949 schon zündete die Sowjetunion die erste Atombombe, 1955 die erste Wasserstoffbombe – und, ganz wesentlich, das Ende der faktischen Unverwundbarkeit der USA – von den späten fünfziger Jahren an verfügte die Sowjetunion über Raketen, mit denen sie Ziele in den USA erreichen konnte.

Diese letzte Entwicklung vor allem veränderte die Welt. Gegründet worden war die Allianz noch im Zeichen des atomaren Monopols, der Unverletzlichkeit der USA. Gegründet worden war sie auf dem Fundament der Identität der amerikanischen und der westeuropäischen Sicherheitsinteressen. Ein Jahrzehnt nach der Gründung war diese Identität der Interessen in der Allianz ein für allemal zerstört. Kein Präsident konnte Westeuropa mehr atomaren Schutz zusagen, ohne zu bedenken, was die Einlösung des Versprechens für das eigene Land bedeuten würde. »Extended deterrence«, eine glaubwürdige Verpflichtung der nun selbst tödlich verwundbaren Vereinigten Staaten, Kernwaffen zur Verteidigung Westeuropas einzusetzen – das war im Grunde zur Quadratur des Kreises geworden. Und doch hing die Allianz an dieser Verpflichtung. Man kann es auch so sagen: Die Geographie zum einen, die die Risiken ungleich verteilte, und die innere Asymmetrie, die einseitige Abhängigkeit Westeuropas, der Bundesrepublik im besonderen, vom mächtigen nuklearen Protektor, den USA, haben das Bündnis vor letztlich unlösbare Probleme gestellt. Es ist damit erstaunlicherweise einigermaßen fertig geworden.

Die Bundesrepublik fand sich in den unvermeidlichen Bündniskonflikten oft in der exponiertesten Position. Dabei haben Ambivalenzen ihrer eigenen Interessenlage, die viel ausgeprägter waren als bei allen anderen Allianzmitgliedern, eine wesentliche Rolle gespielt. Sie hatten – politisch – mit ihrem Status-quo-Vorbehalt und – strategisch – mit ihrer Randlage zu tun. Die Bundesrepublik mußte mehr als jeder andere Bündnispartner an einer Strategie mit einem maximalen Abschreckungseffekt interessiert sein, daran also, die Schwelle für den Einsatz nuklearer Waffen niedrig zu halten. Die Garantien für das amerikanische nukleare Engagement konnten ihr denn auch gar nicht sicher genug sein. An Verständnis für die amerikanische Interessenlage hat es da gelegentlich in Bonn gefehlt. Die Bundesrepublik mußte aber ebenso ein existentielles Interesse an einer Allianzstrategie haben, die ihr im Kriegsfall eine Überlebenschance ließ, einer Strategie, die nicht notwendig zur nuklearen Verwüstung Deutschlands führte. Sie mußte also eine hohe Eskalationswahrscheinlichkeit wünschen und eine rasche Eskalation fürchten. Etwas anders formuliert: Kein Mitgliedstaat war stärker auf den politischen wie auf den strategischen Rückhalt, den das Bündnis bot, angewiesen als die Bundesrepublik. Kein Mitgliedstaat hatte zugleich aber auch geringere Chancen, den Bündnisfall, den Ernstfall eines Krieges in Europa, zu überleben. Das Dilemma war nicht aufzulösen. So hat sich die Sicherheitspolitik des westdeutschen Staates, je nach Perspektive, immer zugleich als rational und als absurd beschreiben lassen. Sie war tatsächlich in gewissem Sinne beides. Leben ließ sich in einer solchen Spannung nur, indem man auf die Stabilität der Abschreckungskonstellation gleichsam bedingungslos vertraute. Dieses Vertrauen hat die Bundesrepublik freilich nicht davor bewahrt, sich ihrem Dilemma in den strategischen Disputen im Bündnis immer wieder stellen zu müssen – praktisch vom ersten Tag der Mitgliedschaft an.

Der Start war aus mehreren Gründen schwierig. Zum einen: Die Bundesrepublik hatte unter dem Druck der Erwartungen der Allianz, was das Tempo der Aufstellung der Bundeswehr angeht, Zusagen gemacht, die sie unmöglich einhalten konnte. Theodor Blank, der erste Verteidigungsminister, hatte sich Adenauers Drängen – dem Kanzler konnte es aus politischen Gründen gar nicht schnell genug gehen – nicht entschieden genug widersetzt. Als dann im ersten Aufstellungsjahr sehr rasch deutlich wurde, daß dramatische Planungskorrekturen unvermeidbar waren, mußte er gehen. Zum anderen: Das Bündnis stellte nicht nur Forderungen, es verunsicherte das neue Mitglied auch sogleich durch eine Strategiediskussion. Mitte der fünfziger Jahre war die Allianz – genauer gesagt die USA mit England im Schlepptau – nicht zuletzt aus ökonomischen Gründen gerade auf dem Weg von ursprünglich weit gesteckten Zielen konventioneller Aufrüstung zu einer Abschreckungsstrategie, die ganz und gar auf atomare Waffen setzte, strategische wie taktische. Adenauer reagierte höchst besorgt auf den Kurswechsel, der die Bundesrepublik, kaum daß sie beigetreten war, vor die Frage stellte, was eine Strategie massiver atomarer Vergeltung als Kriegführungsstrategie im Ernstfall für sie denn bedeute. Natürlich auch vor die Frage nach dem Sinn der konventionellen Rüstungsanstrengung, zu der sie eben ansetzte – dem militärischen wie dem politischen Sinn. Auf welchen Einfluß, welche Rolle im Bündnis konnte eine nur konventionell gerüstete Macht überhaupt noch rechnen? Zumal Franz Josef Strauß, der energiegeladen und ehrgeizig das Verteidigungsministerium im Herbst 1956 von dem glücklosen Theodor Blank übernahm, hat diese Frage mit Nachdruck aufgeworfen. England war schon auf dem Weg, zweite Atommacht in der atlantischen Allianz zu werden, Frankreich stellte eben jetzt die Weichen.

Wenige Jahre später, nach dem Wechsel von Eisenhower zu Kennedy im Jahr 1961, warfen die Amerikaner das Steuer wieder herum. Die einseitige Abhängigkeit des Westens von Atomwaffen erschien nun, angesichts eines sich rasch herausbildenden Gleichgewichts atomarer Bedrohung zwischen Ost und West, als eine verhängnisvolle Schwäche. Diese Abhängigkeit ließ, so schien es, dem Präsidenten im Ernstfall nur die Wahl zwischen Kapitulation und Katastrophe. Also hieß es jetzt: Die konventionellen Streitkräfte seien zu stärken, um gegen den Zwang zur nuklearen Eskalation Handlungsspielraum zu gewinnen. Wieder war die Bundesrepublik beunruhigt. Waren die Amerikaner im Begriff, ihre nukleare Garantie für Westeuropa entscheidend zu relativieren? Wurden damit nicht die Risiken zu Lasten Westeuropas, der Bundesrepublik im besonderen, umverteilt? Man sieht: Jede denkbare Strategie bot Anlaß zum Mißtrauen, legte die Interessendivergenzen bloß, die nun einmal nicht aus der Welt zu schaffen waren.[65] So hatte denn auch jene Strategie, die von 1968 an für lange Zeit eine Art von Konsens im Bündnis stiftete, die Strategie der *flexible response*, mit der man einen Mittelweg einzuschlagen suchte, notwendig viel von einem Formelkompromiß an sich.

Von einem anderen Konfliktstoff aus der Frühzeit der westdeutschen Zugehörigkeit zur atlantischen Sicherheitsgemeinschaft ist schon die Rede gewesen: Alle Vorschläge, in Mitteleuropa besondere Sicherheitszonen, Zonen »verdünnter« Rüstung, einzurichten – in der zweiten Hälfte der fünfziger Jahre ein Hauptgesprächsthema zwischen Ost und West –, stießen in Bonn auf großes Mißtrauen. Deutschlandpolitische Bedenken mischten sich mit Befürchtungen die amerikanische Präsenz betreffend und der Sorge, die eben gewonnene Gleichberechtigung könne schon wieder verlorengehen, bevor man noch das Unterpfand dieser Gleichberechtigung, die Bundeswehr, in der Hand halte. Keine »Singularisierung«, lautete die Maxime. Zwar hat das westliche Bündnis seine Geschlossenheit in den Verhandlungen mit der Sowjetunion letztlich immer bewahren können, aber allianzintern war die sehr besondere Interessenlage der Bundesrepublik durchaus ein Problem, wenn auch keineswegs das einzige.

Von allen Disengagementplänen jener Jahre ist keiner intensiver diskutiert worden als der des polnischen Außenministers Adam Rapacki, in Mitteleuropa eine kernwaffenfreie

Zone einzurichten. Als er im Oktober 1957 präsentiert wurde, war in der Bundesrepublik eine Auseinandersetzung über die Ausrüstung der in Westdeutschland stationierten Bündnisstreitkräfte mit taktischen Atomwaffen – für die Bundeswehr hieß das: mit Trägerwaffen für nukleare Sprengköpfe – in vollem Gange, dem Nachrüstungsstreit der achtziger Jahre verwandt und doch auf charakteristische Weise anders in Verlauf und Auswirkung. Es ist klar, daß der polnische Vorschlag absichtsvoll in diese Auseinandersetzung hineinzielte. Aber es ist auch klar, daß die Aussicht, die Deutschen könnten Verfügungsgewalt über Atomwaffen erlangen, die Polen wirklich schreckte. Ihre Sorge war im Kern unbegründet. Es ging wirklich nur um die Trägerwaffen. Die Sprengköpfe sollten unter amerikanischem Verschluß bleiben und sind immer unter amerikanischem Verschluß geblieben. Darüber, daß Deutschland keine Atommacht werden dürfe, war man sich in West und Ost zu allen Zeiten einig. Aber die Sorge war da.

Auch in der heftigen Polemik Moskaus gegen die Ausrüstung der Bundeswehr mit »Atomwaffen«, wie man ungenau formulierte, schwang sie mit. Was man in Moskau wie in Warschau offenbar ernstlich fürchtete, war nicht so sehr die Bundesrepublik an sich als vielmehr ihr Einfluß im westlichen Bündnis, ihre Fähigkeit, das ganze Bündnis in einen Konflikt, womöglich einen atomaren Konflikt, hineinzuziehen. So wirklichkeitsfern diese Vorstellung war, sie scheint eine erhebliche Rolle gespielt zu haben. Jedenfalls hat der Kampf gegen die Nuklearbewaffnung der Bundeswehr ein paar Jahre lang im Mittelpunkt der sowjetischen Deutschlandpolitik gestanden, ein zweiter Akt gleichsam des zähen Moskauer Widerstandes gegen die Wiederbewaffnung Westdeutschlands im westlichen Bündnis. Tatsächlich war es wohl auch das Ziel der sowjetischen Politik, die Bundesrepublik wieder, jedenfalls ein Stück weit, aus der westlichen Sicherheitsgemeinschaft herauszubrechen. Mit der Entscheidung, die Bundeswehr mit atomaren Trägerwaffen auszurüsten, vollzog Bonn ja nur das Programm der NATO, das vorsah, die konventionelle Unterlegenheit des Westens durch taktische Atomwaffen auszugleichen, für die deutschen Streitkräfte mit. Maßgebend für die Bonner Entscheidung war denn auch nicht so sehr ein rein militärisches Kalkül als vielmehr die Entschlossenheit, sich nicht in eine Position zweiten Ranges im Bündnis hineinzumanövrieren oder hineinmanövrieren zu lassen. Adenauer wie Strauß waren beide davon überzeugt, daß irgendeine Form der Teilhabe am Arsenal »atomfähiger« Waffen unerläßlich sei, wenn die Bundesrepublik in den wesentlichen Fragen mitreden wollte. Mit dem bündnispolitisch begründeten Ja zu den Trägerwaffen aber war das Nein zum Rapacki-Plan zwingend, der im übrigen in Bonn natürlich auf die Bedenken stieß, die dort allen Disengagementplänen entgegengehalten wurden.

Der Streit um die Atomwaffen und die Disengagementpläne war der letzte in der Reihe der außenpolitischen Gründungskonflikte, die das erste Jahrzehnt der Bonner Republik bestimmt haben. Noch einmal wurde zwischen Regierung und Opposition heftig, mit politischer Leidenschaft gefochten. Und noch einmal hat sich auch an diesen Streit die Frage geknüpft, welche Alternativen zu Adenauers Westkurs es gegeben haben könnte. Daß die Disengagementpläne entgegen allen Hoffnungen der Sozialdemokraten keine Wiedervereinigungschancen mehr bargen, daran kann es keine Zweifel geben. Hätten sie zu einer frühzeitigen Entschärfung des Ost-West-Konflikts führen oder wenigstens der Bundesrepublik ein höheres Maß an Sicherheit bringen können? Wahrscheinlich ist das nicht. In der Tendenz hätten sie die gerade vollzogene Eingliederung der Bundesrepublik in die westliche Allianz eben doch wieder in Frage gestellt, wenn nicht rückgängig gemacht. Ob das zur Stabilität der europäischen Verhältnisse beigetragen hätte, ist sehr zweifelhaft. Andererseits ist klar, daß die Bundesrepublik weder das Recht noch den Einfluß besaß, Vereinbarungen zwischen Ost und West – welcher Art auch immer – mit ihren deutschlandpolitischen Vorbehalten auf die Dauer zu verhindern. Insofern kündigte sich auch in den innerwestlichen Debatten über die Disengagementpläne an, daß die Bundesrepublik sich werde bewegen müssen.

Ihre besondere Schärfe gab den Auseinandersetzungen der Jahre 1957/58 in Westdeutschland selbst freilich eher das Thema der atomaren Waffen als der Streit um die Chancen der Wiedervereinigung. Im April 1957 hatten achtzehn bedeutende Physiker, Otto Hahn und Werner Heisenberg unter ihnen, provoziert von der leichtfertigen Bemerkung Adenauers, die taktischen Atomwaffen seien nichts weiter als die Weiterentwicklung der Artillerie, in den Streit um die Ausrüstung der Bundeswehr mit Trägerwaffen mit der Erklärung eingegriffen: »Für ein kleines Land wie die Bundesrepublik glauben wir, daß es sich heute noch am besten schützt und den Weltfrieden noch am ehesten fördert, wenn es ausdrücklich und freiwillig auf den Besitz von Atomwaffen jeder Art verzichtet.« Sie hatten hinzugefügt: »Jedenfalls wäre keiner der Unterzeichner bereit, sich an der Herstellung, der Erprobung oder dem Einsatz von Atomwaffen in irgendeiner Weise zu beteiligen.«[66] Das hatte angesichts des Ranges der Unterzeichner als Wissenschaftler Eindruck gemacht, obwohl es im Kern ein politisches Argument war, das sich die Frage gefallen lassen mußte, ob die Bundesrepublik denn zugleich Mitglied einer auf das Prinzip nuklearer Abschreckung gegründeten Sicherheitsgemeinschaft sein und sich einen Sonderstatus atomarer Unschuld bewahren könne. Eine Protestbewegung »Kampf dem Atomtod« formierte sich, zunächst auch von Sozialdemokratie und Gewerkschaften mitgetragen. Und es schien, als könne das Thema die Öffentlichkeit noch einmal aufwühlen wie ein paar Jahre zuvor der Wiederbewaffnungsstreit. Politisch war der Konflikt dann freilich doch bald entschieden, durch die Bundestagswahl 1957, die Adenauer eine absolute Mehrheit brachte. Aber die Unruhe, die die erste Begegnung mit dem unlösbaren moralischen Dilemma der Strategie nuklearer Abschreckung ausgelöst hat, hat sich in der Geschichte der Bundesrepublik nie wieder ganz verloren.

Ganz unbemerkt von der Öffentlichkeit stellte sich die Frage eines zumindest indirekten Zugriffs auf die entscheidenden Waffen für die Bundesrepublik zur gleichen Zeit – sehr vorübergehend – übrigens noch auf eine zweite Weise. Frankreich hatte nach dem demütigenden Suezabenteuer, in dem die USA und die Sowjetunion gemeinsam Frankreich und England zum Rückzug gezwungen hatten, definitiv den Entschluß gefaßt, selbst Atommacht zu werden. Und es suchte nun Unterstützung, vor allem finanzielle Unterstützung, bei der Bundesrepublik und Italien. Tatsächlich ist mehrere Monate lang im geheimen über die gemeinsame Herstellung von Atomwaffen, auch Trägerwaffen, verhandelt worden, wobei letztlich offenblieb, an welche Art deutscher Beteiligung und Teilhabe gedacht war – die Bundesrepublik war in dieser Sache ja nicht frei.[67] Der Zusammenbruch der Vierten Republik im Frühjahr 1958 machte den Gesprächen dann abrupt ein Ende. De Gaulle war nicht bereit, die Verfügungsmacht über Atomwaffen mit irgend jemand zu teilen. Aber so folgenlos die Episode auch blieb, daß Adenauer und Strauß sich sofort auf den französischen Vorstoß einließen, zeigt, wie skeptisch sie die amerikanische Schutzgarantie, die einseitige Abhängigkeit von den amerikanischen Atomwaffen beurteilten, wie sehr sie bemüht waren, der Bundesrepublik im Bündnis mehr Gewicht zu verschaffen.

Tatsächlich ist der Einfluß, den die Bundesrepublik auf die Formulierung der Bündnisstrategie hatte, im ersten Jahrzehnt ihrer NATO-Mitgliedschaft sehr bescheiden gewesen, zumal im nuklearen Bereich – die Entscheidung für die Ausrüstung der Bundeswehr mit atomaren Trägerwaffen war vor allem ein Versuch Bonns, mindestens einen Fuß in die Tür zu stellen. Zu lösen war das doppelte Problem der amerikanischen Dominanz in nuklearstrategischen Fragen in Friedenszeiten und des amerikanischen Entscheidungsmonopols im Ernstfall durch solche Konstruktionen natürlich nicht. Trotz aller Bemühungen, es zu entschärfen, ist es eines der Strukturprobleme der Allianz geblieben.

Bei diesen – vor allem auf die Bundesrepublik zielenden – Bemühungen hat bis zur Mitte der sechziger Jahre der Gedanke eine Hauptrolle gespielt, eine besondere atomare Streitmacht des Bündnisses zu schaffen. Daraus ist nichts geworden. An der Künstlichkeit der Projekte läßt sich geradezu ablesen, daß das Problem nicht wirklich lösbar war. Drei Jahre lang, von 1962 bis 1965, hat gleichwohl insbesondere der amerikanische Vorschlag einer von mehreren Nationen gestellten, mit Polarisraketen bestückten Überwasserflotte der NATO die Bündnisdiskussion beherrscht. Interessiert waren an dem Vorhaben eigentlich nur die Deutschen und die Amerikaner; die Amerikaner, weil sie den Deutschen etwas bieten zu müssen glaubten, die Deutschen nicht zuletzt aus Rücksicht auf die Amerikaner. Einfluß auf die Nuklearstrategie im ganzen konnte diese Flotte den Beteiligten so wenig verschaffen, wie sie das amerikanische Entscheidungsmonopol beseitigen konnte. Am Ende wurde der Plan – bei veränderter Interessenlage der Amerikaner und wiederum zur Irritation der Deutschen – denn auch sang- und klanglos aus dem Verkehr gezogen. Das fällt schon in die Zeit der Regierung Erhard, die klug daran getan hätte, nicht so lange an der Totgeburt der Multilateral Force (MLF) festzuhalten. Eine vernünftigere, bescheidenere Alternative wurde verwirklicht, die Nuclear Planning Group, die von der zweiten Hälfte der sechziger Jahre an den Nicht-Atom-Mächten des Bündnisses einen gewissen Einfluß auf die Planungen des Einsatzes von Atomwaffen gab. Sie hat das unlösbare Problem jedenfalls entschärft.

Für Washington war der wichtigste Grund, das Projekt MLF fallenzulassen, das dringliche Interesse an einem Vertrag über die Nichtverbreitung von Kernwaffen, ein Vorhaben, das nach dem glücklichen Ausgang der Berlin-Krise neue, erhebliche Belastungen des deutsch-amerikanischen Verhältnisses mit sich brachte. Anfang der sechziger Jahre hatte das Gespräch mit den Russen begonnen, denen es vor allem darauf ankam, jeden auch noch so indirekten Zugriff der Deutschen auf Atomwaffen zu unterbinden. 1968 wurde der Vertrag schließlich unterzeichnet, zusammen mit dem Teststoppabkommen die wichtigste Frucht des ersten Entspannungsjahrzehnts.

Die Bundesrepublik hat sich – anfänglich bis in die Reihen der Sozialdemokratie hinein – mit dem Nichtverbreitungsvertrag schwergetan. Sie konnte ihn nicht einfach ablehnen wie Frankreich, aber sie wollte ihm auch nicht einfach zustimmen. Nicht so sehr deshalb, weil sie das Ziel, selbst Atommacht zu werden, jemals ernstlich im Visier gehabt hätte, obschon Adenauer und Strauß daran wohl gedacht haben, sondern vor allem, weil man es für notwendig hielt, der Bundesrepublik supranationale Optionen, atlantische oder europäische, offenzuhalten. Auch die Sorge, in der zivilen Nutzung der Kernkraft behindert zu werden, spielte eine wichtige, für viele Skeptiker entscheidende Rolle. Und hinter allen plausiblen, konkreten Bedenken stand die immer wache Furcht vor der Kollaboration der Siegermächte über Deutschland hinweg. Daß, um die beiden prominentesten und heftigsten Kritiker des Vertrages zu zitieren, Adenauer den Morgenthau-Plan in Erinnerung rief und Strauß Versailles, zeigt, wie stark diese Furcht war.[68]

Aber waren es noch die »Siegermächte«, die da kollaborierten? Es waren die beiden Nuklearweltmächte USA und Sowjetunion. Die Potsdam-Perspektive erfaßte diese Konstellation im Grunde nicht mehr richtig. Vielmehr machte der Nichtverbreitungsvertrag zum ersten Mal in voller Schärfe sichtbar, daß Entspannungs-, Abrüstungs-, Rüstungskontrollpolitik im Kern nur bilaterale Politik zwischen den beiden großen antagonistischen Nuklearmächten sein konnte, die zuerst und vor allem von den Sicherheitsinteressen eben dieser Mächte bestimmt wurde. Damit verschärfte sich das Allianzproblem der Dominanz der Führungsmacht noch einmal beträchtlich. Das traf keineswegs die Bundesrepublik allein, aber es traf sie in ihrer Sonderlage empfindlicher als andere. Daß der Streit um den Nichtverbreitungsvertrag in der Bundesrepublik besonders heftig war, ist deshalb kein Zufall, ein Streit übrigens nicht einfach nur zwischen CDU/CSU und SPD, sondern auch innerhalb der CDU/CSU. Unterschrieben hat die Bundesregierung den Vertrag erst 1969, nach dem Regierungswechsel. Sie tat es in der richtigen Einsicht, daß eine Verweigerung der Unterschrift sie im Westen wie im Osten in eine gefährliche Isolierung geführt hätte.

V.

Sosehr das erste Jahrzehnt westdeutscher Außenpolitik nach der Wiedergewinnung der Souveränität krisenhaft von den beiden führenden Mächten der Welt, von ihren ersten, unsicheren Schritten in eine neue Phase des Ost-West-Konflikts bestimmt gewesen ist, sosehr ist es im engeren, europäischen Kontext doch auch das Jahrzehnt de Gaulles gewesen. 1958 rief ihn die von ihrem Kolonialkrieg in Algerien ruinierte Vierte Republik aus seinem inneren Exil zurück in die Politik. Bis 1969 hat er an der Spitze der von ihm gegründeten Fünften Republik gestanden. In diesen elf Jahren war de Gaulle die beherrschende Figur der europäischen Politik. Bonn hat sich in versuchter Anpassung oder auch Ablehnung auf ihn ausrichten müssen. Er stellte die Bonner Politik vor eine Alternative, der der westdeutsche Staat sich, so wie seine Existenzbedingungen nun einmal waren, verweigern mußte: vor die Alternative nämlich, entweder Frankreich oder die USA zum Partner zu wählen. Er warb um Deutschland. Er war es, der gemeinsam mit Konrad Adenauer dem politischen Programm der Versöhnung zwischen Deutschland und Frankreich in großen Gesten symbolischer – nicht nur symbolischer – Politik die eindringlichsten, vielleicht auch wirkungsvollsten Impulse gab. Aber er löste dieses Programm aus dem Integrationskontext, in den es zunächst eingefügt gewesen war und in den es später wieder eingefügt werden sollte: Zusammenarbeit der Staaten, nicht Überwindung der Nationalstaatlichkeit war seine Konzeption. Und er ließ nie einen Zweifel daran, daß Deutschland sich dem französischen Führungsanspruch zu fügen habe.

Wo stand die europäische Entwicklung, als de Gaulle im Frühsommer 1958 in Frankreich die Regierung übernahm? Nach dem Scheitern der EVG waren es die Beneluxstaaten gewesen, die dieser Entwicklung nach einem Augenblick der Ratlosigkeit rasch neue Impulse gegeben hatten. Jean Monnet hatte noch einmal eine wichtige Rolle gespielt, dann aber vor allem der belgische Außenminister Paul-Henri Spaak. In der Absichtserklärung von Messina vom 2. Juni 1955 hatten die sechs Mitgliedstaaten der Montanunion sich darauf verständigt, den europäischen Weg weiterzugehen. Das Krisenjahr 1956, mit dem blutig niedergeworfenen Ungarnaufstand und dem Suezdebakel Englands und Frankreichs, konnte sie darin nur bestärken. Zwei Jahre nach Messina, am 25. März 1957, konnten sie in Rom tatsächlich zwei weitere europäische Verträge unterzeichnen, den Vertrag über die Gründung einer Europäischen Wirtschaftsgemeinschaft (EWG), der die Aufgabe zugewiesen wurde, einen gemeinsamen Markt zu errichten (Art. 22), und den Vertrag über die Gründung einer Europäischen Atomgemeinschaft (EURATOM), der die Nutzung der Kernenergie für friedliche Zwecke zu einem gemeinsamen europäischen Vorhaben machen sollte. Großbritannien hatte wiederum, zum dritten Mal, entschieden, nicht mit dabeisein zu wollen.

Das gleichzeitige Voranschreiten auf zwei Wegen der Integration, dem der sektoralen Integration, anknüpfend an das Vorbild der Montanunion, und dem der Schaffung eines einheitlichen europäischen Wirtschaftsraums, war im Grunde ein Kompromiß, der erst nach schwierigen Verhandlungen gefunden wurde. Frankreich war vor allem an Euratom interessiert, nicht zuletzt unter dem seit 1950 seine Europapolitik bestimmenden Gesichtspunkt, die deutschen Potentiale dauerhaft unter internationale Kontrolle zu bringen, aber auch weil die französische protektionistische Tradition dem Vorhaben eines gemeinsamen Marktes jedenfalls nicht förderlich war. Für die Bundesrepublik war der gemeinsame Markt das weitaus wichtigere Projekt: politisch, weil dieses Vorhaben dem deutschen Interesse an Integration die viel weiterreichenden Perspektiven bot, ökonomisch, weil – Mitte der fünfziger Jahre war das bereits ganz klar – die Wirtschaft des westdeutschen Staates eine Exportwirtschaft war. Zur schließlichen Einigung hat die Bundesrepublik, wie so oft, wenn ihr Integrationsfortschritte politisch wichtig waren, mit erheblichen materiellen Zugeständnissen beigetragen. Für Frankreich auf der anderen Seite scheint die bittere Erfahrung des gescheiterten Suezabenteuers eine Rolle gespielt zu haben, das Zusammenspiel von Washington und Moskau gegen Paris und London. Wesentliche Elemente des Kompromisses sind am 6. November 1956 in Paris, auf dem Höhepunkt der Krise, gleichsam im Schatten der sowjetischen Raketendrohungen, ausgehandelt worden.

Weder der gemeinsame Markt noch Euratom sind in der Bundesrepublik unumstritten gewesen. Zumal Ludwig Erhard hat sich der Entwicklung lange entgegengestellt. Er hätte eine weite Freihandelszone vorgezogen, weil er fürchtete, daß eine wesentlich von Frankreich bestimmte Wirtschaftsgemeinschaft, eine Gemeinschaft mit gemeinsamen Außenzöllen, eine protektionistische Politik betreiben werde, die dem deutschen Interesse an weltweitem Freihandel keineswegs entsprechen würde. Adenauer ist diesem Zögern mit einer entschiedenen Betonung der Vorrangigkeit der politischen Integrationsziele schon in einer frühen Phase der Verhandlungen über die Römischen Verträge entgegengetreten: »Noch stärker als bisher muß der politische Charakter dieses Beschlusses (des Beschlusses von Messina) beachtet werden, der nicht allein eine technische Kooperation aus fachlichen Erwägungen, sondern eine Gemeinschaft herbeiführen soll, die – auch im Interesse der Wiedervereinigung – die gleiche Richtung des politischen Willens und Handelns sichert.«[69] Dabei berief er sich ausdrücklich auf die Richtlinienkompetenz des Kanzlers. Der politische Charakter der europäischen Einigung – das hieß für Adenauer: Westeuropa muß stark genug werden, sich zwischen den beiden Giganten der Weltpolitik zu behaupten. Sein Mißtrauen gegenüber den USA tritt gerade in der Phase zwischen Messina und den Römischen Verträgen als ein bestimmendes Motiv seiner Europapolitik deutlich in Erscheinung. Übrigens hatte er auch die »Dritte Welt« im Blick, die in den fünfziger Jahren tumultuarisch auf die große Bühne der internationalen Politik zu drängen begann. Eine dogmatische Fixierung auf das Ziel eines europäischen Bundesstaates ist in dieser Zeit hingegen nicht mehr zu erkennen.

Tatsächlich war im EWG-Vertrag das Prinzip der Supranationalität nicht eben stark verankert: Die Kommission war schwächer als die Hohe Behörde der Montanunion, der Ministerrat war das eigentlich entscheidende Gremium. Und doch sollte Adenauer mit seinem politischen Verständnis des Vertrages jedenfalls langfristig recht behalten. Gewiß war im gemeinsamen Markt nicht schon die politische Union angelegt, aber in den weitreichenden Zielsetzungen des Art. 3 – Abbau aller Hemmnisse für den freien Waren-, Dienstleistungs-, Kapital- und Personenverkehr innerhalb der Gemeinschaft – steckte mehr Integrationspotential als in jeder anderen Mitte der fünfziger Jahre möglichen Initiative. Die Gründung der EWG hat sich als ein Jahrhundertereignis erwiesen. Sie war der folgenreichste unter allen einzelnen Integrationsschritten. Die Befürchtungen des Ökonomen Erhard auf der anderen Seite haben sich nicht bewahrheitet. Die EWG hat der Bundesrepublik die europäischen Exportmärkte geöffnet, ohne sie von den übrigen Märkten der Welt abzuschneiden.

Die europapolitischen Meinungsverschiedenheiten zwischen Adenauer und Erhard haben übrigens später, als es um die Kanzlernachfolge ging, noch einmal eine große Rolle gespielt. Adenauer hat seinen zähen Kampf gegen eine Kanzlerschaft Erhards nicht zuletzt mit dem Argument geführt, Erhard sei ein Gegner des europäischen Zusammenschlusses und der engen deutsch-französischen Zusammenarbeit im besonderen. Das war eine Adenauersche Vereinfachung, aber daß Erhard wirtschaftspolitisch dachte, wo nach Adenauers Überzeugung politisch gedacht werden mußte, ist offenkundig.

Dies also war der Stand der Dinge, als de Gaulle in Frankreich die Zügel ergriff: Westeuropa, die kontinentale Sechsergemeinschaft ohne Großbritannien, hatte bereits mehr als den ersten Schritt des Zusammenschlusses zu einer neuartigen Staatengemeinschaft getan, aber es war mit dem Aufbau von Supranationalität noch nicht weit fortgeschritten. Über den Plan einer großen, die EWG ergänzenden und einschließenden Freihandelszone wurde mit Großbritannien noch verhandelt. Wie würde de Gaulle, der nicht als Freund der Deutschen galt und als ein Gegner der europäischen Integration, sich zu dem, was er vorfand, stellen? Besonders in Bonn war die Sorge groß, alles, was bisher an europäischer Zusammenarbeit, an deutsch-französischem Ausgleich erreicht war, könne durch den Umsturz in Paris in Frage gestellt sein.

Am 18. und 19. September 1958 trafen Konrad Adenauer und Charles de Gaulle auf de Gaulles lothringischem Landsitz Colombey-les-deux-Églises zum ersten Mal zusammen.[70] Waldemar Besson hat, was in Colombey begann, eine »Altersfreundschaft der Mißverständnisse« genannt.[71] Eine Altersfreundschaft war es gewiß, eine Freundschaft zweier durch die Geschichte ihres Jahrhunderts geprägter alter Männer, die einander nahekamen und in den fünf gemeinsamen Jahren einander naheblieben, weil jeder den historischen Rang des anderen spürte und achtete. Auch eine Freundschaft der Mißverständnisse? Es könnte bewußtes Mißverstehen im Spiel gewesen sein, weil beide glaubten, aufeinander angewiesen zu sein. Daß die politischen Weltbilder Adenauers und de Gaulles, obschon gleichermaßen im katholischen, karolingischen Westeuropa wurzelnd, nicht viel miteinander gemein hatten, ist jedenfalls keine Frage. Gab es gleichwohl über die Sympathie der beiden füreinander hinaus eine Konvergenz der Interessen?

De Gaulle brauchte die Bundesrepublik, um jenes Ziel zu erreichen, das ihm für Frankreich vor Augen stand: innerlich erneuert die Führung Europas zu übernehmen, eines Europas der Nationen, der Nationalstaaten, der Vaterländer, eines Europas, das sich aus der Abhängigkeit von den USA gelöst hatte, eines Europas schließlich, das durchaus über die kontinentale Scheidelinie zwischen Ost und West hinaus gedacht war. Dieses Europa sollte durch die Zusammenarbeit der Regierungen zu gemeinsamem Handeln befähigt werden, nicht durch Integration – die Legitimität supranationaler Autoritäten hat de Gaulle nie anerkannt. Zwar war er bereit, den erreichten Stand der Integration in einem gewissen Pragmatismus hinzunehmen, vorausgesetzt, wie er Adenauer bedeutete, daß »Frankreichs Persönlichkeit« dabei keinen Schaden nahm. Aber doch nur, um die Entwicklung der Europäischen Gemeinschaft in eine andere Richtung zu lenken. Der Partner, den er für diese Pläne zuerst und vor allem gewinnen wollte, war die Bundesrepublik. »Es gibt in Europa für Frankreich nur einen möglichen Partner, ja sogar wünschenswerten Partner, und das ist Deutschland, das Deutschland von heute«, wird de Gaulle in Adenauers Aufzeichnung von jenem ersten Gespräch in Colombey zitiert.

Zuvor hatte de Gaulle sich Adenauer gegenüber hochmütig von den angelsächsischen Mächten distanziert: Das französische Volk habe »keine Illusionen über das Wohlwollen und die Fähigkeit und Geschicklichkeit der Amerikaner. Die Amerikaner bleiben Amerikaner. Ich spreche nicht von England, das ein zweitrangiges Problem darstellt und eine Insel bleibt.« Deutschland also als der einzig mögliche Partner. Aber es war nicht Partnerschaft unter Gleichen gemeint, bei aller Aufrichtigkeit der Hinwendung zum Nachbarn. Frankreichs Anspruch auf Vorrang, auf die Führungsrolle war für de Gaulle selbstverständlich. Seine Forderung nach einem Dreierdirektorium für die NATO – in den Wochen des Gesprächs von Colombey vorgebracht (und von den beiden angelsächsischen Mächten zurückgewiesen) –, mit der er die Bundesrepublik wie selbstverständlich überging, zeigt das ebenso wie die Entschlossenheit, mit der er Frankreich zur Atommacht machte. Die *force de frappe*, im Oktober 1958 angekündigt, schuf ja auch und gerade einen Rangunterschied zwischen Deutschland und Frankreich. Seinem eigenen Bericht zufolge hat de Gaulle in jenem ersten Gespräch mit Adenauer den vollständigen deutschen Verzicht auf atomare Rüstung ausdrücklich als Bedingung für die deutsch-französische Zusammenarbeit genannt, darüber hinaus die Unterstützung der französischen agrarpolitischen Forderungen an die EWG und die Hinnahme des französischen Vetos gegen den englischen EWG-Beitritt – ein klar konturiertes Programm französischer Interessenpolitik.

Und Adenauer? Aus welchen Gründen suchte er eine besonders enge Bindung an das Frankreich de Gaulles? Konnte er übersehen, daß de Gaulle mit seiner Wendung gegen die USA als Protektor Westeuropas und mit seinem Nein zur integrativen Form der europäischen Einigung zwei entscheidende Maximen seiner eigenen bisherigen Westpolitik verwarf? Hat er geglaubt, die deutsch-französische Zusammenarbeit könne und müsse in einer krisenhaften Lage über solche Differenzen hinweggehen?

Im letzten Jahrfünft seiner Kanzlerschaft ist Adenauers Sorge, die Bundesrepublik könne durch die sowjetische Politik isoliert werden, offenbar immer größer geworden. Um die deutsch-amerikanischen Beziehungen stand es in dieser Zeit, wie wir wissen, nicht gut. Der Druck der Moskauer Berlin-Offensive lastete schwer auf ihr. Voller Mißtrauen beobachtete Adenauer die Suche Washingtons, erst recht Londons nach Kompromissen. Für ihn war das törichte Appeasementpolitik. Frankreich konnte da einen Rückhalt bieten. Und Frankreich hat ja auch einen Rückhalt geboten, indem es sich, aus prinzipiellen wie aus taktischen Gründen, hartnäckig weigerte, dem sowjetischen Druck auf Berlin nachzugeben. Mißtrauen gegen Frankreich selbst hat fraglos auch eine Rolle gespielt. Immer wieder taucht in Adenauers Gesprächen in diesen Jahren der Hinweis auf die russisch-französische Allianz der Vorweltkriegsjahre auf – kein Zweifel, daß die Erinnerung den alten Mann bedrängte. Herbert Blankenhorn, der engste Vertraute des Anfangs, in den fraglichen Jahren Botschafter in Paris, hat in der Sorge, es könne zu einer französisch-sowjetischen Verständigung kommen, das eigentliche Motiv hinter den Bemühungen Adenauers um eine deutsch-französische Vereinbarung gesehen.[72] Carlo Schmid hat in seinen »Erinnerungen« von einem Gespräch mit Adenauer berichtet, in dem die Akzente etwas anders, europäischer gesetzt waren. Nach einer gaullistischen Phase, so Adenauer, werde das

De Gaulle, der 1958 die politische Bühne überraschend wieder betreten hatte, war für Adenauer in den letzten fünf Jahren seiner Kanzlerschaft der entscheidende Partner. Adenauers Mißtrauen gegen die angelsächsischen Mächte war so groß geworden, daß er ganz auf Frankreich setzen zu müssen glaubte. Seine eigene Regierungsmehrheit ist ihm auf diesem Wege letztlich nicht gefolgt. Gelegentlich ist die Vermutung geäußert worden, es sei da eine historische Chance nicht genutzt worden. Aber man sieht nicht so recht, worin sie bestanden haben sollte.

wahre (supranationale) Europa doch noch zu seinem Recht kommen. Für die Zwischenzeit und für das Gelingen des »großen« Europakonzepts sei aber die deutsch-französische Versöhnung und Freundschaft lebensnotwendig. Mit de Gaulle – und wohl nur mit de Gaulle – könne das erreicht werden. Das Weitere werde die Geschichte tun.[73]

Wie auch immer – keiner brauchte den anderen zu drängen. Als deutlich wurde, daß seine Vorstellungen von einer politischen Union der Sechs – nicht Integration, sondern Zusammenarbeit souveräner Staaten, und dies unter Ausschluß Großbritanniens – sich gegen den Widerstand vor allem der Niederlande und Belgiens nicht würden verwirklichen lassen, faßte de Gaulle ohne Zögern einen deutsch-französischen Zweibund ins Auge. Er traf mit seinem Vorschlag auf einen gleichgestimmtem Partner. Auch Adenauer war inzwischen davon überzeugt, daß ein deutsch-französischer »Sonderbund« – eine Aufzeichnung von 20. April 1962 spricht von einem Block – das Gebot der Stunde sei, wenn möglich unter Einschluß Italiens. Im Sommer 1962 einigten sich Präsident und Kanzler darauf, zur Tat zu schreiten und gaben der Welt im feierlichen Hochamt in der Kathedrale von Reims ein würdevolles Zeichen ihres Entschlusses. Ein halbes Jahr später, am 22. Januar 1963, unterzeichneten sie in Paris den deutsch-französischen Kooperationsvertrag. Ein förmlicher, ratifizierungsbedürftiger Vertrag ist übrigens erst im letzten Augenblick aus der Vereinbarung geworden, wohl auf Adenauers Anregung. Ursprünglich hatte man an ein bloßes Regierungsabkommen gedacht.

Für einen Augenblick mögen beide, Adenauer und de Gaulle, geglaubt haben, am Ziel zu sein. Konnte Adenauer den Vertrag nicht als Krönung der auf die deutsch-französische Verständigung gerichteten politischen Arbeit vieler Jahre begreifen, de Gaulle als Begründung einer sich aus den Kontexten des ersten Nachkriegsjahrzehnts lösenden französisch-deutschen Allianz unter französischer Führung? Man darf über solchen Fragen freilich nicht vergessen, daß der Weg, der von der ersten Begegnung 1958 bis zum Pariser Vertrag viereinhalb Jahre später oder gar vom Schuman-Plan bis zum Pariser Vertrag führte, keineswegs geradlinig verlief. De Gaulle hat es zuerst mit einer Art von französisch geführtem, westeuropäisch-kontinentalem Staatenbund versucht. Und wäre es zu einem Dreier-Direktorium in der NATO gekommen, so hätten sich die deutsch-französischen Beziehungen wohl auch anders entwickelt. Adenauer auf der anderen Seite hatte bei aller Betonung der deutsch-französischen Zusammenarbeit lange vor allem die Nähe zu Washington gesucht und politisch genutzt. So gesehen hat seine Entscheidung für den deutsch-französischen Vertrag, aus einer drängenden Sorge heraus getroffen, eher einen neuen Akzent gesetzt, die Position der Bundesrepublik zwischen Washington und Paris neu bestimmt.

Heißt das, daß die Bundesrepublik mit dem deutsch-französischen Vertrag tatsächlich für das Frankreich de Gaulles optierte? Ging sie mit ihm auf Distanz zur atlantischen Allianz, zur europäischen Integration, billigte sie seine Ablehnung des britischen Gesuchs um Aufnahme in die EWG? Das war die Frage, die alle Hauptstädte beschäftigte.

Der Vertrag für sich genommen las sich harmlos. Er erlegte den beiden Unterzeichnerstaaten kaum substantielle Pflichten auf, flocht vielmehr nur ein dichtes Netz von Konsultationsregeln, die Gemeinsamkeit des Handelns sichern sollten, rief daneben mancherlei Austausch, nicht zuletzt das deutsch-französische Jugendwerk ins Leben. Tatsächlich aber mußte er als ein Signal des deutschen Einschwenkens auf die Linie de Gaulles verstanden werden. Wenige Tage vor der feierlichen Unterzeichnung des Vertrages hatte der General in brüsker Form sein Veto gegen den Beitritt Großbritanniens zur EWG verkündet, über den seit 1961 verhandelt wurde. Keine Frage, daß er dieses Zusammentreffen sehr bewußt herbeigeführt hat. Er wollte Adenauer zur Entscheidung zwingen. Die deutsche Unterschrift zehn Tage nach dem Eklat sollte aller Welt zeigen, daß Deutschland auf seiten Frankreichs stehe. Sie hat denn auch sehr heftige Reaktionen ausgelöst, in Washington wie in London und andernorts, nicht zuletzt in der Bundesrepublik selbst.

Wie weit Adenauer de Gaulle wirklich zu folgen bereit gewesen wäre, bleibt offen. Am englischen Beitritt lag ihm nichts, um es vorsichtig auszudrücken. Es waren taktische Gründe, die ihn veranlaßt hatten, das nicht allzu deutlich auszusprechen. Im Prinzipienstreit um die politische Union – Integration oder Kooperation – war er, auf mittlere Frist jedenfalls, Pragmatiker. Schwierig hingegen wäre es mit dem Vorhaben einer gemeinsamen Sicherheitspolitik geworden, das de Gaulle für die deutsch-französische Zukunft vor allem wichtig war. Immer wieder stellte er seinen deutschen Gesprächspartnern, erst

Adenauer, später Erhard, vor Augen, daß Europa sich auf die USA nicht mehr verlassen könne, seit die Sowjetunion über Interkontinentalraketen verfüge. Adenauer sah das nicht anders, aber er wußte, daß die amerikanischen Sicherheitsgarantien für die Bundesrepublik gleichwohl unersetzlich waren. Er hat die deutsch-amerikanischen und die deutsch-französischen Beziehungen immer auszubalancieren versucht. Er hätte das, allenfalls mit veränderten Akzenten, auch weiterhin tun müssen.

Er hätte – tatsächlich kam es auf seine Antworten nicht mehr an. Adenauers Kanzlerschaft ging zu Ende. Schon vor dem Januar 1963 war immer sichtbarer geworden, daß sein außenpolitischer Kurs auf wachsenden Widerstand stieß, auch in seiner eigenen Partei. Selbst das Auswärtige Amt hatte er seit 1961, seit Gerhard Schröder Außenminister war, nicht mehr fest im Griff. Mit dem Vertrag, der die angelsächsischen Mächte offen provozierte, war er für eine Mehrheit des Parlaments, SPD, FDP, erhebliche Teile der CDU, endgültig zu weit gegangen. Sie war entschlossen nicht zuzulassen, daß der Eindruck entstünde, die Bundesrepublik habe sich mit de Gaulle gegen die USA und Großbritannien verbündet.

Zum ersten Mal hatte Adenauer in einer außenpolitischen Frage von erstrangiger Bedeutung seine Truppen nicht mehr hinter sich. Erhard, der präsumtive Nachfolger, stellte sich offen gegen ihn. Die Ablehnung des Vertrags erschien freilich als eine zu starke Brüskierung Adenauers und de Gaulles. Der Bundestag half sich, indem er dem Vertrag eine Präambel voranstellte, die nichts anderes als eine subtile Form der Ablehnung war. Sie bekräftigte in allen Punkten die Politik, gegen die der Vertrag sich aus de Gaulles Sicht gerade richtete: den Primat der atlantischen Allianz, das Integrationsziel, den Freihandel, die englische Mitgliedschaft. Adenauer konnte es nicht verhindern. Seine Kanzlerschaft endete mit einer Niederlage.

Langfristig hat der Vertrag für die deutschen-französischen Beziehungen gleichwohl erhebliche Bedeutung gehabt, vor allem, weil er eine Konsultationspraxis von ganz einzigartiger Dichte institutionalisierte. Das konnte nicht folgenlos bleiben. Zumal die Entwicklung eines gleichsam institutionalisierten Bewußtseins gemeinsamer Verantwortung für den Fortgang der europäischen Einigung hat, paradoxerweise, wenn man so will, viel mit dieser Konsultationspraxis zu tun. Auch die politischen Freundschaften zwischen Helmut Schmidt und Giscard d'Estaing, zwischen Helmut Kohl und François Mitterrand sind in der Tradition des Élysée-Vertrages, in der Tradition der Patriarchenfreundschaft zwischen Adenauer und de Gaulle gewachsen. Es hat sich dergleichen zwischen der Bundesrepublik und anderen ihrer westlichen Partner nicht entwickelt.

Wenige Monate nach der ernüchternden Ratifizierung des deutsch-französischen Vertrages, im Oktober 1963, mußte Adenauer, inzwischen fast achtundachtzigjährig, das Kanzleramt an Ludwig Erhard abgeben, der Adenauers zuletzt immer einseitiger auf Frankreich ausgerichteter Politik sehr kritisch gegenüberstand; zudem übernahm Erhard von Adenauer einen Außenminister, Gerhard Schröder, der die Verbesserung der deutsch-amerikanischen Beziehungen für seine dringlichste Aufgabe hielt. De Gaulle hat den deutsch-französischen Vertrag, so wie er ihn sah, denn auch ziemlich bald verlorengegeben. Im Juli 1964, ein gutes halbes Jahr nach dem Regierungswechsel, stellte er Erhard gegenüber resignierend fest: Deutschland habe sich nicht entschlossen, eine »wirklich europäische«, »das heißt eine von Amerika unabhängige Politik« zu betreiben.[74] Wie mit seinem sehr spezifischen Angebot deutsch-französischer Zusammenarbeit umzugehen sei, blieb gleichwohl zunächst einmal ein Streitthema der deutschen Politik. Zwei Lager befehdeten einander: Die »Gaullisten« – an ihrer Spitze Adenauer selbst in seinen letzten Lebensjahren und Franz Josef Strauß, dazu das Gros der CSU, Teile der CDU – befürworteten, mißtrauisch gegen die immer stärker in Vietnam gebundenen Amerikaner, ein enges deutsch-französisches Zusammengehen, in dem sie eine historische Chance sahen. Für die »Atlantiker« um Ludwig Erhard und Gerhard Schröder, die ihren Rückhalt vor allem in der norddeutschen CDU fanden, hatten die Beziehungen zu den USA den Primat. Auch die SPD, von 1966 an Regierungspartei, gehörte in dieses Lager. Ein paar Jahre lang ist der Streit mit einiger Heftigkeit ausgefochten worden.

Dabei hatte die Frontbildung etwas durchaus Künstliches. Eine Politik des Entweder-Oder kam für den westdeutschen Staat ja überhaupt nicht in Betracht. Mit anderen Worten: Es gab für ihn keine gaullistische Option, ganz abgesehen davon, daß die deutschen »Gaullisten« keine Gaullisten waren – sie dachten, um nur dies zu sagen, nicht in traditionell nationalstaatlichen Kategorien, sie wollten die europäische Integration. Die Bundesrepublik konnte sich jene Absage an die NATO, die de Gaulle für Frankreich kühl aussprach und vollzog, wohl wissend, daß das atlantische Bündnis die Sicherheit Westeuropas weiter garantieren werde, niemals leisten. Die französische *force de frappe*, mit der de Gaulle in unbestimmten Wendungen lockte – »Warum gehen Sie nicht mit uns zusammen? Wir haben die Bombe auch«[75] –, bot für sie keine wirkliche Alternative zur Abschreckungsmacht der USA. Aber ebenso galt: Keine westdeutsche Regierung konnte ihr Verhältnis zu Frankreich, dem wichtigsten Partner für alle europäischen Entwicklungen, um der guten Beziehungen zu den USA willen beliebig Schaden nehmen lassen. Waren die französisch-amerikanischen Beziehungen schlecht wie in den sechziger Jahren, hieß das: Lavieren. So ist die deutsche Politik nach Adenauers gescheitertem Versuch, die deutsch-französische Zusammenarbeit zu forcieren, denn auch verfahren.

Freilich nur mit mäßigem Erfolg. Die entschiedenen, auch offen bekundeten atlantischen Neigungen Erhards und Schröders entfremdeten das Frankreich de Gaulles der Bundesrepublik in den Jahren 1963 bis 1966 mehr, als nötig gewesen wäre, und konnten doch nicht verhindern, daß auch das deutsch-amerikanische Verhältnis in eine Krise geriet. Der Vietnamkrieg, für den die Amerikaner Solidarität der Deutschen, finanzielle Solidarität vor allem einforderten, hat dabei ebenso eine Rolle gespielt wie die Entspannungspolitik, bei der die Deutschen mit ihrer Unbeweglichkeit zunehmend lästig wurden. Dabei war es gewiß nicht die Schuld der Bonner Politik, daß sie sich mehr oder minder unversehens zwischen zwei Stühlen fand. Aber daß sie in dieser unbequemen Position sehr souverän agiert hätte, wird man nicht sagen können.

Es gehört zum Bild der, jedenfalls in ihrer ersten Hälfte, schwierigen sechziger Jahre, daß man auch europapolitisch nicht weiterkam. Auch auf diesem Feld war de Gaulle die

 Hauptfigur. Zwar scheiterten seine Versuche, den bestehenden supranationalen Gemeinschaften jede politische Bedeutung zu nehmen und die weitere europäische Entwicklung ganz auf die Zusammenarbeit der souveränen Staaten auszurichten, an den fünf Partnern, aber ebenso scheiterte die Fortentwicklung der supranationalen Gemeinschaften am Veto des französischen Präsidenten. 1965 nahm er die Verhandlungen über die Finanzierung der europäischen Agrarpolitik, für Frankreich ein Thema von kardinalem Interesse, zum Anlaß, den EWG-Vertrag an einem strategischen Punkt faktisch außer Kraft zu setzen: Durch eine Politik des »leeren Stuhls«, das heißt durch einen zeitweiligen Rückzug aus dem Ministerrat, nötigte er die Gemeinschaft vertragswidrig, auf den Übergang zur Mehrheitsentscheidung im Ministerrat einstweilen zu verzichten.

Für die nächsten beiden Jahrzehnte hat dieser »Luxemburger Kompromiß« die Gemeinschaftsentwicklung nachhaltig mitbestimmt. Bei späterer Gelegenheit erzwang de Gaulle den Abgang seines Brüsseler Antipoden, des ersten Kommissionspräsidenten Walter Hallstein, der die EWG von Anfang an als einen Schritt auf dem Weg zu einem europäischen Bundesstaat, als »unvollendeten Bundesstaat«,[76] verstanden und den Aufbau des gemeinsamen Marktes in diesem Geiste mit großer Energie vorwärtsgetrieben hatte. Was de Gaulle in besonderem Maße erzürnte und herausforderte, waren Hallsteins Pläne, der EWG eigene Einnahmen zu verschaffen.

Der NATO erging es nicht besser als der EWG. Ein Jahr nach de Gaulles Attacke auf die Europäische Wirtschaftsgemeinschaft verließ Frankreich die Militärorganisation des atlantischen Bündnisses. Daß die »gaullistische Option« kein für die Bundesrepublik gangbarer Weg war, mußte nun auch den Bonner »Gaullisten« klar sein. Erst de Gaulles Abgang 1969 eröffnete jedenfalls der Europapolitik wieder gewisse Handlungsspielräume. Die Distanz Frankreichs zur NATO blieb. Gleichwohl: Man darf nicht vergessen, daß de Gaulles außerordentliche Leistung der politischen Stabilisierung Frankreichs auch eine Leistung für Europa war.

6. Der Ausgleich mit dem Osten

I.

Der doppelte Vorbehalt gegen den vom Krieg geschaffenen und im Kalten Krieg erstarrten mitteleuropäischen Status quo, der Vorbehalt gegen die Teilung und die Grenze im Osten, ist ein Grundthema und Kernproblem der Außenpolitik der Bundesrepublik bis 1990 geblieben. Beherrscht hat dieses Thema vor allem die Jahre 1955 bis 1972. Erst die Ostverträge der Regierung Brandt/Scheel, in den Jahren 1970 bis 1973 abgeschlossen, haben den Vorbehalt so weit eingeschränkt, daß er für alle Beteiligten – die DDR ausgenommen – tolerabel wurde. Diese Neubestimmung ihres Verhältnisses zu den Grenzen, die Deutschland seit 1945/49 durchzogen, ist eines der wesentlichen Ereignisse der Geschichte der Bundesrepublik gewesen, für ihre innere Entwicklung ebenso wie für ihre auswärtige Politik.

Schon in den politischen Auseinandersetzungen der Zeit, dann auch im Rückblick sind die Ostverträge oft mit den Westverträgen der Gründungsphase verglichen worden. Daran ist etwas Richtiges, auch wenn man die Parallelen nicht zu weit ausziehen darf. Die Ostverträge waren tatsächlich ein zweiter Schritt – ein zweiter Schritt des Sich-Einfügens in das internationale System der Nachkriegsepoche. Sie haben nicht den Grund für die Existenz der Bundesrepublik gelegt wie die Westverträge, aber auf andere Weise haben auch sie konstitutive Bedeutung gehabt. Sie waren Ausdruck einer schwierigen Einsicht, der Einsicht, daß das hartnäckige Nein zum Status quo, mit dem die Bundesrepublik es zwei Jahrzehnte lang versucht hatte, auf die Dauer keine Chance berge, ihn zu überwinden; und der Hoffnung, der Weg durch den Status quo hindurch könne vielleicht über ihn hinausführen. Freilich: Einsicht und Hoffnung waren nur das eine Gesicht der neuen Ostpolitik, Resignation und, wie sich bald zeigen sollte, auch Gleichgültigkeit gegenüber dem Unglück der Teilung das andere.

Man wird nicht sagen können, es habe der Bundesrepublik an guten Gründen für ihre so lange aufrechterhaltene Weigerung, den Status quo der deutschen Verhältnisse anzuerkennen, gefehlt. Ihr Nein zur Teilung gründete sich auf die Überzeugung von der Illegitimität des kommunistischen Regimes in der Sowjetischen Besatzungszone, eine Überzeugung, aus der der »Alleinvertretungsanspruch« mit einer gewissen Zwangsläufigkeit folgte. Das Nein zur Oder-Neiße-Grenze wurzelte in der Auffassung, die Vertreibung sei ein Unrecht gewesen, das durch keine Vorgeschichte, auch die der Hitlerschen Verbrechen nicht, gerechtfertigt werden könne. Aber schon vor dem Mauerbau war unübersehbar geworden, daß die guten Gründe, mit denen die Bundesrepublik den Nachkriegswirklichkeiten die Anerkennung verweigerte, nicht die Kraft hatten, diese Wirklichkeit zu überwinden. Die Bonner Politik war der Wiedervereinigung keinen Schritt näher gekommen, von der Revision der Oder-Neiße-Grenze zu schweigen. Und in den sechziger Jahren wurde immer

Kennedys Besuch in Berlin im Juni 1963 war so etwas wie der emotionale Höhepunkt der deutsch-amerikanischen Nachkriegsbeziehungen. Zwei Jahre zuvor, als die Mauer gebaut wurde, hätte seine Versicherung »Ich bin ein Berliner« eher irritierend gewirkt. Wenige Jahre später bestimmten antiamerikanische Demonstrationen das Berliner Straßenbild. Aber jetzt feierte man den jungen amerikanischen Präsidenten enthusiastisch. Was damals noch nicht so klar war: Der späteren Ostpolitik, die in Berlin vorgedacht wurde, hat er mit seinen Entspannungsüberlegungen wesentliche Impulse gegeben.

deutlicher, daß sie ihren Vorbehalt auch gar nicht würde durchhalten können, jedenfalls nicht in der Form, in der sie es zunächst einmal versucht hatte.

Es galt zur Kenntnis zu nehmen, daß die Sowjetunion entschlossen war, die Anerkennung ihres europäischen Besitzstandes, und das hieß vor allem: der Teilung Deutschlands, zu erzwingen. Sie war geradezu fixiert auf dieses Ziel, bis sie es auf der Helsinki-Konferenz 1975 endgültig erreicht zu haben glaubte. Solange die Bundesrepublik sich widersetzte, war sie nicht nur ständigem massiven Druck der Sowjetunion ausgesetzt, sie war dem ganzen östlichen Europa gegenüber politikunfähig.

Was den Westen angeht, so hatte die Bundesrepublik sich im Deutschlandvertrag zwar die Zustimmung ihrer Hauptverbündeten zu ihrer Wiedervereinigungsforderung (nicht zu ihrem Vorbehalt gegen die Oder-Neiße-Grenze!) gesichert. Aber es war klar, daß der Westen immer weniger bereit war, Chancen der Entspannung an den deutschen Querelen, am DDR- oder gar am Oder-Neiße-Problem scheitern zu lassen. Die Berlin-Krise und dann die Kubakrise, Wendepunkte in der Geschichte des Ost-West-Konflikts, hatten der Welt klargemacht, wie nahe sie dem Abgrund der nuklearen Katastrophe war. Die Entwicklung der sowjetischen Interkontinentalraketen im besonderen hatte den USA vor Augen geführt, daß es auch für sie keinen Schutz vor dem nuklearen Inferno mehr gab. Der Friede mußte sicherer gemacht werden.

»Entspannung«, so die sich rasch ausbreitende Überzeugung, war unter den gegebenen Verhältnissen der einzige gangbare Weg zum sichereren Frieden. Kennedy hatte denn auch noch in den letzten Monaten seiner Amtszeit, in der großen »Friedensrede« vom 10. Juni 1963, ein halbes Jahr nach der Kubakonfrontation, die Vision einer Überwindung des Ost-West-Konflikts durch Entspannung beschworen. Zwei Monate später wurde die erste »entspannende« Vereinbarung zwischen Ost und West unterzeichnet, das Abkommen über die Einstellung der Atomwaffenversuche. Man begann über den Nicht-Verbreitungsvertrag zu verhandeln. In den Johnson-Jahren rückte zusätzlich das handgreifliche Interesse an einer sowjetischen Vermittlung im Vietnamkrieg in den Vordergrund. Danach bestimmte Kissingers Ziel einer Stabilisierung der Beziehung zwischen den beiden großen Nuklearmächten die amerikanische Politik. Jede Regierung in Washington, heißt das, mühte sich nun auf ihre Weise um ein Minimum an verläßlicher Zusammenarbeit mit der gegnerischen Weltmacht. De Gaulle, auf der anderen Seite des Atlantiks, suchte den Ausgleich mit der Sowjetunion in seiner eigenen Variante der Entspannungspolitik, die die Selbständigkeit Frankreichs betonte.

Der europäische Status quo war die unausgesprochene, gelegentlich auch ausgesprochene Voraussetzung aller dieser Hoffnungen, Initiativen, Bemühungen. Eine Bundesrepublik, die es beharrlich ablehnte, sich mit den gegebenen Verhältnissen zu arrangieren, lief Gefahr, sich ihren Verbündeten zu entfremden. Auch die Dritte, die neutrale Welt fügt sich in dieses Bild: Sie war durch die Hallstein-Doktrin jedenfalls nicht auf unbegrenzte Zeit in Schach zu halten.

Warum hat die Bundesrepublik so lange gebraucht, Wirklichkeiten, die sie nicht ändern konnte, zu akzeptieren, die Unvermeidlichkeit des Unvermeidlichen zu begreifen? Vor allem wohl, weil gegen die Unvermeidlichkeit des Unvermeidlichen die Unerträglichkeit des Unerträglichen in die Waagschale fiel. Selbst wenn man sich in die Wirklichkeit fügen mußte, sollte man sie auch noch mit Brief und Siegel bestätigen? Sollte man anerkennen, was man doch nie billigen konnte: die mit äußerster Brutalität quer durch Deutschland – und Berlin – gezogene Grenze, das kommunistische Satrapenregime in der DDR, das jeden Tag neue Beweise seiner Unmenschlichkeit lieferte? Verspielte man nicht, und dies war ein praktisches politisches Argument von erheblichem Gewicht, alle Chancen, die Teilung jemals zu überwinden, wenn man den zweiten deutschen Staat anerkannte? Differenzierter gefragt: Welches war die richtige Balance zwischen Anerkennung und Nichtanerkennung? Anerkennung, die unvermeidlich war, um politikfähig nach Osten hin zu werden und nach Westen zu bleiben, und Nichtanerkennung, weil die Bundesrepublik gar kein Recht hatte, der oktroyierten Diktatur im eigenen Lande eine Zukunftsgarantie zu geben.

Mit der Oder-Neiße-Grenze verhielt es sich auf die Dauer einfacher. Hier gab es ja, so wie die Dinge lagen, keine Chance mehr, das Geschehene rückgängig zu machen. Was es so schwermachte, sich die Endgültigkeit der Vertreibung einzugestehen – daß sie einen wesentlichen Teil dessen, was einmal Deutschland gewesen war, ausgelöscht hatte –, machte diesen Schritt zugleich auch unausweichlich. Zeit freilich brauchten die Betroffenen auch hier, um sich an den Gedanken der Endgültigkeit des Verlustes zu gewöhnen.[77] Ein diktatorisches Regime wie die DDR konnte den Görlitzer Vertrag, der die Oder-Neiße-Grenze zur »Friedensgrenze« erklärte, fünf Jahre nach der Vertreibung unterschreiben, eine Demokratie konnte das nicht. Nicht nur, weil sie mit Millionen von Flüchtlingen als Wählern zu rechnen hatte, sondern auch weil sie diesen Millionen Respekt vor ihrem Schicksal schuldete. Zudem ist zu vermuten, daß die politische Integration der Vertriebenen nicht gelungen wäre, wenn die Bundesrepublik sich zu einer frühen Anerkennung der Oder-Neiße-Grenze entschlossen hätte.

II.

Der Kurswechsel von 1969 hat natürlich seine Vorgeschichte, eine Vorgeschichte des Umdenkens, aber auch schon des politischen Handelns. Zu ihr gehören die Jahre, in denen Gerhard Schröder, was den Osten angeht, flexibler als sein Vorgänger Heinrich von Brentano, an der Spitze des Auswärtigen Amtes stand. Erst recht natürlich die Jahre der Großen Koalition, deren Außenminister Willy Brandt hieß. Mit anderen Worten: Die Außenpolitik der sechziger Jahre ist schon spürbar von der Einsicht bestimmt gewesen, daß die Bundesrepublik Osteuropa nicht länger den Rücken zukehren könne. Aber über letztlich halbherzige Versuche, die nur bescheidene Erfolge brachten, ist sie nicht hinausgekommen. Der Preis, der der Bundesrepublik abverlangt wurde, war ihr noch zu hoch. Auch mag es in Moskau noch an der Bereitschaft gefehlt haben, der Bundesrepublik auch nur einen Schritt entgegenzukommen.

Zu den Leistungen der Ära Schröder gehört vor allem, daß die Bundesrepublik die Länder des östlichen Mitteleuropas, des Raumes zwischen Deutschland und der Sowjetunion, politisch wieder wahrzunehmen begann. Bis zum Beginn der sechziger Jahre hatten zwar Bonn und Moskau miteinander im Gespräch gestanden – einem ganz ergebnislosen Gespräch –, aber eine Bonner Osteuropapolitik hatte es nicht gegeben. Das war zunächst einmal eine Folge der Hallstein-Doktrin, der zufolge Bonn keine diplomatischen Beziehungen zu den Staaten des sowjetischen Hegemonialbereichs unterhielt, die ja alle die DDR anerkannt hatten. Aber der Verzicht auf eine Osteuropapolitik hatte auch damit zu tun, daß Ostmitteleuropa und Südosteuropa nur noch als sowjetisches Imperium wahrgenommen wurden. Die Völker und Staaten dieses Raumes waren aus Bonner Sicht mit ihrer Individualität, ihren besonderen Interessenlagen unter der schweren Decke sowjetischer Vorherrschaft verschwunden. Sie waren Teil der kommunistischen Welt geworden, einer fremden, feindlichen, gefährlichen Welt.

Das war nicht ganz falsch, aber es war auch nicht ganz richtig. Zudem vergaß man in Westdeutschland leicht und gern, daß es der von Deutschland entfesselte Zweite Weltkrieg gewesen war, der die Sowjetunion zum Herrn über Ostmitteleuropa und den halben Balkan gemacht hatte; daß keine europäische Region mehr unter dem Krieg und den Deutschen gelitten hatte als Polen und die westliche Sowjetunion; daß sich aus dieser Geschichte moralische und politische Pflichten ergaben. Das kommunistische, sowjetisch beherrschte Osteuropa als bedrohliche, geschlossene Gegenwelt – in diesem Bild war von dem, was Osteuropa sonst noch war und gewesen war, nicht mehr viel wahrzunehmen.

Das begann sich von 1961 an zu ändern. Die ersten sichtbaren Erfolge der nun einsetzenden Bemühungen um die Nachbarstaaten im Osten waren Vereinbarungen über die Errichtung von Handelsmissionen, die 1963/64 mit Polen, Rumänien, Ungarn und Bulgarien abgeschlossen wurden, begünstigt durch den dringlichen Wunsch dieser Staaten, ihre wirtschaftlichen Beziehungen zu der reichen, leistungsfähigen Bundesrepublik zu entwickeln. Die schwierige Berlin-Frage wurde dabei mit Hilfe der Klausel vom »Währungsgebiet der D-Mark West« umschifft. Prag freilich, vermutlich von Moskau und Ost-Berlin unter Druck gesetzt, akzeptierte diese Klausel schon nicht mehr. Zu weiteren Schritten reichte die Flexibilität auf beiden Seiten ohnehin noch nicht.

Erst die Große Koalition gab der Entwicklung wesentliche neue Impulse. Von der deutschen Frage begann man nun auch offiziell anders zu sprechen, als es bis dahin üblich gewesen war. Die Einsicht, daß die Einheit der anderen Seite nicht im Konflikt abgetrotzt werden könne, sondern nur in einem langwierigen Prozeß der Veränderung der europäischen Verhältnisse gleichsam jenseits des Ost-West-Konflikts wiederzugewinnen sei, wurde in immer deutlichere Worte gefaßt. Kurt Georg Kiesinger, der Kanzler der Großen Koalition, machte der DDR ein offizielles Gesprächsangebot und überschritt damit eine magische Schwelle. Auch wurde die rigide Interpretation der Hallstein-Doktrin, die ein Jahrzehnt lang die Bonner Außenpolitik bestimmt hatte, aufgegeben: Im Januar 1967 nahm die Bundesrepublik diplomatische Beziehungen mit Rumänien auf, auch mit Jugoslawien, das 1957 das erste Opfer der Hallstein-Doktrin geworden war. Die anderen Staaten Ostmitteleuropas sollten folgen.

Aber nun zeigte sich, daß sich das, was die westdeutschen Kritiker der neuen Linie in CDU und vor allem CSU als Preisgabe von Rechtspositionen attackierten, aus der Sicht Moskaus wie Ost-Berlins als gefährliche Offensive der Bundesrepublik darstellte: Tatsächlich hat in den Schröder-Jahren die strategische Absicht in der neuen Bonner Osteuropapolitik eine Rolle gespielt, die Beziehungen zu Osteuropa an der DDR vorbei zu normalisieren und die DDR so zu isolieren. Diesen Weg blockierten die Sowjetunion und die DDR jetzt hastig und mit aller Entschiedenheit, gewiß nicht zur Freude der betroffenen Osteuropäer.

Nur wenige Tage nach der Bonn-Bukarester Vereinbarung vom 31. Januar 1967 verkündete die Ostallianz, die sich eilends in Warschau versammelt hatte, was sogleich zu Recht als Umkehrung der Hallstein-Doktrin, ihre Verkehrung in eine »Ulbricht-Doktrin«, interpretiert wurde: Keines der Paktmitglieder werde seine Beziehungen zur Bundesrepublik normalisieren, wenn diese die östlichen Forderungen nicht ohne Abstriche akzeptiere – Anerkennung der DDR, Anerkennung der Oder-Neiße-Grenze, Zustimmung zur Verwandlung West-Berlins in eine »selbständige politische Einheit« (die »Freie Stadt« war immerhin fallengelassen), Anerkennung der Nichtigkeit des Münchner Abkommens, dazu der verbindliche Verzicht auf jede Teilhabe an der Verfügungsmacht über Atomwaffen. Höhere Hürden ließen sich kaum errichten. Der Beschluß zeigt, daß der Osten sich im Verhältnis zur Bundesrepublik in einer Position der Stärke sah, aber auch, wie sehr er eine offensive Ostpolitik Bonns fürchtete.

Die »Ulbricht-Doktrin« bewirkte, was sie bewirken sollte: Die Große Koalition blieb stecken. Dabei suchte sie keineswegs wie Gerhard Schröder in der ersten Hälfte der sechziger Jahre einen Weg an Moskau und Ost-Berlin vorbei. Sie bot Moskau Gewaltverzichtsgespräche an, aber Moskau war nicht an einer allgemeinen Gewaltverzichtsvereinbarung interessiert, sondern an der definitiven Anerkennung der Nachkriegsgrenzen. Der Notenaustausch führte zu nichts. Der Kreml drohte sogar provozierend mit dem Hinweis, daß ein Gewaltverzicht die der Sowjetunion als Siegermacht des Zweiten Weltkrieges in der UNO-Charta zugesprochenen Interventionsrechte nicht berühre. Nicht anders ging es mit der Gesprächsofferte an die DDR. Kiesinger schlug Verhandlungen über die Folgeprobleme der deutschen Teilung vor. Ulbricht bestand auf der Anerkennung, ohne Vorbehalte. Etwas anderes interessierte ihn nicht.

Damit war klar: Die Bundesrepublik mußte sich entscheiden. Einen Mittelweg zwischen der Verteidigung der alten Prinzipien und einem wirklichen ostpolitischen Kurswechsel gab es offenbar nicht. Auch wenn man vor den Warschauer Forderungen nicht einfach kapitulieren konnte, man würde sich ein ziemliches Stück weit auf sie einlassen müssen, wenn man weiterkommen wollte. Je deutlicher das wurde, desto mehr verlor die Große Koalition ihre außenpolitische Handlungsfähigkeit. Denn während der eine Partner, die SPD, den Kurswechsel wollte, zog sich der andere, die CDU/CSU, immer stärker in die Festung der alten Prinzipien zurück, auch die Politiker, die – wie Kiesinger selbst – zunächst durchaus willens gewesen waren, gegen erheblichen Widerstand in den eigenen Reihen Neues zu wagen. Die Sowjetunion trieb sie mit der Härte, in der sie ihre Maximalforderungen präsentierte, mit dem rüden Ton ihrer unaufhörlichen Propagandaattacken geradezu in diese Festung hinein.

Es war die Bundestagswahl vom September 1969, die aus der Blockadekonstellation der Spätphase der Großen Koalition herausführte. Sie machte einen Regierungswechsel möglich – einen Regierungswechsel, der mehr war als ein Regierungswechsel. Mit guten Gründen wird das Jahr 1969, oder richtiger das Doppeljahr 1968/69, als die zentrale Zäsur in der vierzigjährigen Geschichte des westdeutschen Staates angesehen – eigentümlich genug genau zur Halbzeit. Auch für die Außenpolitik gilt, sowenig man die starken Kontinuitätslinien aus dem Blick verlieren darf, daß damals ein neuer Abschnitt bundesrepublikanischer Geschichte begann. Das Wagnis dieses Kurswechsels war unvermeidlich. Es ist nicht zu erkennen, daß eine Politik, die auf der Nichtanerkennung der DDR und der Oder-

Neiße-Grenze beharrte, am Ende der sechziger Jahre noch eine Zukunftsperspektive hatte. Welche Möglichkeiten des Handelns hätten einer CDU/CSU-Regierung, die an diesen Positionen festhielt, denn noch offengestanden? Die Ablösung stellt sich, so betrachtet, wie ein Exempel aus einem Demokratielehrbuch dar: Wahlen als ein Mechanismus, der durch den Austausch der auf Zeit Regierenden dafür sorgt, daß die Politik mit den Anforderungen einer sich wandelnden Wirklichkeit Schritt hält. Daß die Große Koalition, wäre sie fortgeführt worden, den gleichen ost- und deutschlandpolitischen Weg gegangen wäre, ist gelegentlich vermutet worden. Wahrscheinlich ist es nicht.

SPD und F.D.P., Brandt und Scheel, ergriffen ihre Chance ohne Zögern. Beide Partner der sozial-liberalen Koalition waren auf die Aufgabe vorbereitet, die ihnen jetzt zufiel. Die SPD hatte ihre außen- und deutschlandpolitische Position in dem Jahrzehnt zwischen 1959 und 1969 zweifach neu bestimmt: nach Westen und nach Osten. In den fünfziger Jahren hatte sie den Vorrang der Wiedervereinigung vor Westintegration und Wiederbewaffnung verfochten, hatte nach Wegen gesucht, das gespaltene Deutschland in einer Zone zwischen den Blöcken wieder zusammenzuführen. Von diesen Vorstellungen hatte Herbert Wehner – und die Partei folgte ihm ohne Widerspruch – in seiner berühmten Bundestagsrede vom 30. Juni 1960, ein knappes Jahr nach der programmatischen Erneuerung von Godesberg, demonstrativ Abschied genommen. Ihre Kernsätze: »Die Sozialdemokratische Partei Deutschlands geht davon aus, daß das europäische und das atlantische Vertragssystem, dem die Bundesrepublik angehört, Grundlage und Rahmen für alle Bemühungen der deutschen Außen- und Wiedervereinigungspolitik ist. Die Sozialdemokratische Partei Deutschlands hat nicht gefordert und beabsichtigt nicht, das Ausscheiden der Bundesrepublik aus den Vertrags- und Bündnisverpflichtungen zu betreiben.«[78]

Mit anderen Worten: Die von der Westpolitik Adenauers geschaffenen Realitäten waren nicht länger umstritten. Übrigens kam diese Wendung so plötzlich nicht. Immerhin hatte die SPD, bis dahin in strikter Opposition zu allen Westverträgen, 1957 den Römischen Verträgen zugestimmt, und sich dem Aufbau der Bundeswehr, bei aller Kritik im einzelnen, nicht grundsätzlich entgegengestellt. 1969, als die SPD die Regierung übernahm, bestand an ihrer Bündnisloyalität kein Zweifel mehr – anders hätte sie ihre Ostpolitik schwerlich erfolgreich betreiben können.

Was den Umgang mit der DDR angeht, so waren sich Regierung und Opposition in den fünfziger Jahren ganz einig gewesen – das wird angesichts der heftigen Konflikte um die Westpolitik leicht übersehen: keine Anerkennung, kein Gespräch mit den Repräsentanten der »sogenannten« DDR, freie Wahlen als notwendiger erster Schritt eines jeden Wiedervereinigungsprozesses. Auch von dieser Position hat die SPD sich in den Jahren nach dem Mauerbau gelöst, nicht in einem spektakulären Schritt, sondern allmählich, unter dem Druck der Wirklichkeit. Dabei ist nicht einfach Resignation für die wachsende Bereitschaft, sich auf den Status quo einzulassen, bestimmend gewesen, viel eher die Suche nach Anworten auf die Frage: Wie läßt sich einer weiteren Erstarrung der Verhältnisse entgegenwirken, wie die Einheit der Nation trotz der Teilung bewahren, wie die Teilung erträglicher machen, wenn sie denn schon auf absehbare Zeit nicht überwindbar ist?

Es ist klar, daß zumal die letzte Frage die Berliner Politiker stärker bedrängte als die am Rhein. Sie hatte der Schock des 13. August 1961 viel unmittelbarer getroffen. Alltäglich hatten sie mit den Folgen des Mauerbaus zu tun. So ist es alles andere als überraschend, daß Berliner Impulse im Prozeß des deutschlandpolitischen Umdenkens der SPD eine besondere Rolle spielten. Gemeint sind an erster Stelle natürlich Willy Brandt und sein Berater Egon Bahr. Die strategischen Überlegungen, die Egon Bahr in seinem später vielzitierten Tutzinger Vortrag vom Juli 1963 mit bemerkenswerter Offenheit entwickelte, lassen sich als ein Vorentwurf dieser Politik lesen.[79] Der Grundgedanke, bei dem Kennedy, der Kennedy des letzten Jahres, des Jahres nach der Kubakrise, Pate gestanden hatte, war: Den Status quo könne man nur überwinden, indem man ihn zunächst einmal anerkenne. Und die Schlußfolgerung lautete: Man müsse auf die DDR, »das verhaßte Regime«, zugehen, wenn man sie – vorsichtig – verändern wolle. »Wandel durch Annäherung« lautete das Fazit, eine schillernde Formel, die berühmt werden sollte. Wandel in »homöopathischen Dosen«, wie Bahr hinzufügte, weil jede ernstliche Erschütterung des Regimes zur Intervention der Sowjetunion führen werde. Nicht nur der 13. August 1961 war Bahr in lebendiger Erinnerung, sondern auch der 17. Juni 1953. Überhaupt betonte Bahr, daß Moskau, nicht Ost-Berlin für die Deutschlandpolitik der Bundesrepublik die erste Adresse sei.

Brandt ließ sich so weit nicht in die Karten sehen, mußte sich auch vorsichtiger äußern. Aber er dachte wie Bahr. Er sprach, zum ersten Mal auf dem Dortmunder Parteitag 1966, vom »geregelten Nebeneinander« in Deutschland, eine nüchternere, weniger ambivalente, illusionslosere Perspektive als die Bahrsche des Wandels durch Annäherung. Für den Bürgermeister der geteilten Stadt war offenkundiger als für irgend jemand sonst, daß das Prinzip der Nichtanerkennung der DDR nicht länger um jeden Preis Vorrang vor der praktischen Aufgabe beanspruchen könne, zumindest die unmenschlichsten Folgen der Teilung zu mildern.

In Berlin wurde denn auch zuerst nach dieser Überzeugung gehandelt, im Passierscheinabkommen vom Dezember 1963, das den West-Berlinern nach 28 Monaten hermetischer Abriegelung für die Weihnachtstage erstmals wieder den Weg in den Ostsektor öffnete. Das Passierscheinabkommen zeigte: Ohne Gespräche mit den Regierenden in der DDR ließ sich in Deutschland nichts mehr bewegen, im Gespräch mit ihnen vielleicht doch das eine oder andere. Es zeigte auch, wie unendlich mühsam das Verhandeln mit der DDR war. Die Bonner Regierung hat ihre Zustimmung übrigens nur sehr zögernd gegeben.

Berlin hatte als Argument aber noch eine ganz andere Bedeutung. Die Krise der Jahre 1958 bis 1962 war nicht vergessen. Würde man eine solche Krise noch einmal durchstehen? Würden die vom Vietnamkrieg verstörten Amerikaner eine solche Herausforderung noch einmal durchhalten, jetzt, da die Sowjetunion die nukleare strategische Parität praktisch erreicht hatte? Mußte man nicht das Menschenmögliche tun, um erneuten Zuspitzungen vorzubeugen?

Viele Gründe sprachen also für das Wagnis des Schrittes über den Rubikon. Allein freilich konnte die SPD nicht handeln. Sie brauchte die F.D.P., und die bewegte sich nicht nur in die gleiche Richtung, sie ging eine Zeitlang sogar voraus. Schon als Regierungspartei im

West-Berliner auf dem Weg in den Osten der Stadt, in langen Schlangen. Das Passierscheinabkommen vom Dezember 1963 hatte für die Weihnachtstage die Mauer zum ersten Mal seit ihrer Errichtung für West-Berliner wieder geöffnet – ein erster, noch eng befristeter Versuch, einen Modus vivendi für die geteilte Stadt und das geteilte Land zu entwickeln.

Bündnis mit der CDU/CSU in den Jahren 1961 bis 1966 drängte sie auf eine aktivere, pragmatische, unorthodoxe Deutschlandpolitik, vor allzu großen Kühnheiten freilich noch zurückschreckend. Nach dem Wechsel in die Opposition 1966 und vor allem dem Führungswechsel von 1968, der Ablösung Erich Mendes durch Walter Scheel im Parteivorsitz, gab sie sich dann klar und sehr bewußt das Profil einer Partei der Veränderung, gerade auch auf dem Feld der Ost- und Deutschlandpolitik. Die Koalition von 1969 war der durchaus folgerichtige Abschluß dieser Entwicklung. Sie ist um der Ost- und Deutschlandpolitik willen geschlossen worden.

Begünstigt haben den Kurswechsel schließlich auch Veränderungen der öffentlichen Meinung in den sechziger Jahren. Folgt man den demoskopischen Daten,[80] so verdoppelte sich der Anteil derer, die die Anerkennung der Oder-Neiße-Grenze für unvermeidlich hielten, in diesem Jahrzehnt von etwa 25 Prozent auf über fünfzig Prozent. Noch Mitte der sechziger Jahre sahen nur etwa 45 Prozent der Befragten die Ostgebiete für endgültig verloren an, 1970 waren es nahezu achtzig Prozent. Das Bild ist ähnlich bei der Frage nach der Anerkennung der DDR: 1964 sprachen sich kaum mehr als zehn Prozent für sie aus, 1969 schon mehr als vierzig Prozent. Nicht daß dieser Meinungswandel der Politik die entscheidenden Impulse gegeben hätte, eher war es umgekehrt. Die Debatte in den Parteien und zwischen den Parteien, die vielen Stimmen der politischen Publizistik, die für einen Kurswechsel plädierten, die vielzitierte »Ost-Denkschrift« der Evangelischen Kirche in Deutschland aus dem Jahre 1965 mit ihrem Rat, den Verlust der Ostgebiete anzunehmen, wiesen die Richtung, die »öffentliche Meinung« folgte. So oder so, für die Politik war es wichtig, daß sie nicht gegen den Strom schwimmen mußte.

III.

Drei Jahre wurde verhandelt, vom Dezember 1969 bis zum November 1972, wenn man den Nachzüglervertrag mit Prag beiseite läßt, der hauptsächlich deshalb Schwierigkeiten machte, weil Prag darauf bestand, das Münchner Abkommen sei nicht nur ungültig, es sei von Anfang an nichtig gewesen, und die Bundesrepublik müsse das unterschreiben. Die Geschichte dieser dreijährigen Verhandlungen, wie immer man die Ergebnisse bewertet, ist ein Exempel für jedes Diplomatielehrbuch: Die vier Verträge, der von Moskau, der von Warschau, das Vier-Mächte-Abkommen über Berlin und der Grundlagenvertrag mit der DDR mitsamt seinen Nebenabkommen, hingen auf diffizile Weise miteinander zusammen und voneinander ab. Auf beiden Seiten waren mehrere Akteure mit durchaus unterschiedlichen Interessen beteiligt, im Westen neben der Bundesrepublik die drei Berlin-Mächte, im Osten neben der Sowjetunion die DDR und Polen. Dazu kam in Bonn der dramatische Konflikt zwischen Regierung und Opposition um den neuen außenpolitischen Kurs bei äußerst knappen parlamentarischen Mehrheiten. Es scheint, als sei diese komplizierte Konstellation für die Bundesrepublik im Ergebnis eher vorteilhaft als nachteilig gewesen.

Die Ausgangslage war nicht gerade günstig. Man konnte Ende der sechziger Jahre die Frage stellen, ob die Bundesrepublik denn überhaupt noch eine Verhandlungsposition habe. Seit einem Jahrzehnt war sie immer mehr in die Defensive gedrängt worden. Die Kosten einer Politik, die der DDR den Zugang zur Staatengemeinschaft auf die Dauer zu versperren suchte, waren ständig gestiegen. Diese Politik band einen guten Teil der deutschen Entwicklungshilfe. Sie verwickelte die Bundesrepublik rund um den Globus in einen »Kleinkrieg um Wimpel, Stander, Schilder, Bezeichnungen, Symbole, Einladungen, Rangfolgen und Diplomatenpässe«,[81] mit dem sie jedermann, auch den besten Freunden, lästig werden mußte. Im Debakel der Bonner Nahostpolitik 1965[82] hatte sich gezeigt, wie erpreßbar, wie verletzlich die Bundesrepublik in ihrem weltweiten Kampf gegen die Anerkennung der DDR war. Der Bruch der arabischen Staaten mit Bonn, Antwort auf die Aufnahme diplomatischer Beziehungen zwischen der Bundesrepublik und Israel, war vor allem eine deutschlandpolitische Niederlage. Und als die Große Koalition sich von 1967 an vorsichtig von der Hallstein-Doktrin löste, zeichnete sich bald ab, daß viele Regierungen der Dritten Welt mit der Anerkennung der DDR nicht mehr lange warten würden. Sechs asiatische und afrikanische Staaten – Kambodscha, Irak, Sudan, Syrien, Süd-Jemen, Ägypten, allesamt dem

Die Geschichte der Bonner Republik ließe sich wohl auch als ein Ensemble von Biographien schreiben. Sie wären mit Bedacht auszuwählen. Auf den Kern konzentriert wäre diese Geschichte in zwei überragenden Figuren zu erfassen: Konrad Adenauer und Willy Brandt. Sein Lebensweg hat Brandt, der aus Lübeck stammte, 1933 als jungen Sozialisten ins skandinavische Exil geführt und nach dem Krieg zurück nach Deutschland, nach Berlin, wo sein politischer Aufstieg begann. Aus dem Exil brachte er eine Weltläufigkeit mit nach Hause, die ihm immer blieb.

Daß er in der Uniform der anderen Seite gegen den Nationalsozialismus gekämpft hatte, erklärt zu einem Teil, warum er unter den deutschen Politikern als eine Ausnahmegestalt wahrgenommen wurde – im Lande, wo es freilich auch heftige Ablehnung gab, und vor allem jenseits der Grenzen. Er war für die Welt einer der Deutschen, die die Probe bestanden hatten. Sein Charisma läßt sich aber keineswegs nur aus der Biographie erklären. Daß er ein Redner mit der großen Gabe anzurühren und zu bewegen war, hat zu seiner Wirkung beigetragen. Vor allem aber sahen viele in ihm die Erfüllung ihrer Hoffnung, daß Politik und Moral zur Deckung zu bringen sein müßten. Seine Ostpolitik, mit der er fraglos Geschichte gemacht hat, gewann den Nimbus einer großen moralischen Tat, einer Friedenstat.

Die stärkste Erinnerung, die allen blieb, war das Bild seines Warschauer Kniefalls, eine Geste, in der Politik und Moral tatsächlich für einen Augenblick auf seltene Weise eins wurden. Die Verehrung, Bewunderung, Liebe der Intellektuellen, Schriftsteller, Künstler, die ihm wie keinem anderen Politiker zuteil wurden, hat viel damit zu tun, daß er mit ihnen umzugehen wußten, sie – anders als Adenauer – als Gesprächspartner ernst nahm. So wie Andy Warhol ihn gemalt hat, wird in Brandts Blick etwas von der Melancholie sichtbar, die wohl auch zum Wesen dieses verletzlichen Politikers gehörte.

Sozialismus oder dem, was sie so nannten, zugeneigt – erkannten 1969, in den letzten Monaten der Großen Koalition, die DDR an. Die Gefahr von Kettenreaktionen war offensichtlich.

Zwar konnte die Bundesrepublik sich im Kernpunkt auf ihre westlichen Bündnispartner verlassen, insofern hielt sie den Schlüssel zur internationalen Anerkennung der DDR auch 1969 noch in der Hand. Wichtiger noch: Es war gerade die *Bonner* Anerkennung des mitteleuropäischen Status quo, auf die man in Moskau und Warschau, wohl auch in Ost-Berlin – da sind freilich Zweifel möglich – Wert legte. Es gab also noch etwas zu verhandeln, nicht zuletzt, das wird leicht vergessen, dank der Hallstein-Doktrin. Aber die Position der Bundesrepublik wurde von Jahr zu Jahr schwächer,[83] auch gegenüber den engsten Verbündeten, die immer weniger geneigt waren, sich in ihren Entspannungsbemühungen von den deutschlandpolitischen Bedenken Bonns behindern zu lassen. 1968 war der Nicht-Verbreitungsvertrag von den drei Mächten, die ihn ausgehandelt hatten – USA, Sowjetunion und Großbritannien –, unterzeichnet worden. Natürlich sollte auch die DDR ihn unterschreiben können, was immer die Bundesrepublik davon hielt.

Was Bonn erreichen wollte und mußte, war klar: eine Normalisierung seines Verhältnisses zur Sowjetunion, zu Osteuropa insgesamt, vor allem aber ein Minimum an Normalisierung der Beziehungen über die innerdeutsche Grenze hinweg – Normalisierung in einem durchaus anderen Sinne, als die DDR sie wünschte. Außerdem mußte es der Bundesregierung – das lag freilich außerhalb ihrer Verhandlungskompetenzen – um mehr Sicherheit für West-Berlin gehen. Was sie bieten konnte, war vor allem: grünes Licht für den Einzug der DDR in die internationale Staatengemeinschaft zu geben. Nicht bieten konnte und wollte sie dagegen die bedingungslose Anerkennung der DDR. Das Grundgesetz erlaubte keiner Regierung und keiner Parlamentsmehrheit, die Teilung für endgültig zu erklären. Im übrigen galt für die Deutschland als Ganzes betreffenden Entscheidungen unverändert, daß die Siegermächte sie sich vorbehalten hatten – eine Rechtsposition, auf der nicht nur die Westmächte entschieden beharrten, auch die Sowjetunion hat letztlich entschlossen an ihr festgehalten. Die Bundesrepublik bewegte sich also in einem durch Verfassungs- wie durch Völkerrecht eingegrenzten Handlungsspielraum.

Welches Interesse hatte die Sowjetunion, von der auf der Gegenseite alles abhing, an einer Verständigung mit der Bundesrepublik? Die Frage ist um so nachdrücklicher zu stellen, als die Sowjetunion die Bundesrepublik über Jahre hinweg mit abweisender Schroffheit behandelt hatte. Seit Breschnews Machtübernahme 1964 – genauer seit den Gesprächsofferten, die Chruschtschow 1963 Adenauer hatte zukommen lassen, seit der Verabredung über einen Besuch Chruschtschows in Bonn, zu der es kurz vor seinem Sturz noch gekommen war – hatte man aus Moskau nichts als Beschimpfungen und Ermahnungen mehr gehört. Welche Gründe also gab es 1969 für eine – vorsichtige – Kurskorrektur? Vermutlich ist ein ganzes Bündel von Motiven wirksam gewesen. Immerhin bot die Bundesrepublik zum ersten Mal eine zwar nicht vorbehaltlose, aber doch weitgehende Anerkennung des Status quo an – daß Brandt in seiner Regierungserklärung als erster westdeutscher Regierungschef von zwei deutschen Staaten sprach, wurde aufmerksam registriert. Dabei ging es nicht allein um das Ja der Bundesrepublik zu den »Ergebnissen des Zweiten Weltkrieges«. Ohne sich mit Bonn über die DDR zu verständigen, würde die Sowjetunion ihr Projekt einer europäischen Konferenz über Sicherheit und Zusammenarbeit, die doch die endgültige internationale Bestätigung der sowjetischen Vorherrschaft über halb Europa bringen sollte, kaum verwirklichen können. Auch ein weiteres Ärgernis schaffte die sozial-liberale Regierung rasch aus der Welt: Sie unterzeichnete den Nicht-Verbreitungsvertrag. Daß Bonn nach Atomwaffen strebe, konnte nun nicht mehr so ohne weiteres behauptet werden.

Ganz sicher haben wirtschaftliche Interessen, wirtschaftliche Zwänge wird man sagen müssen, eine wichtige, vielleicht die entscheidende Rolle gespielt. Man brauchte westliche Hilfe für die dringlich gebotenen Modernisierungsanstrengungen – der Bundesrepublik konnte da eine Hauptrolle zufallen. Als Brandt zur Unterzeichnung des Vertrages nach Moskau kam, skizzierte Ministerpräsident Kossygin ihm im Gespräch weit ausgreifende Zukunftsperspektiven.[84] In Bonn wiederum wird man ganz einverstanden damit gewesen sein, daß wenige Tage nach Beginn der Verhandlungen in Moskau, im Februar 1970, in Essen das erste große Erdgas-Röhrengeschäft – Großröhren für eine Erdgasleitung gegen sibirisches Erdgas – zwischen der Sowjetunion und westdeutschen Firmen unter Dach und Fach gebracht wurde. Man mußte wünschen, daß wirtschaftliche Fragen für Moskau Gewicht hatten.

Und dann war da noch die Krise an der Ostgrenze. Im März 1969 fielen die ersten Schüsse am Ussuri. Der Konflikt mit China war in die Phase schärfster Zuspitzung eingetreten. War es da nicht zweckmäßig, so mußten sich die Kremlherren fragen, an der anderen Front Gegnerschaften abzubauen? Dafür sprach auch, daß sie ja mit dem Einmarsch in die Tschechoslowakei, dem Ende des Prager Frühlings, politische Handlungsfreiheit zurückgewonnen hatten. Das ostmitteleuropäische Vorfeld hatte man seit dem 21. August 1968 wieder sicher im Griff – vermutlich eine sehr wichtige Vorbedingung für die sowjetische Gesprächsbereitschaft.

Es scheint aber, als sei man sich im Politbüro aller dieser Gründe ungeachtet nicht einig darüber gewesen, ob man die Verständigung mit der Bundesrepublik suchen solle. Valentin Falin, Gromykos wichtigster Adlatus in den Verhandlungen mit der Bundesrepublik, später Botschafter in Bonn, hat in seinen Erinnerungen jedenfalls vermerkt, es habe in der entscheidenden Sitzung des Politbüros vor der Unterzeichnung des Moskauer Vertrages »keinen stürmischen Applaus« für den Vertrag gegeben.[85] Das könnte unter anderem mit Einwirkungen der DDR zu tun gehabt haben. Daß Bonn und Moskau miteinander verhandelten, mußte die DDR in Unruhe versetzen, so wie Verhandlungen zwischen Ost-Berlin und Washington die Bundesrepublik in erhebliche Unruhe versetzt hätten. Gewiß konnte sich die DDR der Loyalität der Führungsmacht sicher sein, aber sie wußte auch: Wenn es zu einer Einigung kam, würde es ohne Zugeständnisse nicht abgehen. Und diese Zugeständnisse konnten nach Lage der Dinge nur zu Lasten der DDR gemacht werden, sei es in der Berlin-Frage, sei es auf dem Feld der innerdeutschen Beziehungen. Mußte das sein? Sah es inzwischen nicht so aus, als könne die DDR ihr Ziel weltweiter Anerkennung bei einiger Geduld erreichen, ohne einen Preis an den anderen deutschen Staat dafür zahlen zu müssen? Anlaß, aus Ost-Berlin mit Mißtrauen und Besorgnis nach Moskau zu blicken, gab es also.

Befürchtungen hat es auch auf westlicher Seite gegeben, bei den Verbündeten Bonns, die sich ja zum ersten Mal mit einer ernsthaften Ostinitiative der Bundesrepublik konfrontiert sahen und nicht einmal um Rat gefragt worden waren. Konnte eine solche Initiative nicht eine gefährliche Eigendynamik gewinnen? Würden sich die Bindungen der Bundesrepublik an den Westen lockern? »Eine – auch nicht bewaffnete – Neutralisierung Mitteleuropas und alles, was dazu führen könnte, müßte Frankreich in hohem Maße beunruhigen«[86] – in dieser Bemerkung des französischen Staatspräsidenten Pompidou, sie fiel im Gespräch mit Brandt im Januar 1973, klingt eine Nervosität nach, die zeitweilig alle westlichen Hauptstädte befiel, London und Washington nicht anders als Paris, auch wenn das Mißtrauen Pompidous Brandt gegenüber wohl besonders ausgeprägt war.

Es war die Sorge um den Bestand jener Lösung des deutschen Problems, mit der man sich seit 1948 eingerichtet hatte, die sich in den Hauptstädten der westlichen Welt regte. Henry Kissinger, der Anfang 1969 mit dem neuen Präsidenten Richard Nixon ins Weiße Haus eingezogen war, schreibt in seinen Memoiren: »Ich hatte den Eindruck, daß die neue Ostpolitik Brandts (...) in den Händen bedenkenloser Leute zu einer neuen Form des klassischen deutschen Nationalismus werden konnte.«[87] Für ihn waren die Berlin-Verhandlungen ein sehr willkommenes Instrument, eine Art von indirekter Kontrolle auch über die Verhandlungen zwischen Bonn und Moskau zu gewinnen. Allerdings hatten für die USA die SALT-Verhandlungen, in denen es darum ging, den nuklearen Rüstungswettlauf anzuhalten, klaren Vorrang. Berlin-Gespräche, die notwendig sehr schwierig sein mußten, konnten da durchaus stören. So war von Erleichterung darüber, daß die Bundesrepublik endlich in den allgemeinen Entspannungskurs einscherte, zunächst einmal in keiner der drei westlichen Hauptstädte viel zu spüren. Daß es ohne die ostpolitische Initiative der sozial-liberalen Koalition zu diesem Zeitpunkt zu Berlin-Verhandlungen der vier Mächte gekommen wäre, ist zu bezweifeln.

Um so wichtiger war es, die Verbündeten zuverlässig und umfassend zu informieren. Brandt tat das, mehr freilich nicht. Information, nicht Konsultation sei das Verfahren gewesen, vermerkt Kissinger pointiert. Aber jenes Maß an Abstimmung, ohne das man nicht hätte zum Ziel gelangen können, wurde erreicht. Das gilt nicht nur für die Verknüpfung der verschiedenen Verhandlungsstränge miteinander, es gilt auch für die Verknüpfung des gesamten Verhandlungsprozesses mit dem Projekt einer europäischen Sicherheitskonferenz. Der Westen hat ohne Schwankungen die Position durchgehalten, daß es zu dieser Konferenz erst nach Abschluß der Verhandlungen kommen könne. Das war für die Bonner Verhandlungschancen entscheidend wichtig.

Das System der Ostverträge läßt sich in seinen scheinbar komplizierten Binnenverflechtungen, damit auch in der Sequenz der Verhandlungen und Entscheidungen, auf wenige einfache Zusammenhänge zurückführen. Vorrang mußten die Verhandlungen mit Moskau haben. Sie wurden denn auch mit Vorrang geführt und als erste – im August 1970 – abgeschlossen. Ohne Einigung mit Moskau waren Vereinbarungen mit irgendeinem anderen osteuropäischen Staat nicht zu haben, vor allem keine Normalisierungszugeständnisse von seiten der DDR. Die Sowjetunion wünschte ihren Rang als Bündnisvormacht anerkannt zu sehen. Sie legte Wert darauf, den Gesamtprozeß unter Kontrolle zu halten. Auch die konkreten Grenzgarantien zugunsten Polens, der Tschechoslowakei, der DDR sollten zuerst ihr gegenüber ausgesprochen werden.

Eine solche Priorität war vor allem im deutsch-polnischen Verhältnis mißlich – Warschau reagierte ausgesprochen heftig, als Vorabsprachen über eine Formel zur Oder-Neiße-Grenze aus den Moskauer Verhandlungen bekanntwurden. Niemanden kann verwundern, daß russisch-deutsche Absprachen über die polnischen Grenzen die Polen irritierten. Auf deutscher Seite hatte man denn auch viel Verständnis für diese Irritationen. In der Sache mußten Bonn die Moskauer Wünsche freilich wichtiger sein als die verständlichen polnischen Empfindlichkeiten. Der Warschauer Vertrag wurde nicht nur in der zeitlichen Abfolge auf den zweiten Platz verwiesen, er folgte auch inhaltlich dem deutsch-sowjetischen Vertrag.

Vorrang für die Moskauer Verhandlungen durfte nun aber nicht bedeuten, daß die Bundesrepublik die entscheidenden Zugeständnisse machte, ohne der Gegenleistungen sicher zu sein. Die konnten, da sie Berlin betrafen, nicht im Moskauer Vertrag selbst vereinbart werden. Es mußte also ein Junktim mit den Berlin-Verhandlungen hergestellt werden. Die wurden von den vier Mächten – ohne Beteiligung der Bundesrepublik – geführt und begannen zwar fast gleichzeitig mit den Moskauer Verhandlungen (März 1970), zogen sich aber viel länger hin und konnten erst im September 1971 abgeschlossen werden konnten. Daß sich auf deutscher Seite alle Beteiligten zu jeder Zeit über die verhandlungstaktische wie die strategische Bedeutung dieses Junktims im klaren gewesen sind, darf man bezweifeln.

Es war vor allem Außenminister Scheel, der die Bundesrepublik in diesem Punkt öffentlich und eindeutig festlegte: Ohne eine zufriedenstellende Lösung für Berlin könne ein deutsch-sowjetischer Gewaltverzicht politisch nicht wirksam werden.[88] Das hieß: keine Ratifizierung des deutsch-sowjetischen Vertrages ohne befriedigende Berlin-Vereinbarung. So kam es denn auch. Das Ratifizierungsverfahren für den Moskauer Vertrag wurde im Bundestag erst eingeleitet, als das Berlin-Abkommen mitsamt den deutsch-deutschen Ausführungsvereinbarungen unterzeichnet war (Januar 1972). Gewiß hat die Bundesregierung ihr ganzes ostpolitisches Programm damit in Abhängigkeit von Verhandlungen gebracht, auf deren Fortgang und Ausgang sie kaum Einfluß hatte. Aber sie konnte gar nicht anders handeln, wenn sie eine Balance zwischen Leistung und Gegenleistung erreichen wollte. Freilich hatte auch die Sowjetunion den Zusammenhang zwischen Geben und Nehmen im

Auge. Sie hat, nachdem sie ihre Berlin-Konzessionen gemacht hatte, das Junktim umgedreht und die Bundesrepublik wissen lassen: Das Berlin-Abkommen werde nicht vor der Ratifizierung des Moskauer Vertrages in Kraft gesetzt werden.

Schließlich die Vereinbarungen mit der DDR. Sie standen notwendig am Ende. Erst wenn Moskau entschieden hatte, welche Konzessionen zu machen seien, würde die DDR sich – notgedrungen – bewegen. Die Verhandlungen mit ihr mußten so geführt werden, daß sie ihr Ziel der weltweiten Anerkennung, der Anerkennung auch durch die Bundesrepublik, nicht erreichte, ohne sich zuvor auf die Normalisierung der deutsch-deutschen Beziehungen verbindlich eingelassen zu haben. Dazu war Druck aus Moskau nötig. Auch für die deutsch-deutschen Normalisierungsvereinbarungen galt also, daß sie möglichst vor der Ratifizierung des Moskauer Vertrages ausgehandelt sein mußten. Tatsächlich ist der Verkehrsvertrag, der erste wesentliche Zugeständnisse der DDR enthielt, wenige Tage vor der Schlußabstimmung über den Moskauer Vertrag im Bundestag paraphiert worden. Mit dem Grundlagenvertrag, in dem die Bundesrepublik ihre Verpflichtungen aus dem Moskauer Vertrag nun auch gegenüber der DDR einlöste, konnte die Sequenz der Verträge dann zu ihrem logischen Ende geführt werden. Drei Monate nach dem Inkrafttreten des Grundlagenvertrages, im September 1973, ratifizierte die Weltstaatengemeinschaft den deutsch-deutschen Ausgleich: Die beiden deutschen Staaten wurden in die UNO aufgenommen.

Nicht nur verhandlungsstrategisch, auch inhaltlich waren die Verträge eng miteinander verknüpft. Aus Bonner Sicht handelte es sich im Kern um eine Serie von – auf die Charta der Vereinten Nationen gestützten – Gewaltverzichtsvereinbarungen. Schon 1966, noch zu Amtszeiten des Außenministers Schröder, hatte die Bundesregierung erstmals den Austausch von Gewaltverzichtserklärungen angeregt, um ostpolitisch einen Schritt vorwärtszukommen. Die Große Koalition hatte diese Initiative weitergeführt. Aber alle Bemühungen hatten nichts gefruchtet, weil der Osten mehr als den abstrakten Gewaltverzicht wollte. Für die Sowjetunion wird man sagen müssen: Sie wollte lange Zeit den Gewaltverzicht nur als politische Kapitulation der Bundesrepublik. Erst die Bonner Bereitschaft, den Gewaltverzicht zu konkretisieren und die bestehenden Grenzen in Europa ausdrücklich anzuerkennen, öffnete 1969 jedenfalls die Tür zu Verhandlungen.

Worüber war, als man sich schließlich zusammensetzte, zu verhandeln? Etwas anders gefragt: Worüber war man sich nicht einig und mußte sich doch einigen, wenn es zu einem Vertrag kommen sollte? »Sie (die Unterzeichnerstaaten) betrachten heute und künftig die Grenzen aller Staaten in Europa als unverletzlich, wie sie am Tage der Unterzeichnung dieses Vertrages verlaufen, einschließlich der Oder-Neiße-Linie, die die Westgrenze der Volksrepublik Polen bildet, und der Grenze zwischen der Bundesrepublik Deutschland und der Deutschen Demokratischen Republik«, lautete am Ende der Kernsatz des Moskauer Vertrages.[89] Die eigentliche Verhandlungsaufgabe Egon Bahrs, des Brandt-Vertrauten und Bonner Chefunterhändlers, und Walter Scheels, des Außenministers der sozial-liberalen Regierung, der erst in der Schlußphase selbst am Verhandlungstisch saß, hat darin bestanden, im Ja zu den bestehenden Grenzen die Perspektive der Wiedervereinigung jedenfalls grundsätzlich offenzuhalten gegen die Ausgangsforderung der Sowjetunion, die Bundesrepublik

Am 12. August 1970 unterzeichneten Brandt und Kossygin im Katharinensaal des Kreml den Moskauer Vertrag, das Haupt- und Kernstück des Vertragsgebäudes, das die Ostpolitik errichtete.

Seit dem Amtsantritt der Regierung Brandt/Scheel waren erst zehn Monate vergangen. Das zeigt, mit welchem Elan – vielleicht auch Übereifer – sich die neue Regierung in die Ostpolitik gestürzt hat.

Verhandlungsgegenstand war eigentlich nur eine Frage: Wie läßt sich der Wiedervereinigungsvorbehalt mit der Anerkennung des Status quo verbinden?

möge dem Wiedervereinigungsziel ein für allemal abschwören – eine Forderung, die über das Verlangen nach vorbehaltloser völkerrechtlicher Anerkennung der DDR noch einmal einen Schritt hinausging. Nach ihrer Art gab die Moskauer Diplomatie den Weg zu einem Kompromiß erst nach einer langen Phase ermüdender Unnachgiebigkeit mit späten, überraschenden Wendungen frei.

Die Lösung, die man fand, war der Brief zur deutschen Einheit, in dem die Bundesregierung feststellte, der Vertrag stehe nicht im Widerspruch zu dem politischen Ziel der Bundesrepublik Deutschland, »auf einen Zustand des Friedens in Europa hinzuwirken, in dem das deutsche Volk in freier Selbstbestimmung seine Einheit wiedererlangt«.[90] Die Sowjetunion, die einen Wiedervereinigungsvorbehalt im Vertrag selbst kategorisch abgelehnt hatte, nahm diesen Brief ungern, aber ohne Widerspruch entgegen. Der Kompromiß lag übrigens auch in dem Wort »unverletzlich«, über das man lange gestritten hatte – die Sowjetunion hätte lieber von der Unveränderlichkeit der Grenzen gesprochen.

Es war für die Bereitschaft Moskaus, ein Stück weit nachzugeben, sicher nicht ohne Bedeutung, daß ein definitiver, vertraglicher Verzicht der Bundesrepublik auf die Wiedervereinigung die Deutschland als Ganzes betreffenden Rechte der vier Siegermächte, auch die eigenen, zur Disposition gestellt hätte. An ihnen aber hat die Sowjetunion letztlich durch alle Wendungen ihrer Deutschlandpolitik festgehalten. So ließ sie sich auch darauf ein, daß die Bundesregierung, wie es von ihr erwartet wurde, den Westmächten nach Abschluß der Verhandlungen ausdrücklich und förmlich zusicherte, ihre Rechte seien gewahrt, was ja bedeutete: »Deutschland als Ganzes« blieb eine Figur des Völkerrechts. Eine Rolle hat schließlich wohl auch gespielt, daß die deutschen Unterhändler Gromyko klarmachen konnten, ein Vertrag, der die Teilung Deutschlands für endgültig erkläre, werde scheitern, im Bundestag oder vor dem Bundesverfassungsgericht – das Argument trat vor allem in der Schlußphase der Verhandlungen sehr in den Vordergrund. Ihre Schwäche zu Hause hat die Verhandlungsposition der Bundesregierung, wie das nicht selten in internationalen Verhandlungen der Fall ist, gestärkt.

Mit dem Moskauer Kompromiß – Anerkennung der Unverletzlichkeit der Grenzen ohne endgültigen Wiedervereinigungsverzicht – war der Sache nach auch für die deutsch-deutschen Verhandlungen die wichtigste Entscheidung schon gefallen. Beim deutsch-polnischen Vertrag hingegen lagen die Probleme anders. Im Grunde gab es keine überzeugenden Argumente mehr gegen die endgültige Anerkennung der Oder-Neiße-Grenze, weil es keine Aussicht mehr gab, an ihr etwas zu ändern. Aber die Rechtsgründe, die den Wiedervereinigungsvorbehalt trugen, erfaßten in ihrer Logik auch das Grenzproblem. Mit der Forderung, die Bundesrepublik möge eine Anerkennung der Grenze ausdrücklich auch für den Wiedervereinigungsfall aussprechen, drang Warschau deshalb nicht durch. Die Bundesrepublik könne das gar nicht, war der Bonner Standpunkt. Das hat dem deutschen Verzicht einiges von seiner entkrampfenden Wirkung genommen. Umgekehrt erreichte die Bundesrepublik ihr Ziel, allen noch in Polen lebenden Deutschen ein Ausreiserecht zu sichern, nicht. Das Thema blieb eine Last für die deutsch-polnischen Beziehungen. Erst 1975, im Sog der Helsinki-Konferenz, kam – mühsam genug – eine Vereinbarung zustande, die 120 000 bis 125 000 Deutschen gegen erhebliche finanzielle Leistungen Bonns das Recht auf Ausreise sicherte.

Viel stärker als der Warschauer Vertrag selbst, der keine Seite ganz befriedigte, hat sich denn auch der Kniefall des deutschen Kanzlers vor dem Warschauer Denkmal für die Toten des Ghettoaufstandes dem Gedächtnis eingeprägt – eine der wenigen großen Bekenntnis- und Versöhnungsgesten, die den Deutschen nach 1945 im Umgang mit dem Grauen ihrer Vergangenheit gelungen sind. »Am Abgrund der deutschen Geschichte und unter der Last der Millionen Ermordeten tat ich, was Menschen tun, wenn die Sprache versagt«, heißt es in Brandts »Erinnerungen«.[91] Schweigend hat er mehr gesagt und mehr bewirkt, als Worte es je hätten tun können. Seine Absicht freilich, einen Versöhnungsprozeß in Gang zu bringen, gleich dem, der das deutsch-französische Verhältnis verwandelt hatte, fand im kommunistischen Polen noch keine Resonanz. Erst zwei Jahrzehnte später kam wirklich Bewegung in die deutsch-polnischen Beziehungen.

Auch für das Berlin-Abkommen gilt, daß es aus dem Prinzip des Gewaltverzichts hergeleitet wurde. Gewaltverzicht bedeutete im Fall Berlin: keine einseitige, schon gar keine gewaltsame Veränderung des komplizierten Status der Stadt. Grundlegende Meinungsverschiedenheiten wurden nach dem Muster aller Ostverträge ausgeklammert: Über die unlösbare Streitfrage, ob der Vier-Mächte-Status noch für ganz Berlin gelte, half man sich hinweg, indem man in Art. 1 das Objekt des Vertrages nicht bei Namen nannte, sondern als »das betreffende Gebiet« umschrieb. Im übrigen schrieb der Vertrag in der Hauptsache fest, was sich in zwei Jahrzehnten faktisch entwickelt hatte, und gab darüber hinaus den West-Berlinern ein Stück der Bewegungsfreiheit zurück, die sie durch den Mauerbau verloren hatten. Konkret sicherte die Sowjetunion den Westmächten zu, daß es keine Behinderungen des Transitverkehrs zwischen Westdeutschland und West-Berlin mehr geben werde. Originäre Kontrollrechte der DDR waren damit implizit ausgeschlossen. Umgekehrt bestätigten ihr die drei Westmächte, die Westsektoren Berlins seien »so wie bisher kein Bestandteil der Bundesrepublik«. Die Sowjetunion wiederum räumte ein, daß es bei den bestehenden Bindungen bleiben könne, diese auch entwickelt werden dürften; ferner, daß die Bundesrepublik West-Berlin im Staatenverkehr zu vertreten berechtigt sei. Auch sicherte sie zu, daß die West-Berliner Ost-Berlin und die DDR in Zukunft wieder sollten betreten dürfen – »unter Bedingungen, die denen vergleichbar sind, die für andere in dieses Gebiet einreisende Personen gelten«.[92] Das waren erhebliche Zugeständnisse Moskaus zu Lasten der DDR. Wie erheblich, wird klar, wenn man sich in Erinnerung ruft, was die Sowjetunion mit ihrer Berlin-Offensive der Jahre 1959 bis 1961 angestrebt, welche Erwartungen sie damals bei den DDR-Oberen geweckt hatte. Daß denen der Abschied von ihren Berlin-Hoffnungen schwerfiel, darf man unterstellen. Es ist nicht unwahrscheinlich, daß Breschnew der Entmachtung Ulbrichts im Mai 1971 – die gewiß mehr als einen Grund hatte – auch deshalb zustimmte, weil ihm Ulbrichts hartnäckiger Widerstand gegen jede Berlin-Konzession lästig wurde.

Es waren freilich nicht allein ihre Beziehungen zur Bundesrepublik, an die die Sowjetunion bei ihren Zugeständnissen dachte, nicht allein das Interesse an Bonner Gegenleistungen, die anders nicht zu haben waren – es war auch und vermutlich vor allem die Gegenweltmacht USA, die man in Moskau im Blick hatte. Während man in Berlin verhandelte, hatte Kissinger auf der anderen Seite des Globus den Ausgleich mit China angebahnt. Am 15. Juli 1971 kündigte Präsident Nixon der überraschten Welt seinen Besuch in China an. Wenige Wochen später konnte das Berlin-Abkommen unterzeichnet werden – ein Lehrstück über die Machtmechanik, die zwischen den beiden großen Mächten wirkte. Ein deutlicher Hinweis auch darauf, daß die Bundesrepublik gut beraten war, im Umgang mit der übermächtigen Sowjetunion auf Rückendeckung durch die USA zu achten.

Schließlich die Verträge mit der DDR: das Transitabkommen, eine deutsch-deutsche Ausführungsvereinbarung zum Berlin-Vertrag der vier Mächte, noch 1971, gleichsam im Sog dieses Vertrages, ausgehandelt; der Verkehrsvertrag, ein erstes Stück praktischer Regelung der deutsch-deutschen Beziehungen, im April 1972 unterzeichnet; und am Ende der Grundlagenvertrag, in dem die Bundesrepublik der DDR gab, was sie haben wollte, die Anerkennung – freilich nicht ganz. Das Bonner Kalkül – wenn man sich mit der Sowjetunion geeinigt habe, werde die DDR folgen müssen – war aufgegangen. Dafür hatte die sozialliberale Regierung in Moskau wie in Ost-Berlin aber auch bis an die Grenze des gerade noch Erträglichen und, wie sich zeigen sollte, verfassungsrechtlich Zulässigen gehen müssen.

V.

Im Oktober 1971, das ganze Vertragssystem war noch keineswegs unter Dach und Fach, wurde Willy Brandt der Friedensnobelpreis zugesprochen. In eigentümlichem Kontrast zu dieser Geste höchster internationaler Anerkennung stand die Leidenschaft, die Schärfe und Bitterkeit, mit der in Deutschland um die Ostpolitik gestritten wurde. Wahrscheinlich hat kein anderer politischer Konflikt die Öffentlichkeit in den vier Jahrzehnten bundesrepublikanischer Geschichte so aufgewühlt wie dieser. Kaum einer ist übrigens auch so gezielt angefacht worden – durch eine Serie höchst fragwürdiger Indiskretionen, die vertrauliche Aufzeichnungen aus den deutsch-sowjetischen Gesprächen in Fragmenten Redaktionen in die Hände spielten. Warum diese Leidenschaft, diese Schärfe, diese Bitterkeit?

Die allgemeine Unruhe und Erregtheit der Jahre nach 1968 ist sicher zu bedenken. Aber das ist nur ein Teil der Erklärung, die Entscheidung der Opposition für eine Strategie der Konfrontation ist ein anderer. Es gab in der CDU durchaus die Einsicht, daß es notwendig sei, von den ostpolitischen Positionen der fünfziger Jahre Abschied zu nehmen. Rainer Barzel selbst, der neue Oppositionsführer, wußte es im Grunde und neigte zur Zusammenarbeit mit der Regierung. Aber das Gros der Partei, dazu Strauß mit seiner CSU, wollten die prinzipielle Opposition. Der Schock des Verlustes der Regierungsmacht nach zwanzig Jahren der Dominanz, nach einer Wahl, die doch gewonnen zu sein schien, hat dabei eine Rolle gespielt, auch die herausfordernde Attitüde der neuen Mehrheit. Aber letztlich muß man doch wohl die Sache selbst, um die es ging, bedenken, wenn man verstehen will, warum dieser Streit so leidenschaftlich ausgetragen wurde.

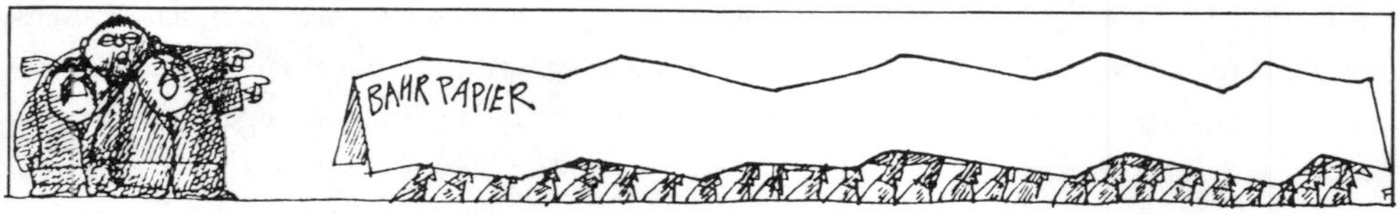

Heftigster Streit, durch Indiskretionen angefacht, begleitete insbesondere die letzte Phase der Moskauer Verhandlungen zwischen Bahr und Gromyko.

In den vertraulichen Positionspapieren, die der Öffentlichkeit zugespielt wurden, fand die Opposition ihre Befürchtungen bestätigt, daß unverzichtbare Rechtsstandpunkte preisgegeben würden.

»26 Pferdefüße, genau gezählt!«, lautete die Unterschrift der Karikatur in der Wochenzeitung »Die Zeit« vom 31. Juli 1970.

Der Abschied von der Hoffnung, es könne sich an der Oder-Neiße-Grenze doch noch etwas ändern, der endgültige Abschied von Ostpreußen, Schlesien, Pommern, dem Osten der Mark Brandenburg, einem Viertel von dem, was einmal Deutschland gewesen war, fiel schwer, so illusionär diese Hoffnung längst schon war. Dazu der Widerwille dagegen, sich mit einem Staat wie der DDR »auf der Grundlage der Gleichberechtigung« (Art. 1 des Grundlagenvertrages) zu arrangieren – das Zögern hatte keine schlechten Gründe für sich. Etwas mehr Verständnis auf seiten der Protagonisten des neuen Kurses dafür, daß die Ostpolitik den Deutschen, zumal den Älteren unter ihnen, etwas zumutete, wäre hilfreich gewesen, so wie auf seiten der Opposition die entschiedene Abgrenzung von dem törichten nationalistischen Pathos der Ausverkaufs- und Verratsvorwürfe geboten gewesen wäre. Am Ende gilt: Eine große Partei durfte nicht nur Stimmungen repräsentieren (und schaffen), sie mußte sich fragen, ob das Nein denn noch irgendeine politische Zukunftsperspektive barg. Dieser Frage ist die CDU/CSU ausgewichen. Mehrheitsstimmungen waren es im übrigen nicht: Die demoskopischen Daten weisen von Anfang an aus, daß nur Minderheiten die Verträge ablehnten.[93]

Aufs höchste steigerte sich die Dramatik des Konflikts, als die Regierung Brandt/Scheel im April 1972, unmittelbar vor der entscheidenden Abstimmung über den Moskauer und den Warschauer Vertrag, ihre parlamentarische Mehrheit verlor. Von Anfang an war diese Mehrheit knapp gewesen (254 von 496 Mandaten), nicht zuletzt im Streit um die Ostpolitik waren die entscheidenden Stimmen eine nach der anderen verlorengegangen. Zwar scheiterte am 27. April das konstruktive Mißtrauensvotum, das die Union auf die Regierungsbank bringen sollte. Brandt blieb Kanzler. Aber eine Mehrheit für die Verträge war damit nicht gewonnen.

Die Entscheidung und damit die Last der Verantwortung lag nun bei der in sich zerstrittenen CDU/CSU. Sie wußte: Ein Nein zum Moskauer Vertrag würde auch das von den vier Mächten ausgehandelte Berlin-Abkommen scheitern lassen. Barzel, taktierend, versuchte der Fraktion über eine gemeinsame Resolution des Parlaments den Weg zu einem Ja zu ebnen. Tatsächlich gelang es, zwischen den Fraktionen eine solche Resolution auszuhandeln. Sie wiederholte und verdeutlichte, was die Regierung selbst an Vorbehalten gegenüber der Sowjetunion und den Westmächten schon vorgebracht hatte, verschärfte sie freilich mit dem problematischen Satz: »Die Verträge (…) schaffen keine Rechtsgrundlagen für die heute bestehenden Grenzen« in einer für die Vertragspartner unzumutbaren Weise.[94] Die Sowjetunion nahm das erstaunlicherweise hin – ihr Interesse am Wirksamwerden der Verträge war offensichtlich groß. Aber am Ende kam die Unionsfraktion trotz der Resolution über eine Stimmenthaltung – der einzige Weg, den Anschein innerparteilicher Einigkeit wenigstens halbwegs zu wahren – doch nicht hinaus. Immerhin wurde die Ratifikation der Verträge durch die Enthaltung möglich.

Die Kritik der Opposition konzentrierte sich am Ende auf zwei Punkte: Der Moskauer Vertrag erkenne das Selbstbestimmungsrecht der Deutschen nicht an, er eröffne auch keine konkreten Aussichten auf Freizügigkeit in Deutschland – gewichtige Einwände, ohne Frage. Aber bestand denn irgendeine Chance, dem Kreml Zugeständnisse abzuhandeln, die auf eine Revision seiner gesamten Deutschlandpolitik, am Ende auf eine Preisgabe der DDR hinausliefen? Wohl kaum. Sollte man dann an dieser Unmöglichkeit das Vorhaben des Ausgleichs mit dem Osten scheitern lassen? Die Behauptung der Opposition, sie hätte ein besseres Ergebnis ausgehandelt, konnte jedenfalls nicht viel für sich anführen.[95] Der Ausgang der Abstimmung an jenem denkwürdigen 27. April 1972 hat verhindert, daß Rainer Barzel als Kanzler den Beweis für diese Behauptung antreten mußte. Plausibler ist die Vermutung, daß die Regierung, wäre sie von der Opposition nicht so bedrängt worden und hätte sie nicht mit der Möglichkeit verfassungsgerichtlicher Überprüfung der Verträge rechnen müssen, das Recht auf Wiedervereinigung nicht so hartnäckig verteidigt hätte, wie sie es getan hat. Darin liegt dann doch eine Art von konstruktivem Beitrag der Opposition, die im übrigen im Streit um die Ostverträge keine sonderlich gute Figur gemacht hat.

Ein halbes Jahr nach der parlamentarischen Entscheidung über die Verträge, im November 1972, wurde der Bundestag neu gewählt. Die Wahl hatte viel von einem Plebiszit über die Ostpolitik an sich – mit eindeutigem Ausgang. Sie brachte der sozial-liberalen Koalition eine sichere Mehrheit. Am Tag der Unterzeichnung des Moskauer Vertrages hatte Willy Brandt den Deutschen gesagt: »Mit diesem Vertrag geht nichts verloren, was nicht längst verspielt worden war.«[96] Auch im Rückblick bleibt es wohl bei dem Urteil, daß in den Ostverträgen nichts aufgegeben wurde, was noch zu halten gewesen wäre, ob man nun die Meinung teilt, daß geduldiger und sorgfältiger hätte verhandelt werden können, oder nicht. Der Schritt, der mit den Verträgen getan wurde, mußte getan werden.

Auf der Habenseite der Bilanz stehen an erster Stelle die Berlin-Vereinbarungen. Zum ersten Mal waren die Überlebensbedingungen der Exklave West-Berlin, und das heißt vor allem: die Verbindung zwischen der Bundesrepublik und West-Berlin, einigermaßen präzise rechtlich gesichert. In den achtzehn Jahren Inseldasein, die noch vor der Stadt lagen, ist es bei allen Mißlichkeiten zu einer wirklichen Krise nicht mehr gekommen. Auch hatte die Bundesrepublik ein wichtiges Stück außenpolitischer Handlungs- und Bewegungsfreiheit gewonnen. Sie schleppte nicht mehr die Last des Kampfes gegen die Anerkennung der DDR mit sich. Sie brauchte nicht mehr gegen den Strom der Entspannungspolitik zu schwimmen. Sie konnte in Ostmitteleuropa politisch aktiv werden, hat vielleicht auch den Staaten Ostmitteleuropas etwas mehr Handlungsspielraum gegenüber Moskau verschafft. Und es gab nun eine Chance – mehr nicht – einer gewissen Normalisierung der deutsch-deutschen Beziehungen.

Und was steht auf der anderen Seite? Nicht daß man sich mit Moskau und Ost-Berlin vertraglich arrangierte, war das Problem der Ostpolitik, sondern daß man in den siebziger und achtziger Jahren weithin vergaß, mit wem man sich da eingelassen hatte, vielleicht auch glaubte, es vergessen zu müssen, obgleich doch das Gegenteil der Fall war. Der große moralische Gestus, mit dem die Ostpolitik sich als Friedenspolitik legitimierte, hat dem Realitätssinn, der Klarheit des Urteils, auch dem Urteilsmut im Umgang mit den kommunistischen Diktaturen und Diktatoren nicht gutgetan. Das macht die Ambivalenz dieser Politik aus.

7. Turbulenzen

I.

Der rasche Wiederaufstieg Westdeutschlands in den fünfziger Jahren täuscht. Die Bonner Republik kann erst für die siebziger Jahre im Staatenverkehr als ein wirklich erwachsenes Gemeinwesen gelten. Erst durch die Ostpolitik gewann sie ihre volle Handlungsfähigkeit auf der internationalen Bühne, und vor allem: Jetzt erst, nach zwei Jahrzehnten einer außerordentlichen Wachstumsgeschichte, trat sie als Wirtschaftsgroßmacht voll in Erscheinung, in der Rolle, zu der sie, ähnlich wie Japan, der andere Verlierer des Zweiten Weltkrieges, ihren Möglichkeiten nach bestimmt war. »Erwachsen« heißt übrigens nicht, die Bundesrepublik sei von nun an einfach nur noch Staat unter Staaten gewesen. Die deutsche Vergangenheit blieb immer gegenwärtig, in ihrem eigenen Bewußtsein und in dem ihrer Nachbarn. Auch in ihrem Status, dem Souveränitätsvorbehalt und manchen anderen Besonderheiten, etwa in der Art der Einbindung ihrer Streitkräfte in die westliche Allianz. Erwachsen heißt, daß die Bundesrepublik in die Position hineingewachsen war, die für sie unter den gegebenen Verhältnissen allenfalls erreichbar war.

Wirtschaftsgroßmacht – das ist in wenigen Daten zu illustrieren:[97] Die Bundesrepublik erwirtschaftete zwei Jahrzehnte nach ihrer Gründung nach den USA und Japan das drittgrößte Sozialprodukt der westlichen Welt, mit deutlichem Vorsprung vor Frankreich und

Mit Fahrrädern auf Autostraßen unterwegs – für ein paar Wochenenden verwandelte die Ölkrise im November 1973 das Autoland Bundesrepublik in ein Idyll. Fast alle genossen dieses Idyll, aber das Autoland blieb natürlich ein Autoland.

Großbritannien. Ihre Währung war unter den Hauptwährungen nach dem Schweizer Franken die stabilste. Sie hatte eine herausragende Position im Welthandel errungen: Ihr Anteil an der Weltausfuhr lag 1970 bei 10,9 Prozent (1950: 3,3 Prozent), übertroffen nur von dem der USA (13,5 Prozent). Die Zahlen für Frankreich (1950: 5 Prozent, 1970: 5,7 Prozent) und für Großbritannien (1950: 10,4 Prozent, 1970: 5,7 Prozent) spiegeln die Verschiebung der Gewichte deutlich wider. Diese Exportstärke und die Währung sind es vor allem gewesen, die den Rang, das Gewicht, den Einfluß der »erwachsenen« Bundesrepublik in den siebziger und achtziger Jahren weltweit begründeten.

Wie hat sie ihre Rolle gespielt? Wer diese Frage stellt, muß sich zuerst und vor allem in Erinnerung rufen, daß die siebziger Jahre eine Phase außerordentlicher weltwirtschaftlicher Turbulenzen waren. Zum einen brach zu Beginn des Jahrzehnts die 1944 in Bretton Woods als Vorkehrung gegen eine neue Weltwirtschaftskatastrophe vereinbarte Währungsordnung fester, auf den Dollar bezogener Wechselkurse zusammen, hauptsächlich infolge anhaltender hoher Zahlungsbilanzdefizite der USA, ohne daß es sogleich gelang, eine neue funktionsfähige, internationale Währungsordnung an die Stelle des Bretton-Woods-Systems zu setzen. Zum anderen führten zwei dramatische Nahostkrisen, der Jom-Kippur-Krieg 1973 und der Umsturz im Iran 1978/79, zu einer Explosion der Ölpreise mit gravierenden Rezessionsfolgen insbesondere für die Volkswirtschaften, die in hohem Maße von Ölimporten abhängig waren.

Es waren diese Turbulenzen, die die Bundesrepublik – in den wechselnden Konstellationen des Ost-West-Konflikts nach eigenem Willen nur eine Regionalmacht – plötzlich als wirtschaftliche Weltmacht forderten. Eine Verantwortung fiel ihr zu, wie sie sie bisher noch nicht zu tragen gehabt hatte, eine Mitverantwortung nämlich für Weltentwicklungen. Daß die Bundesrepublik, obwohl von der drastischen Verteuerung der Ölimporte nicht weniger hart getroffen, mit den Schwierigkeiten zunächst, bis Anfang der achtziger Jahre, besser fertig wurde als andere westliche Industrienationen, konnte diese Verantwortung nur erhöhen.

Der Zufall in Gestalt der Spionageaffäre, über die Brandt im Mai 1974 nach weniger als fünf Jahren Kanzlerschaft stürzte, fügte es, daß bald nach dem Ausbruch der Krise der Mann in Deutschland die Zügel in die Hand nahm, der wie kein anderer den Willen, die Kompetenz, übrigens auch das Selbstbewußtsein mitbrachte, diese besondere Herausforderung anzunehmen: Helmut Schmidt, zuletzt Finanzminister in Brandts Kabinett, ein Amt, in dem er sich im währungspolitischen Krisenmanagement bereits hatte üben können.

Daß in modernen Gesellschaften Politik zuerst die Bedingungen erfolgreichen Wirtschaftens zu gewährleisten habe, mag inzwischen eine allen Politikern mehr als vertraute Trivialität sein. Helmut Schmidts Überzeugung, daß deshalb auch Außenpolitik zu einem wesentlichen Teil Wirtschafts- und Währungspolitik sein müsse, zumal in Zeiten wie den unruhigen siebziger Jahren, ist schon viel weniger selbstverständlich – seine Vorgänger im Amt, die doch, Erhard ausgenommen, ihrem Selbstverständnis nach alle Außenpolitiker waren, hatten das jedenfalls anders gesehen. Schmidt hatte die Grundgegebenheit des Wirtschaftens in der westlichen Welt viel klarer vor Augen als sie: den hohen Grad an Verflechtung der Volkswirtschaften, die Internationalität aller ökonomischen Wirkungszusammenhänge, den Verlust, heißt das, an konjunktur- und währungspolitischer Autonomie für alle in diese Weltwirtschaft eingebundenen Staaten, selbst für die USA.

Für Schmidt bedeutete das, daß Wirtschafts- und Währungspolitik in der Weltwirtschaft der zweiten Hälfte des 20. Jahrhunderts nur noch als gemeinsame Politik der bestimmenden Wirtschaftsmächte, in enger Abstimmung und Zusammenarbeit, wirksam sein könne. Die Interessen, die die Bundesrepublik dabei zu verfolgen hatte, hat er in seiner ersten Regierungserklärung 1974 deutlich benannt: »Wir brauchen eine stabile, eine stetige Weltwirtschaft. Wir brauchen freien Handel. Wir brauchen ein geordnetes, ein funktionstüchtiges Weltwährungssystem.«[98] Mit diesen Sätzen war eine wesentliche Linie bundesrepublikanischer Außenpolitik in den Jahren von Schmidts Kanzlerschaft vorgezeichnet. Wie kein anderer Kanzler hat Schmidt in der im internationalen Vergleich exzeptionellen Abhängigkeit des westdeutschen Wohlstandes vom Export ein Grunddatum westdeutscher politischer Existenz gesehen. Wieder und wieder erinnerte er daran, daß die Bundesrepublik mehr als zwanzig Prozent ihres Sozialproduktes exportiere, weit mehr als alle anderen großen Industrienationen. Das erklärt seine Sorge vor einer weltweiten Flucht in den Protektionismus wie vor einem Währungschaos. Die Freiheit des Welthandels gegen den protektionistischen Sog der Krise zu verteidigen und die internationalen Währungsbeziehungen zu restabilisieren, darauf hat der Kanzler Helmut Schmidt einen guten Teil seiner Kraft konzentriert.

Es entsprach seinen Vorstellungen von der Notwendigkeit weltweit koordinierter Anstrengungen zur Überwindung der globalen Krisen der siebziger Jahre, auch seinem prononcierten Begriff von verantwortlicher Führung, daß von 1975 an aus einer Initiative des französischen Staatspräsidenten Giscard d'Estaing ein neues Forum des internationalen Spitzengesprächs, der Weltwirtschaftsgipfel, entstand. Der Anfang wurde im Schloß Rambouillet in der Nähe von Paris gemacht. Jahr für Jahr traten von nun an die Staats- und Regierungschefs der sieben wichtigsten Wirtschaftsmächte der westlichen Welt zusammen (die USA und Japan, aus Europa die Bundesrepublik, Frankreich, Großbritannien und Italien, vom zweiten Jahr an als siebente Kanada), um zu beraten, wie der Erschütterungen Herr zu werden sei. Nirgends wurde die neue Rolle und die neue Verantwortlichkeit der Bundesrepublik deutlicher sichtbar als hier. Denn angesichts der starken Neigung Japans, sich zurückzuhalten, mit Initiativen ebenso wie mit der Bereitschaft, Verpflichtungen einzugehen, stand die Bundesrepublik in diesem Kreise, was ihr ökonomisches Gewicht angeht, faktisch an zweiter Stelle. Das drückte sich nicht zuletzt in den Erwartungen aus, die sich auf die Deutschen richteten. Wie ambivalent eine solche »Großmachtposition« war, führte das Bonner Gipfeltreffen der Sieben im Jahr 1978 der deutschen Öffentlichkeit gleichsam aus nächster Nähe vor Augen: Es hob den herausragenden Rang der Wirtschaftsmacht Bundesrepublik, auch das Ansehen, das ihr gastgebender Kanzler genoß, ebenso eindringlich hervor wie die Last der ihr von den anderen zugewiesenen Verantwortung. Helmut Schmidt mußte konjunkturpolitische Zusagen machen, die er wohl nicht gemacht hätte, wenn er seinen eigenen wirtschaftspolitischen Überzeugungen hätte folgen können.

So etwas wie eine globale Steuerung der Weltwirtschaft haben die Gipfeltreffen nicht geleistet, konnten sie auch nicht leisten. Aber sie haben, das ist Schmidts Resümee, den Sinn der Beteiligten für die ökonomischen Interdependenzen geschärft, dafür, daß keine Regierung auf eigene Faust und mit eigenen Mitteln der Krise erfolgreich begegnen könne. Dieses gemeinsame Verständnis habe verhindert, »daß die beteiligten Regierungen sich blind den Verblendungen des Protektionismus und des Inflationismus hingaben«.[99] Vermutlich ist das richtig. Es bedurfte einer gewissen Nachhilfe, um die Lehre der großen Weltwirtschaftskrise der Zwischenkriegsjahre, die ja zur allgemeinen Flucht in den Protektionismus geführt hatte, wirksam werden zu lassen.

Freilich war es nicht immer ganz leicht, auch für einen Mann wie Helmut Schmidt nicht, der gern belehrte, alle Beteiligten davon zu überzeugen, daß das besondere Interesse der Bundesrepublik daran, die Märkte offen und die Währung stabil zu halten, eben auch das allgemeine Interesse an der Überwindung der Krise sei. Immer wieder sah sich die Bundesrepublik auf den Gipfeltreffen bedrängt, sie müsse zu ihrem eigenen und aller anderen Besten mehr zur Belebung der Konjunktur tun. Und sie fand mit ihrem Beharren darauf, daß Konjunkturpolitik nicht zu Lasten der Währungsstabilität gehen dürfe, nicht immer und gewiß nicht bei allen Partnern Verständnis.

In dieser wiederkehrenden Konfliktkonstellation trafen nicht nur unterschiedliche Interessenlagen aufeinander, sondern auch unterschiedliche geschichtliche Prägungen. Daß Deutschland im Kreise der führenden Wirtschaftsmächte der Währungsstabilität höheren Rang beimaß als alle anderen, hatte mit seinen Inflationserfahrungen mindestens soviel zu tun wie mit spezifischen Interessen oder wirtschaftspolitischen Einsichten. Ebendeshalb hat die Bundesrepublik diese Position auch immer mit besonderer Hartnäckigkeit verteidigt und gelegentlich empfindliche Belastungen ihrer Beziehungen zu den westlichen Verbündeten in Kauf genommen – nicht nur in den siebziger Jahren.

Anders verliefen die Fronten bei den energiepolitischen Kontroversen, in denen die USA und Frankreich die Antipoden waren, während die Bundesrepublik eine vermittelnde Rolle zu spielen suchte – in Konflikten zwischen diesen beiden Hauptverbündeten war sie ja fast immer zu einem mittleren Kurs genötigt. Hier hieß das: Ganz und gar von Ölimporten abhängig, mußte sie – mit Frankreich – eher die Verständigung mit den Arabern suchen. Aber anders als Frankreich konnte und wollte sie sich dabei nicht auf eine Konfrontation mit den USA einlassen, die ihrerseits, auf den Energieimport viel weniger angewiesen und Israel in besonderer Weise verpflichtet, die Verbraucherländer in einer Front gegen die Erzeuger zusammenzuführen suchten.

So oder so, auf den Wirtschaftsgipfeln der siebziger Jahre trat die Bundesrepublik sichtbar aus dem regionalen Kontext, in dem sie in den beiden ersten Jahrzehnten ihrer Existenz Politik getrieben hatte, heraus und wurde zu einem Akteur der Weltpolitik. Die Statur, die sie dabei gewann, verdankte sie wesentlich ihrem Kanzler, dem einzigen westlichen Staatsmann, der sein Land – souverän – acht Jahre hintereinander (von 1975 bis 1982) auf den Gipfeltreffen vertrat.

Krisenmanagement in einer Turbulenzphase der Weltwirtschaft war im Grunde auch der Kern der Europapolitik Helmut Schmidts. Es waren Deutschland und Frankreich, Helmut Schmidt und Giscard d'Estaing, die den Plan entwickelten, die Währungen der Europäischen Gemeinschaft in einer Art von regionalem Bretton-Woods-System fester Wechselkurse aneinander zu binden, um »angesichts der wilden Fluktuation des Dollarwechselkurses nach dem Zusammenbruch des Systems von Bretton Woods wenigstens eine europäische Zone der Stabilität her(zu)stellen«.[100] Sie setzen diesen Plan im Kreis der Staats- und Regierungschefs der Europäischen Gemeinschaft 1978 dann auch durch, obwohl nicht alle Mitglieder der Gemeinschaft ihn enthusiastisch aufgriffen. England insbesondere blieb ganz fern. Feste, wenn natürlich auch nicht invariable Paritäten zwischen den beteiligten europäischen Währungen wurden vereinbart; eine europäische Währungseinheit, ECU (European Currency Unit) genannt, wurde, vornehmlich zu Rechnungszwecken, eingeführt und ein Beistandsmechanismus institutionalisiert.

Die Ziele, die Helmut Schmidt mit dieser Initiative verfolgte, waren eben die, die sein Krisenmanagement überhaupt bestimmten. »Auf die Dauer«, schrieb er rückblickend, »mußten die Versuche einzelner EG-Staaten, durch staatliche Eingriffe in Außenhandel und internationalen Zahlungsverkehr ihre Währung autonom zu steuern, massive gegenseitige Handelsbehinderungen der Mitgliedstaaten provozieren und zum Ruin des gemeinsamen Marktes führen.«[101] Mit anderen Worten: Auch hier ging es darum, die Offenheit der Märkte zu sichern. Selbst innerhalb der EG erschien sie unter den Belastungen dramatischer Krisen immer noch als gefährdet. Und der EG-Raum war für die Bundesrepublik der bei weitem wichtigste Exportmarkt; er nahm in den siebziger Jahren schon beinahe die Hälfte der deutschen Ausfuhren auf.

Darüber hinaus erhofften sich die beiden Initiatoren vom Europäischen Währungssystem (EWS) einen disziplinierenden Effekt. Wenn die Paritäten, so war das Kalkül, nicht mehr einseitig, sondern nur noch gemeinsam in einem förmlichen Verfahren geändert werden konnten, dann gab es für alle Mitgliedstaaten ein starkes Motiv, eine stabilitätsorientierte Wirtschafts- und Währungspolitik zu betreiben. Das Europäische Währungssystem sollte also als dauernder Konvergenzimpuls wirken – ein Stück weit jedenfalls haben sich diese Hoffnungen auch verwirklicht.

Die Vorgeschichte des Europäischen Währungssystems ist im übrigen ein Beispiel für die bemerkenswerte Kontinuität der deutsch-französischen Zusammenarbeit in europäischen Angelegenheiten über die Jahrzehnte hinweg. Von den Tagen Adenauers und Schumans bis zu denen Kohls und Mitterrands hat man auf beiden Seiten die Bedeutung des jeweils anderen für die eigene Europapolitik, die Möglichkeiten auch, die sich einer gemeinsamen oder doch jedenfalls abgestimmten Politik eröffneten, fast immer im Blick behalten. Die Einsicht, daß Bewegung und Stillstand im europäischen Einigungsprozeß wesentlich vom deutsch-französischen Verhältnis abhingen, hat im großen und ganzen nicht nur das Reden, sondern auch das Handeln bestimmt, bei allen Widrigkeiten zumal in der gaullistischen Phase. Dabei ist das ökonomische Fundament der Gemeinsamkeit immer die stillschweigende Absprache geblieben, daß die Bundesrepublik das elementare Interesse Frankreichs an der Subventionierung seiner Landwirtschaft durch die EWG respektiere, als

Gegenleistung für die Bereitschaft Frankreichs, seinen Markt den deutschen Industrieprodukten zu öffnen.

Die Jahre Giscards und Schmidts fügen sich in diese Kontinuität deutsch-französischen Zusammenwirkens ein. Aber sie ragen auch aus ihr heraus. Sie waren geprägt von der Freundschaft zwischen zwei bei aller Unterschiedlichkeit der Herkunft und des Lebensstils sehr gleichgestimmten Männern, einander nahe auch und gerade – zwischen der Bundesrepublik und Frankreich eher eine Seltenheit – in ihren wirtschaftspolitischen Auffassungen. Und sie waren nicht belastet durch jene im Grunde unerfüllbaren Erwartungen, die zwanzig Jahre zuvor de Gaulle und Adenauer mit solcher Emphase hatten aufeinander zugehen lassen.

Man kannte jetzt die Grenzen der Gemeinsamkeit. Frankreich war und blieb seinem Selbstverständnis nach einer anderen Klasse der Staatengesellschaft zugehörig, auf seine Unabhängigkeit – zumal gegenüber den USA – und seine Würde sehr bedacht, mit weltweiten Interessen, vor allem in seinen früheren Kolonien, nuklear gerüstet, ohne aber die Rolle der nuklearen Garantiemacht für die Bundesrepublik übernehmen zu können und zu wollen. Die politisch schwächere Bundesrepublik, auf den nuklearen Protektor USA angewiesen und, selbst in schwierigen Zeiten, in vieler Hinsicht auch ausgerichtet, überragte andererseits Frankreich als wirtschaftliche Großmacht – ein ständiger Stachel im französischen Fleisch.

Daß die französischen Eliten ihr Mißtrauen gegen den Nachbarn jenseits des Rheins nie ganz überwunden und gelegentlich deutlich geäußert haben, hat viel mit dieser Empfindung der Unterlegenheit zu tun. Ein hinter aller Freundschaftsrhetorik kompliziertes Verhältnis also, für das das Gespann Giscard-Schmidt ein Glücksfall war. Dies um so mehr, als es freundschaftliche Nähe in den Beziehungen zwischen dem Pariser Präsidenten und dem Bonner Kanzler seit den Tagen Adenauers und de Gaulles nicht mehr gegeben hatte.

II.

Bei aller Dramatik, mit der die weltwirtschaftlichen Krisenentwicklungen der siebziger Jahre die Bundesrepublik erfaßten und forderten: Der Ost-West-Konflikt blieb für das geteilte Deutschland doch die primäre Wirklichkeit – als Systemkonflikt zwischen Demokratie und Diktatur, weil Deutschland geteilt war, als Machtkonflikt zwischen der eurasischen Groß- und Hegemonialmacht und der atlantischen Allianz, weil Deutschland liegt, wo es liegt. Wie stand es mit dem Ost-West-Konflikt Anfang der siebziger Jahre? 1967 hatte das Bündnis, den Empfehlungen des sogenannten Harmel-Berichtes folgend, Entspannung ganz offiziell zu einem Hauptziel seiner Politik erhoben, Entspannung freilich auf dem Fundament gesicherter Verteidigungsfähigkeit. »Militärische Sicherheit und eine Politik der Entspannung stellen keinen Widerspruch, sondern eine gegenseitige Ergänzung dar«, lautete der eine Kernsatz der Bündnisentschließung vom 14. Dezember 1967. »Der Weg zu Frieden und Stabilität in Europa beruht vor allem auf dem konstruktiven Einsatz der Allianz im Interesse der Entspannung«, lautete der andere.[102] Vorsichtige Suche, hieß das, nach einem Modus vivendi, der beiden Seiten über die unaufhebbare Gegnerschaft hinweg eine einigermaßen verläßliche Sicherheit voreinander bot und ein gewisses Maß an Zusammenarbeit möglich machte.

Mit der Rücknahme ihres Vorbehalts gegen den Status quo war die Bundesrepublik definitiv in diesen Kurs eingeschwenkt und hatte sich damit erst wirklich die Möglichkeit eröffnet mitzusteuern. Sie hatte ihren Standort in der Allianz gewechselt bei voller und fortdauernder Bindung an die Allianz. Die Bonner Politik bremste den Entspannungsprozeß nicht mehr skeptisch, wie zu Adenauers Zeiten, sie trieb ihn voran. Freilich war es, das sollten die siebziger und achtziger Jahre zeigen, für die Bundesrepublik besonders schwierig, die Balance zu halten – selbst für einen Mann der Balance wie Helmut Schmidt, einen Politiker, dem der im Harmel-Bericht thematisierte Zusammenhang von Verteidigungsfähigkeit und Entspannung sehr bewußt war, die weitreichenden Hoffnungen, die die Brandtsche Ostpolitik beflügelt hatten, hingegen eher fremd.

Wäre das Gleichgewicht auch gehalten worden, wenn es 1974 nicht zu einem Kanzlerwechsel gekommen wäre? Die Frage ist unbeantwortbar, aber alles andere als nebensächlich. Man muß sie stellen, um deutlich zu machen, daß in der Ostpolitik, die 1969 begonnen wurde, mehrere mögliche Zukünfte angelegt waren. Egon Bahr hat ziemlich klar ausgesprochen, wie er sich den Fortgang gedacht hat:[103] die Verträge als ein erster Akt, eine »Planierung«, der »ein großer zweiter Abschnitt« folgen sollte, in dem der Umbau der europäischen Sicherheitsstrukturen in Angriff zu nehmen sein würde mit dem Fernziel, an die Stelle der beiden bestehenden Paktsysteme ein neues europäisches Sicherheitssystem zu setzen, dem die beiden Großmächte nicht mehr angehören, das sie aber garantieren sollten. Dieses neue Sicherheitssystem sollte dann die Wiedervereinigung möglich machen.

Wie weit auch Brandt über die »bestehenden Paktsysteme« hinaus gedacht hat, ist viel weniger klar. Als er im September 1971 – die Unterzeichnung des Moskauer Vertrages lag ein Jahr zurück, die Berlin-Vereinbarungen waren eben ausgehandelt worden – in Oreanda am Schwarzen Meer mit Breschnew konferierte, spekulierte die Öffentlichkeit darüber, welche Ziele für eine zweite Phase der Ostpolitik in der betont entspannten, ja herzlichen Atmosphäre dieses Besuches denn wohl anvisiert worden seien. Daß es ein Routinetreffen – so hat Brandt es rückblickend dargestellt[104] – gewesen sei, diesen Eindruck machte die Zusammenkunft jedenfalls nicht. Egon Bahr berichtet für die Zeit nach Oreanda von einem intensiven Briefwechsel zwischen Brandt und Breschnew, in dem die beiden sich auch menschlich nähergekommen seien.[105]

Was immer das politisch zu bedeuten gehabt haben mag, für Bahr jedenfalls gilt: Die Äußerung, für den Weltfrieden sei Breschnew ein Gewinn gewesen, im Rückblick getan, also nach dem sowjetischen Einmarsch in Afghanistan, nach den Erfahrungen mit der sowjetischen Hochrüstungspolitik, deutet auf Illusionen hin, gefährliche Illusionen, da sie sich in letzter Konsequenz mit der Bereitschaft zur Preisgabe der nordatlantischen Allianz verbanden.[106]

Man kann also nicht ausschließen, daß mit dem Kanzlerwechsel 1974, den ein Wechsel an der Spitze des Außenministeriums begleitete, sozusagen unbemerkt auch außenpolitisch Weichen gestellt worden sind. Helmut Schmidt jedenfalls war ein Mann ohne Illusionen über die Sowjetunion, ein Mann der nordatlantischen Allianz nicht nur für heute und morgen, sondern auf lange Frist. Er wußte: Die Bundesrepublik hatte sorgfältiger als andere darauf zu achten, daß ihre Bündnisloyalität nicht in Zweifel geriet. Sie war mehr gefordert als andere, wenn es um die gesicherte Verteidigungsfähigkeit der Allianz ging. Und sie hatte doch auch, seit mit den Ostverträgen der Rubikon überschritten war, ein ganz besonderes Interesse daran, die mühsam gewonnenen Beziehungen zum Osten auszubauen, zumindest nicht zu beschädigen. Dabei hing es natürlich nicht zuerst von der Bundesrepublik, sondern von den beiden Großen ab, wie sich der Ost-West-Konflikt entwickeln würde. Über den Part, den die erwachsen gewordene Bundesrepublik, außenpolitisch nun von Helmut Schmidt und Hans-Dietrich Genscher geführt, in dieser Entwicklung spielen konnte und wollte, gab die Vorgeschichte und Geschichte der KSZE einen ersten Aufschluß. In diese »Konferenz für Sicherheit und Zusammenarbeit in Europa« mündete die Suche nach einem Modus vivendi zwischen Ost und West zunächst einmal ein.

III.

Das Projekt einer europäischen Konferenz hatte der Osten mit wechselnden Motiven und schwankender Intensität seit langem verfolgt. Es war offensichtlich, daß es den Zielen der sowjetischen Europa- und Deutschlandpolitik dienen sollte. Und so hatte der Westen denn auch zunächst kühl reagiert. Auf die Dauer freilich wurde das Nein in einer auf Entspannung gestimmten und ausgerichteten Welt schwierig. Ende der sechziger Jahre begann der Westen, sich auf die sowjetische Initiative einzustellen. Erst freilich, wurde der Sowjetunion bedeutet, müßten die bilateralen Verhandlungen der Bundesrepublik mit dem Osten und die Vier-Mächte-Verhandlungen über Berlin zum Abschluß gebracht werden: ohne Ostverträge keine KSZE! Das hat die deutsche Verhandlungsposition gestärkt. Aber auch ganz unabhängig von den besonderen deutschen Interessen: Es wäre ziemlich unsinnig gewesen, sich auf eine europäische Konferenz einzulassen, ohne die »querelles allemandes« vorher beigelegt zu haben.

Für die Sowjetunion andererseits bedeutete diese Abfolge, daß sie eines ihrer Hauptziele, die Anerkennung der Westgrenze ihres Imperiums, erreicht hatte, bevor die Konferenz auch nur zusammentrat. Genug war ihr das freilich nicht. Ganz Europa sollte ihr mit dem gesamten verfügbaren völkerrechtlichen Formelbestand – Souveränität, Gewaltverzicht, Integrität des Territoriums, Unverletzlichkeit der Grenzen, Nichteinmischung – ihren Besitzstand zusichern: eine Gier nach Bestätigung, nach papierenen Garantien, die doch wohl offenbart, daß man im Kreml wußte, daß das Großreich auf Dauer keine sicheren Fundamente hatte.

Es entspricht dem vorrangigen Interesse an der Befestigung des eigenen Besitzstandes, daß die Sowjetunion zu dieser Zeit keinen ernsthaften Versuch mehr gemacht hat, dem

Westen in der Hoffnung auf Einfluß- und Sicherheitsgewinn den Gedanken eines neuen, die bestehenden Bündnisse ablösenden europäischen Sicherheitssystems schmackhaft zu machen. Dergleichen Pläne mögen mit dem Konferenzprojekt ursprünglich durchaus verbunden gewesen sein. Aber sie hätten nur Resonanz finden können, wenn die Sowjetunion bereit gewesen wäre, auch ihr eigenes Hegemonialsystem zur Disposition zu stellen. Diese Bereitschaft war offensichtlich in den siebziger Jahren so wenig wie früher gegeben. Ob die Bundesrepublik, zumal die Bundesrepublik des Bundeskanzlers Willy Brandt, durch östliche Projekte eines gesamteuropäischen Sicherheitssystems versuchbar gewesen wäre, wissen wir nicht – sie wurde nicht in Versuchung geführt.

Zwei Jahre, von 1973 bis 1975, ist verhandelt worden, die schwierigen Vorgespräche nicht eingerechnet. Dabei hat das westliche Lager in ständiger Abstimmung und Koordination zu einer erstaunlichen, wohl auch die Sowjetunion überraschenden Geschlossenheit in der Strategie wie der Taktik des Verhandelns gefunden. Das war nicht selbstverständlich. Für den Erfolg, soweit davon gesprochen werden kann, war es entscheidend.

Das Verhandlungsziel der Sowjetunion war es, allgemeine Verhaltensregeln für die zwischenstaatlichen Beziehungen zu fixieren, die den Status quo festschreiben und ihre Hegemonialherrschaft über Ostmitteleuropa gegen »Einmischung« von außen absichern sollten. Daneben spielte ihr Interesse an wirtschaftlicher Zusammenarbeit mit dem Westen, am Zugang zu westlicher Technik eine Rolle. Auch dieser Zusammenarbeit sollte durch Grundsatzvereinbarungen der Weg geebnet werden.

Der Westen andererseits war daran interessiert, die Menschenrechtsthematik ins Spiel zu bringen, die Forderung nach Freizügigkeit, nach freiem Fluß der Informationen, nach geistigem Austausch – an jener »Einmischung« also, der der Osten gerade einen weiteren rechtlichen Riegel vorschieben wollte. Mit anderen Worten: Der Westen ging, nachdem er sich einmal auf das Konferenzprojekt eingelassen hatte, zu einer offensiven Strategie über, setzte der ganz auf Unbeweglichkeit und Bewahrung gerichteten Entspannungskonzeption der Sowjetunion eine eigene entgegen, die auf Bewegung und Veränderung zielte. Auszuhandeln war ein Kompromiß zwischen diesen beiden Positionen.

Man fand ihn schließlich. Daß man ihn fand, hat viel mit dem Charakter der Vereinbarung zu tun, um die es ging: Allgemeine Prinzipien sollten verkündet werden, die überwiegend zu Selbstverständlichem verpflichteten oder weit auslegbar waren, notfalls, so muß es der Osten gesehen haben, auch ignoriert werden konnten. Hinter solchen Prinzipien ließ sich in Formulierungen, mit denen beide Seiten leben konnten, eine ganze Menge an Dissens verstecken. Die konkreten Fragen der europäischen Sicherheit, die Probleme einer ausbalancierten Truppenreduzierung in Europa im besonderen, bei denen jede Meinungsverschiedenheit zu Ende diskutiert werden mußte, hat man ausgeklammert und nach Wien überwiesen. Dort hat man fast zwei Jahrzehnte, bis zum Ende des Ost-West-Konflikts, verhandelt, ohne sich von der Stelle zu bewegen. In Helsinki hingegen konnten die Staats- und Regierungschefs von 33 europäischen Staaten sowie der Präsident der USA und der kanadische Premierminister am 1. August 1975 eine gemeinsame Deklaration über Prinzipien europäischen Zusammenlebens unterzeichnen, dazu eine Vereinbarung über die »Zusam-

Helmut Schmidt spricht am 30. Juli 1975 vor der Konferenz für Sicherheit und Zusammenarbeit in Europa (KSZE), die sich zur feierlichen Unterzeichnung der Helsinki-Vereinbarungen in der finnischen Hauptstadt versammelt hat. Erich Honecker (erste Reihe ganz rechts) hört ihm zu.

Schmidt war wie Adenauer, Brandt und Kohl ein Kanzler, dem man weltweit zuhörte. Er hatte das Amt 1974 überraschend, aber wohlvorbereitet angetreten – er war ein sehr erfolgreicher Fraktionsvorsitzender, Verteidigungsminister, Wirtschafts- und Finanzminister gewesen.

Krisen waren das Signum seiner Kanzlerschaft: weltwirtschaftliche Turbulenzen, die Zuspitzung des Ost-West-Konflikts, der Angriff des Terrorismus.

menarbeit in den Bereichen der Wirtschaft, der Wissenschaft und der Technik sowie der Umwelt« und eine weitere Vereinbarung über »Zusammenarbeit in humanitären und anderen Bereichen«. Als die drei »Körbe« haben diese Texte der Diskussion zwischen Ost und West in der letzten Phase des Ost-West-Konflikts als wesentliche Bezugspunkte gedient.

Daß 1975 die letzte Phase des Ost-West-Konflikts begann, hat vermutlich keiner der Unterzeichner der Schlußakte von Helsinki geahnt. Seit man weiß, daß es so war, wird die Frage gestellt, was die Deklaration von Helsinki und der sogenannte Helsinki-Prozeß der Folgekonferenzen, den sie in Gang gesetzt hat, zum schließlichen Zusammenbruch der kommunistischen Diktaturen beigetragen haben. Niemand kann es mit Sicherheit sagen. Aber soviel ist unbestreitbar: Die Vereinbarungen von Helsinki haben Widerspruch in Osteuropa ermutigt, weil sie ihn legitimierten. Zwar hatten die Diktaturen, voran die Sowjetunion, erhalten, wonach sie verlangten: Unterschrift und Siegel für die Prinzipien der Unverletzlichkeit der Grenzen, der territorialen Integrität der Staaten, der Nichteinmischung in die inneren Angelegenheiten. Aber dafür hatten sie selbst anderes unterschrieben: Sie hatten sich in Helsinki auf Prinzipien verpflichtet, mit denen ihre Herrschaftspraxis ganz und gar unvereinbar war und die ihnen nun von Rechts wegen entgegengehalten werden konnten. »Die Teilnehmerstaaten werden die Menschenrechte und Grundfreiheiten einschließlich der Gedanken-, Gewissens-, Religions- oder Überzeugungsfreiheit für alle ohne Unterschied der Rasse, des Geschlechts, der Sprache oder der Religion achten«, heißt es im ersten Teil der Schlußakte.[107] Und gleich anschließend wird allen Völkern »jederzeit« das Recht zugesprochen, »in voller Freiheit, wann und wie sie es wünschen, ihren inneren und äußeren Status ohne äußere Einmischung zu bestimmen«. Dazu kamen die Verabredungen über einen freien Fluß der Informationen im dritten »Korb«.

Mit diesen Impulsen haben die Deklarationen von Helsinki tatsächlich eher auf Veränderung als auf Befestigung des Status quo hingewirkt – trotz aller Enttäuschungen, die der Westen gerade in der Spätzeit Breschnews mit ihnen erlebte. Und es mag durchaus sein, daß die Kremlherren sich, auf Helsinki zurückblickend, gelegentlich gefragt haben, ob der Preis, den sie für die eingehandelten Garantien zahlen mußten, nicht zu hoch gewesen sei. Daß sie ihn 1975 gezahlt haben, macht noch einmal sichtbar, wie wichtig ihnen diese Garantien waren.

Die Bundesrepublik hat in den Verhandlungen von Helsinki mehr als eine Nebenrolle gespielt. Dabei ist das besondere Profil der neuen, in den Ostverträgen wurzelnden westdeutschen Entspannungspolitik bereits deutlich erkennbar. Die Bundesrepublik wollte entschieden den Erfolg der Konferenz und hat ihren Beitrag dazu geleistet. Zu denen im Kreis der westlichen Staaten, die – wie etwa die Niederlande – auf der Menschenrechtsthematik mit Nachdruck bestanden, hat sie nicht gehört. Sie war daran interessiert, daß Vereinbarungen mit der anderen Seite zustande kamen, und das heißt auch daran, die Machthaber, mit denen solche Vereinbarungen auszuhandeln waren, möglichst nicht zu provozieren, mit einer Forcierung der Menschenrechtsfrage zum Beispiel. Die Vereinbarungen sollten freilich gerade nicht der bloßen Festschreibung der bestehenden Verhältnisse dienen, sondern ihrer allmählichen Auflockerung, um mit der Last der Teilung einigermaßen leben zu können. Zudem hat die westdeutsche Politik darauf geachtet, den durch die Moskauer Verhandlungen hindurchgeretteten Rest ihres Status-quo-Vorbehaltes – eine friedliche, einvernehmliche Aufhebung der deutschen Teilung müsse möglich bleiben, *peaceful change* hieß das Wort, auf das es für sie ankam – unbeschädigt zu bewahren; auch darauf – wie in allen Phasen des Ost-West-Konflikts –, nicht durch Abmachungen, die nur auf Mitteleuropa zielten, in einen Sonderstatus hineinmanövriert zu werden. Schließlich – aber in gewissem Sinn zuerst – hat sie ihre Bündnisgebundenheit und Bündnistreue sehr sichtbar demonstriert. Daran, daß das westliche Bündnis in Helsinki tatsächlich als Bündnis, einer gemeinsamen Strategie folgend, agierte, hat die Bundesrepublik mit Eifer, auch mit Erfolg mitgewirkt. Nachdem die Ostverträge unter Dach und Fach waren, lag es in ihrem Interesse, Entspannungspolitik multilateral, im Bündniskontext zu treiben.

Das gilt nicht nur für die Verhandlungen, die zur Schlußakte von Helsinki führten. Es gilt auch für den politischen Prozeß, der von der Helsinki-Deklaration ausging. Tatsächlich liegt die Bedeutung der Konferenz von Helsinki ja nicht nur in dem Text, den sie verabschiedet hat, sondern eben auch darin, daß sie einen institutionalisierten Ost-West-Dialog in Gang brachte. Die »Konferenz für Sicherheit und Zusammenarbeit in Europa« wurde, in immer neuen Folgekonferenzen fortgeführt, zu einem Dauerforum west-östlichen Gesprächs, eines zumeist sehr streitigen Gesprächs, aber doch immerhin eines Gesprächs.

Hans-Dietrich Genscher, der 1974, im zweiten Jahr der Helsinki-Verhandlungen, als Nachfolger Walter Scheels Außenminister wurde und es dann bis 1992 blieb, hat im Rückblick die beharrliche Förderung des KSZE-Prozesses als den Kern der außenpolitischen Strategie der Bundesrepublik in den letzten anderthalb Jahrzehnten des Ost-West-Konflikts beschrieben.[108] Sich selbst jedenfalls hat er damit sicher richtig charakterisiert. Er war einer der Motoren des Prozesses. Der Hauptgedanke seiner KSZE-Strategie war es, »West und Ost in einem immer engeren Beziehungsnetz zu verknüpfen«, von den Städtepartnerschaften über den Sport bis zum Wissenschaftleraustausch, die geschlossenen Systeme des Ostens in diesen Verflechtungen gleichsam sanft, aber unwiderstehlich westlichem Einfluß zu öffnen und eben dadurch langsam zu verwandeln.

»Wandel durch Verflechtung« – wenn man es auf diese Formel bringt, wird eine gewisse Nähe zu Bahrs – für die besonderen deutschen Gegebenheiten gedachtem – »Wandel durch Annäherung« sichtbar, aber doch mit dem wichtigen Unterschied, daß die westliche Allianz als Handlungsrahmen bundesrepublikanischer Außenpolitik für Genscher einen ganz anderen Grad an Selbstverständlichkeit hatte als für Bahr. Gleichwohl harmonierten der amerikanische und der deutsche »KSZE-Stil« nicht sehr miteinander – hier eine starke Betonung der Menschenrechtsthematik ohne Scheu vor Konfrontation, dort vor allem die Bemühung, das Kooperationsnetz dichter und dichter zu flechten und Konfrontationen möglichst zu vermeiden.

Welche Strategie mehr dazu beigetragen hat, daß es am Ende im Osten wirklich Wandel gab, ist nicht zu entscheiden. Wahrscheinlich war der Einfluß des Westens auf die Entwicklungen im Osten überhaupt begrenzter, als es die Akteure auf westlicher Seite glauben möchten. Es führt kein gerader Weg von den Helsinki-Vereinbarungen zur Pariser Deklaration vom November 1990, in der Ost und West schließlich zusammenfanden. Dazwischen liegt eine Revolution. Die Dialogstrategien des Westens haben an dieser Revolution vermutlich ihren Anteil, aber sie haben sie sicher nicht gemacht.

Übrigens ist Helsinki zwar nicht *der*, aber doch ein Ausgangspunkt auch für die deutsch-deutschen Verflechtungsentwicklungen geworden. In einer Art von Symbolik des Zufalls setzte das französische Staatenalphabet bei der feierlichen Unterzeichnung der Schlußakte von Helsinki Helmut Schmidt und Erich Honecker nebeneinander. Zum ersten Mal trafen hier der erste Politiker des einen mit dem ersten Politiker des anderen Deutschlands zusammen. »Bei der feierlichen Eröffnung der Plenarsitzung durch Präsident Kekkonen, am 30. Juli«, schreibt Helmut Schmidt in seinen Erinnerungen, »gingen wir freundlich aufeinander zu.«[109] Jene eigentümliche, gespannte, aus gegensätzlichen Interessen entspringende Intimität des politischen Umgangs miteinander, die für die letzten anderthalb Jahrzehnte der deutsch-deutschen Beziehungen charakteristisch wurde, begann hier.

In Helsinki ist über Abrüstung und Rüstungskontrolle kaum gesprochen worden. Erst diese Beschränkung – genauer das Abschieben der Thematik auf andere Foren – hat die Schlußakte möglich gemacht. Das heißt nicht, daß das Rüstungsthema im Ost-West-Konflikt an Bedeutung verloren hätte, im Gegenteil: Es hat die siebziger und achtziger Jahre beherrscht. Gerade in der Schlußphase des Ost-West-Konflikts ist noch einmal ganz deutlich geworden, wie sehr die Dynamik des Wettrüstens diesen Konflikt bestimmt hat; wie sehr, so kann man es auch sagen, das schweigende Gegeneinander der in ständiger technischer Fortentwicklung begriffenen Waffenpotentiale bis fast zum Ende der dominierende Konfliktmodus blieb. Für die Bundesrepublik hieß das: Es wurde ihr in dieser letzten Konfliktphase außerordentlich schwergemacht, ihre alten Sicherheitsinteressen und ihre neuen Entspannungsinteressen auszubalancieren. Aber zuerst muß auch hier von den Großmächten die Rede sein.

Seit sie am Abgrund gestanden hatten, seit der Kubakrise vom Herbst 1962 also, wußten die USA und die Sowjetunion, daß das elementare Interesse zu überleben ein gemeinsames Interesse war. Es machte ein Minimum an Kooperation unabweisbar. Die Verträge über die Einstellung von Atomwaffentests und über die Nichtverbreitung von Atomwaffen waren die ersten Schritte aus der puren Konfrontation heraus gewesen. Die Verstrickung der Amerikaner in den Vietnamkrieg und die Schüsse an der russisch-chinesischen Grenze waren in den späten sechziger Jahren als Motive, aufeinander zuzugehen, zusätzlich ins Spiel gekommen.

Von Anfang der siebziger Jahre an intensivierten sich die Bemühungen um eine vertragliche Sicherung strategischer Stabilität, nicht zuletzt unter dem Einfluß Henry Kissingers, des Sicherheitsberaters von Präsident Nixon, der – in den Traditionen europäischer Gleichgewichtspolitik intellektuell zu Hause – den Plan verfolgte, die Sowjetunion in ein die weltpolitische Balance sicherndes Regelsystem einzubinden. 1972 wurde der SALT-I-Vertrag geschlossen, in dem vereinbart wurde, mit der strategischen Nuklearrüstung zunächst einmal auf dem erreichten Niveau stehenzubleiben. Dazu ein Vertrag, in dem beide Seiten auf den Aufbau von Raketenabwehrsystemen weitgehend verzichteten. Er sollte jene Schreckensstabilität bewahren helfen, die auf der in den sechziger Jahren erreichten gesicherten Fähigkeit beider Seiten, auch nach einem atomaren Angriff des Gegners noch tödlich zurückzuschlagen, beruhte. 1973 folgte ein – freilich eher deklaratorischer – Vertrag zur Verhinderung des Atomkrieges, 1979 nach mühevollen Verhandlungen der zweite SALT-Vertrag, in dem definitive Höchstgrenzen für die strategischen Kernwaffen vereinbart wurden. Er trat freilich im Schatten des sowjetischen Einmarsches nach Afghanistan nicht mehr in Kraft, wie denn überhaupt das sowjetisch-amerikanische Verhältnis sich in der zweiten Hälfte der siebziger Jahre immer stärker und schließlich dramatisch eingetrübt hat. Rüstungskontrollpolitik vermochte sich offenbar die Voraussetzungen, unter denen sie fortschreiten konnte, nicht selbst zu schaffen.

Es liegt auf der Hand, daß die europäischen Bundesgenossen von allem, was die Amerikaner mit den Russen aushandelten oder auch nicht aushandelten, aufs stärkste betroffen waren. Immer ging es ja auch um ihre Sicherheit, ohne daß sie Einfluß auf den Gang der Verhandlungen nehmen konnten oder gar an ihnen beteiligt gewesen wären. In der Zweiklassenstruktur des atlantischen Bündnisses, die hier wieder einmal deutlich sichtbar wird, war der Platz der Bundesrepublik der heikelste. Sie stellte dem Bündnis die stärksten, dazu vollständig integrierten konventionellen Streitkräfte, sie beherbergte den größten Teil der europäischen Streitmacht des Bündnisses, sie würde, wenn es denn zum Krieg kam, der Hauptkriegsschauplatz sein – und hatte doch auf die Entscheidungen der großen interkontinentalen Nuklearstrategie so gut wie keinen Einfluß.

So stellten sich alle Fragen, mit denen die amerikanisch-sowjetischen Verhandlungen über eine vereinbarte nukleare strategische Parität die Europäer konfrontierten, Bonn mit besonderer Schärfe. Mußte die amerikanische Nukleargarantie, die ja die Zusage des Einsatzes strategischer Waffen einschloß, nicht den letzten Rest an Glaubwürdigkeit verlieren, wenn Parität zwischen den beiden großen Mächten dauerhaft vertraglich festgeschrieben wurde? Was waren die Folgen für das Bündnis, wenn eine glaubwürdige amerikanische Abschreckungsdrohung zugunsten Westeuropas auf der strategischen Ebene nicht länger möglich war? Was bedeutete es, daß die amerikanisch-sowjetischen Vereinbarungen die Mittelstreckensysteme ausklammerten? Was diesen Fragen aber erst ihre eigentliche Brisanz gab, waren die recht eindeutigen Anzeichen dafür, daß die Sowjetunion gleichsam im Windschatten der SALT-Verhandlungen die Angriffsstärke ihrer Streitkräfte forciert steigerte. Die Besorgnisse der Experten – noch gab es kaum öffentliche Aufmerksamkeit für das Thema – galten vor allem der Dislozierung einer neuen Mittelstreckenrakete, der SS 20, die jedes Ziel in Westeuropa mit hoher Treffgenauigkeit erreichen konnte. Die Sowjetunion nutzte dabei einen Freiraum, den ihr die SALT-I-Vereinbarungen wie die SALT-II-Verhandlungen ließen.

Einer von denen, die diese Entwicklung beunruhigte, war Helmut Schmidt, als Verteidigungsminister der Jahre 1969 bis 1972 wie kein Bundeskanzler vor ihm oder nach ihm auf dem sicherheitspolitischen Terrain zu Hause. Ausgehandelte Paritäten bei den strategischen Nuklearwaffen, Asymmetrien bei den konventionellen Streitkräften zu Lasten des Westens ohne Aussicht auf Fortschritte bei den 1973 aufgenommenen Wiener Verhandlungen über einen Truppenabbau im mitteleuropäischen Raum, freie Hand für Moskau bei den Raketen des europäischen Schauplatzes: Mußte das nicht zu einer gefährlichen Störung der Kräftebalance zwischen Ost und West führen? In Schmidts eigenen Worten: »Eine auf die Weltmächte USA und Sowjetunion begrenzte strategische Rüstungsbeschränkung muß das Sicherheitsbedürfnis der westeuropäischen Bündnispartner gegenüber der in Europa militärisch überlegenen Sowjetunion beeinträchtigen, wenn es nicht gelingt, die in Europa bestehenden Disparitäten parallel zu den SALT-Verhandlungen abzubauen.«[110] Helmut Schmidts Schlußfolgerungen faßten beide Wege ins Auge: den mit der Sowjetunion auszuhandelnden Abbau der Disparitäten – Schmidt dachte dabei nicht zuletzt an die Wiener Verhandlungen –, aber auch nachholende Aufrüstung, wenn anders das Gleichgewichtsziel nicht zu erreichen sein würde.[111]

Er habe, so schrieb er rückblickend, mit diesem Problem beiden Weltmächten in den Ohren gelegen, ohne wirklich Gehör zu finden.[112] Moskau ließ sich in der Tat nicht beirren. Im westlichen Bündnis hingegen hat Schmidt maßgeblich auf den Gang der Dinge Einfluß genommen. Man hat den Vortrag, den er im Oktober 1977 vor dem Londoner Institute for Strategic Studies hielt – es war der düstere Herbst des Terrors in Deutschland –, oft als das Signal gewertet, das die Aufmerksamkeit des Bündnisses auf die Probleme wachsenden Ungleichgewichtes gelenkt habe. Richtiger ist es wohl zu sagen, er habe einer Diskussion, die in den Gremien des Bündnisses schon im Gange war, wenn auch nicht auf das Problem der Mittelstreckenraketen fixiert, einen starken Impuls gegeben und die Richtung, in der sie sich entwickelte, mitbestimmt.

Besonders in Washington nahm man Schmidts Mahnung deutlich wahr, in den Verhandlungen mit Moskau über der strategischen Balance zwischen den beiden Großmächten nicht die von den konventionellen Streitkräften und den nuklearen Waffen kürzerer Reichweiten bestimmte europäische Balance zu vergessen. Aber die USA führten das Thema nicht in die SALT-II-Gespräche ein, um deren Erfolgschancen nicht zu mindern. Sie boten statt dessen die Stationierung von Mittelstreckenraketen in Westeuropa an.

So kam es nach dem Zwischenschritt eines westlichen Vierergipfels auf Guadeloupe im Januar 1979 zu dem so folgenreichen Doppelbeschluß des NATO-Ministerrates vom Dezember 1979. Er kündigte die Stationierung von Raketen und Marschflugkörpern von mittlerer Reichweite in Westeuropa an, Waffensysteme, die die Sowjetunion erreichen konnten, und schlug der Sowjetunion zugleich Verhandlungen vor, die ihr die Chance geben sollten, doch noch einzulenken. An den ebenso intensiven wie komplizierten Gesprächen im Bündnis, die dem Beschluß vorausgingen – mit den USA, der Bundesrepublik und Großbritannien als Hauptakteuren –, lassen sich die Schwierigkeiten und die Möglichkeiten, in dieser nicht hegemonial geführten Allianz von Demokratien mit ihren großen Ungleichgewichten, ihren transatlantischen Interessengegensätzen, ihrem gleichwohl soliden Willen zum Zusammenhalt zu gemeinsamen Entscheidungen zu gelangen, exemplarisch ablesen.[113]

Wichtiger als das ganze Spinnengewebe strategischer Argumente, von denen im Grunde niemand sagen konnte, wieviel sie mit der Wirklichkeit des Abschreckungsfriedens und des Atomkrieges zu tun hatten, waren die Interessenlagen. Sie sind einfach zu beschreiben. Für die USA hatten die SALT-Verhandlungen, in denen es unmittelbar um ihre eigene Sicherheit ging, Priorität – erst nach ihrem Abschluß gaben sie den Weg frei für den Nachrüstungsbeschluß. Ihr Interesse war, wie in allen Bündnisdisputen seit Anfang der sechziger Jahre, auf eine strategische Konzeption gerichtet, die das Eskalationsrisiko im Ernstfall minimierte, zugleich aber auch auf den Zusammenhalt des Bündnisses, und das gab den Sicherheitsbelangen der europäischen Verbündeten, zumal der Bundesrepublik, Gewicht. Für die Bundesrepublik auf der anderen Seite wie für alle Europäer war die europäische, insbesondere die mitteleuropäische Balance genauso wichtig wie die globale. Es galt, sie nach Möglichkeit nicht durch Auf-, sondern durch Abrüstung zu erreichen, jedenfalls aber westeuropäische und amerikanische Sicherheit in engster Verknüpfung zu halten.

Auf beiden Seiten hat im übrigen eine schmerzhafte Erfahrung der Jahre 1977/78 eine Rolle gespielt: die Erinnerung an die kurzen, spukhaften Diskussionen über die sogenannte Neutronenbombe, die nichts als erhebliche Irritationen hinterlassen hatten.[114] Washington zog aus dieser Erfahrung die Lehre, es müsse mehr Führungswillen zeigen und sichtbar etwas für das europäische Sicherheitsbedürfnis tun. Das führte zum Stationierungsangebot. In Bonn hingegen hatte die Regierung sich vor allem gemerkt, daß sie eine hohe, dazu moralisch aufgeladene Nervosität der Öffentlichkeit in Sachen atomarer Waffen in Rechnung zu stellen habe. Das bedeutete: Stationierung nur als letzte Möglichkeit.

Zieht man all das in Betracht, so erscheint der Doppelbeschluß als eine für das Bündnis durchaus rationale Entscheidung. Tatsächlich war er ein eher labiler Kompromiß: labil, weil die beiden Elemente des Beschlusses auf beiden Seiten des Atlantik unterschiedlich gewichtet wurden – die USA, die die geplanten SALT-III-Verhandlungen mit der Sowjetunion führen würden, waren stärker an der Nachrüstung interessiert, die Deutschen, auch die übrigen betroffenen Europäer, wünschten den Vorrang der Verhandlungen; labil auch, weil sich die neuen eurostrategischen Waffen genausogut als ein Faktor der Verkoppelung wie als ein Faktor der Entkoppelung Europas und Amerikas deuten ließen, in der Nachrüstungsdiskussion dann auch so gedeutet worden sind; labil schließlich, weil die in Bonn regierenden Sozialdemokraten mit sich selbst nicht eins waren. Denen, für die beide Teile des Beschlusses galten, standen diejenigen gegenüber, die, auf Entspannung um nahezu jeden Preis fixiert, im Grunde nur die Verhandlungen, nicht aber die Nachrüstung wollten.

Nur mit beträchtlichen Anstrengungen gelang es dem Bundeskanzler, jedenfalls zunächst einmal, seine Partei auf den Doppelbeschluß festzulegen. Er mußte die Verhandlungskomponente ganz in den Vordergrund schieben. Auch die Bedingungen, an die die Bundesregierung ihre Zustimmung zum Doppelbeschluß knüpfte, zeigen die Tendenz, sich möglichst wenig zu exponieren: die NATO müsse einstimmig entscheiden; die Bundesrepublik dürfe nicht das einzige Stationierungsland sein; die Initiative müsse bei den USA liegen; dazu kam der Verzicht auf ein Mitentscheidungsrecht der Bundesrepublik bei den Einsatzentscheidungen. Eine Neigung, den der Bundesrepublik verpflichtend auferlegten Status minor einer nichtnuklearen Macht zum Privileg umzudeuten, bestimmte Verantwortungen nicht übernehmen zu müssen, wird hier sichtbar. Der sicherheitspolitische Konsens in der Bundesrepublik begann, das ist unübersehbar, sich nach zwanzig Jahren der Stabilität aufzulösen. Die Bündnisfähigkeit der Bundesrepublik in einer auf das Prinzip der nuklearen Abschreckung gegründeten Allianz war in Gefahr.

V.

Der Bericht über den Doppelbeschluß hat, jedenfalls andeutungsweise, sichtbar gemacht: Die Jahre um 1980 waren im deutsch-amerikanischen Verhältnis nicht die einfachsten. Tatsächlich hat es in den vier Jahrzehnten zwischen 1949 und 1990 keine schwierigeren gegeben. Nicht daß es in den Beziehungen zwischen Bonn und Washington nur ausnahms-

Helmut Schmidt war ein Kanzler der gern dozierte. Damit stieß er nicht überall auf Gegenliebe. Daß die deutsch-amerikanischen Beziehungen sich in den späten sechziger Jahren vorübergehend eintrübten, war nicht nur der veränderten weltpolitischen Lage zuzuschreiben. Es hatte auch etwas mit den Charakteren der Kontrahenten Schmidt und Carter zu tun.

weise Trübungen gegeben hätte, eher umgekehrt: Sie sind selten ganz spannungsfrei gewesen. Die Harmonie des Anfangs war die Harmonie eines ganz bestimmten geschichtlichen Augenblicks. Von 1958 an warf der sowjetische Druck auf Berlin ziemlich tiefe Schatten auf das Verhältnis zwischen Bonn und Washington. In den sechziger Jahren waren anfangs die deutsch-französische Annäherung, gipfelnd im Élysée-Vertrag, dann die hartnäckigen amerikanischen Forderungen nach Devisenausgleichszahlungen für die in Deutschland stationierten Streitkräfte und der Nichtverbreitungsvertrag kritische Themen. In den frühen siebziger Jahren verfolgte man von Washington aus die Brandtsche Ostpolitik mit einem gewissen – freilich sorgfältig im Zaum gehaltenen – Mißtrauen. Auch die Turbulenzen der ersten Ölkrise in den Jahren 1973/74 brachten Belastungen mit sich. Immer gelang es jedoch, dramatische Zuspitzungen zu vermeiden. Zu gut wußte man auf deutscher Seite, daß das Verhältnis der Bundesrepublik zu ihrer Schutzmacht jenseits des Atlantiks vor jedem ernsthaften Schaden bewahrt werden müsse. Zu gut wußte auch die amerikanische Seite, daß die Bundesrepublik der wichtigste westeuropäische Bundesgenosse war und blieb. Diese Einsichten sind natürlich auch in der Eskalation der Verärgerung nicht verlorengegangen, zu der es in den schwierigen Jahren um 1980 kam. Eine kurze Phase starker und bedenklicher Entfremdung haben sie aber nicht verhindern können.

Einfach ist der Umgang mit der amerikanischen Führungsmacht für ihre Partner, übrigens auch für ihre Gegner, schon deshalb nicht, weil es in der amerikanischen Außenpolitik, strukturbedingt, immer wieder zu schwer kalkulierbaren Richtungsschwankungen kommt. Das hängt mit der Präsidialverfassung ebenso wie mit der starken Bindung des Kongresses an die Interessen und Stimmungen in den Wahlkreisen zusammen. Die siebziger Jahre sind eine Periode besonderer Unstetigkeit der amerikanischen Politik gewesen, Unstetigkeit vor allem des amerikanischen Kurses im Ost-West-Konflikt, auf einem aus europäischer Sicht besonders sensiblen Felde also. Den um Stabilisierung der Ost-West-Beziehungen bemühten Gleichgewichtspolitikern Nixon und Kissinger folgte das Gespann Carter/Brzezinski, das einerseits mit seiner Menschenrechtsprogrammatik auf Kollisionskurs ging, andererseits aber in der Rüstungskontrollpolitik – genauer im SALT-II-Abkommen – der Sowjetunion ziemlich weit entgegenkam, ohne auf die spezifisch europäischen Sicherheitsinteressen sonderlich Rücksicht zu nehmen. Carter wiederum mußte nach vier Jahren Reagan weichen, der mit der Formel vom »Reich des Bösen« jede Entspannungspolitik prinzipiell zu verwerfen schien. Für keinen der europäischen Bundesgenossen war dieser Mangel an verläßlicher Stetigkeit irritierender als für die Bundesrepublik.

Aber er allein erklärt die Krise in den deutsch-amerikanischen Beziehungen noch nicht. Für sie sind ein persönliches und ein sachliches Moment verantwortlich. Nie war die menschliche Distanz zwischen dem amerikanischen Präsidenten und dem deutschen Bundeskanzler so groß wie zu Zeiten Helmut Schmidts und Jimmy Carters, der das Präsidentenamt von 1977 bis 1981 innehatte – das ist das persönliche Moment. Nie war die Einschätzung der Sowjetunion, nie war die westliche Strategie im Ost-West-Konflikt zwischen Bonn und Washington so umstritten wie zwischen 1979 und 1982, im letzten Carter-Jahr und dann in den ersten Reagan-Jahren, als die amerikanische Ostpolitik einer prinzipiell neuen Logik zu folgen schien – das ist das sachliche Moment.

Wie Helmut Schmidt und Jimmy Carter einander einschätzten, kann man in ihren Erinnerungen nachlesen. Das Carter-Kapitel in Helmut Schmidts »Menschen und Mächte« ist überschrieben »Idealismus und Wankelmut«. Die Rede ist dann mehr vom Wankelmut als vom Idealismus. In Carters Erinnerungen heißt es über ein Streitgespräch mit Helmut Schmidt am Rand des Weltwirtschaftsgipfels von Venedig im Juni 1980: » This discussion in Venice was the most unpleasant personal exchange I ever had with a foreign leader.«[115] Daß die beiden einander nur schwer ertrugen, war auch damals schon kein Geheimnis. Helmut Schmidt, der das Selbstbewußtsein eines erwachsen gewordenen, erfolgreichen Gemeinwesens auf eine gelegentlich etwas irritierende Weise verkörperte, hielt Carter nicht nur für inkompetent und führungsschwach, er ließ es ihn auch spüren. Für Carter wiederum war Schmidt ein arroganter, zuweilen grober Besserwisser, der für die Probleme des Partners nicht allzuviel Verständnis aufbrachte. Allen Meinungsverschiedenheiten in der Sache gab diese mühsam gezügelte persönliche Antipathie ihre besondere Färbung, ob man über die Weltkonjunktur, die Neutronenwaffe oder den Verkauf von Kernkraftwerken nach Brasilien[116] stritt – keine glückliche Konstellation in Zeiten, die ohnehin schwierig waren. Der Bundeskanzler wäre klug beraten gewesen, es nicht dahin kommen zu lassen.

Schwierig waren die Zeiten vor allem, und damit kommt das sachliche Moment der Krise in den Blick, weil die USA und die Sowjetunion von Mitte der siebziger Jahre an in eine Konfrontation hineintrieben, die nach der europäischen, ganz besonders aber der deutschen Interessenlage alles andere als willkommen war. Zwei Ereignisse sind von herausragender Bedeutung für diese Entwicklung: der Einmarsch der Sowjetunion ins benachbarte Afghanistan am 27. Dezember 1979 und die Verhängung des Kriegsrechtes im unruhigen Polen am 13. Dezember 1981 – tiefe Schocks für eine Welt, die auf Entspannung hoffte und an die Möglichkeit von Entspannung glauben wollte, Herausforderungen aber eben auch, die sich aus amerikanischer und aus europäischer Sicht unterschiedlich ausnahmen.

Für die USA, enttäuscht von der Sowjetunion schon seit dem Nahostkrieg 1973, beunruhigt durch sowjetische Einflußgewinne in Afrika in den siebziger Jahren, war mit der Intervention in Afghanistan der Beweis erbracht, daß Moskau hinter einem Schirm von Entspannungsgerede zielstrebig expansive Machtpolitik betrieb. Es war an der Zeit, so der Schluß, ihr entschlossen entgegenzutreten. Allzu hoch war der Preis der Härte für die USA ja auch nicht. Für den SALT-II-Vertrag gab es nach dem 27. Dezember 1979 im Senat ohnehin keine Ratifizierungschancen mehr. Für Westeuropa stand anderes auf dem Spiel. Die Westeuropäer hatten, wie sich nun zeigte, ein viel existentielleres Interesse an Entspannung. Sie wollten – nicht einmütig, aber doch überwiegend – von der Entspannungspolitik retten, was zu retten war, das Gespräch – und das Geschäft – mit der Sowjetunion fortsetzen, sich nicht in einen Kurs totaler Konfrontation hineinziehen lassen. Sie proklamierten die »Teilbarkeit der Entspannung«, das heißt den Nutzen regionaler Entspannungspolitik.

Das alles gilt in besonderer Weise für die westdeutsche Politik. Es war nichts weniger als ein Zufall, daß Bundeskanzler Schmidt als erster westlicher Regierungschef nach dem Einmarsch in Afghanistan in Moskau Besuch machte; auch nicht, daß Schmidt auf die Verhängung des Kriegsrechts in Polen im Dezember 1981 – sie überraschte ihn bei seinem offiziellen DDR-Besuch – viel zurückhaltender reagierte als die Regierungen in Washington und in London. Für die Bundesrepublik mit ihren deutsch-deutschen Belangen hatte Entspannung und mithin die »Teilbarkeit« der Entspannung eine konkretere Bedeutung als für jeden anderen westlichen Staat. Sie mußte zudem, auf den Nachrüstungsbeschluß der NATO verpflichtet, in die größten Schwierigkeiten kommen, wenn die Rüstungskontrollverhandlungen in Genf und Wien nicht mit dem Willen zum Erfolg fortgeführt wurden. Und die von den USA mit Vehemenz geforderten Wirtschaftssanktionen wären sie am teuersten zu stehen gekommen. Die Bundesrepublik stieß deshalb mit Washington, zunächst dem Washington Carters, dann dem Reagans, am heftigsten zusammen. Zwar fügte sich Bonn – anders als London oder Paris – der amerikanischen Aufforderung, die Moskauer Olympischen Spiele des Jahres 1980 zu boykottieren. Aber das Drängen Washingtons, gemeinsame Wirtschaftssanktionen gegen die Sowjetunion zu verhängen, führte zu einem Streit von außerordentlicher Schärfe. Konkret ging es – wieder einmal – vor allem um ein von westlichen Banken kreditiertes Großgeschäft »Erdgas gegen Röhren« zwischen der Sowjetunion und Westeuropa. Es kam 1981 gegen harten amerikanischen Widerstand tatsächlich zustande.

Bonn sah sich in diesem Konflikt mit dem großen Protektor aber nicht nur als europäische Macht mit eigener Staatsräson. Es sah sich auch in der Rolle des verantwortungsbewußten Mahners zur Vernunft in kritischer Stunde, als Dolmetscher zwischen zwei »neurotischen Riesen« (Peter Bender). Das war etwas zu einfach und etwas zu selbstgefällig. Die beiden neurotischen Riesen legten auch keinen sonderlichen Wert auf einen deutschen Dolmetscher. Wenn Helmut Schmidt warnend an die Lehren von 1914 erinnerte, so traf er damit die Wirklichkeit der Jahre 1980 bis 1982 gewiß nicht besser als die Amerikaner, die die Lehren von München beschworen.

Nicht Vernunft und Unvernunft standen gegeneinander, sondern zuerst und vor allem unterschiedliche Interessenlagen. Für eine Macht mit sehr besonderen regionalen Interessen, für Westdeutschland mit seinem stets gefährdeten Versuch, die Teilung erträglicher zu machen, war der Nutzen regionaler Entspannungspolitik evident, für eine Macht mit globalen Interessen und Verantwortlichkeiten nach dem 27. Dezember 1979 sehr viel weniger. Die westliche Führungsmacht mußte sich durch die sowjetische Intervention in Afghanistan anders herausgefordert fühlen als eine europäische Regionalmacht, mußte die Frage nach den Fernzielen der Gegenmacht ernster nehmen. Daß die sprunghaften amerikanischen Reaktionen alles andere als strategisch durchdacht, jedenfalls nicht mit den europäischen Bundesgenossen abgestimmt waren, im Wahljahr 1980 wohl auch zu einem guten Teil für den amerikanischen Wähler bestimmt, steht auf einem anderen Blatt. Insoweit gab es gute Gründe für europäische Kritik.

Von langer Dauer war die Krise glücklicherweise nicht. Daß das deutsch-amerikanische Verhältnis sich im Laufe der achtziger Jahre wieder entkrampfte, hat viel mit dem Bonner Regierungswechsel vom Herbst 1982 zu tun, aber auch mit Kurskorrekturen in Washington, zumal in der zweiten Amtsperiode Reagans. Am meisten hat zu dieser Entwicklung ganz sicher die Standfestigkeit der Regierung Kohl/Genscher in Sachen Nachrüstung beigetragen. Wäre, bei anderen Mehrheitsverhältnissen, die Ausführung des Nachrüstungsbeschlusses an der Bundesrepublik gescheitert, so wäre die deutsch-amerikanische Allianz tatsächlich in ernsthafte Gefahr geraten. Auch so legt die Krise der Jahre 1977 bis 1982 die Vermutung nahe, daß das spezifische regionale Entspannungsinteresse der Bundesrepublik und mehr wohl noch eine um sich greifende westdeutsche Weigerung, den Ost-West-Konflikt länger als Konflikt zu begreifen, bei fortdauerndem Gegensatz zwischen Ost und West zu wachsenden Verständigungsschwierigkeiten im Bündnis geführt hätte.

8. Das letzte Jahrzehnt

I.

Für die Außenpolitik des westdeutschen Staates ist ein hohes Maß an Stetigkeit charakteristisch – und dies, obwohl die grundlegenden Weichenstellungen heftig umstritten waren. So wie die Sozialdemokratie sich vom Ende der fünfziger Jahre an mit der Westintegration aussöhnte, der sie sich um der Einheit willen zunächst entgegengestemmt hatte, söhnte sich die CDU/CSU in den siebziger Jahren mit der Ostpolitik aus, die sie anfänglich um der Einheit willen erbittert bekämpft hatte. Hier wie dort war es mehr als nur Resignation gegenüber dem Unabänderlichen. Es war auch Einsicht in Notwendigkeiten. Deshalb sind aus den Zäsuren der Regierungswechsel von 1969 und 1982 keine außenpolitischen Kontinuitätsbrüche geworden. Nicht daß Lernprozesse auf beiden Seiten alle Differenzen eingeebnet hätten: Das Verhältnis der SPD zum Sicherheitsbündnis, zur NATO, blieb immer distanzierter als das der CDU/CSU; und die CDU/CSU hat sich im Umgang mit dem Osten nie den Entspannungsenthusiasmus der SPD zu eigen gemacht. Aber im wesentlichen hat die SPD das Adenauersche Erbe 1969 angenommen, nicht anders die CDU/CSU 1982 das Erbe Brandts.

Dazu hat jedenfalls 1982 die eigentümliche Koalitionsmechanik der westdeutschen Politik wesentlich beigetragen. Die F.D.P. blieb ja nicht nur, von einem Parteienbündnis ins andere überwechselnd, Regierungspartei, sie behielt auch, ihre Rolle als Garantin der Kontinuität ausdrücklich betonend, das Auswärtige Amt in der Hand. Hans-Dietrich Genscher war der Außenminister Helmut Schmidts wie Helmut Kohls. Er hat die Außenpolitik des westdeutschen Staates länger als irgendein anderer Politiker, länger selbst als Adenauer, bestimmt: von 1974 bis zur Vereinigung und darüber hinaus, unvergleichlich erfahren am Ende, ein Meister im Taktischen,[117] in seinem Verständnis des KSZE-Prozesses wohl auch ein Stratege; in den Hauptstädten der Welt respektiert, in Deutschland seines Entspannungseifers wegen ein ungemein populärer Politiker, von den westlichen Partnern aus dem gleichen Grund gelegentlich etwas mißtrauisch beobachtet; in der Summe bei aller Könnerschaft aber doch kein Außenpolitiker von der Souveränität Adenauers, Brandts, Schmidts, weil ihm, dem Vorsitzenden der kleinen, nach beiden Seiten hin offenen und stets gefährdeten dritten Partei – er war es von 1974 bis 1985 –, Außenpolitik immer auch eine Sache des parteitaktischen Kalküls war, vielleicht sein mußte.

Kontinuität ist freilich nur die eine Seite der Medaille. Die Mehrheitswechsel von 1969 und 1982 haben – auf dem Fundament der Kontinuität – natürlich auch außenpolitische Kursänderungen bewirkt. 1969 wollte eine neue Mehrheit eine neue Politik machen. Und sie hat sie gemacht. Für 1982 gilt das in einem anderen, sehr viel weniger ostentativen Sinn: Es war Zeit, den Kurs zu korrigieren, und zwar gerade, um ihn zu halten – Kurswechsel zum

Zweck der Bewahrung von Kontinuität. Der Verfall der deutsch-amerikanischen Beziehungen mußte aufgehalten werden. Die Europapolitik bedurfte frischer Impulse. Die Balance zwischen Entspannungsbemühungen und Sicherheitspolitik war neu zu stabilisieren. Die dritte Aufgabe war die vordringlichste.

Der leidenschaftliche Streit um die Nachrüstung, genauer um den Doppelbeschluß der NATO vom Dezember 1979, der von 1980 an für ein paar Jahre das politische Leben der Bundesrepublik bestimmte, steht in der Geschichte des westdeutschen Staates einzig da. Die Auseinandersetzung um die ersten, entscheidenden Schritte der Westintegration in den frühen fünfziger Jahren war zwischen Regierung und Opposition ausgetragen worden, im wesentlichen in der parlamentarischen Arena. Bei aller Heftigkeit war die öffentliche Resonanz begrenzt geblieben, selbst beim Thema Wiederbewaffnung. Am Konflikt um die Ostpolitik zwei Jahrzehnte später hatte die Öffentlichkeit viel erregter und bewegter Anteil genommen. Aber auch dieser Konflikt war noch immer wesentlich zwischen der Regierung und der parlamentarischen Opposition ausgefochten worden.

Im Nachrüstungsstreit hingegen brach eine Massenbewegung, wie sie die Bundesrepublik noch nicht gesehen hatte, mit außerordentlicher Vehemenz in die bis dahin eher Expertenzirkeln vorbehaltenen Gefilde der Sicherheitspolitik ein. Gewiß, am Ende ist nach den Spielregeln repräsentativ-demokratischer, von den Parteien bestimmter Politik entschieden worden, durch die Bundestagswahlen vom Frühjahr 1983 und die parlamentarischen Mehrheiten, die aus diesen Wahlen hervorgingen – gegen die »Friedensbewegung«. Aber man darf sich nicht täuschen lassen. Die Friedensbewegung hat die westdeutsche Sicherheitspolitik in ihren Fundamenten erschüttert. Sie zerbrach den sicherheitspolitischen Konsens, der zwei Jahrzehnte gehalten hatte. Sie hat eine neue Lage geschaffen. Und wenn es auch richtig ist, daß Protestbewegungen gegen den Nachrüstungsbeschluß sich allerorten in Westeuropa formiert haben, keine hat mehr bewegt und bewirkt als die westdeutsche Friedensbewegung. Ihr unmittelbares Ziel war es, die Stationierung von amerikanischen Mittelstreckenraketen in der Bundesrepublik, wie der Doppelbeschluß sie für den Fall des Scheiterns der Verhandlungen mit der Sowjetunion vorsah, zu verhindern. Und dieses unmittelbare Ziel bestimmte auch alle ihre Aktivitäten. Aber im Grunde war die Friedensbewegung der frühen achtziger Jahre ein Aufstand viel elementarerer Natur, ein Aufstand nämlich gegen die für das Bündnis konstitutive politische Strategie der Abschreckung mit Nuklearwaffen als solche.

Erklärungsbedürftig ist nicht eigentlich, daß es zu einem solchen Aufstand kam. Erklärungsbedürftig ist viel eher, daß die Völker des nordatlantischen Bündnisses die vier Jahrzehnte des Ost-West-Konflikts hindurch mit dem unlösbaren Dilemma der Abschreckungsstrategie, mit der Bedrohung durch das nukleare Inferno, wenn man es drastischer sagen will, verhältnismäßig gleichmütig gelebt haben – auch die Westdeutschen. Wie weit sie sich auf die über Abgründen fein gesponnene Rationalität der Abschreckungsstrategie jemals eingelassen haben, steht dahin. Mehr als der Grundgedanke, daß die Atomwaffen in ihrer äußersten Schrecklichkeit Waffen der Erzwingung des Friedens sein könnten und müßten, wurde schwerlich aufgenommen. Und auch mit dem ließ sich nur leben, wenn man die Möglichkeit des Scheiterns der Abschreckung verdrängte. Momente der Unruhe mußten folglich die sein, in denen diese Möglichkeit ins Bewußtsein trat. Für die Bundesrepublik brachten Stationierungsentscheidungen solche Momente, in den Jahren 1957/58 zum ersten Mal und dann wieder in den Jahren nach 1979. Sie waren es, die die Öffentlichkeit daran erinnerten, was ein mit atomaren Waffen zwischen Ost und West geführter Krieg für Deutschland bedeuten würde.

Die Besonderheiten der deutschen Lage im Ost-West-Konflikt haben dabei natürlich ihre Rolle gespielt – man muß sie sich immer wieder vor Augen führen: Deutschland war im Falle eines europäischen Krieges zwischen Ost und West stärker als jedes andere Land von völliger Zerstörung bedroht, als nicht-nukleare Macht aber fast ohne Einfluß auf die Entscheidungen über den Einsatz atomarer Waffen. Kein Wunder, daß die Schreckensvisionen des atomaren Krieges in Deutschland verstörender wirkten als andernorts. Freilich: Daß diese Visionen erst in den achtziger Jahren Hunderttausende auf die Straße trieben, während die Bewegung »Kampf dem Atomtod« in den späten fünfziger Jahren nur schwachen Widerhall fand, ist damit nicht erklärt. Die Risiken der atomaren Abschreckung waren ja nicht größer geworden, eher hatte sich das Abschreckungssystem stabilisiert. Der Schlüssel zur Antwort ist wohl in jenem dramatischen, säkularen Entwicklungsschub des sogenannten Wertewandels zu suchen, der die westdeutsche Gesellschaft in den sechziger und siebziger Jahren sehr gründlich verändert hat, wobei es scheint, als habe das Trauma der deutschen Katastrophe, mit dem die Bundesrepublik zu leben hatte, in dieser Konstellation ganz neue Wirkungen entfaltet. Die neuen Milieus, die der Wandel schuf, ihr Politikverständnis, ihre Protestbereitschaft und Protestpraxis waren der Humus, ohne den die Friedensbewegung nicht denkbar gewesen wäre.

Der Doppelbeschluß war das eine auslösende Moment, die Figur des amerikanischen

Friedensbewegung und parlamentarische Opposition haben nicht verhindern können, daß die Regierung Kohl/Genscher den NATO-Doppelbeschluß von 1979 nach dem Scheitern der sowjetisch-amerikanischen Verhandlungen für die Bundesrepublik umsetzte. Der Wunsch, den die »Grabtafel« vom 1. September 1983 ausspricht, blieb Wunsch. Aber die Gewichte in der deutschen Politik hatten sich verschoben. Oskar Lafontaines Aufstieg zum Gipfel – schon 1990 war er Kanzlerkandidat – begann. Ihm, nicht Helmut Schmidt folgte die SPD in der Nachrüstungsfrage.

Präsidenten Reagan, seine Rhetorik der Konfrontation, seine Politik der forcierten Aufrüstung das andere. Die Friedensbewegung witterte dahinter ganz anderes als die Absicht, eine Verhandlungsposition aufzubauen. Schuf er sich nicht die Fähigkeit, einen auf Europa begrenzten Krieg gegen die Sowjetunion zu führen? Wollte er diesen Krieg vielleicht sogar führen? Beschwor er nicht mit seinem Versuch, die Sowjetunion totzurüsten, leichtfertig die größten Risiken herauf? Zog er nicht durch die Nachrüstung Europa in diesen aggressiven Kurs hinein?

In diesen Fragen wird deutlich, daß der Protest der Friedensbewegung gegen die Strategie nuklearer Abschreckung dem ganzen Ost-West-Konflikt eine neue Deutung gab: Man nahm ihn nur noch als einen Machtkampf zweier Weltmächte wahr, aus dem Europa sich in seinem Überlebensinteresse zurückziehen müsse – zweier Weltmächte, wie man hinzufügen muß, die nicht mit gleichem Maß gemessen wurden. Die USA wurden entschieden kritischer beurteilt, schärfer attackiert als die Sowjetunion, die sich einer Art von Immunität erfreute. Faktisch stellte die Friedensbewegung einseitig das westliche Bündnis zur Disposition – sie hat das wie so vieles andere nicht wahrgenommen oder wahrhaben wollen. Es wird an diesem Punkt sehr deutlich, daß man nicht nur um noch so bedeutsame Details der Sicherheitspolitik stritt, sondern tatsächlich um jene Grundentscheidungen, die seit den fünfziger Jahren galten.

Wie stark war die Friedensbewegung? Welche Chancen hatte sie, sich durchzusetzen? Straff organisiert war sie nicht, vielmehr formierte sie sich als eine lockere Allianz zahlreicher Gruppen unterschiedlicher Provenienz: Die Ökologiebewegung war stark vertreten, der Protestantismus – der Kirchentag von 1981 war eine der ersten großen Kundgebungen der Friedensbewegung –, die neue wie die alte Linke, darunter die Kommunisten mit beträchtlichem Einfluß insbesondere im Koordinationsausschuß. Daß die DDR – vor allem aber nicht nur über die DKP – Einfluß auf die Friedensbewegung genommen hat, steht heute außer Frage. An Prominenz fehlte es nicht, Schriftsteller und Kirchenleute in vorderster Linie, an charismatischer Führung schon eher. Eindrucksvoll sind die Zahlen. Die Friedensbewegung hat zu Großdemonstrationen Hunderttausende auf die Beine gebracht. Für den sogenannten Krefelder Appell gegen die Nachrüstung, der im November 1980 formuliert wurde, hat sie mehr als eine Million Unterschriften gesammelt. Demoskopische Umfragen wiesen zehn bis fünfzehn Prozent der Befragten als Anhänger der Friedensbewegung aus, etwa dreißig Prozent als mit der Bewegung sympathisierend.[118] Dieselben Umfragen lassen, bei mancher Unklarheit im einzelnen, wenig Zweifel daran, daß die Mehrheit der Bevölkerung die Stationierung ablehnte.

Daß die Friedensbewegung einen Volksentscheid, zu dem es nicht kam und nach dem Grundgesetz nicht kommen konnte, vielleicht gewonnen hätte, half ihr freilich nicht viel. Die alles entscheidende Wahl vom 6. März 1983 verlor sie. Das neue Regierungsbündnis von CDU/CSU und F.D.P., seit Oktober 1982 amtierend, entschlossen, am Doppelbeschluß festzuhalten, brachte es auf 55,8 Prozent der Wählerstimmen, SPD und Grüne, die gegen den Doppelbeschluß standen, auf 43,8 Prozent. Ganz offensichtlich ist für die Mehrheit der Wähler das Nachrüstungsthema, sosehr es im Zentrum des Wahlkampfes stand, eben doch nicht so wichtig gewesen wie für die Friedensbewegung. Auch war, was sich an weiterreichenden Konsequenzen hinter dem Nein zum Nachrüstungsbeschluß verbarg, in der Wählerschaft sicher nicht oder noch nicht mehrheitsfähig: die faktische Distanzierung vom westlichen Sicherheitsbündnis, vor allem von den USA, zugunsten einer Neutralitätsposition zwischen den Blöcken.

Die Wahl verloren – das ist nun freilich nur die Verlustseite der Bilanz der Friedensbewegung. Die andere ist: die SPD gewonnen. Schon im Herbst 1982, als die SPD/F.D.P.-Koalition nach dreizehn Jahren zerbrach, war klar, daß Helmut Schmidt den Kampf um das Ja seiner Partei zum Doppelbeschluß verloren hatte. Das heißt: Was immer die Scheidungsmotive der Koalitionspartner waren, mit seiner Kanzlerschaft wäre es so oder so zu Ende gegangen. Ein Jahr später, nach der verlorenen Wahl, gab die SPD auf einem Sonderparteitag in Köln (18./19. November 1983) ein denkbar eindeutiges, endgültiges Votum ab: Von 400 Delegierten stimmten nur noch dreizehn mit einem einsam gewordenen Helmut Schmidt für den Doppelbeschluß. Willy Brandt, der Parteivorsitzende, auch Hans-Jochen Vogel, der Kanzlerkandidat der Frühjahrswahl, standen auf der anderen Seite. Es war, als würfe die Partei nach zwanzig langen Jahren erleichtert das Joch der Mitverantwortung für die bündnisgebundene, auf nukleare Abschreckung gegründete westdeutsche Sicherheitspolitik ab. Natürlich wurde das Bündnis nicht explizit in Frage gestellt. Die Sozialdemokraten gingen als Partei nicht hinter ihr »außenpolitisches Godesberg« der Jahre 1959/60 zurück. Aber die Folgen, die die nachträgliche Aufkündigung einer gemeinsam getroffenen Bündnisentscheidung von strategischer Bedeutung für die Stellung der Bundesrepublik in der Allianz haben mußte, wurden sehr unbekümmert in Kauf genommen. Für Helmut Schmidt waren gerade sie der wichtigste Grund für das Festhalten am Doppelbeschluß: »Die Bundesrepublik muß ihr Wort halten«, sagte er im Bundestag. Sie mußte es, weil sie vertrauenswürdig bleiben mußte. Erst an zweiter Stelle folgte das Argument: »Das politische Gleichgewicht würde nachhaltig gestört werden, wenn die Sowjetunion sich mit ihrer einseitigen, völlig unprovozierten Rüstung durchsetzte.«[119] Seine Partei wußte mit dem einen wie mit dem anderen Argument nichts mehr anzufangen. Sie war auf einen Weg geraten, auf dem sie ihre Fähigkeit, die Bundesrepublik unter den Bedingungen des Ost-West-Konflikts zu regieren, definitiv verlieren konnte.

Einfluß auf den Gang der Dinge hatte das Nein der SPD nicht mehr. Im Herbst 1983 war endgültig klar, daß eine Verhandlungslösung bis zum Ende des Jahres nicht gefunden sein, der Stationierungsbeschluß mithin in Kraft treten würde. Die neue parlamentarische Mehrheit erteilte der Regierung Kohl/Genscher ein ausdrückliches Stationierungsmandat. Und die ließ sich, als die Friedensbewegung in der eigentlichen Stationierungsphase noch einmal mit all ihrer Demonstrationsphantasie aktiv wurde, nicht irremachen. Dazu gehörte Mut, und der Mut wiederum setzte feste Überzeugungen voraus. Die Bundesrepublik hat hier an einem kritischen Punkt ihres Weges in der westlichen Bündnisgemeinschaft gestanden. Es ist keine Frage, daß die Standhaftigkeit der Regierung Kohl/Genscher eine gefährliche Erschütterung des Bündnisses, eine Erschütterung vor allem des Vertrauens in die Verläßlichkeit der Bundesrepublik verhindert hat. Der Schaden, den die deutsch-amerikanischen Beziehungen im besonderen, wohl auch die deutsch-französischen Beziehungen erlitten hätten, hätte die Bundesrepublik den Doppelbeschluß aufgekündigt, wäre noch im günstigsten Fall groß gewesen.

Nach Osten hin gilt, daß ein sowjetischer Triumph in diesem Pokerspiel es Gorbatschow, der im Frühjahr 1985 ins Amt des Generalsekretärs der KPdSU gewählt wurde, vermutlich sehr viel schwerer gemacht hätte, den außen- und sicherheitspolitischen Kurs zu ändern. Zumindest für das erste wirkliche Abrüstungsabkommen in der vierzigjährigen Geschichte des Ost-West-Konflikts, den Vertrag über die Abschaffung der Mittelstreckenraketen, verhältnismäßig rasch ausgehandelt und im Dezember 1987 in Washington unterzeichnet, liegt die Frage mehr als nahe: Was hätte die Sowjetunion veranlassen sollen, ihre SS-20-Raketen – zwischen 1977 und 1987 hat sie hinter dem dürftigen Schleier ihrer Friedenspropaganda in beharrlicher Zielstrebigkeit mehr als 400 Abschußrampen installiert[120] – ohne westliche Gegenleistung zu verschrotten? Daß Moskaus Niederlage im Raketenschach für den Gang der Dinge in der Sowjetunion von 1985 an noch weit größere Bedeutung gehabt hat, läßt sich nicht ausschließen.[121] Dann hätte die Regierung Kohl/Genscher mit ihrem Festhalten am Doppelbeschluß gegen überaus heftigen Widerstand eine Leistung von strategischer Bedeutung für den Ausgang des Ost-West-Konflikts erbracht. Andererseits stellt sich die Frage, wie es auf lange Frist bei andauerndem Ost-West-Konflikt um die sicherheitspolitische Handlungsfähigkeit der Bundesrepublik bestellt gewesen wäre. Ob eine in die Regierungsverantwortung zurückkehrende Sozialdemokratie zu der Einsicht zurückgefunden hätte, daß Entspannungspolitik ein Gleichgewicht der Kräfte, vor allem aber des Willens voraussetzte, steht dahin. Aber auch für das bürgerliche Lager hätte das Zerbrechen des sicherheitspolitischen Konsenses in der Bundesrepublik Folgen gehabt. Wie heikel insbesondere das Thema der Atomwaffen für jede Regierung in der Nach-Nachrüstungs-Bundesrepublik geworden war, zeigte sich rasch, als in der zweiten Hälfte der achtziger Jahre die Debatte über die verbliebenen Raketen mit kurzen Reichweiten – Reichweiten bis zu 500 Kilometer – in Gang kam.

Amerikaner und Engländer drangen darauf, eine Entscheidung über die in den neunziger Jahren anstehende Modernisierung dieser Raketen zu treffen. Dabei ging es ihnen um mehr als ein Detail in der gesamten Abschreckungskonfiguration. Sie waren in Sorge, es könne ein unaufhaltsamer Prozeß der Denuklearisierung Europas in Gang kommen. In Sorge wohl auch, was die Verläßlichkeit und Belastbarkeit Deutschlands in Fragen der Abschreckungsstrategie anging. Die Modernisierungsentscheidung gewann für sie deshalb prinzipielle, beinahe symbolische Bedeutung. In Bonn neigte die Union der angelsächsischen Position zu, Genscher mit seiner F.D.P. wollte dagegen, nicht zuletzt im Vertrauen auf Gorbatschow, den Abrüstungsprozeß weitertreiben. Er konnte darauf verweisen, daß aus deutscher Sicht gerade die Kurzstreckenwaffen, die nur deutsches, allenfalls polnisches, nicht aber sowjetisches Territorium erreichen konnten, ein höchst ambivalentes Abschreckungsinstrument waren, mußte sich freilich von der anderen Seite entgegenhalten lassen, daß Risiken nuklearer Eskalation für die Abschreckung essentiell seien. Ein letztes Mal wurden alle Aporien der Doktrin nuklearer Abschreckung durchbuchstabiert, bevor sich das Bündnis nach Monaten gedämpften, aber doch intensiven Streites im Mai 1989 entschloß, die Entscheidung zu vertagen.

Die Entwicklungen in der Sowjetunion haben diesen Vertagungskompromiß natürlich begünstigt, vielleicht überhaupt möglich gemacht. Für die Bundesrepublik aber war deutlich geworden: Der Kraftakt der Nachrüstung wäre schwerlich wiederholbar gewesen. Die Devise lautete: möglichst keine Debatten über Rüstungsfragen mehr. Ohne die von Gorbatschow herbeigeführte Wende, so scheint es, hätten die Zeiten für die Bundesrepublik im Bündnis schwierig werden können.

II.

In seiner Regierungserklärung vom 13. Oktober 1982 hatte der neue Kanzler Helmut Kohl die deutsch-amerikanischen Beziehungen ausdrücklich an die Spitze der außenpolitischen Agenda seiner Regierung gesetzt. Das war, so wie es 1982 zwischen Bonn und Washington stand, auch dringend geboten. Und mit ihrem Festhalten am Doppelbeschluß – gegen die heftigsten Turbulenzen – hat die neue Koalition 1983/84 den Worten der Regierungserklärung dann eine für das deutsch-amerikanische Verhältnis ganz entscheidende Tat folgen lassen.

Im übrigen aber zeigte sich, daß jede Bonner Regierung mit der Politik Ronald Reagans ihre Schwierigkeiten haben mußte. Jede Bonner Regierung wußte und erfuhr ja, daß für Deutschland in seiner besonderen Lage die Kosten einer Verschärfung des Ost-West-Konflikts, wie sie Washington in der ersten Hälfte der achtziger Jahre recht unbekümmert betrieb, hoch waren. So bewußt die Nähe zur Administration Reagan von 1982 an gesucht wurde, ein bedingungsloses Einschwenken auf den Washingtoner Konfrontationskurs kam für die Bonner Politik also nicht in Betracht. Gewiß, das Klima besserte sich sehr spürbar, auch legte man vermeidbaren Streit bei – die Amerikaner dämpften beispielsweise ihren scharfen Einspruch gegen das westeuropäisch-sowjetische Erdgas-Röhren-Geschäft. Aber an der Spannung zwischen dem deutschen Interesse, Handlungsspielräume für die Politik der Entspannung offenzuhalten, und der amerikanischen Entschlossenheit, die Sowjetunion mit einer Politik der Stärke zu konfrontieren, änderte auch der Regierungswechsel in Bonn nichts.

Vor wie nach dem Wechsel drängte man aus Bonn darauf, den Rüstungskontrolldialog fortzuführen. Vor wie nach dem Wechsel hatte man damit in Washington wenig Erfolg. Wie schwer sich die Bonner Politik in dieser Konstellation tat, wird exemplarisch deutlich an ihrem Umgang mit dem Thema, das die politische Diskussion Mitte der achtziger Jahre beherrschte: SDI – Strategic Defense Initiative.

Am 23. März 1983 hatte Präsident Reagan die Welt von seinem Plan in Kenntnis gesetzt, über den Vereinigten Staaten einen Schirm von Abwehrwaffen, im Weltraum stationiert, aufzubauen, der das Land vor jedem nuklearen Raketenangriff würde schützen können. Mit einer gewaltigen Forschungsoffensive, so Reagan, sollte der Anfang gemacht werden.

Hans-Dietrich Genscher (hier mit Ronald Reagan am Kamin im Weißen Haus) war achtzehn Jahre Außenminister, länger als Helmut Kohl Kanzler war, so lange, daß man sich gar nicht mehr vorstellen konnte, es könne auch einen anderen Außenminister geben. Zu den wichtigen Aufgaben der deutschen Außenpolitik nach 1982 gehörte es, nach einer Phase einer gewissen Entfremdung wieder in ein vertrauteres, entspannteres Verhältnis zu den USA zurückzufinden. Für Genscher war es nicht ganz einfach, seinen Beitrag dazu zu leisten – er wurde gerade im Washington Reagans nicht unkritisch beobachtet. Als Genscherismus wurde seine Neigung apostrophiert, der Sowjetunion häufig einen Schritt weiter entgegenzukommen, als es die Bundesgenossen für richtig hielten.

Sogleich flammte eine neue erbitterte Rüstungsdebatte auf. War das gigantische Vorhaben der Strategischen Verteidigungsinitiative überhaupt realisierbar? Würde es den Rüstungswettlauf ins Maßlose weitertreiben, die Ost-West-Beziehungen destabilisieren? Würde es die Allianz stärken oder entzweien? War es allenfalls verhandlungstaktisch zu rechtfertigen, oder eröffnete es wirklich die Aussicht auf einen nicht mehr nur schreckensgegründeten Frieden? Hoffte man, SDI könne die Sowjetunion veranlassen, den Rüstungswettlauf endgültig abzubrechen? 1983, zwei Jahre vor Gorbatschows Amtsantritt, wäre das kühn gewesen.

Auch in der Bundesrepublik stritt man sich heftig, die Experten urteilten überwiegend skeptisch. Die Bonner Politik war in Schwierigkeiten, wie immer sie sich zu Reagans Initiative stellte. Man konnte zu dem Projekt nicht einfach nein sagen, ohne die Amerikaner vor den Kopf zu stoßen. Zudem gab es ein starkes wirtschaftliches Interesse daran, bei den Forschungsarbeiten die Hand mit im Spiel zu haben. Man konnte aber auch nicht einfach ja sagen, ohne scharfe Reaktionen der Sowjetunion befürchten zu müssen. Kohl versuchte es folglich mit einer Strategie der bedingten, zunächst auf die Forschungsphase beschränkten Zustimmung.

Weit half das nicht. Für die Sowjetunion, die das SDI-Programm in hohem Maße beunruhigte – vermutlich sah die Führung sehr klar, daß ihr Land nicht mehr würde mithalten können –, war auch vorsichtige Zustimmung eben Zustimmung. Doppelt herausgefordert, zuerst durch die Stationierungsentscheidung, die abzuwenden man sich in Moskau wohl einige Hoffnung gemacht hatte, dann durch das – obschon zögernde – deutsche Eingehen auf Reagans Strategische Verteidigungsinitiative, ließ der Kreml Bonn seine Verärgerung sehr deutlich spüren. Das Erinnerungsjahr 1985, in dem die Sowjetunion ihren Sieg im Zweiten Weltkrieg feierte, bot dazu gute Gelegenheit. Die propagandistischen Waffen der sechziger Jahre wurden wieder hervorgeholt. Plötzlich war die Bundesrepublik nicht mehr bevorzugter Partner, sondern, wie in alten Zeiten, bevorzugtes Ziel heftiger Attacken.

Vorübergehend jedenfalls ging ostpolitisches Terrain in erheblichem Umfang verloren. Nicht weil man in Bonn nach dem Regierungswechsel von 1982 kein Interesse an auskömmlichen Beziehungen zur Sowjetunion mehr gehabt hätte, sondern weil der »eisige Gegenwind« der amerikanisch-sowjetischen Konfrontation (Christian Hacke) notwendig auch das Bonn-Moskauer Klima bestimmte. Das deutsch-sowjetische Verhältnis konnte, so wie die Realitäten des Ost-West-Konflikts nun einmal waren, nicht viel besser sein als das amerikanisch-sowjetische. Es ist für die Bundesrepublik immer ein elementares Gebot der Staatsräson gewesen, der Loyalität gegenüber der Schutzmacht USA sichtbar Vorrang vor den Beziehungen zur Sowjetunion einzuräumen. Das galt auch in den schwierigen Reagan-Jahren. Was in Moskau allenfalls zu gewinnen war, wog bei weitem nicht auf, was eine Verletzung dieser Klugheitsregel in den deutsch-amerikanischen Beziehungen aufs Spiel gesetzt hätte. Freilich mußte solche Loyalität mit amerikanischem Verständnis für die besonderen deutschen Verletzlichkeiten, die besonderen deutschen Interessen im Ost-West-Konflikt rechnen dürfen. An diesem Verständnis hat es zeitweilig gefehlt, wie denn überhaupt Sensibilität im Umgang mit den Verbündeten nicht eine der Stärken Reagans und seiner Mannschaft war.

Das zeigte sich nicht nur in den Jahren der amerikanisch-sowjetischen Konfrontation, in denen die Standfestigkeit der Regierung Kohl/Genscher in Sachen Doppelbeschluß keineswegs mit einer ernstlichen amerikanischen Anstrengung, in den Rüstungskontrollverhandlungen zu einem Erfolg zu kommen, honoriert wurde, obwohl das dringliche Bonner Interesse an Verhandlungsfortschritten sehr wohl bekannt war. Es zeigte sich auch, als Reagan in seiner zweiten Amtszeit das Steuer herumwarf und auf drei Gipfelkonferenzen in rascher Folge (Genf – November 1985, Reykjavík – Oktober 1986, Washington – Dezember 1987) den Ausgleich mit der Gegenmacht suchte, wohl nicht allein aus eigenem Antrieb, sondern auch weil Gorbatschow, sein Gegenspieler und Partner von 1985 an, ihn in die Dynamik einer neuen Verhandlungsstrategie und Verhandlungstaktik hineinzog, die mit den alten Kremlmethoden nichts mehr zu tun hatte. So wenig wie Reagan die Verbündeten auf seinem Weg in die Konfrontation hinein konsultiert hatte, so wenig zog er sie auf seinem Weg aus dieser Konfrontation heraus zu Rate.

Zumal die »Revolution von Reykjavík« (Ernst-Otto Czempiel) war für die Westeuropäer eher ein irritierendes Erlebnis. Weitreichende Pläne des Abbaus der nuklearen Hochrüstung waren in Reykjavík plötzlich auf den Tisch gelegt worden, und eine folgenreiche Vereinbarung, so schien es dem verdutzten Europa, war über Nacht ganz nahe gewesen. Was immer die Reykjavíker Perspektiven für die europäische Sicherheitslage bedeuten mochten, beunruhigen mußte die Allianzpartner die Unberechenbarkeit der amerikanischen Politik als solche in Fragen von elementarer Bedeutung für alle. Auch in der Sache selbst war der Weg, der in Reykjavík eingeschlagen wurde und der dann zum Washingtoner Abkommen über die Abschaffung aller Mittelstreckenraketen führte, gerade für die Bundesrepublik keineswegs unproblematisch. Für diese sogenannte Null-Lösung waren zwar auch die Bonner Regierungen über den Wechsel von 1982 hinweg immer eingetreten, aber bei genauerem Hinsehen zeigte sich: Das Washingtoner Abkommen über Mittelstreckenwaffen (Intermediate-Range Nuclear Forces – INF) bedeutete, daß die Abrüstung gerade mit einer für Westeuropa wichtigen Abschreckungs-, also Kriegverhinderungswaffe, einer Waffe nämlich, die die Sowjetunion selbst erreichen konnte, begann, während das ganze Arsenal der taktischen Atomwaffen, ihrer Natur nach Kriegführungswaffen, zunächst einmal erhalten blieb.

Für die beiden Weltmächte brachte das einen Gewinn an Sicherheit, für die Sowjetunion unmittelbar, für die USA mittelbar, weil bestimmte Eskalationsrisiken aus der Welt geschafft wurden. Für Westeuropa, zumal für die Bundesrepublik, sah es anders aus. Bis zum Ende des Ost-West-Konflikts, heißt das, behielten die in das atlantische Sicherheitsbündnis eingebauten Asymmetrien, behielt die exponierte Sonderlage der Bundesrepublik ihre Bedeutung. Daß auch in der Diskussion über die Modernisierung der Kurzstreckenraketen, die in den Jahren 1988/89 die lange Geschichte der Strategiedebatten im Bündnis beschloß, nicht eben Harmonie zwischen Bonn und Washington herrschte, fügt sich ins Bild. Noch einmal drängt sich die Vermutung auf: Hätte der Ost-West-Konflikt nicht mit dem Zusammenbruch der Sowjetunion ein plötzliches und überraschendes Ende gefunden, so hätten die allianzinternen Interessendivergenzen dem Bündnis vermutlich zunehmend mehr zu schaffen gemacht.

III.

Memoir als schlechte Quelle

»Europa läßt sich nicht in einer Abfolge dramatischer Sprünge zusammenschließen«, hat Willy Brandt Mitte der siebziger Jahre im Europakapitel seiner Erinnerungen vermerkt.[122] In der Tat, von einer »Abfolge dramatischer Sprünge« kann nicht die Rede sein, wohl aber von einem Wechsel zwischen Phasen der Bewegung und Phasen der Stagnation. Nach den historischen Gründungsakten der fünfziger Jahre, mit denen (West-)Europa in eine neue Epoche eintrat, waren die vom Nein de Gaulles zur Erweiterung der Gemeinschaft wie zum Fortgang der Integration bestimmten sechziger Jahre eine Zeit wenn nicht des Stillstan-

Am Grenzübergang Frankfurt an der Oder werden am 24. März 1995 Schilder montiert, die EU-Bürgern und Nicht-EU-Bürgern getrennte Wege für die Einreise weisen. Den Unionsbürgern wird für einen Augenblick bewußt gemacht, daß sie tatsächlich Bürger eines Gemeinwesens Europa sind. Symbolische Politik und zugleich mehr als das: Die mit der Unionsbürgerschaft verbundene Freizügigkeit ist ein sehr reales und bedeutsames Recht, an dem sich ablesen läßt, wie tiefgreifend der Integrationsprozeß Europa verändert hat. Die Oder wird wohl nur sehr vorübergehend Grenzfluß der Union sein.

des – Kommission und Gerichtshof haben ihr europäisches Alltagsgeschäft durchaus mit Energie und Erfolg betrieben –, dann doch des Ausbleibens neuer starker politischer Impulse. In den siebziger Jahren weiteten sich die Handlungsspielräume der Europapolitik wieder etwas: Pompidou, der 1969 de Gaulles Nachfolge angetreten hatte, nahm das französische Veto gegen die britische Mitgliedschaft zurück – der deutsche Anteil an diesem Entschluß war nicht gering. So konnte am 1. Januar 1973 aus der Sechser- endlich eine Neuner-Gemeinschaft werden: Großbritannien, Irland und Dänemark traten bei. Norwegen freilich, das mit verhandelt hatte, blieb draußen – die Norweger wollten es so.

1975 konstituierte sich der »Europäische Rat« der Staats- und Regierungschefs als neues, in den Verträgen nicht vorgesehenes Gremium der politischen Führung. Auch die Europäische Politische Zusammenarbeit (EPZ), ein Routineverfahren der Koordination mitgliedstaatlicher Außenpolitik, institutionalisierte sich neben den Gemeinschaftsorganen. 1979 wurde das Europäische Parlament zum ersten Mal direkt gewählt, ohne freilich an Mitentscheidungsrechten viel dazuzugewinnen. Im selben Jahr wurden die Verabredungen über das Europäische Währungssystem wirksam.

Das alles sind gewiß Spuren der Bewegung. Und doch waren auch die siebziger Jahre kein europäisches Jahrzehnt, auch in der deutschen Politik nicht.[123] Aus der Zollunion war noch immer kein wirklicher gemeinsamer Markt geworden. Dem seit den fünfziger Jahren so oft beschworenen Ziel einer politischen Union war man noch nicht wesentlich näher gekommen. Ein Versuch, den gemeinsamen Markt zu einer Wirtschafts- und Währungsunion auszubauen, war Anfang der siebziger Jahre in den weltwirtschaftlichen Stürmen gestrandet. Das drängende Problem einer zweiten Erweiterung nach Süden, in den Mittelmeerraum, war ungelöst. So war zu Beginn der achtziger Jahre der Eindruck weit verbreitet, die europäische Entwicklung stagniere. Ein Zerfall der Gemeinschaft erschien nach dreißig

 Jahren Integrationsgeschichte zwar niemandem mehr denkbar. Die Interessen der Gliedstaaten hielten sie zusammen. Aber die Interessen der Gliedstaaten behinderten auch ihre Fortentwicklung. Wie konnte, wie sollte es weitergehen?

Die deutsche Europapolitik der achtziger Jahre hat einen wesentlichen Anteil daran, daß auf diese Frage Antworten gefunden worden sind. Nicht in ihren Zielen – da hat es eine bemerkenswerte Stetigkeit gegeben –, wohl aber in ihrer Intensität unterschied sie sich von der der vorangegangenen anderthalb Jahrzehnte. Anders als seine Vorgänger Brandt und Schmidt hat Helmut Kohl sich persönlich, hartnäckig, nicht nur mit dem Verstand, sondern mit einer Art von Leidenschaft für die europäische Einigung engagiert – seit Adenauer der erste Kanzler, für den das wieder galt. Er wollte sein Profil als Außenpolitiker mit der Europathematik gewinnen, und er hat es mit dieser Thematik gewonnen, vor der säkularen Zäsur von 1989/90 und danach. Daß er wie Adenauer aus dem linksrheinischen, frankreichnahen Deutschland stammte, mag dabei eine Rolle gespielt haben. Jedenfalls hat Folgen gehabt, was er in seiner Regierungserklärung vom Oktober 1982 ankündigte: »Wir wollen neue Wege zur Einigung Europas öffnen.«[124] Zwar brauchte die Einsicht, daß die Zugehörigkeit zur Europäischen Gemeinschaft für den westdeutschen Staat in einem viel grundsätzlicheren Sinn als für alle anderen Mitglieder das Fundament seiner Existenz war, nicht erst wiederentdeckt zu werden. Seit der Grundlegung durch Adenauer ist sie nicht mehr verlorengegangen. Aber die Überzeugung, die Integrationsentwicklung müsse ständig auf das ferne Ziel der Vereinigten Staaten von Europa zugetrieben werden (gemeint ist die Sache, nicht unbedingt der Begriff), um die Bindung Deutschlands an den Westen unwiderruflich zu machen, kehrte erst mit dem Kanzler Helmut Kohl bestimmend in die deutsche Politik zurück.

Damit rückte ein ehrgeiziges Programm der europäischen Einigung auch wieder ins Zentrum der deutsch-französischen Zusammenarbeit. Europa ist von 1950 an das große Thema der deutsch-französischen Beziehungen gewesen. Durch allen Wechsel hindurch ist das Grundmotiv dabei auf beiden Seiten immer das gleiche geblieben. Für Frankreich ging es, von Robert Schuman über de Gaulle, Pompidou und Giscard bis zu Mitterrand darum, Deutschland, Westdeutschland, in freundlich-nachbarliche, europäische Fesseln zu schlagen, damit es nie wieder gefährlich werden könne. Dem entsprach, mit gleicher Konstanz, das deutsche Motiv, nicht wieder gefährlich werden zu wollen, den einzigen Weg des Wiederaufstiegs zu gehen, den die Deutschen nach der Katastrophe des von Deutschland entfesselten Zweiten Weltkrieges mit Zustimmung der Nachbarn und zusammen mit den Nachbarn gehen konnten, eben den europäischen. Diese Korrespondenz keineswegs identischer Interessen beharrlich, konstruktiv zu gemeinsamem Handeln genutzt zu haben, ist die eigentliche Leistung der deutsch-französischen Europapolitik vom Schuman-Plan bis zur Einbettung der deutschen Einigung in den europäischen Einigungsprozeß gewesen.

Diese Leistung ist um so höher zu veranschlagen, als es im Konkreten keineswegs eine prästabilierte europapolitische Harmonie zwischen Bonn und Paris gab. Frankreichs Neigung zum Protektionismus, zu einer etatistischen Industriepolitik bestimmte auch seine Europapolitik. Dazu kamen die Dominanz der agrarischen Interessen und der antiamerikanische Affekt. Die Bundesrepublik hingegen focht, die Landwirtschaft ausgenommen, für offene Grenzen, für eine marktwirtschaftlich verfaßte Gemeinschaft. Sie mußte bestrebt sein, in den wiederkehrenden Handelskonflikten zwischen der Gemeinschaft und den USA die Balance zu halten. Antiamerikanische Affekte konnte und wollte sie sich nicht leisten.

Insgesamt war das bundesrepublikanische Integrationsinteresse stetiger als das französische. Frankreich tat sich, nicht überraschend, mit dem Abschied von der nationalen Souveränität eben doch sehr viel schwerer. Das bedeutete zum Beispiel, daß Frankreich die Rechte des Ministerrats der Gemeinschaft nicht zugunsten des Europäischen Parlaments geschmälert zu sehen wünschte, während die Bundesrepublik auf die Stärkung des Parlaments drang. Auch beim Thema Erweiterung standen die Bundesrepublik und Frankreich eher gegeneinander als Seite an Seite, mehr als zehn Jahre lang im englischen Fall, später noch einmal, als die jungen Demokratien der Iberischen Halbinsel in die Gemeinschaft drängten. Frankreich zögerte, den Absatzmarkt für seine Agrarprodukte weiteren Mitwettbewerbern zu öffnen. Erst 1986 wurden Spanien und Portugal zugelassen, Griechenland kam ihnen als zehntes Mitglied um ein paar Jahre zuvor.

Man muß sich dieses weite Feld der Differenzen vergegenwärtigen, um zu verstehen, warum der Impuls von ganz oben bei wechselnden personellen Konstellationen – Adenauer und de Gaulle, Brandt und Pompidou, Schmidt und Giscard, Kohl und Mitterrand – gerade in der deutsch-französischen Zusammenarbeit gleichbleibend eine so bedeutende Rolle gespielt hat. Selbst da, wo – wie bei Brandt und Pompidou – die persönlichen Beziehungen gewiß nicht freundschaftlicher Natur waren, sind im Zusammenspiel zwischen Staatspräsident und Kanzler europapolitische Weichen gestellt worden. Brandt und Pompidou sind es gewesen, die Großbritannien nach einem Jahrzehnt französischen Widerstandes das Tor zur Europäischen Gemeinschaft schließlich geöffnet haben.

Im übrigen darf, was über die deutsche Politik gesagt wurde, nicht so verstanden werden, als habe sie, anders als die französische, dem europäischen Interesse regelmäßig den Vorrang vor dem Eigeninteresse eingeräumt. Davon kann nicht die Rede sein. Sie hat die Belange der deutschen Landwirtschaft, auch notleidender Industriebranchen kaum weniger hartnäckig verfochten als Frankreich, bis hin zum Veto im Ministerrat. Sie hat, wenn es um die Steigerung der Ausgaben der Gemeinschaft ging, ihre besondere Position als größter »Nettozahler« unter den Mitgliedstaaten immer sehr deutlich vor Augen gehabt. Und in der Diskussion über die Währungsunion drängte Frankreich, das unter der Dominanz der D-Mark litt, während die Bundesrepublik mit ihrer starken nationalen Währung zögerte. Bedenken der Bundesbank und der Fachressorts der Bundesregierung haben dabei eine bestimmende Rolle gespielt, nicht selten zum Leidwesen vorwärtsdrängender Europapolitiker. Daran haben auch die Regierungswechsel kaum etwas geändert. Die Interessen der Landwirtschaft bestimmten die deutsche Position in Fragen der europäischen Agrarpolitik nach 1982, so wie sie es vor 1982 getan hatten. Und die Bereitschaft, sich auf eine Europäische Währungsunion einzulassen, blieb an die gleichen strengen ökonomischen Konvergenzkriterien gebunden, wer immer in Bonn regierte.

Gleichwohl: Im ganzen hat die Bundesrepublik ihre eigenen Interessen doch stärker europabezogen definiert als Frankreich. Für Helmut Kohl gilt das jedenfalls ganz sicher. Ebendeshalb gelang es ihm auch, die deutsch-französische Allianz ungeachtet aller Meinungsverschiedenheiten im Detail wieder zu einem Integrationsmotor zu machen. Als er im Herbst 1982 zum Bundeskanzler gewählt wurde, hatte der alte und neue Außenminister Genscher der Europadebatte schon einen neuen Impuls gegeben. Er hatte, zusammen mit seinem italienischen Kollegen Colombo, dem Europäischen Parlament Anregungen zur Weiterentwicklung der Europäischen Union vorgelegt, die immerhin eine Diskussion in Gang brachten. Kohl konnte daran anknüpfen. Die feierliche Stuttgarter Erklärung des Europäischen Rates vom 19. Juni 1983, des ersten der vielen prominenten europäischen Gipfeltreffen der Kanzlerära Kohl, war ein nächstes Signal. In der Einheitlichen Europäischen Akte aus dem Jahr 1986, einer Ergänzung, Erweiterung, Erneuerung der Gründungsverträge, führte der Wille weiterzukommen dann tatsächlich zu einem Schritt nach vorn, dessen Bedeutung erst im nachhinein richtig begriffen wurde. Zumal der Beschluß, den Gemeinsamen Markt, den schon die Römischen Verträge dreißig Jahre zuvor proklamiert hatten, nun endlich binnen sechs Jahren, bis zum 31. Dezember 1992, zu vollenden, wirkte außerordentlich belebend. Auch die Wirtschafts- und Währungsunion wurde aufs neue auf die Tagesordnung gesetzt, sie wurde sogar, vorsichtig freilich, in den Vertrag hineingeschrieben, dazu neue Zuständigkeiten für die Gemeinschaft auf dem Felde der Umwelt- und der Forschungspolitik und eine Aufwertung der Europäischen Politischen Zusammenarbeit. Eine neue Phase der Bewegung in der europäischen Entwicklung hatte begonnen.

Es war eben dieser neue Integrationsimpuls, der in der Bundesrepublik eine Diskussion auslöste, in der die fünfziger Jahre wiederzukehren schienen, eine Diskussion darüber, ob der westdeutsche Staat die beiden Ziele, Wiedervereinigung Deutschlands und Integration Westeuropas, zugleich weiter verfolgen könne. Seinerzeit hatte die SPD diese Frage den ersten Schritten der Adenauerschen Integrationspolitik entgegengestellt. Jetzt wurde sie, gleichsam auf der Zielgeraden der Einigungspolitik, da und dort in der CDU/CSU, aber auch von einigen Rechtswissenschaftlern noch einmal aufgeworfen.

Wenn die Bundesrepublik in einem europäischen Bundesstaat aufging, wie er sich jetzt am Horizont abzeichnete, welche Möglichkeiten für eine Wiedervereinigung Deutschlands, wann auch immer, blieben dann noch offen? Verlor der 1957 zum EWG-Vertrag zu Protokoll gegebene Wiedervereinigungsvorbehalt damit nicht jede reale Bedeutung? Würde die Bundesrepublik als Gliedstaat eines europäischen Bundesstaates überhaupt noch die politische Handlungsfreiheit besitzen, die das Grundgesetz mit seinem Wiedervereinigungsauftrag voraussetzte? War es denkbar, daß die Sowjetunion die DDR jemals in einen westeuropäischen Bundesstaat hinein entlassen würde? Daß die Sympathien der Deutschen für die Europäische Gemeinschaft sich nach Ausweis der Umfragedaten in den späten achtziger Jahren zum ersten Mal deutlich abzuschwächen begannen,[125] hat mit diesen Fragen vermutlich nicht viel zu tun. Trotzdem ist das Zusammentreffen nicht bedeutungslos.

Helmut Kohl beschied die Fragesteller eindeutig: Die europäische Einigungspolitik sei die einzig sinnvolle Antwort auf die ungelöste deutsche Frage. Wiedervereinigung und

Westintegration seien parallel laufende, zusammengehörige Aufträge des Grundgesetzes.[126] Das war mit etwas anderen Akzentuierungen auch Adenauers Glaubensbekenntnis in den fünfziger Jahren gewesen. Plausibler, so mußte sich ein nüchterner Beobachter sagen, war es in drei Jahrzehnten erfolgreicher Integrationspolitik und vergeblicher Vereinigungshoffnungen nicht geworden. Und doch hat die Geschichte es eindrucksvoll bestätigt. Aber ließ sich, selbst 1988 noch, auch nur vorausahnen, daß binnen ein, zwei Jahren die Sowjetunion ihre Herrschaft über Ostmitteleuropa preisgeben, ja sich auflösen, daß die DDR zusammenbrechen würde? Nur diese Entwicklung machte es ja möglich, daß sich die Wiederherstellung des deutschen Nationalstaates und die Eingliederung der Bundesrepublik in eine westeuropäische Konföderation schließlich doch noch miteinander verknüpfen ließen. Durfte man damit rechnen, darauf setzen? Und wenn nicht: Wieviel Überzeugungskraft besaß die Antwort Adenauers und Kohls im Jahre 1988? Hätte sich die Debatte bei fortdauernder Teilung und fortschreitender Integration verschärft, hätte sie politisches Gewicht gewonnen? Auf einem ganz anderen Blatt steht, daß die Zielprojektion »europäischer Bundesstaat« in den neunziger Jahren erstaunlich rasch an Bedeutung für den europäischen Einigungsprozeß verlor, aus Gründen, die hier nicht mehr zur Debatte stehen. Auch das konnte der Überzeugungsstreit der achtziger Jahre nicht vorhersehen.

Wie immer man die Debatte der Jahre vor der Wende beurteilt, im Prozeß der Wiedervereinigung selbst hat Kohls Überzeugung, daß die europäische Einigungspolitik die einzig sinnvolle Antwort auf die ungelöste deutsche Frage sei, ihm den richtigen Weg gewiesen. Als die Chance kam, hat er sie ohne zu zögern mit einem – vor allem auf Frankreich zielenden – neuen Integrationsangebot verknüpft. Auf der Straßburger Zusammenkunft des Europäischen Rates vom 8./9. Dezember 1989 ist ein wesentlicher Schritt in Richtung auf die Maastrichter Vereinbarungen getan worden, die dann zwei Jahre später zustande kamen. Vor allem das Signal, daß die Bundesrepublik die Entscheidung über die Währungsunion nicht länger hinauszögern werde, war wichtig. Es ist keine Frage, daß diese Bekundung der Integrationsbereitschaft im kritischen Augenblick insbesondere Mitterrand, den die November- und Dezemberereignisse zunächst sehr beunruhigten, geholfen hat, sich mit dem Unvermeidlichen, der Vereinigung, abzufinden.

Wie im Zeitraffer hat der dramatische Schlußakt der fast fünfzigjährigen Teilungsgeschichte noch einmal die komplizierte Vielschichtigkeit des scheinbar so einfachen deutsch-französischen Verhältnisses bloßgelegt: Mitterrand reist nach Kiew, um mit Gorbatschow den Gang der deutschen Dinge zu besprechen – Erinnerungen an das gegen Deutschland gerichtete russisch-französische Bündnis des Jahres 1944 werden wach. Mitterrand macht in letzter Stunde einen Staatsbesuch in der DDR – Frankreich als Protektor der deutschen Teilung. Mitterrand sagt im Europäischen Rat in Straßburg ja zur Vereinigung eines Deutschlands, das sich als Ganzes in die westeuropäische Föderation einfügt – der weite Weg der deutsch-französischen Verständigung von 1945 bis 1990 wird hier noch einmal in wenigen Wochen ausgeschritten.

Die Beziehungen Bonns zu Moskau sind in den 35 Jahren zwischen der Aufnahme diplomatischer Beziehungen im Herbst 1955 und der Wiedervereinigung, vom letzten Jahr abgesehen, zu keiner Zeit wirklich gut gewesen. Sie konnten es nicht sein. Die Hoffnung, mit dem Moskauer Vertrag von 1970 werde sich das ändern, erfüllte sich nicht. Er normalisierte das nicht-normalisierbare Verhältnis notdürftig, mehr nicht. So ist denn auch die Vereinigung keineswegs aus der Entwicklung der Beziehungen zwischen der Bundesrepublik und der Sowjetunion zu erklären. Und doch ist es nicht bedeutungslos, daß sich 1988/89 im Verhältnis zwischen Bonn und Moskau eine späte, erstaunliche Wendung zum Besseren vollzog. Man darf diese Wendung nicht in zu enge Verbindung mit dem bringen, was vom Herbst 1989 an geschah. Aber sie führte doch schon aus der Erstarrung heraus, in der ein unlösbarer Konflikt beide Seiten über Jahrzehnte festgehalten hatte.

Wie wichtig dieser Klimawechsel im Vorfeld der revolutionären Ereignisse war, wird klar, wenn man sich ausmalt, die DDR wäre Mitte der achtziger Jahre zusammengebrochen und Gespräche über die Zukunft Deutschlands hätten zu diesem Zeitpunkt geführt werden müssen. Zwischen 1982 und 1987/88 war die Distanz zwischen Bonn und Moskau größer, als sie es seit 1970 jemals gewesen war, der Ton, den die Sowjetunion im Umgang mit der Bundesrepublik anschlug, so feindselig wie in den sechziger Jahren. Der Vollzug der Nachrüstung wie die Bonner Bereitschaft, Reagans SDI-Initiative wenigstens vorsichtig zu unterstützen, hatten die sowjetische Führung aufs höchste erzürnt – man ließ es die Bundesrepublik mit dem Selbstbewußtsein einer Großmacht spüren. Das gilt keineswegs nur für die Phalanx der sterbenden alten Männer im Kreml, für Breschnew, Andropow, Tschernenko. Es gilt auch für Gorbatschow in seinen ersten Jahren. Er ließ Bonn bei seinen frühen Westeuropareisen demonstrativ links liegen. Als Kohl im Oktober 1986 die Dummheit beging, ihn in einem Interview mit der amerikanischen Zeitschrift »Newsweek« mit Goebbels zu vergleichen, wurde für ein paar Monate alles noch schwieriger. Der neue erste Mann war nun auch persönlich tief gekränkt.

Und doch kam der Umschwung mit einer gewissen Zwangsläufigkeit. Dies vor allem deshalb, weil die Verhältnisse im großen Mitte der achtziger Jahre in Bewegung gerieten. Im November 1985 trafen sich Gorbatschow und Reagan zum ersten Mal, ein knappes Jahr später ein zweites Mal, und Ende 1987 wurde das epochale Abkommen über die Beseitigung der Mittelstreckenraketen unterzeichnet. Diese dramatische Veränderung in den amerikanisch-sowjetischen Beziehungen mußte sich auf die deutsch-sowjetischen Beziehungen auswirken, wie denn für alle Phasen des Ost-West-Konflikts gilt, daß es zwischen Bonn und Moskau nie sehr viel schlechter und nie sehr viel besser stand als zwischen Washington und Moskau.

Zudem wurde für Gorbatschow ziemlich rasch erkennbar, daß er die Beziehungen der Sowjetunion zu Westeuropa nicht auf die Dauer an der Bundesrepublik vorbei entwickeln konnte. Das war zumal dann ein sinnloser Versuch, wenn es ihm darum ging, wirtschaftliche Hilfe des Westens für seinen Reformkurs zu gewinnen. Und um diese Hilfe ging es je länger, desto mehr. Je deutlicher Gorbatschow wahrnahm, daß das eigene Land wirtschaftlich am Ende war, desto wichtiger mußte die Bundesrepublik für ihn werden. Dabei hat wohl auch eine Rolle gespielt, daß er die Hoffnung, die er anfänglich auf die DDR gesetzt hatte, sehr rasch aufgeben mußte. »Da standen sich zwei Nackte gegenüber, kein Geld in der Tasche, aber viel Schulden«, hat ein DDR-Funktionär rückblickend die erste Begegnung zwischen Gorbatschow und Honecker sarkastisch kommentiert.[127]

Daß sich für Gorbatschow wie für andere sowjetische Führer vor ihm auch mit der Perspektive westlicher Hilfe völlig illusionäre Erwartungen verbanden, steht auf einem anderen Blatt. Die Herren im Kreml wollten es nicht wahrhaben, daß keine externe Unterstützung ihrer sozialistischen Wirtschaft wirklich auf die Beine helfen konnte. Den Stellenwert, den die Bundesrepublik für Moskau hatte, haben diese Illusionen erhöht.

Schließlich sind auch noch die Bundestagswahlen vom Januar 1987 zu nennen, wenn man nach Erklärungen für den Umschwung in den deutsch-sowjetischen Beziehungen in den späten achtziger Jahren sucht. Bis dahin hatte man in Moskau, wie übrigens auch in Ost-Berlin, darauf gehofft, die Sozialdemokraten würden die Regierungsmacht rasch zurückerobern, hatte sogar versucht, etwas dazu beizutragen. Die Wahlen vom Januar 1987 machten dem Osten endgültig klar, daß man sich auf die Regierung Kohl einstellen mußte, wenn man mit Bonn ins Geschäft kommen wollte. Gorbatschow handelte dieser Einsicht gemäß.

Das Gespräch zwischen Bonn und Moskau begann ernstlich wieder mit einem Besuch Genschers in Moskau im Juli 1986. Genscher genoß zu dieser Zeit als Entspannungspolitiker im Kreml mehr Vertrauen als Kohl. Er hat sich denn auch seinerseits zum entschiedenen Fürsprecher Gorbatschows im anfänglich zweifelnden Westen gemacht: »Nehmen wir Gorbatschow ernst, nehmen wir ihn beim Wort«, rief er im Februar 1987 von Davos aus der westlichen Staatengemeinschaft zu.[128] Und in der letzten Rüstungsdebatte des Ost-West-Konflikts, der Diskussion über die Modernisierung der Kurzstreckenraketen im westlichen Bündnis, ließ er sich wesentlich von den Hoffnungen leiten, die er auf Gorbatschow setzte.

Auf Genscher folgte im Sommer 1987 Richard von Weizsäcker. Wie beim Besuch des Außenministers erwies sich auch bei dem des Bundespräsidenten: Noch war das Gespräch mit Gorbatschow keineswegs einfach. »Es war harte Arbeit«, so lautet das Fazit Weizsäckers. »Es gab kein Thema ohne Empfindlichkeiten.«[129] Aber vom Willen, im Buch der deutsch-sowjetischen Beziehungen »eine neue Seite aufzuschlagen« – diese Formel kam nun in lebhaften Gebrauch –, war doch schon etwas zu spüren. Daß Gorbatschow im Gespräch mit Weizsäcker die Entscheidung über die deutsche Frage der Geschichte zuwies, mochte man als eine allererste Auflockerung der rigorosen sowjetischen Weigerung, über das Thema auch nur zu sprechen, auffassen. Honecker hatte 1971 erklärt, die Geschichte habe entschieden. Bei Gorbatschow hieß es nun offener, sie werde entscheiden.

1988 endlich durfte auch der Kanzler nach Moskau fahren. Er wußte, mit welchem Pfunde er zu wuchern hatte. In den Tagen seines Besuches wurde ein Abkommen über einen günstigen Kredit über drei Milliarden Mark zwischen einem Konsortium deutscher Banken und der Sowjetunion unterzeichnet – die Bonner Regierung hatte dabei nach Kräf-

Helmut Kohls Rang in der deutschen – und der europäischen – Geschichte wird vor allem durch drei Leistungen bestimmt: Er hat, indem er die Nachrüstung durchsetzte, in einem höchst kritischen Augenblick die Gefahr des Verlustes der Bündnisfähigkeit von der Bundesrepublik abgewendet. Er hat dem Prozeß der europäischen Integration wesentliche Impulse gegeben. Und er hat die Chance der Überwindung der deutschen Teilung, die die Geschichte ihm bot, genutzt. In gewissem Sinn hat er Deutschland und die Welt mit diesen historischen Leistungen überrascht.

Er kam aus der rheinland-pfälzischen Politik, in der er sich rasch und zielstrebig das Amt des Ministerpräsidenten erobert hatte, kannte aber die Welt jenseits der Grenzen seines Bundeslandes nur wenig. Seine Hauptstärke schien zu sein, daß er ein souveräner Taktiker der Macht war. Er war es auch – vom Anfang bis zum Ende seiner Karriere! Er hat sich Partei und Regierungsapparat auf eine Weise gefügig gemacht wie vor ihm – mit anderen Mitteln – nur Konrad Adenauer. Aber gerade auf dem ihm anscheinend so fremden Feld der Außenpolitik erwies sich, daß Kohl mehr war als nur ein Taktiker der Macht – ein Politiker nämlich, der sich historische Ziele zu setzen wußte, der strategisch denken und handeln konnte.

Die Begegnungen Kohls mit Gorbatschow im Juni 1989, im Februar 1990 und im Juli 1990 – die Aufnahme zeigt die beiden Politiker am 15. Juli 1990 in Archiz im Kaukasus –, die schließlich das sowjetische Einverständnis mit der Wiedervereinigung brachten, sind vielleicht die geschichtsträchtigsten Augenblicke seiner politischen Karriere gewesen. Sie sind zudem alle drei sehr charakteristisch für seinen Politikstil im Umgang mit anderen Regierenden: Er suchte die persönliche Nähe, warb um Vertrauen, versuchte politische Freundschaft aufzubauen. Er war damit sehr erfolgreich.

ten nachgeholfen. Im Juni 1989 erwiderte Gorbatschow, überall mit demonstrativer Sympathie, ja Begeisterung empfangen, den Besuch. Es war dieser Gegenbesuch, mit dem die »neue Seite« wirklich aufgeschlagen wurde.

Dabei waren nicht die elf Verträge, die man abschloß, das eigentlich Wichtige. Das eigentlich Wichtige war die gemeinsame Erklärung, mit der dieses deutsch-sowjetische Gipfeltreffen zu Ende ging. Schon beim Moskau-Besuch des Kanzlers hatte man verabredet, mit einer gewichtigen, der Zukunft zugewandten Kundgebung ein ungewöhnliches Zeichen setzen zu wollen. Monatelang war an dem Dokument gearbeitet worden. Was herauskam, war, gemessen an allem, was man bisher gemeinsam hatte sagen können, beinahe revolutionär zu nennen. Die Erklärung verkündete eine neue Ära der deutsch-sowjetischen Beziehungen, verkündete in einem ganz neuen Ton den Willen zu einer umfassenden Zusammenarbeit, den Willen, um es mit den Worten der Erklärung selbst zu sagen, der deutsch-sowjetischen Zusammenarbeit »eine neue Qualität zu verleihen«.[130] In keiner westlichen Hauptstadt hatte Gorbatschow bisher ein ähnliches Dokument unterzeichnet. Es war offensichtlich, daß er mehr als seinen Frieden mit Bonn gemacht hatte. Und es war auch offensichtlich, daß man in Bonn entschlossen war, in die deutsch-sowjetischen Beziehungen zu investieren.

Gewiß: Die von der Ostpolitik der sozial-liberalen Koalition gelegten Fundamente wurden in Erinnerung gerufen. Der Moskauer Vertrag wurde genannt – er bleibe die Grundlage für das Verhältnis beider Staaten. Die alten Berlin-Floskeln – strikte Einhaltung und volle Anwendung des Vier-Mächte-Abkommens – tauchten noch einmal auf. Auch sicherte Bonn noch einmal zu, daß es keine Destabilisierung wünsche – angesichts der polnischen Entwicklungen alles andere als eine Leerformel. Man darf diese Komponente der Übereinkunft nicht unterschätzen, auch wenn sie von der Wirklichkeit rasch überrollt wurde. Bonn blieb zunächst auf der Linie, daß den Beziehungen zur Sowjetunion der Primat zukomme und daß man im Interesse dieser Beziehungen den sowjetischen Interessen in Ostmitteleuropa nicht allzusehr in die Quere kommen dürfe. Aber die eigentliche Botschaft der Erklärung vom 13. Juni 1989 war doch die, daß man nach zwanzig Jahren Beinahe-Stillstand in den deutsch-sowjetischen Beziehungen einen Neuanfang machen wollte.

Wohin man gelangen wollte, war vermutlich nicht allen Beteiligten ganz deutlich. Helmut Kohl hat von einem langen Sommernachtsgespräch mit Gorbatschow im Garten des Kanzlerbungalows über dem Ufer des Rheins berichtet.[131] Von dem, was die Sowjetunion und die Bundesrepublik in Zukunft gemeinsam tun könnten, sei die Rede gewesen, einem »großen Vertrag«. Aber auch, sehr persönlich, von Kindheit und Krieg, Themen, die Kohl gern aufgriff, wenn er um Vertrauen warb. Und mitten darin habe er, Kohl, auf den breiten, ruhigen Strom weisend, die Wiedervereinigung ins Gespräch gebracht: Wie man den Rhein vorübergehend stauen könne, so könne Gorbatschow auch die Wiedervereinigung noch für viele Jahre aufhalten. Doch nicht auf Dauer. »So sicher, wie der Rhein zum Meer fließt, so sicher wird die deutsche Einheit kommen.« Gorbatschow habe nicht widersprochen.

War dies, wie Kohl meint, der entscheidende Augenblick in der Vorgeschichte der Wiedervereinigung? Sicher nicht in dem Sinn, daß Gorbatschow hier schon in Gedanken die

DDR preisgegeben hätte. Der Februar 1990 war noch weit weg. Aber vielleicht doch in dem Sinn, daß das nächtliche Gespräch ein Vertrauens-, ja Freundschaftsverhältnis zwischen den beiden Männern begründete, ohne das die Verhandlungen, die später zu führen waren, nicht so hätten geführt werden können, wie sie geführt worden sind. Dann wäre an diesem Juniabend tatsächlich ein bedeutender Schritt auf den 3. Oktober 1990 zu getan worden.

V.

Daß Deutschland nach 1945 ein anderes Land geworden sei, kann man am Ende des Jahrhunderts, zweimal 45 Jahre deutscher Geschichte gegeneinander wägend, mit einiger Sicherheit sagen. Ein anderes Land – das heißt nicht zuletzt eine andere Außenpolitik. Was anders, was neu an ihr war, läßt sich im Rückblick auf vierzig Jahre bundesrepublikanischer Präsenz auf der internationalen Bühne ziemlich exakt bestimmen. Zwischen 1871 und 1945 hat der deutsche Nationalstaat Europa fast ununterbrochen herausgefordert, durch naive und leichtfertige Machtpolitik vor 1914, durch den zähen Kampf gegen Versailles in den Weimarer Jahren, am Ende, nach 1933, durch eine monströse, verbrecherische Eroberungsstrategie. Er hat zu seinem Verhängnis nicht begriffen, nicht begreifen wollen, unter welchen Bedingungen seine Existenz mit den Interessen Europas vereinbar war. Erst nach 1945 hat jenes Deutschland, das seine Freiheit als Staat unter Staaten dann wiedergewann, hat die Bundesrepublik dauerhaft gelernt, außenpolitisch prinzipiell kooperativ und nicht konfrontativ zu denken und zu handeln. Die Bundesrepublik, so mag man es formulieren, hat die Staatsräson des Landes in der Mitte Europas neu definiert und das in einem neuen außenpolitischen Stil sichtbar gemacht.

Ihre Ziele waren nicht mehr Macht, Geltung, Rang im Staatensystem, durchzusetzen gegen konkurrierende Mächte, sondern Sicherheit und Wohlfahrt, angestrebt in Gemeinsamkeit mit anderen Mächten, den Demokratien Westeuropas und Nordamerikas an erster Stelle. Die Bundesrepublik hat ganz bewußt und von Anfang an die Zugehörigkeit zu den Staatengemeinschaften, in die sie hinein gegründet worden war, der europäischen und der atlantischen, zu einem Teil ihrer Identität gemacht, stärker als irgendein anderer Mitgliedstaat. Sie bestimmte, heißt das, ihre Interessen selbstverständlicher als andere auf diese Zugehörigkeiten hin und von diesen Zugehörigkeiten her – wofür sie natürlich gute Gründe hatte: Nur als fest in die Bündnisse der westlichen Welt eingegliederter Staat hatte das besiegte (West-)Deutschland ja so rasch in die Staatengemeinschaft zurückkehren können. Die Souveränitätsverzichte, mit denen Nachkriegsdeutschland schrittweise die Beinahe-Gleichberechtigung zurückgewann, waren immer zugleich Souveränitätsgewinne.

Wie denn überhaupt die Formel vom »anderen Land« nicht so verstanden werden darf, als habe ein geläutertes Nachkriegsdeutschland sich nur noch einem – wie immer definierten – internationalen Gemeinwohl verpflichtet gefühlt. Natürlich nicht! Die Bundesrepublik war Staat unter Staaten mit durchaus eigenen Interessen – im Ost-West-Konflikt wie im Prozeß der europäischen Einigung oder im Welthandel. Neu war ihre Antwort auf die

Frage, welches denn die Interessen Deutschlands seien. Neu war auch der außenpolitische Stil, der sich aus dieser Neubestimmung der westdeutschen Staatsräson entwickelte: nicht laut, nicht auftrumpfend, unehrgeizig, in allem die Übereinstimmung mit den wichtigen Partnern suchend, nur vorsichtig über das begrenzte europäische Feld hinausgreifend, immer bemüht zu zeigen, daß die Deutschen ihre Lektion gelernt hätten, verläßlich, berechenbar, bescheiden geworden seien. Das alles gilt natürlich nicht ohne Einschränkung, man braucht nur daran zu erinnern, daß die Bundesrepublik mit ihren Bündnispartnern gelegentlich ziemlich heftig aneinandergeraten ist. Aber es gilt im großen und ganzen.

Wenn es zutrifft, daß Deutschland in der zweiten Jahrhunderthälfte ein »anderes Land« geworden ist, auch und gerade in seiner Außenpolitik, dann heißt das: Deutschland hat unter dem Schock einer einzigartigen Katastrophe rasch und gründlich gelernt – zu spät, mag man hinzufügen, aber eben doch. Sehr viel Verdienst ist freilich nicht dabei. Nicht nur der Katastrophenschock, auch die Gunst der Umstände hat ihm das Lernen leichtgemacht. Die Umstände – das war der Ost-West-Konflikt, der die westlichen Siegermächte früh in eine Art von Partnerschaft mit dem besiegten Deutschland hineinzwang und es den Deutschen eben dadurch leichtmachte, politische Vernunft anzunehmen. Nur gemeinsam mit den Siegermächten konnte das westliche Deutschland eine »neue« Außenpolitik entwickeln. Nur gemeinsam mit den Siegern, so mag man es auch formulieren, konnte das besiegte Land lernen. Daß es nicht nur für den Augenblick lernte, sondern klug genug war, die Bedingungen seines Eintritts in die westliche Staatengemeinschaft dauerhaft als die Bedingungen seiner Zugehörigkeit zu dieser Staatengemeinschaft zu akzeptieren, bleibt dennoch seine Leistung.

»Gunst der Umstände« heißt im übrigen auch nicht, daß die beiden Grundentscheidungen der westdeutschen Außenpolitik – zwei in vier Jahrzehnten, mehr waren es nicht – so getroffen werden mußten, wie sie getroffen worden sind: die Entscheidung der frühen fünfziger Jahre für das Bündnis mit dem Westen, gegen den Versuch, die Einheit um den Preis der Neutralität zu retten, und die Entscheidung der Jahre 1969/70, einen Modus vivendi mit der Sowjetunion auf der Grundlage einer bedingten Anerkennung des Status quo auszuhandeln. Sie sind, wenn denn dem Historiker, der nur weiß, was geschehen ist, und nicht, »was geschehen wäre, wenn«, eine solche Feststellung erlaubt ist, richtig getroffen worden. Aber sie waren alles andere als unumstritten und hätten auch anders fallen können. Es waren keine einfachen Entscheidungen. Der westdeutsche Staat ist, so gesehen, einen Weg gegangen, der sich mehr als einmal gabelte.

Was heißt richtig? Richtig heißt im Blick auf die frühen Jahre: Jede andere Entscheidung hätte in der gegebenen Konstellation des Ost-West-Konflikts größere Risiken für Westdeutschland wie für Westeuropa in sich geborgen, größere Risiken auch für die Zukunft der Demokratie in Deutschland. Richtig heißt für die Weichenstellung von 1969/70: Die anhaltende Weigerung, den unumgänglichen Preis für einen Modus vivendi mit dem Osten zu zahlen, hätte die Bundesrepublik in den siebziger Jahren sehr rasch in die völlige Isolation führen können.

Ob die Bundesrepublik mit der einen oder der anderen Grundentscheidung, vielleicht

Am 24. September 1990 unterzeichnete Bundespräsident Richard von Weizsäcker den Einigungsvertrag. Der Auftrag, den die Präambel des Grundgesetzes der Bundesrepublik mit auf den Weg gegeben hatte, war nach 41 Jahren erfüllt.

Man kann die vier Jahrzehnte westdeutscher Außenpolitik so verstehen, daß in ihnen jenes vorsichtige Vertrauen der Welt in Deutschland allmählich aufgebaut wurde, das Deutschland 1989/90 brauchte und fand.

auch mit beiden, dazu beigetragen hat, daß der Ost-West-Konflikt so ausging, wie er ausging, ist eine andere Frage. Viel spricht dafür, daß Kommunismus und Sowjetimperialismus sich selbst zugrunde gerichtet haben. Aber niemand konnte dessen von vornherein sicher sein. Der Westen brauchte eine Strategie, den Konflikt fast ein halbes Jahrhundert durchzustehen. Und er brauchte die Bundesrepublik für diese Strategie. Sie hat ihren Part gespielt, mit wachsender Selbständigkeit, aber immer loyal.

Der Vorwurf, der im nachhinein gelegentlich erhoben worden ist, die Bundesrepublik habe es sich im Schatten der Pax Americana bequem gemacht und Geld verdient, ist denn auch ganz verfehlt. Der westdeutsche Staat, dort gelegen, wo der Ost-West-Konflikt die Welt teilte, hat eine beträchtliche Last in diesem Konflikt getragen. Man braucht sich nur der Nachrüstungsentscheidung zu erinnern, dann hat man diese Last deutlich vor Augen.

Damit ist auch gesagt, daß das Etikett »Handelsstaat«, das man der Bundesrepublik aufgeklebt hat, die Wirklichkeit nur halb trifft. Sie wäre vielleicht gerne nichts als ein »Handelsstaat« gewesen. Und es ist wahr, daß sich ihr Einfluß in der Welt zum größten Teil auf ihre Potenz als Wirtschaftsgroßmacht gründete. Aber als Schlüsselstaat im atlantischen Bündnis hatte sie eben auch sicherheitspolitische Verantwortung zu tragen. Sie hat sich ihr nicht verweigert. Überhaupt wird man den außenpolitischen Erfolg der zweiten deutschen Republik am einfachsten so erklären können: Sie hat sich der Wirklichkeit gestellt – in einem doppelten Sinn. Sie ist den Anforderungen der Wirklichkeit nicht ausgewichen. Und sie hat sich nicht, wie Deutschland es so oft und so verhängnisvoll getan hatte, selbst überschätzt.

Dritter Teil
Die Bonner Republik – Demokratie in Deutschland

9. Institutionen

Das Gründungsjahrzehnt

I.

Wie der Bericht über die Zwischenjahre endet, so muß der über die Bonner Republik beginnen: Als sie ins Leben trat, im Spätsommer 1949, war das Ärgste schon durchgestanden. Daß die zweite deutsche Demokratie die Katastrophenlast der frühen Nachkriegsjahre nicht hat mittragen müssen, hat ihr, daran ist kein Zweifel, in ihren Anfängen entscheidend geholfen. Aber die Erfolgsgeschichte, die damals begann, darf nicht vergessen machen, daß die Bedingungen für das Experiment Demokratie auch 1949 noch alles andere als günstig waren. Von den etwa fünfzig Millionen Menschen, die sich in den drei Westzonen drängten,[1] waren fast zehn Millionen aus dem Osten vertrieben oder aus der Sowjetischen Besatzungszone geflüchtet, die meisten von ihnen vier Jahre nach Kriegsende noch immer in provisorischen, elenden Lebensverhältnissen auf den Tag der Rückkehr wartend. Millionen daneben, die, von der großen Katastrophe auf andere Weise an den Wurzeln ihrer Existenz getroffen, sicheren Boden unter den Füßen noch nicht wieder gefunden hatten: Kriegsversehrte, Heimkehrer aus langer Gefangenschaft, Kriegssachgeschädigte, wie es im Behördendeutsch hieß, die vielen Witwen. Zwar wurde nicht mehr so gehungert wie in den frühen Nachkriegsjahren, aber die Wohnungsnot war unverändert verheerend. Noch waren die Städte – inzwischen aufgeräumte – Ruinenfelder. Statistisch entfielen auf drei Haushalte knapp zwei Wohnungen, und was für Wohnungen! Die Arbeitslosigkeit lag bei 10,3 Prozent, mit steigender Tendenz.

Auch an andere Zahlen ist zu erinnern. Man schätzt, daß bei Kriegsende sechseinhalb Millionen Deutsche Mitglieder der NSDAP waren. Was hatte die westdeutsche Demokratie von ihnen zu erwarten? Immerhin meinten zur Zeit der Beratungen des Parlamentarischen Rates noch mehr als die Hälfte der Deutschen (57 Prozent), der Nationalsozialismus sei eine gute Idee gewesen, leider schlecht ausgeführt. Nur 28 Prozent sahen das anders. Und vierzig Prozent erklärten, die zukünftige westdeutsche Verfassung sei ihnen gleichgültig.[2] Daß die Bonner Republik trotz all dieser – so mußte man es 1949 sehen – Gefährdungen ihren Weg von vornherein mit unvergleichlich viel besseren Chancen, unvergleichlich viel leichteren Hypotheken antrat als die Weimarer, hat sich erst im Rückblick deutlich erkennen lassen.

Wie sah ihre Grundausrüstung aus? Da ist zuerst und vor allem die Verfassung zu nennen. Vergleicht man die frühen Verfassungsentwürfe aus den ersten Nachkriegsjahren, die noch das wiederherzustellende »Reich« im Blick hatten, mit dem Grundgesetz, so fällt auf, wie nah Weimar anfangs noch war. Auch für die Landesverfassungen der Jahre 1946/47 gilt das, trotz mancher neuer Ansätze. Erst für das Grundgesetz läßt sich sagen, daß es mehr war

Bonn – ein Provisorium? Die kleine, wenig zerstörte Residenz- und Universitätsstadt wurde zunächst von den Ministerpräsidenten zum Tagungsort des Parlamentarischen Rates bestimmt – Karlsruhe und Celle waren Mitbewerber gewesen. Der Parlamentarische Rat entschied sich dann sehr knapp (mit 32 gegen 29 Stimmen) für Bonn und gegen Frankfurt als Regierungssitz. Diese Entscheidung hat der Bundestag am 2. November 1949 mit 200 gegen 176 Stimmen bestätigt. Dabei hat eine Rolle gespielt, daß Bonn besatzungsfrei war, Frankfurt nicht. Daß die Bundesrepublik sich eine weit im Westen, idyllisch am Rhein gelegene, an der deutschen Geschichte bis dahin gleichsam unbeteiligte Provinzstadt zur Hauptstadt gewählt hat, ist im Laufe der Jahre immer mehr als eine symbolische Entscheidung verstanden worden. Das Bild zeigt den Plenarsaal einen Tag vor Eröffnung des ersten Bundestages im September 1949.

als eine da und dort korrigierte Weimarer Verfassung. Erst im Grundgesetz gewann eine neue, auf charakteristische Weise von der Katastrophenerfahrung geprägte Konzeption des demokratischen Verfassungsstaates Gestalt. Der Zwang zur Nüchternheit, ja Kargheit, der für die Staatsgründer, die keine Staatsgründer sein wollten und durften, vorgegeben war, mag durchaus hilfreich gewesen sein. Er verbot ihnen jene wortreichen politischen Deklamationen, in denen die Landesverfassungen je nach vorherrschender Weltanschauung ihre Lehren aus der Vergangenheit gezogen hatten, und verwies sie auf das Wesentliche: die Institutionen.

Das Grundgesetz als eine von Katastrophenerfahrung geprägte Verfassung: Das gilt für das neu austarierte Verhältnis zwischen demokratischem und rechtsstaatlichem Prinzip, wie es in den aller Staatsgewalt verbindlich vorgegebenen Grundrechten, in der weit ausgedehnten Kontrollbefugnis der Gerichte (Art. 19 Abs. 4), in der Einrichtung des Bundesverfassungsgerichts schließlich und vor allem festgeschrieben wurde. Es gilt für das Bemühen, der parlamentarischen Regierungsweise die notwendige Effizienz und Stabilität zu geben: durch Stärkung des Parlaments auf der einen Seite, das in die strenge Pflicht der alleinigen Verantwortlichkeit für die Existenz einer handlungsfähigen Regierung genommen, dem zugleich aber auch gegen alle Drohungen der Auflösung weitgehend Sicherheit gegeben wurde; durch Stärkung der Regierung auf der anderen Seite, des Bundeskanzlers im besonderen, der neben der Richtlinienkompetenz auch das Recht erhielt, sich seine Minister auszuwählen, und durch die originelle – als Innovation hoch, vielleicht zu hoch gerühmte – Regel des »konstruktiven Mißtrauensvotums« gegen destruktive Parlamentsmehrheiten abgeschirmt wurde.[3] Und es gilt natürlich für den Versuch, die Demokratie gegen ihre Feinde, verfassungsfeindliche Parteien zumal, stark zu machen; aber auch gegen sich selbst, und zwar in jener Bestimmung, die in Erinnerung an das Ermächtigungsgesetz die Grundnormen der Verfassung dem Zugriff selbst verfassungsändernder Mehrheit entzieht (Art. 79 Abs. 3). Weimar ist auf Schritt und Tritt als negative Folie gegenwärtig.

Wie hätte es anders sein können? Der Parlamentarische Rat war keine Versammlung junger Menschen, die Agonie der ersten Republik lag keine zwei Jahrzehnte zurück, fast alle Abgeordneten hatten sie als erwachsene Menschen durchlebt.[4] Der Wille, aus dieser Erfahrung zu lernen, mußte der bestimmende Impuls für den Verfassungsgesetzgeber sein. Übrigens haben alle drei genannten verfassungspolitischen Weichenstellungen des Parlamentarischen Rates bedeutende, die Bonner Republik prägende – wenn auch ambivalente – Wirkungen gehabt.

Nächst der Verfassung sind, wenn von der Grundausstattung der Bonner Demokratie die Rede ist, die Parteien zu nennen. Sie standen bereit, als die Republik ihren Weg antrat, hatten sich seit 1945 auf den Augenblick vorbereitet, der nun gekommen war, hatten die Republik selbst mitgegründet. Die beiden wichtigsten, für die deutsche Nachkriegsgeschichte konstitutiven Entscheidungen auf diesem Felde waren, wie wir bereits wissen, längst vor 1949 gefallen: die Absage der Sozialdemokraten an die Kommunisten und die Entscheidung des politischen Katholizismus, nicht wieder den Zentrumsweg einzuschlagen, sondern eine überkonfessionelle christliche Volkspartei zu gründen. Auch hatten, wie sich herausstellen sollte, die Landtagswahlen der Jahre 1946/47 eine wichtige Frage schon im voraus beantwortet: die neue Christlich Demokratische Union und die SPD würden die beiden die politische Szene beherrschenden Parteien sein.

Von einer stabilen Konstellation konnte 1949 freilich noch keine Rede sein, schon deshalb nicht, weil die Zahl der Parteien sich seit jener ersten Runde von Nachkriegswahlen bedeutend erhöht hatte. Auch die Bundestagswahl vom 14. August 1949 ließ die genaueren Konturen des zukünftigen Parteiensystems noch nicht deutlich sichtbar werden. Als Wahl im Übergang von der Weimarer zur Bonner Demokratie hat man sie beschrieben.[5] Die beiden Großen fielen um nicht weniger als fünf Prozentpunkte hinter die 1946/47 erreichten Positionen zurück; neben den erstarkten Liberalen gelang es einem guten halben Dutzend kleiner Parteien, mehr als zwanzig Prozent der Stimmen auf sich zu vereinen; auch parteilose Kandidaten erzielten einige bemerkenswerte Erfolge – ein Ergebnis, alles in allem, das viele an die Weimarer Verhältnisse erinnerte. Aber wer genauer hinsah, konnte doch auch schon ein Stück weit in eine ganz andere Zukunft sehen: zwei klar dominierende Parteien mit einem Stimmenanteil von immerhin sechzig Prozent, darunter eine nicht mehr konfessionsgebundene christlich-bürgerliche Partei, die den Ausbruch aus dem alten Zentrumsghetto geschafft und in den nicht-katholischen Gebieten der Republik definitiv Fuß gefaßt hatte, wenn sie auch einstweilen noch eine vorwiegend ländlich-katholische Partei war, die CSU übrigens deutlich stärker als die CDU.

Eine Wahl zwischen Vergangenheit und Zukunft also, aber doch auch eine Wahl, die Weichen stellte: Das Ergebnis schloß eine sozialdemokratisch geführte Regierung mit sozialistischem Wirtschaftsprogramm aus, nicht nur weil die SPD knapp hinter der CDU/CSU zurückgeblieben war, sondern auch weil es für ein solches Programm keine Koalitionspartner gab. Was sich schon 1946/47 in der ersten Wahlrunde angekündigt hatte, war nun entschieden. Schumacher hatte den Kampf um die Mehrheit im Nachkriegs-(West-)Deutschland verloren. Seine Erwartung, die Deutschen, verelendet und entwurzelt, seien durch das Kriegs- und Nachkriegsschicksal zu einem Volk von Proletariern geworden, das sich notwendig dem Sozialismus zuwenden werde, hatte dramatisch getrogen. Die sozialistische Programmatik, vor allem von Schumacher selbst in überscharfer Klassenkampfrhetorik präsentiert, war nicht mehrheitsfähig. Zählt man die für die SPD und für die KPD abgegebenen Stimmen zusammen, so ergibt sich von 1946/47 bis 1949 ein Rückgang um fast zehn Prozentpunkte – von 45 auf 35 Prozent.

Möglich war nach dem 14. August 1949 nur noch eine unionsgeführte Koalition der rechten Mitte oder eine unionsgeführte Große Koalition. Hätte die Geschichte der Bundesrepublik einen anderen Verlauf genommen, wenn es 1949 zur Großen Koalition gekommen wäre? Es fällt angesichts des erbitterten Streites über die Erhardsche Wirtschaftspolitik und, schon im Herbst 1949 ausbrechend, über die Adenauersche Westpolitik schwer, sich eine handlungsfähige und halbwegs konsistent agierende Große Koalition auch nur vorzustellen. Und noch schwerer fällt es, sich die beiden feindlichen Autokraten Adenauer und Schumacher gemeinsam regierend zu denken. Trotzdem war die Entscheidung für die kleine Koalition für viele Zeitgenossen keineswegs eine Entscheidung ohne Alternative. So wie sie fiel, hat sie das Fundament für die Politik des ersten Jahrzehnts gelegt. Und da die Politik dieses ersten Jahrzehnts, was von da an die Bundesrepublik war, wesentlich geschaffen hat, muß man die Koalitionsentscheidung von 1949 zu den Gründungsentscheidungen der Republik rechnen.

Adenauers Anteil an ihr ist mit Recht hoch veranschlagt worden. Er hat die kleine Koalition gewollt, hat mit Energie und List für sie gekämpft, mit ihr seinen zielstrebig verfolgten Anspruch auf die Kanzlerschaft verknüpft. Daß seine Partei ihm folgte und sich gegen die große Koalition entschied, war durchaus nicht selbstverständlich. Gewiß war die kleine Koalition schon – folgenreich – im Wirtschaftsrat praktiziert worden, aber das eigentliche politische Grundmuster der Nachkriegszeit war doch die große Koalition gewesen, nicht selten zur Allparteienregierung erweitert. 1949 wurden immerhin noch sieben von zwölf Ländern (Berlin eingeschlossen) von CDU und SPD gemeinsam regiert. Der Gedanke, daß man auf dem schweren Weg in eine ganz ungewisse Zukunft besser alle Kräfte bündle, lag nahe. Es waren auf beiden Seiten vor allem die Landespolitiker, die so argumentierten, die Ministerpräsidenten, in Adenauers Partei an erster Stelle Karl Arnold, neben ihm Peter Altmeier, Gebhardt Müller aus dem Süden und Werner Hilpert, der Stellvertreter des hessischen Ministerpräsidenten.

Man darf die Rolle Adenauers aber auch nicht überzeichnen. Auf der legendären Rhöndorfer Zusammenkunft führender Unionspolitiker vom 21. August hatte er die Mehrheit von Anfang an auf seiner Seite, auch wenn manche das später ganz anders in Erinnerung hatten.[6] Und vor allem: Adenauer und Schumacher arbeiteten einander zu. Auch Schumacher, der große Gegenspieler, entschied sich unter dem Eindruck der verlorenen Wahl gegen die große Koalition, für die Opposition, und legte die Partei – gegen einigen Widerstand – sehr rasch auf seinen Kurs fest. Keine Mitregierung der SPD im zweiten Glied – auch hinter dieser Maxime stand die Erinnerung an Weimar. Auf beiden Seiten also waren die Anhänger eines Not- und Zweckbündnisses der beiden großen Parteien in der Minderheit.

Es war vor allem die Wirtschaftspolitik Ludwig Erhards, die Union und SPD trennte. Die CDU/CSU hatte sich inzwischen ganz und gar mit ihr identifiziert, hatte mit ihren ersten Erfolgen im Wahlkampf geworben, während die Sozialdemokraten ebenso entschieden auf ihrem Nein zu dieser Politik beharrten. Auch wenn für Adenauer persönlich andere Gründe gewichtiger waren, Erhard war sein stärkstes, wieder und wieder vorgebrachtes Argument gegen die große Koalition. In seiner Regierungserklärung sprach er es deutlich aus und zog ausdrücklich eine Linie von der Koalitionsbildung im Frankfurter Wirtschaftsrat zur Koalitionsbildung im ersten Bonner Parlament: »Die Politik des Frankfurter Wirtschaftsrates, die Frage ›Soziale Marktwirtschaft‹ oder ›Planwirtschaft‹ hat so stark unsere ganzen Verhältnisse beherrscht, daß eine Abkehr von dem Programm der Mehrheit des Frankfurter Wirtschaftsrates unmöglich war. Die Frage ›Planwirtschaft‹ oder ›Soziale Marktwirtschaft‹ hat im Wahlkampf eine überragende Rolle gespielt. Das deutsche Volk hat sich mit großer Mehrheit gegen die Planwirtschaft ausgesprochen.«[7] Die große Koalition und zugleich die Fortführung der Erhardschen Politik zu wollen, war demgegenüber in der Tat kein schlüssiges Programm. Adenauer hatte schon recht, wenn er die kleine Koalition aus der Logik der Weichenstellungen von 1948 herleitete. Sie war so gesehen zuerst und vor allem eine antisozialistische Koalition und ist auch als solche von allen Partnern, der Union wie den Liberalen und der kleinen DP, verstanden und verabredet worden.[8]

Es war eine der hilfreichen Fügungen des Anfangs, daß zu den Absprachen über die kleine Koalition auch die gehörte: Theodor Heuss, der erste Mann der Liberalen, solle Bundespräsident werden. Heuss brachte nicht nur die Erfahrungen eines Weimarer Parlamentariers, sondern auch schriftstellerische und künstlerische Neigungen, historische Bildung, dazu ein nicht aufs Förmliche gestütztes Talent zu gelassen-würdiger Repräsentation mit. Es ist ihm gelungen, das Amt glücklich, eher politikfern zu prägen. Seine nachdenklichen, immer unpathetischen Reden, oft mit einer Andeutung von Ironie gewürzt, sein freundlicher schwäbischer Baß haben der Republik ein Stück ihrer frühen Identität gegeben.

Von allen Entwicklungen des ersten Jahrzehnts war für die Bonner Demokratie keine bedeutsamer als die Entstehung des Parteiensystems, das die Geschichte der Republik dann dreißig Jahre lang bestimmen sollte. 1949 zeichnete es sich allenfalls als eine von mehreren Möglichkeiten ab. 1957 war es, wenn auch einstweilen noch stark asymmetrisch, in seiner Grundstruktur bereits deutlich ausgeprägt. Die CDU/CSU hatte den gewaltigen Sprung von 31 auf 50 Prozent der Wählerstimmen getan, ein Hochplateau, auf dem sie sich von da an behaupten sollte – unter 44 Prozent ist ihr Anteil in den acht nachfolgenden westdeutschen Bundestagswahlen nicht mehr gesunken. Die vielen kleinen Parteien waren so gut wie verschwunden, wobei am rechten wie am linken Rand Verbotsurteile des Bundesverfassungsgerichtes – 1952 gegen die Sozialistische Reichspartei (SRP) und, zögerlich ausgesprochen, 1956 gegen die KPD – nachgeholfen hatten. Die Liberalen hatten sich zwischen den beiden Großen behauptet. Und die SPD war im Begriff, die Konsequenzen aus dem Triumph des Gegners zu ziehen und die ersten Schritte des eigenen Aufstiegs zu tun.

Der – auch im internationalen Vergleich – überragende Erfolg der Union ist das Grunddatum der Demokratiegeschichte der frühen Bundesrepublik. 45,2 Prozent der Stimmen in der zweiten Bundestagswahl, 50,2 Prozent dann in der dritten – man muß angesichts dieser Zahlen daran erinnern, daß die bis dahin erfolgreichste Partei der deutschen Geschichte, die NSDAP, es nicht einmal im März 1933, als ihre Diktatur doch schon in vollem Aufbau war, so weit gebracht hatte. Man muß auch daran erinnern, daß 1949 die DP in Niedersachsen und Bremen, die FDP in Hessen noch mehr Wähler hatten als die CDU. Übrigens sah es in Bayern ähnlich aus: Die CSU hatte 1949 ganze neun Prozentpunkte Vorsprung vor der Bayernpartei. Erst in den Erfolgen von 1953 und 1957 war die Integrationsleistung, mit der die Union so wesentlich zur westdeutschen Demokratiegründung beigetragen hat, erbracht: Eine ihrer Herkunftsprägung nach katholische Partei war zu einer überkonfessionellen christlichen Volkspartei geworden, einer christlichen Volkspartei der rechten Mitte, der es – in Weimarer Begriffen – gelungen war, Wählerklientele vom Zentrum bis hin zur Deutschnationalen Volkspartei zusammenzuführen und an sich zu binden.

Dabei hat der Partei natürlich geholfen, daß Konservativismus und Nationalismus in ihrer traditionellen deutschen Gestalt viel zu kompromittiert waren, als daß sie die politische Bühne so ohne weiteres wieder hätten betreten können. Etwas schärfer formuliert: Die nationalistische Rechte, die in wechselnden Formationen mehr als ein halbes Jahrhundert lang den Gang der deutschen Geschichte so verhängnisvoll bestimmt hatte, hatte endlich abgewirtschaftet. Das schuf rechts von der Mitte Raum für neue Entwicklungen. Aber selbstverständlich war der Erfolg der Union deshalb noch lange nicht. Zumal die Frage, ob die protestantische Wählerschaft sich für die Partei gewinnen lassen werde, wurde jedenfalls bis 1953 in der CDU durchaus sorgenvoll gestellt. Gustav Heinemanns protestantisch geprägte Gesamtdeutsche Volkspartei beunruhigte Adenauer im Vorfeld der Bundestagswahlen von 1953 ganz erheblich. Aber mag der Erfolg auch nicht selbstverständlich gewesen sein, im Rückblick ist er doch einfach zu erklären: Die Union war so erfolgreich, weil die junge Bundesrepublik so über alle Erwartung hinaus erfolgreich war. Ihr, der regierenden Partei in den Jahren des Neuanfangs, wurde das »Wunder« des dramatisch steilen Wiederaufstiegs aus der Katastrophe, das ja viel mehr als nur ein »Wirtschafts«-Wunder war, zugerechnet – bei aller unbestreitbaren Gunst der Umstände gewiß nicht ganz zu Unrecht. Zugerechnet wurde dieser unglaubliche Wiederaufstieg zuerst und vor allem dem Patriarchen, dem politischen Vater der Republik, der Konrad Adenauer von 1953 an jedenfalls für die Mehrheit der Deutschen war, und erst über ihn der Partei, die er führte. Auf seinem Felde gilt das ähnlich für Ludwig Erhard, die andere große politische Symbolfigur in der Erfolgsgeschichte der frühen Bundesrepublik.

Die Union der fünfziger Jahre war denn auch mehr Gefolgschaft des Kanzlers als Partei, und nur als Gefolgschaft war sie dem Kanzler wichtig. Als sie 1949 die Regierung übernahm, hatte die CDU sich als Bundespartei noch nicht einmal konstituiert, besaß auch kein Parteiprogramm. Und dabei blieb es in einem abgeschwächten Sinne bis in die späten Adenauer-Jahre. Mitgliederschwach, als Organisation präsent nur in den starken Landesverbänden, in der Bundestagsfraktion in strikter Loyalität auf den Kanzler ausgerichtet, hat die Partei als Partei in der Ära Adenauer wenig politisches Eigengewicht gewonnen. Daß die Fraktion in einer Frage von Bedeutung ihren eigenen Willen hartnäckig dem des Kanzlers entgegensetzte, geschah zum ersten Mal in der Präsidentschaftsaffäre 1959, als sie darauf bestand, Erhard müsse Nachfolger Adenauers werden, wenn Adenauer Bundespräsident werde. Ein Programm, das diesen Namen verdient, hat die Partei sich erst 1968 gegeben. Es war die Politik Adenauers und Erhards, die der CDU ihr Programm gab, nicht umgekehrt; eine Politik freilich mit einem durchaus programmatischen Anspruch und Duktus und deshalb wohl geeignet, einer Partei ein Profil, mehr noch: politische Identität zu geben. Europäische Integration, Westbindung, Soziale Marktwirtschaft, Wiederaufbau sind Stichworte, die den Sachverhalt verdeutlichen. Das »Christliche« hat in diesem Profil übrigens nie sehr deutliche Konturen gewonnen.

Man mag das alles als Schwäche der Partei interpretieren. Aber diese »Schwäche« ist Teil der Erfolgsgeschichte. Weil sie so erfolgreich war, brauchte die Partei nicht den Ehrgeiz zu entwickeln, mehr sein zu wollen als Gefolgschaft. Und daß sie nichts anderes war und sein wollte als Gefolgschaft, Kanzlerpartei, war eines der Geheimnisse ihres Erfolges. Als Kanzlerpartei, vielleicht nur als Kanzlerpartei, konnte sie Volkspartei werden. Ob sie hätte überleben können, wenn sie ihren Weg in der Opposition hätte beginnen müssen, steht dahin. Gefolgschaft heißt im übrigen nicht, daß die Partei arm an politischen Talenten gewesen wäre. Das war sie gerade in den fünfziger Jahren keineswegs, weder in der Bundestagsfraktion noch in den Ländern. Sonst hätte sie so erfolgreich nicht regieren können. Aber auch mit ihren gewichtigsten Figuren – Ehlers, Brentano, Gerstenmaier, Schröder, um nur eine Handvoll Namen zu nennen – blieb sie jedenfalls bis zum Ende der fünfziger Jahre doch eine Adenauer-Partei.

Wie haben die Sozialdemokraten auf den überwältigenden Erfolg der CDU/CSU reagiert? Sie hatten geglaubt, allen voran Kurt Schumacher selbst, von der Geschichte berufen zu sein, Nachkriegsdeutschland nach ihrem Bilde aufzubauen. Die Wahlen von 1949 hatten sie um den historischen Auftrag gebracht. Von Wahl zu Wahl fielen sie weiter hinter die CDU/CSU zurück – 1949 waren es zwei Prozentpunkte gewesen, 1953 wurden es sechzehn, 1957 achtzehn. Was war da zu tun?

Was in dieser Serie von Wahlniederlagen zutage trat, war im Kern ein zweifacher Zusammenstoß der Partei mit der Wirklichkeit. Über das eine der beiden großen Ziele sozialdemokratischer Nachkriegspolitik, Aufbau des demokratischen Sozialismus, war die Geschichte, als die Bundesrepublik ins Leben trat, schon hinweggegangen. An dem anderen, Bewahrung der Einheit Deutschlands, ging sie, wenn nicht schon früher, dann jedenfalls in den ersten Jahren der Bundesrepublik endgültig vorüber. Mit dem Sozialismus hatte die SPD 1949 die Erfahrung gemacht, daß die Mehrheit der Wähler für ihn nicht mehr zu gewinnen war. Und sie hat dann mit ansehen müssen, daß der Kapitalismus in Gestalt der Sozialen Marktwirtschaft an der ungeheuren Aufgabe, das zerstörte Deutschland aufzubauen, wider alle Erwartung nicht nur nicht scheiterte, sondern sie, alles in allem, glänzend bewältigte. Wie lange sollte man gegen den Strom einer erfolgreichen Marktwirtschaft weiter anschwimmen? Was die Einheit Deutschlands angeht, so hat der verzweifelte Kampf der Sozialdemokraten für den Primat der Wiedervereinigung Deutschlands vor der Westintegration Westdeutschlands, für die – wie auch immer zu bewerkstelligende – Ausgliederung Deutschlands aus dem Ost-West-Konflikt also, gegen die diesem Konflikt innewohnenden, doch wohl unwiderstehlichen Tendenzen zur Verfestigung der Systemgrenzen der jungen Bundesrepublik ihr erstes großes politisches Thema gegeben. Aber Mitte der fünfziger Jahre hatte auch dieser Kampf keine Chance mehr. Wie lange sollte die Partei gegen die harten Realitäten der geteilten Welt des Ost-West-Konflikts noch anrennen?

Die Erfahrung der Niederlagen mußte zum Nachdenken über den Zusammenstoß der Partei mit der Wirklichkeit führen und das Nachdenken über den Zusammenstoß mit der Wirklichkeit zu der Frage, ob nicht – über einzelne Kurskorrekturen hinaus – die Zeit für eine gründliche Neubesinnung gekommen sei. Mit dieser Aufgabe hat die Partei sich nicht leichtgetan, konnte sie sich nicht leichttun. Denn in einer Programmpartei wie der SPD geht es in jeder Programmdiskussion um nicht weniger als ihre Identität. Freilich hatten die Neuerer keineswegs nur mit dem Einspruch derer zu tun, die an der überlieferten politischen Dogmatik festhalten wollten, sondern mehr wohl noch mit der Beharrlichkeit derer, die eine vertraute politische Lebenswelt, ein Stück Heimat verteidigten. »Ich stehe und falle mit der roten Fahne der Sozialdemokratie«, schrieb einer aus der alten Garde, als Fritz Erler 1953 vorsichtig die Farben Schwarz-Rot-Gold ins Parteigespräch brachte.[9] In diesem pathetischen Protest wird viel von dem deutlich, was die Sozialdemokratie an ihre eigene Vergangenheit band.

Einfach also war das Umdenken nicht, eine Zerreißprobe für die Partei wurde es freilich auch nicht. Der frühe Tod Kurt Schumachers, er starb 1952 im Alter von 57 Jahren, öffnete eine Tür. Es ist schwer vorstellbar, daß die Partei unter seiner Führung den Weg nach Godesberg hätte gehen können, hatte er selbst mit seiner ganzen charismatisch-strengen Autorität der Partei doch die Richtung gewiesen, in der es jetzt kein Weiter mehr gab. Die Diskussion kam freilich nicht rasch in Gang. Schumachers Nachfolger Erich Ollenhauer, bald nach dem Kriege aus dem Londoner Exil heimgekehrt, war kein Mann der Reform, sondern ganz und gar ein Repräsentant sozialdemokratischer Tradition mit ihren Stärken und Schwächen. Auch die Niederlage von 1953 setzte noch nicht viel in Bewegung. Erst der Schock von 1957 gab der Partei den entscheidenden Stoß, er gab den Reformern ihre Chance in der Partei. Zwei personalpolitische Weichenstellungen aus dem Herbst 1957 zeigen das deutlich an. Die Bonner Fraktion, merklich verjüngt, in ihrer Mehrheit reformgeneigt, in der Partei zunehmend gewichtiger, gab ihrem Vorsitzenden Ollenhauer eine neue Stellvertretertrias zur Seite, die dann im Reformprozeß eine herausragende Rolle spielen sollte: Carlo Schmid, Fritz Erler, Herbert Wehner. Fast gleichzeitig wurde in Berlin Willy Brandt zum Regierenden Bürgermeister gewählt, auch er ein Mann, der die Partei aus der Kollision mit der Wirklichkeit herauszuführen entschlossen war.

Vier Namen, vier ganz unterschiedliche sozialdemokratische Lebensläufe – sie sagen etwas aus über die Verschiedenartigkeit der Kräfte, Impulse, Erfahrungen, die den Erneuerungsprozeß vorwärtsgetrieben haben: Carlo Schmid, einflußreicher Außenseiter in der SPD, war eigentlich ein Mann der Wissenschaft, erst seit 1945 Sozialdemokrat, ohne intellektuelle oder emotionale Bindungen an die marxistische Tradition der Partei; Fritz Erler, der in den Zuchthäusern des Dritten Reiches gesessen hatte, kam vom linken Flügel der Sozialdemokratie her, war aber in der Begegnung mit der Nachkriegswelt und dem, was sie dem Politiker aufgab, rasch aus allen dogmatischen Bindungen herausgewachsen; Herbert Wehner, Weimarer Kommunist, war nach düsteren Moskauer Emigrationsjahren Sozialdemokrat geworden und in der Partei schon in den fünfziger Jahren eine Autorität, ohne die, wie Carlo Schmid rückblickend schrieb, »nichts versucht werden konnte, was den Traditionalisten als ein Bruch mit der hundertjährigen Parteitradition hätte erscheinen können«;[10] schließlich Willy Brandt, ursprünglich wie Erler ein Linker, der durch die Emigration, die Lehrjahre in der Welt der skandinavischen Sozialdemokratie geprägt war und nach dem Kriege dann im exponierten West-Berlin seinen Standort gefunden hatte. Auch die Namen Willi Eichler und Heinrich Deist gehören hierher, der theoretische Kopf der Reformer der eine, ihr Wirtschaftsexperte der andere, der wie niemand sonst daran gearbeitet hat, die Partei aus ihrer Fixierung auf die Eigentumsfrage herauszuholen und ihr die Augen für den Zusammenhang zwischen Markt und Freiheit zu öffnen. Die Konfrontation mit der Wirklichkeit war es eben nicht allein, die die Partei vorwärtsbrachte. In Bewegung gesetzt hat sie das Zusammenspiel zwischen dem Druck der Verhältnisse und dem hartnäckigen Reformengagement einzelner.

Der Stuttgarter Parteitag von 1958 setzte erste deutliche Zeichen des Wandels vor allem im Organisatorischen: Hatten bis dahin die hauptamtlichen Funktionäre den Vorstand beherrscht, so gewannen jetzt die Parlamentarier der Partei in Vorstand und Präsidium das Übergewicht. Ein gutes Jahr später, im November 1959, wurde nach einer breiten, aber wenig dramatischen Parteidiskussion das neue Grundsatzprogramm in Bad Godesberg verabschiedet, das dann genau dreißig Jahre gegolten hat. Von allen Programmen, die die Parteien der Bundesrepublik sich gegeben haben, hat sich nur dieses Godesberger Programm der SPD – zumindest mit seinem Namen – dem Bewußtsein der Öffentlichkeit eingeprägt.

Das klare Votum des außerordentlichen Parteitags der SPD, der sich vom 13. bis zum 15. November 1959 in Bad Godesberg versammelte, für ein neues Parteiprogramm war in der Tat eine Entscheidung, »mit der Zeit zu gehen«.

Immerhin hat es nach der ersten knappen Wahlniederlage 1949 zehn Jahre gedauert, bis die Einsicht in die Notwendigkeit programmatischer Erneuerung sich in der Partei durchgesetzt hatte. Daß innerhalb eines Jahrzehnts der Marxismus wieder zu Ehren kommen würde, auch in Teilen der Partei, hätte 1959 vermutlich kaum jemand vorhergesagt.

Sein Rang liegt nicht darin begründet, daß es ein luziderer, inhaltsreicherer oder weiter vorausschauender politischer Text wäre, als es Parteiprogramme üblicherweise sind. Es ist bedeutsam, weil es eine historische Wende markiert. Nicht in dem Sinne, daß die SPD im Godesberger Programm plötzlich und überraschend mit allen ihren Traditionen gebrochen hätte, aber ein Programm, in dem einfach nur festgeschrieben worden wäre, was für die Partei in einer stetigen Geschichte politischen Lernens inzwischen selbstverständlich geworden war, war es genausowenig. In ihm und mit ihm hat die Partei tatsächlich ihre Identität ein Stück weit neu bestimmt, und zwar durch eine förmliche Entscheidung, die mehr war als Ratifikation des faktisch längst Entschiedenen. Daß diese Entscheidung nicht nur eine aktuelle, sondern auch eine weit in die Vergangenheit der Partei zurückreichende Vorgeschichte hatte, versteht sich dabei von selbst.

Der Kern der Entscheidung: Die Partei verabschiedete sich in aller Eindeutigkeit von ihrer marxistischen Vergangenheit. Gewiß war die SPD des ersten Nachkriegsjahrzehnts keine im strengen Sinne marxistische Partei mehr gewesen, aber in ihrem Denken wie in ihrer Rhetorik hatte die marxistische Tradition doch noch ihren sehr gewichtigen Platz gehabt.[11] Das Godesberger Programm kennt keinen wissenschaftlichen Sozialismus mehr. Es gibt den Glauben an endgültige Lösungen wie an einfache Mechanismen der Verwandlung der bösen Welt des Kapitalismus in die gute des Sozialismus, in einem Wort: den Erlösungsglauben auf. Die für den Marxismus so charakteristischen Unklarheiten über das Verhältnis von Demokratie und Sozialismus werden aus der Welt geschafft: »Sozialismus wird nur durch die Demokratie verwirklicht«,[12] nicht irgendeine Demokratie, sondern die verfassungsstaatliche – das ist gegen den totalitären Sozialismus gesagt, wie denn überhaupt die Konfrontation mit dem totalitären Sozialismus den Abschied von der marxistischen Dogmatik mit ihren Zwei- wie ihren Eindeutigkeiten fraglos entscheidend beschleunigt hat. Die politischen Auseinandersetzungen in der Demokratie werden folgerichtig nicht mehr als Klassenkampf verstanden, sondern als »Wettstreit«, den die demokratischen Parteien gleichberechtigt miteinander ausfechten. Auch der Markt und das Privateigentum an Produktionsmitteln werden – als für eine Wirtschaftsordnung der Freiheit konstitutiv – ausdrücklich bejaht. Besagte es da noch etwas, daß die Partei am »demokratischen Sozialismus« als einer »dauernden Aufgabe« mit entschiedenen Worten festhielt? Deutliche Konturen jedenfalls hatte dieser – nicht länger auf das massive Fundament einer Theorie gegründete – Sozialismus nicht mehr. Und ob er seinen Namen zu Recht trug, steht dahin.

Es ist das Profil einer linken Volkspartei, das das Programm vorzeichnete. »Die Bändigung der Macht der Großwirtschaft« wird zur zentralen Aufgabe der Ordnungspolitik erklärt, und insoweit kommt auch das traditionelle sozialistische Instrumentarium, nicht dogmatisch, sondern pragmatisch begründet, wieder ins Spiel. Im übrigen sind Chancengleichheit, wohlfahrtsstaatliche Sicherung des einzelnen, Mitbestimmung im Unternehmen, in der sich der weit ausgreifende Gedanke konkretisiert, daß die Demokratie »eine allgemeine Staats- und Lebensordnung« werden müsse, Schlüsselpostulate, die dann auch praktisch viel folgenreicher gewesen sind als die sozialistischen Reminiszenzen des Programms. Zu den großen außenpolitischen Fragen sagte der Godesberger Text erstaunlich wenig, so als zögere die Partei, hier von ihren Nachkriegspositionen Abschied zu nehmen. Immerhin gibt es einen Satz, der Bewegung andeutet: »Sie (die Partei) bejaht die Landesverteidigung.« Aber den Boden der durch Adenauers Politik geschaffenen Tatsachen hat sie ganz ausdrücklich doch erst ein halbes Jahr später betreten.

Auch wenn die Parteitagsmehrheit, die das Programm guthieß, überwältigend war (324 zu 16 Stimmen), emphatisch war das Ja sicher nicht bei allen. Man hat kontroverser diskutiert, als es das Abstimmungsergebnis widerspiegelt.[13] Und natürlich gab es damals und auch später scharfe Kritiker linker Observanz, für die das Programm nichts anderes war als eine Kapitulation vor einer Wirklichkeit, die in Wahrheit doch wie eh und je der sozialistischen Veränderung dringlich bedurfte. Ihre Kritik am Godesberger Programm war vor allem eine Kritik an der Entwicklung, die die westdeutsche Demokratie genommen hatte und weiter nahm, so wie umgekehrt im Ja zum Programm von Godesberg auch ein Ja zur Bundesrepublik steckte. Gegenüber der ersten Republik hatte die Sozialdemokratie immer in einem Zustand der Unentschiedenheit verharrt, zu ihrem und der Republik Schaden. Daß sie in der zweiten ganz präsent sein, sich nicht wieder an den Rand drängen lassen, aber sich auch selbst nicht wieder ins Abseits stellen wolle – das war die Botschaft von Godesberg, eine Botschaft, die alles andere war als eine Kapitulation. Sie macht das Programm zu einem Dokument nicht nur der Geschichte der SPD, sondern auch der jungen westdeutschen Demokratie.

Neben den beiden Großen hat nur eine Partei das erste Jahrzehnt der Republik überlebt, ungefährdet überlebt, wie man im Blick auf die Zahlen hinzufügen muß: die FDP. Zwar hat sie die Wahlergebnisse der Anfangsjahre nicht halten können. Die 11,9 Prozent der Bundestagswahl von 1949 wurden nur noch einmal erreicht, 1961, unter sehr besonderen Umständen. Auch in den Ländern war die Tendenz fallend, in der Hochburg Hessen am stärksten, von 31,8 Prozent (Landtagswahl 1950) auf etwa zehn Prozent in zwei Wahlperioden. Aber in die Nähe der tödlichen Fünf-Prozent-Klausel geriet sie in Bundestagswahlen erst 1969. In den ersten beiden Jahrzehnten war sie mit ganz wenigen Ausnahmen auch in allen Landtagen präsent, in Baden-Württemberg, Hessen, Rheinland-Pfalz fast konstant mit immerhin zweistelligen Ziffern. Zu einem Zwei-Parteien-System, das ließ sich nach dem ersten Jahrzehnt erkennen, würde es trotz der Fünf-Prozent-Klausel ohne Übergang zum relativen Mehrheitswahlrecht nicht kommen. Eine solche Entwicklung wäre in einer Demokratie mit Verhältniswahlrecht auch singulär gewesen.

Dabei war dieses erste Jahrzehnt für die FDP alles andere als einfach. Tatsächlich mußte aus dem lockeren Bündnis regionaler Parteigründungen durchaus unterschiedlicher Prägung, dem republikanischen Liberalismus des Südwestens, auch der Hansestädte, der sich in einer Position der Mitte sah, und dem rechts von der CDU postierten, nachdrücklich nationalen, um nicht zu sagen deutschnationalen Liberalismus der Landesverbände von Hessen, Niedersachsen, Nordrhein-Westfalen eine Partei überhaupt erst werden. Daß sie konsequenter ja zur Marktwirtschaft und nein zum Sozialismus sagten als etwa die frühe CDU, gab den Liberalen zwar von Anfang an ein Stück weit eine gemeinsame politische Identität – aber eben nur ein Stück weit. Anfang der fünfziger Jahre geriet die Partei in eine Krise, als sich auf dem nationalliberalen Flügel Bestrebungen regten, die Tore für ehemalige Nationalsozialisten sehr weit zu öffnen. Offenbar ist es da und dort zu regelrechten Unterwanderungsversuchen gekommen. Zwar wurde aus den Absichten, die FDP zu einer Partei der »nationalen Rechten« zu machen, nichts – die berüchtigte Naumann-Affäre hat dabei eine Rolle gespielt.[14] Aber noch 1956 findet sich in den Tagebuchbriefen von Theodor Heuss im Blick auf Düsseldorf das scharfe Wort von der »Nazi-FDP«.[15] Erst 1957 war die Partei soweit mit sich selbst im reinen, daß sie sich ein Programm geben konnte.

Schwierigkeiten hatte die FDP auch mit ihrer Rolle in der Koalitionsregierung Adenauers. Sie brachen in der zweiten Legislaturperiode aus, in der Thomas Dehler, der erste Justizminister Adenauers, nun Fraktionsvorsitzender, dann auch erster Mann seiner Partei (vier nicht eben integrationsstarke Parteiführer lösten sich in rascher Folge im ersten Jahrzehnt ab!), immer heftiger gegen den übermächtigen Bundeskanzler aufbegehrte. Es ging um »nationale Belange«: Die Saarfrage war ein Streitpunkt, das Wiedervereinigungsthema kam hinzu, und mit ihm stand im Grunde auch der Primat der Westintegration, der Leitgedanke der ganzen Adenauerschen Außenpolitik, zur Debatte. Dehler, im Spektrum der FDP gewiß kein Rechter, ist auf diesem Wege zu einem der schärfsten Kritiker Adenauers geworden.

Zum Bruch kam es freilich erst, als die Union den Koalitionspartner mit Gedankenspielen in der für die FDP immer existentiellen Wahlrechtsfrage unter Druck zu setzen begann.[16] Die FDP reagierte mit unerwarteter Entschiedenheit – von einem »Paukenschlag« ist in der zeitgenössischen Publizistik die Rede.[17] In Düsseldorf wechselte sie die Fronten, stürzte die Regierung Arnold und ging eine Koalition mit den Sozialdemokraten ein. Sie hatte dabei den Bundesrat im Blick, über den man eine FDP-feindliche Wahlrechtsreform allenfalls würde blockieren können. Der Düsseldorfer Eklat wiederum spaltete die Bonner Fraktion und zerstörte im Gefolge dieser Spaltung das Bündnis mit der Union. Für einen Augenblick sah es so aus, als werde den vielen Zersplitterungen des deutschen Liberalismus eine weitere folgen. Das hätte weitreichende Folgen für das Parteiensystem der Bonner Republik, mithin für die Bonner Republik selbst haben können. Aber es kam anders. Die FDP überstand die Krise erstaunlich unbeschädigt. Fünf Jahre lang, bis 1961, hatte sie nun neben der SPD den Part der Opposition zu spielen. Ihr Verhältnis zu Adenauer hat sich nie wieder entspannt. Ob er es 1955/56 tatsächlich auf die Spaltung der FDP angelegt hat oder nicht, ausgenutzt hat er ihre inneren Spannungen nach Kräften. Übrigens ist keiner von den kleineren Koalitionsparteien das Bündnis mit Adenauer gut bekommen.

Die Turbulenzen des Jahres 1956 sind von Zeitgenossen als Zäsur empfunden worden. Sie waren eine Zäsur. Der Weg, der zum sozial-liberalen Bündnis von 1969 führte, begann in gewissem Sinne 1956. Es sollte ein langer Weg werden, aber die Möglichkeit einer anderen Koalition, anderer Mehrheiten kündigte sich in der Krise von 1956 zum ersten Mal an. Noch hatte die FDP keine wirklich strategische Position im Parteiensystem. Die CDU/CSU war zu stark, die SPD zu schwach, als daß die FDP hätte wählen können. Selbst die nordrhein-westfälische Koalition von 1956 hielt sich nur zwei Jahre. Auch war die FDP bis in die sechziger Jahre, was ihre Wähler und Mitglieder angeht, in starkem Maße eine besitzbürgerliche, mittelständische Partei, alles andere als SPD-nah, dazu programmatisch auf die Marktwirtschaft eingeschworen, ohne dem Beiwort sozial allzu großes Gewicht beizumessen, wie ihre Voten zu wichtigen Reformgesetzen der fünfziger Jahre zeigen. Und trotz aller Wiedervereinigungsskrupel war sie, stärker als die SPD, mit der Adenauerschen Westpolitik liiert, kurz: Die Vor-Godesberger SPD und die prononciert antisozialistische FDP jener Jahre hatten nicht viel gemein. Es fehlte zu einem SPD-FDP-Bündnis mehr als eine Voraussetzung. Aber die frühe, wenn auch nur zeitweilige Lösung aus der Bindung an die Union war doch ein erster Schritt hin zu jener Schlüsselposition, die die FDP später innehatte.

Über das Schicksal der kleinen Parteien ist mit wenigen Worten berichtet. Sie mußten die Bühne, die sie eben erst betreten hatten, schon in den fünfziger Jahren alle wieder verlas-

Thomas Dehler war im ersten Jahrzehnt der Republik eine der bestimmenden Persönlichkeiten des politischen Liberalismus, zeitweilig Vorsitzender der FDP. Als Justizminister im ersten Kabinett Adenauer hat er die Westpolitik des Kanzlers mit Leidenschaft unterstützt. Nach 1953 wurde er, wohl auch persönlich verletzt, einer der schärfsten, erbittertsten Kritiker Adenauers. In einer denkwürdigen Debatte am 23. Januar 1958 warf er ihm vor, die deutsche Einheit gar nicht zu wollen und nie gewollt zu haben.

sen, gleichgültig, ob sie sich auf Gedeih und Verderb mit der CDU verbanden wie die norddeutsche DP, sich gegen sie stellten wie das Zentrum oder zwischen den Fronten lavierten wie die Flüchtlingspartei BHE, die Anfang der fünfziger Jahre mit beträchtlichen Erfolgen in einigen Ländern ihren Aufstieg begann – im Flüchtlingsland Schleswig-Holstein übertraf sie 1950 aus dem Stand die CDU –, um dann doch nur ein einziges Mal, 1953, den Sprung über die Fünf-Prozent-Hürde in den Bundestag zu schaffen. Daß der BHE schon 1953 nicht mehr als etwa jede vierte Flüchtlingsstimme für sich gewinnen konnte, zeigt, wie unglaublich rasch es gelungen ist, diesen Explosivstoff zu entschärfen. Im übrigen läßt sich gerade am Niedergang des BHE ablesen, daß die Fünf-Prozent-Klausel des Wahlgesetzes – seit 1953 galt sie in einer verschärften, auf das ganze Bundesgebiet bezogenen Fassung – zwar ihren Beitrag zu dem dramatischen Konzentrationsprozeß im deutschen Parteiensystem geleistet hat, aber keineswegs der wichtigste Faktor gewesen ist. Sie hat Auflösungsprozesse beschleunigt, aber die starken Wählerwanderungen des ersten Jahrzehnts zur Union hin hat sie nicht ausgelöst. Das gilt auch für die besonderen bayerischen Verhältnisse, für den Absturz der Bayernpartei in die Bedeutungslosigkeit. Mit dem Sieg über diese Rivalin eroberte die CSU sich auf Jahrzehnte hinaus eine regionale Hegemonie, wie die SPD sie allenfalls – und doch kaum vergleichbar – in den norddeutschen Stadtstaaten besaß.

Eine Verfassung, die von den Ambivalenzen der halb parlamentarischen, halb präsidentiellen, halb repräsentativen, halb plebiszitären Weimarer Demokratie entschlossen Abschied genommen hatte; eine Wählerschaft, deren Voten innerhalb weniger Jahre ein hochkonzentriertes, zur Mitte hin orientiertes Parteiensystem hervorbrachten; Parteien, die ihren Part zu spielen willens und imstande waren – das fügte sich erstaunlich rasch zu einer funktionierenden parlamentarischen Demokratie zusammen. Es gab vom ersten Tage an stabile Mehrheiten, eine handlungsfähige Regierung, das Gegeneinander von Regierung und Opposition in scharfer Ausprägung, aber auf dem Fundament eines übergreifenden Demokratiekonsenses – das waren ganz neue Erfahrungen für alle, denen noch die Weimarer Jahre in Erinnerung waren. Man braucht daraus nicht gleich ein »Wahlwunder« zu machen, die Verhältnisse haben es den Wählern wie den Parteien vergleichsweise leichtgemacht, vernünftig zu sein. Aber daß es so nicht kommen mußte, darf man nicht vergessen.

Wahrgenommen wurde die Bonner Republik in ihrem ersten Jahrzehnt freilich nicht so sehr als eine aus dem Stand recht gut arbeitende parlamentarische Demokratie, wahrgenommen wurde sie, respektvoll hier, kritisch dort, als »Kanzlerdemokratie«. Sie war das eine wie das andere – die überragende Gestalt des ersten Kanzlers hat den Blick dafür freilich eher verstellt. Und was sie von Anfang an war – eine parlamentarische Demokratie mit Kanzlerdominanz –, ist sie auch über Adenauer hinaus geblieben. Die Prägung des Anfangs hat fortgewirkt. Freilich war die Kanzlerdominanz der Jahre Willy Brandts, Helmut Schmidts, Helmut Kohls etwas durchaus anderes als die Kanzlerdemokratie der Adenauer-Ära. Das hat mit der Person Adenauers wie mit den politischen Konstellationen seiner Kanzlerschaft zu tun. Alle Kanzler haben sich, obschon parlamentarisch bestellt, ein Stück weit auf plebiszitäre Legitimation stützen können und gestützt, weil die Kanzlerparteien immer Kanzlerwahlkämpfe geführt haben. Aber für Adenauer, jedenfalls den Adenauer der zweiten und der dritten Legislaturperiode, gilt das weit mehr als für die anderen. Den meisten Kanzlern hat ihr internationales Ansehen, ihre Präsenz auf der Weltbühne wesentlich zu ihrem herausragenden politischen Rang auch im eigenen Land verholfen, aber keinem so sehr wie Adenauer, dem Kanzler, der die ersten entscheidenden Schritte der Rückkehr auf diese Bühne getan hat und der bis 1955 ja auch Bundeskanzler und Außenminister in einer Person war. Alle Kanzler haben im Bundeskanzleramt (mitsamt den ihm zugeordneten Nachrichtendiensten, dazu dem Presseamt) ein effektives Instrument politischer Führung zur Hand gehabt und es als solches genutzt. Aber keiner hat es so wirksam, so erfolgreich getan wie Adenauer mit seinem und durch seinen Staatssekretär Globke, der ihm denn auch zum unentbehrlichsten aller Mitarbeiter wurde. Daß die Handlungsspielräume des Anfangs im Personellen wie im Organisatorischen dabei hilfreich waren, liegt auf der Hand.

Kanzlerdemokratie zu Zeiten Adenauers hieß im übrigen, daran ist noch einmal zu erinnern, jedenfalls bis 1959 auch: Die Partei des Kanzlers war seine Gefolgschaft, und sie war kaum etwas anderes als das. Allenfalls Helmut Kohl ist Adenauer in dieser Hinsicht zeitweilig noch einmal nahegekommen. Die SPD hingegen war niemals einfach nur eine treue

Kanzlerpartei – schon deshalb konnte die Kanzlerdominanz der siebziger Jahre nicht die der fünfziger Jahre sein. Schließlich und vor allem: Nie war die Kanzlerpartei parlamentarisch so stark wie zwischen 1953 und 1961, nie spielten Koalitionspartner eine geringere Rolle.[18] Das bedeutet: Bis 1961 war die Bundesrepublik zuerst und vor allem Kanzlerdemokratie, zeitweilig und in zweiter Linie auch Koalitionsdemokratie. Die Koalitionskrisen der Jahre 1955 und 1956 sind für dieses Verhältnis höchst aufschlußreich. Von 1961 bis zu ihrem Ende hingegen war die Bonner Republik Koalitionsdemokratie und Kanzlerdemokratie nur noch in den von der Koalitionsdemokratie vorgegebenen Grenzen. Sie war, heißt das, Verhandlungsdemokratie. Der Kanzler konnte gewiß noch die strategisch stärkste Figur im Verhandlungsspiel der Koalitionen sein und war es in der Regel auch, aber die Grenzen seiner Richtlinienkompetenz bestimmte im Konfliktfall der kleinere Partner.

Das Grundgesetz hatte den Kanzler *und* das Parlament stark machen wollen. Aber hatte das Parlament in der Ära Adenauer denn überhaupt eine Chance, Profil und Gewicht zu gewinnen? Das Etikett Kanzlerdemokratie verdunkelt leicht, daß der Bundestag einen sehr bedeutenden Beitrag zum Aufbau der westdeutschen Demokratie geleistet hat, und dies, in den Anfangsjahren, bei miserablen Arbeitsbedingungen: vor allem als Gesetzgeber, aber natürlich auch dadurch, daß er mit der Ratifikation der einschlägigen Verträge der Adenauerschen Westpolitik den entscheidenden politischen Rückhalt gab.

Während sein Gesetzgebungsfleiß wenig beachtet wurde, hat der Bundestag sich mit seinen großen, leidenschaftlich ausgetragenen Debatten über die Westpolitik dem Bewußtsein der Öffentlichkeit eingeprägt. Demokratie ist Konflikt, Konflikt, der mit Argumenten auszutragen ist und von Mehrheiten entschieden wird – das konnten die dramatischen Ratifikationsdebatten der frühen fünfziger Jahre die Deutschen lehren, haben es ein Stück weit wohl auch getan. Vom Parlament als Forum öffentlicher Diskussion muß deshalb gerade für die Frühgeschichte des Bundestages ebenso die Rede sein wie vom Parlament als Gesetzgeber. Eine bemerkenswerte Anzahl bedeutender politischer Temperamente, glänzender Debattenredner hat diese Frühgeschichte geprägt: der norddeutsche Protestant Hermann Ehlers, der mit großer Souveränität dem Amte des Präsidenten des Bundestages Gewicht und Würde gab und, wäre er nicht früh gestorben, vielleicht ein unumstrittener Nachfolger Adenauers hätte werden können; Eugen Gerstenmaier, selbstbewußter schwäbischer Theologe, Ehlers' Nachfolger, einer der wenigen unter den Politikern der Nachkriegszeit, der aus dem Kern der Widerstandsbewegung gegen Hitler kam; Kurt Georg Kiesinger, der als parlamentarischer Streiter für Adenauers Westpolitik aufstieg; Franz Josef Strauß, der sich mit bayerisch-rhetorischer Urgewalt rasch als die politische Begabung der CSU präsentierte. Auf der anderen Seite Carlo Schmid, Fritz Erler, wie Hermann Ehlers, einer der zu früh Verstorbenen unter den bedeutenden Politikern der Bundesrepublik, Adolf Arndt, der »Kronjurist« der Opposition. Sie alle waren »Nachkriegspolitiker«, wie denn für die politische Klasse der frühen Bundesrepublik überhaupt gilt, daß der Anteil von Weimarer Politikern, selbst Weimarer »Jungpolitikern«, verhältnismäßig gering war. Nur 24 von 402 Abgeordneten des ersten Bundestages waren bereits Reichstagsabgeordnete gewesen.

Daß das Gegeneinander von Regierung und Opposition, zumal in der parlamentarischen Debatte, ein frühes Lehrstück in Sachen Demokratie war und von der Opposition im besonderen auch so aufgefaßt wurde, ist aber nur die eine Seite der Sache; die Schärfe und Erbitterung, mit der man sich stritt, ist die andere. Sie war für die junge Demokratie nicht ungefährlich. So manche tumultuarische Parlamentssitzung ließ sehr ungute Erinnerungen aufkommen; die berüchtigte Debatte über das Petersberger Abkommen am 24./25. November 1949 etwa oder – fast ein Jahrzehnt später noch – die außenpolitische Debatte im März 1958, die im Zeichen der Kampagne »Kampf dem Atomtod« geführt wurde. Adenauer, daran ist kein Zweifel, polarisierte, kühl taktisch kalkulierend, bewußt, wenn er die Sozialdemokraten immer wieder in die Nähe der Kommunisten zu schieben versuchte. Die Opposition, an ihrer Spitze bis zu seinem frühen Tode der ohnehin zu aggressiver Polemik neigende Schumacher, zahlte mit gleicher Münze zurück: die Bundesrepublik als »autoritärer Besitzverteidigungsstaat«, die CDU/CSU auf den Spuren der Harzburger Front, ein Votum für die Regierung (im Wahljahr 1957) als Votum für »Atombombe und Atomtod«.[19] Beide Seiten haben sich mit der Einsicht, daß im demokratischen Konflikt politische Gegnerschaft nicht zur Feindschaft gesteigert werden dürfe, in ihren öffentlichen Auseinandersetzungen schwergetan.

In der praktischen parlamentarischen Arbeit hingegen war diese Einsicht durchaus wirksam – man hatte eben doch dazugelernt. Es gibt viele Beispiele für ein keineswegs freundschaftliches, aber im Ergebnis konstruktives, der Republik dienliches Zusammenwirken von Regierungsmehrheit und Opposition in der gesetzgeberischen Arbeit der ersten Legislaturperioden: das Bundesverfassungsgerichtsgesetz, in wesentlichen Teilen auch die Wehrverfassung, um zwei besonders wichtige Fälle zu nennen, gingen aus solchem Zusammenwirken hervor. Die Bundesrepublik ist, das zeigen gerade diese beiden Gesetzeswerke, auch über den Parlamentarischen Rat hinaus nicht von der Regierungsmajorität allein aufgebaut worden.

Die Wehrverfassung wurde in der Hauptsache 1956 in das Grundgesetz eingefügt, als die Regierung ihre 1953 durch Bildung einer Vier-Parteien-Koalition (CDU/CSU, FDP, DP, BHE) gewonnene Zwei-Drittel-Mehrheit schon wieder verloren hatte. Gleichwohl hätte man über die SPD hinweggehen können – sie verfügte im zweiten Bundestag nicht über die Sperrminorität von einem Drittel der Stimmen. Daß das nicht geschah, daß auf der anderen Seite auch die SPD, gegen ganz beträchtliche Widerstände in den eigenen Reihen, über ihren Schatten sprang und – ohne ihr Nein zur Wiederbewaffnung zurückzunehmen – an einer Wehrverfassung für die Republik mitarbeitete – wesentlich ein Verdienst Fritz Erlers –, war ein wichtiges Zeichen für die Fähigkeit der jungen Demokratie zu politischer Vernunft auch in schärfsten Konflikten. Die entschiedene Festschreibung der politischen Führung und der parlamentarischen Kontrolle der Streitkräfte, des Schutzes der Grundrechte der Soldaten, des Verteidigungsauftrages der Bundeswehr, die das Ergebnis der Zusammenarbeit zwischen Regierung und Opposition war, gab der westdeutschen Nachkriegswehrverfassung ihr charakteristisches Profil. Das damals gelegte Fundament hat sich, bei allen Schwierigkeiten des militärischen Neubeginns zehn Jahre nach der Katastrophe,

Das Parlament, der Bundestag, hat sich in den fünfziger Jahren durchaus einen Platz im öffentlichen Bewußtsein erobern können, nicht so sehr durch seine sehr respektable Gesetzgebungsarbeit als vielmehr durch die großen Debatten der ersten und zweiten Legislaturperiode über Westintegration und Wiederbewaffnung, in denen über Schicksalsfragen auch wirklich als Schicksalsfragen gestritten wurde, zum Teil in brillanter Rhetorik. In Hermann Ehlers, seinem zweiten Präsidenten, und in Ehlers' Nachfolger Eugen Gerstenmaier hatte der Bundestag zwei eindrucksvolle Repräsentanten seiner Würde und seines Anspruchs auf Respekt.

im ganzen als tragfähig erwiesen, wenn auch die Tendenz, aus dem Primat der Politik einen Primat der zivilen Bürokratie zu machen – bis in die Spitzengliederung der Streitkräfte hinein –, mancherlei problematische Konsequenzen hatte.

Auch für das Bundesverfassungsgerichtsgesetz aus den Jahren 1950/51 gilt: Weil die Verantwortlichen auf beiden Seiten begriffen, daß dieses Gesetz von Mehrheit und Minderheit gemeinsam gemacht werden müsse, wenn denn die Einrichtung der Verfassungsgerichtsbarkeit in der Bundesrepublik Wurzeln schlagen solle, gelangen die nötigen Kompromisse. Einfach war es freilich nicht, sie zu finden, obwohl in diesem Fall nicht das Prinzip, sondern nur seine konkrete Ausgestaltung streitig war. Zukunftsbedeutsam war vor allem die Übereinstimmung darüber, daß für die Wahl der Richter durch Bundestag und Bundesrat eine – vom Grundgesetz selbst nicht vorgesehene – qualifizierte Mehrheit (anfänglich eine Drei-Viertel-, später, von 1956 an, eine Zwei-Drittel-Mehrheit), also Übereinstimmung zwischen den beiden großen Parteien notwendig sein sollte.[20] Dies hat der Institution recht eigentlich erst ihr Fundament gegeben. An dieser Grundregel ist auch später nie ernstlich gerüttelt worden, obschon parlamentarische Mehrheiten gelegentlich – die Union nach ihrem Wahlsieg von 1953, die SPD Anfang der siebziger Jahre – darüber nachgedacht haben, ob sie sich den Zugriff auf das Gericht nicht etwas einfacher machen könnten. Daraus wurde schon deshalb nichts, weil diese Bundestagsmehrheiten nicht über den Bundesrat verfügen konnten. Andere, weniger wichtige Modalitäten sind erst nach einer längeren Phase des Experimentierens endgültig fixiert worden: die Größe der beiden Senate (acht Richter), die Amtszeit der Richter (zwölf Jahre), der Ausschluß der Möglichkeit der Wiederwahl.

IV.

Weil es auf das Bundesverfassungsgerichtsgesetz warten mußte, hat das Gericht sich erst im September 1951 als letztes Verfassungsorgan der Bundesrepublik konstituieren können, um dann freilich das in mancher Hinsicht bedeutendste, für die Bonner Republik charakteristischste zu werden. Jedenfalls ist von allen Entscheidungen des Parlamentarischen Rates wohl keine folgenreicher gewesen als die, der Republik eine machtvolle Verfassungsgerichtsbarkeit zu geben, machtvoller, zählt man alle Kompetenzen zusammen, als in irgendeiner anderen Demokratie, ohne Vorbild auch in der deutschen Verfassungsgeschichte. Diese Entscheidung zeigt, daß unter den Leitideen des Neubeginns nach der totalitären Katastrophe die der Rechtsstaatlichkeit vermutlich die stärkste war, stärker als die demokratische. Und sie hat bewirkt, daß die Bundesrepublik ein Verfassungsstaat par excellence, ein in hohem Maß auf seine Verfassung ausgerichtetes und von ihr geprägtes Gemeinwesen geworden ist. Das heißt nicht zuletzt: Das Gericht, das die Verfassung auch in genuin politischen Konflikten verbindlich auslegt, wurde von seiner Gründung an zu einem Mitakteur in den politischen Prozessen der Bonner Republik. Politik in der westdeutschen Demokratie – das ist immer Politik unter dem Vorbehalt der autoritativen Verfassungsinterpretation durch ein höchstes Gericht gewesen.

Gleich der erste Auftritt, zu dem die Opposition das Bundesverfassungsgericht 1952 auf die politische Bühne holte, sollte freilich deutlich machen, wie heikel die Rolle sein konnte, die das Grundgesetz dem Gericht zugewiesen hatte. Das Verfassungsgericht möge, so lautete das Klagebegehren der Sozialdemokraten, vorsorglich feststellen, daß eine zukünftige Wiederbewaffnung eine Änderung des Grundgesetzes voraussetze. Damit, so schien es, war die Entscheidung über ein Kernstück der Außenpolitik der jungen Bonner Republik plötzlich in die Hände der Karlsruher Richter gelegt. Denn ihr Votum würde nun darüber entscheiden, ob die Opposition ein Vetorecht besaß oder nicht.

Ein taktisches Gefecht begann, das schließlich alle Beteiligten beschädigt hat: die Regierung, die angesichts der Möglichkeit, mit ihrer Politik in Karlsruhe zu scheitern, in wachsender Nervosität, ja Kopflosigkeit taktierte und am Ende bei fragwürdigen Advokatentricks ihre Zuflucht suchte, Tricks, die auf die Integrität weder des Gerichtes noch des Bundespräsidenten Rücksicht nahmen; die Opposition, die sich fragen lassen mußte, ob es

Mit einer stattlichen Schar von 24 Richtern (darunter eine Frau) – später waren es dann nur noch sechzehn – trat das Verfassungsgericht 1951 an, um dem Grundgesetz im Leben der jungen Demokratie Respekt zu verschaffen.

Die Richter waren fraglos von Anfang an entschlossen, ihre Aufgabe sehr ernst zu nehmen. Aber welche entscheidende Bedeutung dem Bundesverfassungsgericht im politischen System der Republik zuwachsen würde, haben sie schwerlich vorhergesehen.

Die legislative Arbeit am Bundesverfassungsgerichtsgesetz, bei der ein junger Unionsabgeordneter namens Kurt Georg Kiesinger eine wichtige Rolle spielte, hat immerhin fast zwei Jahre in Anspruch genommen.

klug und verantwortlich gehandelt war, das Gericht, kaum daß es sich konstituiert hatte, in die zentrale politische Auseinandersetzung zwischen Regierung und Opposition hineinzuziehen; den Bundespräsidenten, der sich von der Regierung instrumentalisieren ließ; das Gericht selbst, das zwar der Regierungstaktik, die beiden Senate gegeneinander auszuspielen, energisch entgegentrat und im übrigen klug Zeit zu gewinnen suchte, aber doch nicht verhindern konnte, daß es zunächst einmal als eine umstrittene, Verdächtigungen politischer Parteilichkeit ausgesetzte Einrichtung dastand. Daß die »Verfassungskrise«, von der im Winter 1952/53 besorgt gesprochen wurde, am Ende glimpflich ausging, ist den Wählern zu verdanken: Die Bundestagswahl 1953 gab der neuen Koalition eine verfassungsändernde Mehrheit, der Streit konnte in der politischen Arena, in die er gehörte, entschieden werden. Atmosphärische Spannungen zwischen Bonn und Karlsruhe sind nach diesem ersten Zusammenstoß in einer für die Regierung schlechthin entscheidenden Frage gleichwohl noch lange spürbar geblieben.

Man muß sich dieses Auftakts erinnern, um zu begreifen, wie bemerkenswert die Selbstverständlichkeit ist, mit der sich das Gericht dann doch nicht nur in das Rechtsleben, sondern auch in das politische Leben der Republik eingefügt hat. Für alle Beteiligten ist es eine Gratwanderung geblieben. Die Frage, wie dem Geltungsanspruch der Verfassung Genüge getan und dabei doch die politische Überforderung des Gerichts vermieden werden könne, hat sich immer wieder neu gestellt. Andersherum: Die Versuchung, einen politisch schon verlorenen Konflikt vor dem Gericht fortzuführen, war immer da, für die SPD der fünfziger wie für die Union der siebziger Jahre. Beide haben sie das Verfassungsgericht als Waffe oppositioneller Politik sehr bewußt zu nutzen gesucht. Und das Gericht hat, anders als der Supreme Court in Washington, nicht den Ausweg gewählt, politische Streitfragen mit Hilfe einfacher Argumentationsfiguren, einer deutschen »political-question-doctrine« etwa, an die Politik zurückzuverweisen – da mag ein gewisser Ehrgeiz durchaus im Spiel gewesen sein. Die Frage der »Verfassungsmäßigkeit« hat folglich zu oft und zu rasch ihren Schatten auf die politischen Kontroversen der Republik geworfen, was weder der Verfassung noch der Politik gutgetan hat.

Aber aufs Ganze gesehen hat es sich auf die Entwicklung von Demokratie und Rechtsstaat in Westdeutschland doch sehr förderlich – stabilisierend, klärend, befriedend – ausgewirkt, daß es eine schiedsrichterliche Autorität gab, die die Verfassung verbindlich auslegte, einen »Hüter der Verfassung«, der nicht selbst Partei war im Machtspiel. Das gilt gerade auch für die in einem engeren Sinn »politischen« Verfahren, für die Urteile gegen SRP und KPD, zur Fünf-Prozent-Sperrklausel, über die gegen die Bonner Kernwaffenpolitik gerichteten Volksbefragungsinitiativen sozialdemokratisch regierter Länder und Gemeinden, um nur einige wenige Beispiele aus der frühen Zeit des Gerichts zu nennen. Nicht daß alle Urteile unumstritten gewesen wären, natürlich nicht, aber sie trugen alle dazu bei, die Autorität des Gerichts als unparteiische Instanz der Letztentscheidung aufzubauen. Es wurde zu einer integrierenden Kraft. Vollends eingeprägt hat sich die überragende Bedeutung der Schiedsrichter- und Wächterrolle des Verfassungsgerichts dem Bewußtsein der Republik, als es im Frühjahr 1961 in scharfem, präzeptoralem Ton Adenauers ungenierten Versuch stoppte, in einer Art von Handstreich die »Deutschland-Fernsehen-GmbH« zur Ausstrahlung eines zweiten Fernsehprogramms in Regierungsnähe zu etablieren. Rundfunk und Fernsehen, wurde Adenauer belehrt, seien Sache der Länder, und ein direkter Einfluß der Regierung auf das Programm sei mit dem in Art. 5 Abs. 1 Satz 2 niedergelegten Grundsatz der Rundfunkfreiheit unvereinbar.[21] Spätestens jetzt wußten alle Beteiligten: Rechnungen, die ohne Karlsruhe gemacht waren, gingen im Verfassungsstaat Bundesrepublik Deutschland nicht auf.

Wie das Verfassungsgericht hat auch der Bundesrat seine politische Feuertaufe im Streit um den Deutschland- und den EVG-Vertrag erhalten. Alle Verfassungsorgane haben sich also in gewissem Sinn in diesem dramatischen, die Anfangsjahre der Republik beherrschenden Konflikt konstituiert. Auch für den Bundesrat gilt ja, daß das Grundgesetz bei aller Sorgfalt und Genauigkeit, mit der es den Anteil der Länder an der Staatsgewalt festzulegen versucht hatte, mehr als eine Entwicklung zuließ. Welche Rolle konnten und wollten die Länder in der Außenpolitik spielen? Bedurften die Verträge überhaupt der Zustimmung des Bundesrates? Würden die Parteien die Mehrheitsbildung auch im Bundesrat bestimmen? Oder würden die Mehrheiten im Bundesrat sich nach eigenen, föderalistischen Spielregeln formieren? Viele Fragen waren am Anfang offen.

Am Ende dieser ersten Konfliktrunde zwischen Bundesregierung und Bundesrat – der Bundesrat ließ den Vertrag schließlich passieren – war nicht alles entschieden, aber doch vieles vorentschieden. Vor allem hatte sich auch hier gezeigt: Die Dominanz der Parteien würde ein Hauptcharakteristikum der Bonner Republik sein. Der Bundesrat würde sich dem Sog des die Politik der Bundesrepublik bestimmenden Parteiengegensatzes zwischen den Unionsparteien und der SPD nicht entziehen können. Auf beiden Seiten haben die Parteien die Loyalität »ihrer« Ministerpräsidenten ganz selbstverständlich eingefordert. Nicht anders übrigens die FDP, deren Stuttgarter Ministerpräsident Reinhold Maier die Hauptfigur in dem ganzen komplizierten, aufregenden und aufgeregten Spiel war. Maier, persönlich der Adenauerschen Westpolitik nicht gerade zugeneigt, aber eben doch auch Mitglied einer Bonner Koalitionspartei, amtierte in den kritischen Jahren 1952/53 als Chef einer SPD/FDP/BHE-Koalition im neuen Südweststaat, der die entscheidenden Stimmen in die Waagschale zu werfen hatte.

Dominanz des bundespolitisch definierten Parteiengegensatzes – das bedeutete: Für die Landtagswahlen, für die Regierungsbildung in den Ländern mußte die Frage der Mehrheitsverhältnisse im Bundesrat entscheidende Bedeutung gewinnen. Und so ist es auch gekommen. Vor allem Adenauer hat diese Entwicklung forciert. Aber sie entsprang der in den Institutionen der Bonner Republik angelegten Spannung zwischen dem Prinzip parlamentarischer, von Parteien getragener Mehrheitsherrschaft einerseits und dem föderativen Prinzip der Mitregierung der Länder andererseits.

Was Adenauer Sorgen machte, war im übrigen in Wahrheit wohl der wichtigste Beitrag der föderalistischen Ordnung zur Festigung der westdeutschen Demokratie in den fünfziger Jahren: Die SPD, die Partei, die von 1949 bis 1966 den Oppositionspart zu spielen hatte, war von Anfang an in die Regierungsverantwortung für die Republik mit einbezogen. Die SPD regierte im ersten Jahrzehnt in Hessen, Bremen und, mit der Unterbrechung einer Legislaturperiode, in Hamburg, dazu zeitweilig in Bayern, Niedersachsen, Nordrhein-Westfalen; in Baden-Württemberg war sie Juniorpartner einer großen Koalition. Gerade ihre Landespolitiker, die beiden Hanseaten Max Brauer und Wilhelm Kaisen, Hinrich Wilhelm Kopf in Hannover, Georg-August Zinn, fast zwanzig Jahre lang Ministerpräsident von Hessen, waren weit über die Parteigrenzen hinaus respektiert. Die Bedeutung dieser Teilhabe für die Republik wie für die Partei ist kaum zu überschätzen. Und was für die erste, lange Phase der Unionsdominanz gilt, hat dann auch weitergegolten. Föderalismus – das ist in der Bundesrepublik vor allem Gewaltenteilung zwischen den beiden Großparteien gewesen.

Zählt auch das Präsidentenamt zu den Institutionen, in denen die westdeutsche Demokratie ihre besondere Gestalt herausgebildet hat? Allenfalls auf eine sehr indirekte Weise. Dennoch muß von ihm wenigstens im Vorübergehen die Rede sein. Der Parlamentarische Rat hatte, die Rolle Hindenburgs in den späten Jahren der Weimarer Republik vor Augen, den Bundespräsidenten sehr bewußt fast aller Rechte entkleidet, mit denen die Weimarer Verfassung den Reichspräsidenten großzügig ausgestattet hatte. Die wenigen, die ihm gelassen wurden, haben kaum eine praktische Bedeutung gewonnen. Nur ein einziges Mal hat ein Bundespräsident, Karl Carstens, folgenreich in den politischen Prozeß eingegriffen, mit der – in Übereinstimmung mit allen Parteien getroffenen – Entscheidung nach dem Regierungswechsel von 1982, den Bundestag aufzulösen. Und auch da lag das letzte Wort beim Bundesverfassungsgericht (das die Entscheidung bestätigte). Bei der Entscheidung von 1972 hingegen, vom Gleichstand der Kräfte erzwungen, gab es für den Präsidenten nicht viel zu entscheiden. Was die Versuche des zweiten Präsidenten Heinrich Lübke angeht, auf Koalitionsbildung und Ministerernennungen Einfluß zu nehmen, so waren sie ebensowenig erfolgreich wie die des vierten, Walter Scheel, für den Präsidenten eine eigene außenpolitische Rolle zu definieren. Solche Versuche sind im übrigen die Ausnahme geblieben. Nur sehr gelegentlich einmal haben die Bundespräsidenten einem Gesetz, das sie für verfassungswidrig hielten, oder auch einer Ernennung, die ihnen zu bedenklich erschien, die Unterschrift verweigert.

Seine Bedeutung ist dem Amt ganz und gar aus seiner repräsentativen Funktion zugewachsen, was meint: Daß im Präsidentenamt das Gemeinwesen als Ganzes in einer über den Konfliktbetrieb der demokratischen Politik hinausgehobenen Person Gestalt und Stimme gewinnen konnte, hat ihm seinen Rang gegeben. So haben denn auch alle Inhaber des Amtes, obschon in durchaus unterschiedlicher Weise, ihre Aufgabe verstanden. Die öffentliche Rede war dabei ihr erstes und wichtigstes Instrument, meisterhaft gehandhabt zumal von Theodor Heuss, dem ersten, und Richard von Weizsäcker, dem letzten Präsidenten der Bonner Republik, aber auch von Walter Scheel.

Trotz seiner Begrenzungen haben die Parteien das Amt wichtig genommen. Sie haben es, das ist ein weiteres Element der parteienstaatlichen Wirklichkeit der Bonner Demokratie, von Anfang an für sich in Anspruch genommen und mit professionellen Politikern der ersten, gelegentlich der zweiten Garnitur besetzt, darunter freilich auch solchen, die keine typische Parteikarriere durchlaufen und den Schritt ins Parlament erst spät getan hatten. Das gilt für Carstens wie für Weizsäcker. Durchgesetzt in der Bundesversammlung hat sich im allgemeinen, auch dies ein Zeichen für den festen Zugriff der Parteien auf das Amt, die Bonner Regierungsmehrheit, 1969 die sich formierende Mehrheit. Nur 1979, als Carstens gewählt wurde, verfügte die Bonner Opposition in der Bundesversammlung über eine Mehrheit und setzte ihren Kandidaten durch.

Um so bemerkenswerter ist, daß das Präsidentenamt sich recht gut gegen den Sog des Parteienstaates behauptet hat. Es ist von der Individualität der Persönlichkeiten, die es innegehabt haben, geprägt worden und verdankt die Wirkungen, die von ihm ausgegangen sind, zum größten Teil eben diesen Individualitäten. Das gilt im besonderen für Theodor Heuss, den württembergischen Republikaner noch des 19. Jahrhunderts – Familientradition verband ihn mit der Revolution von 1848–, den gebildeten Bürger mit der Gabe der ernsten wie heiter-plaudernden, vor allem aber der dialogischen Rede, der den Menschen vertrauter wurde als jeder seiner Nachfolger. Es gilt ebenso für Richard von Weizsäcker, der das Amt auf seine Weise nicht weniger souverän geführt hat als Heuss, kühler, wohl auch strenger, mit sicherer Eleganz in allem, was es ihm abverlangte, und einer überragenden

Fähigkeit der klaren, zugleich balancierten wie profilierten Rede. Aber es gilt auch für die anderen: Gustav Heinemann, vielleicht die ungewöhnlichste Figur in der Villa Hammerschmidt, den »Radikalen im öffentlichen Dienst«, wie Heinrich Böll ihn genannt hat,[22] nicht aufs Integrieren, sondern eher auf Ruhestörung bedacht; Walter Scheel, in vieler Hinsicht ein Gegentyp, gesellig, verbindlich-verbindend; Karl Carstens, der in ruhiger, freundlicher Bestimmtheit um Sympathien für das Gemeinwesen Bundesrepublik Deutschland geworben hat; den redlichen Heinrich Lübke, der mit seinen begrenzten Möglichkeiten seine Verantwortung sehr ernst genommen hat. Daß Carlo Schmid, der Kandidat der Sozialdemokraten in der Wahl von 1959, Europäer kraft Herkunft und Bildung, dem Amt mit seiner intellektuellen Brillanz und seinem Sinn für die Würde des Gemeinwesens mehr hätte geben können, steht auf einem anderen Blatt. Alles in allem, so wird man sagen dürfen, hat die Republik mit ihren Präsidenten Glück gehabt.

V.

Von allen Schritten, mit denen der westdeutsche Staat sich konstituierte, war keiner so durch die Vergangenheit belastet, keiner so heikel wie die Wiederbewaffnung. Keine andere Institution, so kann man es auch sagen, war so stark delegitimiert wie die Armee. War der Militarismus, die Vorherrschaft des Militärischen in Staat und Gesellschaft, nicht das Grundübel der preußisch-deutschen Geschichte gewesen? Hatte das Militär sich in der deutschen Geschichte nicht immer gegen die Demokratie gestellt? Mußte man sich nach zwei katastrophal verlorenen Weltkriegen, von denen der zweite Deutschland fast seine Existenz gekostet hatte, wirklich noch einmal auf Uniformen und Waffen einlassen? Selbst ein so nüchterner Beobachter wie Fritz René Allemann fragte sich Mitte der fünfziger Jahre besorgt, wie die junge Demokratie die Bewährungsprobe, auf die sie sich mit der Wiederbewaffnung einließ, wohl bestehen werde.[23] Sie hat sie bekanntlich gut und ziemlich mühelos bestanden – oder richtiger: Die Wiederbewaffnung wurde gar nicht die von Allemann gleich vielen anderen erwartete Bewährungsprobe. Deutlicher als in anderen Bereichen, bei anderen Institutionen ist der Bundeswehr, ist der Bundesrepublik mit der Bundeswehr ein Neuanfang gelungen.

Natürlich sah sich auch die Bonner Republik mit ihren Streitkräften vor mancherlei Probleme gestellt. Aber es waren nicht die Probleme, die rückwärtsgewandte Propheten ihr vorhergesagt hatten. Es waren nicht die Gespenster der Vergangenheit, die wiederkehrten. Sehr erstaunlich ist das im Grunde nicht. Nicht nur daß die Notwendigkeit, ganz neu anzusetzen, im Fall der Streitkräfte für jeden denkenden Menschen offensichtlich war. Die institutionelle Kontinuität war 1945, anders als 1918/19, auch tatsächlich abgebrochen. Verwaltungen, Gerichte, Universitäten, Schulen arbeiteten mit kurzen Unterbrechungen weiter. Die Wehrmacht jedoch gab es nach dem 8. Mai 1945 nicht mehr. Erst fünf Jahre später begann man im sogenannten Amt Blank – benannt nach dem von der christlichen Gewerkschaftsbewegung herkommenden Unionsabgeordneten Theodor Blank, dem Adenauer die

»Staatsbürger in Uniform« – was daraus werden würde, war, als die ersten Freiwilligen im Januar 1956 in Andernach in eine ehemalige Luftwaffenkaserne einrückten, nicht allen, die noch in der alten Wehrmacht Soldat gewesen waren, ganz klar. Und es hat, zumal in den ersten zehn, fünfzehn Jahren, auch Auseinandersetzungen um diese Konzeption gegeben. Das eigentliche Militarismusproblem der preußisch-deutschen Geschichte aber, die Infragestellung des Primats der Politik durch das Militär und die Überbewertung des Soldatischen im gesellschaftlichen Leben, ist in der Bundesrepublik nicht mehr aufgekommen.

schwierige Aufgabe anvertraute –, die Aufstellung von Streitkräften für die Bundesrepublik systematisch zu planen. Und es dauerte weitere fünf Jahre, bis die ersten Soldaten an einem Novembertag des Jahres 1955, dem sehr bewußt gewählten Geburtstag Scharnhorsts, wieder Uniformen anzogen. Dieses Zwischenjahrzehnt gab die Chance, einen neuen Grund zu legen. Die Streitkräfte wurden diesmal in die bereits gegründete Demokratie hineingeplant, während die Weimarer Republik die Armee, die sie dann zu der ihren zu machen versucht hat, 1919 vorgefunden hatte.

Was das konkret heißt, »in die Demokratie hineingeplant«, ist in einem wichtigen Punkt schon zur Sprache gekommen: Von der neuen, den Primat der Politik und die parlamentarischen Kontrollrechte entschieden festschreibenden Wehrverfassung war die Rede. Auch davon, daß die SPD an ihr mitgearbeitet hat. Alle Vorausschauenden waren in der Tat darum bemüht, die Bundeswehr wenn schon nicht mit, so doch wenigstens nicht gegen Sozialdemokratie und Gewerkschaften aufzubauen. Der betont demokratiegemäßen Wehrverfassung wurde eine betont demokratiegemäße Konzeption vom Soldaten als dem »Staatsbürger in Uniform« zur Seite gestellt. Sie hatte im Grunde alte Wurzeln, war in der von den preußischen Reformern aufgegriffenen revolutionären Idee vom Bürger als dem »geborenen Verteidiger seines Vaterlandes« vorgezeichnet. Aber daß man den Staatsbürger als Vaterlandsverteidiger nur in Pflicht nehmen könne, wenn man im Vaterlandsverteidiger, im Soldaten, auch den Staatsbürger respektierte, das hatte in der preußisch-deutschen

Armee bis hin zur Wehrmacht dann doch nie wirklich gegolten. Jetzt sollte es gelten und hat, alles in allem, gegolten, auch wenn es, zumal in den ersten anderthalb Jahrzehnten, durchaus noch Auseinandersetzungen darüber gegeben hat, wie weit die neue Konzeption mit den Funktionsbedingungen einer Armee vereinbar sei.

Eine neue Wehrverfassung, ein neues Bild vom Soldaten – prägender noch, alltagsbedeutsamer ist vermutlich etwas Drittes gewesen: Die Bundeswehr wurde als Bündnisarmee gegründet und ist immer konsequent Bündnisarmee geblieben – auch das hat es in der deutschen Militärgeschichte vorher nicht gegeben. Bündnisarmee war die Bundeswehr zwar nicht in dem Sinne, daß sie, wie ursprünglich geplant, als Kontingent einer supranationalen Streitmacht aufgestellt wurde, wohl aber in dem Sinne, daß sie in einen auf Dauer angelegten Verbund nationalstaatlicher Armeen mit einer integrierten Kommandostruktur fest eingegliedert wurde und in ihrem Selbstverständnis wie in ihren Fähigkeiten militärischen Handelns entscheidend von dieser Zugehörigkeit geprägt worden ist. Eine nationale Armee im traditionellen Verständnis ist die Bundeswehr nicht geworden und wollte sie auch nicht werden.

Schließlich: Die Notwendigkeit, sichtbar neu zu beginnen, ist auch darin ernst genommen worden, daß man die Kandidaten für die hohen Offiziersränge einer besonders sorgfältigen Überprüfung unterzog. Das Parlament bestellte einen unabhängigen »Personalgutachterausschuß«, dem sich vom Obersten an aufwärts alle Bewerber stellen mußten.[24] Nirgendwo sonst, in der hohen Verwaltung nicht, in den Universitäten nicht, im Auswärtigen Amt nicht, in der Justiz schon gar nicht, hat man nach 1945 etwas Ähnliches für nötig gehalten. Es ist, trotz mancher Mängel des Verfahrens, der Bundeswehr gut bekommen, daß man mit ihr strenger umging. Am Ende trugen andere Institutionen schwerer an der Vergangenheit als sie. Das soll nicht heißen, auf die Bundeswehr sei nicht wie auf die ganze Republik der Schatten der Vergangenheit gefallen. Die Bundeswehr hat aus einer gewissen Isolation nie herausgefunden – andersherum und genauer: Die sie umgebende Gesellschaft hat die Bundeswehr immer in einer Art von Isolation gehalten, so als wolle sie unter keinen Umständen daran erinnert werden, daß sie nicht in einer Welt ein für allemal gesicherten Friedens lebe. Es war nicht notwendig Mißtrauen oder gar Feindseligkeit, obschon es das immer gab, es konnte auch freundliche Gleichgültigkeit sein. Jedenfalls war es Distanz, und in dieser Distanz war natürlich die Vergangenheit gegenwärtig, die Katastrophe zweier mit unendlichen Opfern verlorener Weltkriege.

Ob auch das für die späte Bundesrepublik so charakteristische Phänomen massenhafter Wehrdienstverweigerung in diesen Zusammenhang gehört, ist nicht mit Sicherheit zu entscheiden. Der Verlauf der Kurve scheint dagegen zu sprechen. Zu Anfang, im ersten Jahrzehnt, erreichte die Quote der Verweigerer nicht einmal ein Prozent der Gemusterten. Von der zweiten Hälfte der sechziger Jahre an stieg sie steil, wenn auch nicht ganz kontinuierlich, und erreichte Ende der achtziger Jahre zwanzig Prozent – eine Zahl, mit der Deutschland einzig dastand. Natürlich verweist diese Entwicklungslinie auf die mächtigen Wertewandelimpulse, die in den späten sechziger Jahren in vielen westlichen Gesellschaften zu wirken begannen. Aber ihr extremer Verlauf ist eben doch eine deutsche Besonderheit, und die läßt sich vermutlich nicht verstehen, wenn man nicht mit dem Wertewandel die Vergangenheit in Rechnung stellt, die als Legitimitätshypothek dauerhaft auf dem Gemeinwesen Bundesrepublik Deutschland lastet.

VI.

Zurück in die Gründungsepoche: Wo stand der westdeutsche Verfassungsstaat, stand die westdeutsche Demokratie am Ende der Ära Adenauer? Die Antwort auf diese Frage wurde damals schon und wird noch immer in hohem Maße vom Urteil über Adenauer selbst bestimmt. Und das hat sehr geschwankt. Als Adenauer abtrat, war die Stimmung weithin kritisch. Seine Zeit war lang gewesen, zu lang, so empfanden es viele – vierzehn Jahre hatte sie gedauert; die Weimarer Republik hatte in den vierzehn Jahren ihrer Lebensdauer zwölf Kanzler verbraucht. Hatte jener aufmerksame, durchaus unvoreingenommene amerikanische Beobachter nicht recht behalten, der den ersten Bundeskanzler schon in den Anfangstagen der Bonner Republik, im Dezember 1949, so charakterisiert hatte: »He is not a dictator in the technical sense of the word. But neither has he any real sympathy for popular government, nor for democracy in practice as we understand it?«[25] Etwas vorsichtiger formuliert: Waren im Regiment des alten Mannes, dem die eigene Partei wie die Wählerschaft sich so bereitwillig unterworfen hatten, nicht eher die überkommenen, obrigkeitsstaatlichen Strukturen bewahrt, als neue demokratische Traditionen begründet worden? Hatte er nicht wie ein konstitutioneller Monarch regiert, wenn auch von der Wähler, nicht von Gottes Gnaden? Und war er nicht ein Monarch eher von der machiavellistischen Art gewesen, im Umgang mit der Macht alles andere als skrupulös? Was hatte die westdeutsche Demokratie ihm zu verdanken? – »Daß Demokratie und Autorität einander nicht ausschließen, ist für viele Deutsche eine neue Entdeckung, die sie Adenauer verdanken«,[26] diese Meinung des Schweizer Journalisten Fritz René Allemann, der Mitte der fünfziger Jahre Adenauer als die Schlüsselfigur einer fast schon gelungenen Demokratiegründung beschrieben hatte, teilten nicht viele.

Jedes Urteil über Adenauers Beitrag zur Demokratiegründung in Westdeutschland muß die überragende Bedeutung ernst nehmen, die sein außenpolitisches Programm für ihn besaß. Selbstbehauptung des Westens im Überlebenskampf mit dem östlichen Kommunismus, dauerhafte Eingliederung Westdeutschlands in eine europäische Föderation, darauf kam für ihn alles an. Und weil für ihn alles darauf ankam, in der prekären Lage des westdeutschen Staates Mehrheiten für eine umstrittene, heftig befehdete Außenpolitik zu gewinnen, glaubte er in der Auseinandersetzung mit der Opposition, dem politischen Gegner überhaupt nicht wählerisch sein zu können. Eine gewisse politische Skrupellosigkeit gehörte ohnehin zu seiner Ausstattung. Adenauer, so kann man es auch sagen, hatte keinen Sinn dafür, daß der demokratische Verfassungsstaat in allen und vor allen Auseinandersetzungen um die richtige Politik Respekt vor seinen Institutionen verlangt. Das Parlament galt ihm nicht viel, das traf seine eigenen Truppen wie die Opposition gleichermaßen.[27] Für die Integration im besonderen der Sozialdemokratie in das neue Gemeinwesen hat er wenig getan. Der häufige Hinweis auf seine föderalistischen Überzeugungen hatte geringe praktische Bedeutung. Der Ärger über das unbotmäßige Verfassungsgericht machte sich gelegentlich in erstaunlichen Erwägungen Luft.[28] In seinem plötzlichen Entschluß, für die Bundespräsidentschaft zu kandidieren, zeigte er so wenig Verständnis für das Amt, wie er im Widerruf der Kandidatur Rücksicht auf das Amt nahm. Noch weniger begriff er, von seinem politischen Naturell her ein großer Polarisierer, was Fairneß im Umgang mit dem politischen Gegner für die Demokratie bedeutet. Es war, um eines der häßlichsten Beispiele zu nennen, der Tag nach dem Berliner Mauerbau, an dem er im unbeirrt fortgeführten Wahlkampf die berüchtigten Anspielungen auf die uneheliche Herkunft Willy Brandts, des Kanzlerkandidaten der SPD, machte. Wichtig war es, die gefährdete Mehrheit für seine Politik zu behaupten – daneben zählten Stil- und Anstandserwägungen wenig.

Es ist demnach klar: Adenauer war kein Erzieher zur Demokratie. In diesem Sinne jedenfalls kann man jenes Urteil »no sympathy for popular government« gelten lassen. Aber wer es dabei bewenden läßt, wer nur auf den politischen Stil des Kanzlers sieht, übersieht das Neue, das doch so augenfällig ist: Schon im ersten Jahrzehnt war die Republik eine funktionstüchtige parlamentarische Demokratie, in der die Wähler und die Parteien, dazu die Verfassungshüter in Karlsruhe ihre Rollen mit erstaunlicher Vernunft spielten. In ihren politischen Strukturen war auch die frühe Bundesrepublik schon moderner, westlicher, als es Deutschland bis dahin jemals gewesen war. Ohne Adenauers Führungsleistung aber, seine Fähigkeit, dem fragilen Staatswesen eine Richtung zu weisen, seine Kräfte zu bündeln, Zustimmung zu mobilisieren, ist diese Entwicklung nicht zu denken. Ohne seine Entscheidung gegen die große Koalition übrigens wohl auch nicht. Die Zeitgeschichtsschreibung hat sich denn auch überwiegend Allemanns Urteil angeschlossen: Daß die zweite deutsche Demokratie in ihrem ersten Jahrzehnt von einem starken Kanzler regiert wurde, dem rasch eine überragende Autorität zuwuchs, hat ihr – bei allen Ambivalenzen – geholfen, nicht geschadet. Damit ist auch gesagt: Das kritische Fazit, die Ära Adenauer habe keinen wirklichen Neubeginn gebracht, sondern nur die restaurativen Tendenzen der ersten Nachkriegsjahre fortgeführt, verfehlt das Wesentliche. Wie immer die Bilanz im einzelnen zu bewerten sein mag, ihr wichtigster Posten ist der gelungene Start von parlamentarischer Demokratie und Verfassungsstaat. Was verdient das Prädikat »wirklicher Neubeginn«, wenn das keiner war?

Und die großen Affären der späten Adenauer-Zeit, die so viel Anlaß zur Kritik am autoritären Kanzlerregiment gaben? Die »Präsidentschaftsposse« (Hans-Peter Schwarz) im Frühjahr 1959, das Spiel des Kanzlers mit der Präsidentschaftskandidatur, seine Bereitschaft zuerst, mit der er alle überraschte, der rasche Widerruf sodann, mit dem er alle gegen sich aufbrachte; das Fiasko mit der »Deutschland-Fernsehen-GmbH« zwei Jahre später, eine der wenigen schweren Niederlagen, die Adenauer in seiner Kanzlerzeit erlitten hat; die »Spiegel«-Affäre im Herbst 1962, der dramatische Zusammenstoß zwischen den Staatsautoritäten, Justiz wie Regierung, und dem Nachrichtenmagazin »Der Spiegel« in einem Landesverratsverfahren, der die ganze Republik in einen bis dahin unbekannten Zustand höchster Er-

Ein Polizeikommando betritt entschlossenen Schrittes gegen zwei Uhr nachts am 27. Oktober 1962 das Hamburger Pressehaus, um die Redaktionsräume des »Spiegel« zu durchsuchen.

Daß man es mit »einem Abgrund von Landesverrat« (Adenauer) zu tun habe, hat die Öffentlichkeit der Regierung keineswegs geglaubt. Vielmehr sah sie in der Aktion einen Anschlag auf die Pressefreiheit, der ein mißliebiges Magazin zum Schweigen bringen sollte.

Sie erhob denn auch so energisch und vielstimmig Einspruch, daß am Ende nicht Rudolf Augstein, der Herausgeber des »Spiegel«, sondern Franz Josef Strauß, der Verteidigungsminister, gehen mußte.

regung versetzte. Mit einiger Plausibilität läßt sich argumentieren, daß gerade an diesen Affären so etwas wie ein Prozeß fortschreitender institutioneller Stabilisierung der Republik abzulesen ist.

Adenauers Verzicht auf die Präsidentschaftskandidatur hat der Bundesrepublik möglicherweise eine Verfassungskrise erspart, jedenfalls eine geradlinige Verfassungsentwicklung ermöglicht. Denn die Ambition, als Bundespräsident nach dem Vorbild de Gaulles die Außenpolitik zu lenken, die allein Adenauers vorübergehendes Interesse an der Kandidatur erklärt, hätte notwendig zu ernsten Verfassungsstreitigkeiten geführt. Der Richterspruch von 1961 im Fernsehstreit hat endgültig klargemacht, was der Primat der durch ein unabhängiges Gericht ausgelegten Verfassung für das bundesrepublikanische Machtgefüge bedeutete. Und in der »Spiegel«-Affäre schließlich, die wie ein kurzes, heftiges Erdbeben die Republik erschüttert, sie auch verändert hat, weil sie ihr ein verändertes Bewußtsein von sich selbst gab, hat die Öffentlichkeit ihren ersten großen Auftritt gehabt: Nie zuvor in der Geschichte der Bundesrepublik hatte sie so spontan und so engagiert als Mitspieler die politische Bühne betreten – darin vor allem liegt die Bedeutung dieses kritischen Moments.

Der Auftritt zeugte freilich keineswegs nur von politischer Reife. Gewiß, die Öffentlichkeit, die in Resolutionen, Eingaben, Demonstrationen, Leitartikeln der über die Stränge schlagenden Bundesanwaltschaft, dem fragwürdigen Zusammenspiel zwischen Regierung und Justiz, vor allem aber mit rasch aufflammendem Mißtrauen dem Verteidigungsminister Strauß entgegentrat, der Strafverfolgung auf eigene Faust betrieben hatte und sich dann vor dem Parlament auf die Wahrheit nicht einlassen mochte – diese Öffentlichkeit engagierte sich für Rechtsstaat und Demokratie. Aber im vielstimmigen Chor war doch auch deutlich ein scharfer Ton blinden, weil ganz auf die Vergangenheit fixierten, bis ins Groteske übersteigerten Mißtrauens gegen die Bonner Republik vernehmbar, der auf Instabilitäten im Fundament hindeutete. Da wurde die Erinnerung an den Röhm-Putsch beschworen und der Verdacht geäußert, »in der Nacht vom Freitag zum Samstag«, der Nacht der großen, in der Tat weit überzogenen Polizeiaktion gegen die »Spiegel«-Redaktion, habe der Nachkriegsdemokratie der Garaus gemacht werden sollen.[29] Die »Spiegel«-Affäre ist nicht nur die Erfolgsgeschichte einer wachen öffentlichen Meinung, sie hat auch eigentümliche Trübungen des Wahrnehmungs- und Urteilsvermögens dramatisch sichtbar gemacht. Das Katastrophentrauma, auf das wir hier stoßen, hat der Republik immer wieder zu schaffen gemacht.

Jahre der Bewährung

I.

Es hat in der Geschichte der Bundesrepublik nur eine tiefe Zäsur gegeben: die späten sechziger Jahre. Die jedermann vertraute Chiffre für diese Zäsur ist die Jahreszahl 1968. In der politischen Geschichte der Republik sind es aber doch eher die Jahre 1966 und 1969, die die bundesrepublikanische Zeitenwende markieren: die Bildung der in den fünfziger Jahren noch schlechterdings undenkbaren großen Koalition zwischen Union und Sozialdemokraten zuerst, das Bündnis zwischen Sozialdemokraten und Liberalen sodann, das zwanzig Jahre Unionsvorherrschaft beendete, um seinerseits die Republik dreizehn Jahre lang zu regieren. Der erneute Mehrheitswechsel von 1982/83, so wichtig er war, ist dem von 1966/69 nicht mehr vergleichbar. Als Einschnitte sind aber alle Kanzlerwechsel, selbst die von 1963 und 1974, die nicht mit Mehrheitswechseln verbunden waren, wahrgenommen worden – zu Recht. Sie alle haben das vergleichsweise dichte Geflecht der Kontinuität bundesrepublikanischer Geschichte stärker gegliedert als andere Ereignisse. Die Kanzler, so kann man es auch sagen, sind jedenfalls in ihrer Mehrheit ganz anders als in der Weimarer Republik die bestimmenden Figuren dieser Geschichte gewesen. In der Abfolge der Übergänge von 1963 bis 1982/83 läßt sich, in knappster Form, die politische Entwicklung der Republik in den Jahrzehnten nach Adenauer nachzeichnen.

Die Vorgeschichte des Wechsels von Adenauer zu Erhard ist die Geschichte des ebenso zähen wie aussichtslosen Kampfes Adenauers gegen eine Kanzlerschaft Erhards. Adenauer hielt seinen Wirtschaftsminister für völlig ungeeignet, die Bundesrepublik außenpolitisch zu führen, nicht erfahren und nicht hart genug, um im Ost-West-Konflikt richtigen Kurs zu halten, ohne Verständnis für die politische Dimension der europäischen Integration und, was das Bedenklichste war, für die Bedeutung der deutsch-französischen Beziehungen. Schon in der Präsidentschaftskrise war Adenauer vor allem deshalb von der Kandidatur wieder zurückgetreten, weil er der Fraktion den Kanzler Erhard nicht hatte ausreden können.

Es blieb bei der Frontstellung. Die Fraktion hielt gegen die schwindende Autorität Adenauers an ihrem Favoriten fest. Keiner der anderen, die sich zeitweilig Hoffnungen machten, hatten gegen ihn eine Chance: Gerhard Schröder nicht, der Außenminister der letzten Adenauer-Jahre, Heinrich von Brentano nicht, der 1961 aus dem Auswärtigen Amt an die Spitze der Fraktion zurückgekehrt war, Eugen Gerstenmaier nicht, der vom hohen Stuhl des Bundestagspräsidenten gern in die wirkliche Politik hinuntergestiegen wäre. Keiner konnte sich an Popularität auch nur entfernt mit dem Vater des Wirtschaftswunders messen, das gab den Ausschlag. Als Garanten zukünftiger Wahlerfolge hat die Fraktion Ludwig Erhard gewählt, nicht weil sie von seiner Eignung für das Amt überzeugt war. Ihr Kalkül sollte sich rasch als kurzsichtig erweisen.

Die Erhard-Jahre sind ein Zwischenakt nach dem langen und dissonanten Ausklang der Ära Adenauer geblieben, ein redlicher, in der Formel vom »Ende der Nachkriegszeit« auch programmatisch angekündigter, aber mißlungener Versuch, etwas Neues zu beginnen. Als Erhard im Oktober 1963 zum Kanzler gewählt wurde, war er der Wunschkandidat nicht nur der CDU, sondern auch der FDP, die Adenauers definitive Rücktrittszusage in der »Spiegel«-Krise erzwungen hatte. Am Ende, im November 1966, drängten ihn beide Fraktionen aus dem Amt. Der Anlaß war eine Haushaltskrise, die einen Koalitionskonflikt auslöste. Aber der Ausgang dieser Krise erklärt sich nur daraus, daß alles politische Vertrauen in den Kanzler Erhard bereits verbraucht war. Daß er die Führungskraft besitze, deren es in einer außen- wie innenpolitisch schwierigen Phase bedurfte, glaubte nach drei Jahren seiner Kanzlerschaft niemand mehr. Er besaß sie auch nicht, bei allem guten Willen. Schon mit seinem eigentümlich unpolitischen Verständnis seines Amtes – »Volkskanzler« wollte er sein, über den Parteien – stand er sich selbst im Wege. Auf den Erhard der frühen Jahre, den Erhard der mutigen ordnungspolitischen Weichenstellungen, die die westdeutsche Demokratie mit auf den Weg gebracht hatten, sollte freilich von diesem Ende her kein Schatten fallen.

Ein neues Kapitel bundesrepublikanischer Geschichte ist tatsächlich erst 1966 mit der Bildung der großen Koalition aufgeschlagen worden. Die Möglichkeit eines Bündnisses zwischen den beiden Kontrahenten der fünfziger Jahre war zum ersten Mal 1961 am politischen Horizont aufgetaucht. Die SPD hatte nach den Bundestagswahlen vom 17. September – der Berliner Mauerbau lag gerade einen Monat zurück – für eine Allparteienregierung plädiert. Und Adenauer hatte mit der Option der Großen Koalition tatsächlich gespielt, sie als versteckte Drohung in den schwierigen Verhandlungen mit der FDP genutzt, die einen beachtlichen Wahlerfolg mit dem Versprechen errungen hatte, sich erneut mit der Union verbünden, aber dabei den fünfundachtzigjährigen Kanzler Adenauer in den verdienten Ruhestand schicken zu wollen.

Wirklich verhandelt worden ist zum ersten Mal im Spätherbst 1962, als nach der »Spiegel«-Affäre die bürgerliche Koalition zeitweilig auseinanderbrach. Es zeigte sich freilich sehr rasch, daß auf sozialdemokratischer Seite die Fraktion den Wortführern für eine große Koalition – Herbert Wehner vor allem zog die Fäden – nicht zu jeder Bedingung zu folgen bereit war. Für einen Kanzler Adenauer zu stimmen, das war vielen nach den bitteren Kämpfen der Vergangenheit, der frischen »Spiegel«-Affäre obendrein, denn doch unvorstellbar. Auch das Mehrheitswahlrecht, das die Union jetzt plötzlich als Kernstück der Regierungsprogrammatik einer großen Koalition auf den Tisch legte, war ein Hindernis. In der Union wäre die Entscheidung kaum weniger umstritten gewesen, wenn sie denn hätte getroffen werden müssen. Ob die Befürworter einer großen Koalition oder ihre Gegner (zu denen sehr entschieden der Kronprätendent Erhard gehörte) sich durchgesetzt hätten, steht dahin. Adenauer selbst hat vermutlich wiederum eher taktiert, erfolgreich taktiert. Die FDP kehrte eilig in die Koalition zurück, eine Koalition freilich ohne den durch die »Spiegel«-Affäre kompromittierten Verteidigungsminister Strauß. Aber notfalls wäre der Kanzler wohl auch ein Bündnis mit der SPD eingegangen.

1966, als Erhard abgewirtschaftet hatte, war es dann soweit. In der Union hatte sich in den fünf schwierigen Koalitionsjahren seit 1961 viel Ärger über den kleinen Partner aufgestaut. Man war ihn herzlich leid. Zudem waren große Aufgaben zu bewältigen. Die Bundesrepublik war in eine Rezession hineingeglitten, in deren Schatten die rechtsradikale NPD erste Erfolge errang. Die Notstandsverfassung sollte endlich beschlossen werden, und es gab das große Projekt der Wahlrechtsreform. Warum es nicht mit der SPD versuchen? Dabei war sich die Union vermutlich nicht darüber im klaren, daß sie nicht eben aus einer Position der Stärke heraus agieren konnte; nicht nur, weil die Rezession die Regierung bedrängte, sondern auch weil der innerparteiliche Kampf um die Erhard-Nachfolge noch nicht entschieden war. Die SPD wiederum – genauer die Fraktion in ihrer Mehrheit und vor allem die Führung der Partei – war entschlossen, die zweite Chance (wenn es denn 1962 eine erste gegeben hatte), von der Oppositions- auf die Regierungsbank hinüberzuwechseln, zu nutzen. Sie wollte den Deutschen endlich zeigen, daß sie regieren konnte.[30] Mit der FDP, so sah es entschieden Herbert Wehner, so sah es am Ende auch Brandt und mit ihnen die Mehrheit der Fraktion, war das nicht möglich, noch nicht möglich. Man wäre auf jede FDP-Stimme angewiesen gewesen und hätte doch keineswegs auf jede FDP-Stimme sicher zählen können.[31] Also die Große Koalition, mit dem strategischen Ziel, in der Koalition mit der Union diese zu überholen. Das Bündnis wurde erstaunlich rasch ausgehandelt. Kurt Georg Kiesinger kehrte nach acht Stuttgarter Ministerpräsidentenjahren als Kanzler nach Bonn zurück. Die Unionsfraktion hatte ihm vor Gerhard Schröder und dem jungen Aufsteiger Rainer Barzel, den beiden »Bonnern«, den Vorzug gegeben und damit auch einen föderalistischen Akzent gesetzt – für die Aufgabe, einem etwas heiklen Vernunftbündnis zu präsidieren, in dem nicht allzu entschlossen eigene Ziele verfolgt werden konnten, eine durchaus glückliche Wahl. Willy Brandt trat ihm für die SPD als Außenminister und Vizekanzler zur Seite. Es war freilich nicht Brandt, sondern Wehner, der im Kabinett der wichtigste sozialdemokratische Partner Kiesingers wurde.

Die Koalition zwischen Union und SPD war, inzwischen ist das unbestritten, erfolgreicher, als ihre Kritiker es damals wahrhaben wollten: in ihrer Wirtschaftspolitik, die das Land aus der Rezession herausführte, in ihrer Gesetzgebungsarbeit, mit ihrer Verfassungsreform. Aber deutlicher als ihre Erfolge traten, zumal gegen Ende der Legislaturperiode, die Rivalität innerhalb der Koalition und der Mangel an Übereinstimmung in wichtigen außenpolitischen, näherhin ost- und deutschlandpolitischen Fragen hervor mitsamt der Lähmung, die von Rivalität und Dissens ausging. Der Wahlkampf 1969 ließ sich kaum anders deuten, als daß beide Parteien aus dem Zweckbündnis wieder hinausstrebten: die Sozialdemokraten vom zweiten auf den ersten Platz, die Union zurück in die angestammte Position der Dominanz.

Willy Brandt kündigte denn auch noch in der Wahlnacht an, daß er den Versuch machen wolle, mit der F.D.P. eine Regierung zu bilden. Er war der Mann der entscheidenden Initiative.[32] Vorverständigungen mit dem neuen Parteiführer der Liberalen Walter Scheel, wenn auch keine festen Verabredungen, hatte es gegeben; die Überzeugung, daß es höchste Zeit für eine neue Ost- und vor allem Deutschlandpolitik sei, war auf beiden Seiten das treibende Motiv.

Zur Wahl Gustav Heinemanns zum Bundespräsidenten – der alte Widersacher Adenauers war 1957 zu den Sozialdemokraten gestoßen – hatte das neue Bündnis sich schon im März 1969 sichtbar und folgenreich ein erstes Mal zusammengefunden, durchaus in dem Bewußtsein, mit diesem Votum der Gemeinsamkeit auf zukünftige Möglichkeiten vorauszuweisen. Auch die seit 1966 bestehende Düsseldorfer sozial-liberale Koalition ist hier zu nennen. Sie wurde als eine Art von Modell angesehen, und ihre führenden Männer Heinz Kühn und Willi Weyer haben 1969 in den entscheidenden Augenblicken eine nicht unwichtige Rolle gespielt. Nichts spricht demnach dafür, daß die Union lediglich durch taktisches Ungeschick die Chance verpaßt hat, an der Macht zu bleiben. Auf beiden Seiten, bei der SPD wie bei der F.D.P., waren die Weichen in Richtung sozial-liberale Koalition gestellt, auch wenn es bei der F.D.P. eine heftig widerstrebende Minderheit gab und in der SPD-Führung – noch einmal ist hier Herbert Wehner, auch Helmut Schmidt zu nennen – einige Sympathien für die Fortführung der Großen Koalition. Die rasche Entschlossenheit, mit der Brandt und Scheel das Bündnis zustande brachten, spiegelt eine gegebene Disposition wider.

Ein Regierungswechsel – und doch mehr als ein Regierungswechsel: Zum ersten Mal vollzog sich in Bonn, zwanzig Jahre nach den Anfängen, das Grundritual der Demokratie, die friedliche Übernahme der Regierungsmacht durch eine neue Mehrheit. Gerade ausländische Beobachter haben diesen Übergang denn auch als den späten Abschluß der Demokratiegründung in Westdeutschland empfunden. Die sozial-liberale Koalition selbst ging noch einen Schritt weiter. »Wir stehen nicht am Ende unserer Demokratie, wir fangen erst richtig an«, verkündete Willy Brandt in seiner Regierungserklärung.[33] Jetzt erst, so konnte man das verstehen, wird mit der Demokratie in Westdeutschland recht eigentlich Ernst gemacht. Ein enthusiastischer Kern der Gefolgschaft der neuen Koalition, des neuen Kanzlers im besonderen, zumal unter den Intellektuellen, dachte tatsächlich so. Willy Brandt hätte es besser wissen können. Es war die Anspannung überlangen Wartens, die nun in Emphase umschlug. Seit der Spätzeit Adenauers hatte sich die unbestimmte oder auch bestimmte Erwartung, nun sei es Zeit für etwas Neues, hoch aufgestaut.

Die parlamentarische Basis der sozial-liberalen Koalition war freilich schmal, zwölf Stimmen Vorsprung auf dem Papier, nie in Wirklichkeit, weil nicht alle liberalen Abgeordneten den Frontwechsel mitzuvollziehen bereit waren. 1972, in den heftigen Gefechten um die Ratifizierung der Ostverträge, ging die knappe Mehrheit endgültig verloren. Und wenn der Versuch der Union, Brandt durch ein konstruktives Mißtrauensvotum zu stürzen, im Mai 1972 auch scheiterte – inzwischen ist ziemlich sicher, daß es jedenfalls auch Bestechung war, die der Union den Strich durch die scheinbar sichere Rechnung machte, und daß die DDR die Hand dabei im Spiel hatte[34] –, handlungsfähig war die Koalition von nun an nicht mehr. Sie wurde es erst wieder durch die Neuwahlen im November und blieb es dann über zwei Wahlen hinweg für genau ein Jahrzehnt. Der Zugewinn der Novemberwahlen war mit 5,7 Prozentpunkten für die beiden Koalitionsparteien, nüchtern betrachtet, so dramatisch nicht. Aber der Wahlsieg wurde als ein Triumph empfunden, war auch ein Triumph, nicht nur, weil er die SPD zum ersten und einzigen Mal in den vier Jahrzehnten der Bonner Republik zur stärksten Partei im Bundestag machte, sondern vor allem auch weil er eine politische Schlacht eindeutig entschied, die das Land aufgewühlt hatte, die Schlacht um die Ostpolitik.

Daß der Kanzler, der diesen Triumph errungen hatte, ein charismatischer Führer von historischer Statur – so sah ihn 1972 die Mehrheit der Deutschen, so sah ihn die Welt –, keine anderthalb Jahre mehr im Amt blieb, gehört zu den erstaunlichsten Wendungen in der Geschichte der Republik. Gewiß, der DDR-Spion in Brandts Stab, dessen Verhaftung im Mai 1974 den Anlaß zum Rücktritt gab, war ein böser Zufall. Brandt hat sich später nicht ohne Bitterkeit gefragt, ob er wirklich zurücktreten mußte.[35] Aber tatsächlich war dem »bösen Zufall« ja schon ein dramatischer Verfall seiner Autorität vorausgegangen, und der gibt nach dem Höhenflug, der auf den Gipfel des November 1972 geführt hatte, einige Rätsel auf.

Waren die Erwartungen zu hoch gestiegen? War Brandt nicht der Mann für die Mühsal des politischen Alltags, des innen- wie auch außenpolitischen Alltags, der von 1973 an vorherrschte? Fehlte es ihm in widrigen Umständen an der nötigen physischen wie psychischen Stabilität? Hatte er nicht mehr die richtigen Helfer im Bundeskanzleramt? Jedenfalls lag der November 1972 im Frühjahr 1974 weit, weit zurück. Das gilt für die Stimmung in der Partei wie bei den Wählern, auch bei Brandts Herolden unter den Journalisten und Literaten. Trotzdem: Zu stürzen war Brandt nicht, und ohne die Affäre Guillaume, ohne den DDR-Spion im Kanzleramt, wäre er nicht zurückgetreten. Insofern war diese Affäre eben doch mehr als ein Anlaß. Aber eine starke Empfindung der Schwäche, der Müdigkeit, der Resignation, die etwas mit den politischen Widrigkeiten der Monate vor dem Mai 1974

Nur wenige Politiker waren in der SPD der Jahre 1949 bis 1982 so einflußreich wie Herbert Wehner und keiner so undurchschaubar. Er kam von der Weimarer KPD, hatte im Moskauer Exil – wie auch immer – den Terror Stalins überlebt und war nach dem Krieg zur SPD gestoßen.

Wehner lebte ganz und gar in der Politik und für die Politik; er beherrschte ihr Machtspiel besser als die meisten. Man hat ihn den Architekten der Großen Koalition genannt, jedenfalls hat er von den späten fünfziger Jahren an wie kaum ein anderer führender Sozialdemokrat dem Ziel, die SPD endlich an die Regierung zu bringen, alles andere untergeordnet. Nach drei Jahren Ministerzeit in der Großen Koalition, die ihm wohl am meisten Befriedigung brachte, übernahm er 1969 die Führung der sozialdemokratischen Bundestagsfraktion und behielt sie bis zum Ende der sozial-liberalen Koalition, mehr respektiert und gefürchtet als geliebt.

Daß er 1974 Brandts Sturz betrieb, steht außer Frage, die Gründe, die ihn dabei bestimmten, sind nicht so klar. Von 1973 an hat er ein vertrautes Verhältnis zu Erich Honecker aufgebaut. Als Patriot, der nach Chancen der Überwindung der Teilung Deutschlands suchte? Als Sozialist, der Brücken zwischen SPD und SED schlagen wollte? Man weiß es nicht.

zu tun hat, wird man in Rechnung stellen müssen, wenn man den Rücktrittsentschluß Brandts verstehen will.[36]

Anders als am Ende der langen Ära Adenauer stand ein ganz unumstrittener Kandidat für die Nachfolge bereit: Helmut Schmidt. Angesichts der Selbstverständlichkeit, mit der er das Amt antrat, um dann in diesem Amt die Bundesrepublik souverän durch acht schwierige Jahre zu führen, vergißt man leicht, daß es bei normalem Lauf der Dinge einen Kanzler Helmut Schmidt wohl nicht gegeben hätte. Schmidt war nur fünf Jahre jünger als Brandt, gehörte also der gleichen politischen Generation an. Bei aller Loyalität hat er nicht leicht daran getragen, daß er, bis es ihm zufiel, auf das höchste Amt nicht rechnen konnte. So aber begann mit seiner Kanzlerschaft ein zweiter Akt in der Geschichte der sozial-liberalen Koalition, der mit dem ersten nicht mehr viel gemein hatte. Selbst wenn man sich nicht auf die These einläßt, die mittleren siebziger Jahre, nicht die späten sechziger seien der eigentliche Wendepunkt in der Geschichte der Bundesrepublik gewesen, ist doch unbezweifelbar, daß die Jahre von 1974 an nicht mehr geprägt waren von einem beflügelnden großen strategischen Entwurf, wie die Jahre 1969 bis 1972 im Zeichen der Ostpolitik es gewesen waren. Sie waren eine Zeit vielfältiger politischer Defensiven, was viel über die Umstände, einiges aber auch über die Protagonisten aussagt: der Defensive gegen weltwirtschaftliche Turbulenzen, der Reaktion auf sowjetische Hochrüstung, der Abwehr des Terrorismus, für den Kanzler im besonderen der sich zuspitzenden Auseinandersetzung mit der eigenen Partei; und für die Koalition, etwa vom Ende der siebziger Jahre an, eine Zeit rascher wechselseitiger Entfremdung.

Die Geschichte dieser Entfremdung, die im September 1982 schließlich zum Bruch führte, ist ein Lehrstück in Sachen bundesrepublikanischer Koalitionsdemokratie. Daß Sozialdemokraten und Liberale sich schwer miteinander tun, wenn schwierige Konjunkturen die Politik mit wachsenden Haushaltsdefiziten und steigender Arbeitslosigkeit herausfordern, versteht sich von selbst. Eben dies war die Konstellation der frühen achtziger Jahre: die Koalitionspartner im Dauerkonflikt um Beschäftigungsprogramme, Ergänzungsabgaben, Steuererhöhungen, Einsparungen. Auch in der Außen- und Sicherheitspolitik war die Koalitionsharmonie der frühen Jahre dahin. Aber der unvermeidliche Streit in der Sache, bald schärfer, wie unter erklärten Gegnern, bald weniger scharf, wie unter verständigungswilligen Partnern geführt, war zugleich natürlich auch ein Streit zwischen zwei Parteien mit ihren jeweils besonderen parteistrategischen und parteitaktischen Kalkülen. Das Ende der Koalition mag beinahe zwingend im Streit um die Sache angelegt gewesen sein, Zeitpunkt und Umstände bestimmte das parteistrategische Kalkül.

Die F.D.P.-Führung, und das heißt vor allem Hans-Dietrich Genscher, entschied sich nach längerem Taktieren gegen erhebliche Widerstände in der eigenen Partei und Fraktion schließlich für den Bruch, weil die Landtagswahlen der Jahre 1981/82 immer bedrohlicher die Gefahr anzeigten, im Abwärtssog der SPD die Regierungsteilhabe zu verlieren. Im Mai 1981 kam die Union in Berlin unter der Führung Richard von Weizsäckers nahe an die absolute Mehrheit heran. Sie war deutlich stärker als SPD und F.D.P. zusammen. Im März 1982 gewann sie in Niedersachsen die absolute Mehrheit. Im Juni 1982 wurde sie in Hamburg stärkste Partei, während die F.D.P. an der Fünf-Prozent-Hürde scheiterte. In Berlin und Hamburg zogen zudem die Grünen an der F.D.P. vorbei, eine erste Warnung, daß die strategische Position der F.D.P. im Parteiensystem nicht für alle Zeiten sicher sei.

Es mag, neben diesen beunruhigenden Wahrnehmungen, für die F.D.P. auch eine Rolle gespielt haben, daß die wachsenden Schwierigkeiten, die Helmut Schmidt mit seiner eigenen Partei hatte, den Koalitionspartner immer unberechenbarer machten. Tatsächlich ging die Bereitschaft zum Kompromiß auf beiden Seiten, nicht nur bei der F.D.P., Schritt für Schritt verloren. Die SPD versteifte sich um so entschiedener darauf, gegen alle Zumutungen, alle Zwänge der Koalition ihr eigenes Profil verteidigen zu müssen, je unausweichlicher sie das Ende ihrer Regierungszeit – so oder so – auf sich zukommen sah. Helmut Schmidt gab schließlich auf, als er sah, daß die absprungbereiten Liberalen und die immer kompromißunwilligere SPD – das galt übrigens, aus unterschiedlichen Gründen, für den Gewerkschaftsflügel wie für die Linken in der Partei – nicht länger zusammenzuhalten waren. Er gab wohl auch auf, weil er wahrnahm, daß seine eigene Partei ihm jedenfalls in der entscheidenden sicherheitspolitischen Frage der Nachrüstung nicht mehr lange folgen würde. Er führte das Ende schließlich in einer offensiv gegen die F.D.P. gewendeten Strategie bewußt herbei.

Am 1. Oktober 1982 kam es zu dem von Union und F.D.P. verabredeten konstruktiven Mißtrauensvotum. Helmut Kohl wurde zum Bundeskanzler gewählt, keineswegs mit allen Stimmen der F.D.P. Das neue Bündnis kündigte an, daß es sich nach fünf Monaten, im März 1983, den Wählern stellen würde. So geschah es. Der Wechsel, der zweite und deshalb wenn schon nicht im Verfahren, dann doch in der Sache schon ein Stück Normalität, fand eine deutliche Bestätigung.

Übrigens trifft das Stichwort Normalität durchaus nicht die Empfindungen aller Zeitgenossen. Diejenigen, für die die Geschichte der Bonner Demokratie im Grunde erst 1969 begonnen hatte, sahen das, teils zornig, teils elegisch, ganz anders. Einer von ihnen notierte 1984, die dreizehn Jahre der sozial-liberalen Koalition erschienen im Rückblick »als vergebliche Rebellion wider die Kontinuität der deutschen Geschichte«.[37] Ein Urteil, das auf erstaunliche Weise die eigentliche Pointe der Demokratieentwicklung in Westdeutschland verfehlt, die doch gerade darin besteht, daß sich ein Demokratiekonsens herausgebildet hat, der alle Parteien, die die Bonner Republik regiert haben, umgreift.

II.

Es ist wesentlich, das hat die rasche Wanderung durch zwei Jahrzehnte deutlich gemacht, die Konfiguration der Parteien gewesen, aus der sich die Bewegungsgesetze der politischen Geschichte der Republik ergeben haben. Man muß also vor allem das Parteiensystem ins Auge fassen, wenn man Statik und Dynamik dieser Geschichte verstehen will.

Das westdeutsche Parteiensystem, abgeschirmt, wenn auch, wie sich zeigen sollte, nicht dauerhaft abgesichert durch die Fünf-Prozent-Klausel und durch die nachdrückliche

Tabuisierung der politischen Extreme, ist von 1961 bis in die achtziger Jahre in seinen Strukturen erstaunlich stabil gewesen. Zwischen 1961 und 1983 hat es nur drei Fraktionen im Bundestag gegeben und fast durchgehend auch in den Landtagen: die Union, die nach 1957 zwar nie mehr die absolute Mehrheit der Stimmen oder auch nur der Mandate gewann, aber doch auf dem in den fünfziger Jahren erreichten hohen Niveau stärkste Partei blieb, in allen Bundestagswahlen – das Triumphjahr Willy Brandts 1972 ausgenommen – ein paar Prozentpunkte vor der SPD, selbst 1980 gerade eben noch, als der höchst populäre Kanzler Schmidt gegen den höchst umstrittenen Herausforderer Strauß stand; die SPD, die nach einem frappierend stetigen Vormarsch zweier Jahrzehnte 1972 tatsächlich auf dem ersten Platz anlangte, sich in den Schmidt-Wahlen 1976 und 1980 jedenfalls in der Nähe der Union, oberhalb der Vierzig-Prozent-Marke, behauptete, dann aber in den achtziger Jahren doch wieder deutlicher zurückfiel, was eine Folge des Auftretens der Grünen war; die F.D.P. schließlich mit Ergebnissen zwischen sieben und zehn Prozent, mit gelegentlichen Ausschlägen nach oben (12,8 Prozent 1961) wie nach unten (5,8 Prozent 1969).

Weder nach rechts noch nach links franste dieses festgefügte Parteiensystem aus. Die 1968 gegründete DKP, in Wahrheit keine neue Partei, sondern die nach zwölf Verbotsjahren wiederbelebte KPD, fand bei den Wählern keinerlei Resonanz. Die NPD auf der rechten Seite hatte in den späten sechziger Jahren in einigen Landtagswahlen zwar spektakulären Erfolg, der für Aufregung sorgte, aber doch nur sehr vorübergehend. So knapp sie 1969 den Eintritt in die Geschichte auch verfehlte – 230 000 zusätzliche Stimmen, 0,7 Prozentpunkte, hätten sie in den Bundestag gebracht und die sozial-liberale Koalition unmöglich gemacht –, sie verfehlte ihn. Erst der Durchbruch der Grünen, die von den Protestbewegungen der siebziger Jahre herkamen, hat die Konfiguration – grundlegend, wie sich zeigen sollte – verändert: 1979 zogen sie in den ersten Landtag ein, 1983, der F.D.P. schon dicht auf den Fersen, zum ersten Mal in den Bundestag. 1985 ging die SPD – in Hessen – das erste Regierungsbündnis mit ihnen ein. Ein neues Parteiensystem hatte sich formiert.

Die Phase der Stabilität der Drei-Parteien-Konfiguration ist zugleich auch die Phase der stärksten Integrationskraft der beiden Großparteien gewesen: Waren sie 1949 gemeinsam gerade an sie Sechzig-Prozent-Marke herangekommen, so haben sie von 1957 bis 1987 stets mehr als achtzig Prozent der Wähler für sich gewonnen, der Gipfelpunkt war 1976 mit 91,2 Prozent erreicht – bemerkenswerte Zahlen, wenn man bedenkt, daß in der Bundesrepublik ein nur leicht modifiziertes Verhältniswahlrecht galt. Die Konstellation der Polarität, der Zweierkonkurrenz bei wechselnder ideologischer und programmatischer Distanz, wie sie sich in den Adenauer-Jahren herausgebildet hatte, ist, so scheint es, von den Westdeutschen mit erstaunlicher Selbstverständlichkeit als politisches Orientierungsmuster angenommen worden.

Wahlsoziologisch sind diese zweieinhalb Jahrzehnte der stabilen Konkurrenz zwischen zwei fast gleich starken Großparteien übrigens Jahre einer stetigen Angleichung ihrer Profile gewesen, was aufs engste mit den Veränderungen der Gesellschaftsstruktur insgesamt zusammenhängt. Die Differenzen zwischen Union und Sozialdemokratie schliffen sich ab – das gilt für die Mitgliedschaft wie für die Wähler, und es gilt bei den Wählern im besonderen für den sozialen Status, die Schulbildung, das Geschlecht. Was sich mit einer gewissen Deutlichkeit erhielt, waren die Bindung der kirchentreuen Katholiken an die Union wie die Bindung der Gewerkschaftsmitglieder an die SPD, auch die Neigung der älteren Wähler zur Union.[38] Aber im ganzen ist unverkennbar, daß die Einbindung der Wähler in soziale Milieus sich lockerte, Lagermentalitäten schwächer wurden, Lager sich öffneten. Das Ausmaß der Verschiebungen hinter der Fassade einer stabilen Parteienkonfiguration ist doch erstaunlich.

Mindestens ebenso folgenreich wie die Hinwendung der überwältigenden Mehrheit der Wähler zu den beiden Großen war freilich, daß eine Minderheit von Wählern die dritte Partei im Spiel hielt, ja ihr eine Schlüsselstellung gab. Keine der beiden großen Parteien konnte in Bonn allein regieren, beiden konnte die F.D.P. zur Mehrheit verhelfen. Das galt numerisch seit 1961, politisch jedenfalls seit 1969. Seit 1961 hat die F.D.P. denn auch, mit Ausnahme der drei Jahre der Großen Koalition, ununterbrochen mitregiert, und dies in einer Position der Stärke, ablesbar schon daran, daß die Regierungen seit 1969 Doppelnamen trugen: Brandt/Scheel, Schmidt/Genscher, Kohl/Genscher – in den fünfziger Jahren wäre das lächerlich gewesen. Daß seit 1969 keine der beiden großen Parteien der F.D.P. mehr das Außenministerium streitig machen konnte, weist in dieselbe Richtung.

Freilich hatte diese Stellung ihren Preis. Der Mehrheitswechsel war in der gegebenen Konfiguration nur als Bündniswechsel der F.D.P. möglich, und der war, wie sich zeigen sollte, mit großen Risiken für die Partei verbunden. 1969 schlitterte die Partei nur eben gerade am Fünf-Prozent-Abgrund vorbei, obgleich doch eine Übergangsfrist von drei Oppositionsjahren vorangegangen war. 1982/83 vollzog sich zwar der Wähleraustausch glatter, aber die innerparteilichen Erschütterungen waren eher noch größer als 1969. Mit anderen Worten: Die Rolle, die die gegebene Konstellation der F.D.P. zuwies, konnte sie im Schatten der Fünf-Prozent-Klausel nur unter Einsatz ihrer Existenz spielen. Aber so riskant der Wechsel auch war, riskant konnte es für die F.D.P. auch sein, dem Risiko des Wechsels auszuweichen. Das war die Situation des Jahres 1982.

Eine Koalitionsdemokratie also mit ihren Koalitionsausschüssen, Koalitionsrunden, Koalitionsvereinbarungen – dieses Wort erklärt einen guten Teil bundesrepublikanischer Politik. Eine Koalitionsdemokratie, deren Mechanik durch eine kleine, überproportional mächtige, aber in ihrer Existenz zunehmend unsichere Partei von der Mitte her bestimmt wurde. Mehrheitswechsel waren unter diesen Bedingungen seltene Ereignisse, die als dramatisch wahrgenommen wurden – wenn man die Große Koalition als Vorstufe zur Regierungsübernahme durch die sozial-liberale Koalition begreift, hat es in der vierzigjährigen Geschichte der Bundesrepublik nur zwei gegeben. Die Koalitionsmechanik bewirkte darüber hinaus, daß ein vergleichsweise hohes Niveau der Kontinuität auch über die scheinbar tiefen Zäsuren der wenigen Regierungswechsel hinweg zu einem Merkmal bundesrepublikanischer Politik wurde. Und sie bewirkte eine Orientierung zur Mitte hin, denn die beiden großen Parteien mußten ja stets auf ihre Koalitionsfähigkeit bedacht sein, waren es trotz wiederkehrender Attacken von den Flügeln her im großen und ganzen auch.

Die einzige Alternative zum Bündnis mit den Liberalen in den Jahren der Dreier-Konfiguration, die Große Koalition, war nach 1969 nur noch rechnerisch eine Alternative. Sie ist nie wieder ein ernsthaftes Thema geworden. Nicht weil sie sich als die von aufgeregten Kritikern beschworene tödliche Gefahr für die Demokratie erwiesen hätte, sondern weil sich von den späten sechziger Jahren an eine neue politische Polarität aufbaute, die die beiden großen Parteien weit auseinanderzog. Auch in den Ländern gab es große Koalitionen in den siebziger und achtziger Jahren nicht mehr.

Das Vier-Parteien-System, das in den achtziger Jahren die stabile Dreier-Konfiguration abzulösen begann, hat vor der Vereinigung keine deutlichen Konturen mehr gewonnen. Aber wie sehr es die vertraute Koalitionsmechanik verändern würde, war doch schon abzusehen. Seit 1983 im Bundestag, hatten die Grünen bis 1990 auch den Sprung in die meisten Landtage geschafft; nur im Saarland und in Schleswig-Holstein standen sie noch vor der Tür. Ihre Ergebnisse lagen zwischen fünf und elf Prozent. Auch war Ende der achtziger Jahre bereits erkennbar, daß es sich nicht um ein politisches Strohfeuer handelte. Das hatte Folgen für das Parteiensystem: Die SPD sah sich einem neuen Wettbewerber zur Linken gegenüber, verlor Wähler und fiel hinter die Union auf das Niveau der sechziger Jahre zurück, gewann aber mittelfristig neue Koalitionsmöglichkeiten und damit einen wesentlichen strategischen Vorteil gegenüber der Union. Eine Asymmetrie also zeichnete sich ab. Zugleich war die Schlüsselstellung der F.D.P. in Frage gestellt und mit alledem die Ausrichtung des Parteiensystems zur Mitte hin.

Es ist eine spannende, aber unbeantwortbare Frage, ob eine andere Entwicklung möglich gewesen wäre. Hätte die SPD von der Position aus, die sie 1972 erreicht hatte, den stürmischen gesellschaftlichen Wandel des Jahrzehnts als Rückenwind nutzend, sich eine Position sozialstrukturell begründeter Dominanz sichern können? Hätte sie, das ist der Kern der Frage, die Wähler an sich binden können, die von den achtziger Jahren an »grün« wählten, ohne ins Gewicht fallende Verluste auf der anderen Seite? Brandt hat das bei seinen integrativen Bemühungen in den späten siebziger und achtziger Jahren wohl im Sinn gehabt. Offenkundig ist, daß der in den sechziger Jahren einsetzende gesellschaftliche Wandel, in seiner Grundtendenz ein tektonischer Individualisierungsschub, die Union jedenfalls nicht begünstigte. Aber das heißt nicht, daß er der SPD, die doch auch eine – auf andere Weise – im Hergebrachten verwurzelte Partei war und nicht einfach aufhören konnte, es zu sein, Wähler zuführen mußte, jedenfalls nicht einer SPD, die Regierungsverantwortung zu tragen hatte. Hätte die Sozialdemokratie in den kritischen zehn, fünfzehn Jahren nach 1968 die Oppositionsrolle zu spielen gehabt, wäre manches denkbar gewesen. 1983 waren die Grünen dann schon auf dem Plan.

Schärfer wird das Bild, wenn man nicht nur das Parteiensystem als Ganzes, sondern die Parteien einzeln genauer ins Auge faßt. Was die beiden großen angeht, so stellt sich vor allem die Frage, wie sie mit dem Rollentausch von 1969 fertig wurden. Erst mit der Bewährung der SPD auf der einen und der Unionsparteien auf der anderen Seite in der jeweils neuen Rolle konnte ja der Regierungswechsel als bestandene Reifeprüfung der parlamentarischen Demokratie in Westdeutschland gelten. Daß die Union, die ihre Identität als Kanzler- und Regierungspartei gewonnen hatte, sich mit dem Wechsel schwerer tun würde als die Sozialdemokratie, war eine begründete Erwartung. Anfangs war es auch so, auf die Dauer kam es anders.

Konsequent bis zur Selbstverleugnung hatte die SPD jedenfalls in ihrer Führung von den frühen sechziger Jahren an nur noch ein Ziel verfolgt: endlich Regierungspartei zu werden. Die Furcht, von der Oppositionsbank der Bonner Republik überhaupt nicht mehr herunterzukommen, saß tief – für die erste Generation sozialdemokratischer Nachkriegspolitiker kam der Wechsel ja auch tatsächlich schon zu spät. Man kann diese Furcht ebensogut als Entschlossenheit beschreiben, die zweite Republik mitzugestalten, Verantwortung für sie zu übernehmen, sie nicht einfach, wie es in Weimar geschehen war,[39] anderen zu überlassen – ein Motiv, dem Gerechtigkeit widerfahren zu lassen, den vielen scharfzüngigen Kritikern des »Anpassungskurses« damals schwerfiel. Der Schritt in die Große Koalition war denn auch alles andere als unumstritten, gerade auch in der Partei selbst.[40] Nur mit Mühe hat die Führung dem Parteitag nachträglich ein billigendes Votum abgerungen.

Erst 1969 und dann 1972, auf der Höhe des Triumphes, schien die SPD als Regierungspartei mit sich selbst einig zu sein: stärkste Partei der Republik, Repräsentantin des Zeitgeistes, um einen charismatischen Kanzler und Parteiführer geschart und durch einen seit Godesberg gewachsenen programmatischen Konsens zusammengehalten. So konnte man es sehen. In Wahrheit war es ein flüchtiger Augenblick der Harmonie, den die Partei in der Tat dem Charisma ihres Kanzlers und seiner Ostpolitik im besonderen verdankte, die mit ihrem Friedenspathos eine ganz außerordentliche Integrations(wie Polarisierungs-)kraft entfaltete. Die Voraussetzungen dauerhafter Übereinstimmung der Partei mit sich selbst waren in diesem Augenblick schon nicht mehr gegeben. Das hat vornehmlich mit den gesellschaftlichen Entwicklungen des Jahrzehnts zwischen 1965 und 1975 zu tun, die die Sozialdemokratie veränderten, wie sie die Gesellschaft insgesamt veränderten, die Partei aber eben im unglücklichsten Augenblick trafen.

Zuerst war es das überraschende Wiederaufleben des Marxismus im Gefolge der studentischen Rebellion, das die Partei zeitweilig erheblich in Mitleidenschaft zog, auch wenn es nur die Ortsvereine der Groß- und Universitätsstädte, von dort aus dann freilich auch die Parteitage waren, in die »ein Stück 19. Jahrhundert als Farce zurückkehrte«.[41] Vielleicht hatte man es mit den Zumutungen ideologischer Askese in den sechziger Jahren einfach zu weit getrieben. Die Marxismusrenaissance überlagernd und verdrängend, war dann weit folgenreicher der dramatische Modernisierungsschub, für den die Chiffre »Wertewandel« steht. Diese Entwicklungen in ihrer Verkettung stürzten die SPD als Regierungspartei in eine neue Identitätskrise, kaum daß sie Regierungsverantwortung übernommen hatte.

Der Vorgang läßt sich an den Zahlen der Mitgliedschaftsentwicklung ablesen. Zwischen 1969 und 1976 strömten der Partei neue Mitglieder in Scharen zu, und mit ihnen hielten die hochgespannten Erwartungen, hielt die Unruhe, hielt auch der politische Stil einer neuen Generation Einzug in die Partei. 1976, als die Millionengrenze überschritten wurde, war jedes zweite Mitglied ein Neuzugang jener Jahre.[42] Es waren vorwiegend akademisch ausgebildete, junge Leute eher bürgerlicher Herkunft, die in die Partei drängten: der neue Mittelstand, vorzugsweise öffentlicher Dienst, die erziehenden, lehrenden, fürsorgenden

Berufe – ein Profil, das sich später auch bei den Grünen wiederfand. Sie gaben in vielen Orts- und Regionalverbänden sehr bald den Ton an, gegen Ende des Jahrzehnts stellten sie lokal wie regional schon die Mehrheit der Funktionäre und hatten erheblichen Einfluß in den Fraktionen gewonnen.[43] Daß die SPD es für nötig hielt, 1973 eine Arbeitsgemeinschaft für Arbeitnehmerfragen zu gründen, zeigt drastisch, was sich abspielte.

Innerhalb eines Jahrzehnts, so läßt sich die Entwicklung auf den Punkt bringen, formierte sich eine ganz neue Partei, eine Partei, die ihrer eigenen Regierung das Regieren nicht leicht zu machen gewillt war. Viel Verständnis für die Selbstbescheidungen, die die parlamentarische Demokratie einer regierenden Partei als Partei abverlangt, brachte die Sozialdemokratie aus ihrer Geschichte ohnehin nicht mit, will sagen: Verständnis dafür, daß die Regierung nicht Vollstreckerin von Parteitagsbeschlüssen sein kann und Abgeordnete nicht Instrumente der Partei sind, weil jeder, der ein öffentliches Amt innehat, dem Ganzen und nicht nur seiner Partei verantwortlich ist. Gewiß, es gab nach 1969 eine Phase euphorischer Identifizierung mit der neuen Aufgabe, das Land zu regieren. Aber sie war kurz. Spätestens von 1974 an wurden die Beziehungen zwischen Partei und Regierung rasch schwieriger. Ein Kanzler, der Politik als die Kunst des Notwendigen verstand und betrieb, die Koalition mit ihren Zwängen zum Kompromiß, der wachsende, die Handlungsspielräume einengende Druck erst einer wirtschaftlichen, dann einer außenpolitischen Krise – die SPD ertrug das alles nur mit zunehmendem Widerwillen. Auf vielen Politikfeldern agierte sie, als könne sie beides zugleich sein: Regierungspartei und Opposition. Und sie war zunehmend auch beides zugleich, eine Partei, die insbesondere den Streit um die Kernenergie und die Nachrüstung mit sich selbst und in sich selbst austrug.

Helmut Schmidt hat im Rückblick gemeint, es sei ein Fehler gewesen, daß er nicht auch den Parteivorsitz übernommen habe. Willy Brandt hat ihm geantwortet, ohne ihn, Brandt, wäre er kaum länger, wohl eher kürzer und vielleicht mit weniger Erfolg im Amt gewesen.[44] Vermutlich hatte Brandt recht. Sein – in der Partei keineswegs unumstrittener – Versuch, die Partei für die großen Protestbewegungen der siebziger Jahre, in seinen eigenen Worten, »für die junge Generation und ihre neuen Fragen« offenzuhalten,[45] war zwar für die Regierung nicht immer hilfreich – am Ende auch nicht erfolgreich in dem Sinn, daß er das Aufkommen einer neuen Protestpartei verhindert hätte –, aber dafür, daß Helmut Schmidt seine Partei besser und länger auf Regierungskurs hätte halten können, spricht wenig. Jedenfalls ist unverkennbar, daß die Partei 1982 die Bürde der Regierungsverantwortung auch mit einer gewissen Erleichterung abwarf, um sich als Oppositionspartei, nun freilich in Konkurrenz mit den Grünen, im Spannungsfeld zwischen Godesberger Pragmatismus, »postmaterialistischer« Gesinnungsstrenge, gewerkschaftlichen Interessen und noch immer lebendigen altlinken Traditionen wieder einmal auf die Suche nach der sozialdemokratischen Identität zu machen. Daß sie dabei in der Nachrüstungs- wie in der Kernenergiefrage ihrem Kanzler von gestern sehr rasch und entschieden den Rücken kehrte, setzte zwar hinter die heftigsten innerparteilichen Auseinandersetzungen zunächst einmal einen Schlußpunkt, aber die Spannungen zwischen den verschiedenen Lagern in der Sozialdemokratie waren damit nicht aus der Welt. Vor allem mit dem strategischen Problem, wie die Partei sich in der neuen Wettbewerbskonstellation zu den Grünen stellen solle, tat sie sich schwer. Der erste, nur für wenig mehr als ein Jahr durchgehaltene Koalitionsversuch in Hessen Mitte der achtziger Jahre ließ noch alles offen.

Für die Union war der Abschied von Adenauer nach einem beispiellosen Erfolgsweg die erste große Zäsur ihrer Geschichte. »Entlassen aus der Zucht Adenauers, ihres großen Meisters, begab sich die Union in den sechziger Jahren auf die Suche nach sich selbst – politisch, organisatorisch, programmatisch.«[46] So war es. Sie schlug diesen Weg freilich nur zögernd ein. Die Wahl Erhards war in gewissem Sinne nichts anderes als der Versuch der Partei, die Ära Adenauer fortzuschreiben, das heißt, sich einem Mann anzuvertrauen, der sie zusammenhielt, ihr ein Programm gab und vor allem: ihr den Erfolg, die Mehrheit garantierte. Und nach dem Schock von 1969, dem Unrecht, so nahm die Union es wahr, das ihr widerfahren war, war sie keineswegs sogleich bereit, die Rolle der Opposition anzunehmen. Erst die eindeutige Niederlage von 1972 zwang die Partei – die CDU, die CSU blieb bayerische Dauer-Regierungspartei –, sich den neuen Herausforderungen wirklich zu stellen.

Spätestens 1972 war ja ganz offenkundig: Nicht nur die Regierungsmacht war verloren. Seit den ausgehenden sechziger Jahren blies auch der Wind gesellschaftlichen Wandels der Union als einer Partei mit konservativer Grundorientierung scharf ins Gesicht. Daß sie die Partei des Wiederaufbaus, der Westintegration, des durch Marktwirtschaft gewonnenen Wohlstands war, half ihr nicht mehr – eher im Gegenteil: Es machte sie zur Partei der Vergangenheit. So hatte es seinen guten Grund, daß man nach der deprimierenden Niederlage von 1972 darüber spekulierte, ob die Union nicht in eine strukturell begründete, das heißt auf längere Frist festgeschriebene Minderheitenposition geraten sei. Gewiß, es kam anders. Schon 1976 war die Union mit ihrem drittbesten Wahlergebnis überhaupt wieder stärkste Partei, was nicht nur zeigt, daß Wählerverhalten in beträchtlichem Maße eben doch von den Konstellationen des Augenblicks mitbestimmt wird, sondern auch, daß die Partei zwischen 1972 und 1976 bemerkenswert rasch wieder Selbstvertrauen und Vitalität gewonnen hat. Aber die Grundspannung zwischen der Partei und den Zeitläuften war damit nicht aus der Welt.

Daß die Partei so schnell wieder Tritt faßte, war zuerst das Verdienst einer neuen Führung, die sich die CDU 1973 nach einem Jahrzehnt der Zwischenlösungen gab. Zwei Dreiundvierzigjährige übernahmen das Steuer: Helmut Kohl, damals, nach steilem Aufstieg, der Jüngste im Kreis der Ministerpräsidenten – er sollte die Partei länger führen und die Republik länger regieren als selbst Adenauer; neben ihm, als Generalsekretär, Kurt Biedenkopf, dessen Neigung und Fähigkeit zu strategischem Denken genau das war, was die Partei in diesem Amt jetzt brauchte. Ein noch deutlicheres Zeichen der Zäsur war in gewissem Sinne die fast gleichzeitig getroffene Entscheidung der Unionsfraktion, den Vorsitz nach dem Rücktritt Rainer Barzels einem Außenseiter zu übertragen: Karl Carstens, der zwar in einer langen, sehr erfolgreichen Beamtenkarriere reiche Erfahrungen auf dem Bonner Parkett gesammelt hatte, aber im Parlament und in der Partei eben doch ein Neuling war. Gerhard Schröder, einer der letzten Repräsentanten der großen Vergangenheit der Partei, erhielt noch ganze 26 Stimmen.

Kaum ein anderer Politiker hat wie Franz Josef Strauß von den Anfängen der Bonner Republik bis in ihre Spätzeit ununterbrochen auf der politischen Hauptbühne agiert. Als Generalsekretär der CSU nahm er bereits an der legendären Rhöndorfer Konferenz vom 21. August 1949 teil, als bayerischer Ministerpräsident starb er ein Jahr vor der großen Wende.

Von 1956 bis 1962 war er Verteidigungsminister, in der Großen Koalition Finanzminister, von 1978 an Ministerpräsident in München. Strauß hat wie kein zweiter bundesrepublikanischer Politiker polarisiert. Der unberechenbare, gemeingefährliche Berserker, als den seine Gegner ihn gern porträtiert haben, war er gewiß nicht. Aber bei all seinen bedeutenden Talenten, seiner Intelligenz, Urteilskraft, Rednergabe, war er doch für viele ein beunruhigender, nicht ein Vertrauen einflößender Politiker, weil ihm die Fähigkeit zur Selbstbeherrschung zu fehlen schien.

Das Bild zeigt Strauß als Verteidigungsminister in einem Manöver des Jahres 1958 im Gespräch mit dem damaligen Inspekteur des Heeres, Generalleutnant Röttiger.

Das neue Führungsgespann setzte energisch einen Prozeß organisatorischer Modernisierung in Gang, der vor allem die Bonner Parteispitze stärkte, ja recht eigentlich erst handlungsfähig machte. Ihm half dabei, daß die Parteien sich kurz zuvor, mit dem Parteiengesetz von 1967, definitiv die Erlaubnis erteilt hatten, immer kräftiger in die Staatskasse zu greifen. Im übrigen wurde die Entwicklung begleitet, begünstigt, ja in gewissem Sinn bestimmt von einem 1969 sehr plötzlich einsetzenden Zustrom neuer Mitglieder – Effekt, wie auf der Gegenseite auch, der für die Jahre nach 1968 charakteristischen starken, polarisierenden Politisierung einer weiten Öffentlichkeit. Zwischen 1969 und 1976 verdoppelte sich die Zahl der CDU-Mitglieder (von 300 000 auf 600 000) und stieg noch weiter bis in die achtziger Jahre an.[47] Ob dieses Wachstum das Binnenleben der Partei an der Basis sehr verändert hat, ist freilich eine andere Frage.

Auch um programmatische Konturen war die Partei, die ihr politisches Profil so lange von der von ihr getragenen Regierung bezogen hatte, bemüht. 1978 gab sie sich, in Berlin, ihr erstes Grundsatzprogramm. Daß von dieser Programmarbeit starke politische Impulse ausgegangen, auch nur wichtige politische Diskussionen angestoßen worden wären, wird man freilich kaum sagen können. Die Propagierung der »neuen sozialen Frage« war ein etwas angestrengt künstlicher Versuch, einen neuen Akzent zu setzen, der auch folgenlos blieb. Das große Zukunftsthema der Umweltzerstörung wurde nicht gerade früh aufgegriffen.

Im Grunde waren es eben nicht programmatische Fragen, die die Union in erster Linie beschäftigten, sondern strategische. Sie blieben das ganze Jahrzehnt hindurch umstritten. Strauß, seit 1961 CSU-Vorsitzender, seit 1978 auch bayerischer Ministerpräsident, mit einer sehr starken Hausmacht im Rücken also, focht mit Ingrimm für eine Oppositionsstrategie härtester Konfrontation, die auf die absolute Mehrheit zielte. Noch in seinen Erinnerungen ist der Groll über die schwächliche CDU höchst lebendig. Kohl, stets die F.D.P. im Blick, neigte wie sein Vorgänger Barzel zu einer pragmatischen Handhabung der Oppositionsrolle. Zum ersten Mal, das ist an dem Strategiestreit ablesbar, standen sich CDU und CSU in diesen Jahren als Parteien mit jeweils eigenem bundespolitischem Profil gegenüber, aufeinander angewiesen, voneinander abhängig, aber als Oppositionsparteien eben doch auch mit der Freiheit zu begrenztem Konflikt, bis hin zu Strauß' gescheitertem Versuch, die CDU mit der Auflösung der Fraktionsgemeinschaft unter Druck zu setzen, und seinen Droh-Gedankenspielen einer bundesweit als vierte Partei agierenden CSU, die dann doch immer nur Gedankenspiele blieben.

Es ist keine Frage, daß Strauß' persönlicher Ehrgeiz in diesen Auseinandersetzungen eine erhebliche Rolle gespielt hat. Er kämpfte um die Kanzlerkandidatur, konnte sie 1976 Kohl nicht streitig machen und gewann sie 1980 gegen den niedersächsischen Ministerpräsidenten Ernst Albrecht, freilich ohne jede Aussicht auf eine absolute Mehrheit und damit auf die Kanzlerschaft. 1982, als sie Kohl zufiel, blieb er in München, weil das Auswärtige Amt, das einzige unter den Ministerien, das ihn noch interessierte, nach den eisernen Regeln der seit 1969 geltenden Koalitionslogik der F.D.P. gehörte. So erfolgreich der Politiker Strauß in den fast vier Jahrzehnten seiner Präsenz auf der Bühne der Republik auch war, sein eigentliches Ziel blieb nicht nur unerreicht, es war für ihn unerreichbar, was auch heißt: Bei all ihrer bayerischen Vitalität und Selbstsicherheit war die Bonner Position der CSU immer schwächer als die der F.D.P.

Die F.D.P. war es dann auch, die die Union wieder auf die Regierungsbank zurückholte. Das sehr eindeutige Votum, mit dem die Wähler den Wechsel bestätigten (es war das zweitbeste Ergebnis für die Union überhaupt), war, was Wahlen in der Regel sind: vor allem ein Urteil über die abgewählte Regierung. Es ließ die Union vermutlich stärker aussehen, als sie war. Fragt man, womit sich die Union der achtziger Jahre dem Wähler empfehlen konnte, so waren es eher die traditionellen als neu erworbene Tugenden: marktwirtschaftliche Kompetenz an erster Stelle, daneben atlantische Bündnistreue in einer kritischen Phase des Ost-West-Konflikts, Enthusiasmus für Europa. Daraus ließen sich gewiß Antworten auf die Herausforderungen des Tages gewinnen, eine ganz andere Frage war aber, wie die Union sich auf die Dauer gegen die langsamen, stetigen Erosionsprozesse des sozialen Wandels würde behaupten können – die fortschreitende Säkularisierung und die Emanzipation der Frau beispielsweise, um nur zwei wichtige Tendenzen zu nennen. Bis in die achtziger Jahre hinein haben diese Entwicklungen ihr erstaunlich wenig zugesetzt. Vielleicht ließ die nun wieder regierende Partei sich deshalb von ihnen nicht sonderlich beunruhigen. Sie vertraute sich von neuem einem erfolgreichen Kanzler an.

Die entscheidende Position im Parteienspektrum hatte jedenfalls von 1961 an die F.D.P. inne: Ohne sie gab es keine Mehrheit, ohne sie keinen Wechsel, beide Großparteien mußten sich auf sie, und das heißt, alles in allem, zur Mitte hin ausrichten. Wie hat die F.D.P. die Rolle gespielt, die diese Position ihr zuwies; wie hat sie sie spielen können? Welchen Impulsen ist sie bei ihren Koalitionsentscheidungen gefolgt, die die Geschichte der Bundesrepublik so wesentlich geprägt haben?

Die F.D.P. hat als kleine Partei immer in der Nähe und gelegentlich hart am Randes des Abgrunds gelebt. Deshalb ist ihre politische Strategie durchgehend von einem Überlebensimperativ bestimmt worden, je näher sie dem Abgrund war, desto stärker. Überleben, um mitzuregieren, und mitregieren, um zu überleben, darum ging es. Hans-Dietrich Genscher, der die Partei fast zwei Jahrzehnte erfolgreich geführt hat, Meister in der Kunst, Nähe und Distanz der F.D.P. zu den beiden großen Parteien nach taktischem Kalkül zu variieren, ist die Personifikation dieses Prinzips gewesen. In den Jahren der Großen Koalition war es der Schatten der Wahlrechtsreform, der über der Partei hing. Und es gibt keinen Grund daran zu zweifeln, daß die Zusage der SPD, das Projekt Mehrheitswahlrecht ein für allemal fallen zulassen, wann immer und wie immer sie gegeben wurde, einer der Grundsteine war, auf denen die sozial-liberale Koalition errichtet wurde.[48] Vermutlich war das Zögern der SPD in den Reformverhandlungen mit der Union von Anfang an wesentlich taktisch bedingt, hatte die F.D.P. im Visier, während umgekehrt der größere Eifer, mit dem die Union die Reform betrieb, entscheidend zur Entfremdung zwischen Union und Liberalen beigetragen hat. 1982 war es dann die Sorge, die sozial-liberale Koalition werde die Mehrheitsfähigkeit verlieren, die F.D.P. könne in den Sog der Fünf-Prozent-Klausel geraten oder jedenfalls ihre strategische Position an die Grünen verlieren, die den Bündniswechsel herbeiführte.

Freilich sind es niemals nur taktische Überlegungen gewesen, die die Bewegungen der Partei bestimmt haben. Das hätte sie sich, ihren Mitgliedern, den Wählern nicht zumuten können. Immer verknüpften sich mit den taktischen Überlegungen auch Richtungsentscheidungen. In den sechziger Jahren, schon vor 1966, erst recht in der Opposition, hat die Partei sich vor allem auf dem Felde der Deutschlandpolitik – und das hieß dann auch: der Ostpolitik überhaupt – von der Union weg und auf die SPD zubewegt, übrigens mit kräftiger Nachhilfe von Henry Nannens »Stern« und Rudolf Augsteins »Spiegel«. Andere Themen gewannen an Bedeutung, je mehr die Suche nach einem neuen Profil in Gang kam: die Modernisierung des Bildungssystems, die Verteidigung der Bürgerrechte gegen wirkliche oder vermeintliche Illiberalität des Staates. 1982 war es das Feld der Wirtschafts- und Sozialpolitik, auf dem die F.D.P. auf Distanz zu ihrem Koalitionspartner, der SPD, ging. Bewußt gab sie auf die die Koalition bedrängende Frage, wie der wachsenden Arbeitslosigkeit und der wachsenden Staatsverschuldung beizukommen sei, Antworten, die aus dem Bündnis mit der Sozialdemokratie hinauswiesen.

Gleichzeitig mußte die Partei um ihrer Glaubwürdigkeit willen aber auch auf bestimmte Konsistenzen achten. So wenig sie 1969 mit einer marktwirtschaftsfeindlichen SPD hätte koalieren können, so wenig hätte sie sich mit einer Union wieder verbünden können, die auf ihrem Nein zur Ost- und Deutschlandpolitik der sozial-liberalen Koalition beharrte. Auch die Bewegungen der anderen Parteien, heißt das, bestimmten den Handlungsspielraum der F.D.P., freilich mit ambivalenter Wirkung – was die Liberalen an Koalitionsmöglichkeiten gewannen, verloren sie an Profilierungschancen. Mit alledem ist gesagt: Die Koalitionspolitik der F.D.P. ist nicht als Bewegung entlang einer Achse zwischen Union und SPD, sondern nur als Bewegung in einem mehrdimensionalen politischen Raum zu verstehen, einem Raum, in dem es die wirtschafts- und sozialpolitische Dimension gab, die zwischen Progressivität und Traditionalismus ausgespannte gesellschaftspolitische und, koalitionspolitisch ganz wichtig, die außenpolitische.

Überlebenskalkül, strategische Beweglichkeit – dem Beobachter mag das zur Erklärung der beiden Koalitionswechsel der F.D.P. ausreichen. Die Partei selbst oder besser Teile der Partei wollten es jedenfalls im ersten Fall anders sehen. Die bedeutungsschwere Formel vom »geschichtlichen Bündnis« zwischen Arbeitern und Bürgern wurde geprägt,[49] und in den Freiburger Thesen von 1971 erhielt diese Formel auch ein programmatisches Fundament. Erkennbar dem Zeitgeist verpflichtet, proklamierten die Thesen »eine umfassende und entschlossene Reform des Kapitalismus durch Demokratisierung und Liberalisierung der Gesellschaft«.[50] Es gelte aus den »formalen« Freiheitsrechten materiell abgesicherte Lebenschancen zu machen, das war der Grundgedanke der Thesen. Er führte die Liberalen im Prinzipiellen tatsächlich sehr nahe an die Sozialdemokraten heran und machte aus der sozial-liberalen Koalition eine Partnerschaft mit einer historischen Mission. Freilich dachte nicht die ganze Partei so. Im Koalitionsalltag spielte die Vision eines neuen sozialdemokratischen Jahrhunderts aus liberalem Geist dann auch kaum eine Rolle. Nicht sie, sondern die Ostpolitik war konstitutiv für das Bündnis. Aber man versteht die Heftigkeit der Reaktionen gegen den erneuten Wechsel von 1982 nicht, wenn man sich der Formel vom geschichtlichen Bündnis nicht erinnert.

Und die Wähler? Auf sie kam es letzten Endes an. Turbulenzen in den eigenen Reihen, unter den Mitgliedern wie in der Fraktion, konnte man überstehen und hat man, 1969 wie 1982, überstanden. Das Überleben der Partei hing an den Wählern. Die Partei hatte mit einer stattlichen Stammwählerschaft, vorwiegend aus dem alten, protestantischen Mittelstand der Selbständigen, begonnen. An ihre Stelle traten von den sechziger Jahren an, mit einer deutlichen Zäsur im Jahr 1969, zunehmend Wähler aus dem neuen, akademisch-städ-

Die »Grünen« wollten ganz anders sein als die etablierten Parteien, die sie verachteten, »basisdemokratischer« vor allem. Und natürlich auch eine ganz andere Politik machen, die der alten Parteien hielten sie für verderblich. Die Parteitage der frühen Zeit – die Aufnahme entstand auf dem Parteitag der Grünen in Saarbrücken im März 1980 –, auf denen, so gut es ging, der »herrschaftsfreie Diskurs« geübt wurde, spiegelten dieses Selbstverständnis sehr deutlich wider. Es waren Heerlager der neuen sozialen Bewegungen, aus denen sich die Partei speiste.

tischen Mittelstand der Beamten und Angestellten. Aber ob alter oder neuer Mittelstand, eine Wählerschaft, die ihr getreu von einem Bündnis ins andere folgte, hat die F.D.P. nie gehabt. Insbesondere von 1969 an war und blieb die Situation der Partei prekär. Eine Stammwählerschaft, die ihr sicher über die Fünf-Prozent-Hürde half, hat sie nicht mehr an sich binden können. Was ihr an Stimmwählern fehlte, mußte sie durch Koalitionswähler ausgleichen. Das machte jeden Wechsel zu einem lebensgefährlichen Wagnis. Wie sehr das Votum für die F.D.P. von den jeweiligen Koalitionsperspektiven bestimmt wurde, läßt sich am Ausmaß des Stimmensplitting besonders bei kritischen Wahlen sehr deutlich ablesen: 1972 gaben nicht weniger als 52,9 Prozent der Zweitstimmen-F.D.P.-Wähler ihre Erststimme der SPD, 1983 waren es 58,3 Prozent, die auf gleiche Weise für das Bündnis F.D.P. und Union stimmten.[51] Ein risikoreiches Spiel also für die Partei, aber es gab, jedenfalls in den Bundestagswahlen, gerade genug Wähler, die es mitspielten.

Schließlich die Grünen. Grüne Parteien haben, in erstaunlicher Gleichzeitigkeit, vom Ende der siebziger Jahre an in vielen westlichen Demokratien die politische Bühne betreten – es handelt sich nicht um eine deutsche Sonderentwicklung. Freilich gilt auch: Nirgendwo ist eine grüne Partei so erfolgreich gewesen wie in Westdeutschland. Das muß seine Ursache in den besonderen deutschen Verhältnissen haben. Näherhin heißt das: Als erste und allgemeinste Bedingung für das Auftreten der grünen Parteien muß jener Schub tiefgreifenden Wahrnehmungs- und Einstellungswandels gesehen werden, der die westliche Welt im ganzen von den sechziger Jahren an veränderte. Er allein ist aber noch nicht die Erklärung für die deutsche Entwicklung. Zu den besonderen westdeutschen Gegebenheiten gehört vor allem die Heftigkeit, mit der im Prozeß des Wandels neuartige Konflikte aufbrachen, gehören die außerordentlichen Mobilisierungserfolge der Antikernkraftbewegung und dann vor allem der Friedensbewegung von Mitte der siebziger Jahre an. Sie bereiteten der neuen Partei den Weg. Die Partei ist, um es präziser zu sagen, aus den sogenannten neuen sozialen Bewegungen, die in den siebziger Jahren die Bühne betreten hatten, unmittelbar hervorgewachsen, was nicht heißt, daß der Entschluß, politischen Erfolg als Partei und im Parlament zu suchen, bei den Bewegungen unumstritten gewesen wäre. Gleichwohl hat die Anhängerschaft dieser Bewegungen als Wählerschaft den Durchbruch möglich gemacht.[52] Zu den westdeutschen Gegebenheiten gehört auch, daß die Grünen – wie vorher schon die Protestbewegungen – sich gegen eine insgesamt dreizehn Jahre ununterbrochen regierende Sozialdemokratie formierten und schließlich daß es in der zur Mitte hin gravitierenden Bundesrepublik eine heimatlose Linke gab, die als sozialistische Linke traditionellen Zuschnitts keine politische Chance hatte.

Ist damit gesagt, daß die Grünen eine linke Partei werden mußten? Jedenfalls war es, so wie die Ausgangslage nun einmal war, von vornherein mehr als wahrscheinlich. Zwar wies ihr Hauptthema »Umwelt« keineswegs zwingend in diese Richtung. Die Umweltbewegung war nicht einheitlich links orientiert. Und anfänglich haben wir es denn auch mit einer gewissen Offenheit, mit Ambivalenzen im Profil der Partei zu tun. Aber es zeigte sich rasch, daß die Kräfteverteilung sehr eindeutig war. Der konservative Flügel, wenn es ihn denn gab, wurde mühelos hinausgedrängt. Es ist nicht einmal von ernstlichen Auseinandersetzungen zu berichten. Rasch und eindeutig haben die Grünen sich – auch dies, wie der Vergleich zeigt, eher eine deutsche Sonderentwicklung – als eine linke Partei konstituiert. Genauer: In ihrem Selbstverständnis haben sie – die Wähler und sehr viel entschiedener noch die Aktivisten – im Parteienspektrum eine Position links von der Sozialdemokratie bezogen.[53] Die Programmatik, die dem ökologischen Thema einen herausragenden Rang auf der politischen Agenda zuerkannte, aber sich keineswegs auf dieses Thema beschränkte, spiegelte das linke Selbstverständnis von Anfang an klar wider. Nicht daß der Marxismus im grünen Milieu noch einmal eine prägende Kraft entfaltet hätte – nur in wenigen Großstädten, Berlin und Hamburg vor allem, haben K-Gruppen bei der Parteigründung eine bestimmende Rolle gespielt. Wohl aber verschrieb sich die Partei einem vergleichsweise radikalen Egalitarismus, auch ausschweifenden Forderungen an den Sozialstaat, verknüpft mit einem aller Autorität, aller Regel- und Traditionsgebundenheit abgeneigten Individualismus. Eine linke Partei also, wenn man es zuspitzen will, eher der anarchistischen als der sozialistischen Variante. In diese Deutung fügt sich auch das Experiment ein, die Partei konsequent der Herrschaft der »Basis« in Gestalt mehr oder minder chaotischer Vollversammlungen zu unterstellen, ebenso die den Rechtsstaat herausfordernde Neigung, für das politische Handeln die Legitimität der Ziele gegen die Legalität der Mittel auszuspielen.

Im übrigen wollten die Grünen vor allem anders sein als alle Parteien, die sie vorfanden, rechte wie linke. Und sie waren anders, am sichtbarsten in ihrem politischen Stil. Dieses »Anderssein« fand seine Stütze darin, daß die Wählerschaft der Grünen – viel jünger, besser ausgebildet, kirchenferner, aber auch marktferner als die Wählerschaft im übrigen – sich in ihrem Einstellungsprofil, so wie es die Daten der achtziger Jahre widerspiegeln, tatsächlich weit stärker von den Wählerschaften der drei anderen Parteien unterschied, als diese sich voneinander unterschieden.[54]

Freilich stellte sich schon in den achtziger Jahren die Frage, wie anders man auf die

Dauer sein könne, wenn man sich auf parlamentarische Demokratie und Parteienwettbewerb wirklich einließ. Der gegen Ende des Jahrzehnts heftiger werdende Streit der Gruppen in der Partei – und eine Partei streitender, wesentlich durch die Fünf-Prozent-Klausel zusammengehaltener Gruppen ist sie trotz des frühen Auszugs der Konservativen geblieben – hatte vor allem diese Frage zum Gegenstand, näherhin die Frage nach der Art der Opposition: prinzipielle, kompromißlose oder pragmatische, kompromißbereite Opposition? Koalition mit der SPD ja oder nein? Erste Anpassungen an die Anforderungen der Verfassung wie der parlamentarischen Praxis wurden rasch nötig. Am kurzen Zügel eines strengen imperativen Mandats hat die Partei ihre Parlamentarier nie führen können. Und der Mandatswechsel während der Legislaturperiode, »die Rotation«, erwies sich schon beim ersten Versuch als unpraktikabler Unfug. Aber mit diesen Erfahrungen des Anfangs war noch keineswegs entschieden, in welche Richtung die neue Partei sich bewegen würde. Klar war nur soviel: Die Grünen repräsentierten in deutlicher Abgrenzung zu allen anderen Parteien eine Wählerschaft mit scharfem Eigenprofil. Es war unwahrscheinlich, daß sie wieder verschwinden würden. Mit ihrem Auftreten hatte sich das politische System in seinen Grundstrukturen folgenreich verändert.

Es versteht sich angesichts der Bedeutung der Parteien von selbst, daß auch Parteienkritik zur Geschichte der westdeutschen Demokratie gehört, und nicht nur marginal. Freilich war das nicht Parteienkritik von der Weimarer Art – daß es Demokratie ohne Parteien und »Parteienhader« nicht gibt, hatten die Deutschen gelernt; übrigens auch die Parteien selbst, die von Anfang an mit einem ganz anderen Selbstbewußtsein auftraten, als es gerade die demokratischen Parteien der ersten Republik jemals besessen hatten –, sondern Kritik an ganz bestimmten, charakteristischen Entwicklungen, die das »Parteiwesen« der zweiten Republik nahm. In den sechziger Jahren ist es vor allem die Beobachtung gewesen, daß die SPD sich der Union immer stärker annäherte, die Kritiker in großer Zahl auf den Plan rief. War es eine Gesetzlichkeit, daß in den Wohlstandsgesellschaften große Parteien, Volksparteien, »catch-all-parties«, wie Otto Kirchheimer sie damals mit unüberhörbar kritischem Unterton nannte,[55] im Kampf um die Wähler der Mitte einander immer ähnlicher wurden – bis zur Verwechselbarkeit? Zerstörte diese Entwicklung nicht die Demokratie, insofern sie dem Parteienwettbewerb seinen Sinn nahm und Opposition zum bloßen Ritual machte? Nicht wenige nahmen die Große Koalition als dramatische Bestätigung solcher Befürchtungen wahr.

Im Rückblick wirken die düsteren Prophezeiungen eher erstaunlich. Gewiß: Die beiden großen Parteien wurden sich, was das sozialstrukturelle Profil ihrer Wählerschaft angeht, im Lauf der Jahrzehnte tatsächlich ähnlicher, aber keineswegs bis zur Verwechselbarkeit. Und auch im Programmatischen blieb die Wirklichkeit komplizierter, als die Theorie es vorsah. Es läßt sich bei genauerem Hinsehen leicht ein Muster des Wechsels zwischen Phasen größerer Nähe und Phasen größerer Distanz, des Nebeneinanders von Zonen, in denen Konsens wächst, und Zonen, in denen neuer Konflikt ausbricht, erkennen – am deutlichsten in der Außenpolitik, aber keineswegs nur dort. Die Bildungspolitik etwa ist ein Feld besonders heftigen und andauernden Konflikts, auch im Grundsätzlichen, gewesen. Über Kernenergie und Abtreibung, wahrlich keine Fragen zweiten Ranges, ist in späteren Jahren leidenschaftlich gestritten worden. In der sozialpolitischen Gesetzgebung hingegen gab es eher eine Tendenz, Konsens zu suchen. Die Prognose, im Kampf um Wähler würden die Volksparteien jede programmatische Identität preisgeben, hat sich jedenfalls nicht erfüllt.

Die Parteienkritik der achtziger Jahre hatte eine ganz andere Stoßrichtung. Sie galt, am Ende von höchster Stelle – dem Bundespräsidenten – persönlich autorisiert,[56] der Entwicklung der Bonner Republik zum »Parteienstaat«, einem Staat der Parteien – genauer zu einem Gemeinwesen, das, so der Vorwurf, übermächtige, allgegenwärtige, aus Steuergeldern wohldotierte Parteien gleichsam zu ihrem Eigentum gemacht hatten. In der Tat dürfte es nur wenige Demokratien geben, in denen Parteien sich eine so beherrschende Stellung im öffentlichen Leben erobert und gesichert haben wie in der Bundesrepublik. Sichtbar wurde das vor allem im – je nach Gegebenheiten einseitigen oder gemeinsamen – Zugriff auf schlechthin alle Ämter, deren Besetzung die Inhaber der politischen Macht beeinflussen können: vom Bundesverfassungsgericht bis zu den kommunalen Versorgungsbetrieben, von den Schulen bis zu den öffentlich-rechtlichen Rundfunkanstalten. Wer nicht einer Partei mindestens »nahesteht«, besser noch Parteimitglied ist, hat, darauf lief es in der Entwicklung des westdeutschen Parteienstaates hinaus, sein Recht aus Art. 33 des Grundgesetzes, der allen Deutschen gleiche Chancen des Zugangs zu öffentlichen Ämtern verheißt, faktisch verwirkt.

Natürlich gehört auch der Griff der Parteien in die Staatskasse – will sagen die staatliche Parteienfinanzierung – hierher. Es begann mit bescheidenen fünf Millionen im Haushalt 1959. Am Ende standen 226 Millionen Mark allein für die Erstattung der Kosten des Bundestagswahlkampfes 1987 im Etat.[57] Das Verfassungsgericht hatte 1958 die Tür geöffnet, ohne sich zu fragen, wie die Entwicklung unter Kontrolle gehalten werden könne, und konnte ihr mit immer neuen Urteilen, zwischen Legitimierung und Limitierung der staatlichen Parteienfinanzierung schwankend, in den folgenden Jahrzehnten dann nur noch nachlaufen.

Entzündet hat sich die Parteikritik der achtziger Jahre freilich gar nicht einmal an diesen Tatbeständen als solchen. Sie entzündete sich an Spendenskandalen, in denen es um Steuerhinterziehung ging, auch um Bestechungsverdacht, festgemacht am Namen Flick, der für eines der ganz großen privaten Vermögen der Republik stand; Affären also, die sichtbar machten, daß die großzügige Alimentierung der Parteien aus Steuergeldern es nicht vermocht hatte, problematischeren Formen der Parteienfinanzierung einen Riegel vorzuschieben. Elementarere Zweifel haben aber wohl auch eine Rolle gespielt. Immer mehr Menschen fanden, die Parteien seien immer weniger imstande, ihren ungehemmten Zugriff auf das Gemeinwesen durch Leistungen für das Gemeinwesen zu rechtfertigen. Was immer man davon gelten läßt, es ist keine Frage, daß das Vertrauen in die Parteien im letzten Jahrzehnt der Bonner Republik bedenklich zurückgegangen ist.

Was schon für die frühen Jahre gilt, die Jahre, in denen das Parteiensystem sich formierte, gilt für die Jahrzehnte seiner Stabilität erst recht: Das parlamentarische System in der Ausprägung, für die der Parlamentarische Rat sich entschieden hatte, funktionierte erstaunlich zuverlässig und reibungslos, jedenfalls im Elementaren. Die Bundesrepublik ist in den vier Jahrzehnten ihrer Existenz durchgehend von stabilen Mehrheitsregierungen regiert worden. Nur einmal – 1972, als die sozial-liberale Koalition ihre knappe Mehrheit durch den Übertritt einiger Abgeordneter zur Opposition verlor – kam es zu einer kurzen Übergangskrise. Und nur zweimal, 1972 und 1983, ist der Bundestag vorzeitig neu gewählt worden. Auch um die Handlungsfähigkeit dieser Mehrheitsregierungen ist es vergleichsweise gut bestellt gewesen, trotz aller Spannungen in den Koalitionen, die die Bundesrepublik regierten. Mit anderen Worten: Das Parlament hat die Rolle, die ihm die Verfassung in Art. 63 übertragen hatte, recht gut gespielt. Es hat Kanzler gewählt, ohne daß der Präsident, in Weimar im Zentrum des Geschehens, dabei jemals politisch ins Spiel gekommen wäre. Es hat Regierungen im Regelfall über volle Legislaturperioden im Amt gehalten und ihnen die Möglichkeit gegeben, gestützt von im großen und ganzen zuverlässigen Mehrheiten, politisch zu handeln. Die ausgeklügelten Regeln für den Krisenfall, die der Parlamentarische Rat vorsorglich in die Verfassung hineingeschrieben hatte, haben kaum praktische Bedeutung erlangt.

Problematischer ist es, aufs Ganze gesehen, mit dem Mehrheitswechsel bestellt geblieben. Nicht nur, daß er selten war, er ist auch in keinem Fall von den Wählern selbst herbeigeführt worden, jedenfalls nicht direkt. 1966 nicht, als die Große Koalition das Ruder übernahm, 1982 nicht beim Übergang von der sozial-liberalen zur christlich-liberalen Koalition und 1969, bei der wichtigsten Wende in der Bundesrepublik, allenfalls in dem Sinn, daß die Wähler diese Wende eben gerade möglich gemacht haben. Herbeigeführt wurde sie in den Koalitionsverhandlungen zwischen SPD und F.D.P. Andererseits sind die Regierungen der Bundesrepublik in der Regel unmittelbar aus den Wahlen hervorgegangen, so daß man durchaus sagen kann, der Wähler habe die Regierungen bestellt oder, genauer, er habe den Kanzler gewählt, was denn wohl auch ein wichtiges Merkmal der »Kanzlerdemokratie« ist.

Nur die erste Wahl, die von 1949, war offen in dem Sinn, daß über Koalitionsmöglichkeiten und Koalitionswahrscheinlichkeiten im vorhinein wenig Klarheit bestand. Von da an waren die Konstellationen durchgehend von der Art, daß die Wähler sich für eine von zwei Alternativen entscheiden konnten, durch das Votum für eine von zwei möglichen Kanzlerparteien oder für eine kleinere Partei, deren Koalitionspräferenz sie kannten. Dabei hat es keinen großen Unterschied gemacht, ob die F.D.P., das Zünglein an der Waage, mit einer ausdrücklichen Koalitionsaussage in die Wahlen ging, wie in den späteren Jahrzehnten der Republik, oder darauf verzichtete, wie in den fünfziger und sechziger Jahren. Welche Koalitionen sie bevorzugte, darüber gab es so oder so wenig Zweifel. Allenfalls für die Wahl von 1969 ist eine gewisse Uneindeutigkeit zu vermerken, weniger weil die F.D.P. ihre Präferenz für eine sozial-liberale Koalition erst spät und nicht sehr entschieden aussprach, als vielmehr weil die Wähler auch mit der Möglichkeit einer Fortsetzung der Großen Koalition rechnen mußten.

Übrigens ist, wenn nach dem Einfluß des Wählers auf die Bonner Regierungskonstellationen gefragt wird, auch an die Wirkungen zu denken, die von den Landtagswahlen ausgingen. Sie haben bisweilen wie Katalysatoren gewirkt. So 1966, als sie zum Sturz Erhards beitrugen, 1974, als sie die Position Willy Brandts schwächten, und 1981/82, als sie die F.D.P. zum Koalitionswechsel trieben. Überhaupt ergab sich aus der dichten Sequenz von Landtagswahlen eine Art von Dauerpräsenz des Wählers auf der politischen Bühne der Bundesrepublik, die für die repräsentative Demokratie an sich nicht charakteristisch ist.

Damit ist schon angedeutet, daß es im Verhältnis zwischen dem »Volkssouverän«, den Wählern, und dem Parlament bei aller Klarheit der Verfassungsregeln doch auch Momente der Spannung gab. Sie haben etwas mit der Konsequenz zu tun, mit der sich der Parlamentarische Rat für die Demokratie repräsentativen Typs entschieden hatte. Repräsentativ war die Demokratie des Grundgesetzes ja nicht nur in dem Sinne konzipiert, daß das Grundgesetz Volksentscheide, in welcher Form auch immer, nicht vorgesehen hat, mit der einen Ausnahme des Neugliederungsartikels 29. Konsequent repräsentativ war sie vom Parlamentarischen Rat auch insofern gedacht, als das Parlament auf seine Verantwortung als Träger einer Mehrheitsregierung sehr strikt festgelegt wurde. Auf niemanden sollte es sie leichtfertig abschieben können, auf die Wähler nicht und auf den Präsidenten auch nicht. So sind die Bestimmungen über das konstruktive Mißtrauensvotum, den Gesetzgebungsnotstand, die Auflösung des Bundestages, die nur ganz ausnahmsweise für zulässig erklärt wird, zu lesen. Alles in allem hat sich die westdeutsche Demokratie, wie wir gesehen haben, durchaus im Sinne dieser – natürlich gegen Weimar gerichteten – Konzeption entwickelt. Aber eben doch nicht ganz komplikationslos.

Früh schon, in der ersten Legislaturperiode, sind die Sozialdemokraten den Wiederbewaffnungsplänen der Regierung mit dem Argument entgegengetreten, das Parlament habe »kein Mandat« für eine solche Entscheidung – 1949 sei von Wiederbewaffnung noch nicht die Rede gewesen. Es seien deshalb Neuwahlen geboten. Aus diesem Argumentationsversuch hätte sich eine Konvention entwickeln können, die dem britischen Verfassungsdenken durchaus vertraut ist: daß das Parlament für weitreichende Entscheidungen einer Art von Ermächtigung durch die Wählerschaft bedürfe. Tatsächlich hatte der Vorstoß keine Folgen. 1972, als die Union Brandt zu stürzen versuchte, wurde die Konzeption des Parlamentarischen Rates von einer ganz anderen Seite her angegriffen. Die Legitimität des konstruktiven Mißtrauensvotums wurde entschieden in Zweifel gezogen mit Protestresolutionen, Demonstrationen, Streikdrohungen. Viel davon hing mit der Person Willy Brandts zusammen. Aber man konnte durchaus den Eindruck gewinnen, als werde das Recht des Parlaments, eine durch ein Wählervotum bestellte Regierung auszuwechseln, grundsätzlich in Frage gestellt. Im Ergebnis blieb der Verfassung die Belastungsprobe eines erfolgreichen Mißtrauensvotums dann erspart. Sie hätte in der erhitzten Atmosphäre des Jahres 1972 zu beträchtlichen Turbulenzen führen können. Dabei hat freilich eine Rolle gespielt, daß der Mehrheitswechsel sich als Folge von Übertritten einzelner Abgeordneter von der

Regierung zur Opposition anbahnte, Übertritten, bei denen man mutmaßte, es sei nicht alles mit rechten Dingen zugegangen. Das Mißtrauensvotum als Folge einer neuen Koalitionsbildung stand 1972 noch nicht zur Debatte.

1982 war das gleiche Verfassungsproblem, in einer etwas anderen Version, wieder auf dem Tapet. Diesmal hieß die Frage: Ist ein Bündniswechsel, wie ihn die F.D.P. vollzog, legitim, oder bleibt eine Partei, die vor der Wahl eine Koalitionsaussage gemacht hat, an diese Aussage für die Legislaturperiode gebunden? Offenbar respektierte das neue Regierungsbündnis die Legitimitätsbedenken, indem es Neuwahlen ansetzte, freilich nicht ohne eine Schonfrist für die F.D.P. Damit aber stellte sich die andere Frage, ob es denn für eine Regierung, die – anders als 1972! – über eine Mehrheit im Bundestag verfügte, überhaupt einen verfassungsmäßigen Weg der Parlamentsauflösung gebe. Diese Frage ist in erster Instanz von Bundespräsident Carstens, der die Auflösungsentscheidung zu treffen hatte, nach ihm vom Bundesverfassungsgericht beantwortet worden. Beide haben die Auflösung für verfassungsgemäß gehalten und sich damit für ein Wählervotum in der gegebenen Situation ausgesprochen. Damit sind die Gewichte zwischen Parlament und Wählerschaft gewiß nicht plötzlich und dramatisch verschoben worden. Wohl aber ist die Entscheidung von 1982/83 ein Indiz dafür, daß die Stabilitätsorientierung nach drei Jahrzehnten nicht mehr so dominant war wie – nicht zuletzt in Erwartung komplizierter Parteienkonstellationen – im Parlamentarischen Rat, während die Bedingungen der Legitimität repräsentativ-demokratischer Regierungsbildung jetzt anders und anspruchsvoller interpretiert wurden. Es gibt auch andere Anzeichen für einen Wandel mit dieser Tendenz. Alles in allem aber bleibt es dabei, daß die Funktionsweise der parlamentarischen Demokratie sich in den vier Jahrzehnten bundesrepublikanischer Geschichte nicht wesentlich verändert hat.

Nur eine einzige Reform ist, zumindest zeitweilig, ernsthaft diskutiert worden, die eine solche Veränderung hätte bewirken können: die Reform des Wahlrechts. Alles spricht dafür, daß das britische Mehrheitswahlrecht in den westdeutschen Gegebenheiten ein Zwei-Parteien-System hervorgebracht hätte. Das hätte bedeutet: Regieren ohne Koalitionszwänge, eindeutige, für den Wähler offen zutage liegende Verantwortlichkeiten, auch und vielleicht vor allem erhöhte Chancen für einen häufigeren, von den Wählern selbst herbeigeführten Mehrheitswechsel. Daß das System nicht nur Vorzüge hatte, wußte man freilich auch schon, bevor in Großbritannien selbst intensiv darüber diskutiert wurde. Zudem war der Reformdruck, der von den Verhältnissen ausging, in der Bundesrepublik nicht sonderlich groß. Mit dem Wahlsystem, mit dem sie angetreten war, dem durch die Fünf-Prozent-Klausel eingeschränkten[58] und durch Elemente der Persönlichkeitswahl modifizierten Proporz, war die Bundesrepublik zu einer Parteienkonfiguration gelangt, mit der sie ganz gut leben konnte.

Entscheidend für die Aussichten der Reform waren im übrigen natürlich nicht die verfassungspolitischen Argumente, die dafür und dagegen in die Waagschale zu werfen waren, sondern die taktischen Kalküle der Parteien. Wahlrechtsreformen sind ja das klassische Beispiel für eine politische Konstellation, in der die Entscheidungsberechtigten zugleich auch die in sehr partikularen Eigenbelangen Hauptbetroffenen sind. So war immer selbstverständlich, daß die F.D.P. sich mit Händen und Füßen gegen jeden Schritt in Richtung auf das britische Mehrheitswahlrecht wehren mußte, während die beiden Großen über ihre Chancen spekulieren konnten. Die SPD war traditionell dem Verhältniswahlrecht als dem »gerechteren« zugeneigt, hat sich vor allem aber nie wirklich davon überzeugen können, daß das britische Mehrheitswahlrecht im Wettbewerb mit der Union für sie vorteilhaft sein könne oder ihr auch nur gleiche Chancen eröffnen würde. Einzig in der Union gab es von Anfang an starke und dauerhafte Sympathien für das Mehrheitswahlrecht, freilich nie einmütige Unterstützung, was leicht zu erklären ist: die regionalen Betroffenheiten wären ja ganz unterschiedlich gewesen. So hat die Union denn auch in den wenigen Jahren ihrer absoluten Mehrheit nicht den Versuch gemacht, eine Wahlrechtsreform durchzusetzen. Für die übrige Zeit gilt ohnehin, daß eine Veränderung des Wahlsystems nur einvernehmlich zwischen den beiden Großen betrieben werden konnte, was der westdeutschen Demokratie vermutlich gutgetan hat.

Nur einmal in den sechziger Jahren hat sich ein Reformkonsens als Möglichkeit abgezeichnet. Die Union, vor allem in der Person von Paul Lücke, dem Innenminister der Jahre 1965 bis 1968, forcierte das Thema von 1961 an. Und die SPD ließ sich in den Verhandlungen über die Große Koalition darauf ein, mehr wohl um das Regierungsbündnis mit der Union möglich zu machen als aus Begeisterung für das Mehrheitswahlrecht. In der Regierungserklärung der Großen Koalition kündigte Kiesinger förmlich an, es solle ein neues Wahlrecht grundgesetzlich verankert werden, »das für künftige Wahlen zum Deutschen Bundestag nach 1969 klare Mehrheiten ermöglicht«.[59] Nach 1969 – damit war schon eine Hintertür für Verzögerungstaktiken geöffnet. Die SPD hat sich denn auch ziemlich rasch von diesem Vorhaben zurückgezogen. Prognosen, daß sie mit dem Mehrheitswahlrecht keine Mehrheitschance habe, haben dabei eine Rolle gespielt; vor allem aber ein auf die F.D.P. zielendes Kalkül: Sich die F.D.P. im Blick auf die Wahlen von 1969 als möglichen Koalitionspartner geneigt zu machen, erschien vielen Sozialdemokraten als die klügere Strategie. Reichte es 1969 für eine SPD-F.D.P.-Koalition nicht, so konnte man immer noch über die Reform weiterdiskutieren. Diese Rechnung ist dann ja auch aufgegangen.

Hat die Große Koalition eine Reformchance von grundlegender Bedeutung für die westdeutsche Demokratie verspielt? Wäre die NPD 1969 in den Bundestag eingezogen, hätte man vermutlich so geurteilt. Daß statt der NPD die sozial-liberale Koalition kam, macht das Urteil schwieriger. Wie hätte die Bundesrepublik sich als Zwei-Parteien-Demokratie weiterentwickelt? Hätte die Polarisierung der siebziger Jahre sich noch gesteigert? Der Wähler jedenfalls wäre gestärkt, häufigere Mehrheitswechsel wären möglich geworden. Andererseits: Jede Wahlrechtsreform, die gezielt bestimmten Parteien von nicht nur marginaler Bedeutung im politischen Spiel den Garaus macht, gefährdet den Konsens über die Legitimität der Spielregeln – einen Konsens, den es in der Bundesrepublik, kleine Protestgruppen ausgenommen, durchgehend gegeben hat. Das war vermutlich immer das stärkste Argument gegen die Reform. Die Entscheidung, heißt das, hätte zu Beginn, bei der Gründung der Bundesrepublik fallen müssen. Mit dem steckengebliebenen Versuch der sechziger Jahre war das Thema jedenfalls endgültig vom Tisch.

Nicht das Wahlsystem, sondern der Föderalismus war das große verfassungspolitische Diskussionsthema der Nachkriegsjahre gewesen, von den Deutschen wie den Siegermächten gleichermaßen ins Zentrum gerückt. Im Rückblick wirkt das einigermaßen erstaunlich. Die Auseinandersetzungen, die zwischen 1945 und 1949 geführt wurden, und die Entwicklung, die der westdeutsche Bundesstaat tatsächlich genommen hat, haben nicht viel miteinander zu tun. Der Föderalismus ist ganz gewiß nicht zum Schicksalsthema der deutschen Nachkriegsdemokratie geworden. Aber daß ihre Politik wesentlich von ihrer föderalistischen Struktur mitbestimmt worden ist, daran besteht kein Zweifel, wenn auch auf ganz andere Weise, als ursprünglich vorhergesehen. Der Freiraum der Landesautonomie schrumpfte wider alles Erwarten rasch, vor allem dadurch, daß der lange Katalog der Gesetzgebungszuständigkeiten, die das Grundgesetz (Art. 74) Bund und Ländern gemeinsam zugewiesen hatte, faktisch zu einer Ermächtigung des Bundesgesetzgebers wurde, alle diese Kompetenzen an sich zu ziehen. So blieben auf dem Gesetzgebungsfeld den Ländern am Ende nur Restbestände von Autonomie, wenn auch keineswegs bedeutungslose Restbestände – das Schulrecht gehört dazu und das im Fernsehzeitalter gewiß nicht belanglose Medienrecht. Dieser Zentralisierungsprozeß ist aber nur der eine Aspekt der Entwicklung. Der andere: Dank der Einrichtung des Bundesrates gingen den Ländern die Gesetzgebungskompetenzen nicht einfach verloren. Genauer: Sie gingen den Landesparlamenten verloren, nicht aber den Landesregierungen. Denn bei allen Gewinnen des Bundesgesetzgebers war der Bundesrat als Mitgesetzgeber Mitgewinner. Und im Bundesrat sitzen die Landesregierungen.

Gewinner war der Bundesrat als Mitgesetzgeber vor allem deshalb, weil er es verstand, im Lauf der Jahre aus seinem Mitwirkungsrecht weit mehr zu machen, als der Verfassungsgesetzgeber ihm zugedacht hatte. Der Parlamentarische Rat hatte die volle Gleichberechtigung zwischen Bundestag und Bundesrat im Gesetzgebungsverfahren sicher nur für eine relativ kleine Zahl von Gesetzen ins Auge gefaßt, Gesetzen von besonderer Bedeutung für die Länder. Tatsächlich ist es dem Bundesrat mit dem Beistand des Bundesverfassungsgerichts gelungen, immer mehr Gesetze in diese Gruppe hineinzudefinieren, so daß am Ende, in den achtziger Jahren, sechzig Prozent aller Bundesgesetze als zustimmungspflichtig behandelt wurden, als Gesetze, heißt das, die ohne Zustimmung des Bundesrates nicht in Kraft treten können. Es versteht sich von selbst, daß diese Entwicklung dem Bundesrat ein sehr bedeutendes politisches Gewicht gab. Durch die spezifisch deutsche Institution des Bundesrates ist es geradezu ein Charakteristikum des bundesrepublikanischen Föderalismus geworden, daß die Länder ihre politische Bedeutung weniger aus ihrer Autonomie als aus ihrer Mitregierung im Bund gewinnen. Sogar bei wichtigen außenpolitischen Entscheidungen haben sie über den Bundesrat gelegentlich, etwa bei der Ratifizierung des deutsch-polnischen Abkommens von 1975, eine große Rolle gespielt.

Die starke Stellung des Bundesrates, des, wie man genauer sagen muß, von den Parteien in hohem Maß geprägten Bundesrates, hat freilich auch unvorhergesehene Probleme mit

Johannes Rau in Ausübung landesväterlicher Aufgaben: Auszeichnung der Journalistin Carola Stern am 9. Dezember 1988 mit dem nordrhein-westfälischen Staatspreis.
Die Ministerpräsidenten der Länder, die der Bundesrepublik – zögernd – ins Leben geholfen hatten, behielten in der Politik der Bundesrepublik ein erhebliches Gewicht. Sie waren Bundespolitiker und Landesväter zugleich. Bundespolitiker, insofern die über den Bundesrat ausgeübten Mitwirkungsrechte der Länder an der Bundespolitik letztlich in ihrer Hand lagen; Landesväter, wenn es dahin kam, daß die Bürger sie und das Land, an dessen Spitze sie standen, gleichsam in eins setzten, wozu in der Regel eine längere Regierungszeit gehörte. Die war nicht selten. Georg August Zinn hat in Hessen zwanzig Jahre regiert, Franz Josef Röder im Saarland neunzehn, Alfons Goppel in Bayern sechzehn, Ernst Albrecht in Niedersachsen immerhin vierzehn und Johannes Rau in Nordrhein-Westfalen zwanzig. Übrigens sind unter sieben Bundeskanzlern vier zuvor Regierungschef eines Landes gewesen.

sich gebracht. Wie soll regiert werden, wenn der Regierungsmehrheit im Bundestag eine oppositionelle Mehrheit im Bundsrat gegenübersteht? Früh schon gab es Adenauers lebhafte Besorgnisse, der Bundesrat könne ein Instrument der Opposition werden. Tatsächlich hat die Regierung in den fünfziger Jahren mit ihren – auf Landesebene – vielfältigen und vergleichsweise instabilen Koalitionen nicht durchgehend und zuverlässig mit der Unterstützung des Bundesrates rechnen können. Aber erst von 1972 an sah sich eine Regierungsmehrheit, die sozial-liberale Koalition, einem von der Opposition, der Union, bestimmten Bundesrat definitiv und auf Dauer gegenüber, für zehn Jahre und in einer Zeit scharfer politischer Polarisierung. Gewiß gehorcht der Bundesrat, gehorchte auch damals nicht einfach parteipolitischen Imperativen. Sobald gewichtige Länderinteressen ins Spiel kommen, finanzielle zumal, bestimmen sie die Koalitionsbildungen. Aber wenn das nicht der Fall ist, und bei vielen bedeutsamen Gesetzgebungsvorhaben der sozial-liberalen Koalition war es nicht der Fall, stehen die Parteien gegeneinander, so wie sie im Bundestag gegeneinanderstehen.

Von 1972 an mußten daher in zahlreichen Vermittlungsverfahren Kompromisse zwischen Bundestag und Bundesrat, der Sache nach zwischen Regierung und Opposition, gesucht werden. Der Vermittlungsausschuß, ohnehin eine wichtige Instanz im Bonner Gesetzgebungsprozeß, gewann in diesen Jahren noch einmal an Bedeutung. Meist war die mühevolle Kompromißsuche erfolgreich, bei der Eherechtsreform etwa und der Hochschulgesetzgebung, um nur zwei wichtige Beispiele zu nennen. Aber auch wenn von Blockadepolitik des Bundesrates nicht eigentlich die Rede sein kann: Verfassungsregeln, denen es eigentlich um die Balance zwischen Bund und Ländern ging, veränderten nun die Balance zwischen Regierung und Opposition, machten die Opposition ein Stück weit zu einer Nebenregierung, übrigens ohne daß die Öffentlichkeit dies so richtig wahrnahm. An dieser Entwicklung ist Kritik geübt worden, und man kann sich tatsächlich bedenkliche Lähmungen, auch Konfusionen der Verantwortlichkeiten leicht ausmalen. Aber so berechtigt die Kritik ist: Die Verknüpfung von parlamentarischer Regierungsweise und föderalistischer Repräsentation, die ja gewollt ist, führt bei halbwegs starken Parteien unausweichlich in dieses Dilemma. Ob ein »Senat«, der im Parlamentarischen Rat als Alternative zum Bundesrat ja im Gespräch war – in ihm hätten nicht die Landesregierungen gesessen –, in der bundesrepublikanischen Parteiendemokratie eine andere Entwicklung genommen hätte, steht dahin.

Die intensive Mitwirkung der Länder an der Bundesgesetzgebung im Bundesrat ist ein wesentliches Element einer Struktur, die die Föderalismusdiskussion in der Bundesrepublik seit den siebziger Jahren – mit durchaus kritischem Unterton – mit dem Begriff Politikverflechtung gekennzeichnet hat. Dieses Stichwort verweist auf das weitgespannte und dichte Netz institutionalisierter Kooperation zwischen den Ländern und zwischen Bund und Ländern, wie es sich als eigentümliches Grundmuster des bundesrepublikanischen Föderalismus im Lauf der Jahrzehnte herausgebildet hat. Es ist ein wesentlich bürokratisches Netzwerk. Prozesse der inneren Politik, heißt das, sind im Föderalismus der deutschen Spielart zu einem guten Teil Prozesse des Sich-aufeinander-Abstimmens in einem großen Verbund der Bürokratien zweier Ebenen. Der Konsensbedarf dieser Art von Politik – einer Politik, die nur Stillstand oder Gleichschritt zuläßt – ist groß.

Auch die Finanzverfassung ist durch die Reformen der sechziger Jahre definitiv Teil der Verflechtungsstruktur geworden, in gewissem Sinn ihr Kernstück. Am Anfang, 1949, hatte noch der Versuch gestanden, einen einigermaßen scharfen Trennstrich zwischen den Aufgaben und den Einkünften der Länder auf der einen und des Bundes auf der anderen Seite zu ziehen. Nach fünfzehn Jahren war die Praxis mit der Verfassung nur noch so locker verknüpft, daß eine Reform der Finanzverfassung als zwingend geboten erschien. Es war die Große Koalition, übrigens auf Betreiben mehr der SPD als der Union, die sich der Aufgabe annahm, sie zu einem Kernstück ihres Regierungsprogramms erklärte und sie tatsächlich in den knapp drei Jahren, die ihr zur Verfügung standen, zur überwiegenden Befriedigung der Beteiligten löste. Ein großer Steuerverbund wurde geschaffen, der die Hauptsteuern, etwa siebzig Prozent des Gesamtaufkommens, Bund und Ländern zu teils festen, teils variablen Anteilen zuwies. Außerdem wurden Gemeinschaftsaufgaben, bei denen der Bund im Zuständigkeitsbereich der Länder mitplant und mitfinanziert, in die Verfassung hineingeschrieben, ergänzt durch andere Formen gemeinschaftlicher Planung. Angesichts der widerstreitenden Interessen von Bund und Ländern auf der einen und von einkommensstarken und einkommensschwachen Ländern auf der anderen Seite war dieser Reformkompromiß eine beträchtliche Leistung. Norm und Wirklichkeit waren erst einmal wieder in Übereinstimmung gebracht. Die Quadratur des Kreises war es nicht. Die Bundesrepublik hat sie so wenig gefunden wie die anderen Bundesstaaten der westlichen Welt, die mit dem gleichen Problem kämpften.

Es ist dabei geblieben: Aufgaben und Einkünfte sind zwischen Bund und Ländern nicht so verteilt, daß alle Länder imstande wären, ihre Aufgaben selbständig, mit eigenen Mitteln, auf etwa gleichem Niveau zu erfüllen. Zudem – das war der Preis des Verbundes – hat die Reform Verantwortlichkeiten verwischt und beide Seiten, vor allem in der Steuerpolitik, Gestaltungsspielräume gekostet. Die wesentlichen steuerpolitischen Entscheidungen konnten Bund und Länder ja jetzt nur noch gemeinsam treffen. Es ist denn auch nicht erstaunlich, daß immer wieder einmal die Frage aufkam, ob nicht eine Neugliederung, wie sie das Grundgesetz doch von Anfang an ins Auge gefaßt hatte, weiterhelfen könne als all die anderen komplizierten Notkonstruktionen. Aber eine wirkliche Chance hatte die Neugliederung nie. Die auf den Status quo fixierten politischen Interessen waren immer stärker.

Der Spielraum für eine Landespolitik mit eigenem Profil war im System der Politikverflechtung nicht eben groß, aber es gab ihn. Die stetige, alles in allem sehr erfolgreiche Politik wirtschaftlicher Modernisierung, die die CSU in Bayern, einem ursprünglich durchaus noch agrarisch geprägten, eher armen Land, getrieben hat, zeigt es. Ebenso, um ein zweites Beispiel zu nennen, das freilich überwiegend negative Schlagzeilen machte, die Schul- und Hochschulpolitik des Landes Bremen. Überhaupt ist die Schulpolitik wohl das Feld, auf dem die Länder durchgehend – von den fünfziger Jahren, in denen über die Konfessionsschule gestritten wurde, bis in die siebziger und achtziger, in denen man für und gegen die Gesamtschule focht – am sichtbarsten und erfolgreichsten Autonomie praktizierten. Für die Hochschulpolitik hingegen bedeutete das Jahr 1975 eine Zäsur. Das Hochschulrahmengesetz des Bundes nahm den Ländern ein Stück ihrer Handlungsfreiheit, wie es das Bundesverfassungsgericht mit seinem Urteil über die Grenzen studentischer Mitbestimmung in den Universitäten kurz zuvor auch schon getan hatte.

Von einem Wettbewerb zwischen den Ländern läßt sich am ehesten in dem Sinne sprechen, daß sie alle um die wirtschaftliche Entwicklung ihrer Problemregionen bemüht sein mußten. Das bedeutet: Die föderalistische Struktur der Bundesrepublik hat zweifellos zu jener relativ homogenen Wohlstandsentwicklung beigetragen, die für das westliche Nachkriegsdeutschland charakteristisch ist. Ein Blick über die Grenzen zeigt, daß sie auch in vergleichsweise reichen Gesellschaften nicht einfach für selbstverständlich gehalten werden darf.

Die eigentliche politische Bedeutung des bundesrepublikanischen Föderalismus aber, dabei bleibt es, liegt darin, daß er eine stabile Struktur der Machtteilung zwischen den beiden großen Parteien war. Im einzelnen verbirgt sich hinter dieser Feststellung viel Bewegung. Während die Union im Süden und Südwesten, in Bayern, Baden-Württemberg, Rheinland-Pfalz, jahrzehntelang unangefochten regierte, hatte die SPD von der Mitte der sechziger Jahre an Nordrhein-Westfalen zunehmend sicherer in der Hand, das kleine Bremen ohnehin. Auch in Hamburg behauptete sie sich immer, obwohl die Union dort in den siebziger Jahren beträchtlich an Boden gewann. Berlin hingegen verlor sie Anfang der achtziger Jahre an die Union. Und 1987 kam es auch in Hessen nach einem langen, stetigen, spektakulären Aufstieg der Union, der mit dem Namen Alfred Dregger verknüpft ist, zu einem Regierungswechsel. Umgekehrt eroberte die SPD in den späten Achtzigern das Saarland und Schleswig-Holstein, lange Jahre Unionsdomänen. In Schleswig-Holstein hat einer der großen politischen Skandale der Republik, der Fall Barschel,[60] in seinem düsteren Kern bis heute nicht wirklich aufgeklärt, dabei eine entscheidende Rolle gespielt. Niedersachsen schließlich war und blieb ein Land auf der Kippe. Es ist zwischen 1947 und 1990 siebzehn Jahre von der SPD, sechzehn von der Union und zehn von einer großen Koalition regiert worden.

Aufs Ganze gesehen ist deutlich erkennbar, was kaum überraschen kann, daß die Partei, die in Bonn die Oppositionsrolle spielt, in den Ländern eher Zulauf hat, wenn auch – anscheinend – mit einer gewissen zeitlichen Verzögerung. Die Union jedenfalls war in den Landtagswahlen der siebziger Jahre außerordentlich erfolgreich, die SPD wurde von Mitte der Achtziger an in den Ländern sehr stark. Auch auf diese Weise hat die föderalistische Struktur zum politischen Gleichgewicht beigetragen.

Wenn Gewaltenteilung – Gewaltenteilung zwischen Bund und Ländern als Machtteilung zwischen den beiden großen Parteien – das Stichwort ist, auf das es bei der Analyse des bundesrepublikanischen Föderalismus hinausläuft, dann gilt das erst recht für die Institution des Verfassungsgerichts, die »Instanz des letzten Wortes« (Josef Isensee); Gewaltenteilung in diesem Fall zwischen einer Autorität, die durch verbindliche Auslegung der Verfassung den Handlungsspielraum der Politik begrenzend bestimmt – freilich nicht aus eigener Initiative, sondern nur, wenn es angerufen wird, und den Autoritäten, die innerhalb der – auslegungsbedürftigen – Verfassungsgrenzen Politik treiben: Das ist die Struktur, in der das Grundgesetz das demokratische und das verfassungsstaatliche Prinzip miteinander verknüpft hat. Sie hat sich in den fünfziger Jahren rasch herausgebildet und dann stetig verfestigt. In gewissem Sinne handelt es sich dabei auch um eine Arbeitsteilung zwischen einer für den Konsens zuständigen Institution auf der einen Seite und Institutionen des Konflikts auf der anderen.

Die besondere Bedeutung des Verfassungsgerichts für die Bonner Republik und die besondere Bedeutung der Verfassung für diese Republik – das hängt eng miteinander zusammen. Es gibt viele Indizien dafür, daß das Grundgesetz im Laufe der Zeit immer mehr eine Art von kompensatorischer, Identität stiftender Bedeutung für die westdeutsche Demokratie gewonnen hat: die Verfassung als Inbegriff des Verbindend-Verbindlichen schlechthin. Das Verfassungsgericht als die Instanz, die das Verbindend-Verbindliche im Zweifels- und Streitfall deutet, hatte daran teil. Das hat natürlich nicht in dem Sinne funktioniert, daß jedes Urteil einhellige Zustimmung gefunden hätte, wohl aber in dem Sinne, daß sich der wachsende Respekt vor der Verfassung und der wachsende Respekt vor der Instanz, die die Verfassung auslegt, wechselseitig bestärkten. Und ebendiese Wechselwirkung war entscheidend dafür, daß der westdeutschen Demokratie, der es an historischer Verwurzelung so sehr fehlte, allmählich ein verhältnismäßig stabiles Konsensfundament normativer Natur zuwuchs. Jedenfalls hätte das Grundgesetz die Geltung, die es tatsächlich gewonnen hat, nicht gewinnen können, hätte es nicht eine Institution mit dem besonderen Auftrag gegeben, die Verfassung durch autoritative Auslegung zur Geltung zu bringen.

Dabei ist das bemerkenswerte – auch demoskopisch deutlich nachweisbare[61] – Vertrauen, das das Verfassungsgericht weithin gewonnen hat, alles andere als eine Selbstverständlichkeit. Autorität ist in einer autoritätsskeptischen Gesellschaft nie selbstverständlich. Zudem: Das Gericht mußte ja, weil es Konflikte zu entscheiden hatte, immer auch Erwartungen enttäuschen, nicht selten Mehrheitserwartungen und Mehrheitsstimmungen. Die Spannung zwischen der demokratischen Mehrheitsregel und dem Prinzip verfassungsgerichtlicher Kontrolle des Gesetzgebers brach besonders in den siebziger Jahren auf, zu Zeiten der sozial-liberalen Koalition. Die Kollisionen zwischen Gericht und Gesetzgeber wurden damals als besonders heftig wahrgenommen, waren es wohl auch, weil sie sich in kritischen Zonen und in Zeiten krisenhafter politischer Polarisierung ereigneten. Daß das Gericht die Fristenlösung für den Schwangerschaftsabbruch für verfassungswidrig erklärte, auch die paritätische Mitbestimmung in den Universitäten, wie sie die sozialdemokratischen Hochschulgesetze jener Jahre vorsahen, und die von der Regierung ins Auge gefaßte »Wehrdienstverweigerung per Postkarte«,[62] traf die regierende Mehrheit im Zentrum ihrer auf »Emanzipation« und »Demokratisierung« zielenden Reformprogrammatik, auch in ihrem Eifer, mit dem Zeitgeist Schritt zu halten. Es waren zudem schmerzende Niederlagen auf Feldern heftigen Grundsatzkonflikts mit der Opposition.

Für das Urteil zum Grundlagenvertrag mit der DDR gilt im Grunde das gleiche. Es bestätigte zwar den Vertrag, verpflichtete aber zugleich Regierung und Parlament mit einer solchen Strenge, ja, wie es schien, juristischen Pedanterie auf das Wiedervereinigungsgebot des Grundgesetzes,[63] daß die klagende Opposition sich faktisch, nicht zu Unrecht, als Sieger empfand.[64] Die Hamburger Wochenzeitung »Die Zeit«, der sozial-liberalen Koalition verbunden, etikettierte die Karlsruher Richter in jenen Jahren zornig als »Konterkapitäne« und stellte die rhetorische Frage: »Wird Bonn von den Verfassungsrichtern regiert?«[65] Die Erregung, ja Empörung im Mehrheitslager war zeitweilig tatsächlich groß. Sie machte sich auch in einiger Schärfe Luft. Aber der Autorität des Gerichts hat selbst diese Stimmung der siebziger Jahre nicht wirklich und auf die Dauer Abbruch getan.

Es war im übrigen nicht das einzige Mal, daß das Verfassungsgericht gescholten wurde, es enge den Handlungsspielraum des Gesetzgebers zu sehr ein. Aber diese Schelte, ob im Einzelfall begründet oder unbegründet, war selten konsistent und wohl auch deshalb nicht sonderlich wirksam. Wer das Gericht kritisierte, kritisierte es in der Regel, wenn und weil ihm ein Urteil in der Sache mißfiel. Das aber bedeutete, daß im Lauf der Jahre niemand nur Anlaß zu schelten oder nur Anlaß zu loben fand.

Über den politisch spektakulären Verfahren darf man nicht die viel größere Zahl der unspektakulär-folgenreichen vergessen. Selbst politisch höchst bedeutsame Materien sind vom Verfassungsgericht oft behandelt worden, ohne daß die Öffentlichkeit daran intensiv, streitend teilgenommen hätte: die Parteienfinanzierung etwa, auch die Verfassung der elektronischen Massenmedien – eine Thematik, bei der das Gericht sich wahrscheinlich stärker als bei jeder anderen auf das Geschäft der Verfassungsgesetzgebung durch Auslegung eingelassen hat. Erst recht gilt für die allermeisten Verfahren der Verfassungsbeschwerde und der konkreten Normenkontrolle, daß sie mit den großen öffentlich ausgetragenen politischen Konflikten gar nichts zu tun hatten und doch in ihrer Summe einen wichtigen Teil der Einwirkung des Gerichts auf das Gemeinwesen ausmachen.

In Karlsruhe sind bis Ende 1989 nicht weniger als 75 000 Verfassungsbeschwerden eingegangen,[66] Beschwerden also, in denen die Betroffenen die Verletzung eines Grundrechtes »durch die öffentliche Gewalt« geltend gemacht haben. Wenn am Ende davon auch nur etwa jede siebzigste erfolgreich war, so heißt das doch, daß die Grundrechte auf diese Weise, sehr konkret eine Geltungskraft erlangt haben, die ihnen die Verfassung aus sich heraus niemals hätte verleihen können. Und was die konkrete Normenkontrolle angeht, so haben die Gerichte der Republik dem Verfassungsgericht mehr als zweitausendmal die Frage vorgelegt, ob eine bestimmte gesetzliche Regelung mit der Verfassung vereinbar sei, was bedeutet: Die Arbeit des Gesetzgebers ist kontinuierlich, ohne daß politische Motive ins Spiel kamen, in einem zweistufigen Prüfungsverfahren mit dem Maßstab der Verfassung konfrontiert worden. Knapp 200 Gesetze haben in vierzig Jahren dieser Prüfung nicht standgehalten, vor allem sozialpolitische Regelungen, verhältnismäßig häufig auch steuer- und finanzpolitische.[67]

Alles in allem also eine erfolgreiche verfassungspolitische Innovation, nicht die einzige, aber doch die wichtigste, die dem Parlamentarischen Rat gutzuschreiben ist. Der Erfolg läßt sich nur dadurch erklären, daß das Gericht als Gericht Anerkennung gefunden hat; daß es nicht nur dem Namen nach als ein Gericht angesehen worden ist, sondern daß seine Entscheidungen, die die Verfassung konkretisierten und fortentwickelten, als Urteile, als Rechtserkenntnisse einer unabhängigen, nur dem Grundgesetz verpflichteten Instanz akzeptiert wurden, mit jener besonderen Legitimität ausgestattet, die das gerichtliche Verfahren dem Urteil verleiht. Es mag sein, daß es eine besondere deutsche Neigung zu bevorzugter Anerkennung neutraler, gerichtlicher Autorität gibt. Aber es mußte hinzukommen, daß das Verfassungsgericht in seiner Auslegung des Grundgesetzes einen Kurs der Mitte gesteuert hat, auf Balance – Balance nicht zuletzt zwischen den Rechten und den Pflichten des Bürgers, zwischen den Freiheitsansprüchen des einzelnen und den Funktionsbedingungen des Staates – geachtet und häufig, wenn auch nicht immer, eben doch Zurückhaltung geübt hat. Nur so konnte das Gericht in der Summe seiner Entscheidungen und auf mittlere Frist eine Konsens stiftende Rolle spielen. Zurückhaltung – das gilt beispielsweise und insbesondere für die großen außenpolitischen Streitfälle: Regierung und Parlament haben über die Wiederbewaffnung, den Grundlagenvertrag, die Nachrüstung, die europäische Integration entschieden, nicht das Gericht, obwohl alle diese Weichenstellungen vor dem Gericht angefochten worden sind. Politische Klugheit hat da zweifellos der Verfassungsauslegung die Richtung gewiesen. Übrigens mag es für die Wahrnehmung des Verfassungsgerichts als Gericht nicht bedeutungslos gewesen sein, daß es seinen Sitz zusammen mit dem Bundesgerichtshof in der freundlichen badischen Residenzstadt Karlsruhe, fernab von den politischen Entscheidungszentren, hat und damit auch symbolisch auf Distanz zur Politik gehalten wird.

Der Befund sagt natürlich auch etwas über die Tauglichkeit des Verfahrens der Besetzung des Gerichts aus. Der entschlossene Griff der beiden großen Parteien nach dem Nominierungsrecht in beiden Wahlkörperschaften[68] – dem Bundestag, der durch einen Ausschuß handelt, und dem Bundesrat – hätte sehr problematische Konsequenzen haben können. Das Erfordernis der Zwei-Drittel-Mehrheit bei der Wahl, so wichtig es ist, hätte fragwürdige Absprachen, Geschäfte auf Gegenseitigkeit durchaus zugelassen. Daß es anders kam, daß das Gericht aufs Ganze gesehen zu allen Zeiten qualifiziert, überwiegend auch hohen professionellen Standards genügend, besetzt war, ist also durchaus keine Selbstverständlichkeit. So mühsam und unerfreulich die Verhandlungen der Parteien im Vorfeld der Richterwahlen oft waren, so kritisch man den faktischen Ausschluß derer, die eine der beiden großen Parteien nicht – in einem weiteren Sinn – zu den ihren rechnen kann, beurteilen mag, die Parteien haben jedenfalls an diesem Punkte den schlimmsten Versuchungen widerstanden. Sie haben zwar genau auf den Proporz geachtet, aber bei ihren Nominierungen doch eher auf Übereinstimmung im Grundsätzlichen als auf aktive Parteigängerschaft in einem engen politischen Sinne. Ehemalige Politiker sind denn auch nie die dominierende Gruppe im Gericht gewesen. Geprägt hat es jene Mehrheit der Richter, die von den Bundesgerichten, aus der hohen Verwaltung und der Wissenschaft kam. Aber auch unter denen, die aus der Politik kamen, haben einige als Richter einen bedeutenden Status gewonnen: so der erste Präsident Hermann Höpker-Aschoff, der dritte Präsident Gebhardt Müller, der erste Vizepräsident Rudolf Katz.

Das alles bedeutet nicht, daß Demokratie und Verfassungsgerichtsbarkeit im bundesrepublikanischen Fall eine problemlose Ehe miteinander geführt hätten. Nach vier Jahrzehnten war die Sammlung der Entscheidungen auf fast neunzig Bände angewachsen. Neunzig Bände autoritativer Verfassungsauslegung – das heißt, das Gewebe verbindlicher normativer Vorgaben für die Politik ist im Laufe der Jahre dichter und dichter geworden. Gesetzgebung verwandelte sich zu einem Teil in die Kunst, politische Programme in diese Vorgaben einzupassen. Wenn man nach einem Beispiel sucht: Die auf Art. 12 gestützte Rechtsprechung des Verfassungsgerichtes zum Numerus clausus mit ihren weitreichenden, höchst problematischen Folgen für die Universitäten ist eines. Bei politisch kontroversen Vorhaben haben Spekulationen darüber, was das Verfassungsgericht am Ende wohl sagen werde, jedenfalls auf bestimmten Politikfeldern immer mehr an Bedeutung für die Gesetzgebungsarbeit gewonnen. Das Mitbestimmungsgesetz der sozial-liberalen Koalition aus dem Jahr 1976, um nur ein herausragendes Beispiel zu nennen, ist gleichsam Satz für Satz im Blick auf Karlsruhe formuliert worden. Es hatte, als es vor das Gericht kam, dann ja auch Bestand. Man kann darin den Tribut sehen, der einer geltungskräftigen Verfassung zu zollen ist. Aber man kann auch die Frage aufwerfen, wie es um die Balance zwischen Offenheit und normativer Gebundenheit im politischen Leben der Bundesrepublik bestellt ist.

I.

Demokratie ist Konflikt. Demokratiegeschichte kann und muß deshalb immer auch als Konfliktgeschichte geschrieben werden. Tatsächlich läßt sich die Entwicklung der westdeutschen Demokratie an den Themen, Konfigurationen, Verläufen ihrer großen Konflikte – in der engeren parlamentarischen wie in der weiteren gesellschaftlichen Arena – besonders deutlich verfolgen. Dabei gab das Scheitern der ersten Republik dem zweiten Demokratieversuch der Deutschen von Anfang an die Frage vor: Würde es ihnen gelingen, demokratiegemäß mit ihren Konflikten umzugehen?

Welches die politikbestimmenden Konfliktstrukturen sein würden, ließ sich für die chaotische Nachkriegsgesellschaft, die 1949 das Demokratieexperiment begann, nicht mit Sicherheit vorhersagen: der Gegensatz zwischen Rechten und Linken, einem bürgerlich-liberalen und einem sozialistischen Lager; zwischen Flüchtlingen und Westdeutschen; zwischen Geschädigten und Verschonten; zwischen Stadt und Land; zwischen süddeutschen Föderalisten und norddeutschen Zentralisten? Am Ende hat keine dieser Konfliktkonstellationen für die Bonner Republik größere Bedeutung gewonnen. Auch der Gegensatz zwischen Rechts und Links nicht, jedenfalls nicht in seiner traditionellen Gestalt. So wie er im neuen Parteiensystem der Nachkriegsjahre in Erscheinung trat, war er bereits auf charakteristische Weise verändert: Im bürgerlichen Lager war, zum ersten Mal in der deutschen Geschichte, der politische Katholizismus – jetzt auf ein konfessionelles Bündnis zielend – die dominierende Kraft geworden, mit seinen eigenen traditionellen Verankerungen auch im Arbeitermilieu. Ihm stand eine Sozialdemokratie gegenüber, die sich im geteilten Land und vom alles überschattenden Kalten Krieg bedrängt, alsbald scharf nach links hin abgrenzen mußte. Das Wirtschaftswunder tat dann ein übriges, um dem Sozialismusthema sehr rasch alle politische Relevanz zu nehmen. Wie das Wirtschaftswunder denn überhaupt viele jener beunruhigenden Konfliktpotentiale der Nachkriegszeit vollkommen entschärft hat.

Nicht mit sozialstrukturell begründeten Konflikten hat die Bundesrepublik es also vornehmlich zu tun gehabt, in ihren Anfängen nicht, als das eigentlich zu erwarten gewesen wäre, und später auch nicht. Vielmehr war es – nicht überraschend – zum einen die Lage des geteilten Deutschlands im Zentrum des Ost-West-Konflikts, aus der immer wieder Konflikte von existentieller Bedeutung entsprangen, und es waren zum anderen, nach 1968, Modernisierungs- und Generationenkonflikte, die, von einer plötzlichen Beschleunigung des gesellschaftlichen Wandels angestoßen, die Bundesrepublik mit einer eigentümlichen Wucht trafen und ihre Entwicklung in den siebziger und achtziger Jahren in starkem Maße bestimmt haben. Besonders für die außen-, sicherheits- und deutschlandpolitischen Konflikte gilt, daß sie wesentlich zwischen den Parteien und in der parlamentarischen Arena ausgetragen worden sind – die Parteienkonfiguration hat das begünstigt; durchgehend standen sich ja, von der kurzen Phase der Großen Koalition abgesehen, zwei große Parteien als Regierung und Opposition gegenüber. Von den späten sechziger Jahren an ging es dann aber auch in der weiteren gesellschaftlichen Konfliktarena immer lebhafter und zeitweise dramatisch zu.

Im Schlüsselkonflikt der frühen Jahre der westdeutschen Demokratie haben Regierung und Opposition heftig um die Frage gerungen, was Vorrang habe: die Westintegration Westdeutschlands oder ein letzter Versuch, die eigentlich schon verlorene Einheit doch noch zu retten. Es wäre merkwürdig, bedenkt man, worum es ging, wenn es anders gewesen wäre. Auffallend ist freilich, daß die verzweifelte Weigerung der Sozialdemokraten, die schon vollzogene Teilung des Landes hinzunehmen, keinen Rückhalt in einem starken, gar leidenschaftlichen öffentlichen Engagement gefunden hat. Die Einheit war in den fünfziger Jahren für die Mehrheit der Westdeutschen offensichtlich kein Thema von überragender Bedeutung mehr. Anders lassen sich die Wahlergebnisse von 1953 und 1957 kaum interpretieren.

Gilt aber nicht wenigstens für den Streit um die Wiederbewaffnung, daß die Öffentlichkeit an ihm lebhaften Anteil genommen hat? In der Tat formierte und artikulierte sich gegen die »Remilitarisierung« erbitterter Widerspruch nicht nur in der parlamentarischen Arena, sondern weit und vielfältig darüber hinaus: in den Gewerkschaften, freilich erst nach anfänglicher Zurückhaltung, wie denn überhaupt für die Gewerkschaften wie für die SPD Spannungen zwischen einem unbedingten Nein der Basis und einem vorsichtigeren, bedingten Nein der Führung charakteristisch sind; in der evangelischen Kirche, in der Gustav Heinemann und Martin Niemöller als Wortführer des Protestes hervortraten; in den Jugendverbänden; in vielerlei kleineren Kreisen und Zirkeln; ganz links und ganz rechts, aber auch dazwischen. Eine Volksbefragungsaktion, stark von der KPD beeinflußt und deshalb von der Regierung mit rechtlich durchaus fragwürdigen Mitteln bekämpft, hat es anscheinend auf mehrere Millionen Unterschriften gebracht.[69] Das Motiv, das Argument, das zwischen all diesen Gruppen am ehesten so etwas wie Gemeinsamkeit stiften konnte, war das der Einheit: der Kampf gegen die Aufrüstung als Kampf gegen die endgültige Festschreibung der Teilung. Noch der späte, letzte Versuch vom Januar 1955, die Kräfte des Neins zur Wiederbewaffnung an bedeutender Stätte, in der Frankfurter Paulskirche, zu bündeln, stand ganz im Zeichen dieses Motivs und Arguments.

Das alles war gewiß geeignet, Adenauer zeitweilig zu beunruhigen. Aber das eigentlich Bemerkenswerte ist im Rückblick doch, daß es, soweit die Ohne-mich-Stimmung auch verbreitet war,[70] zu einem wirklich anhaltend-emphatischen Massenprotest gegen die Wiederbewaffnung nicht gekommen ist. Wenige Jahre nach einer beispiellosen Kriegskatastrophe, die fast jeden getroffen und dem Land tiefe, noch überall sichtbare Wunden geschlagen hatte, ist das höchst erstaunlich. Die Kampagne gegen die Wiederbewaffnung »die erste große außerparlamentarische Oppositionsbewegung der Nachkriegszeit« zu nennen,[71] ist im übrigen schon deshalb problematisch, weil das Zentrum des Kampfes die parlamentarische Arena war, die SPD, so gesehen, also die führende Rolle in diesem Kampf spielte. Sie

Münchner Studenten protestieren im Mai 1958 gegen die Ausrüstung der Bundeswehr mit Trägerwaffen für atomare Sprengköpfe, die der Einfachheit halber als »Atomwaffen« figurieren. Einer der Redner auf ihrer Kundgebung war Erich Kästner (vorne rechts). Bei aller Leidenschaft, allem Pathos des Protests – die Resonanz blieb schwach.

hat sie für die radikalen Wiederbewaffnungsgegner freilich nicht konsequent genug gespielt, weil sie sich – ähnliches gilt für die Gewerkschaften – durch ein zu entschiedenes Nein nicht jeden politischen Handlungsspielraum nehmen wollte. Vier Wochen nach der Paulskirchen-Kundgebung vom Januar 1955 verabschiedete der Bundestag die Pariser Verträge. Und mit erstaunlicher Selbstverständlichkeit setzte die parlamentarische Entscheidung den Schlußpunkt auch hinter die Protestkampagne.

In der zweiten Hälfte der fünfziger Jahre war es noch einmal die Wiederbewaffnung, nun in Gestalt der seit 1956 diskutierten Pläne, die Bundeswehr mit Trägerwaffen für atomare Sprengköpfe auszurüsten, gegen die sich Einspruch auch außerhalb der parlamentarischen Arena spontan formierte. »Kampf dem Atomtod« hieß nun die Parole, wirksamer, mobilisierender als das Ohne-Mich der frühen fünfziger Jahre. Für ein paar Monate sah es 1957/58 so aus, als bilde sich eine Koalition des Protestes, die eher stärker sein würde, als es die Bewegung gegen die Wiederbewaffnung gewesen war: an ihrer Spitze die SPD, die zunächst entschlossener auf die anderen oppositionellen Gruppen zuzugehen schien, als sie es im Wiederbewaffnungsstreit getan hatte, dazu die Gewerkschaften, gewichtige Gruppen in der evangelischen Kirche, Künstler, Intellektuelle, vor allem – viel zahlreicher als im Kampf gegen die Wiederbewaffnung – Wissenschaftler. Was nicht verwundern kann – eine Erklärung von Wissenschaftlern, das spektakuläre Göttinger Manifest der achtzehn Physiker vom 12. April 1957 mit seiner Warnung vor der atomaren Bewaffnung der Bundeswehr, war ja das auslösende Moment für die ganze Bewegung.

Daß neue Motive ins Spiel kamen und alte schwächer wurden – das Thema deutsche Einheit, obschon immer noch präsent, trat zurück, die apokalyptische Bedrohung durch die Atomwaffen schob sich in den Vordergrund der Argumentation –, nahm dem Protest nichts an Nachdruck, eher im Gegenteil: In den ersten Monaten des Jahres 1958, auf dem Höhepunkt der Kampagne, fanden sich immerhin ein paar hunderttausend Menschen zu zahlreichen großen und kleinen Kundgebungen zusammen. Von Generalstreik war die Rede. Und wenn es auch nicht zu offiziellen Streiks kam, so doch zu Arbeitsniederlegungen. Zwei Länder, in denen die Sozialdemokraten mit absoluter Mehrheit regierten, Hamburg und Bremen, dazu die drei hessischen Städte Frankfurt, Darmstadt und Offenbach ordneten Volksbefragungen an, die dann freilich vom Bundesverfassungsgericht für verfassungswidrig, weil gegen die Kompetenzverteilung des Grundgesetzes verstoßend, erklärt wurden. Im demoskopischen Spiegel zeigte sich, nicht überraschend, daß die Gegner einer atomaren Bewaffnung der Bundeswehr weit in der Überzahl waren.[72]

Aber auch für diese Bewegung gilt: Ihre Mobilisierungserfolge blieben letzten Endes begrenzt. Sie verebbten erstaunlich rasch. Viele Enttäuschte haben die SPD und ihren »Anpassungskurs« und einmal mehr die Zurückhaltung der Gewerkschaften dafür verantwortlich gemacht. Richtig ist, daß die SPD 1958 auf dem Weg nach Godesberg war und daß sie sich auf diesem Weg etwa um die Jahresmitte 1958 unauffällig aus der Kampagne »Kampf dem Atomtod« zurückzuziehen begann. Richtig ist auch, daß die Gewerkschaften sich aus guten prinzipiellen wie aktuellen Gründen nicht entschließen konnten, zur fragwürdigen Waffe des politischen Streiks zu greifen. Was die SPD angeht, so spielte die Erfahrung, daß ihr dieses Engagement keine Stimmen brachte – sie verlor ja nicht nur 1957 die Bundestagswahl, sondern ein knappes Jahr später auch das wichtigste Bundesland Nordrhein-Westfalen –, eine Rolle. Aber die strategischen Kalküle der SPD allein erklären nur wenig. Die Wurzeln der Schwäche der »Protestbewegungen« – wenn man sie denn schon so nennen will – des ersten Jahrzehnts reichen tiefer.

Vor allem ist daran zu erinnern, daß der Kalte Krieg das Streitklima eben dieses ersten Jahrzehnts, die Konfliktthemen wie die Atmosphäre, in der Konflikte ausgetragen wurden, entscheidend bestimmt hat. Fraglos hat der Druck, der auf der Bundesrepublik als einem Grenzland im Kalten Krieg lastete, die Bereitschaft, Binnenkonflikte als legitim und notwendig zu akzeptieren, beeinträchtigt, stärker beeinträchtigt, als es ihrer demokratischen Entwicklung guttat. Fraglos ist die Bedrohung durch den Kommunismus in den Auseinandersetzungen mit oppositionellen Kräften auch immer wieder taktisch ins politische Spiel gebracht worden, nicht zuletzt gegen die beiden Protestbewegungen, die der westdeutschen Wiederbewaffnung und Aufrüstung entgegentraten. Adenauer insbesondere kannte da wenig Skrupel. Streitklima der fünfziger Jahre heißt so gesehen: Es fehlte der Regierung und ihrer Mehrheit im Umgang mit ihren Gegnern entschieden an Gelassenheit und Selbstvertrauen und deshalb auch an Liberalität. Die Bundesrepublik, um es mit etwas anderen Worten zu sagen, war ein nervöser Staat, was sich nirgendwo so deutlich widerspiegelt wie in dem überaus rigiden politischen Strafrecht jener Zeit, mit dem man sich der befürchteten Infiltration aus dem kommunistischen Nachbardeutschland zu erwehren suchte.

Freilich, zu dieser Feststellung gehört die andere: Jenes kommunistische Nachbardeutschland war Realität, wie die Sowjetunion Realität war, bedrohliche, zumindest unheimliche Realität. Die meisten Westdeutschen nahmen sie so wahr und hatten ihre guten Gründe dafür, vom Koreakrieg über den 17. Juni 1953, den Ungarnaufstand drei Jahre später bis hin zur Berlin-Krise am Ende des Jahrzehnts. Als alle Welt schon von Entspannung redete, machte Chruschtschows Angriff auf West-Berlin, im November 1958 gestartet, allen Deutschen, die nicht politisch blind waren, von neuem deutlich, wie verletzlich, wie bündnisabhängig die Bundesrepublik war. Man kann vermuten, daß die Bedrohung Berlins den Rückzug der Sozialdemokraten aus der Kampagne »Kampf dem Atomtod« beschleunigt hat.

Mit dem Stichwort Kalter Krieg ist aber noch nicht alles gesagt. Für die frühen Jahre der westdeutschen Demokratie muß unzweifelhaft auch noch eine unmittelbare Wirkung des Katastrophenschocks veranschlagt werden. »Ruhe ist das erste Bürgerrecht« – mit dieser Formel charakterisierte Fritz René Allemann Mitte der fünfziger Jahre ein Grundbedürfnis der Deutschen, die aus der Katastrophe kamen.[73] Das Bürgerrecht auf Ruhe: Das war im Kern das Recht, sich nicht engagieren zu müssen. Wer nicht von der Katastrophe her denkt, sondern von den achtziger Jahren aus zurückblickt, kann auch sagen: Erst der Politisierungsschub der sechziger und siebziger Jahre mit all seinen Bedingungen und Konsequenzen schuf die Voraussetzungen, unter denen »Protestbewegungen« zu wichtigen Mit-, vor allem Gegenspielern im politischen Prozeß werden konnten. Im übrigen waren die fünfziger Jahre für die meisten Menschen Jahre, die stetig aufwärtsführten, in einem sehr elementaren Sinn Jahre der Rückkehr in das Leben, der Wiedergewinnung des Lebens; Jahre, heißt das, die oppositionellen Stimmungen – welcher Art auch immer – keinen fruchtbaren Boden boten.

II.

Was wäre der Bundesrepublik erspart geblieben, hätte sich der Regierungswechsel von 1969 bereits 1965 oder 1966 ereignet? Hätte es dann das Jahr 1968 gegeben? Wir wissen es nicht, aber es lohnt sich, darüber nachzudenken. Zeit für einen Wechsel war es jedenfalls, als Adenauer abtrat. Die Phase der außenpolitischen Weichenstellungen und der Wiederaufbaugesetzgebung war abgeschlossen. Es war erkennbar, daß die Entwicklung der Ost-West-Beziehungen der Bundesrepublik Anpassungen abverlangen würde, die der Union schwerfallen mußten. So wie es offenkundig war, daß man im Wiederaufbaujahrzehnt manche innenpolitische Aufgabe liegengelassen hatte – ob die These vom »Reformstau« die Situation wirklich trifft, mag einstweilen dahingestellt bleiben. Vor allem aber: Der Wechsel als solcher war wichtig, damit aus der Bundesrepublik, die ihre Kritiker gerade damals verächtlich »CDU-Staat« zu nennen begannen, endgültig ein Gemeinwesen werden konnte, das alle Bürger als das ihre ansehen konnten. Und es war wichtig, daß er nicht zu lange auf sich warten ließ.

Der Wechsel kam, man weiß es, 1965 noch nicht. Erst der Umweg über die Große Koalition führte zur Ablösung der Union durch die SPD. Und dieser Umweg hat, wie immer man die Leistungen der Großen Koalition einschätzt, seinen Preis gehabt: Die folgenreiche Konfliktgeschichte der sechziger Jahre und die Große Koalition, die übrigens in gewissem Sinn ja eine Konstellation des ganzen Jahrzehnts und nicht nur dreier Jahre gewesen ist, sind eng aufeinander bezogen.

Das erste wichtige Stichwort dieser Konfliktgeschichte heißt Notstandsgesetzgebung. Die Heftigkeit des Streits, der die Republik zwei, drei Jahre in Atem hielt, hat vermutlich niemand vorausgesehen. Das Vorhaben, eine Notstandsverfassung in das Grundgesetz einzufügen, um einschlägige alliierte Vorbehaltsrechte abzulösen, das die Regierung Ende der fünfziger Jahre in Angriff nahm, war ja nicht an sich unvernünftig. Und da die Regierung für dieses Vorhaben eine Zwei-Drittel-Mehrheit im Parlament, also die Stimmen der SPD brauchte, war auch gewährleistet, daß die Opposition auf die Ausgestaltung der Notstandsverfassung würde Einfluß nehmen können.

Gewiß: Die Erfahrungen mit Art. 48 der Weimarer Verfassung waren zu bedenken. Zudem zeigte der erste, 1960 vorgelegte Entwurf, daß Aufmerksamkeit, ja Wachsamkeit auch gegenüber einer Regierung geboten war, die keineswegs Böses im Schilde führte. Insbesondere das Mißtrauen der Gewerkschaften, die Anschläge auf das Streikrecht, zumindest Beeinträchtigungen dieses Rechts fürchteten, ist verständlich. Auch daß die »Spiegel«-Affäre im Vorfeld der Notstandsdebatte viel Porzellan zerschlagen hat, ist nicht gerade verwunderlich. Aber das alles hätte eine konstruktive Diskussion darüber, wie eine demokratieverträgliche Notstandsverfassung auszusehen habe, ja nicht ausschließen müssen. Tatsächlich ist es zu dieser Diskussion allenfalls in den Parlamentsausschüssen gekommen. In der Öffentlichkeit wurde der Kampf gegen die Notstandsgesetzgebung, von 1966 an im Kuratorium »Notstand der Demokratie« organisiert, so geführt, als sei das Überleben der Demokratie gegen eine Regierung zu verteidigen, der man alles zutrauen müsse. Verständlich wird die Kampagne in ihrer Heftigkeit und ihrem Pathos nur, wenn man sie als Auseinandersetzung mehr mit der Vergangenheit als mit der Gegenwart begreift. Man wehrte sich, als sei die Notstandsverfassung ein neues Ermächtigungsgesetz, ja beinahe so, als sei zum zweiten Mal über das Ermächtigungsgesetz von 1933 zu entscheiden, oder richtiger: als sei das verhängnisvolle Votum von 1933 nach dreißig Jahren symbolisch zu widerrufen. Das Leitmotiv des Nicht-noch-Einmal trat überall in Erscheinung, bis hin zum Aufzug von Demonstranten, die in gestreifter Häftlingskleidung die Erinnerung an die nationalsozialistischen Konzentrationslager glaubten wachrufen zu müssen. Schon im März 1958, als der Bundestag über atomare Waffen zu entscheiden gehabt hatte, war bedeutungsschwer an das Ermächtigungsgesetz erinnert worden.

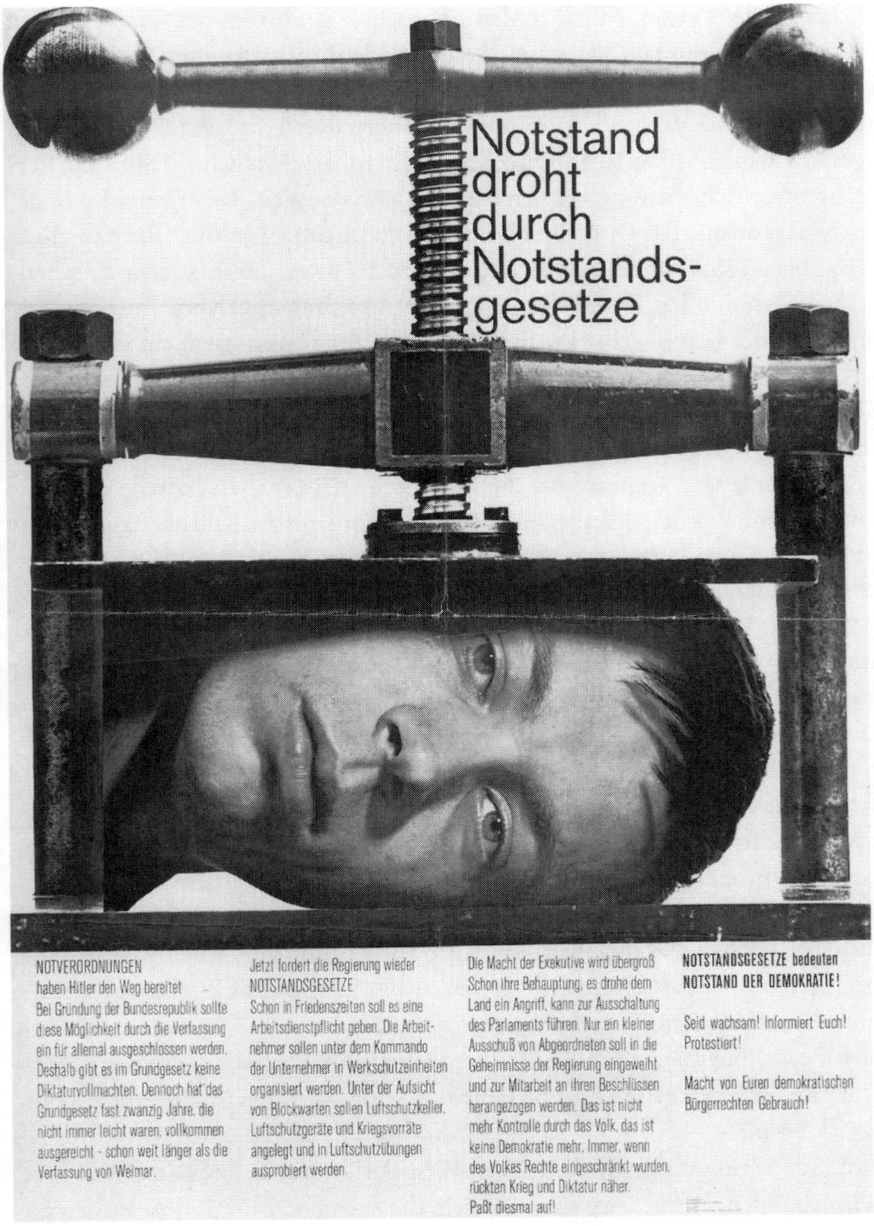

»Immer wenn des Volkes Rechte eingeschränkt werden, rückten Krieg und Diktatur näher. Paßt diesmal auf!« Den Warnungen vor der Notstandsgesetzgebung fehlte es nicht an Deutlichkeit. Daß es eine große Koalition war, die die parlamentarischen Beschlüsse faßte, hat die Protestbewegung nicht beruhigt, sondern eher noch stärker alarmiert. Wie wenig die grundgesetzliche Notstandsverfassung am Ende noch mit dem berüchtigten Art. 48 der Weimarer Verfassung zu tun hatte, nahm sie nicht wahr, obwohl sie selbst das Ihre dazu beigetragen hatte.
Der Plakatentwurf von 1967 stammt von Horst Eigen.

Die Gegenwart der Vergangenheit in den politischen Konflikten der westdeutschen Demokratie, die der Streit um die Notstandsverfassung dem aufmerksamen Beobachter so eindringlich vor Augen führt, das wird ein Thema bleiben. Legitimitätsvorbehalte gegen die Bundesrepublik als solche, die in allen Protestbewegungen durch die Jahrzehnte hindurch eine Rolle gespielt haben, haben sich immer auch – auf unterschiedliche Weise – des Vergangenheitsargumentes bedient und es sich damit in gewisser Weise leichtgemacht. In der problematischen Tendenz, das Opponieren im demokratischen Konflikt zum moralisch zwingend gebotenen »Widerstand« zu überhöhen, die den Protest der siebziger und achtziger Jahre so stark bestimmt hat, ist diese Vergangenheitsfixierung mit Händen zu greifen.

Der Einspruch der Gewerkschaften, Intellektuellen, Studenten hat nicht verhindern können, daß dem Grundgesetz 1968 schließlich doch eine Notstandsverfassung eingefügt wurde, weil die seit 1966 mitregierende Sozialdemokratie jedenfalls in ihrer Mehrheit nicht für ein prinzipielles Nein gewonnen werden konnte und auch die Gewerkschaften, nachdem sie weitreichende verfassungsrechtliche Zusicherungen erhalten hatten, sich zum Äußersten nicht mehr entschließen mochten. Wirkungslos ist er deshalb aber keineswegs geblieben. Hätte er die parlamentarischen Beratungen nicht begleitet, so hätte die Notstandsverfassung anders ausgesehen, als sie am Ende tatsächlich aussah.

Daß 1968 als ein, vielleicht als *das* Epochenjahr in der Lebensgeschichte der westdeutschen Demokratie gilt, hat freilich nur indirekt und am Rande mit Notstandsverfassung und Notstandsprotest zu tun. Es ist die Studentenbewegung, die dem Jahr, den späten sechziger Jahren insgesamt diese Bedeutung gibt. Der Historiker steht da vor einigen Rätseln. Wie erklärt sich die explosive Dynamik, mit der die Bewegung sich formierte und die Bühne eroberte? Wie erklärt sich, daß ein längst an der Wirklichkeit gescheitertes Dogmensystem wie der Marxismus gleichsam über Nacht noch einmal zu einer Macht wurde – ausgerechnet an den Universitäten? »Marx war der Gott der Revolte, Marcuse sein Prophet«, heißt es, ganz unironisch, im Rückblick eines Beteiligten.[74] Wie erklärt sich, daß die Dritte Welt plötzlich intellektuell und moralisch eine solche Bedeutung für das Selbstverständnis der jungen Generation – in bestimmten intellektuellen und sozialen Milieus, versteht sich – gewann? Vor allem aber: Wie erklärt sich, daß die Studentenbewegung, die wirklich eine Studentenbewegung war und an die Universitäten gebunden blieb, dazu wenig Sympathien bei der Bevölkerung genoß und auch nicht sehr alt geworden ist, die Bundesrepublik verändern konnte?

Natürlich gibt es eine Vorgeschichte. Da ist West-Berlin in seiner Abgeschlossenheit, seiner Fixierung auf den Kalten Krieg in einer Welt, die nach Entspannung zu suchen begann, seinem eigentümlichen Amalgam aus Republikflüchtlingen Ost – Rudi Dutschke, der zur Symbolfigur der Studentenrevolte werden sollte, war einer von ihnen – und »Republikflüchtlingen« West. Da ist die Große Koalition, die nicht nur in linken Zirkeln als eine Gefährdung der Demokratie wahrgenommen wurde. Da ist, vor allem, der Vietnamkrieg, der gerade in Berlin eine entscheidende Bedeutung als Ausgangsmotiv studentischen Protests gewann. Da sind auch die Anstöße, die vom amerikanischen Vietnamprotest und von der amerikanischen Bürgerrechtsbewegung, vom fernen kalifornischen Campus von Berkeley insbesondere, herüberwirkten. Aus dieser Konstellation brach der Protest hervor: 1966 mit ersten Aktionen, 1967 und 1968 rasch und weithin sichtbar aufflammend und von einer Kerngruppe, dem 1960 aus der SPD ausgeschlossenen Sozialistischen Deutschen Studentenbund (SDS), locker organisiert und koordiniert. Er äußerte sich in phantasievoll-neuartig-provozierenden Formen, »regelverletzend«, wie der rasch in Mode kommende Begriff lautete, von der herausfordernden, vornehmlich aufs Lächerlich-Machen zielenden Belästigung über Blockaden aller Art bis zur »Gewalt gegen Sachen«, bei der es nicht blieb; eine rigide, aggressive Ideologie leitete ihn an, die ihre unablässig diskutierenden Adepten in Wahrheit ganz und gar diskussionsunfähig machte; gerichtet war er gegen die Ordinarienuniversität, den Vietnamkrieg, die Springer-Presse, gegen »das System«, und das heißt in gewissem Sinne gegen alles und nichts.

Wohin hätte das ohne die Schüsse vom 2. Juni 1967 und 11. April 1968, ohne die Polizeikugel, die den Studenten Benno Ohnesorg bei einer Demonstration tödlich traf, und die Kugel eines Attentäters, die den Studentenführer Rudi Dutschke schwer verletzte, geführt? Niemand vermag es zu sagen. Jedenfalls waren es diese beiden Schüsse, die die Entwicklung – nicht nur in West-Berlin, wo sie fielen – in eine Phase schärfster Zuspitzung, Konfrontation, Dramatik hineintrieben. Während man auf der einen Seite der Barrikade nun endgültig davon überzeugt war, das wahre Gesicht der Bundesrepublik sei die »faschisti-

Schah-Besuch in Berlin, 2. Juni 1967: »Jubelperser« und Anti-Schah-Demonstrationen, dazwischen die Polizei.

Im Gemenge fällt der Schuß, der den Studenten Benno Ohnesorg tötet. Dieser Schuß löst eine dramatische Eskalation der studentischen Unruhen aus.

sche Fratze«, fürchtete man auf der anderen, die Studenten seien im Begriff, eine Art von Bürgerkrieg zu entfesseln, jedenfalls in den Universitätsstädten.

Demonstrationen, die in blutige, auch vandalistische Tumulte umschlugen, besonders die Unruhen, die in den Ostertagen 1968 auf das Dutschke-Attentat folgten, konnten in der Tat für Augenblicke diesen Eindruck erwecken. In Wahrheit war die Staatsautorität – anders als im berühmten Pariser Mai in Frankreich, wenige Wochen nach den Berliner Osterunruhen – zu keiner Zeit ernstlich erschüttert, so turbulent es in vielen Hörsälen und auf manchen Straßen auch zugehen mochte; turbulent und bisweilen auch brutal – die Osterunruhen kosteten zwei Menschen das Leben, nach der »Schlacht am Tegeler Weg« in Berlin ein paar Monate später wurden 150 Verletzte gemeldet, in der Mehrheit übrigens Polizisten.[75] Daß der Staat immer souverän, mit einem Sinn für Proportionen reagiert hätte, wird man nicht behaupten können. Er war überrascht, verwirrt, unsicher, hatte auch nicht viel Zeit zum Lernen. Für Berlin war zudem wohl eine gesteigerte Nervosität charakteristisch. Man war dort mehr als irgendwo sonst auf die amerikanische Schutzmacht eingeschworen. Deshalb mußte ein aggressiver Protest gegen eben diese Schutzmacht eine besondere Verwirrung auslösen. Übrigens verbrauchte sich die Dynamik der Bewegung rasch. Von 1969/70 an haben wir es mit neuen Konstellationen zu tun.

Die Studentenunruhen der späten sechziger Jahre, daran muß jeder Erklärungsversuch zunächst einmal erinnern, waren keine deutsche Besonderheit. Von den Pariser Maitumulten war die Rede, auch von den USA. Mailand, Tokio, Mexico, Barcelona, Montevideo – die Liste der Universitätsstädte rund um die Welt, die aufzuzählen wären, ist lang. Fraglos hat Ansteckung eine Rolle gespielt, auch wenn örtliche Umstände überall bedeutsam gewesen sind. Fraglos hat die weltpolitische Konstellation des Augenblicks – das dramatische Hervortreten eines »ungerechten« Krieges, den die westliche Vormacht in Asien führte, bei gleichzeitigem Verblassen des Ost-West-Konflikts – eine elektrisierende Wirkung gehabt. Auch deutet die Gleichzeitigkeit der Ereignisse, jedenfalls für Westeuropa und die USA, wohl darauf hin, daß sich in den Unruhen eruptiv jener Wertewandel ankündigte, der die entwickelten Industriegesellschaften, das zeigen alle Daten an, eben damals in einem mächtigen Schub zu verändern begann.

Für den Aufbruch und Ausbruch in Deutschland sind nun aber eine besondere Radikalität und Aggressivität kennzeichnend. Viel spricht dafür, daß sie mit der Vergangenheitslast zusammenhängen, die die westdeutsche Demokratie zu tragen hatte. Für die fraglichen Jahre gilt ja, daß sich zwei Generationen in einer Konfiguration gegenüberstanden, die nur einmal eintreten konnte. Die Generation, die in den sechziger Jahren erwachsen wurde, war die erste, die nicht einmal mehr Kindheitserinnerungen an den Krieg und an die Nachkriegsjahre besaß, die erste, die ganz diesseits des Abgrundes, in einer Welt der Sekurität und des Frieden groß geworden war. Zugleich war aber für eben diese Generation die katastrophische Vergangenheit in den Eltern und Großeltern noch sehr unmittelbar, sehr persönlich gegenwärtig, eine Vergangenheit, die sich in entsetzlicher Eindeutigkeit im Jerusalemer Eichmann-Prozeß zu Beginn des Jahrzehnts und im Frankfurter Auschwitz-Prozeß ein paar Jahre später enthüllt hatte. Eine Konfiguration, die jedenfalls spannungsreicher war als die der fünfziger Jahre und auch als die, die ihr folgen sollte. Man wird den gelegentlich wütenden Haß auf die Bundesrepublik, der in der Studentenbewegung plötzlich hervorbrach, doch wohl zu ihr in Beziehung zu setzen haben. Er gewann seine Argumente, seine Scheinrechtfertigung ja ganz und gar daraus, daß er die Nachkriegsdemokratie in die Nähe des nationalsozialistischen Regimes rückte. Er legitimierte sich als Faschismushaß. Da gab es keine Fragen mehr zu stellen, es war nur noch anzuklagen. Denn wer den Faschismus haßt, ist immer im Recht. Zu einem Dialog zwischen den Generationen über die Versäumnisse der fünfziger Jahre im Umgang mit der Vergangenheit, die ja unbestreitbar sind, ist es nicht gekommen.

Übrigens ist zu den Besonderheiten des deutschen Falls in jenem zivilisationsweiten »Gesellschaftsbeben« des Wertewandels wohl noch ein anderer Generationenkonflikt zu rechnen. Die fragliche Generation war ja auch die erste, die nicht mehr entscheidend von der dramatischen Phase des Kalten Krieges geprägt war – in einem Lande, dessen Identität in gewissem Sinn im Kalten Krieg wurzelte und das diesen »Krieg« nach innen wie nach außen mit besonderer Intensität und Rigidität geführt hatte. Wahrscheinlich ist die radikale Kehrtwendung der jungen Generation an den Universitäten – das Bekenntnis zum Marxismus als Heilslehre, die Verdammung der USA als Vormacht des Imperialismus, die Glorifizierung der Befreiungskriege in der Dritten Welt mit dem Kult der fernen, mythischen Heroen Ho Chi-Minh und Che Guevara – auch als ein Aufbegehren gegen den eher eng und streng definierten politische Konsens, auf den die Bundesrepublik sich in den anderthalb Jahrzehnten des Kalten Krieges eingeschworen hatte, zu verstehen. Daß es eine nennenswerte Reaktion der Studentenbewegung auf den Einmarsch der Warschauer-Pakt-Mächte in die Tschechoslowakei im August 1968 nicht gegeben hat, fügt sich in dieses Bild ein.

Die Frage nach den Wirkungen, die vom Aufstand der Studenten ausgingen, ist nicht leichter zu beantworten als die nach den Ursprüngen. Der Stoß mußte zunächst einmal ins Leere gehen. Das »System«, gegen das er geführt werden sollte, war ein ideologisches Konstrukt, Revolution ein absurdes Ziel. Das heißt: Die Wirklichkeitsferne der Ideologie, in der sich die Bewegung mit ebenso blindem wie eloquentem Scharfsinn verfing, hat sie im Grunde politikunfähig gemacht. Auch fand sie, anders als für einen Augenblick die Pariser Studenten, keine Bundesgenossen. Die Arbeiterschaft im allgemeinen wollte von den unruhigen Studenten sowenig wissen wie die Gewerkschaften im besonderen. Zwar verschaffte das neue Medium Fernsehen, das im Lauf der sechziger Jahre in alle Haushalte vorgedrungen war, ihren tumultuösen Aktionen eine ungeheure Publizität – einer der Beteiligten hat der Revolte geradezu »Show-Charakter« zugeschrieben[76] –, aber kaum irgendwo Sympathie.

Die Schnelligkeit, mit der die Bewegung, mit der auch die Kerntruppe, der SDS selbst, zerfiel, überrascht gleichwohl. Innere Spannungen, Streitigkeiten über die Auslegung des marxistischen Dogmas im besonderen, auch über die Gewaltfrage, von da an eines der Themen für den linken Extremismus, haben eine Rolle gespielt. Zudem hat der Regierungswechsel von 1969 dem Protest zunächst einmal viel Wind aus den Segeln genommen. Er stärkte das Vertrauen in die geschmähte parlamentarische Verfassung, band Hoffnungen an die neue Regierung und stabilisierte so die westdeutsche Demokratie. Tatsächlich hat dieser Wechsel der Politik, besonders der Außenpolitik, ja auch bedeutende neue Impulse gegeben. Er war die angemessene Antwort des »Systems« auf die Turbulenzen der späten sechziger Jahre, die ihrerseits freilich gar nichts zu ihm beigetragen haben. Daß mit den Wahlen von 1969 auch die NPD von der politischen Bühne verschwand, hat in dieselbe Richtung gewirkt. Gleichwohl bleibt das Mißverhältnis zwischen der aggressiven Kraft, die die Studentenbewegung für eine kurze Zeit entfaltete, und ihrer raschen Auflösung eigentümlich.

Doch so schnell sie auch zerfiel, die Studentenbewegung hat die Republik verändert. Und gerade der Zerfall der Bewegung mag zu ihrer Wirkung beigetragen haben. Daß die Revolte die Universität erschüttert hat, braucht kaum gesagt zu werden. Nicht heilsam erschüttert, sondern beschädigt, da und dort schwer beschädigt. Weniger leicht sind die Linien nachzuzeichnen, die die gesellschaftlichen Entwicklungen der siebziger und der achtziger Jahre mit der Studentenrevolte der sechziger Jahre verbinden. Aber es gibt ein dichtes Netz solcher Linien, die studentische Protestbewegung hat sich weit aufgefächert, »entmischt«, wie man treffend gesagt hat.[77] Die – wie man sie dann nannte – neuen sozialen Bewegungen, die sich im nächsten Jahrzehnt zu formieren begannen, haben Wurzeln im Studentenprotest und mit ihnen die späteren Grünen. Zur SPD führen vielbegangene Wege. Der orthodoxe Marxismus, in einanderbefehdenden Sekten verschiedener Observanz organisiert, erhielt einen, freilich nur bescheidenen Zulauf. Und schließlich kam auch der Terrorismus der siebziger Jahre in Schlüsselfiguren und Schlüsselmotiven von der studentischen Revolte her.

Lassen sich die Impulse, die von der Unruhe der späten sechziger Jahre ausgingen, auch thematisch fassen? Der studentische Seminarmarxismus, so lautstark und selbstbewußt er sich ein paar Jahre lang auch artikulierte und den eifrig anpassungsbereiten akademischen Jargon prägte, hinterließ keine tiefen Spuren. Wohl aber hat der Studentenprotest wesentlich mitgeholfen, bestimmte neue Leitideen, die mit dem einsetzenden Wertewandel an Bedeutung gewinnen mußten, rasch ins Zentrum der gesellschaftlichen Diskussion und dann auch auf die Agenda der Politik zu befördern: Demokratisierung, Teilhabe, Mitbestimmung, Emanzipation. Damit wird vollends sichtbar: Die Frage nach den Wurzeln der Studentenbewegung und die Frage nach ihren Wirkungen bringen gleichermaßen einen Prozeß elementarer Veränderungen in den Tiefenstrukturen der Gesellschaft in den Blick. Die Unruhen an den Universitäten sind erste Signale dieses Prozesses gewesen – nicht nur in Deutschland. Und in den Impulsen, die von ihnen ausgingen, wirkte eben dieser Prozeß weiter. Freilich, auch das muß noch einmal gesagt werden, ist der deutsche Kontext ein sehr besonderer. Die Vergangenheit ist und bleibt im Spiel. Thomas Ellwein hat es so formuliert: »Sicher ist nur, daß die Studentenunruhen (und, wie er hinzufügt, der Terrorismus) in diesem Land anders gewirkt haben als in den Ländern, in denen nie die eigene Tradition und erst recht nicht die eigene Existenz zum Problem geworden ist.«[78] Die Herkunft aus der Katastrophe hat also sehr intensiv auf den Prozeß des Wandels, in den die westdeutsche Gesellschaft wie andere auch jetzt eintrat, eingewirkt. Das ist an fast allen Konflikten der folgenden beiden Jahrzehnte abzulesen.

Mit dem Regierungswechsel vom Herbst 1969 begann, nicht ganz so abrupt, wie es auf den ersten Blick scheinen mochte, eine neue Phase heftiger politischer Konflikte in der parlamentarischen Arena. Regierung und Opposition, SPD und Union, standen einander in einer Polarität gegenüber, die an das erste Jahrzehnt der Republik erinnert. Wieder war vor allem die Außenpolitik, näherhin die sogenannte Ostpolitik, umkämpft. Die parlamentarische Konstellation – eine knappe, instabile, am Ende schwindende Mehrheit – verlieh den Auseinandersetzungen jedenfalls bis 1972 eine besondere Dramatik. Und die Öffentlichkeit nahm denn auch leidenschaftlich Anteil, leidenschaftlicher selbst als an der Wiederbewaffnungsdebatte der frühen fünfziger Jahre.

Der zweite Hauptkriegsschauplatz war die Bildungspolitik, Landespolitik also, über die nicht in Bonn, sondern in Wiesbaden und Bremen, München und Stuttgart entschieden wurde. Auch dieser Streit bewegte und erregte fast ein Jahrzehnt lang die Öffentlichkeit. Das gilt vor allem für die Schulpolitik. Von ihr ging ein erstaunlich starker Politisierungsimpuls aus. Die Eltern, bis dahin, soviel vom Elternrecht auch die Rede war, für Schulpolitiker eher eine Quantité négligeable, traten plötzlich auf den Plan, um sich zu wehren. Sich zu wehren – mit großem Engagement und nicht ganz ohne Erfolg – gegen eine Bildungspolitik, die mit missionarischem Eifer daranging, aus der Schule vor allem anderen eine Waffe im Kampf gegen gesellschaftliche Ungleichheit zu machen. An dritter Stelle ist die Rechtspolitik zu nennen, auf die sich der Reformeifer wiederum der Bonner sozialliberalen Koalition zu einem beträchtlichen Teil konzentrierte. Auch hier waren viele wichtige Entscheidungen zwischen Regierung und Opposition heftig umstritten, vor allem bei der Reform des Strafrechts und des Familienrechts. Die Stichworte Abtreibung und Scheidung mögen Näheres andeuten.

Die bloße Aufzählung der Konfliktfelder erklärt freilich noch nicht die eigentümliche, außerordentliche Schärfe und Erregtheit, mit der Regierung und Opposition, mit der die beiden großen Parteien, die Konvergenz des zurückliegenden Jahrzehnts gleichsam dementierend, in den Jahren nach 1969 gegeneinander fochten. Fraglos waren da Unsicherheiten im Selbstverständnis der beiden Kontrahenten in ihren neuen Rollen im Spiel: auf der einen Seite der Anspruch, die Bundesrepublik noch einmal und als Demokratie recht eigentlich erst richtig zu gründen – aus dem emphatischen »Wir fangen erst richtig an« der Regierungserklärung Brandts von 1969 klingt das heraus –, auf der anderen Seite die Weigerung, den Verlust der Macht zu akzeptieren. Beides polarisierte.

Vor allem aber signalisierten Erregtheit und Schärfe des Streits, daß plötzlich – in einem durch die Gewitter der späten sechziger Jahre dramatisch veränderten Klima – auch in der parlamentarischen Arena wieder politische Weltanschauungen aufeinanderstießen. Die Parole »Freiheit statt Sozialismus«, mit der die Union (die CSU spitzte noch ein bißchen zu und machte »Freiheit oder Sozialismus« daraus) 1976 in den Wahlkampf zog, spiegelt das, polemisch verzerrt, wider. Natürlich stand die Regierung Schmidt, stand die sozial-liberale Koalition nicht für »Sozialismus« und schon gar nicht gegen »Freiheit«, wohl aber gab es in der SPD nach 1969 einen starken linken Flügel, der in der Tat von einer »anderen Republik« träumte und redete. Karl Schiller, wie kein anderer die Versöhnung der SPD mit dem Markt verkörpernd, hat dies seinen Gegnern in einer Parteitagskontroverse erstaunt und besorgt zugerufen, lange bevor die Union mit ihrer Parole in den Wahlkampf zog.[79] Nicht daß viel von diesen neomarxistisch-emanzipatorischen Phantasien Wirklichkeit geworden wäre oder auch nur eine Chance gehabt hätte, Wirklichkeit zu werden. Aber daran, daß in den politischen Kontroversen der Zeit, ob sie nun zwischen Union und SPD oder innerhalb der SPD ausgetragen wurden, unterschiedliche Gesellschaftsmodelle aufeinanderstießen, kann es keinen Zweifel geben. In dem erbitterten bildungspolitischen Glaubenskrieg der siebziger, zumal der frühen siebziger Jahre hat dieser Zusammenprall am stärksten Funken geschlagen.

Das alles heißt, daß sich die Grenzen zwischen den Zonen des Konsenses und den Zonen des Konflikts – Grenzen, die in gewisser Weise die Befindlichkeit der Demokratie definieren – in dem auf die Studentenrevolte folgenden Jahrfünft drastisch verschoben. Man hat diese Verschiebung oft am Zerfall des »antikommunistischen Konsenses«, der für die frühe Bundesrepublik konstitutiv gewesen sei, festzumachen versucht und sie damit auch zur Entwicklung des Ost-West-Konflikts, zur Entspannungspolitik, die ja in der Bundesrepublik ein ganz eigenes Schwergewicht gewann, in Beziehung gesetzt. Das hat einiges für sich. Der Kalte Krieg war für die frühe Bundesrepublik ein Konsens stiftender, ja Konsens erzwingender Faktor von überragender Bedeutung gewesen. Nur weil sich das Klima der Ost-West-Beziehungen von den späten fünfziger Jahren an langsam aber stetig veränderte, konnte eine vom Marxismus inspirierte politische Linke in Westdeutschland, vor allem aber nicht nur über die SPD, von den ausgehenden sechziger Jahren an die Bedeutung gewinnen, die sie gewann. Und für eben diese Linke gilt in der Tat, daß sie ihr Verhältnis zum »real existierenden Sozialismus«, konkret hieß das insbesondere zur DDR, neu definierte. Nicht daß sie sich dem Kommunismus sowjetischer Prägung plötzlich in lebhafter Sympathie zugewandt hätte. Aber sie begann, den SED-Staat als einen entfernten, wenn auch leider ziemlich mißratenen Verwandten wahrzunehmen, den man gegen »blinden Antikommunismus« in Schutz nehmen müsse, was bedeutete: Im Selbstverständnis der westdeutschen Demokratie war die Verneinung des kommunistischen Gegendeutschlands nicht mehr die Klammer, die sie einmal gewesen war.

Daß die neuen und neuartigen Dissense, mit denen die Republik plötzlich zu tun hatte, politische Konfusionen mit sich brachten, ist nicht verwunderlich. Sie begegnen uns gleichsam gebündelt in einem Dauerstreit, der die siebziger Jahre mindestens atmosphärisch so bestimmt hat wie der Streit um die Notstandsverfassung die sechziger: dem Streit um die Zulassung von »Extremisten« zum öffentlichen Dienst.

Damit ist das Thema »streitbare Demokratie« angeschlagen. Daß die Demokratie sich gegen ihre Feinde wehren können müsse, rechtzeitig und nicht nur mit dem strafrechtlichen Gewaltverbot, war eine der Gründungsüberzeugungen der Republik gewesen. Über die einschlägigen Verfassungsartikel – das Verbot verfassungsfeindlicher Parteien und Vereinigungen (Art. 21 Abs. 2; Art. 9 Abs. 2) und die Grundrechtsverwirkung (Art. 18) – war man sich im Parlamentarischen Rat jedenfalls im Grundsatz einig gewesen. Und von der Möglichkeit, verfassungsfeindliche Parteien zu verbieten, war dann ja auch alsbald Gebrauch gemacht worden. 1952, kaum daß das Verfassungsgericht errichtet war, hatte es die SRP getroffen, in der sich recht ungeniert noch einmal die Unbelehrbaren zusammengefunden hatten. Ein Verbot, das der jungen Demokratie durchaus Unruhe und Belastung erspart haben mag – man kann nicht ausschließen, daß die SRP 1953 den Sprung in den Bundestag geschafft hätte. 1956 war dann die KPD an der Reihe gewesen, die es 1953 freilich nur noch auf 2,2 Prozent der Stimmen gebracht hatte – wobei sich das Verfassungsgericht in seinen Urteilen mit der Symmetrie zwischen Rechtsextremismus und Linksextremismus schwerer getan hat als die Regierung in ihren Anträgen.

Was den öffentlichen Dienst im besonderen angeht, so hatte man in den Anfangsjahren der Republik im allgemeinen Einverständnis in die Beamtengesetze hineingeschrieben, Beamter könne nur werden, wer die Gewähr dafür biete, daß er jederzeit für die »freiheitliche, demokratische Grundordnung im Sinne des Grundgesetzes« eintrete, und hatte mit dieser Maxime zwei Jahrzehnte lang keine Probleme gehabt.[80] Wie konnte ein Rechtssatz, der so lange als bare Selbstverständlichkeit gegolten hatte, zur Quelle eines langen, heftigen, ja erbitterten und schließlich quälenden inneren Streits werden, eines Streites, in den sich einzumischen selbst das benachbarte Ausland Anlaß sah?

Wieviel und welche Art von Loyalität ein demokratisches Gemeinwesen von denen verlangen darf, denen es öffentliche Ämter anvertraut, ist keine belanglose Frage, übrigens auch keine leicht zu beantwortende. Allein deshalb mußte sie freilich nicht gleichsam von einem Tag auf den anderen zu einem das politische Leben der Bundesrepublik für ein volles Jahrzehnt überschattenden Streitthema werden. Das wird nur von dem Epochenwechsel westdeutscher Geschichte her verständlich, den die Unruhen an den Universitäten ausgelöst haben. Von Anfang der siebziger Jahre an stand plötzlich eine Generation von Universitätsabsolventen einlaßbegehrend vor den Pforten des »öffentlichen Dienstes«, die, unmittelbar oder mittelbar von der Seminarrenaissance des Marxismus geprägt, in einem intellektuellen Klima radikalen Zweifels an den Lebensformen, auch und gerade den politischen Institutionen der westlichen Industriegesellschaften im allgemeinen und der Bundesrepublik im besonderen, erwachsen geworden war. Für das Gemeinwesen, in dem sie lebten, empfanden nicht wenige dieser jungen Menschen nicht nur keine Sympathie, sie verachteten es häufig, haßten es vielleicht. Aber diese Einstellung hatte nicht das geringste mit einer Ablehnung der Demokratie oder des Grundgesetzes zu tun, im Gegenteil: Nicht offene und unzweideutige Demokratiegegnerschaft nach Weimarer Muster, wie sie in der Konzeption der streitbaren Demokratie vorausgesetzt war, war das Problem, sondern der Vorbehalt junger Menschen gegen das konkrete Gemeinwesen, dessen Ämter sie doch gleichzeitig für sich in Anspruch nahmen. Wie mit einer solchen Herausforderung umgehen?

Die Frage war nicht so einfach zu beantworten, wie viele Polemiker jener Jahre meinten. Bis zu welchem Punkt ließ sich zwischen der Loyalität gegenüber Demokratie und Verfassung und der Loyalität gegenüber dem Gemeinwesen Bundesrepublik Deutschland eigentlich plausibel unterscheiden? Was waren das für Demokraten, denen sich die Bundesrepublik als faschistisch, präfaschistisch, faschistoid darstellte? Der heftige Dissens darüber, ob man in einem erhaltungswürdigen und entwicklungsfähigen demokratischen Staatswesen lebe oder nicht, war eben nicht nur ein Dissens über die bundesrepublikanische Wirklichkeit, sondern auch einer über das demokratische Ideal. Zumal in der schlichten Gleichsetzung von Demokratie und Sozialismus, auf der das Verdammungsurteil über die Bundesrepublik oft genug beruhte, wird das sichtbar. Die ließ es dann als unzulässig erscheinen, die demokratische Gesinnung und Verfassungstreue selbst von DKP-Mitgliedern in Zweifel zu ziehen. Andererseits durfte aktive Verfassungstreue, wie die Beamtengesetze sie verlangten, selbstverständlich nicht einfach als Staats- oder Regierungs- oder Status-quo-Treue ausgelegt werden. Auch wer sehr kritisch über die bundesrepublikanischen Verhältnisse urteilte, konnte ein überzeugter Anhänger der »freiheitlichen demokratischen Grundordnung im Sinne des Grundgesetzes« sein.

Noch einmal: Vernünftig mit der Herausforderung umzugehen, die die von der Studentenrevolution herkommende akademische Jugend für die Bundesrepublik zweifellos darstellte, war keine einfache Sache. Daß es nicht gelungen ist, hat viele Gründe, aber an erster Stelle doch den, daß das Prinzip der streitbaren Demokratie, mit dem die Bundesrepublik angetreten war und von dem sie sich nicht leicht zu lösen vermochte, durch die gesellschaftliche Konfliktkonstellation, die sich im Gefolge der Unruhe der ausgehenden sechziger Jahre herausbildete, überfordert war.

Im Mittelpunkt des Streits stand über Jahre ein Beschluß, den der Bundeskanzler und die Ministerpräsidenten im Januar 1972 faßten, eine Erklärung eigentlich nur, die dann aber im polemisch akzentuierenden Widerspruch zum »Radikalenerlaß« wurde. Diese Erklärung verwies im wesentlichen einfach darauf, daß nach geltendem Recht die aktive Verfassungstreue Einstellungsvoraussetzung für den öffentlichen Dienst sei, fügte dann freilich hinzu, Mitgliedschaft in einer verfassungsfeindlichen Organisation begründe in der Regel Zweifel an der Verfassungstreue eines Bewerbers, rechtfertige mithin die Ablehnung.

Dieser Zusatz war es hauptsächlich, der Anlaß zum Streit werden sollte. Er zielte im besonderen auf die DKP, die trotz einiger Kosmetik leicht als Nachfolgepartei der KPD zu erkennen war. Für die DKP vor allem stellte sich, da man nun einmal beschlossen hatte, sie zu tolerieren, den zuständigen Instanzen die Frage, ob ihre Mitglieder Zugang zum öffentlichen Dienst haben sollten. Man hätte sich dazu nicht ausdrücklich und nachdrücklich äußern müssen, aber der sozialdemokratischen Führung lag an einem sichtbaren Zeichen der Abgrenzung vom Kommunismus. Gerade weil sie außenpolitisch den Ausgleich mit der Sowjetunion und mit der DDR suchte, glaubte sie sich des Verdachtes der Kumpanei mit dem Kommunismus erwehren zu müssen. Schon im November 1970 hatte sie Aktionsgemeinschaften zwischen Sozialdemokraten und Kommunisten grundsätzlich untersagt – das traf vor allem den Sozialdemokratischen Hochschulbund (SHB) und bestätigte diesen Kurs mit dem Beschluß vom 28. Januar 1972.

Die unmittelbaren Reaktionen waren nicht besonders heftig. Aber in dem Maße, in dem die Folgen des Beschlusses spürbar wurden, setzte dann doch eine – zum guten Teil von der DKP – vielstimmig instrumentierte Gegenkampagne ein, die alsbald auch das Schlagwort fand, das solche Kampagnen brauchen: »Berufsverbote«. Der Kampf gegen die »Berufsverbote« sorgte rasch und zunehmend für Unruhe in der Republik. Und er wurde nicht nur in Deutschland selbst geführt, auch das Ausland erhob seine Stimme, besonders Frankreich. François Mitterrand, Vorsitzender der Sozialistischen Partei Frankreichs, gründete ein »Komitee zur Verteidigung der bürgerlichen und beruflichen Rechte in Westdeutschland«. Jean-Paul Sartre und Simone de Beauvoir traten in die Schranken. Alfred Grosser, ein kritischer Freund der westdeutschen Demokratie, sah Anlaß, sie vom Podium der Paulskirche herab zu tadeln. Die Russell-Stiftung veranstaltete ein Tribunal, das – nicht überraschend – mit einer Verurteilung der Bundesrepublik endete. Die Europäische Menschenrechtskommission, der Europäische Gerichtshof für Menschenrechte und die Internationale Arbeitsorganisation der UNO wurden ins Spiel gebracht.

Der politische Konsens, der den Beschluß von 1972 möglich gemacht hatte, blieb denn auch nicht lange erhalten. Die Kritik, die es in der SPD und in der F.D.P. von Anfang an gegeben hatte, wurde schnell lauter. Auch die Gewerkschaften schwenkten um. 1974 begann die sozial-liberale Koalition sich um gesetzliche Abhilfe – genauer gesetzliche Einschränkung der Prüfungspraxis – zu bemühen, ein Bemühen, das bis zur Wende von 1982 fortgeführt wurde, aber erfolglos blieb, weil die Union mit ihrer Bundesratsmehrheit nicht mitspielte. 1976 kündigte die Koalition, eben weil sie auf dem Gesetzgebungswege steckenblieb, den Beschluß von 1972 einseitig auf. Spätestens von diesem Zeitpunkt an gingen die sozialdemokratisch geführten Regierungen auf der einen Seite und die unionsgeführten Regierungen auf der anderen ihre eigenen Wege, was nicht heißt, daß die Prüfungspraxis nicht auch innerhalb der beiden Lager beträchtlich variiert hätte.

Übrigens hat in diesem Fall auch die Hoffnung getrogen, das Verfassungsgericht könne durch einen klaren Spruch den leidigen Streit aus der Welt schaffen. Zwar hat die DKP – ihrer Strategie der Risikovermeidung gemäß – versucht, das Verfassungsgericht aus dem Spiel zu halten, doch ist dies nicht gelungen, denn 1975 erhielt das Gericht Gelegenheit, sich zu äußern.[81] Aber die Antwort auf die Frage, was mit dem Grundgesetz vereinbar sei – die den Beamten in den einschlägigen Gesetzen auferlegte Pflicht zur aktiven Verfassungstreue war es nach Ansicht des Gerichtes –, war eben doch keine Antwort auf die eigentlich strittige Frage, welche Praxis denn sinnvoll, das heißt der Demokratie bekömmlich, sei. So blieb der Streit, die politische Atmosphäre vergiftend, auch über das Verfassungsgerichtsurteil von 1975 hinaus virulent, alles in allem fast ein Jahrzehnt lang.

Es gibt Konflikte, die enden, weil sie entschieden werden, so der Streit um die Wiederbewaffnung und der um die Notstandsverfassung. Und es gibt Konflikte, die einschlafen. Der Streit um die »Berufsverbote«, so heftig und lange er getobt hat, gehört in diese Kategorie. Aber das ändert nichts daran, daß man im Rückblick fragen muß: War der Beschluß von 1972 ein Fehler? Hat er der westdeutschen Demokratie geschadet? Die Zahlen[82] sagen einerseits: Die Einstellungspraxis war nicht sonderlich illiberal. Nur etwa einer unter tausend Bewerbern wurde mit dem Argument mangelnder Verfassungstreue abgelehnt. Die Zahlen sagen aber auch: Solange man sich an den Beschluß von 1972 hielt, wurden Hun-

Die »Berufsverbote« – das Protestthema der siebziger Jahre –, dahinter steckte eine sehr deutsche Problemkonfiguration: das Grundgesetz mit seiner Entscheidung für die streitbare Demokratie; das weit ausgreifende deutsche Beamtenrecht; der deutsche Legalismus mit seinem Verfahrensrigorismus; die Schwäche der pragmatischen Vernunft in Deutschland; aber auch, auf der anderen Seite, der fehlende Sinn dafür, daß ein Gemeinwesen ein Recht auf die Loyalität derer hat, denen es ein Amt anvertraut. Diese Demonstration gegen die Berufsverbote und für die Verteidigung der Menschenrechte fand am 11. Februar 1978 in Dortmund statt.

derttausende – dem Grundsatz nach jeder Bewerber – in dem Sinn »überprüft«, daß Auskunft beim Verfassungsschutz eingeholt wurde. Zur Klärung der Fälle, in denen belastendes Material vorlag, mag es ein paar tausend »Anhörungen« gegeben haben. Was man über die Praxis, die sich in diesen Zahlen spiegelt, wußte, hörte, selten selbst erlebte, gab vielen jungen Menschen das Gefühl, in einem »Überwachungsstaat« zu leben, in dem die freie Meinungsäußerung riskant war und Konformismus prämiert wurde;[83] in einem Staat, der »mit dem Gedächtnis eines gekränkten Zwerges« »die ihm verhaßte Mentalität einer ganzen Generation« verfolgte – so nahm es in jenen Jahren Sten Nadolnys Romanheld Alexander wahr.[84] Zumal was über die immer peinlichen Anhörungen, die problematischen Versuche politischer Gewissenserforschung berichtet wurde, mußte so wirken. Es ist keine Frage: Das in der »Regelanfrage« institutionalisierte Routinemißtrauen hat jene heftigen Antipathien gegen den Staat, die es voraussetzte und durch die es sich bestätigt sah, selbst mit erzeugt. Daß eben damals das Gespenst akademischer Arbeitslosigkeit auftauchte, insbesondere der Bedarf an Lehrern drastisch zu sinken begann, machte die Lage im übrigen nicht einfacher.

War, was man durch die Praxis des »Routinemißtrauens« gewann, den Preis wert, den man dafür zahlte? Schwerlich. Warum fiel es insbesondere der Union so schwer, das zu erkennen und Konsequenzen daraus zu ziehen? Nicht einmal darauf wollte sie sich einlassen, daß es sinnvoll sei, zwischen Richtern und Briefträgern, zwischen Polizisten und Lokführern zu unterscheiden. Ein Stück weit war sicher Parteitaktik im Spiel. Standfestigkeit gegen den Extremismus von links, das schien ein Thema zu sein, mit dem man die Sozialdemokratie der siebziger Jahre in Bedrängnis bringen konnte und wohl auch gebracht hat. Wichtiger aber war etwas anderes: Wenn es ein Elementarbedürfnis der westdeutschen Demokratie im langen Schatten der Herkunftskatastrophe gegeben hat, dann war es – daran muß immer wieder erinnert werden – in vielen Erscheinungsformen das Bedürfnis nach Sicherheit. Es begegnet uns auch hier. Hatten die linken Schwarmgeister den »Marsch durch die Institutionen« nicht ausdrücklich angekündigt? War an Schulen und Hochschulen nicht schon zu beobachten, wohin dieser Marsch führte? Hat man nicht das Recht, gar die Pflicht, sich dagegen zu wehren? Fragen, bei denen man nicht vergessen darf, daß in den Jahren, um die es hier geht, der Terrorismus die Bundesrepublik heimsuchte. Auf sehr konkrete Weise hatten die Ängste auch etwas mit der Teilung des Landes zu tun. Die DKP war ja nicht einfach nur eine kleine kommunistische Partei. Sie war eine Truppe im Dienste des kommunistischen Nachbardeutschlands, das unstreitig ständig auf Subversion sann. Durfte man ihr die Tore des öffentlichen Dienstes öffnen? Und schließlich: Im strengen, förmlichen Insistieren auf der aktiven Verfassungstreue des öffentlichen Dienstes begegnet uns auch eine für die Bundesrepublik charakteristische Tendenz zur Hypostasierung des Verfassungskonsenses – praktizierter Verfassungspatriotismus, wenn man so will. Diese Tendenz hat viel mit der Schwäche des Selbstvertrauens der westdeutschen Demokratie zu tun.

Auf der Gegenseite, bei den Kritikern, waren Übertreibungen, ja Maßlosigkeiten gang und gäbe, die ihrerseits das Nachdenken über eine problematische Praxis nicht gefördert haben. Wie so oft in der Geschichte der Bundesrepublik ersetzte die Beschwörung der Vergangenheit das Argument. Alfred Andersch etwa witterte in einer monströsen poetischen Auseinandersetzung mit den »Berufsverboten« schon wieder den Geruch der Verbrennungsöfen in Deutschland.[85] Was die Mahner im Ausland angeht, so hielten sie es selten der Mühe wert, sich mit den Verhältnissen in der Bundesrepublik wirklich vertraut zu machen. Es hat sie, beispielsweise, nie interessiert, daß es einen engen Zusammenhang zwischen der Pedanterie der Prüfungspraxis und der für die Bundesrepublik charakteristischen strengen Ausprägung der Rechtsstaatlichkeit gab. Der lautstarken Empörung der Kommunisten schließlich fehlte jede Redlichkeit. Das alles hat den Dialog zwischen den Streitenden nicht erleichtert. Gleichwohl hatte Willy Brandt sicher recht, als er 1976 selbstkritisch äußerte: »Tatsächlich ist es so, daß der Versuch, der mit dem sogenannten Extremistenbeschluß Anfang 1972 gemacht wurde, eindeutig als gescheitert zu betrachten ist. Das habe ich einzugestehen: Ich habe mich damals geirrt.«[86]

Der Terrorismus hat eine lange blutige Spur durch die Geschichte der Bundesrepublik gezogen. Läßt sich hinter dieser Spur ein politischer Konflikt entdecken, der die Gewalt ausgebrütet hat? Für den nordirischen, den baskischen, den palästinensischen Terrorismus liegen solche Zusammenhänge auf der Hand. Im deutschen Fall gibt es sie nicht. Der deutsche Terrorismus war – politisch, nicht psychiatrisch gesprochen – eine Ausgeburt von Wahnvorstellungen, in einem sehr wörtlichen Sinn praktizierter politischer Wahnsinn, ein pathologisches Phänomen. Nicht eigentlich die Kette von Morden und anderen Gewalttaten ist es denn auch, mit der der Terrorismus sich in die Konfliktgeschichte der westdeutschen Demokratie eingeschrieben hat. Es sind die heftigen Auseinandersetzungen, die er ausgelöst hat, Auseinandersetzungen darüber, wie er zu erklären sei, wie zu bekämpfen, was er über den Zustand der Republik aussage.

Seine Wurzeln hatte der Terrorismus eindeutig in der Studentenbewegung der späten sechziger Jahre. Die meisten Terroristen jedenfalls der ersten Generation entstammten ihr. Der Marxismus, die Weltanschauung der Studentenbewegung, lieferte dem Terrorismus

Als der palästinensische Terrorismus 1972 in München in den Frieden der Olympischen Spiele einbrach und die israelischen Sportler erst zu Geiseln nahm, dann ermordete, waren die Fäden zwischen der RAF und den Palästinensern bereits geknüpft. Das Bild zeigt Verhandlungen mit den Geiselnehmern im Olympischen Dorf. In der Gruppe unter dem Fenster Innenminister Hans-Dietrich Genscher.

die Chiffren des Selbstverständnisses und der Selbstrechtfertigung, die er brauchte. Auch die definitive Überquerung der Gewaltgrenze hat sich in jener Atmosphäre diffuser Gewaltneigung und unregelmäßig aufflammender Gewalttätigkeit – durchaus nicht nur »gegen Sachen« – vorbereitet, in der ein beträchtlicher Teil der Studentenbewegung lebte. Was nicht heißt, daß es viele waren, die den Weg aus der studentischen Protestbewegung in den Terrorismus gingen. Es waren wenige, ein paar Dutzend, und jede Überquerung der Grenze hat letzten Endes individuell-biographische Gründe. Aber die wenigen konnten auf Hunderte von Helfern zählen, dazu auf die Sympathien von Tausenden, zumindest in den ersten Jahren. Und auch in diesen Zahlen ist das Herkunftsmilieu gegenwärtig.

Am Anfang steht ein Akt demonstrativer nächtlicher Brandstiftung in zwei Kaufhäusern auf der Frankfurter Zeil. Im Prozeß erklärten die vier rasch gefaßten Täter, sie hätten gegen »die Gleichgültigkeit der Gesellschaft gegenüber den Morden in Vietnam« protestieren wollen.[87] Das schien sich durchaus noch in das Spektrum der für die Studentenbewegung charakteristischen akzidentiellen Gewaltkriminalität einzufügen. In Wahrheit begann sich hier schon, im Frühjahr 1968, eine zum »bewaffneten Kampf« entschlossene Gruppe aus der Studentenbewegung herauszukristallisieren. Zwei der Frankfurter Brandstifter, Andreas Baader und Gudrun Ensslin, wurden zu Hauptfiguren der Kerntruppe des Terrorismus der siebziger Jahre, die sich den Namen Rote Armee Fraktion gab. Die RAF überschritt den Rubikon im Mai 1970.

In einem blutigen Gewaltstreich wird Andreas Baader aus der Haft befreit. Fäden zum palästinensischen Terrorismus werden geknüpft, der zwei Jahre später, bei den Münchner Olympischen Spielen, seinen düsteren Auftritt auf der deutschen Bühne haben sollte. Und dann beginnt eine Phase der Einbrüche und Überfälle – man braucht Waffen, Geld, Ausweise, um handlungsfähig zu werden –, eine Phase zugleich des Gejagt-Werdens und des entschlossenen Mordens. Bei jeder Begegnung mit Polizisten machen die Terroristen rücksichtslos von der Schußwaffe Gebrauch. Den Vietnamkrieg führen sie auf ihre Weise, mit Bomben gegen amerikanische Soldaten. »Vietnam ist überall – wir sind der Vietcong«, diese Formel, die ein Beteiligter für die Frühzeit der Berliner Studentenbewegung prägte,[88] charakterisiert auch das Selbstverständnis des beginnenden Terrorismus sehr genau. Acht Morde sind die Bilanz dieser ersten Jahre. Im Juni 1972 gelingt es endlich, die Führungsgruppe der RAF hinter Schloß und Riegel zu bringen. Aber das ist noch lange nicht das Ende der Geschichte. Unterstützt von ihren Anwälten, dirigieren Baader, Ensslin, Meinhof auch noch aus dem Gefängnis heraus ihre Gefolgschaft, mehr noch: Sie mobilisieren Sympathien im In- und Ausland für sich. Hungerstreiks spielen eine wichtige Rolle in ihrer Strategie. Die RAF bleibt ein Thema in Deutschland und nicht nur in Deutschland.

Nach kurzer Atempause tritt eine zweite Generation von Terroristen auf den Plan. Von nun an geht es vor allem darum, die »Gefangenen des bewaffneten Kampfes« freizupressen. Im November 1974 wird in Berlin der Kammergerichtspräsident Günter von Drenkmann ermordet, im Februar 1975 der Berliner CDU-Vorsitzende und Spitzenkandidat für das Amt des Regierenden Bürgermeisters Peter Lorenz entführt, gut einen Monat später die deutsche Botschaft in Stockholm überfallen. 1977 erreicht die Geschichte des Terrors in der Bundesrepublik ihren schrecklichen Höhepunkt. Für einen langen Augenblick erscheint es dem geängstigten Land, als könnten die Terroristen zuschlagen, wann und wo und wie sie wollten. Am 7. April wird Generalbundesanwalt Siegfried Buback mit zwei Begleitern auf offener Straße erschossen. Am 30. Juli wird Jürgen Ponto, Vorstandssprecher der Dresdner Bank, in seinem Haus ermordet. Am 5. September wird Hanns-Martin Schleyer, Präsident des Bundesverbandes der deutschen Arbeitgeberverbände und der Bundesvereinigung der Deutschen Industrie, von einem Terroristenkommando entführt. Von seinen vier Begleitern überlebt keiner den Überfall. Die Entführer fordern die Freilassung von elf RAF-Häftlingen im Austausch gegen Schleyer. Ein Drama beginnt, das die Republik sieben Wochen lang in Atem hält.

In einem verzweifelten Wettlauf mit der Zeit, einem quälenden taktischen Spiel gegen die Ultimaten der Terroristen sucht man nach dem Entführten, ohne ihn zu finden. Dabei hat für die Verantwortlichen wohl von Anfang an festgestanden, daß der Staat der Erpressung nicht nachgeben dürfe und nicht nachgeben werde.[89] Nach vierzig Tagen ist das Spiel um Zeit ausgespielt. Keine Hoffnungsfrist bleibt mehr. Es muß über Leben und Tod entschieden werden, denn palästinensische Verbündete der Entführer haben eine Lufthansa-Maschine mit fast hundert Geiseln in ihre Gewalt gebracht und drohen mit dem Äußersten. In Bonn entschließt man sich, den Versuch der Befreiung der »Landshut«-Geiseln zu wagen, wohl wissend, was das für den Entführten bedeutet. Eine Spezialtruppe des Bundesgrenzschutzes, die GSG 9, macht sich auf den Weg ins ferne Mogadischu, am Horn von Afrika. Und die Befreiung gelingt, mit einer Präzision, die die Welt in Erstaunen versetzt. Den Preis freilich zahlt Hanns-Martin Schleyer. Am nächsten Tag wird er in Mühlhausen im Elsaß tot aufgefunden. Aber auch die Terroristen zahlen, auf ihre Weise, ihren Preis. Im Gefängnis von Stuttgart-Stammheim nehmen sich, so wie es ein knappes Jahr zuvor schon Ulrike Meinhof getan hatte, Andreas Baader, Gudrun Ensslin und Jan Carl Raspe das Leben, als die Nachricht aus Mogadischu zu ihnen gelangt.

Die Ereignisse des Jahres 1977 sind der Kulminationspunkt in der Geschichte des westdeutschen Terrorismus gewesen. Er hat fortgelebt. In den achtziger Jahren meldete er sich, aufs neue erstaunlich handlungsfähig, mit einer dritten Mordserie zurück. Aber er hat das Gemeinwesen nie wieder so erschüttern können wie in den Jahren 1970 bis 1977. Und er hat jene Art von Sympathie wenn nicht für seine Taten, so doch für seine Motive nicht mehr wecken können, die der ersten Generation in den frühen siebziger Jahren noch zuteil wurde.

Was läßt sich an dieser Geschichte erklären, was verstehen? Man hat von Amts wegen viel Forscherfleiß mobilisiert und weiß, was die Kernfragen angeht, am Ende doch nicht viel mehr, als man am Anfang wußte.[90] Vom Herkunftsmilieu des westdeutschen Terrorismus war die Rede, davon, daß der Marxismus ihm die Koordinaten seines Weltbildes lieferte, auch. Vietnam als starker Impuls des Beginns ist genannt worden. Das Stichwort verweist auf die Dritte Welt. Solange der Terrorismus noch fähig und willens war, sich zu artikulieren, hat die Anklage gegen den »Imperialismus«, der die Dritte Welt knechte und ausbeute, in seinen Verlautbarungen in der Tat eine große Rolle gespielt. In dieser Anklage figurierten

Gespräch mit dem Schriftsteller Jurek Becker (Feuilleton)

Frankfurter Rundschau

Unabhängige Tageszeitung

D 2987 AX

Dienstag, 6. September 1977 · Jahrgang 33 Nr. 206 — Stadt-Ausgabe — Ausgabe 2 · Preis: DM 0.70

Vier Tote bei Entführung Schleyers

Arbeitgeber-Chef in Köln von Terroristen verschleppt

FRANKFURT A. M., 5. September (FR). Ein blutiger Anschlag auf den Präsidenten des Bundesverbandes der Deutschen Industrie und des Bundesverbandes der Deutschen Arbeitgeberverbände, Hanns-Martin Schleyer, forderte am Montag in Köln vier Tote.

Schleyer wurde vermutlich von fünf Terroristen entführt. Bis Redaktionsschluß fehlte von ihm jede Spur.

Ein Mitglied der Schleyer-Familie bestätigte am späten Abend die Entführungsversion. Es berief sich dabei auf eine offizielle Mitteilung der Ermittlungsbehörden.

Der von den Entführern benutzte VW-Bus wurde am Abend in einer Kölner Garage verlassen aufgefunden.

Bundeskanzler Helmut Schmidt erklärte am Abend über beide Fernsehprogramme zu dem Attentat auf Schleyer: „Der Staat muß mit notwendiger Härte antworten."

POLIZEIBEAMTE bei der Spurensicherung vor den zerschossenen Wagen der Fahrzeugkolonne Hanns-Martin Schleyers und seiner Begleiter. (Bild: dpa)

RAF schickte einen Brief mit Schlüssel

FRANKFURT A. M., 5. September (dpa). In einem Brief, der am Montagabend dpa in Frankfurt mit Absender „Rote Armee Fraktion" zugestellt wurde, ist die Existenz einer Organisation „Roter Morgen" abgestritten worden. Eine solche Organisation hatte nach dem Anschlag auf den Vorstandssprecher der Dresdner Bank, Jürgen Ponto, und nach der Ermordung des Generalbundesanwaltes Buback die „Verantwortung" übernommen. Es handele sich um eine Erfindung des Staatsschutzes, mit der authentische Erklärungen der Kommandos der RAF neutralisiert werden sollten, heißt es in dem Brief.

Das Schreiben ließ keinen Zusammenhang mit dem Schleyer-Anschlag erkennen. Ihm lag ein Schlüssel zu einer nicht genau bezeichneten „Wohnung in der Blumenstraße" bei.

In dem Schreiben kündigt die RAF im Zusammenhang mit dem Hungerstreik der Baader-Meinhof-Häftlinge im In- und Ausland Aktionen für den Fall an, daß einer der Gefangenen „ermordet werden" sollte. Außerdem wird darauf hingewiesen, daß die RAF mit der „Maschine" — offenbar die Stalinorgel von Karlsruhe — kein Blutbad beabsichtigt habe, sondern die Bundesanwaltschaft bei ihren Planungen gegen die Gefangenen und ihre Sympathisanten habe behindern wollen.

Um 17.30 Uhr fielen Schüsse

Ein Kinderwagen soll das Fahrzeug Schleyers gestoppt haben

KÖLN, 5. September (dpa/AP/Reuter/FR). Auf das Fahrzeug von Hanns-Martin Schleyer und ein oder zwei Begleitfahrzeuge wurde am Montag gegen 17.30 Uhr auf einer Kreuzung im Kölner Stadtteil Braunsfeld aus einem VW-Bus, einem Wagen verglasten Kombi- [illegible]

[illegible] nach dem sofort eine Großfahndung ausgelöst wurde, gab die Polizei mit K — C 3849 an. Der Kombi fuhr nach Polizeiangaben über die Autobahn Richtung Koblenz davon. Die Polizei habe ihn verfolgt, ihn jedoch schließlich aus den Augen verloren. [illegible]

(Fortsetzung Seite 2, Spalten 2 bis 5)

Koalition bemüht sich um Einigkeit

Das Steuerprogramm bereitet immer noch Schwierigkeiten

Von unserem Korrespondenten Rolf Dietrich Schwartz

[illegible]

(Fortsetzung Seite 2, Spalten 2 bis 5)

Kohl bummelt in Ost-Berlin

[illegible]

Kanzler: Mit Härte antworten

Bevölkerung zur Unterstützung der Ermittlungen aufgerufen

[illegible]

(Fortsetzung Seite 2, Spalten 2 bis 5)

Interview mit Jurek Becker

[illegible]

(Wortlaut des Interviews auf Seite 7)

Tito bei Chinas Elitetruppe

[illegible]

FDP: Todenhöfer untragbar

„Entwicklungspolitischer Sprecher der Union lügt"

[illegible]

(Fortsetzung auf Seite 2, Spalte 6)

Gefangenenbeirat spricht von Bevorzugung der RAF-Häftlinge

„Darstellungen der Haftbedingungen absolut unangemessen, wenn nicht gar böswillig" / Andere Gefangene beschweren sich

[illegible]

Auf einen Blick:

SPD verhindert Juso-Kongreß

[illegible]

Geiselnehmer vor Gericht

[illegible] (Siehe auch Seite 3)

Abendprogramm früher

[illegible]

„Fahrlässige Tötung"

[illegible] (Siehe Seite 26: „Aus aller Welt")

Freundliche Aktienbörse

[illegible] (Siehe auch Börse Seite 13)

Wolkig mit Aufheiterungen

[illegible]

Fernsehen und Funk Seite 13

D 2987 AX

Daß bei der Entführung Hanns-Martin Schleyers alle vier Begleiter – Fahrer und Polizisten – ermordet wurden, zeigt, mit welcher kriminellen Energie die Terroristen zu Werke gingen. Der Staat auf der anderen Seite scheiterte nicht nur mit dem Versuch, Schleyer zu retten – die Öffentlichkeit erfuhr bald von den schwerwiegenden Fahndungspannen –, sondern auch an der Aufgabe, die Mörder dingfest zu machen. Dergleichen Niederlagen hätten auf die Dauer zu einer gefährlichen Vertrauenskrise führen können. Der Erfolg von Mogadischu hat in dieser Situation außer seinen unmittelbaren Effekten eine entscheidende stabilisierende Wirkung gehabt.

 die USA als die Inkarnation des Bösen – sie sollten in der Bundesrepublik getroffen werden, wie immer und wo immer es möglich war.

Aber wie kommt die Bundesrepublik selbst ins Spiel? Gewiß: Sie war der »Hauptverbündete« der »Vormacht des Imperialismus«, aber das war nicht alles. Dem mörderischen Fanatismus, mit dem die Terroristen sich selbst zum »bewaffneten Kampf« ermächtigten, hat ja ganz entscheidend auch die Faschismus-Chimäre zur Legitimation gedient. Und mit dieser Chimäre hatte es in der Bundesrepublik naturgemäß seine eigene Bewandtnis. In einem Lande, in dem der Faschismus tatsächlich einmal geherrscht hatte, konnte es entsprechend disponierten Gemütern scheinen, als habe die Geschichte dem antikapitalistischen Kampf ein für allemal eine Legitimität und Dringlichkeit zugeschrieben, die auch die äußersten Mittel rechtfertigte, eben die Legitimität und Dringlichkeit des antifaschistischen Kampfes. Ein Stück Erklärung des unerklärlichen westdeutschen Terrorismus wäre also: Auch im Terrorismus wird die Bundesrepublik von der deutschen Vergangenheit eingeholt.[91]

Mit alledem ist freilich nichts darüber ausgesagt, wie es zu dem vollständigen Wirklichkeitsverlust kommen konnte, der in der ganzen absurden Formelwelt der Selbstdeutung und Selbstrechtfertigung des Terrorismus sichtbar wird. Und auch nichts darüber, wie ursprünglich moralische Impulse, die man etwa bei Ulrike Meinhof oder Gudrun Ensslin doch wohl annehmen muß, so vollständig in Unmenschlichkeit umschlagen können. Unmenschlichkeit übrigens nicht nur der Taten, sondern auch der Worte, die diese Taten begleiteten.[92] Aber das ist nicht mehr das Feld des Historikers.

Anders, als man erwarten sollte, hat die Herausforderung des Terrorismus in den siebziger Jahren keineswegs Konsens stiftend gewirkt. Wenn man von den Alptraumwochen des Spätsommers und Herbstes 1977 absieht, in denen plötzlich nur noch die Selbstbehauptung des Gemeinwesens gegen Mörderkommandos zu zählen schien, war der Terrorismus in jenen Jahren eine Quelle ständiger heftiger Auseinandersetzungen zwischen der sozial-liberalen Koalition und der Union. Die Opposition klagte die Regierung an, sie führe den Kampf gegen den Terrorismus nur zögernd und unentschlossen, sei vielleicht gar durch Empfindungen verwandtschaftlicher Nähe im Ideologischen gehemmt. Die Koalition bezichtigte die Opposition hysterischer Überreaktionen, deutete wohl auch an, offenbar wollten da einige die günstige Gelegenheit ergreifen, die Bundesrepublik ein Stück weit in einen Polizeistaat zu verwandeln. Und auf dem linken Flügel der Koalition konnte man hören, die eigentliche Gefahr für Demokratie und Rechtsstaat sei nicht der Terrorismus an sich, sondern die Chance, die der Terrorismus der Reaktion eröffne. Eine Sternstunde für die demokratische Streitkultur in der Bundesrepublik war das nicht.

Die höchsten Wellen schlug in kritischen Augenblicken der Streit um die »Sympathisanten« und mit den »Sympathisanten«. Bei aller Fragwürdigkeit des Begriffs, der die Unterscheidung zwischen Sympathien für die Täter und ihre Motive und Sympathien für die Taten verwischt – er benannte ein Problem, das benannt werden mußte. Es gab ja nicht nur die anfänglich erstaunlich zahlreichen Helfer. Es gab über den Helferkreis hinaus in beträchtlicher Fülle und in zahlreichen Variationen Bekundungen des Verständnisses für die

Terroristen, des Mitgefühls mit den Terroristen, der Übereinstimmung mit ihnen im Urteil über den Staat, dem sie den Krieg erklärt hatten. Heinrich Bölls »Spiegel«-Plädoyer »Freies Geleit für Ulrike Meinhof«, ein von der »Bild«-Zeitung provozierter Ausbruch wütenden Zornes, der es mit dem Sich-Einfühlen in die Terroristen gefährlich weit trieb, ist ein Beispiel,[93] die kalte Zweckmäßigkeitsrechnung, mit der Herbert Marcuse »die physische Liquidierung einzelner Personen, selbst der prominentesten«, als dem revolutionären Ziel nicht dienlich verwarf, ein anderes.[94]

Besonders in den Reaktionen auf den Mord an Generalbundesanwalt Buback trat ein erschreckender Verfall des Rechtsbewußtseins, eine moralische Verwahrlosung eines nicht unbeträchtlichen Teils der links gestimmten studierenden Jugend zutage – und nicht nur

Der Besuch Sartres im Gefängnis von Stammheim im Jahre 1974 (vor der Eskalation des Jahres 1977 also) war ein bedeutender Propagandaerfolg der RAF-Häftlinge, die die Welt glauben machen wollten, sie würden unter unmenschlichen Haftbedingungen gefangengehalten. Dabei genossen sie, wenn auch unter Hochsicherheitsvorkehrungen, durchaus gewisse Privilegien. Daß ihre Anwälte ihnen Pistolen in die Zellen schmuggeln konnten – jene Pistolen, mit denen Baader und Raspe sich dann das Leben nahmen –, zeigt im übrigen, daß selbst die Hochsicherheitsvorkehrungen in gewissem Sinne unzulänglich waren.

der Jugend. Dutzende von Hochschullehrern glaubten für die unsäglichen Auslassungen eines anonymen Göttinger Studenten, der seiner »klammheimlichen Freude« über die Ermordung des Generalbundesanwaltes Ausdruck verliehen hatte, in die Schranken treten zu müssen.[95] Alle diese Äußerungen – und ungezählte ähnliche – hatten miteinander gemein, daß sie dem Terrorismus, wie immer man es drehte und wendete, eben doch ein Gefühl seiner eigenen Legitimität vermittelten: Er fand sein Feindbild in ihnen auf das deutlichste bestätigt. Daß die Bundesrepublik ein Gemeinwesen war, das bei allen Unvollkommenheiten nicht einmal den blassen Schein einer Rechtfertigung für eine Mordstrategie des »Widerstandes« lieferte, konnte man aus ihnen jedenfalls nicht herauslesen, das Gegenteil weit eher.

Hat die Republik sich in der Auseinandersetzung mit dem Terrorismus selbst beschädigt? Oder hat sie sich in dieser Auseinandersetzung gefestigt? Jedenfalls hat sich die Sorge, im Kampf gegen den Terrorismus könne der Rechtsstaat unter die Räder kommen, als unbegründet erwiesen. Auch noch für die entschiedensten und umstrittensten Reaktionen, das Gesetz über Kontaktsperren etwa, beschlossen im dramatischen September 1977 und bestimmt, das konspirative Zusammenspiel zwischen RAF-Häftlingen, RAF-Anwälten und aktiven RAF-Terroristen in Momenten äußerster Gefahr zuverlässig zu unterbrechen, gilt, daß der Staat wirksamen Rechtsbindungen unterworfen, daß den Gefangenen berechenbarer Rechtsschutz erhalten blieb. Aber daß der Verdacht, die Bundesrepublik sei im Begriff, sich in einen Polizeistaat zu verwandeln – von interessierter Seite nach Kräften genährt –, den Kampf gegen den Terrorismus so hartnäckig begleitet hat, zeigt, wie sehr die westdeutsche Demokratie auch noch im dritten Jahrzehnt ihrer Existenz als eine Demokratie auf Bewährung wahrgenommen wurde.

Zumal die kritische Aufmerksamkeit, mit der das Ausland die Ereignisse verfolgte, ließ die Deutschen das in aller Deutlichkeit spüren. Es war erstaunlich, wie leicht sich Ressentiments, Vorbehalte, Ängste da und dort – bei der französischen Linken im besonderen – mobilisieren ließen: War am Ende an der Faschismusanklage, die die RAF erhob, nicht doch etwas daran? Was hatte es mit der »Isolationsfolter« auf sich, über die die RAF-Häftlinge wirkungsvoll Klage führten? Der französische Philosoph Jean-Paul Sartre reiste eigens spektakulär nach Stammheim, um die Verhältnisse in Augenschein zu nehmen. Waren die Stammheimer Selbstmorde nicht vielleicht doch verschleierte Morde? Groß, das deuten die Fragen an, die man jenseits der Grenzen stellte, war das Vertrauenskapital, von dem die Bundesrepublik in kritischen Augenblicken zehren konnte, noch immer nicht.

Es bleibt die Frage, ob der Terrorismus zu irgendeinem Zeitpunkt eine existentielle Gefahr für die westdeutsche Demokratie war. Er war es sicher nicht. Trotz aller Sympathien in bestimmten Milieus: Der Terrorismus hatte nie die Chance, von der er selber träumte, die Chance, als ein Fanal zu wirken. Das heißt nicht, daß er in der Geschichte der Bundesrepublik nicht viel tiefere Spuren hätte hinterlassen können, als er es getan hat. Die Befreiungsaktion in Mogadischu hätte mißlingen können. Helmut Schmidt, so hatte er es für sich entschieden, wäre dann zurückgetreten. Man kann sich dramatische Folgen einer solchen Wendung ausmalen. Die Rücktrittsgedanken des Bundeskanzlers deuten im übrigen an, daß der Terrorismus auf seinem Höhepunkt den Regierenden äußerste Entscheidungen abverlangt hat, in denen Verantwortlich-Handeln notwendig auch Schuldig-Werden bedeutete. Helmut Schmidt hat das, als er vor dem Parlament Rechenschaft ablegte, selbst ausgesprochen. Und Walter Scheel hat es sichtbar gemacht, als er auf dem Staatsakt für den ermordeten Hanns-Martin Schleyer, zu den Angehörigen gewandt, sagte: »Im Namen aller deutschen Bürger bitte ich Sie um Vergebung.«[96] Wenn es auch keinen Ausweg aus dem Entscheidungsdilemma gab, mit dem die terroristische Erpressung die Verantwortlichen, das Verfassungsgericht eingeschlossen, konfrontierte: So wie sie mit dem Dilemma umgingen, haben sie der moralischen Integrität des Gemeinwesens keinen Schaden zugefügt.

V.

Das Jahrzehnt, das auf die Studentenrevolte folgte, ist das unruhigste in der kurzen Geschichte der Bonner Republik gewesen, nicht nur des Terrorismus wegen. Es hat die westdeutsche Demokratie stark verändert, am stärksten vermutlich dadurch, daß es einen neuen Akteur – der Begriff trifft die Sache nur ungefähr – auf die politische Bühne gebracht hat: die neuen sozialen Bewegungen, wie die Wissenschaft sie alsbald nannte. Sie begannen in eben diesem Jahrzehnt, sich ins politische Spiel einzumischen. Die Frage, woher sie denn kamen, deckt eine eigentümliche Ambivalenz jenes dramatischen Wandels von Lebensgefühl und Lebensorientierung auf, der um das Jahr 1970 in vielen westlichen Gesellschaften sichtbar wird. In ihm verbanden sich ein kräftiger Modernisierungs-, nämlich Individualisierungsschub mit starken modernitätsfeindlichen Impulsen. Aus eben dieser Ambivalenz gingen die neuen sozialen Bewegungen hervor. In wenigen Jahren bildeten sich, sozialstrukturell in bestimmter Weise – überwiegend im akademisch gebildeten neuen Mittelstand – verortet, zugleich autoritäts- und zivilisationskritische Sensibilitäten heraus, in denen, wie sich rasch zeigen sollte, ein relativ leicht aktivierbares politisches Handlungspotential von ganz erstaunlicher, neuartiger Dynamik steckte – ein Potential, das die bestehenden Parteien, so wie sie nun einmal waren, schwerlich einfach für sich hätten nutzen können.

Dieses Potential trat zuerst in einer Vielfalt und Vielzahl von lokalen Initiativen, Bürgerinitiativen, wie das rasch gefundene Etikett lautete, in Erscheinung, in denen plötzlich Hunderttausende, in Gruppen locker organisiert, sich für überwiegend örtliche Belange aller Art engagierten – von der Trassenführung einer Straße bis zur Gestaltung eines Kindergartens –, diskutierend, protestierend, aber auch selbst Hand anlegend, nicht notwendig nur das Gemeinwohl bedenkend, aber eben doch als für die öffentlichen Angelegenheiten mitverantwortliche Bürger. Man versteht, was sich da ereignete, am besten als diffuse Frühphase eines Mobilisierungsprozesses, der dann in den Bewegungen der siebziger und achtziger Jahre seinen thematisch scharf zentrierten Höhepunkt fand.

Es war die Umweltproblematik, ganz neu auf der Agenda der Politik, aber unglaublich rasch das öffentliche Bewußtsein erobernd, von der in der zweiten Phase die entscheidenden Mobilisierungsimpulse ausgingen. Mit ihr hatte der Protest der Industriegesellschaft gegen sich selbst sein authentisches Thema gefunden. Später trat, jedenfalls für ein paar Jahre, der Frieden hinzu. »Überlebensthemen« also – das sagt viel über jene Sensibilitäten aus, die in den neuen sozialen Bewegungen politisch aktiviert worden sind. Das Gefühl, im Schatten einer drohenden Katastrophe zu leben, am Rande eines Abgrundes, die Furcht vor der selbstzerstörerischen Dynamik einer menschlicher Kontrolle entgleitenden Zivilisation, die zugleich unbestimmte und entschiedene Empfindung, es könne so nicht weitergehen, man müsse beginnen, »anders zu leben« – diese Gemütsverfassung ist für den Protest, der sich in den neuen sozialen Bewegungen artikuliert hat, jedenfalls in Deutschland bestimmend gewesen. Andernorts haben wir es mit durchaus anderen Bewegungsprofilen zu tun, in den USA etwa, wo beispielsweise die Frauenbewegung eine Bedeutung gewann, die sie in Deutschland nie erreichte. Wie denn überhaupt gruppenspezifische Mobilisierungen für Deutschland uncharakteristisch geblieben sind.

Im übrigen heißt »Überlebensthemen« ja auch: Es waren nicht die Themen des klassischen sozialen Protestes. Es ging nicht um Einkommens- und Vermögensverteilung. Nicht der Kapitalismus, den die Studentenrevolte in anachronistischem Haß noch einmal aufs Korn genommen hatte, sondern die Industriezivilisation stand zur Debatte. In den neuen sozialen Bewegungen der Bundesrepublik spiegelt sich, wird man folgern dürfen, ein wohlhabendes Land – auch verfügbare Zeit gehört übrigens zu den einschlägig bedeutsamen Wohlstandsgütern –, ein Land, das keine scharfen Verteilungskonflikte mehr kannte, zugleich aber auch eine psychisch labile Gesellschaft.

In der Konfliktgeschichte der westdeutschen Demokratie tritt die Umweltbewegung in den siebziger und achtziger Jahren fast ausschließlich als Antikernkraftbewegung in Erscheinung. Man ist geneigt, es im Rückblick für nahezu selbstverständlich zu halten, daß die Kernkraft zu *dem* Thema umweltpolitischen Protestes geworden ist. Wo sonst zeigt die Industriezivilisation, zeigt die neuzeitliche Naturunterwerfung ihr Doppelgesicht so dramatisch deutlich wie in dem Versuch des Menschen, sich in der Kernkraft eine praktisch unversiegbare Energiequelle um den Preis einer für alle Zukunft unentrinnbaren Selbst-

Eine von Josef Beuys inspirierte und angeführte Aktion »Rettet den Wald«. Kein Volk hat das »Waldsterben« – jedenfalls eine Zeitlang – so beunruhigt wie die Deutschen. Sie gaben ihm denn auch den Namen, der in andere Sprachen überging.

gefährdung zu erschließen? Konnte die Entscheidung des Staates für die Kernenergie da etwas anderes bedeuten als Konflikt?

Man muß angesichts solcher Fragen ausdrücklich daran erinnern, daß Protest erst vergleichsweise spät, in den siebziger Jahren, laut wurde, als die Weichen längst gestellt waren. Das gilt für alle westlichen Gesellschaften. Offenbar hat der Konsens der Eliten und Experten den Plan der Nutzung von Kernkraft zur Energiegewinnung gleichsam unangreifbar gemacht, solange dieser Konsens von einem allgemeinen gesellschaftlichen Vertrauen in die Technik, auch und gerade in die Großtechnik, getragen wurde. Erst in den siebziger Jahren schlug die Stimmung um – zu einem Zeitpunkt übrigens, zu dem die erste Ölkrise den Ausbauprogrammen gerade überall kräftige Impulse gab. Nun brach in einem Land nach dem andern Streit um die Kernenergie aus. Freilich waren Formen, Intensitäten, Wirkungen des Protestes von Land zu Land sehr unterschiedlich. Die Bundesrepublik stellt sich als einer der Extremfälle dar. So anhaltend heftig wie hier wurde die Kernkraft kaum irgendwo sonst bekämpft. Zumal in der zweiten Hälfte der siebziger Jahre war der Streit um die Kernenergie eines der Sturmzentren der deutschen Politik. Wieder einmal stoßen wir hier auf das für die siebziger und achtziger Jahre so charakteristische Muster: Die Bundesrepublik ist eine westliche Industriegesellschaft unter anderen geworden, sie wird erfaßt von den für diese Gesellschaften charakteristischen Entwicklungstrends und bleibt doch ein sehr besonderer, zum Extrem tendierender Fall.

Der vehemente Widerstand gegen die Kernkraft war in der Bundesrepublik ausgesprochen ortsgebunden. Er hat Dorfnamen aus der deutschen Provinz jedermann geläufig gemacht: Wyhl im Badischen zunächst, am Nordrand des Kaiserstuhls, wo 1975 alles begann; Brokdorf in den Elbmarschen; Grohnde an der mittleren Weser; Kalkar am Niederrhein; Gorleben im nordostniedersächsischen Wendland; Wackersdorf in der Oberpfalz – Bauplätze allesamt, wie festzuhalten ist, auf denen Kernkraftwerke oder Entsorgungszentren errichtet werden sollten. Nirgendwo hat sich bemerkenswerterweise Widerstand gegen ein in Betrieb befindliches Kernkraftwerk formiert. Und auch längst nicht alle Bauvorhaben sind ernstlich gestört worden. Das mag mit dem Zusammenspiel zwischen der örtlichen Bevölkerung, ohne deren Mitwirkung sich der Protest kaum öffentlichkeitswirksam legitimieren ließ, und denen, die von außen heranströmten, zu tun haben. Nicht überall fand man zusammen. Auch dort, wo man zusammenfand, blieben die Beziehungen in der Regel prekär, jedenfalls aber entscheidend wichtig für den Erfolg. Die Beispiele Wyhl und Wackersdorf zeigen das.

Aus der Ortsgebundenheit des Protestes ergaben sich die Kampftaktiken: Bauplatzbesetzungen, Großdemonstrationen im Gelände, Belagerungen befestigter Bauplätze, die – etwa im Fall von Wackersdorf – über Jahre durchgehalten wurden; Herausforderungen, auf die der Staat mit starken, bisweilen martialischen Polizeiaufgeboten reagierte. Das ergab Konstellationen, in denen die Gewaltgrenze immer wieder und nicht zufällig überschritten wurde – tatsächlich war von allen politischen Konflikten, die die westdeutsche Demokratie durchzustehen hatte (der Terrorismus hat hier außer Betracht zu bleiben), keiner so gewaltträchtig wie der um die Kernenergie. Nach der Brokdorfer Großdemonstration vom No-

Nirgendwo sind der Staat und der Protest, der sich in den sogenannten neuen sozialen Bewegungen formierte, härter aufeinandergestoßen als auf den Baustellen des »Atomstaates«. Gegen die Demonstranten in Wackersdorf setzte die Polizei am 31. März 1986 dem Wasser anstelle von Tränengas (CN) den wesentlich intensiveren Reizstoff CS zu.

Die Frage drängt sich auf, warum gerade in Deutschland der Kernenergie von der Mitte der siebziger Jahre an so erbittert und anhaltend Widerstand entgegengesetzt wurde. In Frankreich etwa ist ein viel umfassenderes Programm des Auf- und Ausbaus der Kernenergie ohne größere Konflikte verwirklicht worden.

Sind die Deutschen sensibler angesichts einer unverantwortlichen Weichenstellung? Oder hysterischer gegenüber verantwortbaren Risiken? Und warum das eine oder das andere? Jedenfalls hat der Protest damals eine Entwicklung angestoßen, die schließlich dahin führte, daß Deutschland als erstes großes Industrieland im Jahre 2000 den »Ausstieg« aus der Kernenergie beschloß.

vember 1976 schrieben die Zeitungen vom »Bürgerkrieg in der Wilster Marsch«. Drei Monate später lieferten sich Demonstranten und Polizisten auf dem Grohnder Bauplatz eine zweite Schlacht. Kalkar folgte, Brokdorf blieb ein neuralgischer Punkt, in der zweiten Hälfte der achtziger Jahre wurde Wackersdorf Schauplatz eines sich lange hinziehenden, überaus heftig geführten Kleinkrieges.

Zu einem großen Teil erklärt sich diese Gewalttätigkeit aus dem für die deutschen Verhältnisse charakteristischen, wesentlich taktisch motivierten Entschluß der linksextremistischen Szene, der K-Gruppen, sich in der Antikernkraftbewegung zu engagieren. Aus ihren Reihen vor allem kamen die, die den Zusammenstoß mit der Polizei suchten. Aber die Gewaltbereiten hätten die Rolle nicht spielen können, die sie gespielt haben, wenn die Bewegung insgesamt sich zu einer unzweideutigen, einer ganz ernstgemeinten Ablehnung der Gewalt durchgerungen hätte. Daß sie es nicht getan hat, heißt: Letzten Endes war ihr ihre »Sache« wichtiger als die für die Demokratie konstitutive Regel gewaltloser Konfliktaustragung. Der Kampf gegen die Kernkraft, so kann man es auch sagen, wurde als eine Art von Glaubenskrieg in der Gewißheit der Rechtgläubigkeit geführt. Was nicht bedeutet, daß der Staat zu den Eskalationen nichts beigetragen hätte. Das Beispiel Wyhl macht die Risiken der Unvernunft wie die Chancen der Vernunft im Umgang des Staates mit dem Protest gegen die Kernenergie gleichermaßen sichtbar. Aber verhindern können hätte der Staat den Ausbruch von Gewalt wohl nur durch einen frühen, vollständigen Verzicht auf die Kernenergie.

War der Widerstand gegen die Kernkraft erfolgreich? Geht man die Schauplätze des Konflikts durch, so ist die Bilanz gemischt. Die Kernkraftwerke Brokdorf und Grohnde wurden gebaut und gingen ans Netz. Das Projekt Wyhl wurde aufgegeben, ebenso nach langem Hin und Her der »schnelle Brüter« in Kalkar. In Gorleben blieb von der ursprünglichen Konzeption eines großen Entsorgungszentrums nur ein Bruchstück übrig. In Wackersdorf kam es überraschend zu einem vollständigen Rückzug.[97] Eine Art von Unentschieden also? Die Zahlen geben ein klareres Bild:[98] 1974, im Jahr vor Wyhl, waren elf Kernkraftwerke in der Bundesrepublik in Betrieb, elf im Bau und sechs weitere in Auftrag gegeben. 1988 waren 23 Kernkraftwerke in Betrieb, nur noch zwei im Bau und kein weiteres geplant. Die Kernkraftwerke lieferten jetzt 34 Prozent der elektrischen Energie – die Zielzahl für 1990 war einmal 47 Prozent gewesen. Der vehemente Widerstand gegen die Kernkraft, das läßt sich an diesen Zahlen ablesen, hat nicht verhindern können, daß die Ausbauziele bis zum Ende der achtziger Jahre näherungsweise erreicht worden sind, was bedeutete: Die Kernenergie hatte einen wesentlichen Anteil an der Stromversorgung gewonnen, der ihr kurzfristig nicht mehr streitig zu machen war. Wohl aber hat der Widerstand die Entwicklung zum Stillstand gebracht. Er hat, um es schärfer zu sagen, begünstigt durch dramatisch aufschreckende Ereignisse wie den Unfall im amerikanischen Kernkraftwerk Harrisburg im März 1979 und die Katastrophe von Tschernobyl im April 1986, den Konsens zerstört, der die Energiepolitik bis in die siebziger Jahre trug. Anderthalb Jahrzehnte des Konflikts haben die Bevölkerung sensibilisiert und polarisiert.[99] Sie haben auch deutliche Spuren im Parteiensystem hinterlassen.

Nicht nur daß mit den »Grünen« eine Partei den Durchbruch schaffte, für die das Nein zur Kernenergie ein Stück ihrer Identität war. Viel wichtiger war, daß die SPD nach jahrelangem innerparteilichem Streit, den in Kompromissen abzufangen immer schwieriger geworden war – »Mit Schmidt und Eppler für und gegen die Kernenergie«, hieß die Spottformel, mit der man zeitweilig ihren Zustand beschrieb –, 1986 eine Kehrtwendung vollzog. Befreit von der Bürde der Regierungsverantwortung, des Zwangs, auf ihren eigenen Kanzler Rücksicht zu nehmen, votierte sie, gleichsam aufatmend, für den »Ausstieg« aus der Kernenergie. Das Ende des »Energiekonsenses« zwischen den beiden großen Parteien bedeutete das Ende der Möglichkeit eines weiteren Ausbaus der Kernenergie in Westdeutschland; dies schon deshalb, weil in der föderalistisch gegliederten Bundesrepublik Bund und Länder energiepolitisch nur gemeinsam handlungsfähig waren.

Es gibt also gute Gründe, von einem beträchtlichen Erfolg der Antikernkraftbewegung in der Bundesrepublik zu sprechen. Nicht unmittelbar auf den umkämpften Bauplätzen wurde er errungen, mag auch die Konzentration auf Gorleben und Wackersdorf, auf das lange sträflich vernachlässigte, besonders sensible Entsorgungsproblem also, strategisch gut kalkuliert gewesen sein. Er wurde auch nicht vor den immer wieder angerufenen Gerichten erstritten, obschon sie mehrfach folgenreich verzögernd intervenierten. Entscheidend war die Einwirkung des organisierten Protestes auf die SPD. Daß dabei die föderalistische Struktur der westdeutschen Demokratie half, liegt auf der Hand. Die sozialdemokratischen Landesoppositionen in Baden-Württemberg, Bayern, Niedersachsen suchten im Widerstand gegen die Kernenergie bereits Wettbewerbsvorteile, als die sozialdemokratische Bundesregierung noch, wenn auch nicht mehr sehr entschieden, für Kernenergie stand. Im übrigen muß man daran erinnern, daß es erst der Konflikt um die Kernkraft war, der die nötigen Impulse gab, über überholte Energieprognosen samt ihren Prämissen nachzudenken und sich ernstlich auf das Thema Energie-Sparen einzulassen. Auch diese Entwicklung kann sich die Protestbewegung gegen die Kernkraft zu einem guten Teil als Erfolg anrechnen.

Die zweite große, politisch folgenreiche Bewegung, die aus den Sensibilitäten des neuen Zeitgeistes der siebziger und achtziger Jahre entsprang, die Friedensbewegung, hat uns schon in anderem Zusammenhang beschäftigt. Bewegung, das heißt auch hier: ein lockeres Netzwerk von Initiativen, Gruppen, Organisationen ohne ein starkes Zentrum, flächig, nicht hierarchisch aufgebaut, das in einer ganz bestimmten, als dramatisch bedrohlich gedeuteten und erlebten Konstellation spontan geknüpft wird und eine außerordentliche Mobilisierungskraft entwickelt.

Tatsächlich hat in der Geschichte der Bundesrepublik kein anderer politischer Anstoß so viele Menschen zu Großdemonstrationen auf die Straße getrieben wie die Nachrüstung – 300000 ist die Zahl, die allein für die Kundgebung im Bonner Hofgarten im Oktober 1981 genannt wird. Es war, als breche sich in der Friedensbewegung eine in den Jahrzehnten des Schreckensgleichgewichts lange verdrängte und aufgestaute Elementarangst vor der nuklearen Katastrophe mit jäher Plötzlichkeit Bahn. Und so verhielt es sich wohl auch. Nicht der traditionelle Pazifismus, heißt das, war das bestimmende Element in der Friedensbewegung, vielmehr trat in ihr in erster Linie die Legitimationsschwäche der dilemmatischen, zumal für Deutschland dilemmatischen westlichen Nuklearstrategie abrupt zutage.

Daß dieses Dilemma, mit dem man so lange gelebt hatte, auf einmal Hunderttausende zu mobilisieren vermochte, hängt natürlich mit den besonderen Gegebenheiten der siebziger und achtziger Jahre zusammen. Die Verwandtschaft im Thematischen zwischen Friedensbewegung und Antikernkraftbewegung ist ja offensichtlich. In beiden Bewegungen – hier im wesentlichen gewaltlos, dort, das ist ein wichtiger Unterschied, mit gewalttätigen Exzessen – artikulierte sich das gleiche neuartige Empfinden, daß von der nicht länger zuverlässig beherrschbaren Industriezivilisation eine existentielle Bedrohung ausgehe, eine Bedrohung, als deren gefährlichste Verdinglichung Atombomben wie Atomreaktoren gleichermaßen wahrgenommen wurden. Die neue Umweltsensibilität einer gewichtigen Minderheit konnte so ohne weiteres in eine neue »Friedenssensibilität« umschlagen, eine Sensibilität, um es noch einmal genauer zu sagen, für die Risiken des auf Nuklearwaffen gegründeten Abschreckungsgleichgewichts. Wie von selbst konnte die Umweltbewegung, so wie sie sich in den siebziger Jahren formiert hatte, für ein paar Jahre in die Friedensbewegung übergehen – zwei Strömungen in einem Strom. An ein strategisches Kalkül derart, daß »eine stagnierende Ökologiebewegung« »neue Expansionsräume« gesucht habe,[100] braucht man dabei gar nicht zu denken. So oder so: Die Friedensbewegung hätte nie so rasch heranwachsen können, wäre ihr von der Umweltbewegung der siebziger Jahre nicht der Boden bereitet worden; hätte sie nicht ein »Bewegungsmilieu« bereits vorgefunden.

Parallelen zwischen Friedensbewegung und Antikernkraftbewegung sind übrigens auch in den Wirkungen deutlich. Die Friedensbewegung hat die Nachrüstung nicht verhindern können, so wie die Antikernkraftbewegung nicht den raschen Ausstieg aus der Kernkraft erzwingen konnte. Aber sie hat, kurzlebig wie sie war, den Konsens über die Strategie nuklearer Abschreckung zerstört, so wie die Antikernkraftbewegung den »Energiekonsens« zerstört hat. Der Stellungswechsel der SPD war in beiden Konflikten der entscheidende Erfolg der Bewegungen. Seine Tragweite ist im Fall der Friedensbewegung nur deshalb nicht mehr deutlich geworden, weil das Ende der Ost-West-Konfrontation der Bundesrepublik weitere »Nachrüstungsdebatten« erspart hat. Wären sie bei fortdauerndem Ost-West-Konflikt zu führen gewesen, sie wären vermutlich anders ausgegangen als die, die die Regierung Kohl/Genscher in der Schlußphase dieses Konflikts durchzustehen hatte und durchgestanden hat.

Wie immer man den Erfolg der Bewegungen gegen Kernkraft und Nachrüstung einschätzt, er zeigt für die späten siebziger und die achtziger Jahre eine veränderte politische Verfassung der bundesrepublikanischen Gesellschaft an. Ein beträchtliches Potential an Protestbereitschaft, Protestneigung hatte sich in ihr aufgebaut, nicht mehr an Einzelereignisse und Einzelthemen gebunden, in seinem sozialen Profil relativ genau bestimmbar – ganz überwiegend junge Leute mit gymnasialer und akademischer Bildung, eher ledig und konfessionslos, wie eine sozialwissenschaftliche Beschreibung hinzufügt.[101] Man kann durchaus von einem Protestmilieu sprechen, mit Organisationskernen, von leicht aktivierbaren Netzwerken zusammengehalten. Es waren, wie sich bald zeigen sollte, nicht nur »Überlebensthemen«, die dieses Potential zu mobilisieren vermochten. Die überraschend weite Resonanz, die der Protest gegen das Volkszählungsgesetz in seiner ersten Fassung in den Jahren 1982/83 fand – es scheiterte schließlich am Bundesverfassungsgericht –, verweist auf ganz andere Sensibilitäten: Mißtrauen gegen den Staat, Distanz zu den traditionellen Institutionen überhaupt. Es war ein Potential, diese Vermutung legt der Volkszählungsprotest nahe, auf der Suche nach Themen, da es seine Identität, seine politische Vitalität nur im Engagement, in der Aktion bewahren konnte.

Zeigte sich in den Protestbewegungen eine neu gewonnene Lebendigkeit der westdeutschen Demokratie? Oder eine bedenkliche Labilität? Beides zugleich? Kein Zweifel: Die bundesrepublikanische Gesellschaft ist in den siebziger und achtziger Jahren in wichtigen Segmenten wacher, selbstbewußter, kritischer geworden, auch handlungsbereiter, mit der

Folge, daß Politik unberechenbarer wurde, von den Parteien und den etablierten organisierten Interessen weniger gut kontrollierbar. Dieses Mehr an politischer Beteiligung, politischer Einmischung, wie man jetzt gern sagte, ließ sich als ein Gewinn für die Demokratie verstehen. Er kostete freilich seinen Preis. Die Demokratie hat nicht nur gewonnen. Zu den Eigentümlichkeiten des im gleichsam festlichen Massenerlebnis der Gemeinsamkeit sich selbst bestätigenden Protestengagements gehörte es, daß sich in ihm Opposition zu »Widerstand« stilisierte und politische Urteile zu Glaubensüberzeugungen verfestigten, die kein Gespräch, keinen Kompromiß mehr zuließen. Von einem wirklichen Verständnis für das Wesen demokratischen Konflikts wird man schwerlich sprechen können. Selbst Grundregeln demokratischen Entscheidens wurden in diesen unerschütterlichen Gewißheiten

Das Scheitern des Volkszählungsgesetzes 1987 ist ein Beispiel für das Zusammenwirken von Bürgerprotest und (Verfassungs-)Gerichtsbarkeit. Das Verfassungsgericht, das das Gesetz in wesentlichen Bestimmungen für verfassungswidrig erklärte, las ein »Grundrecht auf informationelle Selbstbestimmung« aus dem Grundgesetz heraus – oder in das Grundgesetz hinein.

zweifelhaft: Hat die Mehrheit noch ein Recht gegenüber einer Minderheit, die die Mehrheit auf dem Weg in die sichere Katastrophe sieht? Hat der Anspruch von hunderttausend Bürgern, leibhaftig versammelt, das Volk zu sein, nicht eine höhere Evidenz für sich als der Anspruch von ein paar hundert Parlamentariern, das Volk rechtmäßig zu vertreten?

Auch das Gewaltproblem ist noch einmal zu bedenken. Es war in den Protestbewegungen der siebziger und achtziger Jahre, an ihren Rändern, immer wieder eine Tendenz zur Gewalttätigkeit wirksam. Sie trat vor allem im Widerstand gegen die Kernkraft hervor, aber auch in dem mit außerordentlicher Erbitterung geführten Kampf gegen die Erweiterung des Frankfurter Flughafens, in Störungen feierlicher Rekrutengelöbnisse und in Krawallen der »Hausbesetzerszene«, die zeitweilig vor allem in Berlin und Frankfurt eine Rolle spielte. Das großstädtische Milieu, in dem diese Gewalttätigkeit zu einem guten Teil ihre Wurzeln hatte – eine dumpfe, eng begrenzte Gegenwelt entwurzelter Jugendlicher, für die das Etikett »Alternativkultur« ein Euphemismus ist –, muß zwar von dem viel weiteren und offeneren Herkunftsmilieu des Protestengagements im allgemeinen deutlich unterschieden werden. Aber das ändert nichts daran, daß zur Geschichte der Protestbewegungen eine Begleitspur der Gewalttätigkeit gehört, vor allem einer – zeitweilig fast alltäglichen – Demonstrationsgewalttätigkeit, die das Urteil über die Protestbewegungen nicht ignorieren kann. Unter der Überschrift »ausgeprägt demokratisierende Wirkung«[102] läßt sich das alles nicht einfach abbuchen.

Übrigens gewann die parlamentarische Arena von 1982 an für alle diese Konflikte wieder an Bedeutung, nicht nur, weil nun mit den Grünen die Umweltbewegung wie die Friedensbewegung Einzug ins Parlament hielten, sondern auch und mehr noch, weil die SPD auf die Oppositionsbänke zurückgekehrt, sehr rasch große Schritte auf die Protestbewegung zu tat. Der Streit um die Kernenergie und der Streit um die Nachrüstung wurde, was er bis 1982 nicht gewesen war, ein Streit zwischen Regierung und Opposition, ganz so wie die Regeln der parlamentarischen Demokratie es vorsahen. Freilich hat die Wende von 1982 die siebziger Jahre nicht ungeschehen gemacht. Der politische Protest dieses Jahrzehnts hätte sich vermutlich nicht so formiert, wie er sich formiert hat, wären die Sozialdemokraten in dieser kritischen Periode nicht die Regierungspartei, sondern die parlamentarische Opposition gewesen. Nachdem er sich aber einmal verselbständigt hatte, konnte auch die wieder zur Opposition gewordene Sozialdemokratie sich ihn nicht mehr einfach eingliedern.

VI.

Spiegelt die bundesrepublikanische Konfliktgeschichte über die Jahrzehnte hinweg einen Prozeß des Reifens wider, des Hineinwachsens der Deutschen in die Demokratie? In dieser Frage kehrt die Sorge des Anfangs wieder: Würden die demokratischen Institutionen ein sicheres Fundament in den Einstellungen, Überzeugungen, Denkweisen der Bürger finden, würde sich, kurz gesagt, in Westdeutschland eine demokratische politische Kultur entwickeln? So hatte man am Beginn des Nachkriegs-Demokratieexperimentes gefragt. Eine Weimar-Frage natürlich, eine Frage darüber hinaus, in der die ganze deutsche Vergangenheit gegenwärtig war. Die Antwort, so hatten viele gemeint, würde über das Schicksal des Experiments entscheiden. Die außerordentlichen Anstrengungen vor allem der amerikanischen Besatzungsmacht, die Deutschen »umzuerziehen«, aus ihnen, so gut es ging und so rasch es ging, andere Menschen zu machen, hatten sich denn auch auf dieses Ziel gerichtet: den Grund für eine demokratische politische Kultur in Deutschland zu legen.

Die Diagnosen und Prognosen der frühen Zeit waren gleichwohl skeptisch. Und die Zweifel an der Demokratietauglichkeit der Deutschen sind nicht rasch geschwunden. Noch Anfang der sechziger Jahre kam eine amerikanische Studie, der dann lange Zeit kanonische Geltung zuerkannt wurde, zu dem Ergebnis, die politische Kultur der Bundesrepublik weise, verglichen mit der der angelsächsischen Demokratien, sehr bedenkliche Defizite auf:[103] Die Deutschen seien in ihren Einstellungen noch immer mehr Untertanen als Bürger, ohne politisches Selbstvertrauen und ohne Bereitschaft zum politischen Engagement. Sie hätten noch keine starken, belastbaren Bindungen an die Demokratie entwickelt. Und Ralf Dahrendorf tadelte die Deutschen wenig später heftig wegen ihrer Konfliktscheu, in der der Obrigkeitsstaat fortlebe.[104] Die westdeutsche Demokratie, das wurde aus solchen Befunden gefolgert, verdanke ihren gelungenen Start glücklichen Umständen und würde weniger glücklichen Umständen vielleicht nicht standhalten.

Es ist wahrscheinlich, daß diese Diagnosen viel zu undifferenziert waren; daß sie der politisch-kulturellen »Grundausstattung« der Bonner Republik, in der beispielsweise die süddeutschen Traditionen, auch der westdeutsche Katholizismus ein ganz anderes Gewicht hatten als in Weimar, zu wenig Bedeutung beimaßen; daß sie die Wirkung des Katastrophenschocks erheblich unterschätzten und damit die Belastbarkeit der Einsichten, die die Mehrheit der Deutschen gleichsam über Nacht zu »Vernunftdemokraten« gemacht hatten; daß sie die aus dem Verlust der eigenen Geschichte resultierende Bereitschaft, sich fremdem, westlichem Einfluß zu öffnen, nicht richtig veranschlagten und auch die Effekte des Ost-West-Konflikts nicht, der die Demokratieentwicklung in Westdeutschland ja keineswegs nur belastet, sondern die Hinwendung der Deutschen zur Demokratie westlicher Prägung wesentlich erleichtert hat. Und dennoch: Die Skepsis bleibt plausibel. Die demokratischen Institutionen wurden auf unsicheren Grund gebaut, sie hatten einen »Vorlauf«, wie Mario Rainer Lepsius es ausgedrückt hat.[105] Und sie hatten Glück bei diesem Vorlauf. Ohne das Wirtschaftswunder und ohne ihre raschen außenpolitischen Erfolge hätte die westdeutsche Demokratie es in ihren Anfängen vermutlich schwer gehabt. In ihrer großen Mehrheit, so scheint es, standen die Bürger der Bundesrepublik dem neuen Gemeinwesen zunächst eher gleichgültig gegenüber. Ganz den praktischen Aufgaben des Wiederaufbaus zugewandt und damit beschäftigt, sich im eigenen Leben wieder einzurichten, kehrten sie der Politik den Rücken zu.

Die Besorgnisse der Frühzeit schwanden nur langsam. Erst vom Anfang der achtziger Jahre an setzte sich – nun freilich ziemlich rasch – die Einschätzung durch, es habe sich in den zurückliegenden zwei Jahrzehnten ein tiefgreifender Wandel vollzogen. Dieser Wandel ist in der Tat an zahlreichen demoskopischen Zeitreihen eindeutig abzulesen, wobei die sechziger Jahre sich als die Periode mit der stärksten Dynamik darstellen.

Deutlich spiegelt sich in den Zahlen, wie die Bürger der Bundesrepublik sich in ihren Staat einleben, mit ihm vertraut werden, ihn schließlich auf ihre Weise annehmen. 1951 nannten auf die Frage, wann es Deutschland am besten gegangen sei, 45 Prozent das Kaiserreich und immerhin 42 Prozent die Friedensjahre des Hitler-Reiches. Gut zehn Jahre später, 1963, lag die Bundesrepublik mit 62 Prozent bereits weit vorn, für das Kaiserreich entschieden sich noch sechzehn Prozent, für die Jahre 1933 bis 1939 zehn Prozent.[106] Vermutlich hatten die Befragten vor allem ihre eigenen Lebensumstände im Blick. Aber das ändert nichts an der politischen Bedeutsamkeit dieses Wahrnehmungswandels. Mit leichter zeitlicher Verzögerung ist auch so etwas wie ein Erwachen aus einer politischen Lethargie zu beobachten. Daß in den sechziger und frühen siebziger Jahren der Anteil derer, die ein Interesse an Politik bekundeten, stark anstieg (von 29 Prozent 1959 auf 49 Prozent 1973), mag man als einen Oberflächeneffekt des Fernsehens interpretieren, das zwischen 1960 und 1970 das Land definitiv eroberte. Aber daß in derselben Zeit auch die Bereitschaft und Neigung, politische Gespräche zu führen, beträchtlich zunahm, deutet doch wohl auf die allmähliche Verwandlung einer politisch eher passiven in eine politisch eher aktive Bürgerschaft hin.[107]

Eine an vielen Indikatoren nachweisbare »Politisierung« der Frauen war übrigens ein wichtiger Teil dieser Entwicklung. Auch bei jenem Hintergrundfaktor, dem für die politische Kultur der Demokratie eine so große, zugleich schwer zu entschlüsselnde Bedeutung zugeschrieben wird – dem Vertrauen der Menschen zueinander –, zeigen die Zahlen einen klaren Aufwärtstrend an: 1953 waren nur dreizehn Prozent der befragten (West-)Deutschen der Auffassung, man könne »den meisten Menschen trauen«, 1979 waren es immerhin dreißig Prozent.[108] Ähnlich weisen Fragen nach dem wichtigsten Erziehungsziel auf einen demokratiebedeutsamen Einstellungswandel hin: Daß Kinder vor allem zur Selbständigkeit erzogen werden sollten, meinten 1951 nur 28 Prozent der Befragten, ein Vierteljahrhundert später waren es 51 Prozent.[109] Viele Hinweise auf ein wachsendes politisches Selbstvertrauen der Bürger fügen sich in dieses Bild ein.

Was die Demokratiepraxis angeht, so zeigen die einschlägigen demoskopischen Daten deutlich, daß sie diesen aktiveren und selbstbewußteren Bürgern nach ein, zwei Jahrzehnten in ihren Grundprinzipien zur Selbstverständlichkeit geworden war: 1950 waren nur 53 Prozent der Befragten der Meinung, der Wettbewerb zwischen mehreren Parteien sei der Herrschaft einer Partei vorzuziehen, 1972 waren es 88 Prozent.[110] Der Anteil derer, die auf die Frage, was man tun könne, wenn man mit der Regierung unzufrieden sei, das Wahlrecht anführten, verdoppelte sich zwischen 1953 und 1979 (von 19 auf 38 Prozent), der Anteil derer, die resignierend oder gleichgültig »nichts« antworteten, ging von 45 Prozent auf 26 Prozent zurück.[111] Und so wie für die meisten das Ja zu den Grundprinzipien der Demokratie zur Selbstverständlichkeit geworden war, war für einen wachsenden Anteil aus der Gewöhnung an das eigene Gemeinwesen allmählich eine bewußte Bejahung seiner Verfassung geworden. 1959 hatten auf die Frage, worauf sie in ihrem Lande besonders stolz seien, nur sieben Prozent der befragten Westdeutschen die politischen Institutionen genannt, 33 Prozent hingegen die Wirtschaftsordnung – viel kommentierte Zahlen, die so gedeutet wurden, daß die junge Demokratie zunächst einmal noch ganz von ihrer Tag für Tag nachzuweisenden Leistungsfähigkeit abhängig sei. Ein Vierteljahrhundert später waren es 48 Prozent, die auf die gleiche Frage die politischen Institutionen, die grundgesetzliche Demokratie anführten und damit eben doch wohl sichtbar machten, daß diese Demokratie belastbarer, krisenfester geworden war.[112]

Das bestätigt sich im europäischen Vergleich. Für die siebziger und achtziger Jahre ist in Umfragen der Brüsseler Kommission mit erstaunlicher Konstanz ein hohes Maß an Zufriedenheit der Westdeutschen mit ihrem Gemeinwesen belegt, nur Dänemark und Luxemburg halten da mit. Auch vergleichende Untersuchungen zum »Protestpotential« in westlichen Demokratien aus dieser Zeit förderten nichts anderes zutage. Die Bundesrepublik hielt einen Mittelplatz, deutlich hinter den Niederlanden. Gewaltbereitschaft war nur ganz am Rande der Gesellschaft – bei etwa zwei Prozent der Bevölkerung – zu entdecken.[113]

Alles in allem, so lautete der Befund der achtziger Jahre, sei die Bundesrepublik in drei Jahrzehnten eine westliche Demokratie unter anderen geworden. Die Spannungen der Frühzeit zwischen den Institutionen der Demokratie und einer in vielen Zügen noch vordemokratischen politischen Kultur hätten sich gelöst. Die Deutschen seien als politische

 Wesen keine besondere und gefährliche Spezies mehr. Übrigens läßt sich der Wandel für alle Generationen nachweisen, aber für die nachwachsenden, die, die in die Bundesrepublik hineingewachsen waren, doch weit stärker als für die älteren. Sie haben der Entwicklung wesentlich die Richtung gegeben.

Den Wandel zu erklären, den die Zahlen spiegeln, mag im einzelnen schwierig sein. Im großen ist es einfach. Das Wirtschaftswunder und die außenpolitische Konstellation haben die Stabilität des Anfangs gesichert. Sie haben der jungen Demokratie die Zeit verschafft, die sie brauchte, um Wurzeln zu schlagen. Die Modernisierungsprozesse der sechziger und siebziger Jahre haben starke Impulse gegeben. Aber das alles eingerechnet, hat die westdeutsche Nachkriegsdemokratie sich letzten Endes und entscheidend selbst stabilisiert, will sagen: Das, was ihr an politischer Kultur in ihren ersten zwei, drei Jahrzehnten zugewachsen ist, ist ihr als Frucht ihrer eigenen – alles in allem gelungenen – Praxis zugewachsen.

Aber ist die Bundesrepublik, so unbestreitbar die skizzierten Veränderungen sind, wirklich einfach eine westliche Demokratie unter anderen geworden? Ist das demoskopisch erfaßte Profil ihrer politischen Kultur der siebziger und achtziger Jahre mit dieser Formel angemessen gedeutet? Und was besagt sie überhaupt? Hat nicht jede »westliche Demokratie« ihr eigenes Gesicht, ihre besondere politische Kultur? Muß man also nicht auch für die Bundesrepublik, Normalität hin Normalität her, nach den besonderen Zügen ihrer politischen Kultur fragen? Daß es die sehr ausgeprägt gibt, ist schon auf den ersten Blick erkennbar. Mit der beruhigenden These vom Weg zur demokratischen Reife, den die Bundesrepublik zwischen 1950 und 1980 zurückgelegt habe, allein ist es folglich nicht getan.

Viele Anzeichen weisen darauf hin, daß sich in der Bundesrepublik eine entschieden individualistische politische Kultur herausgebildet hat, in der ein utilitaristisches, interessengeleitetes Verhältnis zum Gemeinwesen vorherrscht. Die etatistische deutsche Tradition ist in dieser Attitüde in dem Sinne lebendig geblieben, daß sie einen starken, leistungsfähigen und leistungsbereiten, für fast alles verantwortlichen Staat sehr selbstverständlich voraussetzt und in Anspruch nimmt – eine individualistische politische Kultur ist offenbar nicht notwendig auch eine liberale. Andererseits sind die Ansprüche des Gemeinwesens an den einzelnen und an die Gruppen nicht mehr leicht vermittelbar. Die Bindung der Westdeutschen an ihr Gemeinwesen, heißt das, ist vergleichsweise schwach geblieben. Sie haben sich an ihren Staat gewöhnt, sie sind mit ihm, alles in allem, zufrieden, recht zufrieden sogar, aber die Zugehörigkeit zum Gemeinwesen Bundesrepublik Deutschland bedeutet ihnen nicht sehr viel. Nach einer dramatischen Phase, einer am Ende selbstzerstörerischen Überidentifikation mit Staat, Reich, Nation ist das Pendel nun in die Gegenrichtung ausgeschlagen. Kritischer formuliert: Nach den beispiellosen Exzessen des Nationalismus, mit denen Deutschland sich in der ersten Jahrhunderthälfte ruiniert hat, ist das Verhältnis der Deutschen zu sich selbst, so scheint es, dauerhaft gestört. Die Katastrophe des Nationalsozialismus hat, was die politische Kultur angeht, nicht nur öffnend und befreiend gewirkt, sie hat auch irreversible Zerstörungen angerichtet.

So bekunden die Deutschen von allen europäischen Nationen – von den Amerikanern zu schweigen – auf Befragen regelmäßig am wenigsten Nationalstolz.[114] Die Symbole des

Gemeinwesens sind ihnen eher gleichgültig. Eine politische Kultur der politischen Festlichkeit, der gemeinsamen Erinnerung hat die westdeutsche Demokratie nie zu entwickeln vermocht. Gefeiert worden sind auf den Straßen und Plätzen der Republik bezeichnenderweise nur fremde Zelebritäten – Kennedy, de Gaulle, Königin Elisabeth bei den großen Staatsbesuchen der frühen sechziger Jahre mit einem Enthusiasmus, der sich nur als Ausdruck einer Art von kindlicher Erleichterung darüber, wieder angenommen zu sein, erklären läßt. Die Deutschen, so sind diese Zeichen wohl zu deuten: eine Nation, die sich nicht mehr auf eine zustimmungsfähige Vergangenheit gründen kann und deshalb ihre Identität in einer habituellen Distanzierung von sich selbst sucht. »Ich habe den Deutschen ihr Vertrauen zu sich selbst wiedergegeben«, meinte de Gaulle nach seiner triumphalen Deutschlandreise 1962.[115] Aber das war ein Irrtum – und eine für den General charakteristische Selbstüberschätzung.

Angesichts der notorischen Demokratiefeindschaft des deutschen Nationalismus jedenfalls der Jahrzehnte zwischen 1871 und 1945 ist es ganz begreiflich, daß man dieser Wendung eine positive Deutung gegeben hat. Man hat davon gesprochen, daß die Bundesrepublik eine »postnationale« Demokratie sei oder doch zu werden eine Chance habe.[116] Aber es fällt schwer zu zeigen, in welchem Sinne die »postnationale« Identität der Bundesrepublik mehr ist als nur erschütterte nationale Identität. Man hat auch den »Verfassungspatriotismus« als eine demokratiegemäßere Form der inneren Bindung des Bürgers an sein Gemeinwesen entdeckt.[117] Aber dafür, daß der Verfassungspatriotismus, wenn denn mit dem Wort Patriotismus die Sache noch gemeint ist, zu einem kräftigen, die utilitaristischen Komponenten ausbalancierenden Element der politischen Kultur der westdeutschen Demokratie geworden ist, gibt es nicht viele Indizien.

Aus alledem folgt, daß die Bundesrepublik sich wohl nicht nur anfänglich, sondern durch die Jahrzehnte hindurch vor allem durch beständige Leistungen, durch ihre Wirtschaftsleistung im besonderen, legitimieren mußte, in einem stärkeren Maße jedenfalls, als man das in wachsendem Selbstvertrauen in der älter gewordenen Bundesrepublik angenommen hat. Wie die Risiken dieser Befindlichkeit abzuschätzen sind, wissen wir freilich nicht genau. Der Bundesrepublik sind, wenn man die Vereinigung hier aus dem Spiel läßt, Belastungen erspart geblieben, die uns darüber Auskunft erteilt hätten.

Auch die Protestbewegungen der siebziger und achtziger Jahre haben die westdeutsche Demokratie bei aller Heftigkeit der Auseinandersetzungen keinen wirklichen Zerreißproben ausgesetzt. Sie haben allerdings – auch daran muß erinnert werden, wenn die einfache Formel von der Normalität der bundesrepublikanischen Verhältnisse überprüft wird – scharfe Fragmentierungen der politischen Kultur dieser Demokratie sehr viel deutlicher sichtbar gemacht, als es die demoskopischen Daten tun. Da ist zum einen das uns aus der Konfliktgeschichte der Bundesrepublik so gut bekannte Protestmilieu. Mit seiner geringen Dialog- und Kompromißbereitschaft und seinem ambivalenten Verhältnis zu den demokratischen Regeln der Konfliktaustragung fügt es sich jedenfalls nicht spannungsfrei in das Bild einer in drei Jahrzehnten zur Reife herangewachsenen demokratischen politischen Kultur ein. Deutlicher formuliert: Der vom Wertewandel der sechziger und siebziger Jahre geprägte westdeutsche Demokratisierungsprozeß hat auch ein – keineswegs ganz marginales – Anomiepotential hervorgebracht. Und da ist zum anderen – beides hängt eng miteinander zusammen –, von den sechziger Jahren an hervortretend, ein spezifisch deutscher Generationenbruch, der natürlich mit der einzigartig zerklüfteten Geschichte Deutschlands im 20. Jahrhundert zu tun hat.[118]

Das Scheitern Deutschlands an sich selbst zwischen 1871 und 1945 bedeutete ja, daß es für die westdeutsche Demokratie nicht das Fundament einer gemeinsam bejahten Geschichte gab, sondern nur den Abgrund einer prinzipiell delegitimierten Vergangenheit. Und dieser Abgrund trennte die Generationen. Zwischen jenen, die den Ersten Weltkrieg, die Weimarer Republik, das Dritte Reich durchlebt hatten, der »stummen Elterngeneration«, wie Friedrich Tenbruck sie genannt hat,[119] und denen, die nach 1950 heranwuchsen, lagen Erfahrungsdistanzen, über die hinweg Verständigung auch beim besten Willen auf beiden Seiten nicht leicht gewesen wäre. Wie immer die Älteren mit der Vergangenheit umgingen, die ungeheuerliche Geschichte der ersten Jahrhunderthälfte war für jeden einzelnen von ihnen auf irgendeine Weise Teil seines Lebens – die Versuchung wie die Bedrohung totalitärer Herrschaft, der Krieg, die Vertreibung. Diese Lebensgeschichten aber waren, wie sich zeigen sollte, den Späteren nicht wirklich vermittelbar. Deren Biographien gehörten einer ganz und gar anderen Welt an.

Im zweiten und dritten Jahrzehnt der Bonner Republik erreichte der Spannungsbogen der Generationenfolge mit heftigen Entladungen seinen Scheitelpunkt. Denn erst jetzt standen sich die beiden Erfahrungswelten gegenüber. Aber auch im vierten Jahrzehnt war die große Zäsur noch keineswegs bedeutungslos geworden. Noch immer hatten dreißig bis vierzig Prozent der erwachsenen Bevölkerung ihre biographischen Wurzeln in der inzwischen fernen katastrophischen Vorgeschichte der Bonner Republik. In ein einfaches Schema gebracht: Bis Mitte der sechziger Jahre war die Bundesrepublik die Republik derer, die älter waren als sie selbst. Von da an wurde sie die Republik zweier Generationen. Neben die, die älter waren als die Republik, traten die Kinder der Republik. Dieses einfache Schema erklärt manches.

»Ein ganz normaler Staat?«, fragte im Jubiläumsjahr 1989 – im Frühjahr, die Nachkriegswelt schien noch fest gefügt – ein Buchtitel.[120] Wohl doch nicht, auch 1989 noch nicht. Auch keine ganz normale politische Kultur. Wenn ein durch eine selbstverschuldete historische Katastrophe traumatisiertes Volk sich mit der Demokratie vertraut macht – mögen die Bedingungen auch vergleichsweise günstig sein –, dann ist zu erwarten, daß vernünftiges Lernen aus der Vergangenheit und neurotische Prägung durch die Vergangenheit eine eigentümliche Verbindung eingehen, und das nicht nur vorübergehend. Eine Tendenz zu übertreiben wird für ein solches Volk charakteristisch sein, eine Tendenz, es mit dem Bedürfnis nach Ruhe, Sicherheit, Stabilität, ungestörtem Lebensgenuß ebenso zu übertreiben wie mit dem Bedürfnis, allen anderen, was die Moral in der Politik angeht, voraus zu sein. An der westdeutschen Demokratiegeschichte läßt sich das studieren.

I.

Die großen, gelegentlich dramatischen Konflikte treten in der Erinnerung leicht zu sehr in den Vordergrund. Sie gehören zur Geschichte der westdeutschen Demokratie, aber sie sind natürlich nicht das Ganze. Wer diesen Staat regiert hat, wie er regiert worden ist, das läßt sich über die Jahrzehnte hin besser am politischen Alltag ablesen. Vielleicht nicht am politischen Alltag in seiner trivialsten Gestalt, wohl aber dort, wo er sich zu gewichtigen Entscheidungen verdichtet. Der jungen Bundesrepublik war, das braucht kaum gesagt zu werden, ein gewaltiges Alltagsprogramm aufgegeben, zumal auf dem Felde der Gesetzgebung, eine Art von Doppelprogramm – Nothilfegesetzgebung, die die brennendsten Nöte aus der Erbschaft der Katastrophe anging, und Gründungsgesetzgebung, die die Fundamente für das neue Gemeinwesen legte. Man kann sich diese »brennendsten Nöte« auch noch für die frühen fünfziger Jahre gar nicht brennend genug vorstellen. Auf etwa ein Drittel der Bevölkerung der Bundesrepublik hat man die Schar der Heimatvertriebenen, Ausgebombten, Kriegsversehrten, Heimkehrer aus langer Gefangenschaft, Witwen und Waisen, die dringliche Überlebenshilfe brauchte, geschätzt. Die Handlungsspielräume waren also eng. Die Aufgaben waren vorgegeben. Das Notwendige war zu tun, im genauen Sinn des Wortes und so gut wie möglich. Nicht immer ist das im Rückblick auf die Politik der fünfziger Jahre genügend bedacht worden.

Die Nothilfe- und Gründungsgesetzgebung, wesentlich eine Sache der beiden ersten Legislaturperioden, war eine Bewährungsprobe zuerst und vor allem für das Parlament, den Bundestag. Er hat sie nach allgemeinem Urteil gut bestanden. Sein Fleiß war bewunderungswürdig, was er hervorbrachte durchaus präsentabel. Wobei man freilich den bedeutenden Anteil der Ministerialbürokratie nicht vergessen darf, die ihren Weg zu einem beträchtlichen Teil aus den Berliner in die Bonner Ministerien gefunden hatte, nicht selten über die Zwischenstation der Zwei-Zonen-Verwaltung. Bei aller Problematik einer ziemlich ungebrochenen bürokratischen Kontinuität: Ohne erfahrene Beamtenschaft wären die außerordentlichen gesetzgeberischen Aufgaben der frühen Jahre kaum zu bewältigen gewesen.

Der Hinweis auf die Leistungen von Parlament und Ministerialbürokratie sagt freilich noch nichts über die politische Konstellation, die die Gesetzgebungsarbeit der ersten Legislaturperioden bestimmt hat. Das Stichwort Kanzlerdemokratie charakterisiert sie, wie sich bei näherer Betrachtung zeigt, nur ungenügend. Ein starker Kanzler war Adenauer gewiß, wenn er sich denn entschloß, ein Vorhaben zu seiner eigenen Sache zu machen, aber kein »Gesetzgebungskanzler«. Er hatte kein seiner außenpolitischen Konzeption vergleichbares innenpolitisches Programm. Wenn er sich engagierte, so war sein Engagement nicht selten eher taktisch als strategisch motiviert. Seine Neigung, mit den großen organisierten Interessen – Anfang der fünfziger Jahre waren sie alle wieder auf dem Plan – direkt über die Ressorts hinweg zu verhandeln, wenn er es für zweckmäßig hielt, gehört hierher. Neben und hinter dem Kanzler standen die Unionsparteien, von 1953 an in einer hegemonialen Position, stand vor allem die Unionsfraktion, seit 1957 mit der absoluten Mehrheit im Parlament. So überragend die Autorität Adenauers als Parteiführer war, die Vielfalt der Interessen, die die Union bündelte, die Vielzahl der Klientele, an die sie zu denken hatte – Landwirte, Flüchtlinge, Unternehmer, Sozialausschüsse, Beamte, Mittelstand –, mußte auch er respektieren. In den Entscheidungen der Innenpolitik, heißt das, war die Partei ein Faktor von eigenem Gewicht, wobei ihr Binnenpluralismus ihre Handlungsfähigkeit durchaus begrenzte. Die dritte Legislaturperiode mit ihrer absoluten Unionsmehrheit hebt sich denn auch keineswegs als eine Periode mit einem klar erkennbaren »Unionsprofil« hervor. Koalitionspartner spielten eine vergleichsweise geringe Rolle. Von 1956 bis 1961 regierte die Union ohnehin faktisch allein. Aber auch vorher gab es, bei aller gelegentlichen Rücksichtnahme, jenes übersorgfältig austarierte asymmetrische Gleichgewicht, das für spätere Koalitionen charakteristisch wurde, noch nicht.

Ein Blick auf einige wenige herausragende Entscheidungen der fünfziger Jahre macht das alles deutlich sichtbar. Wie er auch sichtbar macht: Bundesrat und Verfassungsgericht waren als Mitspieler auf der politischen Bühne zwar von Anfang an präsent, aber, wenn man vom spektakulären Wiederbewaffnungsstreit absieht, doch nicht gleich in der zentralen Rolle späterer Jahre. Marksteine aus der Notstands- und Grundlegungsarbeit der ersten Legislaturperiode, die im Schatten der großen Kontroversen um Westintegration und Wiederbewaffnung geleistet wurde: das Bundesversorgungsgesetz, das den Kriegsopfern, etwa viereinhalb Millionen an der Zahl,[121] die erste geregelte Hilfe brachte; das Bundesverfassungsgerichtsgesetz, das dem höchsten deutschen Gericht konkrete Gestalt gab; das Gesetz über den sozialen Wohnungsbau, mit dem man daranging, Millionen von Unbehausten wieder ein Dach über dem Kopf zu schaffen, sowie das Bundesentschädigungsgesetz, das sich den Opfern der nationalsozialistischen Diktatur zuwandte. Zwei Gesetze, denen konstitutive Bedeutung für die Integration großer, politisch gewichtiger gesellschaftlicher Gruppen in das neue Gemeinwesen zukommt, ragen dabei heraus: das Mitbestimmungsgesetz aus dem Jahr 1951 und das Lastenausgleichsgesetz aus dem Jahr 1952.

Ausgleich der Lasten: Daß es zu den vordringlichsten Aufgaben der jungen Republik gehöre – vordringlich aus moralisch sehr elementaren wie aus politisch sehr handfesten Gründen –, einen Ausgleich zustande zu bringen zwischen denen, die alles oder fast alles verloren hatten, den Flüchtlingen aus dem Osten zumal, und denen, die ihr Vermögen durch Krieg und Inflation hindurchgerettet hatten, war für jeden Einsichtigen offenkundig. Aber wie es anstellen? Ging es einfach nur darum zu helfen, wo die Not am größten war? Oder sollte man jedem Geschädigten Anspruch auf proportionale Entschädigung für verlorenes Vermögen, wie immer quotiert, zuerkennen? Welche Art von Hilfs- und Entschädigungsprogramm würde sich am ehesten mit dem vorrangigen Imperativ, alle verfügbaren Ressourcen für die Wiederbelebung der Wirtschaft zu mobilisieren, vereinbaren lassen? Welche Lasten waren der öffentlichen Hand zuzumuten?

Die Flüchtlingsnot erschien als das größte, auch am wenigsten lösbare Problem Nachkriegsdeutschlands. Acht Millionen in den westlichen Besatzungszonen (dreieinhalb in der SBZ) – wie diesem Elendsheer in einem weithin zerstörten Land ein Dach über dem Kopf verschaffen, einen Arbeitsplatz, eine Zukunft?

Das Lastenausgleichsgesetz war nicht der Anfang, sondern in gewissem Sinne – was seine Auswirkungen angeht – eher der letzte oder doch vorletzte Akt der Eingliederung. Einen wirklichen Vermögensausgleich zwischen denen, die alles verloren hatten, und denen, die glimpflich davongekommen waren, konnte und wollte es nicht bewirken.

Der Gesetzgeber hat vermutlich etwa jenes Ausgleichsniveau getroffen, das beiden Seiten gerade noch zumutbar war.

Mehr als drei Jahre lang hat man sich heftig gestritten, nachdem die frühe deutsche Anregung, Lastenausgleich und Währungsschnitt miteinander zu verknüpfen, an den Amerikanern gescheitert war. Und auch am Ende war man sich keineswegs einig. Als das Lastenausgleichsgesetz im Mai 1952 verabschiedet wurde, stimmte die SPD dagegen. Sie hatte dem Gesetz eine stärker egalisierende Tendenz geben wollen. Was Bund und Länder angeht, so fanden Bundestag und Bundesrat im Vermittlungsausschuß nur unter großen Schwierigkeiten zu einem Kompromiß. Und die Repräsentanten der Flüchtlinge im Regierungslager konnten auch nur mit Mühe durch beträchtliche Zugeständnisse des letzten Augenblicks für das Gesetz gewonnen werden.

Damit ist nicht gesagt, daß die Flüchtlinge zu den politisch besonders durchsetzungsfähigen, gut organisierten gesellschaftlichen Interessengruppen der Nachkriegszeit gehörten. Ihr Einfluß entsprach ihrem Anteil an der Bevölkerung (siebzehn Prozent gibt die Statistik für das Jahr der Verabschiedung des Lastenausgleichsgesetzes an[122]) keineswegs. Anfangs hatten Organisationsverbote der Besatzungsmächte sie behindert. Erst seit 1949 gab es, bei fortdauernden starken Rivalitäten, einen Verband, seit 1950 eine Flüchtlingspartei, den BHE. Die Existenz dieser Partei vor allem gab dem streitbaren Vorsitzenden des Bundes vertriebener Deutscher, dem Ostpreußen Linus Kather, damals Unionsabgeordneter, was er im Ringen um das Lastenausgleichsgesetz an Verhandlungsmacht in die Waagschale werfen konnte. Die Drohung, er werde mit seinem Anhang zum BHE überwechseln, war sein stärkstes Argument – ein stärkeres jedenfalls als die Demonstrationen, mit denen die Flüchtlinge in den Straßen der friedlichen kleinen Hauptstadt, die dergleichen noch nie gesehen hatte, Druck auszuüben versuchten. Es hat besonders Adenauer beeindruckt, den der Gedanke, die SPD und ein starker BHE könnten nach den Bundestagswahlen von 1953 zu einer Koalition zusammenfinden, beunruhigte. Seit 1950 gab es in Niedersachsen ein solches Regierungsbündnis als warnendes Beispiel. Adenauer hat denn auch noch im letzten Moment gegen seinen widerstrebenden, wie immer aufs Sparen bedachten Finanzminister Schäffer eine bedeutende Erhöhung des finanziellen Engagements des Bundes durchgesetzt. Dieses Zugeständnis änderte jedoch nichts daran, daß der Erfolg, den die Flüchtlinge mit dem Lastenausgleichsgesetz errangen, alles in allem eher bescheidener Natur war.

Am Ende fielen die Unzulänglichkeiten des Lastenausgleichs freilich nicht so ins Gewicht, wie man 1952 noch glauben mochte. Die Verhältnisse entspannten sich in den folgenden Jahren rasch. Arbeitsplätze und Wohnungen waren das, worauf es ankam. Und für beides sorgte vor allem das explosive Wirtschaftswachstum der fünfziger Jahre. Trotzdem darf man die Bedeutung des Lastenausgleichs nicht unterschätzen. Nicht nur, weil es den aus dem Osten vertriebenen Deutschen ohne einen solchen symbolisch-materiellen Akt der Solidarität wohl schwergefallen wäre, die Bonner Republik als die ihre zu akzeptieren, sondern auch, weil der Lastenausgleich für die, an denen das Wirtschaftswunder vorbeiging – viele aus der älteren Generation der Vertriebenen, auch der Witwen aus der Kriegsgeneration –, ganz praktisch eine entscheidende Lebenshilfe war. Die Renten für Bedürftige erwiesen sich am Ende als wichtiger als die sogenannte Hauptentschädigung, die ohnehin erst von 1959 an ausgezahlt wurde. Insgesamt sind bis Ende der achtziger Jahre 118 Milliarden Mark ausgezahlt worden. Und etwa 140 Milliarden Mark, so schätzt man, werden es am Ende schließlich gewesen sein.[123]

»Die größte Vermögensabgabe der Weltgeschichte« hat einer von denen, die zahlen mußten, den Lastenausgleich genannt.[124] Wahrscheinlich war er das: Fünfzig Prozent der für den Stichtag 21. Juni 1948 registrierten Vermögen, zahlbar in dreißig Jahresraten von vier bis sechs Prozent, waren an den Lastenausgleichsfonds abzuführen. Das klingt gewaltig. Tatsächlich ist die Lastenausgleichsabgabe nicht wirklich aus der Substanz, sondern aus den Erträgen geleistet worden. Und so war es auch gemeint gewesen. So etwas wie eine solidarische Teilung des erhalten gebliebenen Vermögens hat es nicht einmal ansatzweise gegeben. Sie hätte sich zugunsten einer politisch eher schwachen Minderheit auch gar nicht durchsetzen lassen und den Wirtschaftsaufschwung wahrscheinlich erheblich behindert. Ein Ausgleich zwischen den Schicksalen Ost- und Westdeutschlands war nicht einmal im Materiellen möglich.

Die Integration der Millionenschar von Entwurzelten gelang gleichwohl, weil das

Wirtschaftswunder den meisten eine Chance bot, neu anzufangen, und fast jeder, der eine Chance erhielt, sie auch ergriff. Aber selbst die Schicksalsgunst des Wirtschaftswunders macht die gelungene Integration noch nicht zur Selbstverständlichkeit. Man muß sich gelegentlich in Erinnerung rufen, daß das Flüchtlingsproblem in den ersten Nachkriegsjahren von vielen für schlechterdings unlösbar gehalten worden war. Daß es bewältigt wurde, wäre demnach – und diesem Urteil begegnet man auch – das eigentliche Wunder in der Geschichte des deutschen Neubeginns gewesen.

Man kann ebensogut sagen: Die Bundesrepublik hat Glück gehabt. Und Glück gehabt hat sie auch, was die Entwicklung ihrer Beziehungen zu den Gewerkschaften angeht. So wie ihr eine radikale Flüchtlingsopposition erspart geblieben ist, ist ihr eine radikale Gewerkschaftsopposition erspart geblieben. Auch das hat sich nicht von selbst ergeben.

Die Bundesrepublik war gewissermaßen an den Gewerkschaften vorbei gegründet worden. Weder im Wirtschaftsrat noch im Parlamentarischen Rat hatten sich Mehrheiten für ihre programmatischen Forderungen gefunden, und im ersten Bundestag gab es sie auch nicht. Es bestand keine Aussicht mehr, daß es zu einer Vergesellschaftung von Produktionsmitteln kommen werde. Alle planwirtschaftlichen Wunschvorstellungen, welcher Art auch immer, waren erst recht obsolet geworden. Allein das Thema Mitbestimmung stand noch auf der Tagesordnung. In der Mitbestimmungsfrage hatten die Gewerkschaften ihren einzigen strategischen Erfolg in der Nachkriegszeit errungen, freilich nur einen begrenzten: In der Eisen- und Stahlindustrie der britischen Besatzungszone war ihnen dank der Unterstützung durch die Besatzungsmacht der Durchbruch zur paritätischen Mitwirkung in den Aufsichtsräten gelungen. Sie waren denn auch sehr entschieden gewillt, nicht nur diesen Besitzstand zu verteidigen, sondern das Prinzip paritätischer Mitbestimmung für die ganze Wirtschaft durchzusetzen und so der Wirtschaftsordnung der Bonner Republik doch noch ein Stück weit gewerkschaftliche Züge einzuprägen, wobei sie nach ihrer Überzeugung nicht nur für ein Stück Gewerkschaftsmacht, sondern auch und vor allem für ein Stück Demokratie kämpften. Hans Böckler, der DGB-Vorsitzende, erklärte auf dem Höhepunkt des Streits, es sei für die Demokratie in Deutschland lebenswichtig, daß sie nicht nur im politischen, sondern auch im wirtschaftlichen Bereich gelte.[125]

Im Parlament konnten die Gewerkschaften mit der Unterstützung der Sozialdemokratie rechnen. In der Union standen Sympathien für sie auf dem linken Flügel und definitive Ablehnung der Mitbestimmungsforderung auf dem rechten gegeneinander. Die Koalitionspartner FDP und DP wollten von paritätischer Mitbestimmung nichts wissen. Ein schwieriges Thema für die Koalition also. Es lag angesichts dieser Gegebenheiten für die Regierung nahe, zunächst einmal den unmittelbar Interessierten, Gewerkschaften und Unternehmern, den Vortritt zu lassen, abzuwarten, ob sie sich würden einigen können. Sie konnten es, wie sich in mehreren Verhandlungsrunden im Frühjahr und Sommer 1950 zeigte, nicht. Man schrieb nicht mehr das Jahr 1947. Die Entscheidung für die Marktwirtschaft war gefallen, in Bonn regierte eine marktwirtschaftlich orientierte Mehrheit, die Unternehmer waren zu Konzessionen, wie sie sie drei Jahre zuvor für klug gehalten hatten, nicht mehr bereit. So mußten dann doch Regierung und Parlament entscheiden.

Die Gewerkschaften steckten faktisch ein Stück zurück, indem sie ihre Anstrengungen auf den Montanbereich konzentrierten, im wesentlichen also auf die Verteidigung dessen, was sie schon besaßen, machten aber gleichzeitig klar, daß sie für diese Kernforderung zu kämpfen entschlossen seien, als erkennbar wurde, daß die Koalition nicht bereit war, die Parität zuzugestehen, auch nicht dort, wo es sie schon gab. Im Dezember 1950 schien der offene Konflikt, ein Streik in der Eisen- und Stahlindustrie, kaum noch abwendbar zu sein, ein Streik, der die junge Demokratie so oder so heftig erschüttern mußte. Jeder Ausgang konnte ihr nur schaden. Es war Adenauers Eingreifen, es war ein Gespräch zwischen dem Bundeskanzler und Hans Böckler, alten Bekannten aus der Kölner Lokalpolitik der zwanziger Jahre übrigens, das den Dingen in diesem kritischen Augenblick die entscheidende Wendung gab, ein frühes Lehrstück überlegt und erfolgreich praktizierter Führung. Hier ist das Etikett Kanzlerdemokratie durchaus am Platz. Den Gewerkschaften wurde zugesagt, was sie vordringlich forderten, die (fast) paritätische Mitbestimmung in den Aufsichtsräten der Montanindustrie, Eisen, Stahl und Kohle, was mehr war als die bloße Garantie des Status quo. Der Streikbeschluß wurde daraufhin in letzter Minute zurückgenommen, im Mai das Gesetz verabschiedet, mit den Stimmen der Opposition, gegen die der Koalitionspartner FDP und DP. Die Koalitionen späterer Jahre hätten auf ein solches Vorkommnis übrigens sehr viel empfindlicher reagiert.

War es ein politisches Tauschgeschäft, was Adenauer und Böckler am 11. Januar 1951 unter vier Augen ausgehandelt haben? Explizit schwerlich, implizit vermutlich. Adenauer hat klar ausgesprochen, worum es ihm ging: »Der DGB wäre niemals für den Schuman-Plan zu gewinnen gewesen, wenn er in der Frage der Mitbestimmung unterlegen wäre.«[126] An den Verteidigungsbeitrag hat er fraglos auch gedacht. Eine Einheitsfront von SPD und DGB gegen seine Außenpolitik zu verhindern, mußte ihm einen hohen Preis wert sein. Und vermutlich empfand er den Preis gar nicht als so hoch. Was Böckler, der wenige Wochen später starb, Adenauer wirklich zugesagt hat, wissen wir nicht. Was wir wissen: Die Gewerkschaften haben sich dem Schuman-Plan zur Enttäuschung Schumachers nicht entgegengestellt. Und gegen die Wiederbewaffnung hat jedenfalls die DGB-Spitze anfänglich nur moderat opponiert.

Was immer die Verabredungen vom 11. Januar für die Politik Adenauers bedeutet haben mögen, für die westdeutsche Demokratie haben sie einiges bedeutet. Gewerkschaften, denen das Parlament die eben gewonnenen Positionen in den Aufsichtsräten der Eisen- und Stahlindustrie wieder aberkannt hätte, hätten sich schwergetan, dem Staat, der so mit ihnen umging, anders als feindlich gegenüberzustehen. Aber hätte das Parlament unter dem Druck eines Streiks nachgeben können, ohne seinerseits beschädigt zu werden? Wer Schaden vom Gemeinwesen fernhalten wollte, durfte es also gar nicht zur äußersten Zuspitzung des Konflikts kommen lassen. Der Erfolg von 1951 hat es den Gewerkschaften vermutlich auch leichter gemacht, mit den Niederlagen, die vorangegangen waren, zu leben und die Niederlage, die folgen sollte, hinzunehmen: das Betriebsverfassungsgesetz von 1952, das der Forderung nach Ausweitung der paritätischen Mitbestimmung auf die gesamte Wirtschaft eine definitive Absage erteilte. Zu einer Streikdrohung gegen das Parlament ist es

1952 bei den Beratungen über das Betriebsverfassungsgesetz anders als beim Mitbestimmungsgesetz trotz beträchtlicher Unruhe jedenfalls nicht mehr gekommen. Wahrscheinlich hätte eine solche Drohung auch nicht mehr so gewirkt, wie sie in den Verhältnissen des Vorjahres – es wurde über den Schuman-Plan verhandelt, daneben mit den Alliierten über die Neuordnung der Montanindustrie, Kohle und Stahl waren akut knapp – noch gewirkt hätte. Adenauer hatte übrigens schon 1951 ganz klargemacht, daß Kohle und Stahl für ihn ein Sonderfall seien.

Die Gewerkschaften, wie es in der linken Literatur häufig geschehen ist, dafür zu tadeln, daß sie sich beim Betriebsverfassungsgesetz nicht auf eine Kraftprobe mit dem Parlament eingelassen haben, ist für die frühen fünfziger Jahre noch problematischer als für die späten vierziger. Hätten sie es getan – beim Mitbestimmungsgesetz waren sie nahe daran –, es wäre der Demokratie, die doch gerade erst ihre allerersten Lektionen lernte, nicht gut bekommen. Daß sie das Parlament respektierten, half dem demokratischen Neuanfang. Im übrigen darf man nicht vergessen: Das Betriebsverfassungsgesetz war, gemessen am Ziel paritätischer Mitbestimmung, für sie gewiß eine Niederlage. Die Gewerkschaften, das war nach der ersten Legislaturperiode klar, waren in der von einer bürgerlichen Koalition regierten Bundesrepublik keine bestimmende Kraft. Aber sie hatten gleichwohl durch Mitbestimmungsgesetz und Betriebsverfassungsgesetz in den Unternehmen und Betrieben eine Machtstellung gewonnen, wie sie keine andere Gewerkschaft der Welt besaß.

II.

Das Stichwort Kanzlerdemokratie verweist noch auf ein zweites Kernstück aus der Gesetzgebungsarbeit der frühen Bundesrepublik: die Rentenreform des Jahres 1957. Wenn man, was naheliegt, im stetigen Auf- und Ausbau einer ausgeprägten Wohlfahrtsstaatlichkeit durchaus besonderen, deutschen Musters eine der dominierenden Tendenzen der inneren Entwicklung der Republik sieht, dann war die Rentenreform nach der sozialpolitischen Nothilfegesetzgebung der ersten Jahre so etwas wie eine Grundsteinlegung für diesen Bau. Adenauer hat auch an ihr einen bedeutenden persönlichen Anteil.

Dabei war sicher mehr als ein Motiv im Spiel. Natürlich wollte er mit der Rentenreform Wahlen gewinnen – die nächsten Wahlen hatte Adenauer immer im Blick. Aber die nächsten Wahlen waren nicht alles. Sozialpolitik, Politik der Existenzsicherung war ihm wichtig als Instrument der Stabilisierung der Nachkriegsgesellschaft mit ihren vielen Verwerfungen – da steht Adenauer, bedrängt von Weimarer Erinnerungen, durchaus in der Bismarckschen Tradition. Daß er auch an den Systemwettbewerb dachte, in dem die Bundesrepublik sich gegen den anderen, den kommunistischen deutschen Staat behaupten mußte, versteht sich von selbst.

In diesen Motiven werden strukturelle, nicht an Personen gebundene Determinanten der Entwicklung der bundesrepublikanischen Wohlfahrtsstaatlichkeit deutlich sichtbar: der Parteienwettbewerb, die Systemkonkurrenz, die Vergangenheit. Zuerst der Parteienwettbewerb in seiner westdeutschen Spielart: Eine große Volkspartei der rechten Mitte, in sich bereits eine Koalition durchaus unterschiedlicher Interessen, konkurriert mit einer starken, aber eben doch schwächeren Sozialdemokratie – die Union mußte in dieser Konstellation eine Sozialstaatspartei werden, aber sie brauchte sich das Modell nicht von der SPD aufzwingen zu lassen. Dann die Systemkonkurrenz: Es versteht sich von selbst, daß die Unmittelbarkeit und Intensität, mit der sie in Deutschland ausgetragen wurde, gerade auch der Sozialstaatsentwicklung Impulse gab. Und schließlich die Vergangenheit: Die Bundesrepublik nahm eine alte und starke sozialstaatliche Tradition auf, und sie reagierte zugleich auf eine Katastrophe, die nicht nur unendliche Not hinterlassen hatte, sondern auch, und zwar auf lange Frist, ein schier unstillbares Bedürfnis nach Sicherheit, dem die politischen Eliten der Republik konsequent Tribut gezollt haben.

Am Anfang stand die Regierungserklärung von 1953, die – eine Forderung aufgreifend, die längst im Gespräch war – eine »umfassende Sozialreform« ankündigte.[127] Gemeint war tatsächlich eine umfassende Neuordnung des gesamten Systems der sozialen Leistungen gemäß den Bedürfnissen der Gegenwart. Es zeigte sich freilich ziemlich rasch, daß ein solches Vorhaben in einer Legislaturperiode nicht zu verwirklichen war, wenn es denn unter den Bedingungen demokratischer Politik überhaupt zu verwirklichen ist. So beschloß man, sich auf ein zentrales Element des Systems, die Altersrenten, zu konzentrieren. Dafür gab es gute Gründe. Der Handlungsbedarf war unübersehbar. Die Renten waren so niedrig – im Durchschnitt beliefen sie sich auf etwa dreißig Prozent der vergleichbaren Löhne –, daß Altersarmut weit verbreitet war. Überhaupt kamen die frühen Jahre des Wirtschaftswunders sehr einseitig denen zugute, die in Arbeit und Brot standen.

Konzeptionen für eine grundlegende Reform waren zur Hand, vorgedacht in der Wissenschaft wie in der Ministerialbürokratie. Adenauers starkes Interesse am Thema gab ihnen plötzlich eine Chance – der Zufall hat dabei eine bemerkenswerte Rolle gespielt.[128] Und in wenig mehr als einem Jahr war die »dynamische Rente« Gesetz. »Dynamisch« – das war das eine prinzipiell neue Element der Konzeption: eine Rente, die sich mit dem Bruttoeinkommen der Erwerbstätigen bewegt, weil sie, aus der festen Bindung an das frühere Arbeitsentgelt des Empfängers gelöst, in Relation zum jeweils aktuellen Durchschnittseinkommen definiert ist. Eine Rente zudem, und das war die zweite wesentliche Neuerung, die nicht aus angespartem Kapital, sondern aus den laufenden Beiträgen der Erwerbstätigen gezahlt wird, was freilich seit den beiden Inflationen notgedrungen ohnehin schon Praxis geworden war. Daß die neue Formel bestimmt war, eine bedeutende Erhöhung der Altersrente unmittelbar zu bewirken – und sie auch bewirkt hat –, braucht kaum gesagt zu werden. Der Sprung war tatsächlich dramatisch. Im Durchschnitt betrug er sechzig bis siebzig Prozent. Das Wirtschaftswunder hatte nun auch die Rentner erreicht.

Die dynamische Rente war durchaus kein Konsensprojekt. Sie stieß auf starken Widerstand im Kabinett, in der Koalition, in der Wirtschaft. Nachdrücklich wurde vor der Dynamik der Belastungen, die das Projekt mit sich bringe, gewarnt. Und es ist wahrscheinlich, daß die Initiative irgendwo steckengeblieben wäre, hätte sich nicht der Bundeskanzler hartnäckig für sie eingesetzt. Kein Konsensprojekt, aber doch auch kein Vorhaben, das mächtige gesellschaftliche Interessen frontal herausforderte. Es gab vielen etwas, ohne unmittelbar in irgend jemandes Besitzstand einzugreifen, eine für eine anspruchsvolle Reform vergleichsweise günstige Konstellation. Am Ende gab es denn auch eine große parlamentarische Mehrheit – Union und SPD stimmten für das Gesetz, die FDP dagegen – und wenige Monate später einen Wahltriumph für Adenauer, zu dem die reich beschenkten Rentner das Ihre beigetragen haben dürften.[129]

Die Rentenreform von 1957 war eine sozialpolitische Epochentat, einen Richtungswechsel der deutschen Sozialpolitik brachte sie nicht. Die blieb in den Bahnen der konservativen deutschen Sozialstaatstradition, nach der Sozialleistungen gemäß dem Versicherungsprinzip wesentlich durch Beiträge, nicht aus Steuern finanziert werden, eng an das im Arbeitsleben erzielte Einkommen geknüpft bleiben und von eigenständigen Institutionen eines gegliederten Systems erbracht werden. Zudem wurde in der Union bei allem sozialpolitischen Eifer doch immer auch – nicht zuletzt von Adenauer selbst – die Warnung vor dem »Zuviel« ausgesprochen. Die andersartigen, am Ideal der Egalität orientierten sozialpolitischen Vorstellungen der Sozialdemokratie, die schon in der unmittelbaren Nachkriegszeit nicht zum Zuge gekommen waren, haben auch die Rentenreform von 1957 nicht wesentlich geprägt. Sie hatten bei den Mehrheitsverhältnissen der Adenauer-Ära keine Chance.

An die größte Zukunftsschwäche dieser bedeutenden Reform hat damals übrigens noch kaum jemand gedacht. Als auf einem Generationenvertrag beruhend hat man die dynamische Rente oft beschrieben. Diese wohlklingende Metapher läßt leicht vergessen, daß ein Rentensystem, welches die jeweils erwerbstätige Generation für ihre Vorgängergeneration in Anspruch nimmt, eine Drei-Generationen-Beziehung zur Voraussetzung hat, die sich nur partiell als Vertrag zwischen Generationen begreifen läßt. Nur dann, wenn die erwerbstätige Generation auch Kinder in hinreichender Zahl großzieht, ist ihre eigene Altersversorgung gesichert. Daraus ergeben sich Pflichten des Gemeinwesens denen gegenüber, die Kinder haben. Aber selbst wenn diese Pflichten mustergültig erfüllt werden, wovon in der Bundesrepublik sicher nicht die Rede sein kann: Nichts kann die Bereitschaft junger Menschen, Kinder zu haben und großzuziehen, in modernen Gesellschaften gewährleisten. In der Bundesrepublik ist sie vom Ende der sechziger Jahre an bekanntlich dramatisch zurückgegangen. Inzwischen gibt es keine Illusionen mehr über die Folgen dieser Entwicklung. 1957 hat sie niemand vorausgesehen.

Der Erfolg der Rentenreform ermutigte die Union, in der nächsten, der dritten Legislaturperiode auf dem Wege »umfassender Sozialreform« weiterzugehen; aber nun doch mit der deutlichen Akzentuierung, es komme darauf an, »Selbsthilfe und private Initiative« zu stärken. Konkret: In den Plänen zu einer Reform des Gesundheitswesens, mit denen Bundesarbeitsminister Blank 1958 an die Öffentlichkeit trat, tauchte die Eigenbeteiligung der Patienten an den Kosten der in Anspruch genommenen medizinischen Leistungen als Hauptelement der Reformkonzeption auf. Und genau diese Zielsetzung mobilisierte mächtige Gegenkräfte. Nicht nur SPD und DGB waren, wie nicht anders zu erwarten, entschieden dagegen. Auch die ärztlichen Standesorganisationen – ein seltenes Bündnis – waren, bei durchaus anderer Interessenlage, nicht für die Reform zu gewinnen. Das gab vermutlich den Ausschlag.

Die Regierung stand dieser Blockadefront nicht sonderlich stark und nicht sonderlich entschlossen gegenüber. Daran änderte auch die absolute Unionsmehrheit der Jahre 1957 bis 1961 nichts. Wie so oft bei sozialpolitischen Entscheidungen war die Partei keineswegs mit sich selbst einig, im Gegenteil: Es wurde überdeutlich sichtbar, wie gegensätzlich die unter dem weiten Dach der Union versammelten Interessen – die Sozialausschüsse hier, der Unternehmerflügel dort – jedenfalls in bestimmten gesellschaftspolitischen Kernfragen waren. Zu energischer Ausnutzung ihrer Mehrheit war die Fraktion mithin kaum in der Lage. Was Adenauer angeht, so ging seine Neigung ja immer dahin, Konflikte mit starken gesellschaftlichen Interessen um seiner primären Ziele willen zu vermeiden. Darauf lief es am Ende auch bei der Reform des Gesundheitswesens hinaus. Je mehr öffentliche Resonanz der Protest der streitbaren Reformgegner fand, desto skeptischer wurde der Kanzler. Es sei außerordentlich schwierig, bedeutete er der Fraktion, die Wahlen von 1961 im Blick, »gegen 70 000 Ärzte, von denen jeder dreißig Patienten am Tag hat, ein Gesetz zu machen«.[130] So wurde die Entscheidung denn erst einmal vertagt. Und nach einem zweiten Anlauf in der vierten Legislaturperiode – die FDP war als Koalitionspartner wieder im Spiel, was die Sache nicht einfacher machte – gab die Regierung endgültig nach und auf, eine Kapitulation, die für die Entwicklung des bundesrepublikanischen Sozialstaates vermutlich nicht weniger folgenreich war als die Rentenreform.

Ähnlich ist es, um ein zweites Beispiel zu nennen, beim Kartellgesetz, einem anderen wichtigen Vorhaben der fünfziger Jahre, gelaufen. Auch da hat Adenauer sich den mächtigen, in der Unionsfraktion einflußreich repräsentierten Industrieinteressen, die dem drohenden Kartellverbot in einem über sieben Jahre sich hinschleppenden Gesetzgebungsverfahren nach und nach die Zähne ausgebrochen haben, nicht entgegengestellt, sie eher begünstigt. Ludwig Erhard, prinzipienfest, aber alles andere als ein souveräner Taktiker in schwierigen politischen Gefechtslagen, ist mit dieser Konstellation nicht fertig geworden.

Man sollte aus den beiden Beispielen freilich auch nicht zuviel folgern. So deutlich das Scheitern der Krankenversicherungsreform wie, in einem anderen Sinne, des Kartellgesetzes auf die politische Macht starker, wohl organisierter Verbände hinweist: Der bestimmende Mechanismus der Bonner Politik, daran muß man immer wieder erinnern, ist von Anfang an die Parteienkonkurrenz gewesen, und die hat insgesamt sehr unterschiedliche Interessen aufgegriffen. Die Sozialpolitik macht das exemplarisch sichtbar. Für ihre expansive Dynamik, die von der zweiten Hälfte der fünfziger Jahre an immer mehr Gruppen zugute kam – Rentnern, Kriegsopfern, Patienten, Mietern, Eltern, Schülern und Studenten, Bauern, Gruppen also von sehr ungleicher Organisations- und Konfliktfähigkeit –, ist vor allem der Wettbewerb um Wählerstimmen verantwortlich gewesen. Man darf sich, heißt das, kein zu schlichtes Bild von der Verteilung der politischen Gewichte in der Republik machen.

Das abschließende Urteil über die innenpolitische Bilanz der Ära Adenauer hat lange von der doch bedeutenden Gesetzgebung der fünfziger Jahre erstaunlich wenig Notiz ge-

Der Wohnungsbau der fünfziger Jahre – hier die Neue Vahr in Bremen im Jahr 1960 – war in der Summe eine bewunderungswürdige Leistung, von größter Bedeutung für die Konsolidierung der Demokratie.

Die Siedlungen erwiesen sich allerdings bald als trostlose Wohneinöden und nicht selten als problematische Wohnquartiere.

Ins Bewußtsein trat dies Ende der siebziger Jahre mit dem »Stern«-Buch »Wir Kinder von Bahnhof Zoo«, der Geschichte der drogensüchtigen Christiane F. aus der Berliner Trabantensiedlung Gropiusstadt.

nommen. Es war bestimmt von dem beinahe stereotypen Verdikt, dringliche Aufgaben der inneren Reform seien unerledigt geblieben. Schon in vielen zeitgenössischen Kommentaren Anfang der sechziger Jahre kann man das nachlesen. Die Jahre 1966 und erst recht 1969 bedeuten in dieser Wahrnehmung den Beginn eines von seiner Vorgeschichte scharf abgehobenen Jahrzehnts überfälliger Reformpolitik. Es lohnt sich wie so oft auch hier, genauer hinzusehen.

Zunächst und vor allem: Die zentrale innenpolitische Leistung der ersten beiden Legislaturperioden liegt in der Bewältigung der Kriegsfolgen. Nur der, dessen Phantasie nicht ausreicht, sich wenigstens einigermaßen auszumalen, was »Wiederaufbau« nach dem Zweiten Weltkrieg in Deutschland eigentlich bedeutete, kann diese Leistung geringschätzen. Für sie steht das Lastenausgleichsgesetz, so wie der Mitbestimmungskompromiß von 1951/52 und die Rentenreform von 1957 dafür stehen, daß in den Wiederaufbau durchaus auch zukunftsweisende Ideen eingegangen sind. Unumstritten ist im übrigen, daß die Bundesrepublik schon am Ende der Ära Adenauer ein Sozialstaat war, der nicht nur hinsichtlich der Sozialleistungsquote, sondern auch strukturell keinen Vergleich zu scheuen brauchte. Wo also liegen die Defizite?

Genannt werden im allgemeinen die Rechts- und die Bildungspolitik. Für die Rechtspolitik gilt in der Tat, daß auf bestimmten Feldern am Ende der Gründungsphase ein beträchtlicher reformerischer Handlungsbedarf bestand. Zumal das Strafgesetzbuch, noch aus der Bismarck-Zeit stammend und gerade in seinen umstrittenen Tatbeständen durch die Rechtsprechung der Nachkriegszeit streng und konservativ ausgelegt, ist hier zu nennen. Daß schon seit 1954 über eine Neufassung beraten wurde, wird man freilich auch nicht einfach vergessen dürfen. Was die Bildungspolitik angeht, so wird leicht übersehen, daß sie Sache der Länder war, in den fünfziger Jahren noch sehr viel ausgeprägter als später. Mithin ist das Urteil über die bildungspolitische Bilanz der Ära Adenauer keineswegs einfach ein Urteil über den »CDU-Staat«. Im übrigen aber ist ganz unbestreitbar, daß sich in den fünfziger Jahren im Schulwesen die alten gegliederten Strukturen, in der Universität die auf den Ordinarius fixierte hierarchische Ordnung wieder stabilisierten; auch daß es zunächst einmal bei den herkömmlich engen, sozial selektiven Begrenzungen des Zugangs zu den Einrichtungen höherer Bildung, dem Gymnasium und der Universität, blieb. Die Reformimpulse der frühen Nachkriegsjahre, so mochte es scheinen, waren nicht mehr als Wirbel im Strom der Kontinuität gewesen. Freilich: Der Vorwurf, die Ära Adenauer habe sich der großen Reformaufgabe der Demokratisierung des Bildungssystems verweigert, macht es sich etwas zu einfach. So gut begründet das Postulat fairer Zugangschancen für alle zu den Bildungsinstitutionen war, so sehr man kritisieren mag, daß die Politik der fünfziger Jahre sich diesem Postulat noch nicht wirklich geöffnet hat – in den siebziger Jahren sollte sich zeigen, daß auf keine der offenen Strukturfragen Antworten von evidenter Vernünftigkeit bereitlagen, Antworten, die jeder Einsichtsvolle schon in den Fünfzigern hätte geben können und müssen. Die Gesamtschule samt Förderstufe und Stufenlehrer, die Gesamthochschule und die Gruppenuniversität sind, als sie politisches Programm wurden, zu Recht umstritten gewesen, und mancher Reformpfad hat sich als kostspieliger Irrweg erwiesen. Man kann also nicht einfach so argumentieren, als sei in den Anfängen das Selbstverständliche nicht geschehen.

Im übrigen war es nicht so, daß die Bildungspolitik erst in den späten sechziger Jahren in Bewegung geriet. Institutionen der Politikberatung wurden verhältnismäßig früh geschaffen: 1957 der Wissenschaftsrat, acht Jahre später der für das Schulwesen zuständige Bildungsrat. 1960 legte der Wissenschaftsrat seine Empfehlungen zum Ausbau der Universitäten vor. 1964 beschlossen die Länder, fünf neue Universitäten zu gründen: Bochum, Bremen, Dortmund, Konstanz und Regensburg. Im Bund-Länder-Abkommen zur gemeinsamen Förderung von Wissenschaft und Forschung aus demselben Jahr kündigten sich die einschlägigen Verfassungsänderungen der Großen Koalition an. Der energische Ausbau der Ingenieurschulen, die später Fachhochschulen werden sollten, begann. Die Unterstützung bedürftiger Studenten aus öffentlichen Mitteln nach dem sogenannten Honnefer Modell hatte der Staat 1957 aufgenommen. Das alles war erst ein Anfang, aber ein Anfang war es. Manche dieser Daten, das muß wenigstens angemerkt werden, verweisen auf die drei Erhard-Jahre, Zwischenjahre ohne deutliches eigenes Profil, von denen aber doch der eine oder andere weiterwirkende Impuls ausging.

Die Adenauer-Ära muß man, was ihre innenpolitische Bilanz angeht, gegen Pauschalkritik verteidigen. Die Große Koalition, von ihren zeitgenössischen Kritikern als Anfang vom Ende der westdeutschen Demokratie wahrgenommen, erfreut sich inzwischen erstaunlicher Hochschätzung. Sie gilt, alles in allem, als erfolgreich. Und nicht selten sieht man sie als erste Phase eines kurzen Reformjahrzehnts, das – über den Wechsel von 1969 hinweg – von 1967 bis zur Mitte der siebziger Jahre gedauert habe.

Tatsächlich sind mit der Großen Koalition ganz neue Handlungsbedingungen für die bundesrepublikanische Politik geschaffen worden. Einerseits bedeutete das Bündnis der beiden Großen: Der Regierung und ihrer parlamentarischen Neunzig-Prozent-Mehrheit standen weite – insbesondere auch verfassungspolitische – Handlungsspielräume offen. Dies um so mehr, als die schwache Opposition nicht die Möglichkeit hatte, das Verfassungsgericht ins Spiel zu bringen – sie verfügte nicht über das dafür notwendige Drittel der Stimmen im Bundestag –, und im Bundesrat nur marginal vertreten war. Das politische Profil, mit dem sich die Große Koalition der Nachwelt präsentiert, ist denn auch vor allem von den Verfassungsreformen bestimmt, die im Mittelpunkt ihrer legislatorischen Arbeit standen: der grundlegenden, schwierigen Neugestaltung der Bund-Länder-Beziehungen, insbesondere der Finanzverfassung; der Fortentwicklung der Wirtschaftsverfassung, mit der die Koalition auf die – vergleichsweise schwache – Depression der Mittsechziger antwortete; schließlich dem umkämpften Kraftakt der Einfügung der Notstandsverfassung in das Grundgesetz.

Das Bündnis der beiden Großen bedeutete andererseits aber auch: Der Handlungsspielraum der Politik war eng begrenzt. Denn Regieren hieß in diesem Bündnis und für dieses Bündnis mühsame Suche nach Kompromissen zwischen zwei gleich starken Partnern in einem Verhältnis intensiver Rivalität und, so stand es in den ausgehenden sechziger Jahren, bei wachsender ideologischer Distanz. Das Scheitern der Wahlrechtsreform ist zwar das spektakulärste, aber nicht unbedingt das instruktivste Beispiel für die beträchtlichen Konsensprobleme in der Großen Koalition. An der Strafrechtsreform lassen sie sich besser deutlich machen.

Die Strafrechtsreform wurde nach einer langen Vorgeschichte, zu der nicht zuletzt ein von der Wissenschaft vorgelegter einflußreicher »Alternativentwurf« gehört, vom Justizminister der Großen Koalition, Gustav Heinemann, energisch auf den Weg gebracht. Aber eine Einigung zwischen Union und SPD war nur über den neugefaßten Allgemeinen Teil, der insbesondere das System der Strafen neu ordnete und stärker auf das Resozialisierungsziel ausrichtete, dazu über einige wenige Korrekturen im Besonderen Teil, darunter die Rücknahme des überscharfen Staatsschutzstrafrechts aus der hohen Zeit des Kalten Kriegs, möglich. Auf die viel tieferen Eingriffe in den Besonderen Teil, zu denen es dann nach 1969 kam, hätte sich die Große Koalition nie verständigen können. Ähnlich war es in anderen Rechtsgebieten. Die Große Koalition hatte Mühe, der Anweisung des Verfassungsgerichts nachzukommen, die unehelich geborenen Kinder endlich den ehelich geborenen gleichzustellen, und sie hätte sich über die Reform des Familienrechts, die dann zu den Schlüsselvorhaben der siebziger Jahre gehörte, schwerlich einig werden können.

In der Sozialpolitik andererseits waren Union und SPD durchaus zu gemeinsamem Handeln nach einem bestimmten Muster fähig: Die Sozialdemokraten insistierten nicht auf Strukturreformen mit egalisierender Tendenz, sie konzentrierten sich auf die Ausweitung sozialstaatlicher Leistungen. Dafür aber war die Union fast immer zu haben. Im Ergebnis war die Sozialpolitik der Großen Koalition übrigens dann doch stärker sozialdemokratisch geprägt, zumal in ihrem Kernstück, dem Gesetz über die Lohnfortzahlung im Krankheitsfall. Es sicherte den Arbeitern die Fortzahlung des vollen Lohns durch den Arbeitgeber für sechs Wochen und stellte sie damit – eine alte Forderung der Arbeiterbewegung – den Angestellten gleich. Bis dahin hatten die Arbeiter Versicherungsleistungen erhalten, die hinter dem vollen Lohn, am Ende kaum noch, zurückblieben. Die Berechtigung der Gleichstellungsforderung ließ sich nicht bestreiten. Ob der Gesetzgeber klug daran tat, die Problematik der Fortzahlung des *vollen* Lohns vom ersten Krankheitstage an entschlossen zu ignorieren, steht auf einem anderen Blatt.

Man sieht: Die Bilanz der Großen Koalition kann auf zweifache Weise gelesen werden – so, daß sie vorausweist auf die sozial-liberale Koalition, und so, daß vor allem die Restriktionen sichtbar werden, die sich aus dem besonderen Charakter des Bündnisses ergaben. Übrigens bestätigt ein Blick auf die Entwicklung des Politikstils die Einschätzung, daß es gute Gründe dafür gibt, die Bedeutung des Jahres 1969 als Zäsur zugleich zu betonen und zu relativieren. Daß Politik sich nicht auf reaktives Handeln, auf Gefahrenabwehr beschränken dürfe, sondern zu aktiver Gesellschaftsgestaltung verpflichtet und befähigt sei; daß sie dabei auf systematische Planung angewiesen sei; daß dafür eine engere Zusammenarbeit mit der Wissenschaft notwendig sei – dieses Politikverständnis mit seiner deutlicheren, bewußteren Zukunftsorientierung trat nicht plötzlich im Jahre 1969, sondern allmählich im Lauf der sechziger Jahre die Herrschaft an. »Planung ist der große Zug unserer Zeit«, heißt es in einem Text aus dem Jahr 1966.[131] Der Versuch planmäßiger, keynesianisch inspirierter Konjunktursteuerung, die mittelfristige Finanzplanung, die regelmäßige Sozialberichterstattung, die verteidigungspolitischen Bestandsaufnahmen in sogenannten Weißbüchern, die Konzipierung von Politik in mittelfristigen Programmen – der verkehrspolitische Leber-Plan ist ein Beispiel –, der jährliche Bericht zur Lage der Nation, Planungsabteilungen in den Ministerien: Das alles und dergleichen mehr beginnt in den Jahren der Großen Koalition. Manches davon geht auf ältere Anstöße zurück, insbesondere fand die Große Koalition maßgebliche Gremien wissenschaftlicher Politikberatung schon vor. Von Wissenschaftsrat und Bildungsrat war die Rede, der Sachverständigenrat zur Begutachtung der wirtschaftlichen Entwicklung wurde 1963/64 geschaffen.

Dennoch hat das Jahr 1969 seine Bedeutung auch für diesen Prozeß. Es bleibt mit all dem hoffnungsfrohen Eifer, mit dem die sozial-liberale Koalition sich aufmachte, die Bundesrepublik zu erneuern, sie auf den Weg des Fortschritts, der Modernisierung zu bringen, ein Jahr des Anfangs. Der unruhige Geist des historischen Augenblicks und der ungeduldige Gestaltungswille einer großen Partei, die zwanzig Jahre lang auf ihre Stunde gewartet hatte, verbanden sich zu einer emphatischen Stimmung des Aufbruchs, die sich vom pragmatischen Geist der Großen Koalition deutlich unterschied. Man ging systematisch daran, eine Art von Inventur zu machen, das verfügbare administrative Instrumentarium zu überprüfen und zu verbessern, ein umfassendes Arbeitsprogramm »Innere Reformen« auszuarbeiten, das 1971 dann auch tatsächlich vorgelegt wurde. So hatte noch keine Bundesregierung, keine Koalition ihre Arbeit begonnen. Ein solcher Augenblick kann vieles in Bewegung setzen, und der von 1969 hat einiges in Bewegung gesetzt. Sicher aber ist vor allem, daß ihm Enttäuschungen folgen. So war es auch hier. Der Enthusiasmus des Anfangs, der Glaube, die Zukunft sei planbar und die Gesellschaft ein Stoff, den die Politik nach Wunsch modellieren könne, verflogen in den siebziger Jahren rasch. Beides, der Enthusiasmus und die Enttäuschung, hat die politische Atmosphäre der sozial-liberalen Ära wesentlich bestimmt.

IV.

Der Handlungsspielraum der sozial-liberalen Koalition war zunächst und vor allem durch das Verhältnis der Koalitionspartner zueinander, durch die Grenzen ihres Konsenses bestimmt. Ihr ost- und deutschlandpolitisches Projekt verband sie, und auch in ihren auf »Emanzipation« gerichteten rechtspolitischen Überzeugungen waren sie einander sehr nahe. Viel schwieriger war das wirtschafts- und sozialpolitische Terrain – da standen Sozialdemokraten und Liberale eher gegen- als nebeneinander. Äußere Schranken ergaben sich – spürbarer als für jede andere Mehrheit in der Geschichte der Bonner Republik – daraus, daß die Opposition von 1972 an über eine Mehrheit im Bundesrat verfügte. Die Folge war, daß sich in der siebten und achten Legislaturperiode (1972–1980) der zwischen Bundestag und Bundesrat stehende Vermittlungsausschuß – in dieser Phase wirklich eine Art von Überparlament – mit jeder fünften Gesetzesvorlage beschäftigen mußte, zuvor war es nur etwa jede zehnte gewesen. Und wenn es auch nicht sonderlich viele Gesetze waren, die am Bundesrat definitiv scheiterten (siebzehn in jenen acht Jahren), so war mit dem Berufsbildungsgesetz doch jedenfalls eines von beträchtlicher Bedeutung für die Koalition darunter.[132] In der Regel kam es bei strittigen Zustimmungsgesetzen zu einem mühsam ausgehandelten Kompromiß, und das hieß: Die Koalition mußte der Opposition erhebliche Zugeständnisse machen – so beim Hochschulrahmengesetz und in der Ehe- und Familienrechtsreform.

Neben dem Bundesrat steht, wenn von den Grenzen des Handlungsspielraums der sozial-liberalen Koalition die Rede ist, das Verfassungsgericht. Mehrfach, häufiger als andere Regierungen, ist sie mit Vorhaben, die ihr wichtig waren, auf seinen Einspruch gestoßen. Und es hat sie dieser Einspruch auch empfindlich getroffen. Das Nein des Gerichts zur Fristenlösung ist der wohl am häufigsten diskutierte Fall.

Schließlich: Zu den Restriktionen politischen Handelns in den siebziger Jahren gehört ganz entscheidend die ökonomische Krise. Am Anfang schien es, als hätte die Große Koalition mit ihrem eleganten und raschen Sieg über die Depression der Mittsechziger die sozial-liberale Koalition in die Lage versetzt, aus den sprudelnden Quellen einer wiederbelebten Konjunktur zu schöpfen. Aus der Distanz läßt sich erkennen, daß die schwache Depression nur ein Oberflächenphänomen war, während tatsächlich um diese Zeit die Prosperitätsphase der Nachkriegsgeschichte auslief, in dem Augenblick gewissermaßen, in dem die sozial-liberale Koalition mit ihrem ehrgeizigen und kostspieligen Reformprogramm antrat. Dieses Zusammentreffen hat das Schicksal der Koalition in hohem Maße bestimmt, denn die Fähigkeit, gemeinsam zu regieren, hatte von nun an viel mit der Fähigkeit, gemeinsam zu sparen, zu tun – und mit der war es bei der sozial-liberalen Koalition, wie sich in ihren letzten Jahren zeigen sollte, nicht weit her.

Nicht zuletzt ist zum Kontext der siebziger Jahre, der der Politik ihren Handlungsspielraum vorgab, auch die von den späten Sechzigern ausgehende politische Mobilisierung und Polarisierung der Öffentlichkeit zu rechnen. Anfänglich wirkte sie zugunsten der sozial-liberalen Koalition, ganz deutlich im Wahlkampf von 1972, später auch gegen sie – man denke an die Elterninitiativen in den landespolitischen Schulkämpfen oder an die Antikernkraftbewegung in der zweiten Hälfte der siebziger Jahre.

Die Skizze der Handlungsbedingungen, mit denen es die sozial-liberale Koalition zu tun hatte, gewinnt schärfere Konturen, wenn man einige wichtige Vorhaben aus ihrem Reformprogramm etwas genauer ins Auge faßt. Mitbestimmung und Paragraph 218 StGB sind einschlägige Stichworte. Der Streit um die Strafbarkeit der Abtreibung ist in den siebziger Jahren in vielen westlichen Demokratien ausgefochten worden, mit unterschiedlichen Ergebnissen im einzelnen, aber doch fast überall mit liberalisierender Wirkung. Die Bundesrepublik ist da nur ein Fall unter anderen, sie marschierte weder an der Spitze des Fortschritts noch, wie Kritiker zeitweilig meinten, in der Nachhut. Sie hat wie andere Demokratien mit diesem Thema die Erfahrung gemacht, daß rapider Wertewandel ein schmerzhaft konfliktträchtiger Prozeß ist, wenngleich der Konflikt, bei aller Schärfe, den gesellschaftlichen Frieden in Deutschland nie so erschüttert hat wie in den USA. Was die Bundesrepublik mit den USA verbindet, ist die herausragende Rolle, die das Verfassungsgericht – in den USA der Supreme Court – in dem Streit gespielt hat, freilich mit ganz unterschiedlichen Auswirkungen.

Seinen Platz ganz oben auf der Agenda der Politik hat sich das Thema nach zwei erstaunlich ruhigen Jahrzehnten erst Anfang der siebziger Jahre erobert. Noch die Große Koalition hatte ihm ohne große Schwierigkeiten ausweichen können – sie wäre in diesem Punkt nicht konsensfähig gewesen. Die sozial-liberale Koalition war es, und mehr als das: Der Paragraph 218 wurde in der sozial-liberalen Programmatik eines jener Themen, in denen sich das Versprechen, die Republik aus dem Geiste des Fortschritts, der Emanzipation noch einmal zu gründen, gleichsam symbolisch verdichtete. Die Impulse kamen eher von außen: von der Studentenrebellion, von der feministischen Bewegung, die sich in den Unruhen der späten sechziger Jahre zu formieren begann, von den Medien. Es war die Illustrierte »Stern«, die 1971 mit einer effektvollen Aktion die öffentliche Diskussion recht eigentlich anstieß.[133] Mit dem provokativen Geständnis »Ich habe abgetrieben« forderten 374 Frauen, viele dem Leser wohlbekannte Gesichter und Namen darunter, das geltende

Was jedermann längst wußte, sprach der »Stern« am 6. Juni 1971 provozierend aus: Der Wandel der Anschauungen hat den Paragraphen 218 StGB bereits faktisch außer Kraft gesetzt. Es wird massenhaft gegen ihn verstoßen, und der Staat kann nur ratlos zusehen. Daran, daß der Gesetzgeber auf den Wandel der Anschauungen reagieren mußte, konnte kein Zweifel bestehen. Aber wie? Sollte das Recht einfach vor der Lebenswirklichkeit kapitulieren? Eine Auseinandersetzung begann, die erst nach zwanzig Jahren zu einem gewissen Abschluß kam.

Recht heraus. Sie definierten zugleich das Thema neu. Nicht mehr von Güterabwägung im Widerstreit von Rechten war die Rede, sondern nur noch vom Recht der Frau auf Selbstbestimmung. Jetzt mußten auch die Parteien Stellung beziehen.

Die F.D.P. entschied sich, ohne zu zögern, für die sogenannte Fristenlösung, die der Frau jedenfalls für die erste Phase der Schwangerschaft faktisch ein freies Verfügungsrecht über das ungeborene Kind einräumt. So auch die SPD, in der freilich eine kleine, aber nicht marginale Minderheit – selbst Willy Brandt schwankte anfangs – für eine Indikationslösung focht, eine Lösung, heißt das, die der Schwangeren nur für ganz bestimmte Notlagen das Recht abzutreiben zugesteht. Für die Union war nur eine Indikationslösung annehmbar, aber auch in ihren Reihen gab es Meinungsverschiedenheiten, darüber nämlich, wie eng die Indikationen zu definieren seien. Nicht weniger als vier Entwürfe lagen dem Parlament zeitweilig vor, von denen übrigens keiner den strengen Anforderungen der katholischen Kirche entsprach. Die kämpfte einen einsamen, aussichtslosen Kampf. Am Ende, drei Jahre nach der »Stern«-Fanfare, votierte das Parlament mit knapper Mehrheit für die Fristenlösung – 247 gegen 233 Stimmen bei neun Enthaltungen. Parteiblöcke im wesentlichen, obwohl das Thema als eine Gewissenssache behandelt wurde, aber doch nicht ganz scharf abgegrenzte Parteiblöcke: Neunzehn Abgeordnete der Koalition verweigerten der Fristenlösung bis zum Schluß die Gefolgschaft.

Das Parlament hatte freilich nicht das letzte Wort. Konnte die Opposition mit ihrer Bundesratsmehrheit auch nichts ausrichten, weil das Gesetz kein Zustimmungsgesetz war, so konnte sie doch das Verfassungsgericht ins Spiel bringen. Sie tat es. Und das Gericht entschied im Februar 1975 – nicht einstimmig, sondern gegen ein scharfes Minderheitenvotum –, daß die Fristenlösung mit dem Grundgesetz nicht vereinbar sei.[134] Art. 2 Abs. 2 GG – »Jeder hat das Recht auf Leben« – schütze auch das ungeborene Leben. Es habe grundsätzlich Vorrang vor dem Recht der Schwangeren auf freie Entfaltung der Persönlichkeit. Notfalls müsse das vorrangige Lebensrecht auch durch das Strafrecht geschützt werden. Die Urteilsschelte war, da und dort jedenfalls, heftig, ja schrill. Aber der Vorwurf, das Gericht habe sich in den siebziger Jahren gegenüber der sozial-liberalen Reformpolitik eine durch das Grundgesetz nicht gedeckte Kontrolleursrolle angemaßt, ist gerade im vorliegenden Fall wenig überzeugend. Zur Entscheidung standen eben nicht nur Zweckmäßigkeitsfragen, Meinungsverschiedenheiten über die Eignung unterschiedlicher Mittel zur Erreichung unbestrittener Zwecke, wie Kritiker des Urteils, dissentierende Richter eingeschlossen, oft behauptet haben. Zur Entscheidung stand ein sehr elementarer Konflikt zwischen zwei Grundrechten. Wozu ein Verfassungsgericht, wenn es für einen solchen Fall keine Prüfungskompetenz besitzt?

Im Rückblick zeigt sich zudem (besonders wenn man das zweite Urteil von 1993 in die Betrachtung einbezieht[135]), daß das Verfassungsgericht vermutlich wesentlich zu einer Art von Befriedung beigetragen hat. Die unbestimmt weit gefaßte Indikationslösung, für die die sozial-liberale Koalition sich in unwilligem Gehorsam gegenüber dem Karlsruher Spruch entschied, konnte in der Praxis beinahe zu einer Fristenlösung werden, ist es auch geworden.[136] So gesehen hat die Koalition ihr Reformziel mit dem Gesetz von 1976 faktisch weitgehend erreicht. Aber den der Fristenlösung widersprechenden Überzeugungen wurde doch nicht jede rechtliche Anerkennung entzogen. Und das hat es ihnen leichter gemacht, mit den veränderten Verhältnissen zu leben. Daß ein neuer Konsens gestiftet worden sei, wird man schwerlich behaupten können. Aber gestritten wurde, bis die Vereinigung das Thema in die Politik zurückbrachte, kaum noch. Der Supreme Court dagegen hat in seinem Urteil von 1973 (Roe vs. Wade), das dem ungeborenen Kind in der Frühphase der Schwangerschaft praktisch jeden Rechtsschutz versagte, nicht nur keinen Konsens gestiftet, er hat einen erbitterten Dauerstreit recht eigentlich in Gang gesetzt.

Man kann aus der Geschichte der Reform des Paragraphen 218 StGB herauslesen, daß die Konstellationen bundesrepublikanischer Politik, gerade auch die der siebziger Jahre, »mittlere Lösungen« begünstigten;[137] Lösungen, heißt das, mit denen beide Seiten am Ende, auch nach heftigem Streit, leben können. Vom Mitbestimmungsgesetz des Jahres 1976 läßt sich Ähnliches sagen. Außerdem ist es, mehr noch als die Reform des Paragraphen 218, in seinem Werdegang ein Beispiel für die außerordentliche, in den Jahrzehnten bundesrepublikanischer Geschichte stetig gewachsene Einwirkung des Verfassungsrechts und seiner Interpreten auf die Politik. Das eine hängt fraglos mit dem anderen zusammen.

Das Thema Mitbestimmung, die alte Forderung der Gewerkschaften, im Mitbestimmungsgesetz von 1951 nur für den wichtigen, aber engen Bereich der Montanindustrie befriedigt, kehrte Ende der sechziger Jahre in die Politik zurück. Jetzt freilich nicht mehr wie in der frühen Nachkriegszeit als Element einer strengen sozialistischen Programmatik,

In den siebziger Jahren konnte mehr als in anderen Zeiten der Eindruck entstehen, jeder bedeutende parteipolitische Konflikt werde letztinstanzlich vom Verfassungsgericht entschieden. Tatsächlich stieß die sozialliberale Koalition mit einigen Reformvorhaben – der Neufassung des Pragraphen 218 StGB, der Unternehmensmitbestimmung, auch der Deutschlandpolitik – in verfassungsrechtlich sensible Zonen vor. Es war fast unvermeidlich, daß das Verfassungsgericht ins Spiel gebracht wurde. Trotzdem kam es nicht zu jener Art von Konfrontation, wie sie die USA in den dreißiger Jahren erlebt hatten, als sich der Supreme Court über Jahre der New-Deal-Gesetzgebung des Präsidenten Roosevelt entgegengestellt hatte.

sondern, zeitgemäßer, als Schritt auf dem Weg zu einer umfassenden »Demokratisierung« der Gesellschaft präsentiert. Konkret hieß die von 1968 an offensiv vorgetragene Forderung des DGB: Ausweitung der Unternehmensmitbestimmung nach dem Muster der Montanindustrie mit ihren paritätisch besetzten Aufsichtsräten auf alle größeren Unternehmen. Reagierte die Große Koalition noch zurückhaltend und gab zunächst einmal ein wissenschaftliches Gutachten in Auftrag, so durften die Gewerkschaften sich nach dem Wechsel von 1969 mehr versprechen.

Freilich, die Sozialdemokratie, auf die der DGB wenn auch nicht in jedem Detail, so doch im wesentlichen rechnen konnte, regierte nicht allein. Die F.D.P. war gewiß nicht mehr die FDP der fünfziger Jahre, die 1951 das Mitbestimmungsgesetz abgelehnt hatte. Aber mit den Vorstellungen der Gewerkschaften von Mitbestimmung hatte sie noch immer erhebliche Schwierigkeiten, weshalb man in der sechsten Legislaturperiode über eine Neufassung des Betriebsverfassungsgesetzes denn auch nicht hinauskam. Erst in ihrem sozialliberalen Bekenntnisdokument, den Freiburger Thesen von 1971, griff die F.D.P. die Mitbestimmungsidee programmatisch auf, entdeckte dabei freilich den »Faktor Disposition«, will sagen die »leitenden Angestellten« als selbständige Gruppe, die wiederum in den gewerkschaftlichen Vorstellungen von Parität nicht vorgesehen war, wie die F.D.P. denn überhaupt dem starken Gewerkschaftseinfluß der Montanmitbestimmung auch nach Freiburg unverändert kritisch gegenüberstand. Die Union, die Opposition, auf die es freilich nicht entscheidend ankam, weil der Bundesrat in dieser Sache kein Vetorecht hatte, tat sich am schwersten. Zwei Jahre lang beherrschte das Thema, beherrschte das Ringen zwischen gewerkschaftsnahen und unternehmernahen Kräften in der Union die Parteitage, bis man schließlich zu einem Kompromiß fand, in dem, ähnlich wie bei der F.D.P., der »leitende Angestellte« zu einer wichtigen Figur avancierte.

Von Anfang an war noch ein weiterer, mächtiger Mitspieler präsent: das Bundesverfassungsgericht. Mit der Montanmitbestimmung hatte man zwanzig Jahre lang ohne verfassungsrechtliche Skrupel gelebt. Jetzt aber gewann die Frage nach der Verfassungsmäßigkeit der paritätischen Mitbestimmung plötzlich entscheidende Bedeutung. Stand der Eigentumsartikel 14 der paritätischen Mitbestimmung entgegen? War die paritätische Mitbestimmung möglicherweise verfassungswidrig, weil sie die Tarifautonomie aushöhlte? Heerscharen von Rechtsgelehrten wurden gegeneinander aufgeboten, Klarheit, das wußten alle, würde am Ende nur das Verfassungsgericht schaffen können. Das Gesetz, das 1976 schließlich verabschiedet wurde – mit den Stimmen der Koalition wie, in ihrer großen Mehrheit, der Opposition –, war dann auch nicht nur ein – unendlich mühevoll ausgehandelter – Koalitionskompromiß. Es war auch ein Versuch, das Verfassungsgericht schon vorab in den Kompromiß mit einzubeziehen. In der Sache hieß das: Statt der Parität nur eine Beinahe-Parität in den Aufsichtsräten der großen Unternehmen – um verfassungsrechtlich sicherzugehen. Den Vorsitzenden des Aufsichtsrates, so sah es das Gesetz vor, wählten, wenn keine Einigung zwischen den beiden »Bänken« zustande kam, die Vertreter der Anteilseigner. Und eben dieser Vorsitzende war durch das Gesetz für den Notfall des Patts, für den ja alle Paritätsmodelle irgendwelche Auswege erfinden mußten, mit einer Zweitstimme ausgestattet.

Daß die Gewerkschaften, auch die SPD, mit diesem Gesetz nicht sonderlich glücklich waren, versteht sich von selbst. Kein Sieg auf ganzer Linie, aber gewiß auch keine »eklatante Niederlage«, wie kritische Stimmen gelegentlich behauptet haben,[138] sondern ein beträchtlicher Gewinn an gesichertem, wenn auch nicht paritätischem Einfluß in den Unternehmen und auf die Unternehmen. Mehr war angesichts der gegebenen parlamentarischen Kräfteverhältnisse nicht zu erreichen. Erzwingen konnte auch ein entschlossener DGB nichts. Streiks hätten der gewerkschaftlichen Sache vermutlich eher geschadet als genutzt, von ihrer Illegalität – sie hätten ja auf den Gesetzgeber, nicht auf den Tarifgegner gezielt – ganz abgesehen.

Mit der Verfassungsklage der Unternehmer gegen das Mitbestimmungsgesetz verschärfte sich der Streit am Ende noch einmal dramatisch. Selten ist ein Urteil des Verfassungsgerichts mit solcher Spannung erwartet worden. Aber es erwies sich, daß die Aufmerksamkeit, die Regierung und Parlament den Rechtsfragen gewidmet hatten, nicht umsonst gewesen war. Das Gericht erklärte das Gesetz in allen seinen Bestimmungen als mit dem Grundgesetz vereinbar.[139] Die Entscheidung des Parlaments, die die Balance zwischen

Kapital und Arbeit im Unternehmen in einem schwierigen Kompromiß neu austariert hatte, blieb in Geltung, die Verantwortung damit beim Gesetzgeber. Klug vermied das Gericht, sich auf die Frage einzulassen, ob eine wirklich paritätische Mitbestimmungsregelung noch verfassungsgemäß gewesen wäre. Allenfalls daraus mochte man seine Schlüsse ziehen, daß die Urteilsbegründung mit einigem Nachdruck hervorhob, das Gesetz belasse den Anteilseignern ein Übergewicht. Die abgewiesenen Kläger konnten das als eine Art von Erfolg verbuchen. Die Gewerkschaften, die es während des Verfahrens an – gelegentlich etwas zudringlichen – Mahnungen an die Adresse des Gerichts nicht hatten fehlen lassen, waren mit dem Urteil ohnehin zufrieden. Das Verfassungsgericht hat tatsächlich den Schlußpunkt hinter eine lange Streitgeschichte gesetzt.

V.

»Mittlere Lösungen« – ist das ein Stichwort auch für die Sozialpolitik der sozial-liberalen Koalition? In einem gewissen Sinne ja, in anderer Hinsicht keineswegs. Keine programmatische Initiative läßt sich ausmachen, kein Versuch struktureller Reform in der einen oder anderen Richtung, kaum Streit. Statt dessen folgte die Politik der schlichten Maxime »immer mehr Leistungen für immer mehr Empfänger«. Expansion also in den etablierten Strukturen, das Grundmuster bundesrepublikanischer Sozialpolitik überhaupt, solange es sich durchhalten ließ. Andere Zielsetzungen kamen für ein Bündnis von Sozialdemokraten und Liberalen auch kaum in Betracht. Für einen Umbau des Systems im sozialdemokratisch egalisierenden Sinne gab es keine Mehrheit, und für liberale Korrekturen erst recht nicht. Sich auf Leistungsexpansion zu einigen war da, jedenfalls bis zum Ausbruch der Krise, das einfachste. Und den Segen der Opposition hatte man dafür obendrein. Das Rentenreformgesetz von 1972, mitten im heftigsten Wahlkampf verabschiedet, ist das handgreiflichste Beispiel für die unbekümmerte Großzügigkeit, mit der man in der Sozialpolitik gemeinsam und einander überbietend zu Werke ging. Man verteilte mit diesem Gesetz einen Überschuß von beinahe 200 Milliarden Mark, den eine Prognose unter Zugrundelegung bestimmter günstiger gesamtwirtschaftlicher Bedingungen für die nächsten fünfzehn Jahre errechnet hatte, so als habe man ihn bereits sicher in der Rentenkasse.[140] Einer der Beteiligten hat berichtet, wie es selbst dem sozialdemokratischen Fraktionsexperten bei diesem euphorischen Wetteifer in der Verteilung von Milliardenwahlgeschenken unbehaglich wurde.[141] Folgen hat das nicht gehabt. Der Preis, den man für diese Art von Konsenspolitik zu zahlen hatte, erwies sich freilich schnell als hoch. In ihren späten Jahren hat die sozialliberale Koalition an der Hypothek ihrer früheren Entscheidungen, an der Last der von 26,7 Prozent (1970) auf 33,7 Prozent (1975) gestiegenen Sozialquote[142] schwer getragen.

Das alles heißt natürlich nicht, daß es Politik mit einem deutlich sozial-liberalen Profil nicht gegeben hätte. An die Außenpolitik ist zu erinnern. Daneben ist zumal die Rechtspolitik zu nennen, die das Recht sehr bewußt als Instrument der Veränderung verstand und handhabte, zudem – ein wichtiger Vorteil – nicht auf volle Kassen angewiesen war. Das

Strafrecht, auch das Strafverfahrens- und das Strafvollzugsrecht wurden in immer neuen Anläufen modernisiert. 1981 war man beim neunzehnten Strafrechtsänderungsgesetz angelangt. Das Ehe- und Familienrecht bildete einen zweiten Reformschwerpunkt, daneben Verbraucherschutz, Mieterschutz, Datenschutz – der Katalog ist lang. Viel davon war notwendige Fortentwicklung, ganz oder doch weitgehend unkontrovers – die Tendenz etwa, im Ehe- und Familienrecht dem Prinzip der Gleichberechtigung, bis hin zum Namensrecht, definitiv Geltung zu verschaffen. Anderes war heftig umstritten: so die Liberalisierung des Demonstrationsrechts, mit der die Koalition auf die Unruhe der späten sechziger Jahre reagierte – sie blieb angesichts fortdauernder, ja sich steigernder Demonstrationsgewalttätigkeit auf lange Zeit ein Reizthema; die Durchforstung des Sexualstrafrechts, bei der die F.D.P. nach der Devise, daß Recht, Strafrecht zumal, und Moral zwei verschiedene Dinge seien, gern noch weiter gegangen wäre, als die SPD zu gehen bereit war; auch das Scheidungsrecht, in dem der Schritt vom Verschuldens- zum Zerrüttungsprinzip getan wurde. Hatte der Bundesrat mitzureden, so ging es nicht ohne langwierige Verhandlungen zwischen Bundestag und Bundesrat, faktisch zwischen Regierungsmehrheit und Opposition, im Vermittlungsausschuß ab. Aber im ganzen kann doch kein Zweifel daran bestehen, daß die Rechtspolitik mit scharfen Konturen ganz wesentlich zum sozial-liberalen Profil des Jahrzehnts nach 1969 beigetragen hat.

Auf andere Weise gilt das auch für die Bildungspolitik, der Bundeskanzler Brandt in seiner Regierungserklärung von 1969 den ersten Platz im Regierungsprogramm der sozialliberalen Koalition einräumte. Bildungspolitik war zwar in der Hauptsache nicht Angelegenheit des Bundes, sondern der Länder. Und der Bund hat denn auch viel weniger bewegen können, als er sich das 1969 vorstellte. Aber das ändert nichts daran, daß gerade die Bildungspolitik – genauer eine Art von bildungspolitischem Dauerkrieg – das sozial-liberale Jahrzehnt geprägt hat. Tatsächlich ist auf keinem Politikfeld so erbittert gestritten worden wie auf dem bildungspolitischen.

Dabei hatte der bildungspolitische Aufbruch der sechziger Jahre durchaus im Zeichen des Konsenses gestanden. Man war sich weithin einig darüber, daß die Bundesrepublik mehr Abiturienten, Studenten, Akademiker brauche, offenere Strukturen im Bildungssystem also. Georg Pichts dramatische Warnung vor einer »deutschen Bildungskatastrophe«, die vor allem die Wettbewerbsfähigkeit im Blick hatte, war ebenso gehört worden wie Ralf Dahrendorfs in die nicht weniger wirkungsvolle Formel »Bildung ist Bürgerrecht« gekleidetes Plädoyer für mehr Chancengleichheit.[143] Und es schien jedenfalls bis zum Ende des Jahrzehnts, als könne und wolle man die aus dieser Lagebeurteilung resultierende große Aufgabe der Modernisierung des deutschen Bildungswesens gemeinsam in Angriff nehmen. Der Bildungsrat verabschiedete 1970 seinen Strukturplan zur Neuordnung des Schulsystems einstimmig. Auch in den ersten neuen Hochschulgesetzen, die 1968 in Berlin und Baden-Württemberg beschlossen wurden, waren Gemeinsamkeiten der Reformorientierung noch erkennbar. Die Ausweitung der Bundeskompetenzen in der Bildungspolitik betrieb die Große Koalition einvernehmlich, und das rasch sich entwickelnde Programm der Neugründung von Hochschulen war ohnehin unumstritten.

Als überraschend wird man die Wendung zur dramatischen bildungspolitischen Polarisierung der siebziger Jahre gleichwohl nicht beschreiben können. Die Studentenrebellion mit ihrem auf die Bildungsinstitutionen im besonderen zielenden revolutionären Gestus war vermutlich der stärkste Konfliktimpuls. Sie riß die bildungspolitische Debatte ganz und gar in ihre Turbulenzen hinein und lud sie mit extremen Emotionen auf. Auf der linken Seite wurde man radikaler, auf der rechten reformscheuer. Was unter anderen Bedingungen eine sachliche Kontroverse hätte sein können, steigerte sich nun zum leidenschaftlichen, hochideologisierten Kampf. Heißt das, daß sich ohne Studentenrebellion ein Reformkonsens hätte bewahren lassen? Die Frage ist unbeantwortbar, wahrscheinlich ist es nicht. Vermutlich war Ende der sechziger Jahre so oder so das Ende des Wegstückes erreicht, daß eine progressiv-reformerische und eine konservativ-reformerische Bildungspolitik zusammengehen konnten. Irgendwann mußten sich an der Kernfrage, welcher Rang dem Gleichheitspostulat im Bildungssystem zukommen solle, die Geister scheiden. Konkret: In den Streit um die Gesamtschule, die drittelparitätische Mitbestimmung an den Hochschulen, die emanzipatorischen Lernziele wäre man nach dem Regierungswechsel von 1969 ganz sicher auch dann hineingeraten, wenn es keine Studentenrebellion gegeben hätte. Freilich hätte ein anderes politisches Klima der Vernunft wohl etwas mehr Spielraum gelassen.

Einen eindeutigen Ausgang haben die bildungspolitischen Kämpfe der siebziger Jahre nicht gehabt. Die parteipolitische Polarisierung, das erbitterte Gegeneinander der beiden großen Parteien hatten zur Folge, daß die Bundesregierung, die Bonner sozial-liberale Koalition, die sich – man kann das im Bildungsbericht 1970 nachlesen[144] – eine politische Führungsrolle im Prozeß der gesamtstaatlich konzipierten Reform des Bildungswesens zugedacht hatte, weit zurückstecken mußte, von dem angestrebten weiteren verfassungs-

Hessen war ein Hauptland der bildungspolitischen Konflikte der siebziger Jahre und der hessische Kultusminister Ludwig von Friedeburg – hier am 21. Oktober 1970 bei einer Schuleinweihung in Hanau, bei der ihm sichtbar nicht nur Sympathien entgegenschlagen – eine Hauptfigur in den Konflikten. Die Kernfrage in allem Streit lautete im Grunde: Wie muß ein Bildungssystem beschaffen sein, das Chancengleichheit fördert? Darüber dachten Eltern oft anders als sozialdemokratische Bildungsreformer.

 rechtlichen Zugewinn an bildungspolitischen Kompetenzen zu schweigen. Die oppositionelle Union ließ sich nicht einfach überstimmen. Sie ging in den Ländern, die verfassungsrechtlich im Schul- und Hochschulwesen ja in der Vorhand waren, ihre eigenen Wege, wie es die sozialdemokratisch regierten Länder dann auch taten. Der Föderalismus wirkte ausnahmsweise so, wie er gedacht war: Er brachte Vielfalt hervor.

Auseinandergerissen wurde das deutsche Bildungssystem durch diese Entwicklung bemerkenswerterweise aber nicht, so weit Bremen und Bayern, um die beiden Pole zu nennen, auch auseinanderdrifteten. Das Gerüst des kooperativen Föderalismus – konkret die Kultusministerkonferenz – hielt die Länder notdürftig beieinander. So gelang es auch in turbulenten Zeiten noch, sich beispielsweise über die Reform der gymnasialen Oberstufe zu einigen. In der Hochschulpolitik spielte das Bundesverfassungsgericht eine moderierende Rolle. 1973 entschied es aus Anlaß einer Verfassungsbeschwerde niedersächsischer Hochschullehrer, in Fragen der Forschung und der Lehre müsse den Professoren in den Universitätsgremien ein ausschlaggebendes Gewicht eingeräumt werden,[145] was der Drittelparität den Garaus machte, die mancherorts sehr akuten Gefahren der Ideologisierung von Wissenschaft freilich nicht durchgehend bannte. Es war nicht zuletzt diese verbindliche Vorgabe, die den – immer noch mühsam genug ausgehandelten – Kompromiß des Hochschulrahmengesetzes von 1975 möglich gemacht hat; einen Kompromiß, der sich beim parallelen Versuch, das Berufsbildungswesen zu reformieren – mehr Rechte und Verantwortlichkeiten für den Staat, mehr Pflichten für die Wirtschaft –, nicht erreichen ließ. Der scheiterte definitiv am Bundesrat.

In der Schulpolitik haben die »moderierende« Rolle, die das Verfassungsgericht in der Hochschulpolitik spielte, in gewissem Sinne die Eltern übernommen. Sie mischten sich – vor allem in Hessen und in Nordrhein-Westfalen, bis hin zu einem erfolgreichen Volksbegehren – erstaunlich wirkungsvoll ein, als Verteidiger des gegliederten Schulwesens gegen die Forcierung der Gesamtschule und als Streiter gegen den klassenkämpferischen Indoktrinationseifer von sogenannten »Rahmenrichtlinien«, Unterrichtsanleitungen, mit denen sozialdemokratische Bildungsministerien dem Fortschritt in den Schulen auf die Sprünge helfen wollten. Für alle diese Kämpfe ist übrigens charakteristisch, daß die lebhaft beteiligte wissenschaftliche Expertise keineswegs versachlichend oder gar ausgleichend gewirkt hat.

Kein eindeutiger Ausgang – das heißt schließlich: Irgendwann in der zweiten Hälfte der siebziger Jahre schlief der Streit allmählich ein. Die Fronten erstarrten im umkämpften Gelände. In den sozialdemokratisch regierten Ländern hatten die gesellschaftskritischen Reformer nicht alle ihre weitgesteckten Ziele erreicht. Und in den unionsregierten Ländern war nicht alles beim alten geblieben. Überall gab es nun die »Gruppenuniversität«, um es an einem Beispiel zu verdeutlichen, aber mit Professorendominanz. Die sichtbarste, folgenreichste Veränderung hier wie dort: Die Zahl der Gymnasiasten, Abiturienten, Studenten war dramatisch gestiegen und stieg dramatisch weiter. Daß das Bildungssystem dank der Reformen der sechziger und siebziger Jahre gut gerüstet gewesen wäre, mit dieser neuen Aufgabe fertig zu werden, wird man nicht sagen können.

Smog: Am 18. Januar 1985 wird im Ruhrgebiet erstmals die Alarmstufe III ausgelöst. Die deutsche Politik hat die Umweltthematik verhältnismäßig früh, zu Anfang der siebziger Jahre, aufgegriffen. Das Profilierungsinteresse der F.D.P. – Hans-Dietrich Genscher war damals Innenminister – hat dabei eine nützliche Rolle gespielt. In der Reduzierung schädlicher Emissionen wurden auch ziemlich rasch beachtliche Erfolge erzielt. Aber spätestens in den neunziger Jahren war nicht mehr zu übersehen, wie begrenzt die umweltpolitischen Handlungsmöglichkeiten eines jeden einzelnen Staates waren.

Die sozial-liberale Ära war – die Turbulenzen in der Bildungspolitik machen es überdeutlich – konfliktreich. Man darf darüber nicht ganz vergessen, daß es in bestimmten Politikbereichen auch so etwas wie einen Modernisierungskonsens gegeben hat, einen Konsens darüber, daß der Staat seine Fähigkeit, die gesellschaftliche Entwicklung zukunftsorientiert zu steuern, steigern müsse. Das Politikfeld Umwelt ist ein wichtiges Beispiel. Die sozial-liberale Koalition hat das Verdienst – nicht sonderlich bedrängt durch die öffentliche Meinung, ihr eher vorangehend –, das Umweltthema definitiv auf die politische Agenda gebracht zu haben, und zwar nicht nur in Absichtserklärungen wie ihrem Umweltprogramm von 1971, sondern auch in ersten gesetzgeberischen Schritten und institutionellen Verankerungen. 1971 nahm auch der Sachverständigenrat für Umweltfragen seine Arbeit auf. Die

Koalition brauchte diesen Anfang, von den unvermeidlichen Kompetenzstreitigkeiten mit den Ländern abgesehen, nicht gegen politischen Widerstand durchzusetzen. Und sie war, wenn man das Jahr 1971 als das Jahr eins der deutschen Umweltpolitik ansieht, dem berühmten Bericht »Grenzen des Wachstums« an den Club of Rome, der das Umweltthema in das Zentrum öffentlicher Aufmerksamkeit katapultierte, um einen Schritt voraus.[146]

Was ist am Ende, in der Bilanz, bestimmend? Sind es die »mittleren Lösungen«, sind es doch die sozial-liberalen Konturen? Der stärkste Eindruck ist vielleicht der, daß die Vorstellung, mit der die Koalition 1969/70 an die Arbeit ging, Politik könne eine systematisch geplante, umfassende Gesellschaftsreform ins Werk setzen, wenn sie nur wolle – die Vorstellung von der zweiten Gründung der Republik –, sich als Illusion erwiesen hat. Nicht nur, daß die besonderen Rahmenbedingungen bundesrepublikanischer Politik, der Föderalismus, die Verfassungsgerichtsbarkeit, der Kompromißzwang in der Koalition den Gang der Dinge viel stärker bestimmt, die Handlungsspielräume enger eingegrenzt haben, als der Enthusiasmus des Anfangs sich das hat träumen lassen. Die widerständige Wirklichkeit insgesamt war das viel elementarere Hindernis, vom Einbruch der Wirtschaftskrise bis zum Elternprotest gegen die Pläne der Schulreformen.

Je mehr ein politisches Programm bewegen, verändern will, desto abhängiger ist es von den Ressourcen Konsens und Geld. Die ehrgeizige sozial-liberale Koalition hat in den siebziger Jahren erst lernen müssen, wie knapp, wie wenig disponibel sie sind. Der Kanzlerwechsel des Jahres 1974 – als *die* Zäsur der sozial-liberalen Ära gelegentlich überbewertet – ist vor allem ein Symbol dieses Lernens. Freilich – und auch das symbolisiert der Wechsel von Brandt zu Schmidt –, die Akteure haben nicht nur gelernt. Die banale Erfahrung, daß Politik nur Stückwerk zuwege bringt, hat die Begeisterung von 1969 bei vielen auch in bittere Enttäuschung verwandelt. Das alles besagt nicht, daß die sozial-liberale Koalition ihrem Jahrzehnt – die Jahre nach 1980 zählen kaum noch – in den skizzierten Grenzen nicht ihr politisches Siegel aufgeprägt hätte, vor allem in der Außenpolitik, aber keineswegs nur dort. Die sozial-liberale Ära hat die Bundesrepublik verändert. Die Politik hat dabei vielleicht nicht die Führungsrolle innegehabt, aber sie hatte ihren Anteil daran.

VI.

Dem Regierungswechsel von 1982, der Wende, wie seine Protagonisten ihn selbst nannten, sind bekanntlich ähnliche »Wenden« in den anderen großen westlichen Demokratien unmittelbar vorausgegangen. 1979 zog Margaret Thatcher in Downing Street 10 ein, 1981 Ronald Reagan ins Weiße Haus, im selben Jahr Mitterrand in den Élyséepalast – alle haben sie, wie Helmut Kohl, lange und auf ihre Weise erfolgreich regiert. Die Koinzidenz hat zu Vergleichen Anlaß gegeben, die nicht wenige Beobachter zu dem Urteil geführt haben, für die Bundesrepublik sei ein auffallend hohes Maß an Kontinuität der Politik charakteristisch;[147] anscheinend, so der Schluß, ließen die Gegebenheiten ein entschiedenes Umsteuern nicht zu. Aber ist die Bundesrepublik in dieser Hinsicht tatsächlich ein Sonderfall? Sind nicht im

Wechsel demokratischer Regierungen eher die scharfen Kontinuitätsbrüche, ist nicht Margaret Thatchers Großbritannien die Ausnahme? Jedenfalls muß man wieder einmal genau hinsehen.

Das wichtigste Kontinuitätsmoment, vom Verfassungsgericht einmal abgesehen, war fraglos die Stellung der F.D.P. im Parteiensystem, ihre fortdauernde Regierungsbeteiligung. In der Außenpolitik ist dies ebenso deutlich wie in der Rechtspolitik, die die Reformen der sozial-liberalen Koalition an keinem wesentlichen Punkt in Frage stellte, sosehr sich F.D.P. und CSU aneinander rieben, im Dauerstreit um das Demonstrationsstrafrecht etwa. Aber Kontinuität ist nur die eine Spur. Eine neue Koalition, das bedeutete auch: andere Handlungsspielräume, andere Konfliktzonen, selbstverständlich andere Prioritäten, wohl »mittlere Lösungen«, vor wie nach 1982, aber doch in zwei durchaus unterschiedlichen koalitionsspezifischen Politikspektren.

Daß der Wechsel von 1982 auch eine Zäsur war, wird am handgreiflichsten natürlich in der ersten außenpolitischen Grundentscheidung der Regierung der rechten Mitte sichtbar: der Entscheidung, den Nachrüstungsbeschluß der NATO gegen heftigsten, turbulentesten Widerstand zu verwirklichen. Im übrigen suchte das neue Bündnis sein Profil zunächst einmal vor allem darin, daß es die Konsolidierung der Staatsfinanzen – die Verschuldung des Bundes war in den siebziger Jahren dramatisch gestiegen, von 8,3 Prozent auf 15,7 Prozent des Bruttosozialprodukts – zur ersten Priorität erklärte. Tatsächlich brachte dieses Bündnis auch die Fähigkeit mit, mit einiger Härte und Konsequenz zu sparen, härter und konsequenter, als es der Koalition von Sozialdemokraten und Liberalen ihrer Natur nach möglich gewesen war. Es gelang, das Wachstum der Staatsverschuldung wieder einigermaßen in den Griff zu bekommen – die Quote stieg in den achtziger Jahren von 15,7 Prozent (1980) auf 22,4 Prozent (1990) –, ohne das Niveau sozialstaatlicher Leistungen wesentlich zurückzunehmen.[148] Die Wiederbelebung der Konjunktur hat dabei geholfen.

Den schärfsten innenpolitischen Akzent, den die neue Regierung als Regierung der rechten Mitte in ihrer ersten Amtszeit setzte, hat sie in der Auseinandersetzung mit den Gewerkschaften um den Paragraphen 116 Arbeitsförderungsgesetz (AFG) gesetzt. Der Konflikt verdient schon deshalb einige Aufmerksamkeit, weil er die heftigste Auseinandersetzung einer ganzen Legislaturperiode, der zehnten, war. Seine Wurzeln hatte er in dem großen Metallarbeiterstreik des Frühsommers 1984 um die 35-Stunden-Woche. In ihm hatte die IG Metall, die Störanfälligkeit neuerdings modernisierter Produktionsabläufe ausnutzend, die Taktik erprobt, mit geringem Aufwand – wenige bestreikte Schlüsselbetriebe – einen maximalen Effekt – Störung der Produktion in möglichst vielen Unternehmen – zu erzielen. Die Frage hatte sich gestellt, in welchen Fällen das Arbeitsamt gegenüber den nicht am Streik Beteiligten, wohl aber vom Streik Betroffenen zu Lohnersatzleistungen verpflichtet sei. Es war zu Rechtsstreitigkeiten gekommen, und die Sozialgerichte in Bremen wie in Hessen hatten diese Streitigkeiten im Sinne der Gewerkschaften entschieden. War damit, so fragte man nun auf der Gegenseite, nicht das Gleichgewicht zwischen den Tarifpartnern akut gefährdet? Wohin würde es führen, wenn die Gewerkschaften faktisch ein Gutteil der Streiklast auf die öffentlichen Kassen abwälzen konnten? War der Einigungsdruck, unter dem die beiden Parteien im Konfliktfall standen, dann noch einigermaßen ausbalanciert?

Die Regierung drängte sich nicht danach, das Thema aufzugreifen – diesem Zögern begegnen wir hier nicht zum ersten Mal. Aber sie konnte ihm, wenn es ihr denn Ernst war mit ihrer programmatisch verkündeten Absicht, sich um die von vielen Seiten als gefährdet wahrgenommene Wettbewerbsfähigkeit der deutschen Wirtschaft kümmern zu wollen, auch nicht ausweichen. Sie ließ den Tarifpartnern den Vortritt und ergriff die Initiative erst, als diese sich als außerstande erwiesen, das Problem vom Tisch zu bringen. Man kann das gut verstehen. Eine Änderung des einschlägigen Paragraphen 116 AFG zu Lasten der Gewerkschaften bedeutete ja nicht nur, daß ein heftiger Konflikt mit den Gewerkschaften durchzustehen sein würde. Auch Binnenkonflikte in der Koalition waren abzusehen. Während die F.D.P. sich zunehmend als Vorkämpfer einer gesetzlichen Neuregelung profilierte, tat die Union sich schwer, wie immer, wenn ein Thema zur Entscheidung anstand, bei dem die unterschiedlichen Interessen und Bindungen des Unternehmerflügels hier und der Sozialausschüsse dort ins Spiel kamen. Tatsächlich kostete es beträchtliche Mühe, eine Kompromißformel zu finden, die die Sozialausschüsse hinzunehmen bereit waren.

Vor allem aber bedurfte es ganz beträchtlichen Stehvermögens, die Gesetzesänderung gegen den erbitterten Widerstand der parlamentarischen Opposition wie der Gewerkschaften – Protestversammlungen, »spontane« Arbeitsniederlegungen, leidenschaftlich erregte Parlamentsdebatten – durchzubringen. Daß am Ende tatsächlich ein neu gefaßter Paragraph 116 stand, der, wenn auch nur in einer auslegungsbedürftigen Generalklausel, die Leistungspflicht der Arbeitsämter gegenüber mittelbar von einem Streik betroffenen Arbeitnehmern stärker eingrenzte, als es die ursprüngliche Fassung getan hatte, ist deshalb durchaus bemerkenswert. Die Koalition hatte sich als handlungs- und durchsetzungsfähig erwiesen. Der Opposition war es nicht gelungen, die Sozialausschüsse zu sich herüberzuziehen. Die Gewerkschaften ihrerseits hatten einmal mehr die Spielregeln der parlamentarischen Demokratie gegen sich gelten lassen, ohne an Streik zu denken, keine Selbstverständlichkeit, wie ein Rundblick in Europa zeigt. Freilich: Es war für die Regierung ein politischer Kraftakt gewesen, den man sich nicht alle Tage leisten konnte. Zuletzt, so scheint es, hatte nur noch die Parole gegolten »Augen zu und durch«. Es hatte sich bestätigt, was alle Kundigen wußten: Gesetzgeberische Eingriffe in das Arbeitskampfrecht waren politisch extrem schwierige Operationen. Den Schlußpunkt setzte übrigens wieder einmal das Verfassungsgericht, indem es, von der Opposition angerufen, die Neuregelung für verfassungsgemäß erklärte.

Steht der Paragraph 116 AFG für die Akzente, die die Koalition der rechten Mitte, wenn auch unter großen Anstrengungen, zu setzen vermochte, so macht der Konflikt um die Reform des Gesundheitswesens mit seiner weitaus komplexeren Interessenkonfiguration die Begrenztheit ihres innenpolitischen Handlungsspielraums drastisch sichtbar. Er hat die letzte Legislaturperiode der Bonner Republik zu einem Gutteil geprägt. Wieder einmal – und von nun an immer häufiger – war es der Druck steigender Kosten, der die Politik zum

Handeln zwang, wobei die Regierung mit dem Thema Wettbewerbsfähigkeit nicht zuletzt die Lohnnebenkosten im Auge hatte. Aber eben weil »Kostendämpfung« das Ziel war und sein mußte, war der Zusammenprall der Interessen unvermeidlich, wie immer die Politik es anstellte. Sie hatte allenfalls die Wahl, welche Interessen sie sich zum Hauptgegner machen wollte, die Anbieter von Leistungen: die Ärzte, die pharmazeutische Industrie, die Apotheker oder die Leistungsempfänger, die Patienten, durch Selbsbeteiligungsregelungen und Leistungsbegrenzungen. Dazwischen standen die Kassen, beim Thema Krankenhaus kamen überdies noch die Länder mit durchaus eigenen Interessen ins Spiel.

Für die Regierung stand ihrer politischen Grundorientierung gemäß fest, daß die Probleme ohne ein Mehr an Selbstbeteiligung und ein Weniger an Leistungen nicht zu lösen sein würden. Und es stand auch fest, daß man nicht noch einmal versuchen würde, Reformen gegen den geschlossenen Widerstand der Ärzteschaft durchzusetzen. Die Lektion des Scheiterns des Arbeitsministers Blank unter den Kanzlern Adenauer und Erhard hatte man gründlich gelernt. Das heißt nicht, daß die Koalition sich über ihren Kurs einig gewesen wäre. Keineswegs. Für die Liberalen hatte die Selbstbeteiligung eine wesentliche ordnungspolitische Bedeutung, für den Arbeitnehmerflügel der Union, der traditionsgemäß den zuständigen Minister – seit 1982 Norbert Blüm – stellte, war es ein ungeliebter Notbehelf. Umgekehrt galt: Der linke Flügel der Union pochte auf »soziale Symmetrie«, darauf, daß auch den Anbietern von Leistungen ein Beitrag abzufordern sei – die pharmazeutische Industrie geriet in das Zentrum der Diskussion –, während die F.D.P. gerade dort ihre Klientel sah. Die Suche nach Kompromissen in der Koalition und zwischen der Regierung und den beteiligten Interessen war denn auch überaus mühevoll, die öffentliche Auseinandersetzung über die Reform deshalb nicht weniger heftig, von der ungewöhnlich polemisch geführten Kampagne der parlamentarischen Opposition bis zu den lauten Protesten der Bestattungsunternehmer und der Taxifahrer.

Am Ende kam, wie im Fall des Paragraphen 116 AFG, ein Gesetz zustande. Die Koalition hielt zusammen. Die Regierung kapitulierte nicht, wie sie es beim ersten Reformanlauf fast dreißig Jahre zuvor getan hatte. Aber mehr als eine allenfalls vorübergehend wirksame Dämpfung der Kosten wurde nicht erreicht. Zu einer Strukturreform, die die Funktionsfähigkeit des Systems auf längere Sicht hätte gewährleisten können, fehlte der Politik, fehlte auch dieser Koalition, die dazu eher das Zeug hätte haben können als eine sozialdemokratisch geführte, die Kraft. Anspruchsvollere Ziele wurden nicht erreicht, weil die Regierung, wie es ein kritischer Beobachter formuliert hat, von mächtigen, zum Teil mit weitreichenden korporativistischen Selbstverwaltungsrechten ausgestatteten organisierten Interessen umstellt, »das formal ihr zustehende Recht auf autoritative Entscheidungen in gesundheitspolitischen Fragen faktisch verloren hatte« und nur noch Verhandlungslösungen suchte.[149] Vor allem aber, weil die Wählerschaft in ihrer großen Mehrheit als unüberwindliches Bollwerk eines Status quo, der die Patienten weitgehend von jeder Mitverantwortung entlastete, wahrgenommen wurde.

Wie schwer Bewegungsfreiheit gegen den Status quo für die Politik zu gewinnen war, läßt sich auch an den beiden anderen Hauptvorhaben der elften Legislaturperiode demonstrieren: der Rentenreform, bei der Regierung und Opposition zwar, anders als in der Gesundheitspolitik, die Strategie der Kooperation wählten, sich den großen, aus dem Geburtenrückgang resultierenden Zukunftsfragen aber nicht wirklich stellten. Und der Steuerreform, mit der es der konservativ-liberalen Koalition nicht besser erging, als es der sozial-liberalen ergangen war. Wie ihre Vorgängerin konnte auch die neue Regierung ihr Versprechen einer grundlegenden Neugestaltung des Steuersystems nicht einlösen. Offenbar überforderte das Ziel umfassender Vereinfachung bei Bewahrung einer differenzierten Gruppengerechtigkeit die Politik angesichts der Dichte des Interessengeflechtes, aber auch der Überkomplexität der Materie selbst hoffnungslos. Allenfalls variierende Akzentsetzungen schienen noch möglich zu sein – zugunsten der niedrigen Einkommen in der sozialdemokratisch bestimmten Steuerpolitik oder der Familie in der Steuerpolitik der Union, zu Lasten oder zugunsten der »Besserverdienenden«, je nachdem, ob das wirtschaftspolitische oder das sozialpolitische Motiv bestimmend war. Übrigens tat sich die neue Koalition selbst mit ihren zurückgestutzten, eher bescheidenen Zielsetzungen nicht leicht. An der Frage des Spitzensteuersatzes vor allem entzündeten sich die charakteristischen Spannungen zwischen dem linken Flügel der Union und den Liberalen. Hinzu traten wie bei allen Steuerdiskussionen schwer überwindbare Interessengegensätze zwischen dem Bund und den Ländern. Daß die Koalition der rechten Mitte anders als ihre Vorgängerin bis in die frühen neunziger Jahre durchgehend eine Mehrheit im Bundesrat gehabt hat, wenn auch zuletzt nur noch eine knappe, die sie dem Wahlsieg 1987 in Hessen verdankte, half ihr da wenig, sosehr es ihr im übrigen das Regieren erleichterte. Beim Streit ums Geld zählten keine Parteiloyalitäten.

Schwerbeweglichkeit der Politik also in vielen Hinsichten, aber in der Bilanz darf nicht vergessen werden, daß es doch auch Zonen der Bewegung gab. Die Umweltpolitik ist das vielleicht wichtigste Beispiel. Nach den ersten umweltpolitischen Schritten in den frühen Jahren der sozial-liberalen Koalition war in der zweiten Hälfte der siebziger Jahre viel Schwung verlorengegangen. Es zeigte sich, was niemanden überraschen konnte, wie abhängig die Intensität des umweltpolitischen Engagements von der Konjunktur war. Anfang der achtziger Jahre aber rückte die Umweltpolitik auf der Agenda wieder nach vorn. Die Koalition der rechten Mitte hat daran, zur Überraschung nicht weniger, die genau zu wissen glaubten, was konservative Regierungen tun und lassen, wesentlichen Anteil gehabt.

Gewiß muß man die Umstände in Rechnung stellen: den wachsenden Problemdruck, das »Waldsterben« zumal, das von 1981 an ein paar Jahre die Öffentlichkeit aufschreckte; die Wahlerfolge der Grünen – 1983 zogen sie zum ersten Mal in den Bundestag ein; die gesteigerte Präsenz und Professionalität der Umweltverbände. Aber damit wird der Rang, den die Umweltpolitik unter der neuen Regierung gewann, noch nicht zur Selbstverständlichkeit. Vor allem Schadstoffemissionen wurden ins Visier genommen, alles in allem recht erfolgreich, auch wenn der Versuch, im Alleingang strenge Abgasnormen für Personenkraftwagen durchzusetzen, sich spektakulär im Widerspruch der europäischen Konkurrenz verfing. Die Bundesregierung mußte erst lernen, daß sie auch umweltpolitisch mit der Europäischen Gemeinschaft zu rechnen hatte. Trotz dieses Dämpfers gilt: In den achtziger Jahren hat die Bundesrepublik sich umweltpolitisch im internationalen Vergleich in eine Spitzenstellung vorgearbeitet. Um so bemerkenswerter ist es, daß ihr umweltpolitisches Engagement, ihr sehr entschiedenes umweltpolitisches Engagement auch auf der internationalen Bühne der christlich-liberalen Regierung wenig Kredit bei den grün Bewegten gebracht hat. Es hat keine politischen Brücken geschlagen. Das hatte vor allem wohl mit dem Konflikt um die Kernkraft zu tun, der auf eine problematische Weise alle anderen Themen der Umweltpolitik in den Schatten drängte, natürlich auch mit dem linken Profil der grünen Bewegung in der Bundesrepublik. Zudem gilt: Selbst die engagierteste Umweltpolitik tut sich in den engen Handlungsspielräumen des Möglichen schwer, den Eindruck zu erwecken, sie könne der Fehlentwicklungen noch Herr werden. Aber das ist eine andere Geschichte.

VII.

Demokratie in Deutschland – das ist erst im zweiten Anlauf, erst in der zweiten Hälfte des 20. Jahrhunderts gelungen, dann freilich – bedenkt man die hundert Jahre, die vorausgingen, beginnend mit dem Scheitern der Revolution von 1848 und endend mit der Katastrophe des Nationalsozialismus – auf eine fast spektakuläre Weise. Anfangs war die Vergangenheit das Maß, an dem die westdeutsche Demokratie gemessen wurde. »Bonn ist nicht Weimar«, war das Beste und das Wichtigste, was über sie gesagt werden konnte. Am Ende des Jahrhunderts, im Rückblick auf vier Jahrzehnte westdeutscher, fünf Jahrzehnte deutscher Demokratiegeschichte, hat der Verweis auf Weimar keine große Bedeutung mehr. Der Vergleich, dem sich die Bundesrepublik jetzt zu stellen hat, ist der mit den wohletablierten Demokratien weltweit. Welcher Typus von Demokratie hat sich aus dem Experiment von 1949 entwickelt? Wie sieht das Leistungsprofil der deutschen Demokratie aus? Auf welchem Weg ist sie dorthin gelangt, wo sie heute steht? Das sind die Bilanzfragen, die der Historiker des gelungenen zweiten deutschen Demokratieversuchs inzwischen zu stellen hat.

Der Typus ist nicht auf eine kurze Formel zu bringen. Drei Elemente haben sich als bestimmend herausgebildet: ein – jedenfalls zwischen den späten fünfziger und den achtziger Jahren – sehr beständiges zweipoliges Parteiensystem mit zwei großen Volksparteien der rechten und der linken Mitte, das gleichwohl nur Koalitionsregierungen zuläßt, dabei aber die parlamentarische Regierungsweise durchaus funktionsfähig gemacht und gehalten hat; ein von den Exekutiven bestimmter Verbundföderalismus, der zwei Ebenen der Staatlichkeit eng miteinander verzahnt; ein Verfassungsgericht von überragender Autorität, das den Handlungsspielraum der Politik durch verbindliche Verfassungsauslegung bestimmt. Man kann diese Konfiguration durchaus als eine eigentümliche deutsche Spielart von Demokratie verstehen, eine Spielart, heißt das, die ihre Wurzeln in deutschen Traditionen hat und die bestimmten deutschen Bedürfnissen entspricht. Jedenfalls ist es ein inzwischen sehr stabiles institutionelles Muster (lediglich im Parteiensystem hat es seit den achtziger Jahren eine gewisse Bewegung gegeben), ein Muster zudem, das sich sehr stetig herausgebildet hat. Nur bei der Diskussion über die Wahlrechtsreform in den sechziger Jahren mag es für einen Augenblick so ausgesehen haben, als könnte die westdeutsche Demokratie auf einen anderen institutionellen Entwicklungspfad einschwenken.

Die Logik des Wettbewerbs und der Mehrheitsentscheidung und die Logik des Verhandelns und der Konsenssuche sind in dieser Konfiguration auf komplexere Weise miteinander verknüpft als in vielen anderen Demokratien. Keine von beiden dominiert wirklich. Daß es sich dem Wähler anders darstellt, daß der Wähler angesichts der Intensität der Parteienkonkurrenz leicht den Eindruck gewinnt, Entscheidungen würden von der jeweiligen Mehrheit im Gegeneinander der beiden großen Parteien getroffen, ohne wahrzunehmen, wie eng die Handlungsspielräume der Mehrheit oft sind, ist eines der Probleme, die sich aus der Komplexität des bundesrepublikanischen Demokratiemusters ergeben.

Kritische professionelle Beobachter haben sich von den siebziger Jahren an zunehmend besorgt gezeigt, daß die deutsche Demokratie, eingeschnürt von institutionellen wie habituellen Konsenszwängen, ihre Entscheidungs-, ihre Entwicklungsfähigkeit verloren habe.[150] Gemeint ist nicht allein, aber oft doch vor allem die Vetomacht des Bundesrates, gelegentlich auch die des Bundesverfassungsgerichts. Fraglos ist es eine der – wenigen – Fehlentwicklungen der grundgesetzlichen Institutionenordnung, daß der Bundesrat mit seiner inzwischen weit ausgedehnten Gesetzgebungszuständigkeit gegen die Erwartungen seiner gutgläubigen Schöpfer in den Sog des die bundesrepublikanische Politik beherrschenden Parteienwettbewerbs geraten ist und in den siebziger wie neunziger Jahren gelegentlich sichtbar wie ein zweites, dem Bundestag entgegentretendes Parteienparlament agiert hat.

Aber das generelle Verdikt, die deutsche Demokratie sei entscheidungsschwach, weil zu sehr auf Konsens orientiert, ist damit noch nicht bestätigt. Eine ganze Serie von grundlegenden Entscheidungen in der Geschichte der Bundesrepublik, vornehmlich die außenpolitischen Weichenstellungen, sind Entscheidungen gewesen, die die jeweilige Regierungsmehrheit gegen eine starke Opposition getroffen und durchgesetzt hat. In anderen Fällen hat der Konsenszwang zu Kompromissen geführt, die sich ebendeshalb als vernünftig erwiesen haben, weil es Kompromisse waren. Das gilt für die Mitbestimmungsregelung der siebziger Jahre wie für die schrittweise Liberalisierung des Abtreibungsrechtes. Und in den Fällen, in denen die Entscheidungsschwächen der Politik in der Tat eklatant sind – die Zukunftsfähigkeit der Sozialversicherungssysteme ist da ein Hauptstichwort –, ist nicht so sehr eine besondere Konsensorientierung der deutschen Politik für diese Schwächen verantwortlich als vielmehr die elementare Demokratieregel, daß Politik die Zustimmung der Wähler braucht.

Damit ist die Leistungsbilanz der zweiten deutschen Demokratie bereits in den Blick gekommen. Wie aussagekräftig die Formel von der »Politik des mittleren Weges« ist, mit der man das Profil der Politik der Bonner Demokratie gekennzeichnet hat, darüber kann man streiten.[151] In gewissem Sinne sind alle Demokratien auf einem mittleren Wege. Die Bandbreite der Politikkonzeptionen, mit denen man sich aussichtsreich am demokratischen Wettbewerb beteiligen kann, ist begrenzt. Auch werden die Handlungsspielräume, die die internationalen Verflechtungen den Staaten lassen, immer enger. Das gilt doppelt für die einer supranationalen Rechtsgemeinschaft – die ja in hohem Maße Rechtssetzungsgemeinschaft ist – angehörenden Mitgliedstaaten der EG/EU, also auch für die Bundesrepublik. Dennoch mag es zutreffen, daß für die Politik der Bundesrepublik »mittlere Lösungen« noch charakteristischer sind als für Demokratien im allgemeinen. Das liegt am institutionellen Kontext, als da sind: die Kompromißzwänge von Koalitionen mit dem Gravitationszentrum F.D.P., einer Partei der Mitte; der widerständige Bundesrat; die Vorgaben des Bundesverfassungsgerichts. Der Föderalismus mit seiner starken Ausrichtung auf Verhandlungslösungen wirkte in die gleiche Richtung. Selbst der föderalistische Wettbewerb scheint da, wo es ihn ein Stück weit gegeben hat, in der Bildungspolitik etwa, am Ende »mittlere Lösungen« zu begünstigen. Die extremen haben sich isoliert, die Bremer Universitätspolitik der siebziger Jahre beispielsweise.

Im übrigen werden die Leistungsbilanzen der Staaten in der zweiten Hälfte des 20. Jahrhunderts vorwiegend ökonomisch gelesen, das heißt: Die Leistungsbilanz der zweiten deutschen Demokratie und die Bilanz der Sozialen Marktwirtschaft verschmelzen miteinander. Der Erfolg der Sozialen Marktwirtschaft in ihren ersten beiden Jahrzehnten hat die Bonner Republik befähigt, die Aufgaben des Wiederaufbaus alles in allem eindrucksvoll zu bewältigen. Die Schwächen der westdeutschen Wirtschaft, wie sie von der Mitte der siebziger Jahre an auftraten, haben auch die Handlungsspielräume der Politik beschnitten, womit natürlich nicht gesagt sein soll, wirklich oder vermeintlich volle Kassen bedeuteten auch gute Politik. Das Rentenreformgesetz von 1972, dem Jahr des Übergangs von guten zu weniger guten Zeiten, hat uns als Beispiel für die Versuchungen gedient, in die der demokratische Wettbewerb durch volle Kassen geführt wird. Überhaupt hat auch die westdeutsche Demokratie den Erfahrungssatz bestätigt, daß demokratische Politik in hohem Maße gegenwartsfixiert ist. Sie hat, um nur zwei große Herausforderungen zu nennen, weder die Probleme, die sich aus der in den sechziger Jahren einsetzenden Immigration ergeben, noch die, die in den dramatisch beschleunigten demographischen Trends des letzten Jahrhundertdrittels angelegt sind, frühzeitig zukunftsorientiert bedacht und aufgenommen. Dem Umweltthema hat die deutsche Politik sich zwar vergleichsweise früh und energisch zugewandt, aber sie hat ihren Elan nicht durchhalten können.

Über solche Kritik darf man nicht vergessen: In die Leistungsbilanz der zweiten deutschen Demokratie gehört auch ihre Außenpolitik, und für die gilt, daß der 1949 gegründete westdeutsche Staat mit einer erstaunlichen Sicherheit und Stetigkeit den Weg der praktischen Vernunft gegangen ist, zeitweise unter beträchtlichen Schwierigkeiten und in heftigen Konflikten. Das ist bemerkenswert nach einem halben Jahrhundert, in dem den Deutschen nichts schwerer gefallen war, als praktische Vernunft in Sachen Außenpolitik. Es sind auch nicht nur die Eliten, denen das gutzuschreiben ist. Die Wähler hatten ihren Anteil daran, 1953, 1972, auch 1983, als die Nachrüstung zur Entscheidung stand. Die Außenpolitik der Leistungsbilanz nicht nur des westdeutschen Staates, sondern ausdrücklich der westdeutschen Demokratie zuzurechnen, ist also in der Sache begründet.

»Eine lernende Demokratie« hat man im Rückblick auf die Entwicklung eines halben

 Jahrhunderts die ursprünglich westdeutsche, dann deutsche Demokratie genannt.[152] Was hat sie gelernt? Sie ist sich selbst selbstverständlich geworden und hat dabei eine starke Integrationskraft entwickelt. Das wird am deutlichsten sichtbar, wenn man den Weg der Grünen verfolgt. Aus einer fundamentalistischen Protestgesinnung geboren, haben sie sich auf die westdeutsche Demokratie zögernd eingelassen und sind in dem Maße, in dem sie sich auf sie einließen, von ihr umgeformt worden. Das kam im letzten Jahrzehnt der Bonner Republik gerade erst in Gang. Aber die Entwicklung hätte auch ohne die Wende diesen Verlauf genommen.

Zur wachsenden Integrationskraft gehört als eine ihrer Voraussetzungen eine wachsende Pluralismustoleranz. In den Anfängen, im ersten Jahrzehnt, das ganz im Zeichen des Kalten Krieges stand, war es mit dem für die Demokratie essentiellen Verständnis des Konflikts als eines Mediums der Suche nach Problemlösungen, mit der Anerkennung der Legitimität des Anders-Denkens noch nicht sehr weit her. Freilich hat die westdeutsche Demokratie, was ihr noch fehlte, auch nicht einfach von den Achtundsechzigern gelernt, wie es der Mythos will. Die zeichneten sich vielmehr gerade durch eine extreme Pluralismus-Intoleranz aus. Sie nahmen das Recht, anders zu denken, in Anspruch, aber sie gestanden es nicht zu. Der politische Pluralismus mußte von beiden Seiten her, gegeneinander und gemeinsam, gelernt werden. Daß die westdeutsche Demokratie institutionell imstande war, mit den Konflikten umzugehen, hat entscheidend dabei geholfen. Freilich: Die Vereinigung als die nächste große – ganz andersartige – Herausforderung hat wieder in Erinnerung gerufen, daß die elementar beschädigte Identität der Deutschen keine Stärke, sondern eine Schwäche ihrer Demokratie ist.

I.

In den sechziger Jahren erregte Ralf Dahrendorf mit der These einiges Aufsehen, es sei der Nationalsozialismus gewesen, der Deutschland nach einem Jahrhundert der Verspätungen ungewollt in die Modernität befördert habe.[153] Mag die Dahrendorfsche These genauerer Nachprüfung auch nicht wirklich standgehalten haben – sie hat jedenfalls eine wichtige Frage zur Diskussion gestellt: Wie haben die zwölf Jahre nationalsozialistischer Herrschaft, wie hat die Katastrophe des Krieges und der Niederlage im besonderen auf jene säkularen Entwicklungsprozesse eingewirkt, die das Stichwort Modernisierung meint? Sozialer Wandel im geteilten Deutschland der zweiten Jahrhunderthälfte läßt sich gewiß nicht allein von dieser Frage her verstehen. Aber sie ist, in all ihren Facetten, doch ein Ausgangspunkt.

In Wahrheit handelt es sich um ein ganzes Bündel von Fragen. Stellen sich die zwölf dunklen Jahre, stellt sich das Epochendatum 1945 im Rückblick auch gesellschaftsgeschichtlich als eine säkulare Zäsur dar? Hat die Geschichtskatastrophe, in die Deutschland sich 1933 gestürzt hat, Jahrhunderttendenzen gesellschaftlichen Wandels beschleunigt oder verlangsamt? Hat sie ihnen eine ganz neue Richtung gegeben? Hat sie gar, um noch einmal an Dahrendorf zu erinnern, wie eine Revolution gewirkt? Oder ist für den gesellschaftlichen Wandel, der Westdeutschland in der zweiten Jahrhunderthälfte ja unstreitig von Grund auf verändert hat, gerade umgekehrt charakteristisch, daß er in seinen entscheidenden Impulsen wenig mit der besonderen deutschen Vorgeschichte zu tun hatte? Das andere Deutschland ist, um das gleich zu vermerken, nicht nur in seiner politischen Geschichte, sondern auch gesellschaftsgeschichtlich ein Fall für sich.

Schon auf den ersten Blick ist zu erkennen, daß die Wirklichkeit eine rasche, einfache Antwort nicht zuläßt. Der deutsche Fall ist auch da kompliziert, wo er einer unter vielen zu sein scheint. Um den gesellschaftlichen Wandel in den Jahrzehnten nach der Katastrophe historisch deuten zu können, muß man ein ganzes Netz von Entwicklungslinien genauer nachzeichnen. Werfen wir zuerst einen Blick auf die demographischen Daten. Die Bevölkerungsentwicklung in Westdeutschland ist wesentlich von drei aufeinanderfolgenden Zuwanderungswellen bestimmt worden, die sich zu einem Einwanderungsschub von singulären Dimensionen addieren.[154] Die Rahmendaten deuten das immerhin an, auch wenn sie keinen genauen Aufschluß geben: 1939 lebten auf dem Territorium der späteren Bundesrepublik 43 Millionen Menschen, ein halbes Jahrhundert später, 1990, waren es 63,5 Millionen.

Die erste und höchste Woge, von Hitlers verlorenem Krieg unmittelbar ausgelöst, warf in den Jahren 1944 bis 1950 etwa zwölf Millionen Menschen in die vier Besatzungszonen, davon knapp acht in die drei westlichen; die Deutschen aus dem alten Osten des Reiches, den Territorien östlich der Oder-Neiße-Linie, in denen man 9,6 Millionen Einwohner im

Jahre 1939 gezählt hatte, dazu aus ihren angestammten Siedlungsgebieten Deutschstämmige des ganzen europäischen Ostens und Südostens. In der zweiten, der Teilung Deutschlands zuzuschreibenden Welle folgten ihnen, bis der SED-Staat sich 1961 vollständig abriegelte, drei, vielleicht dreieinhalb Millionen, die aus der DDR in den Westen flüchteten. Schließlich ein dritter Millionenstrom: die Ausländer, die von den sechziger Jahren an als Arbeitskräfte ins Land geholt wurden, ins Land drängten, einerseits – ihr schwer überschaubares Kommen und Gehen ist nicht in eine einzige Zahl zu fassen – und die »Aussiedler« andererseits, Angehörige der nach 1945 vor allem in Rußland, Polen und Rumänien verbliebenen deutschen Minderheiten, die sich, mehr unter dem Druck nicht endender Diskriminierung als unter dem materiellen Elends zur Rückkehr in die Heimat ihrer Vorfahren entschlossen, fast zweieinhalb Millionen in vier Jahrzehnten. Vor allem von der ersten und der dritten Welle muß ausführlicher die Rede sein.

Acht Millionen Flüchtlinge aus dem Osten: aus Schlesien, dem Sudetenland, Ostpreußen, Pommern, in dieser Reihenfolge die vier größten Gruppen, aus den Ländern des Balkans, aus Rußland, Polen, dem Baltikum – am Anfang war nichts als Elend und Hoffnungslosigkeit und das gerettete nackte Leben. Kein Mensch konnte sich vorstellen, daß das kriegszerstörte Restdeutschland mit diesem Zustrom würde fertig werden können. »Es gibt keine wirkliche ›Lösung‹ für die mehr als sieben Millionen Menschen, die in das bereits dichtbevölkerte, dazu noch zerstörte und verarmte Gebiet der drei Westzonen, in die heutige Bundesrepublik Deutschland, hineingepreßt wurden«, schrieb »Die Zeit« im September 1949[155] – der westdeutsche Staat war gerade im Begriff, sich zu konstituieren – und sprach damit aus, was alle dachten: Die einzige wirkliche Lösung ist die Rückkehr. Das war nicht »revisionistisch«, sondern ganz realistisch gedacht. Schleswig-Holstein, Niedersachsen, Bayern waren vor allem betroffen, vorwiegend ländliche Räume damals noch – im armen Schleswig-Holstein war zeitweilig einer von drei Einwohnern Flüchtling. Dabei war nicht nur die Geographie, sondern auch die Politik der Siegermächte im Spiel: Die lenkten – entschlossen, eine rasche und irreversible Integration zu erzwingen – die Ströme dorthin, wo es Wohnraum gab, aufs Land also und in die Kleinstädte – Flüchtlingslager sollte es, wenn irgend vermeidbar, nicht geben, jedenfalls nicht auf längere Dauer. Daß es gerade dort, wo Wohnraum allenfalls verfügbar war, mochten es nicht selten auch nur Dachböden und Keller, Speicher, Schuppen, Ställe sein, wenig Arbeitsmöglichkeiten gab, interessierte zunächst einmal nicht. Erst in den fünfziger Jahren, als die Zonengrenzen ihre Bedeutung verloren hatten, ging man daran, die Flüchtlinge gleichmäßig auf die ganze Bundesrepublik zu verteilen. Fast eine Million von ihnen sind dann noch umgesiedelt worden, von der hohen individuellen Mobilität ganz abgesehen.

Man muß sich in Erinnerung gerufen haben, wie schwer die Anfänge waren, bevor man die Frage stellen darf, die aus diesen schweren Anfängen herausführt – die Frage: Wie haben die acht Millionen Vertriebenen die Bundesrepublik geprägt, mitgeprägt? Viel spricht dafür, daß sie einen ebenso elementaren wie spezifischen Beitrag zur Entwicklung Nachkriegsdeutschlands geleistet haben. Diesen Beitrag auch nur einigermaßen genau zu bestimmen, ist freilich nicht ganz einfach. Das frühe Urteil, der Flüchtlingsstrom sei eine schwere Belastung für die deutsche Wirtschaft gewesen, ist aus der Welt. Die einfache Umkehrung dieses Urteils, die These, ohne die Flüchtlinge hätte es kein Wirtschaftswunder gegeben, ist allerdings auch nicht plausibel. Aber es gibt gute Gründe für die Annahme, daß die Flüchtlinge die Wirtschaftsentwicklung der fünfziger Jahre, die ihre Eingliederung möglich gemacht hat, selbst entscheidend mit vorwärtsgetrieben und nicht etwa gehemmt haben. Nicht nur weil sie jenes Reservoir an vergleichsweise leicht verfügbaren qualifizierten Arbeitskräften bildeten, das die Wirtschaft brauchte, um rasch expandieren zu können, sondern vor allem, weil sie mit einem ganz außerordentlichen Leistungswillen darangingen, sich eine neue Existenz aufzubauen. Die vom Vertreibungsschicksal millionenfach erzwungene unerhörte Anstrengung des Neubeginns ist wahrscheinlich eines der wichtigsten Elemente des Wirtschaftswunders gewesen. Sie hat, so ist zu vermuten, die Mentalität und den Stil des Wiederaufbaujahrzehnts wesentlich geprägt.

Dabei trug diese Anstrengung entschieden individualistische Züge. Sie war eine Sache der einzelnen, der Familien, nicht der großen Kollektive und Organisationen. Schwer hatten es insbesondere diejenigen, die im Osten, klein oder groß, selbständig Landwirtschaft getrieben hatten – und das waren viele. Sie mußten sich in der überwältigenden Mehrheit neue Berufe suchen, und das hieß oft genug: Sie mußten ganz unten anfangen. 1950 war, um nur eine Zahl zu nennen, der Anteil der Arbeiter an der Gesamtzahl der erwerbstätigen Vertriebenen in Westdeutschland denn auch etwa doppelt so hoch, wie er es vor der Vertreibung in Ostdeutschland gewesen war, und wesentlich höher als bei den Einheimischen.[156]

Wenn man will, kann man vor dem Hintergrund solcher Zahlen argumentieren, daß die Vertreibung viele Menschen aus der noch überwiegend ländlichen, dem 19. Jahrhundert nahen Welt des Ostens jählings in das Industriezeitalter gestoßen habe. Die Vertreibung als Modernisierungsschub – das mag zunächst zynisch klingen. Tatsächlich aber gilt es auch noch in einem anderen Sinne. Die Vertriebenen mußten sich nach der Zerstörung ihrer Herkunftswelt in neuen und fremden, »moderneren« Verhältnissen einrichten, das ist das eine. Sie veränderten die Welt, in die sie kamen, trieben die Modernisierung dieser Welt selbst mit voran, das ist nicht weniger wichtig.

Gerade in den unzerstörten ländlichen Räumen, in die sie zunächst überwiegend eingewiesen wurden – noch 1950 lebte fast die Hälfte der Vertriebenen in Gemeinden mit weniger als 3000 Einwohnern –, hatten sich bis zum Kriegsende häufig weitgehend geschlossene Milieus erhalten.[157] Die Ankunft der Vertriebenen öffnete diese Räume. Um es mit einer Zahl aus einem sensiblen Bereich zu verdeutlichen: 1939 gab es in Bayern 1424 konfessionell völlig homogene Gemeinden, 1946 nur noch neun.[158] In Bayern ist im übrigen der Zusammenhang zwischen dem Zustrom der Vertriebenen – hier waren es vorwiegend Sudetendeutsche – und dem Industrialisierungsschub der fünfziger und sechziger Jahre besonders deutlich erkennbar. Ohne die von der Landesregierung durchaus planmäßig betriebene Industrialisierung wäre in dem noch dominant agrarischen Flächenstaat Bayern die Integration nicht zu bewältigen gewesen. Aber ohne das Potential der Vertriebenen wäre auch die forcierte Industrialisierung vermutlich nicht möglich gewesen, wobei freilich anzumerken bleibt: Es gibt auch das Gegenbeispiel Schleswig-Holstein.

Man hat diese Überlegungen durch die These ergänzt, die Zuwanderung der Vertriebenen habe nicht nur als ein starker Modernisierungsimpuls auf die westdeutsche Nachkriegsgesellschaft eingewirkt, vielmehr sei diese Gesellschaft in den fünfziger Jahren auch in ihren eigentümlich konservativen Zügen wesentlich von den Vertriebenen geprägt worden. Ein abwegiger Gedanke ist das nicht, wenn man denn den entschiedenen, eher aufs Private gerichteten Willen zur Wiedergewinnung einer gesicherten bürgerlichen Existenz und ein von den Dichotomien des Ost-West-Konflikts bestimmtes politisches Weltbild als konservativ bezeichnen will. Die Vertriebenen wären dann, so paradox das klingen mag, in ihrer Mehrheit besonders typische Bürger der Bundesrepublik geworden.

Daß die Integration der Flüchtlinge zu den großen Leistungen der Bundesrepublik zählte, ist früh gesagt und oft wiederholt worden. Man widerspricht dem nicht, wenn man daran erinnert, daß Westdeutsche und Vertriebene sich in den ersten, schwierigen Jahren alles andere als leicht miteinander getan haben. Man kann es auch härter formulieren: Zu den Ruhmesblättern der deutschen Nachkriegsgeschichte gehört die Aufnahme der aus dem Osten Vertriebenen im Westen Deutschlands nicht. Zumal auf den Dörfern hatten es die Vertriebenen oft sehr schwer. Die Bereitschaft, den verlorenen Krieg als ein gemeinsames Schicksal zu begreifen und die Last seiner Folgen gemeinsam zu tragen, war nicht eben stark ausgebildet. Der Druck der Besatzungsmächte hat in der frühen Nachkriegszeit kräftig nachhelfen müssen.

Und danach? Hat das explosive Wirtschaftswachstum der fünfziger Jahre die Integration dann nicht gleichsam von selbst besorgt? Die Formel vom »selbstläufigen Prozeß« findet sich in der Tat, womit denn am Ende von der bewunderungswürdigen Integrationsleistung des westdeutschen Gemeinwesens nicht sehr viel bliebe. Aber die Frage »politische Leistung oder ökonomischer Selbstlauf« geht an der Wirklichkeit vorbei. Natürlich hat die westdeutsche Politik nicht den hungrigen Markt der Nachkriegswelt geschaffen, die Konjunktur der fünfziger Jahre gemacht. Doch es waren bekanntlich politische Entscheidungen, heftig umstrittene politische Entscheidungen, durch die Westdeutschland sich eine Wirtschaftsordnung gegeben hat, die es erlaubte, die sich in der Nachkriegskonjunktur eröffnenden Möglichkeiten zu nutzen. Zudem bedurften die Marktkräfte für lange Zeit starker politischer Nachhilfe – man denke nur an das Feld des drängendsten Mangels, die Wohnungsnot, von der gewaltigen administrativen Herausforderung, die das Flüchtlingselend darstellte, bis die Marktkräfte entscheidend wirksam wurden, zu schweigen. Und schließlich: Die Vorstellung vom »selbstläufigen Prozeß« macht vergessen, was die Vertriebenen ihrerseits millionenfach im Aufbau einer neuen Existenz aus dem Nichts heraus geleistet haben.

So oder so – alle Anzeichen sprechen dafür, daß der Integrationsprozeß schon Anfang der sechziger Jahre im wesentlichen erfolgreich abgeschlossen war. Bei der Arbeitslosenquote etwa, um nur diese Ziffer zu nennen, die 1950 unter den Vertriebenen noch mehr als doppelt so hoch gewesen war wie unter den Einheimischen, gab es seit den späten fünfziger Jahren keine Abweichungen mehr. Übrigens empfand es wohl auch die Mehrheit der Vertriebenen selbst so. In einer Umfrage des Jahres 1964 erklärten sich nur noch 27 Prozent von ihnen willens, in ihre Heimat zurückzukehren, sollte sie wieder deutsch werden.[159] 1969, zwanzig Jahre nach der Gründung der Bundesrepublik, ein Vierteljahrhundert nach dem großen Exodus wurde – ein durchaus symbolischer Akt – das Flüchtlingsministerium aufgelöst. Die volle Chancengleichheit zwischen Vertriebenen und Einheimischen hat sich für viele freilich wohl erst in der zweiten Generation hergestellt.

Viel weniger hat sich der Erinnerung der Bundesrepublik die zweite große Zuwanderungswelle dauerhaft eingeprägt, die der »Zonen«-Flüchtlinge. Dabei war auch dies ein Millionenstrom.[160] Und an öffentlicher Dramatik hat es den Ereignissen mindestens zeitweilig gewiß nicht gefehlt, so in den letzten Monaten vor dem Mauerbau, in denen jeder spürte, daß die Existenz der DDR auf dem Spiel stand. Für jeden einzelnen aus dieser Millionenschar gilt ohnehin, daß die blassen Begriffe der Bevölkerungsstatistik den Fluchtentschluß und die Flucht als einen immer schicksalhaften und oft gefahrvollen Lebensmoment nicht erfassen. Die Grenze zwischen den beiden Deutschlands war ja auch vor ihrer tödlichen Befestigung 1961 nie eine offene. Von Anfang an war sie bewacht, von Anfang an war der Weg in den Westen nicht frei. Selbst für die Berliner Sektorengrenze, die am Ende allein noch relativ leicht überschreitbar war, gilt das jedenfalls in dem Sinne, daß es für Fluchtverdächtige im Laufe der fünfziger Jahre immer schwieriger wurde, Berlin überhaupt noch zu erreichen. Daß die Flucht dennoch Millionen gelang, zeigt, wie schwierig es ist, Grenzen wirklich zu schließen, wenn man es nicht mit den Mitteln äußerster Brutalität tut.

Übrigens gibt es keine ganz exakten Zahlen. Die zwischen 1949 und 1961 behördlich registrierten 2,7 Millionen Notaufnahmeverfahren geben nur einen Hinweis auf die Größenordnung. Für die ersten Nachkriegsjahre fehlt eine solche Registrierung, für die Jahre von 1949 an gilt, daß viele Flüchtlinge nicht den Weg durch die Aufnahmelager gingen. Andererseits kehrte ein nicht ganz unbeträchtlicher, auf zehn Prozent geschätzter Teil in die DDR zurück, von denen sich dann freilich wiederum nicht wenige ein zweites Mal auf den Weg in den Westen machten.

Man wird nicht sagen können, die Bundesrepublik habe diesen Zustrom – bis zum Mauerbau Hunderttausende Jahr für Jahr, mit einem Gipfel im Jahr 1953, dem Jahr des 17. Juni, aber ohne deutliche Tendenz des Rückgangs danach – mühelos verkraftet. Gleichwohl ist nie ernsthaft erwogen worden, konnte auch gar nicht ernsthaft erwogen werden, die Fluchttore zu schließen. Und es hat sich dann ja auch erwiesen, daß die Bundesrepublik der fünfziger Jahre durch die Zuwanderung nicht nur nicht ernsthaft belastet worden ist, sondern Nutzen aus ihr gezogen hat. Keine Rede von »selbstmörderischer Humanität«, vor der ein zeitgenössischer Kommentar glaubte, warnen zu müssen.[161] Es gilt für die zweite Migrationswelle, was auch für die erste gilt: Der Zustrom an überwiegend qualifizierten Arbeitskräften war für Westdeutschland im Ergebnis höchst vorteilhaft. Und mehr noch: Der Dynamik des Wiederaufbaus hat die millionenfache Anstrengung derer, die noch einmal ganz von vorne anfangen mußten, vermutlich die stärksten Impulse gegeben. Der 13. August 1961 machte der Völkerwanderung von Ost nach West ein – nicht ganz unerwartetes – jähes Ende. Daß es später, 1988/89, noch einmal zu einem Massenexodus kam, hatte schon mit dem nahenden Zusammenbruch der DDR zu tun.

In fünf Sprachen unterrichtet die Bundesbahn 1965 in der Halle des Frankfurter Hauptbahnhofs Gastarbeiter, die über Weihnachten nach Hause fahren wollen, über den Einsatz von Sonderzügen.

Nach Hause heißt: in die Länder, aus denen sie gekommen waren. Die Arbeitsmigration in die Bundesrepublik, die in den sechziger Jahren einsetzte, war etwas anderes als Einwanderung im traditionellen Verständnis des Begriffs. Sie begründete häufig eine Existenz zwischen zwei Ländern und zwei Völkern.

Und dabei blieb es auch, wenn nach einer gewissen Zeit der Entschluß gefaßt wurde, nicht in das Herkunftsland zurückzukehren. Die modernen Formen der Migration werfen also ganz neue Probleme auf.

Schließlich die dritte der drei Zuwanderungswellen, die der »Gastarbeiter«, wie die vereinfachende Sprachregelung lautet. Es war zunächst einmal dringender Bedarf an Arbeitskräften, nach dem abrupten Ende der Ost-West-Migration rasch spürbar werdend, der sie in den sechziger, den frühen siebziger Jahren ins Land brachte, 2,3 Millionen in wenig mehr als einem Jahrzehnt.[162] Die Bundesanstalt für Arbeit richtete damals eigene Anwerbestellen in den einschlägigen Ländern des Mittelmeerraums ein – so dringlich war es. Den millionsten Gastarbeiter begrüßte der Präsident der Nürnberger Bundesanstalt für Arbeit im November 1969 persönlich, mit einem freundlichen Händedruck und einem großen Fernsehapparat als Willkommensgeschenk.

Niemand hat vorausgesehen, daß da eine überaus folgenreiche, unumkehrbare Entwicklung in Gang gebracht wurde. Wer nahm schon wahr, daß bereits 1970 die Zahl der Zuzüge aus dem Ausland die Zahl der Geburten im Land übertraf? Die Bedürfnisse des Augenblicks waren nahe, die Zukunft mit ihren Problemen war weit weg. Mit Verträgen auf Zeit, befristeten Aufenthaltsgenehmigungen, Rotation glaubte man die Dinge unter Kontrolle halten zu können. Die Familien blieben zu Hause, und die Gastarbeiter, so meinte man,

würde man auch wieder nach Hause schicken können, wenn man sie nicht mehr brauchte.
Es kam ganz anders.

Gewiß: Millionen von Ausländern haben nur auf Zeit in der Bundesrepublik gearbeitet, sind in ihre Heimat zurückgekehrt, die Mehrheit wohl. Man übersieht leicht, daß sich hinter den Zahlen der Ausländerstatistik ein lebhaftes Kommen und Gehen verbirgt. Aber viele blieben eben auch, oft ohne klare Einwanderungsabsicht, auf unbestimmte Dauer zunächst einmal, in einem Zwischenstatus, den es bei der klassischen überseeischen Immigration nicht gegeben hatte. Denen, die bleiben wollten und bleiben durften, konnte man auf die Dauer nicht verwehren, ihre Familien nachzuholen. Und so hat denn auch der schon 1973, im Jahr der ersten Ölkrise, verhängte und nie wieder aufgehobene Anwerbestopp nichts daran geändert, daß der Anteil der Ausländer stetig weiter wuchs. Denn nun kamen die Frauen und Kinder, und das Verbot weiterer Anwerbungen hatte den vorraussehbaren Effekt, auch Rückkehrgeneigte im Lande zu halten: Sie wußten ja nicht, sofern sie nicht EG-Bürger waren, ob sie würden zurückkehren können. Im übrigen sind auch nach 1973 stetig Ausnahmegenehmigungen in beträchtlichem Umfang erteilt worden, weil sich für bestimmte Tätigkeiten deutsche Arbeitskräfte in genügender Zahl einfach nicht fanden.

1990 überschritt der Ausländeranteil die Acht-Prozent-Marke, im europäischen Vergleich gewiß kein niedriger, aber auch kein extrem hoher Wert. 1961, am Beginn der Entwicklung, hatte er bei 1,2 Prozent gelegen. In absoluten Zahlen: 700 000 waren es 1961 gewesen, 1990 waren es 5,2 Millionen, ein Drittel davon Türken, dreizehn Prozent Jugoslawen – damals waren sie es gerade noch –, elf Prozent Italiener, während 1961 fast jeder dritte Ausländer ein Italiener und nur jeder hundertste ein Türke gewesen war. Charakteristisch, ursächlich auch für manche Probleme war die Konzentration in den Städten, nicht nur Großstädten, wobei der Süden und Westen mehr betroffen war als der Norden. 1990 gab es vier Städte mit einem Ausländeranteil von zwanzig Prozent oder knapp darüber – Offenbach, Frankfurt, München und Stuttgart. Und auch dieser Prozentsatz sagt ja noch nicht alles. In den einschlägigen Stadtvierteln gab es in den achtziger Jahren bereits Grundschulen, in denen der Anteil der Ausländerkinder bei fünfzig Prozent und darüber lag. Die acht Prozent landesweit sind so gesehen eher eine abstrakte Ziffer.

Ihren Platz in der Arbeitswelt der Bundesrepublik fanden die Ausländer, zumal die Türken, überwiegend nur weit unten, dort, wo ungelernte, angelernte, wenig qualifizierte Arbeitskräfte gebraucht wurden, aber auch unter Tage und in den Gießereien, dort also, wo die Arbeit besonders hart ist. »Unterschichtung« nannten die Soziologen diese – in allen westeuropäischen Einwanderungsgesellschaften beobachtbare – Substitution. Und die Deutschen gewöhnten sich rasch an eine Arbeitsteilung, die für sie gewiß nicht unbequem war. Schutz vor Arbeitslosigkeit bot sie den Ausländern übrigens nicht. Eher umgekehrt.

Schon in den siebziger Jahren wurde erkennbar, daß die Deutschen sich schwertaten mit den Folgen der Entwicklung, die sie doch selbst in Gang gesetzt hatten. Und in den Achtzigern gewannen die Probleme rasch schärfere Konturen. Unter dem Druck der beunruhigenden Arbeitslosenzahlen kam Nervosität auf. Ressentiments wurden geschürt, schlugen da und dort in Feindseligkeit um. 1989 erschreckten die Republikaner mit einem

Wahlergebnis von 7,5 Prozent bei den Wahlen zum Berliner Abgeordnetenhaus die Öffentlichkeit. Aber auch die Gutwilligen, sofern sie nicht nur guten Willens waren, sondern auch nachdachten, taten sich schwer mit der Frage, wie die vielstimmig geforderte Integrationslösung denn aussehen solle und wie sie in die Tat umzusetzen sei.

Ende der achtziger Jahre lebten sechzig Prozent der Ausländer seit zehn und mehr Jahren in Deutschland. Aber sie lebten – das gilt jedenfalls für die anderthalb Millionen Türken – überwiegend noch in ethnisch geschlossenen Milieus, und das durchaus nicht nur deswegen, weil man ihnen keine andere Wahl ließ. Zwei von drei jugendlichen Ausländern waren in der Bundesrepublik geboren. Aber die Perspektiven für diese »zweite Generation« waren trotz aller Anstrengungen eher düster: zu wenig Schulabschlüsse, zu wenig abgeschlossene Berufsausbildungen, daraus folgend eine hohe Jugendarbeitslosigkeit. Jeder zweite Ausländer war entschlossen, länger, was immer das heißen mochte, in der Bundesrepublik zu bleiben, mehr noch hatten ein sicheres Bleiberecht. Aber nur sehr wenige waren bereit, die deutsche Staatsangehörigkeit um den Preis des Verzichts auf ihre Herkunftsstaatsangehörigkeit zu erwerben. Wenn man es auf einen Nenner bringen will: Ein Einwanderungsland, das keines sein wollte, obgleich es, gemessen an der Bevölkerung, weit mehr Menschen aufnahm als die klassischen Einwanderungsländer USA, Kanada, Australien. Und Einwanderer, die nicht recht wußten, ob sie es sein wollten – eine einfache Konstellation war das nicht.

Daß von Mitte der achtziger Jahre an, nach einem ersten Gipfel 1980, die Zahl der Asylbewerber sprunghaft anstieg – 1990 waren es schließlich fast 200 000 –, machte es nicht leichter, Antworten zu finden. Jetzt schlugen die Wogen der Emotionen, da und dort auch die Flammen des Hasses, wirklich hoch. Themen, die wenig miteinander zu tun hatten, begannen sich auf unglückliche Weise zu verflechten. Die alte Bundesrepublik hat das ganze Problembündel ungelöst an die neue weitergegeben.

Von den drei Zuwanderungsschüben wird sich der dritte auf lange Frist als der folgenreichste erweisen. Selbst bei moderaten Immigrationsüberschüssen in den kommenden Jahrzehnten könnte der Anteil der nicht-deutschen Immigranten samt ihren Nachkommen an der Gesamtbevölkerung, so die Vorausberechnungen, um die Mitte des 21. Jahrhunderts bei etwa vierzig Prozent liegen; eine Entwicklung, die Deutschland – das liegt auf der Hand – von Grund auf verändern wird.

II.

Als noch folgenreicher und elementarer wird sich ein zweiter demographischer Trend erweisen: Seit etwa 1970 altert die Bundesrepublik in einem dramatischen Tempo.[163] Zwar war von den Auswirkungen dieses Prozesses in den letzten Jahrzehnten der westdeutschen Republik noch nicht viel zu spüren, aber für die Nachdenklichen warfen sie zunehmend ihre Schatten voraus. Zwei Entwicklungen treffen in dem Trend zusammen. Daß die Menschen älter werden, ist die eine – die Lebenserwartung stieg in der Bundesrepublik für Männer von 65 (1950) auf 72 Jahre (1987) und für Frauen von 69 (1950) auf 78 Jahre (1987), was vor allem bedeutet: Die Zahl der Achtzig- bis Neunzigjährigen wächst rasch, mit all den Problemen, Aufgaben, die sich daraus ergeben. Daß weniger Menschen geboren werden, ist die andere. Und hier stoßen wir auf die eigentlich dramatische Wende: Innerhalb eines einzigen Jahrzehnts fiel die Geburtenziffer in der Bundesrepublik um beinahe die Hälfte. In den fünfziger Jahren war sie aus dem Katastrophentief deutlich angestiegen, hatte in den sechziger Jahren den Nachkriegsgipfel (knapp über eine Million Lebendgeborene pro Jahr) erreicht, stürzte dann zwischen 1967 und 1978 auf weniger als 600 000 ab und stabilisierte sich auf diesem sehr niedrigen Niveau mit leichten Schwankungen, was bedeutet: Die Dynamik der Bevölkerungsschrumpfung, die damit programmiert ist, wird das 21. Jahrhundert wesentlich bestimmen.

Andere Zahlen sagen dasselbe: 1950 hatte es in der Bundesrepublik sechzehn Lebendgeborene auf 1000 Einwohner gegeben, in den mittleren sechziger Jahren waren es achtzehn, 1978 noch neun. Die Fruchtbarkeitsziffer (Lebendgeborene auf 1000 Frauen im Alter zwischen fünfzehn und 45 Jahren), die aussagekräftigste unter diesen Zahlen, fiel von 85 im Jahr 1965 auf 44 im Jahr 1983. Von 1972 an gab es in der Bundesrepublik mehr Sterbefälle als Geburten. Alle Zahlenreihen bestätigen übrigens auch immer wieder, daß es ein entscheidendes Jahrzehnt gegeben hat, eben die Jahre etwa zwischen 1965 und 1975.

Gewiß: Man darf nicht vergessen, daß es sich beim Geburtenrückgang um einen säkularen Trend handelt. Die Geburtenziffer war zu Beginn des Jahrhunderts doppelt so hoch gewesen wie auf dem Nachkriegsgipfel, oder auch: Aus 100 im ersten Jahrzehnt des Jahrhunderts geschlossenen Ehen waren im Durchschnitt 364 Kinder hervorgegangen, zwei Menschenalter später, bei den zwischen 1970 und 1974 geschlossenen Ehen, waren es nur noch 148. An der Altersstruktur abgelesen, stellt sich die Entwicklung so dar: Vor dem Ersten Weltkrieg hatte der Anteil der Kinder unter fünfzehn Jahren an der Gesamtbevölkerung bei über dreißig Prozent gelegen, 1950 lag er bei gut 23 Prozent, 1989 schließlich bei knapp fünfzehn Prozent, während der Anteil derer, die 65 Jahre und älter waren, im selben Zeitraum von knapp fünf Prozent über neun Prozent auf fünfzehn Prozent stieg. Ein säkularer Trend also und, auch das darf man nicht vergessen, zugleich ein zivilisationsweiter Trend – er findet sich in Variationen in allen entwickelten Industriegesellschaften. Von einem deutschen Sonderweg kann nicht die Rede sein.

Dennoch: Die Plötzlichkeit und Heftigkeit der Beschleunigung der Entwicklung in den siebziger Jahren in Westdeutschland bleibt dramatisch. Mit einem Sprung setzte sich Deutschland an die Spitze des Trends. Am Ende der siebziger Jahre hatte die Bundesrepublik die niedrigste Geburtenrate unter allen Ländern der Welt. Und wenn sie diesen Platz in den achtziger Jahren auch an Italien verlor, sie blieb eines der Schlußlichter, deutlich hinter Ländern wie Frankreich, Großbritannien, USA zurückliegend. Die Frage, ob ihre Spitzenstellung nicht doch ein Stück weit aus deutschen Besonderheiten erklärt werden müsse, liegt nahe. Nach einem ersten Überlebensaufatmen in den fünfziger und frühen sechziger Jahren, so ließe sich der Ablauf deuten, kommt es zu einer späten Reaktion auf die katastrophenreiche erste Jahrhunderthälfte.

Schlüsselt man den Befund »Geburtenrückgang« auf, so zeigt sich: Seit langem schon, seit dem ausgehenden 19. Jahrhundert, nimmt die Zahl der Familien mit vier und mehr Kindern kontinuierlich ab. Von 100 in den ersten Jahren des Jahrhunderts getrauten Ehepaaren hatten noch 58 vier und mehr Kinder, von 100 Ehepaaren der siebziger Jahre nur noch vier. Der Anteil der Drei-Kind-Familien blieb bis Anfang der sechziger Jahre ziemlich konstant, um von da an auch zurückzugehen. Die Zwei-Kind-Familie schien mit den Ehen der fünfziger und sechziger Jahre zur Norm zu werden, dann setzte auch da ein – freilich nicht sehr starker – Rückgang ein. Und schließlich: Der Anteil der Ehen ohne Kinder begann spät erst, in den achtziger Jahren, deutlich zu steigen, während bei den Ein-Kind-Ehen zu dieser Zeit ein klarer Trend noch nicht erkennbar war.

Nimmt man hinter der Institution Familie die Institution Ehe in den Blick, so zeigt sich: Auch sie wurde in den siebziger Jahren von einer neuartigen Dynamik des Wandels erfaßt. Die Zahl der Eheschließungen pro 1000 Einwohner ging von 9,4 im Jahr 1960 auf 6,4 Ende der achtziger Jahre zurück. Und die Zahl der Scheidungen stieg – in einer stetigeren und früher einsetzenden Entwicklung – von 0,88 pro 1000 Einwohner im Jahr 1960 auf 2,1 in den achtziger Jahren, eine Ziffer, die bei einiger Konstanz bedeuten würde, daß jede dritte Ehe in Deutschland geschieden wird, bei zurückgehender Neigung, überhaupt zu heiraten. Dies ist übrigens beileibe kein Spitzenwert im internationalen Vergleich.[164] Daß mit der Zahl der Scheidungen auch die Zahl der Kinder kräftig zunahm, die nur mit einem Elternteil aufwachsen, versteht sich von selbst.

Auch für diese Daten gilt, und zwar deutlicher noch als in anderen Fällen: Die deutsche Entwicklung ist einerseits Teil eines säkularen zivilisatorischen Trends, aber sie weist andererseits durchaus ihre eigenen Charakteristika auf, ist in ihrer eigentümlichen Zweiphasigkeit Teil auch der besonderen bundesrepublikanischen Geschichte. Die fünfziger, noch die sechziger Jahre stellen sich im Rückblick als eine Art von Blütezeit für die Institution Ehe und Familie dar. Auch wenn man in Rechnung stellt, und man muß es in Rechnung stellen, daß die Nachkriegsjahre keineswegs nur eine Sternstunde für die Familie waren: Die aus Krieg und Gefangenschaft Heimgekehrten taten sich oft schwer mit ihren Familien und umgekehrt, die Zahl der Scheidungen war so hoch wie erst wieder dreißig Jahre später – es bleibt doch dabei, daß die Institution Familie, getragen vor allem von den Frauen, für das Überleben in den Strudeln des Zusammenbruchs wie in den Nöten der Nachkriegszeit entscheidend war. Und im Jahrzehnt des Wiederaufbaus, stabilisiert durch den Beginn einer weitgreifenden, historisch ganz einzigartigen Wohlstandsentwicklung, wohl auch durch das Nachkriegslebensgefühl des »Wir sind noch einmal davongekommen«, schien sie an selbstverständlich-unangefochtener Geltung eher noch zu gewinnen.

Mit dieser Selbstverständlichkeit aber ging es in der zweiten Phase dann abrupt zu Ende. Ob man von einer Krise von Ehe und Familie sprechen will oder nicht, in den siebziger und achtziger Jahren begann die traditionelle Form des Zusammenlebens für die Heranwachsenden ihre Verbindlichkeit zu verlieren, selbst wenn sie in den meisten Lebensplänen ihren Platz behielt. 1963 waren noch etwa neunzig Prozent der Bevölkerung davon überzeugt – und zwar gleichermaßen auf allen Altersstufen –, die Ehe sei »eine grundsätz-

Musik auf Klavier und Schreibmaschine – Erziehung in einem Kinderladen von 1969. Kaum eine Entwicklung wird Deutschland – wie andere Industrieländer – langfristig so grundlegend verändern wie der in der zweiten Hälfte der sechziger Jahre einsetzende dramatische Geburtenrückgang. Mit dieser Entwicklung verknüpft sich eine zweite: Die Stellung des Kindes in Familie und Gesellschaft ändert sich. In einer kinderarmen Gesellschaft finden Kinder zu viel und zu wenig Beachtung. Die sogenannte antiautoritäre Erziehung, die eher der Verzicht auf Erziehung überhaupt war, war nicht sehr lange populär. Aber die Unsicherheit der Generationen im Umgang miteinander ist geblieben.

lich notwendige Einrichtung«. 1978 war es in der jungen Generation nur noch jeder Dritte, in großer Distanz zu den Ansichten der Älteren. Die Ehe solle »möglichst leicht lösbar« sein, hatten 1953 auch unter den jungen Menschen nur etwa fünfzehn Prozent gemeint, 1979 waren es fast fünfzig Prozent.[165] Auch hier lagen die Generationen weit auseinander, viel weiter als Anfang der fünfziger Jahre.

Das Erstaunlichste an dieser Entwicklung ist das atemberaubende Tempo. In keinem anderen Lebensbereich sind gesellschaftliche Normen so rasch zugunsten von Spielräumen der Individualität beiseite geschoben worden. Das gilt besonders für die herkömmlichen strengen Regeln der Verknüpfung von Sexualität und Ehe. Waren es noch beim Heiratsjahrgang 1970 nicht mehr als zehn Prozent der Paare, die schon vor der Eheschließung zusammengelebt hatten (1950: vier Prozent!), so waren es beim Heiratsjahrgang 1980 bereits 85 Prozent.[166] Daß die Einstellungen sich beinahe über Nacht änderten, machen andere Zahlen noch deutlicher: 1967 fanden noch 65 Prozent der jungen Frauen und 43 Prozent der jungen Männer, das Zusammenleben Unverheirateter sei zu mißbilligen. Ganze sechs Jahre später waren es verschwindende zwei beziehungsweise fünf Prozent.[167]

Die Zahlen sind so frappierend, daß man ihnen kaum trauen mag. Für die westdeutschen Studenten der achtziger Jahre fand eine Studie heraus: »Nur etwa die Hälfte der (ledigen) Studenten will heiraten, weniger als die Hälfte (Verheiratete eingeschlossen) möchten eine traditionelle Familie mit Kindern haben.«[168] Selbst wenn man solche Meinungsäußerungen nicht mit tatsächlich getroffenen Lebensentscheidungen gleichsetzt, Indizien dafür, daß Ehe und Familie nicht mehr als fraglos akzeptierte Ordnungen des Lebens, sondern zunehmend nur noch als Möglichkeiten der Lebensgestaltung unter anderen wahrgenommen wurden, sind es allemal. So wie sich die Sexualität aus der legitimierenden Bindung an die Ehe löste, unglaublich schnell, um das noch einmal zu sagen, löste sich die Partnerschaft von Mann und Frau aus ihrer Ausrichtung auf Elternschaft.

Dabei scheint die wachsende Vielfalt von Lebenschancen eine wesentliche Rolle zu spielen, die steigender Wohlstand mit sich bringt. Das ist keineswegs ein Paradox, wie man bei flüchtigem Hinsehen meinen könnte. Der rapide Geburtenrückgang, so eine These der demographischen Forschung, könnte aus einer im Sog dieser Vielfalt rasch stärker werdenden Tendenz zu erklären sein, sich langfristigen biographischen Festlegungen zu verweigern, die die Zukunftsoptionen begrenzen.[169] Die »Pille«, die zur rechten Zeit – Ende der sechziger Jahre – auf den Markt kam, hat ihn jedenfalls nicht verursacht. Sie hat ihn nur außerordentlich begünstigt.

Noch elementarer ließe sich, wenn schon nicht der Geburtenrückgang im allgemeinen, dann jedenfalls doch die Zunahme der Lebenspartnerschaften ohne Kinder über alle anderen, handfesteren Erklärungen hinaus als eine Absage an Verbindlichkeiten begreifen, die unter keinen Umständen aufkündbar sind. Auch in der Praxis des Zusammenlebens in nichtehelichen Lebensgemeinschaften, die so außerordentlich rasch Verbreitung, und was mehr ist, gesellschaftliche Anerkennung gefunden hat, ist ja hinter allen Alltagsgründen wohl ein wachsendes Zögern, einem anderen Menschen verbindliche Ansprüche gegen sich einzuräumen, auszumachen. Selbstbestimmt leben, sich nicht durch institutionalisierte Verbindlichkeiten die Verfügungsfreiheit über das eigene Leben nehmen lassen, verläßliche Partnerschaft, wenn es denn möglich ist, aber nicht um den Preis der unbedingten Selbstverpflichtung – das scheint die Lebensphilosophie zu sein, die sich hier Bahn bricht, auch in Westdeutschland von den späten sechziger Jahren an vehement Bahn brach. Anzufügen ist freilich, daß die Entwicklungen durchaus milieuspezifisch verlaufen sind. Kinderlosigkeit, nichteheliche Lebensgemeinschaften zumindest in Übergangsphasen des Lebens, hohe Scheidungsraten – das ist für Großstädte, für Schichten mit höherem Einkommen und höherer Bildung charakteristischer als für ländliche Milieus, für Arbeiter und einfache Angestellte.

III.

Geburtenrückgang, Entinstitutionalisierung der Beziehungen zwischen Mann und Frau – beide Entwicklungen hängen natürlich aufs engste mit der Emanzipation der Frau zusammen. Sie sind gewiß nicht allein, aber doch zu einem guten Teil als Folgen eines Wandels des Selbstverständnisses der Frau zu begreifen und haben ihr Leben ja auch vor allem verändert. Im Rückblick wird sich die Emanzipation der Frau möglicherweise als die wichtigste Entwicklung der Kultur- und Sozialgeschichte der westlichen Welt in der zweiten Hälfte des 20. Jahrhunderts erweisen, weit folgenreicher als viele Ereignisse, die die Zeitgenossen stärker beschäftigt haben. Der Anspruch der Frau auf gleiche Rechte und gleiche Lebenschancen, der sich, lange schon von einzelnen erhoben, nun wirklich Gehör verschafft; das Heraustreten der Frau aus der Welt der Familie in die außerfamiliäre Welt, vor allem in die Welt der Arbeit; die Selbstverständlichkeit, mit der der Beruf – bei allen Schwierigkeiten – ins Zentrum auch der weiblichen Biographie rückt, als eine Voraussetzung für selbständige Lebensplanung und Lebensführung; neue Balancen in der ehelichen wie nichtehelichen Partnerschaft zwischen Mann und Frau – in all diesen Veränderungen wird ein Prozeß sichtbar, der vor dem Hintergrund einer mehrtausendjährigen Geschichte des Patriarchats ganz gewiß eine Revolution genannt werden kann. Sie spiegelt sich in einer Vielzahl jener Indikatoren wider, in denen moderne Gesellschaften demographisch und demoskopisch vermessen werden. Alle weisen sie das gleiche aus: mehr weibliche Selbständigkeit, mehr weibliches Selbstvertrauen, mehr weibliche Aktivität. Die westdeutsche Nachkriegsgesellschaft hat teilgehabt an dieser Revolution, hat sich auch darin als dem Westen zugehörig erwiesen, freilich wiederum mit charakteristischen Eigentümlichkeiten.

Die Frage liegt nahe, nicht nur, aber gerade auch im deutschen Fall, ob die ersten Emanzipationsimpulse schon vom Krieg ausgegangen seien, der viele Frauen aus den Familien in die Büros und Fabriken holte, oder von den Nachkriegsjahren, von denen man ja nicht zufällig als »Stunde der Frauen« gesprochen hat. Dagegen spricht, daß die fünfziger Jahre noch ein ganz traditionell-patriarchalisches Jahrzehnt gewesen sind. Noch immer war der Mann nach dem Bürgerlichen Gesetzbuch eine Art Vormund der Frau in Vermögensangelegenheiten, noch immer entschied der Vater allein in Erziehungsfragen – bis das Verfassungsgericht intervenierte. Und in der Millionenzahl berufstätiger Frauen jener Jahre spiegelt sich nicht so sehr der Drang nach Selbständigkeit, nach Gleichberechtigung, sondern wie eh und je vor allem der harte Zwang der Notwendigkeit, der Nachkriegsnotwendigkeit im besonderen – der Krieg hatte ja vielen Frauen den »Ernährer« genommen. Nicht nur die Männer der fünfziger Jahre waren noch davon überzeugt, daß die Frau im Grunde ins Haus gehöre, die Frauen selbst waren es zu einem guten Teil auch. »Ich möchte schon einen Mann haben, der sagt: Bleib bitte zu Hause« – viele Frauen hätten diesen Satz, der aus einem Interview der fünfziger Jahre stammt, damals sagen können.[170] Zwanzig Jahre später, für die nächste Generation, war er unbegreifliche Vorzeit.

Am leichtesten hat sich das Postulat der Chancengleichheit an Schulen und Hochschulen durchsetzen lassen, wobei auch für diese Entwicklung gilt: Sie verlief nicht kontinuierlich, den entscheidenden Schub brachten das zweite und das dritte Jahrzehnt. Der Anteil der Gymnasiastinnen, der 1950 immerhin schon bei vierzig Prozent gelegen hatte, überschritt in den achtziger Jahren die Fünfzig-Prozent-Marke, was dann auch Gleichstand in den Abiturientenquoten bedeutete.[171] Der Anteil der Studentinnen an der Gesamtheit der Studierenden, der in der Weimarer Zeit auf etwa zwanzig Prozent geklettert war, 1950 bei 25 Prozent gelegen hatte, erreichte in den achtziger Jahren vierzig Prozent, noch keine völlige Parität also, aber doch eine beträchtliche Angleichung, mit großer Variationsbreite freilich, was die verschiedenen Studienrichtungen angeht: viele Ärztinnen, um es auf einen einfachen Nenner zu bringen, aber wenige Ingenieurinnen.

Den Strukturwandel, den diese Entwicklung bewirkte, machen andere Zahlen noch deutlicher erkennbar: Bei Gründung der Bundesrepublik hatten in der Altersgruppe der fünfundzwanzig- bis fünfunddreißigjährigen Frauen drei Prozent das Abitur, ein Prozent waren Akademikerinnen oder auf dem Wege, es zu werden. Die entsprechenden Zahlen für die späten achtziger Jahre lauten zwanzig Prozent und zehn Prozent. Dabei hat das »katholische Mädchen vom Lande«, in den bildungspolitischen Debatten der sechziger und siebziger Jahre eine sprichwörtliche Figur, aus der Öffnung des Bildungssystems nicht den größten Gewinn gezogen, das haben eindeutig die Großstadtkinder getan. Aber das dichtere Netz der Gymnasien wie der Schulbus, der sozialstrukturelle Wandel im ländlichen Raum wie der Bewußtseinswandel vor allem bei den Eltern haben doch auch auf dem Lande die Bildungsverhältnisse grundlegend verändert. Übrigens gab es im Bereich der beruflichen Bildung eine – viel weniger beachtete – Parallelentwicklung: Hatten, als die Bundesrepublik ihren Weg begann, nur 28 Prozent der Frauen der hier betrachteten Altersgruppe eine Lehre absolviert, so waren es in der zweiten Hälfte der achtziger Jahre 59 Prozent, ganz überwiegend allerdings immer noch in einem relativ engen Spektrum von Lehrberufen.

Viel widerständiger war die Arbeitswelt selbst. Gleiche Bildungs- und Ausbildungschancen bedeuteten eben nicht ohne weiteres auch schon gleiche Zugangschancen zu attraktiven Berufen und insbesondere gleiche Karrierechancen in attraktiven Berufen. Das hatte natürlich nicht nur etwas mit der Unbelehrbarkeit einer ihre Bastionen hartnäckig verteidigenden Männerwelt zu tun, sondern auch damit, daß sich den Frauen selbst in der frühen, in mancher Hinsicht entscheidenden Berufsphase – und erst in dieser Phase des Lebens, das heißt: nach Abschluß der Ausbildung – unausweichlich die harte Kernfrage stellte: Beruf oder Kinder oder eine Strategie des Kompromisses? Die neuen Optionen bedeuteten, daß neue, schwierige Entscheidungen zu treffen waren und im Ergebnis oft genug doppelte Lasten zu tragen.

Gleichwohl ist auch hier der Trend eindeutig: Die Erwerbsquote unter den verheirateten Frauen in der Bundesrepublik lag 1950 bei etwa 25 Prozent – so hoch hatte sie übrigens schon vor dem Ersten Weltkrieg gelegen. 1987 war sie bei 38 Prozent angekommen. Faßt man die Kerngruppe der Mütter mit Kindern unter fünfzehn Jahren ins Auge, so ergibt sich ein differenzierteres und aufschlußreicheres Bild. Steil angestiegen ist der Anteil der erwerbstätigen Mütter mit einem Kind (von etwa 20 Prozent 1950 auf 46 Prozent Anfang der achtziger Jahre), sehr deutlich auch noch der Anteil der erwerbstätigen Mütter mit zwei Kindern (von 22 Prozent auf 37 Prozent), kaum hingegen der Anteil der erwerbstätigen Mütter mit drei Kindern (von 26 Prozent auf 30 Prozent); Zahlen, bei denen man sich in Erinnerung rufen muß, daß Ein- und Zwei-Kind-Familien inzwischen der Normaltypus geworden sind. Zugenommen hat sehr deutlich die Tendenz, den Kompromiß in Teilzeitbeschäftigungen zu suchen. Zurückgegangen ist hingegen die Bereitschaft, die Berufstätigkeit für längere Zeit zu unterbrechen. Übrigens sind auch die Motive für die Berufstätigkeit nicht mehr die der fünfziger Jahre. Es geht jetzt um einen eigenen Lebensraum außerhalb der Familie, um Unabhängigkeit, und um den Lebensstandard, der zwei Einkommen voraussetzt.

So deutlich der Trend ist, den die Zahlen anzeigen, im internationalen Vergleich wird

Daß Frauen arbeiteten, um zum Unterhalt der Familie beizutragen, das hat es natürlich auch in der patriarchalischen Gesellschaft immer schon gegeben. Neu ist, daß Frauen den Beruf als Grundlage für ein selbstbestimmtes Leben begreifen und im Beruf Lebenserfolg suchen. Ein »Männerberuf« nach dem anderen öffnete sich ihnen, wenn auch oft nur zögernd und langsam. Die Kanzel eroberten die Frauen – natürlich nur in der evangelischen Kirche – von den sechziger Jahren an.
In München werden im Juli 1976 erstmals Pfarrvikarinnen zu evangelischen Pfarrerinnen ordiniert.

sichtbar, daß die Bundesrepublik hier eher zurückhängt. Die Mehrheit der westdeutschen Mütter mit Kindern unter fünfzehn Jahren war auch in den achtziger Jahren noch nicht berufstätig, in Schweden galt das zu dieser Zeit nur noch für eine von fünf Müttern. Die Spitzenstellung beim Geburtenrückgang verbindet sich also eigentümlicherweise mit einer – relativen – Zähigkeit des Festhaltens an traditionellen Familienstrukturen, da wo es Kinder gibt. Vielleicht hängt das eine mit dem anderen zusammen. Jedenfalls haben wir es nicht mit einem Entwicklungsprofil zu tun, das mit ganz einfachen Etiketten zu kennzeichnen wäre.

Überhaupt gilt für den Emanzipationsprozeß in der Bundesrepublik, daß er, alles in allem, vergleichsweise langsam verlief, gewissermaßen gedämpft. Mit der rechtlichen Gleichstellung etwa hat es der Gesetzgeber nicht sonderlich eilig gehabt. Trotzdem hat es eine feministische Bewegung von jener Aggressivität, wie sie für die USA charakteristisch wurde, in der Bundesrepublik nie gegeben. Quotenvorschriften wurden zwar in den achtziger Jahren, als die Grünen den Feminismus politisch forcierten und die Sozialdemokraten ihnen nachzueifern begannen, zunehmend diskutiert, fanden da und dort, wo rotgrüne Mehrheiten das Sagen hatten, sogar den Weg ins Gesetz. Aber charakteristisch für die westdeutschen Verhältnisse blieb doch eher Skepsis gegenüber solchen Regelungen, Zurückhaltung im Umgang mit ihnen. Daß auch die Sprachakrobatik in Sachen Gleichberechtigung nicht mit jenem dogmatischen Eifer betrieben wurde, durch den sich die USA auszeichnen, gehört zu diesem Bild.

Als Revolution haben die Analytiker des gesellschaftlichen Wandels der zweiten Jahrhunderthälfte nicht nur die Emanzipation der Frau apostrophiert. Auch von einer Bildungsrevolution wird oft gesprochen. Es gibt in der Tat gute Gründe für die These, daß die rapide Bildungsexpansion in den großen säkularen Veränderungsprozessen eine Hauptrolle spielt. Gerade auch in Deutschland, das so lange an einem hoch selektiven Bildungssystem festgehalten hat. Ganz sicher hat die eine Revolution viel mit der anderen zu tun.

Mehr Bildung für mehr Menschen – das ist die Bewegungsrichtung. In plötzlicher, rascher Beschleunigung eines bis dahin eher langsam fortschreitenden historischen Prozesses steigt die Nachfrage nach Bildung an. Die Institutionen öffnen sich. Die Bildungs- und Ausbildungsphasen weiten sich für fast alle jungen Menschen aus. Sie gewinnen entschieden an Lebensbedeutung. Immer mehr junge Menschen erreichen in einem gleichsam nach oben expandierenden System höhere Abschlüsse und Qualifikationen.

Die Zahlen sind eindrucksvoll.[172] Was die Schulen betrifft, spiegeln sie über vier Jahrzehnte hinweg eine gewaltige Umschichtung wider. Im Jahr 1952 besuchten in der Bundesrepublik von 100 Schülern der siebten Klasse 79 die Hauptschule, sechs die Realschule und dreizehn das Gymnasium. Für das Jahr 1989 lauten die Zahlen: 32 Hauptschüler, 27 Realschüler und 31 Gymnasiasten, dazu sechs Schüler integrierter Gesamtschulen. Die Abiturientenquote, die seit den sechziger Jahren eine Art von Richtzahl für die bildungspolitische Debatte darstellte, stieg von knapp fünf Prozent im Jahr 1952 auf 22 Prozent im Jahr 1989.

Faßt man die Gesamtheit der Schulabgänger ins Auge, so war in den späten achtziger Jahren eine Art von Gleichstand erreicht: etwa ein Drittel verließ die Schule mit der Hochschulreife (Fachhochschulreife eingeschlossen), ein weiteres Drittel mit dem Realschulabschluß oder einer gleichwertigen Qualifikation, während das dritte Drittel mit oder ohne Abschluß von der Hauptschule abging. Man kann die skizzierte Entwicklung auch so beschreiben: Anfang der fünfziger Jahre standen fast siebzig Prozent der Fünfzehn- bis Siebzehnjährigen bereits im Arbeitsleben, in den achtziger Jahren waren es nur noch etwa zwanzig Prozent.[173] Ein anderes Leben in einem sehr handfesten Sinn, heißt das, für jeden zweiten Jugendlichen dieser Altersgruppe.

Es versteht sich von selbst, daß die Bildungswoge, von den Schulen ausgehend, auch die Hochschulen erfaßte. Die Studienanfängerquote stieg von knapp fünf Prozent in den frühen fünfziger Jahren auf etwa 25 Prozent Ende der achtziger Jahre, von denen etwa zwei Drittel auf die wissenschaftlichen Hochschulen und knapp ein Drittel auf die – um 1970 eingerichteten – Fachhochschulen entfielen. Jeder fünfte seines Altersjahrgangs ein Abiturient, jeder vierte ein Student – so also läßt sich in aller Kürze das vorläufige Ergebnis der Bildungsrevolution kennzeichnen, wobei man freilich nicht vergessen darf, daß diese beiden Zahlen nicht alles sagen. Es ist ein – häufig übersehenes – Charakteristikum der »Bildungsrevolution«, daß sie auf allen Ebenen und in allen Bereichen wirksam war: mehr Facharbeiter, weniger Ungelernte, auch das ist eines ihrer Ergebnisse. Mitte der fünfziger

Jahre hatte noch fast die Hälfte aller Berufstätigen keinerlei Berufsausbildung. Ende der achtziger waren es nur noch 21 Prozent.[174]

Vor allem aber muß man sich die gewaltigen absoluten Größenordnungen aller dieser Umschichtungen vor Augen führen, wenn man die Dramatik des Wandels richtig einschätzen will. An den westdeutschen Hochschulen, um nur diese Zahl zu nennen, waren 1950 knapp 130000 Studierende eingeschrieben, Ende der achtziger Jahre waren es anderthalb Millionen, was auch bedeutet: Trotz aller Neugründungen sind aus den Universitäten der fünfziger Jahre mit ihren 5000 bis 10000 Studierenden Mammutanstalten, in Einzelfällen mit 50000 Studierenden und mehr, geworden, eine Entwicklung, die schon für sich genommen die Institution Universität von Grund auf verändert hat, nicht zu ihrem Vorteil. Übrigens steht dem im großen und ganzen stetigen Anstieg der Studentenzahlen ein demographisch bedingtes heftiges Auf und Ab an den Schulen gegenüber, sinkende Schülerzahlen in den fünfziger Jahren, steigende bis zur Mitte der siebziger, dann wieder rasch absinkende, um gut dreißig Prozent innerhalb eines Jahrzehnts[175] – es liegt auf der Hand, daß solche Schwankungen schon für sich genommen beträchtliche bildungspolitische Herausforderungen darstellen.

Die Impulse, die die »Bildungsrevolution« angestoßen und vorwärtsgetrieben haben, sind so leicht nicht zu identifizieren, wie es auf den ersten Blick scheint. Eine genauere Analyse verschiedener Bildungsindikatoren zeige an, daß die Zeitspanne von 1965 bis 1975 – immer wieder gerät dieses Jahrzehnt in den Blick – die Periode der großen und schnellen Veränderungen gewesen sei, sagen die Fachleute. Das spräche dafür, daß die bildungspolitischen Diskussionen der sechziger Jahre als eine Art Initialzündung gewirkt haben: die überraschende Wahrnehmung eines Bildungsrückstandes der Bundesrepublik im internationalen Vergleich; die jäh erwachende Sorge, in Pichts Katastrophenruf sich artikulierend, dieser Rückstand werde die ökonomische Leistungsfähigkeit des Wirtschaftswunderlandes Bundesrepublik beeinträchtigen; die plötzliche Sensibilität für Fragen der Bildungsgerechtigkeit, die bekanntlich in Dahrendorfs Parole vom »Bürgerrecht auf Bildung« ihre Formel fand. Dieser Erklärung widerspricht freilich, daß wichtige Entwicklungslinien schon von den frühen fünfziger Jahren an stetig verlaufen, der Anstieg der Abiturientenquote etwa. Das könnte bedeuten, daß es die Nachfrage war, also das Bestreben von Eltern, ihren Kindern Chancen des Aufstiegs über die Leitern des Bildungssystems zu eröffnen, die der »Bildungsrevolution« die frühesten, vielleicht auch dauerhaft stärksten Anstöße gegeben hat.

Daß die Aufstiegsorientierung vor allem in den mittleren Regionen der Gesellschaft von den fünfziger Jahren an eine ganz neuartige Dynamik gewann, hat sicher etwas mit der in dieser Zeit einsetzenden, im historischen Vergleich einzigartigen Wohlstandsentwicklung zu tun. Sie schuf die Bedingungen, unter denen die Wahrnehmung, daß das Bildungssystem im allgemeinen und die Schule im besonderen die Instanzen für die Zuteilung von Lebenschancen sei, für immer mehr Eltern verhaltensbestimmend werden konnte. Die »Bildungspropaganda« der sechziger und siebziger Jahre, die Reform der Institutionen des Bildungssystems selbst hätten dann eine Bewegung nur aufgenommen, die schon in Gang gekommen war und nun ihre gesellschaftliche Legitimierung fand.

Der gewaltigen Expansion des höheren Bildungswesens kommt eine Schlüsselbedeutung in den säkularen Prozessen gesellschaftlichen Wandels zu, die die Industriegesellschaften, auch die deutsche, in der zweiten Jahrhunderthälfte erfaßten. Bis in die sechziger Jahre hatte es zwischen Köln und Münster keine Universität gegeben. Binnen fünfzehn Jahren wurden im und um das Ruhrgebiet vier gegründet: Düsseldorf, Duisburg, Essen und Bochum (im Bild), ein wenig abseits noch Paderborn. Wie bei vielen Neugründungen ging es auch bei den Ruhrgebietsuniversitäten darum, die Begabungspotentiale bisher bildungsferner Regionen zu erschließen. Die Universitätsarchitektur war freilich in den meisten Fällen wenig geeignet, aus der Einrichtung Universität einen geistigen Lebensraum zu machen.

Wie immer Angebots- und Nachfrageimpulse sich zueinander verhielten, das politische Vorzeichen der Öffnung des Bildungssystems war eindeutig der Ruf nach Chancengleichheit. Der begleitende Hinweis auf die Notwendigkeit der Mobilisierung von Begabungsreserven war nicht viel mehr als eine Variation dieses Rufes. Am Maßstab der Chancengleichheit sind die Ergebnisse der »Bildungsrevolution« denn auch vor allem gemessen worden.

Am Anfang stand die ebenso überraschende wie irritierende Wahrnehmung, daß der Anteil der Arbeiterkinder an der Schülerschaft der Gymnasien, und damit natürlich auch an der Studentenschaft, bis Mitte der sechziger Jahre kaum über das Niveau der frühen dreißiger Jahre gestiegen war. In genauen Zahlen hieß das: von 4,4 Prozent auf 6,4 Prozent. An diesem Punkt Abhilfe zu schaffen, ist ein ganz wesentliches Motiv aller Reformbemühungen gewesen. Die Chancenungleichheiten im Bildungssystem haben sich dann freilich als viel zählebiger erwiesen, als die Reformer sich das in ihrem wohlmeinenden Eifer und Optimismus vorgestellt hatten. Im Rückblick auf drei Jahrzehnte beträchtlicher Anstrengungen lautete das Urteil der Fachleute: Die »Bildungsrevolution« habe vor allem starke Niveaueffekte, Struktureffekte aber nur in deutlich geringerem Maße gehabt, was bedeutet: Sie hat zu einer allgemeinen Steigerung der Nachfrage nach höherer Bildung, besserer Ausbildung geführt, die sozialen Disparitäten aber nicht entscheidend abgebaut. Immerhin stieg der Anteil der Arbeiterkinder in den Klassen der gymnasialen Oberstufe bis auf achtzehn Prozent im Jahr 1980 an, um dann allerdings wieder leicht zurückzugehen. Entsprechend stieg der Anteil von Arbeiterkindern an der Gesamtheit der Studienanfänger an wissenschaftlichen Hochschulen bis auf etwa fünfzehn Prozent an, hielt sich aber nicht ganz auf diesem Niveau. An den Fachhochschulen liegt er deutlich höher. Sie sind, nicht überraschend, die eigentliche »Aufsteigerhochschule«, so wie die Realschule die »Aufsteigerschule« der letzten Jahrzehnte gerade für Arbeiterkinder gewesen ist. Im Kreise der vergleichbaren Gesellschaften liegt die Bundesrepublik mit diesen Ziffern nur im Mittelfeld.

Eine bedeutende oder eine bescheidene Veränderung? Darüber kann man streiten. Nicht streiten läßt sich darüber, daß bestimmte Disparitäten auch am Ende der achtziger Jahre noch kraß waren. Nur eben gerade jedes zehnte Arbeiterkind nahm ein Studium an der Hochschule auf, während es im gesamtgesellschaftlichen Querschnitt jeder vierte, tendenziell jeder dritte Heranwachsende war. Die für die bildungspolitische Diskussion charakteristische Fixierung auf das »Arbeiterkind« ist freilich nur bedingt geeignet, die wesentlichen Zusammenhänge sichtbar zu machen. Sie werden deutlicher, wenn man nicht nach dem beruflichen Status, sondern nach dem Bildungs- und Ausbildungsniveau der Eltern fragt. Offensichtlich ist es dieser Faktor, der an den Gabelungen des Bildungsweges die entscheidende Rolle spielt: Der Bildungsweg der Eltern ist die wichtigste Determinante für den Bildungsweg der Kinder. Wen wundert es? Kinder von Abiturienten besuchen mit sehr hoher Wahrscheinlichkeit auch ihrerseits wieder die höhere Schule und machen das Abitur, Kinder von Hauptschulabsolventen bleiben in ihren Chancen weit dahinter zurück. So oder so ist sichtbar, daß es – nicht überraschend – die Familie ist, in der der Widerstand, den die Wirklichkeit dem bildungspolitischen Kampf um mehr Chancengleichheit entgegensetzt, seine Verankerung hat. Und daß diese widerständige Wirklichkeit nur sehr langsam zu verändern ist. Allerdings: Der Betrachter kann auch eine andere Perspektive wählen. Im expandierenden Hochschulsystem der Bundesrepublik stammte 1990 nur noch jeder vierte Studierende aus einer Akademikerfamilie, ganz einfach, weil diese Herkunftsgruppe noch immer verhältnismäßig klein ist. Drei von vier Studierenden sind Aufsteiger, heißt das. Davon, daß sich im Bildungssystem die gegebenen gesellschaftlichen Strukturen einfach fortschrieben, kann nach drei Jahrzehnten des Wandels trotz aller Zählebigkeit eben dieser Strukturen also keineswegs die Rede sein. Bildungs-»revolution« ist, so scheint es, doch kein ganz falsch gewähltes Etikett.

Die Bildungspolitik der Expansionsphase ist immer wieder kritisiert worden, weil sie der Frage, welche strukturellen oder auch qualitativen Reformen das atemberaubend rasche Wachstum der Einrichtungen höherer Bildung begleiten müßten, ausgewichen sei oder doch jedenfalls keine Antwort auf diese Frage gefunden habe. »Hektische Expansion innerhalb der alten Strukturen«, so oder ähnlich lautet der Befund.[176] Das mag man so sehen. Aber man muß dann auch sehen, daß in diesem Befund Kritik ganz verschiedener Stoßrichtungen aufeinanderprallt. Keine Strukturreform – das kann der Vorwurf sein, man habe nicht wirklich konsequent auf Gesamtschule und Gesamthochschule gesetzt, wie man es um des überragend wichtigen Ziels der Chancengleichheit willen hätte tun müssen; es kann aber ebensogut der Vorwurf sein, man habe sich der Frage, was denn geschehen müsse, um unter Bedingungen rapider Expansion die Leistungsfähigkeit des Bildungssystems zu bewahren, ja zu steigern, nicht wirklich gestellt.

In der Tat – weder das eine noch das andere ist geschehen. Man hat weder konsequent auf egalisierende Strukturen gesetzt, obwohl alle wirklichen Reforminitiativen – Gesamtschule, Gesamthochschule, Gruppenuniversität – in diese Richtung wiesen, noch neue, den gewandelten Verhältnissen angepaßte Strukturen der leistungsorientierten Differenzierung entwickelt. Das hatte viel mit dem bundesrepublikanischen Föderalismus zu tun, der ja bedeutete, daß die beiden großen Parteien immer gleichzeitig Bildungspolitik trieben und dies, bei aller ideologischen Überhitzung gerade der bildungspolitischen Konflikte, nicht ohne jede Rücksicht aufeinander tun konnten. Eine Art von wenig glücklicher Balance also – und auch wieder keine Balance, denn die Qualitätsfrage, um es auf diesen einen Nenner zu bringen, hatte in dem vorherrschenden Klima im Grunde keine Chance, ihr eigenes Recht nachdrücklich zur Geltung zu bringen. Selbst einem flüchtigen Blick auf das, was die Bildungspolitik der siebziger und achtziger Jahre – mit welchen Absichten und Hoffnungen auch immer – an Strukturreformen über die bloße Öffnung der höheren Schulen und der Hochschulen hinaus zuwege gebracht hat, bleibt das nicht verborgen. Einzig im Aufbau der Fachhochschulen scheint die Verknüpfung von Expansion und qualitätssichernder Strukturreform gelungen zu sein.

Den Verlauf der Bildungsrevolution in Zahlen zu beschreiben, ist naturgemäß einfacher, als die gesellschaftsverändernden Tiefenwirkungen dieser Revolution zu bestimmen. So viel aber ist sicher: Die Bildungsrevolution ist aufs dichteste verwoben mit dem mächtigen Individualisierungsschub der sechziger und siebziger Jahre, der dem gesellschaftlichen Wandel in der zweiten Jahrhunderthälfte die Richtung gegeben hat. Sie ist vermutlich ein wesentliches Antriebsmoment dieses Schubs gewesen, aber auch selbst von ihm weitergetrieben worden. Je höher das Bildungsniveau einer Gesellschaft, so ist ein wichtiger Aspekt dieses Zusammenhangs statistisch häufig beschrieben worden, desto größer der Anteil derer, die »postmaterialistisch« geprägt sind; desto dominierender, um es in einer konkurrierenden Terminologie zu sagen, die Orientierung an »Selbstentfaltungswerten«, was, so die demoskopischen Befunde, dann auch bedeutet: mehr Liberalität, mehr Toleranz, ein wacheres und anspruchsvolleres Verhältnis zur Demokratie. Ob die Auswirkungen der Bildungsrevolution auf die politische Kultur des Landes im deutschen Fall wirklich auf einen so einfachen und eindeutigen Nenner zu bringen sind, steht dahin. Daß sie beträchtlich sind, unterliegt keinem vernünftigen Zweifel.

Leichter zu erkennen ist, daß die Lebensläufe sich verändern. Immer mehr junge Menschen sind Endzwanziger oder Dreißiger, wenn sie in das Berufsleben eintreten, nach einer ausgedehnten Bildungs- und Ausbildungsphase, die sie lange in der ambivalenten »Postadoleszenz« festgehalten hat – erwachsen und doch nicht erwachsen, selbständig und doch noch nicht selbständig, in geschützten Räumen, aber auch in Unsicherheit. Daß solche ein ganzes, wichtiges Lebensjahrzehnt prägenden Ambivalenzen Spuren hinterlassen, darf man vermuten.

Unübersehbar ist auch, daß der Zusammenhang zwischen Bildungskarriere und Lebenschancen sich ändert. Einerseits werden höhere Bildungsabschlüsse immer bedeutsamer als Zugangsbedingungen für eine Vielzahl von Berufen, andererseits bietet der Bildungsabschluß als solcher immer weniger sichere Gewähr für Einstieg und Aufstieg, denn die Konkurrenz auf dem Arbeitsmarkt für Hochschulsabsolventen wächst. Auch beginnt der Einkommensvorsprung der Akademiker zu schrumpfen. Offenkundig ist schließlich, daß die rasche Expansion zu starken Disparitäten zwischen den Generationen führen mußte. Sie hat es auch getan. In Zahlen stellt sich das so dar: Unter den Dreißig- bis Vierzigjährigen verfügten im Jahr 1989 fast fünfzehn Prozent über einen Hochschulabschluß, unter den über Sechzigjährigen nur gut vier Prozent. Nach einer etwas späteren Zählung waren in den Jahrgängen 1952 bis 1974 die Gruppen derer, die die Hauptschule einerseits und das Gymnasium andererseits besucht hatten, etwa gleich groß, während das Verhältnis für die Jahrgänge 1912 bis 1935 noch 7 : 1 betrug. Daß die Distanz zwischen den Generationen, die die Meinungsforscher in der Bundesrepublik seit den siebziger Jahren als auffallend groß wahrnehmen, hier eine ihrer Wurzeln hat, ist immerhin denkbar.

V.

Das Stichwort »Säkularisierung«, das in allen Analysen von Modernisierungsprozessen eine große Rolle spielt, ist noch nicht gefallen. Aber natürlich geht es auch hier nicht ohne dieses Stichwort ab. Daß auch die Säkularisierungsentwicklung sich plötzlich beschleunigte, ist Teil jener Dynamik der Veränderung, die die westdeutsche Gesellschaft von den sechziger Jahren an erfaßte. Auf den ersten Blick ist das gar nicht so deutlich sichtbar. 1950 gehörten in der Bundesrepublik 96 Prozent der Bevölkerung einer der beiden christlichen Kirchen an. 1987 waren es immer noch etwa 84 Prozent, bei leichter Verschiebung der Gewichte zwischen den Konfessionen: 1950 hatten die Protestanten noch um ein paar Prozentpunkte vorn gelegen, 1987 herrschte praktisch Gleichstand. Nur zehn Prozent wies die Zählung von 1987 als »ohne Zugehörigkeit oder Angabe« aus, 2,7 Prozent als Muslime.[177] Keine dramatische Veränderung also, auch im westeuropäischen Vergleich nicht. Behauptet hatten die Kirchen auch ihren herausgehobenen Status im öffentlichen Leben, ihre Präsenz in vielerlei Gremien, vom bayerischen Senat bis zum Fernsehrat des ZDF. Und zugehört wurde ihnen noch immer mit mehr Respekt als anderen.

Sobald man näher hinsieht, verändert sich freilich das Bild. Schon die Zahl von 84 Prozent täuscht als Durchschnittswert über die Verhältnisse in den Großstädten hinweg. Vor allem aber ist der Kirchenbesuch viel drastischer als die Kirchenzugehörigkeit zurückgegangen. 1952 gingen noch 51 Prozent der erwachsenen Katholiken und 13 Prozent der erwachsenen Protestanten regelmäßig zur Kirche. 1982 waren es 32 Prozent und sechs Prozent.[178] Auch diese Entwicklung setzt übrigens um die Mitte der sechziger Jahre ein. Die Zahlen für Taufen und Konfirmationen, Abendmahls- und Kommunionsfeiern, auch kirchliche Trauungen sagen das gleiche aus. Am stabilsten ist die kirchliche Präsenz charakteristischerweise bei Beerdigungen.

Man mag solchen Zahlen entgegenhalten, in ihnen spiegle sich vor allem eine »Entkirchlichung« – Kirche und Religion seien keineswegs dasselbe. Und wirklich bejahten auch in den achtziger Jahren noch die meisten Menschen die Frage, ob sie an Gott glaubten. Die Zahl derer, die sich für »religiös« erklärten, lag niedriger, aber immer noch weit über der der Gottesdienstbesucher. Ob hinter solchen Bekundungen noch lebensbestimmende Überzeugungen stehen, ist freilich ganz ungewiß. Die Antworten auf die Frage, wie wichtig Gott für das eigene Leben sei, fallen jedenfalls schon wieder deutlich anders aus. Nimmt man das Tischgebet als einen Indikator für die Prägung des Alltags durch mehr oder minder traditionelle Christlichkeit, so bestätigen die Zahlen den Trend, den die kirchenbezogenen Daten widerspiegeln. Der Anteil derer, die zu den Mahlzeiten noch ein Tischgebet sprachen oder hörten, ging in Westdeutschland zwischen 1965 und 1982 von 29 Prozent auf elf Prozent zurück.[179] In ihrer Summe sprechen die Indizien eher gegen die Auffassung, daß nur die Bindung an die Institution Kirche schwächer geworden sei. Allem Anschein nach hat nicht nur »Kirche«, sondern auch »Religion« an Lebensbedeutung verloren.

Daß die Entwicklung, man mag sie so oder so deuten, bei jungen Menschen viel weiter fortgeschritten ist als bei den Älteren, überrascht nicht, auch nicht, daß der Protestantismus stärker davon betroffen ist als der Katholizismus. Wie weit christliche Prägungen bei alledem eine Art von allgemeiner kultureller Bedeutung behalten haben, ist eine – nicht leicht zu beantwortende – Frage für sich.

Der Blick über die Grenzen zeigt, daß die Beschleunigung des Säkularisationsprozesses eine gemeineuropäische Entwicklung ist (für die USA gilt das keineswegs!). In dieser gemeineuropäischen Entwicklung liegt die Bundesrepublik nach vielen Indikatoren relativ weit vorn, wenn auch die skandinavischen Länder, die Niederlande und im katholischen Europa Frankreich die eigentliche Spitzengruppe bilden. Eine deutsche Besonderheit scheint darin zu liegen, daß bei aller Distanz zu den Kirchen, aller Uninteressiertheit an ihrer Botschaft der letzte Schritt, der förmliche Austritt aus der Kirche, nicht rasch getan wird. Kaum irgendwo ist die Zahl derer, die ganz gelegentlich doch noch einmal in die Kirche gehen, sich also einen Rest der traditionellen, eigentlich schon gelösten Bindung bewahren, größer.

Aber das ändert nichts an der Eindeutigkeit der Zahlen im übrigen. Auch und gerade in der Bundesrepublik ist die zweite Jahrhunderthälfte eine Phase drastisch beschleunigter »Verweltlichung« gewesen, und das, um es noch einmal zu sagen, wohl nicht nur im Sinne wachsender Kirchenfremdheit, sondern auch im Sinne wachsender Gleichgültigkeit ge-

Die Bundesrepublik war katholischer, als es der deutsche Nationalstaat zwischen 1871 und 1945 jemals gewesen war, aber nicht so katholisch, daß der Protestantismus in eine Minderheitenposition geraten wäre. Gerade diese Balance hat die Entspannung zwischen den Konfessionen begünstigt. Das Bild zeigt den Kölner Kardinal Frings und den römischen Kardinal Testa gemeinsam mit dem Präsidenten des Evangelischen Kirchentages Richard von Weizsäcker auf dem Katholikentag im September 1968 in Essen.

genüber der überlieferten christlichen Religion. Der kurze Augenblick nach 1945, in dem es schien, als seien die Kirchen aus der Katastrophe gekräftigt, mit neuer Autorität hervorgegangen, hat getrogen. Der Jahrhundertprozeß der Säkularisierung ist nur leicht verzögerten Schrittes über diesen Augenblick hinweggegangen. Und es gibt sogar Anlaß zu der Vermutung, daß die – letztlich nicht bestandene – Bewährungsprobe des Nationalsozialismus beide Kirchen eher Substanz gekostet als sie gestärkt hat.

In einem Punkt freilich hat das Katastrophenerlebnis den Kirchen ganz sicher weitergeholfen, im Umgang miteinander. Nicht nur, daß die Amtskirchen, vorsichtig zwar, aber doch immerhin, aufeinander zugegangen sind. Die Grenzen zwischen den Konfessionen haben überhaupt viel von ihrer zugleich trennenden und einhegenden Bedeutung verloren. Nicht von einem Tag auf den anderen – man denke nur daran, wie heftig im ersten Nachkriegsjahrzehnt noch für die Konfessionsschule gekämpft wurde, für die katholische Seite war sie lange *das* politische Thema schlechthin –, aber doch Schritt für Schritt. Daß die gewaltigen Wandlungen, die die Kriegskatastrophe auslöste, die Konfessionen stärker mischte, als sie es seit dem 16. Jahrhundert in Deutschland jemals gewesen waren, hat die Entwicklung fraglos gefördert. Auch die neue Parität hat vermutlich zur Entspannung beigetragen. Zum ersten Mal waren die Katholiken in einem deutschen Staat nicht mehr in der Minderheit. Das gab dem bundesrepublikanischen Katholizismus Selbstbewußtsein, hat übrigens auch für die Gründung der Unionsparteien oder doch jedenfalls für ihren Erfolg erhebliche Bedeutung gehabt. In einer Minderheitsposition hätte der Katholizismus sich aus seiner Fixierung auf das Zentrum vermutlich nicht so leicht gelöst.

Am deutlichsten läßt sich der Wandel in den Beziehungen zwischen den Konfessionen wohl an der etwa von 1960 an rasch wachsenden Zahl der Ehen, die über die Konfessionsgrenzen hinweg geschlossen wurden, ablesen. Natürlich wird da auch ein Säkularisierungseffekt sichtbar, aber der erklärt nicht alles. Die »Entkonfessionalisierung« war eine Nachkriegsentwicklung von eigenem Gewicht. Recht eigentlich ist die Bundesrepublik, wenn man von den Hitler-Jahren absieht, das erste Deutschland seit der Reformation gewesen, in dem wirklich Konfessionsfrieden geherrscht hat. Auch das ist natürlich den Unionsparteien zugute gekommen. Sie hätten im traditionellen Klima kühler Distanz und gelegentlich aufflammender Feindseligkeit zwischen den Konfessionen nur schwer erfolgreich sein können.

VI.

Die Linien fügen sich, so scheint es, immer deutlicher zur Skizze eines nach zögerlichem Beginn mit historisch beispielloser Geschwindigkeit ablaufenden Prozesses revolutionären gesellschaftlichen Strukturwandels zusammen, eingebettet zwar in politische Stabilität und ökonomische Prosperität und für die meisten Menschen eher Versprechungen und Erfüllungen bereithaltend als Bedrohungen, aber, was die Dramatik der Veränderungen angeht, eben doch revolutionär. Ist das eine Überzeichnung? Die Frage, ob eine vergleichbar dramatische Veränderungsdynamik auch Erwerbsstrukturen und Schichtungsverhältnisse erfaßt hat, muß als nächste gestellt werden.

Zieht man zunächst einmal die elementaren Strukturdaten, etwa die Statistik »Erwerbstätigkeit nach Wirtschaftsbereichen« zu Rate, so deuten auch sie – freilich in groben Kategorien – auf Umschichtungen von außerordentlichen Ausmaßen hin.[180] War 1950 beinahe ein Viertel aller Beschäftigten in der Land- und Forstwirtschaft tätig, fast doppelt so viele wie in den USA, so waren es 1990 noch drei bis vier Prozent, womit Westdeutschland ein Normalniveau für hochentwickelte Industriegesellschaften erreicht hatte. In weitere historische Zusammenhänge eingeordnet heißt das: Eine Entwicklung, die bereits seit mehr als einem Jahrhundert in Gang war, hat sich von den fünfziger Jahren an heftig beschleunigt. Auf der anderen Seite stieg der Anteil des tertiären, des Dienstleistungssektors von etwa 33 Prozent (1950) auf etwa 56 Prozent (1990) an – auch dies eine starke Beschleunigung einer säkularen, bis dahin eher stetigen Entwicklung, während der Industriesektor, ausgehend von einem Niveau von 43 Prozent (1950), nach leichtem, letzten Anstieg erst um 1970 den Gipfel des säkularen Trends erreichte, um dann auf gut vierzig Prozent (1990) zurückzugehen. Das bedeutet: Der Industriesektor ist in der bundesrepublikanischen Wirtschaft, gemessen an den Proportionen anderer hochentwickelter Industriegesellschaften, noch immer deutlich überdimensioniert, der tertiäre Sektor trotz starken Wachstums zurückgeblieben.

Dieselben Entwicklungen spiegeln sich auch in anderen Zahlen: 1950 waren noch fast dreißig Prozent aller Erwerbstätigen Selbständige und mithelfende Familienangehörige, kaum weniger als zu Beginn des Jahrhunderts, 1990 waren es knapp elf Prozent, Daten, die nicht nur, aber doch zu einem guten Teil vom Geschick der Landwirtschaft erzählen. Etwa 21 Prozent der Erwerbstätigen waren 1950 Angestellte und Beamte, 1990 waren es 51 Prozent, wobei der öffentliche Dienst nur mit einer im internationalen Vergleich eher maßvol-

Man sieht noch das Dorf Putzbrunn, wie es einmal in den Feldern lag, die Hauptstraße, die sich hindurchzieht, die Wege, die von allen Seiten zum Dorf führen.

Irgendwann wurde die Autobahn gebaut, ein »Zubringer« band das Dorf an die Autobahn an, und eine neue Welt entstand am Rande des Dorfes, das nun nur noch am Rande der neuen Welt liegt. Viele werden es nicht mehr sein, die in diesem Dorf noch in der Landwirtschaft arbeiten.

len Steigerung (von 10,8 Prozent auf 16,6 Prozent) an diesem Wachstum beteiligt war. Der Anteil der Arbeiter, der 1950 bei 51 Prozent gelegen hatte, ging auf gut 39 Prozent zurück. Irgendwann in den siebziger Jahren, heißt das, haben die Angestellten die Arbeiter in Westdeutschland als größte Gruppe unter den Beschäftigten abgelöst; eine Feststellung, die freilich so gewichtig wohl nicht ist, wie sie klingt, weil sich hinter dem Etikett »Angestellte« eine viel größere Vielfalt verbirgt – von der Verkäuferin bis zum Vorstandsvorsitzenden – als hinter dem Etikett »Arbeiter«.

Die Zahlen, so bemerkenswert sie sind, sprechen eine eher nüchterne Sprache. Versucht man zu den Lebenswirklichkeiten hinter den Zahlen vorzustoßen, so erkennt man bald, daß vermutlich keine der Entwicklungen, die hier in Rede stehen, so tief in die vorgefundenen Ordnungen und Verhältnisse eingegriffen hat wie der Strukturwandel auf dem Lande. Fast zwei Drittel aller landwirtschaftlichen Betriebe sind zwischen 1950 und 1990 aufgegeben worden. Von denen, die geblieben sind, sind nur noch etwa die Hälfte Vollerwerbsbetriebe, und die sind größer geworden, spezialisierter, werden von viel weniger Menschen viel intensiver bewirtschaftet. Die meisten Dorfbewohner haben, selbst in den nicht stadtnahen Dörfern, mit der Landwirtschaft nichts mehr zu tun. Viel, heißt das, haben die letzten Jahrzehnte von der alten Lebenswelt des Dorfes nicht übriggelassen, einer Welt, die sich bis in die Nachkriegsjahre hinein nur langsam und zögernd dem Neuen geöffnet hatte. Selbst der Krieg hatte das Dorf ja, anders als die Stadt, vergleichsweise unberührt gelassen, er erreichte es erst mit dem Flüchtlingsstrom. Das Dorf von 1950 war, so kann man es auch sagen, dem Dorf von 1910 noch viel ähnlicher als das Dorf von 1990 dem von 1950. Die alte Ferne zwischen Stadt und Land ist im Zuge dieser Entwicklung nicht verschwunden, aber sie ist sehr geschrumpft. Ein Heer von Pendlern bindet Land und Stadt aneinander.

Die Revolution auf dem Lande, als die die Rationalisierung der Landwirtschaft sich bei genauerem Hinsehen erweist, habe sich, so wird gleichsam besänftigend vermerkt, ohne ernstliche Erschütterung politischer und wirtschaftlicher Natur vollzogen.[181] Das ist richtig, aber man muß hinzufügen: Dazu bedurfte es gewaltiger Subventionen, wie sie sich nur eine sehr reiche Gesellschaft leisten konnte. Und auch die haben am Ende keine neuen Strukturen schaffen können, die in sich ökonomisch tragfähig wären. Die Landwirte sind denn auch, den Demoskopen zufolge, nach Jahrzehnten aufwendigster sozialprotektionistischer Anstrengungen erst der deutschen, dann der europäischen Agrarpolitik stärker verunsichert, ratloser, resignierter als jede andere Berufsgruppe.[182] Die Industriezivilisation scheint über sie hinwegzugehen.

Noch eine zweite Entwicklung von säkularer Bedeutung ist hervorzuheben. Sie betrifft die Arbeiter. Aus den Zahlen, von denen wir ausgegangen sind, ist zunächst einmal wenig Bewegung, Veränderung, Unruhe herauszulesen. Und doch gilt für die Lebenswelt des Industriearbeiters nicht weniger als für die ländliche Welt, daß die Jahrzehnte nach dem Zweiten Weltkrieg sich im Rückblick als ein sozialgeschichtlicher Epochenwechsel darstellen. »Entproletarisierung« ist das Stichwort der Sozialhistoriker für diesen Epochenwechsel. Entproletarisierung heißt: Der Status besonderer Ungesichertheit und Armutsnähe, wie er für den Arbeiter seit Beginn der industriellen Revolution, wenn auch in stetiger Abschwächung, charakteristisch geblieben war, wird nun definitiv überwunden. Das ist keineswegs allein der spektakulären Einkommensentwicklung zuzuschreiben, vielmehr war die Arbeitsplatzsicherheit in einer Phase der stabilen Vollbeschäftigung genauso wichtig, vielleicht wichtiger. Hinzu kam das bedeutende Mehr an Sicherheit für das Alter und den Krankheitsfall, das die Sozialgesetzgebung der fünfziger, sechziger, siebziger Jahre bescherte. Auch der Zugewinn an Freizeit und die Veränderung der Gegebenheiten am Arbeitsplatz selbst spielen eine Rolle.

Das alles fügte sich jedenfalls von den sechziger Jahren an zu Lebensverhältnissen zusammen, die sich grundlegend von den Lebensverhältnissen der Arbeiter früherer Epochen des Industriezeitalters unterschieden. 1950 waren nur sechs Prozent der Arbeiter Hausbesitzer. In den achtziger Jahren war es nahezu die Hälfte. 1950 waren 25 Prozent des Einkommens verfügbar geblieben, wenn Nahrung, Kleidung, Wohnung bezahlt waren. Gegenüber dem Jahrzehnt vor 1914 hatte sich da noch nicht viel verändert. Nach dem Sprung der fünfziger und sechziger Jahre waren es vierzig Prozent. Zwei Drittel der Arbeiterhaushalte verfügten bereits in den siebziger Jahren über ein Auto, da gab es keinen Rückstand hinter den Mittelschichten mehr. Und die jährliche Urlaubsreise, zunehmend ins Ausland, wurde von den sechziger Jahren an für Arbeiterfamilien so zur Regel wie für alle anderen auch.[183]

Aufs engste mit dieser Entwicklung verknüpft ist die rasche und vollständige politische Integration der Arbeiterschaft in die Bonner Republik. In den Weimarer Jahren hatte sie noch zu einem beträchtlichen Teil für die KPD gestimmt. Damit war es jedenfalls nach den ersten Nachkriegsjahren vorbei. Nahezu geschlossen gaben die Arbeiter von den fünfziger Jahren an ihre Stimmen den Parteien der Republik, der SPD und, zu nicht geringem Teil, der Union. Das muß doch wohl so gedeutet werden, daß sie sich von dieser Republik akzeptiert, zu dieser Republik gehörig fühlten. Es war eine nahezu natürliche Folge des Integrationsprozesses, daß auch die organisatorischen Strukturen des proletarischen Milieus sich allmählich auflösten, jene festgefügte Welt der Arbeitersportvereine, Arbeiterbil-

Wer ein Auto hat, ist kein Proletarier mehr. Das Auto ebnet Klassenschranken ein. Es verändert das Leben. Man pflegt sein Auto, man ist stolz auf sein Auto, man läßt sein Auto bewundern, man wird beweglich, macht Reisen. Von den sechziger Jahren an wird das Auto zum Allgemeinbesitz auch der Arbeiterschaft.

dungsvereine, Konsumgenossenschaften, in der die Arbeiterschaft der Weimarer Republik noch ganz selbstverständlich gelebt hatte. Sie war als eine Gegenwelt der Außenseiter und Ausgeschlossenen entstanden, und die brauchte man jetzt nicht mehr, weil man nicht mehr Außenseiter und Ausgeschlossener war.

Es wäre allerdings eine Überzeichnung, aus der Auflösung des traditionellen proletarischen Milieus ohne weiteres eine Verbürgerlichung der Arbeiterschaft zu machen. Helmut Schelskys Formel von der »nivellierten Mittelstandsgesellschaft«, früh schon, in den fünfziger Jahren, als doch alles erst begann, in die Debatte geworfen, hat auf die Dauer mehr Widerspruch als Zustimmung gefunden, und das mit Recht.[184] Zwar spricht viel dafür, daß die westdeutsche Nachkriegsgesellschaft schon im ersten bundesrepublikanischen Jahrzehnt eine Klassengesellschaft im strengen alten Sinn, eine Gesellschaft mit starkem Klassenbewußtsein nicht mehr war, oben nicht und unten nicht. Und in dem Maße, in dem der Wohlstand wuchs, haben dann tatsächlich Angleichungsprozesse, wie sie für die Wohlstandsgesellschaften im allgemeinen charakteristisch sind, eingesetzt und den Lebensstil über die Schichten hinweg vereinheitlicht. Aber Schelskys Diagnose überschätzte zunächst einmal die entstrukturierende Wirkung der Kriegs- und Nachkriegswirren beträchtlich. Und auch für die folgenden Jahre gilt: Daß die Arbeiter in ihrem Lebensstil Kleinbürger geworden sind, mag sein. Ob sie sich selbst als solche wahrnehmen, ist eine andere Frage. Vor allem aber ist der Arbeitsplatz des typischen Arbeiters, bei aller Binnendifferenzierung vom Ungelernten bis zum Facharbeiter, ein anderer geblieben als der des typischen Angestellten – Körperlichkeit und Fremdbestimmtheit der Arbeit sind für das Gros noch immer in einem anderen Sinn konstitutiv als für andere Berufsgruppen. Das Einkommen des typischen Arbeiters ist nach wie vor niedriger als das des typischen Angestellten. Die Aufstiegswahrscheinlichkeit von einer Generation zur nächsten ist trotz aller durchaus folgenreichen Öffnungen noch immer vergleichsweise niedrig – das ist der Befund der Sozialforschung.

Aber wenn auch von einer »nivellierten Mittelstandsgesellschaft« nicht einfach die Rede sein kann: Daß der Arbeiter in der Wiederaufbauphase nach dem Zweiten Weltkrieg endgültig aus dem engen, ziemlich fest verschlossenen Gehäuse proletarischer Sonderexistenz am unteren Rand der Gesellschaft heraustrat, ist unbestreitbar und unbestritten. Natürlich lassen sich manche Entwicklungen weiter zurückverfolgen. Der Nationalsozialismus und der Krieg haben fraglos Impulse gegeben. Entscheidend jedoch ist die Wohlstandsentwicklung der fünfziger und sechziger Jahre gewesen.

VII.

Die letzten Bemerkungen berühren bereits die Frage, die vielen Analytikern des sozialstrukturellen Wandels der letzten Jahrzehnte als die wichtigste gilt: Wie stark waren die Egalisierungsimpulse, die von diesem Wandel ausgegangen sind? Wie haben sich die Aufstiegschancen entwickelt? Wie steht es mit der Offenheit der westdeutschen Nachkriegsgesellschaft? Nicht zuletzt: Wie steht es damit im internationalen Vergleich? Für viele Beobachter ist »Offenheit« in diesem Sinne ein wichtiger Indikator für gelungene Modernisierung, zumal bei einer Gesellschaft wie der deutschen mit ihrer bis in die erste Jahrhunderthälfte partiell verzögerten Entwicklung. Änderungen in der Einkommensverteilung sind da ein wichtiges Ausgangsdatum. Man mißt sie häufig durch den Vergleich von Quintilen. Man fragt, heißt das, wie sich das gesamte Nettoeinkommen der Privathaushalte verteilt, wenn man die Bevölkerung in fünf gleich große Gruppen aufgliedert, und kann dann Änderungen im Zeitablauf erfassen.

So gemessen erweist sich die Einkommensverteilung als über Jahrzehnte hinweg erstaunlich stabil.[185] 1950 verfügte das erste Fünftel über etwa 45 Prozent des Gesamteinkommens, das letzte über fünf Prozent. Zählt man die ersten beiden und die letzten beiden Fünftel zusammen, so stehen etwa 68 Prozent gegen etwa sechzehn Prozent. Bis Mitte der achtziger Jahre haben das letzte Fünftel nur zwei Prozentpunkte, die letzten beiden Fünftel zusammen knapp fünf Prozentpunkte hinzugewonnen, das erste Fünftel knapp drei Prozent, die ersten beiden Fünftel zusammen gut fünf Prozentpunkte verloren. Es hat also Bewegung gegeben, aber nur wenig. Auf eine starke Egalisierungsdynamik weisen diese Ziffern nicht hin, ein Befund übrigens, mit dem die Bundesrepublik im internationalen Vergleich nicht auffällt, so wie sie auch mit ihren Verteilungswerten an sich unter den vergleichbaren Industriegesellschaften einen Mittelplatz einnimmt.

In absoluten Zahlen stellte sich die Verteilung des – von der amtlichen Statistik erfaßten! – Einkommens Ende der achtziger Jahre so dar: 1988 betrug das monatliche Durchschnittshaushaltseinkommen (netto) in der Bundesrepublik 4024 DM. Für etwa sechzehn Prozent der Haushalte lag es unter 2000 DM, für 64 Prozent zwischen 2000 und 5000 DM, für sechzehn Prozent zwischen 5000 und 10 000 DM, für knapp vier Prozent über 10 000 DM.

Was die Vermögensverteilung angeht, haben wir es offensichtlich mit einer deutlich stärkeren Konzentration als bei den Einkommen und einer ähnlichen Konstanz der Verteilung zu tun, auch wenn unterschiedliche Berechnungen zu etwas unterschiedlichen Ergebnissen kommen. Eine Studie aus den sechziger Jahren wies den reichsten zwei Prozent der Bevölkerung etwa neunzehn Prozent des Gesamtvermögens zu, der ärmeren Hälfte insgesamt etwa achtzehn Prozent. Andere haben eine noch höhere Konzentration errechnet. Dabei ist der Konzentrationsgrad beim Produktivvermögen besonders hoch – eine Untersuchung der sechziger Jahre, die zu dem Ergebnis kam, siebzig Prozent des privaten inländischen Kapitals werde von knapp zwei Prozent der Haushalte gehalten, erregte mindestens vorübergehend beträchtliches Aufsehen.[186] Es gibt keinen Hinweis darauf, daß sich daran in den nächsten zwei Jahrzehnten Wesentliches geändert hat.

Vermögen anderer Art ist deutlich breiter gestreut. Fast die Hälfte der Bevölkerung verfügte 1988 über Haus- oder Grundbesitz, allerdings, wie anzumerken ist, sehr unterschiedlichen Wertes. Die Politik hat in diesem Bereich, durch Steuergesetzgebung und Bausparförderung, sehr viel mehr bewirken können als mit ihren gelegentlichen – nicht sonderlich beharrlich unternommenen – Versuchen, Produktivvermögen unter die Leute zu bringen. Hinzuzufügen ist im übrigen, daß alle Ungleichheiten der Verteilung, der Einkommens- wie der Vermögensverteilung – auch der Verteilung von Lebensrisiken –, vor dem Hintergrund des dramatischen Wohlstandszuwachses gesehen werden müssen, den die Nachkriegsepoche allen Schichten brachte. Anfang der achtziger Jahre entsprach das reale Einkommen der Haushalte, die am unteren Ende der Einkommensskala standen, etwa dem Durchschnittseinkommen aller Haushalte in den frühen fünfziger Jahren. Auch für die Vermögen gilt ganz allgemein, daß in den fünfziger Jahren ein sprunghaftes Wachstum einsetzte. Diese Wohlstandsentwicklung hat die in sich relativ stabilen Ungleichheitsstrukturen in gewissem Sinn doch verwandelt.

Wie haben sich die Mobilitätschancen entwickelt? Wie Ungleichheitsstrukturen zu bewerten sind, hat viel mit dem Grad der Offenheit einer Gesellschaft zu tun, mit der Verteilung der Chancen des Zugangs zu den Gütern, die ungleich verteilt sind, von Generation zu Generation. Die vertikale Mobilität habe in der Bundesrepublik zugenommen, die westdeutsche Gesellschaft der achtziger Jahre sei offener gewesen als die der fünfziger Jahre, dramatisch freilich seien die Veränderungen nicht – das etwa ist der ziemlich einheitliche Befund der Sozialforschung. Es hat sich damit eine Entwicklung der ersten Jahrhunderthälfte fortgesetzt, deren Ausgangspunkt die – auch im internationalen Vergleich – sehr rigide Schichtungsstruktur des Kaiserreiches war. Krieg und Nachkrieg haben natürlich stürmische Bewegung gebracht. Die Vertreibung zumal bedeutete massenhaft jähen sozialen Absturz beinahe ins Nichts. Aber im Rückblick zeigt sich, daß aus dieser Erschütterung keine tiefe Zäsur geworden ist. Es hat sich in der Nachkriegsgesellschaft kein ganz neues Strukturmuster der Mobilität etabliert. Es blieb beim historischen Trend des allmählichen Abbaus von Schichtenbarrieren.

Vorwärtsgetrieben wurde dieser Trend natürlich vor allem durch die Öffnung und den Ausbau des Bildungssystems in den sechziger und den siebziger Jahren – da mag man sogar von einem Sprung sprechen. Da die Bedeutung von Bildungs- und Ausbildungsabschlüssen für den Berufszugang wuchs, mußte auch der Effekt, den der Zuwachs an Chancengleichheit im Bildungssystem auf die vertikale Mobilität hatte, deutlich sein. Und er war es, ohne daß man über dieser Feststellung vergessen dürfte, daß der Zugewinn an Bildungschancen gerade für Arbeiterkinder nur ein durchaus begrenzter war. Begünstigt wurde die Aufstiegsmobilität im übrigen auch durch den Strukturwandel im Beschäftigungssystem, durch das rasche Wachstum des tertiären Sektors mit seiner vielfältigen Nachfrage nach nichtmanuellen Qualifikationen auf der einen Seite wie durch das Einrücken einer neuen Unterschicht, der Gastarbeiter, in die am niedrigsten eingestuften manuellen Tätigkeiten auf der anderen.

In Zahlen beschrieben stellte sich das Mobilitätsniveau der Bundesrepublik auf halbem Wege, in den siebziger Jahren, so dar:[187] Jeweils etwa zwei Drittel der Söhne (für Töchter gelten etwas andere Mobilitätsspielregeln) sowohl in der Arbeiterschaft als auch in der (den höheren beruflichen Regionen zugeordneten) sogenannten Dienstklasse blieben in der Schicht ihrer Väter. Ein deutlicher Aufstieg gelang immerhin etwa zwanzig Prozent der Facharbeitersöhne und vierzehn Prozent der Söhne un- und angelernter Arbeiter. Andersherum: Etwa zwei Drittel der Arbeiter stammten aus Arbeiterfamilien, während mehr als die Hälfte der »oberen Dienstklasse« und mehr als zwei Drittel der »unteren Dienstklasse«

eindeutig Aufsteiger waren, in der oberen Dienstklasse etwa zu einem Drittel, in der unteren Dienstklasse etwa zur Hälfte der Herkunft nach aus Arbeiterfamilien kommend. Es bestätigt sich: Von einem »Eingeschlossen-sein-ins-Arbeiterdasein« (Karl Ulrich Mayer) kann nicht mehr die Rede sein. Schichtzugehörigkeit wird freilich immer noch in relativ hohem Maße vererbt. Es gibt keine Industriegesellschaft, für die das nicht gälte, einige allerdings, für die es weniger gilt als für die Bundesrepublik.[188]

Nimmt man den engsten Kreis der Mächtigen ins Visier, so zeigt eine Elitestudie, die gut 3000 Führungspositionen erfaßte, für das Jahr 1981, daß nur etwa jeder zehnte Inhaber einer solchen Position aus einer Arbeiterfamilie stammte, wofür vor allem wohl die immer noch ziemlich schlechten Bildungschancen von Arbeiterkindern verantwortlich sind.[189] Der Weg zur Spitze führte für Arbeiterkinder übrigens fast ausschließlich über die SPD und die Gewerkschaften. Die bundesrepublikanische Gesellschaft kann also keineswegs als ganz entstrukturiert beschrieben werden. Oben und unten gibt es, auch wenn es zutreffend sein mag, daß die strenge Hierarchie der Schichten sich in manchen Zonen langsam in ein lockereres Gefüge von Milieus verwandelt.

VIII.

Wo immer man mit der Beschreibung der dramatischen sozialstrukturellen Umbrüche in der westdeutschen Nachkriegsgesellschaft ansetzt, die einzigartige Wohlstandssteigerung der Jahrzehnte nach 1950, vor allem der ersten beiden, kommt alsbald in den Blick. Tatsächlich spricht viel dafür, daß der unerhörte Wohlstandssprung so etwas wie der Basisprozeß sozialen Wandels gewesen ist. Viele der in diesem Kapitel skizzierten Veränderungen, hieße das, haben etwas mit der Wohlstandsentwicklung zu tun, lassen sich wesentlich auf sie zurückführen. Die gar nicht zu überschätzende Bedeutung der Wohlstandsdynamik läge dann weit mehr in dem, was sie mittelbar bewirkt hat, als in ihren unmittelbaren Auswirkungen. Einzigartig bedeutet dabei: einzigartig in der historischen Perspektive – es hat nie zuvor eine Periode derartig raschen Wohlstandswachstums gegeben –, nicht im internationalen Vergleich. Die anderen entwickelten Industriegesellschaften haben in der zweiten Jahrhunderthälfte ähnliche Sprünge getan. Der westdeutsche Fall ist freilich besonders spektakulär, weil hier eine Gesellschaft, übrigens nicht ohne ambivalente Auswirkungen auf ihr Selbstbewußtsein, in zwei Jahrzehnten aus den Verwüstungen einer großen Kriegskatastrophe, der größten seit dem Dreißigjährigen Krieg, auf einen Platz nahe der Spitze der weltweiten Wohlstandshierarchie hinaufkletterte.

Zwischen 1950 und 1990, zu diesem Ergebnis kommen alle einschlägigen Berechnungen in nur leichter Varianz, hat sich das Bruttorealeinkommen der westdeutschen Arbeitnehmer etwa vervierfacht.[190] Bis 1980 hatten wir es mit einem – in den siebziger Jahren leicht abflachenden – sehr stetig-steilen Anstieg zu tun. In den frühen achtziger Jahren mit ihren relativ hohen Inflationsraten gab es zum ersten Mal einen Stillstand, ja Rückgang, einstweilen freilich nur vorübergehend. Im internationalen Vergleich stellt sich die explosive Ent-

Die fünfziger Jahre waren die Jahre der Überwindung der Not, in den Sechzigern wurde die westdeutsche Gesellschaft allmählich zur Wohlstandsgesellschaft. Das ist an vielen Indikatoren abzulesen: am Wohnkomfort; an der rasch wachsenden Verbreitung langlebiger Konsumgüter – des Autos vor allem; an den Freizeitaktivitäten; an den Urlaubsreisen, die zur Selbstverständlichkeit wurden.

wicklung der ersten beiden Jahrzehnte zumal in ihren Anfängen als eine Art von Aufholbewegung dar. Nachdem die lange Friedenszeit des Kaiserreiches immerhin eine Verdoppelung des Realeinkommens gebracht hatte, war die Katastrophenepoche zwischen 1914 und 1945 für Deutschland, was die Wohlstandsentwicklung angeht, eine Phase der Stagnation gewesen – scharfe Einbrüche, leichte Erholungen in den späten zwanziger und den späten dreißiger Jahren – , des Zurückfallens hinter andere, glücklichere westliche Nationen.[191] 1950 begann man etwa da, wo man in den besten Jahren der Zwischenkriegszeit gestanden hatte – ein bemerkenswertes Indiz übrigens dafür, wie früh der Erholungsprozeß nach dem Zweiten Weltkrieg einsetzte –, um diese »besten Jahre« dann in beispiellosem Tempo hinter sich zu lassen. Schon am Ende der Ära Adenauer hatten sich die Realeinkommen etwa verdoppelt.

Man darf diese Zahlen freilich nicht so lesen, als sei das »Wirtschaftswunder« von Anfang an auch gleich ein »Wohlstandswunder« gewesen, wie es manche Schlagworte suggerieren. Die fünfziger Jahre waren in vieler Hinsicht durchaus noch karge, ja harte Jahre, die Konsumstatistiken beispielsweise spiegeln das wider. Das gilt zumal für die meisten Flüchtlinge, aber keineswegs nur für sie. Doch es ging aufwärts, ging sichtbar aufwärts. Und von den sechziger Jahren an trifft das Etikett »Wohlstandsgesellschaft« die Sache, wobei man aber immer im Blick behalten muß, daß der »Wohlstand« in den unteren und mittleren Einkommensschichten zwei Haushaltseinkommen zur Voraussetzung hatte. Familien, die nur über eines verfügten, blieben zurück.

Was den Wohlstand zu einer das Leben von Grund auf verwandelnden Macht gemacht hat, in der Bundesrepublik wie andernorts, war in erster Linie die Technik, in deren Gestalt er die Menschen erreichte. Zwei Produkte moderner Technik sind es im besonderen gewesen, die das Alltagsleben in der zweiten Jahrhunderthälfte, auch das der Deutschen, völlig verändert haben – und mehr als das Alltagsleben: das Auto und das Fernsehen.[192] An den Siegeszug des Autos wie des Fernsehens nicht wenigstens zu erinnern, hieße die gesell-

Nichts, vom Auto vielleicht abgesehen, hat das Alltagsleben der Menschen in der zweiten Hälfte des 20. Jahrhunderts so verändert wie das Fernsehen. Eine der Wirkungen des Fernsehens: Es schafft neue Wirklichkeiten – der Schein der Fernsehwelt wird zur eigentlichen Wirklichkeit. Eine der langlebigsten Sendungen des deutschen Fernsehens »Aktenzeichen XY« operiert beunruhigend genau auf der Grenze zwischen Schein und Wirklichkeit.

schaftsprägende Kraft der industriezivilisatorischen Entwicklung gerade da ignorieren, wo sie in der zweiten Hälfte des 20. Jahrhunderts am wirkungsmächtigsten war.

Das Auto hatte 1950 natürlich schon ein halbes Jahrhundert Geschichte hinter sich. Aber allgegenwärtig und lebensbestimmend ist es, jedenfalls in Deutschland, erst seit den sechziger und siebziger Jahren. 1950 zählte man in der Bundesrepublik etwa eine halbe Million Pkw. Zehn Jahre später waren es immerhin schon fünf Millionen, darunter in zahllosen Exemplaren der legendäre »Käfer« aus Wolfsburg, das Auto des Anfangs und des Aufstiegs, Symbol der beginnenden Massenmotorisierung. Ende der achtziger Jahre war man bei 29 Millionen angelangt. Zwei von drei Haushalten verfügten nun über mindestens ein Auto. Die gleiche Entwicklung in etwas anderen Zahlen beschrieben: 1950 kamen auf tausend Einwohner vierzig motorisierte Fahrzeuge, erheblich weniger als in den europäischen Nachbarländern, von den USA zu schweigen. Ende der achtziger Jahre waren es 560. Zu den wichtigen Folgen dieser Motorisierungsexplosion zählte eine ganz neuartige Verflechtung zwischen städtischen und ländlichen Regionen. Alte Begrenzungen verloren ihre Alltagsbedeutung. Die Deutschen wurden ein Volk von Pendlern.

Es braucht kaum hinzugefügt zu werden, daß das alles nicht ohne Straßenbau großen Stils abging. An erster Stelle ist der Ausbau des in Grundzügen bereits vorhandenen Autobahnnetzes, wesentlich in den sechziger und siebziger Jahren, zu nennen. Mit gut 2000 Autobahnkilometern begann die Bundesrepublik, fast 9000 waren es am Ende, eine ganz neue Mobilitätsinfrastruktur, durch die das Land sich selbst noch einmal aufschloß, so wie hundert Jahre zuvor durch den Eisenbahnbau. Der ungeheure Gewinn an Beweglichkeit, an Bewegungsfreiheit, den die genannten Zahlen signalisieren, hat weit mehr als nur praktische Bedeutung gehabt. Er hat einen neuen Lebensstil und ein neues Lebensgefühl hervorgebracht. Die an das Auto gebundene Freiheit der Bewegung ist in der Wohlstandsgesellschaft ein Kernstück der Freiheit überhaupt geworden, der Freiheit, sein Leben nach eigenen Vorstellungen zu gestalten.

Es haben denn auch die gewachsenen ökologischen Sensibilitäten, obschon sie sich in der Bundesrepublik schärfer artikulierten als andernorts, der Hingabe an das Auto wenig Abbruch tun können. Daß die Bundesrepublik sich als einziger europäischer Staat nicht zu generellen Geschwindigkeitsbeschränkungen entschließen mochte, sagt viel aus über diese Hingabe. Es scheint, daß das Auto in Deutschland mehr als anderswo weit über seinen praktischen Nutzen hinaus zum Gegenstand eines Alltagskults der Wohlstandsgesellschaft geworden ist. Jedenfalls behauptet es sich nicht nur gegen ökologische Sensibilitäten, sondern auch gegen die drastischen Erfahrungen des Umschlagens von hoch individualisierter Massenmobilität in kollektive Immobilität im Stau einstweilen noch mit ziemlicher Leichtigkeit.

Gewiß nicht geringer sind die gesellschaftsverändernden Wirkungen des Fernsehens zu veranschlagen. Dabei darf die alltagsgeschichtliche Betrachtung nicht übersehen, daß die fünfziger Jahre zunächst einmal der Höhepunkt des Hörfunkzeitalters gewesen sind – jetzt erst erreichte das Radio seine volle technische Reife, vom Kofferradio bis zur UKW-Frequenz. Aber dieselben Jahre waren eben auch schon die Ouvertüre zum Fernsehzeitalter. Nach vergleichsweise langsamer Ausbreitung im ersten Jahrzehnt – 1954 beginnt die ARD ein bescheidenes Programm auszustrahlen – brachte das zweite Jahrzehnt den Durchbruch. Anfang der sechziger Jahre stand ein Gerät in etwa jedem dritten Haushalt, zehn Jahre später bereits in neun von zehn Haushalten und inzwischen in beinahe jedem. Achtzehn Stunden wöchentlich, hat man gemessen, verbrachten die Westdeutschen in den achtziger Jahren im Durchschnitt vor dem Bildschirm. Aus den schwarzweißen Bildern des Anfangs waren längst bunte geworden, aus dem einen Programm so viele, daß die Programmzeitschriften sie kaum noch zu fassen vermochten. Seit 1961 gab es ein zweites öffentlich-rechtliches Programm, dem allerlei Nebenprogramme folgten. In den achtziger Jahren dann, nach heftigen und zähen Konflikten zwischen der Union und der SPD, öffnete sich die Tür für die »Privaten« in einer neuen, durch eine ganze Sequenz von verfassungsgerichtlichen Urteilen näherhin bestimmten »dualen« Rundfunkordnung.

Bezeichnenderweise sind die politischen Auseinandersetzungen über das »private« Fernsehen allein von den taktischen Kalkülen der Parteien bestimmt worden. Die Frage, ob und wie das Medium Fernsehen das Wesen demokratischer Politik verändere, hat sich die bundesrepublikanische Demokratie nicht gestellt. Überhaupt hat Nachdenklichkeit den Siegeszug des Fernsehens nicht gestört. Was die zwei oder drei, vielleicht auch vier abendlichen Bildschirmstunden, das tägliche Bad in der Bilderwelt, bedeuten für die Wahrnehmung der Welt, für die Einstellung zum Leben, für den Umgang der Menschen miteinander, darüber weiß man denn auch wenig. Der Historiker hat guten Grund zu vermuten, daß das Aufkommen dieses Mediums mehr als nur einen alltagsgeschichtlichen Epochenwechsel darstellt – eine Zäsur, die in sehr tiefe Schichten hinabreicht.

Die Rede ist von elementaren Veränderungen, die der wachsende Wohlstand von den sechziger Jahren an für die Westdeutschen mit sich gebracht hat. Da muß über kurz oder lang auch das Stichwort »Freizeit« fallen – die Brücke ist mit dem Thema Fernsehen schon geschlagen. Natürlich sind auch Wohlstandsgesellschaften noch Arbeitsgesellschaften:

Ohne Arbeit gibt es in der Regel keine Teilhabe am Wohlstand. Aber sie werden zu Freizeitgesellschaften in dem Sinne, daß die Freizeit immer mehr zu der Lebenszeit wird, die zählt, die Lebensstil und Lebensgefühl bestimmt. Der neue Rang der »freien Zeit« hat konstitutive Bedeutung für Wohlstandsgesellschaften.

Für die Bundesrepublik ist der Beginn der entscheidenden Phase in dieser Entwicklung wohl erst mit dem zweiten Wirtschaftswunderjahrzehnt anzusetzen. Wieder haben wir es mit dem schon vertrauten Muster eines säkularen Prozesses, der in der zweiten Hälfte des 20. Jahrhunderts plötzlich Beschleunigung erfährt, zu tun. Zwischen 1870 und 1970 hat sich die durchschnittliche Arbeitszeit in Deutschland etwa halbiert, freilich nicht in kontinuierlichem Fortschritt.[193] Ein bedeutendes Etappenziel wurde im Übergang von der Monarchie zur Republik 1918/19 erreicht: die 48-Stunden-Woche. Dann stagnierte die Entwicklung. Noch in den fünfziger Jahren war die Sechs-Tage-Woche mit 48 Stunden Arbeitszeit auf dem Papier, in der Realität eher mehr, die Regel. Erst in den späten fünfziger, frühen sechziger Jahren begann die Fünf-Tage-Woche sich durchzusetzen. 1957 galt sie für knapp dreißig Prozent der Arbeitnehmer, 1961 schon für 52 Prozent – die Bewegung des Fortschritts war aufs neue angestoßen, eine Bewegung, die, indem sie die Proportionen zwischen Arbeitszeit und Freizeit drastisch verschob, die Freizeit immer mehr zur eigentlichen Lebenszeit machte. In den achtziger Jahren fiel die durchschnittliche tarifliche Wochenarbeitszeit dann unter vierzig Stunden.

Auch die Jahresarbeitszeit wurde Schritt für Schritt verkürzt. Mit durchschnittlich zwölf Tagen Mindesturlaub begann man in den fünfziger Jahren, 29 Tage sind daraus geworden. Übrigens hat, jedenfalls für die Frauen, auch die moderne Haushaltstechnik etwas mit dem Thema Freizeit zu tun, die von den – immer wieder zu nennenden – sechziger Jahren an raschen Einzug in die Haushalte hielt, an der Spitze die Waschmaschine, die den Haushaltsalltag wie kein anderes Gerät verändert hat.

Wenn von Freizeit die Rede ist, muß auch vom Reisen die Rede sein, jedenfalls im deutschen Fall. Es scheint, daß in keiner anderen westlichen Wohlstandsgesellschaft das Reisen so sehr in den Mittelpunkt des Lebens gerückt ist wie in der westdeutschen von den sechziger Jahren an. Zu Anfang der sechziger Jahre gehörte eine Urlaubsreise zum Jahresprogramm etwa eines jeden vierten Westdeutschen, aber nur wenige dieser Reisen führten ins Ausland.[194] Zwei Jahrzehnte später machte sich jeder zweite auf, zwei Drittel dieser Millionenschar reisten ins Ausland. Am Ende der achtziger Jahre waren für viele bereits zwei jährliche Urlaubsreisen, die eine im Sommer, die andere im Winter, zur Normalität geworden. Und wenn es dahin kam, daß gespart werden mußte, so war die Urlaubsreise nicht das erste, sondern allem Anschein nach beinahe das letzte, was gestrichen wurde.

Warum gerade die Deutschen? Daß sie es sich leisten können, ist eine Bedingung, aber nicht die Erklärung. Ist ein besonderer Drang, dem Alltag, der Wirklichkeit überhaupt zu entfliehen, im Spiel? Haben die Deutschen, anders als es der Mythos vom arbeitsamen Deutschen will, ein besonders gespanntes Verhältnis zu ihrer Arbeit? Manche demoskopische Daten deuten darauf hin. Wie auch immer, die praktische Bedeutung dieses deutschen Dranges ist für viele Volkswirtschaften groß. 1987 waren es nicht weniger als 42 Milliarden

Mark, die Bundesbürger im Ausland ausgaben. Ein beträchtlicher Teil der hohen Handelsbilanzüberschüsse ist auf diese Weise über die Grenzen zurückgeflossen.

Wohlstand läßt sich an vielen Indikatoren messen. Manche sind für jede Wohlstandsgesellschaft brauchbar, andere, wie das Reisen, machen länderspezifische Wohlstandsprofile sichtbar. Wie immer man die konstitutiven Merkmale der Wohlstandsgesellschaft in ihrer charakteristischen Zusammengehörigkeit aber auch bestimmt: ein sicheres, in wachsenden Anteilen der Befriedigung nichtexistentieller Bedürfnisse dienendes Einkommen für breitere Schichten der Bevölkerung, weite Verbreitung auch teurerer Konsumgüter, viel Freizeit, hohe Mobilität – für Deutschland gibt es, wenn man am Ende noch einmal die Frage nach dem Zeitpunkt des qualitativen Sprunges stellt, keinen Zweifel. Er ist in den fünfziger und sechziger Jahren getan worden. In den fünfziger Jahren setzte der schnelle Anstieg der Einkommen ein bei ebenso raschem Rückgang der Arbeitslosigkeit. In den sechziger Jahren begann sich der Lebensstil der Wohlstandsgesellschaft zu entfalten.

Man hat gelegentlich darauf hingewiesen, daß es in den dreißiger Jahren, in der kurzen Friedensphase Hitler-Deutschlands, bereits erste Vorzeichen zukünftiger Wohlstandsentwicklung gegeben habe und daß der Nationalsozialismus diese Vorzeichen sehr bewußt gesetzt habe: mit dem beginnenden, von der Arbeitsfront organisierten Massentourismus beispielsweise oder dem »Volks-Wagen«, dem Auto für jedermann, mindestens der Idee nach. Man sollte das in der Tat nicht übersehen, aber auch nicht überbetonen. Der Nationalsozialismus hat die Voraussetzungen einer stetigen Wohlstandsentwicklung mit seiner Katastrophenpolitik eben gerade nicht schaffen können und wollen. Die Bedingungen, die diese Entwicklung ermöglichten, haben sich erst nach der Katastrophe herausgebildet.

IX.

Die Phänomenologie der Wohlstandsgesellschaft, der bisher unsere Aufmerksamkeit galt, führt notwendig zu der Frage nach den Tiefenwirkungen, die von der – um es noch einmal zu sagen – historisch einzigartigen Wohlstandsdynamik ausgegangen sind. Und die Frage nach den Tiefenwirkungen raschen Wohlstandswachstums führt notwendig zum Stichwort »Wertewandel«, das wie kaum ein anderes die Selbstreflexion der entwickelten Industriegesellschaften, auch der bundesrepublikanischen, seit den frühen siebziger Jahren bestimmt hat. Die inzwischen nicht mehr umstrittene Diagnose lautet, in den sechziger Jahren habe mit einer gewissen Plötzlichkeit eine starke Beschleunigung des im allgemeinen langsam, stetig, phasenweise kaum merklich fortschreitenden Prozesses der Veränderung grundlegender normativer Orientierungen eingesetzt und die nächsten ein oder auch zwei Jahrzehnte geprägt.

Dieser »Wertewandel« hat fraglos etwas, wahrscheinlich viel mit der verwandelnden Macht des Wohlstands zu tun. Rasch wachsender Wohlstand hat die Menschen in den letzten Jahrzehnten von vielen alltäglichen Lebenszwängen befreit, ihnen – den Jugendlichen übrigens ganz besonders – Wahlmöglichkeiten eröffnet, sie zu Herren von immer mehr frei verfügbarer Zeit gemacht. Rasch wachsender Wohlstand hat, zusammen mit dem technischen Fortschritt, eine Mobilitäts- und Kommunikationsrevolution herbeigeführt. Rasch wachsender Wohlstand hat die Bildungsrevolution möglich gemacht. Und alle diese Entwicklungen haben ihrerseits dem Wertewandel starke Anstöße gegeben, was nichts anderes heißt, als daß von den Ursachen des Wertewandels schon ausführlich die Rede war. Auch seine Auswirkungen sind bereits zur Sprache gekommen. Sie sind uns in der Emanzipation der Frau, der Entinstitutionalisierung der Beziehungen zwischen den Geschlechtern, dem Rückgang der Kinderzahl, den Kirchenaustritten begegnet. Es zeigt sich also, daß der Wertewandel als eine Art von Zentrum des vielgestaltigen Gesamtprozesses vehementen sozialen Wandels, der die Industriegesellschaften in der zweiten Jahrhunderthälfte so gründlich verändert hat, begriffen werden kann. Und so versteht ihn die einschlägige Forschung auch.

Ob man den Wertewandel, eher irreführend, mit den Etiketten »Materialismus« und »Postmaterialismus« (Ronald Inglehart) oder, zutreffender wohl, wenn auch umständlicher, mit den Begriffen »Pflicht- und Akzeptanzwerte« und »Selbstentfaltungswerte« (Helmut Klages) zu erfassen versucht – über seine Richtung wie über seine Dynamik ist man sich im Grunde einig: »Postmaterialistische« Orientierungen, »Selbstentfaltungswerte« haben stark an Geltung gewonnen. Diese Entwicklung ist von der Mitte der sechziger Jahre an nachweisbar. Es sind die nachwachsenden Generationen, zumal die akademisch gebildeten unter den jungen Menschen, die in besonderem Maße Träger des Wandels sind. Die Mehrheit der Bevölkerung blieb zwar nicht unberührt, folgte dem Trend aber doch nur sehr viel langsamer. Davon, daß sich ein neuer, halbwegs stabiler Wertkonsens herausgebildet habe, kann nicht, noch nicht die Rede sein.

Das alles gilt für die Bundesrepublik, wie es für andere Industriegesellschaften auch gilt. Die Bundesrepublik führte die Entwicklung nicht an, sie hinkte ganz gewiß nicht hinterher, sie hatte ihren Platz in vielen, nicht in allen Hinsichten eher in der Spitzengruppe als in der Nachhut. Zugleich aber scheint es, als sei die Bundesrepublik auch im Prozeß des Wertewandels ein besonderer Fall gewesen. Die westdeutsche Entwicklung verlief, zumal im politischen Bereich, unruhiger und eruptiver. Die Autoritäten wurden heftiger erschüttert, die Institutionen folgenreicher in Frage gestellt. Nirgendwo, so scheint es, hat der Wertewandel eine so große Distanz zwischen den Generationen geschaffen wie in Westdeutschland.[195] Auch sind für die deutschen Verhältnisse widersprüchliche Befindlichkeiten offenbar besonders charakteristisch. Ein weit getriebener Individualismus und zugleich ein starkes Bedürfnis nach Verläßlichkeit und Sicherheit beispielsweise stehen nebeneinander – in den Einstellungen zu Ehe und Familie tritt das hervor.[196] Erstaunlich sind die »neurotischen« Züge des Wertewandels (Elisabeth Noelle-Neumann), wenn man sie denn so nennen will, in Deutschland gewiß nicht. Wertewandel verläuft anders, hektischer in einer Gesellschaft, der das ausbalancierende Gegengewicht einer zustimmungsfähigen Vergangenheit fehlt.

Am Ende bleibt die Frage, wie Gesellschaftsgeschichte und politische Geschichte ineinandergegriffen haben. Sie stellt sich für Deutschland im 20. Jahrhundert mit seinen tiefen Katastrophenzäsuren in besonderer Zuspitzung. Der Rhythmus des Jahrhunderts, das läßt sich im Rückblick – und nicht nur für Deutschland – sagen, war eigentümlich zweitaktig. In der ersten Hälfte heftigste politische Stürme, in zwei Weltkriegen gipfelnd, in der zweiten in allen Zentren der Industriezivilisation eine dramatische Beschleunigung gesellschaftlichen Wandels bei relativer politischer Stabilität. Die Vermutung liegt nahe, daß die Turbulenzen der ersten Jahrzehnte den Wandlungsschub im letzten Drittel mit angestoßen haben. Beschleunigung gesellschaftlichen Wandels heißt, wie wir gesehen haben, näherhin: Modernisierungsprozesse, im Kern Individualisierungsprozesse, die sich als säkulare Trends weit zurückverfolgen lassen, erhalten in den sechziger und siebziger Jahren plötzlich neue, außerordentlich starke Impulse.

Für die deutsche Variante dieses Grundrhythmus gilt nun die Besonderheit, daß zwei ganz unterschiedliche, aber gleichermaßen deutliche, ja scharfe Zäsuren das Jahrhundert gegliedert haben: Der Katastrophenzäsur von 1945/49, dem politischen Umbruch, folgte eine Zäsur gesellschaftlichen Umbruchs etwa zwanzig Jahre später. Die Phasenverschiebung zwischen politikgeschichtlichem und gesellschaftsgeschichtlichem Epochenbruch hat die bundesrepublikanische Geschichte geprägt. Sie hat die fünfziger Jahre zu einer Art von Zwischenzeit gemacht. Und es mag den Streit um die Bewertung der fünfziger Jahre zu einem Teil erklären, daß sie zwei Epochen zuzurechnen sind.

Das lange Jahrzehnt zwischen den späten vierziger und den frühen sechziger Jahren gehörte einerseits zu einer zu Ende gehenden Zeit, war noch den zwanziger und dreißiger Jahren nahe: Bürgerlichkeit im Stil, in den Verhaltensmustern, in den Einstellungen, Bürgerlichkeit auf viel sichereren politischen und ökonomischen Fundamenten, als die Zwischenkriegsjahre sie geboten hatten, Bürgerlichkeit auf dem viel unsichereren Grund eines durch die Katastrophe gebrochenen Selbstbewußtseins. Es kündigte sich andererseits in diesem Zwischenjahrzehnt aber auch schon eine neue Zeit an. Am greifbarsten ist das im Wohlstandssprung der fünfziger Jahre mit seinen früh sichtbar werdenden Modernisierungsfolgen. Auch in dem, was man die »Amerikanisierung« Westdeutschlands genannt hat, die, in den fünfziger Jahren einsetzend, über die Entfremdung des Vietnamjahrzehnts hinweg stetig fortschritt und in Wahrheit in vieler Hinsicht nichts anderes als die Einpassung in gemeinsame Lebensmuster fortgeschrittener Industriegesellschaften war. Dem politischen Neubeginn, der Einbürgerung des demokratischen Verfassungsstaates in Westdeutschland in den fünfziger Jahren ist die gesellschaftsgeschichtliche Doppelgesichtigkeit des Jahrzehnts vermutlich zugute gekommen.

Am Anfang des Kapitels stand die Dahrendorfsche These, die totalitäre Herrschaftspraxis des Nationalsozialismus habe die Deutschen in die Modernität befördert. Es liegt nahe, ihr jetzt, am Ende, eine andere Wendung zu geben. Soweit der Nationalsozialismus »modernisierend« gewirkt hat, hat er es vor allem unwillentlich, als Auslöser von Krieg und

Die Beatles wurden die Idole der Generation, die in den sechziger und siebziger Jahren so dramatisch mit ihren Eltern brach, im westlichen Deutschland wie in der ganzen westlichen Welt. Sie hätte von den Beatles lernen können, daß sich ein solcher Aufstand fröhlich und wenn schon lautstark, so doch musikalisch inszenieren läßt. Statt dessen herrschte, jedenfalls zeitweilig, ideologischer Ingrimm vor.

In Hamburg traten die Beatles 1962 erstmals in neuer Besetzung mit Ringo Starr auf. Der legendäre Star-Club war eine wichtige Station auf ihrem Weg zur Weltkarriere.

Zusammenbruch getan. Manche Entwicklungen gesellschaftlichen Wandels scheint die Katastrophe zunächst sogar verlangsamt zu haben. Ihre erste, sozusagen provisorische Demokratietauglichkeit verdanken die Deutschen jedenfalls nicht sozialem Wandel, sondern politischem Lernen unter der Einwirkung des Katastrophenschocks. Natürlich wirkte die Vergangenheit in den Prozessen sozialen Wandels, die später einsetzten, fort. Aber nicht in dem Sinne, daß diese Prozesse dem Nationalsozialismus ihre entscheidenden Impulse verdankten, sondern so, daß auch auf sie die Schatten der Vergangenheit fielen. Als der Umbruch kam, zwanzig Jahre nach 1945, traf er eine gründlich entwurzelte Gesellschaft. Eben dadurch ist er in seinem spezifisch deutschen Verlauf mitbestimmt worden.

13. Das ökonomische Fundament

Die Ordnung der Sozialen Marktwirtschaft

I.

»Die Geschichte der Bundesrepublik Deutschland ist vor allem ihre Wirtschaftsgeschichte.« Pointierter und mit kritischem Unterton: »Die Bundesrepublik gleicht einer Wirtschaft auf der Suche nach ihrem politischen Daseinszweck.«[197] Das sind Sätze, die in den achtziger Jahren geschrieben wurden. Man konnte dergleichen oft hören oder lesen, und es war nie besonders schwierig, dieses Urteil auf einleuchtende Gründe zu stützen. War die Bundesrepublik nicht von den Amerikanern gegründet worden, weil dem wirtschaftlichen Potential des westlichen Deutschlands zum Zwecke seiner Nutzung für den Wiederaufbau Westeuropas eine politische Form gegeben werden mußte? Verdankte das westdeutsche Demokratieexperiment seinen Erfolg nicht zuerst und vor allem dem Wirtschaftswunder? Hat die Bundesrepublik in der Staatenwelt jemals eine andere Rolle gespielt als die einer Wirtschaftsmacht? Und haben am Ende nicht auch die Deutschen in der DDR sich in ihrem Votum für die Bundesrepublik vor allem für eine Volkswirtschaft entschieden? Die Bundesrepublik – ein Gemeinwesen, das eher eine Wirtschaft war, als daß es eine Wirtschaft hatte?

Solche Fragen zielen nicht ganz an der Wirklichkeit vorbei, aber sie sind zu einfach. Der demokratische Verfassungsstaat, der 1949 in Westdeutschland gegründet wurde, war nicht nur beiläufig, sondern wesentlich ein politisches Gebilde mit einer politischen Bestimmung und einem politischen Selbstverständnis. So viel allerdings ist richtig: Der frühe und ziemlich lange anhaltende wirtschaftliche Erfolg hat für das westliche Nachkriegsdeutschland eine überragende, eine prägende Bedeutung gehabt; er hat die Fundamente der Republik gelegt; er hat die Politik handlungsfähig gemacht; er hat der Bundesrepublik Gewicht als Staat unter Staaten gegeben; und er hat dem gesellschaftlichen Wandel die bestimmenden Impulse gegeben. Insofern ist es für die Bonner Republik in der Tat diskutabler als für andere, auf festerem historischem Grund stehende Staaten, in ihrer Wirtschaftsgeschichte in gewissem Sinn den Hauptstrang ihrer Geschichte zu sehen.

Dem entspricht, daß die Wirtschaftsordnung, die das westdeutsche Gemeinwesen sich unter dem Etikett »Soziale Marktwirtschaft« gegeben hat, stets als ein Kernstück seiner Verfassung im weiteren Sinn verstanden worden ist. Eben dieser Wirtschaftsordnung ist im bundesrepublikanischen Selbstverständnis der wirtschaftliche Erfolg, der das westliche Nachkriegsdeutschland groß gemacht hat, immer zugerechnet worden. Damit sind zwei Fragen aufgeworfen, denen jeder Versuch, bundesrepublikanische Wirtschaftsgeschichte in ihren politischen Kontexten zu skizzieren, besondere Aufmerksamkeit schuldet: Hat sich in Westdeutschland tatsächlich eine Wirtschaftsverfassung eigener Art, eine deutsche Spielart der Marktwirtschaft, herausgebildet, und ist diese zu einem wesentlichen Bestandteil der Konstitution des westdeutschen Gemeinwesens geworden? Wenn es sich so verhält: Wie stark hat ihre besondere Wirtschaftsverfassung die Wirtschaftsgeschichte der Republik bestimmt? Bevor wir auf die Suche nach Antworten gehen, sollen zunächst einmal die Grundlinien dieser Geschichte mit Hilfe weniger Schlüsseldaten nachgezeichnet werden.

Um mit der Wachstumskurve zu beginnen:[198] Die Jahrzehnte nach dem Zweiten Weltkrieg waren für alle westlichen Industriegesellschaften eine Periode historisch einzigartigen Wirtschaftswachstums – das ist wohlbekannt. Die westdeutsche Wirtschaftsleistung hat sich in den vier Jahrzehnten zwischen 1950 und 1990 real etwa verfünffacht. Aber Westdeutschland ist damit keineswegs ein Ausnahmefall. Das besondere bundesrepublikanische Muster dieser Entwicklung ist am deutlichsten nachzuzeichnen, wenn man vier Phasen unterscheidet. Läßt man die beiden ersten Jahre nach der Wende von 1948 mit ihren exzeptionell hohen Wachstumsraten (über fünfzehn Prozent) beiseite, so ergeben sich für das Jahrzehnt zwischen 1950 und 1960 im Durchschnitt Werte von knapp über acht Prozent. Zwischen 1960 und 1973, dem Jahr der ersten Ölkrise, das sich im Rückblick als eine Art von wirtschaftsgeschichtlichem Wendepunkt darstellt, wuchs das Bruttoinlandsprodukt noch um etwa 4,5 Prozent im Jahresdurchschnitt. Zwischen 1974 und 1982 waren es nur noch 1,5 Prozent. Dann setzte eine Erholung ein, die bis zum Ende des Jahrzehnts nahe an die Vier-Prozent-Marke zurückführte.

In der Tendenz unterscheidet sich diese Entwicklung nicht von der vergleichbarer Volkswirtschaften: starkes, freilich schwächer werdendes Wachstum in den beiden ersten Nachkriegsjahrzehnten, von den siebziger Jahren an nur noch, wenn überhaupt, eher bescheidene Zuwachsraten. Aber die Position der Bundesrepublik unter den großen westlichen Industriestaaten hat sich im Lauf der Zeit signifikant verschlechtert. In den fünfziger Jahren hielt sie knapp hinter Japan einen Spitzenplatz, deutlich vor Italien und Frankreich. Zwischen 1960 und 1973 fiel sie auf einen Mittelplatz zurück, nicht nur weit hinter Japan, sondern auch hinter Frankreich und Italien. In den frühen achtziger Jahren konnte sie selbst diesen Platz im Kreis der führenden Industriestaaten nicht mehr behaupten – keine bloße Verlangsamung des Wachstumstempos also, sondern darüber hinaus ein relativer Verlust an Leistungsfähigkeit. Vom »fading miracle«, dem verblassenden Wunder, hat man im Blick auf diesen Positionsverlust denn auch gesprochen.[199]

Das Vollbeschäftigungsziel, an dem Politiker und Wähler die Leistung einer Volkswirtschaft vor allem messen, hat die Bundesrepublik zwar keineswegs durchgehend, aber doch immerhin für knapp zwei Jahrzehnte erreicht. Stieg die Arbeitslosigkeit nach der Währungsreform zunächst rasch und steil an bis auf über zehn Prozent im Jahr 1950, so fiel sie von da an stetig, bis Ende des Jahrzehnts Vollbeschäftigung mit einer Tendenz zur Überbeschäftigung erreicht war; die Gastarbeiter begannen ins Land zu strömen. Bis Anfang der siebziger Jahre blieb es dabei, von einer kurzen Rezession 1966/67 abgesehen. Dann begann die Arbeitslosigkeit wieder rasch zu steigen, erreichte in den frühen achtziger Jahren die Neun-Prozent-Marke, konnte bis zum Ende des Jahrzehnts zwar noch einmal um ein paar

Prozentpunkte zurückgeführt werden, aber das Ziel der Vollbeschäftigung blieb trotz aller Anstrengungen in weiter Ferne. Im internationalen Vergleich stand die Bundesrepublik mit den Zahlen der siebziger und achtziger Jahre immer noch vergleichsweise gut da, aber keineswegs im ersten Glied.

Von der anderen Seite her gesehen stellt sich die gleiche Entwicklung so dar:[200] Im ersten Jahrzehnt wuchs die Zahl der Erwerbstätigen kräftig (im jährlichen Durchschnitt um 2,3 Prozent), von 1960 bis 1973 immerhin noch leicht, zwischen 1973 und 1982 ging sie zurück und stieg in der zweiten Hälfte der achtziger Jahre wieder etwas an, freilich nicht genug, um die Arbeitslosigkeit aus der Welt zu schaffen.

Für die Inflationsrate, den dritten der Hauptindikatoren der Wirtschaftsentwicklung, gilt anderes. Einem frühen, raschen Anstieg der Preise nach der Währungsreform folgte eine lange Periode annähernder Stabilität mit Preissteigerungsraten zwischen einem und vier Prozent, bei leichter Aufwärtstendenz. Anfang der siebziger Jahre kam es zu einem – jedenfalls für deutsche Verhältnisse – dramatischen Anstieg der Inflationsrate auf sieben Prozent, ein Wert, der nach vorübergehender Beruhigung in der zweiten Hälfte des Jahrzehnts und Anfang der achtziger Jahre beinahe noch einmal erreicht wurde. Dann freilich gelang es, den Geldwert wieder zu stabilisieren. Die Inflationsrate wurde mit leichten Schwankungen auf ein Niveau unter vier Prozent zurückgeführt. Im internationalen Vergleich schneidet die Bundesrepublik mit dieser Bilanz hervorragend ab. Es ist für die vier Jahrzehnte von 1950 bis 1990 weltweit die beste Stabilitätsbilanz überhaupt. Nur die Schweiz hat mithalten können.[201]

Das Stabilitätsgesetz von 1967 nennt einen vierten Maßstab für die Beurteilung der Leistung einer Volkswirtschaft: das außenwirtschaftliche Gleichgewicht. Wie immer man diesen Indikator einschätzt – die Daten ergeben für die Bundesrepublik ein ganz eindeutiges Bild: Sie ist über Jahrzehnte hinweg außenwirtschaftlich außergewöhnlich erfolgreich gewesen. Seit dem Jahr 1952 wies ihre Handelsbilanz stetig Überschüsse aus, zeitweilig hohe Überschüsse. Und für die Zahlungsbilanz gilt, daß es nur drei kurze defizitäre Einbruchsphasen gab: die Jahre 1962, 1965 und 1979 bis 1981. Die Bundesrepublik, heißt das, hat sich auf der internationalen Bühne wirtschaftlich sehr gut behauptet, vor allem durch ihre Exportleistungen.

Faßt man die vier Indikatoren zusammen, so präsentieren sich die fünfziger und sechziger Jahre im Rückblick als eine Periode fast ohne Eintrübungen: hohe, auch in den sechziger Jahren noch beachtliche Wachstumsraten, rasch sinkende Arbeitslosigkeit, die in Vollbeschäftigung übergeht, niedrige Inflationsraten, eindrucksvolle Exporterfolge. Jenseits der Zäsur von 1973 hingegen sind die siebziger und dann die achtziger Jahre auf den ersten Blick als Problemzeiten zu erkennen, mit Wachstumsschwächen der westdeutschen Wirtschaft und einer hartnäckig anhaltenden, das heißt wohl strukturell bedingten Arbeitslosigkeit. Trotz der Schwächezeiten stellt sich die westdeutsche Volkswirtschaft aber über vier Jahrzehnte hinweg als eine der erfolgreichsten Volkswirtschaften der zweiten Jahrhunderthälfte dar, wenn auch – wie es in der Formel vom »Wirtschaftswunder« zumindest anklingt – keineswegs als einzigartig erfolgreich, selbst in den fünfziger Jahren nicht.

Wenn die Wirtschaftsgeschichte Westdeutschlands, alles in allem, eine Erfolgsgeschichte war – und der internationale Vergleich läßt kein anderes Urteil zu –, vielleicht sogar der Kern der Erfolgsgeschichte »Bundesrepublik«, dann drängt sich die Frage auf, ob dieser Erfolg zumindest zu einem wichtigen Teil der Wirtschaftsverfassung zuzuschreiben sei, die die Republik sich gegeben hat. Sie drängt sich auf, weil die Überzeugung, sie habe eine eigene, anderen Spielarten von freier Wirtschaft und erst recht allen Spielarten von Zwangswirtschaft überlegene Form von Marktwirtschaft entwickelt – die Soziale Marktwirtschaft –, für das Selbstverständnis der Bundesrepublik von früh an eine konstitutive Bedeutung gewonnen hat. Was also hat es mit der Sozialen Marktwirtschaft auf sich? Wie hat sie die Geschichte der Bundesrepublik geprägt?

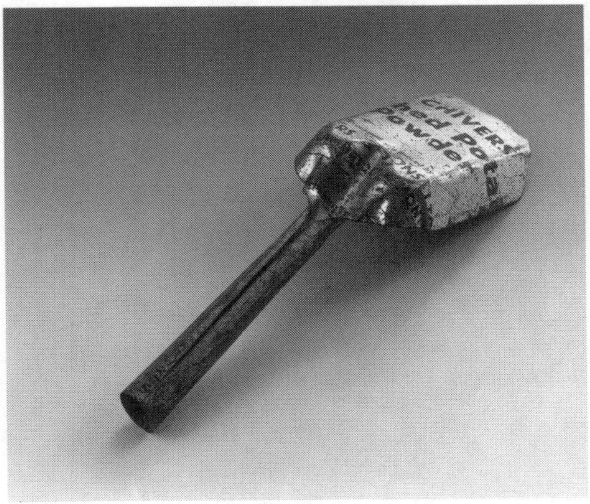

Eine Schaufel, gefertigt aus dem Blech einer amerikanischen Konservendose. So fing es 1945 wieder an, so haben die meisten Deutschen die ersten Nachkriegsjahre erlebt. Aber der Eindruck, Deutschland sei durch den verlorenen Krieg auf das Niveau eines Entwicklungslandes zurückgefallen, täuschte natürlich. Die Potentiale für den Wiederaufbau waren da.

Es wäre kühn gewesen, 1945 vorherzusagen, man werde sich im besiegten, zerstörten, hungernden Deutschland binnen drei Jahren in einem durchaus prinzipiellen Sinne für die Marktwirtschaft entscheiden. Alles schien gegen eine solche Entscheidung zu sprechen: Eine starke liberale Tradition gab es in Deutschland nicht. Deutschland war viel eher ein Land der Kartelle und des Protektionismus, wenn nicht *das* Land der Kartelle und des Protektionismus gewesen. Das Dritte Reich hatte zudem die Wirtschaft, am Autarkieziel und auf den Krieg ausgerichtet, immer rigiderer staatlicher Lenkung unterworfen, wenn auch, durchaus zukunftsbedeutsam, das private Eigentum an den Unternehmen und die Privatrechtsordnung erhalten geblieben waren. Viel schwerer noch als die Vergangenheit wog die Gegenwart: Die Not der Nachkriegszeit schien eindeutig für Planung und nicht für den Markt zu sprechen. Zudem war, wie wir wissen, die Überzeugung verbreitet und stark, nach den Katastrophen der Weltwirtschaftskrise und des Nationalsozialismus habe nun die Stunde des Sozialismus geschlagen.

Frankfurter Rundschau

Jahrgang 4, Nummer 73 — Samstag, den 19. Juni 1948 — Einzelpreis: RM 0.20

Stadt-Ausgabe

Neuordnung des Geldwesens hat begonnen

X-Tag: Sonntag, 20. Juni 1948

60 Reichsmark werden im Verhältnis 1:1 in neues Geld umgetauscht – Alle überschießenden Barbeträge sind auf Bank-u. Sparkonten einzuzahlen – Höhe der Geldquote noch nicht endgültig festgelegt – Abwicklung der Geldreform in mehreren Etappen

Proklamation der Militärregierungen

Währungsgesetz – Gesetz Nr. 61

Die Militärgouverneure und Obersten Befehlshaber der amerikanischen, der britischen und der französischen Zone sind zu dem Zwecke, die Folgen der durch den Nationalsozialismus herbeigeführten Währungszerrüttung zu beseitigen, dahin übereingekommen, für das Gebiet der Länder Bayern, Bremen, Hessen, Württemberg-Baden, Hansestadt Hamburg, Niedersachsen, Nordrhein-Westfalen, Schleswig-Holstein, Baden, Rheinland-Pfalz und Württemberg-Hohenzollern (im folgenden als „Währungsgebiet" bezeichnet) einheitliche Gesetze zur Neuordnung des Geldwesens zu erlassen.

Auf Grund dieses Uebereinkommens erlassen der Militärgouverneur und Oberste Befehlshaber der britischen Zone Gesetz Nr. 61 und der Militärgouverneur und Oberste Befehlshaber der französischen Zone Gesetz Nr. 158.

Das folgende Gesetz und die beiden vorstehend bezeichneten Gesetze ersetzen die Reichsmarkwährung durch eine neue Währung, ordnen die Ablieferung der außer Kraft gesetzten Zahlungsmittel und die Anmeldung der bei Geldinstituten unterhaltenen Reichsmarkguthaben an und sehen eine Erstausstattung der Bevölkerung, der Wirtschaft und der öffentlichen Hand mit neuem Geld vor.

* * *

Erster Abschnitt

Zahlungsmittel

Zweiter Abschnitt

Der Kopfbetrag

Dritter Abschnitt

Ablieferung des Altgeldes

Das Wichtigste von der Geldreform

Die Formalitäten

Der Lastenausgleich

Nur in den drei Westzonen

Sonntag, 20. Juni 1948 – man hat diesen Tag oft als den eigentlichen Gründungstag der Bundesrepublik bezeichnet. Das ist nicht abwegig. Mit der Einführung einer Westwährung war die Teilung ein entscheidendes Stück weitergetrieben.

Mit der Einführung einer harten Währung war zugleich die wichtigste Voraussetzung für jene Wirtschaftsentwicklung geschaffen, die den Weststaat überhaupt erst lebensfähig gemacht hat. Daß Bundesrepublik und D-Mark fast Synonyma wurden, hatte seine guten Gründe.

Es war für die Entwicklung Westdeutschlands von größter Bedeutung, daß in dieser gewiß nicht marktfreundlichen Konstellation eine Gruppe von Wirtschaftswissenschaftlern und Juristen bereitstand, die aus den gleichen Erfahrungen den entgegengesetzten Schluß gezogen hatte, dazu willens war, für ihre Überzeugung zu kämpfen: Walter Eucken und Franz Böhm in Freiburg, die die Hitler-Jahre in klarer Distanz zum Nationalsozialismus durchgestanden hatten, Wilhelm Röpke und Alexander Rüstow, die der Nationalsozialismus ins Exil getrieben hatte, Alfred Müller-Armack in Münster schließlich, der später einer der engsten Mitarbeiter Ludwig Erhards wurde, um nur die wichtigsten Namen zu nennen. Der entgegengesetzte Schluß – das war der Schluß, daß es auf die Wiederherstellung der Freiheit ankomme, daß es ohne wirtschaftliche Freiheit keine Freiheit gebe und daß wirtschaftliche Freiheit nur in einer Markt-, einer Wettbewerbsordnung gegeben sei. Der Laissez-faire-Kapitalismus war damit freilich nicht gemeint. Vielmehr war es die Überzeugung dieser Liberalen, daß Marktwirtschaft eines starken, von den Gruppeninteressen unabhängigen Staates bedürfe, vor allem deshalb, weil nur ein starker Staat eine Wettbewerbsordnung mit den Mitteln des Rechts auf die Dauer gewährleisten könne.

Die beiden Leitgedanken des Ordoliberalismus sind damit schon zur Sprache gebracht: daß der Wettbewerb schlechthin konstitutiv für eine freiheitliche Wirtschaftsordnung sei – Franz Böhm hat die eindringliche Formel vom »genialsten Entmachtungsinstrument der Geschichte« geprägt[202] – und daß der Wettbewerb des rechtlichen, des staatlichen Schutzes bedürfe. Das soziale Moment, das Ausmaß legitimer und notwendiger Korrektur der Marktergebnisse durch den Staat, das Ausmaß legitimer staatlicher Intervention in die Marktprozesse überhaupt bleibt undeutlicher. Da gab es unterschiedliche Akzentsetzungen, jedenfalls keine Schulmeinung. Die stärkste Betonung der Notwendigkeit ausgleichender staatlicher Sozialpolitik findet sich in den Schriften Müller-Armacks, der dem Kind dann auch den Namen »Soziale Marktwirtschaft« gegeben hat.[203] Andere neigten eher der Ansicht zu, eine Wettbewerbswirtschaft sei dank ihrer wohlstandsfördernden Effizienz an sich schon »sozial«. Einig waren sich die Väter der Sozialen Marktwirtschaft aber darin, daß die Wirtschaftsordnung, für die sie plädierten, eine eigenständige Ordnung der Mitte sei, nicht der Liberalismus der Laissez-faire-Tradition. Gelegentlich haben sie sogar die Formel vom »dritten Weg« benutzt, die später zum Etikett für ganz andere, tendenziell sozialistische Konzeptionen wurde.

So wichtig die gedankliche Grundlegung war, die sich übrigens bis in die Weimarer Zeit zurückverfolgen läßt, sosehr der intellektuelle Rückhalt half, entscheidend war der Mann, der den politischen Kampf aufnahm und durchfocht: Ludwig Erhard. Erhard dachte wie alle Wegbereiter der Sozialen Marktwirtschaft – er selbst hat den Begriff, so scheint es, zum ersten Mal im Wahlkampf 1949 benutzt – prinzipiell, in klaren Alternativen, untaktisch, den Zusammenhang zwischen Markt und Freiheit betonend, so wichtig ihm der zwischen Markt und Effizienz war. »Demokratie und freie Wirtschaft gehören logisch ebenso zusammen wie Diktatur und Staatswirtschaft«, das war sein Credo.[204] Charakteristisch ist eine Formulierung aus seiner Rundfunkansprache vom 21. Juni 1948, dem Tag nach der Währungsreform: Der deutsche Staatsbürger werde erst dann wieder zu seiner Würde zurückfinden, wenn er in keiner Amtsstube mehr den Rücken zu krümmen brauche.[205] Die Chance, die sich ihm bot, als ihn ein Zufall im Frühjahr 1948 in die Position des Wirtschaftsdirektors der Bizone brachte, nutzte er mit großer Entschlossenheit. Die stärkeren Bataillone im Wirtschaftsrat, von der Öffentlichkeit zu schweigen, waren nicht von Anfang an auf seiner Seite. Er mußte sie erst für sich gewinnen und hat das nach allen Zeugnissen bravourös getan,[206] unterstützt übrigens von einem wissenschaftlichen Beirat, in dem auch Böhm, Eucken, Müller-Armack ihr Votum in die Waagschale werfen konnten. Daß mit den Entscheidungen vom Juni 1948 – der Währungsreform, die die Besatzungsmächte exekutierten, freilich in prinzipieller Übereinstimmung mit Erhard wie überhaupt mit praktisch allen urteilsfähigen Deutschen, und dem sogenannten Leitsätzegesetz, mit dem Erhard den Schritt in die Marktwirtschaft tat – die Weichen gestellt waren, ist für die Nachlebenden offenkundig. Für die Zeitgenossen war es keineswegs von vornherein klar, daß es sich bei diesen Entscheidungen nicht nur um ein riskantes und vermutlich vorübergehendes wirtschaftspolitisches Experiment handelte, sondern um eine Art von Verfassungsgesetzgebung auf wirtschaftlichem Gebiet. Erst der Erfolg hat die Weichenstellungen zu Weichenstellungen gemacht. Und an den haben anfangs nicht viele glauben wollen.

Wenige Wochen nachdem Westdeutschland sich eine neue Wirtschaftsverfassung gegeben hatte, ging der eigentliche Verfassungsgeber, der Parlamentarische Rat, an die Arbeit. Er hat die Entscheidung für die Marktwirtschaft weder ausdrücklich bestätigt noch in Frage gestellt – er hatte gute Gründe dafür, vermeidbaren Kontroversen aus dem Wege zu gehen. Das Bundesverfassungsgericht hat denn auch in einem Urteil aus dem Jahre 1954, in dem es um die Zulässigkeit staatlicher Investitionslenkung ging, festgestellt, der Verfassungsgesetzgeber habe sich nicht ausdrücklich für eine bestimmte Wirtschaftsverfassung entschieden. Die gegenwärtige Wirtschafts- und Sozialordnung sei eine nach dem Grundgesetz mögliche Ordnung, aber keineswegs die allein mögliche.[207]

Offenheit bedeutet freilich nicht Neutralität. Die Freiheitsrechte des Grundrechtekatalogs weisen sehr deutlich, ja zwingend in Richtung Marktwirtschaft. Und das Adjektiv »sozial« in Art. 20 GG begründet prinzipiell eine Pflicht des Staates, Marktergebnisse nach Gerechtigkeitskriterien zu bewerten und gegebenenfalls zu korrigieren. Etwas ganz anderes als Soziale Marktwirtschaft wäre mit dem Grundgesetz also schwerlich vereinbar, worüber das Verfassungsgericht aber nie hat befinden müssen – etwas ganz anderes als Soziale Marktwirtschaft war in der Bundesrepublik nie mehrheitsfähig. Die Versuche der »Achtundsechziger«, die Legitimität der marktwirtschaftlichen Ordnung prinzipiell in Frage zu stellen, haben außerhalb von intellektuellen Zirkeln keine Resonanz gefunden.

III.

Wie immer man auf die Frage, ob die Soziale Marktwirtschaft im Grundgesetz verankert sei oder nicht, antwortet, unstreitig ist, daß die Verfassung der Sozialen Marktwirtschaft im engeren Sinn durch den Gesetzgeber, nicht den Verfassungsgesetzgeber geschaffen worden ist. An erster Stelle sind zwei Gesetze zu nennen, die 1957, am Ende der zweiten Legislaturperiode, fast ein Jahrzehnt nach den Entscheidungen von 1948, in Geltung gesetzt wurden: das Gesetz über die Bundesbank und das Kartellgesetz.

Darüber, daß die Soziale Marktwirtschaft auf das Fundament einer stabilen Währung gegründet sein müsse, waren sich ihre Väter einig. Insbesondere für Erhard selbst war dies eine entscheidende Bedingung. Als die westlichen Besatzungsmächte im Frühjahr 1948 zur Sicherung der zukünftigen Währung die Bank deutscher Länder als unabhängige Notenbank errichteten, konnten sie folglich mit Zustimmung jedenfalls aus diesem Lager rechnen. Daß auch ein deutscher Gesetzgeber der neuen Notenbank damals volle Unabhängigkeit eingeräumt hätte, ist damit nicht gesagt. Eine eindeutige deutsche Tradition, an die man nur anzuknüpfen brauchte, gab es jedenfalls nicht. Sie wurde erst jetzt begründet. Eindeutig waren nur die Erfahrungen, die die Deutschen gemacht hatten: Zweimal innerhalb von dreißig Jahren hatte der Staat die Währung ruiniert. Anlaß, Konsequenzen zu ziehen, gab es also. Dennoch ist ungewiß, ob die Deutschen, hätten sie diese Frage in den Nachkriegsjahren selbst zu entscheiden gehabt, die ihnen von der Geschichte so nahegelegten Konsequenzen auch wirklich gezogen hätten. Es gibt Indizien, die in die entgegengesetzte Richtung weisen. Die Unabhängigkeit der Notenbank gehört mithin, wie die D-Mark selbst, zu den nicht wenigen segensreichen Hinterlassenschaften der Besatzungsherrschaft.

Erst ein knappes Jahrzehnt später, im Jahr 1957, hat sich die Bundesrepublik im Bundesbankgesetz die Besatzungsentscheidung förmlich zu eigen gemacht. Die Autonomie der Notenbank hatte sich, für jedermann wahrnehmbar, bewährt. Niemand konnte mehr mit guten Gründen dafür plädieren, sie wieder abzuschaffen. Die Bundesbank, die an die Stelle der stärker föderalistisch konzipierten Bank deutscher Länder trat, erhielt den gleichen Auftrag, den ihre Vorgängerin gehabt hatte: die Stabilität der Währung mit dem ihr zur Verfügung gestellten geld- und kreditpolitischen Instrumentarium zu sichern, und dies in voller Unabhängigkeit von Regierung und Parlament (§ 3 BBG). Die Pflicht, »die allgemeine Wirtschaftspolitik der Regierung zu unterstützen«, wurde unter den ausdrücklichen Vorbehalt gestellt, zuerst habe die Bank ihre eigentliche Aufgabe zu erfüllen (§ 12 BBG).

Das Gesetz war in seinen wesentlichen Bestimmungen unumstritten und ist es bemerkenswerterweise auch geblieben, was nicht heißt, daß die Politiker sich mit der Bundesbank immer leichtgetan hätten. Adenauer und sein Finanzminister Schäffer haben mehr als eine Fehde mit ihr ausgefochten. Und Helmut Schmidt, der sich auf seine Kompetenz in wirtschaftlichen Dingen viel zugute hielt, hat sie mit beißender Schärfe attackiert. Noch als Memoirenschreiber hat er diese Auseinandersetzung fortgeführt.[208] Daß sie mit dem gelegentlichen Zorn der Politiker ganz gut und ungefährdet leben konnte, verdankte die Bundesbank einem öffentlichen Konsens von erstaunlicher Festigkeit, einem Konsens, der Währungsstabilität und Unabhängigkeit der Bundesbank fest miteinander verknüpfte.

Die Übereinstimmung der Fachleute allein hätte einen solchen Konsens nicht stiften können. Die Erfahrung hat ihn gestiftet, die traumatische Erfahrung, um es genauer zu sagen, die die Deutschen mit dem Erlebnis zweier zerstörerischer Inflationen in einer Generation gemacht hatten. Dabei mag zusätzlich ein spezifisch deutsches Vertrauen in den politikunabhängigen Sachverstand wirksam gewesen sein, auf den ja auch der Rang, den das Bundesverfassungsgericht im öffentlichen Bewußtsein einnimmt, verweist. Jedenfalls gibt es nur wenige Völker, für die die Geldwertstabilität eine solche Bedeutung hat wie für die Deutschen, und nur wenige Demokratien, die die Autonomie der Notenbank so überzeugt respektieren. Nicht einmal in den Jahren 1974 bis 1982, Jahre, in denen die Bundesbank trotz stark steigender Arbeitslosenzahlen im Konflikt mit der Regierung am Primat der Währungsstabilität unbeirrt festhielt, ist an eine Änderung des Bundesbankgesetzes ernstlich gedacht worden. Nicht nur, weil die SPD den Koalitionspartner FDP dafür nicht hätte gewinnen können, sondern auch, weil sie wußte, daß die Wähler eine Attacke auf die Unabhängigkeit der Bundesbank bestrafen würden. So gesehen ist für die Stabilität der D-Mark über Jahrzehnte hinweg der gesellschaftliche Stabilitätskonsens, der im Bundesbankgesetz seinen Ausdruck gefunden hat, vermutlich wichtiger gewesen als jedes Gesetz und jede Institution, was natürlich nicht besagt, daß Gesetz und Institution unwichtig waren. Fraglos wäre die Währung ohne den unabhängigen Hüter gefährdet gewesen.

Übrigens ist die Macht der Bundesbank im Lauf der Jahrzehnte eher noch gewachsen. Bis 1973 waren ihre Möglichkeiten, das Geldvolumen in der Bundesrepublik zu kontrollieren, durch das Regime fester Wechselkurse, das sie zu respektieren hatte, begrenzt. Auch lag die Entscheidung über die Änderung der Paritäten unter diesem Regime bei der Regierung – und was das bedeuten konnte, hat das Jahr 1969 mit seiner monatelangen, hitzig zwischen den Parteien geführten Wahlkampf-Aufwertungsdebatte gezeigt. Von der Freigabe der Wechselkurse 1973 an war es die Bundesbank, die mit ihrem Instrumentarium den Haupteinfluß auf den marktbestimmten Kurs der D-Mark ausübte. Selbst wenn man in Rechnung stellt, daß einerseits die EG-Währungen durch das Europäische Währungssystem alsbald wieder in feste Relationen gebracht wurden und daß andererseits der weltweite Finanzverkehr von den siebziger Jahren an fast sprunghaft eine neue Qualität gewann, die jede gezielte Einflußnahme immer schwieriger machte – es bleibt dabei, daß die Bundesbank in den achtziger Jahren eher noch einflußreicher war, als man sie ursprünglich konzipiert hatte.

Auch ihre von 1975 an praktizierte Politik der Geldmengensteuerung gehört in diesen Zusammenhang. Sie erhöhte das Gewicht der Bundesbank in der Dreieckskonstellation Regierung – Tarifpartner – Bundesbank. Indem die Bundesbank Jahr für Jahr bestimmte Zuwachsraten für die Geldmenge vorab festlegte, gewann sie den »spieltheoretisch entscheidenden Vorteil des ersten Zuges«.[209] Die Mitspieler mußten sich auf ihre Vorgabe einstellen oder das Risiko der Nichtbeachtung der Vorgabe tragen. Alles in allem: An der Bundesbank kommt nicht vorbei, wer erklären will, warum die D-Mark eine der stabilsten Währungen der Welt geworden und geblieben ist. Und wenn man in der stabilen D-Mark mindestens zu einem Teil die Erklärung des Erfolges der westdeutschen Wirtschaft sieht, rückt die Bundesbank auf eine zentrale Position in der Geschichte der Bonner Republik. Mit Recht sind ihre Präsidenten denn auch immer als zum engsten Kreis der Mächtigen dieser Republik gehörig wahrgenommen worden.

Die Geschichte des Kartellgesetzes ist eine ganz andere. So entschieden die Väter der Sozialen Marktwirtschaft dem Wettbewerb konstitutive Bedeutung für ihre Wirtschaftsordnung zuschrieben, die Politik tat sich mit der Frage, wie er zu sichern sei, schwer. Ein Vorbild für das Kartellgesetz gab es in der deutschen Geschichte nicht. Deutschland war immer ein kartellfreundliches Land gewesen. Bis 1923 hatte völlige Kartellfreiheit geherrscht, und diese Freiheit war auch kräftig genutzt worden. Danach hatte es immerhin eine Mißbrauchsaufsicht gegeben, die freilich nicht viel bewirkt hatte. Von 1933 an hatte die Diktatur dann mit Hilfe von Kartellen ihre staatlich-korporativistische Wirtschaftslenkung betrieben. Nach 1945 hatten die Amerikaner, wie wir gesehen haben, an ihren eigenen Traditionen orientiert, den Deutschen eine Dekartellierungskur verordnet und dieser Kur sogar entscheidende Bedeutung in ihrem Demokratisierungsprogramm zugeschrieben. Aber sie hatten gegen hinhaltenden Widerstand einen durchschlagenden und dauerhaften Erfolg nicht erzielt.

Eben dieser hinhaltende Widerstand vornehmlich der Industrie hat auch das Gesetz von 1957 mitgeformt. Zwar erreichte die opponierende Industrie ihr Hauptziel nicht. Es wurde tatsächlich ein generelles Kartellverbot in das Gesetz hineingeschrieben – insoweit hatte Erhard Erfolg. Aber der Kompromiß, auf den man sich am Ende einigte, war dann doch nur ein durch zahlreiche Ausnahmetatbestände durchlöchertes Kartellverbot. Hinzu kamen, im Blick auf marktbeherrschende Unternehmen, Vorkehrungen für eine Mißbrauchsaufsicht. Später, 1973, hat man angesichts wachsender Kritik an den Konzentrationstendenzen in der deutschen Wirtschaft darüber hinaus Fusionen einer Kontrolle durch das Bundeskartellamt unterworfen.

Auf die Frage, ob das Kartellgesetz Wesentliches dazu beigetragen hat, der Marktwirtschaft in Deutschland das notwendige Maß an Wettbewerbsintensität zu sichern, gibt es keine präzise Antwort, aber doch eine ungefähre: Das Kartellgesetz war ein Markstein, weil es den Gedanken, daß der Staat die Verantwortung für die Sicherung des Wettbewerbs in der Marktwirtschaft übernehmen müsse, gegen die deutsche Tradition festschrieb. Und es hat auch unzweifelhaft Wirkung gehabt. Trotz all der Ausnahmetatbestände des Gesetzes hat die Bundesrepublik nie das hohe Kartellierungsniveau erreicht, das für Kaiserreich und Weimarer Republik charakteristisch gewesen war. Die Konzentrationsentwicklungen hingegen sind kaum gebremst worden. Freilich haben binnenstaatliche Kontrollen überhaupt an Bedeutung verloren, weil immer mehr die offenen Grenzen die eigentlichen Garanten des Wettbewerbs geworden sind.

In den sechziger Jahren ist den beiden Gesetzen des Jahres 1957 ein drittes gefolgt, das mit guten Gründen ebenfalls zu den »Grundgesetzen« der bundesrepublikanischen Wirtschaftsordnung gezählt werden könnte, wenn es nicht fast ganz folgenlos geblieben wäre: das Stabilitäts- und Wachstumsgesetz des Jahres 1967 – damals als eine der bedeutenden Errungenschaften der Großen Koalition gefeiert, aber schon nach einem Jahrzehnt so gut wie vergessen. Die Vorstellung, daß der Staat im Wirtschaftsprozeß eine aktivere Rolle spielen könne und müsse, als er es bis dahin getan habe, war in den sechziger Jahren weithin populär, auch bei Protagonisten der Marktwirtschaft. Müller-Armack etwa sprach von einer zweiten Phase der Sozialen Marktwirtschaft und dachte dabei an Strukturpolitik, an infrastrukturelle Aufgaben, die in den fünfziger Jahren vernachlässigt worden waren. Vor allem aber hatte man die Konjunkturpolitik im Blick. Die Überzeugung, daß der Staat imstande sei, vornehmlich mit den Mitteln antizyklischer Fiskalpolitik das Auf und Ab der Konjunktur auszugleichen und stetiges Wachstum zu sichern, war weit verbreitet. In den als Antwort auf die Weltwirtschaftskrise entwickelten Lehren von John Maynard Keynes schien die Nationalökonomie die wissenschaftliche Rezeptur dafür bereitzuhalten.

Schon zu Erhards Zeiten hatte man im Wirtschaftsministerium begonnen, an einem – eher bescheiden konzipierten – Stabilitätsgesetz zu arbeiten, freilich, wie einer der Beteiligten sich erinnert, ohne rechte Ermunterung von Erhard selbst.[210] Erst Karl Schiller, der 1966 als Wirtschaftsminister der Großen Koalition das Erbe Erhards antrat, gab den Überlegungen die entscheidenden Impulse.

Schiller, wie Erhard und mehr noch als Erhard Wissenschaftler und Politiker gleichermaßen, Sozialdemokrat, aber von seinen politischen Anfängen an dem marktwirtschaftlichen Flügel der Partei zugehörig, intellektuell brillant und praktisch erfahren – in Hamburg wie in Berlin war er Wirtschaftssenator gewesen –, war als Wirtschaftsminister gewissermaßen die Verkörperung der Idee, daß der Staat die Konjunktur zu steuern berufen und in der Lage sei und mit dieser Fähigkeit ein neues Zeitalter stetiger wirtschaftlicher Entwicklung heraufführen könne. Er war es durchaus auch in dem buchstäblichen Sinn, daß er sich selbst dabei ohne falsche Bescheidenheit als den souveränen Steuermann sah. Tatsächlich gewann das wirtschaftspolitische Programm, für das er stand, durch seine Persönlichkeit, seinen Ideenreichtum wie seine Formulierungskunst und seine »Bühnenpräsenz« – Gabe und Neigung, im Rampenlicht zu agieren, trafen da zusammen – für ein paar Jahre eine außerordentliche Ausstrahlungskraft. Und obwohl schon die siebziger Jahre über dieses Programm hinweggingen, weil sich die Wirklichkeit den Wünschen nicht fügte, ist Karl Schiller zu Recht als einziger Wirtschaftsminister neben dem Gründervater Ludwig Erhard in der Erinnerung der Republik lebendig geblieben.

»Sein« Gesetz, das Gesetz über Stabilität und Wachstum, »Verknüpfung des Freiburger Imperativs mit der Keynesschen Botschaft«, so die charakteristische Formel Schillers,[211] brachte er binnen wenigen Monaten durch das Parlament – ein Zeichen für den Eifer, mit dem er die Sache betrieb. Es verpflichtete die Regierung auf die Ziele des »magischen Vierecks« – stetiges Wachstum, hohes Beschäftigungsniveau, Preisstabilität und außenwirtschaftliches Gleichgewicht – und gab ihr ein im wesentlichen fiskalpolitisches Instrumentarium an die Hand, mit dessen Hilfe sie, so meinte man, die ihr zugewiesene Aufgabe würde bewältigen können. Beides, die Verpflichtung des Staates auf das gesamtwirtschaftliche Gleichgewicht wie das zugehörige haushaltswirtschaftliche Handlungsrepertoire, wurde darüber hinaus im Grundgesetz festgeschrieben. Von einem Jahrhundertgesetz war die Rede, einer Magna Charta der Konjunkturpolitik – Formeln eines ganz verständlichen, aber eben doch illusionären Vertrauens in die neu gewonnene Fähigkeit der Wirtschafts- und Finanzpolitik, den Konjunkturverläufen ihre Schicksalhaftigkeit zu nehmen, eines Vertrauens, in dessen Umkreis das Wort »magisch« vielleicht nicht ganz zufällig auftaucht.

Karl Schiller als Wirtschaftsminister und Franz Josef Strauß als Finanzminister der Großen Koalition waren ein erfolgreiches, auch ein populäres Gespann. Viele haben es bedauert, daß das Ende der Großen Koalition das Gespann trennte – sie selbst wohl auch. Strauß hat nie wieder in einem Bundeskabinett gesessen, Schillers Karriere ging – überraschend – schon drei Jahre später zu Ende. Er überwarf sich mit Brandt.

Tatsächlich hat das Gesetz nach den frühen siebziger Jahren praktisch keine Anwendung mehr gefunden. Daß die Enttäuschung so bald kam, nach einer ersten, scheinbar triumphalen Bestätigung, die die Schillersche Wirtschaftspolitik der Globalsteuerung mit der schnellen Überwindung der Depression von 1966/67 erfuhr, hatte viele Gründe, vor allem aber zwei: Die Krisen der siebziger und dann der achtziger Jahre waren keine zyklischen Depressionen herkömmlicher Art mehr, sie hatten mit neuartigen weltwirtschaftlichen Turbulenzen zu tun, näherhin mit den Schwierigkeiten der Anpassung der bundesrepublikanischen Verhältnisse an den raschen Wandel weltwirtschaftlicher Kontextbedingungen – das ist der eine; der andere: Es erwies sich, daß bei der Nutzung des stabilitätspolitischen Instrumentariums das politische Kalkül der wirtschaftlichen Vernunft übermächtig im Wege stand – Regierung und Parlament waren insbesondere mit der Aufgabe, konjunkturdämpfende Maßnahmen rechtzeitig und konsequent genug zu beschließen, überfordert. Mit anderen Worten: Im Stabilitäts- und Wachstumsgesetz überschätzte die Politik sich selbst gründlich: an erster Stelle ihren eigenen Mut, unpopuläre Entscheidungen zu treffen; aber auch die Möglichkeiten zuverlässiger außenwirtschaftlicher Absicherung der heimischen Konjunktur, dazu ihren Einfluß auf die Tarifpartner, die eigenen Nutzenkalkülen folgten, und ihre Fähigkeit, Bund, Länder und Gemeinden in ein gemeinsames konjunkturpolitisches Konzept einzubinden; nicht zuletzt schließlich die Spielräume für das *deficit-spending* bei anhaltend schwieriger Haushaltslage – die Lektion, daß die öffentlichen Haushalte nicht beliebig konjunkturpolitischen Zwecken dienstbar gemacht werden können, mußte erst noch gelernt werden.

Die Selbstüberschätzung der Politik wiederum hatte viel mit einer Überschätzung und Selbstüberschätzung der Wissenschaft zu tun. Seit 1963, seit der Gründung des Sachverständigenrates zur Begutachtung der gesamtwirtschaftlichen Entwicklung, hatten die Wirtschaftswissenschaften ja einen einzigartig hervorgehobenen Rang – wenn auch nicht notwendig Einfluß – als Beratungswissenschaften par excellence, als Leitwissenschaften der Wirtschaftspolitik. In keinem anderen Bereich hat die Politik sich so sichtbar an wissenschaftliche Politikberatung gebunden. Das geschah gewiß auch aufgrund taktischen Kalküls, aber vor allem, weil ihr Vertrauen in die diagnostische wie prognostische Kompetenz der Wirtschaftswissenschaften groß war – übergroß, wie man im Rückblick sagen muß.

Auch wenn das Stabilitäts- und Wachstumsgesetz in gewissem Sinne nur eine Episode war, die Frage stellt sich, ob die Konzeption der Globalsteuerung in ihrer gesetzlichen Kodifizierung nur eine zeitgemäße Weiterentwicklung der Sozialen Marktwirtschaft war, wie die Protagonisten des Keynesianismus es meinten, oder ob sich mit ihr eine Abwendung von der Sozialen Marktwirtschaft, ein Paradigmenwechsel, wie man in den siebziger und achtziger Jahren zu sagen pflegte, vollzog. Es hat nie eine so elaborierte Theorie der Sozialen Marktwirtschaft gegeben, daß sich dergleichen Fragen eindeutig beantworten ließen. Erhard und Schiller haben 1972, nach dem vorübergehenden Bruch Schillers mit der SPD, ganz einträchtig, gemeinsam öffentlich für die Marktwirtschaft gefochten. Aber es spricht doch viel dafür, daß die Steuerungseuphorie der späten sechziger Jahre den Staat in eine Position manövrierte, die die Väter der Sozialen Marktwirtschaft, auch Erhard selbst, ihm nie zugedacht hatten. Ein Mehr an zukunftsorientierter Planung des Staates in den eigenen Angelegenheiten, wie sie sich beispielsweise in Gestalt der mittelfristigen Finanzplanung in den sechziger Jahren entwickelte, ein Mehr auch an Infrastrukturpolitik von der Bildung bis zum Verkehr, das änderte die Balance zwischen Staat und Markt nicht grundsätzlich. Die Konzeption der Globalsteuerung der Konjunktur durch den Staat tat es, oder richtiger, hätte es getan, wenn denn Globalsteuerung im Sinne der Schillerschen Konzeption zur dauerhaft geübten Praxis geworden wäre. Wäre die Globalsteuerung erfolgreich gewesen, hätte man freilich, Paradigmenwechsel oder nicht, nicht viel dagegen einzuwenden gehabt. So aber kam es bekanntlich nicht. In den stürmischen Zeiten der siebziger und achtziger Jahre war man mit und ohne Globalsteuerung gleichermaßen ziemlich hilflos.

IV.

Keine Skizze des besonderen Profils der bundesrepublikanischen Wirtschaftsordnung kann sich darauf beschränken, von Staat und Markt zu reden. Die großen Verbände sind von Anfang an und durchgehend ein mitentscheidender Faktor gewesen. Sie waren es zum einen durch ihre unmittelbare Einwirkung auf die Politik, zum anderen als Tarifpartner. Was die politische Bühne angeht, so waren die Unternehmerverbände in den fünfziger und sechziger Jahren fraglos die einflußreichere Kraft und haben das, vor allem in Gestalt des ersten BDI-Präsidenten Fritz Berg, der sich viel auf seine Nähe zu Adenauer zugute hielt, gelegentlich auch herausfordernd demonstriert. »Ich brauche nur einmal zum Bundeskanzler zu gehen, und die ganze Aufwertung ist vom Tisch«, dieser prahlerisch-törichte Kraftspruch Bergs aus dem Aufwertungsstreit der Jahre 1960/61, gerichtet vor allem gegen Ludwig Erhard, hat eine gewisse notorische Berühmtheit erlangt.[212] Die Gewerkschaften auf der anderen Seite gewannen durch den Wechsel von 1969 natürlich, aber sie mußten damit leben, daß es auch zwischen 1969 und 1982 keine parlamentarische Mehrheit gab, mit der sie einfach rechnen konnten, so wie die Unternehmerverbände sich zu allen Zeiten mit Existenz und Einfluß der gewerkschaftsnahen Sozialausschüsse in der Union abfinden mußten.

Für beide Seiten gilt: Die parlamentarischen Majoritäten und ihre politischen Kalküle waren letzten Endes, im Konfliktfall, ausschlaggebend. Die Unternehmerverbände haben das Mitbestimmungsgesetz von 1951 so wenig verhindern können wie das von 1976, und sie haben sich über die Jahrzehnte hinweg mit einer Sozialpolitik arrangieren müssen, die die ihre sicher nicht war. Die Gewerkschaften hatten hinzunehmen, daß die SPD, von der allein sie die politische Umsetzung gewerkschaftlicher Programmatik in größerem Stil erwarten konnten, in der Geschichte der Bundesrepublik niemals die dauerhafte Dominanz der skandinavischen Sozialdemokratien, nicht einmal die zeitweilige der österreichischen erreichte.

So ist der Einfluß der großen Verbände auf die Entwicklung der Sozialen Marktwirtschaft denn auch viel deutlicher dort zu greifen, wo sie als ein zweiter Gesetzgeber nach den vom Staat – dem Parlament wie der Rechtsprechung – vorgegebenen Regeln wesentliche Rahmenbedingungen des Wirtschaftens in der Bundesrepublik im Modus kontinuierlicher Verhandlung autonom immer wieder neu festgelegt haben. Die Rede ist von der Rolle der Verbände als Tarifparteien. In dieser Rolle haben sie mitbestimmt, was aus der Sozialen Marktwirtschaft der Bundesrepublik geworden ist, und haben folglich ihre Entwicklung auch mit zu verantworten. Wenn es zutrifft, daß Soziale Marktwirtschaft ein schwieriger Balanceakt ist – man will den Markt gelten lassen und ihn doch auch korrigieren –, dann sind es der Staat und die Tarifpartner gemeinsam, an denen das Gelingen dieses Balanceaktes hängt.

Wichtige einschlägige Institutionen und Regeln hat die Bundesrepublik von der Weimarer Republik geerbt. Das gilt insbesondere für die Tarifautonomie mitsamt dem dazu gehörenden kollektiven Arbeitsrecht und der besonderen Arbeitsgerichtsbarkeit. Tariffähig waren die Gewerkschaften im Ersten Weltkrieg geworden. In der Tarifvertragsverordnung vom Dezember 1918 und dann in der Reichsverfassung hatte die erste Republik der Tarifautonomie eine Rechtsgrundlage gegeben, 1923 mit der Einführung der Möglichkeit der Zwangsschlichtung diese Autonomie dann freilich gleich wieder stark beschränkt. 1946 hatte der Kontrollrat die Tarifautonomie wiederhergestellt, der Wirtschaftsrat hatte ihr noch vor der Gründung der Bundesrepublik mit dem Tarifvertragsgesetz eine neue gesetzliche Grundlage gegeben; etwa gleichzeitig hatte der Parlamentarische Rat mit dem Art. 9 Abs. 2 GG das verfassungsrechtliche Fundament gelegt. Anders als die Weimarer Republik hat die Bundesrepublik dann konsequent am Prinzip der Autonomie der Tarifparteien festgehalten. Direkte staatliche Interventionen in Tarifverhandlungen sind die Ausnahme geblieben, an eine Rückkehr zu staatlicher Zwangsschlichtung nach Weimarer Muster ist nie ernsthaft gedacht worden – auf keiner Seite. Daraus läßt sich unter anderem schließen: Jenes Ungleichgewicht der Kräfte, das die Weimarer Gewerkschaften von 1923 an Rückhalt beim Staat suchen ließ, hat es in der Bundesrepublik nicht gegeben.

Und wie sieht die »Verfassungspraxis« der Tarifautonomie aus? Wie sind die Tarifparteien mit der Tarifautonomie umgegangen? Eine erste Antwort auf diese Frage gibt die Streikstatistik. Die Bundesrepublik gehörte, das ist oft hervorgehoben worden, vier Jahrzehnte hindurch mit leichten Schwankungen – die sechziger Jahre waren besonders konfliktarm – zu den Ländern mit einem sehr niedrigen Konfliktniveau. Den Spitzenplatz hatte sie nie inne, den hält die Schweiz, in der es praktisch keine Arbeitskämpfe gibt. Aber sie findet sich in der Gruppe, die dann folgt, zusammen mit Österreich und den Niederlanden und weit vor Großbritannien, Frankreich, Italien. Worauf läßt sich diese relative Friedlichkeit der Arbeitsbeziehungen in der Bundesrepublik zurückführen? Die Prosperität Westdeutschlands hat es fraglos sehr erleichtert, immer Verhandlungslösungen zu finden – um mehr als das Dreifache, um nur diese Zahl noch einmal in Erinnerung zu rufen, sind die Einkommen der abhängig Beschäftigten zwischen 1950 und 1980 real gewachsen. Aber damit allein läßt sich das niedrige Konfliktniveau nicht erklären. Auch in anderen Industriegesellschaften mit ganz anderen Streikstatistiken gab es in diesen Jahrzehnten stetig mehr zu verteilen. Strukturelle Momente haben vermutlich eine ebenso wesentliche Rolle gespielt.

Die besondere Organisationsform, für die sich die Gewerkschaften im Neubeginn nach 1945 entschieden hatten, die Form der industriegewerkschaftlich organisierten Einheitsgewerkschaft, hat Verhandlungslösungen fraglos begünstigt. Die in Deutschland traditionelle eigentümliche Doppelstruktur der verbandlichen Organisation auf der Unternehmerseite – hier die Arbeitgeberverbände als Verhandlungspartner der Gewerkschaften, dort die Industrieverbände als Verfechter der wirtschaftspolitischen Interessen der Unternehmer – hat es möglicherweise auch getan. Wichtiger aber war wohl der für die deutschen Verhältnisse charakteristische hohe Grad der Verrechtlichung der Arbeitsbeziehungen, der rechtlichen Regulierung selbst noch des Arbeitskampfes, die freilich weniger auf den parlamentarischen Gesetzgeber als auf die rechtsschöpferischen Aktivitäten der Arbeitsgerichte zurückzuführen ist. Daß Streik und erst recht Aussperrung in der Bundesrepublik nie leicht verfügbare Waffen geworden sind, hat viel mit der vergleichsweise dichten rechtlichen Einhegung des Arbeitskampfes zu tun. Freilich hätten das Recht, und das heißt die Autorität der Gerichte, so nicht wirken können, wie sie gewirkt haben, ohne eine tiefverwurzelte Bereitschaft, die Rechtssprüche der Gerichte als verbindliche Entscheidung s ozialer Konflikte zu akzeptieren. Hinter der befriedenden Wirkung, die von der Verrechtlichung der Arbeitsbeziehungen ausging, wird also der Legalismus als ein Grundzug der politischen Kultur Deutschlands sichtbar.

Der Befund »niedriges Konfliktniveau« darf im übrigen nicht vergessen machen, daß es in der Geschichte der Bundesrepublik einige sehr heftige Arbeitskämpfe gegeben hat. Vier Monate lang wurde im Winter 1956/57 um die Lohnfortzahlung im Krankheitsfall gestreikt – auf neunzig Prozent bei drei Karenztagen brachte man es damals. 1978 wurde in

Hans Böckler, der hier am 14. Oktober 1949 den Gründungskongreß des DGB in München eröffnet, hatte auf eine wirkliche Einheitsgewerkschaft gehofft. Der DGB als bloße Föderation starker Industriegewerkschaften war nicht nach seinem Geschmack. Aber gegenüber den Weimarer Verhältnissen war auch die Industriegewerkschaft eine bedeutende und folgenreiche Neuerung.

der Stahlindustrie mit großer Härte – erfolglos – um eine Arbeitszeitverkürzung gekämpft. 1984 erzwang ein erneuter Streik den Durchbruch in Richtung 35-Stunden-Woche. Immer war es die IG Metall, die die Arbeitskämpfe führte, 1984 unterstützt von der IG Druck, was sichtbar macht, daß die verschiedenen Industriegewerkschaften durchaus unterschiedliche Vorstellungen von der richtigen Mischung von Konflikt- und Kooperationsbereitschaft hatten. Klassenkämpferische Attitüden waren, alles in allem, nicht vorherrschend. Aber als allzu harmonisch darf man sich die Beziehungen zwischen den Tarifpartnern keineswegs vorstellen.

Natürlich läßt sich aus der Tatsache, daß Arbeitskämpfe bei aller wiederkehrenden, häufig rituellen Gespanntheit der Beziehungen eher selten waren, auch nicht schließen, daß für die Handhabung der Tarifautonomie durch die Tarifpartner in der Bundesrepublik ein besonderes Maß an Gemeinwohlorientierung charakteristisch gewesen sei. Man könnte sogar versucht sein, umgekehrt zu argumentieren: Spielräume für Verhandlungslösungen

Die »Konzertierte Aktion« – ein Wort und eine Idee aus dem Zauberkasten Karl Schillers.

Es gibt keinen Anlaß zu der Vermutung, daß die Geschichte der Bundesrepublik sehr anders verlaufen wäre, hätte es die Konzertierte Aktion nicht gegeben. Kurz nach dem freundlichen Händedruck zwischen DGB-Chef Heinz-Oskar Vetter und Otto Wolf von Amerongen am , dem Präsidenten des Deutschen Industrie- und Handelstages, verließ der DGB den Gesprächskreis.

An dem Treffen im Wirtschaftsministerium am 1. Januar 1977 nahmen neben Vetter und Amerongen teil (von links nach rechts): Bundesarbeitsminister Herbert Ehrenberg, Bundesbankpräsident Karl Klasen, Bundeswirtschaftsminister Hans Friderichs, Arbeitgeberpräsident Hanns-Martin Schleyer.

seien gerade deshalb so regelmäßig gefunden worden, weil man die Belange Dritter nicht beachtet habe. So ist beispielsweise offensichtlich, daß die Tarifautonomie, als die Arbeitslosigkeit für die Bundesrepublik ein Problem wurde – also von der zweiten Hälfte der siebziger Jahre an –, keineswegs konsequent in den Dienst des Zieles der Erhaltung und Schaffung von Arbeitsplätzen gestellt wurde. Andererseits gilt: Zu eng und partikularistisch haben Gewerkschaften wie Arbeitgeberverbände in den bundesrepublikanischen Verhältnissen ihre Interessen schon deshalb nicht definieren können, weil sie Organisationen mit einem faktischen Repräsentationsmonopol waren und bleiben wollten bei einem – was den DGB angeht – durchgehend mäßigen Organisationsgrad, der vierzig Prozent nie überschritten und dreißig Prozent zu Ende der sechziger Jahre vorübergehend unterschritten hat.[213] Es liegt wieder einmal die Formel vom »mittleren Weg« nahe. Auch die mächtigen Inhaber der Tarifautonomie sind ihn zwischen der rigiden Verfolgung ihrer partikularistischen Interessen und der Rücksichtnahme auf allgemeinere Belange gegangen.

Der einzige staatliche Versuch, die Tarifpartner förmlich auf das »Gemeinwohl« zu verpflichten, die »Konzertierte Aktion«, die – von Karl Schiller erfunden – zehn Jahre lang praktiziert wurde, von 1967 bis 1977, ist gescheitert, und das nicht erst 1977. Eine etablierte korporatistische Institution mit einer klar definierten, einflußreichen Rolle ist die Konzertierte

Aktion nie geworden. Schillers Idee war es gewesen, die wichtigsten Mithandelnden auf dem Felde der Wirtschaftspolitik, die großen Verbände, durch die Institutionalisierung einer Gesprächsrunde in sein Vorhaben einer Globalsteuerung einzubinden. Orientierungsdaten möglichst verbindlicher Natur sollten dabei herauskommen. Das zielte vor allem auf die Tarifpartner, wie überall, wo solche Versuche gemacht wurden, und im besonderen auf die Gewerkschaften und deren Lohnpolitik. Aber die waren von Anfang entschlossen, sich nicht die Hände binden zu lassen. Einen wirklichen Einfluß auf die Lohnpolitik hat die Konzertierte Aktion denn auch nie gewonnen.

Was konnte der Staat auch bieten als Gegenleistung für die Kooperationsbereitschaft der Verbände, der Gewerkschaften zumal, von denen am meisten erwartet wurde? Auf die Dauer nicht viel oder jedenfalls, wenn man die Novellierung des Betriebsverfassungsgesetzes zugunsten der Gewerkschaften von 1973 und das Mitbestimmungsgesetz von 1976 hier in Anschlag bringen will, nicht genug. Mit Zureden allein aber kann man organisierte Interessen nicht auf das Gemeinwohl verpflichten, schon gar nicht, wenn für das Zuhören nicht einmal Exklusivität geboten wird. Am Ende saßen zwanzig Organisationen am runden Tisch der Konzertierten Aktion. Unter solchen Bedingungen war die Teilnahme an sich nicht viel wert. So war denn schon nach wenigen Jahren von der ganzen Idee nicht mehr geblieben als ein ohne großes Engagement geführtes Kamingespräch, und auch damit war es im elften Jahr zu Ende. 1977 kündigten die Gewerkschaften die Konzertierte Aktion endgültig auf. Die Klage der Unternehmer gegen das Mitbestimmungsgesetz bot den Anlaß, aber mehr als eines Anlasses bedurfte es sicher nicht.

Was im selben Jahr 1977 durch Gesetz als Konzertierte Aktion im Gesundheitswesen geschaffen wurde, war etwas ganz anderes, weil die Rolle des Staates in diesem Bereich von vornherein eine andere war. Im Gesundheitssystem kann von Marktwirtschaft kaum die Rede sein. Im Kern fiel dieser Konzertierten Aktion die Aufgabe zu, in der Dreieckskonstellation Staat–Anbieter von Gesundheitsleistungen – Finanzierer von Gesundheitsleistungen nach Auswegen aus wiederkehrenden Kostenkrisen zu suchen. Das ist ihr immer nur auf kurze Frist gelungen.

Der viel gebrauchte Begriff Korporatismus drängt sich also zur Charakterisierung der deutschen Verhältnisse nicht gerade auf, wenn denn Korporatismus eine starke Tendenz zum institutionalisierten Zusammenwirken von Staat und Verbänden auf breiter Fläche meint. Für das institutionalisierte Zusammenwirken von Arbeitgebern und Arbeitnehmern gilt etwas anderes: Das gehört durchaus zum Profil der bundesrepublikanischen Wirtschaftsordnung. Neben der Tarifautonomie selbst sind hier die Selbstverwaltung der Sozialversicherungen zu nennen – ihre Gremien sind paritätisch besetzt –, dazu die Arbeitsgerichtsbarkeit mit ihren von beiden Seiten in gleicher Zahl gestellten Laienrichtern. Vor allem jedoch ist die Betriebs- und Unternehmensverfassung zu nennen mit den begrenzten, aber keineswegs belanglosen, durch die Novellierung von 1972 verstärkten Mitwirkungsregeln des Betriebsverfassungsgesetzes und der Unternehmensmitbestimmung nach den Vorgaben der beiden Mitbestimmungsgesetze von 1951 und 1976. Dabei knüpfte das Betriebsverfassungsgesetz mit der Institution des – gewissermaßen gewerkschaftslos konzipierten – Betriebsrates an die von der Weimarer Republik geschaffenen Verhältnisse an, wie denn der eigentümliche institutionelle Dualismus zwischen den Gewerkschaften als Trägern der Tarifhoheit und des Streikrechtes einerseits und dem zum Frieden verpflichteten, für betriebliche Angelegenheiten zuständigen Betriebsrat andererseits als Ganzes ein bewußt aufgegriffenes Weimarer Erbe war, wohingegen man mit der Einführung der Unternehmensmitbestimmung Neuland betrat. Das Ensemble dieser Mitwirkungsrechte ist eine der auffallendsten Besonderheiten der bundesrepublikanischen Wirtschaftsordnung.

Ist Sozialpartnerschaft für das alles das richtige Wort? In den skizzierten Institutionen ist ganz offensichtlich eine Kooperationserwartung festgeschrieben, am auffälligsten im Betriebsverfassungsgesetz, das den Betriebsrat ausdrücklich auf das Wohl des Betriebes verpflichtet. Die Akteure andererseits, auf die sich diese Erwartung richtet, haben ebenso gewiß nicht einfach ein »partnerschaftliches« Verhältnis im umgangssprachlichen Sinn des Wortes zueinander entwickelt. Für beide Seiten sind gegeneinander stehende Interessen der Ausgangspunkt, und die Verbandsführungen sind ihren Mitgliedern gegenüber, deren Vertrauen sie brauchen, auf diese Interessen verpflichtet.

Also handelt es sich eher um »Tarifparteien« als um »Tarif«- oder gar »Sozialpartner«? Für welchen Begriff man sich auch entscheidet, es hat in der Geschichte der Beziehungen zwischen Gewerkschaften und Unternehmerverbänden nach dem Zweiten Weltkrieg keine Phase mehr gegeben, in der klassenkämpferischer Geist wirklich bestimmend gewesen wäre. Nicht nur die Streikstatistik zeigt das an. Auch die Alltagsdistanzen waren nicht mehr die der Weimarer Republik, in der für einen beträchtlichen Teil der Unternehmerschaft noch das Existenzrecht der Gewerkschaften, ja die Demokratie selbst zur Debatte gestanden hatte. In den auf Kooperation angelegten Institutionen hat sich, nicht immer und von allen Beteiligten durchgehalten, ein pragmatischer, auf Ausgleich gerichteter Umgang miteinander herausgebildet. Anders hätten sich insbesondere die Mitbestimmungsregelungen auch gar nicht praktizieren lassen. Sie setzten eine Überwindung des Klassenkampfdenkens auf beiden Seiten voraus und haben diese Überwindung wohl auch selbst mit gefördert. Dabei könnte das erste, das Montanmitbestimmungsgesetz von 1951, trotz seiner sehr begrenzten Reichweite eine Schlüsselbedeutung gehabt haben, weil es die Weichen in einer klassischen Industriebranche früh in Richtung Kooperation stellte. Hätte man den Gewerkschaften ihren wichtigsten Nachkriegserfolg in den Anfangsjahren der Republik wieder genommen, so hätte die ganze Entwicklung leicht einen anderen Verlauf nehmen können.

Neben dem institutionellen hat schließlich wohl auch der politische Kontext, zumal in den ersten Jahrzehnten, Erklärungsbedeutung für das, was man den vorherrschenden Stil der Sachlichkeit in den Arbeitsbeziehungen nennen könnte. Es lag nahe, gerade die Aufgabe des Wiederaufbaus als eine gemeinsame anzusehen und anzugehen. Und der Ost-West-Konflikt mitsamt der Teilung Deutschlands ist hier noch einmal zu nennen. Er hat dem inneren Gegensatz zwischen »rechts« und »links« ganz allgemein etwas von seiner alten Schärfe genommen, weil er ihn, zum Teil jedenfalls, ins Zwischenstaatliche transponierte. Man mag das Ergebnis, ohne zuviel Emphase, Sozialpartnerschaft nennen, darf Partnerschaft dann freilich nicht mit Harmonie verwechseln.

Das umstrittene Stichwort Sozialpartnerschaft verweist auf eine viel weiter reichende Frage: Von welcher Art war eigentlich der Konsens, der die Wirtschaftsordnung der Bundesrepublik trug? Wie hat er sich herausgebildet, wieviel Substanz hatte er, wie belastbar war er? Was die Parteien angeht, so hat die Union sich von ihrer mit den Düsseldorfer Leitsätzen im Frühjahr 1949 getroffenen Entscheidung an stets als *die* Partei der Sozialen Marktwirtschaft verstanden und hat eben daraus einen Teil ihrer Identität gewonnen. Tatsächlich ist die Bedeutung des 1948/49 geschlossenen Bündnisses zwischen Ludwig Erhard und der Union für die Republik wie für die Partei gar nicht zu überschätzen. Daß die Union neben Konrad Adenauer auch Ludwig Erhard zur Ehre der Altäre erhoben hat, heißt freilich nicht, daß sie jemals eine ganz konsequente Erhard-Partei geworden wäre. Dem Markt, der Wohlstand schaffenden Kraft des Wettbewerbs, hat sie nie so uneingeschränkt vertraut wie Erhard. Um es genauer zu sagen: Die Union war, was die Soziale Marktwirtschaft angeht, immer eine Partei zweier Flügel, von denen der eine sich eher für den Markt und der andere eher für das »Soziale« zuständig sah.

»Marktpartei« sind, alles in allem und über die Jahrzehnte hinweg, am ehesten doch wohl die Liberalen gewesen. Auch sie hatten mit der Balance zwischen dem Markt und dem Sozialstaat gelegentlich ihre Schwierigkeiten, setzten im Freiburger Programm der frühen siebziger Jahre die Akzente anders als in den fünfziger und den achtziger Jahren. Aber, wie es sich für die Liberalen gehört, ihr Marktvertrauen war in der Regel größer als das der anderen Parteien.

Die Sozialdemokraten schließlich haben nach allgemeiner Überzeugung mit dem Godesberger Programm 1959 Anschluß an den sich herausbildenden marktwirtschaftlichen Konsens in der Bundesrepublik gesucht und gefunden. Das Godesberger Programm war tatsächlich ein großer Schritt in Richtung Marktwirtschaft. Es wirkt im Rückblick so selbstverständlich, daß man sich immer wieder in Erinnerung rufen muß: Es war trotz des Sogs, der vom Wirtschaftswunder natürlich ausging, nicht selbstverständlich. Drei Jahre vor Godesberg, auf dem Münchener Parteitag 1956, rief der wirtschaftspolitische Sprecher der SPD, Hermann Veit, Erhard im Visier, noch aus: »Von ihm trennen uns Welten.«[214] Veit traf damit fraglos eine in der Partei weitverbreitete, hartnäckige Stimmung, der mit Argumenten nicht leicht beizukommen war. Man darf sich die Wendung von 1959 auch nicht als zu abrupt vorstellen. So wie das Godesberger Programm eine längere Vorgeschichte hat, so haben jedenfalls Teile der Partei sich auch über das Godesberger Programm hinaus ein sehr distanziertes Verhältnis zum Markt, ein sehr kritisches Urteil über seine Verteilungswirkungen bewahrt. Und in den siebziger Jahren hat diese Abneigung noch einmal starke ideologische Impulse erhalten. Ausgebrochen aus dem marktwirtschaftlichen Konsens sind die Sozialdemokraten nach Godesberg aber nicht mehr. Der Keynesianismus, den sie in den siebziger Jahren als Regierungspartei praktizierten und an dem sie über die siebziger Jahre hinaus festhielten, hat es ihnen erleichtert, prinzipiell auf marktwirtschaftlichem Kurs zu bleiben, weil er ihrer Neigung, dem Staat eine Hauptrolle im wirtschaftlichen Prozeß zuzu-

Dramatische Streiks sind in der Bundesrepublik eher selten gewesen, aber sie kamen vor. Ein Land ungetrübten Tariffriedens war die Bundesrepublik zu keiner Zeit.

Im Druckgewerbe hat der rapide technische Fortschritt immer wieder Anlaß zur Unruhe gegeben. Das Bild zeigt die verlassene Maschinensetzerei der »Frankfurter Rundschau« – während eines Tarifkonflikts haben die Setzer am 21. Februar 1978 die Arbeit spontan niedergelegt.

schreiben, entgegenkam. Im übrigen war die Beziehung der SPD zur Sozialen Marktwirtschaft eine Vernunftbeziehung. Einen sozialdemokratischen Klang hat der Begriff Soziale Marktwirtschaft nie gewonnen.

Der Weg der Gewerkschaften in die Wirtschaftsordnung der Bundesrepublik hinein, die nicht die Wirtschaftsordnung ihrer Wahl war, unterschied sich nicht grundsätzlich von dem der SPD. 1949, im ersten Grundsatzprogramm des gerade gegründeten DGB, war die Nachkriegsüberzeugung der Arbeiterbewegung, daß eine sozialistische Neuordnung der Gesellschaft das Gebot der Stunde sei, noch ganz bestimmend: Vergesellschaftung der wichtigsten Produktionsmittel, Planung des Wirtschaftsprozesses, Mitbestimmung der Gewerkschaften auf allen Ebenen waren die drei Kernforderungen. Das zweite Grundsatzprogramm aus dem Jahr 1963 stellte sich, vier Jahre nach Godesberg, deutlich als Kompromiß zwischen dem rechten Gewerkschaftsflügel, der inzwischen in die Soziale Marktwirtschaft hineingefunden hatte, und dem linken, der auf der Notwendigkeit ihrer Überwindung beharrte, dar, mit all den Vagheiten, die für Kompromisse charakteristisch sind. Bestimmend, was die Strategie angeht, war eher die pragmatische Position. Die Forderung nach der Vergesellschaftung von Schlüsselindustrien schob das Programm, ohne sie ganz aufzugeben, weit in den Hintergrund. Über Planung wurde eher im Geiste von Keynes als von Marx gesprochen. Ins Zentrum wurde die Mitbestimmungsforderung gerückt – Mitbestimmung als *das* Strukturprinzip einer demokratischen Gesellschaft, das war der Kern des neuen DGB-Konzeptes.

Dabei blieb es auch im dritten Grundsatzprogramm von 1981, woran sich zeigt: Das Mitbestimmungsgesetz von 1976 hatte die Erwartungen der Gewerkschaften in keiner Weise erfüllt. Die »paritätische Gesellschaft« – vom Großbetrieb bis zur Stadtverwaltung, von der Zeitungsredaktion bis zum Max-Planck-Institut – wurde nun erst recht zum Modell und Entwicklungsziel erhoben, die klassischen Antworten des Sozialismus hingegen blieben, was sie seit 1963 waren: programmatisch randständig. Man mag, mit guten Gründen, die Frage stellen, ob Marktwirtschaft und paritätische Mitbestimmung der Gewerkschaften in jener Konsequenz, wie sie die Grundsatzprogramme forderten, wirklich noch vereinbar wären. Dennoch deutet die starke Akzentuierung der Mitbestimmungsforderung in den Programmen von 1963 und 1981 eher auf eine wachsende Bereitschaft, sich mit der Sozialen Marktwirtschaft zu arrangieren, als auf das Gegenteil hin. Die Alltagspolitik der Gewerkschaften war ohnehin von einer Bereitschaft zur stillschweigenden, pragmatisch begründeten Akzeptanz der bundesrepublikanischen Wirtschaftsordnung bestimmt. Freilich muß man hinzufügen, daß das für manche Gewerkschaften mehr und für andere sehr viel weniger gilt: Von der unzweideutigen Bejahung der marktwirtschaftlichen Ordnung der Bundesrepublik – die IG Bau von früh an und die IG Chemie seit den siebziger Jahren sind Beispiele – über die zögernd-skeptische Hinnahme der gegebenen Verhältnisse durch die IG Metall bis zur unbeirrbar klassenkämpferischen Attitüde der IG Druck reicht die Spannbreite. Alles in allem wird man die bundesrepublikanischen Gewerkschaften eher als Mitträger eines faktischen ordnungspolitischen Konsenses zu sehen haben.

Die Gewerkschaften wuchsen in die marktwirtschaftliche Ordnung der Bundesrepublik hinein – die einen bereitwillig, die andern widerwillig –, das heißt auch: Sie wurden selbst Großunternehmer, mit ihrer Wohnungsbaugesellschaft »Neue Heimat« zum Beispiel. Die riß die Gewerkschaft Anfang der achtziger Jahre in die Strudel eines großen Skandals. Das Bild zeigt die Akten des Untersuchungsausschusses, der die Affäre aufhellen sollte und wie die meisten Untersuchungsausschüsse in den Widersprüchen der Zeugen und Bergen von Papier steckenblieb.

Und die breitere Öffentlichkeit? Daß die Soziale Marktwirtschaft in den fünfziger Jahren rasch Anerkennung gewonnen hat, ist nicht zu bezweifeln. Der Begriff wurde zum Markenzeichen des Erfolgs. Wenn am Ende des ersten Jahrzehnts fast die Hälfte der Befragten, ganz zu Recht, erklärten, es gehe den Deutschen besser als je zuvor im 20. Jahrhundert (1951 hatten das ganze zwei Prozent gesagt, 42 Prozent hatten die Jahre 1933 bis 1939 als die beste Zeit genannt, 45 Prozent die Jahre vor 1914), dann spiegelt sich in diesen Zahlen nicht nur wachsende Zufriedenheit mit dem Lebensstandard, sondern auch ein Legitimitätssprung für die westdeutsche Demokratie wie für die Soziale Marktwirtschaft.[215]

Daß der Erfolg, dazu die völlige Diskreditierung der nicht-marktwirtschaftlichen Alternativen und natürlich die stark ausgebaute sozialstaatliche Komponente die Soziale Marktwirtschaft in der Bundesrepublik zu einer weithin akzeptierten Ordnung gemacht haben, bedeutet nicht, daß sie auch eine wohlverstandene Ordnung geworden wäre. Das ist ihre Schwäche. Alle Anzeichen sprechen dafür, daß sich in den vier Jahrzehnten nach den Weichenstellungen von 1948/49 eine stabile produktive Balance zwischen Risikobereitschaft – der Bereitschaft, Unsicherheit zu ertragen, wie sie das Prinzip Markt verlangt – auf der einen Seite und Sicherheitsverlangen, das der Sozialstaat befriedigt, auf der anderen nicht herausgebildet hat. Gleichwohl: Soziale Marktwirtschaft, der von Alfred Müller-Armack in der frühen Nachkriegszeit geprägte Begriff, ist eine für die Bundesrepublik konstitutive Konsensformel geworden, der Kristallisationskern für eine Identität stiftende Überzeugung, die Überzeugung, daß die Bundesrepublik unter allen Industrienationen den erfolgreichsten Kompromiß zwischen Markt und Sozialstaat gefunden habe. Erst von den achtziger Jahren an kamen Zweifel am Erfolg dieser Kompromisse auf.

Daß das Etikett mehr ist als eine Konsensformel, daß es einen eigenen, eigentümlichen Typus im Spektrum marktwirtschaftlicher Varietäten tatsächlich bezeichnet, ist gelegentlich bezweifelt worden,[216] aber wohl zu Unrecht. Der Begriff steht, wie der internationale Vergleich zeigt, wirklich für eine besondere ordnungspolitische Konfiguration. In keinem anderen Land der Welt, so hat man diese Konfiguration beschrieben, finde sich eine so markante Kombination aus wirtschaftsliberalen und sozialstaatlichen Ordnungselementen.[217] »Soziale Marktwirtschaft« ist eine recht präzise Benennung dieser Kombination, die übrigens auch eine Kombination von Altem und Neuem ist: Eine Sozialstaatstradition gab es in Deutschland, eine gefestigte Tradition ordnungspolitischen Denkens in liberalen Kategorien nicht – die ist erst 1948 begründet worden. Als leerer Begriff hätte »Soziale Marktwirtschaft« wohl auch nicht zu einer Konsens- und Integrationsformel von so ungewöhnlicher Wirkkraft werden können, erst recht nicht zum intellektuellen Leitmotiv einer ordnungspolitischen Debatte, der die bundesrepublikanische Wirtschaftspolitik, bei allem Opportunismus im einzelnen, doch wohl ein vergleichsweise hohes Maß an Prinzipienorientierung verdankt.

Es bleibt hinzuzufügen: Sosehr Soziale Marktwirtschaft das Leitprinzip war, die bundesrepublikanische Wirtschaft war niemals in allen Bereichen marktwirtschaftlich organisiert. Vor allem die Landwirtschaft hat immer eine geschützte, aber deshalb keineswegs bequeme Sonderexistenz geführt. In den Anfängen, den Notzeiten der Nachkriegsjahre bis

Die Kohle – die Überlebensbranche Nachkriegsdeutschlands – wurde schon Ende der fünfziger Jahre zur ersten Krisenbranche der Bundesrepublik. Daß die Bergleute das nicht verstanden und gegen die Zechenstillegungen auf die Straße gingen, ist nicht erstaunlich. Ihr politisches Gewicht war groß genug, Dauersubventionen für die deutsche Steinkohle in gewaltiger Höhe zu erzwingen.

1950, also über die Zäsur des Juni 1948 hinweg, setzte der Staat die Preise direkt fest. Damals ging es um die Sicherung der Versorgung mit Grundnahrungsmitteln zu bezahlbaren Preisen. Von 1950 an garantierten »Marktordnungen« den Landwirten für ihre Hauptprodukte Mindestpreise, und zwar ohne Mengenbegrenzung. Jetzt trat das Ziel in den Vordergrund, das Einkommen der Landwirte zu sichern und den bäuerlichen Familienbetrieb zu schützen. Die Politik der garantierten Mindestpreise hat dann, nicht zuletzt auf deutsches Betreiben, die Europäische Gemeinschaft übernommen – die Folgen sind bekannt.

Auch die Wohnungswirtschaft blieb bis in die sechziger Jahre strenger staatlicher Regulierung unterworfen. Die gewaltigen Bauleistungen der ersten beiden Nachkriegsjahrzehnte haben dann aber die schrittweise Entlassung des Wohnungsmarktes aus staatlicher Kuratel möglich gemacht. Präsent geblieben ist der Staat auf diesem Felde vor allem durch die Mieterschutzgesetzgebung. Bahn und Post, seine traditionellen Monopole im Verkehrs- und Kommunikationssektor, hat der Staat bis in die neunziger Jahre festgehalten. Zur Regulierung des Kohlebergbaus sah er sich veranlaßt, als von den späten fünfziger Jahren an mit der Verdrängung der Kohle, die eben noch fast so wichtig wie das tägliche Brot gewesen war, durch das Öl eine Existenzkrise für den Steinkohlebergbau in Deutschland heraufzog. Die Bundesrepublik hatte also eine Marktwirtschaft, in der es zwar, anders als in Italien, Frankreich, Österreich, keinen großen »staatlichen Sektor« gab, wohl aber eine politische Steuerung in wichtigen Segmenten.

I.

Die Ausgangsfrage dieses Kapitels, welche Bedeutung der besonderen bundesrepublikanischen Wirtschaftsordnung für die wirtschaftliche Entwicklung des Landes zukommt, stellt sich schon für die frühen Anfänge. Kein Ereignis der Nachkriegszeit haben die Zeitgenossen so sehr als Wendepunkt wahrgenommen wie die Währungsreform. Mit der Währungsreform, so haben es die meisten empfunden – nicht erst im Rückblick, sondern schon vor den Schaufenstern des 21. Juni 1948 mit ihrer plötzlichen überwältigenden Fülle –, begann die Nachkriegszukunft. Der dramatischen Eindeutigkeit des Augenscheins zum Trotz, vielleicht gerade auch wegen dieser irritierenden Eindeutigkeit hat man die Frage aufgeworfen, ob die Währungsreform in Verbindung mit der Erhardschen Wirtschaftsreform, die ja dazugehört, dem Gesundungsprozeß wirklich einen so entscheidenden Anstoß gegeben habe. Weiter ausgreifend hat man Zweifel daran geäußert, daß die ordnungspolitischen Rahmenbedingungen neben den »systemunabhängigen Wachstumsdeterminanten« bei der Erklärung des Wirtschaftswunders der fünfziger Jahre überhaupt ins Gewicht fielen.[218] In der lebhaften Diskussion über diese Zweifel hat sich gezeigt, daß sie einen neuralgischen Punkt trafen. Ist da ein für das Selbstverständnis der Bundesrepublik wesentlicher Gründungsmythos in Frage gestellt worden?

Was kann die Auffassung, die währungs- und ordnungspolitischen Entscheidungen vom Juni 1948 hätten der Aufwärtsentwicklung, die schon 1947 begonnen habe, keine starken zusätzlichen Impulse gegeben, für sich anführen? Man ist sich inzwischen darüber einig, daß der verheerende Bombenkrieg der letzten Kriegsjahre das industrielle Potential Deutschlands keineswegs so vernichtend getroffen hat, wie es der Augenschein völlig verwüsteter Städte vermuten ließ. Zerstört war vor allem das Verkehrssystem, zerstört waren die Innenstädte, natürlich auch Industrieanlagen, aber doch keineswegs überall mit gleicher Gründlichkeit. Auch das Ausmaß der Demontagen ist, jedenfalls für die amerikanische und die britische Zone, eher überschätzt worden. Stellt man dazu in Rechnung, daß der Nationalsozialismus die Industrialisierung Deutschlands zwischen 1935 und 1944 für seine Kriegszwecke mit aller Macht vorangetrieben hatte, so erscheint die Schätzung – und nur um Schätzungen kann es sich hier handeln – plausibel, daß die Bizone schon im Jahre 1948 wieder über den Kapitalstock des Jahres 1936, vielleicht sogar einen etwas höheren verfügte.[219] Außerdem fehlte es trotz aller Kriegsverluste nicht an qualifizierten Arbeitskräften, man braucht nur an den Flüchtlingszustrom zu erinnern.

Aber Potentiale sind eine Sache, die Bedingungen, unter denen sie effizient genutzt werden, sind eine ganz andere. Die aufgestaute Inflation, die Wertlosigkeit des Geldes, um es deutlicher zu sagen, behinderte die effiziente Nutzung der vorhandenen Potentiale ganz außerordentlich. Tatsächlich besaß Deutschland zwischen 1945 und 1948 keine Währung, die ihren Zweck zu erfüllen imstande gewesen wäre. Das wertlose Geld war weder brauchbares Tauschmittel – Zigaretten waren die eigentliche Währung jener Jahre, die Tausch-

Dunkle, geschäftige Gestalten vor einer Ruinenkulisse, das gehörte zum Nachkriegsalltag der deutschen Städte. Der sogenannte schwarze Markt war wie der legale Tauschmarkt ein notwendiger Bestandteil der Nachkriegswirtschaftsordnung, solange Waren knapp waren und das Geld wertlos.

wirtschaft, Ware gegen Ware oder Arbeit gegen Ware, trat weithin an die Stelle der Geldwirtschaft – noch ein zuverlässiges Kalkulationsmittel.

Mit anderen Worten: Es fehlte das für die moderne Wirtschaft unverzichtbare Koordinationsmedium, es fehlte ein universeller Leistungsanreiz, und es fehlte damit auch an Investitionsanreizen. Es fehlten, heißt das, der ohne funktionierendes Geldwesen mühselig administrierten Knappheitswirtschaft der ersten Nachkriegsjahre die Antriebskräfte, die sie über das Subsistenzniveau hätten hinaustreiben können. Praktisch alle Zeitgenossen, Besatzungsmächte wie Deutsche, waren sich damals denn auch einig, daß ohne einen Währungsschnitt, ohne die Ersetzung wertlosen Geldes durch wertvolles Geld jene Wachstumsdynamik nicht in Gang kommen werde, die allein die Nachkriegsmisere würde überwinden können. Diese Einschätzung hat auch im nachhinein nichts von ihrer Plausibilität verloren.

Hingegen war man sich 1948 keineswegs einig darüber, daß – so hat es der Wissenschaftliche Beirat bei der Verwaltung für Wirtschaft in seinem Gutachten vom Frühjahr 1948 formuliert – die Währungsreform nur sinnvoll sei, wenn eine grundsätzliche Änderung der bisherigen Wirtschaftslenkung mit ihr verbunden werde.[220] Wer glaubte, an der Bewirtschaftung müsse festgehalten werden, sah das ganz anders, war davon überzeugt, daß die Währungsreform auch unter planwirtschaftlichen Bedingungen Wesentliches bewirken könne. Aber es spricht viel, eigentlich alles dafür, daß tatsächlich nur die Verknüpfung von Währungsreform und Liberalisierung den gewünschten Effekt erzielen konnte. Nur gemeinsam konnten knappes Geld und marktwirtschaftliche Handlungsspielräume jene starken Leistungsimpulse auslösen, die nach dem 20. Juni 1948 fraglos wirksam geworden sind. Der oft genannte »Schaufenstereffekt«, die Tatsache also, daß die Anbieter von

 Konsumgütern sich auf den seit 1946 erwarteten Tag X vorbereitet und Waren, die dann über Nacht auftauchten, gehortet hatten, spricht nicht gegen, sondern für die Bedeutung dieses Datums: Die Erwartung der Währungsreform hat über eine lange Zeit der Ungewißheit hinweg wirtschaftliches Verhalten bestimmt.

Zahlen spielen in der Diskussion naturgemäß eine wichtige Rolle. Auch wenn man sie nur als ungefähre Anhaltspunkte ansieht – sie spiegeln einigermaßen deutlich wider, was die Zeitgenossen wahrgenommen haben, bestätigen also die Überzeugung, daß die ordnungspolitischen Entscheidungen des Jahres 1948 folgenreich waren. Von Anfang 1947 bis Mitte 1948 stieg die industrielle Produktion in der Bizone, gemessen am Niveau des Jahres 1936, von etwa 33 auf gut fünfzig Prozent. Von Mitte 1948 bis Ende 1949 stieg sie von gut fünfzig Prozent auf hundert Prozent.[221] Das ist mehr als die Beschleunigung eines stetigen Anstieges. Sich vorzustellen, daß die Entwicklung ohne die Weichenstellungen vom Juni 1948 ganz ähnlich verlaufen wäre, fällt schwer. Der 20. und, wie man im Blick auf das Erhardsche »Ermächtigungsgesetz« hinzufügen muß, 21. Juni 1948 als Wendepunkt der Nachkriegsjahre – das ist, so wird man die Diskussion zu bilanzieren haben, kein Gründungsmythos, es ist ein Stück erinnerter Nachkriegsgeschichte.

Viel weniger deutlich hat sich der Erinnerung eingeprägt, daß die ersten zwei, drei Jahre nach der Währungsreform alles andere als einfach waren. Im zweiten Halbjahr 1948 stiegen zunächst einmal, nicht überraschend, die Preise kräftig, ganz besonders bei wichtigen Gebrauchsgütern wie Textilien und Schuhen – für die Grundnahrungsmittel galten weiter fixierte Preise. Das verursachte erhebliche Unruhe, zumal der seit 1938 geltende Lohnstopp erst im November 1948, fünf Monate nach Freigabe der meisten Preise, aufgehoben wurde. Erhard geriet unter Druck. Daß sein Kurs durchzuhalten sei, bezweifelten nicht nur seine Kritiker. Zweimal, im August und im November 1948, beantragte die SPD im Wirtschaftsrat seine Abberufung. Die Gewerkschaften veranstalteten am 12. November 1948 einen zwölfstündigen Generalstreik, den einzigen, den es nach dem Zweiten Weltkrieg in Deutschland gegeben hat. Im Dezember sprachen sich in einer Umfrage siebzig Prozent der Befragten für eine Wiedereinführung von Preiskontrollen aus.[222]

Zu diesem Zeitpunkt hatte die hektische inflationäre Entwicklung freilich auch schon ihren Gipfel erreicht. Das Angebot holte die Nachfrage allmählich ein, und die Preise begannen wieder zu fallen. Dafür stiegen nun die Arbeitslosenziffern beunruhigend, und diese Beunruhigung war nicht nur eine Sache weniger Monate. 1948 hatte die Arbeitslosigkeit bei drei Prozent gelegen, 1949/50 überstieg sie die Zehn-Prozent-Marke. Betroffen waren vor allem die Länder mit hohem Flüchtlingsanteil und wenig Industrie wie Schleswig-Holstein (26,3 Prozent!) und Niedersachsen.[223] Auch diese Entwicklung setzte Erhard unter erheblichen Druck. Sogar die Amerikaner wurden nervös und verlangten eine aktive Beschäftigungspolitik. Erhard konnte diese Forderung, so wenig er von ihr hielt, zwar nicht ganz ignorieren, aber es gelang ihm doch, seine Prinzipienentscheidung vom Juni 1948 wie schon durch die Anfechtungsphase der anfänglichen Inflation so auch durch die – länger anhaltende – der steigenden Arbeitslosigkeit ohne weitreichende Zugeständnisse hindurchzuretten. Es gelang ihm, weil er ein Mann fester Überzeugungen war. Aber er hatte auch Glück. Am 25. Juni 1950 brach der Koreakrieg aus, und das kam ihm entscheidend zu Hilfe.

Zunächst freilich löste der Krieg im Fernen Osten ziemliche Turbulenzen aus. Die Inflationsrate schnellte wieder nach oben, wichtige Rohstoffe wurden knapp, beträchtliche Zahlungsbilanzschwierigkeiten traten auf. Noch einmal sah sich Erhards ordnungspolitische Konzeption von allen Seiten in Frage gestellt. Wieder meldeten sich die Amerikaner zu Wort und verlangten mit Schärfe, schließlich ultimativ, die Rückkehr insbesondere zur Bewirtschaftung knapper Rohstoffe. Industrien, die für die »Verteidigung der westlichen Welt« wichtig seien, müßten bevorzugt versorgt werden. Andere Forderungen, etwa die nach Preis- und Devisenkontrollen, kamen hinzu. Die Stunde, so die amerikanische Sicht, sei zu ernst für marktwirtschaftlichen Dogmatismus. Auch auf deutscher Seite wurde heftig und anhaltend über allerlei wirtschaftslenkende Interventionen diskutiert. Die Krise schien

Ob dieser Aufruf im Schaufenster eines Textilgeschäfts ironisch oder ernst gemeint war, mag man nicht so recht entscheiden. Die Parolen des Nationalsozialismus waren natürlich noch in jedermanns Erinnerung. Erhard bekämpfte die Inflationstendenzen der ersten beiden marktwirtschaftlichen Jahre nicht nur, aber doch auch mit Appellen.

den Staat, der seinen Rückzug aus der Wirtschaft gerade erst angetreten hatte, wieder in die Verantwortung zurückzurufen.

Erhard, ohne sicheren Rückhalt beim Kanzler oder beim Finanzminister, taktierte, half sich mit halbherzigen Konzessionen und wurde in seinem Vertrauen auf den Markt nach spannungsreichen Monaten erstaunlich rasch bestätigt. Die Krise schlug um in einen Boom, den Koreaboom, eine Art von weltweiter Kriegshochkonjunktur, mit deren starken Impulsen die bundesrepublikanische Marktwirtschaft endgültig das rettende Ufer eines sich selbst tragenden, stetig-kräftigen Wachstums erreichte.

Man hat behauptet, die Marktwirtschaft sei aus der Koreakrise in einer die ursprünglichen Absichten wesentlich verformenden, korporatistischen Gestalt hervorgegangen.[224] Diese These hat nicht viel für sich. Sie kann zwar darauf verweisen, daß die Bewirtschaftung der Rohstoffe, soweit man sich auf sie einlassen mußte, tatsächlich den Industrieverbänden übertragen wurde. Sie kann auch das Investitionshilfegesetz von 1952 anführen, das der durch fortdauernde Bewirtschaftungsbindungen benachteiligten, im Wiederaufbau zurückgebliebenen Schwerindustrie, dazu der Energie- und Wasserwirtschaft und der Bundesbahn, Investitionsmittel in Höhe von einer Milliarde Mark zuführte – Mittel, die die gut verdienende Konsumgüterindustrie aufzubringen hatte. Fraglos waren das korporativistische Arrangements, die bezeichnenderweise von der Industrie selbst vorgeschlagen worden waren als Alternativen zur drohenden direkten staatlichen Lenkung. Aber es ist eine Überinterpretation, aus diesen Ad-hoc-Antworten, die keine neuen dauerhaften Strukturen schufen, keine neue ständige Praxis begründeten, eine korporatistische Wende zu machen. Eine solche Wende hat es nicht gegeben. Der wachsende Einfluß bestimmter Interessenverbände, des BDI und des Bauernverbandes beispielsweise, auf die Politik, der für die fünfziger Jahre tatsächlich zu konstatieren ist, ist ein anderes Thema. Um ihn zu beschreiben und zu erklären, braucht man den überstrapazierten Begriff Korporativismus nicht.

Was die Krisenmaßnahmen der Jahre 1951 und 1952 zeigen, ist, daß Erhard, wenn es denn sein mußte, einer vom Staat angeleiteten korporativistischen Selbststeuerung der Wirtschaft den Vorrang vor staatlichem Zwang gab. Den Rückfall in die gerade überwundene staatliche Wirtschaftslenkung zu verhindern, war ihm in dieser Phase wohl das wichtigste Ziel. Das ist ihm gelungen. Nach vier schwierigen Übergangsjahren hatte die Marktwirtschaft sich in der Bundesrepublik endgültig durchgesetzt. Die marktwirtschaftliche Ordnung der Bundesrepublik verdankt sich, heißt das, nicht nur dem Entscheidungsmut Erhards vom Juni 1948, sondern auch seinem Stehvermögen in den ersten Jahren.

II.

Die fünfziger Jahre sind, jedenfalls nach ökonomischen Kriterien, das eigentliche Erfolgsjahrzehnt in der bundesrepublikanischen Geschichte gewesen: hohes Wachstum, rasch sinkende Arbeitslosigkeit, Preisstabilität. Kürzer: Die fünfziger Jahre sind die Jahre des »Wirtschaftswunders« gewesen. Die Deutschen selbst haben es so genannt, und die Beobachter von draußen haben es, verwundert und bewundernd, auch getan. Ob Wunder oder nicht, wie läßt es sich erklären? So wenig plausibel es ist, die Bedeutung der währungs- und ordnungspolitischen Weichenstellungen des Jahres 1948 für den ökonomischen Sprung aus der Nachkriegsmisere zu leugnen – die Entwicklung des ersten Jahrzehnts läßt sich nicht einfach nur aus diesen Weichenstellungen herleiten. Viel spricht dafür, daß die fünfziger Jahre mit ihrem fast explosiven Wachstum wirtschaftsgeschichtlich als »Rekonstruktionsphase« zu deuten sind.[225] Rekonstruktionsphasen sind Zeiten, in denen Potentiale, die in krisenhaften Verzögerungen der ökonomischen Entwicklung ungenutzt geblieben sind, in beschleunigendem Zugriff erschlossen werden, Zeiten, in denen eine Gesellschaft ungenutzte Wachstumschancen der Vergangenheit unter günstigeren Bedingungen aufholend und nachholend in beschleunigtes Gegenwartswachstum verwandelt. In dem Begriff steckt die nicht unplausible Annahme, daß vor allem der technische Fortschritt modernen Gesellschaften ein langfristiges und relativ stetiges Wachstum ihres Produktionspotentials sichert, das aus vielen Gründen nicht immer ebenso stetig genutzt werden kann.

Für Deutschland ist aus dieser Sicht festzuhalten, daß 1948 eine Phase »krisenhafter Verzögerung« zu Ende ging, die mit dem Ausbruch des Ersten Weltkriegs begonnen hatte, eine mehr als dreißigjährige Katastrophenzeit, in der das Land weit hinter seinen Entwicklungsmöglichkeiten zurückblieb, was freilich keineswegs bedeutet, daß Deutschland damit eine Rekonstruktionsphase gewissermaßen garantiert war. Auf Verzögerung folgt nicht automatisch Beschleunigung. Vielmehr gilt auch für das »Wirtschaftswunder« im allgemeinen, was für die Weichenstellungen vom Juni 1948 im besonderen gilt: Die Feststellung, daß es exzeptionelle Wachstumschancen gab, ist noch keine Erklärung dafür, daß sie auch genutzt wurden. Man mag die ersten zehn, fünfzehn Jahre nach 1948 als Rekonstruktionsphase deuten und muß sie wohl so deuten, alles Nötige zum Verständnis der außerordentlichen Entwicklung der fünfziger Jahre hat man damit noch nicht gesagt.

Das wird auch im Vergleich der Bundesrepublik mit den anderen westeuropäischen Demokratien deutlich. »Rekonstruktion« gab es (fast) überall. Die Krisen der ersten Jahrhunderthälfte sind ja gemeineuropäische Krisen gewesen, und so hatten viele die Chance des Nachholens. Sie ist, wie die »Wachstumsraten« zeigen, auch genutzt worden, aber nicht überall mit gleichem Erfolg. Das Spitzentempo der Bundesrepublik erklärt sich nicht allein aus ihrem niedrigen Ausgangsniveau oder daraus, daß ihr Binnenmarkt hungriger war, so wichtig der Hunger nach praktisch allen Gütern für das »Wirtschaftswunder« war. Zu Anfang der fünfziger Jahre war dieser Rückstand im wesentlichen schon aufgeholt. Daß die Entwicklungen unterschiedlich verliefen, muß von da an anders erklärt werden.

Lassen sich für die Bundesrepublik besondere wachstumsbegünstigende Faktoren nennen? Häufig wird das große Reservoir an qualifizierten Arbeitskräften angeführt. Und es wird dabei auf das Millionenheer der aus dem Osten Vertriebenen einerseits, auf den bis 1961 anhaltenden stetigen Zustrom von Flüchtlingen aus der DDR andererseits verwiesen. In der Tat, an Arbeitskräften herrschte im ersten Jahrzehnt des Wirtschaftswunders kein Mangel, und das war fraglos eine wichtige Wachstumsbedingung. Mit den Zahlen allein ist freilich noch nicht alles erklärt. Man muß hinzufügen, daß »qualifiziert« in diesem Fall auch bedeutet: flexibel, mobil, leistungsorientiert, motiviert – die Arbeitskräfte der fünfziger Jahre, die Vertriebenen und Flüchtlinge zumal, waren Menschen, die sich eine neue Existenz aufbauen mußten und wollten. Das hatte seine Wirkungen.

Ein zweiter Faktor war die entschiedene steuerliche Begünstigung der Kapitalbildung, der Investitionen also. Tatsächlich war die Nettoinvestitionsquote in den fünfziger Jahren in der Bundesrepublik höher als in allen vergleichbaren Industrieländern, Japan ausgenommen.[226] Eine angebotsorientierte Politik hätte man das später genannt. Sie hatte zur Folge, daß die Unternehmen sich aus hohen Gewinnen wesentlich selbst finanzieren konnten.

Die hohen Gewinne wiederum haben auch damit zu tun, daß die Lohnpolitik der Gewerkschaften in den fünfziger Jahren nicht aggressiv war. Haben sie bewußt, am Gemeinwohlziel Wiederaufbau orientiert, Zurückhaltung geübt? Etwas davon mag im Spiel gewesen sein. Aber die fünfziger Jahre sind, was die Arbeitsbeziehungen angeht, keineswegs das konfliktärmste Jahrzehnt in der Geschichte der Bundesrepublik gewesen.[227] Fünf von insgesamt nur acht Jahren der bundesrepublikanischen Geschichte, in denen es zu erheblichen Streiks kam, fallen in eben dieses erste Jahrzehnt. Realistischer ist vermutlich die Deutung, die Wachstumsdynamik sei so stark gewesen, daß sie selbst beträchtlichen Nominallohnzuwächsen – im Durchschnitt des Jahrzehnts lagen sie bei acht Prozent – immer noch ein Stück voraus war. Man brauchte also gar nicht sonderlich bescheiden zu sein und konnte dennoch mit seinen Lohnforderungen in den vom Produktivitätswachstum vorgegebenen Spielräumen bleiben. Jedenfalls sanken die realen Arbeitskosten für die Unternehmen, während sich das Durchschnittseinkommen gleichzeitig verdoppelte![228]

Schließlich wird oft der beispiellose Erfolg der Bundesrepublik auf den internationalen Märkten als für das Wirtschaftswunder der fünfziger Jahre wesentlich, ja entscheidend genannt. Der freilich bedarf seinerseits der Erklärung. Die vom Koreakrieg ausgelöste Nachfrage hat der westdeutschen Wirtschaft die Rückkehr auf den Weltmarkt sehr erleichtert. Darüber hinaus hat die Politik einen Beitrag zu den Exporterfolgen vor allem dadurch geleistet, daß sie entschlossen die Liberalisierung des Außenhandels betrieb. Bedeutung hatte vermutlich auch, daß die D-Mark, wie sich bald herausstellte, im Bretton-Woods-System der festen Wechselkurse deutlich unterbewertet war, und zwar über die erste schwache Aufwertung von 1961, selbst die spürbarere von 1969 hinaus bis in die siebziger Jahre hinein. Der Effekt vorteilhafter Währungsrelationen wurde dadurch verstärkt, daß die deutsche Wirtschaft auf dem Weltmarkt vor allem Investitionsgüter, dazu langlebige Konsumgüter anbot, Güter, heißt das, für die Nachfrage wie Preise sich günstig entwickelten.

Wie immer man die Summe der komplizierten Rechnung zieht, Wirtschaftsordnung und Wirtschaftspolitik gehören als mitbestimmende Faktoren dazu. Gewiß haben wir es, um das noch einmal zu sagen, mit einer Rekonstruktionsperiode zu tun, die Deutschland ganz erhebliche Wachstumschancen bot. Aber nur in einer marktwirtschaftlichen Ordnung konnten diese Chancen so genutzt werden, wie sie genutzt worden sind. Die Wirtschaftspolitik kommt mit der Entscheidung ins Spiel, die Kapitalbildung stark und einseitig zu begünstigen – auch mit ihrem ziemlich konsequenten Engagement für den Freihandel. Die von den Tarifparteien gesteuerte Lohnentwicklung hat ihre Bedeutung. Und was den Exporterfolg angeht, so gehört die ordnungspolitisch abgesicherte Währungsstabilität ebenso ins Bild wie der Zufall günstiger Währungsparitäten. Das einfache Entweder-Oder, »politikunabhängige versus ordnungspolitische Erklärung des Wirtschaftswunders«, greift offensichtlich zu kurz.[229]

Übrigens ist auch der von Zeitgenossen und Historikern nicht selten erhobene Vorwurf, es seien in den frühen Jahren einseitig die Kapitalinteressen zu Lasten des Sozialstaatsauftrages begünstigt worden, es sei mithin die Soziale Marktwirtschaft gleich zu Beginn schon aus der Balance geraten,[230] nur schlüssig, wenn man der Wirtschaftspolitik einen mehr als marginalen Einfluß auf das Wirtschaftswunder zubilligt. Es ist wahr: Die außerordentliche steuerliche Förderung der Kapitalbildung, die freilich schon 1953 wesentlich abgeschwächt wurde, hat die Chancen, im Rekonstruktionsprozeß rasch reich oder noch reicher zu werden, sehr ungleich verteilt und dabei oft genug die noch einmal bevorzugt, die schon in der Währungsreform die Bevorzugten gewesen waren. Die Frage ist nur: Hatte

Wolfsburg – von der nationalsozialistischen Arbeiterfront als Stadt des KdF-Wagens gegründet – ist mit dem VW-Werk und seinem Monoprodukt, dem »Käfer«, eines der Zentren des industriellen Aufschwungs der Bundesrepublik in den fünfziger Jahren gewesen. Der »Käfer« verkaufte sich so gut – in Deutschland wie in der Welt –, daß das Unternehmen mit der Entwicklung neuer Modelle beinahe zu lange gewartet hätte (Blick in die Montagehalle, 1954).

die Erwartung, auf diesem Wege lasse sich am schnellsten eine Wachstumsdynamik in Gang setzen, die zu allgemeinem Wohlstand führen oder doch jedenfalls die noch weit verbreitete Not beheben werde, nicht gute Gründe für sich? Und wenn es so war, war es dann nicht vernünftig, Fragen der gerechten Verteilung zurückzustellen? Erhard jedenfalls sah es so. Alles in allem hat die Entwicklung ihn bestätigt.

Noch ist das Stichwort Marshall-Plan nicht gefallen, die Frage, welchen Beitrag der Marshall-Plan zum »Wirtschaftswunder« der fünfziger Jahre geleistet hat, nicht gestellt. Sie ist wichtig, aber sie ist nicht mit letzter Sicherheit zu beantworten. Für die Zeitgenossen war die Sache einfach. Die Bedeutung des Marshall-Plans für den wirtschaftlichen Wiederaufstieg schien ihnen so offensichtlich zu sein wie die Bedeutung der Währungsreform – offensichtlich in einem ganz buchstäblichen Sinne. Wie oft las man auf den Baustellen der frühen Bundesrepublik nicht den Hinweis auf »ERP-Mittel«. Den Historikern fällt das Urteil nicht ganz so leicht.[231]

Viel spricht dafür, daß jedenfalls im westdeutschen Fall nicht an erster Stelle die rund 1,5 Milliarden US-Dollar zu nennen sind, die dem Land aus dem Hilfsprogramm zwischen 1948 und 1952 zuflossen. Der Marshall-Plan hat für Westdeutschland, anders als für die anderen Empfängerstaaten, vor allem politische Bedeutung gehabt. Das European Recovery Program (ERP), so der offizielle Name, machte Westdeutschland zum integralen Bestandteil des in gemeinsamer Anstrengung wiederaufzubauenden Westeuropas. Es öffnete dem besiegten Land damit die erste Tür auf dem Weg, der schließlich zur gleichberechtigten Mitgliedschaft im Bündnis der westlichen Demokratien führte. Kürzer: Die Einbeziehung der westlichen Besatzungszonen in das European Recovery Program war der erste Schritt in die Westintegration. Das Programm hat Hindernisse aus dem Wege geräumt, vor allem französische Widerstände, die dieser Entwicklung entgegenstanden.

Damit ist die Frage nach der wirtschaftlichen Bedeutung des Marshall-Plans für Westdeutschland natürlich nicht abgetan. Sie lag vor allem wohl darin, daß er das Instrument der Reintegration Westdeutschland in das – vom Westen dominierte – System internationaler Wirtschaftsbeziehungen wurde, einer frühen und zügigen Reintegration. Wie wichtig diese Reintegration für Westdeutschland war, zeigt der überragende Beitrag, den der Export zum Wirtschaftswunder geleistet hat. Was die Dollarunterstützung angeht: Westdeutschland war keineswegs der Hauptempfänger. Etwa zehn Prozent der Mittel hat es erhalten, 25 Prozent gingen an Großbritannien, zwanzig Prozent an Frankreich, selbst Italien rangierte mit elf Prozent noch vor Deutschland. Relativ fuhren ohnehin die kleinen Länder am besten. Österreich erhielt gut hundert Dollar pro Kopf der Bevölkerung, Westdeutschland etwa dreißig Dollar.[232] Gleichwohl, es bleibt bei der bedeutenden Summe von 1,5 Milliarden Dollar, die Westdeutschland zuteil wurde. Was hat diese Hilfe bewirkt?

Es sind mit den Dollars des Marshall-Plans im wesentlichen knappe Rohstoffe für die industrielle Produktion eingekauft worden, Baumwolle etwa, die die Textilindustrie brauchte. Und es sind, in einer klugen – keineswegs in allen Empfängerländern praktizierten – Art der Zweitnutzung Kredite an Investoren vergeben worden: Die deutschen Käufer bezahlten die ERP-Lieferungen in D-Mark, und diese »Gegenwertzahlungen« wurden von

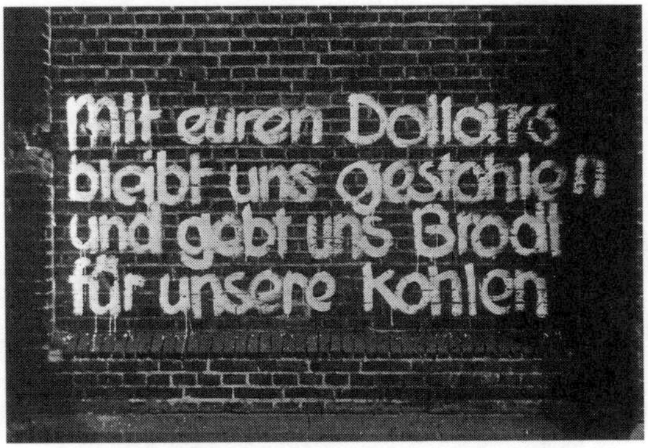

Es gab nicht nur Beifall für den Marshall-Plan. Die Politik der Alliierten war in der Tat ein paar Jahre lang widersprüchlich. Während sie einerseits Deutschland mit Marshall-Plan-Krediten unterstützten, setzten sie andererseits immer noch die Demontagen fort und beanspruchten – über das Ruhrstatut – Mitnutzungsrechte an der Ruhrkohle.

der eigens für ERP-Zwecke gegründeten Kreditanstalt für Wiederaufbau als Investitionskredite neu ausgegeben. Angesichts der extremen Dollarknappheit, an der Deutschland – wie das übrige Europa – litt, haben die 1,5 Milliarden in den frühen Jahren des Wiederaufbaus doch wohl einiges ausgemacht. Die Importe, die durch die ERP-Mittel bezahlbar wurden, sind eine wesentliche Starthilfe gewesen, auch wenn sie – das Programm lief zögerlich und schwerfällig Ende 1948 an – nicht mehr als Initialzündung gewirkt haben. Und die Gegenmittelkredite, mag ihr Anteil am gesamten Investitionsvolumen auch nicht hoch gewesen sein, haben in bestimmten Bereichen, im Bergbau etwa und in der Energieversorgung, doch sehr signifikante Größenordnungen erreicht.

Schließlich ist zu bedenken: Der Marshall-Plan hat weit über seine unmittelbaren politischen und ökonomischen Effekte hinaus gewirkt. Er ist eine Art von Mythos geworden, für die Deutschen mehr noch als für andere. In der Erinnerung der Deutschen lebt er nicht einfach nur als ein bedeutendes Programm der Nothilfe fort, sondern als ein Akt der Hinwendung des Siegers zum Besiegten und Ausgestoßenen, ein Akt von symbolischem Rang mit einem sehr realen Kern. Er war eines der weithin sichtbaren Wegzeichen an dem erstaunlichen Weg, der die Deutschen aus dem Abgrund herausgeführt hat.

III.

Die sechziger Jahre sind in der Wirtschaftsgeschichte der Bundesrepublik eine vergleichsweise undramatische Phase gewesen, auch wenn das den Zeitgenossen nicht immer so erschienen sein mag. Die eigentliche Wirtschaftswunderzeit mit ihrer außerordentlichen Wachstumsdynamik geht zu Ende, die Zeit ernstlicher Eintrübungen ist noch nicht gekommen. Noch sind die Wachstumsraten beträchtlich, sie gleichen sich freilich denen anderer Industrieländer an. Die Bundesrepublik hat auch im westeuropäischen Kontext keinen Spitzenplatz mehr. Der Geldwert ist stabil, die Inflationsrate bleibt, bei ganz leicht steigender Tendenz, unter zwei Prozent. Und es herrscht, so die amtliche Begrifflichkeit, Vollbeschäftigung, in Wahrheit Überbeschäftigung mit der Folge, daß nun in großen Zahlen Arbeitskräfte im Ausland angeworben werden. 1960 lag der Anteil der Ausländer an der Gesamtheit der Beschäftigten bei 1,4 Prozent, 1973 liegt er bei 10,8 Prozent.[233] Höher ist er in den folgenden beiden Jahrzehnten nicht mehr gestiegen.

Gewiß, in der zweiten Hälfte der sechziger Jahre wurde die Bundesrepublik von der ersten Nachkriegsrezession getroffen. Das Wachstum stockte zum ersten Mal seit der Währungsreform, und es gab plötzlich wieder Arbeitslose. Aber sie hat dieses Rezessionstal rasch, in einem Jahr, durchquert. Und es war kein tiefes Tal. 3,1 Prozent Arbeitslosigkeit am tiefsten Punkt, im Februar 1967, sind aus der Sicht der siebziger und achtziger Jahre keine sonderlich erschreckende Zahl. Daß die Rezession gleichwohl sehr lebhaft als eine Krise empfunden wurde, hat sicher damit zu tun, daß sich politische Turbulenzen mit ihr verbanden, das Ende der Regierung Erhard und die Bildung der Großen Koalition. Wohl auch damit, daß Wachstum und Vollbeschäftigung den Deutschen inzwischen zur Selbstverständlichkeit geworden waren. Plötzlich daran erinnert zu werden, daß es sich nicht um Selbstverständlichkeiten handle, konnte da wie ein Schock wirken. Pointiert gefragt: Erschrak die Bundesrepublik auch deshalb so heftig, weil sie viel mehr als »eine Gemeinschaft zur Förderung des wirtschaftlichen Wachstums und zur Mehrung des materiellen Wohlstands«[234] noch nicht geworden war? Wie auch immer: Es war nur ein flüchtiger Schatten, den die Rezession der Jahre 1966/67 auf das Jahrzehnt warf.

Die keynesianische Wende in der westdeutschen Wirtschaftspolitik, im Stabilitätsgesetz von 1967 mit großer Geste vollzogen, darf denn auch keineswegs als bloße, von den Bedrängnissen des Augenblicks erzwungene Reaktion auf die Krise verstanden werden. Daß beides zusammentraf, war eher ein Zufall. Das Gesetz war als ein Schritt zur Vervollkommnung der Sozialen Marktwirtschaft gemeint, nicht als Abkehr von ihr. Die Hoffnung, die in ihm Ausdruck fand, die Hoffnung, es gebe einen krisenfreien Entwicklungsweg, wurzelte in einem Optimismus, der sich nur aus der zwanzigjährigen Erfolgsgeschichte der Bundesrepublik erklären läßt. Und die rasche, fast spielerisch leichte Überwindung der Rezession erzeugte für einen Augenblick tatsächlich das Hochgefühl, man habe das Instrument gefunden, mit dem der Staat mit sanfter Hand die gesamtwirtschaftliche Entwicklung einigermaßen stetig durch alle Krisenklippen hindurch immer weiter aufwärts würde steuern können.

IV.

Die siebziger Jahre zerstörten diese Illusion geradezu brutal. Spätestens von 1973 an wurde klar, daß die Rezession von 1966/67 kein ernsthafter Testfall gewesen war. Es zeigte sich, daß in wirklich schwierigen Zeiten von Steuerung im Sinne einer souveränen Bestimmung des Kurses überhaupt nicht die Rede sein konnte, sondern nur von mühevollem, mehr oder weniger – meist weniger – erfolgreichem Krisenmanagement. Das Krisenmanagement freilich wurde in keynesianischem Geist und nach keynesianischer Rezeptur betrieben. In diesem Sinne bleibt die Formel von der keynesianischen Wende trotz des Scheiterns des Stabilitätsgesetzes zutreffend. Mag das Gesetz selbst auch folgenlos geblieben sein, es bezeichnet den Eintritt in eine in starkem Maße keynesianisch geprägte Epoche der Sozialen Marktwirtschaft, die bis in die frühen achtziger Jahre hineinreicht.

Wie für das »Wirtschaftswunder« des Jahrzehnts nach 1948 kontrovers diskutiert worden ist, was die ordnungspolitischen Weichenstellungen der Gründungsjahre zu ihm beigetragen hätten, so ist auch für die Wendung, die die bundesrepublikanische Wirtschaftsentwicklung in den siebziger Jahren genommen hat, die Frage gestellt worden, ob sie, jedenfalls im wesentlichen, der von 1969 bis 1982 regierenden sozial-liberalen Koalition zuzurechnen sei oder nicht. Leicht zu beantworten ist diese Frage nicht. Sicher ist zunächst einmal nur, daß die siebziger Jahre nicht, wie man es gelegentlich versucht hat, einfach unter der Überschrift »Normalisierung« abgebucht werden können.[235] Für die sechziger Jahre gibt es gute Gründe, die Verlangsamung des Wachstums als das Ausklingen einer Phase rasch aufholenden Rekonstruktionswachstums und in diesem Sinne als Normalisierung zu deuten. Die krisenhaften Entwicklungen des nächsten Jahrzehnts müssen anders erklärt werden. Dabei gilt es zu unterscheiden: Einerseits war die Bundesrepublik keineswegs ein Sonderfall – für die meisten Industriegesellschaften waren die siebziger Jahre eine Art von wirtschaftsgeschichtlicher Zeitenwende. Andererseits weist die deutsche Entwicklung durchaus ihre Besonderheiten auf. Deshalb muß gefragt werden, ob die entscheidenden Krisenimpulse von innen oder von außen kamen und wie die Bundesrepublik auf die Krise reagiert hat.

Die ökonomischen Grunddaten spiegeln ein starkes Auf und Ab wider: Bis zum Jahr 1973 Wachstumsraten, die noch keine Schwächen verrieten; ein scharfer Einbruch in den Jahren 1974 und 1975; Erholung in der zweiten Hälfte des Jahrzehnts und ein zweiter Einbruch von 1980 an – 1975, 1981 und 1982 sind die drei Jahre dieser Periode mit negativen Wachstumsraten. Was die Inflationsrate angeht, so steigt sie Anfang der siebziger Jahre rasch von zwei Prozent (1969) auf 6,3 Prozent (1974), ein Anstieg, der unter den auf Geldwertstabilität fixierten, seit zwanzig Jahren an Geldwertstabilität gewöhnten Deutschen für beträchtliche Unruhe sorgt. In der zweiten Hälfte des Jahrzehnts gelingt es zunächst, die inflationären Tendenzen unter Kontrolle zu bringen. Sie verstärken sich freilich noch einmal zu Beginn der achtziger Jahre. Auch für die Entwicklung der Arbeitslosigkeit bilden die Jahre 1973/74 den Wendepunkt, und in diesem Fall ist es ein wirklicher Wendepunkt gewesen. Von 1973 an steigt die Arbeitslosigkeit vom Vollbeschäftigungsniveau noch der frühen siebziger Jahre fast stetig auf über neun Prozent im Jahre 1983 und bleibt die zentrale Herausforderung der achtziger Jahre und darüber hinaus.

Daß das nicht mehr die Daten einer Erfolgsgeschichte sind, liegt auf der Hand. Aber daß aus der ökonomischen Erfolgsgeschichte der ersten beiden Jahrzehnte im dritten eine Mißerfolgsgeschichte geworden sei, läßt sich auch nicht einfach sagen. Unter ihresgleichen, den führenden Industriemächten, behauptete die Bundesrepublik sich in einem gerade in dieser Phase eng beieinander liegenden Feld, wenn sie auch ihren Spitzenplatz nicht hielt. Mit den Folgen des ersten Ölpreisschocks wurde sie, wie die Daten aus der zweiten Hälfte der siebziger Jahre zeigen, sogar vergleichsweise gut fertig. Dennoch bleibt es dabei: Die

Formel von den siebziger Jahren als einer wirtschaftspolitischen Zeitenwende gilt für die Bundesrepublik in ganz besonderem Maße. Die Frage, wie man in der bundesrepublikanischen Spielart der Marktwirtschaft mit den neuen Herausforderungen umgegangen ist, oder auch: was diese Herausforderungen aus der bundesrepublikanischen Marktwirtschaft gemacht haben, stellt sich dringlich.

Zunächst waren es vor allem weltwirtschaftliche Turbulenzen, die die Bundesrepublik in Bedrängnis brachten. Das Weltwährungsregime, so wie es gegen Ende des Zweiten Weltkriegs in Bretton Woods fixiert worden war, verankert im Dollar, brach in den frühen siebziger Jahren zusammen. Immer deutlicher hatte sich bereits in den sechziger Jahren gezeigt, daß die in den Vietnamkrieg verstrickten USA nicht länger willens und imstande waren, die Pflichten, die dieses Regime der Führungsmacht auferlegte, zu erfüllen. Gewaltige Dollarbestände sammelten sich bei ständig negativer Zahlungsbilanz der USA im Ausland. Die Goldeinlösepflicht, die die Regeln von Bretton Woods für den Dollar festgeschrieben hatten, stand nur noch auf dem Papier. Die Währungsspekulationen wurden hektischer. Sie trafen vor allem die Bundesrepublik. Das sinkende Vertrauen in den – durch die Kriegskonjunktur übrigens auch inflationsgefährdeten – Dollar trieb eine steigende Dollarflut ins DM-Land. Und diese Flut erzeugte inflationären Druck.

Der Kampf gegen die »importierte Inflation« begann schon in den späten sechziger Jahren mit der ersten deutlichen Aufwertung der D-Mark im Herbst 1969, nach der Bundestagswahl – die beiden Partner der Großen Koalition hatten lange, heftig und ergebnislos über diesen Schritt gestritten. Wirtschaftsminister Schiller und die Bundesbank hatten ihn gefordert, Finanzminister Strauß und die exportorientierte Industrie hatten ihn abgelehnt, Bundeskanzler Kiesinger hatte sich, wohl aus Wahlkampfgründen, auf die Seite von Strauß gestellt. Aber so notwendig die Aufwertung war, sie entlastete die D-Mark nur sehr vorübergehend. Der spekulative Druck auf die im System von Bretton Woods unterbewertete deutsche Währung setzte immer wieder neu ein. Solange die Regeln von Bretton Woods galten, die alle Währungen in prinzipiell festen Wechselkursen an den Dollar banden, blieb alle angestrengte Gegenwehr von Bundesregierung und vor allem Bundesbank nur Stückwerk. Auch machte die Notwendigkeit, sich mit den Partnern in der EG abzustimmen, die ohnehin schwierige Aufgabe nicht gerade einfacher. Es war, als wollte die Weltwirtschaft denen, die eben noch den Glaubenssatz von der politischen Steuerbarkeit nationaler Ökonomien verkündet hatten, das Illusionäre ihrer Hoffnungen wie in einem Lehrstück vor Augen führen. Erst die definitive Aufkündigung des Bretton-Woods-Regimes im Jahr 1973 gab der Bundesbank den nötigen Handlungsspielraum. Von 1975 an sanken die Preissteigerungsraten zunächst einmal wieder.

Im selben Jahr 1973, das an der Währungsfront Entlastung brachte, traf die Bundesrepublik, wie alle ölimportierenden Länder, freilich ein anderer harter Stoß. Am 6. Oktober 1973 brach mit einem Angriff Ägyptens über den Suezkanal der vierte Nahostkrieg, der Jom-Kippur-Krieg, wie er genannt werden sollte, aus. Zum ersten Mal bedienten sich die Araber einer ökonomischen Waffe, die nicht mehr auf Israel direkt, sondern auf die Industriestaaten im allgemeinen zielte: Öl. Das traf eine gänzlich überraschte Welt wie aus heiterem Himmel. Innerhalb weniger Wochen trieb das Kartell der erdölfördernden Länder den Ölpreis um mehr als das Dreifache in die Höhe. Das war nicht nur eine starke politische Drohgebärde. Die erdölimportierenden Industriestaaten sahen sich über Nacht vor eine dramatische ökonomische Herausforderung gestellt, die, wie immer man auf die neue Ölrechnung, den plötzlichen Verlust an Kaufkraft im eigenen Land reagierte, weitreichende Auswirkungen haben mußte. Und dabei blieb es nicht. Im Abstand von fünf Jahren folgte auf den ersten Ölpreisschock ein zweiter, diesmal von den politischen Unruhen im Iran ausgelöst, die 1979 zum Sturz des Schahs führten. Noch einmal stieg der Ölpreis um mehr als das Doppelte. Es gibt also gute Gründe dafür, auf der Suche nach einer Erklärung für die wirtschaftsgeschichtliche Wende der siebziger Jahre zunächst einmal daran zu erinnern, daß die Bundesrepublik nach zwanzig vergleichsweise ruhigen Jahren jetzt in heftige weltwirtschaftliche Böen geriet.

Hinzuzufügen ist überdies: Von den siebziger Jahren an begann der internationale Wettbewerb sich stetig zu verschärfen. Nicht nur daß die Relation D-Mark–Dollar sich dramatisch änderte – bis 1969 war ein Dollar etwa vier Mark wert gewesen, 1980 war er bei 1,82 DM angekommen. Japan zuerst, aber dann auch andere Länder in Ost-, später auch in Südasien machten Entwicklungssprünge, die die Wettbewerbskonstellation spürbar veränderten. Damals begann jene Entwicklung, in der Deutschland ganze Produktmärkte an überlegene Konkurrenten verlor, die es in den fünfziger Jahren sozusagen noch gar nicht gegeben hatte: Unterhaltungselektronik, Fotoapparate, Motorräder, um nur einige augenfällige Beispiele zu nennen.

Aber mit diesem Hinweis sind dann auch schon die inneren Entwicklungen ins Auge gefaßt. Denn wie sich die Wettbewerbsposition eines Landes verändert, das hängt ja nie nur vom Tun und Lassen der Konkurrenten ab, sondern immer auch von der eigenen Fähigkeit, auf Herausforderungen zu reagieren. Fragt man nach dieser Fähigkeit, so ist den siebziger Jahren, und das heißt politisch gesprochen: der sozial-liberalen Koalition, ein doppeltes Zeugnis auszustellen. Für den Augenblick – das gilt besonders für die erste Ölkrise, weniger für die zweite – ist die Bundesrepublik mit den Erschütterungen des Jahrzehnts sicher nicht schlechter, eher besser zurechtgekommen als die meisten vergleichbaren Industriestaaten. Selbst mit ihrer Arbeitslosenquote, dem schwächsten Punkt der Bilanz, stand sie 1982, im Jahr des Regierungswechsels, noch deutlich besser da als Frankreich, Großbritannien, Italien, die USA, wenn auch weit schlechter als Japan. Aber daß sie Anfang der achtziger Jahre im Blick auf die zukünftigen Herausforderungen eines härter werdenden globalen Wettbewerbs besser gerüstet gewesen wäre als zehn oder fünfzehn Jahre zuvor, wird man kaum behaupten können. Das Gegenteil war der Fall. Die siebziger Jahre hatten – in der ersten Hälfte – einen explodierenden Lohnanstieg gebracht, ein sich stark beschleunigendes Wachstum der Staats- wie der Sozialquote, eine steil ansteigende Staatsverschuldung. Keiner dieser Schübe hat die westdeutsche Wirtschaft zukunftsfähiger gemacht.

Was den Lohnsprung angeht, so ist daran zu erinnern, daß die gewerkschaftliche Lohnpolitik bis in die sechziger Jahre hinein den Produktivitätsfortschritt jedenfalls nicht aus den Augen verloren und damit einen bedeutenden Beitrag zu den wirtschaftlichen Erfolgen der ersten beiden Jahrzehnte geleistet hatte. Die hohen Zuwachsraten mögen diese Zurückhaltung begünstigt haben, selbstverständlich war sie aber keineswegs. Von 1969 an war es plötzlich mit ihr zu Ende. In den sechs Jahren von 1969 bis 1974 stiegen die Löhne fast durchgehend in zweistelligen Raten, mit einem Spitzenwert von sechzehn Prozent 1970.[236] Die elf Prozent, die die ÖTV im Jahr 1974 durchsetzte, übrigens in einem ungewöhnlich rüdem Stil, haben in der Geschichte der Bundesrepublik ihre besonderen Spuren hinterlassen, weil sie zum Ende der Kanzlerschaft Willy Brandts beitrugen. Wie erklärt sich diese aggressive Wendung, gegen die die von Karl Schiller ein paar Jahre zuvor mit so hohen Erwartungen inaugurierte Konzertierte Aktion bezeichnenderweise fast gar nichts auszurichten vermochte? Und warum ereignete sie sich gerade in dem Augenblick, in dem eine den Gewerkschaften befreundete Partei die Regierungsverantwortung übernahm?

Sicher ist, daß die wilden Streiks vom September 1969, vornehmlich in der Stahlindustrie, in denen verärgerte Belegschaften spontan einen angemessenen Anteil an den nach der Rezession rasch steigenden Unternehmensgewinnen für sich einforderten, eine Art von Schockerlebnis für die Gewerkschaften waren. Sicher ist auch, daß die inflationäre Entwicklung der frühen siebziger Jahre einen Druck auf die Lohnpolitik ausgeübt hat, so wie umgekehrt die Lohnentwicklung ihrerseits Druck auf die inflationären Tendenzen ausgeübt hat. Hat darüber hinaus das Gefühl eine Rolle gespielt, mit dem Regierungswechsel von 1969, »der zweiten Gründung der Republik«, habe nun endlich auch die Stunde für eine Umverteilung größeren Stils geschlagen? Oder hat der kapitalismuskritische Zeitgeist der Jahre nach 1968 sich ausgewirkt? Wahrscheinlich kam alles zusammen.

Steiler noch als die Löhne stiegen die Lohnnebenkosten an: 1969 hatten sie noch bei 46 Prozent des Bruttolohnes gelegen, 1982 lagen sie bei 76 Prozent – Gesetzgeber wie Tarifpartner haben beide das Ihre dazu getan.[237] Daß von diesen Entwicklungen ein erheblicher Rationalisierungsdruck ausging, steht außer Frage. Auch die Arbeitszeitverkürzung, die 35-Stunden-Woche, die in der zweiten Hälfte der siebziger Jahre als ein Heilmittel gegen die Krankheit wachsender Arbeitslosigkeit zur gewerkschaftlichen Hauptforderung erhoben wurde, hat letzten Endes wohl in die gleiche Richtung gewirkt. Zumindest hat diese Forderung zu vergleichsweise heftigen Arbeitskämpfen geführt, erst 1978, dann 1984, die beim zweiten Anlauf mit gewerkschaftlichen Erfolgen endeten, ohne daß die Arbeitszeitverkürzungen durch eine Flexibilisierung der tarifvertraglichen Arbeitszeitvereinbarungen ausbalanciert worden wären. Insgesamt gilt für die siebziger Jahre, daß sich das Investitionsklima in der Bundesrepublik verschlechterte. Die Investitionsquote ging von 1974 an denn auch deutlich zurück[238] – in einer Zeit, in der aus demographischen Gründen die Nachfrage nach Arbeitsplätzen stieg und die Sättigung wichtiger Gebrauchsgütermärkte, die die Nachkriegskonjunktur mitgetragen hatten, neue Anstrengungen erforderlich gemacht hätte.

Was die Politik, ihre Reaktionen auf die Herausforderungen von Inflation und Arbeitslosigkeit angeht, so hatte die Bundesbank es leichter als die Bundesregierung. Sie brauchte sich um Wähler nicht zu kümmern und war nur auf ein Ziel, die Geldwertstabilität, verpflichtet, ein Ziel zudem, auf das auch die Öffentlichkeit weithin fixiert war. Die Regierung hatte unter anderen Bedingungen zu handeln. Das Jahrzehnt war, um es noch einmal zu sagen, keynesianisch geprägt, auch wenn der Optimismus der Ära Schiller bald verlorenging. Folglich wurde nicht nur, aber doch vor allem das Instrumentarium der Nachfragesteuerung genutzt, zeitweise in hektischen Programmsequenzen bei gelegentlich abruptem Richtungswechsel. 1978, auf dem Bonner Weltwirtschaftsgipfel, übernahm Bundeskanzler Schmidt, von den anderen Wirtschaftsgroßmächten bedrängt, sogar die förmliche Verpflichtung, der Weltkonjunktur durch bundesrepublikanische Nachfrageimpulse auf die Sprünge zu helfen.

Wenn das wohl auch eine Überschätzung der eigenen Möglichkeiten war, man kann keineswegs sagen, daß die Steuerungsbemühungen insgesamt völlig erfolglos geblieben wären. Nicht nur, daß man die Inflation in der zweiten Hälfte der siebziger Jahre ganz gut in den Griff bekam – sie flammte zwischen 1980 und 1982 freilich erneut kurz auf –, auch die Arbeitslosenquote sank 1979/80 noch einmal leicht. Aber es war doch eine Strategie sehr kurzfristiger, folglich auch unstetiger und in gewissem Sinn oberflächlich konzipierter Krisenbekämpfung. Die Frage nach den strukturellen Ursachen dafür, daß die westdeutsche Wirtschaft von der Mitte der siebziger Jahre an das Vollbeschäftigungsziel immer deutlicher verfehlte, wurde im Eifer des Krisenmanagements zunächst noch nicht gestellt. Und so verband sich mit all den Programmen zur »Stärkung der Nachfrage« und zur »Verbesserung des Wirtschaftswachstums« denn auch eine Politik, die in wichtigen Hinsichten einer Stabilisierung und Erholung des Arbeitsmarktes nicht nachhalf, sondern entgegenwirkte.

Das Netz staatlicher Regulierung wirtschaftlichen Handelns wurde immer enger, und die Lohnnebenkosten, davon war schon die Rede, erhöhten sich unter kräftiger Mithilfe des Gesetzgebers gerade in den siebziger Jahren drastisch. Die Staatsquote stieg vor allem in der ersten Hälfte des Jahrzehnts steil an. Ende der sechziger Jahre hatte sie noch unter vierzig Prozent gelegen, Mitte der siebziger Jahre waren fast fünfzig Prozent erreicht.[239] Gegen Ende des Jahrzehnts wurde schließlich auch deutlich, daß es – jedenfalls in einer Krise, die sich hinzog – fiskalische Grenzen für eine keynesianische Politik der »Stärkung der Nachfrage« gab. Die Verschuldung von Bund, Ländern und Gemeinden hat sich von 1970 bis 1982 etwa verfünffacht. Und mit den Schulden wuchs natürlich die Zinslast. Damit mußte das Ziel der Haushaltskonsolidierung in Konkurrenz zu dem Versuch, durch Staatsverschuldung die Arbeitslosigkeit zu bekämpfen, treten. Und so kam es auch. Im Wahlkampf von 1980 spielte das Thema »Staatsverschuldung« bereits eine erhebliche Rolle. Selbst die Kirchen glaubten sich äußern zu müssen. Und die Opposition begann die Gefahr des Staatsbankrotts an die Wand zu malen.

Es ist nicht schwierig, rückblickend in alledem eine gewisse Ratlosigkeit zu erkennen. Ein fairer Beobachter wird freilich hinzufügen: Sicheres Wissen über die Ursachen der kritischen Entwicklung gab es so wenig wie sichere wirtschaftspolitische Rezepte. Auch 1982 war es noch keineswegs für jedermann einsichtig, daß mit dem Instrument des *deficit-spending* die Entwicklung auf dem Arbeitsmarkt nicht mehr zu wenden sei.

Im übrigen war die Akteurskonstellation für eine keynesianische Politik alles andere als günstig. Eine Koalition zwischen Sozialdemokraten und Liberalen ist ihrer Natur nach wenig geeignet, eine gemeinsame Strategie für den Umgang mit einer anhaltenden Beschäftigungskrise und dann auch einer Haushaltskrise zu entwickeln. Tatsächlich plädierten die Liberalen in den letzten Jahren der sozial-liberalen Koalition immer prononcierter für eher »angebotsorientierte« Strategien der Krisenbekämpfung, wobei Überzeugung und Kalkül vermutlich gleichermaßen im Spiel waren. Aber nicht nur mit dem Koalitionspartner tat die Sozialdemokratie sich schwer. Sie tat sich schwer auch mit sich selbst. Je stärker der Krisendruck wurde, desto deutlicher erwies sie sich als eine in wirtschafts- und sozialpolitischen Fragen gespaltene Partei. Die Handlungsfähigkeit der Regierung war also in sich doppelt begrenzt. Außerdem geriet die sozial-liberale Koalition, bedrängt von der Krise, gegen Ende ihrer Regierungszeit in einen sich rasch verschärfenden Gegensatz zu den Gewerkschaften.

Großen Einfluß auf die gewerkschaftliche Lohnpolitik hat die sozialdemokratisch geführte Regierung freilich auch zu besseren Zeiten nicht gehabt, nicht einmal in den Jahren der Konzertierten Aktion. Nun aber, in den letzten Jahren des sozial-liberalen Bündnisses, machte der Imperativ des Sparens aus der wechselseitigen Unabhängigkeit zunehmend ein Gegeneinander. Und dann gab es ja auch noch die Bundesbank, die, von ihrer eigenen Wahrnehmung der Krise geleitet, ihre Stabilitätspolitik trieb, ohne auf andere Akteure allzuviel Rücksicht nehmen zu müssen und Rücksicht zu nehmen. In dieser Konstellation war die präzise Abstimmung von Geld-, Fiskal- und Lohnpolitik aufeinander, die doch nötig war, wollte man halbwegs erfolgreich »steuern«, alles andere als einfach und gelang auch nur phasenweise, in der zweiten Hälfte der siebziger Jahre besser als vorher und nachher.

V.

Bei den Wahlen des Frühjahrs 1983 hat fraglos die Erwartung oder doch jedenfalls Hoffnung, die neue, seit ein paar Monaten im Amt befindliche Regierung werde die Wirtschaft aus der Krise herausführen, den Ausschlag gegeben. Wirtschaftliche Kompetenz hat die Wählermehrheit immer eher den bürgerlichen Parteien zugeschrieben, denen, die der Marktwirtschaft näher standen, was auf eine Art von instinktivem Marktvertrauen hindeuten mag, welches freilich immer an die Bedingung gebunden blieb, daß der Sozialstaat seine starke kompensatorische Rolle weiterspiele. Hat die christlich-liberale Koalition in den sechs Jahren, die ihr bis zum Epochenjahr 1989 blieben, etwas von dem bewirken können, was man von ihr erwartete, was sie ja auch selbst versprochen hatte?

Man kann diese Frage ebensogut mit ja wie mit nein beantworten. Die Grunddaten ergeben kein eindeutiges Bild. Was das wirtschaftliche Wachstum angeht, so ist die Periode 1980 bis 1987 mit durchschnittlichen Zuwachsraten von wenig über einem Prozent die schwächste in der Geschichte der Bundesrepublik gewesen. Von 1988 an aber begann eine deutliche Aufwärtsentwicklung. Im internationalen Vergleich, unter den großen Industriemächten, hat die Bundesrepublik, auf das Jahrzehnt bezogen, gleichwohl weiter an Boden verloren. Die Arbeitslosigkeit, die Ende der siebziger Jahre noch einmal zurückgegangen war, stieg von 1981 an rasch an, erreichte 1982 schon 7,5 Prozent, 1985 erschreckende 9,3 Prozent und ging dann wieder leicht zurück, aber wirklich nur leicht. Das war eine dramatische Verschlechterung der Lage gegenüber den siebziger Jahren, von den vorangegangenen Jahrzehnten ganz zu schweigen. Freilich lag die Bundesrepublik selbst mit diesen Zahlen in der Tabelle der Industriestaaten immer noch auf einem guten Mittelfeldplatz. Nicht überraschend verlief der Kampf gegen die Inflation viel erfolgreicher. Der inflationäre Trend der frühen achtziger Jahre wurde rasch unter Kontrolle gebracht. In der zweiten Hälfte des Jahrzehnts lag die durchschnittliche Inflationsrate wieder unter 1,5 Prozent. Aufs Jahrzehnt bezogen, hatte unter den Industriestaaten nur Japan ein besseres Ergebnis vorzuweisen.

Man kann aus dieser Zahlenkonfiguration herauslesen, die Republik sei am Ende des Jahrzehnts in einer wirtschaftlichen Aufwärtsbewegung gewesen. Man kann aus ihr aber auch herauslesen, in der Arbeitslosigkeit der achtziger Jahre – durchgehend auf einem Niveau, das die Republik seit ihren Anfängen nicht mehr gekannt hatte – seien endgültig strukturelle Schwächen der deutschen Wirtschaft sichtbar geworden, an denen der Regierungswechsel von 1982 wenig geändert habe. Die eine Lesart schließt die andere nicht aus, sie setzt nur den Akzent anders. Tatsächlich hat sich die Zahl der Arbeitsplätze in der Bundesrepublik in den achtziger Jahren vermehrt, nur reichte das Wachstum angesichts demographisch bedingter steigender Nachfrage bei weitem nicht aus, um die Arbeitslosigkeit spürbar zu reduzieren. Wie immer man die Entwicklung einschätzt, die Frage nach den Folgen des Regierungswechsels, die Frage, ob es einen deutlichen wirtschaftspolitischen Kurswechsel, gar einen »Paradigmenwechsel«, wie das Modewort lautete, gegeben habe, behält ihre Bedeutung.

Weithin zeigte sich in den frühen achtziger Jahren, daß das Vertrauen in das keynesianische Instrumentarium einstweilen verbraucht war. Man begann nun statt über die Stimulierung der Nachfrage über die Stimulierung der Investitionsbereitschaft nachzudenken. »Angebotsorientierte« Politik, so die Etiketten, trat an die Stelle »nachfrageorientierter« Politik. Margaret Thatcher, die 1979 Premierministerin in London wurde, und Ronald Reagan, der 1981 das Präsidentenamt in Washington übernahm, sind die Symbolfiguren für diese Wende. Auch die Bundesrepublik fügt sich mit dem Regierungswechsel von 1982 in den Trend ein, mit einer viel moderateren Politik freilich, als die konservativen Regierungen in London und Washington sie trieben. Von einer konsequenten oder gar radikalen Angebotsorientierung kann nicht die Rede sein, schon deshalb nicht, weil die Bundesrepublik eben auch nach 1982 nicht von *einer* Partei mit neoliberalem Regierungsprogramm, sondern von einer Koalition regiert wurde, in der neben den Liberalen auch die Sozialausschüsse der Union ihren Platz hatten.

Zu ihren Hauptaufgaben erklärte die neue Regierung die Inflationsbekämpfung, die sehr bald zum Erfolg führte, und die ungleich schwierigere Konsolidierung des Haushalts. Tatsächlich gelang es mit beträchtlichen Sparanstrengungen, bei denen die christlich-liberale Koalition zu mehr Konsequenz fähig war als ihre Vorgängerin, jedenfalls den Anstieg der Staatsverschuldung leicht zu bremsen, so wie es gelang, die Staatsquote von beinahe fünfzig Prozent auf gut 45 Prozent zurückzuführen.[240] Mit dieser Leistung war immerhin eines der Wahlversprechen von 1982 näherungsweise eingelöst. Große Hoffnungen setzte man im übrigen auf die Vollendung des europäischen Binnenmarktes, die in der zweiten Hälfte des Jahrzehnts energisch in Angriff genommen wurde. Die Erwartung war, wenn nur die letzten Binnenschranken konsequent beseitigt würden, werde der große europäische Markt endlich die starken Wachstumsimpulse bringen, die man brauchte.

Auch zu Hause war Deregulierung ein wichtiger Programmpunkt. Man tat sich damit freilich schwer, viel schwerer als mit dem Binnenmarktprojekt. Ein Versuch, die rigiden gesetzlichen Vorgaben für den Arbeitsmarkt etwas zu lockern, wurde mit dem Beschäftigungsförderungsgesetz von 1985 gemacht. Aber es zeigte sich wieder einmal, wie begrenzt der Handlungsspielraum der Politik auf diesem Felde war; genauer: welch außerordentliche Anstrengungen nötig waren, um gegen den Widerstand großer Interessenverbände, hier der von der SPD unterstützten Gewerkschaften, auch nur bescheidene Veränderungen durchzusetzen. Die Novellierung des Paragraphen 116 AFG war ein zweiter Kraftakt dieser Art.

Allzu viele solcher Kraftakte hat sich die Bonner Politik niemals zugetraut. Mit steigendem Eifer und wachsenden Summen versuchte sie hingegen, durch die gezielte Förderung von Forschung und Entwicklung die Zukunftsfähigkeit der deutschen Wirtschaft zu stärken. Dieses Engagement reichte bis weit in die siebziger Jahre zurück, in seinen frühesten Anfängen auch noch weiter – der erste Bonner Forschungsminister findet sich im letzten Kabinett Adenauer. Das – wesentlich wettbewerbspolitisch begründete – Ziel, von Staats wegen die Entwicklung von Zukunftstechnologien zu fördern, trat aber erst in den Zeiten der sozial-liberalen Koalition wirklich in den Vordergrund. Daß der Staat diese Aufgabe nicht einfach dem Markt, der Industrie also, überlassen könne, darüber waren sich von nun an alle Parteien einig. Nicht einig waren sie sich darüber, wie man dabei zu Werke gehen solle. Immer wieder wurden neue Strategien, neue Förderungskonzeptionen, schwankend zwischen mehr und weniger Vertrauen in die Steuerungsfähigkeit des Staates, erprobt. Und immer blieb ungewiß, was der Staat auf diesem Felde überhaupt zu bewirken imstande sei. Das änderte aber nichts daran, daß das Gefühl, der Staat müsse etwas tun, dringlicher und der praktische ökonomische Zweck immer bestimmender wurde.

Alles in allem: Neue, auch deutliche Akzente sind in der Fiskal- und Wirtschaftspolitik nach 1982 fraglos gesetzt worden, wenn man auch nicht vergessen sollte, daß die sozial-liberale Koalition in ihrer Spätphase bereits selbst mit Kurskorrekturen begonnen hatte, darüber dann freilich zerbrochen war. Die keynesianische Epoche der deutschen Wirtschaftspolitik war mit dem Wechsel von 1982 definitiv beendet. Aber davon, daß eine neue Politik mit wirklicher Konsequenz und Entschlossenheit erprobt worden wäre, kann nicht die Rede sein. Ob es zuerst am Willen oder vor allem an den Möglichkeiten fehlte, ist nicht leicht zu entscheiden. Im Ergebnis läuft es auf das gleiche hinaus.

Auch für die achtziger Jahre gilt natürlich, daß neben dem Staat und seinen Anstrengungen die Tarifparteien im Auge zu behalten sind. Der Eindruck drängt sich nicht auf, daß sie die zwei Millionen Arbeitslosen, die fast das ganze Jahrzehnt hindurch gezählt wurden, als eine Herausforderung betrachtet hätten, die ihnen, den Tarifparteien, mehr als Routine abverlangten. Gewiß, die Lohnpolitik blieb zurückhaltend, wie es in der gegebenen Lage nicht anders sein konnte, und das war immerhin etwas. Aber die Arbeitszeitoffensive der Gewerkschaften, gipfelnd in dem großen Streik von 1984, wurde energisch fortgeführt, so als führe Arbeitszeitverkürzung von selbst zu mehr Arbeitsplätzen und nicht zunächst einmal zu höheren Kosten und größerem Rationalisierungsdruck. Eine bequeme Fiktion. Flexibilisierung blieb ein Tabu – wie denn überhaupt einstweilen noch keine Seite sehr viel Phantasie in die Suche nach neuen Lösungen investierte.

Und doch breitete sich – bei aller Schwerbeweglichkeit des Staates wie der Tarifparteien – Zweifel aus, daß die Bundesrepublik für die Zukunft gut gerüstet sei, wuchs die Überzeugung, daß sie eines kräftigen Modernisierungsschubes bedürfe. Das Vertrauen in das »Modell Deutschland« wurde schwächer, die Wettbewerbsfähigkeit immer mehr zum Thema. Aber welche Art von Modernisierung war nötig? War vor allem eine Freisetzung der Marktkräfte geboten? Stand an erster Stelle der ökologische Imperativ? Und was sollte aus dem Sozialstaat werden, von dessen Umbau man zu sprechen begann? Derartige Ungewißheiten waren in den ersten Jahrzehnten der Marktwirtschaft fremd gewesen. Noch stellten sie zwar den Konsens über die Wirtschaftsordnung der Sozialen Marktwirtschaft nicht in Frage, aber sie begannen am bundesrepublikanischen Selbstbewußtsein zu nagen.

VI.

Möglicherweise, so urteilt eine autoritative Studie zur westdeutschen Wirtschaftsentwicklung seit 1945, sei die eigentliche Erklärung für das Nachkriegswirtschaftswunder in dem unglaublich raschen Wiederaufstieg (West-)Deutschlands zu einer führenden Handelsmacht zu sehen.[241] Das mag so sein oder auch nicht, so viel aber ist sicher: Der außenwirtschaftliche Erfolg nicht nur im ersten Jahrzehnt, sondern über vierzig Jahre hinweg ist eines der auffallendsten Charakteristika der westdeutschen Nachkriegsökonomie. Nur Japan hat in diesem Zeitraum die außenwirtschaftliche Leistung der Bundesrepublik übertroffen. Im Export (und in der Bewahrung der Währungsstabilität – das eine hat natürlich etwas mit dem anderen zu tun) hat Westdeutschland seine größten wirtschaftlichen Erfolge erzielt. Es gibt also Anlaß, gerade an diesem Punkt etwas genauer hinzusehen.

Wenige Zahlen genügen, um zunächst einmal die Konturen des »Exportwunders« deutlich zu machen. Seit 1952 hat die Bundesrepublik stets eine positive Handelsbilanz gehabt, phasenweise mit sehr hohen Überschüssen. Die Leistungsbilanz ist nur in wenigen Ausnahmejahren negativ gewesen, einen kurzen Einbruch hat es insbesondere um 1980 gegeben. Das besagt: Die Außenhandelsüberschüsse waren in der Regel hoch genug, um sehr beträchtliche Negativsalden der Dienstleistungsbilanz – Ende der achtziger Jahre betrug das Minus allein in der Sparte Reisen etwa 29 Milliarden Mark[242] – auszugleichen.

Was den Beitrag des Exports zum Bruttosozialprodukt angeht, seine Bedeutung also im Ganzen der westdeutschen Wirtschaft, so ist er über die Jahrzehnte hinweg stetig gestiegen:

Die Rückkehr Deutschlands auf den Weltmarkt – das hieß auch die Rückkehr lange entbehrter Produkte anderer Länder nach Deutschland. Wann ihnen die ersten »Südfrüchte« wieder begegneten, daran erinnern sich die meisten, die jene Jahre miterlebt haben. Das Bild zeigt einen Bananenstand 1954 auf dem Berliner Kurfürstendamm, wo die Bananen noch nach Länge angeboten werden.

Unmittelbar nach der Währungsreform lag er bei knapp vier Prozent, 1950 schon bei neun Prozent, 1960 bei etwa siebzehn Prozent, 1970 bei etwa 23 Prozent und Mitte der achtziger Jahre bei rund dreißig Prozent.[243] Die Bundesrepublik war, heißt das, jedenfalls von den sechziger Jahren an weitaus tiefer mit der Weltwirtschaft verflochten, als es das Deutsche Reich jemals gewesen war. Die Vergleichszahlen (man muß die anderen Ausgangsgegebenheiten natürlich im Blick behalten: größerer Binnenmarkt, geringere Bevölkerungsdichte, Mittel- statt Randlage) für die Jahre vor dem Ersten Weltkrieg, Jahre eines freien und intensiven Welthandels, lauten siebzehn Prozent, das ist das Niveau, das etwa 1960 wieder erreicht wurde; für die späten zwanziger Jahre, in denen es der Weimarer Republik verhältnismäßig gut ging, fünfzehn Prozent; und für die letzten Jahre vor dem Zweiten Weltkrieg, in denen die Autarkiepolitik des Nationalsozialismus schon sehr deutliche Wirkungen zeigte, sechs Prozent. Tatsächlich war die Bundesrepublik mit einem Anteil von elf bis zwölf Prozent an der Weltausfuhr Ende der achtziger Jahre die zweitgrößte Handelsmacht, knapp hinter den USA, aber noch vor Japan. Begonnen hatte sie 1950 mit drei Prozent.[244]

Auch für diese Entwicklung gilt: Es sind die Amerikaner gewesen, die die ersten Weichen gestellt haben. Ihre Deutschlandpolitik war in den Jahren unmittelbar vor und unmittelbar nach der Gründung des westdeutschen Staates ja aufs engste verknüpft mit ihren Bemühungen, so weit ihr Einfluß reichte, eine offene, krisenfeste Weltwirtschaftsordnung nach liberalen Prinzipien aufzubauen. Der Marshall-Plan samt der ihm zugeordneten OEEC gehört ganz unmittelbar in diesen Zusammenhang. Er sollte deutschland- und europapolitischen Absichten dienen, aber zugleich eben auch dem Ziel, die Handelsbeziehungen zwischen den beteiligten Nationen zu liberalisieren. Dabei haben die USA, so hat man gesagt, das westliche Deutschland zur »Speerspitze« ihrer Liberalisierungspolitik gemacht.[245] In der Tat haben sie ihre Verfügungsmacht über die westlichen Besatzungszonen und anfänglich auch noch über die Bundesrepublik – die Außenwirtschaftspolitik blieb ja zunächst der

Kontrolle der Besatzungsmächte unterworfen – genutzt, um den entstehenden westdeutschen Staat gleichsam exemplarisch auf ihren Liberalisierungskurs festzulegen.

Davon, daß dieser Kurs der Bundesrepublik aufgezwungen worden wäre, kann gleichwohl nicht die Rede sein. Wir haben es vielmehr mit einer jener für die Jahre von 1947 an so charakteristischen Konvergenzen zu tun. Es war ja auch nicht sonderlich schwer, unabhängig von aller liberalen Prinzipientreue zu erkennen, daß Westdeutschland, ein relativ kleines Land mit dramatisch angestiegener Bevölkerungsdichte, sich nur bei intensivem Außenhandel, bei offenen Grenzen also, Wohlstand erhoffen konnte; daß das amerikanische Ziel einer offenen Weltwirtschaftsordnung mithin den deutschen Interessen durchaus entsprach. Freilich geschieht auch das offenkundig Vernünftige in der Politik selten von selbst. Ohne Ludwig Erhard wäre die Entwicklung möglicherweise langsamer verlaufen. Jedenfalls hat er die Liberalisierung des deutschen Außenhandels in den fünfziger Jahren mit persönlichem Einsatz konsequent vorwärtsgetrieben, nicht gegen eine prinzipielle Opposition, wohl aber gegen hinhaltenden Widerstand da und dort. Dabei muß man sich in Erinnerung rufen, daß Deutschland keineswegs eine freihändlerische Tradition hatte. Selbst wenn man die Autarkiepolitik des Nationalsozialismus als ein kurzes Zwischenkapitel beiseite läßt: Protektionismus war dieser Tradition alles andere als fremd. So wie die bewußte Orientierung an einem marktwirtschaftlichen Leitbild überhaupt, war auch die prinzipiell freihändlerische Linie der bundesrepublikanischen Außenwirtschaftspolitik in den deutschen Verhältnissen etwas Neues.

Bis zum Inkrafttreten des EWG-Vertrags am 1. Januar 1958, der den Mitgliedstaaten ihre außenwirtschaftliche Souveränität nahm, hat die Bundesrepublik die Zölle nahezu halbiert und Importquoten weitgehend abgeschafft.[246] Gewiß, es gab politisch einflußreiche Krisenbranchen, die Landwirtschaft und die Steinkohle vor allem, die sich einen gewissen Überlebensschutz gegen den internationalen Wettbewerb in Gestalt von Dauersubventionen sichern konnten. Auch die Textilindustrie hat die Politik zu schützen versucht, bis hin zum Verstoß gegen internationale Verpflichtungen. Aber im ganzen hat die Bundesrepublik, den amerikanischen Intentionen entsprechend, im Prozeß der Liberalisierung der internationalen Wirtschaftsbeziehungen in Westeuropa doch eine Vorreiterrolle gespielt. Soweit Widerstände organisierter Interessen zu überwinden waren, kamen sie vornehmlich aus den Reihen des BDI, weniger aus denen der Gewerkschaften. Aber sie waren nicht sonderlich stark. In den Kalkülen beider Seiten überwogen letzten Endes die Vorteile. Übrigens half Erhard und seiner Liberalisierungspolitik gegen solche Widerstände der Rückhalt, den ihr ein seinerseits auf Liberalisierung ausgerichtetes internationales Handelsregime gewährte, wie es die amerikanische Nachkriegspolitik geschaffen hatte. Es trat gewissermaßen an die Stelle der unmittelbaren amerikanischen Einwirkung der frühen Jahre. Mit dem Außenwirtschaftsgesetz von 1961, das das »Prinzip Marktwirtschaft« auch für den außenwirtschaftlichen Bereich grundsätzlich festschrieb, kam die Entwicklung zu einer Art von kodifiziertem Abschluß. Die volle Konvertibilität der D-Mark, die natürlich auch in diesen Zusammenhang gehört, war 1958 förmlich und uneingeschränkt hergestellt worden. Der Sache nach war das Ziel schon Jahre zuvor so gut wie erreicht gewesen.

Unter den großen Unternehmern, deren Namen für die Dynamik der deutschen Wirtschaft in den ersten beiden Nachkriegsjahrzehnten stehen, war Berthold Beitz eher ein Außenseiter, so wie der Krupp-Konzern, den er leitete, nach 1945 auch nicht mehr eines der Zentren der deutschen Industrieproduktion war. Was Beitz unter seinesgleichen zu einer einzigartigen Persönlichkeit macht: Er hatte im Krieg – in Polen – gezeigt, daß es unter bestimmten Voraussetzungen möglich war, Juden zu retten, wenn man nur wollte und den nötigen Mut besaß. Die Aufnahme zeigt Berthold Beitz (links) am 28. Mai 1958 in Moskau, wo er mit Vertretern der Außenhandelsorganisation zusammentrifft.

Nicht ganz in das bisher skizzierte Bild fügt sich, genaugenommen, die europäische Integration ein. Zwar wurden die Wirtschaftsgrenzen zwischen den Mitgliedstaaten Schritt für Schritt abgebaut, aber der entstehende größere Wirtschaftsraum war seinerseits keineswegs frei von protektionistischen Neigungen – an erster Stelle, aber nicht allein, ist dabei natürlich die Landwirtschaft zu nennen. Erhard war denn auch kein Freund der EWG von 1957, er hätte eine umfassendere Freihandelszone vorgezogen. Adenauer hat ihn in die kleineuropäische Zollunion, als die die EWG ihren Weg begann, bekanntlich geradezu hineinzwingen müssen. Zu einer wirtschaftlichen Spaltung Westeuropas auf Dauer, wie man sie zunächst, als unter britischer Führung die EFTA der EWG entgegengestellt wurde, befürchten mußte, ist es dann freilich doch nicht gekommen. Die fortschreitende Erweiterung der EWG, später EG, hat die beiden westeuropäischen Wirtschaftsräume wieder zusammengefügt und damit die Spannung zwischen dem auf den Binnenmarkt ausgerichteten Integrationsprozeß und der weltoffenen Grundtendenz der deutschen Außenwirtschaftspolitik entschärft – entschärft, aber nicht aufgehoben.

Übrigens gehört zu den Voraussetzungen der überaus erfolgreichen Rückkehr Deutschlands auf den Weltmarkt im ersten Jahrzehnt der westdeutschen Sozialen Marktwirtschaft auch das Londoner Schuldenabkommen von 1953. Politisch war es ein Schritt auf dem Wege der Verwandlung von Gegnerschaft in Partnerschaft, aber es hatte natürlich auch ökonomische Bedeutung. Erst die einvernehmliche Antwort auf die Frage, was Deutschlands internationale Gläubiger aus Vor- und Nachkriegszeiten zu erwarten hätten, die im Londoner Vertrag gegeben wurde – die Zusage der Bundesrepublik, immerhin etwa die Hälfte der

Hermann Josef Abs (rechts, sitzend) am 27. Februar 1953 bei den Londoner Verhandlungen über das Schuldenabkommen, die er sehr erfolgreich führte. Abs stand als Sprecher des Vorstandes der Deutschen Bank und als Vorsitzender zahlreicher Aufsichtsräte über viele Jahre im Zentrum der dicht vernetzten deutschen Wirtschaft und war, was seine Rolle im deutschen Wirtschaftsleben angeht, zwei Jahrzehnte lang eine singuläre Figur. Adenauer schätzte seinen Rat so sehr, daß er ihn zum Außenminister machen wollte; Abs lehnte ab. Freilich ist Abs auch ein herausragendes Beispiel für jene problematische Kontinuität, die gerade für die deutschen Wirtschaftseliten so charakteristisch war. Seit 1938 war er Mitglied des Vorstandes der Deutschen Bank gewesen.

Schulden zurückzuzahlen, und die Bereitschaft der Gläubiger, auf die andere Hälfte zu verzichten, verbunden mit der stillschweigenden Vertagung der Reparationsfrage ad infinitum –, erst dieses Schuldenarrangement hat für die Bundesrepublik die Liberalisierung des Kapitalverkehrs mit dem Ausland wieder möglich gemacht. Erst das Londoner Schuldenabkommen, heißt das, hat den westdeutschen Staat wie die westdeutsche Wirtschaft auf dem Weltmarkt wieder voll handlungsfähig gemacht.

Natürlich hat die Erfolgsgeschichte des deutschen Außenhandels auch eine Kehrseite. Ein Land, das bis zu einem Drittel seines Volkseinkommens durch Exporte verdient, ist in einem Maße von den kaum kalkulierbaren und überhaupt nicht steuerbaren Entwicklungen auf dem Weltmarkt abhängig, das durchaus beunruhigen kann. Die Vergleichszahlen, die man den deutschen dreißig Prozent – einzelne wichtige Branchen wie der Fahrzeug- und Maschinenbau erreichten Exportquoten von nahezu fünfzig Prozent – gegenüberstellen muß, lauten für die achtziger Jahre dreizehn Prozent im japanischen und fünf Prozent im amerikanischen Fall, um nur die beiden anderen Großen unter den Handelsmächten der Welt zu nennen.[247] Sie machen drastisch deutlich, um wieviel mehr Deutschland auf weltweiten Marktzugang und auf Wettbewerbsfähigkeit angewiesen war.

Dabei heißt Abhängigkeit vom Weltmarkt näherhin Abhängigkeit von den Ökonomien der westlichen Industrieländer. Sie nahmen Mitte der achtziger Jahre 85 Prozent der Exporte auf. Mitte der fünfziger Jahre waren es 75 Prozent gewesen – die zweite und die dritte Welt haben im Laufe des Jahrzehnts also sogar noch an Bedeutung verloren.[248] Innerhalb der Kategorie westliche Industrieländer hat es freilich erhebliche Umschichtungen ge-

An den Exporterfolgen der deutschen Wirtschaft hatte die chemisch-pharmazeutische Industrie – hier eine Werbung des Bayer-Konzerns von 1966 – ihren starken Anteil. Der Erfolg beruhte freilich nicht in erster Linie darauf, daß Bewährtes, Altbekanntes verkauft wurde, sondern vielmehr darauf, daß immer wieder Neues auf den Markt gebracht wurde.

geben. Der europäische Markt – genauer der Gemeinschaftsmarkt – hat an Bedeutung gewonnen. Die europäische Marktintegration, heißt das, hat Handelsströme tatsächlich in beträchtlichem Umfang umgelenkt. 1958, im ersten Jahr der EWG, wickelte die Bundesrepublik gut ein Viertel ihres Außenhandels mit den Gemeinschaftsländern ab, 1971, am Vorabend der ersten Erweiterung, waren es vierzig Prozent, Ende der achtziger Jahre – die EG war inzwischen freilich auch größer geworden – mehr als fünfzig Prozent.[249]

Abhängigkeit von fremden Märkten, das braucht kaum gesagt zu werden, bedeutet vor allem Abhängigkeit von Währungsrelationen. Folglich stoßen wir hier noch einmal auf das Jahr 1973, das sich in diesem Kapitel durchgehend als eine Zeitenwende erweist. Bis 1973 gaben die festen – die D-Mark zudem begünstigenden – Wechselkurse der Bretton-Woods-Jahre der Außenwirtschaft eine verläßliche Kalkulationsbasis. Mit dem Übergang zu marktabhängigen Wechselkursen ging diese Kalkulationssicherheit verloren. Von nun an übten die Wechselkursschwankungen ihren zeitweilig sehr spürbaren, immer jedenfalls unberechenbaren Einfluß auf die exportierende (natürlich auch die importierende) Wirtschaft aus. Da war es von großer Bedeutung, daß jedenfalls für den größeren Teil der Mitgliedstaaten der EG in den Absprachen des Europäischen Währungssystems von 1979 an Wechselkursstabilität wiedergewonnen wurde. Aber diese Stabilität kam eben nur der knappen Hälfte der deutschen Exporte zugute. Mit der anderen Hälfte mußte sich die deutsche Wirtschaft von 1973 an in einer unberechenbarer gewordenen, instabileren Welt behaupten.

Auch sonst wurden die Zeiten schwieriger. Der Wettbewerb wurde härter. Hinter Japan drängten die ost- später südasiatischen Länder mit unglaublicher Energie auf den Weltmarkt. Die bundesrepublikanische Wirtschaft hingegen zeigte Schwächen auf dem wachstumsbedeutsamen Felde der neuen Hochtechnologien. Aber alle diese Schwierigkeiten haben – erstaunlicherweise, ist man versucht zu sagen – nichts daran geändert, daß die Bundesrepublik als Exportgroßmacht auch in den achtziger Jahren erfolgreich, überaus erfolgreich blieb.

Die Frage nach den Gründen ihres über Jahrzehnte anhaltenden außenwirtschaftlichen Erfolges ist damit nachdrücklich gestellt. Sie wird zu einer entscheidenden Frage insbesondere dann, wenn man den westdeutschen Staat auf der Weltbühne vor allem als Wirtschaftsmacht begreift. Eine ganz und gar überzeugende Antwort gibt es nicht, eine einfache schon gar nicht. Daß das Land mit der stabilsten Währung auch ein besonders exportstarkes Land wurde, ist sicher kein Zufall. Es ist, so darf man vermuten, ein Teil der Erklärung. Freilich: Weder die Aufwertung von 1969, die erste spürbare, noch die – im Ergebnis drastischen – Aufwertungen, zu denen es nach 1973, unter den Bedingungen flexibler Wechselkurse, kam, haben das Ende der deutschen Exporterfolge gebracht. Nicht einmal eine tiefe Zäsur ist in der Entwicklungslinie erkennbar. Das spricht dagegen, daß die Währungsrelationen, daß Preisvorteile, die sich aus Währungsrelationen ergaben, der entscheidende Erfolgsfaktor waren. Wieviel erklärt die besondere Leistungsstärke der deutschen Wirtschaft – übrigens eine durchaus traditionelle Leistungsstärke – in dem für die rasch wachsende Weltwirtschaft wichtigsten Marktsegment, auf dem Markt für Investitionsgüter und langlebige, hochwertige Konsumgüter? Hat das »Made in Germany« als Signum für Qualität noch eine Rolle gespielt, jedenfalls in den ersten Jahrzehnten? Oder war es der Ruf besonderer Verläßlichkeit, dessen sich die deutschen Exportunternehmen erfreuten?

Es liegt nahe, einen vergleichenden Blick auf den japanischen Parallelfall zu werfen. Da springt ins Auge, daß sich die Bundesrepublik der japanischen Strategie der planmäßigen Eroberung von Märkten in förmlichen Feldzügen, sorgfältig von Staat und Wirtschaft gemeinsam vorbereitet, nie bedient hat. Mehr noch: Es ist zweifelhaft, ob man überhaupt von einer deutschen Strategie sprechen kann. Freilich stellt der japanische Erfolg den deutschen in mancher Hinsicht ja auch in den Schatten. Die eigentümliche Paradoxie der deutschen Verhältnisse, in denen sich von den siebziger Jahren an hohe Arbeitslosigkeit mit glänzenden Exporterfolgen, also doch wohl guter Wettbewerbsfähigkeit, verband, findet sich im japanischen Fall nicht.

VII.

Keine Bilanz der bundesrepublikanischen Sozialen Marktwirtschaft kommt am Ende an der Frage vorbei, wie sich Marktwirtschaft und Sozialstaat zusammengefügt haben. Denn dieses Miteinander ist es ja, was die Soziale Marktwirtschaft ihrem Selbstverständnis nach ausmacht. Der Nobelpreisträger Friedrich von Hayek hat auf das Stichwort Soziale Marktwirtschaft gelegentlich mit der sarkastischen Bemerkung reagiert: »Ich glaube, das Wiesel-Wort par excellence ist das Wort sozial. Was eigentlich sozial heißt, weiß niemand. Klar ist nur, daß eine Soziale Marktwirtschaft keine Marktwirtschaft ist.«[250] Viel Resonanz hat er damit in dem Land, das er im Visier hatte, nicht gefunden. Für die Deutschen ist Soziale

Marktwirtschaft, nachdem der Begriff ihnen einmal vertraut geworden war, nie ein Paradoxon, sondern immer eine Harmonieformel gewesen. Sie haben freilich lernen müssen, daß die Formel mit ihrem Harmonieversprechen nicht auch schon die Antwort auf die Frage bereithält, wie das eine mit dem anderen zum wechselseitigen Besten miteinander zu verbinden sei.

Schon die Gründerväter waren sich da, wie wir wissen, keineswegs ganz einig gewesen. Während Ludwig Erhard, wenn er »Wohlstand für alle« versprach, dem Markt und das heißt: der Ordnungspolitik weit mehr als aller Sozialpolitik vertraute, hat etwa Müller-Armack in seiner Konzeption der Sozialen Marktwirtschaft dem intervenierenden, korrigierenden Staat eine durchaus bedeutsame Rolle zugewiesen. Und auch später hat es nie so etwas wie eine schulmäßige Definition jener dynamischen Balance, die die Soziale Marktwirtschaft anstrebt, gegeben, der Balance zwischen den produktiven Energien des Marktes und den auf Korrektur der Marktergebnisse zielenden Tendenzen demokratischer Politik. Sie unter den jeweils gegebenen Bedingungen immer wieder neu zu bestimmen, ist die Bewährungsprobe, die der Sozialen Marktwirtschaft auferlegt ist. Die magische Formel selbst leistet dabei nur diesen Dienst: Sie erinnert daran, daß es um Kompromisse geht, und sie legitimiert Kompromisse. Faßt man die Entwicklung der Bundesrepublik jedenfalls bis zum Ende der achtziger Jahre ins Auge, so zeigt sich, nicht überraschend, daß die Balance eher von der politischen Impulsen folgenden Expansion des Sozialstaates her gefährdet war als von den Marktkräften.

Das Stichwort Expansion verweist zunächst einmal auf die Entwicklung der Sozialquote, des Anteils der Sozialleistungen am Bruttosozialprodukt. Man darf sie nicht einfach, wie es leicht geschieht, als einen präzisen Indikator für das Niveau sozialer Gerechtigkeit, das eine Gesellschaft erreicht hat, nehmen. Aber sie sagt, im internationalen Vergleich wie im Zeitvergleich, etwas darüber aus, welchen Rang eine Gesellschaft der Sozialpolitik zumißt. In der Bundesrepublik war es zu allen Zeiten ein hoher. Die Sozialquote stieg von neunzehn Prozent (1950) bis auf beinahe 34 Prozent im Jahre 1975 und fiel dann wieder leicht, bis auf etwa 31 Prozent, Ende der achtziger Jahre.[251] Die weitaus stärkste Steigerung – um volle sieben Prozentpunkte – fällt in die Jahre 1970 bis 1975, die frühen Jahre der sozialliberalen Koalition also. In den zwanzig Jahren zuvor, von 1950 bis 1970, waren es insgesamt etwa acht Prozentpunkte gewesen. Die Erwartung, die Ludwig Erhard noch hegte und die so unplausibel ja nicht ist, bei wachsendem Wohlstand werde die Sozialleistungsquote zurückgehen, hat sich also nicht erfüllt, in Deutschland nicht und anderswo auch nicht.

Der Vergleich ergibt: Unter den Industriegesellschaften westlichen Typs lag die Bundesrepublik mit diesen Werten immer in der Spitzengruppe. Anfangs, in den fünfziger Jahren, hatte sie die höchste Sozialquote überhaupt, was mit den hohen Folgelasten des Krieges zusammenhing. Später fand sie sich auf einem Platz im Vorderfeld.[252] Blickt man auf Weimar zurück, so zeigt sich darüber hinaus: Der bundesrepublikanische Sozialstaat war für Deutschland ein säkularer Sprung nach vorn. So wortreich die Weimarer Verfassung die guten sozialpolitischen Absichten der Republik auch verkündet hatte, so bedeutend einzelne sozialpolitische Neuerungen der Weimarer Jahre auch waren, etwa die Einführung der Arbeitslosenversicherung, die Sozialleistungsquote hatte die Zehn-Prozent-Schwelle nie überschritten. Das erklärt sich nicht nur aus der viel begrenzteren Leistungsfähigkeit in wirtschaftlich schwierigen, am Anfang wie am Ende katastrophischen Zeiten, sondern auch aus den sehr anderen politischen Kräfteverhältnissen. Erst in der Bundesrepublik hat die Sozialstaatsentwicklung ein neues Niveau erreicht.

Drei Epochen lassen sich in der Entwicklung des bundesrepublikanischen Sozialstaates deutlich voneinander unterscheiden. Am Anfang, bis zur Mitte der fünfziger Jahre, war die alles beherrschende Aufgabe die, der Millionenschar der Opfer der Kriegskatastrophe rasch erste, bescheidene und oft genug nur vorläufige Nothilfe zu leisten: den Witwen, Waisen, Versehrten, Vertriebenen, aus Kriegsgefangenschaft Heimkehrenden, Ausgebombten. Die Sozialpolitik der frühen Zeit war eine Sozialpolitik des Vordringlichen, mit sehr begrenzten Mitteln, in der Regel – das Lastenausgleichsgesetz ist da ein Sonderfall – politisch eher unumstritten. Zu den Aufgaben von überragender Dringlichkeit gehörte von Anfang an natürlich auch die Förderung des Wohnungsbaus.

Die beiden Jahrzehnte zwischen Mitte der fünfziger und Mitte der siebziger Jahre sind dann die große Phase sozialstaatlicher Expansion gewesen. Das gilt ganz besonders für die ersten fünf, sechs Jahre der sozial-liberalen Ära, die, alles in allem, wohl die freigiebigsten in der Geschichte des bundesrepublikanischen Sozialstaats gewesen sind, freigiebig, was die Höhe der Leistungen, und freigiebig, was das Anrecht auf Leistungen angeht. Aber die Tendenz dieser wenigen Jahre ist die Tendenz zweier ganzer Jahrzehnte gewesen: Die reicher werdende Bundesrepublik baute auf dem sicheren Fundament der Vollbeschäftigung ihren Sozialstaat stetig und großzügig, am Ende unter sozialdemokratischer Führung mit deutlicher Beschleunigung und fast verschwenderischer Großzügigkeit aus. Die große Rentenreform von 1957 steht am Beginn dieser Phase, so wie das Rentenreformgesetz von 1972 mit seinen bedeutenden Leistungserweiterungen fast schon an ihrem Ende steht. Es ist gewiß kein Zufall, daß wir an diesen besonders markanten Punkten der bundesrepublikanischen Sozialstaatsentwicklung auf die Rentner, die wichtigste, auch politisch gewichtigste Sozialstaatsklientel, stoßen, dazu auf zwei Wahljahre. Aber charakteristisch für die zwanzig reichen Jahre der Sozialpolitik war doch auch und vielleicht vor allem die Vielfalt und Vielzahl der Gruppen, deren Bedürfnisse der Sozialstaat fürsorglich aufgriff. Schließlich die dritte Phase, die späten siebziger und die achtziger Jahre, die Jahre schwankender Prosperität und sich verfestigender, vergleichsweise hoher Arbeitslosigkeit, in denen auch die Sozialpolitik dem Imperativ der Sparsamkeit gehorchen mußte und sich schwer damit tat.

Kritiker haben vor allem über die erste und die dritte Phase streng geurteilt. Sie haben der frühen Bundesrepublik den Vorwurf gemacht, sie habe einseitig diejenigen begünstigt, die die Chance der sich entfaltenden Marktwirtschaft zu nutzen vermochten; erst verspätet sei eine Art von Balance zwischen dem marktwirtschaftlichen und dem sozialstaatlichen Prinzip hergestellt worden.[253] Und sie haben den Sparkurs der achtziger Jahre als Abbau des Sozialstaates kritisiert. Plausibel ist keiner der beiden Vorwürfe, jedenfalls nicht ohne erhebliche Präzisierungen.

Daß die Bundesrepublik gerade in ihrem ersten Jahrzehnt die höchste Sozialquote unter allen westlichen Industriegesellschaften hatte, spricht nicht dafür, daß sie in dieser Zeit ihre sozialstaatlichen Verpflichtungen vernachlässigte, auch wenn gar nicht zu bestreiten ist, daß der Kontrast zwischen der Welt des frühen Wirtschaftswunderreichtums und der Nachkriegsärmlichkeit derer, die auf die bescheidene Hilfe des Sozialstaates jener Jahre angewiesen waren, kraß war. Man mag kritisieren, daß das Wachstum zunächst deutlich vor der, wie immer definierten, Verteilungsgerechtigkeit rangierte. Aber man muß dann auch eine Antwort auf den Einwand wissen, die entschiedene Mobilisierung der Marktkräfte am Anfang sei die Voraussetzung für jene Wirtschaftsentwicklung gewesen, die den späteren Ausbau des Sozialstaates überhaupt erst möglich gemacht habe.

Für das letzte Jahrzehnt gilt: Die Sozialleistungsquote ging in der Tat zurück, aber es war nur ein leichter Rückgang von knapp 34 Prozent, dem Gipfel, der 1975 erreicht worden war, auf etwa 31 Prozent Ende der achtziger Jahre, auf die Quote der frühen siebziger Jahre also. Von einem Einbruch, wie ihn die späte, von der Weltwirtschaftskrise erschütterte Weimarer Republik erlebt hatte, kann nicht im entferntesten die Rede sein, eher von einer erstaunlichen Stabilität des Sozialstaates unter zunehmend schwierigen Bedingungen. Allerdings: Das Sparen, nach vorsichtigem Beginn in den letzten Jahren der sozial-liberalen Koalition energischer fortgeführt nach dem Regierungswechsel von 1982, folgte einer anfechtbaren Logik, »der Logik des geringsten politischen Widerstandes und der größten finanziellen Entlastung des Bundes«.[254] Es war, heißt das, weder auf durchdachte Pläne struktureller Reform gegründet noch durchgehend von plausiblen Gerechtigkeitserwägungen bestimmt. Unter den großen Gruppen der Sozialstaatsklientel fuhren die Rentner besser als die Arbeitslosen und die Sozialhilfeempfänger.

In seinen Strukturen hat der Sozialstaat der Bundesrepublik, wie man oft und zu Recht betont hat, die Tradition fortgeführt, die in der Bismarckschen Sozialgesetzgebung ihre Wurzeln hat. Das heißt insbesondere, daß Westdeutschland nach dem Zweiten Weltkrieg nicht den durch die Beveridge-Reformen in Großbritannien oder die skandinavische Wohlfahrtspolitik vorgezeichneten Weg eingeschlagen, sich nicht für ein aus Steuermitteln finanziertes, relativ egalitäres, alle Bürger erfassendes Sozialleistungssystem entschieden hat. Es blieb bei den an das Arbeitseinkommen geknüpften, wesentlich auf Beiträgen basierenden, im Aufbau vielfältig gegliederten und in den Leistungen stark differenzierenden, sich selbst verwaltenden Sozialversicherungen. Allerdings hat zumindest die in der deutschen Tradition so gewichtige, aus dem Kaiserreich stammende Unterscheidung zwischen Arbeitern und Angestellten faktisch viel an Bedeutung verloren. Vor allem ist das an dieser Unterscheidung festgemachte Leistungsgefälle weitgehend eingeebnet worden. Insofern ist eines der Ziele, die die Besatzungsmächte mit ihrem – in Westdeutschland dann gescheiterten – Plan einer Einheitsversicherung 1946/47 verfolgten, der Sache nach doch noch erreicht worden. Andere Schwächen der traditionellen Versicherungslösung blieben erhalten, insbesondere die Benachteiligung derer, die kein Arbeitseinkommen erzielen, der Kinder erziehenden Hausfrau vor allem. Das Problem geriet in den siebziger und achtziger Jahren in das Blickfeld der Politik. Eine Lösung hat man nicht gefunden.

Die Betonung struktureller Kontinuität darf freilich nicht vergessen machen, daß der

Aufbau des Sozialstaates doch auch bedeutende Neuerungen brachte. So, um einige Punkte wenigstens zu nennen, die Errichtung einer eigenen, Sozialstaat und Rechtsstaat miteinander verzahnenden Sozialgerichtsbarkeit schon in der ersten Legislaturperiode; die Dynamisierung der Renten 1957; die Einführung des Wohngeldes 1960, bemerkenswert nicht zuletzt als ein Versuch bewußt marktkonformer Sozialpolitik; die grundlegende Modernisierung der Sozialhilfe in dem Sozialhilfegesetz von 1961; die nicht weniger grundlegende Erweiterung des Instrumentariums der Arbeitsmarktpolitik im Arbeitsmarktförderungsgesetz von 1969. Aber auch diese Neuerungen fügen sich natürlich in die Grund- und Haupttendenz der Leistungsexpansion ein.

Die Kräfte, die die Expansionsentwicklung mit Macht vorwärtstrieben, hat Hans F. Zacher mit dem knappen Satz charakterisiert: »Unser Gemeinwesen wurde ein Sozialstaat, weil es eine Demokratie war, nicht weil es in der Verfassung stand.«[255] In der Tat, auch ohne die Sozialstaatsklausel des Grundgesetzes hätte das Ergebnis vermutlich nicht sehr viel anders ausgesehen. »Demokratie« ist freilich eine sehr pauschale Erklärung. Zum einen muß die Tarifautonomie mit einbezogen werden – die Tarifparteien haben gerade im bundesrepublikanischen Fall den Sozialstaat durch ihre Vereinbarungen kaum weniger stark gestaltet als der Staat durch seine Gesetze –, zum anderen ist es nicht einfach die Demokratie gewesen, sondern eine durchaus spezifische Konfiguration des Parteienwettbewerbs, die die Entwicklung des westdeutschen Sozialstaates bestimmt hat.

Zwei dominierende, annähernd gleichstarke Großparteien, eine christlich-soziale und eine sozialdemokratische, die mit hoher Wettbewerbsintensität bei – jedenfalls auf sozialpolitischem Felde – eher schwachen ideologischen Differenzen um Mehrheiten in einer in hohem Maße auf sozialstaatlichen Sicherheiten fixierten Wählerschaft kämpfen; dazu eine als Koalitionspartner für beide Seiten unentbehrliche kleine liberale Partei – aus dieser Wettbewerbskonstellation erklärt sich die Dynamik der Expansion des westdeutschen Sozialstaates. Natürlich auch die Richtung der Entwicklung, obschon die durch die starke, selbstbewußte deutsche Tradition wohl ohnehin vorgezeichnet war. Jedenfalls ist die britisch-skandinavische Variante des Wohlfahrtsstaates in Deutschland nie populär gewesen. Sie hat denn auch in der bundesrepublikanischen Politik nie ernstlich zur Debatte gestanden, so wenig wie auf der anderen Seite die antisozialstaatliche Wendung, die Margaret Thatcher in Großbritannien und Ronald Reagan in den USA in den achtziger Jahren vollzogen haben.

Das alles bedeutet im übrigen nicht, daß zwischen der Sozialpolitik der Union und der Sozialpolitik der SPD kein Unterschied gewesen wäre. Familienpolitik etwa war für die Union immer ein Thema von anderem Rang als für die SPD, über Subsidiarität dachte die Union anders als die SPD und über Gleichheit erst recht. Außerdem war die Union in sozialpolitischen Fragen immer die viel heterogenere Partei, liberal gesinnt auf dem einen Flügel, sozialdemokratisch auf dem anderen. Trotzdem haben die beiden Volksparteien über weite Strecken einvernehmlich den bundesrepublikanischen Sozialstaat aufgebaut, haben einvernehmlich darin gewetteifert, einen guten Teil des Wohlstandsgewinns einer reicher werdenden Gesellschaft in immer mehr staatlich gewährleistete soziale Sicherheit zu verwandeln, und hatten am Ende denn auch beide mit der Frage ihre Probleme, ob die Entwicklung vielleicht zu weit getrieben worden sei, die Sozialdemokratie freilich ungleich größere als die Union.

Im letzten Jahrzehnt der alten Bundesrepublik ist die »Krise des Sozialstaates« zu einem in weiter Öffentlichkeit erörterten Thema geworden. Nicht, daß das »soziale Netz« gerissen wäre, auch das Niveau der Leistungen blieb trotz mancherlei Kürzungen im großen und ganzen hoch. Aber die Frage stellt sich, ob der Sozialstaat das bleiben könne, was man in drei Jahrzehnten einzigartiger Prosperität aus ihm gemacht hatte. Sie stellte sich nicht nur in Deutschland. Überall in Westeuropa alterten die Gesellschaften, überall stiegen die Kosten der Krankenversorgung, fast überall kämpfte man mit hoher Arbeitslosigkeit. Aber die gleiche Frage, wie den Herausforderungen zu begegnen sei oder, langfristig gedacht, mit welcher Art von Sozialstaat, mit wieviel Sozialstaat die Zukunft zu bestehen sei, stellte sich von Land zu Land eben doch mit unterschiedlichen Akzenten und mit unterschiedlicher Dringlichkeit. In Deutschland gab es mehr Anlaß als andernorts zu dem Verdacht, daß der Sozialstaat selbst seine eigene Krise mitverursacht habe.

War er, diese Frage legt die Höhe der Lohnnebenkosten ebenso wie die rigide Arbeitsmarktregulierung nahe, nicht mitverantwortlich für die anhaltende hohe Arbeitslosigkeit, die doch in vieler Hinsicht der Kern des Übels war? Und war er nicht auch mitverantwortlich für die besonders ungünstige demographische Entwicklung in Deutschland? Es gehört ja zu den im internationalen Vergleich deutlich hervortretenden Eigentümlichkeiten des deutschen Sozialstaates, daß die Leistungen für Familien und Kinder eher bescheiden sind. Oswald von Nell-Breuning hat ihn geradezu als ein »System zur Prämierung der Kinderlosigkeit« gekennzeichnet.[256] Der internationale Vergleich zeigt übrigens auch, daß private Alternativen zur öffentlichen sozialen Sicherung in Deutschland eine eher geringe Rolle spielen, was die Krisenempfindlichkeit natürlich erhöht.

»Ende einer Illusion« betitelte Romulus Candea seine Karikatur. Die Wendung, daß das »soziale Netz« zur Hängematte geworden sei, haben Kritiker gern benutzt, als der Sozialstaat in den achtziger Jahren in eine finanzielle Krise geriet.

Gerissen ist das »soziale Netz« freilich nie. Im Gegenteil: Es ist erstaunlich, wie hoch das Leistungsniveau selbst unter Druck geblieben ist. In dieser Verläßlichkeit des Sozialstaates spiegelt sich freilich auch das Zögern der Politik, eine Reform, die das System sozialer Sicherung zukunftsfähiger zu machen geeignet wäre, in Angriff zu nehmen.

Zu dem Verdacht, die Krise des Sozialstaates sei im deutschen Fall stärker als in anderen Ländern eine durch den Sozialstaat selbst mitverursachte Krise, gesellt sich ein zweiter: Das politische System der Bundesrepublik, so scheint es, tut sich mit sozialpolitischen Kurskorrekturen größeren Ausmaßes besonders schwer. Jedenfalls ließen sich schon in den späten achtziger Jahren unter den gleichermaßen problembedrängten westeuropäischen Ländern zwei Gruppen unterscheiden: solche, die mit Strukturreformen antworteten, und solche, die es mit eher kurzfristig konzipierten Entlastungsstrategien versuchten. Es fällt schwer, die Bundesrepublik der ersten Gruppe zuzuordnen. Die Frage ist allenfalls, ob das eher mit Mentalitäten oder eher mit institutionellen Determinanten politischen Handelns zu tun hat.

VIII.

Als die Geschichte der alten Bundesrepublik zu Ende ging, stand die größte Bewährungsprobe für die Soziale Marktwirtschaft noch bevor. Aber schon für die vierzig Jahre vor 1989 ist es nicht ganz leicht, zu einem eindeutigen Urteil zu kommen. Es beginnt mit der Frage, ob die Soziale Marktwirtschaft der Bundesrepublik denn überhaupt eine Wirtschaftsordnung sui generis sei. Für alle Demokratien gilt ja, daß Marktwirtschaft mit einer – wie immer bemessenen – korrigierenden Dosis staatlicher Sozialpolitik die Wirtschaftsordnung ihrer Wahl ist. »Soziale Marktwirtschaft« in diesem allgemeinen Verständnis scheint die einzige demokratieverträgliche Wirtschaftsordnung überhaupt zu sein. Was also ist das Besondere im Fall der Bundesrepublik?

Zum einen hat die bundesrepublikanische Wirtschaftsordnung im Spektrum höchst unterschiedlicher Ausprägungen der Kombination von Marktwirtschaft und Sozialstaat tatsächlich ein durchaus eigenes Profil. In keinem anderen Land der Welt, um ein schon zitiertes Urteil noch einmal in Erinnerung zu rufen, findet sich eine so markante, das heißt nach beiden Seiten hin so akzentuierte Kombination von marktwirtschaftlichen und sozialstaatlichen Ordnungselementen.[257] Dabei ist, um zwei besondere Charakteristika der bundesrepublikanischen Wirtschaftsordnung ausdrücklich hervorzuheben, der in Gestalt der Bundesbank institutionalisierte Primat der Währungsstabilität der marktwirtschaftlichen, das hohe Maß an Mitbestimmung in Betrieben und Unternehmen der sozialstaatlichen Komponente des Systems zuzurechnen. Zum anderen gibt die Formel Soziale Marktwirtschaft der bundesrepublikanischen Kombination ein konzeptionelles Fundament. Sie legitimiert den Markt, und sie legitimiert die Korrektur der Marktergebnisse. Sie legitimiert, heißt das, eine Balance, die keineswegs für alle Demokratien charakteristisch ist, und stiftet damit einen Grundkonsens oder macht ihn doch jedenfalls wahrscheinlicher. Das hat durchaus praktische Bedeutung.

Ob die bundesrepublikanische Soziale Marktwirtschaft nicht nur eine Wirtschaftsordnung mit besonderem Profil, sondern auch eine besonders erfolgreiche Wirtschaftsordnung gewesen ist, ist eine andere Frage. Sie ist nicht ganz so leicht zu beantworten, wie man lange Zeit geglaubt hat. Bis 1973 war die Erfolgsbilanz fast makellos und das Selbstbewußtsein denn auch groß. In den anderthalb Jahrzehnten, die dann folgten, trübte sich die Bilanz deutlich ein, wofür an erster Stelle die unbewältigte Arbeitslosigkeit verantwortlich ist. Wie immer man sie erklärt, daß Wirtschaft und Wirtschaftsordnung der Bundesrepublik mit den Herausforderungen dieser für alle westlichen Ökonomien kritischen Phase besonders gut fertig geworden seien, wird man jedenfalls nicht behaupten können. Sie findet sich, faßt man alle Indikatoren zusammen, irgendwo im vorderen Mittelfeld. Und wenn es auch für die vierzig Jahre von der Währungsreform bis zur Vereinigung insgesamt bei dem Urteil bleibt, daß die bundesrepublikanische Wirtschaft eine der erfolgreichsten der westlichen Welt war, so ist doch die Erklärung ihrer Schwächen in den siebziger und achtziger Jahren wichtiger geworden als die Erklärung des »Wunders« der fünfziger Jahre.

Erklärt der Erfolg den Mißerfolg, will sagen: Hat die westdeutsche Ökonomie in einem Vierteljahrhundert glänzender Erfolge allmählich die Dynamik, die Anpassungsfähigkeit verloren, die sie in den schwierigen Zeiten nach 1973 gebraucht hätte? Manches weist auf diesen Zusammenhang hin. Die oft erwähnte »Überindustrialisierung« der Bundesrepublik etwa ließe sich so deuten: Weil die Industrie, das produzierende Gewerbe in den ersten Nachkriegsjahrzehnten so ungeheuer erfolgreich waren, hat der Wandel hin zur Dienstleistungsgesellschaft verspätet eingesetzt. Noch zu Beginn der neunziger Jahre lag die Bundesrepublik, was den Anteil der im Dienstleistungssektor Beschäftigten an der Gesamtzahl der Erwerbstätigen angeht, erheblich hinter vergleichbaren Gesellschaften zurück.[258]

In einem viel elementareren Sinne könnte die Dialektik von Erfolg und Mißerfolg so verstanden werden, daß der Erfolg die für die Marktwirtschaft essentielle Balance zwischen Risikobereitschaft und Sicherheitsstreben zerstört hat. Das gilt vermutlich für alle Beteiligten, aber es ist besonders greifbar in den vielgestaltigen Rigiditäten des Arbeitsmarktes, die fraglos mitverantwortlich dafür sind, daß die Arbeitslosigkeit sich als so hartnäckig erwiesen hat. Sicherheit als das Primärbedürfnis der Nachkriegsdeutschen und als der erste Staatszweck der Bundesrepublik – wir sind immer wieder darauf gestoßen, und hier muß noch einmal davon die Rede sein. Der ökonomische Erfolg hat es möglich gemacht, daß Risikoscheu sich in Strukturen und Mentalitäten verfestigte. Als dann die Zeiten unfreundlicher wurden, war man in diesen Strukturen und Mentalitäten gefangen, zudem in einer Tradition der Konsenssuche in der Politik wie in den Arbeitsbeziehungen, die Beweglichkeit nicht eben begünstigte.

Niemand konnte freilich voraussehen, welche Folgen es haben würde, daß die Anpassung an die neuen Herausforderungen in den achtziger Jahren nicht oder nicht rasch genug gelang. Es bedeutete, daß die Bundesrepublik die ungeheure Bürde der Integration einer bankrotten Planwirtschaft schultern mußte, bevor sie ihre eigenen Probleme gelöst hatte. Diese Doppellast ist zum Signum der schwierigen neunziger Jahre geworden.

Vierter Teil
Ein gespaltenes Land

14. Leben mit der Teilung

Die Jahre des Gegeneinanders

I.

Die Teilung Deutschlands, so schwer sie zu ertragen war, hat nicht in eine Katastrophe geführt. Das ist, wenn man sich das schreckliche Schicksal Koreas und Vietnams vor Augen führt, nicht einfach als selbstverständlich zu verbuchen. Deutschland hat Glück gehabt. Und es ist gut, sich das am Beginn eines Kapitels über die deutsche Teilungsgeschichte in Erinnerung zu rufen. Die gleiche Weltkonstellation, die das Land geteilt hatte und geteilt hielt, erzwang an der mitteleuropäischen Demarkationslinie, an der die beiden Weltmächte sich fast ein halbes Jahrhundert lang unmittelbar gegenüberstanden, Stabilität – letztlich durch Nuklearwaffen. Über der Fremdbestimmtheit der deutschen Verhältnisse im Grundsätzlichen darf man freilich nicht vergessen: In vielen Zügen haben die Deutschen ihre Teilungsgeschichte selbst geschrieben, auf beiden Seiten. Sie hatten Handlungsspielraum im Umgang mit der Teilung. Wie sie ihn genutzt haben, ist eines der Hauptthemen der deutschen Geschichte in der zweiten Hälfte des 20. Jahrhunderts schon deshalb, weil noch ganz unabsehbar ist, wie das wiedervereinigte Deutschland mit den Teilungswirkungen von mehr als vier Jahrzehnten auf die Dauer fertig werden wird.

Am Anfang der Teilungsgeschichte steht ein bemerkenswerter Gleichklang. Hier wie dort wurde »die doppelte Staatsgründung« (Christoph Kleßmann) in entschiedenem Einheitspathos vollzogen. Die Präambel des Grundgesetzes der Bundesrepublik Deutschland rief das deutsche Volk feierlich dazu auf, »in freier Selbstbestimmung die Einheit und Freiheit Deutschlands zu vollenden«. Ausdrücklich erklärt die Verfassung sich selbst zur Ordnung »für eine Übergangszeit«. Die DDR-Verfassung jenseits der Demarkationslinie proklamiert in ihrem ersten Artikel: »Deutschland ist eine unteilbare Republik.« Ihrem Wortlaut nach trat sie als Verfassung für ganz Deutschland auf; von der Teilung nahm sie keine Notiz, bis hin zu der erstaunlichen Behauptung der Präambel, das deutsche Volk habe sich diese Verfassung gegeben.

Der jeweils andere deutsche Staat wurde dem in den Verfassungen festgeschriebenen Selbstverständnis entsprechend alsbald als illegitime Abspaltung gebrandmarkt. Für den Weststaat formulierte Konrad Adenauer am 21. Oktober 1949 vor dem Bundestag, was dann für lange Zeit die Bonner Staatsdoktrin war: Anders als in der Bundesrepublik, die sich »auf die Anerkennung durch den frei bekundeten Willen von rund 23 Millionen stimmberechtigter Deutscher« stützen könne, sei die Staatsgründung im Osten nicht von der Bevölkerung getragen. »Die Bundesrepublik Deutschland ist somit bis zur Erreichung der deutschen Einheit insgesamt die alleinige legitimierte staatliche Organisation des deutschen Volkes.« Sie allein sei befugt, »für das deutsche Volk zu sprechen«.[1] Wilhelm Pieck hatte dem schon zehn Tage zuvor, nach seiner Wahl zum Präsidenten der DDR, entgegengesetzt: »(...) nicht eher werden wir ruhen, bis die widerrechtlich von Deutschland losgerissenen und dem Besatzungsstatut unterworfenen Teile Deutschlands mit dem deutschen Kerngebiet, mit der Deutschen Demokratischen Republik, in einem einheitlichen demokratischen Deutschland vereinigt sind.« Und er hatte, nicht anders als Adenauer, für die Regierung der DDR in Anspruch genommen, daß sie die Interessen des gesamten deutschen Volkes wahrnehme und legitimiert sei, für es zu sprechen.[2]

Hüben wie drüben hätte man sich daran erinnern können, daß schon einmal in der deutschen Geschichte zwei Republiken gegeneinander ausgerufen worden waren, am 9. November 1918 in Berlin die bürgerlich-parlamentarische durch den Sozialdemokraten Philipp Scheidemann und die sozialistische durch den Spartakisten Karl Liebknecht. Damals hatte die eine sich, mühsam genug, durchgesetzt. Nun, da Hitlers Krieg der Oktoberrevolution den Weg bis nach Mitteleuropa geebnet hatte, traten sie in einer völlig veränderten Weltlage nebeneinander ins Leben, als konkurrierende Teilstaaten, den Anspruch aufs Ganze gerichtet. Dabei spiegelte das antagonistische Bekenntnis zur Einheit, das die Politiker auf beiden Seiten im Augenblick der Teilung ablegten, fraglos die Bewußtseinslage der überwältigenden Mehrheit der Deutschen wider. Es war ihnen seit 1870 zur Selbstverständlichkeit geworden, in einem Staat zusammenzuleben, und das blieb ihnen auch durch den Zusammenbruch von 1945 hindurch eine Selbstverständlichkeit. Was sie aus ihrem Land gemacht hätten, hätten die Sieger sie nach 1945 sich selbst überlassen, ist offen. Geteilt hätten sie es wohl kaum. Auf einem anderen Blatt steht, wie robust sich dieses Selbstverständnis gegen die Jahre und Jahrzehnte der Zweistaatlichkeit dann behauptet hat. Das wird uns noch beschäftigen. 1949 jedenfalls konnte und wollte sich kaum ein Deutscher vorstellen, daß Deutschland auf unabsehbare Zeit geteilt sein würde.

Mit den Erklärungen vom Oktober 1949 waren, gleichsam spiegelbildlich, die Ausgangsstellungen bezogen. Stärken und Schwächen waren ungleich verteilt, aber auf beiden Seiten bargen die Kampfpositionen ein Dilemma. Der ostdeutsche Staat war gegen die Hoffnungen und Wünsche jedenfalls der großen Mehrheit seiner eigenen Bürger gegründet worden, von der entschiedenen Ablehnung, auf die er im westlichen Deutschland stieß, zu schweigen. Er konnte die Einheit nicht wirklich wollen, weil die Einheit nicht ohne Selbstaufgabe zu haben war. Daß die SED zur Selbstaufgabe jemals bereit gewesen wäre, wird man nicht ernstlich annehmen können – von dieser Einsicht her ist ihre Deutschlandpolitik in allen Phasen zu interpretieren. Das heißt nicht, daß sie nicht die Hoffnung gehabt hätte, auch in Westdeutschland werde der Sozialismus triumphieren, genauer wohl: die Erwartung, seine Zeit werde kraft historischer Gesetzmäßigkeit kommen. Das freilich waren Illusionen, und Illusionen sind Schwächen. Die große Stärke des ostdeutschen Staates lag darin, daß er den vom Weltkonflikt befestigten Status quo repräsentierte. Er hat sich von seinem Dilemma denn auch schon im ersten Jahrzehnt dadurch befreit, daß er zu einer Status-quo-Politik überging – zuerst faktisch, dann explizit – und bis zum Ende seiner Tage dabei blieb. Damit war er mittelfristig erfolgreicher als die Bundesrepublik, der es verwehrt war, ganz und gar Status-quo-Macht zu werden. Aber auf die Dauer eben doch nicht, weil er den Ost-West-Konflikt nicht überleben konnte.

Der westdeutsche Staat hatte die demokratische Legitimität für sich und konnte die Überwindung der Teilung auf seine Fahnen schreiben, ohne sich selbst als demokratischer Verfassungsstaat in Frage stellen zu müssen – eher umgekehrt: Er war auf die Forderung wenn schon nicht nach Wiedervereinigung, dann doch nach dem Selbstbestimmungsrecht für alle Deutschen, eben seiner demokratischen Konstitution wegen, zwingend festgelegt. Aber schon im Gründungsakt fiel die Vorentscheidung, anderen Zielen den Vorrang vor der Bewahrung oder Wiedererringung der Einheit zu geben, nämlich der Sicherung des Teils Deutschlands, in dem die Chance bestand, Demokratie und Verfassungsstaat aufzubauen. Und die Politik Adenauers, die die Zukunft des westlichen Deutschlands in der irreversiblen Eingliederung in den Westen suchte, hat dann aus der Vorentscheidung in unbeirrbarer Konsequenz eine endgültige Entscheidung gemacht.

Dilemmatisch war die Entscheidungssituation für die frühe Bundesrepublik vor allem deshalb, weil die Westintegration schon für die Erkundung der Möglichkeiten zur Wiedervereinigung, nicht erst für die Vereinigung selbst hätte aufs Spiel gesetzt werden müssen. Sie hat sich damit begreiflicherweise viel schwerer getan als die DDR mit ihrem Dilemma. Und wenn nach dem ersten Jahrzehnt der leidenschaftliche Zielkonflikt des Anfangs auch Geschichte geworden war, weil die Westintegration nicht mehr zur Disposition stand und die Wiedervereinigung offenkundig unerreichbar geworden war, so blieb es für die Bundesrepublik doch dabei: In ihrem Umgang mit der Teilung Deutschlands mußte sie stets einander widersprechenden Imperativen zu gehorchen suchen. Nur daß aus dem anfänglichen Zielkonflikt von den sechziger Jahren an ein Konflikt über Status-quo-Strategien wurde, ein Konflikt, um es genau zu sagen, über die richtige Balance zwischen Anerkennung und Nichtanerkennung des Status quo.

Es muß, wenn die Grundstruktur der Zweistaatlichkeit im Nachkriegsdeutschland beschrieben wird, natürlich gleich anfangs auch von Berlin die Rede sein. Denn Berlin, durch eine Kriegsvereinbarung der Alliierten aus der Zonenteilung herausgenommen, in Sektoren gegliedert und der Verwaltung durch die vier Siegermächte unterstellt, war ein eigenes, drittes Element dieser Struktur. Berlin hat seine überragende Bedeutung in der Geschichte des zwei- oder eigentlich dreigeteilten Deutschlands darin gehabt, daß es die Lage Deutschlands auf unvergleichliche Weise sichtbar machte. Was immer an Normalisierung zwischen den beiden deutschen Staaten im Laufe der Jahrzehnte möglich wurde, die geteilte Stadt blieb eine Absurdität, die für jedermann unübersehbar und erfahrbar machte, daß aus aller Normalisierung niemals Normalität würde werden können. Berlin war durch seine bloße Existenz ein nicht aus der Welt zu schaffender Einwand gegen den Status quo in Deutschland.

Dem entsprach, daß Berlin sich auch rechtlich nie in diesen Status quo eingefügt hat. Zwar nahm die DDR Ost-Berlin für sich in Anspruch, aber die Westmächte haben diesen Anspruch nie förmlich anerkannt. Und sie haben vor allem auch dem im Grundgesetz (Art. 23 a. F.) formulierten Gegenanspruch der Bundesrepublik nicht nur auf West-, sondern auf »Groß-Berlin« ihren Einspruch entgegengesetzt, der bis zum Ende aufrechterhalten wurde. In Berlin und nur in Berlin überlebte, so gesehen, in einer Art von symbolischem Rest der deutsche Nationalstaat die Teilung von 1949. In Berlin behielt auch die Vier-Mächte-Verantwortung für Deutschland als Ganzes nicht nur formelhafte, sondern reale Bedeutung.

Schon aus diesen Gründen war es für die DDR unmöglich, sich mit der Existenz West-Berlins zu versöhnen. Nimmt man hinzu, daß West-Berlin wie eine mitten in der DDR errichtete Bühne wirkte, auf der sich eine farbige, reiche Gegenwelt dem grauen DDR-Sozialismus herausfordernd präsentierte, und daß die Stadt jedenfalls bis 1961 ein weit offen stehendes Fluchttor war, so wird verständlich, daß diese westliche Enklave eine schwer erträgliche Herausforderung für den ostdeutschen Staat und seinen Protektor, die Sowjetunion, war. Daß es nach über zwei Jahrzehnten in dem Abkommen von 1971 dennoch gelang, einen halbwegs stabilen Modus vivendi für West-Berlin auszuhandeln, gehört zu den bemerkenswertesten Erfolgen der Entspannungspolitik. Möglich war er wohl nur, weil die vier Mächte zuständig waren. Daß die Bundesrepublik und die DDR sich hätten über Berlin verständigen können, ist schwer vorstellbar.

II.

Zurück zu den Anfängen. Gab es in den fünfziger Jahren, in der Ära Adenauer, überhaupt eine westdeutsche Deutschlandpolitik, eine Wiedervereinigungspolitik? Es gab eine Art von offiziellem Wiedervereinigungsprogramm: freie Wahlen zu einer deutschen Nationalversammlung unter internationaler Aufsicht, Bildung einer gesamtdeutschen Regierung, Verhandlungen über einen Friedensvertrag, an denen diese Regierung zu beteiligen sein würde, volle Freiheit für das wiedervereinigte Deutschland, sich Bündnissen seiner Wahl anzuschließen. Dazu die Vorbedingung, die Vereinten Nationen sollten prüfen, ob die Voraussetzungen für freie Wahlen im Osten wie im Westen gegeben seien. Verhandlungen, auch nur Gespräche mit der Regierung der DDR, der Zone, wie man bis in die sechziger Jahre hinein zu sagen pflegte, wurden strikt ausgeschlossen, weil ihr jede demokratische Legitimation fehle.

Dieses Programm, im ersten Jahrzehnt von der Bundesrepublik und den Westmächten dem Osten wieder und wieder präsentiert, in Notenwechseln, auf Konferenzen, in Bundestagsresolutionen und Regierungserklärungen, wirkte bis 1955, bis die entscheidenden Verträge unter Dach und Fach waren, in seiner demokratischen Untadeligkeit als eine Art von Schutzschild, hinter dem sich die Westintegration Westdeutschlands vollzog. Es sollte, jedenfalls für Adenauer, auch nicht anders wirken. Niemand konnte ernstlich erwarten, daß die Sowjetunion – von der DDR zu schweigen – sich auf ein Wiedervereinigungsprogramm einlassen würde, an dessen Anfang die Liquidation der DDR ohne westliche Gegenleistung, ja ohne Aussicht auf westliche Gegenleistung stand. Genau dies aber war die Quintessenz des westdeutschen Plans. Wiedervereinigungspolitik wird man das kaum nennen können.

Öffentliche Warnung

Auf Anweisung von Ulbricht und Grotewohl wird versucht, im Bundesgebiet eine Volksbefragung gegen Remilitarisierung und für baldigen Abschluß eines Friedensvertrages durchzuführen.

Träger dieser Aktion sind Ausschüsse und Agenten, die ohne Ausnahme vom kommunistischen Politbüro der SED gesteuert und finanziert werden.

Nicht im Bundesgebiet, sondern in der Sowjetzone sind Remilitarisierung und Rüstungsproduktion in vollem Gange.

Baldiger Abschluß eines Friedensvertrages ist für jeden Deutschen eine selbstverständliche Forderung. Der Friedensvertrag muß jedoch mit einer von allen Deutschen frei gewählten Volksvertretung und Regierung abgeschlossen werden.

Einzig und allein die Kommunisten verhindern gesamtdeutsche freie Wahlen. Sie wollen nur einen kommunistischen Friedensvertrag und ein kommunistisches Deutschland.

Dafür soll unsere Friedenssehnsucht mißbraucht werden.

Wer sich an der kommunistischen Volksbefragung beteiligt, gefährdet den Frieden und stellt sich in den Dienst des Bolschewismus.

Der Bundesminister für gesamtdeutsche Fragen

In den Jahren bis 1955, bis zum Inkrafttreten der Westverträge, hat die DDR große propagandistische Anstrengungen unternommen, die westdeutsche Bevölkerung gegen Adenauers Politik zu mobilisieren. Zwei Argumente haben dabei eine Hauptrolle gespielt: das nationale Argument – Adenauer der »Spalter« – und das Friedensargument – Adenauer der »Kriegstreiber«. Daß die Bonner Regierung diese Propaganda durchaus beunruhigte, zeigt die »Öffentliche Warnung«. Tatsächlich ist die Resonanz, die die östliche Propaganda fand, erstaunlich schwach geblieben.

Und die wirkliche westdeutsche Politik, die Politik der Westintegration, Wiederbewaffnung eingeschlossen, war das eine Art von Wiedervereinigungspolitik, ja, wie Adenauer nicht müde wurde zu beteuern, die einzige verantwortliche Wiedervereinigungspolitik, die Westdeutschland unter den Bedingungen des Ost-West-Konflikts treiben konnte? Die Antwort lautet, wenn man alles bündelt, Absichten und Wirkungen, kurzfristige und langfristige Betrachtung, vermutlich »ja und nein«.

Man ist sich einig darüber, daß die Sicherung des freien Teils Deutschlands für Adenauer unbedingten Vorrang hatte. Er hat das gelegentlich auch mit großer Klarheit ausgesprochen, freilich nicht öffentlich. Im Mai 1955, wenige Wochen nach Erlangung der Souveränität, vertraute er einer Botschafterkonferenz an: »Wir haben der Welt mit immer größerer Lautstärke verkündet, die Wiedervereinigung ist das erste Problem der Welt. Das ist falsch. Das erste Problem ist, daß wir in Frieden und in Freiheit bleiben, zunächst die fünfzig Millionen, und dann kommen die achtzehn Millionen.«[3] Nicht einig ist man sich darüber, wie das »und dann« zu verstehen sei. Eine Floskel? Eine Hoffnung? Ein Versprechen? Adenauer hat es vermutlich selbst nicht so ganz genau gewußt. Daß alle östlichen Angebote, über die Wiedervereinigung zu reden, wie sie zwischen 1950 und 1955 immer dann gemacht wurden, wenn die Bundesrepublik sich anschickte, auf dem Weg der Westintegration einen nächsten Schritt zu tun, nichts als gefährliche Ablenkungsmanöver seien, daran hatte er nicht den geringsten Zweifel. Daß die westliche »Politik der Stärke« die Sowjetunion schließlich doch veranlassen werde, die DDR zu annehmbaren Bedingungen freizugeben, hat er wohl gehofft, aber so sicher, wie er es die Öffentlichkeit hat glauben machen wollen, kann er sich dessen nicht gewesen sein. Seine Politik der Westintegration der Bundesrepublik war, darauf läuft es hinaus, primär Politik für die Bundesrepublik, nicht Wiedervereinigungspolitik.

Aber das ist doch nur die eine Seite der Sache. Die andere: Adenauers Westpolitik war, und zwar keineswegs nur formelhaft, sondern in einem bestimmten Sinne sehr real, wiedervereinigungsbezogen. Adenauer hatte recht, wenn er das Bündnis mit den westlichen Siegermächten, das Vertrauen der Westmächte in die Verläßlichkeit der Deutschen als eine ganz wesentliche – notwendige, wenn auch nicht hinreichende – Bedingung jeder akzeptablen Lösung der deutschen Frage ansah. Er hatte recht, wenn er den Deutschlandvertrag als ein Stück erfolgreicher Wiedervereinigungspolitik pries. Das galt für den Art. 7 Abs. 2, der die Unterzeichnenden auf die Wiedervereinigung als ein gemeinsam anzustrebendes Ziel verpflichtete, wie für den Art. 2, in dem die drei Mächte sich die »bisher von ihnen ausgeübten oder innegehabten Rechte und Verantwortlichkeiten in bezug auf Berlin und auf Deutschland als Ganzes einschließlich der Wiedervereinigung Deutschlands und einer friedensvertraglichen Regelung« vorbehielten.[4] Beide Bestimmungen waren in hohem Maße zukunftsbedeutsam, auch wenn niemand vorhersagen konnte, wann und wie sie Bedeutung gewinnen würden. Insbesondere lag auch der Vorbehalt des Art. 2, entgegen dem Augenschein, durchaus im deutschen Interesse, wie sich etwa bei den Bahrschen Verhandlungen in Moskau und Ost-Berlin zwanzig Jahre später zeigen sollte. Die Westpolitik Adenauers war also gewiß nicht einfach eine Politik gegen die Wiedervereinigung. Aber ihr lag eine klare Entscheidung gegen den Primat der Wiedervereinigung in der gegebenen Weltlage zugrunde.

Es ist selbst in den Reihen der Union nicht allen leichtgefallen, diese Entscheidung ohne Zögern mitzutragen. Nicht daß der Grundgedanke, die Bundesrepublik müsse sich fest im Westen verankern, in Frage gestellt worden wäre – um ihn scharte sich die Union. Aber ob man dabei nicht flexibler auf sowjetische Interessen Rücksicht nehmen könne, hat führende Unionspolitiker wie Eugen Gerstenmaier durchaus beschäftigt. Gerstenmaier bekannte rückblickend, er sei dafür gewesen, es um Deutschlands Einheit willen und zur Dokumentation der Redlichkeit der eigenen Politik mit den Russen noch weitgehender, als es geschehen sei, zu versuchen.[5] Auch Hermann Ehlers, um einen zweiten Namen zu nennen, ein Mann des dem 1871 gegründeten Nationalstaat besonders eng verbundenen norddeutschen Protestantismus, hatte seine Schwierigkeiten mit Adenauer, und Adenauer hatte sie mit ihm. Im September 1952 empfing er, durchaus gegen Adenauers Willen, als Bundestagspräsident eine Delegation der Ost-Berliner Volkskammer und gab damit unmißverständlich zu erkennen, daß er sich zur Deutschlandpolitik seine eigenen Gedanken machte. Und ein so unbedingt nach Westen orientierter Politiker wie Heinrich von Brentano hat sich der Bindungsklausel der ersten Fassung des Deutschlandvertrages – erfolgreich – widersetzt. Sogar in der engsten Umgebung Adenauers wurde immer wieder darüber nachgedacht, wie eine die Belange der Sowjetunion stärker ins Kalkül ziehende – also wiedervereinigungsfreundlichere – bundesrepublikanische Westpolitik aussehen könne. Daß die FDP sich in ihrer Mehrheit, allen voran Thomas Dehler, obschon sie die Westpolitik mittrug, mit Adenauer der Deutschlandpolitik wegen entzweite, fügte sich in das Bild einer politischen Klasse, die sich mit der Härte der Adenauerschen Prioritätenentscheidungen schwerer tat, als man im Rückblick meint. Adenauer hat sich mit seiner Kompromißlosigkeit souverän durchgesetzt, aber einfach war das nicht.

Für die SPD, die parlamentarische Opposition, gilt: Sie hat im ersten Jahrzehnt der Bundesrepublik ihre politische Identität wesentlich aus dem Kampf gegen die Teilung gewonnen, aus der Forderung, daß Verhandlungen über die Wiedervereinigung Vorrang haben müßten vor der Westintegration. Man hat, spöttisch aber nicht unrichtig, vom »Ersatzsozialismus« gesprochen; als solcher habe das Wiedervereinigungsthema gedient, nachdem der Erfolg der Sozialen Marktwirtschaft das Sozialismusprogramm der frühen Nachkriegsjahre obsolet gemacht hatte.[6] Vier-Mächte-Verhandlungen über die Wiedervereinigung vor der endgültigen Entscheidung über die Westbindung, vor der endgültigen Entscheidung insbesondere über die Wiederbewaffnung – das war der Kern der sozialdemokratischen Antithese zu Adenauers Westpolitik. Wenige Wochen vor seinem Tod faßte Kurt Schumacher These und Antithese, das, was die Sozialdemokratie von Adenauer und seiner Politik trennte, in die knappe Formel: »Das deutsche Volk in allen seinen Schichten braucht eine Bundesregierung, die die Wiedervereinigung Deutschlands zum obersten Gesetz ihres praktischen Handelns macht. Heute hat es eine Bundesregierung, die die Integration eines Teils von Deutschland mit gewissen Mächten für wichtiger hält als die deutsche Einheit.«[7]

Will man beiden Seiten gerecht werden, wird man ein bißchen anders formulieren müssen: Hier die Hoffnung, Vier-Mächte-Verhandlungen über Deutschland könnten allen gegenläufigen Erfahrungen zum Trotz vielleicht doch noch Erfolg haben, und wenn nicht, könne man die Westbündnisse immer noch schließen. Dort die Überzeugung, Vier-Mächte-Verhandlungen über Deutschland seien in der gegebenen Lage aussichtslos, vor Abschluß der Westverträge sogar bedrohlich für Deutschland, und der Preis gescheiterter Verhandlungen werde für die Bundesrepublik hoch sein. Hier die Sequenz keine Westintegration vor erneuten Vier-Mächte-Verhandlungen, dort die Sequenz keine Vier-Mächte-Verhandlungen vor der Westintegration.

Die sozialdemokratische Position litt im übrigen an zwei Schwächen. Die SPD tat sich schwer, eine klare Antwort auf die Frage nach dem Status des wiedervereinigten Deutschlands zu geben – Neutralisierung sollte es nicht sein, Westbindung im Sinne der Adenauerschen Politik konnte es nicht sein. Und sie lehnte, jedenfalls in den ersten Jahren, katego-

Dieses Plakat des Kuratoriums »Unteilbares Deutschland« stammt aus dem Jahr 1958, also aus der Zeit vor dem Mauerbau. Das Tor war in gewissem Sinne noch offen. Wie groß »die Sehnsucht aller Deutschen« nach der Einheit am Ende des ersten Teilungsjahrzehnts wirklich war, ist nicht leicht zu sagen: Es gibt Anzeichen dafür, daß die Gewöhnung an die Teilung im Westen schon ziemlich weit fortgeschritten war. War diese Gewöhnung aber nicht vernünftig, da man mit der Teilung doch leben mußte?

risch ab, was die Gegenseite zur Vorbedingung machte: das Gespräch mit Ost-Berlin, »Pankow«, wie man zu sagen pflegte. Schumacher hatte die SPD auf dieses Nein zu allen offiziellen Kontakten mit dem SED-Regime festgelegt, und dabei blieb es auch in den ersten Jahren nach seinem Tod. Die Berlin-Krise zeigte dann freilich, beispielsweise in den Debatten der Fraktion, daß der Gedanke an innerdeutsche Verhandlungen in der zweiten Hälfte des Jahrzehnts keineswegs allen Sozialdemokraten mehr ganz fremd war. Aber im Ganzen gilt doch: Daß über die Wiedervereinigung nicht mit der DDR zu verhandeln sei, daß der Prozeß der Vereinigung vielmehr mit freien, gesamtdeutschen Wahlen, durch internationale Aufsicht abgesichert, beginnen müsse oder doch sehr rasch dahin zu führen habe, darüber waren sich Regierung und Opposition, so heftig sie sich sonst stritten, ungefähr ein Jahrzehnt lang einig.

Und die Bürger der Bundesrepublik, die Deutschen im Westen – wo standen sie in dem leidenschaftlichen deutschlandpolitischen Streit zwischen Regierung und Opposition? Eine – wenn auch keine sehr genaue – Antwort geben natürlich die Wahlen der fünfziger Jahre. Sie waren, das steht außer Frage, kein Votum gegen die Wiedervereinigung. Aber das Urteil der Wählermehrheit von 1953, die Bundesrepublik sei auf dem richtigen Weg, galt doch wohl auch Adenauers Grundentscheidung, daß die Sicherheit des freien Teils Deutschlands Vorrang habe.

Man kann den Befund auch kritisch akzentuieren: Es ist Beobachtern schon in diesen frühen Jahren aufgefallen, daß die Teilung in der Bundesrepublik, anders, als die offizielle Rhetorik es haben wollte, weithin erstaunlich gleichmütig – wenn man das harte Wort gleichgültig vermeiden will – hingenommen wurde. Weder den Sozialdemokraten noch überparteilichen Initiativen, der etwa, die sich im Januar 1955, in letzter Sekunde vor der Ratifizierung der Pariser Verträge, in der Paulskirche zusammenfand, ist es gelungen, die Westdeutschen mit ihren beschwörenden Appellen, der Einheit den Primat zu geben, aufzurütteln. Die Gesamtdeutsche Volkspartei Gustav Heinemanns, »die einzig konsequente Wiedervereinigungspartei«, wie man sie genannt hat, brachte es in den Wahlen von 1953 auf 1,1 Prozent. Von den Kommunisten braucht man in diesem Zusammenhang gar nicht erst zu reden. Das Kuratorium »Unteilbares Deutschland«, das 1954 unter Beteiligung aller gewichtigen gesellschaftlichen Gruppen gegründet wurde, verdankt sich keineswegs einer leidenschaftlichen Volksbewegung für die Einheit Deutschlands. Es war eher eine obrigkeitliche Initiative und stand im Grunde von Anfang an für die Sorge, Deutschland könne doch teilbar sein, will sagen die Deutschen im Westen könnten bereit sein, sich mit der Teilung zu arrangieren.

Daß die demoskopischen Daten für die fünfziger Jahre ein fast einmütiges Ja der Westdeutschen zur Wiedervereinigung ausweisen, widerspricht dieser Einschätzung nicht. Sie sind gewiß ernst zu nehmen – den Deutschen war im ersten Jahrzehnt der Bundesrepublik die Einheit Deutschlands ja noch ganz gegenwärtig und in gewissem Sinne selbstverständlich –, aber nicht zu ernst. Man wollte die Wiedervereinigung, aber man wollte sie auf der westlichen Seite der Ost-West-Grenze ganz sicher nicht um den Preis der Freiheit. Martin Niemöllers, des streitbaren, in seiner Kritik an Adenauers Politik maßlosen protestantischen Kirchenführers Vorhersage aus dem Jahr 1949, eher werde sich das deutsche Volk für die russische Diktatur entscheiden, als die Teilung auf die Dauer hinzunehmen, hatte nie auch nur den Schatten der Plausibilität für sich.[8] Man wollte sie mehrheitlich wohl auch nicht um den Preis der Sicherheit, die das westliche Bündnis zu bieten schien. Man wollte sie vielleicht nicht einmal um den Preis des Wohlstandes, den Westdeutschland sich damals zu schaffen begann. Jedenfalls gibt es bereits aus den späten fünfziger Jahren Daten, die wenig Neigung signalisieren, für die Wiedervereinigung mit einem spürbaren Wohlstandsverlust zu zahlen.[9]

Neben der Rangfolge Freiheit – Frieden – Einheit, die Adenauers Außenpolitik gleichsam offiziell zugrunde lag, wird die Rangfolge Sicherheit – Wohlstand – Einheit sichtbar. Fritz René Allemann, einer der scharfsichtigsten zeitgenössischen Beobachter der frühen Bundesrepublik, hat denn auch schon Mitte der fünfziger Jahre das Beharren auf der Einheit als bloßen »Konventionalismus« gedeutet.[10] Bei ihm schon taucht das Wort auf, das dann dreißig Jahre später – wenn auch mit einer anderen Akzentuierung – Berühmtheit erlangte: die Wiedervereinigung als nationale »Lebenslüge« der Deutschen.[11] Für die fünfziger Jahre, in denen doch noch heftig um die Weichenstellungen gerungen wurde, ist das ein harsches Verdikt. Aber daß man in diesem Ringen »die erbarmungslose Klarheit der Alternative« scheute – das ist ganz unbestreitbar.

So wie für die Bundesrepublik der Adenauer-Zeit gefragt werden muß: Gab es überhaupt eine westdeutsche Wiedervereinigungspolitik?, muß man für die frühe DDR – und nicht nur für die *frühe* DDR – fragen: Besaß sie denn überhaupt einen eigenen deutschlandpolitischen Handlungsspielraum? Konnte sie etwas anderes tun, als den ihr zugewiesenen Part in der Deutschlandpolitik der Sowjetunion spielen? Die Antwort lautet: Natürlich hat die Sowjetunion die DDR gerade in der Deutschlandpolitik an einem sehr kurzen Zügel geführt. In den frühen Jahren war er noch kürzer als in den beiden letzten Jahrzehnten der DDR. Aber man muß dem nicht allzu große Bedeutung beimessen. Spätestens seit 1955 verfolgten Moskau und Ost-Berlin bis in die Ära Gorbatschow hinein gemeinsam das gleiche deutschlandpolitische Primärziel: Sie arbeiteten mit allen Mitteln daran, den Status quo der Teilung zu stabilisieren. Man war in taktischen Fragen nicht immer einer Meinung. Zwischen 1969 und 1972 operierte die Sowjetunion in ihren Verhandlungen mit der Bundesrepublik und den Westmächten anders, als es der DDR lieb gewesen wäre. Umgekehrt hörte auch die DDR in der Entwicklung ihrer Beziehungen zum anderen deutschen Staat in den anderthalb Jahrzehnten nach der ostpolitischen Wende nicht immer auf Moskau. Die Interessen waren nicht einfach identisch. Aber sie trafen sich im zentralen Punkt. Die Frage, wie die SED mit der deutschen Teilung umgegangen sei, zielt auf beides: das deutschlandpolitische Zusammenspiel mit der bestimmenden Vormacht Sowjetunion und den gelegentlichen Versuch, eigene Wege zu gehen.

In den frühen Jahren bis 1955 war die Konfiguration komplizierter als später. Die Deutschlandpolitik der Sowjetunion war vor allem auf ein Ziel ausgerichtet: Sie wollte die Wiederbewaffnung Westdeutschlands und seine Eingliederung in die westliche Militärallianz verhindern. Die viel erörterte Frage, welchen Preis Moskau dafür zu zahlen willens gewesen ist, hat uns gründlich beschäftigt. Um einen komplexen Befund in einer kurzen Formel in Erinnerung zu rufen: Die Vermutung, daß der Kreml zu keinem Zeitpunkt wirklich bereit gewesen sei, die DDR zu opfern, hat die weitaus besseren Gründe für sich, auch wenn sie keine Gewißheit ist. Eine ganz andere Frage ist es, ob die SED sich jederzeit sicher sein konnte, daß die DDR für die Sowjetunion nicht zur Disposition stehe. Zumindest in den Monaten nach Stalins Tod, im Frühling und Frühsommer 1953, muß die Ungewißheit beträchtlich gewesen sein. Damals wurde die SED-Führung nach Moskau zitiert und mußte sich von den neuen Herren in alle Schärfe sagen lassen, ihr Kurs des forcierten »Aufbaus des Sozialismus«, den sie seit 1952 verfolgte, sei verfehlt und müsse unverzüglich korrigiert werden – nicht zuletzt aus deutschlandpolitischen Gründen. Woraufhin das Politbüro der SED in einer öffentlichen Erklärung für die Zukunft reumütig gelobte, bei seinen Beschlüssen das große Ziel der Herstellung der Einheit Deutschlands, welches von beiden Seiten Maßnahmen erforderlich mache, die die Annäherung der beiden Teile Deutschlands konkret erleichterten, im Blick behalten zu wollen.[12]

Ob man nun annimmt, daß sich in der Moskauer Kritik die Möglichkeit eines grundlegenden Kurswechsels der sowjetischen Deutschlandpolitik andeutete, die dann durch die

Ereignisse des 17. Juni (und Berijas Sturz wenig später) verschüttet wurde, oder nicht: Die SED-Führung konnte damals nicht wissen, woran sie mit den neuen Kremlherren war. Eine behagliche Zeit kann der Frühsommer 1953, können die Jahre bis 1955 insgesamt für sie nicht gewesen sein. Man wird die Deutschlandpolitik der SED in den Jahren bis zur endgültigen Entscheidung über Westintegration und Wiederbewaffnung Westdeutschlands also so zu verstehen haben, daß die Staatspartei der DDR, scheinbar enthusiastisch, den taktischen Anweisungen Moskaus folgte, aber eben nur scheinbar enthusiastisch, weil sie mit der Ungewißheit, ob es nicht vielleicht doch zum Äußersten, zur Liquidation der DDR, kommen werde, leben mußte.

Wie immer es hinter der Fassade sowjetisch-ostdeutscher Übereinstimmung aussah: Im Zentrum der gemeinsamen, gegen die Politik Adenauers gerichteten Strategie standen in der ersten Hälfte der fünfziger Jahre unaufhörliche Verhandlungsangebote an die zuständigen Bonner Instanzen. Alle Offerten folgten dem gleichen Schema: Sie forderten die Adressaten zu Gesprächen mit Repräsentanten der DDR auf und stellten gesamtdeutsche, freie Wahlen als eine Folge dieser Gespräche in Aussicht. Die Wahlen wurden einmal verlockend in den Vordergrund geschoben, ein andermal undeutlich im Hintergrund gehalten. Immer aber blieben Gespräche zwischen Vertretern der beiden deutschen Staaten der erste Schritt, ein Schritt, zu dem die Bundesrepublik zuverlässig nein sagte – Adenauer und Schumacher waren sich in diesem Punkt bei unterschiedlicher Motivation völlig einig. Daß die DDR sich auf dieses Nein verlassen konnte, hat es ihr ziemlich leichtgemacht, immer wieder Verhandlungen über die Vereinigung anzubieten. Umgekehrt konnte man sich in Bonn auf das Nein der DDR zur Forderung nach freien, international kontrollierten Wahlen als ersten Schritt verlassen, ein Nein, das auch gegen die UNO durchgehalten wurde – deren Vertreter ließ die DDR nicht ins Land, als sie im März 1953 an die Tür klopften mit dem Auftrag zu prüfen, ob die Voraussetzungen für freie Wahlen gegeben seien.

Die Verhandlungsangebote waren nicht die einzige Waffe im Kampf der SED gegen Westintegration und Wiederbewaffnung der Bundesrepublik. Eine andere war der Versuch der Mobilisierung der »Massen« gegen die Politik Adenauers. Beides – die Gesprächsofferten an die Bundesregierung und die wütenden Attacken gegen Adenauer als den Handlanger der amerikanischen Kriegstreiber – paßte nicht sonderlich gut zusammen. Resonanz fand diese Polemik ebensowenig wie die einladende Parole: »Deutsche an einen Tisch«, bei der SPD gar nicht und sonst kaum. Immer wieder ist zu konstatieren, daß die Rechnung des Ostens, mit dem nationalen Argument Einfluß auf die öffentliche Meinung im westlichen Deutschland nehmen zu können, nicht aufging.

Mit der Ratifizierung der Pariser Verträge und dem Beginn der Wiederbewaffnung Westdeutschlands im Jahr 1955 waren die Jahre der Ungewißheit für die SED zu Ende. Die Sowjetunion setzte sogleich deutliche Zeichen. Schon im Mai 1955 wurde die DDR als Gründungsmitglied in den Warschauer Pakt eingebunden. Im Juli, von Genf zurückkehrend, wo auf der Gipfelkonferenz die Floskel »freie Wahlen« als Reminiszenz an Debatten der Vergangenheit noch einmal ihren Weg in die Kommuniqués gefunden hatte, erklärte Chruschtschow in Ost-Berlin, die mechanische Vereinigung beider Teile Deutschlands sei

Die Parole »Deutsche an einen Tisch«, mit der die DDR in den frühen fünfziger Jahren den Kampf um die öffentliche Meinung in Deutschland führte, klang an sich vernünftig. Der Sache nach war es aber die Aufforderung, sich mit der SED an einen Tisch zu setzen. Das wollte im Westen kaum jemand: die Regierung nicht, weil es ihre Westpolitik gestört hätte, und die von 1946 her tief verwundete SPD nicht, weil die SED für sie immer noch kein akzeptabler Gesprächspartner war. Fast zwei Jahrzehnte lang gab es keine offiziellen Kontakte zwischen den beiden deutschen Staaten.

eine unrealistische Sache. Und er erläuterte auch gleich, was er mit mechanisch meinte: Man könne die deutsche Frage nicht auf Kosten der Interessen der DDR lösen. Die DDR und die Bundesrepublik müßten sich über den Weg zur Wiedervereinigung miteinander verständigen.[13]

Im September, kurz nach Adenauers Besuch in Moskau, der bekanntlich mit der Verabredung, diplomatische Beziehungen aufzunehmen, endete, folgte das östliche Pendant zum Deutschlandvertrag, ein Vertrag zwischen der Sowjetunion und der DDR, der die DDR für souverän erklärte und ihr innen- wie außenpolitische Entscheidungsfreiheit, »einschließlich der Beziehungen zur deutschen Bundesrepublik«, zusicherte. Im Herbst in Genf schließlich, wo die Außenminister der vier Supermächte noch einmal zum Ritual der monologischen Deutschlandverhandlungen zusammentrafen, erklärte Moskau in aller Deutlichkeit, es sei ausgeschlossen, die demokratische und soziale Umgestaltung, die sich in der DDR vollzogen habe, wieder rückgängig zu machen.[14]

Daß die Sowjetunion mit der Souveränitätsübertragung die Zügel nicht aus der Hand gab, versteht sich von selbst. Sie erinnerte in der Präambel des September-Vertrages sogar ausdrücklich an ihre Verpflichtungen, die »Deutschland als Ganzes betreffen« – eine bemerkenswerte Parallele zum Deutschlandvertrag. Aber das machte die Souveränitätserklärung nicht bedeutungslos. Die Botschaft an den Westen lautete: Die DDR steht nicht mehr zur Disposition. Mit zunehmender Entschiedenheit zog sich die Sowjetunion nun auf den

Standpunkt zurück, das Thema Wiedervereinigung gehe sie nichts mehr an. Darüber müsse man, wenn man denn wolle, mit der DDR reden, was nichts anderes hieß als: Über das Faktum der Zweistaatlichkeit gibt es nichts mehr zu reden. Der Vorschlag, Friedensverträge mit den beiden deutschen Staaten zu schließen, der bald folgte, war dann nur noch das Ausrufungszeichen hinter der Entscheidung für den Status quo.

Die DDR vollzog den deutschlandpolitischen Kurswechsel sofort, vermutlich sehr erleichtert. Zwar bekannte sie sich weiterhin zur Einheit der Nation und zum Ziel der Vereinigung – von »Wieder-« war seltener die Rede. Aber das Schlüsselwort lautete jetzt Konföderation, Staatenbund. Das hieß vor allem: Die Anerkennung der Gleichrangigkeit der beiden deutschen Staaten war nun eindeutig als Vorleistung gefordert, alles weitere blieb im ungewissen. 1958 machte die SED auf ihrem Parteitag darüber hinaus endgültig klar, daß die Errungenschaften des Sozialismus »für immer unantastbar« seien.[15] Es sei vielmehr, konnte man nun aus der DDR in zunehmend schärferem Tonfall hören, an der Bundesrepublik, Bedingungen zu erfüllen. Da gab es sehr konkrete Forderungen: Wiederzulassung der 1956 verbotenen KPD etwa, Austritt aus der NATO, aber auch sehr vage, prinzipielle wie »Ausmerzung der Reaktion« oder »Beseitigung des Militarismus«, in denen sich bereits deutlich die Position abzeichnete, die von den sechziger Jahren an die offizielle war: Nur ein sozialistisches Westdeutschland könne mit der sozialistischen DDR vereinigt werden.[16] Spiegelt sich in der Wiedervereinigungsrhetorik der DDR in der ersten Hälfte der fünfziger Jahre noch eine Art von deutschlandpolitischer Offenheit, einfach deshalb, weil die Sowjetunion noch mit mehreren deutschlandpolitischen Optionen arbeitete, so gilt das für die zweite Hälfte des Jahrzehnts nicht mehr. Die gleiche Rhetorik war nun nur noch Fassade oder auch Ausdruck eines gefestigten Vertrauens in die »Gesetzmäßigkeiten der Geschichte«, die irgendwann zu Vereinigung im Zeichen des Sozialismus führen würden.

Das heißt nicht, daß es keine aktive Deutschlandpolitik der SED mehr gegeben hätte. Die Frage, wie man auf die »fortschrittlichen Kräfte« in Westdeutschland Einfluß nehmen, wie man sich mit ihnen verbinden könne, um die Machenschaften Adenauers zu durchkreuzen, wie in die Gewerkschaften eindringen und wie auf die SPD einwirken, hat die SED-Führung immer wieder beschäftigt. Aber trotz mancher Einzelerfolge vor allem im gewerkschaftlichen Bereich erwies sich die Hoffnung, Adenauer mit westdeutschen Bundesgenossen vom Osten her stürzen zu können – das war das letzte Ziel –, als fundamentale Illusion, vor allem deshalb, weil die Aktionseinheit mit der SPD, von der die SED träumte, unerreichbar war. Ein Stück weit mag in diesen Träumen von der Aktionseinheit mit der SPD auch noch so etwas wie der Versuch einer eigenen aktiven Wiedervereinigungspolitik der SED fortgelebt haben. Aber was immer das Etikett des Werbens um die SPD war, es warteten nur Enttäuschungen auf die Kommunisten, über Schumachers Tod hinaus. Sie haben sich über die SPD denn auch bitter beklagt, bis Godesberg und der außenpolitische Kurswechsel der Partei sie endgültig mit einer neuen Wirklichkeit konfrontierten.

Oft hat man die beiden Säuberungen, in denen Ulbricht sich in den fünfziger Jahren seiner Kritiker in der Parteispitze entledigte – die erste, im Krisensommer 1953, ist mit den Namen Herrnstadt und Zaisser verbunden, die zweite, aus dem Winter 1957/58, mit den

Namen Schirdewan, Wollweber und Ziller –, mit der Deutschlandpolitik in Zusammenhang gebracht. Die Quellen geben dazu nur sehr begrenzt Anlaß. Jedenfalls darf man Ulbrichts Anklage, seine Widersacher hätten die Wiedervereinigung um jeden Preis angestrebt, ganz sicher nicht für bare Münze nehmen. Keiner der Ulbricht-Kritiker trat für eine Wiedervereinigungspolitik ein, die den Sozialismus der DDR bewußt aufs Spiel gesetzt hätte. Wenn sie die Deutschlandpolitik in ihrer Auseinandersetzung mit der von Ulbricht bestimmten Parteilinie überhaupt zur Sprache brachten, warfen sie die Frage auf, warum der Kommunismus in Westdeutschland nur noch eine Sekte sei, und wagten die Vermutung, daß die Entwicklungen in der DDR daran nicht unschuldig seien.[17] Das mochte auf die Forderung hinauslaufen, beim Aufbau des Sozialismus in der DDR die Rückwirkungen auf die Wiedervereinigungsperspektiven zu bedenken. Aber an der Loyalität derer, die das anmahnten, gegenüber der DDR gibt es gar keine Zweifel.

Man kann das an einem Satz wie dem folgenden gut verdeutlichen – er stammt aus einer kritischen Denkschrift des Sommers 1953: »Es geht darum, eine DDR zu schaffen, die für ihren Wohlstand, ihre soziale Gerechtigkeit, ihre Rechtssicherheit, ihre zutiefst nationalen Wesenszüge und ihre freiheitliche Atmosphäre die Zustimmung aller ehrlichen Deutschen findet.«[18] Aus ihm spricht nicht Distanzierung von der, sondern Identifizierung mit der DDR. Was er zeigt: Es gab so etwas wie eine umgekehrte, wenn schon nicht Magnettheorie, dann doch wenigstens Magnethoffnung in SED-Kreisen. Und es gab Aufbegehren dagegen, daß das Ziel, die DDR so attraktiv zu machen, daß sie wie ein Magnet auf alle Deutschen wirke, die Politik der SED nie wirklich bestimmt hat. Tatsächlich hat die SED um dieses Zieles willen nie ihr Herrschaftsinteresse hintangestellt, konnte es wohl auch nicht ohne hohe Risiken. Der schöne Traum des Denkschriftsatzes war wirklich nur ein Traum. Selbst wenn Ulbricht in den innerparteilichen Auseinandersetzungen der fünfziger Jahre unterlegen wäre – ob sich die Wiedervereinigungschancen damit verbessert hätten, steht sehr dahin.

IV.

Was verband die beiden deutschen Staaten im ersten Jahrzehnt der sich verfestigenden Teilung noch? Noch führten sie die gleiche schwarzrotgoldene Fahne; erst 1959 fügte die DDR den republikanischen Traditionsfarben das Hammer-Zirkel-Ährenkranz-Wappen ein, um sich von der Bundesrepublik abzugrenzen. Noch gab es in Deutschland nur eine, auf dem Staatsbürgerschaftsgesetz von 1912 beruhende Staatsangehörigkeit. Noch galten wichtige Rechtskodifikationen des deutschen Nationalstaates, das BGB beispielsweise, auf beiden Seiten der Grenze weiter. Noch trat Deutschland bei den Olympischen Spielen mit einer Mannschaft an – sechsmal insgesamt, 1956 in Cortina d'Ampezzo und Melbourne, 1960 in Squaw Valley und Rom, 1964 in Innsbruck und Tokio, bis die DDR 1965 ihre Anerkennung durch das Internationale Olympische Komitee durchsetzte. Noch waren vor allem die Kirchen – unter den großen gesellschaftliche Organisationen nur noch die Kirchen – gesamtdeutsch verfaßt, die EKD auf evangelischer, die deutsche Bischofskonferenz auf katholischer

Seite. Und sie agierten auch gesamtdeutsch, am stärksten sichtbar auf den großen Kirchentagen. Dabei fiel der evangelischen Kirche der wichtigere Part zu, die katholische war ja zwischen Elbe und Oder weithin Diasporakonfession. Tatsächlich sind Deutsche Ost und Deutsche West in den fünfziger Jahren, selbst in den sechziger Jahren noch nirgendwo in so engem, dichtem, stetigem Kontakt geblieben wie eben in der evangelischen Kirche. Nicht einmal die schärfsten politisch-theologischen Debatten der Zeit, etwa die über die Atomwaffen oder den westdeutschen Militärseelsorgevertrag, haben die Kirche an der politischen Ost-West-Grenze auseinandergerissen. Die innerkirchlichen Fronten verliefen in diesen Debatten auch gar nicht zwischen Ost und West.

So wichtig die Kirchen waren, die solidesten Klammern waren doch wohl der innerdeutsche Handel und, so paradox das klingt, die große Wanderungsbewegung von Ost nach West. Man hat den Interzonenhandel, wie er in den fünfziger Jahren noch hieß, das »stabilste Element des Beziehungsgeflechtes« zwischen der Bundesrepublik und der DDR überhaupt genannt,[19] und hat wohl recht damit. Lange Zeit war das Berliner Abkommen von 20. September 1951, das die Rechtsgrundlage für den Waren- und Dienstleistungsaustausch zwischen den beiden deutschen Staaten bildete und in einer 1960 adaptierten Fassung bis zum Untergang der DDR in Geltung blieb, die einzige vertragliche Beziehung zwischen Deutschland West und Deutschland Ost. Mit den Etiketten »Währungsgebiet der DM-West« und »Währungsgebiet der DM-Ost« war früh eine Formel gefunden worden, mit der sich alle politischen Klippen, nicht zuletzt auch das Berlin-Problem, umschiffen ließen. Seine Wurzeln hatte der innerdeutsche Handel mit seinen Besonderheiten – er war und blieb ein im Grunde archaischer Tauschhandel, der nach ganz bestimmten Äquivalenzregeln abgewickelt wurde – in der Zeit, in der es noch keine zwei Staaten, sondern Zonen im besiegten Deutschland gegeben hatte. Es hatte sich als im Interesse beider Seiten liegend erwiesen, diesen Tauschhandel der frühen Nachkriegszeit fortzuführen, und man führte ihn fort: Über vierzig Jahre hinweg ist es selbst in Phasen starker Spannung nie zu einer Unterbrechung gekommen.

Das westdeutsche Interesse war vor allem ein politisches. Der innerdeutsche Handel wurde als ein Stück innerdeutscher Verklammerung gesehen. Die Bundesrepublik hat es in den Verhandlungen über den EWG-Vertrag denn auch durchgesetzt, daß der innerdeutsche Handel (nicht der Handel der DDR mit dem übrigen EWG-Raum) Binnenhandel blieb. Die ökonomische Bedeutung des innerdeutschen Handels war für Westdeutschland eher gering. Das Interesse der DDR andererseits war vor allem ein wirtschaftliches. Immerhin lag der Anteil des innerdeutschen Handels am gesamten Außenhandel der DDR im Durchschnitt der vier Jahrzehnte bei fünfzehn Prozent, das waren etwa vierzig Prozent des Handels der DDR mit den westlichen Industrieländern.[20] Und für diesen beträchtlichen Anteil konnte die DDR nach den Spielregeln des innerdeutschen Handels bei zollfreiem Zugang zum westdeutschen Markt statt mit knappen harten Devisen mit Waren aus eigener Produktion zahlen – für ein devisenarmes Land ein ganz erheblicher Vorteil.

Zudem räumte die Bundesrepublik der DDR durch die Vereinbarungen über den sogenannten Swing einen zinslosen Überziehungskredit ein. Die Größenordnungen sind im

Laufe der Jahrzehnte mehrfach neu ausgehandelt worden. In diesen Verhandlungen hat die Bundesrepublik gelegentlich durchaus versucht, Zugeständnisse der DDR gegen Swingzusagen einzutauschen. Sehr erfolgreich war sie damit nicht. Sosehr die DDR vom innerdeutschen Handel mitsamt den Swingvereinbarungen profitierte, sie hat die Gefahr, über diesen Handel in Abhängigkeit zu geraten, immer im Blick gehabt und es der Bonner Regierung nicht erlaubt, aus dem Swing einen politischen Hebel zu machen, wohl wissend, wie groß das Interesse auch der Gegenseite am innerdeutschen Handel war.

Daß die große deutsche Binnenwanderung von Ost nach West, die bis zum 13. August 1961 anhielt, die zweite Hauptklammer zwischen den beiden Teilen Deutschlands gewesen sei, mag nicht sogleich einleuchten. Gemeint ist zweierlei: Zum einem machte dieser an- und abschwellende stetige Strom auf dramatische Weise sichtbar, daß Deutschland für die Deutschen *ein* Land – wenn auch ein geteiltes Land – war. Die Hunderttausende, die Jahr für Jahr die DDR verließen, emigrierten nicht in ein fremdes Land, sie blieben im eigenen, dessen Sprache sie sprachen, das ihnen offenstand, ohne Paß, Visum, Einwanderungserlaubnis. Anders wäre diese Wanderungsbewegung gar nicht denkbar gewesen. Zum anderen knüpfte jeder, der die Grenze überschritt, einen Faden zwischen den beiden Teilen Deutschlands neu. Denn er brachte ja seine Vergangenheit mit in den Westen, die Erinnerung an seine Heimat, und ließ zugleich Verwandte und Freunde zurück, so daß das Netz der Familienbeziehungen, das die innerdeutsche Grenze überspannte, sich unaufhörlich erneuerte.

Anfang der fünfziger Jahre gaben etwa vierzig Prozent der Westdeutschen an, Verwandte oder Bekannte in der DDR zu haben. Und bis in die frühen sechziger Jahre hinein, als der Mauerbau zu wirken begann, hat sich diese Zahl nicht wesentlich verändert.[21] Der Rückgang betraf dann vor allem die Kategorie »Bekannte, Freunde«. Bei den Verwandtschaftsbeziehungen ist die Stabilität des Niveaus über fast ein halbes Jahrhundert der Teilung erstaunlich. Es ist der Flüchtlingsstrom der fünfziger Jahre, dem das vor allem zuzuschreiben ist.

Auch wenn bei den Zahlen – 2,7 Millionen registrierter Flüchtlinge zwischen 1949 und 1961[22] – gewisse Ungenauigkeiten in Rechnung gestellt werden müssen, es handelt sich um einen in der Größenordnung singulären Exodus. 2,7 Millionen – wahrscheinlich waren es mehr –, das heißt, daß von den gut achtzehn Millionen Deutschen, die 1949 in der DDR lebten, jeder siebente, wenn nicht jeder sechste in den zwölf Jahren bis 1961 das Land verlassen hat. Zumal am Anfang war der Anteil der aus den Ostgebieten Vertriebenen hoch. Sie wanderten nicht zuletzt deshalb weiter, weil die DDR – anders als die Bundesrepublik, die 1952 das Lastenausgleichsgesetz erließ – so gut wie nichts zu ihrer Unterstützung tat. Zur Gruppe derer, die flohen, weil sie sich bedroht fühlten, gehörten NS-Belastete ebenso wie SPD-Anhänger. Andere fanden sich im Klassenkampf auf der falschen Seite wieder, Unternehmer, Selbständige, wirtschaftliche Führungskräfte, enteignete Grundbesitzer. Viele, vor allem junge Menschen, gingen in den Westen, weil sie dort die besseren Zukunftschancen für sich sahen. Nicht weniger als die Hälfte der Flüchtlinge waren jünger als 25 Jahre, das heißt noch relativ frei in ihrer Lebensplanung.[23]

Wie stark bei der Wanderungsbewegung insgesamt Gegnerschaft zum System als Motiv ins Gewicht fiel, ist mit Genauigkeit nicht zu sagen. Aber im Auf und Ab der Zahlen spiegeln sich die politischen und ökonomischen Drangsalierungen, denen bestimmte Bevölkerungsgruppen ausgesetzt waren, deutlich wider. Im Jahr 1953 stieg der Strom dramatisch an, auf 331 000 Flüchtlinge, eine Folge der SED-Beschlüsse zur Beschleunigung des Aufbaus des Sozialismus aus dem Jahr 1952, die alle, die noch in irgendeinem Sinne selbständig wirtschafteten – als Handwerker, Bauern, Einzelhändler –, unter brutalen Druck setzten. 1960/61, die Kollektivierung der Landwirtschaft wurde jetzt mit aller Macht betrieben, auch die Verstaatlichung der noch nicht verstaatlichten Reste der Wirtschaft im übrigen, wiederholte sich die Entwicklung, bis der 13. August 1961 sie jäh zum Stillstand brachte.

Dabei ist in Rechnung zu stellen, daß die SED im Lauf der fünfziger Jahre immer schärfer gegen die Fluchtbewegung vorging. 100 000 Flüchtlinge zu Anfang des Jahrzehnts sind also etwas anderes als 100 000 an seinem Ende. Schon 1952 wurde längs der Zonengrenze eine fünf Kilometer breite Sperrzone eingerichtet. Von nun an wurden die Sperranlagen stetig ausgebaut. Die »Zonengrenze«, wie man im Westen noch lange sagte, die »Staatsgrenze West«, wie sie im DDR-Jargon hieß, wurde zwar noch nicht zur »Todesgrenze«, aber sie zu

Das Auffanglager Marienfelde in Berlin im Juli 1961, also wenige Wochen vor dem Mauerbau. Wer unter den DDR-Flüchtlingen Verwandte im Westen hatte, die erste Hilfe leisten konnten, ersparte sich den Weg über die Lager. Den jungen Schriftsteller Uwe Johnson, einer von fast drei Millionen Flüchtlingen, die zwischen 1949 und 1961 der DDR den Rücken kehrten, haben sie, wie man in den »Jahrestagen« nachlesen kann, geradezu traumatisiert.

überwinden war lange vor 1961 bereits ein schwieriges und gefährliches Abenteuer. 1957 wurde die »Republikflucht« zu einem selbständigen Straftatbestand erhoben.

Einzig in Berlin gab es, eine Folge des Sonderstatus der Vier-Mächte-Stadt, zwischen Ost und West noch eine offene Grenze. In Berlin konnte man noch mit der S-Bahn ins andere Deutschland fahren. Folglich machte sich verdächtig, wer aus Rostock, Dresden, Erfurt nach Berlin reiste. Zugbegleitkommandos durchkämmten mit rüden Methoden die D-Züge und holten die Verdächtigen heraus. Aber Sperrzonen und Sperranlagen, Strafandrohungen und Zugkontrollen, die Beschimpfung der Flüchtenden als »Verräter, Überläufer, Schweine«[24] und die Warnung vor der Krise, die die kapitalistische Bundesrepublik über kurz oder lang unfehlbar treffen werde – alle Anstrengungen der SED, die Fluchtbewegung zu stoppen, fruchteten letztlich nichts. Ende der fünfziger Jahre stand die DDR mit dem Rücken zur Wand. Die Magnettheorie, mit der die westdeutsche Staatsgründung gerechtfertigt worden war, schien auf eigentümliche Weise in Erfüllung zu gehen. Der prosperierende Weststaat zog den Oststaat nicht an sich, das ließ die Weltordnung des Ost-West-Konflikts nicht zu, aber er sog ihn aus. Er zog die Menschen aus dem Osten in den Westen herüber.

Es ist denn auch nicht überraschend, daß der SED-Führung in den fünfziger Jahren mehr als einmal die Frage gestellt wurde, ob Repression allein eine angemessene Antwort auf diese Entwicklung sei. Im Frühsommer 1953 nahmen die Moskauer Oberherren in ihrer scharfen Kritik am Kurs der SED ausdrücklich auf die beunruhigende Fluchtbewegung Bezug. Der 1952 eingeschlagene Kurs sei eine Hauptursache für den Massenexodus, die SED müsse das Steuer herumwerfen.[25] Viereinhalb Jahre später war die anhaltende »Republikflucht« einer der Gründe für den geplanten Vorstoß Schirdewans gegen Ulbricht. Auch Schirdewan wollte die SED-Führung mit der Frage nach den Ursachen konfrontieren. Daß Ulbricht beide Male die Oberhand behielt, bedeutete: Es blieb bei den Repressionen als der einzigen Antwort. Am 13. August 1961 wurde die letzte Konsequenz aus dieser Anwort gezogen. Der Mauerbau setzte einen Schlußpunkt hinter die akute Phase der 1958 von Chruschtschow angestoßenen Berlin-Krise. Einen defensiven Schlußpunkt, gewiß, aber das weitaus drängendste Problem war doch zunächst einmal gelöst, das Fluchttor durch die Einmauerung West-Berlins geschlossen. Die DDR erhielt die Chance, sich zu konsolidieren, und konnte nun ihren deutschlandpolitischen Vorteil, Status-quo-Macht zu sein, voll nutzen.

Für die Bundesrepublik gilt gerade umgekehrt: Sie stand am Ende des ersten Jahrzehnts als in vieler Hinsicht bemerkenswert erfolgreicher, jedenfalls stabiler Staat da. Aber sie war mit ihrer Wiedervereinigungspolitik in eine Sackgasse geraten. Adenauer hatte mit seiner Prognose, die Politik der Westintegration werde die Voraussetzungen für aussichtsreiche Wiedervereinigungsverhandlungen mit der Sowjetunion schaffen, nicht nur kurzfristig nicht recht behalten, es sprach Ende der fünfziger Jahre auch wenig dafür, daß er auf mittlere Frist recht behalten würde. Die internationale Politik begann ja eben jetzt, endgültig auf Status-quo-Kurs einzuschwenken. Das Insistieren der Bundesrepublik auf dem Thema Wiedervereinigung begann den Bundesgenossen lästig zu werden. Was war in dieser Lage zu tun?

Um das Jahr 1960 hatte die westdeutsche Außenpolitik – wie wir bereits wissen – bedrängt durch die Berlin-Krise und beunruhigt durch die ersten Anzeichen der Annäherung zwischen den Großmächten, mit Orientierungsschwierigkeiten zu kämpfen. Deutschlandpolitisch war es eine Phase tiefer, wenn auch uneingestandener Ratlosigkeit: auf der einen Seite die hartnäckige Verteidigung der orthodoxen deutschlandpolitischen Position, trotz oder vielleicht auch gerade wegen des Drucks der Berlin-Krise; auf der anderen Seite, durch die verfügbaren Quellen eindeutig belegt, Adenauers Nachdenken darüber, wie man Bewegung in die Deutschlandpolitik bringen könne. Würde sich die Sowjetunion durch einen zumindest zeitweiligen Verzicht auf die Wiedervereinigung vielleicht dazu bewegen lassen, der DDR den Status Österreichs zu geben? Gab es eine Chance, durch eine befristete, im übrigen aber vorbehaltlose Anerkennung der DDR eine Tür zur Wiedervereinigung zu öffnen? Könnte ein zehnjähriger »Burgfrieden« zwischen der Bundesrepublik und der Sowjetunion weiterhelfen? Diese Überlegungen, so haben wir sie interpretiert, waren deutliche Hinweise nicht nur auf taktische Flexibilität in der überaus gefährlichen Berlin-Krise, sondern ebenso darauf, daß die Teilung Deutschlands, die Unfreiheit jenseits der Zonengrenze den Kanzler in den letzten Jahren seiner Amtszeit sehr intensiv beschäftigt hat. Freilich: Ebenso deutlich ist, daß eine grundlegende Revision der westdeutschen Deutschlandpolitik noch nicht wirklich in Erwägung gezogen wurde. Die Anzeichen für die Suche nach Handlungsspielräumen sind gewiß bemerkenswert, aber im Kern blieb es doch dabei, daß die DDR, wenn überhaupt, nur zum Zweck ihrer Liquidation anerkannt werden könne. Auch Adenauers Stichwort Burgfrieden, und mehr als ein Stichwort war es schwerlich, meinte keine unbefristete Anerkennung der DDR. Letztlich war Adenauer denn auch wohl eher resignativ gestimmt – sein Vertrauter Heinrich Krone notierte im Frühjahr 1959 die ratlos-müde Adenauer-Frage: »Wiedervereinigung – wer weiß, wann?«[26]

So wenig wie die Regierung hatte die Opposition eine Antwort auf die Frage: »Was tun?« Bis zum Ende des ersten Jahrzehnts blieb sie dabei, daß die Wiedervereinigung den Vorrang vor der Westbindung, jedenfalls der militärischen Westbindung, haben müsse und daß mit der Sowjetunion über einen Tausch der Westbindung gegen die Wiedervereinigung zu verhandeln sei. Der Deutschlandplan der SPD vom März 1959 fixierte diese Konzeption ein letztes Mal.[27] Er sah eine schrittweise Zusammenführung der beiden deutschen Staaten – man ging damit zum ersten Mal auf die SED zu, gesamtdeutsche Wahlen standen nicht mehr am Anfang – und die Eingliederung des vereinigten Deutschlands in eine mitteleuropäische Neutralitätszone vor. Aber im Kreml zeigte man sich an diesem Plan ebenso uninteressiert wie an den Sondierungen Adenauers. Er verschwand sehr rasch im Papierkorb. Auch die Opposition war Ende der fünfziger Jahre in der deutschlandpolitischen Sackgasse angekommen.

Man hat gelegentlich die Vermutung geäußert, daß der Modus vivendi, auf den die Bundesrepublik und die DDR sich Anfang der siebziger Jahre schließlich einigten, auch schon zehn Jahre früher hätte gefunden werden können.[28] Dafür spricht wenig. Die bittere

Einsicht, daß es keinen Weg an der DDR vorbei und über die DDR hinweg gebe, war Ende der fünfziger Jahre, das ist unser Befund, noch nicht vorhanden, weder bei der Regierung noch bei der Opposition. Eine andere Frage ist es, ob die Bedingungen, zu denen man sich mit der DDR hätte einigen können, günstiger gewesen wären, als sie es später waren, wenn man schon Ende der fünfziger Jahre über den eigenen Schatten gesprungen wäre, die DDR anerkannt und den Konföderationsgedanken aufgegriffen hätte. Wohl nicht. Wahrscheinlich hätte man sich überhaupt nicht einigen können. Wie hätte die Einigung denn aussehen sollen, solange der Flüchtlingsstrom nicht gestoppt war? Vor dem Mauerbau war die DDR, was immer sie öffentlich verkündete, zur geregelten Koexistenz nicht fähig und hätte sich, wie sie es immer getan hat, vor jedem Entgegenkommen der Bundesrepublik wohl auf neue Forderungen zurückgezogen.

Zwei Debatten dieser Jahre spiegeln die Ratlosigkeit angesichts der Teilung, an der man nichts ändern konnte und die man doch nicht hinnehmen wollte, exemplarisch wider. Die erste fand am 23. Januar 1958 im Bundestag statt. Man diskutierte über die damals aktuellen Vorschläge, die Blöcke in Mitteleuropa auseinanderzurücken. Gustav Heinemann, 1957 nach sieben Jahren im politischen Abseits als Sozialdemokrat in den Bundestag zurückgekehrt, und Thomas Dehler als einer der Sprecher der seit 1956 oppositionellen FDP nutzten die Gelegenheit zu einer deutschlandpolitischen Generalabrechnung mit Adenauer, deren beispiellose Schärfe – eine Schärfe, in der Haß etwas zu deutlich mitschwang – der Regierung mitsamt ihrer parlamentarischen Mehrheit buchstäblich die Sprache verschlug. Adenauer, so der Vorwurf Dehlers und Heinemanns, habe die Wiedervereinigung nie gewollt, und weil er sie nie gewollt habe, habe er mehr als eine aussichtsreiche Gelegenheit fahrlässig oder absichtlich vorübergehen lassen – die Diskussion über die Stalinschen Angebote von 1952 hat hier recht eigentlich ihren Ursprung. Ratlosigkeit spiegelt die Debatte in ihrer wütenden Vergangenheitsfixierung wider, aber auch in der Unfähigkeit beider Seiten, sich und der Öffentlichkeit klarzumachen, welche Fragen bei den Entscheidungen der vergangenen Jahre eigentlich zu beantworten gewesen waren. Es war 1958 offenbar schwierig geworden, mit deutschlandpolitischer Leidenschaft und zugleich zukunftsorientiert und konstruktiv zu argumentieren.

Die zweite Debatte war von ganz anderer Art. Der Philosoph Karl Jaspers, von Basel aus nach Deutschland hinüberblickend, löste sie im August 1960 mit einem Fernsehinterview aus. Thema dieses Interviews war das Verhältnis von Philosophie und Politik zueinander. Die deutsche Frage kam zwar nicht beiläufig, aber doch nur beispielhaft hinein. Jaspers sprach, an seine Schrift zur Schuldfrage aus dem Jahre 1945 erinnernd, davon, daß die Deutschen mit dem klaren Wissen um das, was geschehen sei, zu leben hätten und aus diesem Wissen die Konsequenzen ziehen müßten. Eine dieser Konsequenzen sei es, daß der deutsche Nationalstaat unwiderruflich Vergangenheit sei. Nur auf die Freiheit für den Osten komme es an, die Wiedervereinigung sei demgegenüber gleichgültig.[29]

Ein vielstimmiger Chor leidenschaftlicher Proteste war die Antwort, dem Jaspers wiederum mit einer Artikelserie in der »Zeit« entgegentrat – alles in allem zwei, drei Monate erregter Diskussion. Nicht mit dem Postulat, Freiheit für die Zone sei wichtiger als nationale

Einheit, provozierte Jaspers – das hatten andere vor ihm gesagt, Adenauer selber dachte so, und Jaspers berief sich auch darauf[30] –, sondern mit dem kategorischen Urteil, die Deutschen hätten das Recht auf einen Nationalstaat durch ihre Geschichte verwirkt. Gab es für dieses Verdikt eine schlüssige prinzipielle Begründung, wenn man zugleich, wie Jaspers es tat, ebenso kategorisch am Recht der Deutschen auf Selbstbestimmung festhielt, verkürzt nur eben um das Recht, in einem Staat zusammenzuleben? Und war gegen die Pragmatik des Jasperschen Vorschlags nicht einzuwenden, daß die Forderung nach innerer Freiheit für die »Zone« mit den Interessen der Gegenseite genauso unvereinbar war wie die Forderung nach Wiedervereinigung? So oder so lief es auf die Liquidierung des SED-Staates hinaus. Der Vorwurf der Wirklichkeitsfremdheit traf den Jaspers-Vorschlag also nicht weniger als die amtliche Politik. Andererseits: War Jaspers nicht im Recht mit seinem Aufruf zur »Wahrhaftigkeit« im Umgang mit der deutschen Frage? War es nicht wirklich an der Zeit, die deutschlandpolitischen Orthodoxien angesichts einer unerbittlichen Realität von Grund auf zu überdenken? Die Jaspers-Debatte zeigt, wie schwer sich die Politik im Jahr 1960 mit dieser Zumutung noch tat. Es sind im übrigen keine wesentlichen Zukunftsimpulse von ihr ausgegangen.

VI.

Genau ein Jahr nach dem Jaspers-Interview wurde die Mauer gebaut. Die Situation war damit für beide Seiten neu definiert. Die deutsch-deutschen Beziehungen hatten ihren Tiefpunkt erreicht. Zu keiner Zeit in dem halben Jahrhundert der Zweistaatlichkeit war Deutschland so radikal geteilt wie in dem Jahrzehnt nach dem Mauerbau. Zwar blieben Deutschland koreanische Zustände selbst in diesem Jahrzehnt erspart, aber groß waren die Unterschiede nicht mehr. Die Grenzanlagen wurden mit barbarischer Gründlichkeit (und ungeheurem Materialaufwand) ausgebaut: Sperrzone, Schutzstreifen, Minengürtel, Selbstschußanlagen, elektrische Zäune, Mauern, Wachtürme, bewaffnete Streifen, Hunde, die auf flüchtende Menschen abgerichtet waren – die Assoziation KZ lag jedenfalls an den Grenzen der DDR mehr als nahe. Daß es einer nicht ganz kleinen Zahl von Flüchtlingen gelang, die Sperren zu überwinden – im ersten Jahr nach dem Mauerbau waren es noch über 5000, später ging die Zahl bis auf wenige hundert zurück[31] –, mutet wie ein Wunder an. Immer ging es bei der Flucht über die innerdeutsche Grenze jetzt um Leben oder Tod; mehrere hundert Menschen haben auf den verschiedenen Fluchtwegen den Versuch, aus dem großen Gefängnis DDR zu fliehen, mit dem Leben bezahlt.[32] Besonders eingeprägt hat sich der Erinnerung das qualvolle Sterben des achtzehnjährigen Ost-Berliners Peter Fechter, der am 17. August 1962 im Niemandsland vor der Mauer langsam verblutete.

Einen Spalt weit geöffnet wurden Mauer und Zäune allein für Rentner, die von 1964 an einmal im Jahr die Erlaubnis zu einer Reise in den Westen erhielten. Reisen aus dem Westen in die DDR wurden, neben mancherlei anderen Behinderungen, von 1964 an mit der Verpflichtung zum Umtausch von Westgeld in Ostgeld belastet. Die Teilung Berlins wurde mit besonderer Härte vollzogen. Vermauert wurde hier 1961 nicht nur der Weg von Ost nach West, sondern (für West-Berliner) auch der von West nach Ost, zunächst bis 1963, dann wieder von 1966 bis 1972, insgesamt also acht Jahre. Nur in den drei Zwischenjahren kam es zu Vereinbarungen, die West-Berlinern wenigstens für Verwandtenbesuche den Weg in den Ostteil der Stadt öffneten. Die Fortschreibung der entsprechenden Abkommen scheiterte an den steigenden politischen Forderungen der DDR. Telefonverbindungen zwischen Ost- und West-Berlin gab es schon seit den fünfziger Jahren nicht mehr. Zwischen Ost- und Westdeutschland blieben nicht mehr als ein paar Dutzend Leitungen übrig. Auch die Kirchen, die letzten gesamtdeutschen Organisationen, traf die Operation Abgrenzung. Nach hinhaltendem Widerstand – der Druck des Regimes richtete sich vor allem gegen die evangelische Kirche – mußten sie die Teilung schließlich auch mitvollziehen.

Warum gab es so viel rabiate Konsequenz bei dem traurigen Geschäft, alle Lebensfäden, die die beiden Teile Deutschlands noch zusammenhielten, zu durchschneiden? Zuerst und vor allem natürlich, weil es für die DDR eine Überlebensfrage war, den großen Exodus zu stoppen. Dann wohl, weil man die eigene Staatsgründung nur in der Negation alles »Gesamtdeutschen«, alles Gemeinsamen und Verbindenden vollenden zu können glaubte. Schließlich aber auch, weil man die Bundesrepublik unter Druck setzen wollte. Sie sollte lernen, daß erträgliche Verhältnisse im geteilten Deutschland nur in Zusammenarbeit mit der DDR, und das heißt: zu den Bedingungen der DDR zu haben waren. Die negative Deutschlandpolitik der SED stand jetzt ganz eindeutig im Dienst des Ziels, die internationale Anerkennung der DDR durchzusetzen. Bonn hatte den Schlüssel, Bonn mußte genötigt werden, den Weg freizugeben. Je schwerer man die Last der Teilung für die Menschen in Deutschland machte, desto eher würde die Bundesrepublik das Gespräch mit der DDR aufnehmen müssen.

Das heißt nicht, daß die SED sich zum Thema Wiedervereinigung bereits in den sechziger Jahren nicht mehr geäußert hätte. Noch war von der Teilung als »aufgezwungen« und ihrer Überwindung jedenfalls in den einschlägigen offiziellen Verlautbarungen die Rede, so etwa in dem Freundschaftsvertrag zwischen der Sowjetunion und der DDR aus dem Jahr 1964, der in Art. 7 die alte Formel von der Schaffung »eines friedliebenden, demokratischen deutschen Staates« noch einmal aufnahm,[33] und, sehr deutlich, in der neuen Verfassung, die die DDR sich 1968 gab. Freilich wurde aus dem, was in den fünfziger Jahren noch als ein aktuelles politisches Ziel proklamiert worden war, nun eine historische Perspektive. Die erste Aufgabe war der Aufbau des Sozialismus in der DDR, Westdeutschland würde nach den Gesetzmäßigkeiten der Geschichte folgen. »Die Weltgeschichte«, so steht es in einer Erklärung der Nationalen Front aus dem Jahr 1962, »macht um Westdeutschland keinen Bogen.«[34] Erst wenn die Weltgeschichte auch in Westdeutschland angekommen war, würde die Stunde der Vereinigung schlagen. In Ulbrichts Worten: »Nach der historisch unvermeidlichen demokratischen Umwälzung auch in der westdeutschen Bundesrepublik kann der Weg der Vereinigung der vom Imperialismus gespaltenen deutschen Nation auf der Grundlage der Demokratie und des Sozialismus beschritten werden.«[35]

Das Pathos der Verfassungssprache machte aus dieser Erwartung so etwas wie eine historische Mission. Die Präambel der Verfassung von 1968 beginnt mit den Worten: »Getragen von der Verantwortung, der ganzen deutschen Nation den Weg in eine Zukunft des Friedens und des Sozialismus zu weisen (...).« Art. 8 greift das Thema noch einmal auf, präzisiert die Aussage: »Die Deutsche Demokratische Republik und ihre Bürger erstreben (...) die Überwindung der vom Imperialismus der deutschen Nation aufgezwungenen Spaltung Deutschlands (...).« Aber ob Ulbricht nun von historischen Gesetzmäßigkeiten oder – in der Verfassung – von einer geschichtlichen Mission spricht, das Entscheidende ist doch immer der Nachsatz, daß man für die gesamtdeutsche Perspektive nichts Besseres tun könne, als den Sozialismus in der DDR umfassend zu verwirklichen. Damit, so verkündete es das Parteiprogramm von 1963, würden die Voraussetzungen für die Lösung der nationalen Frage im Sinne des Friedens und des gesellschaftlichen Fortschritts geschaffen.[36] Wiedervereinigung hingegen, verstanden als Verbindung von Sozialismus und Kapitalismus, sei nicht real, so undenkbar wie die »Vereinigung von Feuer und Wasser« – diese Metapher, die Honecker später benutzte, tauchte schon in den sechziger Jahren auf.[37] Damit war in aller Deutlichkeit gesagt: Mit einzelnen Vorleistungen der Bundesrepublik, wie man sie früher gefordert hatte, war es nicht mehr getan. Nur eine von der SED als sozialistisch anerkannte Bundesrepublik konnte mit der sozialistischen DDR vereinigt werden. Der Sozialismus der DDR stand längst nicht mehr zur Disposition, weil die Geschichte selbst mit ihren Gesetzmäßigkeiten nicht zur Disposition stand.

Das Stichwort Konföderation konnte da nicht mehr viel bedeuten, obschon es jedenfalls in der ersten Hälfte der sechziger Jahre noch verwendet wurde. Es bezeichnete jetzt, wie es dem Entwicklungstrend des Ost-West-Konflikts entsprach, allenfalls noch die den besonderen deutschen Verhältnissen angemessene Form der »friedlichen Koexistenz«, ganz gewiß nicht mehr den institutionellen Rahmen für einen Prozeß wechselseitiger Annäherung.

Immerhin ist festzuhalten: Noch wurde nicht bestritten, daß es nur eine deutsche Nation gebe. In Art. 1 der Verfassung von 1968 hieß es ausdrücklich – und alle anderen zitierten Bekundungen stimmen damit überein –, die DDR sei ein sozialistischer Staat deutscher Nation. Das erinnert an die Formel »zwei Staaten – eine Nation«, mit der die Bundesrepublik sich später half. Tatsächlich läßt sich die Position, die die SED von etwa der Mitte der fünfziger Jahre bis zum Anfang der siebziger Jahre offiziell vertrat, ungefähr mit dieser Formel kennzeichnen. Irgendeine praktische Bedeutung hatte das Bekenntnis zu einer Nation in der zweiten Hälfte der sechziger Jahre freilich nicht mehr. 1967 kündigte die SED die gemeinsame Staatsangehörigkeit der Deutschen auf. Und in der Verfassung des nächsten Jahres, die doch so eindringlich noch von der Einheit der Nation sprach, ließ sie auch schon das »Volk der Deutschen Demokratischen Republik« auftreten. Zu den »zwei Staaten« ist anzumerken, daß selbstverständlich nur einer von ihnen, der eigene, als legitim angesehen wurde. Mit diesem Anspruch war die DDR – nicht anders als die Bundesrepublik – gegründet worden. Sie hat ihn nie aufgegeben, konnte ihn auch gar nicht aufgeben, solange sie die Lehren des historischen Materialismus ernst nahm, nach denen sie die Zukunft im allgemeinen und die Deutschlands im besonderen verkörperte, die Bundesrepublik hingegen für die Vergangenheit im allgemeinen und die Vergangenheit Deutschlands im besonderen stand.

Es bleibt die Frage, warum die SED in den sechziger Jahren überhaupt noch von Wiedervereinigung und der einen deutschen Nation sprach. Die Antwort lautet wohl, daß Ulbricht an die Gesetzmäßigkeiten glaubte, die er verkündete, auch an die Mission. Wie weit das Thema Wiedervereinigung die Parteiführung im übrigen noch wirklich beschäftigte, steht dahin. Aber wie immer es mit dem Vertrauen der SED auf den Gang der Geschichte in Sachen deutsche Einheit bestellt war, die operative Deutschlandpolitik war nicht mehr (wenn es denn jemals anders war) von dem strategischen Ziel bestimmt, die Teilung – im Zeichen des Sozialismus – zu überwinden, sondern von dem entgegengesetzten, sie zu befestigen. Die Deutschlandpolitik der fünfziger Jahre, die immer wieder das Bündnis mit den Gegnern Adenauers gesucht und lauthals seinen Sturz betrieben hatte, war konsequent als Wiedervereinigungspolitik präsentiert worden. Die der sechziger Jahre zielte, je länger, desto eindeutiger, erklärtermaßen nur noch darauf, die Bundesrepublik zur Anerkennung der DDR zu bringen. Alle Anstrengungen, subtile wie grobe, waren darauf gerichtet, jene politischen Kräfte in der Bundesrepublik zu stärken – in der SPD, den Gewerkschaften, der Kirche –, von denen man sich dabei Unterstützung versprach. Das heißt: Politisch-praktisch ging es für die SED nur noch um die Zukunft der DDR. Das sollte sich um so deutlicher zeigen, je mehr die Bundesrepublik auf die DDR zuging.

VII.

Die Vorgeschichte der »neuen Bonner Deutschlandpolitik« ist ein Teil der Vorgeschichte der »neuen Bonner Ostpolitik«. Seit dem 13. August 1961, dem immer wieder zu nennenden Datum, war offensichtlich: Die eigentliche deutschlandpolitische Frage hieß bis auf weiteres nicht mehr, wie die Teilung zu überwinden sei, sondern wie man mit ihr leben könne – auf unabsehbare Zeit. Und es war auch offensichtlich, daß ein erträglicher Modus vivendi nur mit der DDR würde gefunden werden können, nicht gegen sie. Es galt, so schwer das fiel, Abschied zu nehmen von den Grundsätzen der fünfziger Jahre: keine Anerkennung der DDR, keine Gespräche mit der SED. Die häßliche Wirklichkeit, die Existenz eines zweiten deutschen Staates, ließ sich nicht länger leugnen, was immer über seine Legitimität zu sagen sein mochte. Man konnte für den Zusammenhalt der Nation im geteilten Land nichts tun, man konnte denen, die unter der Teilung litten, den »Menschen«, von denen in den deutschlandpolitischen Deklamationen und Disputen der siebziger und achtziger Jahre so viel die Rede sein sollte, nicht helfen, ohne sich auf die Wirklichkeit einzulassen.

Man hatte für dieses Sich-auf-die-Wirklichkeit-Einlassen auch nicht unbegrenzt Zeit, denn die internationale Quarantäne, die die Bundesrepublik über die DDR verhängt hatte, würde sich nicht beliebig lange aufrechterhalten lassen. Die Interessen der Staatenwelt, das allgemeine Entspannungsinteresse zumal, standen dagegen. So läßt sich durchaus verstehen, daß Ulbricht, durch den Defensiverfolg des Mauerbaus gestärkt, sich in einer Position

der Überlegenheit sah und die Bonner Politik verspottete: »Die verantwortlichen Politiker in Bonn haben sich selber in ein solches Netz unsinniger Behauptungen und Theorien verstrickt, daß es schwerfällt, sich auszumalen, wie sie da wieder herauskommen wollen.«[38]

Daß er damit nicht so ganz unrecht hatte, wurde der Bonner Politik im übrigen nicht nur in Deutschland selbst, sondern weltweit immer deutlicher vor Augen geführt. 1965 – Walter Ulbricht besuchte triumphierend Nassers Ägypten – kam die Bundesrepublik im Nahen Osten vor allem deshalb in dramatische Schwierigkeiten, weil ihre DDR-Politik sie zu leicht erpreßbar machte. Auch aus den beginnenden Rüstungskontrollgesprächen, erst über ein Teststoppabkommen, dann über den Nichtverbreitungsvertrag, konnte man sehr rasch den Schluß ziehen, daß die Bundesrepublik auf internationale Unterstützung für die deutschlandpolitischen Orthodoxien der fünfziger Jahre immer weniger würde rechnen können. Sie konnte die Welt nicht auf Dauer zwingen, über die Existenz des Staates DDR hinwegzusehen.

Dem Gefühl, so wie bisher könne es deutschlandpolitisch nicht weitergehen, gab zunächst einmal die Publizistik mit wachsendem Eifer Ausdruck. In wichtigen Zeitungen und Magazinen kam in den sechziger Jahren geradezu so etwas wie eine Kampagne für die Anerkennung der DDR in Gang. Dabei waren es von Anfang an nicht nur die plausiblen Argumente des politischen Realismus, sondern auch Hoffnungen, die für die Anerkennung ins Feld geführt wurden. Bei Peter Bender etwa, einem Journalisten, der in der Anerkennungsdebatte eine wichtige Rolle gespielt hat, konnte man lesen: »Die Schwäche der SED-Führung bildet also die Hauptursache für alles, was im SED-Staat dringend änderungsbedürftig ist.«[39] Woraus folgte: Wenn man die SED-Führung stärkte, würde man ihren Staat zum Besseren verändern, konkreter: wenn man den Druck der Nichtanerkennung von der

Beide deutschen Staaten mobilisierten die gemeinsame nationalsozialistische Vergangenheit gegeneinander. Die DDR warf der Bundesrepublik vor, der Nationalsozialismus blühe dort weiter oder neu. Mit ihrer Verleumdungskampagne gegen Heinrich Lübke hatte sie erstaunlichen Erfolg. Für die Bundesrepublik waren »roter« und »brauner« Totalitarismus nahe miteinander verwandt, wesensähnlich. Von den siebziger Jahren an war es allerdings zunehmend verpönt, von dieser Ähnlichkeit zu sprechen.

DDR nahm, würde sie ihren Bürgern größere Freiheiten einräumen. So dachten viele, die für die Revision der bundesrepublikanischen Deutschlandpolitik eintraten. Auch in Egon Bahrs Tutzinger Formel »Wandel durch Annäherung« klingt diese Hoffnung an: Wenn man das Regime stabilisiere, ihm seine »durchaus berechtigten« Existenzsorgen nehme, gebe man ihm die Chance, sich zu liberalisieren.

Was die Parteien angeht, so hatte die SPD, wenn man an Kurt Schumachers unerbittliche Ablehnung jeden Kontaktes mit der SED zurückdenkt, in gewissem Sinne den weitesten Weg zu gehen. Sie ging ihn in vorsichtigen Schritten, aber doch relativ rasch. An die wichtige Rolle, die die »Berliner« dabei spielten, braucht nur noch einmal erinnert zu werden. Energischer als alle anderen Parteien drängte in dieser Phase die F.D.P., bis 1966 Regierungspartei, dann drei Jahre lang allein in der Opposition, auf eine Fundamentalrevision der Deutschlandpolitik. Schon in den fünfziger Jahren war es ja vor allen das Deutschlandthema gewesen, über das die Liberalen sich mit Adenauer entzweit hatten. Jetzt nutzten sie es, als erste aus dem Nichtanerkennungskonsens ausbrechend (was freilich nicht ganz ohne innerparteiliche Auseinandersetzungen abging), entschlossen zur Profilierung. Am schwersten tat sich die Union. Die Überzeugung, man könne einen Unrechtsstaat nicht anerkennen, ohne mit dem Staat auch das Unrecht anzuerkennen, das er verkörpere, verdient Respekt. Der Abgeordnete Karl Theodor von Guttenberg hat ihr 1970, damals schon von einer tödlichen Krankheit gezeichnet, in einer bewegenden, großen Parlamentsrede am eindringlichsten Ausdruck verliehen.[40] Aber die Union wußte keine Antwort auf die Frage, wie für das Nebeneinander der beiden deutschen Staaten auch nur die notwendigsten Regeln vereinbart werden könnten, ohne die DDR anzuerkennen.

Die Parteien, die in den fünfziger Jahren leidenschaftlich für den Vorrang der Wiedervereinigung gefochten hatten, waren, heißt das, nun die Advokaten der Anerkennung der Teilungsrealität, während die Partei der Westintegration, die der Einheit nicht den ersten Platz eingeräumt hatte, sich der Anerkennung der DDR am hartnäckigsten widersetzte. Überraschend ist diese Konfiguration nur auf den ersten Blick. Sieht man genauer hin, so entdeckt man die Kontinuitäten. Für die eine Seite blieb das Deutschlandthema dem Ost-West-Konflikt in gewissem Sinne vorgeordnet, für die andere der Ost-West-Konflikt dem Deutschlandthema. Übrigens hat der Wettbewerb um Wählerstimmen bei diesen Entwicklungen der sechziger Jahre – später wurde das anders – keine bestimmende Rolle gespielt. Die demoskopischen Daten weisen für diese Zeit durchaus noch eine mehrheitliche Zustimmung zur Politik der Nichtanerkennung der DDR aus, spiegeln aber zugleich auch eine allmählich wachsende Bereitschaft wider, sich auf die Teilungsrealität einzulassen.[41] Mit entschiedenen Widerständen brauchte die Politik offenbar ebensowenig zu rechnen, wie sie starke Anstöße zu erwarten hatte.

Es war die Große Koalition, die die ersten vorsichtigen Versuche mit einer neuen Deutschlandpolitik machte. Die treibende Kraft war fraglos die SPD, die mit Herbert Wehner, Deutschlandpolitiker mit Leidenschaft, ja auch den zuständigen Minister stellte. Aber die Union ging die ersten Schritte mit. Dabei half, daß Wehner, der Spiritus rector der Deutschlandpolitik der Großen Koalition, dem Kanzler von allen sozialdemokratischen Kabinettsmitgliedern am nächsten stand.

Schon die Regierungserklärung vom Dezember 1966 klang anders als frühere Regierungserklärungen, pragmatischer, offener, vorsichtig nach Möglichkeiten der Verständigung suchend. Wenig später folgte ein offizielles Verhandlungsangebot an die DDR, das erste nach achtzehn Jahren der Zweistaatlichkeit. Es zeigte, wie weit die Gemeinsamkeit in der Großen Koalition reichte: Verhandlungen über praktische Probleme ja – von den Reisemöglichkeiten bis zum Sport, vom Handel bis zur Kultur –, Anerkennung nein. Das Leben im geteilten Deutschland müsse, so Kiesinger in seinem ersten Brief an den DDR-Ministerpräsidenten, erträglich werden. Die Meinungsverschiedenheiten im Grundsätzlichen müßten ausgeklammert werden. Alles oder nichts könne nicht die Parole sein. Kiesinger war es auch, der in seiner Rede zum 17. Juni 1967 das Wiedervereinigungspostulat mit der historischen Perspektive der Überwindung des Ost-West-Konflikts in einer Formel verknüpfte, die von da an gültig blieb, in zahllosen Varianten immer wieder aufs neue bekräftigt: Ein wiedervereinigtes Deutschland habe eine kritische Größenordnung. Es sei deshalb schwer vorstellbar, daß es sich bei einer Fortdauer der gegenwärtigen politischen Struktur in Europa der einen oder anderen Seite ganz »zugesellen« könnte. »Eben darum kann man das Zusammenwachsen der getrennten Teile Deutschlands nur eingebettet sehen in den Prozeß der Überwindung des Ost-West-Konflikts in Europa.«[42]

Zehn oder fünf Jahre vorher hätte man den Zusammenhang noch umgekehrt formuliert. Jetzt sprach der deutsche Bundeskanzler selbst aus, daß die Wiedervereinigung nicht als Voraussetzung der Entspannung begriffen werden könne, sondern allenfalls als ihre späte Folge zu erhoffen sei. Vor allem aber, und darin lag der Hauptreiz der Kiesingerschen Formulierung: Sie interpretierte die deutsche Teilung als einen Ausschnitt aus der Teilung des ganzen Kontinents und damit als Teil eines gemeineuropäischen Problems. Das alles lief nicht ohne Auseinandersetzungen ab, zwischen den Koalitionspartnern wie innerhalb der Union, bei denen sich Kiesingers Vermittlungsgabe zu bewähren hatte. Wie hätte es auch anders sein können – schon der Entschluß, einen Brief an die Ost-Berliner Regierung zu schreiben und einen Brief von der Ost-Berliner Regierung entgegenzunehmen, war ja eine deutschlandpolitische Revolution.

Das Verhandlungsangebot vom 12. April 1967 stürzte die SED, darauf wiesen schon damals viele Indizien hin, in beträchtliche Verwirrung. Es zwang sie – zum ersten Mal im feindlichen deutsch-deutschen Wechselgespräch – zu reagieren. Die Härte, mit der sie antwortete, zeigt, daß sie die westdeutsche Initiative als Bedrohung empfand. Die Führung hat wohl besonders irritiert, daß die SPD dreist genug war, sich als Partei parallel zu den Erklärungen der Regierung unmittelbar an die Delegierten des VII. Parteitages, der damals gerade zusammentrat, zu wenden, an die Gefolgschaft also, die doch nur zu akklamieren hatte. Jedenfalls begnügte sich die SED-Spitze nicht damit, gegen die Bonner Vorschläge auf uneingeschränkter, völkerrechtlicher Anerkennung als erstem Schritt zu insistieren. Sie mahnte in arrogantem Ton auch politisches Wohlverhalten an – den Verzicht auf die damals aktuelle Notstandsgesetzgebung beispielsweise – und beschimpfte Bonn als »Zentrum der Kriegsgefahr in der Welt«. Zugleich wurden die Verbündeten auf die eigenen Maximalforderungen verpflichtet.

Es ist ein eigentümliches Gemisch aus auftrumpfendem Selbstbewußtsein – Ulbricht glaubte offenbar, die völkerrechtliche Anerkennung ohne jede Gegenleistung erreichen zu können – und elementarer Berührungsangst im Umgang mit dem westdeutschen Nachbarn, das uns hier entgegentritt, Berührungsangst, wie sie übrigens schon 1966 sehr deutlich sichtbar geworden war, als die SED mit der SPD einen Redneraustausch zunächst vereinbart und ihn dann im letzten Augenblick mit fadenscheiniger Begründung wieder abgesagt hatte. »Normale zwischenstaatliche Beziehungen« unablässig zu fordern und sie doch zugleich zu fürchten – diese scheinbare Schizophrenie ist aus der Befindlichkeit der DDR heraus leicht zu erklären. So wie ihr »Normalisierung« im Sinne von vorbehaltloser Anerkennung der Teilung durch den westdeutschen Staat als lebenswichtig erscheinen mußte, so mußte ihr »Normalität« im Sinne nachbarschaftlicher Beziehungen als lebensbedrohlich erscheinen. Für die Bundesrepublik verhielt es sich genau umgekehrt: Sie konnte sich auf die vorbehaltlose Anerkennung der Teilung nicht einlassen, schon aus Verfassungsgründen nicht, aber sie mußte normale nachbarschaftliche Beziehungen wünschen.

So blieb der erste Versuch Bonns, mit Ost-Berlin ins Gespräch zu kommen, denn auch sehr rasch stecken. Und mit dem zweiten, dem der sozial-liberalen Koalition, die der Großen folgte, sah es zunächst nicht besser aus, obwohl die neue Regierung sofort einen Schritt weiter ging, als es die alte getan hatte. Die zentrale deutschlandpolitische Passage der Regierungserklärung, die der neue Kanzler Willy Brandt am 18. Oktober 1969 abgab, begann mit einer Bekräftigung des Verhandlungsangebotes, das schon die Große Koalition der DDR gemacht hatte: Um weitere Auseinandersetzungen der deutschen Nation zu verhindern, müsse man über ein geregeltes Nebeneinander zu einem Miteinander kommen. Dann folgte der entscheidende Satz, eher auf Moskau als auf Ost-Berlin zielend: »Auch wenn zwei Staaten in Deutschland existieren, sind sie doch füreinander nicht Ausland; ihre Beziehungen zueinander können nur besonderer Art sein.«[43]

Damit war nun endlich ausgesprochen, beiläufig, in einem Nebensatz, aber natürlich im vollen Bewußtsein dessen, was da gesagt wurde, was bisher noch kein westdeutscher Regierungschef ausgesprochen hatte: Die DDR ist ein zweiter deutscher Staat. Zugleich war mit Brandts Schlüsselsatz aber auch unmißverständlich gesagt: Die Beziehungen zwischen den beiden deutschen Staaten stehen unter einem Vorbehalt. Eine völkerrechtliche Anerkennung, das hatte Brandt noch ausdrücklich hinzugefügt, komme nicht in Betracht.

Eben dies war es, was die SED aus der Regierungserklärung vor allem heraushörte. Sie reagierte schroff, erneuerte ihre Forderungen nach vorbehaltloser Anerkennung als dem Schritt, der zuerst getan werden müsse. Der Vertragsentwurf, den Ulbricht im Dezember 1969 nach Bonn sandte, kam der neuen Regierung keinen Millimeter entgegen, im Gegenteil: Es war, als wolle die DDR auf jeden Schritt, den die Bundesrepublik auf sie zu tat, mit noch kategorischeren Forderungen antworten. Glaubte Ulbricht wirklich, die Bundesrepublik deutschlandpolitisch zu einer bedingungslosen Kapitulation zwingen zu können? Fürchtete er jede Vereinbarung mit der Bundesrepublik trotz aller Gewinne, die dabei zu machen waren, weil er eine geregelte Nachbarschaft seinem Staat im Grunde nicht zutraute?

Wie auch immer, als die beiden Regierungschefs, Bundeskanzler Brandt und Ministerpräsident Stoph, im Frühjahr 1970 tatsächlich zu zwei Gesprächen zusammentrafen, am 19. März in Erfurt (Ost-Berlin schied aus, da man sich über den Anreiseweg nicht hatte einigen können) und am 21. Mai in Kassel, bewegte sich nichts. Über die aufs Praktische gerichteten Verhandlungsvorschläge, die Brandt in Kassel in einem Zwanzig-Punkte-Katalog präsentierte, ging Stoph schroff hinweg. Einzig an der Fortentwicklung der Wirtschaftsbeziehungen bekundete er ein deutliches Interesse, aber ohne jede Flexibilität in der Grundposition. So blieb denn nach dem zweiten Treffen nichts anderes übrig, als eine »Denkpause« zu vereinbaren. Perspektiven hatten die frostigen Gespräche nicht eröffnet.

Trotzdem erinnert man sich jedenfalls des Erfurter Treffens als eines Tages von besonderer Bedeutung in der Geschichte der deutschen Teilung – zu Recht. Brandt selbst hat diesen Tag rückblickend mit noch immer nachwirkender Bewegung als ein unvergleichliches Ereignis beschrieben.[44] Da hatte er am Fenster seines Hotels, des »Erfurter Hofes«, gestanden, die Menschen draußen hatten ihm zugewinkt und zugerufen, so wie sie ihm schon an den Bahngleisen zugewinkt hatten; die Sicherheitskräfte hatten die spontane Demonstration der Sympathie und der Hoffnung nicht verhindern können; Brandt selbst hatte den Enthusiasmus mit einer behutsamen Geste dämpfen müssen. Dieser Augenblick hatte klargemacht: Mit der Erfurter Begegnung, mit der Person Brandts, mit dem ostpolitischen Aufbruch der neuen Bonner Regierung verbanden sich Erwartungen, die den Machthabern in der DDR unheimlich sein mußten. Und mehr noch: Was Stoph drinnen Brandt entgegensetzte, der von der Einheit der Nation, die es zu wahren gelte, gesprochen hatte – man könne nicht wahren, was nicht vorhanden sei –, wurde von den Menschen draußen dementiert.

Beim Besuch Willi Stophs am 21. Mai 1970 in Kassel ging die NPD gegen die Ostpolitik Brandts auf die Straße. Es kam zu einer Attacke auf die Fahne der DDR, für die Brandt sich bei seinem Gast Stoph entschuldigen mußte. Tatsächlich ist um die Ostpolitik der sozial-liberalen Koalition, die Deutschlandpolitik eingeschlossen, leidenschaftlich gestritten worden. Aber der Rechtsradikalismus hat in diesen Auseinandersetzungen so gut wie keine Rolle gespielt und von ihnen überhaupt nicht profitiert. Das war in der Weimarer Republik, beim Kampf gegen die »Erfüllungspolitik«, ganz anders gewesen.

Für die zweite Zusammenkunft entschied die aufgeschreckte SED-Führung daraufhin, daß sie mehr als eine deutsch-deutsche Konfrontation unter keinen Umständen werden dürfe, und viel mehr wurde sie ja auch nicht. Westdeutsche Demonstranten trugen übrigens das Ihre dazu bei. Spätestens nach dem fruchtlosen Kasseler Treffen war offenkundig, daß nur der Weg über Moskau würde weiterführen können. Für die Bonner Politik war das keine Überraschung. Sie hatte sich von Anfang an strategisch wie taktisch auf den Primat der Sowjetunion eingestellt. Die Verhandlungen mit Moskau waren bereits in vollem Gange, als Brandt und Stoph sich trafen, und erst als die Vereinbarungen mit der Sowjetunion, auch mit Polen ausgehandelt waren, wurden die Gespräche mit der DDR wiederaufgenommen.

I.

Nicht das ganze Geflecht der Ostverträge, wohl aber die deutsch-deutschen Verträge sind nun noch einmal genau ins Auge zu fassen. Es waren zunächst drei. Zwei von ihnen regelten Fragen des innerdeutschen Verkehrs, des innerdeutschen Reiseverkehrs im besonderen, und beide waren von eminenter praktischer Bedeutung: das sogenannte Transitabkommen, den Berlin-Verkehr betreffend, eine Ergänzung des Berlin-Abkommens der vier Mächte – im zweiten Halbjahr 1971 ausgehandelt, eröffnete es bezeichnenderweise die Reihe der deutsch-deutschen Vereinbarungen –, und der Verkehrsvertrag, im Mai 1972 unterzeichnet, in dem es um den Verkehr zwischen den beiden deutschen Staaten ging. Erst nach diesen Vorarbeiten ging man im Juni 1972 – Moskauer, Warschauer und Berliner Vertrag waren bereits in Kraft getreten – daran, in einem dritten Vertrag das eigentliche Fundament für die deutsch-deutschen Beziehungen zu legen.

Nach überaus zähen Verhandlungen – der westdeutsche Unterhändler Egon Bahr hat sie die schwierigsten genannt, die er zu führen hatte, und sein ostdeutsches Gegenüber, den Staatssekretär Michael Kohl, nicht gerade liebenswürdig charakterisiert[45] – wurde der sogenannte Grundlagenvertrag am 8. November 1972, elf Tage vor der vorgezogenen Bundestagswahl, paraphiert, im Dezember dann unterschrieben. Er war im Kern ein Vertrag der Anerkennung der DDR durch die Bundesrepublik, und es fehlte in der wortreichen Ausformulierung dieses Anerkennungsaktes nicht an Vokabeln, die der DDR wichtig waren: Gleichberechtigung, souveräne Gleichheit aller Staaten, Nichtdiskriminierung, Unverletzlichkeit der Grenzen, territoriale Integrität.

Die Bundesregierung auf der anderen Seite hatte nach langem Ringen in der Präambel die Formulierung »unbeschadet der unterschiedlichen Auffassungen der Bundesrepublik Deutschland und der Deutschen Demokratischen Republik zu grundsätzlichen Fragen, darunter zur nationalen Frage«, untergebracht.[46] Sie hatte darüber hinaus den Brief zur deutschen Einheit, der in Moskau geholfen hatte, mit einem unauflöslichen Dissens umzugehen, auch der Ost-Berliner Regierung überreicht und hatte durchgesetzt, daß die Rechte der vier Mächte ausdrücklich in Erinnerung gerufen wurden, freilich nicht im Vertrag selbst, sondern nur in einem Briefwechsel und ohne daß das Objekt dieser Rechte, »Deutschland als Ganzes«, beim Namen genannt wurde. Dem Verlangen der DDR, Botschafter auszutauschen, hatte sie nicht nachgegeben – die DDR mußte sich mit »ständigen Vertretungen« begnügen; auch der Dissens in der Staatsangehörigkeitsfrage war festgehalten worden. Die eigentliche Gegenleistung der DDR für die Anerkennung sollte aber der Art. 7 des Vertrages sein, das Versprechen der DDR, »praktische und humanitäre Fragen« zu regeln.

Der Grundlagenvertrag hat sich viel Kritik gefallen lassen müssen. Seine Hauptschwäche war nicht die überaus vage Form der Anspielung auf die nationale Frage in der Präambel – Honecker hatte Bahr im vertraulichen Gespräch ausdrücklich erklärt: »Wir

21. Dezember 1972 – der Grundlagenvertrag zwischen der Bundesrepublik und der DDR ist unterzeichnet, die beiden Unterhändler Egon Bahr und Michael Kohl geben eine Presseerklärung ab.

23 Jahre waren seit der Gründung der beiden deutschen Staaten vergangen, siebzehn Jahre gemeinsame Existenz lagen noch vor ihnen. Daß es Zeit war für einen vereinbarten Modus vivendi, ließ sich nicht ernstlich bezweifeln.

Die Hoffnung, daß die Bundesrepublik dabei auf die Dauer die besseren Karten haben würde, hat sich erfüllt, auch wenn es keineswegs immer so aussah.

werden keinen Vertrag unterschreiben, in dem das Wort Einheit der Nation und Wiedervereinigung vorkommt.«[47] Daran war nicht vorbeizukommen. Sie lag auch nicht in dem mehrfachen Ausweichen in die Feststellung, man habe sich nicht einigen können – zuerst erprobt in den Berliner Passierscheinabkommen der sechziger Jahre –, oder in anderen Notlösungen wie Protokollnotizen und Briefwechsel. In alledem spiegelt sich, wie schwierig es für die beiden deutschen Staaten war, überhaupt zu einer Vereinbarung zu kommen. Die Hauptschwäche des Vertrages war, daß die Bundesrepublik ihre Leistung, die Anerkennung, unwiderruflich erbrachte, während die DDR ihre Gegenleistung, die »Regelung praktischer und humanitärer Fragen«, nur in Aussicht stellte.

Gewiß hat die DDR einige konkrete, für die Bundesrepublik besonders wichtige Zusagen wenn auch nicht im Vertrag selbst so doch in unmittelbarem Zusammenhang mit dem Vertrag gemacht, vor allem in dem Briefwechsel zur Familienzusammenführung und zu Reiseerleichterungen. Aber im wesentlichen waren es mehr oder weniger präzise Zukunftsversprechungen, die sie abgab. Die Frage ist nur: Konnte es anders sein? Hatte diese Asymmetrie ihren Grund nicht in den Verhältnissen selbst? Die Bundesrepublik mußte die Anerkennung, die der DDR die Tür zur UNO aufschloß und sie in die Weltstaatengemeinschaft einführte, nicht rückholbar aussprechen. Die DDR behielt die Gestaltung der Beziehungen zum anderen deutschen Staat, behielt vor allem die Kontrolle über ihre eigenen Untertanen in der Hand. Auch sorgfältiger ausgearbeitete vertragliche Verpflichtungen hätten daran, wie sich zeigen sollte, nicht viel ändern können. Die Bundesrepublik hat lernen müssen, daß sie für alles, was sie von der DDR wollte, bar zahlen mußte – das wurde zum Grundgesetz der deutsch-deutschen Beziehungen. Der Art. 7 des Grundlagenvertrages hat da wenig geholfen. So ist denn auch der Vorwurf, die Bundesregierung habe, um bei den Bundestagswahlen im November ein Ergebnis vorzeigen zu können, in unguter Hast verhandelt, in der Sache zwar nicht falsch, aber vermutlich nicht sehr gewichtig, zumal sich nicht feststellen läßt, ob der Zeitdruck die Verhandlungsposition des Gegners oder die der Bundesregierung stärkte – Honecker war erklärtermaßen an einem Wahlsieg der Regierung Brandt interessiert.[48]

Man kann im übrigen die Frage, ob die Bundesregierung mehr hätte erreichen können, auch umdrehen: Warum hat die DDR, die doch damit rechnen konnte, daß ihr internationaler Durchbruch so oder so nicht mehr sehr lange auf sich warten lassen würde, einen Vertrag unterschrieben, der ihr die vorbehaltlose Anerkennung durch die Bundesrepublik nicht brachte? Wurde Honecker von den Verträgen von Moskau, Warschau, Berlin gewissermaßen mitgezogen? Schätzte er Bonns Blockierungsmacht doch immer noch so hoch ein, daß es sich lohnte, einen Preis für die Freigabe des Weges zu zahlen? Vor allem aber: Hat die Sowjetunion Druck ausgeübt? Während der Moskauer und Berliner Verhandlungen hatte Moskau keine sonderliche Rücksicht auf die DDR genommen. Eine rasche Ratifizierung des Moskauer Vertrages war dem Kreml wichtig. Und an dem Wahlsieg Brandts war Breschnew nicht weniger interessiert als Honecker, eher mehr. Es wäre also durchaus stimmig, wenn die Sowjetunion die DDR gedrängt hätte, sich mit Bonn zu einigen. Andererseits gibt es keine Hinweise auf eine solche Einflußnahme. Vielmehr scheint die Hauptsorge Moskaus die gewesen zu sein, die DDR könne in Abhängigkeit von der Bundesrepublik geraten. Breschnew ermahnte Honecker ausdrücklich zur Wachsamkeit, warnte ihn vor einer Annäherung zwischen der Bundesrepublik und der DDR. »Das will Brandt, das will Strauß, will die westdeutsche Bourgeoisie«,[49] aber dazu dürfe es nicht kommen. Ein unklares Bild.

Es wird nicht klarer, wenn man Ulbrichts überraschende Ablösung als Erster Sekretär des ZK der SED im März 1971 – das war die Zeit der Vier-Mächte-Verhandlungen über Berlin – in die Überlegungen einbezieht. Hat sie, wie gelegentlich vermutet wird, überhaupt erst den Weg freigemacht für deutsch-deutsche Kompromisse? Daß die Intransigenz von Erfurt und Kassel in den Verhandlungen der Jahre 1971/72 nicht ganz durchgehalten wurde, könnte ein Indiz sein. Konzessionsbereiter gegenüber der Bundesrepublik als Honecker war Ulbricht jedenfalls ganz sicher nicht, mag ihm auch die »nationale Frage« wichtiger gewesen sein als seinem Nachfolger. Andererseits scheint es, als habe die Kremlführung Ulbricht in deutsch-deutschen Dingen zu dieser Zeit weniger getraut als Honecker.

Auf keinem anderen Feld mußte Moskau die unbedingte Verläßlichkeit und Loyalität seines Ost-Berliner Statthalters wichtiger sein als auf dem der deutsch-deutschen Beziehungen. Es ist deshalb gut denkbar, daß die Neigung zu Eigenmächtigkeiten, die Ulbricht in seinen letzten Amtsjahren entwickelt hatte, dem Kreml im Blick auf die sich anbahnenden deutsch-deutschen Kontakte als ein besonderes Risiko erschien.

Tatsächlich hat Breschnew in einem Gespräch mit dem Kronprinzen Honecker Ende Juli 1970, kurz vor der Unterzeichnung des Moskauer Vertrages, »Walter« mit einiger Schärfe der Neigung zur Zusammenarbeit mit der westdeutschen Sozialdemokratie verdächtigt, ob zu Recht oder Unrecht, steht dahin.[50] Ähnlich könnte für die Frondeure in Ulbrichts eigener Partei eine Rolle gespielt haben, daß es ihnen angesichts der deutschlandpolitischen Offensive der Regierung Brandt am sichersten erschien, von Wiedervereinigung überhaupt nicht mehr zu sprechen, auch von einer Wiedervereinigung im Zeichen des Sozialismus nicht, wie es die Ulbricht-Verfassung von 1968 noch sehr demonstrativ tat und wie sie ja wohl auch zu Ulbrichts Zukunftsvision bis zum Ende gehörte. Das mochte gegen den alt gewordenen Generalsekretär in die Waagschale fallen. Man sieht: Daß die Deutschlandpolitik bei der Ablösung Ulbrichts im Spiel war, ist wahrscheinlich. Aber die Indizien dafür weisen nicht alle in die gleiche Richtung.

Von der Staatengemeinschaft wurde die Unterzeichnung des Grundlagenvertrages durchaus als ein historischer Augenblick wahrgenommen. Die Londoner »Times« gab dem am deutlichsten Ausdruck: Der Vertrag besiegele nach nur 101 Jahren die Zerstückelung von Bismarcks Reich. Sie fügte hinzu: Europa tut das nicht allzu leid. Die »Daily Mail« sprach gar von einem Tag des Feierns.[51] Nicht überall wurde man so deutlich wie in England. Aber daß durch den Vertrag nicht nur ein vorübergehender Modus vivendi begründet, sondern die Teilung endgültig vollzogen werde, das war die allgemeine Überzeugung. Unglücklich war darüber jenseits der deutschen Grenzen in der Tat niemand.

II.

Es ist nicht erstaunlich, daß die Frage, ob der Grundlagenvertrag – wie es das Ausland wahrnahm – ein Teilungsvertrag, gar der die Geschichte des deutschen Nationalstaates abschließende Teilungsvertrag sei, in der Bundesrepublik zwischen Regierung und Opposition in heftigem Streit diskutiert wurde. Dies war ja wirklich die Frage, der sich die ganze Ostpolitik stellen mußte: Kapitulierte sie einfach vor dem Status quo? Die Regierung verneinte sie. Die Opposition bejahte sie und stimmte fast geschlossen gegen den Grundlagenvertrag, während sie den Moskauer und den Warschauer Vertrag durch Stimmenthaltung hatte passieren lassen, freilich in einer anderen parlamentarischen Konstellation, einer Pattsituation, in der das Schicksal der Verträge an ihr hing, während sie nach den Novemberwahlen 1972 wirklich nur Opposition war, nichts sonst.

Das Verfassungsgericht anzurufen, war dann allerdings eine Entscheidung der bayerischen Staatsregierung, nicht der Unionsfraktion. Das Urteil, das im Juli 1973 – kaum zehn

Wochen waren seit der Einreichung der Klage vergangen – erging, übrigens einstimmig, gehört auf bemerkenswerte Weise zu den denkwürdigen, für die Geschichte der Bundesrepublik bedeutsamen Entscheidungen des Gerichts.[52] Es wies die Klage ab und wurde doch allgemein als Sieg der klagenden Seite empfunden. Es schien die Politik zu behindern und hat ihr doch geholfen. Es wurde als weltfremd verspottet und hat sich doch auf seine Weise als sehr realistisch erwiesen.

Dabei waren es nicht die angestrengten, etwas spitzfindigen Bemühungen, das Verhältnis zwischen Bundesrepublik, DDR und dem »fortbestehenden Deutschen Reich« oder den Charakter der Verträge zwischen den beiden deutschen Staaten juristisch zu deuten, auf die es wirklich ankam. Es war die einfache Botschaft, mit dem Rang verbindlicher Verfassungsauslegung ausgestattet, daß das Grundgesetz die Bundesrepublik auf das Ziel »Wiedervereinigung« verpflichte, die definitive Anerkennung der Teilung mithin verbiete. Die Sätze, in denen das Gericht, an die Verfassungspflicht des westdeutschen Staates erinnernd, sich für eine mögliche gesamtdeutsche Zukunft offenzuhalten, Art. 23, den späteren Wiedervereinigungsartikel, als eine zentrale Norm des Grundgesetzes beschrieb, wirken beinahe prophetisch. Von eminenter praktischer Bedeutung war es, daß das Gericht die eine Staatsangehörigkeit aller Deutschen als in der Verfassung verankert festschrieb. Das band der zukünftigen Deutschlandpolitik in der Tat die Hände und sollte ihr die Hände binden.

»Die Weltgeschichte ist kein Amtsgericht«, mit dieser viel zitierten Bemerkung hat Willy Brandt gelegentlich seinem Unmut über eine dominant juristische Auffassung und Handhabung der deutschen Frage Ausdruck gegeben.[53] Er hatte recht, wenn er sagen wollte, Deutschlandpolitik könne nicht in der Verteidigung von Rechtspositionen bestehen. Er hatte unrecht, wenn er sagen wollte, man könne Deutschlandpolitik ohne Verteidigung von Rechtspositionen betreiben. Der Wirklichkeit nachzugeben ist nicht immer ein Gebot der politischen Vernunft, geschweige denn der Moral. Rechtspositionen können helfen, gegen die Wirklichkeit durchzuhalten. Deutschlandpolitik war angesichts der vom Ost-West-Konflikt für Jahrzehnte eingefrorenen Teilung in besonderer Weise darauf angewiesen, der normativen Kraft des Faktischen die faktische Kraft des Normativen entgegenzusetzen, ohne sich dadurch zur Unbeweglichkeit verurteilen zu lassen. 1989/90 sollte sich zeigen, welche Bedeutung den oft verspotteten Rechtsvorbehalten zukam, von der Vier-Mächte-Verantwortung für Deutschland als Ganzes bis hin zur einen deutschen Staatsbürgerschaft. Das Urteil von 1973 hat seinen Anteil daran, daß sie verfügbar blieben.

Natürlich ist das nicht so zu verstehen, als hätte die Bonner Deutschlandpolitik nicht über das Grundgesetz hinaus denken dürfen. Auf die Dauer mußte die Wiedervereinigungsforderung des Grundgesetzes konsequent in das Selbstbestimmungspostulat umgedacht und es mußten die Deutschen Ost und die Deutschen West als jeweils eigene Subjekte des Selbstbestimmungsrechtes aufgefaßt werden. Denn der Status-quo-Vorbehalt des Grundgesetzes konnte langfristig nur als Vorbehalt gegen eine nicht durch das Selbstbestimmungsrecht legitimierte Teilung durchgehalten werden. Das schloß die Wiedervereinigung nicht aus, forderte sie aber auch nicht als Selbstverständlichkeit. In der Deutschlandpolitik der sozial-liberalen Koalition, in der veränderten Weise, in der man in den siebziger Jahren über die deutsche Frage zu reden begann, war das als Möglichkeit angelegt, nicht zuletzt bei Brandt selbst. Aber mit wirklicher Konsequenz hat man diese Umdeutung der Deutschlandpolitik dann doch nicht vollzogen. Die neue Deutschlandpolitik blieb konzeptionell merkwürdig unfertig. Und an der Frage, wie sich der Vorbehalt gegen den Status quo, mit dem der westdeutsche Staat gegründet worden war, langfristig schlüssig rechtfertigen lasse, vorbei schob sich die Frage in den Vordergrund, ob er denn überhaupt aufrechterhalten werden solle.

III.

Für die DDR war die Anerkennung durch die Bundesrepublik so etwas wie eine zweite Geburt. Jetzt erst, 23 Jahre nach ihrer Gründung, wurde sie mit ihrem Eintritt in die Staatengemeinschaft Staat unter Staaten. Bis 1969 hatte sie mit der diplomatischen Anerkennung durch ganze neunzehn Staaten leben müssen, im wesentlichen die, die unter Moskauer Kuratel standen. In der Phase der Verhandlungen über die Ostverträge bis zur Paraphierung des Grundlagenvertrages am 8. November 1972 waren noch einmal zwölf dazugekommen, darunter das gewichtige Indien. Dann erst öffnete sich das Tor. Die DDR konnte in die UNO einziehen, und es nahmen nicht weniger als 79 Staaten in den beiden der Vertragsunterzeichnung folgenden Jahren mit der DDR diplomatische Beziehungen auf. Das heißt zum einen: Die Bundesrepublik hat die strategische Position, die ihr Verhandlungsmacht gab, bis zum entscheidenden Datum halten und nutzen können, wenn auch am Ende nur noch in einem Wettlauf mit der Zeit. Es heiß aber ebenso: Vom November 1972 an war eine neue Verhandlungskonstellation gegeben. Die DDR war stärker, die Bundesrepublik war schwächer geworden.

Die DDR reagierte freilich auf die lang ersehnte Aufnahme in die Staatengemeinschaft nicht so, wie die es gehofft und vorhergesagt hatten, die im Westen für die Anerkennung eingetreten waren. Was immer ihr an Selbstbewußtsein durch den Statusgewinn zugewachsen sein mag, im innerdeutschen Verhältnis erzeugten die neuen Gegebenheiten zunächst einmal defensive Nervosität. Von größerer Gelassenheit und Souveränität keine Spur. Das Problem der DDR war, und dabei blieb es, eben nicht, daß ihr die äußere Anerkennung fehlte, ihr Problem war ihre innere Legitimitätsschwäche. Und an dieser Front sah sie durch das »geregelte Nebeneinander«, das die Bundesrepublik anstrebte, neue Gefahren heraufziehen. Man mußte allen Hoffnungen im eigenen Land, aus dem Nebeneinander könne ein Miteinander werden, entgegentreten. Man mußte aber auch allen Möglichkeiten der Einwirkung von West nach Ost, die sich aus den neuen Verhältnissen ergeben mochten, entgegenwirken. Hastig wurde die Abgrenzung zwischen Sozialismus und Kapitalismus zu einem gesetzmäßig ablaufenden historischen Prozeß erhoben. Zum Vollzug dieser Gesetzmäßigkeit gehörte vor allem, daß die Idee der einen deutschen Nation beinahe von einem Tag auf den anderen preisgegeben wurde.

Um die Jahreswende 1969/70 begann Ulbricht, auf Brandts ersten »Bericht zur Lage der

Es ist kein Zufall, daß die DDR die letzten Spuren gesamtdeutschen Denkens aus ihrer Verfassung, auch aus dem Freundschaftsvertrag, der sie an die Sowjetunion band, tilgte, als der Prozeß einer gewissen Normalisierung der deutsch-deutschen Beziehungen begann – Mitte der siebziger Jahre. Im Grunde gab sie mit dieser Säuberung zu erkennen, daß sie sich in der Defensive sah. Die Strategie der Abgrenzung war aber, wie sich in den achtziger Jahren zeigen sollte, nicht wirklich durchzuhalten. Die Karikatur »Vertragsrevision« von Peter Leger erschien am 8. Oktober 1975 in der »Hannoverschen Allgemeinen Zeitung«.

Nation« reagierend, sich von dem zu distanzieren, was er eben noch in die Verfassung hineingeschrieben hatte.[54] Und bald darauf, auf dem VIII. Parteitag der SED im Jahre 1971, erklärte Honecker die nationale Frage ganz offiziell für erledigt. »Was die nationale Frage betrifft, so hat darüber bereits die Geschichte entschieden.«[55] Damit war der Weg frei für die Proklamation zweier Nationen, einer kapitalistischen und einer sozialistischen, durch einen unüberwindbaren Klassengegensatz getrennt. Und dabei blieb es, obwohl die Parteiführung mit diesem plötzlichen Manöver selbst in den eigenen Reihen auf Unverständnis stieß. Die Verfassung wurde 1974 – ganz rasch ließ sich die Operation offenbar nicht vollziehen – gereinigt. Es verschwanden alle Hinweise auf die deutsche Nation und die Wiedervereinigung. Und im Parteiprogramm von 1976 wurden die zwei Nationen festgeschrieben.

»Gereinigt« wurde auch sonst – man befolge damit nur das Gebot der Nichteinmischung, war Honeckers gelegentlicher Kommentar gegenüber westdeutschen Gesprächspartnern.[56] Die Nationalhymne Johannes R. Bechers, die Deutschland als »einig Vaterland« besang, wurde zur Hymne ohne Text, der »Deutschlandsender« zur »Stimme der DDR«, die »Nationale Front des demokratischen Deutschlands« zur »Nationalen Front der DDR« – die Aufzählung läßt sich fortsetzen. Honecker mag das alles leichter gefallen sein, als es Ulbricht gefallen wäre, für den die Idee, die DDR sei die Keimzelle eines zukünftigen sozialistischen Gesamtdeutschlands wohl eine viel realere Bedeutung hatte als für seinen Nachfolger. Gerade deshalb ist es wichtig festzuhalten, daß die Abgrenzungsobsession auch Ulbricht schon auf den Weg gewiesen hatte, den Honecker dann weiterging. »Zwei Staaten – zwei Nationen« war nun die verbindliche Lehre, auch wenn man hinzufügen muß, daß die SED den Glaubensartikel »zwei Nationen« angesichts der Irritationen, die sie damit auslöste, nicht besonders nachdrücklich verfocht. Natürlich ist es kein Zufall, daß die SED das alte Dogma »zwei Staaten – eine Nation«, das lange gegolten hatte, genau in dem Augenblick verwarf, da der westdeutsche Staat sich nach langem Sträuben auf diese Formel einließ. Sie verwarf es, eben weil der Gegner es aufnahm. Man mußte neuen Abstand schaffen.

Sosehr sich hier noch einmal zeigt, daß jeder einzelne Schritt der Deutschlandpolitik der DDR taktisch zu erklären ist, der Entwicklung insgesamt, die von der Beschwörung von Einheit und Nation 1949 zur deutlichen Absage an Einheit und Nation in den frühen siebziger Jahren führte, liegt doch eine Logik zugrunde. Nach einem Vierteljahrhundert ständiger Revisionen war die DDR deutschlandpolitisch bei dem Selbstverständnis angelangt, auf das ihr elementares Überlebensinteresse sie von Anfang an verwies: bei der strikten, zu Ende gedachten Zweistaatlichkeit. Alles andere, alles Festhalten an gesamtdeutschen Perspektiven hieß für die DDR – einen Staat ohne Legitimität –, anders als für die Bundesrepublik, wenn es denn ernst gemeint war, sich selbst zu widerrufen. Deshalb konnte es niemals ernst gemeint sein. Es ist im übrigen eine bemerkenswerte Koinzidenz, daß der SED-Staat in dem Augenblick, in dem er sich auf die Fiktion zurückzog, ein Nationalstaat aus eigenem Recht zu sein, auch das wirkliche, einzige Fundament seiner Existenz benannte und beschwor: In Art. 6 Abs. 2 der revidierten Verfassung von 1974 erklärte er das Bündnis mit der Sowjetunion für ewig: »Für immer und unwiderruflich« sei die Deutsche Demokratische Republik mit der Union der Sozialistischen Sowjetrepubliken verbündet, heißt es dort – als Verfassungsbestimmung eine Absurdität, der Sache nach das realistische Eingeständnis, daß die DDR ohne den großen Protektor in Moskau nicht leben, nicht überleben könne. Im Bündnisvertrag zwischen der Sowjetunion und der DDR vom Oktober 1975 findet sich exakt dieselbe Formulierung. Nähme man sie ganz ernst, so müßte man von einer Art von Anschluß der DDR an die Sowjetunion sprechen, den die SED auf der Suche nach Überlebensgarantien für ihren Staat und ihre Herrschaft betrieben habe.

Hinzuzufügen bleibt: Das Stichwort Vereinigung ist auch nach der letzten deutschlandpolitischen Wende, die die DDR mit der Säuberung der erst sechs Jahre alten Verfassung 1974 so demonstrativ vollzog, ein paarmal noch gefallen. Honecker selbst hat gelegentlich öffentlich geäußert, die Frage der Vereinigung der beiden deutschen Staaten werde sich neu stellen, wenn die Arbeiterklasse auch in Westdeutschland die Macht erobert haben werde.[57] Aber als Hinweis darauf, daß die Wiedervereinigung für die DDR doch noch ein Thema gewesen sei, sind solche Bemerkungen ganz sicher fehlinterpretiert. Selbst wenn Helmut Schmidt richtig beobachtet hätte – »Je älter er (Honecker) wurde, desto deutscher wurde sein Empfinden«[58] –, selbst wenn es zuträfe, daß, wie berichtet wird, die Erinnerung an seine saarländische Herkunft dem ersten Mann der DDR im Alter immer lebendiger wurde,[59] die Deutschlandpolitik der DDR wurde nicht von Sentimentalitäten bestimmt, sondern von Interessen, vom Interesse der herrschenden Kaste an ihrem eigenen Staat, an sich selbst. Nur im Glauben – fest oder auch nicht so fest – an die Verheißung, der Sozialismus werde »gesetzmäßig« überall, folglich auch in Westdeutschland, siegen, lebte eine gesamtdeutsche Perspektive fort.

Bemerkenswert ist freilich, daß auch Kritiker in den eigenen Reihen Honecker hinter vorgehaltener Hand gelegentlich gesamtdeutscher Neigungen verdächtigten. Honecker gleite, heißt es in einer Notiz von Politbüromitglied Werner Krolikowski aus dem März 1980, mit seiner Deutschlandpolitik »in den Sumpf des Nationalismus« ab. Und die Erklärung dafür wird gleich mitgeliefert: »Es ist eben ein Paradoxum (sic!), daß ein eingefleischter Westdeutscher an der Spitze der DDR steht.«[60] Seine Herkunft aus dem Saarland machte den Generalsekretär offensichtlich manchem Genossen verdächtig. Aber noch einmal: Es gibt keinen Hinweis darauf, daß Honecker im Umgang mit der Bundesrepublik jemals anderes im Sinn gehabt hätte als seinen, den SED-Staat.

IV.

Die dritte Phase in der Geschichte der – fortdauernd antagonistischen, aber nun doch vertraglich geregelten – deutsch-deutschen Beziehungen hat bis zum plötzlichen Ende der DDR, also gut anderthalb Jahrzehnte, gedauert. Antagonistisch heißt konkret: Für die DDR, die in den ersten Jahren ihrer Existenz, mehr im sowjetischen Interesse als in ihrem eigenen, das Wiedervereinigungsziel zumindest verbal offensiv verfochten, dann, immer stärker auf sich selbst konzentriert, den Kampf um ihre Anerkennung geführt hatte, ging es jetzt um zweierlei – zum einen darum, die letzten störenden westdeutschen Anerkennungsvorbehalte aus der Welt zu schaffen, zum anderen darum, sich das der anderen Seite zu konzedierende Minimum an deutsch-deutschen Beziehungen so teuer wie möglich bezahlen zu lassen, drastischer formuliert: die Bundesrepublik so gut wie möglich ökonomisch auszubeuten. Sich mit der Bundesrepublik einzulassen, um etwas aus ihr herauszuholen, und dabei doch die Politik der Abgrenzung so konsequent wie möglich weiterzuführen – das war der Balanceakt, an dem die DDR vom Beginn der siebziger Jahre an sich versuchen wollte und mußte.

Für die Bundesrepublik hingegen mußte es das Ziel ihrer Deutschlandpolitik sein, unter Wahrung eines letzten, prinzipiellen Vorbehaltes gegen den Status quo ein Maximum an »menschlichen Erleichterungen« gegen die Unmenschlichkeiten der Teilung durchzusetzen. Was praktisch vor allem bedeutete, die Grenzen, so gut es eben ging, etwas durchlässiger zu machen. Mit dem Ziel, die Teilung erträglicher zu machen, war ein zweites, politischeres Ziel verknüpft: Die westdeutsche Deutschlandpolitik setzte sich zur Aufgabe, »das Bewußtsein der Zusammengehörigkeit aller Deutschen zu stärken, Verbindendes zu erhalten und neue Gemeinsamkeiten zwischen ihnen zu stiften«; und zwar durch »Begegnungen in wachsender Zahl und Intensität zwischen den Menschen der beiden Staaten Deutschlands« – so hat es eine Regierungserklärung des Jahres 1987 formuliert.[61] Alle Regierungserklärungen der siebziger und achtziger Jahre hätten es so formulieren können.

Stellt man diese Absichten der beiden deutschen Staaten einander gegenüber, so wird deutlich: Das war gewiß keine Konstellation, in der gute Nachbarschaft gedeihen konnte, aber doch eine, in der manches möglich war. Helmut Schmidt hat die Quintessenz der Beziehungen, die sich bei dieser Interessenlage entwickeln konnten, in der ihm eigenen kühlen Sachlichkeit einmal auf die knappe Formel »mehr Menschlichkeit gegen Kasse« gebracht.[62] Es gab denn auch zwischen den beiden deutschen Staaten Möglichkeiten eines sehr besonderen Tauschhandels, wobei die Schmidtsche Formel auch darauf aufmerksam macht, daß die DDR in diesem Geschäft in gewissem Sinn die stärkere Verhandlungsposition hatte. Sie handelte mit einem beliebig dosierbaren, jederzeit rücknehmbaren Gut, das für die Bundesrepublik weit mehr als einen ökonomischen Wert hatte, mußte freilich, und das ist die andere Seite der Sache, in diesem Handel immer wieder neu ihre ökonomische wie ihre legitimatorische Schwäche eingestehen.

Es versteht sich von selbst, daß auch in dieser Phase die beiden deutschen Staaten nicht mit sich allein waren. Der Ost-West-Konflikt im großen übte weiter seinen Einfluß auf die deutsch-deutschen Verhältnisse aus: die Helsinki-Vereinbarungen von 1975, Kulminationspunkt eines Jahrzehnts der Entspannungsbemühungen, die dramatische Verschlechterung der Ost-West-Beziehungen in den späten siebziger und frühen achtziger Jahren, die »Eiszeit« zwischen Bonn und Moskau im Gefolge der Nachrüstung. Aber es zeigte sich nun doch auch, daß für die deutsch-deutschen Beziehungen, einmal aufgenommen, eine eigene Entwicklungslogik galt. Beide deutschen Staaten verfolgten im Umgang miteinander Interessen, die sie in der kritischen Spätphase des Ost-West-Konflikts zwischen 1979 und 1985 in einen gewissen Gegensatz zu ihren Vormächten brachten, Interessen ganz unterschiedlicher Art, aber doch konvergierend: In Bonn wie in Ost-Berlin erschien es wünschenswert, die Früchte der deutsch-deutschen Entspannung gegen den Frost der internationalen Klimaverschlechterung abzuschirmen.

Für Honecker war das naturgemäß schwieriger als für den westdeutschen Kanzler. Das Mißtrauen, mit dem der Kreml die Entwicklung der deutsch-deutschen Beziehungen verfolgte, war groß und anhaltend. Schon dem Kronprinzen Honecker hatte Breschnew kurz vor der Unterzeichnung des Moskauer Vertrages im Sommer 1970 mit Nachdruck klargemacht, daß es im Zuge der neuen Bonner Ostpolitik nicht zu einer Annäherung zwischen den beiden deutschen Staaten kommen dürfe. Und er hatte ihn warnend daran erinnert, daß die DDR nicht ungestraft eigene Wege gehen dürfe. »Vergiß es nicht: Die DDR kann ohne uns nicht existieren, ohne die Sowjetunion, ihre Macht und Stärke. Ohne uns gibt es keine DDR.«[63] Der – durchaus unbegründete – Moskauer Verdacht, die DDR könne nationale Wege einschlagen, und die – nicht unbegründete – Moskauer Besorgnis, sie könne in gefährliche Abhängigkeit von der Bundesrepublik geraten, haben Honeckers Deutschlandpolitik hartnäckig begleitet. Daß Honecker 1984, vom Kreml bedrängt, seinen Staatsbesuch in der Bundesrepublik, der ihm so über alle Maßen wichtig war, absagen mußte, hat die Spannungen zwischen Moskau und Ost-Berlin schon den Zeitgenossen spektakulär sichtbar gemacht.

Haben die internationalen Rahmenbedingungen die Entwicklung der deutsch-deutschen Beziehungen in den siebziger und achtziger Jahren alles in allem nicht gerade begünstigt, so waren die Gegebenheiten in Deutschland selbst eher hilfreich. Im Osten war Honecker von 1971 bis 1989 derjenige, der entschied – in deutsch-deutschen Angelegenheiten, die er sich ausdrücklich vorbehielt, mehr noch als in anderen. An der Spitze der DDR, heißt das, stand ein Mann, der an einer – kontrollierten – Entwicklung der deutsch-deutschen Beziehungen offensichtlich interessiert war. Unter seinen westdeutschen Gesprächspartnern haben ihn vor allem Helmut Schmidt und Egon Bahr, der sich Honeckers mit Respekt und beinahe mit Sympathie erinnert,[64] so wahrgenommen: um Berechenbarkeit bemüht, ein – alles in allem – konstruktiver Partner in der »Politik der kleinen Schritte«, vergleichsweise pragmatisch im Detail bei – das versteht sich von selbst – völliger Unnachgiebigkeit im Grundsätzlichen. Auch seine demonstrative Besorgtheit um den Frieden in Mitteleuropa angesichts sich verschärfender Ost-West-Spannungen wurde als aufrichtig empfunden und war fraglos aufrichtig.

Daß die Sicherheitspolitik sich von den späten siebziger Jahren an für einige Zeit sehr ins Zentrum der deutsch-deutschen Gespräche schob und die auf Brandt zurückgehende Formel, von deutschem Boden dürfe nie mehr Krieg ausgehen, zu einer Art von rituellem gesamtdeutschen Dauerbekenntnis wurde, hatte freilich auch taktische Gründe. Honecker konnte die mißtrauisch beobachteten deutsch-deutschen Intimitäten dem Kreml gegenüber nicht besser rechtfertigen als dadurch, daß er sie nach Kräften nutzte, seinen Bonner Gesprächspartnern die Gefährlichkeit der Nachrüstung, des amerikanischen Konfrontationskurses überhaupt vor Augen zu führen und für die sowjetische Position zu werben – während eben diese Gesprächspartner ihrerseits Formeln wie die von der »Schadensbegrenzung« oder der »Verantwortungsgemeinschaft« der beiden deutschen Staaten gern aufgriffen, weil es für sie vor allem innenpolitisch wichtig war, sich trotz Nachrüstung als besonnene Entspannungspolitiker zu präsentieren.

Deutschlandpolitik als *domaine reservé* Honeckers – das besagt übrigens nicht, daß es im Politbüro keine Kritiker eben dieser Politik gegeben hätte. Es gab sie. Sie beobachteten Honeckers Umgang mit der Bundesrepublik höchst mißtrauisch, seine Bereitschaft zumal, sich im Westen zu verschulden, mit der er – so sahen es die Kritiker – die DDR in gefährliche Abhängigkeiten brachte, ja erpreßbar machte. Man hatte ihn im Verdacht, der Bundesrepublik unverantwortliche Konzessionen zu machen. Von Erich Mielke, dem Staatssicherheitsgewaltigen, ist aus dem Jahr 1980 der Ausruf überliefert: »Erich Honecker verschaukelt uns und die sowjetischen Freunde.«[65] Aber dieses Mißtrauen blieb ohnmächtiger Groll. Es hat sich der Deutschlandpolitik Honeckers nie ernstlich in den Weg gestellt. Honecker mußte auf Moskau Rücksicht nehmen, sein eigenes Politbüro hat er deutschlandpolitisch offensichtlich kaum mitreden lassen. Und es wußte ja auch keiner seiner Kritiker einen Ausweg aus dem wirtschaftlichen Dilemma, das Honeckers Deutschlandpolitik letzten Endes zugrunde lag.

Auf der anderen, der Bonner Seite ereignete sich in dieser siebzehn Jahre dauernden dritten Phase der deutsch-deutschen Beziehungen zwar ein Regierungswechsel, aber der hat der Deutschlandpolitik keineswegs geschadet. Wenn dieser Wechsel deutschlandpolitisch auch keineswegs folgenlos blieb, bestimmend war doch das Moment praktischer Kontinuität. Der Rollentausch der beiden großen Parteien erweiterte den Handlungsspielraum für die Deutschlandpolitik eher. Eine unionsgeführte Regierung, die es mit einer sozialdemokratischen Opposition zu tun hatte, stand, was den Umgang mit der DDR angeht, unter geringerem Rechtfertigungsdruck als eine sozialdemokratisch geführte Regierung, die einer Unionspartei Rede und Antwort zu stehen hatte.

Vor allem aber: Die beiden Kanzler Helmut Schmidt und Helmut Kohl waren in ihrer Auffassung von dem, was unter den gegebenen Verhältnissen deutschlandpolitisch zu tun sei, und davon, wie es zu tun sei, nicht weit auseinander. Beiden war Deutschlandpolitik eine nüchterne, geschäftsmäßig, möglichst unbeeinträchtigt vom – durchaus bedeutsamen – Dissens im Grundsätzlichen zu übende Kunst des Möglichen und die Pflicht, das Mögliche zu versuchen, eine Selbstverständlichkeit. Für beide war Deutschlandpolitik zudem, wie auf der anderen Seite, Chefsache. Nicht nur, daß sie im Bundeskanzleramt ressortierte, ihr galt auch in besonderer Weise die persönliche Aufmerksamkeit des Kanzlers, er mochte Schmidt oder Kohl heißen. Beiden war im übrigen, wie Honecker auch, der verläßliche direkte Kontakt zum ersten Mann der anderen Seite wichtig. Im deutsch-deutschen Spitzengespräch hat deshalb eine Art von Nebendiplomatie, die sich an den Bürokratien vorbei persönlicher Emissäre – der Ost-Berliner Rechtsanwalt Vogel beispielsweise, ein enger Vertrauter Honeckers, ist hier zu nennen – bediente und eigentlich die Hauptsache war, eine wesentliche Rolle gespielt. Das gab für die Erörterung heikler Fragen – und welche Fragen waren nicht heikel? – mehr Freiheit, entzog manches zudem der Aufsicht des »großen Bruders«. Auch das Telefon war wichtig. Dabei hat die Vertrautheit miteinander, die sich insbesondere zwischen Helmut Schmidt und Erich Honecker allmählich entwickelte, nicht nur dazu beigetragen, Blick und Urteil zu schärfen. Persönliche Begegnungen mußten der Natur der Sache nach selten bleiben – sie ließen sich nicht einfach nach den Wünschen der Beteiligten arrangieren.

Eine besondere Rolle hat bis 1982 Herbert Wehner gespielt, unklar ist bis heute freilich, welche. Er war offenbar nicht zufrieden mit einer Rolle als Mittelsmann, wollte selbst, wie er es als Minister in den Jahren der Großen Koalition getan hatte, Deutschlandpolitik machen und baute zu diesem Zweck einen politischen Kontakt zu Honecker auf, der vertrauensvoll und eng gewesen zu sein scheint – dabei war hilfreich, daß es gemeinsame Erinnerungen aus den Jahren der Untergrundarbeit der KPD nach 1933 gab. Daß er und nur er der Mann sei für die ganz schwierigen, im verborgenen zu erledigenden Fragen, den »Menschenhandel« etwa, weil er Honeckers Vertrauen genieße, war von der ersten Begegnung im Mai 1973 an Wehners Begründung für seine deutschlandpolitischen Sonderaktivitäten. Und es steht außer Frage, daß er in diesem Sinne auch gewirkt hat. Aber Wehner wollte ganz sicher mehr. Ungeduldig hoffte er wohl, gemeinsam mit dem ersten Mann der DDR der Entwicklung der Beziehungen zwischen den beiden deutschen Staaten Anstöße geben zu können, die von der offiziellen »Politik der kleinen Schritte« nicht zu erwarten waren. Gerade für den ersten Besuch gilt, daß er in einem, wie Wehner meinte, kritischen Augenblick der Stagnation unternommen wurde und bestimmt war, diese Stagnation zu überwinden: der Grundlagenvertrag war ratifiziert, aber noch nicht in Kraft getreten und durch die Klage in Karlsruhe gefährdet, die Bundesregierung hatte für den von der DDR sehnlich erwarteten UN-Beitritt noch kein grünes Licht gegeben, die DDR ihrerseits in den humanitären Angelegenheiten die Ampel vorübergehend auf »Rot« geschaltet.

War Wehner, so wie er jenseits der Systemgrenze auftrat, um Vertrauen warb, taktierte und verhandelte, loyal gegenüber den Bundeskanzlern Brandt und Schmidt, die seine Verbindungen nutzten und ihm, Schmidt mehr als Brandt, vertrauten? Es gibt Grund, daran zu zweifeln, und Brandt jedenfalls hat rückblickend auch daran gezweifelt.[66] Vor allem: Was war sein eigentliches Ziel? Honecker hat auf diese Frage nach der Wende geantwortet: Wehner habe zwar die kommunistische Partei abgelehnt, sein Ziel sei aber doch die Einheit der Arbeiterbewegung und der Aufbau einer sozialistischen deutschen Republik gewesen.[67] Wenn Honecker und Wehner wirklich über eine linke Perspektive für Gesamtdeutschland miteinander gesprochen haben, dann wäre das eine Art von Rückkehr in die früheste Nachkriegszeit gewesen. Wehner sei bereit gewesen, »für den Zusammenhalt der Deutschen in Ost und West den Rubikon zu befahren«, lautet ein vorsichtigeres Urteil aus westdeutscher Perspektive.[68] Vielleicht wird man der geheimnisumwitterten persönlichen Deutschlandpolitik des Fraktionsvorsitzenden Herbert Wehner am ehesten gerecht, wenn man sie als einen verzweifelten und zugleich ganz illusionären Versuch ansieht, für die deutsche Frage, den globalen Systemkonflikt gleichsam unterlaufend, doch noch eine deutsche Lösung zu finden. Der Versuch hat, wenn er denn gemacht worden ist, in der Teilungsgeschichte Deutschlands keine Spuren hinterlassen. Aber zumindest für das Urteil über eine der politischen Hauptfiguren der Bonner Republik ist er alles andere als bedeutungslos.

V.

Haben die gut anderthalb Jahrzehnte vertraglich geregelter Beziehungen zwischen den beiden deutschen Staaten zu einer Art von Normalität geführt? Das Wort verbietet sich allein schon wegen der monströsen Grenze, mit der der eine sich vom anderen abriegelte. Das Ziel, vom Nebeneinander zum Miteinander zu gelangen – so hatte Brandt es einmal formuliert –, blieb bis zum Ende in weiter Ferne. Aber im immer schwierigen Nebeneinander entwickelte sich durchaus eine gewisse Routine, Pragmatik, Alltäglichkeit, und in den achtziger Jahren erreichten die Beziehungen trotz aller Hindernisse eine beachtliche Dichte.

Der Anfang freilich war überaus mühsam. Bahrs Vorhersage am Tag der Unterzeichnung des Grundlagenvertrages: »Bisher hatten wir keine Beziehungen, jetzt werden wir schlechte haben, das ist der Fortschritt«,[69] erwies sich zunächst einmal als zutreffender, als er selbst es vermutlich erwartet hatte. Es zeigte sich, daß der Grundlagenvertrag als solcher kein einziges konkretes Problem gelöst hatte. Sogar die Errichtung der Ständigen Vertretungen bereitete Schwierigkeiten. Immerhin wurde von 1974 an langsam ein Netz von Verträgen geknüpft – Verkehr, Sport, Post, Gesundheit, Umweltschutz, um nur ein paar Stichworte zu nennen. Nichts ging rasch und leicht, über ein Kulturabkommen wurde zehn

Jahre lang verhandelt. Oft war es die Berlin-Frage, die sich querlegte. Andere Probleme kamen hinzu. Aber man bewegte sich.

Ein Kernelement des Vertragsnetzes, das da beharrlich geknüpft wurde, waren die den Berlin-Verkehr betreffenden Vereinbarungen. Sie waren es nicht nur, weil die Sicherung der Verbindungen zwischen Westdeutschland und West-Berlin für die Bundesrepublik ein Hauptanliegen sein mußte, sondern auch, weil man sich stillschweigend darauf einigte, einen beträchtlichen Teil der DM-Zahlungen, die die Bundesrepublik der DDR zukommen ließ, unter diesem Titel zu leisten. Nominell wurde die Nutzung der Transitwege abgegolten, der Sache nach flossen der DDR hohe Summen in D-Mark zur freien Verfügung zu. Insgesamt 7,8 Milliarden Mark Transitpauschale sind in immer höheren Jahresraten für die Jahre 1972 bis 1989 an die DDR gezahlt worden, übrigens ohne dem Zustand der Transit-

Die Intershops an den Transitautobahnen, eine der Quellen, aus denen die DDR sich Deviseneinnahmen zu verschaffen suchte. Zu Kontakten zwischen DDR-Bürgern und Westdeutschen oder West-Berlinern sollte es dort natürlich nicht kommen, wie denn überhaupt der »Transitreisende« sich in einem Netz von Verboten fortbewegte. Aufgegangen ist die Rechnung, einerseits den Westen wirtschaftlich auszunutzen, andererseits das eigene Land gegen West-Kontakte möglichst abzuschirmen, am Ende nicht.

strecken spürbar aufzuhelfen. Hinzu kamen noch einmal 2,4 Milliarden für Investitionsprojekte, vor allem die Autobahn Berlin–Hamburg, vielleicht das sichtbarste gesamtdeutsche Projekt jener Jahre.[70]

Am augenfälligsten auf der Gegenseite der Bilanz: Die Zahl der West-Besuche in der DDR stieg in den siebziger Jahren sprunghaft an.[71] 1969 waren es wenig mehr als eine Million gewesen, ein paar Jahre später wurden acht Millionen gezählt. Die DDR beunruhigte diese Entwicklung. Das Kontaktverbot, das bestimmten Berufsgruppen jede Verbindung mit Westdeutschen untersagte, wurde verschärft, darüber hinaus und vor allem der Tagessatz des Pflichtumtausches von DM-West in DM-Ost für die Besucher aus dem Westen verdoppelt, eine deutliche Demonstration, daß für die DDR »Normalisierung« und »Abgrenzung« eng zusammengehörten. Zwar wurde die Erhöhung ein Jahr später auf westdeutschen Druck hin jedenfalls teilweise zurückgenommen, aber nicht auf Dauer. 1980 wurde der Betrag erneut drastisch heraufgesetzt. Beide Erhöhungen zeigten deutliche Wirkung. Nach 1980 wurde das Niveau der späten siebziger Jahre nicht wieder erreicht, die Zahlen stabilisierten sich bei über fünf Millionen Besuchern jährlich. Daran hatten freilich die

 West-Berliner einen ganz erheblichen Anteil, wie denn überhaupt die Veränderungen, von denen hier die Rede ist, für Berlin die weitaus größte Bedeutung hatten. Die West-Berliner hatten ja, als 1972 die Mauer sich für sie wieder öffnete, sechs Jahre hinter sich, in denen sie den Ostteil der Stadt, vom Land ringsherum zu schweigen, nicht hatten betreten können. Nicht einmal ein Telefonat hatte man zwischen West- und Ost-Berlin führen können. Da bedeutete, was von 1972 an wieder möglich war, viel.

Andere Zahlen bestätigen, was die Besucherziffern anzeigen: Die DDR hat sich – wenn auch widerwillig – von 1972 an wieder mehr für den Westen geöffnet. Aus den paar Dutzend Telefonleitungen, die es Ende der sechziger Jahre zwischen West- und Ostdeutschland noch gab (keine einzige davon in Berlin), waren Mitte der achtziger Jahre, Berlin eingeschlossen, immerhin wieder fast tausend geworden, obwohl die DDR auch hier aus politischen Gründen eher bremste.[72] Das war noch immer nicht viel, aber gemessen an der Ausgangslage eben doch ein Sprung nach oben. Wie denn überhaupt für alle diese Statistiken des West-Ost-Verkehrs der siebziger und achtziger Jahre gilt, daß man, was sie bedeuten, nur vor dem düsteren Hintergrund der sechziger Jahre, des Jahrzehnts der hermetischen Abgrenzung, richtig ermißt.

So wichtig die Durchlässigkeit der Grenzen von West nach Ost auch war, der eigentlich kritische, aus westlicher Sicht entscheidende Punkt war ihre Durchlässigkeit von Ost nach West. Und hier zeigte sich, nicht überraschend: Die DDR war sich, auch wenn sie unermüdlich das Gegenteil verkündete, ihrer eigenen Bürger so wenig sicher, daß sie so gut wie keinen Bewegungsspielraum zu haben glaubte. Mehr als ein Jahrzehnt, bis 1986, blieb das westdeutsche Drängen auf mehr Liberalität in der Erteilung von Reise- und Ausreisegenehmigungen fast völlig erfolglos. Das Prinzip Abgrenzung war im Kern nicht verhandelbar. Erst in den letzten Jahren vor dem Zusammenbruch gab es so etwas wie einen qualitativen Sprung.

Reisen durften seit 1964 die Rentner – daß sie im Westen bleiben könnten, beunruhigte die DDR nicht sonderlich. Ökonomisch war das nur vorteilhaft. Zu einer Herabsetzung der Altersgrenze für Westreisen, um die sich die Bundesrepublik intensiv bemüht hat, ist es bis zum Ende nicht gekommen. Von 1972 an ließ die DDR Verwandtenbesuche in dringenden Familienangelegenheiten zu. Die Zahl der Reiseerlaubnisse blieb freilich sehr klein, bis 1981 waren es etwa 40 000 jährlich, dann gab es eine leichte Steigerung, da die »dringenden Familienangelegenheiten« etwas großzügiger definiert wurden.[73] Auch hier hat westdeutsches Drängen lange wenig bewirken können. Rechtsansprüche gab es selbstverständlich nicht, es handelte sich eher um eine Praxis unberechenbarer Gunsterweise. Reisen durfte im allgemeinen nur, wer Geiseln in der Person von Ehegatten oder Kindern in der DDR zurückließ. Immerhin: Für Besuche in der Bundesrepublik war die Tür einen Spalt breit geöffnet – was der überwältigenden Mehrheit, die nicht reisen durfte, ihr Eingesperrtsein nur um so klarer zu Bewußtsein brachte.

Die Möglichkeiten legaler Übersiedlung aus der DDR in die Bundesrepublik waren eher noch stärker beschränkt, auf ein paar tausend Fälle jährlich.[74] Daß jemand der DDR den Rücken zu kehren wünschte, war gewissermaßen nicht vorgesehen. Dabei kümmerte das Regime wenig, daß es mit der Unterzeichnung der Vereinbarung von Helsinki Verpflichtungen eingegangen war, gegen die es mit seiner Praxis eklatant verstieß. Nicht verhindern ließ sich, daß die Zahl der Ausreiseanträge nach Helsinki, also von 1975 an, steil anstieg, obwohl die Antragsteller mit schlimmen Folgen rechnen mußten. Wer einen Ausreiseantrag stellte, decouvrierte sich, so sah es die SED, als Feind der DDR und mußte die Konsequenzen tragen. Gehen durfte er nicht, er mußte bleiben, aber als ein aus der sozialistischen Gemeinschaft Ausgestoßener. Angesichts der wachsenden Zahl Betroffener begannen sich Spannungen aufzubauen, die sich in den achtziger Jahren dramatisch zuspitzen sollten. »Helsinki« war, das wird hier deutlich, für die DDR mehr noch als für die anderen kommunistischen Diktaturen eine sehr ambivalente Angelegenheit.

Außer durch legale Übersiedlung und – noch viel seltener – erfolgreiche Flucht konnten Menschen vor dem Rentenalter noch auf einem dritten Weg in die Bundesrepublik gelangen: durch das Geschäft Menschen gegen D-Mark (oder auch Waren), das die DDR seit den frühen sechziger Jahren betrieb, eines der besonders dunklen Kapitel in der Geschichte der kommunistischen Diktatur in Deutschland. Die evangelische Kirche hatte diese Möglichkeit zuerst erprobt, um einige inhaftierte Mitarbeiter auszulösen. Die Regierung war ihr gefolgt und seit 1964, also seit den Zeiten des Kanzlers Erhard und des gesamtdeutschen Ministers Mende, gab es ein festes Verfahren des »Häftlingsfreikaufs«, in dem übrigens das Diakonische Werk weiterhin eine wichtige Mittlerrolle spielte – wie denn die zweigeteilte Evangelische Kirche Deutschlands in den deutsch-deutschen Beziehungen überhaupt ein Faktor von Bedeutung blieb, nicht unmittelbar im politischen Geschäft, wohl aber als ein die Grenzen überspannendes und dabei recht stabiles Kommunikationsnetz. Insgesamt sind in dem Vierteljahrhundert zwischen 1963 und 1989 rund 34000 Häftlinge freigekauft worden, zu steigenden Preisen, anfangs für etwa 40000 DM, am Ende für beinahe 100000 DM.[75] Natürlich ging es um politische Häftlinge, viele gescheiterte Fluchtversuche, die im Gefängnis endeten, führten auf diesem Weg nach ein, zwei Jahren Haft doch noch in den Westen. Aber die DDR versuchte immer wieder – Honecker genierte sich nicht, sich des schäbigen Tricks Breschnew gegenüber zu rühmen –, der Bundesrepublik auch kriminelle Strafgefangene als politische zu »verkaufen«. Daß die Machthaber in Ost-Berlin äußerste Diskretion zur Bedingung des ganzen Handels machten, verwundert nicht.

Zu unterscheiden vom Häftlingsfreikauf ist die Familienzusammenführung, bei der nur in Streitfällen gezahlt wurde. Aber da die DDR es in der Hand hatte, Fälle zu Streitfällen zu erklären, war auch die Familienzusammenführung letzten Endes Teil des großen Geschäftes Menschen gegen D-Mark. Immerhin sind auf diesem Weg im Laufe der Jahre 250000 getrennte Familien wieder vereinigt worden. Wenn man sich auch nur mit ein paar Dutzend dieser Schicksale vertraut macht, hat man viel über die konkrete Unmenschlichkeit der Teilung erfahren. Alles in allem hat der Handel Menschen gegen D-Mark der DDR etwa 3,4 Milliarden Mark gebracht.[76]

Übrigens hatte man sich in Bonn gerade im Blick auf den »Menschenhandel« vom Grundlagenvertrag eine zivilisierende Wirkung erhofft. Die Enttäuschung war groß, nicht zuletzt beim westdeutschen Unterhändler Egon Bahr, als die DDR in den ersten Monaten des Jahres 1973 mit einer geradezu brutalen Deutlichkeit klarmachte, daß sie sich durch die Vertragsfloskel von den »gutnachbarlichen Beziehungen« nicht dazu verpflichtet fühlte, auf Geschäfte zu verzichten, wo Geschäfte zu machen waren. Das war dann die Stunde Herbert Wehners, der Anlaß zu der schon erwähnten Reise in die DDR und zu seinem ersten langen Gespräch mit Honecker im Mai 1973.

Durchlässigkeit der ostdeutschen Grenze – das ist das Stichwort, um das es noch immer geht. Da bleibt hinzuzufügen, daß mindestens in einer Hinsicht alle Abgrenzungsanstrengungen der DDR scheitern mußten und gescheitert sind: Kein Grenzregime konnte dem westdeutschen Fernsehen den Weg in die ostdeutschen Wohnzimmer verlegen. Lange hat die SED einen erbitterten Kampf gegen die elektronische Invasion aus dem Westen geführt. Anfang der siebziger Jahre gab sie ihn auf, ließ zu, was sie nicht verhindern konnte, daß allabendlich die meisten DDR-Bürger – nur im Südosten, im Dresdner Raum, war das westdeutsche Fernsehen nicht zu empfangen – eine Art von virtueller Emigration antraten. Daß das Fernsehen die Nation Abend für Abend einte, wird man gleichwohl nicht sagen können, denn die Deutschen Ost sahen das gleiche mit anderen Augen als die Deutschen West. Aber es war doch immerhin ein Fenster, durch das man aus einer Welt, die zu verlassen unmöglich war, hinübersehen konnte in eine andere. Eine geschlossene Welt konnte die eigene, abgesperrte deshalb nicht werden. Was das West-Fernsehen bewirkt hat, ist mit einiger Genauigkeit nicht zu sagen. Daß es in eine »Bilanz der Durchlässigkeit« der deutsch-deutschen Grenze in den siebziger und achtziger Jahren als ein gewichtiger Faktor einzusetzen ist, steht außer Zweifel.

Im politischen Streit zwischen der sozial-liberalen Koalition und der Unionsopposition in den Jahren 1973 bis 1982 – nach dem Regierungswechsel von 1982 kaum noch – ist eine Frage immer wieder mit Schärfe gestellt worden, die der Historiker zumindest in Erinnerung rufen muß: War in den eigentümlichen Tauschverhältnissen, die sich zwischen den beiden deutschen Staaten in der Phase ihrer Vertragsbeziehungen herausbildeten, das Verhältnis zwischen Leistung und Gegenleistung einigermaßen ausgewogen? Es war politisch unvermeidlich, sie aufzuwerfen, beantwortbar ist sie nicht. Auf der einen Seite stehen im wesentlichen die DM-Zahlungen von Bonn an Ost-Berlin, 14,4 Milliarden Mark insgesamt.[77] Die im Grundlagenvertrag ausgesprochene Anerkennung selbst hat an Gegenleistung kaum noch etwas erbracht. Auf der anderen Seite steht vor allem der gesicherte Verkehr zwischen der Bundesrepublik und West-Berlin, steht, so unangenehm die Modalitäten auch blieben, die beträchtliche Erleichterung des Besucherverkehrs von West nach Ost, steht eine beträchtliche Zahl von vertraglichen Vereinbarungen mit Normalisierungseffekten, die eher im westlichen als im östlichen Interesse lagen, steht schließlich auch, daß politische Gefangene freikamen und Familien wieder zusammengeführt wurden, obschon dieser Handel nicht erst 1973 begann.

Ausgewogenheit von Leistung und Gegenleistung? Die Postpauschale war sicher nicht überhöht, die Transitpauschale war es. Aber wieviel ist die Freiheit eines Gefangenen wert? Wieviel die Heimkehr von Kindern zu ihren Eltern? Und was ergibt das alles für die Bilanz im ganzen? Man mag die Frage aufwerfen, ob die DDR zumindest in ihrem letzten Jahr-

Jürgen Sparwasser bejubelt das Siegtor zum 1:0-Sieg der DDR über die Bundesrepublik im Vorrundenspiel des Weltmeisterschaftsturniers 1974. Sepp Maier und Berti Vogts machen keine sehr gute Figur. Sporttriumphe hat die DDR viele gefeiert, aber wahrscheinlich war ihr keiner kostbarer als dieser. Zu einer zweiten Begegnung der beiden Nationalmannschaften hat sie es denn auch nicht mehr kommen lassen. Nur der Staatsbesuch Honeckers in der Bundesrepublik dreizehn Jahre später war ein noch größerer Sieg.

zehnt nicht so dringend auf die DM-Subventionen angewiesen war, daß die Bundesrepublik hätte härter verhandeln können. Aber man kann ebensogut mit gewichtigen Gründen an der These festhalten, daß die DDR aufgrund der Natur dieses besonderen Tauschverhältnisses in einer vergleichsweise starken Verhandlungsposition war.

Helmut Schmidt hat das deutlicher erfahren als sein Nachfolger Helmut Kohl. So nachdrücklich er der anderen Seite auch klarmachte, daß die Herabsetzung des Mindestumtauschs und die Herabsetzung der Altersgrenze für Westreisen von DDR-Bürgern die dringlichsten westdeutschen Wünsche seien: Im zweiten Punkt blieb er ganz erfolglos, im ersten kam er nicht über einen vorübergehenden Teilerfolg hinaus. Die drastische Erhöhung des Umtauschsatzes im Herbst 1980, in einer Phase, in der er intensiv das Gespräch mit Erich Honecker suchte, hat Helmut Schmidt als persönlichen Affront empfunden.

Sobald die DDR Gefahr witterte, das zeigt dieses Beispiel, reagierte sie mit nervöser Härte. Es waren die Entwicklungen in Polen, auf die das beunruhigte, ja verstörte SED-Regime im Oktober 1980 mit dem Versuch antwortete, den Zustrom westlicher Besucher abrupt zu stoppen. Auch die »Geraer Forderungen«, die Honecker, kaum daß die Erhöhung des Pflichtumtauschsatzes verkündet war, eine Woche nach dem Wahlsieg der sozial-liberalen Koalition in aggressiver Schärfe präsentierte, gehören in diesen Zusammenhang: Anerkennung der Staatsbürgerschaft der DDR durch die Bundesrepublik, Umwandlung der Ständigen Vertretungen in Botschaften, Schließung der staatsanwaltschaftlichen Arbeitsstelle in Salzgitter, die registrierte, was sich aus westlicher Sicht als Straftaten der SED-Diktatur darstellte – Bruchstücke des nicht zu befriedigenden und nie befriedigten Verlangens, die Bundesrepublik möge die Existenz der DDR ein für allemal garantieren –, dazu die Korrektur der Grenzziehung an der Elbe als vierte Forderung.

Die wiederkehrenden Attacken auf westliche Korrespondenten, die Unliebsames über die DDR berichteten – der »Spiegel« war besonders betroffen –, sind ein anderes Beispiel für die Nervosität und Härte gleichermaßen, mit der die SED die deutsch-deutschen Beziehungen immer wieder belastete. Die Polizeistaatsgroteske von Güstrow, mit der Helmut Schmidts DDR-Besuch im Dezember 1981, von der Verhängung des Kriegsrechtes in Polen ohnehin überschattet, endete, gehört in denselben Zusammenhang. In der mecklenburgischen Landstadt, in der es um Barlach ging, nicht um Politik, hatte man, um zu verhindern, daß es wie elf Jahre zuvor in Erfurt zu spontanen Sympathiekundgebungen für den Kanzler der Bundesrepublik kam, den Bürgern kurzerhand Hausarrest erteilt und die Staatssicherheit Volk spielen lassen, einen Weihnachtsmarkt eingeschlossen. Selten ist so deutlich vorgeführt worden, wieviel neurotische Existenzangst sich hinter dem zur Schau gestellten Selbstbewußtsein dieses Staates verbarg.

Im Kleinformat wiederholte sich im übrigen, was in Güstrow zur Großgroteske wurde, unzählige Male. Wo immer im Vollzug deutsch-deutscher Vereinbarungen Deutsche Ost und Deutsche West zusammentrafen, beim Jugendaustausch, bei wissenschaftlichen Kooperationen, bei den – nur zögerlich zugestandenen – Städtepartnerschaften, war das SED-Regime angestrengt bemüht, allen Spontaneitäten vorzubeugen, unerwünschte Annäherungen zu verhindern, überhaupt alles unter strikter Kontrolle zu halten.

VI.

Man hat zu Recht als bemerkenswert registriert, daß der Regierungswechsel vom Herbst 1982 nicht zu einem Kurswechsel in der Deutschlandpolitik geführt hat. Zwar ist Kontinuität ein Hauptcharakteristikum der bundesrepublikanischen Außenpolitik und mußte es sein – die Sozialdemokraten fügten sich in die Westbindung ein, und die Union führte die Ostpolitik fort. Aber auf dem schwierigen Terrain der Deutschlandpolitik hätte es auch anders kommen können. Die Union hatte den Grundlagenvertrag im Bundestag abgelehnt (beim Moskauer Vertrag hatte sie sich der Stimme enthalten), von Bayern her seine Verfassungsmäßigkeit in Frage gestellt, sich dann zwar zum Prinzip der Vertragstreue bekannt, auch erste eigene Gesprächskontakte mit DDR-Oberen geknüpft, zugleich aber die Distanz zur Deutschlandpolitik der sozial-liberalen Koalition beibehalten, verbunden mit höchst kritischer Wachsamkeit. Wie sie sich als Regierungspartei zur DDR stellen würde, war keineswegs ausgemacht.

Überhaupt ist das Muster von Konsens und Dissens in der Deutschlandpolitik, so wie es sich im Laufe der Jahrzehnte entwickelte, eher kompliziert. Am Anfang hatte Übereinstimmung zwischen Regierung und Opposition darüber bestanden, daß eine Anerkennung des SED-Regimes, auch ein Gespräch mit ihm nicht in Betracht komme. Dann, in den sechziger Jahren, war über die Notwendigkeit von Gespräch und Anerkennung zunehmend gestritten worden. Im nächsten Schritt war die Anerkennung im Dissens zwischen SPD und Union vollzogen worden. Ein neuer Konsens über den pragmatischen Umgang mit einer unter Vorbehalt anerkannten DDR bildete sich in den siebziger Jahren heraus, der am Ende wieder durch einen neuen Dissens in Frage gestellt wurde, einen Dissens darüber, ob man nicht auch den Legitimationsvorbehalt gegenüber dem Status quo, gekleidet in die Formel, die deutsche Frage sei offen, fallenlassen solle. In den späten achtziger Jahren war er noch nicht scharf ausgeprägt, aber er zeichnete sich ab.

Daß sich zuvor der Regierungswechsel von 1982 nach dem Streit der sechziger und siebziger Jahre im Zeichen eines pragmatischen Konsenses vollzogen hatte, hat natürlich etwas damit zu tun, daß Fakten geschaffen worden waren, die nicht mehr aus der Welt zu bringen waren. Es gab zu dem, was begonnen worden war, keine vernünftige Alternative mehr. Die Kontinuität der bundesrepublikanischen Außenpolitik erklärt sich ja zu einem guten Teil nicht anders. Aber auch der Parteienwettbewerb hat eine wichtige Rolle gespielt. Es schien, auch wenn man es so genau nicht wissen konnte, als schätze und honoriere der Wähler eine auf praktische Erfolge, auf entspannte Nachbarschaft ausgerichtete Deutschlandpolitik, so wie Entspannungspolitik ganz allgemein beim bundesrepublikanischen Wähler der siebziger und achtziger Jahre einen hohen Stellenwert hatte – Hans-Dietrich Genscher hat das als Außenpolitiker fraglos immer im Blick gehabt. Auch in der Deutschlandpolitik führte der Parteienwettbewerb folglich dazu, daß man sich in der Demonstration von Entspannungskompetenz zu übertreffen suchte.

Die Bedingungen waren freilich zunächst einmal widrig. Schon die Regierung Schmidt/Genscher hatte Deutschlandpolitik von den späten siebziger Jahren an im Schatten einer rapiden Verdüsterung der Beziehungen zwischen den beiden Weltmächten treiben müssen. Von 1982 an wurde alles noch schwieriger, weil sich nun auch das deutsch-sowjetische Verhältnis dramatisch verschlechterte. Moskau bestrafte Bonn für seine Politik bewußter und betonter Treue zum Westbündnis. Um so bemerkenswerter ist, daß in den deutsch-deutschen Beziehungen keine Wendung zum Schlechteren eintrat, im Gegenteil: Es gelang nicht nur, das Erreichte gleichsam gegen die Zeitläufte zu bewahren, es gelang, ein ganzes Stück über das hinauszukommen, was im ersten Jahrzehnt erreicht worden war.

Ganz sicher hat dabei eine Rolle gespielt, daß die neue Bundesregierung der DDR in den Jahren 1983 und 1984 zu zwei Krediten in Höhe von insgesamt annähernd zwei Milliarden Mark verhalf, Bankkrediten, für die sie bürgte – zum ersten Mal in der Geschichte der deutsch-deutschen Beziehungen. Bis dahin hatte es nur den Swing im innerdeutschen Handel gegeben. Daß es Franz Josef Strauß war – bis 1982 der schärfste, lautstärkste Kritiker der Ost- und Deutschlandpolitik der sozial-liberalen Koalition –, der die Sache einfädelte und damit seinen außenpolitischen Ehrgeiz für einen Augenblick befriedigen konnte, machte es Kohl leichter, sich auf die Bürgschaft einzulassen, weil es ihn gegen Kritik von rechts her absicherte. Im übrigen zeigt die Selbstverständlichkeit, mit der selbst Strauß die Spielregeln der Deutschlandpolitik akzeptierte, sobald er das Spiel mitspielen durfte, wie weit inzwischen der faktische deutschlandpolitische Konsens in der politischen Klasse der

Bundesrepublik reichte. Auch in den immer wieder neu zu führenden Verhandlungen über die Post- und die Transitpauschale erwies sich die neue Regierung als großzügig.

Für die DDR bedeuteten die beiden Kredite: Der Druck einer sich dramatisch verschärfenden Zahlungsbilanzkrise war zumindest vorübergehend von ihr genommen. Möglicherweise war es sogar ein besonders kritischer Moment, in dem die Kredite Entlastung brachten. Daß gerade sie den Zusammenbruch der DDR um ein halbes Jahrzehnt hinausgeschoben hätten, wie man im nachhinein da und dort hören konnte, ist gleichwohl eine etwas zu kühne Spekulation – nicht nur, weil die Zahlungsunfähigkeit und der Zusammenbruch eines Staates, gar einer Diktatur zwei verschiedene Dinge sind. Die Gesamtheit der finanziellen Leistungen der Bundesrepublik mag sehr wohl ein – in seinem Gewicht nicht genau bestimmbarer – Überlebensfaktor für die DDR gewesen sein. Aber es wäre bis in die späten achtziger Jahre schlicht unvernünftig gewesen, das nahezu einzige Tauschmittel, über das die Bundesrepublik in ihrer Beziehung zur DDR verfügte, nicht einzusetzen, in der vagen Hoffnung, über einen wirtschaftlichen Kollaps einen politischen Zusammenbruch der DDR herbeiführen zu können.

Plausibler, als es Ex-post-Zusammenbruchsspekulationen sind, ist die Frage nach den Gegenleistungen für die Kredite. Sie durften, darauf bestand die DDR, nicht als solche bezeichnet werden. Aber es gab sie. Freilich bedurfte es auf westlicher Seite einer gewissen Geduld. An der innerdeutschen Grenze wurden nach einiger Zeit zumindest die abstoßendsten Tötungsinstrumente, die Selbstschußanlagen, abgebaut, später auch der Minenstreifen, nicht ohne daß diese Grenze auf andere Weise noch »durchbruchsicherer« gemacht worden war. Der Pflichtumtauschsatz wurde zwar nicht allgemein, aber doch für die Rentner ermäßigt. Bei der Familienzusammenführung gab es Verbesserungen. Ferner wurde im September 1983 eine erste, noch sehr schwache Rechtsgrundlage für Ausreiseanträge geschaffen. 1984 und dann noch einmal 1988 wurden auch deutlich mehr Übersiedlungsanträge bewilligt, als bis dahin üblich gewesen war. Vor allem aber: Von 1986 an schnellte die Zahl der Westreisen, die DDR-Bürgern unterhalb des Rentenalters genehmigt wurden, in Höhen, an die man in den siebziger Jahren nie zu denken gewagt hätte.[78] 1986 waren es eine Viertelmillion, 1987 und 1988 jeweils mehr als 1,3 Millionen, von denen, das ist festzuhalten, nur sehr wenige im Westen blieben, nicht einmal jeder zweihundertste Besucher. Noch immer handelte es sich nominell ausschließlich um Reisen in dringenden Familienangelegenheiten. Sehr genau wurde es damit aber offensichtlich nicht mehr genommen. In der Summe läuft das auf einen Qualitätssprung in den deutsch-deutschen Beziehungen der achtziger Jahre hinaus, abzulesen übrigens auch an der Dichte der politischen Kontakte: Nicht weniger als achtzig Gespräche westdeutscher Politiker aller Couleur mit Honecker verzeichnen die Annalen in den Jahren 1983 bis 1989.

Erklären läßt sich diese Entwicklung, was die Bundesrepublik angeht, jedenfalls zum Teil aus der Konstellation, die der Regierungswechsel von 1982 geschaffen hat. Das Stichwort Parteienwettbewerb ist ja bereits gefallen. Die neue Regierung stand deutschlandpolitisch unter größerem Wettbewerbsdruck als die alte, hatte zugleich aber auch den größeren Handlungsspielraum, zudem angesichts der drastischen Verschlechterung der deutsch-sowjetischen Beziehungen ein besonderes, starkes Motiv, nicht auch in Deutschland wieder in den Kalten Krieg zurückzufallen oder zurückgestoßen zu werden. Die überraschende Deutlichkeit, mit der Kohl sich in einem der ersten Telefonate mit Honecker zu der heiklen Geschäftsgrundlage der deutsch-deutschen Beziehungen bekannte, dürfte nicht zuletzt mit diesem Motiv zu tun gehabt haben. »Sie sprechen hier mit einem Mann«, ließ der Kanzler den Generalsekretär wissen, »der nichts unternehmen wird, Sie in eine ungute Lage – ich will es nicht näher interpretieren – in eine ungute Lage zu bringen.«[79]

Für Honecker dürften die ökonomischen Vorteile, die die DDR aus ihrem Sonderverhältnis zur Bundesrepublik zog – mit den beiden Krediten der Jahre 1983 und 1984 hatten sie ein neues Niveau erreicht –, entscheidend gewesen sein. Die DDR, in wachsende Verschuldungsprobleme verstrickt, bedurfte der DM-Hilfe in den achtziger Jahren dringlicher als jemals zuvor. Je stärker diese Probleme sie bedrängten, desto wichtiger wurde die Bundesrepublik für sie. Zugleich bot die besondere deutsch-deutsche Entspannungspolitik der DDR die Chance, etwas mehr außenpolitische Selbständigkeit zu gewinnen und damit, so die Hoffnung, größeres Gewicht in der Staatengemeinschaft. Auch war der Statusvorbehalt, den die Bundesrepublik immer noch aufrechterhielt, nur im flexiblen Umgang mit der Bundesrepublik selbst allmählich aus der Welt zu schaffen. Gründe, die für Honecker so schwer wogen, daß er seinen deutschlandpolitischen Kurs auch gegen die Kritik Moskaus, die in den letzten Jahren vor der Gorbatschow-Wende sehr massiv vorgebracht wurde, durchhielt.

Tatsächlich wurden die deutsch-deutschen Beziehungen in den frühen achtziger Jahren zu einem gravierenden Streitpunkt zwischen Moskau und Ost-Berlin. Mit Verbitterung sah der Kreml, daß die DDR sich an seiner Politik der »Bestrafung« der Bundesrepublik im Nachrüstungsstreit nicht beteiligte. Nachdrücklich warnte er Honecker vor den Gefahren wachsender ökonomischer Abhängigkeit von der Bundesrepublik, auch – auf Polen verweisend – vor denen einer weiteren Öffnung zum Westen hin im Reiseverkehr. Honecker hat das alles ziemlich unbeeindruckt gelassen. Er suchte den »großen Bruder« zu beruhigen. Seine feierliche Erklärung: »Der Sozialismus in der DDR ist unwiderruflich. Eine Vereinigung von Sozialismus und Kapitalismus ist ebenso unmöglich wie die Vereinigung von Feuer und Wasser«, einen Tag nach einem Krisentreffen mit Tschernenko, auf dem man sich sehr deutlich die Meinung gesagt hatte, im »Neuen Deutschland« abgegeben, war fraglos für Moskau bestimmt.[80] Aber er ließ sich nicht von seinem deutschlandpolitischen Weg abbringen. Sein Selbstbewußtsein auch den Kremlherren gegenüber konnte sich inzwischen mit dem Ulbrichts in seinen späten Jahren durchaus messen. Hatte er denn nicht Erfolg?

Er hatte Erfolg. Am 7. September 1987 wurde Erich Honecker als Staatsoberhaupt der DDR mit allen Ehren in Bonn empfangen. Lange hatte er auf diesen ersehnten Tag warten müssen. 1981 schon war die Einladung von Helmut Schmidt ausgesprochen worden, aber jetzt erst – zwischen Bonn und Moskau hatte inzwischen das Eis zu schmelzen begonnen – konnte Honecker mit dem Segen der Sowjetunion reisen und die Früchte seiner Deutschlandpolitik ernten. Fahnen, Nationalhymnen, Ehrenformationen, Staatsgast nicht nur in

Worauf haben Helmut Kohl und Erich Honecker angestoßen? Für Honecker war der Staatsbesuch in der Bundesrepublik im September 1987 ein Triumph, der Gipfel seines politischen Lebens.

In dem Bericht über die Reise für das Politbüro wird betont, daß der westdeutsche »Revanchismus« damit eine entscheidende Niederlage erlitten habe. Tatsächlich konnte Honecker sich geschmeichelt fühlen – die westdeutschen Politiker drängten sich, ihm ihre Aufwartung zu machen.

Aber alle äußere Anerkennung konnte die Anerkennung durch die eigenen Bürger nicht ersetzen. Nur noch zwei Jahre Lebenszeit hatte der SED-Staat vor sich, als er auf dem Höhepunkt seiner bisherigen Geschichte angekommen zu sein schien.

Bonn, sondern auch in vier Bundesländern, die Politiker Westdeutschlands drängten sich, ihm ihre Aufwartung zu machen – Honecker schien am Ziel zu sein.

War er am Ziel? Wer der Tischrede Helmut Kohls beim feierlichen Staatsbankett in der Godesberger Redoute aufmerksam zuhörte, der hörte gewiß eine Bekräftigung der Politik pragmatischer Zusammenarbeit, aber er hörte auch und genaugenommen vor allem ein mit provozierender Deutlichkeit formuliertes Bekenntnis zum Selbstbestimmungsrecht, zur Einheit der Nation, zum Wiedervereinigungsauftrag des Grundgesetzes.[81] Der prinzipielle Legitimationsvorbehalt gegenüber dem Zustand der Teilung, und das heißt natürlich gegenüber der DDR, war der Kern der Botschaft, nicht das Ja zum Status quo. Das war die andere Seite der bundesrepublikanischen Deutschlandpolitik der achtziger Jahre.

Die Bundesregierung hielt zwar – bis in die Agonie der DDR im Herbst 1989 hinein – an der Maxime fest, sie sei nicht an einer Destabilisierung der DDR interessiert, könne es nicht sein – von einer aktiven Destabilisierungspolitik zu schweigen, weil die Risiken destabilisierender Entwicklungen unabsehbar seien. Aber sie übersteigerte diese Maxime nicht zu einem Stabilisierungsgebot. Sie balancierte, und das war das eigentliche Charakteristikum ihrer Politik, die praktische Arbeit an der Verbesserung des innerdeutschen Modus vivendi bewußt durch einen prinzipiellen normativen Vorbehalt, durch Distanzierung im Grundsätzlichen aus. Und genau dies war es ja, was von der Deutschlandpolitik der Bundesrepublik seit 1972 gefordert war: die Balance zu halten zwischen unvermeidlicher Anerkennung und gebotener Nicht-Anerkennung der DDR. Eine schwierige Gratwanderung. Der seit 1982 im Amt befindlichen Regierung ist sie, alles in allem, gelungen. Dabei war der prinzipielle normative Vorbehalt keineswegs nur rhetorisches Beiwerk, sondern konnte sehr konkrete Implikationen haben, beispielsweise die, daß die Bundesregierung sich bis zum Schluß auf die vier Geraer Forderungen Honeckers, von denen ja drei in der einen oder anderen Weise eben diesen Vorbehalt betrafen, nicht einließ.

VII.

Die sozialdemokratische Opposition hingegen tat sich immer schwerer mit der Balance. Ihr Umgang mit der DDR in den Jahren 1982 bis 1989 wirft Fragen auf. Es ist unverkennbar, daß es die SPD irritierte, ja kränkte, die Union auf ihrem ureigenen Territorium wirken, erfolgreich wirken zu sehen. Hier liegt mindestens eines der Motive für ihre auffallende ostpolitische Aktivität in den Oppositionsjahren nach 1982. Die Partei sprach ausdrücklich von einer »zweiten Ostpolitik«, so als sei ihr kraft historischen Verdienstes eine Art von Dauerzuständigkeit für die Ostpolitik zugefallen. Sie schien zu vergessen, daß es ein Unterschied ist, ob man regiert oder als Minderheit die Oppositionsrolle zu spielen hat. Jedenfalls hatte sie ihre Schwierigkeiten mit diesem Unterschied.

Kaum war der Wechsel in Bonn vollzogen, da trat sie, von Partei zu Partei, in Gespräche mit der SED, auch mit anderen regierenden kommunistischen Parteien Osteuropas ein. Aus den Gesprächen mit der SED gingen drei förmlich ausgehandelte und von den Parteigremien »ratifizierte« Vertragsentwürfe hervor: erst ein Abkommen über eine chemiewaffenfreie Zone in Mitteleuropa, dann eines über einen atomwaffenfreien Korridor in Mitteleuropa, schließlich ein Vorschlag über eine »Zone des Vertrauens und der Sicherheit in Zentraleuropa«. Diese »Nebenaußenpolitik«, wie sie genannt wurde, war erklärtermaßen bestimmt, die Bundesregierung politisch unter Druck zu setzen.[82] Man kann zumindest fragen, ob eine demokratische Opposition loyal handelt, wenn sie die Auseinandersetzung mit der eigenen Regierung in wesentlichen außen- und sicherheitspolitischen Fragen im Zusammenspiel mit einer auswärtigen Macht führt, mit der sie vor allem die gemeinsame Gegnerschaft gegen eben die eigene Regierung verbindet.

Im übrigen wurde in diesen Gesprächen, und nicht nur in ihnen, sichtbar, daß in der SPD – Egon Bahr hat da noch einmal eine wichtige Rolle gespielt – Vorstellungen rasch an Einfluß gewannen, die mit der Sicherheitspolitik Helmut Schmidts nichts mehr zu tun hatten, Vorstellungen von einer neuen, auf »Sicherheitspartnerschaft« gegründeten europäischen Sicherheitsordnung, die von der atlantischen Sicherheitsgemeinschaft zwischen den USA und Westeuropa kaum etwas übrigließ. Die Wirklichkeit hat diese Gedankenspiele überholt. Aber es bleibt festzuhalten, daß gerade die Sicherheitsdiskussion der achtziger Jahre erheblich dazu beigetragen hat, den Legitimationsvorbehalt gegenüber der DDR in der SPD immer stärker abzuschwächen. Der »Sicherheitspartner« begann zum Partner zu werden. War nicht der Friede, für den man gemeinsam Verantwortung trug, wichtiger als alles andere, alle Systemunterschiede zwischen Ost und West eingeschlossen? Die suggestive Kraft dieser Frage war sehr geeignet, vergessen zu machen, daß es im Ost-West-Konflikt entscheidend gerade darauf ankam, den Frieden zu bewahren, ohne den kommunistischen Diktaturen Legitimität zu konzedieren. Übrigens spiegelte sich in dem breiten Raum, den sicherheitspolitische Fragen im deutsch-deutschen Dialog der achtziger Jahre einnahmen, auch eine Überschätzung des Einflusses wider, den man von Deutschland aus auf die Weltmächte und ihre Abrüstungsgespräche nehmen konnte.

Daß die DDR für beträchtliche Teile der SPD immer mehr zum Partner zu werden begann, läßt sich auch an anderen Anzeichen ablesen. In fast allen Begegnungen, die SPD-Politiker nach 1982 mit Erich Honecker suchten und hatten, war nachdrücklich von dem gemeinsamen Interesse die Rede, in Bonn, auch in unionsregierten Ländern, einen Machtwechsel herbeizuführen. Honecker machte keinen Hehl daraus, daß ihm ein solcher Wechsel genehm wäre. Und viele seiner sozialdemokratischen Gesprächspartner, zumal der jüngeren Generation – Lafontaine, Schröder, Engholm, aber auch Egon Bahr –, suchten ausdrücklich seine Unterstützung.[83] 1986 – ein dramatisch angeschwollener Strom von Asylsuchenden vor allem asiatischer Herkunft, die, fraglos gelenkt, über den Ost-Berliner Flughafen Schönefeld nach West-Berlin gelangten, war zu einem ernsten Problem geworden – handelte Bahr, die Bundestagswahl 1987 im Visier, gegen die Zusage eines Entgegenkommens in der Staatsbürgerschaftsfrage eine Erklärung aus, mit der sich der sozialdemokratische Kanzlerkandidat Rau als der darstellen konnte, dem es im Gespräch mit Honecker gelungen sei, das Problem vom Tisch zu bringen. »Volle Respektierung der Staatsbürgerschaft der DDR«, lautete das förmliche Angebot der SPD an Honecker.[84] Was die SPD wirklich preisgegeben hätte, bleibt im dunkeln. Das SED-Regime jedenfalls war einzig daran interessiert, das Prinzip Abgrenzung auch im Staatsbürgerschaftsrecht durchzusetzen. Seine Bürger sollten das Recht, das ihnen das westdeutsche Gesetz offenhielt, über die Brücke der deutschen Staatsangehörigkeit ohne weiteres Bürger der Bundesrepublik zu werden, verlieren. Man konnte der SED in der Staatsangehörigkeitsfrage nicht entgegenkommen, ohne zumindest ein Stück weit in diese Richtung zu gehen.

Zu solchem Zusammenspiel, solcher Wahlkampfpartnerschaft, um es pointierter zu sagen, paßten ernstliche Vorbehalte gegen das SED-Regime immer weniger. Tatsächlich findet sich in vielen Gesprächen fast nur noch ein angestrengtes Bemühen um Nähe, Vertraulichkeit, ja Kumpanei. Immer wieder der Hinweis, wie wenig Probleme die SPD mit den Geraer Forderungen habe, immer wieder, in verschiedenen Varianten, die Aufforderung, »es der Union nicht zu leicht zu machen«, im Klartext: der amtierenden Regierung nicht zu weit entgegenzukommen, dazu Schmeicheleien, die schwerlich noch als Höflichkeitsfloskeln zu erklären sind. Auch die Aufzeichnungen über die Begegnungen Brandts, in jenen Jahren noch Vorsitzender der SPD, mit Honecker liest man nicht ohne Irritationen.[85]

Um so wichtiger ist die Feststellung, daß es in der SPD der achtziger Jahre in diesem Punkt, so stark der Trend auch war, immer noch beträchtliche Meinungs- und Stilunterschiede gab. Hans-Jochen Vogel, der als Fraktionsvorsitzender Jahr für Jahr mit Honecker zusammentraf, hat die Gespräche nie anders als loyal gegenüber der Bonner Regierung und mit dem Mut, seinem Gesprächspartner auch Unangenehmes zu sagen, geführt. Es ist charakteristisch, daß Honecker mit der beharrlich wiederholten absurden Behauptung, die Regeln für den Schußwaffengebrauch an der deutsch-deutschen Grenze entsprächen den in der Bundesrepublik geltenden, mit dem Unterschied, daß es in der DDR verboten sei, auf Frauen und Kinder zu schießen, nur bei einem auf präzisen, sachkundigen Widerspruch stieß, eben bei Hans-Jochen Vogel.[86]

Eine Art von grundsätzlicher Bestimmung des Verhältnisses von SPD und SED zueinander ist in dem Text »Der Streit der Ideologien und die gemeinsame Sicherheit« versucht worden, den die Grundwertekommission der SPD unter dem Vorsitz von Erhard Eppler und die Akademie für Gesellschaftswissenschaften beim ZK der SED nach langen Verhandlungen 1987 gemeinsam vorlegten.[87] Der Text handelte im Kern von einer »Kultur des politischen Streits« für den friedlichen Wettbewerb der Systeme im Schatten der Nuklearwaffen. Er tat das in wesentlichen Partien einsichtsvoll, überzeugend, der SED Zugeständnisse abfordernd, die zu machen sie nicht wirklich bereit sein konnte. Aber er präsentierte auch, ohne jede Andeutung eines Vorbehalts, die sozialdemokratische und die kommunistische Vorstellung von Demokratie als zwei Demokratiekonzeptionen gleichen Ranges und bekräftigte diese Sicht mit dem Satz, keine Seite dürfe der anderen die Existenzberechtigung absprechen.

Das Fundament der ganzen Argumentation war die Überzeugung, dem Primat des Friedens oder, um es dramatischer und einer starken, apokalyptisch gefärbten Zeitstimmung gemäß zu formulieren, dem Primat des Überlebens der Menschheit müsse alles andere nachgeordnet werden. Aber waren mit dieser dramatischen Einlinigkeit der Argumentation die Weichen nicht vorschnell auf moralische Kapitulation gestellt? War es um des Friedens willen wirklich notwendig, daß die Demokratien den Diktaturen Legitimität bescheinigten? »Muß«, wie die Politikwissenschaftlerin Gesine Schwan damals knapp und präzise fragte, »die SPD der kommunistischen Einparteidiktatur die Existenzberechtigung zusprechen, weil die Sowjetunion über Atomwaffen verfügt?«[88] Es hat in der SPD, von der weiteren Öffentlichkeit zu schweigen, denn auch keineswegs nur Zustimmung zum sogenannten Ideologiepapier gegeben. Gleichwohl ist der Text ein weiteres wichtiges Zeugnis dafür, daß die Einstellung zur DDR sich in der SPD der achtziger Jahre rasch und grundlegend änderte. Dafür auch, daß es das Friedensmotiv war, welches entscheidend dazu beitrug, den Blick für die moralische Dimension des Ost-West-Konflikts zu trüben.

Die deutsch-deutsche Politik ist in alledem, in ihren moralischen Ambivalenzen nämlich, ein besonders typisches Stück Entspannungspolitik gewesen. In der Spannung zwischen dem Imperativ des Friedens und dem Imperativ, dem Unrecht der totalitären Diktatur keine Legitimitätskonzession zu machen, mußte sich ja die Ostpolitik des Westens überhaupt zurechtfinden, und nirgends hat man sich leicht damit getan. Die deutsche Sozialdemokratie und mit ihr ein beträchtlicher Teil der deutschen Öffentlichkeit ist in der Spätphase des Ost-West-Konflikts besonders anfällig für die Versuchung gewesen, auf die politisch wie moralisch komplexe Herausforderung eine zu einfache Antwort zu geben, will sagen aus dem Primat des Friedens eine Entspannungslogik abzuleiten, in der es für Spannung zwischen Demokratie und Diktatur, die doch neben der Entspannung zwischen Ost und West auch sein mußte, solange die Demokratien ihre eigene Moral ernst nahmen, kaum noch Raum gab. Die oppositionellen Bewegungen in Osteuropa haben unter dieser Entspannungslogik gelitten.

VIII.

Hätten nicht die Gewitterwolken der Gorbatschowschen Perestroika schon drohend über der DDR gehangen, so hätte ein Beobachter im Jahr 1988 durchaus den Eindruck gewinnen können, daß es die DDR sei, die sich in den deutsch-deutschen Verhältnissen in einer gar nicht mehr fernen Zukunft endgültig durchsetzen werde, mit ihrer Forderung nämlich, die Bundesrepublik möge den Zustand der Zweistaatlichkeit Deutschlands als definitiv und legitim dazu hinnehmen. Im letzten Jahrzehnt vor der Wende mehrten sich jedenfalls die Anzeichen dafür, daß die Vorbehalte gegen die Teilung in Westdeutschland – nicht nur bei einzelnen Gruppen oder Parteien, sondern weithin – immer schwächer wurden.

Es liegt nahe, darin zuerst einen Effekt der Gewöhnung zu sehen, des schieren Zeitablaufs: Nach vier Jahrzehnten erschien die Unabänderlichkeit des Unabänderlichen als durch die Geschichte besiegelt. Wer nicht älter war als fünfundvierzig kannte schon keine andere Wirklichkeit mehr als die Zweistaatlichkeit. Willy Brandts hartes Achtziger-Jahre-Diktum von der Wiedervereinigung als der »Lebenslüge« der Bundesrepublik,[89] mehrfach wiederholt, das so ganz anders klingt als vieles, was er früher gesagt hatte und in der Zukunft noch sagen sollte, mag so gemeint gewesen sein: Es werde Zeit, sich der Wirklichkeit, eben der »Unabänderlichkeit des Unabänderlichen«, zu stellen. Brandt hat sich selbst nach der Wende übrigens so interpretiert, daß er nur das »Wieder« im Visier gehabt habe.[90] Wie immer es sich damit verhält, wer von Lebenslüge sprach, forderte die Bundesrepublik auf, ihr Verhältnis zur Zweistaatlichkeit Deutschlands prinzipiell neu zu bestimmen. Andere haben das, mit anderen Worten, oft noch deutlicher ausgesprochen.

Dabei haben zwei Argumente eine Hauptrolle gespielt: Die Zweistaatlichkeit sei dauerhaft eine Bedingung des Friedens in Europa, war das eine. Die Zweistaatlichkeit sei das Ergebnis einer Geschichte mit katastrophalem Ausgang, die in diesem ihrem Ausgang ernst genommen werden müsse, das andere. Daß Deutschland seine Chance verspielt habe, daß der Nationalstaat Deutschland gescheitert sei, sich als Irrweg erwiesen habe, sind Wendungen, die in der Debatte immer wiederkehren. Da, wo protestantische Geschichtstheologie das Denken bestimmte, hat, in beiden Teilen Deutschlands, auch der Gedanke eine Rolle gespielt, daß die Teilung, ja selbst die Mauer als Sühne für die Schuld, die Deutschland auf sich geladen habe, hinzunehmen sei. Die Geschichtswissenschaft fügte diesen Argumentationsmustern den Hinweis an, daß der Nationalstaat in der deutschen Geschichte ohnehin nur eine sehr kurzlebige Erscheinung gewesen sei. »Wenn nicht alles täuscht«, schrieb der Historiker Wolfgang Mommsen 1983, »so ist die Geschichte der deutschen Frage heute in ihre Normallage zurückgekehrt«,[91] und meinte damit: Deutschland war in seiner Geschichte fast immer in mehrere Staaten aufgegliedert, historisches Denken kann im Zustand der Zweistaatlichkeit folglich nichts Ungewöhnliches erkennen – als ob nicht gerade historisches Denken den fundamentalen Unterschied zwischen der Vielstaatlichkeit früherer Jahrhunderte und der erzwungenen Teilung im Ost-West-Konflikt des 20. Jahrhunderts hätte wahrnehmen müssen. Daß sich im geteilten Deutschland zwei verschiedene Nationen zu bilden im Begriff seien oder gar schon gebildet hätten, diese Auffassung, in der DDR zeitweilig in marxistischer Fassung mit Nachdruck verkündet, dann wieder abgeschwächt, ist freilich in Westdeutschland kaum vertreten worden. Die allgemeine Überzeugung war, die Deutschen hätten die Jahrzehnte der Teilung als Bewußtseins- und Kulturnation überlebt.

Die Zerstörung des kurzlebigen deutschen Nationalstaates wurde im übrigen nicht nur als ein Schicksal gedeutet, das anzunehmen die Deutschen verpflichtet seien, sondern auch als eine Chance, die es bewußt zu ergreifen gelte, als Chance nämlich, die Bundesrepublik als »postnationale Demokratie« zu verstehen und sich eben dadurch »vom Gestern zu emanzipieren«. Der Historiker und Politikwissenschaftler Karl Dietrich Bracher war es vor allem, der den Begriff der postnationalen Demokratie in die Debatte über das Selbstverständnis der Bundesrepublik einbrachte:[92] ein Gemeinwesen, das sich auf Demokratiebewußtsein und nicht auf Nationalbewußtsein gründet. Das ist der Sache nach der viel beschworene Verfassungspatriotismus, auch wenn er hier anders genannt wird. Bundesrepublikanischer Patriotismus, will der Begriff sagen, kann nur ein auf die Konstitution des Gemeinwesens gerichteter Patriotismus sein: Vaterlandsliebe, wenn denn so viel Pathos überhaupt noch erlaubt ist, als Verfassungsliebe, oder besser: Verfassungsliebe statt Vaterlandsliebe.

Zu solchen Versuchen einer positiven Bestimmung bundesrepublikanischer Identität gehörte schließlich auch die explizite Aufforderung, die Bundesrepublik möge »sich selbst anerkennen«, wie sie im Grunde schon Karl Jaspers in seiner Schrift »Freiheit und Wiedervereinigung« in den Spätjahren der Ära Adenauer angesprochen hatte: die Bundesrepublik nicht mehr als Provisorium, als Teilstück eines unvollendeten, zu vollendenden Ganzen – so hatten die Gründerväter sie mit größter Entschiedenheit definiert –, sondern als ein neues, aus der nationalstaatlichen Tradition herausgetretenes deutsches Staatswesen, das seinen Zweck und seine Bestimmung in sich selbst trug. Von 1972 an konnte die »Selbstanerkennung der Bundesrepublik« als logisches und politisches Pendant zur Anerkennung der DDR durch die Bundesrepublik, die doch nun einmal vollzogen war, aufgefaßt werden.

Es versteht sich von selbst, daß alle diese Überlegungen, Thesen, Argumente sich in diskursiven Zusammenhängen entfalteten, sich nicht von heute auf morgen im öffentlichen Bewußtsein der Republik durchsetzten. An Widerspruch, an Fragen, die sich den Plädoyers für die Zweistaatlichkeit, den entschiedenen, offenen wie den verhaltenen, indirekten, entgegenstellten, hat es nicht gefehlt. Gab es nicht doch eine Verantwortung des glücklicheren, freien Teils Deutschlands für den anderen, unfreien, weil gerade in der Teilung die gemeinsame Vergangenheit fortdauerte, bei extrem ungleicher Verteilung der Lasten aus dieser Vergangenheit? War der Vorbehalt gegen die Teilung nicht auch das Festhalten an dieser Verantwortung? Weiter: Wenn denn die Deutschen, wie es doch jedermann für selbstverständlich hielt, sich als Nation ihre Vergangenheit zurechnen lassen mußten, für sie zu haften hatten – und das auf unabsehbare Zeit –, konnten sie dann ihre politische Identität im übrigen so einfach postnational, europäisch, verfassungspatriotisch definieren? Überhaupt: Was sollte postnationale Identität in einer Welt kräftiger und als Selbstverständlichkeit akzeptierter nationaler Identitäten ringsum sein? War es nicht vor allem eine Formel der Verneinung von Identität?

Solche Gegenfragen hatten durchaus ihre Resonanz. Gerade für die achtziger Jahre, um die es hier vor allem geht, gilt: Den Zeitgenossen schien es, als gewönnen die Themen Nation, Nationalstaat, Wiedervereinigung eine neue Aktualität. Das mag auch so gewesen sein, obwohl zu vermuten ist, daß die Debatten, die die Intellektuellen führten, wenig Tiefenwirkung hatten. Aber die Aktualität von Themen ist eines, die Richtung der Veränderungen des Denkens ein anderes. Im Rückblick ist deutlich, daß der Trend zunehmender Bereitschaft, die Zweistaatlichkeit nicht länger in Frage zu stellen, sich in den achtziger Jahren nicht umgekehrt, sondern eher beschleunigt hat. Ob und wann er sich durchgesetzt hätte, steht dahin. Das Jahr 1989 hat der Geschichte eine andere Wendung gegeben.

Einen Schritt über die Hinnahme, die Bejahung der Zweistaatlichkeit hinaus tat, wer bereit war, der DDR und das heißt: dem SED-Regime Legitimität zu konzedieren. Das läßt sich in den deutschlandpolitischen Debatten nicht leicht auseinanderhalten. Aber die Unterscheidung ist wichtig. Die Legitimitätskonzession stellte zur Disposition, worüber niemand disponieren konnte. Was immer zum Anspruch auf Einheit zu sagen war, über das Selbstbestimmungsrecht des unfreien Teils Deutschlands konnte der freie nicht verfügen, ganz im Gegenteil: Er hatte eine nicht in sein Belieben gestellte Pflicht, für dieses Recht einzutreten. Das war der eigentliche Sinn der Formel, die deutsche Frage sei offen. Sie war offen, solange den Deutschen in einem Teil des Landes das Recht vorenthalten blieb, ihr politisches Geschick selbst zu bestimmen. Aus Freiheit mochte dann Einheit folgen oder auch nicht.

Stimmen, die der Bundesrepublik dringlich anrieten, ihren Legitimitätsvorbehalt gegenüber dem SED-Regime endlich fallenzulassen, waren in den achtziger Jahren zunehmend zu hören. Günter Gaus, der erste Ständige Vertreter Bonns in Ost-Berlin, sagte es am deutlichsten, wenn er für die »innere Anerkennung« der DDR plädierte.[93] Egon Bahr, der doch immer als ein Wiedervereinigungspolitiker gegolten hatte, meinte nichts anderes, wenn er, im Netz der Logik seiner sicherheitspolitischen Deduktionen gefangen, erklärte, es sei im Grunde nur noch ärgerlich, wenn darüber »gelabert« werde, wie offen die deutsche Frage sei.[94] In vielen publizistischen Plädoyers dafür, sich mit der Realität definitiv zu arrangieren, schwang dieses Werben für die »innere Anerkennung« der DDR mit. Wie weit verbreitet die Unwilligkeit war, an der Teilung Deutschlands, und das heißt eben auch: an der Existenz der DDR, so wie sie nun einmal war, noch länger Anstoß zu nehmen, wurde deutlich, als der Schriftsteller Martin Walser im Oktober 1988 in einer »Rede über das eigene Land«, einer von vielen, die über die Jahre hinweg in den Münchner Kammerspielen gehalten wurden, den Mut hatte zu sagen, daß er unter der Teilung leide, und dafür plädierte, die Wunde als Wunde zu empfinden.[95] Unter seinesgleichen jedenfalls hätte er sich durch keine andere Äußerung stärker isolieren können als durch dieses Bekenntnis zur Einheit Deutschlands.

Es liegt auf der Hand, daß sich eine solche Wendung nicht hätte vollziehen können, hätte nicht auch die Wahrnehmung der DDR sich grundlegend verändert. In den fünfziger und sechziger Jahren war sie der totalitäre Gegenstaat gewesen, die dunkle Folie, vor der Demokratie und Rechtsstaat westlichen Musters erst deutlich als das erkennbar wurden, was sie waren, die »Zone« auch, eine Provinz, heißt das, des sowjetischen Imperiums. Jetzt, das war die eine Variante, sah man nicht mehr so genau hin – etwa weil man meinte, Friedenspartnerschaft verbiete es, genau hinzusehen. Mit dem Vorwurf »Kalter Krieger« war man dann schnell bei der Hand, wenn jemand bei diesem Wegsehen nicht mitspielte. Oder man sah hin, das ist die andere Variante, und sah Erstaunliches. Die DDR, die dem westdeutschen Leser beispielsweise in dem Deutschlandbuch von Günter Gaus[96] oder dem Reisebericht einer Gruppe von »Zeit«-Redakteuren[97] in den achtziger Jahren entgegentrat, hatte mit der DDR, deren bis ans Ende ausgeprägt totalitäre Züge nach der Wende wieder erschreckend deutlich sichtbar wurden, wenig zu tun.

Was die DDR-Berichterstattung in den Massenmedien angeht, so hat ein kritischer Kenner von einem »blamablen Kapitel des deutschen Journalismus« gesprochen.[98] Das mag übertrieben sein, jedenfalls ist es ein zu pauschales Urteil. Aber daß man in vielen Redaktionen mit der DDR schonend umging, das ist bezeugt.[99] Nicht wenige Journalisten fühlten sich offenbar dem Geist der Entspannung mehr als ihrem Berufsethos verpflichtet. Ähnliches gilt für die Wissenschaft. In der politikwissenschaftlichen DDR-Forschung etwa der siebziger und achtziger Jahre gewann ein als »systemimmanenter Ansatz« etikettiertes analytisches Programm erheblichen Einfluß, das, was das Verständnis der Herrschaftsmechanismen der Parteidiktatur angeht, bewußt das Tragen von Scheuklappen propagierte.

Im engeren Raum der Politik verlief der Prozeß des Zerfalls des Legitimitätsvorbehalts gegenüber der DDR langsamer. Das hat vermutlich etwas mit der besonderen Bedeutung, die die Verfassung in diesem Raum besitzt, zu tun. Die Verfassung verbot die endgültige Anerkennung der Teilung. Und das Bundesverfassungsgericht hatte dieses Verbot 1973 sehr nachdrücklich unterstrichen. Eine Änderung des Grundgesetzes, das heißt vor allem eine Streichung der Präambel, ist in den achtziger Jahren zwar von einzelnen Politikern der Linken gefordert worden – mit wenig Gespür für die außerordentliche Bedeutung der verfassungsrechtlichen Absicherung des Legitimitätsvorbehaltes gegenüber der Diktatur im anderen Teil Deutschlands. Aber die SPD als Partei hat das nicht ernstlich in Betracht gezogen. Eine Zwei-Drittel-Mehrheit hätte sich ohnehin nicht gefunden. Wenn man es als eine der Bestimmungen einer Verfassung ansieht, in Fragen ersten Ranges Entscheidungen zu verzögern, zum Nachdenken zu zwingen, Konsensbildung möglich zu machen, dann hat das Grundgesetz diese Aufgabe für die Deutschlandpolitik also durchaus erfüllt.

Für die Parteien im einzelnen gilt: Die SPD, so viele sozialdemokratische Politiker, zumal der jüngeren Generation, die von Gaus geforderte »innere Anerkennung« der DDR auch vollzogen, hielt als Partei jedenfalls in ihren programmatischen Texten bis zum Ende am Selbstbestimmungsrecht der Deutschen fest, obschon in immer vorsichtigeren, blasseren Formulierungen. Für die Union blieb zwar der Legitimitätsvorbehalt gegenüber der Diktatur eine Selbstverständlichkeit, das Wiedervereinigungsziel dagegen geriet auch bei ihr in die Diskussion. In den regierungsamtlichen Äußerungen hatte sie nach 1982 von Anfang an behutsam den Akzent stärker auf das Selbstbestimmungsrecht als auf die Wiedervereinigung gesetzt, ohne damit in den eigenen Reihen Anstoß zu erregen. Erst als dem Wiesbadener Parteitag 1988 der Entwurf einer programmatischen Entschließung vorgelegt wurde, in dem die Wiedervereinigung überhaupt nicht mehr auftauchte, weder das Wort noch die Sache, vielmehr alles auf den Fortgang der europäischen Einigung abgestellt war, wurde Widerspruch laut. Nach einer heftigen öffentlichen Debatte schrieb der Parteitag die Wiedervereinigung von neuem in das Parteiprogramm hinein. Die F.D.P., im letzten Jahrzehnt vor der Wende kein wichtiger deutschlandpolitischer Akteur mehr, hatte ihre Position irgendwo zwischen Union und SPD, während die Grünen, neu auf der politischen Bühne, erhebliche Schwierigkeiten hatten, ihr Verhältnis zur DDR zu bestimmen. Die Teilung an sich war ihnen ziemlich gleichgültig, weil ihnen die Einheit der Nation, die Nation überhaupt, gleichgültig war, die DDR als ein Staat, der Friedens- und Umweltgruppen kujonierte, aber doch wenig sympathisch. Gleichwohl sprach Ende der achtziger Jahre alles dafür, daß eine rot-grüne Regierung der Zukunft mit der DDR ihren endgültigen Frieden machen würde.

Daß die DDR selbst in den siebziger und achtziger Jahren auf den skizzierten Prozeß des Meinungs- und Urteilswandels im westlichen Deutschland erheblichen Einfluß genommen hat, ist im einzelnen schwer nachzuweisen, im ganzen aber sicher. Die diesbezügliche Arbeit des Ministeriums für Staatssicherheit (MfS) in der Bundesrepublik war vor allem darauf gerichtet, Kritik an der DDR auf alle mögliche Weise zu diskreditieren, Kritiker zu diffamieren und zu isolieren. Sie hat dabei beträchtliche Erfolge gehabt, dies wohl vor allem, weil sie sich mit dem Zeitgeist verbünden konnte. Wo Kritik an der DDR von vornherein als friedens- weil entspannungsfeindlich galt, hatte das Ministerium für Staatssicherheit in seiner Westarbeit ziemlich leichtes Spiel.

Natürlich spiegelt auch die Demoskopie die Gewöhnung an die Zweistaatlichkeit wider.[100] Wer die Daten der fünfziger mit denen der achtziger Jahre vergleicht, sieht das sehr deutlich. Zwar bejahte auch in den achtziger Jahren noch eine sehr klare Mehrheit der Westdeutschen das Ziel Wiedervereinigung, wollte an der Präambel des Grundgesetzes festhalten, aber daran, daß die Teilung in absehbarer Zukunft überwunden werden könne, glaubten nur noch wenige, und für eine vordringliche Aufgabe bundesrepublikanischer Politik hielt die Wiedervereinigung fast niemand mehr. Die amtliche Formel »zwei Staaten – eine Nation« entsprach wohl bis zum Schluß dem Empfinden der Mehrheit, aber daß man sich auseinanderlebe und bei fortdauernder Teilung nicht eine Nation bleiben werde, war ebenso die Mehrheitsmeinung. Noch scheuten sich die meisten, die DDR Ausland zu nennen. Aber immer mehr dachten nur noch an die Bundesrepublik, wenn von Deutschland die Rede war, wie denn die wachsende Identifizierung der Westdeutschen mit der Bundesrepublik, die von den siebziger Jahren an zu beobachten ist, überhaupt ein wesentliches Element der Gewöhnung an die Zweistaatlichkeit war.

Es überrascht nicht, daß bei alledem die Generationsunterschiede ausgeprägt waren, die Jüngeren, die das ungeteilte Deutschland nur noch vom Hörensagen kannten – Ende der achtziger Jahre bereits die Mehrheit der Bevölkerung –, viel selbstverständlicher mit der Teilung lebten. Aber es gilt nicht nur für die Jüngeren, sondern für die Westdeutschen insgesamt: Davon, daß sie sich von der Teilung betroffen fühlten, sich gegen die Teilung engagierten, ist nicht mehr viel zu spüren. Freilich waren das alles nur auf Befragen bekundete Meinungen. Was sie für den »Ernstfall« bedeuteten, konnte vor 1989 niemand wissen. Das Urteil über die DDR blieb übrigens mit leichten Schwankungen negativ.

Auch für das Netz der tatsächlichen Beziehungen, die Westdeutsche zum anderen Teil Deutschlands hinüber unterhielten, gilt, daß wir es zwar in Zahlen beschreiben können, aber wenig darüber wissen, wieviel an gesamtdeutscher Substanz in diesen Beziehungen tatsächlich überlebte. Ende der achtziger Jahre gaben 24 Prozent der Westdeutschen an, Verwandte und Bekannte in der DDR zu haben, 1952 waren es 41 Prozent gewesen. Dabei blieb der Anteil derer, die verwandtschaftliche Bindungen über die Grenze hinweg hatten, erstaunlich stabil. Das hat natürlich mit dem Strom der Flüchtlinge und Übersiedler zu tun, der ja nach 1961 nie ganz versiegte. Einer Umfrage aus dem Jahr 1986 zufolge besuchte etwa jeder siebte Westdeutsche gelegentlich Verwandte oder Bekannte in der DDR, acht Prozent der Westdeutschen erklärten, sie reisten als Touristen in den anderen Teil Deutschlands. Ein Befund aus dem Folgejahr: Etwa jeder dritte Westdeutsche (36 Prozent) war nach eigenen Angaben seit dem Mauerbau mindestens einmal in der DDR gewesen. War das viel, war das wenig? Und was bewirkten diese Millionen von Besuchern auf der einen wie auf der anderen Seite? Daß auch in der Gegenrichtung die Zahl der Besuche 1987 die Millionengrenze überschritt, wissen wir bereits, Besuche wohlgemerkt von DDR-Bürgern, die das Rentenalter noch nicht erreicht hatten.

War damit, so hat man gefragt, die Mauer nicht schon gefallen, bevor sie fiel? Tatsächlich schienen die deutsch-deutschen Beziehungen in den späten achtziger Jahren eine neue Qualität anzunehmen. Wachsende Bereitschaft, die Teilung nicht länger in Frage zu stellen, auf westlicher Seite, eine Politik keineswegs offener, aber doch offenerer Grenzen auf östlicher Seite – es ist nicht überraschend, daß viele meinten, in dieser »Normalität« könne man sich auf die Dauer einrichten. Aber wer wollte, konnte doch auch sehen, daß die vermeintliche Normalität auf tönernen Füßen stand. Dem SED-Regime ging es ja nicht einfach darum, die Anerkennung der Teilung durchzusetzen, es ging ihm um Existenzsicherheit für sich selbst. Die aber konnte ihr die Bundesrepublik nicht geben. »Keine Seite kann die andere daran hindern, sich selbst zugrunde zu richten«, so formulierte es Erhard Eppler in seiner Rede zum 17. Juni 1989 im Bundestag.[101] Legitimität konnte die DDR nicht als einen

Tribut von der Bundesrepublik einziehen, sie konnte sie nur durch sich selbst gewinnen. Und damit tat sie sich, seit Gorbatschow in der Sowjetunion regierte, immer schwerer. Die partielle Öffnung der Grenzen mochte als ein Zeichen der Stabilisierung gelten, aber die sprunghaft wachsende Zahl der Ausreiseanträge besagte das Gegenteil und das fortdauernde Grenzregime – das letzte Opfer des Schießbefehls starb am 4. Februar 1989 an der Berliner Mauer – auch. Bis zum letzten Tag, heißt das, standen sich im geteilten Deutschland ein legitimer und ein illegitimer Staat gegenüber. Der größte Erfolg der DDR war vielleicht der, daß es ein beträchtlicher Teil der politischen Klasse der Bundesrepublik nach vierzig Jahren nicht mehr so sehen wollte.

Der Frage, wie nahe die DDR ihrem deutschlandpolitischen Ziel bis Ende der achtziger Jahre gekommen war, steht die Frage gegenüber, wohin die Bundesrepublik mit ihrer Deutschlandpolitik der siebziger und achtziger Jahre gelangt ist. Die deutsche Frage »offenzuhalten«, mag ihr trotz allem gelungen sein, nicht zuletzt, weil es die Verfassung so wollte. Die Teilung, wenn nicht erträglich, dann doch wenigstens erträglicher zu machen, ist ihr, mißt man die Entwicklungen am Ausgangspunkt der sechziger Jahre, sicher gelungen, auch wenn sich das Grenzregime letzten Endes als nicht verhandelbar erwies. Daß die Bonner Politik viel dazu beitragen konnte, das Bewußtsein der Zusammengehörigkeit der Nation zu erhalten – eines ihrer erklärten Hauptziele –, ist zu bezweifeln. Zwar hat sie erreicht, daß Millionen von Deutschen in den Jahren 1972 bis 1989 die innerdeutsche Grenze überschreiten konnten, erst in der einen, am Ende auch in der anderen Richtung. Aber es spricht nicht viel dafür, daß der Prozeß der Erosion des Bewußtseins und der Empfindung der Zusammengehörigkeit durch diese Reisen wesentlich gebremst worden ist. Von den Möglichkeiten deutsch-deutscher Begegnung, die die Politik trotz aller Einschränkungen eröffnete, haben die Westdeutschen zu keiner Zeit sonderlich engagiert Gebrauch gemacht, sieht man vom Sonderfall Berlin ab. Und für die Ostdeutschen waren diese Möglichkeiten ohnehin viel begrenzter.

Schließlich das Ziel, das immer wieder als das eigentlich strategische jedenfalls der sozial-liberalen Deutschlandpolitik ausgegeben worden ist: Wandel durch Annäherung, Liberalisierung durch Stabilisierung. Daraus ist nichts geworden, jedenfalls nicht im Sinne des Kalküls, das dieser Formel zugrunde lag. Es hat die DDR nicht »liberaler« gemacht, daß Außendruck von ihr genommen wurde. Sie blieb die Parteidiktatur, als die sie angetreten war, weil die SED ihre Herrschaft, was immer die Bundesrepublik tat oder nicht tat, nur als Diktatur aufrechterhalten konnte. Daß die westdeutsche Deutschlandpolitik der siebziger und achtziger Jahre zur Vorgeschichte des Endes der DDR gehört, dafür spricht viel, aber gerade nicht, weil sie stabilisierend-liberalisierende, sondern weil sie – ungewollt – destabilisierende Wirkungen hatte. Eine gemischte Bilanz also, aber auf eine ganz andere Weise uneindeutig, als es die deutschlandpolitische Bilanz des SED-Regimes war, in der der keineswegs nur scheinbare Triumph des Jahres 1987 und der Kollaps ganz nahe beieinanderliegen.

Läßt sich, am Ende eines raschen Durchgangs durch vierzig lange Jahre, die Quintessenz der deutschen Zweistaatlichkeit auf einen Begriff bringen? Vielleicht auf den etwas umständlichen des symbiotischen Antagonismus. Antagonismus – das bedarf keiner Erläuterung, allenfalls ist daran zu erinnern, daß die DDR im Gegensatz zur Bundesrepublik das Verhältnis nie anders begriffen, daß sie nie anders als in Kategorien des Klassenkampfes gedacht hat. Wie sie diesen Kampf im verborgenen geführt hat, welchen Einfluß sie in der Bundesrepublik durch die vermutlich beträchtliche Schar ihrer Meinungsagenten ausgeübt hat, davon wissen wir wenig und werden möglicherweise nie viel davon wissen.[102] Nur so viel ist sicher: Das Wort Antagonismus trifft die Sache, ohne jeden Abstrich. Aber was heißt symbiotischer Antagonismus? Das deutsche Gegeneinander war ein Teil des großen Gegensatzes zwischen West und Ost, war es freilich auf sehr besondere Weise. Die beiden deutschen Staaten, die beiden deutschen Gesellschaften waren in ihrer Existenz in einzigartiger Weise aufeinander bezogen. Sie maßen sich unablässig aneinander. Sie waren unentrinnbar zur Legitimitätskonkurrenz verurteilt, nicht einfach zwei Staaten im Ost-West-Konflikt, sondern zwei Teile eines Landes, die der Ost-West-Konflikt gegeneinandergestellt hatte.

Im Selbstverständnis der Bundesrepublik standen sich verfassungsstaatliche Demokratie und Parteidiktatur gegenüber. In der DDR-Definition des Konflikts stand ein entschieden antifaschistisches Deutschland gegen ein Deutschland, das den Faschismus nicht wirklich ausgetrieben hatte – diese Antithese war für die Legitimationskonkurrenz viel wesentlicher als die, die ideologisch den Vorrang hatte, Sozialismus versus Kapitalismus. Der Unterschied zwischen der westlichen und der östlichen Interpretation des Legitimationswettstreits: Die westliche wurde Tag für Tag von der Wirklichkeit beglaubigt, für die östliche hat das nie in gleicher Weise gegolten. Die Bundesrepublik war demokratischer Verfassungsstaat, die DDR war Parteidiktatur. Und wenn es von den siebziger Jahren an in der Bundesrepublik auch zunehmend verpönt war, die DDR als das zu bezeichnen, was sie war, so haben die krassen Systemunterschiede im allgemeinen Bewußtsein doch nie ihre deutlichen Konturen verloren. Sie waren zu evident. Unübersehbar für jedermann, auf beiden Seiten der Grenze, war zumindest dies eine: Die Deutschen in der DDR lebten seit 1961 auf das schärfste bewacht hinter Mauer und Stacheldraht, die Deutschen in der Bundesrepublik hatten das Recht, die Grenzen ihres eigenen Landes zu überschreiten, wie und wann sie wollten. Freiheit hier und Unfreiheit dort waren in diesem Unterschied jederzeit gleichsam sinnlich wahrnehmbar.

Umgekehrt hat der gegen die Bundesrepublik gerichtete Faschismusvorwurf, hat die Selbststilisierung der DDR als Hort des Antifaschismus zwar durchaus eine gewisse Resonanz gehabt, im Osten wie im Westen. Aber nie ist es der DDR gelungen, mit ihrer Deutung des Legitimitätskonflikts ganz vergessen zu machen, worin sich die beiden Deutschlands zuerst und vor allem unterschieden. Zu offensichtlich war ihr Bild der Bundesrepublik ein Zerrbild, eine Karikatur, und zu offensichtlich waren in ihrem Selbstbild die häßlichen Wirklichkeiten der Kontinuität zwischen Diktatur und Diktatur übermalt.

Natürlich gab es noch eine zweite Dimension der Legitimitätskonkurrenz, die ökonomische, aber hier hatte die DDR erst recht die schlechteren Karten. Von früh an ließ der Westen den Osten ökonomisch hinter sich, nicht nur in der Entwicklung des Wohlstandes im engeren Sinn, sondern auch hinsichtlich der Wohlfahrtsleistungen von Staat und Wirtschaft im weiteren Verständnis. Der Umweltschutz ist ein drastisches Beispiel. Zwar setzte die DDR dem höheren Wohlstandsniveau des Westens den Anspruch entgegen, der Sozialismus verwirkliche Gerechtigkeit, Verteilungsgerechtigkeit nämlich, und gewährleiste Sicherheit, was dem Kapitalismus seiner Natur nach unmöglich sei. Aber dieser Anspruch hatte wenig Überzeugungskraft. Jeder wußte ja, wie privilegiert in allen Dingen die Mächtigen blieben. Und was die Sicherheit angeht, so hat die Bundesrepublik, nicht zuletzt, weil sie die Legitimitätskonkurrenz zu bestehen hatte, ihr eigenes, sehr viel leistungsfähigeres System sozialer Sicherheit aufgebaut. Aus der Sicherheit des Arbeitsplatzes hätte die DDR in den siebziger und achtziger Jahren, als die Arbeitslosigkeit für die Bundesrepublik zum Problem wurde, zwar ein Argument machen können und hat es auch versucht. Aber es war zu offensichtlich, welchen ökonomischen Preis die DDR für ihre Art der Vollbeschäftigung zahlte, als daß dieses Argument entscheidendes Gewicht hätte gewinnen können.

Symbiotischer Antagonismus, antagonistische Symbiose, wie immer man die Konstellation begrifflich faßt, vierzig Teilungsjahre hindurch hat der Legitimitätswettstreit die deutsch-deutschen Beziehungen bestimmt – nicht weil die Deutschen sich nicht entscheiden konnten, sondern weil der Ost-West-Konflikt, die Sowjetunion im besonderen, sie fest im Griff hielt. Sobald die erstarrten Verhältnisse in sich zusammenstürzten, war auch die Legitimitätskonkurrenz entschieden.

Die Legitimitätsfrage

»Die Gründung der friedliebenden Deutschen Demokratischen Republik ist ein Wendepunkt in der Geschichte Europas.« Das ist der entscheidende Satz des berühmten Telegramms, mit dem Stalin am 13. Oktober 1949 die eben ins Leben getretene DDR begrüßte.[103] Der Text des Telegramms macht deutlich, daß Stalin die DDR als den Kern des ganzen Deutschlands ansah, um das es ihm – so oder so – noch immer ging. Und man kann vermuten, daß ihm als »Wendepunkt in der Geschichte Europas« die dauerhafte Hinwendung Deutschlands, des ganzen Deutschlands zur Sowjetunion erschien, die sich für ihn in der ostdeutschen Staatsgründung abzeichnete. Jedenfalls ließ Stalin im Schlußsatz des Telegramms ausdrücklich das einheitliche Deutschland hochleben.

Zu einem Wendepunkt in der Geschichte Europas hätte die Gründung der DDR aber auch dann werden können, wenn die DDR ein zweiter deutscher Staat von Dauer geworden wäre. So ist es nicht gekommen. Die DDR ist eine Episode geblieben, wenn auch eine für zwei, drei Generationen schicksalhafte und weit über die unmittelbar betroffenen Generationen hinaus folgenreiche Episode. Aber die Frage bleibt doch – die schicksalhafte und folgenreiche Episode DDR drängt sie dem Historiker auf –, ob der Ausgang auch ein anderer hätte sein können. Hätte das Nebeneinander zweier deutscher Staaten zur Selbstverständlichkeit werden können? Hatte die DDR, so kann man es auch formulieren, eine Chance? Die Chance, Legitimität zu gewinnen, an der ihre Zukunft hing? War sie »eine deutsche Möglichkeit« – eine andere, zweite?[104] Darum wird es im folgenden gehen.

I.

Zwei Grundbedingungen ihrer Existenz waren der DDR vorgegeben. Sie war Teil eines geteilten Landes. Und sie war »Provinz« eines Imperiums, des sowjetischen, sein westlicher Vorposten. Teil eines geteilten Landes – wie immer die DDR mit diesem Sachverhalt umging, ob sie sich als Vorkämpferin der zu bewahrenden oder wiederzugewinnenden Einheit gebärdete wie in ihrem ersten Jahrzehnt, oder ob sie, wie in den siebziger und achtziger Jahren, die Endgültigkeit der Teilung verfocht, sie blieb gleichsam gefesselt an das andere Deutschland, in ihrer ganzen Existenz auf dieses andere Deutschland bezogen. Kein Staat hat sich im Ost-West-Konflikt so sehr gegen einen anderen definiert, wie die DDR es tat, tun mußte. Kein anderer Staat war im Ost-West-Konflikt so sehr in einen existentiellen Wettbewerb mit einem Staat des gegnerischen Lagers verstrickt wie die DDR. Ihre eigenen Bürger hatten das andere Deutschland stets vor Augen, bis 1961 als eine »deutsche Möglichkeit«, die auch ihnen offenstand. Sie maßen ihr Deutschland an ihm. Die DDR, heißt das, sah sich durch die bloße Existenz der Bundesrepublik gleichsam Tag für Tag in Frage gestellt, während die Bundesrepublik umgekehrt aus der bloßen feindnachbarschaftlichen Existenz der DDR, aus dem Kontrast nämlich, Legitimität gewann.

Teil eines geteilten Landes – das kann man schließlich auch so formulieren: Für keinen anderen Staat war die Grenze ein so existentielles Thema wie für die DDR. Am Schlüsseltag der Geschichte der DDR, dem 13. August 1961, ging es ganz allein um die Grenze, im DDR-Jargon die »Staatsgrenze West«. Bis zum 13. August 1961 war sie offen, wenn auch immer weniger offen, zuletzt nur noch in Berlin. Und das bedeutet: Das Leben in der DDR war in den ersten zwölf Jahren ihrer Existenz ein Leben im Schatten der jedermann bewußten Möglichkeit, das Land über die Grenze, die Deutschland teilte, zu verlassen. Nach dem 13. August 1961 war die Grenze geschlossen. Nun war das Leben in der DDR ein Leben im dunkleren Schatten der jedermann bewußten Unmöglichkeit, das Land zu verlassen. So oder so, die Grenze war gleichsam die Quintessenz dieses Staates.

»Provinz des sowjetischen Imperiums« – diese Formel wirft mehr Fragen auf. Wie wörtlich ist sie zu nehmen? War die DDR wirklich eine Provinz, vom sowjetischen Botschafter als Statthalter regiert? Oder war sie, jedenfalls von der zweiten Hälfte der fünfziger Jahre an, eine Art von Juniorpartner, gebunden zwar an die Hegemonialmacht und unter deren Aufsicht, aber doch mit beträchtlichen eigenen Handlungsspielräumen? War das SED-Regime das moskauhörigste und moskauabhängigste im ganzen Ostblock, wie man es oft lesen kann, oder – weil in vielen Hinsichten der gewichtigste – auch der einflußreichste Partner? Die Wirklichkeit ist wie so oft nicht eindeutig.

Die Sowjetunion hat nie vergessen, daß die DDR erobertes Territorium, Kriegsbeute war, »mit dem Blut des Sowjetvolkes bezahlt«.[105] Die pathetischen Denkmäler, mit denen sie im eroberten Land ihrer Gefallenen gedachte, führten das der DDR eindringlich vor Augen. Die Sowjetunion hat an den Rechten, die ihr als Siegermacht über Deutschland zugefallen waren, im Kern denn auch festgehalten – bis zum 2+4-Vertrag. Chruschtschow hat in der Berlin-Krise den immer wieder drohend angekündigten Friedensvertrag mit der DDR eben doch nicht abgeschlossen. Und Breschnew hat die »Verantwortlichkeit der vier Mächte für Deutschland als Ganzes« während der Verhandlungen über den Moskauer Vertrag nicht aufgekündigt, obwohl sie taktisch gar nicht ins Konzept paßte. Sosehr die Sowjetunion von der zweiten Hälfte der fünfziger Jahre an auf der Endgültigkeit der Teilung bestand, den definitiven Schlußstrich unter den Zweiten Weltkrieg wollte sie nicht wirklich ziehen. »Wir sind in der DDR, und wir bleiben dort« – so Breschnew im Jahr 1970.[106] Das ist der Tonfall des Siegers.

Es ist natürlich auch die Sprache der Hegemonialmacht, die weiß, daß der DDR in der Architektur des Imperiums eine besondere Bedeutung zukommt. Ohne die Bastion DDR ließ sich das europäische Vorfeld nicht unter Kontrolle halten. Die gewaltige militärische Präsenz der Sowjetunion in der DDR, zwanzig Divisionen und eine Luftflotte in einem

Stalin weist den Weg – hier einem Demonstrationszug der FDJ anläßlich des Deutschlandtreffens 1950 auf der alten preußischen Prachtstraße »Unter den Linden«.

Paradoxerweise war der enthusiastische Glaube an das Vorbild Sowjetunion wohl am stärksten in den frühen, stalinistischen Jahren. Aber auch über diese Jahre hinaus gilt: Die SED kannte und wollte keinen anderen Sozialismus als den der Sowjetunion. Erst als Gorbatschow neue Wege zu suchen begann, ging die SED auf Distanz.

Aber ob sie es nun mit ideologischer Nähe oder ideologischer Distanz versuchte, es blieb dabei: Die Existenz der DDR hing letztlich an der militärischen Präsenz der Sowjetunion. Das war das eigentliche Grundgesetz der DDR.

Land, das nicht einmal halb so groß war wie die Bundesrepublik, hatte in beidem ihre Wurzeln: im dauerhaft festgehaltenen Siegerrecht und in der geostrategischen Bedeutung der DDR, des westlichen Vorpostens des Ostens, im Ost-West-Konflikt.

Fortdauernde Okkupation, das ist ein Aspekt des Verhältnisses Sowjetunion–DDR. Für dieses Verhältnis gilt aber auch: Die Sowjetunion konnte sich darauf verlassen, daß die KPD/SED-Führung, der sie in ihrer Besatzungszone zur Macht verholfen hatte, durch ihre eigenen Interessen aufs engste an die Hegemonial- und Okkupationsmacht gebunden war. Breschnew hatte recht, als er Honecker in den Gesprächen, die dem Ost-Berliner Machtwechsel von 1971 vorausgingen, daran erinnerte, daß die DDR »ohne die Sowjetunion, ihre

Macht und Stärke« nicht existieren könne.[107] Und Honecker wußte natürlich, wie es alle großen und kleinen Machthaber in der DDR wußten, daß Breschnew recht hatte. Sie konnten – jedenfalls grundsätzlich – gar nicht anders als im engsten Einvernehmen mit der Sowjetunion, auf ihre Interessen bedacht und an ihren Vorgaben orientiert, handeln wollen. Für sie war die Sowjetunion weit mehr Protektor als Okkupationsmacht. In der Verfassung von 1974, in schwächerer Formulierung schon in der Fassung von 1968, bekräftigt durch das Parteiprogramm von 1976, band sich die SED-Führung, ihrem Überlebensinteresse gemäß, ausdrücklich »für immer und unwiderruflich« an die Sowjetunion (Art. 6 Abs. 2 Satz 2). Und als Gorbatschow am Ende nicht die sowjetische Armee aufbot, um den SED-Staat zu retten, fühlte sie sich verraten – der Protektor hatte sein Protektorat preisgegeben, »der Vater sein Kind«. Mit diesem Bild hat Egon Krenz noch am 1. November 1989 Hilfe bei Gorbatschow gesucht.[108]

Was den SED-Staat der sowjetischen Führung so bereitwillig folgen, sich ihr oft genug in vorauseilendem Gehorsam anpassen ließ, war im übrigen nicht nur das Überlebensinteresse. Es war auch eine in der KPD eingeübte Gefolgschaftstradition. Schon in der Weimarer Republik hatten sich die deutschen Kommunisten dem Führungsanspruch Moskaus bedingungslos unterworfen, die KPD war zur Partei Stalins geworden. Den meisten Hauptfiguren der KPD/SED war darüber hinaus das Moskauer Exil in den Zeiten des Terrors und des Krieges eine prägende politische Lektion geworden. Das hat zumal in der frühen DDR fortgewirkt.

Die deutschen Kommunisten also die Statthalter der Okkupations- und Protektoratsmacht, weil sie gar nicht wollen konnten, etwas anderes zu sein? Auch das ist eine Vereinfachung. Es gab Interessenkonflikte. Und es gab gewisse Handlungsspielräume auch gegenüber der Hegemonialmacht, die man sich mit Hilfe von Hegels dialektischer Deutung des Herr-Knecht-Verhältnisses erklären mag: Es ist nicht nur der Knecht vom Herrn abhängig, sondern auch der Herr vom Knecht. Die wirtschaftlichen Abhängigkeitsverhältnisse, in der die DDR und die Sowjetunion zueinander standen, sind ein gutes Beispiel für diese Wechselbeziehungen. Die Wirtschaft der DDR war in hohem Maße auf die Sowjetunion ausgerichtet und von ihr, ihren Öl- und Rohstofflieferungen nämlich, abhängig. Aber die Sowjetunion war auch auf die Gegenlieferungen der DDR-Industrie, der leistungsfähigsten im Bereich des Rates für gegenseitige Wirtschaftshilfe (RGW), angewiesen.

Walter Ulbricht hat vermutlich nicht zuletzt eben daran gedacht, als er die versammelte Kremlführung gelegentlich selbstbewußt, vielleicht etwas zu selbstbewußt wissen ließ, die DDR sei »nicht Bjelorußland, kein Sowjetstaat«.[109] So peinlich seiner Gefolgschaft diese Dreistigkeit auch war, er hatte recht. Die DDR war nicht Bjelorußland. Ihr Handlungsspielraum war möglicherweise enger begrenzt als der anderer ostmitteleuropäischer Gliedstaaten des sowjetischen Imperiums. Was die Sowjetunion in Polen hinnahm, vielleicht hinnehmen mußte, hätte sie der DDR vermutlich nicht durchgehen lassen. Denn die DDR war aus Moskauer Sicht unter allen Vasallenstaaten der exponierteste, in gewissem Sinne der gefährdetste und zugleich der wichtigste. Indizien der Instabilität des Regimes wie Zeichen seiner Eigenmächtigkeit mußten den Kreml im Fall der DDR folglich in besonderer Weise beunruhigen. Aber daß der Zügel kürzer war, an dem sie geführt wurde, heißt nicht, daß die DDR einfach nur die Weisungen der Vormacht exekutierte.

Gewiß, auch nachdem die Jahre des eigentlichen Besatzungsregimes vorüber waren, in denen die sowjetische Militäradministration die politische, wirtschaftliche, gesellschaftliche Entwicklung ihrer Zone mit harter Hand in allen Einzelheiten gesteuert hatte, blieb der Botschafter der Sowjetunion in seiner prunkvollen Residenz dicht am Brandenburger Tor immer eine Art Hoher Kommissar, als Repräsentant des Kreml eine letzte Instanz. Alle wichtigen Entscheidungen mußten mit der Führungsmacht abgesprochen werden. Von vielen wissen wir sehr genau, daß sie letztlich in Moskau getroffen wurden. Der offizielle Parteibeschluß vom Juli 1952, nun mit dem Aufbau des Sozialismus in der DDR zu beginnen, mußte selbstverständlich von Stalin vorab gebilligt werden. Als die SED im Juni 1953, unmittelbar vor dem Aufstand, ihren Kurs des forcierten Aufbaus des Sozialismus abrupt korrigierte, geschah es auf Anweisung Moskaus, eine Anweisung, die durchaus ins einzelne ging, »Empfehlungen« zur Höhe der Besteuerung von Privatunternehmen ebenso gab wie zum Umgang mit der Jungen Gemeinde. Man merkt diesem Dokument an, wie gewohnt der Kreml es war, sich in seiner Zone, die nun schon fast vier Jahre ein Staat war, ums Detail zu kümmern.[110] Über den Bau der Mauer wurde auf unermüdliches Drängen Ulbrichts in Moskau entschieden. Ebenso über den Rücktritt Ulbrichts. Gewiß lag auch in diesem Fall die Initiative in Ost-Berlin. Aber gerade daran wird deutlich, daß über die Position des Generalsekretärs letztlich in Moskau befunden wurde, mehr noch: Gegen den Einspruch Moskaus konnte niemand ins Politbüro gelangen noch aus ihm entlassen werden. Honeckers Besuch in der Bundesrepublik, um ein letztes Beispiel zu nennen, konnte nur im Einverständnis mit dem Kreml stattfinden und hat sich aus eben diesem Grunde um ein halbes Jahrzehnt verzögert.

Aber es lassen sich auch Beispiele des Eigensinns der DDR anführen, keineswegs nur in Nebensächlichkeiten. Chruschtschows Entstalinisierungskampagne hat Ulbricht nur zögernd, in sehr kleinen Dosierungen mitgemacht. Die Versuche mit dem Neuen Ökonomischen System in den sechziger Jahren waren ein Experiment, das keineswegs mit dem vollen Segen der Sowjetunion in Angriff genommen wurde. Vor allem aber die achtziger Jahre waren durch sehr sichtbare Dissonanzen zwischen Moskau und Ost-Berlin, zwischen Honecker und den rasch wechselnden Generalsekretären der KPdSU geprägt. Zuerst war es der Moskauer Entschluß, die Bundesrepublik für die Nachrüstung abzustrafen, gegen den Honecker sich Spielräume für eine den eigenen Interessen folgende Deutschlandpolitik erhielt. Was um so bemerkenswerter ist, als die Sowjetunion gerade die Deutschlandpolitik der DDR, seit die beiden deutschen Staaten Beziehungen zueinander aufgenommen hatten, mit nervösem Argwohn überwachte. Auch die ständigen Moskauer Warnungen, die DDR dürfe sich nicht durch hohe Verschuldung in Abhängigkeit von der Bundesrepublik bringen, ignorierte Honecker. Später dann war es die Reformpolitik Gorbatschows, von der die DDR sich deutlich distanzierte. Beide, der späte Honecker wie der späte Ulbricht, sind gegenüber der Kremlführung ausgesprochen selbstbewußt, ja mit einer Art von Überlegenheitsbewußtsein aufgetreten.

Die Formel von der Provinz des sowjetischen Imperiums bedarf also der Erläuterung. Wie die Führungsclique der DDR ihr Land regierte, war nicht einfach eine Frage der Weisung aus Moskau, je länger, desto weniger. Aber die Grenzen ihres Handlungsspielraums waren klar gezogen. Erst Honecker hat in den achtziger Jahren auf dem besonders sensiblen Feld der Deutschlandpolitik die Grenzen des Einvernehmens mit der Vormacht überschritten. Natürlich hatte er nicht vergessen, daß er selbst, die SED, die DDR nur mit der Sowjetunion, nicht ohne sie und schon gar nicht gegen sie politisch überleben konnten. Aber in den achtziger Jahren konnte die DDR eben auch ohne die wirtschaftliche Hilfe der Bundesrepublik nicht mehr überleben. Zwischen diesen beiden Imperativen bewegte Honecker sich.

Nach dem Zusammenbruch der DDR gab es Anlaß, die Frage des Verhältnisses zwischen der Hegemonialmacht und ihrem ostdeutschen Protektorat im Gerichtssaal zu erörtern. Egon Krenz, Nachfolger Honeckers in den letzten, turbulenten Wochen des SED-Regimes, hat, als es um die Verantwortung des Politbüros für die Toten an der Mauer ging, geltend gemacht, alle das Grenzregime betreffenden Grundsatzentscheidungen seien in Moskau gefallen. Vielleicht war es so. In Grenzfragen sei die DDR nicht souverän gewesen. Natürlich nicht. Aber die SED-Führung war, was das Grenzregime angeht, ganz und gar eines Sinnes mit ihrer Vormacht, mehr noch, sie war nicht nur die bereitwillig ausführende, sondern in ihrem Eifer, jeden Fluchtweg zu versperren, die eigentlich treibende Kraft noch hinter den brutalsten Praktiken der »Grenzsicherung«. Die Verantwortung für die monströse »Staatsgrenze West« der DDR tragen Ost-Berlin und Moskau – und zwar, soweit es um den »Alltag« des Grenzregimes geht, in dieser Reihenfolge – gemeinsam. Sie läßt sich nicht einfach von Ost-Berlin nach Moskau verschieben.

II.

Die Leitfrage dieses Kapitels, die Frage, ob die gescheiterte DDR, Teil eines geteilten Landes, Provinz und Protektorat des sowjetischen Imperiums, eine Chance hatte, Legitimität zu gewinnen, läßt sich nun konkreter stellen. Sie wird zur Frage nach den Strategien, mit denen sie es versucht hat.

Demokratische Legitimität hat die DDR nie besessen. Nie haben die Bürger der DDR Gelegenheit gehabt, in einem freien Votum ja oder nein zu dem ihnen auferlegten Staat, zur Staatspartei SED zu sagen. Der Weg der frühen Jahre von den anfänglichen Bemühungen, jedenfalls den demokratischen Schein zu wahren – sie waren noch den Maximen einer auf Gesamtdeutschland zielenden sowjetischen Besatzungspolitik verpflichtet –, zur offenen Durchsetzung der Alleinherrschaft der SED war kurz.[111] Nur einmal, in den Landtagswahlen des Jahres 1946, also drei Jahre vor der Gründung der DDR, hat die SED sich bekanntlich in einer halbwegs freien, wenn auch nicht fairen Wahl den Wählern gestellt. Und selbst für diese Wahl bleibt in Erinnerung zu rufen, daß die SPD, der Hauptkonkurrent, bereits ausgeschaltet war. Was das bedeutet hat, zeigt sich im Vergleich der Wahlergebnisse in den fünf Ländern der Sowjetischen Besatzungszone mit denen Berlins vom selben Tag – in Berlin hatte die SED es noch in allen vier Sektoren mit der SPD zu tun: 47,6 Prozent SED-Stimmen in der Zone, 19,8 Prozent gegen 48,7 Prozent SPD-Stimmen in Berlin. Selbst im Ostsektor waren es nicht mehr als 29,9 Prozent, wobei auch dem mit kräftiger Nachhilfe der Besatzungsmacht errungenen Zonenergebnis von 47,6 Prozent ein Stimmenanteil von 49,1 Prozent für CDU und LDPD entgegenstand.

Bei den Wahlen zum Volkskongreß im Mai 1949 war dann schon die Einheitsliste durchgesetzt. Freilich gelang noch keine perfekte Inszenierung der Akklamation – es gab 34,2 Prozent Nein-Stimmen, dazu 6,7 Prozent ungültige Stimmen. Aber der hinhaltende Widerstand der bürgerlichen Parteien, zumindest der Parteiführungen, gegen die Ersetzung der Wahl durch die Wahlfarce war im Prinzip gebrochen. Im nächsten Schritt einigte man sich darauf, die für den Herbst 1949 fälligen Landtagswahlen ebenso wie die Wahl der ersten Volkskammer der DDR, der, wenn man den eben gegründeten ostdeutschen Staat denn demokratisch hätte legitimieren wollen, doch entscheidende Bedeutung zugekommen wäre, um ein Jahr zu verschieben – was der SED Zeit und Gelegenheit verschaffte, auch für diese Wahlen und damit endgültig die Einheitsliste mit einer Vorabverteilung der Mandate durchzusetzen. Inzwischen, im Herbst 1950, war sie auch stark genug, das Wahl genannte Akklamationsritual ganz und gar nach ihren Vorstellungen zu inszenieren – 99,7 Prozent der abgegebenen Stimmen für die Kandidaten der Nationalen Front bei einer Wahlbeteiligung von 98,5 Prozent, lautete das amtliche Ergebnis der ersten Volkskammerwahl vom 5. Oktober 1950 – es nahm der Wahl den letzten Rest demokratischer Glaubwürdigkeit.

Bei diesem Ritual blieb es bis zum Ende, wobei es freilich zur Vorgeschichte des Endes gehört, daß sich gegen die letzte DDR-Wahl, die Kommunalwahl vom 7. Mai 1989, zum ersten Mal in der Geschichte der DDR organisierter Widerspruch regte. Nicht alle Bürger der DDR waren im Mai 1989 noch bereit, sich jene Mischung von Wahlfarce und Wahlfälschung bieten zu lassen, mit der der SED-Staat sich viele Jahrzehnte hindurch gegen allen Augenschein hatte demokratische Beglaubigung sichern wollen. Zehn Monate später, in den Volkskammerwahlen vom März 1990, war der Durchbruch zur Demokratie geschafft. Und mit dem Durchbruch zur Demokratie, mit dem ersten freien Bürgervotum seit 1946, kam auch das Ende der DDR.

III.

Demokratische Legitimität, um es noch einmal zu sagen, hat die DDR nie besessen. Vermutlich hat noch nicht einmal die DDR-Führung daran geglaubt, so unentwegt sie das Wort »Demokratie« auch im Munde führte, daß ihrem Staat Legitimität aus dem Demokratieprinzip zuwachsen könne. Welche anderen Chancen aber besaß dieser Staat, sich ein Legitimitätsfundament aufzubauen? Die SED hat in ihrem Bemühen, Zustimmung für sich und ihren Staat zu gewinnen, im wesentlichen mit vier Argumenten gearbeitet: Sie hat die DDR als Bollwerk des Antifaschismus, als Wegbereiter des Sozialismus, als Friedensmacht und als Wohlfahrtsstaat zu rechtfertigen versucht. Wer das Scheitern der DDR erklären will, muß die Frage beantworten, warum diese Legitimitätsstrategien allesamt letztlich erfolglos blieben.

Ist es richtig, mit dem Antifaschismus zu beginnen? Ohne Hitler, mag man antworten, hätte der Kommunismus nach Stalin jedenfalls eine moralische Zukunft überhaupt nicht mehr haben können. In der Tat: Der Nationalsozialismus hat dem Kommunismus noch einmal eine Rechtfertigung verschafft, die der Stalinismus eigentlich bereits verspielt hatte. Aber folgt daraus, daß unter den Legitimitätsgründen, auf die die DDR sich vier Jahrzehnte hindurch berief, der Antifaschismus der wichtigste und wirksamste, der erste war?

In vielen Selbstzeugnissen des Systems steht er ganz vorn. Wohl nicht zufällig hat Otto Reinhold, Rektor der Akademie für Gesellschaftswissenschaften beim ZK der SED, in jenem berühmt gewordenen Satz, mit dem er im August 1989, die Krise schon vor Augen, die Identität und mit ihr das Lebensrecht der DDR zu bestimmen versuchte, den Antifaschismus vor dem Sozialismus genannt. »Sie (die DDR) ist nur als antifaschistischer, als sozialistischer Staat, als sozialistische Alternative zur BRD denkbar.«[112] Dreißig Jahre vorher hatte Ulbricht emphatisch verkündet: »Wer die Rechtmäßigkeit der DDR in Zweifel zieht, der bezweifelt auch die Rechtmäßigkeit des Kampfes der Völker gegen das mörderische Regime des Hitler-Faschismus.«[113] Die moralische Legitimität des Widerstandes gegen den Nationalsozialismus wird zum historischen Recht der DDR – als »Gründungsmythos« und, wie man gelegentlich gesagt hat, »Staatsreligion« hat diese Gleichung Selbstverständnis und Selbstdarstellung des SED-Staates entscheidend geprägt.

Vor allem war sie als Waffe gegen jeden Gegner zur Hand. Der Aufstand vom 17. Juni 1953 wurde zum »faschistischen Putsch« und die Mauer zum »antifaschistischen Schutzwall«. Waffe war der Antifaschismus insbesondere gegen den anderen deutschen Staat, Abgrenzungs- und Kampfdoktrin, zumal in den ersten beiden Jahrzehnten. Die Bundesrepublik war nicht nur der Staat der alten Nazis, sie war der Staat der kapitalistischen Restauration. Der Kapitalismus aber war der Schoß, aus dem der Faschismus gekrochen war. Die DDR auf der anderen Seite war nicht nur der Staat derer, die dem Faschismus widerstanden hatten, der Kommunisten, sie war vor allem der Staat, der mit dem Kapitalismus auch die Bedingungen der Möglichkeit des Faschismus ausgetilgt hatte. Im Lande des Nationalsozialismus, so kann man es auch sagen, war der Sozialismus und mit ihm die DDR nicht nur durch die Gesetzmäßigkeit der Geschichte an sich legitimiert, sondern an erster Stelle durch den Imperativ des »Nie wieder!«.

Nirgends trat die Strategie, Loyalität für den Sozialismus, für die sozialistische DDR aus dem moralisch zwingenden Nein zum Nationalsozialismus zu gewinnen, deutlicher hervor als in den Ritualen der antifaschistischen Erziehung. Der Besuch in Buchenwald gehörte in den Lehrplan. Man konfrontierte die Schulkinder so unmittelbar, so hart wie möglich mit dem Grauen des KZ-Terrors. Man ließ sie den Schwur der Buchenwald-Häftlinge, den Faschismus »mit seinen Wurzeln« ausrotten zu wollen, erneuern. Man erzählte ihnen in Büchern und Filmen vom Heldentum und Martyrium des kommunistischen Widerstandes. Und immer lief es darauf hinaus: Die DDR steht in der Nachfolge dieses Helden- und

Märtyrertums. Wer nein sagt zum Faschismus – und wer könnte nicht nein sagen wollen –, muß ja sagen zum Sozialismus, zur DDR.

Diese Ineinssetzung des Nein zum Faschismus mit dem Ja zur DDR hatte, das ist keine Frage, etwas sehr Verführerisches. Sie erlaubte es vielen, aus den besten moralischen Gründen einem Gefolgschafts- und Unterwerfungsanspruch nachzugeben, dem man sich ohnehin nicht entziehen konnte oder wollte. Besonders für die frühen Jahre gilt, daß sich viele, zumal junge Menschen für die KPD/SED entschieden, eben weil sie der nationalsozialistischen Vergangenheit am radikalsten abzusagen schien. Am deutlichsten ist es bei den Intellektuellen, die sich der DDR eine Zeitlang oder bis zu ihrem Ende verpflichtet fühlten, nicht wenige heimgekehrte Emigranten unter ihnen: Was sie an den SED-Staat band, war mehr als alles andere die »Staatsreligion« des Antifaschismus. Christa Wolf hat im Rückblick ihre starke Bindung an die DDR damit erklärt, daß dieser Staat von Antifaschisten aufgebaut worden sei.[114] Ihrer Generation, will sagen, denen, die den Nationalsozialismus noch erlebt hatten, sei es unmöglich gewesen, sich den Stalinisten, die das Land regierten, zu widersetzen, eben weil es Antifaschisten waren. Das Argument macht sichtbar, welche Bedeutung, gleichsam als Personifizierung des antifaschistischen Mythos, jene kommunistischen Führer, die dem Nationalsozialismus mit dem vollen Einsatz ihrer Person widerstanden hatten, mit ihrer lebensgeschichtlich begründeten moralischen Autorität für die DDR hatten – Honecker selbst mit seinen Brandenburger Zuchthausjahren gehörte zu ihnen.

Loyalitätsbekenntnisse von Intellektuellen in kritischen Augenblicken der DDR-Geschichte sind besonders eindringliche – auch deprimierende – Zeugnisse dafür, wie die »Staatsreligion« des Antifaschismus gewirkt hat. Der Literaturwissenschaftler Hans Mayer schrieb nach dem 17. Juni: »Es ging bei uns am 17. Juni in Wahrheit um Faschismus oder Antifaschismus. Es ist sinnlos, sich in dieser Grundfrage irgend etwas vormachen zu wollen.«[115] Der Historiker Ernst Engelberg fühlte sich vom 17. Juni an die »Reichskristallnacht« erinnert, sah den Staat freilich auf der anderen Seite, gegen den Pöbel die Ordnung wiederherstellend.[116] Der Schriftsteller Stefan Heym hat nach dem XX. Parteitag der KPdSU das Zögern von seinesgleichen, die SED zu einer konsequenten Entstalinisierung zu drängen, mit der Befürchtung erklärt, offene Kritik am Stalinismus werde die Deutschen zur Relativierung des Nationalsozialismus verleiten.[117] Stefan Hermlin gab dem Mauerbau seine »uneingeschränkte ernste Zustimmung«, weil sie den »Anti-Globke-Staat« gefestigt habe.[118] Es ist immer die gleiche Logik: Was die SED auch tut, ihr Staat ist der Staat der Absage an den Faschismus und hat deshalb Anspruch auf Loyalität. Man hat – zu Recht – von einer »Loyalitätsfalle« gesprochen, in die die SED eine ganze Generation mit dieser Logik hineingelockt habe.[119] Die Bereitwilligkeit, mit der man sich in die Falle locken ließ, die Bereitschaft zur Selbsttäuschung, heißt das, die da im Spiel war, bleibt freilich erstaunlich.

Erstaunlich vor allem deshalb, weil doch offen zutage lag, wie unwahrhaftig der Antifaschismus des SED-Staates im Kern war. Daß der Kapitalismus den Faschismus hervorgebracht habe und die Abschaffung des Kapitalismus deshalb die notwendige und hinreichende Antwort auf die Erfahrung des Faschismus sei, war ja nichts als eine dogmatische Setzung. Hinter dem notdürftigen Schleier dieses Dogmas war Diktatur nicht durch Demokratie, sondern durch eine anders begründete Diktatur, Terror nicht durch den Rechtsstaat, sondern durch ein neues, wenn auch viel unblutigeres Regiment willkürlicher Herrschaft ersetzt worden. Das aber heißt, daß die entscheidende Lektion der Geschichte eben nicht gelernt worden war. Die Rigorosität der Entnazifizierung in der Ostzone ändert daran nicht das geringste. Robert Havemann hat das sehr genau wahrgenommen, wenn er – als Kommunist! – der DDR vorwarf, sie erinnere in ihrer Herrschaftspraxis durchaus an den Faschismus.[120]

Übrigens hat der dogmatische Antifaschismus der DDR nicht nur die Wahrnehmung der Gegenwart, er hat auch das Nachdenken über die Vergangenheit sehr behindert. Es war alles so einfach: Der Kapitalismus hat den Faschismus hervorgebracht, die herrschende Klasse, heißt das konkret, hat Hitler Amt und Macht übertragen, um ihrer Klasseninteressen willen. Die Arbeiterschaft ist gegen den Faschismus im wesentlichen immun geblieben. Widerstanden, heldenhaft widerstanden haben dem Nationalsozialismus die Kommunisten. Und nach dem Krieg haben sich alle ungeläuterten Nationalsozialisten in der Bundesrepublik versammelt. Lauter Antworten, die keine Fragen mehr zuließen. Die DDR war für sich und ihre Bürger mit dem Thema Nationalsozialismus im reinen. Daß diese Art der »Entsorgung der Vergangenheit« nicht folgenlos blieb, hat sich nach 1990 gezeigt.

Und was ist, alles in allem, zur Breitenwirksamkeit des Legitimitätsmythos Antifaschismus zu sagen? Eine genaue Antwort gibt es nicht. An Hinweisen auf seine Überzeugungskraft, vor allem in der frühen Zeit, fehlt es nicht. Demoskopische Daten aus dem Leipziger Zentralinstitut für Jugendforschung zeigen, daß die SED bis in die achtziger Jahre mit ihrer unermüdlich verkündeten Botschaft, in der DDR sei, anders als in Westdeutschland, der Faschismus von seinen Wurzeln her ausgerottet worden, Zustimmung fand.[121] Andererseits: Gerettet hat der antifaschistische Kredit, den man ihr einräumte, die DDR nicht. Das mag eine banale Feststellung sein. Wie sollte er die ökonomische Dauerkrise der DDR, um nur vom Handfestesten zu sprechen, vergessen machen? Aber es ist angesichts der konstitutiven Bedeutung, die der Ineinssetzung des Nein zum Faschismus mit dem Ja zur DDR im Selbstverständnis des SED-Staates zukam, eine notwendige Feststellung. Der Anspruch, der in dieser Ineinssetzung steckt, ist nie zu Recht erhoben worden. Am Ende konnte er den rapiden Legitimitätsverfall nicht aufhalten.

IV.

Historisch oder richtiger: ideologisch betrachtet war der Antifaschismus nicht das Eigentliche. Er war nur das Nein. Das Eigentliche, das Ja, war der Sozialismus, um von dem in nebliger Zukunft verborgenen Kommunismus zu schweigen. Den Sozialismus aufzubauen, war nach ihrem Selbstverständnis *die* historische Mission der SED, der Daseinszweck der DDR, seit 1952 auch amtlich als solcher verkündet. Vom Sozialismus mußten die Menschen also überzeugt werden, wenn die DDR dauerhaft Legitimität gewinnen wollte, vom Sozialismus und davon, daß die SED die richtige Führerin auf dem Weg dorthin sei.

»Den Sozialismus in seinem Lauf hält weder Ochs noch Esel auf«, mit diesem schlichten Spruch begann die DDR ihren Weg, mit ihm hat sich Honecker noch in den Tagen ihres Endes Mut gemacht. Aber der Sozialismus hatte eben nicht die Gesetzmäßigkeiten der Geschichte auf seiner Seite. Er hätte die Menschen überzeugen müssen. Das ist ihm nicht gelungen.

Das Wort Sozialismus, von Marxisten-Leninisten gebraucht, hat eine spezifische, präzise Bedeutung. Es ist ein dogmatischer Begriff, der eine bestimmte Entwicklungsstufe in dem mit historischer Gesetzmäßigkeit ablaufenden, von Klassenkämpfen vorwärtsgetriebenen, zielgerichteten Prozeß gesellschaftlicher Evolution bezeichnet. Eine sozialistische Gesellschaft ist noch nicht am Ziel, aber sie hat mit der Abschaffung des Privateigentums an Produktionsmitteln den entscheidenden Sprung nach vorn getan. Sie kennt keine Klassenantagonismen, keine Ausbeutung mehr. Ihre Wirtschaft, die nicht dem Markt, sondern dem Plan folgt, dient der Befriedigung der Bedürfnisse aller. Geführt wird sie, das ist die leninistische Komponente, von einer Avantgarde der Wissenden und Entschlossenen, einer mit der Wissenschaft des Marxismus-Leninismus ausgerüsteten Partei: Die kennt den Weg zum Ziel.

Es ist dieser Sozialismus, den zu verwirklichen die KPD/SED als ihren geschichtlichen Auftrag ansah, von 1945 an. Gewiß gab es anfänglich taktische Zurückhaltung – die sowjetische Deutschlandpolitik wollte es so. Aber schon mit den ersten tiefen Eingriffen der Jahre 1945 und 1946 in das vorgefundene gesellschaftliche Gefüge war die Richtung klar vorgezeichnet, war das Projekt Sozialismus in eben jenem dogmatischen Sinn in Angriff genommen. Als die SED auf ihrer zweiten Parteikonferenz im Juli 1952 den »Aufbau des Sozialismus« offiziell proklamierte, war sie längst auf dem Weg. Und als 1968 der Sozialismus endlich in der Verfassung festgeschrieben wurde (1974 kam der Kommunismus hinzu), da war man, so jedenfalls die Meinung der Herrschenden, bereits im Stadium der Reife angekommen.

Die SED hat die Bürger ihres Landes nicht einfach nur in den Sozialismus hineingezwungen. Sie hat gewaltige Anstrengungen unternommen, möglichst viele von ihnen für das Sozialismusprojekt, so wie die marxistisch-leninistische Dogmatik es vorgab, zu gewinnen. Für die neue Gesellschaft, um die es in dem Projekt doch ging, brauchte sie neue Menschen, die das Projekt zu dem ihren gemacht hatten. Alle Institutionen der Erziehung, vom Kindergarten bis zur Universität, alle Massenmedien standen, von der SED angeleitet und kontrolliert, im Dienst dieser Aufgabe. Das Etikett »Erziehungsdiktatur«, das man der DDR wie anderen ähnlichen Systemen gelegentlich gegeben hat, verweist darauf – der Begriff »Indoktrinationsdiktatur« träfe die Sache sehr viel besser.

Dabei hat das unermüdliche Werben um Zustimmung zum Sozialismusprojekt besonders in den ersten beiden Jahrzehnten durchaus auch eine nationale Komponente gehabt. Die Formel vom »ersten Arbeiter- und Bauernstaat in der deutschen Geschichte« hat in der Selbstdarstellung des SED-Staates eine wichtige Rolle gespielt. Sie macht aus der DDR das Ziel der deutschen Geschichte, das spät, nach schrecklichen Irrwegen glücklich erreichte Ziel. Im Sozialismus, will sie sagen, habe die deutsche Nation endlich zu ihrem besseren Selbst gefunden.

Über den Erfolg von mehr als vierzig Jahren intensiver Indoktrinationsanstrengungen wissen wir, genaugenommen, nicht sehr viel. Wiederum gilt: Er war jedenfalls nicht groß genug, um die DDR am Ende zu retten. Die SED, heißt das, hat ihren Staat auch nicht als Träger des Sozialismusprojektes legitimieren können. Damit ist über das Maß an Zustimmung, das sie für dieses Projekt gewinnen konnte, freilich noch nicht alles gesagt.

Was den dogmatischen, marxistisch-leninistischen Sozialismus angeht, den sie predigte, lehrte, vom Reißbrett aus zu verwirklichen sich mühte, so dürfte die Resonanz, die er außerhalb des Kerns der Partei fand, nie sehr groß gewesen, im Lauf der Jahrzehnte wohl auch eher zurückgegangen sein. In den frühen Jahren hat das utopische Versprechen des Kommunismus fraglos beträchtliche Anziehungskraft ausgeübt. Der Enthusiasmus derer, die ganz neu beginnen wollten, kam denen zugute, die den Bauplan für die neue Gesellschaft bereitzuhalten schienen. »Zum großen Nein, das so unabweisbar nötig war, gehörte das große Ja zur radikalen, Neubau von Grund auf versprechenden Alternative« – so hat es einer der Beteiligten im Rückblick ausgedrückt.[122] Aber auf die Dauer verlor der Marxismus-Leninismus, »das große Ja«, an Überzeugungskraft, um so mehr, je härter sich das Versprechen in seiner präzisen, dogmatischen Fassung (die so präzise auch nicht war) mit der Wirklichkeit stieß.

Das heißt nun aber nicht, daß nicht ein vageres, weniger ausformuliertes und dennoch vielversprechendes Sozialismus-Ideal Wurzeln geschlagen hätte: der Sozialismus als die, verglichen mit dem Kapitalismus, gerechtere Gesellschaftsordnung, Gerechtigkeit in hohem Maße als Gleichheit nicht nur der Chancen, sondern der vom Staat garantierten Lebensverhältnisse verstanden, auch als Sicherheit, Sicherheit des vom Staat bereitzustellenden Arbeitsplatzes vor allem. Daß sich dieses unbestimmtere, gleichheits- und staatsorientierte Sozialismus-Ideal in der DDR weithin in den Köpfen festgesetzt hat, daran ist kein Zweifel. Die Frage ist nur, inwieweit das dem SED-Staat zugute kam, ihm jedenfalls ein Stück weit zu Legitimität verhalf.

Deutlich in diese Richtung weist ein Umfrageergebnis aus den Jahren nach der Wende:

1995 meinten drei von vier befragten ehemaligen DDR-Bürgern, die DDR sei vor allem der Versuch gewesen, eine gerechtere Gesellschaft zu gestalten – nur der Versuch, aber immerhin der Versuch.[123] Auch wenn 1989 die Antwort wahrscheinlich etwas anders ausgefallen wäre, sie deutet darauf hin, daß das undogmatische Sozialismus-Ideal der durchschnittlichen DDR-Bürger zumindest der Gewöhnung an die DDR-Wirklichkeit dienlich war. Mehr noch: Nicht wenige haben in der DDR-Wirklichkeit bei allen Ärgerlichkeiten, Unzulänglichkeiten, offenbar etwas von diesem Ideal, gemessen an westdeutschen Verhältnissen ein Mehr an Gleichheit und Sicherheit wiedergefunden. Andererseits gilt: Daß nahezu alle oppositionellen Gruppen des Jahres 1989 in den Kategorien eines »besseren Sozialismus« dachten, daß der Aufruf »Für unser Land« aus den letzten Novembertagen 1989 feierlich für »eine sozialistische Alternative zur Bundesrepublik« plädierte[124] – die wahre sozialistische Alternative also nach vierzig Jahren Irrwegs –, zeigt nicht nur, wie erstaunlich selbstverständlich der Sozialismus den Menschen in der DDR geworden war, sondern auch, daß sich gerade das Sozialismus-Ideal gegen den SED-Staat wenden konnte und am Ende gewendet hat.

Keine einfache Antwort also auf die Frage, ob das Sozialismusprojekt, das die SED als ihre historische Mission verstand, für das sie ihren Staat gegründet hat, etwas zur Legitimation dieses Staates beigetragen habe. In gewissem Sinn scheint es dem SED-Staat gelungen zu sein, aus einer Mehrheit seiner Bürger »Sozialisten« zu machen; um die Werte Gleichheit und Sicherheit herum eine Art von gesellschaftlichem Konsens zu organisieren. Aber ein stabiles Legitimitätsfundament ist aus diesem Konsens nie geworden, schon deshalb nicht, weil das Sozialismus-Ideal immer ein überschießendes kritisches Potential behielt. Das ist ein Befund, der Fragen an den »real existierenden Sozialismus« nahelegt. Wieviel Gleichheit war in der DDR-Gesellschaft, so wie sie aus den gewaltigen Umbrüchen der Gründungsphase hervorging, verwirklicht? Wieviel Sicherheit gewährte der DDR-Staat seinen Bürgern? Und wie wurde, was der DDR-Sozialismus an Gleichheit und Sicherheit bot, wahrgenommen? Wie mit dem Preis, der dafür zu entrichten war, verrechnet? Es wird nötig sein, der vierzigjährigen Geschichte des Sozialismusprojekts DDR etwas genauer nachzugehen, wenn man nicht bei diesen Fragen stehenbleiben will.

V.

Von allen Wörtern der politischen Sprache dürfte die DDR keines häufiger werbend für sich in Anspruch genommen haben als das Wort Frieden. Sie folgte darin dem Beispiel der Sowjetunion. Der Kommunismus als Friedensbewegung, die Sowjetunion als Vormacht des Friedens, die DDR an ihrer Seite in unentwegtem Einsatz für den Frieden – die kommunistischen Regime konnten sich nicht genug damit tun, ihre eigene Friedensliebe zu preisen. Das geht als Propagandastrategie bis auf Lenin zurück. Auch die DDR hat ihr Übersoll an Friedenspropaganda geleistet, vom ersten bis zum letzten Tag. Aber sie zielte damit nicht nur nach außen. Die DDR als Friedensstaat, das war auch eine Legitimationsstrategie, eine Strategie also, die die eigenen Bürger im Visier hatte. »Die friedliebende Deutsche Demo-

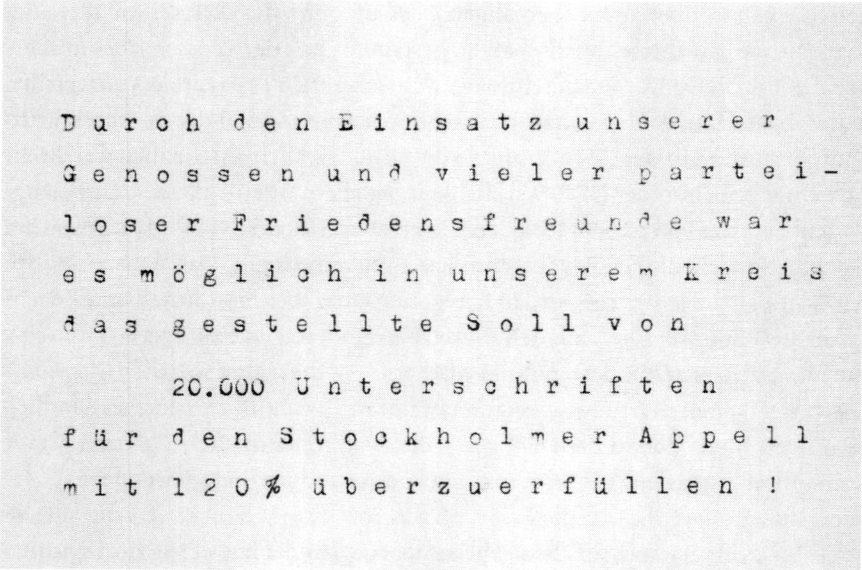

Durch den Einsatz unserer Genossen und vieler parteiloser Friedensfreunde war es möglich in unserem Kreis das gestellte Soll von

20.000 Unterschriften

für den Stockholmer Appell mit 120% überzuerfüllen!

Auch das Engagement für den Frieden wurde angeordnet, in Plangrößen gemessen und wie eine Produktionsvorgabe erfüllt oder – beispielsweise 1950 anläßlich des Appells des kommunistischen Weltfriedensrates zum Verbot aller Atomwaffen – möglichst »übererfüllt«. Es mag mit diesem obrigkeitlichen Plan- und Produktionsdenken zusammengehangen haben, daß dem befohlenen Friedensengagement in der DDR immer etwas Gebetsmühlenhaftes eigentümlich war. Zudem folgte die DDR, jedenfalls bis in die achtziger Jahre, blind den Vorgaben der sowjetischen Außenpolitik: Für den Frieden war gut, was immer den sowjetischen Interessen dienlich war.

kratische Republik« hatte es in Stalins Telegramm geheißen. »Friedliebend« war also gewissermaßen das erste Attribut gewesen, das der DDR zugesprochen worden war. »Friedliebend« blieb das Attribut, das sie sich von nun an selbst unermüdlich verlieh – und damit war, jedenfalls in den ersten Jahrzehnten, immer gemeint: friedliebend im Unterschied nicht nur zum früheren Deutschland, das zwei Weltkriege vom Zaun gebrochen hatte, sondern vor allem im Gegensatz zum anderen, westlichen deutschen Staat, der »imperialistischen BRD«, die definitionsgemäß den Frieden unmöglich lieben konnte. Die DDR, hieß die Botschaft einmal mehr, ist das bessere Deutschland, in der Lebensfrage von Krieg und Frieden wie in allen anderen Belangen.

Ihr Anspruch, anders als die Bundesrepublik, mit dem preußisch-deutschen Militarismus ein für allemal gebrochen zu haben, hat die DDR übrigens nicht daran gehindert, Elemente dieser Tradition viel unbefangener aufzunehmen, als es die Bundesrepublik getan hat: die Uniformen der Nationalen Volksarmee, der wiedereingeführte Stechschritt, der erbarmungslose Drill der Ausbildung, die Wachablösung unter den Linden, die großen Paraden, wann immer der Staat sich selbst feierte – in allem war erstaunlich viel Vergangenheit gegenwärtig. Daß die DDR die Wehrdienstverweigerung nicht zuließ, sondern nur einen waffenlosen Militärdienst, fügt sich ebenso in dieses Bild wie die weit ausgedehnte Praxis der Wehrerziehung außerhalb der Streitkräfte. Das Militärische war im öffentlichen Leben der DDR viel präsenter als in dem der Bundesrepublik.

Möglicherweise hing es – zumindest auch – mit dem militärischen Erscheinungsbild der DDR, mit der intensiven Inanspruchnahme der jungen Menschen für militärische Zwecke, mit der intensiven Wehrpropaganda, so sehr sie den Frieden auch im Munde führte, zusammen, daß der Versuch der SED, ihren Staat als Friedensstaat zu legitimieren, alles in allem großen Erfolg wohl nicht gehabt hat. Für die achtziger Jahre gibt es allerdings Hinweise darauf, daß die Bevölkerung hinter den unermüdlichen Friedenslitaneien der offiziellen Politik so etwas wie eine Friedenspolitik, eine eigene Friedenspolitik der DDR, wahrnahm und anerkannte. In der Tat hat es von den späten siebziger Jahren an, in der letzten Hochspannungsphase des Ost-West-Konflikts, ja eine Art von eigenständiger friedenspolitischer Aktivität der DDR gegeben – den vorsichtigen Versuch, auf die Sowjetunion dämpfend einzuwirken, das Bestreben, sich im Umgang mit der Bundesrepublik gegen die Moskauer Bestrafungspolitik eigene Handlungsspielräume zu erhalten, auf die westliche Nachrüstung mit der Bemühung um »Schadensbegrenzung« zu reagieren. Das erklärt sich nicht nur aus der Tatsache, daß die Beziehungen zur Bundesrepublik für die DDR aus materiellen Gründen inzwischen lebenswichtig geworden waren, sondern wohl auch aus einer aufrichtigen Sorge um den Frieden. Honecker fürchtete das »Teufelszeug« der nuklear bestückten Raketen – immer wieder taucht das Wort bei ihm auf – wirklich. Dieser Kurs hat Honecker, wie Umfragen zeigen, Anerkennung und Zustimmung eingebracht.

Freilich gab es Inkonsequenzen, die eigentlich doch nur Konsequenzen – des diktatorischen Systems nämlich – waren. Den Friedensgruppen im eigenen Land, dem schweigenden Aufruf »Schwerter zu Pflugscharen« begegnete die SED mit Härte. Friedensengagement war nur willkommen als Engagement für die SED und ihre Politik. Friedensengagement, das als Kritik an der offiziellen Politik verstanden werden konnte, war Opposition. Und Opposition, das war dem SED-Staat immer selbstverständlich, mußte bekämpft werden. Das friedenspolitische Bündnis mit der evangelischen Kirche, an dem an sich beide Seiten ein Interesse hatten, konnte deshalb auch immer nur – bestenfalls – ein halbes sein. Ein Faktor von bedeutendem Gewicht in der Legitimitätsbilanz der DDR ist das ostentative Engagement des SED-Regimes für den Frieden denn auch wohl nicht einmal in den hier besprochenen Jahren gewesen, von Zeiten zu schweigen, in denen das unermüdliche, ritualisierte Bekenntnis nur Begleitmusik war, Begleitmusik zu einer Strategie des Konflikts, die darauf abzielte, im Kalten Krieg den Sieg davonzutragen.

VI.

Der Sozialismus als die einzig konsequente Absage an den Faschismus – da wird Legitimität aus der Vergangenheit herbeigeholt. Der Sozialismus als die bessere Welt von morgen – da wird Legitimität von der Zukunft geborgt. Es bleibt die Gegenwart. Auf Vergangenheitsbeschwörung und Zukunftsversprechen allein konnte die DDR sich nicht gründen. Um Zustimmung hier und heute zu gewinnen, mußte sie als Staat hier und heute erfolgreich sein, und zwar um so erfolgreicher, je weniger sie mit Vergangenheitsbeschwörung und Zukunftsversprechen auszurichten vermochte. Damit kommt der Wohlfahrtsstaat DDR in den Blick, die Wohlfahrts- oder Fürsorgediktatur, um zwei einschlägige Benennungsvorschläge zu zitieren.[125] Unproblematische Etiketten sind das nicht. Aber sie können hier dazu dienen, den Versuch der DDR, sich durch Wohlfahrtsleistungen zu legitimieren, auf den Begriff zu bringen. Über den Erfolg ist damit noch nichts gesagt. Da der Staat im Sozialismus allzuständig ist, darf man beim Stichwort »Wohlfahrtsstaat DDR« nicht nur an die Sozialpolitik denken. Der Staat ist für die Preise verantwortlich und für die Arbeitsplätze, für das Angebot an Gütern und Dienstleistungen, für den Kindergarten und die Rente. Die Frage nach den Wohlfahrtsleistungen zielt also im Grunde auf die Gesamtbilanz staatlicher Leistungen. Und die Gesamtbilanz staatlicher Leistungen ist im Sozialismus, nicht ganz, aber doch beinahe, identisch mit der Summe der Lebensbedingungen der Bürger oder richtiger: Untertanen. Der hohe Preis für die Allzuständigkeit ist eben die Allverantwortlichkeit.

Allverantwortlichkeit läßt sich auch so übersetzen: Die Legitimität der gesamten Ordnung, der Herrschaftsordnung im besonderen hängt – und hing für die DDR – in hohem Maße ganz unmittelbar, ohne jede abfedernde Vermittlung, von der Leistungsfähigkeit der Ökonomie ab, und dies nicht nur einfach so, sondern unter den Bedingungen eines Systemwettbewerbs von dramatischer Intensität. Die DDR hatte diesen Systemwettbewerb ja nicht nur als Teil eines geteilten Landes zu bestehen, ihr Konkurrent, das andere Deutschland, erwies sich, zumindest bis in die siebziger Jahre, auch noch als der leistungsfähigste, der erfolgreichste unter den marktwirtschaftlich verfaßten Staaten Westeuropas. Er war ein ökonomischer Gigant aus der Sicht der DDR. »Wenn wir als Nachbarn Portugal gehabt hätten, hätten wir die Schlacht vielleicht gewonnen, vielleicht.« Auf diese Formel brachte Alexander Schalck-Golodkowski, der Devisenjongleur der DDR, im Rückblick den Alpdruck Bundesrepublik.[126]

Ob die DDR in diesem Wettbewerb auch noch die schlechteren Startbedingungen hatte, darüber ist immer wieder diskutiert worden. Bei allen Schwierigkeiten des Vergleichs – sie hatte es schwerer. Gewiß nicht in dem Sinn, daß es ihr an einer industriellen Basis gefehlt hätte. Sachsen, Thüringen und Sachsen-Anhalt gehörten zu den industriell hochentwickelten Regionen Deutschlands. Auch waren diese Regionen vom Krieg sicher nicht stärker zerstört als die Industriegebiete des Westens. Wohl aber traf die Teilung Deutschlands, die rasch fortschreitend ja auch den Wirtschaftsraum Deutschland zerriß, die stark nach Westen ausgerichtete, zudem viel kleinere Ostzone härter als die Westzonen. Überdies zog der Ost-West-Konflikt ja nicht nur eine Grenze durch den deutschen Wirtschaftsraum, er zwang den sowjetisch besetzten Teil Deutschlands auch, sich nach Osten zu wenden und sich in einen viel schwächer entwickelten Wirtschaftsraum einzugliedern, während das westliche Deutschland, durch den Marshall-Plan unterstützt, sich dem Markt der OEEC-Länder zuwenden konnte und mußte.

Vor allem aber: Die Sowjetische Besatzungszone und noch die DDR in ihren ersten Jahren hatte eine ungleich größere Reparationslast zu tragen als Westdeutschland. Sie war für die Sowjetmacht legitime Kriegsbeute in einem Sinn, in dem es die westlichen Besatzungszonen, auch die französische, für die Westmächte nie gewesen sind. Die einschlägigen Stichworte brauchen hier nur knapp in Erinnerung gerufen zu werden: der ungehemmte Beutezug der Roten Armee in den ersten Monaten, noch bevor die Siegermächte sich in Potsdam über das Thema Reparationen notdürftig verständigen konnten; die planmäßigen Demontagen der folgenden Jahre; die Inanspruchnahme eines beträchtlichen Teils der Industrieproduktion unter dem Titel Reparationen; der direkte Zugriff auf die wichtigsten und leistungsfähigsten Großbetriebe, aus denen für eine Reihe von Jahren »sowjetische Aktiengesellschaften« wurden. Man schätzt, daß die Reparationsleistungen der SBZ in den ersten Nachkriegsjahren mindestens 25 Prozent des Bruttosozialprodukts in Anspruch nahmen. Und 1953, im letzten Jahr, immer noch zehn Prozent.[127] In neueren Berechnungen sind sie auf insgesamt 54 Milliarden Mark veranschlagt worden.[128] Den Reparationsleistungen des Ostens sind die Wiedergutmachungsleistungen des Westens gegenübergestellt worden. Ein durchaus legitimer Vergleich, aber man darf über den Zahlen nicht vergessen, daß die Bundesrepublik nicht nur das größere Gemeinwesen war, sondern sich ihre Wiedergutmachungszahlungen bei wachsendem Wohlstand auch über viele Jahre verteilten.

Ein Wettbewerb also, bei dem es, was die Startchancen angeht, keine Chancengleichheit gab. Über den Ausgang aber, und darauf kommt es für unsere Legitimitätsfrage an, haben nicht die Startbedingungen entschieden. Der Wettbewerb ist so ausgegangen, wie er ausgegangen ist, weil die Soziale Marktwirtschaft der sozialistischen Planwirtschaft als Wirtschaftsordnung weit überlegen war. Die Leistungsfähigkeit der DDR-Ökonomie, so wie sie verfaßt war und nach dem Willen der politischen Führung verfaßt sein sollte, war viel zu gering, um der DDR im Wettbewerb mit der Bundesrepublik systemlegitimierende Zustimmung sichern zu können.

Das heißt nicht, daß die DDR keinen ökonomischen Erfolg vorzuweisen gehabt hätte. Auch die Geschichte der DDR war eine Geschichte wachsenden Wohlstandes. Aber die Wachstumskurve stieg viel flacher an als im westlichen Deutschland. Der Abstand zur Bundesrepublik, heißt das, wurde im Lauf der Jahrzehnte größer. Ende der achtziger Jahre war das um die Kaufkraftunterschiede bereinigte Durchschnittseinkommen der ostdeutschen Haushalte knapp halb so hoch wie das der westdeutschen.[129] Dabei ist zu bedenken, daß es in der DDR deutlich mehr Haushalte mit zwei Verdienern gab. Der Vergleich der Individualeinkommen fällt also noch ungünstiger aus.

Überträgt man diese Daten auf die Zeitachse, so heißt der Befund: In der Ausstattung mit den wichtigen, langlebigen Konsumgütern, dem Auto, der Waschmaschine, dem Farbfernseher, lagen die DDR-Haushalte fünfzehn bis zwanzig Jahre hinter denen der Bundesrepublik zurück.[130] Dafür waren Güter und Dienstleistungen der Grundversorgung hoch subventioniert und folglich billig. Freilich gab es nicht einmal bei diesen Gütern Versorgungssicherheit, wie denn überhaupt die zuverlässig-unberechenbar wiederkehrenden Versorgungsengpässe gerade beim alltäglichen Bedarf die DDR-Wirklichkeit wesentlich bestimmt haben. Auch die zehn langen Jahre, die man auf den ersehnten Trabant zu warten hatte, gehören hierher. Und die Kontraste des Wohnungsmarktes: extrem niedrige Mieten, aber auch unendliche Wartezeiten. Dergleichen Lästigkeiten einer Knappheitswirtschaft gab es viele, durchsetzt von dem Privilegienunwesen, das zu einer politisch gesteuerten Knappheitswirtschaft gehört.

Natürlich muß mehr in eine Bilanz der Wohlfahrtsleistungen des SED-Staates eingehen als nur der Lebensstandard seiner Bürger. An erster Stelle wohl die Sicherheit des Arbeitsplatzes. Wie hoch sie geschätzt wurde, ist erst nach der Wende, als sie verlorenging, ganz deutlich geworden. Obwohl es ein Recht auf Arbeit ja nicht wirklich gab, der Arbeitsplatz vielmehr, je nach Niveau, an ein bestimmtes Quantum politischer Fügsamkeit gebunden war, haben die meisten Menschen, vom – wie immer gewährleisteten – Einstieg in das Berufsleben an, ihren Arbeitsplatz als sicher wahrgenommen. Diese Wahrnehmung war fraglos ein wesentliches Stück DDR-Wirklichkeit.

Was die Gemeinschaftsgüter angeht, die natürlich auch in die Wohlfahrtsbilanz gehören, so war es um sie überwiegend nicht gut bestellt. Die Infrastrukturen waren dem Verfall preisgegeben, die Verkehrsnetze zumal, auch – und besonders sichtbar – die ältere bauliche Substanz der Städte und Dörfer. Man lebte einem buchstäblichen Zusammenbruch entgegen. Die Umwelt, das Wasser, die Luft, der Boden, wurde so rücksichtslos ausgebeutet und belastet, daß über kurz oder lang – so wie die Dinge Ende der achtziger Jahre standen, eher wohl über kurz – mit dem Schlimmsten zu rechnen war. Andererseits: Das Gesundheitswesen, obwohl unter vielen Knappheiten leidend, war auf seine Weise doch leistungsfähig. Und das Bildungssystem war es in einem begrenzteren Sinn wohl auch, wobei freilich die strikten ideologischen Vorgaben in Rechnung gestellt werden müssen. Den Frauen, das steht in allen Bilanzen ganz oben, wurde der Zugang zur Arbeitswelt weit geöffnet.

Schließlich ist auch, nachdem von Einkommen und Lebensstandard die Rede war, die Verteilungsgerechtigkeit, um der es der DDR doch vor allem ging, in Anschlag zu bringen. An diesem Punkt gingen die ideologischen und die pragmatischen Anstrengungen des SED-Staates, Legitimität für sich zu gewinnen, ineinander über. Verteilungsgerechtigkeit hieß im Sozialismus zwar nicht Gleichheit der Einkommen, aber doch eine starke Einebnung der Unterschiede. Die hat es tatsächlich gegeben. Aber wie in allen Knappheitswirtschaften haben sich eben auch neue Ungleichheitsverhältnisse entwickelt, für die es keine Rechtfertigung gab. Die Mächtigen beispielsweise waren privilegiert im Zugriff auf knappe Güter. Und die DM-Besitzer waren es gegenüber denen, die ohne die begehrte Zweitwährung leben mußten. Man hat geradezu von einer geteilten Gesellschaft gesprochen.[131] Die Einkommensdistanz zwischen denen, die im Arbeitsleben standen, und den Alten, den Rentnern, war größer als in der Bundesrepublik. Für Familien mit Kindern hingegen wurde relativ viel getan. Alles in allem: Auch an ihren eigenen Maßstäben der Verteilungsgerechtigkeit gemessen, schneidet die DDR nicht sehr überzeugend ab. Für die Wohlfahrtsbilanz der DDR insgesamt hieß das: Man mag einzelne Posten dieser Bilanz zugunsten der DDR hoch veranschlagen, etwa die Sicherheit, die sie auf ihre Weise unter bestimmten Bedingungen gewährte. Aber die Defizite, wesentlich (nicht nur) einer ineffizienten Öko-

Die Stalinallee – früher Frankfurter Allee – in Berlin war das Prestigeobjekt des sozialistischen Städtebaus. Das Plakat aus dem Jahr 1952 – man war gerade an die Aufbauarbeit gegangen – war eines der vielen Zukunftsversprechen, mit denen der Sozialismus für sich warb. Die Stalinallee wurde tatsächlich gebaut. Aber als sie fertig war, war sie eher eine Stein gewordene Erinnerung an die Zeiten Stalins als ein Stück verwirklichter Zukunft.

nomie geschuldet, waren doch so gravierend und so offensichtlich, daß sich der SED-Staat, eingespannt in den deutsch-deutschen Wettbewerb, auch durch seine Wohlfahrtsleistungen nicht zu legitimieren vermochte. So war er auch als Fürsorgediktatur letztlich erfolglos.

Gab die Ökonomie im Systemwettbewerb den Ausschlag? Man kann gute Gründe für diese Auffassung anführen und muß die Antwort dann doch wieder einmal offenlassen. Die beiden Hauptfiguren der DDR-Geschichte, Walter Ulbricht und Erich Honecker, haben die Ökonomie vermutlich für entscheidend gehalten – jeder freilich auf seine Weise: Ulbricht betrieb die Wirtschaftsreformen der sechziger Jahre in der Überzeugung, der Sozialismus müsse und werde, wenn man es nur richtig anstelle, den Kapitalismus in naher Zukunft auch an ökonomischer Effizienz übertreffen. Honecker hielt an der sogenannten Einheit von Wirtschafts- und Sozialpolitik als dem leitenden Prinzip seiner Herrschaft bis zum Starrsinn, bis zum Bankrott, um es drastischer zu sagen, fest, weil nur der sozialistische Wohlfahrtsstaat, so wie er ihn verstand, ihm die Stabilität des Systems zu verbürgen schien.

 Beide Generalsekretäre waren auf den ökonomischen Wettbewerb fixiert, der eine offensiv, der andere defensiv.

Wie wenig endgültig selbst eine so plausible These wie die ist, die Ökonomie habe den Systemwettbewerb entschieden, der real existierende Sozialismus im allgemeinen und der DDR-Sozialismus im besonderen sei an seinem ökonomischen Versagen mehr als an allen anderen Legitimitätsschwächen gescheitert, zeigt sich, sobald man den Umkehrschluß zieht: Eine ökonomisch erfolgreiche DDR hätte sich also behaupten können. Die ökonomische Wettbewerbsfähigkeit der DDR hätte die Endgültigkeit der Teilung bedeutet. Dieser Schluß, einmal gezogen, decouvriert sich sogleich: Man kann das Geflecht der Legitimitätsschwächen nicht so säuberlich in einzelne Elemente zerlegen. Wie wäre denn ökonomischer Erfolg, wie wäre Wettbewerbsfähigkeit der DDR denkbar gewesen? Nach dem chinesischen Muster – das heißt als Kombination von Kapitalismus und Parteidiktatur? In Mitteleuropa, im geteilten Deutschland wohl kaum. Also in einem gewissen Gleichschritt von ökonomischer und politischer Liberalisierung? Die SED hat in den vierzig DDR-Jahren nie daran gedacht, um ökonomischer Effizienzgewinne willen ihren Herrschaftsanspruch auch nur ein Stück weit zurückzunehmen. Und hätte sie es getan, hätte sie es mit ökonomischer und politischer Liberalisierung ernsthaft versucht, so wäre das Ende der Zweistaatlichkeit wahrscheinlicher gewesen als ihre Stabilisierung. Auch in der Erfahrung der DDR-Bürger waren die Legitimitätsschwächen miteinander verknüpft. In der Mauer, dieser Quintessenz des SED-Staates, materialisierten sie sich gewissermaßen alle in ihrem inneren Zusammenhang: die ökonomischen Defizite wie die politische Unfreiheit und das Fehlen rechtsstaatlicher Sicherheiten.

Zieht man am Ende noch einmal zu Rate, was wir an demoskopischen Daten aus DDR-Zeiten zur Verfügung haben[132] – viel ist es nicht –, so scheint es, als habe die DDR mit ihrem Anspruch, ein Staat der sozialen Gerechtigkeit, des Antifaschismus, des Friedens zu sein, zeitweilig eine gewisse Resonanz gefunden, jedenfalls wenn man die Befragten aufforderte, DDR und Bundesrepublik miteinander zu vergleichen. Andererseits schrieben die Befragten der Bundesrepublik eine leistungsfähigere Wirtschaft, mehr Möglichkeiten politischer Mitbestimmung, größere Freiheiten der Meinungsäußerung und einen wirksameren Umweltschutz zu. Das sieht nach einer Art von Ost-West-Balance aus. Warum hat sich die DDR im deutsch-deutschen Wettbewerb dann nicht behauptet? Offenbar, das zeigt der Ausgang der Geschichte, waren die Legitimitätsschwächen des SED-Staates viel größer, viel fundamentaler, als es eine solche Gegenüberstellung von Antworten auf die Fragen eines demoskopischen Katalogs verrät. Sie müssen letztlich etwas mit dem totalitären Kern seines Herrschaftsanspruchs – symbolisiert durch die Mauer – zu tun gehabt haben. Der Anspruch, uneingeschränkt über seine Untertanen zu verfügen, den das Regime im Namen seiner Ideologie, in Wahrheit für sich selbst erhob, hat sich bis zu einem gewissen Grade faktisch durchsetzen lassen. Aber die faktische Verfügungsmacht hat sich niemals wirklich in Recht verwandelt.

I.

Wer das Scheitern der DDR erklären will, muß das Scheitern ihrer Legitimationsstrategien erklären – von dieser Überlegung sind wir ausgegangen. Jede Erklärung des Scheiterns, auch die hier skizzierte, läuft freilich Gefahr, den tatsächlichen Gang der Dinge zu rasch als zwangsläufig zu deuten. Wir müssen uns deshalb nach dieser ersten Bilanz in einem zweiten Versuch der DDR-Geschichte noch einmal vom Anfang, nicht vom Ende her nähern und ihren Verlauf in aller Knappheit nachzeichnen, offen für die Frage, ob es auch anders hätte kommen können. Dabei läßt sich freilich eine Konstante vorab benennen, die gleichsam die Bahn festlegte, in der der zweite deutsche Staat seinen Weg ging. Gemeint ist die Struktur der Herrschaft. Sie war das starre Gerüst für die vier Jahrzehnte DDR-Geschichte.

Der Anspruch des SED-Staates, uneingeschränkt über seine Untertanen zu verfügen – im Grenzregime trat er am deutlichsten und brutalsten in Erscheinung.

Wer das Land ohne die selten erteilte Genehmigung der Obrigkeit verlassen wollte, mußte Gesundheit und Leben riskieren. Das Grenzregime ist in allen Phasen der DDR-Geschichte ein eklatanter Hinweis auf die Legitimitätsschwäche des SED-Staates gewesen.

Das Bild zeigt einen Vorfall, der sich am Sonntag, dem 5. September 1971, gegen Mittag an der Kreuzberger Sektorengrenze ereignete. Ein Fluchtversuch ist gescheitert. Ein Grenzsoldat schleift den angeschossenen Flüchtling zurück.

Die DDR war eine Diktatur, die Diktatur einer Partei marxistisch-leninistischen Glaubensbekenntnisses. Auch die Systemdoktrin charakterisierte die Herrschaftsverhältnisse bekanntlich als Diktatur, als Diktatur des Proletariats nämlich, aber man vermied diese harsche Formel im allgemeinen. Die Verfassung sprach seit 1968 davon, die DDR stehe »unter der Führung der Arbeiterklasse und ihrer marxistisch-leninistischen Partei« (Art. 1). Proletariat und Arbeiterklasse sind in diesem Zusammenhang nur ideologische Versatzstücke. Was zählt, ist die Partei. Die Diktatur der Partei ist Herrschaft der Wissenden, deren Rechtmäßigkeit letztlich nicht an der Zustimmung, sei es des Volkes, sei es des Proletariats, hängt. Das Recht einer marxistisch-leninistischen Partei zu diktatorischer Herrschaft ergibt sich nach ihrem Selbstverständnis vielmehr daraus, daß sie kraft der Wissenschaft des Marxismus-Leninismus als Partei unfehlbar ist. Der Marxismus-Leninismus stattet die Partei mit sicherem Wissen über den Gang der Geschichte aus und verleiht ihr die Fähigkeit, das Volk dem vorbestimmten Ziel der Geschichte, dem Kommunismus, entgegenzuführen. So fremd das inzwischen auch klingen mag: Der Herrschaftsanspruch der SED beruhte auf eben diesen ideologischen Prämissen.

Es war, die SED folgte darin ihrem Vorbild, der KPdSU, ein totalitärer Herrschaftsanspruch. Totalitär, weil die Partei sich im Alleinbesitz der Wahrheit wähnte. Totalitär, weil die Partei, im sicheren Besitz der Wahrheit, ihre historische Mission – solange und soweit sie daran glaubte – darin sah, eine neue, vollkommene Gesellschaft herbeizuzwingen, um jeden Preis. Totalitär, weil die Partei aus ihrer Mission das Recht herleitete, über den ganzen Menschen bedingungslos zu verfügen. Daß der Anspruch totalitär war, heißt nicht, daß auch die Herrschaftspraxis zu allen Zeiten totalitär war. Totalitäre Herrschaft ist ja immer nur ein Versuch, ein mehr oder minder brutaler Versuch, dem sich die Wirklichkeit mehr oder minder erfolgreich widersetzt. Für die DDR im besonderen gilt: In den ersten zehn, zwölf Jahren, den Jahren des härtesten Zugriffs, konnten sich die Menschen dem totalitären Experiment durch Flucht entziehen. Und in den Jahrzehnten nach dem Mauerbau, als Flucht unmöglich geworden war, verlor das Experiment allmählich seine totalitäre Dynamik. Der Anspruch freilich blieb, und nicht nur der Anspruch. Ein Staat, der seine Bürger als Gefangene hält – wie er sich auch mit ihnen arrangiert, er behält immer einen totalitären Zug.

?‖ Daß, was als Diktatur der Partei beschrieben wird, in Wahrheit die Diktatur einer Oligarchie von Parteiführern, wenn nicht des Generalsekretärs, war, braucht kaum gesagt zu werden. So war es in allen kommunistischen Regimen. Die DDR bildet keine Ausnahme. Die SED hatte in den achtziger Jahren rund 2,3 Millionen Mitglieder. Etwa jeder fünfte erwachsene Bürger der DDR, heißt das, war Mitglied der Partei.[133] Eine Massenpartei also und doch zugleich nach ihrem Selbstverständnis eine Elite – vier von fünf erwachsenen Bürgern gehörten der SED eben nicht an. Teil an der Macht hatte nur ein innerer Kern, vor allem die hauptamtlichen Funktionäre, eingegliedert freilich nach dem Prinzip des »demokratischen Zentralismus« in eine strenge Hierarchie. Der demokratische Zentralismus war ein durchaus undemokratischer Zentralismus. Das Politbüro und das Sekretariat des Zentralkomitees, schon nicht mehr das Zentralkomitee selbst, bildeten das eigentliche Machtzentrum.

Die herrschende Klasse der DDR, die kleine Schicht der führenden Partei- und Staatsfunktionäre, leistete sich auch die Privilegien einer herrschenden Klasse. Gern versorgten sich die Spitzenfunktionäre, gleichsam feudalistischen Versuchungen erliegend, mit Jagdhäusern und Jagdrevieren, streng abgeschirmt gegen die Öffentlichkeit, denn Privilegien irritieren besonders, wenn Gleichheit die Staatsdoktrin ist. In das Jagdschloß Hubertusstock am Wehrbellinsee pflegte Honecker einzuladen, unter anderen aus dem Westen Herbert Wehner, Helmut Schmidt 1981 während seines Staatsbesuches in der DDR und 1988 Oskar Lafontaine.

Eine institutionell abgesicherte, wirksame Begrenzung der Macht der Oligarchie, die aus diesem Zentrum heraus das Land regierte, gab es nicht. Im oligarchischen Machtzentrum wiederum war der Generalsekretär, zeitweilig führte er auch nur den ganz unangemessen bescheidenen Titel Erster Sekretär, die beherrschende Figur. Das Amt stellte ihm Machtmittel zur Verfügung, mit deren Hilfe er so etwas wie ein absolutistischer Alleinherrscher werden konnte. Das Nomenklatursystem, das alle Positionen von Einfluß und Bedeutung im Lande der Partei unterstellte – in letzter Instanz also dem Sekretariat des Zentralkomitees –, war eines dieser Instrumente.

Die beiden Generalsekretäre, die die DDR nacheinander regiert haben, zwei Meister in den Techniken des Machterwerbs und der Machtbehauptung, haben die Möglichkeiten ihres Amtes sehr erfolgreich genutzt. Gegen Ulbricht hat sich zwar in den fünfziger Jahren zweimal, 1953 und 1957, Widerspruch im Politbüro formiert. Aber er blieb Sieger. Und bis zum Ende der sechziger Jahre hat er dann ganz unangefochten geherrscht. Honecker ist anscheinend in den achtzehn Jahren seines Regiments bis zum Oktober 1989 überhaupt nicht herausgefordert worden. Ernstlicher Widerspruch ist offenbar selbst im Politbüro so gut wie nie laut geworden. Und vieles, etwa die Deutschlandpolitik, scheint am Politbüro vorbeigelaufen zu sein. »EH schaltet und waltet wie er will«, notierte ein kritisch gestimmtes Mitglied des Politbüros 1983.[134] Und wie eine Erläuterung dazu liest sich, was kein Geringerer als Erich Mielke in vertraulichem Gespräch mit Willi Stoph konstatierte: »Alle haben Angst vor EH.«[135]

Walter Ulbricht und sein Staat. Ulbricht, aus Leipzig stammend, Mitglied der KPD seit ihrer Gründung im Jahr 1919, zehn Jahre später schon im Politbüro, von 1938 an im Moskauer Exil, war als Bevollmächtigter Stalins noch in den letzten Wochen des Krieges nach Berlin zurückgekehrt und hatte die KPD/SED in der SBZ mit Hilfe der Besatzungsmacht zur Alleinherrschaft geführt. Den sozialistischen deutschen Staat, den er 1949 mitgründete und dessen mächtigster Mann er dann zwanzig Jahre lang war, hat er ganz sicher in einem sehr persönlichen Sinn als sein Werk betrachtet. Wo immer das sozialistische Programm mit besonderer Härte und Rücksichtslosigkeit durchgesetzt wurde – von den Waldheimer Prozessen 1950 bis hin zur Zwangskollektivierung der Landwirtschaft 1960 und zum Mauerbau ein Jahr später –, war Ulbricht am Werk. Ulbricht ist aufgestiegen als zuverlässiger Gefolgsmann der jeweiligen Moskauer Führung, bereit, allen Wendungen der sowjetischen Politik zu folgen. Er hat sich in der DDR durchgesetzt als der Skrupelloseste unter allen, die in der Partei um Macht und Einfluß kämpften. Und er hat die Macht nach langen Jahren unbestrittener Alleinherrschaft schließlich wieder verloren, weil er am Ende sich selbst und sein Lebenswerk, die DDR, weit überschätzte. Das Bild zeigt Ulbricht 1950 während eines Interviews mit Betty Adams für das amerikanische Fernsehen. Vor einer Deutschlandkarte in seinem Arbeitszimmer antwortete er auf Fragen zum Berlin-Problem, zum Flüchtlingsstrom und zum unterschiedlichen Lebensstandard in Ost und West.

Gekleidet war die harte Wirklichkeit der Parteidiktatur in die freundliche Formel von der »führenden Rolle der Partei«. Führende Rolle hieß: Der Staat war nichts anderes als der Vollstreckungsapparat der Partei. Die Volkskammer, um das Parlament beispielhaft zu nennen, hat mit unerschütterlicher Folgsamkeit allem einstimmig akklamiert, was die Partei ihr vorlegte – ein einziges Mal nur, bei der Einführung der Fristenregelung im Jahr 1972, gab es ein paar Gegenstimmen und Enthaltungen. Selbst die Rechtsprechung judizierte nicht nur allgemein »im Geiste des Sozialismus«, vielmehr erteilte die Partei, wenn sie es für nötig hielt, auch detaillierte Einzelanweisungen, im Widerspruch übrigens zur Verfassung, die selbst noch in der Fassung von 1974 an der Unabhängigkeit der Richter verbal festhielt (Art. 96), so wie sie die Volkskammer, unbekümmert um die Wirklichkeit, zum obersten staatlichen Machtorgan der DDR erklärte, dessen Rechte niemand einschränken könne (Art. 48).

Widerständiger als der Staat war die Wirtschaft, in dem Sinn nämlich, daß ihre Eigengesetzlichkeiten sich dem Kommando der Partei nicht einfach fügten. Mit ihrem Versuch, eine ganze Volkswirtschaft wie einen riesigen Staatsbetrieb zu führen, ist die SED so wenig zu Rande gekommen wie irgendeine andere regierende kommunistische Partei. Der Plan »als Wille und Vorstellung« und die Wirklichkeit waren nie zur Deckung zu bringen.

»Führende Rolle der Partei« – man kann das weiter durchdeklinieren. Es versteht sich von selbst, daß die Institutionen der Erziehung und Ausbildung fest in der Hand der Partei waren, vom Kindergarten bis zur Universität. Die Massenmedien ebenso, mit der bedeutenden Einschränkung freilich, daß die Partei mit ihrem Versuch, den Empfang des westdeutschen Fernsehens in der DDR zu unterbinden, gescheitert ist: daß mithin das wichtigste Massenmedium nicht ihrer Kontrolle unterlag. Moderne Technik, ursprünglich einmal als Bedingung der Möglichkeit totalitärer Herrschaft verstanden, begegnet uns hier als Grund ihrer Unmöglichkeit. Faßt man zusammen, so heißt »führende Rolle der Partei«, daß es kein organisiertes gesellschaftliches Leben gab, das nicht, direkt oder indirekt, der Aufsicht und Weisung der Partei unterworfen war. Nur die beiden christlichen Kirchen konnten sich eine prekäre Autonomie bewahren, die katholische in völliger Zurückgezogenheit auf sich selbst, die protestantische, von der Ausgangslage her Volkskirche in den meisten Regionen der DDR, in heikler Balance zwischen Anpassung und Selbstbehauptung.

Man hat den – weithin erfolgreichen – Versuch der SED, sich, wenn schon nicht alles gesellschaftliche Leben, dann doch jedenfalls alles organisierte gesellschaftliche Leben zu unterwerfen, als einen Zerstörungsprozeß beschrieben. Nicht der Staat, wie in der Theorie vorhergesagt, sterbe unter kommunistischer Herrschaft ab, sondern die Gesellschaft[136] – eine scharf zugespitzte, aber treffende Diagnose. Modernisierungstheoretisch gesprochen: Es werden jene Binnendifferenzierungen zerstört, auf denen die besondere Leistungsfähigkeit moderner Gesellschaften beruht. Moderne Gesellschaften bilden in ihren unterschiedlichen Funktionsbereichen, der Wirtschaft etwa oder der Wissenschaft, jeweils eigene Handlungsrationalitäten aus. Nur wenn sie diese Eigenlogiken ihrer Segmente respektieren, ohne dabei den Gesamtzusammenhang preiszugeben, können sie erfolgreich sein. Totalitäre Systeme, folgt daraus, als Systeme, die diese Eigenlogiken eben nicht respektieren, können in der modernen Welt jedenfalls nicht auf die Dauer erfolgreich sein. Im Anspruch jeder regierenden kommunistischen Partei auf die »führende Rolle«, einem Anspruch, der alle produktiven gesellschaftlichen Autonomien der einen Logik politischer Herrschaft unterwirft, ist, so gesehen, das Scheitern des Systems bereits vorprogrammiert.

Man darf die Formel von der Aufhebung aller gesellschaftlichen Autonomien freilich nicht so verstehen – für die DDR nicht und für andere kommunistische Systeme auch nicht –, daß es keine Reservate privaten Lebens mehr gegeben hätte, die gegen den Zugriff der Partei abgeschirmt blieben. Es gab sie natürlich, auch wenn die SED es gern anders gehabt hätte. Man konnte sich mit dem System arrangieren, zumal nach der ersten Phase der tiefen gewaltsamen Eingriffe in die vorgefundenen Strukturen. Man konnte sich, wenn man den Preis der vorgeschriebenen Loyalitätsrituale zahlte, eine gewisse Ungestörtheit erkaufen, eine begrenzte Alltagsfreiheit. Das System war zumindest in dieser Hinsicht berechenbar. Die Bedingungen, unter denen seine Bürger sich vor seinen ausgesprochenen wie unausgesprochenen Drohungen einigermaßen sicher fühlen konnten, waren definiert.

Allerdings: Sich auf die vorgeschriebenen Loyalitätsrituale einzulassen, bedeutete für alle, die dem System nicht aus Überzeugung anhingen, eine Art von Doppelleben zu führen, das sichtbare, systemkonforme, und eines, das einem selbst gehörte, in dem man anders dachte und sprach. Die »alltägliche Schizophrenie« des DDR-Daseins hat man das genannt,[137] schon die Kinder wurden in ihr groß. Am Grunde dieses Doppellebens lauerte bei aller scheinbaren Normalität, bei aller Berechenbarkeit des Systems natürlich doch die Angst. Von einem »Angstsystem« hat einer, der es erlebt hat und keineswegs zu den unmittelbar Bedrohten gehörte, gesprochen.[138]

Das Repertoire an Straftatbeständen, die der politischen Disziplinierung dienten, war reich: Hetze, Staatsverleumdung, Staatsverrat, Menschenhandel, Republikflucht, Sabotage und so fort. Das Geflecht wurde im Lauf der Jahrzehnte eher dichter, so wie der gigantische, ungeheuer kostspielige Überwachungsapparat des Ministeriums für Staatssicherheit nicht kleiner wurde, sondern wuchs; je älter die DDR wurde, desto mehr mißtraute sie ihren Bürgern. Die Zahl der politischen Strafverfahren wird für die vierzig Jahre DDR kaum zu ermitteln sein, es waren Hunderttausende. Zu welchen Scheußlichkeiten das System fähig war, wenn es sie für nötig hielt, kann man sich noch heute – beispielsweise – im Gefängnis von Hohenschönhausen in Berlin vor Augen führen. Das gilt nicht nur für die frühen Jahre. Noch die Demonstranten der ersten Oktobertage 1989 haben, in Dresden etwa, die Erfahrung gemacht, daß der Übergang zur Brutalität in jedem Augenblick möglich war.

Im übrigen gründete sich das »Angstsystem« ja nicht nur auf die Drohungen des Strafrechts, der Gewalt samt den subtilen Techniken der Persönlichkeitszerstörung, die die Staatssicherheit gegen »Feinde des Sozialismus« ersann. Es war, wie in allen totalitären Systemen, vor allem die Macht, Lebenschancen nach politischem Gutdünken zuzuteilen und zu verweigern, durch die das System sich die Menschen gefügig machte: die Willkürmacht, zum Abitur, zum Studium zuzulassen oder nicht zuzulassen, einen Arbeitsplatz zuzuweisen oder nicht zuzuweisen, eine Wohnung zuzuteilen oder nicht zuzuteilen, einen Reiseantrag zustimmend oder ablehnend zu bescheiden. Vom Recht auf Arbeit, vom Recht auf Bildung als Errungenschaften des Sozialismus war – und ist immer noch – viel die Rede. Aber was Recht genannt wurde, war in Wahrheit obrigkeitliche Gewährung, abhängig von politischem Wohlverhalten. Wer einen Ausreiseantrag stellte, der hatte kein Recht auf Arbeit mehr, was immer die Verfassung (Art. 24) proklamieren mochte. Und wer aus dem falschen Elternhaus, einem Pfarrhaus zum Beispiel, stammte, dem half oft genug kein Recht auf Bildung (Art. 25) zu einem Studienplatz. Daß das »Angstsystem« auch ein System des Korrumpierens war, braucht kaum hinzugefügt zu werden. Die Partei hat ihre Macht zu korrumpieren genauso erfolgreich genutzt wie die Macht zu drohen. Sie hat zumal die Intellektuellen durch die Gewährung von Privilegien an sich zu binden versucht, alles in allem mit erstaunlicher Wirkung.

Fragt man am Ende noch einmal, welchem Zweck eigentlich dieser ganze ungeheure Aufwand an Macht und Herrschaft und Gewalt diente, so lautet die Antwort: sich selbst. Die Partei, angetreten als Trägerin einer großen historischen Mission, nicht Zweck, sondern Mittel, wurde, zur Herrschaft gelangt, ihr eigener Zweck. Alle kommunistischen Regime haben diese Entwicklung genommen. Das Herrschaftsmonopol der Partei diente zuerst und vor allem der Verteidigung und Befestigung eben dieses Herrschaftsmonopols, der Privilegien und Pfründen natürlich auch, die die Macht abwarf. Und es blieb in diesem Dienst, je länger, desto unbedingter. Alle anderen Herrschaftszwecke, die höchsten eingeschlossen, waren diesem ersten nachgeordnet, wurden in diesen ersten hineininterpretiert. Das wird nirgends so deutlich wie in der für den SED-Staat wie für jedes kommunistische Regime so charakteristischen Fixierung auf den »Feind«, eine Fixierung, die psychopathische Züge trägt. Der Feind, der überall vermutet, gesucht, aufgespürt, bekämpft wird, der Feind, der zu unvermeidlicher Wachsamkeit zwingt, der Feind, der an allem schuld ist, ist immer der, der das Machtmonopol der Partei in Frage stellt. Als Honecker in den letzten Tagen seines Regiments »die Konterrevolution« auf den Straßen sah, da interessierte ihn nicht, wer da wofür demonstrierte, sondern nur, daß hier die Alleinherrschaft der SED ins Wanken gebracht wurde.

II.

Das starre Machtgerüst, das wir nun vor Augen haben, war das Gehäuse der vierzigjährigen DDR-Geschichte. Nichts an dieser Geschichte läßt sich verstehen, wenn der Bezug zu den Strukturen der Herrschaft nicht hergestellt wird. Bei aller Starrheit der Grundstruktur ist es aber doch eine deutlich gegliederte Geschichte. Zuerst und vor allem: Die Epochenzäsur des Mauerbaus, der endgültigen Schließung der Grenze nach Westen, teilte die vierzig Jahre in zwei sehr verschiedene Abschnitte. Man hat den 13. August 1961 sogar den »heimlichen Gründungstag« der DDR genannt.[139] Jedenfalls ist er *das* Grunddatum der DDR-Geschichte. Er ist es so sehr, daß man von einem »prämuralen« und einem »postmuralen« Bewußtsein in der DDR gesprochen hat,[140] eine Unterscheidung, die für beide, das Volk und die Herrschenden, ihren guten Sinn hat. Bis 1961 war ungewiß, ob die DDR als Staat würde überleben können. Nach 1961 mußten sich alle, resignierend oder triumphierend, auf seine Dauer einstellen. Jetzt erst war die DDR ein Staat mit Zukunft.

Ungefähr stimmt die Phase der Ungewißheit mit jener des »Aufbaus des Sozialismus« überein. Das Ende der Periode der gezielten revolutionären Eingriffe in das Gesellschaftsgefüge läßt sich, wenn auch nicht exakt, auf die frühen sechziger Jahre datieren. Im Januar 1963, auf dem VI. Parteitag, verkündete die SED-Führung jedenfalls, in der Geschichte des deutschen Volkes habe nun »das neue Zeitalter des Sozialismus« begonnen. Und das Parteiprogramm, das dieser Parteitag verabschiedete, das erste der SED überhaupt, sprach vom »Sieg der sozialistischen Produktionsverhältnisse in allen Bereichen der Volkswirtschaft«.[141] Die frühen sechziger Jahre stellen also in mehr als einer Hinsicht einen tiefen Einschnitt in der Geschichte der DDR dar.

Für die Jahrzehnte nach dem Mauerbau wird im allgemeinen das Jahr 1971, der Wechsel von Ulbricht zu Honecker, als die wichtigste Zäsur genannt, nicht nur weil die Generalsekretäre der SED die zentralen Figuren des Systems waren, sondern auch und vor allem, weil mit dem Wechsel der Personen ein sehr folgenreicher Wechsel der Politik einherging. Das Ulbricht-Jahrzehnt war durch den Versuch geprägt, im »neuen Zeitalter des Sozialismus«, das nun begonnen hatte, eine Dynamik der wirtschaftlichen Entwicklung in der DDR in Gang zu bringen, die den endgültigen Triumph des Sozialismus über den Kapitalismus sichern sollte. Die fast zwanzig Honecker-Jahre waren viel weniger zukunftsorientiert. In ihnen galten alle Anstrengungen der Stabilisierung der bestehenden Verhältnisse. Drei Phasen der DDR-Geschichte sind also zu betrachten und danach zu befragen, wie es mit der Zukunftsfähigkeit dieses Staates in den verschiedenen Stadien seiner Entwicklung bestellt war: die unruhigen Jahre zwischen Staatsgründung und Mauerbau, das Jahrzehnt zwischen Mauerbau und Ulbrichts Entmachtung und die Ära Honecker.

Zwischen SBZ und DDR ist, bei aller formalen Bedeutung, die dem Akt der Staatsgründung zukommt, im Grunde kein scharfer Trennstrich zu ziehen. Mehr als im Westen war die Verwandlung der Zone in einen Staat zunächst einmal ein taktisches Manöver der Besatzungsmacht, freilich ein folgenreiches. Es ist denn auch noch einmal an die Frage zu erinnern, wie es um den sowjetischen Rückhalt für die DDR in ihren ersten Jahren eigentlich bestellt war. Und an die Antwort: Es ist wenig wahrscheinlich, daß die Sowjetunion jemals wirklich bereit war, ihren Anteil an Deutschland, ihre Kriegsbeute für den Preis der Neutralisierung Gesamtdeutschlands herauszugeben. Aber sie hat mit Bekundungen dieser Bereitschaft ein Jahrzehnt lang Politik zu machen versucht – und ganz sicher wissen wir bis heute nicht, was sie sich dabei gedacht hat.

Die SED konnte sich, heißt das, ihres Staates und ihrer Position ein paar Jahre lang noch nicht gewiß sein, sie mußte das Spiel der sowjetischen Deutschlandpolitik sogar mitspielen. Erst als die Eingliederung der Bundesrepublik in die westliche Allianz definitiv vollzogen war, endete diese Phase der Ungewißheit. Im September 1955 übertrug die Sowjetunion die »volle Souveränität« auf die DDR. Im Mai schon hatte sie die DDR bei der Gründung des Warschauer Paktes hinzugezogen. Damit waren eindeutige Verhältnisse jedenfalls in dem Sinn geschaffen, daß Moskau öffentlich kundgetan hatte, die DDR stehe nicht mehr zur Disposition.

So wie die Tendenz, die deutsche Frage zumindest taktisch, das heißt zu Zwecken der Einwirkung auf die Entwicklung in Westdeutschland, relativ lange offenzuhalten, die SED vermutlich verunsichert hat, mag auch das Zögern Moskaus, die Weichen in der eigenen Zone von Anfang an explizit und demonstrativ in Richtung »Sozialismus« zu stellen, irritierend gewirkt haben. Auch bei dieser Zurückhaltung blieb es ja, jedenfalls verbal, zunächst einmal über die Zäsur des Jahres 1949 hinweg. Erst 1952, nach dem berühmten Notenwechsel des Frühjahrs, erhielt die SED Erlaubnis, den Beginn des »planmäßigen Aufbaus des Sozialismus« offiziell zu proklamieren. Bis dahin durfte weiterhin nur von antifaschistischer Demokratie die Rede sein – von Volksdemokratie übrigens auch nicht.

Freilich: Über die tatsächliche Entwicklung in der SBZ und der frühen DDR sagt das alles, so bedeutsam in einer politischen Welt, die sich auf eine in Bekenntnisschriften und Katechismen niedergelegte Dogmatik gründet, Begriffe im allgemeinen auch sind, nicht viel aus. Sie war faktisch von Anfang an in ihren wesentlichen Weichenstellungen auf einen Sozialismus sowjetischen Typs ausgerichtet, aus Gründen, die stärker waren als das Kalkül des Offenhaltens. Mit der Staatsgründung vom Herbst 1949 wurde diese Entwicklung fortgeführt. Selbstverständlich war an nichts anderes gedacht als an einen sozialistischen Staat, einen Staat, heißt das, in dem die SED, was immer die Verfassung dazu sagen mochte, jene Rolle spielte, die der Marxismus-Leninismus zurückhaltend »die führende« nannte; an nichts anderes als an eine sozialistische, auf staatlichem Eigentum an den Produktionsmitteln und zentraler Planung beruhenden Wirtschaft mitsamt einer revolutionär umgestalteten, »neuen« Gesellschaft. Das alles war bei der Gründung des Staates ja längst auf den Weg gebracht. Wenn es denn eine Zeitlang noch einen deutschlandpolitischen Vorbehalt der Sowjetunion gegeben hat, so hat er die Energie, mit der die SED ihr Sozialismusprojekt vorantrieb, erstaunlich wenig gebremst.

Der Aufbau der Diktatur wurde in den ersten Jahren nach der Staatsgründung vollendet. Die letzten Regungen der Selbständigkeit, des Widerspruchs in den Blockparteien wurden, wo nötig durchaus brutal, erstickt. Die Führungen unterwarfen sich, ohne daß es allzu großen Drucks bedurft hätte – ihr Einverständnis mit der Abschaffung freier Wahlen, im Vorfeld der ersten Volkskammerwahl im Oktober 1950 ausgehandelt, bedeutete die endgültige Preisgabe der Demokratie. Bis dahin, in den Jahren 1948, 1949, hatte die SED mit dem Versprechen gearbeitet, die Wahlen würden nur verschoben. Jetzt war jenseits allen Zweifels klar, daß sie nicht daran dachte, ihrem Staat ein demokratisches Fundament zu geben.

Die SED selbst verwandelte sich zur gleichen Zeit vollends in eine stalinistische Kaderpartei, das heißt, sie setzte das Prinzip Diktatur auch in den eigenen Reihen durch. Dabei spielten, der stalinistischen Tradition gemäß, »Säuberungen« eine wichtige Rolle, auch Prozesse, freilich keine großen Schauprozesse, wie Stalin sie der Welt in den dreißiger Jahren vorgeführt hatte. Was 1946 als die Vereinigung zweier scheinbar gleichberechtigter Parteien begonnen hatte, endete jetzt als entschlossene Liquidierung der Reste von »Sozialdemokratismus«, die noch geblieben waren. Außer den des »Sozialdemokratismus« Verdächtigen sahen sich vor allem die, die zu Zeiten des Nationalsozialismus in die westliche Welt emigriert waren, Anklagen ausgesetzt, in denen deutlich antizionistische, in Wahrheit antisemitische Töne anklangen.

Überhaupt wurde das Instrumentarium der Unterdrückung – im Zentrum das Ministerium für Staatssicherheit – kräftig ausgebaut, die Justiz immer rücksichtsloser in den Dienst der Sicherung der Alleinherrschaft der SED gestellt. Daß die dem großen Vorbild Sowjetunion nacheifernde Herrschaftspraxis den Stalin-Kult mit seinen Unsäglichkeiten einschloß, versteht sich von selbst.

Nicht nur der Ausbau der Herrschaft, auch der Umbau der Wirtschaft wurde nach dem Muster, nach den Vorgaben der Sowjetunion Stalins vorwärtsgetrieben. Von den ersten großen Schritten auf diesem Wege in den Nachkriegsjahren war früher die Rede. Der Ehr-

Gerade unter den Intellektuellen hat die Aufforderung, mitzumachen beim Aufbau eines antifaschistischen Deutschland, der Appell, sich für eine bessere Zukunft zu engagieren, in den frühen Jahren eine beträchtliche Resonanz gefunden – hier ein Plakat des »Antifaschistischen Studentenausschusses« vom Sommer 1945. Man konnte diese frühen Jahre trotz aller Repressionen als Jahre eines hoffnungsvollen Aufbruchs erleben – das läßt sich auch nach dem Scheitern der DDR noch in vielen Texten der Erinnerung nachlesen.

geiz der SED, dem großen Ziel Sozialismus möglichst rasch näherzukommen, drängte sie weiter, ohne Rücksicht auf wirtschaftliche Vernunft. Ein deutschlandpolitisches Kalkül, auf Irreversibilität zielend, mag dabei auch eine Rolle gespielt haben. Was an privater Wirtschaft noch nicht unter Kontrolle gebracht war, wurde mit allen Mitteln, die dem System zu Gebote standen – ökonomischen, steuerrechtlichen, strafrechtlichen –, drangsaliert. Bis Mitte der fünfziger Jahre sank der Anteil, den die Privatwirtschaft noch zur Gesamtwirtschaft beitrug, stetig auf fünfzehn Prozent. Nur im Einzelhandel, im Handwerk und in der Landwirtschaft sah es einstweilen noch etwas anders aus. In diesen Branchen forcierte das Regime die Kollektivierung anfangs nicht sonderlich. Im Handwerk, auch in der Landwirtschaft gab es bis 1952 nur wenige Genossenschaften. Der private Einzelhandel behauptete sich in der ersten Hälfte der fünfziger Jahre mit einem Umsatzanteil von immerhin noch etwa einem Drittel.[142]

Freilich hatten sich alle Sektoren der Wirtschaft in das System der zentralen staatlichen Planung einzufügen, mit dem die SED von 1948 an die Ökonomie ihres Landes insgesamt dem herrschaftlichen Zugriff der Politik zu unterwerfen suchte. Die Schwerpunktsetzungen des ersten Fünfjahresplans (1951–1955) zeigten dabei deutlich, unter welchen Zwängen die SED sich selbst sah – dem Zwang vor allem, sich nach dem Verlust der Westverbindungen in gewaltiger Anstrengung eine eigene schwerindustrielle Basis zu schaffen. Hier hat das vermeintliche Vorbild der Industrialisierungspolitik Stalins vermutlich stark in die ganz anderen deutschen Verhältnisse hineingewirkt.

Für alle diese Entwicklungen, die politischen wie die wirtschaftlichen, gilt: Der Beschluß der zweiten Parteikonferenz der SED vom Juli 1952, der den »planmäßigen Aufbau des Sozialismus« endlich auch offiziell auf die Tagesordnung setzte, wies ihnen keine neue Richtung, er brachte nur Tempoerhöhungen und Verschärfungen des Zugriffs mit sich.

Das allerdings! Man begann nun auch Landwirtschaft und Handwerk unter Kollektivierungsdruck zu setzen. Das Netz der Strafdrohungen, die bestimmt waren, jeden, der noch unabhängig wirtschaftete, in die Enge zu treiben, wurde immer enger geflochten. Um das Herrschaftsinstrument Staat handlicher zuzurichten, wurden die Länder abgeschafft, sie hatten ohnehin längst jede Bedeutung verloren. Als letzte noch unabhängige gesellschaftliche Kraft wurden die Kirchen ins Visier genommen – immerhin gehörten nach der Volkszählung von 1950 im ersten Jahr der DDR noch neun von zehn DDR-Bürgern einer der christlichen Konfessionen, die überwältigende Mehrheit der evangelischen, an.[143] Besonders die Junge Gemeinde, auch die Studentengemeinden waren der SED ein Dorn im Auge. Denn daß vor allem die Loyalität der Jugend ihr ganz allein gehören müsse, ist Herrschaftsmaxime jeder totalitären Partei. Mit allen ihr zu Gebote stehenden Mitteln inszenierte die SED Druck. Nicht weniger als 3000 Oberschüler sind in diesem Kirchenkampf wegen ihrer Zugehörigkeit zur Jungen Gemeinde relegiert worden.[144]

Eine Offensive also an vielen Fronten, eine Offensive gesteigerten, rücksichtslosen Zwanges gegen eine Gesellschaft, die sich auf das Glücksversprechen des Sozialismus jedenfalls nicht vorbehaltlos einlassen mochte. Eine Gesellschaft, die sich sträubte – das ist freilich auch in diesen Jahren, in denen der Sozialismus sowjetischer Provenienz sein abschreckendes Zwangsgesicht so unverhüllt zeigte, nur die eine Seite. Es gibt auch eine andere Seite: Für viele – wie viele? – waren die frühen Jahre mit all ihrer Härte die Zeit des Beginnens, des Aufbaus, der Hoffnung, des Enthusiasmus – »Die Zeit der großen Erwartungen«, wie Konstantin Paustowski den Band seiner Lebensgeschichte, der von den Jahren nach der Oktoberrevolution erzählt, genannt hat. Beides trifft in der Frühzeit der DDR in starker Spannung aufeinander: Es waren die brutalsten Jahre der Diktatur – die berüchtigten Waldheim-Prozesse des Frühjahrs 1950, die jedermann Freislers Volksgerichtshof in Erinnerung riefen, sind nur ein Beispiel.[145] Und es waren zugleich die Jahre, in denen die DDR auch denen, die es hätten besser wissen können, als großes Zukunftsversprechen erschien. Günter de Bruyn, der diese Jahre als junger Mann miterlebte, hat kritisch vom »Märchen von den edlen Anfängen des sozialistischen deutschen Staates« gesprochen, aber auch von dem Körnchen Wahrheit, das in diesem Märchen stecke. »Edel war möglicherweise der Glauben an hehre Ziele gewesen, nicht aber die Politik, an der er mitgewirkt hatte. Zu dieser hatten vielmehr Internierungslager und Zuchthäuser, Enteignungen, Vertreibungen, Lügen und Bücherverbote gehört. Dafür aber hatte die Begeisterung blind gemacht.«[146] Das ist eine ziemlich präzise Beschreibung der Eindeutigkeit wie der Ambivalenz der Frühzeit.

Im übrigen hatte der Enthusiasmus des Anfangs nicht nur mit Zukunftshoffnungen etwas zu tun. Hoffnungen wurden nicht nur geweckt, Hoffnungen wurden auch erfüllt. Die späten vierziger und die fünfziger Jahre sind in der DDR eine Zeit beispielloser – durchaus gewollter – sozialer Aufwärtsmobilität gewesen. Zuerst eröffnete das radikale Entnazifizierungsprogramm – mehrere hunderttausend NSDAP-Mitglieder mußten ihre Stellen räumen, fast alle Richter, viele Lehrer darunter[147] – außerordentliche Chancen des Aufstiegs, dann noch einmal der Flüchtlingsstrom der fünfziger Jahre, durch den die DDR ungefähr ein Drittel ihrer Akademiker verlor.[148] Fast anderthalb Jahrzehnte einer Mobilitätsdynamik sondergleichen also erlebte das Land, eines Sogs nach oben, wie ihn tatsächlich nur Revolutionen erzeugen können.

Die, denen die Chancen dieser Konstellation zugute kamen, stammten ganz überwiegend aus der Arbeiterschaft und dem Kleinbürgertum. Das entsprach dem Programm der SED. Sie arbeitete mit ihrer Bildungspolitik der gezielten, kompensatorisch diskriminierenden Öffnung von höherer Schule und Universität für die, denen der Zugang zu akademischen Ausbildungen und Berufen bisher weitgehend verschlossen geblieben war, genau darauf hin. Die Führungsschicht der DDR hat sich um den Kern der Altkommunisten herum ganz wesentlich aus dieser Aufsteigergeneration der fünfziger Jahre rekrutiert. Ihre Loyalität gegenüber dem SED-Staat hat häufig starke biographische Wurzeln.

Aber so wichtig es ist, an das Doppelgesicht gerade der frühen DDR zu erinnern, von einer Balance zwischen stabilisierenden und destabilisierenden Entwicklungen kann keine Rede sein. Das von der Staatspartei forcierte, von der Besatzungsmacht protegierte, demokratisch nicht legitimierte Sozialismusexperiment im geteilten Land trieb rasch in eine Krise hinein. Nicht nur die brutale Gewaltsamkeit, durch den Sozialismusbeschluß der Parteikonferenz vom Juli 1952 entschieden verschärft, mit der die SED das Land auf ihrem Weg vorwärtszuzwingen versuchte, diskreditierte das Experiment. Auch die ökonomische Misere, teils den immer noch hohen Reparationslasten, teils dem forcierten Aufbau einer Schwerindustrie zu Lasten der Konsumgüterindustrie, teils dem unsinnigen, dogmatischen Krieg gegen alle Privatinitiative zuzurechnen, tat es. Preiserhöhungen, Steuererhöhungen, Normerhöhungen trafen die Menschen neben allen anderen Bedrängnissen sehr unmittelbar. Der Flüchtlingsstrom schwoll an. Die Spannungen wuchsen.

Sie wuchsen so spürbar, daß im Frühjahr 1953, kurz nach Stalins Tod, die neuen Herren im Kreml, untereinander noch keineswegs einig über die Neuverteilung der Macht, intervenierten. Sie waren vor allem durch die Flüchtlingsstatistik erschreckt. Ihr deutscher Staat schien sich unaufhaltsam zu entvölkern. In scharfen Worten wurde die SED angewiesen, detailliert angewiesen, den – so sah man es in Moskau jetzt – verfrühten Beschluß zum Aufbau des Sozialismus zurückzunehmen und den verschärften Klassenkampf, den sie im Zeichen dieses Beschlusses mit vielerlei Waffen gegen Bauern, Handwerker, Selbständige überhaupt, die »Intelligenz«, die Kirche führte, abzubrechen, zumindest aber vorübergehend auszusetzen.[149] Daß bei dieser Intervention deutschlandpolitische, auf die Bundesrepublik zielende Überlegungen mitspielten, daran ist noch einmal zu erinnern. Aber es lag ihr natürlich auch und wohl zuerst die Moskauer Sorge um das Überleben, um die Stabilität der DDR selbst zugrunde. Die SED gehorchte, verkündete Anfang Juni reumütig einen »neuen Kurs«, beließ es freilich bei der zehnprozentigen Normerhöhung, die sie gerade erst – in den letzten Maitagen – angesichts der gewaltigen Last ungelöster wirtschaftlicher Probleme verfügt hatte. Damit waren die Weichen für den Aufstand vom 17. Juni 1953 gestellt, die größte Erschütterung, die die DDR in den vier Jahrzehnten ihrer Existenz erfahren hat.

Der 17. Juni, so sehen es heute die meisten Historiker, war ein Arbeiteraufstand. Am Anfang stand eine Streikbewegung, die von den Bauarbeitern der Großbaustelle Stalinallee ausging. Sie wurde von den Belegschaften der großen Betriebe Ost-Berlins und des mitteldeutschen Industriegebietes aufgenommen, griff rasch auf weite Teile der DDR über und wandelte sich in der Eskalation des Zusammenstoßes zu einer Bewegung auch des politischen Protestes. Die Demonstrationen des 16. Juni, die die dramatische Entwicklung in Gang setzten, zielten zunächst auf die ein paar Wochen zuvor verfügten Normerhöhungen. Die wurden von der aufgeschreckten Parteiführung zwar hastig zurückgenommen, aber dieser Rückzug brachte das Aufbegehren nicht mehr zum Stillstand. Die Bewegung wurde gleichsam durch sich selbst vorwärtsgetrieben. Wie ein Flächenbrand breitete sie sich – die Berichterstattung durch den westdeutschen und den West-Berliner Rundfunk hat da eine wesentliche Rolle gespielt – am 17. über die DDR aus. Halle, Magdeburg, Merseburg, Leipzig, Jena, Görlitz – um nur einige wenige Zentren der Unruhe zu nennen – traten Berlin zur Seite. Insgesamt, so schätzt man, beteiligten sich etwa 400 000 Menschen an Demonstrationen, mehr noch an Streiks.[150] Den ökonomischen Forderungen folgten politische, im Kern die nach freien Wahlen.

Schon im Verlauf des Vormittags des 17. Juni verlor das SED-Regime mit seinen Kräften die Kontrolle über die Entwicklung. Rathäuser wurden besetzt, Gefängnisse gestürmt, in einigen Fällen Parteibüros demoliert und in Brand gesetzt. Gegen Mittag griff die sowjetische Militärmacht ein. Sie schlug den Aufstand mühelos nieder. Über fünfzig Menschen verloren bei den Zusammenstößen das Leben, mindestens zwanzig Demonstranten wurden standrechtlich erschossen. Sowjetischen Soldaten unbekannter Zahl, die sich den Einsatzbefehlen verweigerten, widerfuhr das gleiche Schicksal. Tausende Beteiligter wurden in den folgenden Tagen in raschem Zugriff verhaftet. Zwar flackerten Anfang Juli noch einmal da und dort Streikunruhen auf, aber sie konnten das Regime nicht mehr ernsthaft beunruhigen. Ein hartes Strafgericht folgte.

So eindeutig und endgültig die Niederlage der Aufbegehrenden auch war, für einen Tag hatten sie die Diktatur der SED in ihren Grundfesten erschüttert. Diese Erschütterung hat einen Augenblick lang sichtbar gemacht, wie es mit der DDR in Wahrheit bestellt war: Das SED-Regime gründete sich letztlich auf die Präsenz der sowjetischen Militärmacht in der DDR. Seit dem 17. Juni 1953 wußten alle, was diese Präsenz bedeutete – die Interventionsdrohung der Vormacht, 1956 und 1968 durch Taten erneut bekräftigt, war das eigentliche Fundament des anderen deutschen Staates. Wer das über die Jahre vergessen hatte, konnte es 1989 wieder lernen.

Damit ist auch gesagt: Der 17. Juni war nicht nur ein Protest gegen die Härten des Kurses, den die SED seit dem Sommer 1952 eingeschlagen hatte – er traf das Regime als solches und verwarf demonstrativ seinen Anspruch auf Legitimität. Gewiß, am Anfang standen eindeutig wirtschaftliche Beschwernisse, und für den weiteren Verlauf gilt: Es gab zwar politische Forderungen der Demonstrationszüge und Versammlungen, wo immer sie sich formierten, aber es gab kein politisches Programm der Streikbewegung als solcher, weil es kein Zentrum gab, von dem aus sie geleitet wurde. Insofern ist ungewiß, wie die Dinge sich weiterentwickelt hätten, hätte eine auf sich selbst gestellte SED (die dann freilich ihre eigenen Machtmittel wohl energischer genutzt hätte) kapituliert. Aber die Forderung nach freien Wahlen, die spontan überall laut wurde, zeigt: Es ging, nachdem die Lawine sich einmal gelöst hatte, um nichts weniger als den Herrschaftsanspruch der SED selbst. Dabei mußte es die Partei besonders treffen, daß es die Arbeiterschaft war, die revoltierte, nicht der Klassenfeind, eine Arbeiterschaft übrigens, die jedenfalls in der älteren Generation doch wohl noch durchaus sozialdemokratisch geprägt war. Eben weil es im Kern die Arbeiterschaft gewesen war, die ihr die Gefolgschaft aufgekündigt hatte, mußte die SED in ihrer Deutung der Ereignisse sich in entschlossener Blindheit darauf festlegen, es sei ein »faschistischer Putsch« gewesen.

Ein Augenblick der Wahrheit war der 17. Juni aber nicht nur darin, daß er die Fundamente des Systems sichtbar machte. Er war es auch in dem Sinn, daß er zum ersten Mal die Hauptspielregel des Ost-West-Konflikts mit schmerzhafter Deutlichkeit bloßlegte: Die Bewahrung des Friedens, so lautete sie, hat vor allem anderen Vorrang; Interventionen jenseits der Systemgrenzen verbieten sich, zumal an der europäischen Front. Für die Behauptung, der Westen habe die Unruhen inszeniert, hat die DDR nie den Schatten eines Beweises erbringen können. Tatsächlich ist der Westen von den Ereignissen überrascht worden und hat, alles in allem, sehr zurückhaltend reagiert. Nur durch die Rundfunkberichterstattung, die den Menschen zur Kenntnis brachte, was sich außerhalb ihres Gesichtskreises im Land ereignete, hat er wirklich Einfluß genommen.

Der 17. Juni hat Folgen gehabt. Beide, die Herrschenden wie die Untertanen, haben Lehren aus dem gescheiterten Aufstand gezogen, die die weitere Geschichte der DDR wesentlich bestimmen sollten. Für die Herrschenden gilt: »Der 17. Juni saß allen immer im Nacken, allen!«[151] So hat es rückblickend einer formuliert, der die Machthaber lange aus der Nähe beobachten konnte. Er hat damit gemeint: Die Angst, das Erdbeben könne wiederkehren, blieb den Mächtigen bis zum Ende und bestimmte ihr Verhalten. Das Prinzip der Ära Honecker, über die eigenen Verhältnisse zu leben, hat im Trauma des 17. Juni seine Wurzeln. Und als die letzte Krise sich zusammenzog, stellte Erich Mielke irgendwann die charakteristische Frage: »Ist es so, daß morgen der 17. Juni ausbricht?«[152] Den Untertanen auf der anderen Seite, die als Bürger aufbegehrt hatten, war die bittere Lektion erteilt worden, daß hinter der SED die sowjetische Militärmaschinerie stand. Es ist bis zum Herbst 1989 nie wieder zu Demonstrationen, Streiks, Unruhen größeren Ausmaßes gekommen. Der 17. Juni 1953, dann der 13. August 1961 – die Quintessenz dieser Doppelerfahrung war für die meisten: Man muß sich in den Verhältnissen einrichten. Die Interventionen in Ungarn 1956 und in der Tschechoslowakei 1968 haben dort übrigens auf ganz ähnliche Weise definitiv gewirkt.

Noch eine – paradoxe – Folge des 17. Juni ist zu nennen: Er hat, so scheint es, Ulbricht gerettet, den er doch eigentlich hätte zu Fall bringen müssen. Schon die heftige Kritik am forcierten Sozialisierungskurs, mit der die neuen Herren im Kreml gleich in den ersten Wo-

Der Aufstand vom 17. Juni 1953 war der erste gegen eine der nach 1945 im sowjetischen Hegemonialbereich errichteten kommunistischen Diktaturen. Warum machte Deutschland den Anfang? Eine Erklärung könnte sein, daß das kommunistische Regime in einem geteilten Land, in einer geteilten Stadt bei einer noch offenen Grenze als besonders instabil wahrgenommen wurde. Eine andere wäre, daß Deutschland die weitaus stärksten sozialdemokratischen und gewerkschaftlichen Traditionen hatte, wenn sie auch durch den Nationalsozialismus unterbrochen waren. Da der Aufstand als eine Streikbewegung begann, könnte diese Tradition eine Rolle gespielt haben.

chen nach Stalins Tod im Frühjahr 1953 der SED zugesetzt hatten, hatte seine Stellung geschwächt. Das Schreckerlebnis des Aufstandes brachte eine Mehrheit des Politbüros vollends gegen den Generalsekretär auf, der, seit 1950 im Amt, immer mehr Macht bei sich konzentriert hatte. War er nicht vor allen anderen für die Fehlentwicklung verantwortlich? Ulbrichts Uhr schien am 17. Juni abzulaufen.

So hätte man es auch in Moskau sehen können. Aber in Moskau kämpften inzwischen die Diadochen um die Macht. Am 26. Juni wurde Berija, Stalins gefürchteter Staatssicherheitschef, verhaftet. Zu den Verfehlungen, die man ihm vorwarf, gehörte auch die, er habe den Sozialismus in der DDR zur Disposition stellen wollen. Was immer es damit auf sich hatte – die Ost-Berliner Entwicklungen gerieten plötzlich in den Schatten der Moskauer Nachfolgekämpfe. Ulbricht gelang es offensichtlich, das Erschrecken über den 17. Juni wie die Binnenkonflikte im Kreml nutzend, sich den Siegern als der zu präsentieren, der die krisengeschüttelte DDR am ehesten werde stabilisieren können. Eben noch selbst gefährdet, konnte er nun mit seinen Hauptkritikern in der Parteiführung abrechnen. Und er tat es. Vom Juli 1953 an ist seine Position bis 1970, als der Kronprinz Honecker die Machtübernahme vorzubereiten begann, nicht mehr in Gefahr gewesen.

Mit dem Triumph des überlegenen Machttaktikers Ulbricht sind schon die unmittelbaren, die Nahwirkungen des Juni-Aufstandes ins Auge gefaßt. Auf der einen Seite gab er den Herrschenden Anlaß, Vorsorge für die Zukunft zu treffen, und das heißt: das Instrumentarium ihrer Herrschaft auszubauen, um eine Wiederholung der Ereignisse ein für allemal unmöglich zu machen. Es wurde bestraft, gesäubert, reorganisiert. Auf der anderen Seite wurden der drangsalierten Bevölkerung Zugeständnisse gemacht. Der Beschluß, das Tempo des Aufbaus des Sozialismus vorübergehend zu drosseln, der auf die Moskauer Intervention hin ja schon ein paar Tage vor Ausbruch der Unruhen gefaßt worden war, wurde nun in die Tat umgesetzt. Die Bauern, die sich dem Kollektivierungsdruck noch widersetzten, erhielten eine Gnadenfrist. Der Kirchenkampf wurde zurückgenommen. Dazu bemühte man sich, der arg vernachlässigten Konsumgüterindustrie etwas aufzuhelfen, senkte die HO-Preise, erhöhte die Renten. Eine Besänftigungsstrategie, kein wirklicher Kurswechsel, aber doch immerhin ein Zeichen der Einsicht, daß es unvernünftig war, das Sozialismusprojekt mit schierer Brachialgewalt durchsetzen zu wollen.

Der 17. Juni 1953 hatte der Sowjetunion klargemacht, daß sie etwas tun müsse, um ihr Deutschland zu stabilisieren. Sie hatte auf diese Erfahrung hin die DDR ökonomisch entlastet.

Ein paar Jahre später, 1958, gab sie der DDR bedeutende Kunstschätze zurück, die 1945 als Beutegut in die Sowjetunion abtransportiert worden waren, so den Pergamonaltar und wesentliche Teile der Dresdner Gemäldesammlungen. Das half der DDR in der Tat, wieder eine Museumslandschaft von Rang aufzubauen.

Erst viel später wurde erkennbar, wie viele Kunstschätze, in den Depots ihrer Museen versteckt, die Sowjetunion zurückgehalten hatte. Das Foto zeigt eine Ausstellung von Gemälden aus deutschen Sammlungen in der Leningrader Ermitage vor ihrem Rücktransport.

Die Sowjetunion trug dazu bei, indem sie nun endlich, zum 1. Januar 1954, auf ihre letzten Reparationsansprüche verzichtete; die noch in ihrer Hand befindlichen Betriebe (den Wismuter Uranbergbau ausgenommen) zurückgab – sie produzierten immerhin zwölf Prozent der in der DDR hergestellten Industriegüter;[153] die Stationierungskosten begrenzte und sogar einen Kredit gewährte. Das zeigt, wie sehr auch sie der 17. Juni erschreckt hatte.

IV.

Während die DDR, in vielen Hinsichten ein Sonderfall im sowjetischen Imperium, bereits mit der Verarbeitung einer frühen existentiellen Erschütterung beschäftigt war, stand dem Imperium insgesamt die große Krise noch bevor. Viel spricht dafür, daß diese Krise in der DDR ebendeshalb nur noch ein sehr gedämpftes Beben auslöste, weil die DDR den 17. Juni hinter sich hatte. Der Tod Stalins, des Allgewaltigen, im März 1953 hatte die Frage aufgeworfen: Wie wird es weitergehen? Erwartungen waren geweckt, aber erst als der Nachfolger Nikita Chruschtschow, temperamentvoll, selbstbewußt, überzeugt von der Notwendigkeit, die Sowjetunion aus einer düsteren Vergangenheit herauszuholen, sich entschloß, den toten Diktator endgültig vom Thron zu stoßen, gerieten die Dinge in Bewegung. Die berühmte Anklagerede gegen den Tyrannen, durch die der XX. Parteitag der KPdSU im Februar 1956 in die Geschichte einging, setzte das ganze Imperium in höchste Erregung. Die Erschütterung der Gläubigen, die den Gott plötzlich zum Psychopathen und Verbrecher erklärt sahen, war ebenso groß wie die Hoffnung, daß nun so etwas wie Läuterung folgen werde, daß Neues beginnen könne.

Das gilt auch für die DDR. Aber während in Polen und vor allem in Ungarn der Moskauer Impuls noch im selben Jahr revolutionäre Folgen zeitigte, blieb es in der DDR erstaunlich ruhig. Ulbricht fing den Stoß auf, indem er einerseits – gehorsam, aber eher beiläufig – Stalin etwas herabstufte: Er könne nicht zu den Klassikern des Marxismus-Leninismus gerechnet werden, andererseits so tat, als gehe die ganze Sache die DDR nichts an.[154] Die SED habe keinen Anlaß, eine »rückwärtsgewandte Fehlerdiskussion« zu führen, lautete die Parole. Immerhin entschloß man sich in den Monaten nach dem XX. Parteitag zu einer Reihe von Rehabilitierungen und einer Amnestie, bequemte sich also zu einer Art von Eingeständnis, daß auch in der DDR nicht immer alles mit rechten Dingen zugegangen sei.

Im übrigen bestimmten vom Herbst 1956 an die Ereignisse in Polen und Ungarn das Verhalten der SED. Und das heißt: Herrschaftssicherung, nicht Reform war für sie das Thema der Stunde, kaum daß die Diskussion über den Kommunismus nach Stalin begonnen hatte. Den Intellektuellen, die unsicher und erwartungsvoll zugleich herauszufinden suchten, ob das Moskauer »Tauwetter« auch für die DDR eine neue Freiheit des Denkens und Diskutierens gebracht habe, wurden rasch und hart die Grenzen gezeigt. Sympathie für die ungarischen Entwicklungen war Sympathie für die Konterrevolution. Es wurden Exempel statuiert, an dem jungen Philosophieprofessor Wolfgang Harich beispielsweise, der unorthodoxe, aber keineswegs antikommunistische Deutschlandpläne gesponnen hatte.

Ernst Bloch, um einen zweiten Namen zu nennen, wurde in Leipzig zwangsemeritiert. Auch in der Partei sorgte Ulbricht für Ordnung in seinem Sinne. Ähnlich wie 1953 artikulierte sich in der Parteiführung Kritik an seiner Alleinherrschaft, auch an seinem politischen Kurs, der keinerlei Aussicht eröffnete, die DDR zum attraktiveren der beiden Deutschlands zu machen. Die Fronde hatte politisches Gewicht. Karl Schirdewan war damals immerhin der zweite Mann in der SED, Ernst Wollweber Chef des Staatssicherheitsdienstes. Aber Ulbricht setzte sich, von seinem jungen, eifrigen Adjutanten Honecker sekundiert, fast mühelos gegen sie durch. Wieder scheint ihm, was den Rückhalt aus Moskau angeht, die Krisenkonstellation zu Hilfe gekommen zu sein. Angesichts der Ereignisse in Polen und Ungarn konnte er sich der Protektoratsmacht erneut als Garanten politischer Stabilität in der DDR offerieren.

Daß der XX. Parteitag in der DDR, alles in allem, so wenig in Bewegung gesetzt hat, läßt sich natürlich nicht allein mit dem Taktieren Ulbrichts erklären. Auch Besonderheiten der DDR-Verhältnisse haben eine Rolle gespielt. Von der Bedeutung des 17. Juni war schon die Rede. Für beide Krisen gilt: Anders als in Polen und Ungarn 1956 fanden in der DDR weder 1953 noch 1956 Arbeiterschaft und Intellektuelle zusammen. Am Juniaufstand waren die Intellektuellen fast unbeteiligt – das mag mit dem besonderen Status des Sozialismusexperimentes im Land des Faschismus zu tun gehabt haben. An der Stalinismus-Debatte nach dem XX. Parteitag waren die Arbeiter uninteressiert – da mag das frische Trauma des 17. Juni nachgewirkt haben. Zudem fehlte in der DDR, Teil eines geteilten Landes, die nationale Komponente des Aufbegehrens, die in Polen wie in Ungarn für das Selbstverständnis der Aufbegehrenden, für ihren Zusammenhalt untereinander so wichtig war.

Dafür gab es in Deutschland den steten Strom der Flüchtlinge von Ost nach West, es gab, heißt das, eine Alternative zum Aufbegehren. Albert O. Hirschmans Begriffspaar »voice and exit« ist damit ins Spiel gebracht.[155] Es hilft, die Besonderheiten des Falles DDR zu verstehen, in den fünfziger wie in den achtziger Jahren. Trotz des 17. Juni – das eigentliche Problem der frühen DDR war eben nicht *voice*, war nicht der Protest, sondern *exit*, die Fluchtbewegung: 2,7 Millionen registrierter Flüchtlinge in den Jahren 1949 bis 1961, annähernd fünfzehn Prozent der Bevölkerung, fast 400 000 im »Rekordjahr« 1953 und immer noch beinahe 150 000 in dem für die DDR günstigsten Jahr 1959 – und das bei keineswegs ganz einfachen Fluchtbedingungen. Diese Zahlen sind ein wesentlicher Teil der Antwort auf die Frage, warum die Deutschen in der DDR 1956 so viel ruhiger blieben als die Ungarn und die Polen.

Wie sich gegen den Strom der Flüchtenden behaupten? Das war die eigentliche Schicksalsfrage für die frühe DDR, auf die erst mit der Mauer eine Antwort gefunden wurde, eine Antwort, die dann bis zum Ende von den Herrschenden ganz folgerichtig mit der Existenz der DDR gleichgesetzt wurde. Schicksalsfrage heißt: Das Überleben der DDR stand auf dem Spiel. Das ist unstreitig. Und doch muß man sich vor zu simplen Formeln hüten. Es war nicht einfach so, daß der SED das Volk weglief, wie man im Westdeutschland der fünfziger Jahre meinte. Es gab, so schwer das im einzelnen festzumachen ist, auch gegenläufige Entwicklungen, Gegenkräfte. Davon, daß die von der SED betriebene revolutionäre Gesell-

Proletarier aller Länder, vereinigt euch!

NEUES DEUTSCHLAND

ORGAN DES ZENTRALKOMITEES DER SOZIALISTISCHEN EINHEITSPARTEI DEUTSCHLANDS

Berliner Ausgabe „Vorwärts" | Berlin, Freitag, 11. Juli 1958 | 13. (69.) Jahrgang / Nr. 163 / Einzelpreis 15 Pf

DAS PRÄSIDIUM DES PARTEITAGES

Programmatische Rede Walter Ulbrichts auf dem V. Parteitag

Großer Plan des sozialistischen Sieges

Sicherung des Friedens ist Hauptinhalt der Deutschlandpolitik geworden

Ökonomische Hauptaufgabe: DDR muß bis 1961 im Pro-Kopf-Verbrauch an wichtigsten Lebensmitteln und Konsumgütern Westdeutschland erreichen und übertreffen

Geplant worden ist der sozialistische Sieg oft – errungen wurde er nie. Keine Erfahrung konnte Ulbricht offenbar von der Überzeugung abbringen, daß die sozialistische Planwirtschaft nicht nur gerechter, sondern auch produktiver sei oder doch jedenfalls sein könne als die kapitalistische Marktwirtschaft.

Es zeigte sich sehr rasch, daß die DDR-Ökonomie mit der ihr vom V. Parteitag vorgegebenen »ökonomischen Hauptaufgabe« völlig überfordert war. Aber das hinderte Ulbricht nicht daran, in den sechziger Jahren einen neuen »großen Plan des sozialistischen Sieges« zu entwickeln. Diesmal hieß der Schlüssel zum Sieg »neues ökonomisches System der Planung und Leitung der Volkswirtschaft«.

Am Ende hat dieses Experiment oder besser: das, was daraus wurde, dann zum Sturz Ulbrichts beigetragen.

schaftsveränderung auf breiter Front Chancen des Aufstiegs eröffnete, war die Rede. Die vielen, die aufstiegen, dankten dem System in der Regel mit Loyalität. Auch wirkte, trotz der Enttäuschungen der fünfziger Jahre, der Enthusiasmus des Beginnens eine Zeitlang noch fort, desgleichen die Überzeugung, der Sozialismus sei die notwendige und richtige Antwort auf den Faschismus. Ganz handfest ist darüber hinaus zu bedenken: Auch in der DDR stieg, obschon viel langsamer als in der Bundesrepublik, in der zweiten Hälfte der fünfziger Jahre der Lebensstandard. Wenn man wollte, konnte man die Freigabe der letzten rationierten Lebensmittel im Mai 1958 als Signal verstehen, daß selbst in der DDR die Zeiten der Knappheit einmal zu Ende gehen würden.

Leipzig 1959, in Erwartung von Chruschtschows Besuch. Auf die obrigkeitliche Zumutung, die Sowjetunion beständig zu lieben und ständig zu feiern, reagierte die Bevölkerung ganz überwiegend lustlos, abweisend.

Die Distanz zur Besatzungsmacht blieb immer groß. Sosehr Herrschaftsordnung und planwirtschaftliches System am sowjetischen Muster orientiert waren, eine kulturelle Prägung der DDR durch die Sowjetunion, die der »Amerikanisierung« Westdeutschlands vergleichbar wäre, hat es nie gegeben.

Nicht einmal die weitverbreitete Kenntnis der russischen Sprache – jeder Schüler in der DDR lernte sie – hat dauerhafte Spuren hinterlassen.

Aber auch wenn man Gehen *und* Bleiben sieht, von wirklicher Konsolidierung kann in diesem ersten Jahrzehnt zu keinem Zeitpunkt die Rede sein. So wenig die, die gingen, alle gingen, weil sie bedrängt, gar verfolgt wurden – der legitime Wunsch, die Chancen des Westens für sich zu nutzen, hat oft eine Rolle gespielt –, so wenig blieben alle, die blieben, weil sie sich dem Regime verbunden fühlten. Das Bewußtsein, äußerstenfalls gehen zu können, gehörte bis 1961 zur DDR-Existenz. Die Entscheidung fürs Bleiben war für viele immer nur eine vorläufige.

Um so bemerkenswerter ist es, daß die SED sich auch im kritischen ersten Jahrzehnt offenbar nie wirklich gefragt hat, ob ihr Sozialismusprojekt in einem geteilten Land, im Wettbewerb mit einer unübersehbar erfolgreichen Variante des Kapitalismus denn überhaupt eine Erfolgschance habe. Gewiß, sie hat auf die katastrophalen Effekte der Sozialismus-Offensive des Jahres 1952/53 mit taktischen Zugeständnissen, mit Korrektur und Abbremsen reagiert. Die Ulbricht-Kritiker in der Parteiführung haben 1953 und 1957 wohl auch eine Art von Kurswechsel im Sinn gehabt, der den besonderen Verhältnissen im geteilten Land besser Rechnung tragen sollte. Für Ulbricht aber, den Sieger, waren allenfalls taktische Konzessionen, nicht aber strategische Korrekturen denkbar.

VI. Parteitag der SED im Januar 1963: Delegierte begrüßen Chruschtschow. Ein paar Monate später wurde Chruschtschow gestürzt und war eine Unperson geworden. Hinter den Begeisterungsritualen, mit denen die SED den sowjetischen Führern huldigte, stand wohl immer auch die unbehagliche Gewißheit, daß es ohne die Sowjetunion keinen SED-Staat gäbe; und natürlich die freudige Gewißheit, eine Weltmacht als Protektor zu haben. In den siebziger Jahren wurde die Bindung an die Sowjetunion sogar von Verfassungs wegen zum Ewigkeitsbündnis erhoben.

1958, auf dem V. Parteitag der SED, ging er aufs neue in die Offensive. Feierlich rief er dazu auf, den Aufbau des Sozialismus in der DDR zu vollenden. Die Fundamente seien gelegt, jetzt gelte es, den Sozialismus zum Sieg zu führen, nicht nur im eigenen Land, sondern vor allem auch in der Auseinandersetzung mit dem Kapitalismus. »Die Volkswirtschaft der Deutschen Demokratischen Republik ist innerhalb weniger Jahre so zu entwickeln, daß die Überlegenheit der sozialistischen Gesellschaftsordnung der DDR gegenüber der Herrschaft der imperialistischen Kräfte im Bonner Staat eindeutig bewiesen wird«, hieß der Kernsatz seiner Botschaft.[156] Bis 1961 sollte der Pro-Kopf-Verbrauch in der DDR den westdeutschen Pro-Kopf-Verbrauch bei allen wichtigen Lebensmitteln und Konsumgütern erreichen und übertreffen.

Ulbrichts Initiative war Teil einer Offensive des ganzen sozialistischen Lagers, das offenbar glaubte, es sei nun stark genug, in einer gemeinsamen Anstrengung am Kapitalismus, für den man die vom Dogma vorhergesagten Krisen erwartete, vorbeizuziehen. Chruschtschows optimistisch-spontanes Naturell, durch den »Sputnik« scheinbar bestätigt, mag dabei eine Rolle gespielt haben – für die Sowjetunion proklamierte er bekanntlich das Ziel, die USA bis 1970 einzuholen. Ulbricht mag gedrängt worden sein. Vielleicht wollte er auch selber, durch relativ günstige Wirtschaftsdaten ermutigt, den Vorreiter spielen. Jedenfalls waren seine Erwartungen vollkommen illusionär. Der Produktivitätsvorsprung der Bundesrepublik wird für diese Zeit auf dreißig bis fünfzig Prozent geschätzt.[157] Sehr rasch wurde denn auch deutlich, daß die DDR die Ziele, die sie sich gesteckt hatte, weit verfehlen würde. Sie hat sie nicht nur bis 1961 nicht, sie hat sie nie erreicht. Rückblickend kann man nur sagen: Es war mehr als leichtsinnig, den Wettbewerb mit dem Kapitalismus ausgerechnet als einen Wohlstandswettbewerb zu definieren und den Sieg des Sozialismus über den Kapitalismus am Pro-Kopf-Verbrauch festzumachen – als ob man Ende der fünfziger Jahre nicht längst hätte wissen können, daß das sicher nicht die stärkste Seite des Sozialismus war. Ulbricht stand da freilich, wegen der offenen Grenze, unter viel größerem Druck als Chruschtschow.

Im übrigen ging es bei der Offensive, die zu dem vom V. Parteitag beschworenen »Sieg des Sozialismus« führen sollte, natürlich nicht nur um Wirtschaftswachstum. Sie mußte an vielen Fronten geführt werden. Um nur einige wenige Stichworte zu nennen: Die Schule war konsequent in den Dienst des Sozialismuszieles zu stellen – im Dezember 1959 wurde das »Gesetz über die sozialistische Entwicklung des Schulwesens« erlassen, das die zehnklassige sogenannte allgemeinbildende polytechnische Oberschule einführte. Für die Kunst wurde mit dem »Bitterfelder Weg« eine Art von sozialistischem Literaturprogramm verkündet. Der Kirchenkampf war schon 1956 wieder aufgenommen worden, und mit der Durchsetzung der »Jugendweihe« – 1959 gingen bereits vier von fünf Jugendlichen zur Jugendweihe, nur noch einer von dreien zur Konfirmation[158] – gelang dem SED-Staat tatsächlich der erste tiefe Einbruch in die volkskirchlichen Strukturen. Walter Ulbrichts »Zehn Gebote für den neuen sozialistischen Menschen«, eine eigentümliche Mischung aus kleinbürgerlicher und sozialistischer Moral, auf dem V. Parteitag verkündet, stehen symbolisch für den gleichsam welthistorischen Anspruch des Kommunismus, die Kirche abzulösen.

Vor allem aber hieß »Sieg des Sozialismus« für das Regime, sozialistische Produktionsverhältnisse nun endlich auch dort durchzusetzen, wo sie noch nicht herrschten: in der Landwirtschaft. Die Kollektivierung der Landwirtschaft, 1952 auf die Agenda gesetzt, 1953 wieder gebremst, war bis zum Ende der fünfziger Jahre vergleichsweise behutsam betrieben worden. Zwar ließ die SED keinen Zweifel daran, daß das sozialistische Nein zum privaten Eigentum an Produktionsmitteln auf die Dauer auch für das Land, den bäuerlichen Betrieb gelte. Aber sie setzte zunächst nicht auf Zwang, sondern versuchte es vornehmlich mit Anreizen, mit Begünstigung der Genossenschaften, mit Überredung. Alle Bevorzugung der kollektivierten Landwirtschaft änderte freilich nichts daran, daß die Produktivität der bäuerlichen Landwirtschaft höher blieb, obschon man ihr das Leben nicht eben leichtmachte.

Vielleicht erklärt dieser Umstand die »Behutsamkeit«. Vielleicht war es aber auch eine gewisse Scheu, das Bodenreformversprechen der Nachkriegsjahre »Junkerland in Bauernhand« zu rasch und zu offensichtlich zu brechen. Jedenfalls wurde Ende der fünfziger Jahre noch etwa die Hälfte der landwirtschaftlich genutzten Fläche privat bewirtschaftet.[159] Dabei war der größte Teil der bis dahin kollektivierten Ländereien entweder von den wirtschaftlich schwachen Neubauern eingebracht worden oder dem Staat einfach dadurch zugefallen, daß zu dem Flüchtlingsstrom der fünfziger Jahre in beträchtlicher Zahl eben auch resignierende Bauern – Alt- und Neubauern – gehörten.

Ende 1959 war Schluß mit der Behutsamkeit. Die SED beschloß, mit der vom V. Parteitag verkündeten Vollendung des Sozialismus nun auch gegenüber der noch resistenten Bauernschaft Ernst zu machen. In den ersten Monaten des Jahres 1960 ging eine Kampagne über die Dörfer hinweg, die auch in der Geschichte der DDR kaum ihresgleichen hat. Agitationsbrigaden schwärmten aus, eine Art von Lautsprechertrommelfeuer dröhnte auf die Widerwilligen ein, wo nötig, half man mit Einschüchterung, Nötigung, gelegentlichen Verhaftungen nach – am Ende kapitulierten fast alle vor dem ins Unerträgliche gesteigerten Druck. Etwa 85 Prozent der Fläche waren Ende 1960 kollektiviert.[160]

Waren Machtkalküle bestimmend? War es einfach sozialistischer Dogmatismus, der das Regime zu diesem rabiaten Feldzug trieb? Daß er seinem Ansehen, wenn davon denn die Rede sein kann, nicht guttun würde, weder diesseits noch jenseits der Grenzen, mußte es wissen. Und daß es für die brutale Forcierung der Kollektivierung zumindest vorübergehend mit Produktionsausfällen zu zahlen hatte, erfuhr es bald. Was also machte die Kollektivierung der Landwirtschaft so dringlich? Die Frage drängt sich auch deshalb auf, weil die SED mit dem Handwerk sehr viel glimpflicher, pragmatischer umging. Und selbst für den schmalen Industriesektor, der übriggeblieben war, Kompromißlösungen akzeptierte, staatliche Beteiligungen nämlich, die die noch privat geführten Betriebe in halbstaatliche verwandelten. Hat das Vorbild der Sowjetunion eine Rolle gespielt? Stalin hatte ja die Kollektivierung der Landwirtschaft mit ganz besonderer Brutalität durchgesetzt. Am wahrscheinlichsten ist, daß die SED handelte, weil sie den Eindruck gewonnen hatte, ohne Kollektivierung der Landwirtschaft werde sie die ländlichen Regionen niemals wirklich in den Griff bekommen. Ausbau der Parteiherrschaft wäre dann das Leitmotiv gewesen. Vierzig Jahre später sieht es so aus, als werde paradoxerweise gerade der erzwungene Strukturwandel auf dem Lande zu den dauerhaften Hinterlassenschaften des Sozialismus gehören.

Kurzfristig freilich hat die Kampagne des Jahres 1960, in der das SED-Regime so ungeniert sein häßlichstes Gesicht zeigte, noch einmal kräftig dazu beigetragen, daß der Mauerbau unvermeidlich wurde. Allerdings verging noch ein Jahr, bis die Fluchtwelle ihren Höhepunkt erreichte. Erst im Sommer 1961 gelang es Ulbricht, den zögernden Chruschtschow davon zu überzeugen, daß das Fluchttor Berlin um jeden Preis geschlossen werden müsse. Daß es geschlossen wurde, gab dem Sozialismusexperiment eine neue, zweite Chance.

V.

Die DDR, das ist die einfache Quintessenz des 13. August 1961, hatte ihre Bürger eingesperrt. Aber, so hat Günter de Bruyn, der zu den Eingesperrten gehörte, es in seinem »Lebensbericht« formuliert: »Um eingesperrt überhaupt leben zu können, mußte man so zu leben versuchen, als gäbe es die Absperrung nicht.« Und er fügt hinzu: »Der Versuch glückte, bei den meisten Leuten sogar vortrefflich.« Man habe im Schatten der Mauer plötzlich ruhiger gelebt. »Man war der Entscheidung, zu fliehen oder zu bleiben, enthoben; das Provisorische hatte feste Konturen bekommen; das Vorläufige sah (...) plötzlich nach Dauer aus. Auf Dauer also galt es sich einzurichten.«[161] Eben darin lag die Chance des Systems. Vielleicht rückt diese Sichtweise die Verwundung zu sehr in den Hintergrund, die der Mauerbau hinterließ. In der geraubten Freiheit zu reisen, auch ganz fortzugehen, war denen, denen sie geraubt war, die Verweigerung der Freiheit schlechthin doch immer gegenwärtig. Aber daß man sich hinter der gehaßten Mauer auf eine paradoxe Weise auch geborgen fühlen konnte, sollte sich nach dem 9. November 1989 zeigen, als gerade unter den Intellektuellen da und dort die Klage laut wurde, die Mauer sei »zu schnell« gefallen.

Das System mag auf diesen Effekt gehofft haben. Zunächst einmal freilich glaubte es, Härte zeigen zu müssen: In den ersten Monaten nach dem 13. August wurde durchgegriffen, bis hin zu einer Art auf den Straßen praktizierten Faustrechts gegen »Hetzer und Saboteure«. Aber die SED-Führung war sich doch auch darüber im klaren, daß der Sozialismus nun zu zeigen haben würde, was er leisten konnte; daß er die Menschen, die ihm nicht mehr entrinnen konnten, jetzt würde für sich gewinnen müssen. Die Partei war im sicheren Besitz unbeschränkter Macht. Sie hatte unter dem Schutz der sowjetischen Besatzungsmacht in anderthalb Jahrzehnten eine sozialistische Revolution veranstaltet und zu einem gewissen Abschluß gebracht. Die Wirtschaft des Landes war in ihrer Hand, die herrschenden Klassen der Vorzeit waren fast gänzlich aus den Positionen gesellschaftlichen Einflusses verdrängt. Schließlich war auch die offene Grenze geschlossen, der Aderlaß der ständigen Abwanderung nach Westen gestoppt worden. Nun mußten die Früchte des Sozialismus zu reifen beginnen.

Die Frage, die es jetzt vor allem zu beantworten galt, drängte sich geradezu auf. Zwar hatten, so verkündete es das Parteiprogramm von 1963, die sozialistischen Produktionsverhältnisse in allen Bereichen der Volkswirtschaft gesiegt. Aber eine leistungsfähige sozialistische Ökonomie hatte man damit noch keineswegs. In den fünfziger Jahren hatte man gegenüber der kapitalistischen Konkurrenz noch keinen Schritt Boden gutgemacht, im Gegenteil. Gerade eben noch war man mit der großsprecherischen Ankündigung, die DDR werde die Bundesrepublik bis 1961 überholen, kläglich gescheitert. Wie mußte man es anstellen, das war die Frage, um nun, bei entscheidend verbesserter Ausgangslage, im Wettbewerb der Systeme sichtbar und rasch zu triumphieren?

Die KPdSU unter der Führung von Chruschtschow demonstrierte für die sozialistische Führungsmacht Optimismus, einen, wie man im Rückblick sagen muß, gespenstischen Optimismus. Auf ihrem XXII. Parteitag im Oktober 1961 verkündete sie, innerhalb von zwanzig Jahren werde sie die Sowjetunion an den fortgeschrittensten Ländern des Kapitalismus vorbei ans Ziel der Geschichte, in den Kommunismus, führen. Und sie malte das Paradies mit allen Farben kindlicher Naivität aus.[162] Ganz so weit konnte die DDR nicht gehen. Aber auch sie gab sich ihr Zukunftsprogramm. Ulbrichts Antwort auf die Frage, wie der Sozialismus zum Sieg geführt werden könne, seit 1961 von den Ökonomen vorbereitet, war das sogenannte »Neue Ökonomische System der Planung und Leitung der Volkswirtschaft (NÖS)«.

Die Einzelheiten des »Systems« sind nicht mehr sonderlich interessant. Im Grundsatz war es der Versuch, den Planwirtschaften in verschiedenen Varianten immer – und immer inkonsequent – machen, wenn sie unter starken Effizienzdruck geraten: der Versuch, die Ökonomie ein Stück weit aus der politischen Bevormundung zu entlassen, sie also ein Stück weit ihren eigenen Rationalitätskriterien zu überlassen. Der Planwirtschaft soll mit einer Prise Marktwirtschaft aufgeholfen werden. Dann ist plötzlich viel von Flexibilität des Planes, von Entscheidungsspielräumen für die Betriebe, von realistischen Preisen, von Anreizen, von Gewinnen die Rede. So auch in der DDR im Zeichen des Neuen Ökonomischen Systems. Aber gelungen ist diese Quadratur des Kreises den sozialistischen Staatswirtschaften nie, weil sie die Preisbildung nie wirklich dem Markt überließen und die Steuerung des Wirtschaftsprozesses nicht den Preisen. Sie blieben Planwirtschaften, weil die Parteidiktaturen, um die es sich ja handelte, nicht anders denken konnten als in Kategorien des Primats der Politik oder richtiger des Primats der Herrschaft, ihrer Herrschaft. Das gilt für das DDR-Experiment der sechziger Jahre, wie es für alle Experimente dieser Art gilt.

Nicht alle Beobachter waren damals skeptisch. Unter westdeutschen Wissenschaftlern war die Erwartung verbreitet, es werde in den Führungszirkeln der SED ein neuer Funktionärstypus, ein sachlicheres, professionelleres, ökonomischer Rationalität verpflichtetes Denken zunehmend Einfluß gewinnen[163] und damit auch die Chance des Reformexperimentes wachsen. Es ist nicht so gekommen. Die Herrschaftslogik der letztlich nur auf sich selbst bezogenen und sich selbst verpflichteten Parteidiktatur blieb die Logik des Systems. Sie war mit der Logik ökonomischer Effizienz nicht vereinbar, obwohl die Parteidiktatur ökonomische Effizienz so dringlich brauchte. Daran ist das NÖS gescheitert, wie auch die mit dem Namen Liberman verknüpften sowjetischen Experimente derselben Jahre, die dem NÖS, obschon weniger weitreichend, zeitweilig einen wichtigen Flankenschutz boten, daran gescheitert sind. Auch das Zauberwort Kybernetik, das damals in aller Munde war und für die Hoffnung auf ganz neue Methoden, ganz neue Möglichkeiten gesellschaftlicher Planung stand, erwies sich nicht als Schlüssel zur Lösung unlösbarer Probleme. Übrigens haben die Reformversuche dem Wirtschaftswachstum zunächst anscheinend durchaus Auftrieb gegeben, haben dazu beigetragen, daß sich die Versorgung der Bevölkerung etwa mit den so begehrten langlebigen Konsumgütern – Kühlschrank, Waschmaschine, Fernseher, Auto – deutlich verbesserte. Aber in der zweiten Hälfte der sechziger Jahre mehrten sich schon wieder die Krisenzeichen.

Daß die Sicherheit, die mit dem Mauerbau doch gewonnen war, die Herrschaftslogik des Systems in keiner Weise verändert hat, läßt sich nicht nur an der mangelnden Konsequenz und dem schließlichen Scheitern der Wirtschaftsreformen ablesen. Die Geschichte der sechziger Jahre bezeugt es vielfältig. Das berüchtigte 11. Plenum des Zentralkomitees im Jahr 1965 beispielsweise, das nach einer kurzen Phase bescheidener Liberalität die kulturpolitischen Zügel wieder scharf anzog, war eine eindringliche Demonstration dieser Logik. Den »Kulturschaffenden« wurde wieder einmal nachdrücklich klargemacht, was sie zu tun und was sie zu lassen hätten. Unter denen, die sich den Zorn der Partei zugezogen hatten, standen Wolf Biermann, der Liedermacher, und der Naturwissenschaftler und Philosoph Robert Havemann, der seine Professur an der Humboldt-Universität schon 1964 verloren hatte, beide überzeugte Kommunisten und ebendeshalb als Kritiker des SED-Staates nicht zum Schweigen zu bringen, ganz obenan. Sie blieben im Visier der Partei.

Auch das neue Strafgesetzbuch von 1968 ist in diesem Zusammenhang zu nennen, das die Strafgewalt des Staates ganz entschieden und weitläufig in den Dienst der Parteidiktatur stellte. Ebenso die Verfassung, die die DDR sich im selben Jahr gab: Sie schrieb die »führende Rolle« der Partei fest und unterstellte alle vermeintlich gewährten Grundrechte dem von der Partei auszulegenden Sozialismusvorbehalt. Oder die Schul- und Hochschulreformen des Jahrzehnts, die, neben anderen Zwecken, vor allem darauf zielten, die Indoktrinationsaufgabe für alle Bildungsstätten mit noch größerem Nachdruck festzuschreiben.

Schließlich: die Reaktionen der SED auf den Prager Frühling. Sie geben die deutlichste Auskunft darüber, was die Partei unter Reformen verstand und was nicht. In der Entschiedenheit, mit der sie sich gegen den Prager Versuch stellte, so etwas wie einen demokratischen Kommunismus zu erfinden, in dem Haß auf die, die es versuchten, ließ die SED sich von niemandem übertreffen. Für sie war da nichts als Konterrevolution – wer das Herrschaftsmonopol der Partei mit allen Sicherungen, die dazu gehörten, preisgab, verriet den Sozialismus. Im eigenen Land haben ihr die Prager Entwicklungen übrigens keine besonderen Probleme bereitet, obschon die Erschütterung gerade junger Menschen in der DDR über den Gewaltakt, der dem Prager Frühling ein Ende machte, vielfach bezeugt ist.

Das Scheitern der Wirtschaftsreformen der sechziger Jahre hat freilich nicht nur etwas mit der Herrschaftslogik der Parteidiktatur zu tun, sondern – auf eine paradoxe Weise – auch mit den Visionen Ulbrichts. Ulbricht war, so scheint es, je länger, desto mehr geradezu besessen von der Vorstellung, im Systemwettbewerb zwischen Sozialismus und Kapitalismus in kurzer Zeit den Sozialismus zum Sieg führen zu müssen und führen zu können. In der Überzeugung, daß es in diesem Wettbewerb auf die wirtschaftliche Leistungsfähigkeit ankomme, war er Realist. In der Erwartung, der Sozialismus werde den Kapitalismus demnächst »überholen«, das heißt, an wirtschaftlicher Leistungskraft übertreffen, war er Phantast. Die »wissenschaftlich-technische Revolution« sollte das Unmögliche möglich machen, sollte den Sozialismus instand setzen, den Kapitalismus zu überholen, ohne ihn einzuholen, wie ein viel belächeltes Ulbricht-Wort lautete. Es war so töricht nicht, wie manche meinten, insofern es darauf aufmerksam machte, daß »Überholen« nicht notwendig »Nachholen« bedeutete. Es war nur ganz und gar wirklichkeitsfremd in seiner Einschätzung der Potentiale des Sozialismus.

Ob nun als Gedanke töricht oder nicht, die praktische Folge des grenzenlosen Vertrauens in die wissenschaftlich-technische Revolution war, daß in den späten Ulbricht-Jahren immer mehr Mittel in Zukunftsprojekte, Zukunftstechniken investiert wurden, die nach der Überzeugung des Generalsekretärs das Tor zu einem neuen Zeitalter aufstoßen würden. Knappheiten andernorts waren die Folge, Knappheiten an Investitionsmitteln für andere Zwecke, Störungen auch – das fiel politisch immer mehr gegen Ulbricht ins Gewicht –

So sah es bis in die sechziger Jahre am Augustusplatz in Leipzig aus, der damals allerdings nicht mehr so hieß. Die Universitätskirche stand noch und das Hauptgebäude der Universität auch. Es müssen eine Art von sozialistischem Größenwahn und eine despotische Lust, Macht zu demonstrieren, gewesen sein, die Ulbricht gegen alle Bitten und Proteste dazu getrieben haben, hier und andernorts wegzusprengen, was der Krieg an bedeutenden, im Fall der Universitätskirche (auch des Berliner Schlosses) ganz und gar unersetzlichen architektonischen Zeugnissen der Vergangenheit hatte stehenlassen.

in der Versorgung der Bevölkerung. Statt der Marktmechanismen, denen das Neue Ökonomische System ein wenig mehr Wirkungsspielraum hatte verschaffen wollen, waren es nun doch wieder und erst recht willkürliche politische Interventionen, die die Ökonomie steuerten.

In den späten sechziger Jahren konnte es für keinen nüchternen Beobachter mehr zweifelhaft sein, daß weder die steckengebliebenen Wirtschaftsreformen noch die wissenschaftlich-technische Revolution, die schließlich auch jenseits der Grenze stattfand, der DDR zum Sieg im Systemwettbewerb verhelfen würde. Im Gegenteil: Die auf ihre Weise doktrinäre Wirtschaftspolitik des Generalsekretärs steuerte das System in wachsende Schwierigkeiten. Ulbricht freilich lehnte es ab, die Probleme, die sich immer deutlicher abzeichneten, zur Kenntnis zu nehmen. Der Glaube an die Unfehlbarkeit des Marxismus-Leninismus scheint sich bei ihm in die Überzeugung verwandelt zu haben, er selbst, Walter Ulbricht, sei unfehlbar. So nahmen es jedenfalls Partei und Öffentlichkeit, aber auch die sowjetische Vormacht zunehmend wahr. Breschnew hat sich bitter über die zudringliche Überheblichkeit beklagt, mit der Ulbricht die DDR als Vorbild für alle »Bruderländer« pries. Er sei es leid, ließ er Honecker wissen, sich ständig anhören zu müssen, daß man in der DDR alles besser mache.[164]

Beigetragen hat zu Ulbrichts hoch gesteigertem Selbstbewußtsein sicher, daß die DDR in seiner Vorstellung eine besondere historische Mission zu erfüllen hatte. Sie hatte den Beweis zu erbringen, daß der Sozialismus sich auch für entwickelte Industriegesellschaften eigne. Nur sie konnte diesen Beweis erbringen. Und sie würde ihn unter seiner, Walter Ulbrichts, Führung erbringen. Seine Bemühungen, die Übergangsepoche des Sozialismus – so die traditionelle Lehre – ideologisch zu einer »relativ selbständigen sozialökonomischen Formation in der historischen Epoche des Übergangs vom Kapitalismus zum Kommunismus im Weltmaßstab« aufzuwerten, fügen sich in das Bild.[165] Sie gaben dem eigenen Lebenswerk mehr Gewicht und der eigenen Person den Rang eines Lehrmeisters der Glaubenslehre. Viele Hinweise also auf ein übersteigertes Selbstbewußtsein und einen Verlust an Wirklichkeitssinn. In gewisser Weise gehören zu diesen Zeichen auch die – teuren, knappe Ressourcen verschlingenden – Prestigebauten der späten Ulbricht-Zeit, rücksichtslos in die Zentren der Städte gesetzt, Ausdruck einer Siegermentalität. Oft gingen diesen architektonischen Gewalttaten Zerstörungen voraus. Die Sprengung der Leipziger Universitätskirche, die den Krieg unbeschädigt überstanden hatte, am 30. Mai 1968 ist das bekannteste und barbarischste Beispiel, eine schiere Machtdemonstration, so wie schon der Abriß des ausgebrannten Berliner Schlosses 1950 eine schiere, ideologiegeleitete Machtdemonstration gewesen war.

1971 lief die Uhr für den alt und starrsinnig gewordenen Ulbricht ab. Die überwiegende Mehrheit des Politbüros, angeführt von Erich Honecker, war nicht länger bereit, sich dem selbstherrlichen Greis zu unterwerfen. Sachlich scheint sich ihre Kritik vor allem auf die erratische Wirtschaftspolitik konzentriert zu haben. Für sie fand Ulbricht denn auch schon 1970 keine Mehrheit mehr im Politbüro. Im Januar 1971 baten dreizehn von zwanzig Mitgliedern und Kandidaten des Politbüros Breschnew förmlich um seine Intervention. »Leider können wir nicht umhin festzustellen«, schrieben sie, »daß sich bei Genossen Walter Ulbricht in der letzten Zeit bestimmte negative Seiten seines auch ohnehin schwierigen Charakters immer mehr verstärken. In dem Maße, in dem er sich vom wirklichen Leben der Partei, der Arbeiterklasse und allen Werktätigen entfremdet, gewinnen irreale Vorstellungen und Subjektivismus immer mehr Herrschaft über ihn. Im Umgang mit den Genossen des Politbüros und mit anderen Genossen ist er oft grob, beleidigend und diskutiert von einer Position der Unfehlbarkeit.«[166] Dem Votum aus Moskau fügte Ulbricht sich ohne Widerstand. Am 3. Mai 1971 gab er bekannt, daß er das Amt des Ersten Sekretärs aus Altersgründen niederlege. Erich Honecker wurde zu seinem Nachfolger gewählt.

Ulbricht und Honecker, die beiden Generalsekretäre, haben die vierzig DDR-Jahre ziemlich gleichmäßig unter sich aufgeteilt. Im Rückblick tritt der Kontrast hervor: die Ulbricht-Ära die Zeit der revolutionären Veränderungen, der brutalen Dynamik, der Offensive – die Honecker-Jahrzehnte die Zeit der Defensive, der Stagnation, schließlich des Verfalls. Eine solche Gegenüberstellung verdeckt zwar, daß die Herrschaftsstrukturen sich nicht wesentlich geändert haben: Von Anfang bis Ende war die DDR eine Parteidiktatur mit totalitärem Anspruch. Sie verdeckt zudem, daß das Dilemma der Honecker-Jahre auf die Weichenstellungen der Ulbricht-Jahre zurückzuführen ist, auf die frühe und zäh festgehaltene Entscheidung, den Sozialismus in Deutschland, im geteilten Deutschland, streng nach sowjetischem Muster aufzubauen. Aber sie trifft doch auch etwas Wesentliches.

Die ersten anderthalb Jahrzehnte zumal, erst der SBZ dann der DDR, sind eine Zeit revolutionärer Umwälzung gewesen, einer Umwälzung, die ein klares Ziel im Visier hatte: den Aufbau des Sozialismus, dahinter die kommunistische Utopie. Noch in den sechziger Jahren ist diese Zukunftsorientierung durchaus bestimmend gewesen. Die siebziger und achtziger Jahre hingegen waren ganz auf die Verteidigung des Status quo ausgerichtet, die Behauptung der errungenen Macht, die Gegenwart. Zukunftsvisionen spielten, auch wenn im Parteiprogramm von 1976 vom Kommunismus pflichtgemäß noch die Rede war, wie in der Sowjetunion nach Chruschtschow keine wirkliche Rolle mehr, womit natürlich die Frage aufgeworfen war, was denn an ihre Stelle treten könne und solle. Schließlich gründet sich der Herrschaftsanspruch einer marxistisch-leninistischen Partei auf ihr vermeintliches Zukunftswissen.

Der defensive, perspektivlose Sozialismus der Ära Honecker: Das war freilich den Zeitgenossen nicht so ohne weiteres erkennbar, jedenfalls bis zur Mitte der achtziger Jahre nicht. War die DDR nicht sichtbar auf dem Vormarsch? Zumindest außenpolitisch brachten die siebziger Jahre den großen Durchbruch, diplomatische Anerkennung rund um den Erdball, Aufnahme in die UNO, Staatsbesuche, schließlich 1987 die triumphale Visite Honeckers in Bonn, und dazu in der ersten Hälfte der achtziger Jahre, der letzten Eiszeit im Ost-West-Konflikt, sogar so etwas wie eine eigene außenpolitische Rolle.

Auch der innenpolitische Kurs, den Honecker einschlug, schien geeignet zu sein, die DDR zu festigen. Bereits wenige Wochen nach der Machtübernahme, auf dem VIII. Parteitag im Juni 1971, verkündete der neue Generalsekretär die Maxime, die das Leitmotiv seiner Regierungszeit werden sollte: die Einheit von Wirtschafts- und Sozialpolitik. 1976 wurde sie ins Parteiprogramm hineingeschrieben. Gemeint war: Das Wirtschaftswachstum solle unmittelbar der Bevölkerung zugute kommen, hier und heute und nicht irgendwann. Wobei Honecker zunächst einmal in deutlicher Wendung gegen die Politik des späten Ulbricht die Notwendigkeit zuverlässiger Versorgung der Bevölkerung mit den Konsumgütern des täglichen Bedarfs betonte. Gemeint war freilich auch: Zugute kommen könne der Bevölkerung nur, was sie zuvor erarbeitet habe.

Ein vernünftiges Regierungsprogramm, möchte man meinen. Tatsächlich war die wahre Maxime der Ära Honecker, unausgesprochen, eine ganz andere. Honecker praktizierte gerade nicht die Einheit von Wirtschafts- und Sozialpolitik, sondern den Vorrang der Sozial- vor der Wirtschaftspolitik, die Entkoppelung von Konsum und Produktivität. Günter Mittag, der wichtigste wirtschaftspolitische Berater Honeckers, hat es so formuliert: »Wenn es um die Befriedigung der Bedürfnisse der Bevölkerung ging, sah er zuerst deren Befriedigung – und dann erst die Produktion.«[167] Über die eigenen Verhältnisse zu leben, wurde zur Lebensregel der Ära Honecker. Das hatte im Lauf von fast zwei Jahrzehnten notwendigerweise ruinöse Folgen.

Ruinöse Folgen – das ist zum einen sehr wörtlich zu nehmen. Die DDR hat von der Substanz gelebt. Die gesamte Infrastruktur des Landes, vor allem das Verkehrsnetz, die Umwelt, der Altbaubestand, ein beträchtlicher Teil der Industrieanlagen wurde bis an die Schwelle des Kollapses ausgebeutet und heruntergewirtschaftet. Es heißt zum anderen: Die Auslandsverschuldung der DDR in der westlichen Welt stieg dramatisch – bis zur Zahlungsunfähigkeit der DDR – an, von etwa einer Milliarde Valutamark im Jahr 1970 auf etwa fünfzig Milliarden, wahrscheinlich mehr, im Jahre 1989.[168] Alexander Schalck-Golodkowski, der es wissen mußte, hat Honeckers Einheit von Wirtschafts- und Sozialpolitik »den Sargnagel der DDR« genannt.[169] Jedenfalls im nachhinein scheinen sich die Wirtschaftsexperten der DDR darüber einig gewesen zu sein.

Einig waren sie sich auch über Honeckers Motiv. Es ging ihm zuerst und vor allem um Herrschaftssicherung, Herrschaftssicherung, wie man immer wieder in Erinnerung rufen muß, unter den Bedingungen des Systemwettbewerbs zwischen zwei Deutschlands. Der bescheidene Wohlstand, den er seinen Untertanen zusagte, sollte dem System, wenn schon nicht ihre Zustimmung, dann jedenfalls ihre Fügsamkeit sichern. Entbehrungen um einer großen Zukunft willen glaubte er ihnen nicht mehr zumuten zu können. Die Furcht des Machthabers vor seinen Untertanen war also das Kernmotiv der Honeckerschen Politik.

Am greifbarsten ist das in Honeckers völlig irrationaler Subventions- und Preispolitik. Sein Standpunkt, so hat es der Vorsitzende der Staatlichen Plankommission, also einer der führenden Wirtschaftspolitiker der DDR, später berichtet, sei gewesen, alle Erschütterungen in sozialistischen Ländern seien von Preiserhöhungen ausgegangen. »Bei mir nicht.«[170] Preiserhöhungen für viele Güter und Dienstleistungen nicht nur der Grundversorgung waren folglich ein Tabu – ein wirkliches Tabu, kein ökonomisches Argument hat bei Honecker irgendeine Wirkung erzielt. Der Staat subventionierte diese Güter und Dienstleistungen mit ungeheuren Summen, vom Brot (das, wie man weiß, von den Bauern verfüttert wurde, weil es billiger war als alle Futtermittel) bis zur Kinderbekleidung, von den Mietwohnungen bis zum öffentlichen Nahverkehr.

Herrschaftssicherung durch das Versprechen von Wohlfahrtsleistungen, die das Land mit seiner sozialistischen Ökonomie zu erwirtschaften nicht imstande war, das war im Grunde eine Verzweiflungsstrategie. Natürlich war sie nicht von Anfang an als solche erkennbar. Und Honecker hat wohl bis zum Ende nicht wirklich begriffen, was er da trieb. Aber Fachleute sahen schon in den späten siebziger Jahren, daß die DDR auf eine Katastrophe zusteuerte. Ihre Warnungen fruchteten nichts. Nach den Regeln der Logik hätte es zwei

Möglichkeiten gegeben, der Krise zu begegnen: entweder die Leistungen der DDR-Wirtschaft wesentlich zu steigern, das heißt, ihr die Fesseln des planwirtschaftlichen Systems abzunehmen, oder den Lebensstandard der Bevölkerung drastisch, auf das Leistungsniveau der sozialistischen Ökonomie, abzusenken. Den einen Weg konnte die Parteidiktatur nicht gehen, den anderen wollte sie nicht gehen. Sie war nicht einmal imstande,ernsthaft über das Dilemma nachzudenken.

Zunächst aber standen jene Jahre auf dem Programm, die nicht wenigen später als die besten der DDR erschienen, das erste Jahrfünft der Ära Honecker. Von Ulbricht Abschied zu nehmen, fiel kaum jemandem schwer. Sein Nachfolger, obwohl der Ziehsohn Ulbrichts, ganz und gar ein Mann der Parteiräson, der harten Linie, wurde mit vorsichtigen Erwartungen begrüßt und führte sich mit den Ankündigungen des VIII. Parteitages ja auch vielversprechend ein.

Den Ankündigungen folgten Taten. Der Ulbricht-Kurs der einseitigen Begünstigung von »Zukunftsindustrien« zu Lasten der Konsumgüterindustrie wurde korrigiert. Auch wurde, um die Versorgung rasch zu verbessern, mehr importiert. Die Subventionen zur Stützung der Preise von Gütern und Dienstleistungen des täglichen Bedarfs flossen reichlicher. Eine sozialpolitische Offensive wurde gestartet: Löhne und Renten wurden angehoben, die Jahresarbeitszeit verkürzt, in der Unterstützung von berufstätigen Müttern, Familien mit Kindern, jungen Ehen ein starker – und für die Sozialpolitik der DDR charakteristischer – Akzent gesetzt. Dabei ging es immer nicht zuletzt auch darum, das vorhandene Potential an Arbeitskräften so vollständig wie möglich auszuschöpfen.

Der eigentliche Hauptpunkt aber dessen, was man das sozialpolitische Regierungsprogramm Honeckers nennen könnte, war der – bis dahin arg vernachlässigte – Wohnungsbau. Bis 1990, verkündete der Generalsekretär, werde das Wohnungsproblem in der DDR gelöst sein. Tatsächlich wurden in einer gewaltigen Anstrengung in den nächsten beiden Jahrzehnten etwa zwei Millionen Wohnungen neu gebaut, eine weitere Million modernisiert, gleichzeitig der Altbaubestand freilich weitgehend dem Verfall preisgegeben. Es entstanden die »Plattenbauten«, jene gigantischen, eintönigen Hochhaussiedlungen am Rande vieler Städte, die zur sichtbarsten Hinterlassenschaft des Sozialismus werden sollten. Bei aller Tristesse boten sie aber doch begehrte, weil vergleichsweise gut ausgestattete Wohnungen.

Eine Summe von Freundlichkeiten und Wohltaten also, mit denen der neue Mann um Zustimmung warb oder richtiger: mit denen er das Fundament seiner Macht zu festigten suchte. Nur: Die Hoffnung, das alles mit der eigenen, gesteigerten Wirtschaftskraft bezahlen zu können, erfüllte sich in keiner Weise. Es waren Wohltaten auf Pump, auf Kosten der Zukunft. Man konnte mit ihnen die politische Krise vielleicht eine Zeitlang hinausschieben, der ökonomische Kollaps mußte um so sicherer und dramatischer folgen. Das ist bei der Rede von den »besten Jahren der DDR« mit zu bedenken.

Den Fachleuten war schon Ende der siebziger Jahre klar, in welche Probleme die DDR hineintrieb. Reformen, von denen man sich eine wesentliche Steigerung der wirtschaftlichen Leistungskraft erhoffen konnte, standen nicht mehr auf dem Programm. Die Experimente der Ulbricht-Zeit waren abgebrochen worden. Überdies hatte man zu Beginn der siebziger Jahre, dem Dogma folgend, auch noch die letzten halbprivaten Unternehmen im industriellen Sektor verstaatlicht. Die Bildung von Großkombinaten in der Industrie und spezialisierten Großgenossenschaften in der Landwirtschaft schuf so viele Probleme, wie sie löste. Dazu die weltwirtschaftlichen Entwicklungen der siebziger und achtziger Jahre: Auch sie machten der DDR das Leben und Überleben nicht leichter, sondern schwerer. Das gilt vor allem für die Ölpreisexplosion. Sie schlug auf die DDR durch, als die Sowjetunion sich entschloß, auch von ihren Klientelstaaten Weltmarktpreise zu fordern. Härter noch traf die DDR, daß die Sowjetunion ihre Öllieferungen zu Beginn der achtziger Jahre um zehn Prozent kürzte. Mit Erdölprodukten hatte sie bis dahin einen lebenswichtigen Anteil ihrer Hartwährungsdevisen verdient. Ob zwei Millionen Tonnen Erdöl es wirklich wert seien, die DDR zu destabilisieren, fragte Honecker Breschnew verbittert[171] – man sieht, daß auch er nicht ganz in wirtschaftlichen Illusionen lebte. Aber es blieb bei der Moskauer Entscheidung. Honecker hat das seinen Oberherren nie verziehen.

Im übrigen begann er in den achtziger Jahren den Ausweg dort zu suchen, wo ihn auch der späte Ulbricht gesucht hatte. Er setzte seine Hoffnung immer mehr auf Zukunftsindustrien, vor allem auf die Mikroelektronik, forcierte ihre Entwicklung mit aller Macht und gewaltigem Investitionsaufwand, was natürlich bedeutete, daß andernorts dringend benötigte Investitionsmittel fehlten – ein planwirtschaftlicher Circulus vitiosus. Letztlich ist der Aufwand für die Mikroelektronik nicht technisch, aber ökonomisch verpufft.[172] Nur mit Krediten, westlichen Krediten, hat die DDR sich wirtschaftlich noch durch die achtziger Jahre gebracht. Das hatte, wie wir wissen, bedeutende deutschlandpolitische Folgen. Je mehr die Verschuldung der DDR wuchs, desto wichtiger wurde die Bundesrepublik für sie. Schon 1988 haben führende Wirtschaftsfachleute, so jedenfalls ihre spätere Auskunft, über Konföderationspläne diskutiert, weil sie ohne ein Moratorium, ohne neue Kredite in Höhe von zehn bis zwölf Milliarden Mark keinen Ausweg aus der Krise mehr sahen und wußten, daß weder das eine noch das andere ohne Unterstützung der Bundesrepublik zu haben sein würde.[173]

Man kann das Programm, mit dem Honecker antrat, als ein Angebot an die Bevölkerung verstehen, sich mit dem System neu zu arrangieren. Man hat sogar von einem Gesellschaftsvertrag gesprochen, der der Honecker-Ära ursprünglich zugrunde gelegen habe:[174] Fügsamkeit gegenüber den Herrschaftsansprüchen der Partei gegen soziale Sicherheit und mäßigen Wohlstand. Die Vertragsmetapher trifft die Verhältnisse nicht, das Recht, nein zu sagen, war den Untertanen keineswegs eingeräumt. Aber eine Art von Angebot war es doch, das Versprechen, die Partei werde, ohne alle Utopiezumutungen, für eine Gegenwart Sorge tragen, in der man sich auskömmlich und sicher einrichten könne, wenn man sich der Partei nur widerspruchslos anvertraue. Honecker hätte dieses Arrangement nicht Fürsorgediktatur genannt. Aber wenn überhaupt, dann hat der Begriff hier seine Berechtigung. Denn für das Regierungsprogramm Honeckers, nicht für die DDR schlechthin, läßt sich immerhin sagen, daß es die materielle Wohlfahrt der Untertanen sehr bewußt und vordringlich zum Mittel des Zweckes der Machterhaltung machte. Die Einlösung der Versprechen steht auf einem anderen Blatt.

Wie haben die Untertanen, die Bürger der DDR, auf Honeckers Programm reagiert? Für die ersten Jahre gilt wohl, daß die Rechnung bis zu einem gewissen Grade – genauer läßt sich dergleichen im Fall der DDR nie sagen – aufging. Was es an Daten gibt, etwa aus dem Zentralinstitut für Jugendforschung, deutet darauf hin, daß die Bereitschaft, sich mit der DDR zu identifizieren, zu dieser Zeit stärker war als in den fünfziger und sechziger Jahren einerseits und den achtziger Jahren andererseits.[175] Dazu mag beigetragen haben, daß die frühen Honecker-Jahre nicht nur Jahre wohlfahrtsstaatlicher Versprechungen – und Taten! – waren, sondern auch Jahre einer begrenzten kulturpolitischen Liberalität. »Wenn man von den festen Positionen des Sozialismus ausgeht, kann es meines Erachtens auf dem Gebiet von Kunst und Literatur keine Tabus geben«, hatte der neue Generalsekretär auf dem VIII. Parteitag gesagt.[176] Und nicht jeder hatte das »Wenn« in diesem Satz deutlich vernommen. Tatsächlich schien es eine Zeitlang, als weiteten sich die Freiräume für Unkonventionelles und Unorthodoxes ein wenig. Zudem mag man sich vom Prozeß der Normali-

In der Ära Honecker entwickelte sich in der DDR ein bescheidener Wohlstand. Es wurden Wohnungen gebaut – in Plattenbauweise. Für die Siedlungen, die rings um die verfallenden Stadtkerne entstanden, gilt das Wort von den »Wohneinöden« noch viel stärker als für die entsprechenden westlichen Quartiere. Der »Trabi« stand vor der Tür, auch wenn man zehn Jahre auf ihn hatte warten müssen. Am Ende stellte sich freilich heraus, daß auch der bescheidene Wohlstand nicht aus dem erwirtschafteten Volkseinkommen, sondern nur durch wachsende Verschuldung zu finanzieren gewesen war.

sierung der deutsch-deutschen Beziehungen manches erhofft haben. Aber wie immer in der Geschichte der DDR war die Zeit der Illusionen kurz. Selbst in engen Grenzen ertrug die Partei ein freieres geistiges Leben nicht lange. Der Drang, wieder für Ordnung zu sorgen, stellte sich nach Phasen der Lockerung immer rasch und sozusagen von selbst ein. Dabei hatte die SED der siebziger Jahre natürlich noch den Prager Frühling sehr lebhaft vor Augen. Auch in Polen geriet das Regime 1970 wieder unter Druck – die Führung der SED war außerstande, aus solchen Erfahrungen eine andere Lehre zu ziehen als die, daß man den Anfängen wehren müsse.

Erich Honecker statuierte sein Exempel an dem beharrlich widerspenstigen Wolf Biermann. Schon in den sechziger Jahren hatte man ihn scharf ermahnt, aber er war mit seinen

Wolf Biermann gibt nach seiner Ausbürgerung im November 1976 eine Pressekonferenz in West-Berlin (neben ihm von links Otto Schily, Jakob Moneta, Helmut Gollwitzer).

Biermann hatte sich, wie viele andere Intellektuelle, die der DDR den Rücken kehrten oder kehren mußten, keineswegs »für die Bundesrepublik« entschieden. Er lebte von nun an gleichsam zwischen zwei Welten, von denen er keiner aus Überzeugung angehörte.

Dennoch hat jeder freiwillig-unfreiwillige Ost-West-Wanderer in diesen Jahren das Freiheitsgefälle zwischen den beiden deutschen Staaten immer wieder von neuem sichtbar gemacht.

frechen Liedern und Texten nicht zum Schweigen zu bringen. Im November 1976 ließ man ihn zu Konzerten nach Westdeutschland fahren und bürgerte ihn nach seinem ersten – erwartungsgemäß unbotmäßigen – Auftritt beim Klassenfeind aus. Die Nationalsozialisten hatten sich, das war unvergessen, dieses Verfahrens massenhaft gegen Emigranten bedient, die Sowjetunion war zwei Jahre zuvor gegen Alexander Solschenyzin so vorgegangen. Die Strategen im Ministerium für Staatssicherheit hatten wohl gehofft, sich des Ärgernisses auf diese Weise unauffällig, ohne Prozeß, ohne Verurteilung entledigen zu können. Sie irrten sich. Die Ausbürgerung Biermanns wurde zu einer Zäsur in der Ära Honecker.

Prominente Schriftsteller, Schauspieler, Regisseure fanden sich in beträchtlicher Zahl spontan zu einer öffentlichen Protesterklärung zusammen, der ersten dieser Art überhaupt in der Geschichte der DDR. Die wiederum wurde zur Initialzündung für eine Serie von Solidaritätserklärungen, Flugblättern, Protestbriefen. Nicht daß sich hier eine oppositionelle Bewegung formiert hätte; das hatten die Initiatoren auch gar nicht im Sinn gehabt. Zudem wirkte das Regime einer solchen Entwicklung mit einigem Geschick entgegen, indem es härter gegen Unbekannte, vorsichtiger gegen Prominente vorging, auf die der Blick des Westens gerichtet war. Aber die Erklärung wirkte doch wie »ein Gongschlag, der die Gesellschaft aus ihrer lethargischen und resignativen Stille schreckte«.[177] Der Beginn einer Unruhe, die sich bis zum Ende der DDR nicht mehr ganz legte, läßt sich auf diesen Gongschlag datieren, wenn man denn nach einem Datum sucht.

Unmittelbar löste die Ausbürgerung Biermanns einen Exodus von Künstlern aus – Rainer Kunze, Sarah Kirsch, Hans Joachim Schädlich, Günther Kunert, um nur ein paar Namen zu nennen. Man ließ sie jetzt gehen, in der Hoffnung, es werde dann Ruhe einkehren, insgesamt etwa hundert Literaten, Komponisten, Schauspieler. Manche mußten freilich von der Bundesrepublik aus den Gefängnissen erst freigekauft werden. Das sozialistische Experiment war einmal mit sehr viel intellektuellem Rückhalt begonnen worden. Im Exodus der Intellektuellen nach 1976, so wenig sie in irgendeinem Sinn das Volk repräsentierten, wird deshalb die Erosion dessen, was das System ursprünglich an Gründungslegitimität besessen haben mag, besonders sichtbar.

VII.

Es war der Beginn einer Unruhe – das muß mit aller Vorsicht gesagt werden. Es ist problematisch, den Herbst 1989 schon ein Jahrzehnt im voraus aufspüren zu wollen. Andererseits: Dieses letzte Jahrzehnt ist keine Zeit »lethargischer und resignativer Stille« mehr gewesen. Spuren der Unruhe durchziehen es. Man muß sie registrieren, ohne einen Weg in sie hineinzulesen, der einfach nur aufs Ende zuführt.

Ein erstes wichtiges Stichwort ist Helsinki. Ein Jahr vor der Ausbürgerung Biermanns hatte die DDR im stolzen Bewußtsein, Staat unter Staaten zu sein, die Schlußakte der Konferenz von Helsinki unterzeichnet. Die Bürger der DDR konnten ihren vollen Text im »Neuen Deutschland« nachlesen. Vermutlich ist Honecker – ähnlich wie Breschnew – die Brisanz des Dokuments keineswegs klar gewesen. Es schrieb ja nicht nur, wie der Osten es wünschte, den europäischen Status quo fest, sondern es verpflichtete die Unterzeichnerstaaten auch auf die Menschenrechte. Das hatte Folgen. Da und dort hatten einzelne, kleine Gruppen den Mut, diese Rechte einzufordern – große Vorbilder wie Andrej Sacharow oder Robert Havemann spielten dabei eine wichtige Rolle. In der DDR ging es, begreiflicherweise, vor allem um das Recht auf Ausreise. Schon 1976 formierte sich eine erste Initiative dieser Art. Von da an blieb das Thema auf der Agenda und wurde im letzten Jahrzehnt der DDR immer mehr zu einem »Unruhethema« ersten Ranges. Von Jahr zu Jahr stieg die Zahl der Antragsteller, wuchs der Mut, die Öffentlichkeit zu suchen. Von 1984 an kam es zu gelegentlichen Versuchen, in Botschaften einzudringen und dadurch die Ausreise zu erzwingen.

Das Regime konnte dem Druck nicht einfach nachgeben, ohne eine Lawine ins Rollen zu bringen. Es konnte die Bewegung aber auch nicht mit beliebigen Mitteln unterdrücken. Dafür war ihm, übrigens auch Honecker persönlich, die internationale Anerkennung, auf die man so lange hatte warten müssen, die Reputation in der Staatengemeinschaft, der Platz auf der internationalen Bühne zu wichtig. Mit anderen Worten: Der SED-Staat mußte lernen, mit einem Dilemma zu leben – der Bedarf an Repression wuchs, die Spielräume für Repression schrumpften. Er versuchte es mit einer Doppelstrategie: Einerseits mit Härte – die bloße Berufung auf Helsinki wurde bereits strafrechtlich bedroht, darüber hinaus und vor allem verloren Antragsteller auf Ausreise in der Regel ihren Arbeitsplatz, wurden überhaupt in einen Zustand weitgehender Rechtlosigkeit gestoßen; man hat ganz zutreffend von einer Art von Apartheid gesprochen, die gegen sie praktiziert worden sei. Andererseits mit vorsichtig dosiertem Entgegenkommen – es sind Ausreiseanträge bewilligt worden, wenn auch in schwer durchschaubarer Willkürpraxis; bis 1983 etwa 10 000 jährlich, von 1984 an mehr, im ersten Halbjahr 1984 in einer plötzlichen Aktion allein 33 000. Erfolgreich war diese Doppelstrategie der Schikanen und der vorsichtigen Öffnung des Ventils nicht. Bis zum Sommer 1989 stieg die Zahl der unerledigten Anträge auf rund 125 000.[178]

Daß von allen Bürgerrechtsthemen, die die Deklaration von Helsinki auf die Tagesordnung setzte, in der DDR das Emigrationsrecht ganz in den Vordergrund trat, erklärt sich, das ist klar, aus der Teilung Deutschlands. Das Stichwort Unruhe, heißt das, führt uns notwendig zu den deutsch-deutschen Beziehungen. Sie sind in der Tat eine Hauptquelle jener Unruhe gewesen, die die DDR in der zweiten Hälfte der Ära Honecker ergriff. Es gab ja nicht nur das Thema »Ausreisen«, es gab auch das für viel mehr Menschen bedeutsame Thema »Reisen«. Wer darf unter welchen Bedingungen nach Westdeutschland reisen, nicht um der DDR den Rücken zu kehren, sondern durchaus in der Absicht zurückzukommen? Das war die Hauptfrage, die die meisten DDR-Bewohner in den siebziger und vor allem achtziger Jahren an die sich langsam entkrampfenden deutsch-deutschen Verhältnisse stellten. Die DDR ist, wie wir wissen, grundsätzlich nie über das Reiserecht für Rentner hinausgegangen. Für alle anderen blieb es bis zum Ende beim willkürlichen, nicht vorhersagbaren Gnadenerweis, der anfänglich selten, in den letzten Jahren viel häufiger, aber eben nie berechenbar und nach verläßlichen Regeln erteilt wurde. Die Genehmigungspraxis schuf eine Art von Zwei- oder auch Dreiklassengesellschaft: die »Reisekader« und die Rentner an der Spitze, dahinter die, die immerhin hoffen konnten, unter ganz bestimmten Voraussetzungen eine Reiseerlaubnis zu erhalten, und schließlich die, die sicher wußten, daß es für sie keinen Gnadenerweis geben würde. Nicht nur diese Klassenstrukturen an sich wurden immer mehr zum Ärgernis, sondern beinahe mehr noch das Prinzip der Willkür, das das Regime gleichsam mit jedem einzelnen Bescheid bekräftigte.

Auch an jene andere, in den deutsch-deutschen Beziehungen wurzelnde »Klassenspaltung« ist hier noch einmal zu erinnern: die zwischen der Klasse der DM-Besitzer und der Klasse der DM-Habenichtse. Seit die DDR 1974 den Besitz von Westwährung legalisiert hatte, wurde die mit Millionen westdeutscher Besucher ins Land strömende D-Mark immer mehr zu einer Art von nichtamtlicher Zweitwährung, zu einem unentbehrlichen Zahlungsmittel nicht nur für Westwaren in den einschlägigen Geschäften, sondern auch für begehrte Dienstleistungen, einem Zahlungsmittel freilich, zu dem viele keinen Zugang hatten. Auch das war eine Quelle der Unruhe, des Ärgers, der Verbitterung.

Das Hineinwirken der schwierigen deutsch-deutschen Beziehungen in die DDR-Gesellschaft erklärt natürlich nicht alles. Die Unruhe der letzten zehn, fünfzehn DDR-Jahre hatte Wurzeln auch in dieser Gesellschaft selbst. Was für die westdeutsche Geschichte gilt – man kann sie nur verstehen, wenn man die Generationenfolge bedenkt –, gilt auf andere Weise auch für die ostdeutsche. Zwar darf man, was in den achtziger Jahren an Widerspruch sichtbar und hörbar zu werden begann, gewiß nicht einfach aus der Generationenfolge herleiten. Wohl aber gehört die Generationenfolge zu den Voraussetzungen jener Entwicklungen, die dann im letzten Jahrzehnt einsetzten.

Legt man ein sehr einfaches Schema zugrunde und blickt auf die, die die DDR trugen oder zu tragen bestimmt waren, so wuchs in den siebziger und achtziger Jahren die dritte Generation heran. Die erste war die der Gründer, der Altkommunisten gewesen, die im Kaiserreich und in der Weimarer Republik groß geworden waren, dann gegen den Nationalsozialismus gekämpft, unter ihm gelitten hatten, vor ihm geflohen waren. Für sie war die DDR die Erfüllung ihrer Hoffnungen. Die zweite Generation war die, die die Pionierarbeit der fünfziger und sechziger Jahre geleistet hatte. Sie war durch die Schule des Nationalsozialismus gegangen, oft genug seinen Verführungen erlegen, hatte nach 1945 dem Irrtum abgeschworen und, gleichsam in tätiger Reue, den Sozialismus, die Antithese zum Faschismus, aufgebaut. Die dritte schließlich, ob vor oder nach dem Mauerbau geboren, hatte den Sozialismus vorgefunden. Er war für sie in gewissem Sinn selbstverständlich. Sie lebte nicht mehr auf eine große Zukunft hin, schon gar nicht die nebelhafte Zukunft des Kommunismus, sondern in der Gegenwart. Für sie mußte sich der Sozialismus hier und heute bewähren. Dabei hatte sie mehr die Konsumgesellschaften des Westens als die Vergangenheit im Blick.

Im übrigen machte sie die Erfahrung, daß Sozialismus nicht mehr wie zehn, zwanzig Jahre zuvor bedeutete: eine Gesellschaft in Bewegung, offene Universitäten, Aufstiegschancen für die, die sie bisher nicht gehabt hatten. Vielmehr hatten sich die Wege, die nach oben führten, verengt. Die Quote der Studierenden, bezogen auf die Altersgruppe, zu der sie gehörten, fiel deutlich, genauer: sie wurde herabgesetzt. 1989 war sie in der Bundesrepublik fast doppelt so hoch wie in der DDR.[179] Selbst der Anteil der Arbeiterkinder an der Gesamtzahl der Studierenden sank unter das Niveau der Bundesrepublik. Diese Daten zeigen an, daß die DDR nun ihr eigenes Establishment mit der jedem Establishment eigenen Tendenz zur Selbstrekrutierung hatte. Die soziologische Analyse hat geradezu von einer Mobilitätsblockade für die um 1960 Geborenen, in den siebziger und achtziger Jahren ihren Platz in der Gesellschaft Suchenden gesprochen.[180]

Schließlich: Die dritte Generation, um die es hier geht, hat nicht nur ihre eigenen, anderen Erfahrungen mit dem Sozialismus gemacht, einem Sozialismus, der die heroischen Gründungs- und Aufbauzeiten hinter sich hatte. Es war auch die Generation, die, mit einem Jahrzehnt Verspätung, von den Ausläufern jenes großen Wertewandelschubes erfaßt wurde, der die westlichen Industriegesellschaften so sehr verändert hatte. Eine Generation, heißt das, mit schwindendem Sinn für Autorität, für Hierarchie, schwindender Bereitschaft zur Einordnung ins Kollektiv. Daß dem SED-Staat aus diesem Wandel Schwierigkeiten erwuchsen, ist nicht überraschend.

Der Frieden und die Umwelt – das waren die Themen, an denen die entmündigte DDR-Gesellschaft von den späten siebziger Jahren an wieder lernte, sich, wenn auch nur in kleinen Außenseitergruppen, politisch zu artikulieren. Es waren die Themen der Zeit, jedenfalls in Deutschland. Die Angst vor der Weltkatastrophe des Nuklearkrieges trieb bekanntlich gerade in dieser Zeit in Westdeutschland Massen auf die Straßen; die Furcht vor den Risiken der Kernkraft hatte es in den Jahren davor getan. Zulässig war das Engagement für den Frieden in der DDR nur als Engagement für die offizielle Politik, als Engagement gegen die Nachrüstung der NATO. »Frieden schaffen ohne NATO-Waffen«, lautete in ungenierter Eindeutigkeit die amtliche Parole. Die Waffen des Ostens standen nicht zur Debatte. Ein demonstratives Engagement für die Umwelt war überhaupt unerwünscht, weil es ein Tabu brach. Die Fiktion, in der DDR stehe mit der Umwelt alles zum Besten, durfte nicht in Frage gestellt werden. Ein Zusammenstoß war also unvermeidlich.

Es nützte den Gruppen, die sich für Abrüstung und Umweltschutz engagierten, nichts, daß sie sich keineswegs als Opposition gegen das System, schon gar nicht gegen den Sozialismus verstanden. Ihre Parole »Schwerter zu Pflugscharen« unterschied nicht zwischen dem Schwert des Guten, das der Warschauer Pakt führte, und dem Schwert des Bösen, das die NATO führte. Ihr Engagement für die Umwelt brachte eine heraufziehende Katastrophe zur Sprache, die das Regime zu verantworten hatte. Damit war für die SED klar: Es handelte sich, so der Stasi-Jargon, um »feindlich-negative Kräfte«. Ihre Zeichen und Gesten, ihre Seminare, ihre Gottesdienste, ihre vorsichtigen Demonstrationsversuche waren dann folgerichtig samt und sonders Herausforderungen des Systems. Es war das Regime selbst, das aus den Friedens- und Umweltgruppen eine Systemopposition machte.

Zwischen dem Regime mit all seiner Übermacht und den kleinen Zirkeln von Friedens- und Umweltaktivisten stand die evangelische Kirche. Die Rolle, die sie in ihrer eigentümlichen Stellung zwischen den Fronten gespielt hat, ist keineswegs unumstritten. Aber daß sie in der »Unruhe-Geschichte« der späten DDR eine wichtige Rolle gespielt hat, steht außer Frage. Die Kirche hat diese Rolle nicht gesucht, sie ist ihr am Ende eines langen und schwierigen Weges durch die DDR-Geschichte zugefallen. Nach den Kampfzeiten in den fünfziger Jahren hatte die evangelische Kirche im Schatten der Mauer schließlich zu der vieldeutigen Formel »Kirche im Sozialismus« gefunden, hatte sich um einen Modus vivendi zwischen Staat und Kirche bemüht und in der Ära Honecker schließlich auch ein labiles Arrangement mit der SED erreicht. Dieses Arrangement zu bewahren, ohne sich zu sehr anzupassen, war an sich schon ein schwieriger Balanceakt. Einerseits waren zumal die Kirchenleitungen auf behutsamen Umgang mit dem Regime bedacht. Andererseits konnten sie ihm nicht einfach zu Willen sein. In der Friedensfrage im besonderen war die Kirche in einer Weise engagiert, die der SED mißfallen mußte und mißfiel. Wenn die Kirche die »Logik der Abschreckung« verwarf, so richtete sich dieses Votum eben nicht nur gegen den Westen. Und wenn sie vorsichtige, aber deutliche Kritik an der Militarisierung des gesellschaftlichen Lebens in der DDR übte, zumal an der »Wehrerziehung« in den Schulen, so war natürlich der SED-Staat unmittelbar angesprochen. Auch der Einsatz der Kirche für Wehrdienstverweigerer gehört in diesen Zusammenhang.

Es ist klar, was die Unruhe der achtziger Jahre für diesen »an sich schon schwierigen« Balanceakt bedeutete: Er wurde noch schwieriger. Die Friedensgruppen suchten, auch wenn sie nicht aus der Kirche kamen, die Nähe der Kirche. Und für die Umweltgruppen – da ist ohnehin keine scharfe Grenze zu ziehen – gilt das gleiche. Die Kirche war der einzige

Rund tausend Mitglieder von Friedensgruppen aus der gesamten DDR protestierten am 5. September 1987 in Ost-Berlin. Die Friedensbewegung der DDR formierte sich unter dem Zeichen »Schwerter zu Pflugscharen«, einem durchaus offiziellen Symbol (links auf dem Transparent). Aber der Versuch, sich mit diesem offiziellen Symbol gleichsam selbst zu legalisieren, bewahrte die Friedensbewegung nicht davor, vom Regime als oppositionell, als feindlich wahrgenommen zu werden. Sie identifizierte sich eben nicht einfach mit der »Friedenspolitik« des Warschauer Paktes, sondern kritisierte auch die Rüstung im Osten.

nicht von der SED kontrollierte Raum in der DDR, im übertragenen wie im wörtlichen Sinn: Bis in den Herbst 1989 gab es für Treffen mit einem im weitesten Sinn oppositionellen Motiv keine anderen öffentlichen Räume als die der Kirche, kein anderes Dach als das der Kirche. Das zog die oppositionellen Stimmungen und Bewegungen der achtziger Jahre in die Kirche hinein. Die Kirche konnte und wollte sie nicht hinausweisen. Sie konnte und wollte aber auch nicht einfach gemeinsame Sache mit ihnen machen.

Das gilt besonders für die, denen es nicht um den Frieden oder die Umwelt ging, sondern um die Ausreise. Sie suchten die Chance, sich sichtbar zu machen, was in den Gemeinden wiederum nicht selten das Gefühl erzeugte, mißbraucht zu werden. Auch verband die verschiedenen Gruppen, die, die hinauswollten, und die, die in der DDR etwas ändern wollten, keineswegs einfach Sympathie und Solidarität – im Gegenteil. Die Amtskirche hatte also in einem höchst komplexen Feld zu agieren, einerseits als Anwalt derer, die bei ihr Hilfe suchten, andererseits als eine Art von Partner des Regimes, darauf bedacht, die Bedingungen der Partnerschaft nicht zu beschädigen. Viele haben ihr den Vorwurf gemacht, daß sie die Zusammenarbeit mit dem Regime oder doch jedenfalls die Rücksichtnahme auf das Regime viel zu weit getrieben habe. Zumindest Teilen der Amtskirche tut man mit diesem Vorwurf kein Unrecht. Gleichwohl gilt, daß ohne den Schutzraum der Kirche die Artikulation von Widerspruch, die Einübung oppositionellen Verhaltens in der DDR viel schwieriger, vielleicht unmöglich gewesen wäre.

Es muß beim Thema Opposition, will man das ganze Szenarium vor Augen haben, aber noch ein weiterer Mitspieler genannt werden: die westdeutschen Medien. Die Bedeutung des Wechselspiels zwischen DDR-Wirklichkeit und westdeutscher Berichterstattung über die DDR-Wirklichkeit ist für die siebziger und achtziger Jahre gar nicht zu überschätzen. Stefan Wolle hat dieses Wechselspiel auf die Formel gebracht: »Zugespitzt könnte man sagen, daß innerhalb der DDR lediglich das ›stattfand‹, was die westlichen Zeitungen und Sender berichteten.«[181] Dabei sind zwei Wirkungen zu unterscheiden: Für die Obrigkeit bedeutete die Präsenz der westdeutschen Medien, daß sie ihre Auseinandersetzung mit allen oppositionellen Regungen vor den Augen Westdeutschlands führen mußte. Da war kein beliebiges Zugreifen möglich. Für die oppositionellen Gruppen bedeutete die Präsenz des westdeutschen Fernsehens, daß sie eine Art von Öffentlichkeitswirkung in der DDR selbst erzielen konnten. Es entstand in der DDR durch das westliche Fernsehen so etwas wie eine Gegenöffentlichkeit. Natürlich hat das Regime alle möglichen Anstrengungen unternommen, um den westdeutschen Journalisten die Ausübung ihres Handwerks zu erschweren. Die eigenen Bürger gingen praktisch bei jedem Kontakt mit ihnen das Risiko strafrechtlicher Verfolgung ein. Genützt hat es dem Regime nicht viel. Das Regime und seine – freiwillig-unfreiwilligen – Widersacher: In den achtziger Jahren war das dank der westlichen Medien ein öffentliches Schauspiel.

Wie ist die DDR mit den Herausforderungen umgegangen, vor die unbotmäßige Min-

16. Januar 1988. Jedes oppositionelle Transparent, das in den späten Jahren der DDR auf irgendeiner Kundgebung auftauchte, wurde im Grunde für das westdeutsche Fernsehen hochgehalten. Die westdeutschen Medien waren entscheidend für die Wahrnehmung der DDR-Opposition außerhalb der DDR und für ihre Wirkung in der DDR selbst.

derheiten sie in ihrem letzten Jahrzehnt stellten? Vorsichtiger, als sie es in den fünfziger Jahren getan hätte; das ist die eine Seite der Medaille. Beobachtung, Überwachung, Einschüchterung, aber kein konsequenter Versuch, den Widerspruch, der sich artikulierte, mit der nötigen Brutalität zum Verstummen zu bringen. Die Erklärung ist einfach: Die DDR Honeckers wollte als Staat unter Staaten respektiert, wollte anerkannt sein, ihren Part auf der internationalen Bühne spielen – das mußte auf die Herrschaftspraxis zurückwirken. Die DDR der siebziger und achtziger Jahre konnte und wollte sich nicht mehr alles leisten. Auch auf das Grenzregime hat das bekanntlich gewisse Auswirkungen gehabt, man denke an den Abbau der Selbstschußanlagen. Am Ende, im April 1989, wurde sogar der Schießbefehl zurückgenommen, weil Honecker die Reputationsverluste, mit denen jeder Zwischenfall zu bezahlen war, nicht länger für tragbar hielt.[182] Freilich blieb das ein Amtsgeheimnis – die Bürger der DDR sollten weiter fürchten, jeder Fluchtversuch könne nicht nur im Gefängnis, sondern mit dem Tod enden.

Zugleich aber, das ist die andere Seite der Medaille, vervollkommnete die DDR sich als Überwachungsstaat zu äußerster Perfektion. Das Spitzelnetz war in der späten DDR dichter geknüpft als jemals zuvor, die Staatssicherheit war tatsächlich omnipräsent.[183] Und die Allgegenwart wurde denen, die es anging, durchaus auch drohend vorgeführt. Aber so gewaltig der Überwachungsaufwand mitsamt den dazugehörigen Droh- und Einschüchterungsgebärden und Entmutigungsversuchen auch war, die Staatssicherheit hat in der späten Honecker-Zeit die Entwicklungen, die sie beunruhigten, nicht mehr wirklich unter Kontrolle bringen können. Der SED-Staat machte wie andere Diktaturen die Erfahrung, daß es schwierig ist, als Diktatur mit einer Mischung aus Unterdrückung und Gewährenlassen zu regieren.

Je mehr man »Unruhe« als einen Grundzug des letzten Jahrzehnts der DDR hervorhebt, desto nachdrücklicher muß man daran erinnern, daß es kleine und schwache Gruppen, in einem Außenseitermilieu verwurzelt, waren, von denen die Unruhe ausging.[184] Nur die Bewegung der »Antragsteller«, derer, die ihr Ausreiserecht einforderten, wenn man sie denn eine Bewegung nennen will, wuchs unentwegt, von etwa 20 000 zu Beginn der achtziger Jahre auf über 100 000 am Ende des Jahrzehnts.[185] Die überwältigende Mehrheit hielt Ruhe. Sie hatte sich in den Verhältnissen, die sich als dauerhaft präsentierten, irgendwie eingerichtet. Freilich gab dieses Sich-Fügen den Herrschenden keineswegs ein Gefühl der Sicherheit. Der monströse Überwachungs- und Drohapparat, mit dem sie sich schützten, zielte durchaus nicht nur auf die kleinen Zirkel, in denen Widerspruch laut wurde, er hatte die ganze Gesellschaft im Visier, wie ja auch die Mauer nicht nur die Antragsteller zurück-, sondern die ganze Gesellschaft zusammenhielt.

In seinem bis zum Ende durchgehaltenen Mißtrauen gegen die eigenen Bürger war der SED-Staat fraglos realistisch. Schon aus den handfestesten Gründen ist wirkliche Loyalität ihm gegenüber wohl immer nur die Sache einer Minderheit gewesen. Der Wohlfahrtsrückstand der DDR ist ja niemals kleiner geworden. Weder in der Produktivität noch im Einkommen, noch in der Vielfalt und Qualität der Konsumgüter hat die DDR gegenüber der Bundesrepublik in den achtziger Jahren Boden gutgemacht, eher umgekehrt.[186] Daß der

SED-Staat daran etwas ändern könne, wer sollte das nach drei, nach vier Jahrzehnten noch glauben? Daß er am »Freiheitsrückstand« nichts ändern wolle, war noch viel klarer. Bis zuletzt hat Honecker seinen Untertanen bekanntlich verkündet, sie würden ihr Leben hinter der Mauer verbringen müssen.[187] Das, was einem Beobachter Mitte der achtziger Jahre als »Mitmachen«, als Anpassung der großen Mehrheit erscheinen mochte, war bei vielen doch wohl zu einem guten Teil Resignation. Die Stabilität der späten DDR, die man im Westen so fraglos voraussetzte, war eine labile Stabilität, vielleicht auch nur eine scheinstabile Labilität.

VIII.

Gleichwohl – das Ende kam für alle vollkommen überraschend. Man muß sich das immer wieder ins Gedächtnis rufen. Denn in einer Welt, in der es keine DDR mehr gibt, vermag man sich schon zehn Jahre nach dem Ende kaum noch vorzustellen, wie selbstverständlich sie einmal da war. Wie also ist der plötzliche Kollaps der DDR nach vier Jahrzehnten zu erklären? Man kann es sich einfach machen und darauf verweisen, daß kein kommunistisches Regime in Osteuropa (der Sonderfall Belgrad ausgenommen) die große Zeitenwende von 1989/90 überlebt hat; und daß unter den besonderen deutschen Umständen mit dem Schicksal des kommunistischen Regimes notwendigerweise auch das des Staates DDR besiegelt gewesen sei. Das Ende der DDR ist dann ein Ausschnitt aus einem viel größeren Geschehen. Dieses viel größere Geschehen hatte sein Zentrum in der Sowjetunion, die den im historischen Vergleich staunenswerten, ja unerhörten Entschluß faßte, ihr Imperium kampflos preiszugeben, und eben dadurch im europäischen Vorfeld, das sie bis dahin unter strenger Kontrolle gehalten hatte, die Bahn für revolutionäre Veränderungen freigab. Es zeigte sich, daß ohne die Absicherung durch die Imperialmacht keine der kommunistischen Parteidiktaturen in diesem Vorfeld überlebensfähig war.

Man kann andererseits, ohne die besondere Bedeutung der Moskauer Ereignisse in Frage zu stellen, jeden einzelnen Fall mit seiner besonderen Geschichte ins Auge fassen. Dann ändert sich auch die Perspektive, aus der die Auflösung des Imperiums wahrgenommen wird. Die besonderen Geschichten in ihrer Summe zeigen nämlich, daß die Sowjetunion ihre Kontrolle über das europäische Vorfeld nicht länger aufrechterhalten *konnte*. Es ist, heißt das, die Wechselwirkung zwischen der Auflösung des Imperiums und dem Kollaps der kommunistischen Regime, auf die sich die Aufmerksamkeit richten muß, die Wechselwirkung übrigens auch zwischen den Ereignissen in den verschiedenen Ländern des Vorfelds. Polen hat mit der bewunderungswürdigen Beharrlichkeit seines Freiheitswillens fraglos eine bedeutende Rolle gespielt, in einem bestimmten Augenblick für die DDR dann Ungarn, während umgekehrt der Mauerfall über Deutschland hinaus ausgestrahlt hat.

Besondere Geschichten also, die in einer gemeinsamen Geschichte miteinander verflochten sind. Die der DDR läßt sich am besten nachzeichnen, wenn man noch einmal

Hirschmans Begriffspaar »voice and exit«, Widerspruch und Abwanderung, zu Hilfe nimmt.[188] Zuerst die Abwanderung und dann der Widerspruch, die Reihenfolge ist wichtig, sprangen, von äußeren Impulsen begünstigt, sich wechselseitig verstärkend, im Sommer und Herbst 1989 plötzlich auf ein neues Niveau. In der Dramatik dieses Sprunges wurde die latente Legitimitätsschwäche des Regimes gleichsam über Nacht sichtbar. Und eben dieses Sichtbarwerden der Legitimitätsschwäche setzte einen rapiden Autoritätsverfall in Gang. Daß das Regime vor dieser Entwicklung innerhalb von Wochen kapitulierte, ist letztlich wohl einer Lähmung aus Ratlosigkeit zuzuschreiben: Keiner der beiden Auswege war gangbar, an die es allenfalls denken konnte: der der Gewalt nicht, weil die Schutzmacht sich verweigerte, und der der von der Partei kontrollierten Reform auch nicht, weil das Land, wie die Führung sich auf dem Höhepunkt der Krise eingestehen mußte, ökonomisch am Ende war.

Zunächst also Abwanderung: Davon, daß der Abwanderungsdruck im Lauf der achtziger Jahre ständig zunahm, war schon die Rede. Das Regime konnte sich ihm nicht beliebig verschließen, aber es war einigermaßen Herr der Lage, solange es seine Außengrenzen unter Kontrolle hatte. Eben diese Kontrolle ging im Sommer 1989 verloren. Kontrolle über die Außengrenzen hieß ja, wenn sich der SED-Staat nicht auch gegen seine östlichen Nachbarn abgrenzen und einmauern wollte: Sie mußten mitspielen. Sie mußten »Republikflüchtlinge« an den Westgrenzen abfangen und der DDR ausliefern. Das galt vor allem für die Tschechoslowakei und Ungarn. Ungarn war es, das als erstes Land, seinen eigenen Interessen, die nach Westen wiesen, folgend, der SED die sozialistische Solidarität aufkündigte. Mehr vielleicht als jedes andere Ereignis steht diese ungarische Entscheidung für den Beginn eines neuen Zeitalters in Europa.

Im Sommer 1989 war das kommunistische Regime in Ungarn bereits damit beschäftigt, selbst den Übergang zur Demokratie vorzubereiten. Im Mai hatte es begonnen, die Grenzbefestigungen abzubauen. Im Juni wurde diese Entwicklung in einem symbolischen Akt des ungarischen und des österreichischen Außenministers der Öffentlichkeit demonstrativ ins Bewußtsein gerückt. Die vorhersehbaren Folgen traten ein: Tausende von DDR-»Urlaubern« strömten ins Land, den Weg in den Westen suchend. Formal, wenn auch ohne jeden Eifer, hielt Ungarn sich zunächst noch an die Verabredungen mit der DDR. Aber lange konnte es auf dieser Zwischenposition unter dem Druck der Ereignisse nicht stehenbleiben. Im August entschloß die Budapester Regierung sich – gegen heftigen Einspruch aus Ost-Berlin –, dem ersten Schritt den zweiten folgen zu lassen. Und am 11. September wurden die Schlagbäume definitiv für alle DDR-Bürger, ob mit oder ohne Ausreiseerlaubnis ihrer eigenen Regierung, geöffnet. Ein Tag von symbolischer Bedeutung in der europäischen Geschichte: Die Wiedervereinigung des geteilten Nachkriegseuropas begann nun sichtbar. Ein Tag vor allem von schicksalhafter Bedeutung für die DDR: Die seit 1961 erfolgreich praktizierte Selbsterhaltungsstrategie griff nicht länger. Die Überlebensfrage war gestellt. Moskau war übrigens nur unterrichtet, nicht um Erlaubnis gefragt worden und hat den Dingen ihren Lauf gelassen – ob in klarem Bewußtsein der Folgen, steht dahin. Mit Bonn hatte Budapest sich im vorhinein abgestimmt.

Der Exodus wurde nun immer mehr zum Drama. Die Grenzöffnung wirkte wie ein Dammbruch. Nicht nur nach Ungarn drängten die Fluchtentschlossenen, auch nach Prag und Warschau, in die westdeutschen Botschaften. Das Gefühl scheint die Menschen angetrieben zu haben, eine vielleicht rasch vorübergehende historische Chance nutzen zu müssen, »jetzt oder nie«. Eine Art von Torschlußdynamik also paradoxerweise gerade in dem Augenblick, in dem das Tor sich zu öffnen begann. Nach fast dreißig Jahren des Gefängnisdaseins ist das gut erklärlich.

In Prag zumal wurden die Verhältnisse rasch unerträglich. Ende September drängten sich 6000 Menschen auf dem Gelände der Botschaft. Die Prager Regierung war zwar nicht bereit, einfach der ungarischen zu folgen, aber sie war auch nicht bereit, über den Interessen der DDR ihre eigenen zu vergessen. Sie drängte auf eine Lösung, die zwischen der Bundesrepublik und der DDR dann auch ausgehandelt wurde. Am 30. September konnte Außenminister Genscher vom Balkon der Botschaft in den Jubel der Wartenden hinein verkünden, der Weg in den Westen sei frei. Nur darauf hatte Honecker noch bestanden, daß die Züge durch die DDR geleitet werden müßten. Weniger dramatisch, aber mit gleichem Effekt liefen die Ereignisse in Warschau ab. Und dann war schon wieder, nach neuem Zustrom, Prag an der Reihe. Die Flut war nicht mehr aufzuhalten.

Abwanderung allein aber hätte die SED-Herrschaft nicht notwendig zum Einsturz gebracht, jedenfalls nicht so schnell. Es war die Wechselwirkung zwischen einer eskalierenden Fluchtbewegung und eskalierendem Protest, die das Ende herbeiführte. Wie aber kam es zur Eskalation auch des Protestes? Für die Entwicklung des Widerspruchs in der zweiten Hälfte der achtziger Jahre war zunächst einmal Gorbatschows Reformpolitik von großer Bedeutung. Mit ihr trat, bei aller Undeutlichkeit der Ziele, plötzlich die Möglichkeit von Bewegung und Veränderung im real existierenden Sozialismus ins Bewußtsein. Mit ihr wurde aber auch die Starrheit des SED-Regimes, das aus seiner Ablehnung des Gorbatschow-Kurses nicht den geringsten Hehl machte, erst richtig sichtbar. Gorbatschows Reformpolitik erzeugte ein Gefühl der Erwartung und Hoffnung, daß die Dinge sich ändern könnten und müßten. Und sie delegitimierte Herrschaft, die diese Hoffnungen und Erwartungen beharrlich enttäuschte.

So schwer im einzelnen nachzuweisen ist, wie die Impulse, die in den späten achtziger Jahren aus der Sowjetunion kamen, den Boden für die Ereignisse des Sommers und des Herbstes 1989 bereitet haben – daß sie es getan haben, läßt sich nicht gut bezweifeln. An Indizien dafür, daß der Versuch des neuen Generalsekretärs, die Sowjetunion zu verändern, in der DDR mit gespanntester Aufmerksamkeit verfolgt wurde, fehlt es jedenfalls nicht. Gorbatschow wurde auch in der DDR sehr rasch zu einer überaus populären Figur. In dem ersten Akt genuin politischer Herausforderung, zu dem die Opposition in der DDR sich entschloß – der Decouvrierung des habituellen Wahlbetruges, den das System seit 1949 praktizierte, bei Gelegenheit der Kommunalwahl im Mai 1989 –, ist die Ermutigung durch den Demokratisierungsprozeß, den Gorbatschow in der Sowjetunion in Gang gesetzt hatte, mit Händen zu greifen. Die systematische Beobachtung der Stimmenauszählung, mit der oppositionelle Gruppen das System ganz legal bloßstellten – das war gewissermaßen Gorbatschows Glasnost-Parole in die Tat umgesetzt. Auch in der Gründung von Reformbewegungen und Diskussionsforen, die im Sommer und Herbst 1989 in rascher Folge auf den Plan traten – Neues Forum, Demokratischer Aufbruch, Demokratie Jetzt –, ist der Gorbatschow-Impuls sichtbar. Hörbar wurde er am Ende selbst für Honecker, als die Menschen am 7. Oktober 1989, dem Staatsfeiertag, an der Tribüne der Würdenträger vorüberziehend, dem Ehrengast Gorbatschow zuriefen: »Gorbi, hilf uns!«

Gleichwohl: Das plötzliche Aufflammen eines Massenprotestes im September und Oktober 1989 ist mit dem Hinweis auf Glasnost und Perestroika in der Sowjetunion noch nicht erklärt. Es war die Eskalation der Abwanderung, die die Eskalation des Widerspruchs auslöste. Die Massenflucht war eine Niederlage des Systems, wie es seit dem 17. Juni keine mehr erlitten hatte. Sie machte plötzlich sichtbar: Das System ist nicht allmächtig, es ist besiegbar. Mit dieser Botschaft machte sie denen, die bleiben wollten, Mut, das System auf ihre Weise herauszufordern. Das brauchte freilich Zeit, jedenfalls ein paar Wochen. Die Menschen waren nicht von einem Tag auf den anderen auf der Straße. Aus kleinen Kernen mit eingeübten Versammlungs- und Demonstrationsgewohnheiten wuchsen in den Septemberwochen die großen Demonstrationen, die die Entscheidung brachten, heraus.

Man kann diese Entwicklung für Leipzig, die Stadt, die in den kritischen Wochen die Führungsrolle übernahm, besonders gut nachzeichnen. Schon seit den frühen achtziger Jahren hatten sich in der Leipziger Nikolaikirche Friedensgruppen regelmäßig zu einem »Friedensgebet« getroffen. Seit 1988 hatten diese Andachten, vom Staat mit wachsendem Mißtrauen beobachtet und überwacht, immer stärker den Charakter politischer Veranstaltungen angenommen – zumal Ausreisewillige trafen sich dort. Im September 1989, der Exodus war bereits in vollem Gang, wurden sie Ausgangspunkt von Demonstrationen, den »Montagsdemonstrationen«, die rasch zu Zusammenstößen mit der Staatsgewalt führten. Und eben diese Montagsdemonstrationen zogen von Woche zu Woche mehr Menschen an, bis sie schließlich im Oktober die Leipziger Straßen beherrschten. Ein paar hundert Menschen waren es am Anfang, 20 000 bereits am 2. Oktober, 70 000 am kritischen 9. Oktober, über 100 000 am 16., dem Vorabend des Sturzes von Honecker, und 150 000 am 23. Oktober[189] – eine Geschichte, die zweierlei ganz deutlich macht: die überragende Bedeutung eines Kristallisationskerns, um den herum sich die größere Bewegung formieren konnte, und die überragende Bedeutung der regelmäßigen Wiederholung der Demonstrationen; nur so konnten sie wachsen.

Andernorts hatte die Bewegung nicht diese Dynamik. Aber immerhin sah der Staatsfeiertag der DDR, der 7. Oktober – die SED-Führung feierte in gespenstischer Blindheit den vierzigsten Geburtstag ihres Staates –, doch schon in einer ganzen Reihe von Städten, Dresden darunter, auch Ost-Berlin, Demonstrationen. In der zweiten Oktoberhälfte registrierte das Ministerium für Staatssicherheit so etwas wie friedlichen Aufruhr, Demonstrationen im ganzen Land, mehr als 130 mit einer halben Million Teilnehmern. In der ersten Novemberwoche waren es mehr als eine Million.[190] Eine halbe Million strömte am 4. November allein auf dem Alexanderplatz zusammen, als spät auch Ost-Berlin endgültig in Bewegung geriet, um mehr als zwanzig Rednern sehr unterschiedlicher Couleur, von reformwilligen Reprä-

»Wer zu spät kommt, den bestraft das Leben.« Als Gorbatschow diese Mahnung und Warnung aussprach, war die Uhr für Honecker bereits abgelaufen. Gorbatschow selbst, darin hatte Honecker später durchaus recht, hatte dazu beigetragen, daß sie im Jahr 1989 ablief. Mit all seiner Unterdrückungsmacht hätte ein Moskauer Regime vom Typus Breschnew den Offenbarungseid noch eine Zeitlang hinausschieben können. Honecker hätte seine Tage, wie er es sicher gehofft hat, als Generalsekretär beschließen können. Aber es wäre nur ein Aufschub gewesen. Überlebensfähig war das kommunistische System weder in der Sowjetunion noch in den Staaten ihres Hegemonialbereiches.

Wieviel Verantwortung für das Ende der DDR trägt Honecker, der, nach sieben Zuchthausjahren unter Hitler und steilem Aufstieg in der SED, nach 1945 als treuer Gefolgsmann Ulbrichts, 1971 die Nachfolge seines Lehrmeisters angetreten hatte? Alleinherrschaft – und Honecker war, wie Ulbricht, auf seine Weise ein Diktator – bürdet dem Alleinherrscher immer ein hohes Maß an Verantwortung auf. Aber gescheitert ist die DDR letzten Endes nicht an ihren Generalsekretären, sondern an den Ordnungsprinzipien, auf die sie sich gründete: Alleingeltung einer Ideologie, Alleinherrschaft einer Partei, Planwirtschaft. Das Bild zeigt Gorbatschow und Honecker bei den Feiern zum vierzigsten Jahrestag der Gründung der DDR am 7. Oktober 1989.

Bis zuletzt haben alle Staatsfeiern ein außerordentlich militärisches Gepräge gehabt. In allen kommunistischen Staaten war das so. Gab der Aufmarsch der Instrumente der Gewalt den Führern ein Gefühl der Unbesiegbarkeit?

Als die Nationale Volksarmee am 7. Oktober 1989 paradierte, war freilich längst sichtbar geworden, wie morsch das Gebäude hinter der Fassade der Macht war.

sentanten des SED-Staates bis zu Vertretern der oppositionellen Bürgerbewegung, teils applaudierend, teils pfeifend zuzuhören. Es ist diese steigende Flut öffentlicher Massenproteste gewesen, vor der die SED letztlich kapituliert hat. Nicht in einem Akt, die zähen Rückzugsgefechte der SED wurden ja noch von der Regierung Modrow im Dezember und Januar geführt. Aber eine – überraschend schnelle – Kapitulation war es schließlich doch. Sie begann mit dem in der Woche nach der Leipziger Montagsdemonstration vom 9. Oktober im Politbüro konspirativ vorbereiteten Sturz Honeckers am 17. Oktober.

Der Zusammenstoß zwischen denen, die im Oktober 1989 auf die Straße gingen, und dem Regime, ist, anders als der 17. Juni 1953, nicht gewaltsam entschieden worden. Die Revolution, die das SED-Regime zum Einsturz brachte, war in der entscheidenden Phase tatsächlich eine friedliche. Aber daß es so sein würde, war keineswegs von Anfang an sicher. Das bedeutet: Auch und gerade für den Erfolg der friedlichen Revolution war die Überwindung der Angst entscheidend. Mit der Überwindung der Angst begann und beginnt immer die Überwindung der Diktatur. Daß genügend Menschen, gemeinsam handelnd, sich nicht mehr von ihrer Angst bestimmen ließen, hat die Herrschaftsmechanismen des SED-Staates außer Kraft gesetzt. Das Beispiel, das diejenigen, die begannen, denen gaben, die sich ihnen anschlossen, war daher der entscheidende Impuls.

Anfangs sah es so aus, als werde man viel Mut brauchen. In den ersten Oktobertagen schlug die aufgestaute Nervosität der Herrschenden in Brutalität um, in Leipzig, in Dresden, in Berlin. Ein späterer Untersuchungsbericht beschreibt eine Berliner Szene so: »Mit unglaublicher Härte werden einzelne Demonstranten wie wahllos aus der Menge herausgegriffen und von bis zu acht zivilen MfS-Angehörigen zusammengeschlagen (...). Volkspolizisten und MfS-Mitarbeiter prügeln viele der Festgenommenen auf die Transportfahrzeuge, obwohl keine Gegenwehr erfolgt. Bevorzugt richtet sich die Brutalität gegen Frauen, um männliche Demonstranten zum gewaltsamen Handeln gegen die Sicherheitskräfte zu provozieren.«[191] Daß es wenige Tage nach diesen Berliner Ereignissen, am 9. Oktober, in Leipzig bei der bis dahin weitaus größten Demonstration anders kam, hat man von Anfang an mit Recht als entscheidend für den weiteren Gang der Dinge angesehen. Trotz aller mit Bedacht ausgestreuten Gerüchte, diesmal werde es zum Blutvergießen kommen, trotz aller Warnungen in Betrieben, in der Universität, in den Schulen – es fanden sich 70 000 Menschen zusammen, und die geballte Macht des Regimes, die bereit stand, griff nicht ein. Wie erklärt sich diese Wende? Klare Weisungen aus Berlin scheinen nicht vorgelegen zu haben. In Leipzig selbst hatten örtliche Verantwortliche der SED mit anderen Prominenten in einem eindringlichen Appell zu friedlichem Dialog aufgerufen. Es mag sich ausgewirkt haben, daß in Dresden am Vortag die beiden Seiten zum ersten Mal zu Gesprächen zusammengefunden hatten. Natürlich hat auch die schiere Zahl der Demonstranten ihre Bedeutung gehabt – nun war wirklich, für jedermann sichtbar, das Volk auf den Straßen. Gegen 70 000 Menschen kommt man mit Polizeibrutalität nicht mehr an. Und sie unter Feuer nehmen – das ist Krieg gegen das eigene Volk.

Wichtiger als alles andere aber war die Gewaltlosigkeit der Demonstranten selbst. Das gilt nicht nur für den Leipziger 9. Oktober. Wäre es nicht gelungen, in bewußter, strikter

Disziplin die Gewaltlosigkeit durchzuhalten, das Regime hätte mit aller Macht zurückgeschlagen. Und manche haben auf diese Chance vermutlich gewartet. Niemand kann sagen, ob sich die Entwicklung dann in einen neuen 17. Juni verkehrt hätte. Was man sagen kann: Die Gewaltlosigkeit des Protestes war die wesentliche Bedingung seines Erfolges. Sie war nicht nur moralisch, sie war auch politisch klug. Die Prägung des Protestes durch seine Herkunft aus Friedensbewegung und Kirche erwies sich hier als ein entscheidender Faktor für den Ausgang.

All das ist noch immer keine Antwort auf die Frage: Warum gab das Regime mit seinem gewaltigen Unterdrückungsapparat angesichts des Ernstfalles, für den es ihn doch geschaffen hatte, auf? Beim Verzicht auf Waffengewalt hat sicher das Wissen eine wesentliche Rolle gespielt, daß die Protektoratsmacht nicht helfen werde. Schritt für Schritt hatte Gorbatschow die Breschnew-Doktrin zurückgenommen. Und in der Krise ist den Befehlshabern mehrfach eingeschärft worden, daß die sowjetischen Truppen in den Kasernen zu bleiben hätten.[192] Hätte Honecker, wäre er des Rückhalts an der Sowjetunion, gar des Beistands der Sowjetunion sicher gewesen, zu Gewalt gegriffen? Man kann es jedenfalls nicht ausschließen. Ob er die Parteiführung hätte mitziehen können, ist eine andere Frage.

Verunsichert wurde die Partei ja nicht nur von außen. Das Ausmaß des Legitimitätsverfalls, das im Massenexodus wie in den Oktoberdemonstrationen sichtbar wurde, mußte die SED, Führung wie Gefolgschaft, schockieren, und hat sie schockiert. Verwirrung war die Folge, gesteigert durch Kritik von der Parteibasis her in wachsender Schärfe, wie man sie in der SED noch nie vernommen hatte. Das waren keine günstigen Voraussetzungen für entschlossenes Handeln.

Schließlich: Im Oktober, freilich erst nach Honeckers Rücktritt, wurde die Parteiführung von ihren Experten darüber aufgeklärt, daß ihr Staat wirtschaftlich am Ende sei.[193] Die verheerende ökonomische Bilanz des sozialistischen Experimentes – verheerend in fast allen Punkten, von der Investitionsquote bis zur Arbeitsmoral, von der Auslandsverschuldung bis zu den Infrastrukturen, gezogen von treuen Kommunisten – konnte auf alle, die mit ihr konfrontiert wurden, nur niederschmetternd wirken. Auf die Frage: Was tun? ließ sie der SED im Grunde keine Antwort mehr. Es blieb nur noch die verzweifelte Hoffnung, der Klassenfeind, die kapitalistische Bundesrepublik, werde helfen. Viel spricht also dafür, daß die SED im Reflex der Verteidigung ihrer Machtpositionen jedenfalls vom 9. Oktober an durch eine sehr begründete Ratlosigkeit, auch durch Ohnmachtsgefühle, da und dort durch Selbstzweifel gelähmt war.

Im übrigen gilt für das, was sie in den letzten Wochen dann doch noch versuchte, wie bei revolutionären Abläufen so oft: zu wenig und zu spät. Das Politbüro sah der Eskalation zwei Monate lang reglos zu. Es war selbst am Rande des Abgrunds anscheinend außerstande, über Systemreformen auch nur ernstlich nachzudenken. Honeckers Ablösung, die erste Geste des Entgegenkommens, verpuffte, weil der längst etablierte Kronprinz Egon Krenz zu seinem Nachfolger bestellt wurde, dem niemand die Bereitschaft zu einem wirklichen Neubeginn glaubte. Ob die Partei mit Hans Modrow aus Dresden, der als Reformer galt, anstelle von Krenz im Oktober noch etwas hätte retten, ihre Herrschaft noch einmal

Als am Montag, dem 9. Oktober 1989, gegen Abend die Demonstranten in Leipzig zusammenströmten, wußten sie nicht, wie es ausgehen würde. Auch auf der Gegenseite wußte man es wohl nicht.

Daß der gewaltige Machtapparat des Systems keine Gelegenheit mehr fand zuzuschlagen, ist entscheidend der Disziplin der Demonstranten zuzuschreiben. Freilich: Was hätte »zuschlagen« zu diesem Zeitpunkt – 70 000 Menschen waren am 9. Oktober in Leipzig auf der Straße – noch bedeuten können?

hätte stabilisieren können, steht dahin. Im Dezember, als Modrow Ministerpräsident wurde, war es zu spät. Eine entschlossene Wende im Sommer hätte der SED vielleicht noch eine letzte Chance gegeben. Freilich: Mit dem Problem des bevorstehenden Staatsbankrotts, auch mit der Unmöglichkeit, die eigene Bevölkerung noch länger einzumauern, wäre sie im Sommer wie im Herbst konfrontiert gewesen.

Der 9. November, zum vierten Mal ein historisches Datum im Auf und Ab der deutschen Geschichte des 20. Jahrhunderts, zum ersten Mal ein glückliches, brachte das Ende.

Seit drei Tagen ist die Mauer »gefallen«. Der russische Cellist Mstislaw Rostropowitsch, selbst seit 1978 aus seiner Heimat ausgebürgert, spielt in ihrem Schatten, nahe dem Grenzübergang »Checkpoint Charlie«, Bach. Er freut sich mit den Deutschen. Es hat kein zweites Ereignis in der deutschen Geschichte gegeben, an dem die Welt in solcher Mitfreude Anteil genommen hat.

Mit der Öffnung der Mauer liquidierte das eben noch so mächtige Regime sich selbst, gewissermaßen beiläufig, in einer »Sequenz unkoordinierter Entscheidungen«[194] – einer Sequenz, die widerspiegelt, daß die SED ihr Land schon nicht mehr regierte. Die Ereignisse gingen endgültig über sie hinweg.

Unter dem Druck des Flüchtlingsstromes, der seit Anfang November seinen Weg unbehindert über die ČSSR in die Bundesrepublik suchte, hatte die Regierung ein Reisegesetz vorbereitet, das Reisen wie Ausreisen in den Westen zwar prinzipiell freigeben, zugleich aber mit Hilfe von Paß- und Visabestimmungen ein Minimum an Kontrolle aufrechterhalten sollte. Die Mauer sollte nicht einfach fallen. Bekanntgegeben wurde diese Absicht am Abend des 9. November vom nur ungenau unterrichteten Sprecher des Politbüros Günter Schabowski aber so, daß der Eindruck entstand, die Grenze sei von Stund an offen. Vor allem die Berichterstattung des westlichen Fernsehens war es, die als Tatsache präsentierte, was allenfalls als Absicht anzukündigen gewesen wäre. Und eben diese den Realitäten vorauseilende Berichterstattung mobilisierte nun die Ost-Berliner. In rasch wachsenden Kolonnen stellten sie sich an den Grenzöffnungen ein, und vor ihrem Druck kapitulierten schließlich die Grenzwächter im Laufe der Nacht.

28 Jahre und drei Monate hatte die Mauer undurchdringlich, mörderisch Berlin geteilt. Nun fielen sich Ost- und West-Berliner weinend und jubelnd in die Arme. Kein anderer Augenblick auf dem Weg zur deutschen Einheit hat die Deutschen – und die Welt, die ihnen zusah – so bewegt wie dieser. Als Augenblick des Glücks hat er in der nicht glücksver-

wöhnten deutschen Geschichte des 20. Jahrhunderts nicht seinesgleichen. Und es waren für deutsche Verhältnisse erstaunlich viele, die ihn als einen Augenblick des Glücks auch haben gelten lassen. Wolf Biermann, den der SED-Staat dreizehn Jahre zuvor ausgewiesen hatte, hat, was in ihm vorging, so ausgedrückt: »Ich muß weinen vor Freude, daß es so schnell und einfach ging. Und ich muß weinen vor Zorn, daß es so elend lange dauerte.«[195]

Vom nächsten Tag an sprang die Flut der Abwanderung noch einmal in die Höhe. Über 120 000 Menschen verließen bis zum Jahresende die DDR. Fast 350 000 sind es im Schicksalsjahr 1989 insgesamt gewesen.[196] Ob die Zufälligkeiten des 9. November in diesem Ablauf wirklich so entscheidend waren, wie es auf den ersten Blick scheint, darüber kann man streiten. Seit der Weg über die ČSSR in den Westen ganz frei war, stand ja ein Tor weit offen. Und die Entscheidung, Reisen und Ausreisen freizugeben, war grundsätzlich gefallen. Die DDR war am 9. November schon kein geschlossener Staat mehr. Und binnen kurzem wäre so oder so von ihrem Grenzregime nichts geblieben. Ein Faustpfand für Verhandlungen mit der Bundesrepublik, wie man in der SED-Führung noch meinte, war die Mauer schon am 9. November nicht mehr. Viel größer als die tatsächliche Bedeutung der Ereignisse vom 9. November, so könnte man argumentieren, war der symbolische Rang der friedlich erzwungenen Maueröffnung. So wie die Mauer der Inbegriff des SED-Regimes gewesen war, war ihr – nicht ausgehandelter, sondern von den Ost-Berlinern selbst herbeigeführter – Fall *das* Sinnbild seines Endes.

IX.

Die DDR – eine deutsche Möglichkeit? Was sich in der Sowjetunion nach der Oktoberrevolution als Sozialismus entwickelt hat, Parteidiktatur und Staatswirtschaft, ist auf die Dauer nicht einmal in seinem Ursprungsland erfolgreich gewesen. Der Versuch der siegreichen Sowjetunion, dem europäischen Vorfeld nach dem Zweiten Weltkrieg diese Ordnung aufzuzwingen, ist erst recht gescheitert. Die DDR, ein sowjetisches Experiment auf deutschem Boden – mit deutscher Unterstützung, versteht sich, und mancherlei deutschen Ingredienzien –, war keine deutsche Möglichkeit.

Die Frage, ob eine ganz andere DDR es hätte sein können, ist im Grunde müßig. Aber man wird sie immer wieder stellen, schon deshalb, weil die Hoffnung auf den wahren Sozialismus das Scheitern jedes sozialistischen Experimentes zu überleben scheint. Man muß ihr die Gegenfrage entgegenstellen: Wie hätte ein gelingender Sozialismus, der der DDR zu Legitimität verholfen hätte, aussehen können? Legitimität auf dem historischen Niveau, das Deutschland in der zweiten Hälfte des 20. Jahrhunderts, nach den Katastrophen der ersten, erreicht hatte, ergibt sich aus demokratisch begründetem politischem Pluralismus, rechtsstaatlicher Sicherheit und ökonomischer Effizienz. Welchen Sinn hätte die Konkurrenz zweier Deutschlands innerhalb dieses einen Legitimitätsparadigmas auf die Dauer haben sollen?

Daß es ein, durchaus eigennütziges, Interesse der Staatengemeinschaft an der Teilung

 Deutschlands gab, steht auf einem anderen Blatt. Die Teilung war denn auch wesentlich in der Struktur des internationalen Systems verankert. Das Ende des Ost-West-Konflikts hat aber gezeigt, daß die Zweistaatlichkeit Deutschlands ohne ihre Legitimierung durch die Deutschen selbst auf die Dauer nicht aufrechtzuhalten war. Zwar wuchs zumindest in Westdeutschland die Bereitschaft, das Ende des deutschen Nationalstaats zu akzeptieren, von den sechziger Jahren an stetig. Aber wie sich 1989 herausstellen sollte, war die Teilung auch in vierzig Jahren noch keineswegs zu einer nicht mehr rechtfertigungsbedürftigen Selbstverständlichkeit geworden – im Westen des Landes nicht und im Osten schon gar nicht. Die DDR hat in den vier Jahrzehnten ihrer Existenz der Zweistaatlichkeit keinen historischen Sinn gegeben. So war, als das Experiment DDR an sein Ende kam, die Rückkehr zum Nationalstaat für die meisten Deutschen hüben wie drüben immer noch die plausibelste Antwort auf die Teilungserfahrung.

Die DDR – keine deutsche Möglichkeit, sehr wohl aber eine, wenn auch zeitweilige, deutsche Wirklichkeit. Unter allen bilanzierenden Fragen drängt sich eine besonders auf: Wie stellte sich diese Wirklichkeit im Licht des Anspruchs dar, mit dem der SED-Staat 1949 angetreten war, des Anspruchs, eine neue, gerechtere Gesellschaft zu schaffen? Um gleich zum Kern des Gerechtigkeitsideals, das die SED als das ihre beanspruchte, zu kommen: kein Zweifel, daß die SED ihre Gleichheitsprogrammatik ernst genommen hat. Die Gesellschaft, die sie schuf, war viel egalitärer als die, die sie vorgefunden und zerstört hat; in wichtigen Hinsichten auch egalitärer als die der Bundesrepublik. Die Einkommen waren viel stärker nivelliert, als sie es in marktwirtschaftlich verfaßten Ökonomien sind, so weit, daß man in der späten DDR darüber nachzudenken begann, ob man nicht des Guten zuviel getan habe.[197] Spitzengehälter waren nur drei- bis viermal so hoch wie das Durchschnittsgehalt, wobei freilich anzumerken ist, daß mit Spitzenpositionen in der DDR andere, in den gegebenen Verhältnissen wichtigere Privilegien verbunden waren. Das Schulsystem sah den gleichen Bildungsgang für alle bis zur zehnten Klasse vor. Frauen waren voll in das Arbeitsleben integriert, das System hat um dieses Zieles willen viel für berufstätige Mütter getan. Die Beschäftigungsquote der Frauen lag 1988 bei 91 Prozent (1950 waren es 49 Prozent gewesen); da war praktisch kein Unterschied mehr zu den Männern, was freilich nicht für die Chancen des Aufstiegs in Führungspositionen gilt.[198]

Auch hinter der – ökonomisch ruinösen – Praxis umfassender Subventionierung von Gütern und Dienstleistungen des Grundbedarfs wird das Gleichheitsideal sichtbar. Sie kam ja vor allem den Menschen mit niedrigem Einkommen zugute. Zugleich steht diese Praxis aber auch für die andere Hauptkomponente sozialistischer Gerechtigkeitsprogrammatik, für das Ziel, soziale Sicherheit zu schaffen. Sicherheit gewährte das System vor allem natürlich dadurch, daß es dem einzelnen zu Lasten der Betriebe das Arbeitsplatzrisiko abnahm.

So ernst die SED ihre Gerechtigkeitsziele »Gleichheit und soziale Sicherheit« auch genommen haben mag, die Bilanz hat zwei Seiten. Der DDR-Sozialismus hat, wie alle sozialistischen Systeme sowjetischen Typs, keine klassenlose Gesellschaft geschaffen, sondern eine neue Art von Klassengesellschaft. Strukturbestimmend in dieser Klassengesellschaft war der Faktor Nähe zur politischen Macht. Mit der Nähe zum Zentrum der politischen Macht

»Betonbaubrigade« heißt das in den siebziger Jahren gemalte Bild von Wolfgang Peuker. Ernst und konzentriert sind die Arbeiter bei der Sache, beim Aufbau des Sozialismus. So hatte es sein sollen.

Aber war nicht auch die Parteiführung eine Art von Betonbaubrigade gewesen, letztlich an nichts interessiert als an dem starren Betongebäude ihrer Macht und gerade deshalb außerstande, eine zukunftsfähige Gesellschaftsordnung aufzubauen?

waren vielfältige, auch materielle Privilegien verbunden. Und selbst noch fern von diesem Zentrum galt: Ein gewisses Quantum an öffentlich bekundeter politischer Loyalität war die Voraussetzung für die Teilhabe an fast allen Chancen, die das System bot – Zugang zu höherer Bildung und Ausbildung, zu qualifizierteren Arbeitsplätzen, Publikationsmöglichkeiten, Reiseerlaubnisse und so fort. Das Gleichheitsideal des Systems war also konsequent einer politischen Vorbedingung nachgeordnet und dadurch in gewissem Sinne aufgehoben. Nimmt man hinzu, daß im Staatssozialismus sowjetischen Typs alle Macht politische Macht war und im unbefristeten Alleinbesitz einer Oligarchie samt einer von ihr kontrollierten Dienstklasse, so wird deutlich, daß es sich um einen besonders rigiden Typ von Klassengesellschaft handelte, freilich einer nicht ökonomisch, sondern politisch strukturierten Klassengesellschaft. Zu ihr gehören die Tendenzen einer Schließung der herrschenden Klasse, die Mobilitätsbarrieren, die sich in den letzten beiden Jahrzehnten der DDR bemerkbar machten. Daneben sind im übrigen auch DDR-charakteristische ökonomische Klassenunterschiede beobachtbar, etwa die zwischen den Erwerbstätigen, um die das System sich mühte, und den sehr viel schlechter gestellten Rentnern. Eine tiefe Widersprüchlichkeit also selbst im Zentrum der Herrschaftsbilanz, da, wo es um die ureigenen Ziele des SED-Staates geht und noch keineswegs um die Frage, welchen Preis wer im Prozeß der revolutionären Umgestaltung der Gesellschaft zu zahlen hatte.

Eine andere bilanzierende Überlegung gilt oft der »Modernität« der DDR. Ralf Dahrendorf hat schon Ende der sechziger Jahre – die Bundesrepublik stand an der Epochenschwelle 1968/69, in der DDR ging die Ära Ulbricht zu Ende – in den Schlußkapiteln seines Buches »Gesellschaft und Demokratie in Deutschland« die Frage aufgeworfen, welche der beiden deutschen Gesellschaften eigentlich die modernere sei. Ohne diese Frage eindeutig zu beantworten hat er für die DDR konstatiert: In der DDR sei »die radikale Revolution der Modernität vollendet worden«. Freilich – und das ist auch für Dahrendorf eine wesentliche Einschränkung – sei »moderne Form mit totalitärem Inhalt« geschaffen worden.[199]

Dreißig Jahre später, die inzwischen abgeschlossene Geschichte der DDR im Blick, fragt man sich, wie ein solches Urteil – die DDR als Vollendung der Revolution der Moderne – einmal möglich war. Jedenfalls nur mit einem extrem verengten, ja verfehlten Begriff von Modernität, und selbst dann gilt, daß die Modernität der DDR eine höchst selektive, fragmentarische war. Etwas anders ausgedrückt: Form und Inhalt lassen sich nicht so trennen, wie Dahrendorf es getan hat. Bei den elementaren Modernitätsdefiziten der DDR wie aller Systeme dieses Typs kommen sie gleichermaßen ins Spiel. Konstitutiv für diesen Typus ist, um noch einmal zu Ausgangsüberlegungen zurückzukehren, der Primat von Herrschaft. Herrschaft, heißt das, durchdringt alle Bereiche gesellschaftlichen Lebens. Nicht beliebige Herrschaft, sondern die Herrschaft einer sich selbst rekrutierenden Oligarchie von »Wissenden«, die ihr Herrschaftsrecht aus ihrer zur alleingültigen Wahrheit erhobenen Weltdeutung herleitet. Politisch degeneriert der Primat von Herrschaft unter solchen Bedingungen zum Primat der Herrschaftssicherung. Im Geltungsbereich dieser Herrschaftslogik ist allenfalls für isolierte Elemente der Modernität Platz. Als Struktur ist sie modernitätsfeindlich. An der Unfähigkeit des »real existierenden Sozialismus«, erfolgreich zu wirtschaften, sind seine Modernitätsschwächen exemplarisch abzulesen. Die DDR war da, wie wir gesehen haben, keine Ausnahme. Sie ist vielmehr ein besonders eindringliches Beispiel. Eine deutsche Möglichkeit war sie nicht.

»Es gab keine Stunde ›Null‹, aber wir hatten die Chance zu einem Neubeginn. Wir haben sie genutzt, so gut wir konnten. An die Stelle der Unfreiheit haben wir die demokratische Freiheit gesetzt.«[200] Mit diesen Worten zog Bundespräsident Richard von Weizsäcker am 8. Mai 1985 die Summe aus vierzig Jahren deutscher – westdeutscher – Nachkriegsgeschichte. Wir haben auf unserem Weg durch die Jahrzehnte keinen Anlaß gefunden, ihm zu widersprechen. In der Tat, das ist die Quintessenz: Die Neugründung von Demokratie und Rechtsstaat nach der Katastrophe ist da, wo sie möglich war, gelungen. Die Bundesrepublik hat ihren Platz unter den demokratischen Verfassungsstaaten westlicher Tradition gefunden.

Wenn es sich so verhält, wenn die Wahrheit, so kompliziert sie ist, letzten Endes so einfach ist, drängt sich die Frage auf: Warum ist die Bundesrepublik ihre ganze vierzigjährige Geschichte hindurch auch ganz anders wahrgenommen worden? Warum hat es immer Stimmen gegeben, die dieser Einschätzung heftig widersprochen haben – Stimmen, die auch im nachhinein nicht als belanglos abgetan werden können; Stimmen, die sehr wohl Anspruch darauf erheben durften, gehört zu werden? Warum, um die Frage zu präzisieren, hat ein nicht geringer Teil der westdeutschen Intellektuellen, warum haben zumal viele Literaten sich so außerordentlich schwergetan mit der Bundesrepublik? Warum haben diese sensiblen Zeitgenossen sich so beharrlich geweigert, zu sehen und anzuerkennen, daß der bundesrepublikanische Versuch, endlich, im dritten Anlauf, Demokratie und Verfassungsstaat in Deutschland einzubürgern, Unterstützung – gewiß nicht kritiklose Unterstützung, aber doch Unterstützung – verdiente? Woher die in jedem ernstlichen politischen Konflikt von den fünfziger bis zu den achtziger Jahren durchbrechende Überzeugung, daß es um Sein oder Nichtsein der Demokratie gehe und das Experiment fast schon gescheitert sei? Wie immer die Antwort ausfällt, die Frage gibt Gelegenheit – und darum wird sie hier, am Ende gestellt –, das eigene Urteil noch einmal zu überdenken.

Eine zweite Frage gehört, gleichsam spiegelbildlich, dazu. Sie betrifft das andere Deutschland und seine Intellektuellen, und zwar die unter ihnen, die der DDR bis zum Ende eine Art von Loyalität bewahrt haben, ohne sich ganz und gar zu Dienern des Regimes zu machen. Warum diese Treue trotz der Eindeutigkeit, mit der der SED-Staat immer wieder alle Hoffnungen durchkreuzt hat? Weshalb war es so schwierig, diesen Staat als das zu erkennen, was er wirklich war? Worauf gründete sich die Überzeugung, die DDR sei, verglichen mit der Bundesrepublik, zumindest das kleinere Übel? Auch hier gilt: Dem eigenen Urteil über Gelingen oder Mißlingen tut es gut, wenn es sich am Ende noch einmal denen stellt, die das eine oder das andere Deutschland hartnäckig anders wahrgenommen haben.

Einer der ersten, die die junge Bundesrepublik literarisch ins Visier nahmen, war Wolfgang Koeppen. Von den drei Romanen, die in den frühen fünfziger Jahren in rascher Folge erschienen – »Tauben im Gras« 1951, »Das Treibhaus« 1953, »Der Tod in Rom« 1954 –, ist es der mittlere, der dies am unmittelbarsten tut. Das Treibhaus – das ist Bonn, die kleine, provisorische Hauptstadt der jungen Republik, über der die schwüle Luft des engen Rheintales liegt, in ihren ersten Jahren. Durch die Straßen dieser Stadt irrt Keetenheuve, einer, der vor Hitler in die Emigration geflohen war, nach dem Krieg zurückkehrte, jetzt Politiker, Abgeordneter ist – »sein Eifer, der Nation neue Grundlagen des politischen Lebens und die Freiheit der Demokratie zu schaffen, hatten es mit sich gebracht, daß er in den Bundestag gewählt wurde«.[201] In Wahrheit ist Keetenheuve ein Fremder in der Stadt, ein Fremder in der Politik, ein Fremder in der Republik, in der alle ihren Geschäften, den kommerziellen wie den politischen, schon wieder so nachgehen, als sei nichts gewesen. Er sitzt auf den Bänken der Opposition, aber selbst in ihren Reihen ist er ein Fremder, ein Einsamer. Es ist der Tag der großen Parlamentsdebatte über die vom Kanzler betriebene Wiederbewaffnung. Keetenheuve ist dagegen, aber er ist es auf eine andere Weise als Knurrewahn, der Oppositionsführer, ein Mann, der »viel durchgemacht hat, aber nicht weise geworden ist«.[202] Keetenheuve will, anders als Knurrewahn, bei dem an Kurt Schumacher zu denken erlaubt ist, und ganz anders als der Kanzler, der durchaus Adenauersche Züge trägt, »den Weg des Raubtieres verlassen und den Pfad des Lammes gehen«.[203] Er hat seinen Auftritt im Plenum. Aber er spricht ins Leere und stürzt sich, als es Nacht wird, von der Rheinbrücke in den Fluß.

Im »Treibhaus« finden sich fast alle Leitmotive jener Abwendung der linken Intellektuellen von der jungen Republik, die sich in den fünfziger Jahren ereignete; des heftigen, grundsätzlichen Einspruchs, den die Kritiker gegen die Adenauersche Politik, ihren Stil und ihre Richtung, erhoben. Sie haben ihren besonderen Koeppenschen Klang: Es sind Töne nicht des Zorns, der selbstsicheren Gewißheit (»Kann ich es ändern, kann ich es besser machen, weiß ich den Weg?« fragt sich der Held gelegentlich[204]), der Verachtung für den großen Gegenspieler, den Kanzler, sondern einer zur Verzweiflung sich steigernden Melancholie und Resignation. Aber in der Sache ist Koeppens Stimme eine von vielen, eine Stimme des Protestes vor allem gegen den hastigen Griff des jungen Staates, der doch noch durch und durch gezeichnet war von den Spuren eines schrecklichen, selbstverschuldeten Krieges, nach den Waffen, eine Stimme des ungläubigen Erschreckens darüber, daß überall die Lemuren der braunen Vergangenheit wieder hereindrängen.

Im Kern ist Keetenheuves Verzweiflung Koeppens tiefe Enttäuschung darüber, daß das besiegte Volk die Chance der Katastrophe nicht wirklich genutzt habe. Koeppen hat ihr später, am Ende des Jahrzehnts, noch einmal beredt direkten Ausdruck verliehen: »(…) wenn ich an 1945 denke, daß von dort und damals eine Bewegung der Geschlagenen hätte ausgehen können, ein Glauben der Gewaltabsager, der Reumütigen, der Fahnenlosen, der Übernationalen, endlich der brüderlichen Menschen guten Willens schlechthin.«[205] Er hat damit angesprochen, was viele seinesgleichen empfanden. Der Schriftsteller Wolfgang Weyrauch, um nur eine andere Stimme noch zu zitieren, hat die gleiche Enttäuschung in die – emphatische – Formel gefaßt: »Wir hatten die – von Gott geschenkte – Chance, ein Modell zu sein«[206] – und sind es nicht geworden.

Aber wie hätte der »Traum von Deutschlands Erneuerung« Wirklichkeit werden können? Was war es, was die Bonner Republik verfehlt hatte, das wirklich Neue, Andere, um das es gegangen wäre? Für viele auch der literarischen Kritiker des westdeutschen Staates war es der Sozialismus. Es fällt schwer, aus der Distanz eines halben Jahrhunderts nachzuempfinden, welche Strahlkraft diese Idee einmal hatte; zu begreifen, daß der neugegründeten Demokratie zwar nicht die Loyalität, aber doch alle Sympathie verweigert wurde, weil sie sich nicht für den Sozialismus entschieden hatte. Aber so war es. Alfred Andersch etwa, der zusammen mit Hans Werner Richter in der kurzlebigen Zeitschrift »Der Ruf« in den ersten Nachkriegsjahren für ein sozialistisches Europa focht, schrieb 1946: »Der Menschengeist hat eine Stufe erreicht, in dem (sic!) ihm der private Besitz von Produktionsmitteln ebenso absurd erscheint wie vor 2000 Jahren die Sklaverei.«[207] Und als Walter Dirks vier Jahre später feststellte, man lebe in einem Zeitalter der Restauration, weil – so mit charakteristischem Pathos – Angst, Bedürfnis nach Sicherheit und Bequemlichkeit stärker gewesen seien als Mut, Wahrheit und Opfer, da meinten er und die, die ihm nachsprachen, im Kern mit Restauration nichts anderes als die Entscheidung gegen den Sozialismus.[208]

Daß die Politik die Weichen nicht in Richtung Sozialismus gestellt hat, eines freiheitlichen Sozialismus, wie man angesichts der Entwicklungen im Osten hinzufügen muß, ist freilich nicht die ganze Erklärung. Koeppens Stichwort »Gewaltabsager« hat mit dem Gegensatz Kapitalismus–Sozialismus wenig zu tun. Es steht für die Hoffnung auf eine prinzipielle Absage nicht nur an Gewaltpolitik, sondern an Machtpolitik in einem viel weiteren Verständnis, in gewissem Sinn an den Staat, an Politik überhaupt. Im »Treibhaus« ist vom »Urwahn, daß durch das Schwert das Recht erfochten werden könne«, die Rede,[209] vom Urwahn des Staates, wie man wohl auch sagen kann. Noch pointierter, schärfer formulierte Günther Eich in seiner Büchner-Preis-Rede aus dem Jahr 1959: Unbelehrbar bestehe er darauf, daß die Macht eine Institution des Bösen sei.[210] Gerade diese Rede zeigt überdeutlich, wie sehr die extremen Formen des nationalsozialistischen Machtmißbrauchs unter Intellektuellen den Staat an sich delegitimiert hatten. Natürlich haben nicht alle den Rückzug in einen – sei es melancholischen, sei es bitteren – vermutlich nicht ganz ernst gemeinten Anarchismus angetreten. Aber für die Überzeugung, daß Deutschland moralisch nur gesunden könne, wenn es sich ganz und gar aus dem traditionellen machtpolitischen Treiben zurückziehe, finden sich viele Zeugnisse.

Aus dieser Sicht war der Sog, der Deutschland, bevor es in den Trümmern der Katastrophe auch nur einigermaßen wieder zu sich gefunden hatte, in den Ost-West-Konflikt hineinzog, ein Verhängnis. Und die Wiederbewaffnung, die aus dem halb erzwungenen, halb freiwilligen Eintritt Deutschlands in diesen Konflikt folgte, das denkbar größte Übel. »Mußten die beiden deutschen Staaten mitspielen im Hemisphären-Fußball?«, um noch einmal Koeppen zu zitieren.[211] War nicht Adenauers Angebot, den Weltmächten nur ein knappes Jahr nach der Konstituierung des westdeutschen Staates vertraulich unterbreitet,

Es gab keine Tabula rasa, aber es gab einen Anfang. So wie die Trümmerfrauen den Schutt des Krieges beiseite räumten und die alten, noch brauchbaren Ziegel zu neuer Verwendung stapelten, war es auch sonst 1945.

Neu gebaut werden mußte aus den Trümmern der Vergangenheit mit neuen Ideen und dem Material, das noch brauchbar war.

deutsche Kontingente für eine europäische Armee aufzustellen, der entscheidende Schritt der Rückkehr zum alten Spiel, der Preisgabe der Chance, aus Deutschland ein anderes Land zu machen? Viele der intellektuellen Kritiker der Bonner Republik in ihrem ersten Jahrzehnt haben es so gesehen: die Wiederbewaffnung als der Sündenfall in der Gründungsgeschichte Nachkriegsdeutschlands. Statt eine moralische Entscheidung zu treffen, wie es eigentlich geboten gewesen wäre, habe Westdeutschland eine politische Entscheidung getroffen, so hat es der streitbare protestantische Theologe Helmut Gollwitzer formuliert.[212] Auch in dieser Version des Verdikts klingt so etwas wie ein prinzipieller Politikvorbehalt an.

Es versteht sich von selbst, daß dem grundsätzlichen Argument, die rasche Wiederbewaffnung zerstöre die Möglichkeit eines wirklichen Neubeginns, das aktuelle Argument, für Deutschland als geteiltes Land sei die Wiederbewaffnung ein besonderes Verhängnis, weil sie jede Wiedervereinigungschance endgültig zunichte mache, zur Seite gestellt wurde. Aber wenn es sich für die fünfziger Jahre auch fast von selbst versteht, so muß es doch vermerkt werden. Fast alle, die Adenauer kritisierten, weil er die Einheit Deutschlands kaltblütig auf dem Altar der Westintegration opfere, haben ja in den folgenden Jahrzehnten das Festhalten am Gedanken der Einheit der Nation, am Vorbehalt gegen die Teilung heftig getadelt oder verspottet. Das gilt auch und gerade für jene unter den Kritikern des ersten Kanzlers, von denen hier die Rede ist.

II.

Enttäuschung darüber, daß der Traum von einem wirklichen Neubeginn der Deutschen sich nicht erfüllte; Aufbegehren dagegen, daß Deutschland mit der Wiederbewaffnung das alte Spiel der Machtpolitik wieder aufnahm, in dem es doch so fürchterlich verspielt hatte – die Bitterheit dieser Enttäuschung, die Schärfe des Aufbegehrens läßt sich nur verstehen, wenn man sich klarmacht: Wer die Anfänge des westdeutschen Staates so wahrnahm, für den lebte in diesem Staat auf unheimliche Weise, halb verborgen und halb sichtbar, der Nationalsozialismus fort. In der Tat haben gerade die heftigsten Kritiker der Adenauer-Ära ihr im besonderen ihren Umgang mit der nationalsozialistischen Vergangenheit zum Vorwurf gemacht. Und auch im Rückblick ist es dieser Vorwurf, der den stärksten Schatten auf die Gründungsepoche wirft.

Im dritten der Koeppenschen Romane, im »Tod in Rom«, kehrt der Nationalsozialismus ganz ausdrücklich zurück in die Nachkriegszeit. Schon im »Treibhaus« hatte es über einen von denen, die im schwülen Bonn zusammenströmten, um von neuem Karriere zu machen, geheißen: »(...) immerhin, man saß wieder in der Zentrale, vor acht Jahren saß man in Nürnberg, vor weiteren acht Jahren hatte man auch in Nürnberg gesessen, damals auf der Tribüne, die Nürnberger Gesetze wurden verkündet, die ersten, immerhin, die Katastrophenversicherung auf Gegenseitigkeit funktionierte, man war wieder im Amt, und alles war drin, und viel konnte geschehen.«[213] Im »Tod in Rom« ist es kein Mitläufer mehr, kein Anpasser und Karrierist, der jedem Regime dient, sondern der SS-General Judejahn, der –

aus der Wüste kommend – zurückkehrt, eine Inkarnation des nationalsozialistischen Gewalttäters. Er führt zu Ende, was 1945 unerledigt geblieben ist – er erschießt eine Überlebende des Holocaust und vollendet damit symbolisch den Völkermord des Dritten Reiches.

Das geschieht freilich nicht in Deutschland, es geschieht in Rom. Und der Tod in Rom ist nicht nur der Tod des Mordopfers, sondern auch der Tod des Mörders. Ist das ein Hinweis darauf, daß Koeppen das Nachkriegsdeutschland noch nicht ganz und gar in den Fängen der Vergangenheit sieht, daß er im Auftritt des SS-Generals in Rom nur ein letztes, gespenstisches Aufbegehren des Nationalsozialismus gegen das von der Geschichte schon gesprochene Urteil beschreiben wollte? Dafür spricht wenig. Das Rom des Romans liegt gewissermaßen auf halbem Wege zwischen der Vergangenheit Deutschlands und seiner Gegenwart. Die Familie, angeführt vom Schwager, der in Westdeutschland wieder in Amt und Würden ist – so wie er vor 1945 in Amt und Würden war – und sich gar nichts dabei denkt, ist dem Heimkehrer aus der Wüste nach Rom entgegengereist. Man will die Rückkehr Judejahns nach Deutschland vorbereiten. Und die beiden rat- und hilflosen Außenseiter in der Familie, der Sohn des Massenmörders, der in der Kirche Zuflucht gesucht hat, und sein Neffe, der sich in die Musik geflüchtet hat, stehen nicht für die Hoffnung, daß dem Neubeginn die Kraft innewohne, die Wiederkehr der Vergangenheit zu verhindern.

Ein paar Jahre später, am Ende des Jahrzehnts, die Ära Adenauer ist fast schon abgeschlossen, erscheint Heinrich Bölls Roman »Billard um halb zehn«. Der Roman blickt vom 8. September 1958 aus, dem Tag, in den die eigentliche Handlung zusammengedrängt ist, in einem Geflecht von Erinnerungen zweier Generationen einer Kölner Architektenfamilie auf ein halbes Jahrhundert deutscher Geschichte zurück. Die Quintessenz dieser Geschichte hat Heinrich Böll, vielleicht ein bißchen zu forciert, symbolisch zu fassen versucht. Es gibt die, »die vom Sakrament des Büffels gegessen haben«, die Gewalttätigen, Machthungrigen, Brutalen, Rücksichtslosen. Und es gibt die, »die vom Sakrament des Lammes gegessen haben«, die Friedfertigen, Machtlosen, Schwachen, aber auch die, die für die Friedfertigen, Machtlosen, Schwachen einzustehen versuchen, die Hirten. Deutschlands Geschichte ist die Geschichte eines Landes, in dem die Büffel geherrscht haben und noch herrschen. Der nationalsozialistische Terror, der nationalsozialistische Krieg waren der blutige Höhepunkt dieser Herrschaftsgeschichte. Aber sie hat nicht 1933 begonnen, und sie ist nicht 1945 zu Ende gegangen.

Die Fähmels, Vater, Mutter, Sohn, stehen auf der anderen Seite, freilich auf sehr unterschiedliche Weise: der Vater zu Kompromissen bereit, der Sohn erst handelnd und dann im Rückzug in eine schweigende und zugleich spielerische Form der Existenz, die Mutter in unbedingter Teilnahme am Schicksal der Opfer, in unbedingter Wahrhaftigkeit, in unbedingter Absage an die Welt, die sie nicht ändern kann – seit 1942 lebt sie im Irrenhaus. Sie ist die klarsichtigste. »Seid ihr denn blind?« fragt die alte Dame die Ihren, als sie an jenem 8. September 1958 zum achtzigsten Geburtstag ihres Mannes noch einmal in die Welt zurückkehrt und in die Gesichter rundum blickt. »Nicht einmal 1935 und 1942 habe ich mich so fremd unter den Menschen gefühlt.«[214] Sie ist klarsichtiger als alle anderen und handelt auch konsequenter als alle anderen. Sie erschießt den Abgeordneten M. auf dem Nach-

Die Mörder waren wirklich »unter uns«. Nach den Prozessen der ersten Nachkriegsjahre glaubte man die Akten schließen zu können, schließen zu sollen. In den fünfziger Jahren blieben selbst die Massenmörder der nationalsozialistischen Ära weithin unbehelligt. Filme wie der, den Wolfgang Staudte schon 1946 vorausschauend gedreht hatte, entstanden nicht mehr. Die erfolgreichen zeitgeschichtlichen Filme des ersten Jahrzehnts der Bundesrepublik – »Des Teufels General«, »Canaris«, »Stresemann« – führten den Deutschen eine trotz allem zustimmungsfähige deutsche Geschichte vor. Erst am Ende dieses Jahrzehnts trat die Frage allmählich ins Bewußtsein, ob die Akten nicht zu früh geschlossen worden seien.

barbalkon, eine »Büffelvisage«, in dem sie den – zukünftigen – Mörder ihres Enkels erkennt, den Repräsentanten einer Politikerkaste, die den Weg der Gewalt weitergeht, einen Weg über Leichen.

In den Szenen der Schlußkatastrophe die Bundesrepublik von 1958 wiederzuerkennen, ist auch für den wohlwollendsten Leser nicht ganz leicht. Da marschiert ein »Kampfbund« zum »Geburtstag irgendeines Marschalls« auf, der Abgeordnete M. zeigte sich aus eben diesem Anlaß auf dem Hotelbalkon, weil er damit 80 000 Stimmen zu gewinnen hofft, patriotische Lieder von der eher fragwürdigen Sorte werden gesungen, und nur mit der Pistole läßt sich noch ein Zeichen gegen die Herrschaft der »Büffel« setzen, die 1945 eben nicht die Macht verloren haben. Aber so sehr hier auch Bonn mit Weimar verwechselt wird, der Historiker muß zur Kenntnis nehmen, daß Böll und andere die Republik so sahen.

In der »Blechtrommel«, im selben Jahr wie »Billard um halb zehn« erschienen, ist es ein nächtlicher Spuk, mit dem Günter Grass die Vergangenheit in das Wirtschaftswunderland einbrechen läßt. Zwei »Grünhüte« sind in den frühen fünfziger Jahren in Westdeutschland unterwegs, um einen Erschießungsbefehl aus dem Jahr 1939 an einem »halbblinden« polnischen Briefträger, jetzt in Diensten der Bundespost, zu vollstrecken, der in den ersten Kriegstagen das Gebäude der polnischen Post in Danzig mit verteidigt hatte. Alles Zureden hilft nichts. »(…) und dennoch redeten wir von den Vereinten Nationen, von Demokratie,

So betrat Oskar Matzerath, der Blechtrommler, 1959 die deutsche Szene. Er hatte sich durch die dunkelsten Jahre der deutschen Geschichte getrommelt, hatte an der frühen Wirtschaftswunderzeit durchaus seinen Anteil gehabt, sich dann aber in eine Düsseldorfer Heil- und Pflegeanstalt zurückgezogen. Der Blick, der von diesem Rückzugsort aus auf die Bundesrepublik fiel, war nicht wohlwollend – wie auch der Schöpfer Oskar Matzeraths die Bundesrepublik nie mit Wohlwollen betrachtet hat, die wenigen Jahre der Kanzlerschaft Brandts vielleicht ausgenommen.

Kollektivschuld, Adenauer und so weiter; aber der eine Grünhut wischte alle unsere Einwürfe mit der Bemerkung weg, wir hätten uns da nicht reinzumischen, es gebe noch keinen Friedensvertrag, er wähle genau wie wir Adenauer, doch was den Befehl angehe, der habe noch seine Gültigkeit, sie seien mit dem Papier zu höchsten Stellen gegangen, hätten sich beraten lassen, täten schließlich nichts als ihre verdammte Pflicht, es sei wohl besser, wir würden gehen.«[215] Nicht Worte, sondern Oskars Trommelkünste retten den Verurteilten. Oskar trommelt eine Schwadron polnischer Ulanen herbei, die gespenstisch, lautlos durch die Schrebergärten der Düsseldorfer Vorstadt heranschwebend, mit den drei Nachtfiguren wieder verschwinden.

Auch Siegfried Lenz' »Deutschstunde«, ein knappes Jahrzehnt nach »Billard um halb zehn« erscheinend, im Epochenjahr 1968, hat das Fortwirken des Nationalsozialismus über die Zäsur von 1945 hinaus zum Gegenstand, freilich ist die Fabel viel weniger spektakulär und vielleicht gerade deswegen eindringlich. Siggi Jepsen, Insasse einer Jugendstrafanstalt auf einer Elbinsel, hat einen Aufsatz über die »Freuden der Pflicht« zu schreiben. Und er schreibt die Geschichte seines Vaters auf, der als Dorfpolizist oben, in Nordfriesland, nahe der dänischen Grenze, in den Kriegsjahren das über den berühmten Maler Max Ludwig Nansen von den Nationalsozialisten verhängte Malverbot zu überwachen hat; der mit verbissenem, unermüdlichem Eifer tut, was er für seine Pflicht hält, und selbst dann nicht aufhören kann, mit zerstörerischem Ingrimm seine »Pflicht« zu tun, als die nationalsozialistische Herrschaft zusammenbricht. »Nichts, nicht einmal das Ende verändert euch«, sagt der Maler zu seinem Bewacher, »man muß darauf warten, bis ihr ausgestorben seid.«[216] Und der Sohn, den das Kindheitserlebnis, der Konflikt zwischen dem Maler, der ihm zum Freund wird, und dem Vater, für den am Ende nur Haß bleibt, aus der Bahn geworfen hat, antwortet auf die Frage, warum er in der Strafanstalt sei: »Ich bin stellvertretend hier für meinen Alten, den Polizeiposten von Rugbüll. (...) Weil man sich nicht selbst verurteilen möchte, schickt man andere hierher: die Jungen.«[217] Die Weigerung der Älteren zu begreifen, was sie getan haben, zerstört das Leben auch noch der nächsten Generation, weil es die Möglichkeit des Gesprächs zwischen den Generationen zerstört.

Im Kern sind es zwei Vorwürfe, die der frühen Bundesrepublik in diesen wie in vielen anderen Texten gemacht werden. Der eine, handfestere: Das Personal des Dritten Reiches – nicht nur die Mitläufer, sondern auch die Täter der Untaten – ist nach dem Ende des Schreckensstückes nicht abgetreten von der Bühne. Ganz selbstverständlich, so als sei alles nur ein böser Traum gewesen, beansprucht es seinen Platz in der Republik, Ämter, Einfluß, Zugehörigkeit, zumindest aber Pensionen. Die Republik, die diesen Anspruch gelten läßt, zerstört ihre eigene politisch-moralische Integrität. In den Worten von Karl Jaspers, 1966 geschrieben: »Das Fortwirken der alten Nationalsozialisten ist ein Grundgebrechen der inneren Verfassung der Bundesrepublik.«[218] Adenauers Staatssekretär Hans Globke, obgleich eigentlich einer von den nicht ganz einfachen Fällen,[219] ein Jahrzehnt lang für die öffentliche Debatte so etwas wie die Inkarnation einer bösen Kontinuität, war damals schon nicht mehr im Amt. Aber Kiesinger, der Parteimitglied gewesen war, wurde in eben jenem Jahr 1966 zum Bundeskanzler gewählt und gab der Debatte noch einmal einen neuen Impuls.

Der zweite Vorwurf war der elementarere: Die Deutschen sind nicht bereit, ihrer Vergangenheit ins Gesicht zu sehen. Sie belügen sich selbst. Sie reden sich und anderen ein, eigentlich seien sie gar keine Nationalsozialisten gewesen, vielmehr durch ein unbegreifliches Verhängnis einem bösen Verbrecher in die Hände gefallen – so hat es wiederum Karl Jaspers formuliert.[220] Und weil es kein wahrhaftiges Erinnern gibt, gibt es – das wird ein zentraler Topos der Kritik – auch keine Trauer. Böll läßt in »Billard um halb zehn« seine Heldin kurz vor dem Augenblick der Tat von den Menschen, die sie um sich sieht, sagen: »(...) keine Spur von Trauer im Gesicht.«[221] Und in einer Böll-Vorlesung aus demselben Jahr heißt es über die Bundesrepublik: »Ein trauriges Land, aber ohne Trauer.«[222] Günter Grass hat in der »Blechtrommel« in dem Kapitel »Im Zwiebelkeller« das Thema auf seine Weise, satirisch, abgehandelt. Die Düsseldorfer Gesellschaft der frühen fünfziger Jahre, die nicht weinen kann, versammelt sich allabendlich im »Zwiebelkeller«, um sich durch Zwiebelrituale zu einem therapeutischen Weinen – einem Weinen, das Mund und Herz öffnet – verhelfen zu lassen.

Alexander und Margarete Mitscherlich haben wenig später dann endgültig und sehr wirkungsmächtig auf den Begriff gebracht, was die Literaten schon in den fünfziger Jahren beschäftigte: »Die Unfähigkeit zu trauern.«[223] Die Diagnose der beiden Psychoanalytiker: Die Deutschen haben die Brücken der Erinnerung zu der unmittelbar hinter ihnen liegenden Vergangenheit abgebrochen. Die Erinnerung abzuwehren heißt, die »überwältigende Schuldlast« nicht anzunehmen, Scham und Trauer zu unterdrücken. Alle diese Diagnosen sind sich darin einig, daß ein wirklicher Neubeginn unmöglich ist, wenn die Vergangenheit verdrängt wird. Und so können sie die Bundesrepublik denn auch nur als ein Gemeinwesen wahrnehmen, das seine eigentliche Aufgabe verfehlt hat. Noch aus der Distanz von vielen Jahrzehnten hat Fritz Raddatz das Urteil gefällt: »Gewiß, dieser Staat hatte eine demokratische Apparatur. Aber sein Innerstes, man gestatte dieses eine Mal das Wort: seine Seele war verdorben.«[224] Verdorben, weil er sich der Wahrheit verschloß, der Vergangenheit nicht ins Gesicht sehen wollte.

III.

Es ist Zeit, die Gegenfrage zu stellen, noch einmal zu stellen: Hat die frühe Bundesrepublik sich tatsächlich ihrer wichtigsten Aufgabe verweigert? Ist ihr der Neuanfang mißlungen, weil sie den Bruch mit der nationalsozialistischen Vergangenheit nicht wirklich vollzogen hat? War der Geist der fünfziger Jahre wirklich ein Geist des Vergessens und Verdrängens? Die sehr einfachen Antworten sind sicher unzulänglich. Aber es gibt Fakten, an denen gar nichts zu deuteln ist. Um beim harten Kern zu beginnen, mit der Frage nach der Ahndung der nationalsozialistischen Untaten: Drei Phasen lassen sich unterscheiden – die frühe Nachkriegszeit, die fünfziger und die sechziger Jahre. Es sind sehr unterschiedliche Phasen.

Bis 1950 sind im Westen mehr als 10 000 Täter verurteilt worden, etwa zur Hälfte von deutschen Gerichten. Über 800 Todesurteile sind in diesen Prozessen der ersten Nachkriegsjahre verhängt worden.[225] Zahlen, die ihr Gewicht haben und denen doch eine andere gegenüberzustellen ist: Man schätzt, daß allein am Völkermord an den Juden etwa 100 000 Täter beteiligt waren.[226] Dann beginnt ein Jahrzehnt, in dem die strafrechtliche Verfolgung nationalsozialistischer Verbrechen fast vollständig zum Stillstand kommt, mehr noch: Die frühen fünfziger Jahre sind durch intensive deutsche Bemühungen um Amnestierung der von den Alliierten verurteilten Täter – Großtäter wie etwa die Chefs der Einsatzgruppen im Osten nicht ausgenommen – gekennzeichnet. Norbert Frei konstatiert in seiner Studie zur »Vergangenheitspolitik« der jungen Bundesrepublik: »Die Selbstverständlichkeit und Pauschalität, mit der sich Politik und Öffentlichkeit zu Anfang der fünfziger Jahre für die von den Alliierten verurteilten Kriegsverbrecher und NS-Täter einsetzten, (...) ist das vielleicht überraschendste, in jedem Fall bestürzendste Ergebnis dieser Arbeit.«[227]

Erst Ende des Jahrzehnts wendet sich das Blatt. 1958 kommt es, eher zufällig, zu dem sogenannten Ulmer Einsatzgruppenprozeß, im selben Jahr wird die Ludwigsburger »Zentralstelle zur Aufklärung nationalsozialistischer Verbrechen« gegründet. Nun erst beginnt eine systematische Suche. Es kommt noch einmal zu Strafverfahren, zu den KZ-Prozessen der sechziger Jahre vor allem. Auschwitz, Treblinka, Majdanek und die anderen Schreckensnamen treten jetzt erst ins allgemeine Bewußtsein. Aber der Wille, aus eigenem Entschluß nun doch noch die Exekutoren der ungeheuren Staatsverbrechen des nationalsozialistischen Deutschlands mit den Mitteln des Rechtsstaates zur Verantwortung zu ziehen, stößt auf außerordentliche Schwierigkeiten. Zehntausende von Ermittlungsverfahren, aber nur wenige hundert Verurteilungen; Prozesse, die Jahre dauern, Urteilsbegründungen von mehr als 600 Seiten – in solchen Daten spiegeln sich die Schwierigkeiten; Schwierigkeiten, die zu einem guten Teil – nicht nur – mit der Natur des Rechtsstaates zu tun haben. So bleibt es bei einem Versuch. Er war wichtig, weil er das, was in den Vernichtungslagern geschehen war, ein für allemal dokumentierte und ins Bewußtsein hob. Die Versäumnisse des ersten Jahrzehnts hat er nicht wiedergutmachen können. Politik und Justiz haben die Verantwortung für diese Versäumnisse gemeinsam zu tragen.

Die zweite Frage, auch noch einigermaßen deutlich konturiert: Wie hat es die Republik mit der Besetzung der Ämter von öffentlicher Bedeutung gehalten? Disqualifizierte eine nationalsozialistische Vergangenheit oder disqualifizierte sie nicht? Und welche Art von nationalsozialistischer Vergangenheit disqualifizierte? Wiederum gilt, daß die Bemühungen in der bundesrepublikanischen Frühzeit viel stärker auf Integration als auf Ab- und Ausgrenzung gerichtet waren. Das Gesetz zu Art. 131 GG, im April 1951 einstimmig bei zwei Enthaltungen vom Bundestag verabschiedet, ist der deutlichste Ausweis dieser Bemühungen. Es öffnete die Türen der Rückkehr für alle, die seit Kriegsende ihre Position im öffentlichen Dienst – aus welchen Gründen auch immer – verloren hatten, weit. Nur sehr kleinen Gruppen blieb die Rehabilitation versagt. Andersherum: Eine bewußte Auslese derer, die die Jahre des Nationalsozialismus integer durchgestanden hatten, für die hohen Positionen in der Verwaltung und der Diplomatie der jungen Republik hat es nicht gegeben. Nur bei der Aufstellung der Bundeswehr hat man sich dazu entschlossen, durch einen Gutachterausschuß die Qualifikation derer, die für die Führungsränge in Betracht kamen, prüfen zu lassen und dabei das Verhalten in den Hitler-Jahren zu berücksichtigen.

Es ist eines der gravierenden Versäumnisse der jungen Bundesrepublik, daß sie ihren Richtern, hohen Ministerialbeamten und Diplomaten erspart hat, was sie ihren Offizieren vernünftigerweise zumutete. Die Chance war durch die Torheiten der Entnazifizierung noch nicht verspielt. Die beiden großen Parteien wären gemeinsam politisch stark genug gewesen, ein solches Verfahren durchzusetzen, zumal dann, wenn man sich auf die Spitzenpositionen konzentriert hätte. Am schwersten wiegt vermutlich, daß die Republik darauf verzichtete, sich von den Richtern zu trennen, die zu Handlangern des nationalsozialistischen Terrors geworden waren. Auch hier hat ein später Versuch, doch noch das Fällige zu tun – einem nachdrücklichen Appell des Gesetzgebers an die, die es anging, sich vorzeitig in den Ruhestand zurückzuziehen, folgten Anfang der sechziger Jahre, eher zögerlich, immerhin noch 149 belastete Richter und Staatsanwälte[228] –, so wichtig er war, ein frühes Versäumnis nicht mehr gutmachen können.

Die dritte Frage reicht viel weiter; sie eindeutig zu beantworten, ist viel schwieriger. Wollten die Deutschen der fünfziger Jahre nicht wahrhaben, was geschehen war, oder sich jedenfalls nicht daran erinnern? Waren sie unfähig oder unwillig zu trauern? Tatsächlich wird man von einer kollektiven Weigerung sprechen müssen, sich dem, was geschehen war, in seiner ganzen Schrecklichkeit zu stellen, der Wahrheit ins Gesicht zu sehen. Vielleicht gab es zu dieser Weigerung keine Alternative. Selbst die Mitscherlichs führen sie, jedenfalls für den ersten Augenblick, auf eine Art von Überlebensinstinkt zurück.[229] Wie sollten die, welche die Verbrechensherrschaft letztlich getragen, ihr gedient hatten, weiterleben mit dem vollen, klaren Bewußtsein dessen, was sich da ereignet hatte? Aber bei dieser zugleich notwendigen und rhetorischen Frage darf man nicht stehenbleiben. Mit ihr darf die Auseinandersetzung mit den Selbstentlastungsstrategien der Deutschen nicht enden, mit ihr kann sie nur beginnen. Es gilt, die eigentümlichen Verknüpfungen zwischen Erinnern und Vergessen, Wirklichkeitsflucht und Wirklichkeitssinn, legitimer und höchst fragwürdiger Apologetik zu entknüpfen. Nur dann kommt man der Antwort auf die Frage näher, ob und in welchem Sinn die analytische Feststellung der Mitscherlichs auch als Urteilsspruch Gültigkeit hat, als der sie immer verstanden wird.

Berichte aus der Zeit unmittelbar nach dem Zusammenbruch des Dritten Reiches sind besonders aufschlußreich. Die Journalistin Martha Gellhorn, die als Kriegsberichterstatterin schon im Frühjahr 1945 mit den amerikanischen Truppen deutschen Boden betrat, notierte voller Zorn und Verachtung über ihre ersten Begegnungen mit Deutschen: »Nie-

Das Entsetzen beim Anblick des Entsetzlichen. Die Amerikaner hatten, vor die Frage gestellt, wie man den Deutschen begreiflich machen könne, welche Verbrechen in ihrem Namen, von ihnen geduldet, durch Deutsche, nebenan und in ganz Europa, verübt worden waren, anfangs gemeint: Man müsse sie mit dem Grauen der Konzentrationslager unmittelbar konfrontieren. Sie zwangen die Deutschen, durch die Lager zu gehen (das Foto ist in Buchenwald aufgenommen), sie drehten einen Film, sie ließen Eugen Kogon, den Buchenwald-Häftling, seinen Bericht über »das System der Konzentrationslager« schreiben. Die Fähigkeit, die Bereitschaft zu trauern hat das im Ganzen nicht gefördert, so groß der Schock im Einzelfall auch gewesen sein mag. Vielleicht konnten zu viele beim Anblick des Äußersten sagen: *Das* habe *ich* nicht getan. Aber wie hätte man mit den Deutschen 1945 umgehen sollen, um ihr Gewissen zu erreichen?

mand ist ein Nazi. Niemand ist je einer gewesen. Es hat vielleicht ein paar Nazis im nächsten Dorf gegeben.« Und: »Ein ganzes Volk, das sich vor der Verantwortung drückt, ist kein erfreulicher Anblick.«[230] Der amerikanische Nachrichtenoffizier Saul Padover berichtet aus seinen etwa zur gleichen Zeit geführten Gesprächen mit Deutschen ähnliches: Der Nationalsozialismus, so die Selbstdarstellung der Deutschen, ist einfach über sie gekommen. Und als er seine Herrschaft etabliert hatte, habe man nichts mehr tun können. Befehlen habe man gehorchen müssen.[231] Martin Niemöller, seit Kriegsende einer der führenden Männer der Evangelischen Kirche in Deutschland, stellte Anfang 1946 fest: »Es ist viel Jammer über unser Elend, über unseren Hunger, aber ich habe in Deutschland noch nicht einen Mann sein Bedauern aussprechen hören, von der Kanzel oder sonst, über das furchtbare Leid, das wir, wir Deutsche über andere Völker gebracht haben.«[232]

Schon in diesen frühen Beobachtungen sind die schlichten Argumente ziemlich alle benannt, die den Deutschen halfen, mit sich selbst ins reine zu kommen: Nazis waren die anderen. Man konnte nichts tun. Auch wir sind Opfer. Dazu, wichtig vor allem für das Millionenheer der Soldaten: Wir haben unsere Pflicht getan. Gegen jede dieser Entschuldigungen war viel, zumindest einiges einzuwenden. Und doch war keine für die große Masse der Deutschen ganz falsch. Das eben machte ihre Wirksamkeit aus. Mittäter der Großverbrechen waren die meisten nicht gewesen. Sie zu verhindern, hatten sie keine Möglichkeit gehabt. Warum also mußten sie sie sich zurechnen lassen? Vor allem aber: Opfer waren sie wirklich geworden. Hitlers Krieg war furchtbar auf die Deutschen zurückgeschlagen – auf die Soldaten an den zusammenbrechenden Fronten, auf die Bewohner der Städte, die in Feuerstürmen untergingen, auf die Ostpreußen, Schlesier, Sudetendeutschen, die aus ihrer Heimat vertrieben wurden und froh sein mußten, wenn sie das nackte Leben retteten.

Tatsächlich ist dies wohl der entscheidende Mechanismus des »Verdrängens« gewesen, das ja auch ein Vorgang der Deutung der Vergangenheit war: Über dem, was die zerstörende Gewalt des Krieges am Ende ihnen selbst antat, vergaßen die meisten Deutschen, sich zu fragen, was jeder einzelne zur großen Maschinerie nationalsozialistischer Herrschaft beigetragen hatte; wie weit sie sich auf den Ungeist der Zeit eingelassen hatten; wieviel menschlichen Anstand sie in schwierigen Verhältnissen bewahrt, wieviel Mitgefühl sie den Opfern entgegengebracht hatten; und wie jeder für sich die Freiräume des Handelns genutzt hatte, die doch auch unter diesem Regime geblieben waren. Hilfreich bei dem Versuch, der Vergangenheit zu entkommen, war natürlich auch, daß in den harten Nachkriegsjahren der Augenblick alle Kräfte beanspruchte und im folgenden Jahrzehnt sich eine neue Zukunft mit all ihren Forderungen und Chancen auftat. Man mußte sich eine neue Existenz aufbauen. Man baute sich eine neue Existenz auf. Das Vergangene war vergangen. Dabei haben die Mitscherlichs ganz richtig beobachtet, daß es zu dieser »Neutralisierung« der Vergangenheit gehörte, sich Gefühle zu versagen, übrigens nicht nur das Mitgefühl für die Opfer des Nationalsozialismus; auch der Verlust der Ostgebiete und die Teilung wurden, sieht man von den unmittelbar Betroffenen ab, bekanntlich erstaunlich emotionslos hingenommen.

Das alles läßt sich, so scheint es, auf die Formel von der kollektiven Weigerung der

Nachkriegsdeutschen, ihrer Vergangenheit ins Gesicht zu sehen, bringen. Sie trifft aber doch nur die halbe Wahrheit. Die andere Hälfte der Wahrheit ist: Was jeder einzelne sich für seine eigene Biographie ersparte, das Gemeinwesen nahm es auf sich. Abstrakt wurde das Urteil über die nationalsozialistische Vergangenheit in einer Eindeutigkeit gesprochen, die nichts zu wünschen übrigließ. Dieses öffentliche, einmütige Urteil war das Fundament der Bundesrepublik, ihre Staatsdoktrin. Es ist ein Irrtum, daß der antitotalitäre Konsens des westdeutschen Staates, wie man gelegentlich hören kann, im Grunde nur auf den Kommunismus gezielt habe. Die politische Tabuisierung des Rechtsextremismus gelang. Die Bundesrepublik bekannte sich tätig zur Pflicht der Deutschen zur Wiedergutmachung. Der Bundespräsident sprach 1952 in Bergen-Belsen und am 20. Juli 1954, zehn Jahre nach dem gescheiterten Attentat, ganz offiziell aus, wovon manche meinen, es sei erst Jahrzehnte später gesagt worden. Daß der Holocaust als *das* Menschenverbrechen des Nationalsozialismus damals noch nicht ins Zentrum des Bewußtseins gerückt war, steht auf einem anderen Blatt. Ein Versuch, den Nationalsozialismus zu beschönigen oder aus dem Gedächtnis zu verdrängen, ist im öffentlich verkündeten Selbstverständnis der Republik nicht unternommen worden. Nur wurde den Deutschen, jedem einzelnen von ihnen, nicht zugemutet, die schlimme Vergangenheit, für die das Gemeinwesen abstrakt einstand, auch als die eigene zu begreifen und gegen sich gelten zu lassen.

Kann man der Meinung sein, eine solche »Doppelstrategie« im Umgang mit der nationalsozialistischen Vergangenheit sei für eine Demokratie die einzig mögliche gewesen? Hermann Lübbe argumentiert wohl so mit seiner These, »die gewisse Zurückhaltung in der Thematisierung individueller oder institutioneller Nazi-Vergangenheit« sei nötig gewesen, um »zwar nicht diese Vergangenheiten, aber doch ihre Subjekte in den neuen Staat zu integrieren«.[233] Wenn man mit den Deutschen, die eben noch die Deutschen Hitlers gewesen waren, sechs oder sieben Millionen von ihnen Parteigenossen, eine Demokratie aufbauen wollte – und wie sollte man es anders tun –, dann mußte man der großen Mehrheit von ihnen die Chance geben, Bürger dieser Demokratie werden zu können, ohne sich selbst, den, der man einmal gewesen war, verdammen zu müssen. Die Zwänge demokratischen Wettbewerbs haben da sehr konkret ihre Rolle gespielt.

Vielleicht läßt sich der Neubeginn im Westen Deutschlands in seinen Widersprüchen nur als Paradox verstehen: Die Demokratiegründung gelang trotz der »Unfähigkeit zu trauern«, und sie gelang in gewissem Sinn auch wegen der »Unfähigkeit zu trauern«. Die vielen Deutschen, die keinen Anlaß sahen, sich selbst Fragen zu stellen; die den Demoskopen noch in den fünfziger Jahren antworteten, der Nationalsozialismus sei eine gute Idee gewesen, nur leider schlecht ausgeführ, oder: Hitler wäre ohne den Krieg einer der größten deutschen Staatsmänner gewesen, haben als Wähler der jungen Demokratie mit durchaus vernünftigen Entscheidungen auf die Beine geholfen. Auch die Staatsdiener, die, als sei es eine Selbstverständlichkeit, aus dem Dienst des Dritten Reiches in den Dienst der Bundesrepublik hinüberwechselten, haben der Republik durchaus loyal gedient, und dies keineswegs nur aus opportunistischem Kalkül. Sie haben wie die Wähler ihren Anteil daran, daß die Demokratiegründung gelang. Offenbar muß man, was die Wirkungen des Katastrophenschocks angeht, zwischen den Kategorien des politischen Lernens und der moralischen Läuterung unterscheiden.

Wenn diese Deutung zutrifft, bleibt zu fragen, warum es den Kritikern der frühen Bundesrepublik so schwerfiel, beides wahrzunehmen: den problematischen Versuch der Deutschen, sich unbekümmerten Gewissens an den Wiederaufbau zu machen, und ihre pragmatische Bereitschaft, sich nun endlich auf Demokratie und Verfassungsstaat einzulassen. Warum wird die Bundesrepublik in zentralen literarischen Texten gelegentlich zur Karikatur? Die Antwort führt zum Ausgangspunkt zurück. Die tiefste Enttäuschung war doch wohl die, daß aus der Katastrophe nicht eine neue Welt mit besseren Menschen hervorgegangen war. Es war die Normalität der Bundesrepublik, die rasche Rückkehr Nachkriegsdeutschlands zur Normalität, die sensiblen Zeitgenossen unerträglich war. Es war die Selbstverständlichkeit, mit der die meisten Deutschen die Vergangenheit Vergangenheit – also auch den Nationalsozialismus Nationalsozialismus – sein ließen und sich dem Alltag des Wiederaufbaus und des Neubeginns zuwandten, die empörte. Und diese Empörung schuf sich ihre eigene literarische Realität, eine Republik nämlich, in der die Vergangenheit auf unheimliche und unheilvolle Weise Gegenwart war.

Die Anstößigkeit der Normalität – das läßt sich vielfältig illustrieren: Das Wirtschaftswunder hat so viele literarische Kritiker gefunden, nicht weil der Wohlstand an sich mißfiel, sondern weil ein Volk, das eben noch die halbe Welt zerstört hatte, nach dem Empfinden der Kritiker kein Recht auf rasche Rückkehr in eine heile Welt hatte. Zum höchst kritisch gemeinten Biedermeieretikett, das der Bundesrepublik dieser Jahre so häufig aufgeklebt wurde, ist das gleiche zu sagen.[234] Wie entscheidend das Wirtschaftswunder, die rasche Wiedergewinnung einer gewissen Normalität für den Erfolg der Demokratiegründung war, blieb diesem Blick auf die Republik verborgen. Auch für die Entrüstung über den bundesrepublikanischen Antikommunismus, die in allen Auseinandersetzungen mit den Adenauer-Jahren geradezu stereotyp auftaucht, gilt dieses Deutungsmuster. War es denn verwerflich, nach Stalin und in nächster Nachbarschaft zur DDR ein »Antikommunist« zu sein? Konnte ein Demokrat überhaupt etwas anderes sein? Wenn der Bundesrepublik und ihren Bürgern gleichwohl ihr Antikommunismus wie eine moralische Verfehlung vorgeworfen wurde, so war es nicht so sehr der Antikommunismus an sich als vielmehr die Selbstrehabilitation durch den Antikommunismus, die verdammt wurde. Es wäre freilich hilfreich gewesen, wenn die Ankläger das schärfer auseinandergehalten hätten.

1965, Adenauers Zeit war vorüber, Erhards Zeit, ohne daß man es ahnte, ging schon zu Ende, rechnete Heinrich Böll noch einmal mit der Ära Adenauer, mit dem Gründervater der Republik, ab. Ein Kölner mit dem anderen, zwei rheinische Antipoden. Böll besprach für den »Spiegel« den gerade erschienenen ersten Band von Adenauers »Erinnerungen«.[235] Die Besprechung ist ein auf seine Weise faszinierendes Dokument des Nichtverstehens. Nicht der Schatten einer Ahnung von dem, was Adenauer geleistet hatte. Daß Böll jemals wie Jürgen Habermas viel später hätte sagen können: »Aus der Retrospektiven erkenne ich, daß ich seinerzeit, als Student, Adenauers große Leistung – die energische Einbindung der Bundesrepublik in die westliche Allianz und das westliche Gesellschaftssystem – nicht richtig eingeschätzt habe«, ist kaum vorstellbar.[236] 1965 jedenfalls war da nichts als der scharfe, gnadenlose Blick auf die charakteristischen Schwächen des ersten Kanzlers: seinen »Materialismus, Opportunismus, Pragmatismus, Zynismus«, und das Urteil, die Republik, die er geschaffen habe, sei mißraten. Es sind die vertrauten Urteilsbegründungen: Die Chance zu einem sozialistischen Neuanfang ist nicht genutzt worden. »Mit Hinterlist und Niedertracht« ist die Wiederaufrüstung betrieben worden. Ihrer Vergangenheit hat sich die Republik nicht wirklich gestellt, und deshalb ist sie von einer »moralischen Fäulnis« befallen. Jetzt, da Adenauer gegangen ist, gibt es nicht etwa Hoffnung auf eine bessere Zukunft. Der Ausblick ist vielmehr düster. »Es mag sogar sein«, schließt Böll, »daß wir uns noch nach Adenauer sehnen werden.« Der Autokrat Adenauer habe es sich leisten können, manchmal gnädig zu sein – was immer damit gemeint sein mag. Von den Nachdrängenden erwartet Böll das nicht mehr.

IV.

Wenige Monate nach Bölls Rezension erschien Karl Jaspers' Streitschrift »Wohin treibt die Bundesrepublik?« In ihrem ersten Teil war sie ein bitterböser Kommentar zu den Parlamentsdebatten vom März 1965 über die Verjährung der nationalsozialistischen Verbrechen. In ihrem zweiten Teil gab sie eine Antwort auf die Titelfrage. Jaspers' Diagnose ist in die Formel gefaßt »Von der Demokratie zur Parteienoligarchie«, seine Prognose lautet: »Von der Parteienoligarchie zur Diktatur«. Nicht, daß es so kommen muß, ist die Botschaft, sondern daß es so kommen kann – »es koinzidieren Kräfte, Gesinnungen, Wege, die dahin führen können«,[237] wobei undeutlich bleibt, welche Kräfte Jaspers im Blick hat. »Man kann den Zustand«, heißt es an anderer Stelle, »mit dem der zwanziger Jahre vor der Machtergreifung Hitlers vergleichen.«[238] Es war die geplante Notstandsgesetzgebung, die Jaspers, wenn nicht den einzigen, dann doch den konkreten Anlaß zu seinen Befürchtungen gab. Mit ihr werde das Instrument geschaffen, mit dem in einem verhängnisvollen Augenblick durch einen einzigen Akt die Diktatur errichtet werden könne.

Eine Stimme unter vielen nicht nur in der damals einsetzenden Notstandsdebatte, eine auch von vielen Unheilsprophezeiungen, die die ganze Geschichte der Bundesrepublik begleitet haben. Wir stoßen hier auf das andere Leitmotiv der Auseinandersetzung, die seine intellektuellen Kritiker mit dem westlichen Nachkriegsdeutschland durch die Jahrzehnte geführt haben: Es wird die akute Gefahr des Scheiterns der westdeutschen Demokratie beschworen, ein gefährlicher Anschlag auf die Republik entlarvt, vor einer drohenden Katastrophe gewarnt. Natürlich haben die beiden Topoi der Kritik, die Klage über den mißratenen Neubeginn und die Beschwörung des bevorstehenden Scheiterns, viel miteinander zu tun. Beide argumentieren von der vorausgegangenen Katastrophe her. Aber man muß sie dennoch unterscheiden, schon deshalb, weil der eine Topos naturgemäß allmählich an Bedeutung verlor, während der andere in immer neuen Varianten an Bedeutung eher gewann.

In den zwei, drei Jahren leidenschaftlichen Streitens um die Notstandsgesetzgebung ist das Argumentationsmuster »Verteidigung der akut gefährdeten Demokratie« exemplarisch ausgeformt worden. Dabei war es vom Herbst 1966 an – Jaspers' Buch war schon auf dem Markt – nicht mehr allein die Notstandsgesetzgebung, die das Motiv für das Katastrophenszenario abgab. Es ist das Zusammentreffen von Notstandsgesetzgebung und Großer Koalition, das die dramatische Empfindung erklärt, die westdeutsche Demokratie, von der man freilich auch vorher schon nicht viel gehalten hatte, sei in höchster Gefahr. Hans Magnus Enzensberger, der mit dem »Kursbuch« nun für ein paar Jahre einer der intellektuellen Wortführer der Rebellion wurde, sah sie nicht nur in Gefahr. Für ihn gab es sie schon nicht mehr. Im September 1967, ein Vierteljahr nachdem in Berlin Benno Ohnesorg von einem Polizisten erschossen worden war, schrieb Enzensberger: »Das politische System der Bundesrepublik ist jenseits aller Reparatur. Man kann ihm zustimmen, oder man muß es durch ein neues ersetzen. Tertium non dabitur. Es sind nicht die Schriftsteller, welche die Alternative derart zugespitzt haben; im Gegenteil, sie haben zwanzig Jahre lang versucht, ihr auszuweichen. Es ist die Staatsmacht selbst, die dafür sorgt, daß die Revolution nicht nur notwendig (das wäre sie schon 1945 gewesen), sondern auch denkbar wird.«[239]

Daß die Revolution, so wie es um die Bundesrepublik stand, notwendig und denkbar geworden sei, wenn auch nicht, wie Enzensberger hinzufügte, in absehbarer Zeit möglich, so weit mochten nicht alle gehen, die auf den Kongressen, Kundgebungen, Demonstrationen dieser Jahre gegen den »Notstand der Demokratie« sprachen. Aber daß die Notstandsgesetze ein Instrumentarium zur Beseitigung der Demokratie seien, zu eben diesem Zweck von den Regierenden ersonnen, das war nach Ausweis aller Texte die Überzeugung, die den Protest der Intellektuellen weithin trug. Ihre Begründung fand diese Überzeugung vor allem natürlich in der Vergangenheit – das Wort »Ermächtigungsgesetz« spielt eine wichtige Rolle in allen Artikulationen des Protestes.

Auf diese Assoziation hinzuweisen heißt nicht, eine Antwort zu geben, sondern eine Frage zu stellen: Wie konnte die Erinnerung an das Jahr 1933 im Jahr 1965 oder 1968 aus dem, was bei nüchterner Analyse allenfalls ein nicht sicher auszuschließendes Risiko für eine unbekannte Zukunft war, eine gegenwärtige und existentielle Bedrohung für Demokratie und Rechtsstaat machen? Es ist die Frage, die in wechselnden Formulierungen das ganze Kapitel durchzieht: Wie erklärt sich das abgrundtiefe Mißtrauen gegen, die abgrundtiefe Verachtung für die politische Klasse der Bundesrepublik, die wie so viele andere politische Kämpfe auch den Kampf gegen die Notstandsgesetzgebung geprägt hat? Daß der Kanzler jener Jahre einmal Mitglied der NSDAP, Parteigenosse, gewesen war, wurde oft vermerkt. Aber mußte man daraus schließen, daß die Bundesrepublik ein Staat der alten Nazis war? Konnte man nicht auch einmal die Möglichkeit einräumen, daß aus manchen »Mitläufern« überzeugte Demokraten hatten werden können und geworden waren? Immer wieder Fragen, und immer wieder zeigt sich, daß es eine Sicht auf das westliche Nachkriegsdeutschland gab, die ihm eigentlich keine Chance ließ: Der düstere Schatten der Vergangenheit war immer schon da, wo die junge Republik auf ihrem Entwicklungsweg ankam.

Es gehört zu den Merkwürdigkeiten der Geschichte der Bundesrepublik, daß selbst das Jahr 1969 das Verhältnis der kritischen Intellektuellen zur westdeutschen Demokratie nicht wirklich, nicht dauerhaft verändert hat. Gewiß, der Regierungsantritt der sozial-liberalen Koalition unter Willy Brandt war auch für die Schriftsteller, die wie Günter Grass und Martin Walser schon 1961, entschiedener dann 1965 und 1969 mit ihren Mitteln hartnäckig auf den Wechsel hingearbeitet hatten, ein lang ersehnter Triumph, für andere jedenfalls ein Moment der Hoffnung. Ein Sozialdemokrat, ein Emigrant an der Spitze der westdeutschen Politik, ein Kanzler, der mit den Schriftstellern sprach, ein Politiker mit Visionen, aber auch bereit, die Nachkriegsrealitäten als Realitäten hinzunehmen – war das nicht eine ganz neue Republik, mit der man sich aussöhnen konnte? So schien es vielen, die bisher in kritischer Distanz zu den »Herrschenden« gestanden hatten, einen glücklichen Augenblick lang. Aber es war nur ein Augenblick. Und die Enttäuschung kam nicht erst 1974 mit dem Wechsel von Brandt zu Schmidt.

Es wären Erfahrungen zu machen gewesen, im Jahr 1969 und danach: Die verabscheute und gefürchtete Große Koalition hatte sich als eine harmlose Formation des Übergangs erwiesen; ein demokratischer Wechsel war ohne jede Erschütterung der Republik vollzogen worden; die Bundesrepublik war nicht einfach nur der CDU-Staat, für den man sie je länger, desto mehr gehalten hatte; die politische Klasse wartete offenbar nicht begierig auf die erste beste Gelegenheit, die Notstandsgesetze zu mißbrauchen. Aber Erfahrungen sind nicht wirklich gemacht worden. Jedenfalls haben sie – als die Euphorie der frühen Brandt-Jahre verflogen war, zeigte es sich – wenig an der Distanz tiefen, prinzipiellen Mißtrauens geändert, die die kritischen Intellektuellen zur Bundesrepublik hielten. Es blieb dabei, daß sie ihre Interventionen nicht als Teilnahme am notwendigen demokratischen Meinungsstreit, in dem beide Seiten ein Recht auf ihren Standpunkt haben, sondern als Verteidigung der Demokratie, später auch des Friedens und der Natur gegen eine politische Klasse, der alles zuzutrauen war, verstanden. Die Konflikte der siebziger und achtziger Jahre, an die dabei zu denken ist, sind der Streit um den sogenannten Radikalenerlaß, die Auseinandersetzungen, die sich am Terrorismusdrama entzündeten, die Proteste gegen die Kernkraft und die Nachrüstung. Nicht diese Konflikte selber stehen hier noch einmal zur Debatte, sondern nur das Bild der Republik, das das Protestengagement ihrer Kritiker bestimmte. Es ist das Bild einer Republik, die sich in ihrer politischen Praxis immer noch in einem braunen Halbschatten bewegt; einer Republik, die ihre eigene Verfassung nicht ernst nimmt; einer Republik, in der die »Herrschenden« amoralische oder lächerliche Figuren sind.

Einige wenige Texthinweise mögen das illustrieren: Heinrich Bölls heftig diskutierter »Spiegel«-Artikel »Will Ulrike Meinhof Gnade oder freies Geleit?« aus dem Januar 1972,[240] zum ersten Akt des Terrorismusdramas der siebziger Jahre gehörig, hatte zwar, nicht anders als sein »als Erzählung verkleidetes Pamphlet«[241] »Die verlorene Ehre der Katharina Blum« zuerst und vor allem den »Bild«-Zeitungs-Journalismus im Visier. Aber Böll findet ein Stück moralischer Rechtfertigung für den Terrorismus doch auch in dem Staatswesen, dem die Terroristen »den Krieg erklärt haben«. In Alfred Anderschs Gedicht gegen die »Berufsverbote« »Art. 3 (3)« liest man: »ein volk von ex nazis und ihren mitläufern betreibt schon wieder seinen lieblingssport die hetzjagd auf kommunisten sozialisten humanisten dissidenten linke (...) die neue gestapo verhört (...) das neue kz ist schon errichtet (...) ein geruch breitet sich aus der geruch einer maschine die gas erzeugt.«[242] Man muß sich in Erinnerung rufen: Andersch spricht von der Bundesrepublik des Jahres 1976, in der, zum Beispiel, der Bundeskanzler Helmut Schmidt hieß und der Innenminister Werner Maihofer.

Sieben Jahre später fiel die Entscheidung über die Nachrüstung. Weder das Votum der Wähler noch das des Parlaments konnte sie für die legitimieren, die in ihr den Sprung in den Abgrund des Atomkrieges sahen. Widerstand erschien geboten. Günter Grass dekretierte, ohne den Hauch eines Zweifels an der Alleingültigkeit seiner Interpretation der Lage: »Das atomare Pershing-II-Raketensystem ist eine Erstschlagswaffe (...) Die Bundeswehr schützt nicht mehr defensiv, sie ist vielmehr einer aggressiven Strategie unterworfen. Folgerichtig muß fortan von Verfassungsbruch die Rede sein. Seit Beginn der Pershing-II-Stationierung nimmt die Bundeswehr nicht mehr ihren Verteidigungsauftrag wahr; sie befindet sich außerhalb der Legalität (...). Gegen diese Deformierung der Verfassung gilt es Widerstand zu leisten.«[243] Des Umweges über das Verfassungsgericht zur Klärung der Frage der Verfassungswidrigkeit des Stationierungsbeschlusses bedarf es im Kampf gegen den »regierenden Schwachsinn« offenbar nicht mehr. Eine Stimme von vielen, die so argumentierten.

Verbrechen, Wahnsinn, Schwachsinn – das ist das Vokabular der politischen Auseinandersetzungen jener Jahre, der Anklagen in Sachen Kernenergie und Nachrüstung. Es ist das Vokabular auch und gerade der kritischen Intellektuellen, die in diesen Auseinandersetzungen des letzten Jahrzehnts der Bonner Republik fochten. Die Sprache signalisiert mehr als die emphatische Absage an eine bestimmte Politik. Sie sagt, daß mit den Politikern nicht einmal mehr ein Streitgespräch möglich sei, sondern eben nur noch »Widerstand« gegen sie. Die Worte sind wie Ausrufungszeichen, hinter eine lange Geschichte des Nicht-Verstehens, der Antipathie, ja der Feindseligkeit gesetzt. Gewiß, es hat Augenblicke der Annäherung gegeben. Aber zieht man die Summe der vier Jahrzehnte, so gilt eben doch: Die westdeutsche Nachkriegsdemokratie und ihre literarischen Kritiker sind einander durch wechselnde Konstellationen hindurch ganz und gar fremd geblieben.

Daß es, was man einen konstruktiven Dialog hätte nennen können, nie gegeben hat, haben beide Seiten zu verantworten. Die Politik hat ihn kaum jemals gesucht. Vor allem die pragmatische Robustheit ihres Umgangs mit der nationalsozialistischen Vergangenheit im ersten Jahrzehnt hat gerade »die Gebildeten unter ihren Verächtern« früh in eine Distanz getrieben, aus der sie nicht wieder herausfanden. Dazu kam in wichtigen Entwicklungsphasen, in den Fünfzigern und den Siebzigern zumal, der Mangel an gelassener Liberalität im Umgang mit wahren und vermeintlichen Herausforderungen, Bedrohungen, der natürlich viel mit der exponierten Lage der Republik im Kalten Krieg und mit der Teilung zu tun hatte. Er hat der Abneigung immer wieder neue Nahrung gegeben. Für die andere Seite gilt: Es ist erstaunlich, wie sehr das, was den literarischen Kritikern anstößig war an der westdeutschen Nachkriegsdemokratie, sie blind für das gemacht hat, was zustimmungsfähig war; blind dafür, daß die Demokratiegründung von 1949 eben doch ein politischer Neuanfang war, ein Neuanfang, in dem Deutschland sich in Gestalt der Bundesrepublik endlich den westlichen Traditionen öffnete und zuwandte. Erstaunlich ist auch, wie dauerhaft die Kritiker sich in einmal gefaßten Meinungen einrichteten. In Bölls nachgelassenem Roman

»Frauen vor Flußlandschaft«, der 1985 erschien, beherrschen noch immer die alten Gespenster die bundesrepublikanische Szene. Es ist schwierig, die hartnäckige Verachtung der Bonner Republik durch die Jahrzehnte nicht auch als einen Hinweis darauf zu deuten, daß die Verächter selbst ihre Schwierigkeiten mit dem Erlernen von Demokratie hatten.

V.

Im Dezember 1989, das SED-Regime war zusammengebrochen, die Zukunft der DDR, so schien es, noch offen, notierte der Schriftsteller Christoph Hein: »Zum ersten Mal nach mehr als vierzig Jahren kann ich sagen, dieses Land hier wird mein Land.«[244] Dieses Land hier – das meinte die DDR und nur die DDR. Natürlich hat Hein den kurzen Augenblick des Hochgefühls zwischen dem Ende des SED-Staates und der Vereinigung mit der Bundesrepublik genau so empfunden, wie er ihn in Worte gefaßt hat. Und dennoch täuschte er sich. Die DDR war in gewissem Sinn immer »sein Land« gewesen. Für ihn und seinesgleichen, diejenigen unter den DDR-Intellektuellen, die sich weder einfach in den Dienst des Regimes stellten noch das Land verließen, gilt: Sie lebten zwischen Bejahung und Verneinung. Aber beides, Verneinung und Bejahung, wurzelte letztlich eben doch in einer elementaren Verbundenheit mit »diesem Land«, wenn schon nicht seiner Aktualität, dann jedenfalls seiner Potentialität. Wie ist diese Loyalität zu verstehen? Und was sagt sie über die DDR aus? Wie ist es zu erklären, daß es für kritische Intellektuelle in der DDR anscheinend einfacher war, so etwas wie Zugehörigkeit zum eigenen Gemeinwesen zu empfinden, als für kritische Intellektuelle in der Bundesrepublik?

Die Suche nach einer Antwort führt zunächst einmal zurück zu den Anfängen. Die Sowjetische Besatzungszone, dann die DDR in ihren frühen Jahren hat, anders als die Bundesrepublik, vor allem die emigrierten Schriftsteller nicht sich selbst überlassen, sie ist auf sie zugegangen. Und sie hatte Erfolg mit ihren Bemühungen. Gerade unter den Namhaften haben sich bei ihrer Rückkehr nach Deutschland mehr für den Osten als für den Westen entschieden, Bertolt Brecht und Anna Seghers an der Spitze. Heinrich Mann starb, bevor er das ihm angebotene Amt des Präsidenten der Deutschen Akademie der Künste in Berlin antreten konnte. Thomas Mann kam nicht, aber er hat 1949, als er im Goethe-Jahr zuerst in Frankfurt, dann in Weimar sprach, durchaus wahrgenommen – und es hat ihn befriedigt –, daß man sich in Weimar stärker, demonstrativer, geflissentlicher um ihn bemühte als in Frankfurt. Für den universitären Bereich gilt übrigens Ähnliches – man warb um die »Antifaschisten« unter den Intellektuellen ohne enge Parteilichkeit.

Natürlich hatten die Besatzungsmacht wie die SED bei diesem Werben ihre Zwecke vor Augen. Aber für die Umworbenen hieß das zunächst einmal doch nur: Man brauchte sie, man wies ihnen eine Aufgabe zu, die Literatur war aufgefordert, ihren Beitrag zum Aufbau eines neuen Deutschlands zu leisten: Literatur war wichtig. Und dieses Empfinden: »Wir werden gebraucht, wir können etwas beitragen, wir spielen eine Rolle« konnten alle haben, die, die schon einen Namen hatten, und die, die sich erst noch einen erschreiben wollten. In

Die DDR hat in ihren Anfangsjahren, anders als die Bundesrepublik, Werbung um die Repräsentanten des geistigen Deutschland durchaus unter Gesichtspunkten des deutsch-deutschen Wettbewerbs betrieben – erfolgreich. Von den beiden namhaftesten deutschen Schriftstellern ging der eine, Bertolt Brecht, in die DDR, der andere, Thomas Mann, blieb im Exil, hegte aber zumindest zeitweilig mehr Sympathien für das östliche als für das westliche Deutschland. Das Bild zeigt B.B. mit seiner Lebensgefährtin Helene Weigel bei der Ost-Berliner Mai-Demonstration des Jahres 1954.

Westdeutschland hatte es das unter den Schriftstellern allenfalls in den allerfrühesten Anfängen gegeben. Und dann war sehr bald das Gefühl aufgekommen, am Rand zu stehen, nichts als Beobachter zu sein. Zwar wurde im Osten schnell spürbar, welcher Preis dafür zu zahlen war, daß die Macht die Literatur ernst nahm: Ihre Freiheitsspielräume wurden rasch enger, die Einbindung in das Herrschaftsprogramm der SED vom Beginn der fünfziger Jahre an immer rigider. Aber trotzdem blieb eine eigenartige Genugtuung mit der Erfahrung verbunden, daß die Herrschenden die Schreibenden als eine Art von Macht wahrnahmen und behandelten.

Man kann das an der erstaunlichen Ambivalenz des Urteils der DDR-Schriftsteller über die Zensur ablesen. Jurek Becker hielt dem Westen in einer Rezension des Buches »Versuchte Nähe« von Hans Joachim Schädlich, das in der DDR nicht hatte erscheinen dürfen, mit einer Art von Ost-Stolz vor: »Ihr könnt euch hier jedes Buch leisten, weil Bücher euch nichts anhaben können«[245] – will sagen: weil Bücher nichts bewirken – und er fragte im Rückblick: »Ist am Ende, wie makaber das auch klingt, Trauer um die Zensur angebracht?«[246]– denn mit der Zensur erkannte die Staatsmacht auf ihre Weise doch an: Bücher sind wichtig.

Mit alledem ist freilich die Antwort auf die Ausgangsfrage nur vorbereitet, noch nicht gegeben. Zum Kern der Antwort führt erst das Stichwort Antifaschismus. Es ist kein neues Stichwort. Daß der Antifaschismus der Legitimationsmythos der DDR war und daß die Intellektuellen sich besonders bereitwillig auf diese Selbstdeutung der DDR einließen – daran muß nun noch einmal erinnert werden. Wahrscheinlich war für die kritische Loyalität zur DDR, aus der sich so viele Intellektuelle bis zum Ende – und über das Ende hinaus – nicht lösen konnten, kein anderer Topos so wichtig wie der, daß allein in der DDR ein unbedingtes Nein zum Faschismus gesprochen worden sei und den Neubeginn bestimmt habe.[247]

Dabei ist es immer das düstere Gegenbild des anderen deutschen Staates gewesen, das die kritische Loyalität zur DDR letztlich rechtfertigte. Erich Loest hat es in seinen Erinnerungen drastisch gezeichnet. Selbst als der Schriftsteller L., der wie andere auf den XX. Parteitag mitsamt seinen Folgen Hoffnungen gesetzt hatte, ins Fadenkreuz der Staatssicherheit geriet – sieben Jahre Zuchthaus sind daraus geworden –, galt für ihn: »Eine Alternative wußte er nicht, undenkbar wäre es für ihn gewesen, nach Westdeutschland zu gehen. Das galt ihm als Adenauers kapitalistischer, revanchistischer Staat, dorthin verschwanden ehemalige Nazi-Studienräte und bezogen fette Pensionen, dort saßen die Blutrichter Freislers im Amt, dort erschienen die Bücher von Dwinger und Skorzeny.«[248] Knapper heißt es bei Christa Wolf in einem Gespräch aus dem Dezember 1989: »Die Bundesrepublik mit Adenauer, Globke, Lübke: es erschien mir unmöglich, dort leben zu wollen.«[249] Man begegnet diesen Bekenntnissen, übrigens auch denselben Namen, wieder und wieder. Nur weil es der SED gelang, ihre Propagandaklischees vom Bonner Staat, der mit der Vergangenheit nicht gebrochen habe und zur Heimat der alten wie der neuen Nazis geworden sei, in die Köpfe zu bringen, hatte der Anspruch, den sie für ihren eigenen Staat erhob, so starke Strahlkraft.

Bemerkenswert bleibt es gleichwohl, daß dieser Anspruch auch von den Intellektuellen, die eine gewisse Distanz zum Regime hielten, auf seine Glaubwürdigkeit nie ernstlich geprüft worden ist. Die, denen wie Günter de Bruyn von Anfang an auffiel, wieviel Ähnlichkeit – beispielsweise – die FDJ mit der HJ hatte, blieben Außenseiter. Erst nach dem Ende des SED-Staates hat Christa Wolf die Einsicht formuliert: »Die beiden deutschen Staaten haben die gemeinsame faschistische Vergangenheit auf unterschiedliche Weise nicht bewältigt«,[250] und für ihre Generation davon gesprochen, das Sozialismus-Angebot sei deshalb so verlockend gewesen, weil es umstandslos Absolution von früher Schuld versprochen habe.

Immerhin hatte Christa Wolf bereits zwei Jahrzehnte zuvor, in der Frühzeit der Ära Honecker, in ihrem autobiographischen Roman »Kindheitsmuster« nachdenklich-unruhige Zwiesprache mit ihrer Kindheit und Jugend im Dritten Reich gehalten. Da war, jedenfalls für die DDR, etwas Neues zu hören gewesen, ein neuer Tonfall der Erinnerung, die Vergangenheit wurde nicht mehr allein zum Zweck der Selbstbestätigung beschworen. Und kurz vor der Wende, in einem Gespräch des Jahres 1987, hatte sie im Rückblick auf ihren eigenen Weg, der immerhin bis ins ZK der SED geführt hatte, dann schon mit überraschender Deutlichkeit eine Linie von einem System zum anderen gezogen: »Meine Generation hat früh eine Ideologie gegen eine andere eingetauscht, sie ist spät, zögernd, teilweise gar nicht erwachsen geworden, will sagen reif, autonom.«[251] Ähnlich hat Erich Loest, drei Jahre älter als Christa Wolf, neunzehn, als der Krieg zu Ende ging, den Übergang von einer Diktatur in die andere beschrieben: »Von einem ideologischen Kampf wurden diese Jungen in

Der Schriftsteller Heiner Müller war einer von den Intellektuellen, für die die DDR bis zum Ende im Vergleich mit der Bundesrepublik jedenfalls das kleinere Übel war, konsequenter in ihrem »Antifaschismus«, die Verkörperung einer Hoffnung, die sich nie völlig verlor. Er gehörte freilich zu den Privilegierten, für die die Grenzen offen waren – das Foto zeigt ihn 1986 auf einem S-Bahnhof in West-Berlin. In gewissem Sinne hat er die wirkliche DDR deshalb nie erlebt.

den anderen umgesetzt, umgehetzt. Ihnen war keine Zeit vergönnt zu sichten, zu bedenken, zu tilgen, was sich in ihnen aus der braunen Zeit verhakt hatte.«[252] Auch das ist ein Text aus den achtziger Jahren. Christoph Hein schließlich hat in einer im Mai 1989 »anläßlich zweier deutscher vierzigster Jahrestage« in Westdeutschland gehaltenen Rede die Frage gestellt, ob die Art und Weise, in der die DDR den Faschismus negierte, nicht auch eine Verdrängung gewesen sei.[253]

Aber dem harten Kern des Problems weicht auch diese späte Nachdenklichkeit aus: Was ist mit einem Antifaschismus, der am Prinzip Diktatur festhält? Ist er wirklich konsequenter als ein Antifaschismus, der alte Nazis laufen läßt, aber das Prinzip Diktatur entschieden aufkündigt? Wem diese Frage nicht einmal im Rückblick in den Sinn kam, der hat sie natürlich erst recht nicht in den fünfziger und sechziger Jahren gestellt. Daß niemand sie stellte, so einfach sie war, war die Voraussetzung für den erstaunlichen Erfolg, den die Strategie des SED-Staates, seine Legitimität auf seinen Antifaschismus zu gründen, gerade unter Intellektuellen hatte.

Antifaschismus ist das eine Schlüsselwort, Sozialismus natürlich das andere. Diese beiden Pfeiler tragen, was uns als kritische Systemloyalität der Intellektuellen hier beschäftigt: die Überzeugung, daß das »Nie wieder Faschismus« allein von der DDR glaubwürdig in die Tat umgesetzt worden sei, und der Glaube, daß die DDR trotz aller Schwächen für das Prinzip Sozialismus, also für eine gerechtere Gesellschaftsordnung stehe. Mit dem Sozialismus verhält es sich freilich komplizierter als mit dem Antifaschismus. Der Anspruch der DDR, der Staat der konsequenten Negation des Faschismus zu sein, ist immer für gut begründet gehalten worden. Ihr Anspruch, der »real existierende Sozialismus« löse das Gerechtigkeits- und Freiheitsversprechen des Sozialismus ein, wurde auch und gerade denen immer fragwürdiger, die gegen alle Erfahrung von ihrem Sozialismus-Glauben nicht lassen mochten.

Wie tief dieser Glaube verwurzelt war, hat sich im Herbst 1989 gezeigt, als in den Zusammenbruch des SED-Regimes hinein immer wieder die Hoffnung beschworen wurde, nun sei endlich die Zeit des wahren, des demokratischen Sozialismus gekommen – so auf der großen Kundgebung auf dem Alexanderplatz am 4. November 1989. Stefan Heym proklamierte das Ziel: »Der Sozialismus, nicht der Stalinsche, den wir endlich erbauen wollen zu unserem Nutzen und zum Nutzen von ganz Deutschland. Dieser Sozialismus ist nicht denkbar ohne Demokratie.«[254] Christa Wolf tat es: »Stell dir vor, es ist Sozialismus, und keiner geht weg.«[255] Auch Christoph Hein: »Die Strukturen dieser Gesellschaft müssen verändert werden, wenn sie demokratisch und sozialistisch werden soll. Und dazu gibt es keine Alternative.«[256] Der Aufruf »Für unser Land« vom 26. November war ein Aufruf für den Sozialismus: »Noch haben wir die Chance, in gleichberechtigter Nachbarschaft zu allen Staaten Europas eine sozialistische Alternative zur Bundesrepublik zu verwirklichen.«[257] Zahlreiche andere Äußerungen dieser Wochen und Monate klingen ähnlich. Durchgehend verbindet sich in ihnen in aller Klarheit das Bekenntnis zum Sozialismus mit einem Verdammungsurteil über die DDR.

Blickt man aber zurück, so zeigt sich: So scharf der Kontrast zwischen der Vision, dem Glauben, der Hoffnung namens Sozialismus und dem »real existierenden Sozialismus« der DDR im Lauf der Jahrzehnte auch wurde, so deutlich er auch wahrgenommen wurde, Vision und Hoffnung blieben auf paradoxe Weise doch an die DDR gefesselt. Bis zu seinem Ende hat der SED-Staat davon profitiert, daß der sozialistische Glaube irgendeinen Halt in der Wirklichkeit suchte und keine andere Wirklichkeit fand als eben die DDR. Zugespitzter formuliert: Die Utopie legitimierte die Wirklichkeit selbst dann noch, als sie sie schon längst delegitimierte. Ohne Einsicht in diese Paradoxie ist das Loyalitätsphänomen nicht zu verstehen.

Dabei läßt sich als Stufenfolge der Erschütterungen nachzeichnen, wie die ursprüngliche Ineinssetzung von DDR und Sozialismus-Hoffnung im Lauf der Jahrzehnte vielen immer fragwürdiger wurde. Der 17. Juni war für die meisten noch Anlaß, sich um die Fahne zu scharen. Daß westliche Agenten ihre Hand maßgeblich im Spiel gehabt hätten, haben die DDR-Intellektuellen offenbar ganz überwiegend fest geglaubt und die Ereignisse im übrigen eher als einen »Ausbruch von Destruktivität« (Christa Wolf) wahrgenommen. Die Jahre 1956/57 mit ihren gescheiterten Hoffnungen wirkten verstörender, aber immer noch blieb

4. November 1989, Berlin, Alexanderplatz: Auf der großen Kundgebung der »Kunst- und Kulturschaffenden«, wie sie im DDR-Jargon hießen, waren viele Botschaften zu vernehmen.

Deutlicher als andere diese beiden: An den SED-Staat glaubt niemand mehr. Aber auf eine DDR, die den wahren Sozialismus aufbaut, hoffen unter den «Kunst- und Kulturschaffenden« noch viele.

das Vertrauen erstaunlich groß, daß die DDR für eine bessere Zukunft stehe. Der Mauerbau 1961 hat eher Hoffnungen geweckt: Nun werde die DDR sich stabilisieren und könne alle ihre Kräfte für den Aufbau des Sozialismus nutzen. Selbst im Zuchthaus von Bautzen sah der Schriftsteller L. (Erich Loest) es so: Nach Jahren der Pression werde die DDR nun zu sich selbst, nämlich zur sozialistischen Demokratie, kommen.[258] Erst der 21. August 1968 brachte einen »existentiellen Schock« (Christa Wolf); das Jahr 1976 mit der Ausweisung Wolf Biermanns nach den Hoffnungen der ersten Honecker-Jahre für die Schriftsteller einen zweiten. Um noch einmal Christa Wolf zu zitieren: »Den wirklichen Schmerz habe ich 1968 empfunden (...) und dann noch einmal 1976.«[259] Von da an wurde die Empfindung von Stagnation und Verfall stärker. Aber wenn es zuletzt vielleicht auch nur noch eine verzweifelte Hoffnung war, daß hinter den häßlichen Fassaden des »real existierenden Sozialismus« Zukunftsmöglichkeiten angelegt seien, um derentwillen man sich mit der Gegenwart, mit dem Staat arrangieren müsse, der diese Möglichkeiten immer noch irgendwie zu repräsentieren schien, diese Hoffnung verlor sich nie ganz.

Auch hier gilt natürlich: Daß der Bezug zwischen der Utopie und der »mißgestalteten Wirklichkeit« (Wolfgang Emmerich) sich für die DDR-Intellektuellen, die uns hier beschäftigen, bis zum Ende nicht gänzlich auflöste, hat mit dem Gegenbild zu tun, einem Gegenbild, in dem die Propagandaklischees der SED auf eine denn doch erstaunliche Weise präsent waren. Was immer die DDR war, sie war jedenfalls nicht kapitalistisch, sie war nicht die Bundesrepublik. Christoph Hein charakterisierte die Bundesrepublik, als er in den Wendemonaten für den Fortbestand der DDR kämpfte, so: »Der andere deutsche Staat, die Bundesrepublik, schuf mit den alten kapitalistischen Mitteln ein funktionierendes Wirtschaftssystem auf der alten Basis: Heil den Siegern, und Weh den Besiegten.«[260] Für Heiner Müller war die Bundesrepublik in einer Äußerung aus der gleichen Zeit schlicht eine »von der Deutschen Bank unterhaltene Demokratie«.[261] Er bezweifelte, daß es in der Bundesrepublik unter dem Diktat der Industrie freie Wahlen jemals gegeben habe. Rechts- und Verfassungsstaatlichkeit sind auffallenderweise keine Kategorien, die bei diesen Urteilen über die Bundesrepublik irgendeine Rolle spielen. Der Historiker Ernst Engelberg rechtfertigte rückblickend seine Entscheidung für die DDR damit, daß er auf der Suche nach einem anderen Gesellschaftssystem »als dem verbrechenüberladenen des Hochkapitalismus« gewesen sei.[262] Die Frage drängt sich auf, ob ein tief im Stalinismus verwurzelter Kommunismus in puncto Verbrechen so sehr viel besser dastand als der »Hochkapitalismus«.

Alle diese Äußerungen – aus der Zeit nach dem Einsturz des SED-Staates stammend – zeigen: Über sich selbst konnte dieses Regime auch wohlwollende Beobachter, sofern sie es nur aus der Nähe erlebten, auf die Dauer nicht täuschen. Das Bild hingegen, das sie von der Welt im übrigen in sich trugen, konnte es sehr wohl prägen. Und es hat dieses Bild geprägt. So klar und schonungslos die DDR-Schriftsteller am Ende über die DDR urteilten, so formelhaft fiel ihre Begründung für ihr Beharren auf einer sozialistischen Alternative zur Bundesrepublik aus. Man hat das mit dem Bestreben, »an der Kontinuität des eigenen Lebens, an früh vollzogenen Grundentscheidungen« festzuhalten, in Zusammenhang gebracht.[263] Das klingt und ist plausibel. Diese Erklärung läßt freilich offen, warum die Intellektuellen Polens und der Tschechoslowakei sich so viel früher und entschiedener vom Sozialismus abgewandt haben als die der DDR. Vielleicht kommt auch hier noch einmal die deutsche Vergangenheit ins Spiel.

VI.

In keinem anderen schriftstellerischen Werk der letzten Jahrzehnte ist das geteilte Deutschland mit seiner Geschichte und seiner Vorgeschichte so gegenwärtig wie in dem Uwe Johnsons. Man kann es auch so sagen: Uwe Johnson ist nicht ein, er ist *der* Schriftsteller des geteilten Landes. Er ist es schon in seinem ersten veröffentlichten Roman »Mutmaßungen über Jakob«, 1959 erschienen – der Eisenbahner Jakob ist eben nicht nur über die Gleise gegangen, was ihn das Leben kostete, er ist kurz zuvor auch über die Grenze gegangen, die sich durch Deutschland zieht, und beides mag miteinander zu tun haben. Johnson ist es auch in seinem zweiten Roman »Das dritte Buch über Achim«, in dem ein Westdeutscher die Biographie eines Ostdeutschen zu schreiben versucht und daran scheitert; einem Roman, in dem es, nach Johnsons eigenen Worten, um »die Grenze; die Entfernung; den Unterschied« geht und der in der Tat mit der Beschreibung der Grenze einsetzt. Er ist es schließlich und vor allem in der großen, neunzehnhundertseitigen Chronik »Jahrestage« mit ihrem Erzählgeflecht zweier Zeiten.

Geschrieben in den Jahren 1968 bis 1983, gibt sie Bericht von einem Jahr des Lebens der Gesine Cresspahl und ihrer Tochter Marie in New York, Tag für Tag, vom 21. August 1967 bis zum 20. August 1968, und sie gibt in dem Bericht aus der nordamerikanischen Metropole, aus den USA des Vietnamkrieges, einen Bericht über die Geschichte der Familie Cresspahl, über das Leben in einer mecklenburgischen Landstadt in den späten Weimarer Jahren, unter dem Nationalsozialismus, der sowjetischen Besatzungsherrschaft und schließlich in der frühen DDR. Gesine Cresspahl erzählt diese Familiengeschichte ihrer Tochter »für wenn ich tot bin«. Zwei Zeitebenen also: die Jahre 1967/68, die nicht nur mit dem Vietnamkrieg gegenwärtig sind, sondern ebenso mit der unruhigen Zeitgeschichte der Bundesrepublik und vor allem mit den Prager Ereignissen des ersten Halbjahres 1968, bilden die eine, die Jahre 1931 bis 1953, durch die der Bericht langsam fortschreitet, die andere; zwei Schauplätze auch: New York und Mecklenburg, und drei Generationen: Gesines Vater Heinrich Cresspahl, Kunsttischler, die Mittelpunktgestalt in den Erzählungen Gesines, Gesine selbst, Jahrgang 1933, die als Zwanzigjährige die DDR verläßt und als junge Frau aus Westdeutschland nach New York weiterwandert, und schließlich die Tochter Marie, die 1957 in Westdeutschland geboren wird.

Der Blick Gesines aus New York zurück auf Deutschland ist der Blick einer Emigrantin. Bei dieser Emigration mögen persönliche Gründe im Spiel gewesen sein – jener Jakob des ersten Romans, der auf den Gleisen eines Bahnhofs irgendwo in der DDR verunglückte, war der Geliebte Gesines, der Vater Maries –, aber aus dem Weg Gesine Cresspahls ist auch eine politische Botschaft herauszulesen. Und die ist eindeutig: Eine, die aus Deutschland stammt, hat nach allem, was war, kein Land mehr, das sie das Ihre nennen kann und mag. Vielleicht hat sie Heimat gehabt, irgendwo in Deutschland – das Heimweh nach Mecklenburg ist auf eine bewegende Weise gegenwärtig in den Landschaftsbildern der »Jahrestage«, die Himmel und Meer und Felder und Wiesen in Farben von Noldescher Intensität malen. Aber von der Möglichkeit, sich einem der beiden deutschen Staaten zugehörig zu fühlen, ist nicht die Rede, im Gegenteil: Von der Unmöglichkeit wird in deutlichen Worten gesprochen. Dieses Entwurzelt-Sein ist im übrigen ja nicht nur das Schicksal von Johnsons Gestalten, es ist Johnsons eigenes Schicksal: In den fünfziger Jahren von Deutschland Ost nach Deutschland West hinübergewechselt, ist er im Westen des Landes nie richtig heimisch geworden. Von 1966 bis 1968 lebte er in New York, die letzten zehn Jahre seines Lebens in England, wo er 1984 starb. In keinem der beiden deutschen Staaten hielt er es aus.

Johnsons Urteil über die DDR, so wie es sich in den »Jahrestagen« spiegelt, ist von einer

Härte und Eindeutigkeit, die sich auch unter DDR-kritischen Intellektuellen selten finden. Es ist bestimmt von dem Erlebnis der frühen Jahre, erst der sowjetischen Besatzungsherrschaft, dann des sich konstituierenden SED-Regimes. Dieses Erlebnis ist im dritten und vierten Band der »Jahrestage« mit einer Genauigkeit, einer Lebendigkeit, einer Eindringlichkeit und Schärfe in Literatur verwandelt, die ihresgleichen sucht: die Willkürherrschaft der Besatzungsmacht in »Sowjetmecklenburg«; ihre Lager, in denen Menschen wahllos verschwanden und über Jahre, von deutschen Kapos gequält, dahinvegetierten; die despotische Justiz einer sich neu etablierenden Autokratie; die erzwungenen Akklamationen, die sich Wahlen nennen; der neue Opportunismus, der den alten fortführt; die Erziehung zur Unaufrichtigkeit in den Schulen; überhaupt: die Herrschaft der Lüge. Was Johnson wahrnimmt und beschreibt ist, auf einen knappen Nenner gebracht, Fortdauer und Neugründung des Prinzips Diktatur, einer Diktatur, die, um Stalin willfährig zu sein, selbst ihr antifaschistisches Versprechen bricht: Gesine Cresspahl entschließt sich, die DDR zu verlassen – und für den Autor mag das auch eine Rolle gespielt haben –, als das Regime kurz vor Stalins Tod Miene macht, den Wahnvorstellungen Stalins von einer jüdischen Ärzteverschwörung mit einer eigenen antisemitischen Kampagne eilfertig nachzulaufen.

Daß all dies nicht nur die Irrtümer eines schwierigen Beginns waren, bestätigt sich in eben jenem Jahr 1968, in dem Gesine Cresspahl ihrer Tochter von den Anfängen der DDR erzählt: Tag für Tag kann man in der Zeitung lesen, wie sich das Netz um die Prager Reformer zusammenzieht, um ihr Projekt eines Sozialismus »mit einer in Kraft gesetzten Verfassung, mit der Freiheit zu reden, zu reisen, über die Verwendung der Produktionsmittel zu bestimmen, auch für den einzelnen«.[264] Und es ist, mit anderen, der SED-Staat, der das Netz zusammenzieht.

»In Deutschland möchte ich nicht noch einmal leben«[265] – das gilt nun aber nicht nur für den Osten. Zwar bleibt das Bild des Westens eigentümlich blaß, es gibt nichts, was in der Anschaulichkeit der Schilderung dem Bericht über die frühen Jahre der SBZ/DDR auch nur nahekäme. Aber das Urteil ist eindeutig. Auf die Frage der Tochter »Für welche Partei warst du im westlichen Deutschland, Gesine?« antwortet die Mutter: »Der Staatspräsident war ein Freidemokrat, der hatte 1933 Hitler abstützen helfen mit dem Ermächtigungsgesetz, das die Republik von Weimar um die Ecke brachte. (...) Der Kanzler war von den Christdemokraten, was für ein Ausdruck, und hielt sich ein Hündchen, das durfte im Bundestag jedesmal ›Sehr richtig!‹ rufen, wenn er von einer ›Wiederherstellung der deutschen Einheit in Freiheit‹ redete, so am 17. Juni. Mit der anderen Hand aber zog er seine Republik hinein in wirtschaftliche Verkettung mit einer Montan-Union und band sie fest in einem militärischen Verein, der war benannt nach dem Nordatlantik.«[266] Die Sozialdemokraten, das hat Gesine vorab schon klargestellt, waren nicht mehr diskutabel, seit sie begonnen hatten, sich auf die Wiederbewaffnung einzulassen.

Es sind die vertrauten Topoi der Fundamentalkritik an der Bundesrepublik, denen wir hier wiederbegegnen – die Wiederbewaffnung, die Westintegration auf Kosten der Einheit, vor allem aber: das Fortleben der Vergangenheit. Von diesem Fortleben der Vergangenheit ist fast immer die Rede, wenn Westdeutschland in den »Jahrestagen« auftaucht. Von Kiesinger, dem Kanzler der Jahre 1967/68, »ehemals Angehöriger und Beamter der Nazis«,[267] gelegentlich fehlt auch das »ehemals«; von Heinrich Lübke, dem Bundespräsidenten, der als KZ-Baumeister apostrophiert wird; von der NPD, die damals einige aufsehenerregende, freilich kurzlebige Wahlerfolge errang; von den späten Prozessen gegen KZ-Mörder, die in der Regel mit milden Strafen davonkamen; vom Amtssiegel mit Hakenkreuz auf einem in einer Wirtschaft aushängenden Meisterdiplom. Das alles – nicht zuletzt die Namen, an denen das Urteil festgemacht ist – klingt eigentümlich formelhaft. Und wer nach zwei Jahrzehnten zum Thema Bundesrepublik nicht mehr zu sagen wußte, lebte in der Tat in Klischees befangen.

Aber es ist bei Uwe Johnson, dem Wanderer von Ost nach West und dann aus dem Westen hinaus in eine Art von Exil, eben doch in Rechnung zu stellen: Seine Klischees fügen sich ein in ein Gesamtbild von Deutschland, das man als Ganzes ernst nehmen muß – Diktatur im Osten und eine zutiefst unmoralische Gleichgültigkeit der Vergangenheit gegenüber im Westen, das sind zwei Weisen, in denen die Deutschen die Aufgabe, die ihnen nach der Katastrophe der Hitler-Zeit gestellt war, gründlich verfehlt haben. Das ist die Quintessenz des Urteils über Deutschland. Es bleibt nur der Rückzug nach Irgendwo. Aber der Herkunft kann man auch durch den Rückzug nach Irgendwo nicht entkommen. Gesine Cresspahl sagt von sich: »Ich bin das Kind eines Vaters, der von der planmäßigen Ermordung der Juden gewußt hat. Betroffen war die eigene Gruppe: ich mag zwölf Jahre alt sein, ich gehöre zu einer nationalen Gruppe, die eine andere Gruppe abgeschlachtet hat in großer Zahl.«[268] Und sie sagt dies, obwohl ihr Vater zu den wenigen gehörte, die dem Nationalsozialismus widerstanden haben. Man kann das leicht zu einer historisch-theologischen Lehre vom Sündenfall und der Erbsünde der Deutschen weiterdenken. Dann gibt es in der Tat keine Hoffnung auf einen Neuanfang, keine Chance des Neuanfangs mehr.

VII.

Die Geschichtstheologie vom Sündenfall und der Erbsünde der Deutschen ist nicht nur ein interpretatorisches Konstrukt. In der Vereinigungsdebatte der Jahre 1989/90 stoßen wir tatsächlich auf sie, gewiß als Extremposition, aber immerhin hat sich kein Geringerer als Günter Grass diese Extremposition zu eigen gemacht. In vulgärer Form fand man sie da und dort auf Mauern gesprüht: »Nie wieder Deutschland!« Nie wieder Deutschland heißt: Eine Generation hat das Existenzrecht Deutschlands für alle zukünftigen Generationen verspielt.

Solange der Ost-West-Konflikt das Land im Griff hatte, hatte sich diese Frage nicht wirklich gestellt. Was die Parole postulierte, war in gewissem Sinn Wirklichkeit. Erst als die Geschichte ein halbes Jahrhundert nach der Katastrophe in einer plötzlichen Wendung Deutschland wieder möglich werden ließ, mußte, was Jahrzehnte hindurch eine Seminarfrage gewesen war, nicht mehr nur im Seminar und im Feuilleton beantwortet, sondern politisch entschieden werden: Durfte das sein – noch einmal ein deutscher Nationalstaat? Das entschiedenste, eben geschichtstheologische Nein, wie es Günter Grass ausgesprochen hat, war beides: die stärkste Steigerung jenes Loyalitätsvorbehaltes gegen die Bundesrepublik, von dem bisher die Rede war, und etwas weit Prinzipielleres als der alte Vorbehalt.

Vereinigungsskepsis, Widerwille gegen die Vereinigung war unter den Intellektuellen nicht die Ausnahme, sondern eher die Regel. Die Motive freilich waren unterschiedlich. Im Osten war, wie wir gesehen haben, bei vielen auch der kritischen Intellektuellen ein Sozialismus-Glaube von erstaunlicher Unerschütterlichkeit im Spiel, verbunden mit einer durchaus DDR-spezifischen Abneigung gegen das westliche Deutschland, vielleicht auch Furcht vor dem westlichen Deutschland. Im Westen mag die Grundstimmung unter denen, die mit der Bundesrepublik immer ihre Probleme gehabt hatten, die gewesen sein, daß man sich am Triumph eines ungeliebten Staates und einer noch weniger geliebten Regierung nicht freuen konnte oder wollte. Gewichtige Argumente, die vorgebracht wurden, betrafen das Verfahren, die Sorgen der Nachbarn, die Gefahren des Rückfalls, so sah es vor allem Jürgen Habermas, von einem schon erreichten Niveau der Herausbildung postnationaler Identität auf ältere, problematische Bewußtseinsbestände.

Geschichtstheologie kam erst mit dem Argument »Auschwitz« ins Spiel. Es war Günter Grass, und anscheinend einzig Günter Grass, der es in die Vereinigungsdebatte einführte. »Wer gegenwärtig über Deutschland nachdenkt und Antworten auf die ›Deutsche Frage‹ sucht, muß Auschwitz mitdenken.«[269] Es genügte Günter Grass nicht, einem wiedervereinigten Deutschland, so wie es sich nach seiner Prognose notwendig entwickeln, fehlentwickeln würde, schon im vorhinein mit einer erstaunlichen Zukunftsgewißheit die Loyalität aufzukündigen: »Dieses Vaterland verrate ich jetzt schon; mein Vaterland müßte vielfältiger, bunter, nachbarlicher, durch Schaden klüger und europäisch verträglicher sein.« Die geschichtstheologische Beschwörung von Auschwitz mußte hinzutreten, um das Nein zur Vereinigung gänzlich unangreifbar zu machen. »Der Ort des Schreckens (...) schließt einen zukünftigen deutschen Einheitsstaat aus.« In diesem Urteilsspruch trägt der »Einheitsstaat«, was immer genau damit gemeint ist, eine Argumentationslast, die er unmöglich tragen kann: Er ist das Glied, das den nationalsozialistischen Genozid und das Wiedervereinigungsverbot des Schriftstellers Grass miteinander verbindet. Rational ist das nicht mehr nachvollziehbar. Und es bleibt auch offen, ob sich hinter diesem untauglichen Rationalisierungsversuch die Vorstellung verbirgt, mit Auschwitz hätten die Deutschen ein für allemal das Recht verwirkt, in einem Staat zusammenzuleben, oder die Erwartung, jeder deutsche Nationalstaat werde rückfällig werden, bis hin zum Äußersten. So oder so ist hier ein Punkt erreicht, an dem das Gespräch stockt. Wem auch nach vierzig Jahren Demokratiegeschichte in Deutschland, vierzig Jahren Integrationsgeschichte in Europa Deutschland immer noch nur ein Alptraum ist, welches Argument, welche Erfahrung könnte den eines anderen belehren?

»Alptraum steht gegen Traum«, heißt es in der Tat bei Günter Grass. Der Alptraum – das ist das vereinigte Deutschland, der Traum eine Konföderation der beiden deutschen Staaten, die weiterhin, so stellte Grass sich das in den kritischen Monaten des Winters 1989/90 vor, zwei verschiedenen Bündnissen angehören sollten. Die Antithese ist überaus charakteristisch. Sosehr sie auf den zukunftsträchtigen Augenblick des Übergangs nach dem 9. November 1989 bezogen war, im Grunde ist sie jedem vertraut, der die literarische Auseinandersetzung mit dem westlichen Nachkriegsdeutschland kennt. Sie hat diese Auseinandersetzung immer schon bestimmt. Was nicht Traum ist, ist Alptraum. Die Bundesrepublik war nicht Traum, und deshalb wurde sie immer wieder als Alptraum wahrgenommen – während die DDR fast bis zum Ende hin ein Stück »Traumlegitimität« für sich in Anspruch nehmen konnte. »Alptraum steht gegen Traum«: Die Bundesrepublik hatte es schwer mit denen, die so dachten, und die, die so dachten, hatten es schwer mit der Bundesrepublik. Es steckt ein Maßstab in dieser Formel. Aber wer sich seiner in politischen Dingen bedient, verrät mehr über sich selbst, als er über das Gemeinwesen herausfindet, das er vermißt.

Mußte auf den Zusammenbruch des SED-Regimes die Wiedervereinigung Deutschlands folgen? Wer dazu neigt, die Frage zu bejahen, kann geltend machen, ein überlebensfähiges Staatsgebilde DDR habe es vom Herbst 1989 an nicht mehr gegeben; das aber bedeute, daß die Teilung Deutschlands, was immer an Interessen mit ihr noch verknüpft sein mochte, nicht aufrechtzuerhalten gewesen sei. Selbst ein Sturz Gorbatschows, kann man hinzufügen, hätte die DDR nicht am Leben halten können, mit Gewalt nicht und ohne Gewalt erst recht nicht. Wer meint, es hätte nach dem 9. November auch ganz anders weitergehen können, kann vor allem darauf verweisen, daß von den vier Siegermächten drei – die Sowjetunion, Großbritannien, Frankreich – die Wiedervereinigung der beiden Deutschlands zunächst einmal gern behindert, aufgehalten, verzögert hätten. Auch im weiteren Kreis der Partner der Bundesrepublik war das Ziel Wiedervereinigung alles andere als populär. Die Straßburger Zusammenkunft der europäischen Staats- und Regierungschefs Anfang Dezember – zehn Tage nach der öffentlichen Präsentation seines Wiedervereinigungsprogramms – hat Kohl mit der Bemerkung kommentiert, nie zuvor habe er einen EG-Gipfel »in so eisiger Atmosphäre« miterlebt. Die Befragung sei fast ein Tribunal gewesen.[1] Auch daran ist zu erinnern, daß die DDR selbst anfangs noch um ihr Überleben kämpfte und daß sich in ihrem Mangel an Vereinigungsenthusiasmus die Regierung Modrow, die gleich nach der Öffnung der Mauer in der DDR die Geschäfte übernahm, und die oppositionellen Gruppen durchaus nahe waren. Der runde Tisch, an den man sich im Dezember gemeinsam setzte, machte es sichtbar. Selbst in Bonn brauchte man Zeit, bis man sich entschloß, das Undenkbare zu denken.

Ganz undenkbar war noch bis in das Jahr 1990 hinein jedenfalls, daß der Weg vom Fall der Mauer bis zur Einheit in elf Monaten zurückgelegt werden würde. War man nicht, wenn man die Einheit nicht überhaupt definitiv abgeschrieben hatte, davon überzeugt gewesen, daß sie allenfalls aus einem langen Prozeß allmählichen Wandels hervorgehen könne, einem Prozeß, in dem die deutsche Teilung und die europäische Teilung im Gleichtakt behutsam, Schritt für Schritt zu überwinden sein würden?

Das sind Gedankenspiele. Die Frage bleibt unbeantwortbar, ob dem 9. November der 3. Oktober folgen mußte. Aber so viel wird man doch sagen können: Daß die Einigung so gelang, wie sie gelang, so rasch, im Einvernehmen mit allen vier Siegermächten und den Nachbarn, ohne Europa zu erschüttern, ohne die in Jahrzehnten gewachsenen atlantisch-europäischen Bündnis- und Gemeinschaftsstrukturen zu beschädigen, ohne Deutschland zu isolieren – das war alles andere als selbstverständlich. Es mag richtig sein, daß die Teilung nicht fortdauern konnte, weil die DDR, wenn sie denn einstürzte, nur von der Bundesrepublik aufgefangen werden konnte. Aber über das Wie der Vereinigung ist damit noch nicht das geringste gesagt. Die Politik, heißt das, war so oder so vor eine außerordentliche Herausforderung gestellt. Sie konnte sich nicht darauf verlassen, daß es so ausgehen müsse, wie es ausgegangen ist – was immer der Historiker dazu sagen mag.

Tatsächlich ist die dramatische Geschichte der »329 Tage«[2] denn auch vor allem, so gewiß Zufall, Glück, Zwangsläufigkeiten hineingespielt haben, die Geschichte einer Meisterleistung der Politik, der Staatskunst, wenn man es altmodisch sagen will. Die Grundbedingungen dafür, daß aus dem 9. November 1989 der 3. Oktober 1990 werden konnte, sind einfach zu benennen: Die beiden deutschen Staaten mußten es wollen, und die vier Siegermächte mußten es zulassen. Das Prädikat »Meisterleistung der Politik« gewinnt Konturen, wenn man die Entwicklung nachzeichnet, in der sich diese Konstellation herausbildete.

Die Bundesrepublik ist an erster Stelle zu nennen. Sie war, kaum überraschend und doch nicht selbstverständlich, die treibende Kraft. Den Herbst hindurch, bis über den 9. November hinaus, hatte man in Bonn die Entwicklung im anderen Teil Deutschlands eher zurückhaltend, mit einer gewissen Ratlosigkeit verfolgt. An der alten Formel, man wolle die DDR nicht destabilisieren, war lange festgehalten worden. Egon Krenz war dann, als von Stabilität beim besten Willen keine Rede mehr sein konnte, bedeutet worden, wirtschaftliche Hilfe könne die DDR nur bei politischen und ökonomischen Fundamentalreformen erwarten. Aber mit einer klaren eigenen Zielvorstellung meldete die Bundesrepublik sich erst Ende November zu Wort: Sie tat es in dem Zehn-Punkte-Programm zur Überwindung der Teilung, das Helmut Kohl am 28. November, drei Wochen nach dem Fall der Mauer, bei Gelegenheit der Haushaltsdebatte dem Bundestag präsentierte. Mit dieser Erklärung übernahm der Bundeskanzler die Führung in dem Prozeß, der schließlich zur Einheit führte – er wies ihm die Richtung und hat ihn von da an unermüdlich weitergetrieben. Die Formel vom »Kanzler der Einheit« hält der historischen Nachprüfung durchaus stand. Übrigens hat Kohl diesen ersten Schritt – im Unterschied zu allen späteren – ganz bewußt getan, ohne die Verbündeten vorab zu informieren. Sie reagierten denn auch höchst irritiert. Plausible Gründe für den diplomatischen Affront sind nicht leicht zu entdecken.

Der Kernsatz der Erklärung lautete: »Wir sind aber auch bereit, noch einen Schritt weiterzugehen, nämlich konföderative Strukturen zwischen beiden Staaten in Deutschland zu entwickeln mit dem Ziel, eine Föderation, das heißt eine bundesstaatliche Ordnung, in Deutschland zu schaffen.« Diese Projektion wird zwar noch einmal abgedämpft: »Wie ein wiedervereinigtes Deutschland einmal aussehen wird, das weiß heute niemand«, und unter Vorbehalt gestellt: »Daß aber die Einheit kommen wird, wenn die Menschen in Deutschland sie wollen, dessen bin ich sicher.«[3] Auch ist der ganze Punkt 5 gleichsam eingehegt von den vordringlichen Überlegungen zur Weiterentwicklung der Beziehungen zur DDR (Punkte 1–4) und den nachdrücklichen Zusicherungen, daß die Bundesrepublik nicht ausbrechen werde aus den Ordnungen, in die sie sich in den vier Jahrzehnten ihrer Existenz eingebunden hatte (Punkte 6–10). Aber ausgesprochen war es nun eben doch: Die Bundesrepublik will die Wiedervereinigung, sie ist ein aktuelles Ziel ihrer Politik. Alle haben die

Botschaft verstanden und zum Teil heftig darauf reagiert. Das gilt zumal für Moskau, aber auch für London und Paris.

Wie dynamisch die Entwicklung von nun an verlief, ist daran abzulesen, daß der Zeithorizont des Programms sich in wenigen Wochen dramatisch zusammenzog. Am Vorabend seiner Bundestagserklärung sprach Kohl im Kreis seiner Vertrauten von fünf bis zehn Jahren, die es dauern werde, bis das Ziel erreicht sei.[4] Von Januar an galt angesichts des schnell fortschreitenden Verfalls der DDR hingegen die Maxime: so rasch wie möglich. Der enthusiastische Empfang in Dresden am 19. Dezember scheint auf Kohl einen starken, vielleicht entscheidenden Eindruck gemacht zu haben. Aber auch die Instabilität der Verhältnisse in der Sowjetunion trieb zur Eile. Niemand konnte wissen, wieviel Zeit man haben würde. Kohl hat in diesen Monaten sein Geschäft mehrfach mit der Arbeit eines Bauern verglichen, der die Ernte noch vor dem drohenden Gewitter einbringen müsse.[5]

Im Blick auf die Präambel des Grundgesetzes mag man fragen, ob Kohls Erklärung vom 28. November nicht eine bare Selbstverständlichkeit gewesen sei. Hätte nicht jede westdeutsche Regierung nach dem 9. November so gehandelt? Das ist keineswegs sicher. Zwar hätte keine Bonner Regierung die Zweistaatlichkeit gegen den Willen der Deutschen in der DDR aufrechterhalten können. Aber daß Lafontaine, um Kohls sozialdemokratischen Gegenspieler in der Bundestagswahl von 1990 zu nennen, die gleiche Politik wie Kohl getrieben hätte, darf man bezweifeln. Der normative Vorbehalt gegen die Teilung, den die christlich-liberale Koalition seit 1982 wieder mit neuem Nachdruck geltend gemacht hatte, war, als die Chance kam, die Zweistaatlichkeit zu überwinden, eben nicht mehr Allgemeingut der westdeutschen Politik. Die Bundesrepublik hatte im November 1989 eine Entscheidung zu treffen.

Und wie stand es mit der DDR? Bei ihrem Amtsantritt sprach die Regierung Modrow von Vertragsgemeinschaft. Lange konnte Modrow dabei nicht stehenbleiben. Im Februar redete auch er von einer deutschen Föderation, von einem deutschen Bund. Er tat es freilich als ein Getriebener, sein Staat war in voller Auflösung begriffen. Die wirkliche, entscheidende Wendung brachte erst die Volkskammerwahl vom 18. März, die erste und einzige freie Wahl in der DDR: 75 Prozent der Stimmen, bei einer Wahlbeteiligung von 93 Prozent, wurden für die Parteien abgegeben, die sich vor der Wahl für die Einheit entschieden hatten – der Löwenanteil, 48 Prozent, fiel der »Allianz für Deutschland« zu, die am prononciertesten für eine rasche Wiedervereinigung eintrat. Die Wähler in der DDR, heißt das, erwarteten von ihrem Staat, in welcher Gestalt auch immer, nichts mehr, vom westdeutschen, dem Wunderland des Wohlstands, alles – zuviel also. Und so hieß es denn auch in der Koalitionsvereinbarung, mit der die neue Regierung de Maizière antrat: »Ziel der Koalition ist es, (...) die Einheit Deutschlands nach Verhandlungen mit der BRD auf der Grundlage des Art. 23 des Grundgesetzes zügig und verantwortungsvoll für die gesamte DDR gleichzeitig zu verwirklichen (...).«[6] Beide deutschen Staaten wurden nun von demokratisch legitimierten Regierungen geführt, die die Einheit wollten – ohne Verzug.

»Die vier Siegermächte mußten es zulassen« – das bezieht sich zuerst und vor allem natürlich auf die USA und die Sowjetunion. Für die USA gilt: Zulassen ist das falsche Wort.

Die USA haben als einzige unter den Siegermächten den Prozeß der Vereinigung selbstbewußt und entschlossen unterstützt, und zwar nicht erst nach langem Zögern, sondern von Anfang an. Dabei hat sich Washington durchaus, nüchtern kalkulierend, von seinen eigenen Interessen leiten lassen. Es gab für die Amerikaner keinen Grund, die Wiedervereinigung zu fürchten, im Gegenteil: Ein wiedervereinigtes Deutschland im atlantischen Bündnis – für die amerikanische Politik die Conditio sine qua non – würde bedeuten, daß der Ost-West-Konflikt mit einem Triumph des Westens zu Ende ging, die Sowjetunion ihre vierzig Jahre lang behauptete europäische Position verlor, die USA die ihre ausbauten. Tatsächlich stand hinter dem strikten Nein Washingtons zu jeder Neutralitätslösung nicht mehr so sehr das alte Mißtrauen gegen die Deutschen als vielmehr das Ziel, sich Deutschland als Basis der amerikanischen Präsenz in Europa, geographisch wie politisch, zu sichern. Nur Deutschland kam für diese Rolle in Betracht. Und weil das so war, mußte verhindert werden, daß Deutschland sich vor die Wahl Einheit oder Bündnismitgliedschaft gestellt sah. Deutschland sollte sich in diesem entscheidenden Augenblick seiner Geschichte der Loyalität seiner Bundesgenossen sicher sein dürfen. Anders würde man auch von Deutschland keine Loyalität erwarten können. Verhindert werden mußte im übrigen nicht nur eine Neutralitätslösung, sondern auch, daß die zu erwartenden Verhandlungen über den Abzug der sowjetischen Truppen eine Diskussion über den Abzug der amerikanischen Truppen auslösten. Als eine Washingtoner Sorge taucht dieses Thema in den kritischen Monaten immer wieder auf.

Auf der anderen Seite die Sowjetunion. Die DDR war ihre Siegesbeute, ihr Ziehkind, der Eckpfeiler ihres osteuropäischen Imperiums. Noch stand die sowjetische Armee mit fast 400 000 Soldaten auf dem Territorium der DDR. Und wenn auch die Entscheidung, den Zusammenbruch des SED-Regimes hinzunehmen, schon gefallen war, so blieb es doch dabei: Ohne Verständigung mit der Sowjetunion war eine Vereinigung der beiden deutschen Staaten nicht denkbar. Daß diese Verständigung gelang, ist bemerkenswerter, auch erklärungsbedürftiger als alles andere, was sich in den bemerkenswerten »329 Tagen« ereignete.

Die Einwilligung ist Gorbatschow allem Anschein nach, auch wenn er es im nachhinein anders dargestellt hat, keineswegs leichtgefallen. Zwar hatte er sich in den vier Jahren seiner Amtszeit als Generalsekretär, die 1989 bereits hinter ihm lagen, schon weitgehend von der orthodox-kommunistischen Sicht des Ost-West-Konfliktes gelöst. Aber auf Kohls Zehn-Punkte-Plan reagierte er zunächst einmal noch mit größter Heftigkeit. Bis in den Januar hinein weigerte er sich kategorisch, die DDR zur Disposition zu stellen. Offenbar waren es die Entwicklungen in der DDR in den Dezember- und Januarwochen, die ihn davon überzeugten, daß ihm die Wirklichkeit davonlief. In diesen Wochen muß er begriffen haben, daß nicht zu halten war, was nicht erhalten werden konnte. Am 10. Februar 1990 erklärte er Helmut Kohl in Moskau sein Einverständnis mit der Wiedervereinigung Deutschlands. Das ist das erste entscheidende Datum. Ein Vierteljahr später, auf dem amerikanisch-sowjetischen Gipfeltreffen in Washington am 31. Mai, folgte die eher noch erstaunlichere Zustimmung zur NATO-Mitgliedschaft des wiedervereinigten Deutschlands. Das ist das zweite entscheidende Datum. Bis zu diesem Zeitpunkt hatte Moskau auf der Neutralität des vereinigten Deutschlands oder, eine kuriose, gänzlich impraktikable Idee, seiner Zugehörigkeit zu beiden Bündnissen, dem östlichen wie dem westlichen, beharrt. Das außerordentliche Zugeständnis wurde nicht explizit gemacht, sondern in Gestalt der Bekräftigung des KSZE-Prinzips, daß jedes Land das Recht habe, seine Bündniszugehörigkeit frei zu wählen – aber jeder wußte, was das bedeutete. In den Vorverhandlungen zum Washingtoner Gipfel hatte Außenminister Baker ein Bündel sicherheitspolitischer Konzessionen präsentiert: die Zusage, die NATO werde sich als Bündnis neu definieren, wie es Anfang Juli in London dann ja auch geschah; das Versprechen, dem Territorium der ehemaligen DDR innerhalb der NATO einen gewissen Sonderstatus zu geben, Deutschland überhaupt einigen fortdauernden Einschränkungen zu unterwerfen. Diese Konzessionen waren sicher hilfreich, aber sie erklären nicht, warum Gorbatschow die Forderung nach Neutralität schließlich fallenließ.

Was gab den Ausschlag? War es die Einsicht, daß die NATO-Mitgliedschaft für den Westen nicht verhandelbar war? Die Befürchtung, er könne, wenn er sich nicht bewege, von der Entwicklung überrollt werden? Ein wachsendes – übrigens auch ausdrücklich eingestandenes – Verständnis dafür, daß die amerikanische Präsenz in Europa auch im sowjetischen Interesse liege? Die Sorge, ein ungebundenes Deutschland könne sich als unberechenbarer erweisen als ein eingebundenes, beispielsweise nach Atomwaffen greifen? Die Wahrnehmung, daß der Warschauer Pakt in voller Auflösung begriffen war, die zukünftige europäische Sicherheitsarchitektur also ohnehin nicht mehr die Balance zwischen zwei Bündnissystemen zur Grundlage haben würde?

Bei alldem ist zu bedenken, daß Deutschland nicht das einzige und nicht einmal das erste Problem auf der Moskauer Krisenagenda im ersten Halbjahr 1990 war: Nicht nur daß der Warschauer Pakt, das osteuropäische Imperium überhaupt zerfiel – Polen und Ungarn waren die Schrittmacher –, auch die Sowjetunion selbst begann sich aufzulösen, Litauen und Aserbaidschan waren die Unruheherde jener Monate. Dazu verschärfte sich die Wirtschaftskrise von Tag zu Tag. Das Land drohte in ihr zu versinken. Und in der Partei kämpften die verschiedenen Richtungen gegeneinander; bis zum Parteitag in den ersten Julitagen wußte niemand, ob Gorbatschow sich durchsetzen würde. Wirtschaftskrise wiederum hieß: Hilfe von außen wurde für Gorbatschow immer überlebenswichtiger, und zwar rasche Nothilfe, um die größten Versorgungslücken zu schließen, und Unterstützung auf mittlere Frist, um dem Reformkurs eine Chance zu geben. Die Bundesrepublik aber war das einzige Land, das bereit und in der Lage war, ohne Verzug zu helfen.

Zählt man alles zusammen, so spricht viel dafür, daß die Entscheidung, den Weg zur Wiedervereinigung Deutschlands im westlichen Bündnis freizugeben, letztlich eine Kapitulation war, die der Problemüberdruck erzwang. Sie entsprang einer elementaren Ratlosigkeit, die sich der Logik der westlichen Argumentation mangels plausibler Alternativen schließlich nicht mehr entziehen konnte. Es war hilfreich, daß Gorbatschow diese Entscheidung auch anders, positiv verstehen und rechtfertigen konnte. Aber ausschlaggebend war doch wohl seine Überzeugung, keine Alternative mehr zu haben. Daß es in den Apparaten der alten Staatspartei bis zuletzt Widerstand gegen die »Kapitulation« gab, braucht kaum gesagt zu werden, doch er hat sich – jedenfalls in dieser Phase – nicht zu einer geschlossenen Opposition formiert. Und: Gorbatschow ist es gelungen, an den Apparaten vorbei zu regieren. Einige der wichtigsten Entscheidungen, so die vom 31. Mai, scheint er geradezu spontan getroffen zu haben. Übrigens nimmt der 31. Mai der legendären deutsch-sowjetischen Begegnung in Moskau und im Kaukasus am 15./16. Juli 1990 nicht ihre historische Bedeutung. Das den Amerikanern gemachte Zugeständnis wurde sozusagen erst wirksam durch seine Festschreibung im deutsch-sowjetischen Verhältnis. Aber daß dieses Zugeständnis eher den Amerikanern als den Deutschen gemacht wurde, darf darüber nicht vergessen werden.

Nicht nur die Sowjetunion hatte ihre Schwierigkeiten mit der Vereinigung. Auch die westeuropäischen Verbündeten Großbritannien und Frankreich, obschon seit 1955 vertraglich verpflichtet, die Bundesrepublik bei ihrem Einheitsstreben zu unterstützen, hatten sie. Vielleicht sollte man nicht von Großbritannien und Frankreich, sondern von Premierministerin Thatcher und Staatspräsident Mitterrand sprechen. Sie sind mit ihren Schwierigkeiten freilich auf charakteristische Weise unterschiedlich umgegangen. Mitterrand hat nach anfänglicher Ratlosigkeit, Indignation, Konfusion – sein Staatsbesuch in der DDR im Dezember 1989 gehört nicht zu seinen diplomatischen Meisterleistungen – das Unaufhaltsame doch eben noch rechtzeitig als unaufhaltsam begriffen und sich mit Worten, freilich auch nur mit Worten, an die Seite seines Freundes Helmut Kohl gestellt. Er erkannte die Chance, eine Gegenleistung einzufordern – die deutsche Zustimmung zur Währungsunion –, und er nutzte sie. Damit würde immerhin das Problem der Suprematie der D-Mark, der Bundesbank also, aus der Welt geschafft sein, wie denn überhaupt die festere Einbindung Deutschlands in die europäische Gemeinschaft für Frankreich bis zu einem gewissen Grade ausgleichen konnte, daß Deutschland größer und gewichtiger wurde.

Ganz anders verhielt sich Margaret Thatcher. Sie hat aus ihrer tiefen Abneigung gegen Deutschland, die durch ihre Abneigung gegen den Kanzler bestimmt nicht gemildert wurde, nie herausgefunden. Auch die europäische Perspektive konnte sie nicht trösten, im Gegenteil: Daß die Vereinigung vermutlich einen Integrationsschub auslösen würde, war ihr alles andere als willkommen. Und der deutsch-amerikanische Schulterschluß hat sie gekränkt. Ihre Versuche, den Vereinigungsprozeß zumindest zu verlangsamen, vielleicht umzulenken, hat die Premierministerin erst spät, unwillig resignierend aufgegeben. Daß sie sich anders als Mitterrand mit der Entwicklung, die sie nicht verhindern konnte, nicht aussöhnen wollte, hat sicher viel mit der Person Margaret Thatcher zu tun. Aber auch damit, daß es im deutsch-britischen Verhältnis jenen Kooperationsreflex nicht gab, der sich im deutsch-französischen Verhältnis in Jahrzehnten gemeinsamer Arbeit am europäischen Projekt herausgebildet hatte. Zudem zeigte sich hier wohl noch einmal, daß der Sieg im Zweiten Weltkrieg für das britische Selbstbewußtsein eine viel grundlegendere Bedeutung hatte, als er für das französische haben konnte. Freilich sollte man nicht vergessen: Es hat in der britischen Politik auch ganz andere Auffassungen gegeben als die der Premierministerin.

Zwei weitere Mitspieler auf der internationalen Bühne sind noch zu nennen: Polen und die Europäische Gemeinschaft. Polen hatte mit seinem immer neuen Aufbegehren gegen das kommunistische Regime wie gegen den russischen Imperialismus zum Einsturz der Moskauer Hegemonialordnung in Osteuropa einen entscheidenden Beitrag geleistet. Damit hatte es auch der Wiedervereinigung vorgearbeitet. Sie widersprach keineswegs grundsätzlich polnischen Interessen, bedeutete sie doch, daß Polen Westeuropa politisch wie geographisch ein wesentliches Stück näherrückte. Aber Polen wollte Sicherheit: Polen wollte die definitive Festschreibung der Oder-Neiße-Grenze vor der Wiedervereinigung, und es bestand darauf, ein Recht zu haben, an den Verhandlungen über die Vereinigung beteiligt zu werden.

Insbesondere Frankreich hat sich der polnischen Interessen mit einigem Nachdruck angenommen. Helmut Kohl auf der anderen Seite hat in zähen Rückzugsgefechten den Standpunkt verteidigt, die endgültige Anerkennung der Oder-Neiße-Grenze könne erst vom gesamtdeutschen Souverän, von einem von allen Deutschen gewählten Parlament, ausgesprochen werden. Er wußte natürlich, daß ohne diese Anerkennung die Wiedervereinigung nicht zu haben sein würde – alle vier Siegermächte haben das unmißverständlich klargemacht. Aber er hielt es offenbar verhandlungstaktisch für klüger, den Preis erst zu zahlen, wenn die Wiedervereinigung unter Dach und Fach war, und hatte im übrigen sicher auch die bevorstehende Bundestagswahl, will sagen: die Stimmen der Vertriebenen, im Blick. Schließlich fand man zu einem Kompromiß: Beide deutschen Parlamente, Bundestag und Volkskammer, gaben den Polen in gleichlautenden Resolutionen Vorabzusicherungen; im 2 + 4-Vertrag wurden die Grenzen Deutschlands als endgültig festgeschrieben und ein deutsch-polnisches Grenzabkommen angekündigt; und dieses Abkommen wurde dann unmittelbar nach dem 3. Oktober, als erster internationaler Vertrag des wiedervereinigten Deutschlands, abgeschlossen. Man darf angesichts dieses Kompromisses bezweifeln, daß die Aufregungen, die die Grenzfrage in den Monaten zwischen November 1989 und Oktober 1990 zeitweilig verursachte, wirklich nötig waren.

Der letzte Mitspieler, die Europäische Gemeinschaft, war wichtig, weil Wiedervereinigung ja auch Eingliederung der DDR in die EG bedeutete. Das war nicht nur an sich schon eine komplizierte Prozedur, es gab auch Besorgnisse unter den ärmeren Mitgliedstaaten, ihr Anteil am EG-Kuchen könnte kleiner werden. Die vorbehaltlose Unterstützung der westdeutschen Wiedervereinigungspolitik durch Kommissionspräsident Delors war da ein wichtiger Faktor. Delors wiederum durfte sich angesichts der Kohl-Mitterrandschen Strategie von der Vereinigung durchaus Integrationsimpulse erwarten – er trieb europäische, nicht deutsche Politik.

Das Stichwort Strategie lenkt den Blick weiter von der skizzierten Interessenkonstellation zur Dynamik des Prozesses. Die Bundesrepublik und die USA agierten, und zwar in engstem, vertrauensvollem Zusammenwirken, die anderen reagierten. Wie trieben Bonn und Washington den Prozeß vorwärts? Kohl folgte in seiner Vereinigungspolitik im Kern einer einfachen Maxime: Er warb um Vertrauen, unermüdlich und nach allen Seiten. Er konnte nur Erfolg haben, weil er dabei an vierzig Jahre westdeutscher Außenpolitik, das heißt vierzig Jahre westdeutscher Werbung um Vertrauen, anknüpfen konnte. Bush und

Baker gegenüber verbürgte er sich – ohne jedes Schwanken – dafür, daß auch das vereinigte Deutschland der NATO angehören werde. Eher werde er auf die Einheit verzichten, als die Zugehörigkeit der Bundesrepublik zum atlantischen Bündnis zur Disposition zu stellen. Die Amerikaner haben es ihm geglaubt – man darf vermuten, daß seine Glaubwürdigkeit einiges mit seiner Standfestigkeit im Nachrüstungsstreit zu tun hatte. Ohne diese Standfestigkeit wäre die deutsch-amerikanische Allianz im entscheidenden Augenblick in einer sehr anderen Verfassung gewesen. Übrigens war Kohls Eindeutigkeit um so wichtiger, als man von Genscher gelegentlich auch weniger Eindeutiges hören konnte.

Mitterrand gegenüber betonte der Kanzler seine Bereitschaft, das vereinte Deutschland noch stärker in die Europäische Gemeinschaft einzubinden, insbesondere den Schritt in die Währungsunion zu tun. Gorbatschow empfahl er sich als beredter Anwalt der Sowjetunion im Westen, der hartnäckig, wenn auch ziemlich erfolglos, für ein internationales Hilfsprogramm warb, vor allem aber als ein verläßlicher Freund in der Not, der in den kritischen Monaten mehrfach auf die dringende Bitte um Hilfslieferungen oder Kredite rasch und unkonventionell reagierte. Hinzu kam das Angebot eines umfassenden Kooperationsvertrages zwischen dem vereinten Deutschland und der Sowjetunion – es mag Gorbatschow geholfen haben, auf Deutschland zu setzen. Freilich warb Kohl nicht nur um Vertrauen; er bestand auch darauf, daß die Bundesrepublik Vertrauen verdient habe und daß sie als Partner zu behandeln sei. Eine Rückkehr zur Nachkriegskonstellation könne es nicht geben.

Was immer Rühmendes zur Bonner Strategie zu sagen sein mag – aus eigener Kraft konnten die Deutschen kaum ans Ziel gelangen. Sie waren auf amerikanischen Beistand angewiesen. Die Amerikaner waren es, die in der Bündnisfrage den Moskauer Widerstand zuerst gebrochen haben. Die Amerikaner waren es wohl auch, die die zögernden Briten und Franzosen zum raschen und vollständigen Verzicht auf die Vier-Mächte-Rechte überredet haben. Die Amerikaner haben wesentlichen Einfluß auf die für die Moskauer Entscheidung wichtige Londoner Erklärung vom 6. Juli 1990 genommen, in der die NATO den Ost-West-Konflikt für beendet erklärte und der Sowjetunion Partnerschaft anbot. Das deutsch-amerikanische Zusammenspiel, darauf läuft es hinaus, hat den Vereinigungsprozeß gesteuert.

Das gilt nicht nur für die Ziele, die angestrebt und erreicht wurden, es gilt auch für die Verhandlungskonfiguration, in der sie angestrebt und erreicht wurden, die sogenannten 2+4-Gespräche. Das Schema ist zwischen Washington und Bonn verabredet worden: die beiden deutschen Staaten und die vier Siegermächte, niemand sonst; als die Italiener Wünsche anmeldeten, beschied Genscher sie kühl: »Sie spielen nicht mit.«[7] Große internationale Konferenzen, sei es eine Friedenskonferenz mit allen ehemaligen Kriegsgegnern Deutschlands, sei es ein KSZE-Forum, würden nur unzählige Möglichkeiten eröffnen, Ansprüche zu erheben, Einsprüche vorzubringen, den Gang der Dinge zu verzögern. Das sollte nicht sein, darüber waren sich Deutsche und Amerikaner vollkommen einig, so wie sie sich darüber einig waren, daß es bei den 2+4-Verhandlungen nicht um einen nachgeholten Friedensvertrag gehen solle, sondern nur darum, dem vor 45 Jahren besiegten, dann geteilten, in die Völkergemeinschaft längst wieder aufgenommenen, nun wiedervereinigten Deutschland die volle Souveränität zurückzugeben. Von einem »Friedensvertrag« wollten die Deutschen schon deshalb nichts wissen, weil sie fürchteten, sobald von Friedensverhandlungen und Friedensvertrag gesprochen werde, werde auch von Reparationen die Rede sein.

Von der anderen Seite, den reagierenden Mächten, ist wenig zu berichten. Zu einem Zusammenspiel zwischen denen, die die Wiedervereinigung lieber verhindert, zumindest aber verzögert hätten, ist es nicht wirklich gekommen. Von einer Gegenstrategie kann schon gar nicht die Rede sein. Als Gorbatschow und Mitterrand Anfang Dezember in Kiew zusammentrafen, scheinen sie zwar beide überzeugt gewesen zu sein, man müsse »etwas tun«, aber zu einer gemeinsamen Antwort auf die Frage, was denn zu tun sei, haben sie doch nicht zusammengefunden.[8] Auch der sowjetische Versuch, den Kontrollrat zumindest symbolisch wiederzubeleben, führte zu nichts. Am 11. Dezember trafen auf sowjetische Anregung die Botschafter der vier Mächte im Berliner Kontrollratsgebäude zusammen. Aber diese Begegnung blieb die einzige ihrer Art. Außenminister Genscher machte den Bündnispartnern unmißverständlich klar, sie müßten sich entscheiden zwischen der Zusammenarbeit mit der Bundesrepublik in der NATO und der EG und der Zusammenarbeit mit der Sowjetunion im Kontrollrat.[9] Ob man in London oder Paris augenblicksweise daran gedacht hat, gemeinsam mit Moskau den Status quo in Deutschland zu verteidigen, wissen wir nicht. Klar ist aber: Ohne die Amerikaner hätte ein solches Bündnis keine großen Erfolgschancen gehabt. Klar ist auch: Jede Kooperation der Siegermächte gegen Deutschland hätte zerstörerische Auswirkungen auf das westliche Bündnis haben müssen. Es hat sich denn auch nach den unsicheren Versuchen im Dezember nichts mehr ereignet, was die Bundesrepublik ernstlich hätte beunruhigen müssen.

Das alles klingt so, als habe es sich in Wahrheit um eine 1+4-Konstellation gehandelt, als sei die DDR in den internationalen Verhandlungen über die Vereinigung gar nicht präsent gewesen. Tatsächlich saß sie in den 2+4-Gesprächen natürlich mit am Tisch. Aber ein politisches Eigengewicht hat sie in diesen Gesprächen nicht mehr gewonnen. Ihre ausgeprägten Vorbehalte gegenüber der NATO – die Regierung de Maizière wollte die NATO-Mitgliedschaft nur für eine Übergangszeit akzeptieren –, auch ihr Eifer, in der Grenzfrage den polnischen Wünschen weiter entgegenzukommen, als Kohl das für richtig hielt, haben den Gang der Dinge kaum beeinflußt.

Und doch war die DDR in einem anderen Sinn das eigentliche Zentrum des Geschehens. Die Dynamik des historischen Prozesses wurde letztlich von den Vorgängen in der DDR bestimmt: von dem Tempo, mit dem der Staat DDR sich im Winter 1989/90 unaufhaltsam auflöste; von der Eindeutigkeit der Entscheidung, die die Wähler in der DDR am 18. März trafen; von der Ungeduld der Bürger der DDR nach dem 18. März, die ihrem Staat auch im Endstadium der Selbstliquidation keine Atempause mehr gewährten. Es war diese – von außen her ganz unbeeinflußbare – Entwicklung, die allem Nachdenken über Alternativen zur Vereinigung oder auch nur über eine Verzögerung des Prozesses in Moskau, London, Paris den Boden entzog. So gesehen läßt sich der Vereinigungsprozeß, was die DDR angeht, in all seinen Phasen zwischen dem November 1989 und dem Oktober 1990 durchaus als ein Exempel spontan praktizierter Volkssouveränität interpretieren. Man kann es auch so formulieren: Staat und Regierung haben auf der internationalen Bühne bei den 2+4-Verhandlungen in der Tat nur noch eine Statistenrolle gespielt. Aber das Volk hat den Ausgang entscheidend mitbestimmt.

Nicht grundsätzlich, aber doch in wichtigen Nuancen anders stellt sich die Rolle der DDR im Vereinigungsprozeß dar, wenn man die zweite der beiden Arenen in den Blick nimmt, in denen die Einheit ausgehandelt worden ist: die deutsch-deutsche. Bis zum 18. März hat es Verhandlungen zwischen den beiden deutschen Staaten nicht wirklich gegeben. Zu keinem Zeitpunkt zwischen November und März ist in Bonn ernstlich erwogen worden, der Übergangsregierung Modrow, die eben doch noch eine Regierung des alten Systems war, Überlebenshilfe zu gewähren. Die Bitte um einen Kredit über fünfzehn Milliarden D-Mark blieb unerfüllt. Man wartete auf die Wahlen, auf eine demokratisch legitimierte Autorität. Die gab es von Anfang April an in Gestalt der auf eine große Koalition gegründeten Regierung de Maizière. Damit war die Möglichkeit gemeinsamen Handelns prinzipiell gegeben. Und am Ende wurde die Vereinigung auch aufgrund eines Vertrages zwischen den beiden deutschen Staaten vollzogen. Genaugenommen waren es zwei Verträge: erst der am 18. Mai unterzeichnete Vertrag über die hastig herbeigeführte Wirtschafts-, Währungs- und Sozialunion, dann der eigentliche Einigungsvertrag, der am 31. August unterschrieben wurde. Natürlich waren das keine Verträge unter gleichen. Waren es deshalb Diktate?

Verfassungsrechtlich war die DDR in der Vorhand – das ist nicht bedeutungslos. Sie konnte sich gemäß Art. 23 GG für oder gegen den Beitritt entscheiden, und sie hat sich mit der Volkskammerwahl vom 18. März, der Sache nach ein Plebiszit, für den Beitritt entschieden. Für die Bundesrepublik gab es in dieser Sache keine Entscheidung zu treffen. Sie war durch ihre Verfassung gebunden. Wie immer die DDR in der Vereinigungsfrage votierte, ihr Votum galt für die Bundesrepublik mit. Die DDR war es übrigens auch, die – in Übereinstimmung mit der Bonner Regierung – gleichsam in letzter Instanz den in der westdeutschen Öffentlichkeit geführten Streit, ob man den Weg zur Einheit über Art. 23 GG oder über Art. 146 GG, über eine gesamtdeutsche verfassunggebende Versammlung also, gehen solle, faktisch entschied. Praktische Gründe gaben den Ausschlag für Art. 23 GG.

Die verfassungsrechtliche Prärogative, die das Grundgesetz der DDR gewährte, konnte freilich nicht das geringste daran ändern, daß der Prozeß der Selbstauflösung der DDR unablässig fortschritt. Der wirtschaftliche Ruin, in den die SED ihren Staat hineinmanövriert hatte, wurde mit jedem Tag deutlicher sichtbar und spürbar. Und die Bürger der DDR waren auch durch die Neukonstituierung demokratischer Autorität nicht mehr zu bewegen, ruhig abzuwarten. Bis in das Frühjahr hinein hatten im Durchschnitt 2000 von ihnen täglich ihr Land verlassen. Die Ankündigung der Wirtschafts- und Währungsunion führte zwar zu einer gewissen Beruhigung, aber doch nur in dem Sinn, daß die Bürger ihrem Staat eine kurze Liquidationsfrist einräumten. Die neue Regierung bekam das rasch zu spüren. Nach anfänglichen Illusionen war sie selbst es, die, voller Sorge, die DDR könne im Chaos versinken, darauf drängte, die Vereinigung so rasch wie möglich zu vollziehen. Eine Verhandlungsposition hatte sie im Grunde nicht mehr, übrigens stand ihr für die Verhandlungen auch kaum bürokratischer Sachverstand zur Verfügung.

In der Nacht vom 2. auf den 3. Oktober 1990 wird die Vereinigung der beiden deutschen Staaten vollzogen. Um Mitternacht wird vor dem Reichstag eine große schwarzrotgoldene Fahne gehißt – selbst dies bleibt ein Augenblick ohne wirkliches Pathos. Feuerwerk, eine Million gelassen-fröhlicher Menschen rund um den Reichstag und das Brandenburger Tor. Nun müssen die Deutschen sich das Geschenk der Geschichte verdienen.

Und dennoch zeigen beide Verträge, daß die Bundesregierung Rücksicht nehmen mußte, und zwar nicht nur, weil die Verträge die Volkskammer passieren mußten – der Vereinigungsvertrag bedurfte sogar einer Zwei-Drittel-Mehrheit –, sondern mehr noch, weil sie an die Zeit nach dem Beitritt zu denken hatte. So ist im Vertrag über die Währungsunion entgegen dem, was der wirtschaftliche Sachverstand für richtig hielt, die Umtauschrelation für Bargeld sowie kleinere und mittlere Sparguthaben auf 1:1 festgesetzt worden – wie denn überhaupt der Entschluß, mit der D-Mark noch vor der Vereinigung in die DDR zu gehen, eine Art von Kapitulation der westdeutschen Politik vor dem gewaltigen Strom ostdeutscher Zuwanderer im Winter und Frühjahr war. Und als im August die Volkskammer die Geduld verlor und, ohne den Einigungsvertrag abzuwarten, in der Nacht auf den 23. August mit überwältigender Mehrheit (194 gegen 64 Stimmen bei sieben Enthaltungen) für den 3. Oktober den Beitritt gemäß Art. 23 GG beschloß, da zog die Bundesregierung nicht etwa den Schluß, nun bedürfe es gar keines Vertrages mehr. Sie blieb dabei, wie es dem dringlichen Wunsch der anderen Seite entsprach, daß der Vertrag die dem Zusammenschluß der beiden Staaten gemäße Rechtsfigur sei.

Es zeigte sich in den unter größtem Zeitdruck hektisch geführten Verhandlungen freilich sehr rasch, daß sich nicht einfach nur die Regierungen der Bundesrepublik und der DDR gegenüberstanden. Die westdeutschen Länder meldeten sich energisch zu Wort und brachten mit ziemlicher Robustheit ihre eigenen Interessen ins Spiel, ebenso die Opposition, die SPD, die sich der von ihr regierten Länder bediente. Sie konnte ihre Forderungen aus einer Position der Stärke heraus präsentieren, da man sie der notwendigen Verfassungsänderungen, auch des Bundesrats wegen, brauchte. So ist in der Schlußphase keineswegs nur zwischen Bundesrepublik und DDR verhandelt worden. Und es erwies sich, daß Bundesregierung und Opposition größere Schwierigkeiten miteinander hatten als Bundesrepublik und DDR. Überhaupt hat die bevorstehende Bundestagswahl starke Schatten auf den Einigungsprozeß geworfen. Die beiden großen Parteien Westdeutschlands haben sich in diesem Prozeß, beginnend mit ihrem Eingreifen in den Volkskammerwahlkampf, in hohem Maße von ihren Wahlkalkülen leiten lassen. Der gewaltigen politischen Aufgabe, die es im Wahlkampfjahr zu bewältigen galt, ist das nicht nur gut bekommen. Daß im August schließlich auch in der DDR die große Koalition auseinanderbrach, machte die Lage noch komplizierter.

Was waren die Hauptstreitpunkte? An erster Stelle natürlich die Finanzfragen. Wie sollten die Lasten verteilt werden? Welche Hilfen sollten den neuen Ländern zuteil werden? Wie war die Finanzverfassung anzupassen? Daneben stand die überaus schwierige – schwierig in ihren praktischen wie in ihren Gerechtigkeitsaspekten – Eigentumsfrage. Was ließ sich von den revolutionären Umwälzungen rückgängig machen und was nicht? Die Regierung de Maizière drängte vor allem auf eine Festschreibung der Ergebnisse der Bodenreform. Schon im Juni wurde denn auch in einer gemeinsamen Erklärung der beiden Regierungen der Kompromiß in seinen Grundzügen festgelegt: Die Enteignungen der Jahre 1945 bis 1949 sollten nicht rückgängig gemacht werden, für die späteren sollte der Grundsatz Rückgabe vor Entschädigung gelten.[10] Heftig umstritten, mehr zwischen Regierung und

Opposition als zwischen den beiden deutschen Staaten, war ferner die Frage, wie man mit dem Grundgesetz bei Gelegenheit der Vereinigung verfahren solle: nur das Nötigste ändern oder die Verfassung gründlich »modernisieren«, was immer man darunter verstehen mochte? Natürlich warf auch die Einführung des westdeutschen Rechts in den neuen Ländern, wie sie alsbald heißen sollten, Probleme auf – der Abtreibungsparagraph 218 StGB ist ein Beispiel dafür und ebenso die Frage, was aus der Heerschar derer, die im »öffentlichen Dienst« der DDR gestanden hatten, werden sollte.

Jedenfalls waren der Probleme weit mehr, als in knapp zwei Monaten, zwischen Anfang Juli und Ende August, in einer sehr komplexen Verhandlungskonstellation geklärt werden konnten. So war es unvermeidlich, daß das Vertragswerk, als es am 31. August unterzeichnet wurde – eine Woche, nachdem die Volkskammer den Beitritt »bedingungslos« beschlossen hatte –, die Klärung einiger Hauptstreitfragen hinter dem Schleier unbestimmter Absichtserklärungen und Kompromißformeln in die Zukunft verschob. Was letztlich wohl zu Lasten der DDR ging, die in der gesamtdeutschen Zukunft ihre Interessen ja nicht mehr als Verhandlungspartner, sondern nur noch durch ihre Abgeordneten im Parlament aller Deutschen geltend machen konnte. Gleichwohl ratifizierte die Volkskammer den Vertrag mit 299 gegen achtzig Stimmen bei einer Enthaltung; die Entscheidung im Bundestag fiel noch eindeutiger aus (442 Stimmen gegen 47 Stimmen bei drei Enthaltungen).

Auch der andere Vereinigungsvertrag, der 2+4-Vertrag, wurde im September unter Dach und Fach gebracht. Am 12. September, schon im Schatten des Golfkonflikts, unterzeichneten ihn die sechs Außenminister in Moskau. Fünfzehn Milliarden D-Mark, die Kohl Gorbatschow im letzten Augenblick zusicherte, hatten zum Schluß noch einmal nachhelfen müssen. Der Aufbau des Vertrages ist charakteristisch. Erst werden die Bedingungen festgeschrieben, die die Wiedervereinigung für die Siegermächte zustimmungsfähig machten: die Endgültigkeit der Grenzen, die Fortdauer des Verzichtes auf ABC-Waffen, die Begrenzung der deutschen Streitkräfte auf 370 000 Mann, der Sonderstatus des Territoriums der ehemaligen DDR im Bündnis, die Modalitäten des Abzuges der sowjetischen Truppen. Dann erst, in Art. 7, geben die vier Mächte »ihre Rechte und Verantwortlichkeiten in bezug auf Berlin und Deutschland als Ganzes« zurück[11] – 45 Jahre waren seit jener Erklärung vom 5. Juni 1945 vergangen, mit der die Alliierten die Regierungsgewalt über das besiegte und zerstörte Land übernommen hatten.

Läßt sich die Geschichte der »329 Tage« so summieren, wie es das Grundgesetz in seiner Nach-Wiedervereinigungs-Präambel tut? »Die Deutschen (...) haben in freier Selbstbestimmung die Einheit und Freiheit Deutschlands vollendet.« Die Deutschen im Osten haben sich in der Tat in einem Akt der Selbstbestimmung zuerst für die Freiheit und dann, am 18. März und am 23. August, auch für die Einheit entschieden. Es mag durchaus sein, daß das Votum vom 18. März vor allem von der Hoffnung bestimmt war, Einheit bedeute Wohlstand. Eine freie Entscheidung bleibt es gleichwohl. Auch die – in mancher Hinsicht gewiß problematische – massive Intervention der westdeutschen Parteien in den Wahlkampf, der dem 18. März vorausging, hat aus der Wahl keinen Akt der Fremdbestimmung gemacht. Sie hat den Bürgerwillen nicht in eine Richtung gedrängt, für die er sich, allein gelassen, nicht entschieden hätte. Die Westdeutschen haben nicht ausdrücklich für die Einheit votiert. Sie haben durch ihre Regierung und ihr Parlament getan, was ihre Verfassung ihnen auftrug, die in diesem Punkt zu ändern sie nie mehrheitlich erwogen hatten. Es besteht denn auch nicht der geringste Zweifel daran, daß sie in großer Mehrheit billigten, was ihre Regierung und ihr Parlament taten.[12] Trotz aller Asymmetrie hat schließlich auch die Vertragsform dazu beigetragen, daß die Vereinigung als ein Akt der Selbstbestimmung der Deutschen auf beiden Seiten der Teilungsgrenze begriffen werden konnte.

»In freier Selbstbestimmung« – das allein wäre freilich nicht genug gewesen. Daß die Übereinstimmung mit der Staatengemeinschaft, in die Deutschland mehr als andere Staaten eingelagert ist, gesucht wurde und gefunden worden ist – das erst macht den historischen Rang des Ereignisses aus. Ihre geschichtliche Rechtfertigung kann die Vereinigung freilich nicht allein und auf die Dauer nicht einmal zuerst aus dem Verfahren herleiten. Was die Deutschen aus ihr machen, daran wird das Urteil über die wiedergewonnene Einheit hängen.

Im April 1989, wenige Monate bevor die Agonie der DDR begann, hat Friedrich Dürrenmatt in seiner Dankesrede für den Ernst-Robert-Curtius-Preis – in Bonn gehalten – den bemerkenswerten Satz gesagt: »Die große politische Leistung der Bundesrepublik besteht darin, das Ende Deutschlands zu akzeptieren.«[13] Das ist, wenn man es so nimmt, wie es gesagt ist, das denkbar schärfste Verdikt über die Wiedervereinigung. Denn mit der Wiedervereinigung, so muß man folgern, hat die Bundesrepublik ihre eigentliche historische Leistung wieder rückgängig gemacht. Etwas mehr als ein Jahr nach Dürrenmatts Bonner Rede, im Juli 1990 – die letzten Schritte auf dem Weg zur Vereinigung wurden gerade getan –, hat Fritz Stern, als Deutscher geboren, von den Deutschen vertrieben, am Ende, als Amerikaner, dem Land seiner Herkunft aufs neue in kritischer Freundschaft verbunden, die schöne Formel von Deutschlands zweiter Chance geprägt. Deutschland, so hat er in jenem Vereinigungssommer 1990 geschrieben, sei etwas ganz Seltenes zugestoßen: »Es hat eine zweite Chance erhalten.«[14] Wer von der zweiten Chance spricht, sieht nicht nur die Wiedervereinigung, er sieht auch Deutschlands Geschichte diesseits der Katastrophe anders als Dürrenmatt. Zumindest stellt er eine andere Frage an diese Geschichte, die Frage nämlich: Wie gut haben die 45 Jahre zwischen dem 8. Mai 1945 und dem 3. Oktober 1990 die Deutschen darauf vorbereitet, ihre zweite Chance zu nutzen?

Anhang

Dank

Hätte ich gewußt, daß die Arbeit an diesem Buch mich ein ganzes Jahrzehnt beschäftigen würde, vielleicht hätte ich gar nicht begonnen. Als ich zum ersten Mal mit Wolf Jobst Siedler über seinen Vorschlag sprach, einen neuen letzten Band für seine »Deutsche Geschichte« zu schreiben, war das Land noch geteilt; der Ost-West-Konflikt bestimmte noch immer, wenn auch abflauend, die europäische Nachkriegswelt. Als ich mit der Arbeit begann, war die Wiedervereinigung gerade vollzogen; der Rückzug der Sowjetunion aus dem mitteleuropäischen Glacis, das sie ein halbes Jahrhundert lang beherrscht hatte, kam in Gang. Als ich das Manuskript abschloß, waren das geteilte Deutschland und der Ost-West-Konflikt meinen Studenten nur noch eine schwache Kindheitserinnerung. Immer klarer wurde mit wachsendem Abstand von dem Jahr der großen europäischen Geschichtswende, daß ich es mit einem abgeschlossenen, scharf umgrenzten, natürlich weiterwirkenden Abschnitt deutscher Geschichte zu tun hatte. Die Aufgabe war mithin, eine erste Bilanz zu ziehen.

Wie ich – als ein zum Politikwissenschaftler gewordener Historiker – diese Aufgabe verstanden habe, darüber soll nicht das Nachwort, sondern das Buch selbst Auskunft geben. Der Titel deutet an, welche Perspektive für die Deutung der Geschichte des geteilten Deutschlands bestimmend war. Ich hätte diese Perspektive gern noch etwas prononcierter formuliert und dem Buch den Titel »Diesseits der Katastrophe« gegeben. Aber dafür war der Verlag nicht zu gewinnen.

Zur Konzeption will ich im übrigen nur dies noch anmerken: Ich habe bewußt keine Parallelgeschichte der beiden deutschen Staaten geschrieben. Das mochte bis 1989 angehen. Seit 1989 aber ist klar, daß wir es mit zwei ganz verschiedenen Geschichten zu tun haben, einer mit Zukunft und einer ohne Zukunft. An der zweiten interessiert vor allem, warum sie keine Zukunft hatte.

Meinem Verleger Wolf Jobst Siedler habe ich dafür zu danken, daß er mich bewundernswert geduldig durch viele Jahre mit Anregung, Ermutigung, gelegentlich auch Kritik begleitet hat. Frau Ditta Ahmadi, die Lektorin, hat an diesem Buch mit einer Sorgfalt und Konzentration gearbeitet, als wäre es ihr eigenes. Sie hat mich durch die letzten strapaziösen Wochen mitgezogen. Ich danke ihr!

Der DFG danke ich dafür, daß sie mir ein Jahr konzentrierter, ungestörter Arbeit ermöglicht hat. Ohne diese Hilfe hätte das Buch nicht geschrieben werden können. Die Institutionen der Forschungsförderung vergessen in einer Zeit, in der man wissenschaftliche Arbeit zunehmend am Umsatzvolumen mißt, hoffentlich nicht, daß es immer noch Wissenschaftler gibt, für die nicht Mitarbeiter, Maschinen, Räume, Labormittel die wirklich knappen Ressourcen sind; Wissenschaftler, für die Zeit das kostbarste Gut ist. Die Mannschaft meines Lehrstuhls hat mich in wechselnder Besetzung nach besten Kräften unterstützt; auch das war eine Bedingung des Erfolges. Ich danke ihr für ihren Einsatz.

Meine Frau hat wesentliche Vorarbeiten zum 16. Kapitel geleistet. Sie hätte aus diesen Vorarbeiten selbst wahrscheinlich mehr gemacht. Ich widme das Buch ihr und unseren Kindern.

Peter Graf Kielmansegg
Mannheim, im August 2000

In den Anmerkungen und in der Bibliographie werden die folgenden Abkürzungen verwendet:

APuZ	Aus Politik und Zeitgeschichte. Beilage zur Wochenzeitschrift »Das Parlament«
BGHZ	Entscheidungen des Bundesgerichtshofes in Zivilsachen
BVerfGE	Entscheidungen des Bundesverfassungsgerichtes
DA	Deutschland Archiv
FAZ	Frankfurter Allgemeine Zeitung
HZ	Historische Zeitschrift
PVS	Politische Vierteljahresschrift
VfZG	Vierteljahrshefte für Zeitgeschichte
ZParl	Zeitschrift für Parlamentsfragen

Vollständig werden nur Titel aufgeführt, die nicht in die Bibliographie aufgenommen sind.

8. Mai 1945

1 Bericht des amerikanischen Majors Fritz E. Oppenheimer, der die Vertreter des OKW zur Unterzeichnung der Kapitulation nach Karlshorst begleitete. M. Overesch, Deutschland 1945–1949, S. 117ff.
2 H. M. Enzensberger, Europa in Trümmern, S. 260.
3 St. Spender, Deutschland in Ruinen, FAZ 26. 9. 1995.
4 H. M. Enzensberger, Europa in Trümmern, S. 193
5 FAZ 24. 2. 2000.

Erster Teil

1 Europa-Archiv 1950, S. 3039.
2 Archiv der Gegenwart 1945 221 C.
3 S. Colville, Downing Street Tagebücher 1939–1945, Berlin 1988, S. 407.
4 H. A. Jacobsen, Der Weg zur Teilung der Welt, S. 404ff.
5 Ebenda, S. 345ff.
6 I. v. Münch, Dokumente des geteilten Deutschlands, Bd. I, S. 19ff.
7 H. G. Lehmann, Der Oder-Neiße-Konflikt, S. 28.
8 I. v. Münch, Dokumente des geteilten Deutschlands, Bd. I, S. 32ff.
9 Der Leiter der Deutschlandabteilung im britischen Außenministerium notierte zu dem Reparationskompromiß: Es sei unvorstellbar, »daß eine solche Regelung Deutschland nicht vollständig in zwei Hälften teilt«. W. Weidenfeld, Deutschland-Handbuch, S. 43.
10 J. Reifenberg, Es begann in Potsdam, FAZ 13. 7. 1985.
11 G. F. Kennan, Memoiren eines Diplomaten, S. 263.
12 M. Djilas, Gespräche mit Stalin, S. 146.
13 W. Loth, Die Teilung der Welt, S. 91.
14 Präsident Roosevelt hatte die Grenzen amerikanischer Macht in Europa in einem Gespräch mit Kardinal Spellman schon 1944 auf die bündige, exakte Formel gebracht: »Be it as it may, the US (...) cannot fight the Russians.« H.-P. Schwarz, Vom Reich zur Bundesrepublik, S. 48.
15 Zwei Untersuchungen, die neue Quellen nutzen konnten und sie unterschiedlich gelesen haben: W. Loth, Stalins ungeliebtes Kind; N. M. Naimark, Die Russen in Deutschland.
16 M. Djilas, Gespräche mit Stalin, S. 146.
17 D. Yergin, Der zerbrochene Frieden, S. 224.
18 FAZ 30. 3. 1991. Teilnehmer an dem Gespräch waren Stalin, Molotow und Shdanow auf sowjetischer Seite, Pieck, Ulbricht, Ackermann und Sobottka für die KPD. Wer den ominösen Satz gesagt hat, ist den Notizen nicht zu entnehmen.
19 G. F. Kennan, Memoiren eines Diplomaten, S. 262.
20 R. Steininger, Deutsche Geschichte, Bd. 1, S. 188.
21 Dean Acheson, zu jener Zeit stellvertretender amerikanischer Außenminister, verkündete im Februar 1947 mit historischem Pathos: »Seit Rom und Karthago hat es auf dieser Erde nicht mehr eine solche Polarisierung gegeben.« Dieser Satz läßt etwas von der Stimmung erahnen, die damals in Washington vorherrschte. D. Yergin, Der zerbrochene Frieden, S. 271.
22 K.-J. Ruhl, Neubeginn und Restauration, S. 375.
23 Ebenda, S. 382.
24 M. P. Leffler, The Struggle for Germany and the Origins of the Cold War, S. 67.

25 Nach seiner Rükkehr aus Moskau benutzte Marshall in einer Rundfunkansprache, bezogen auf Europa, die berühmt gewordene Formulierung: » Der Patient stirbt, während die Ärzte beraten.« J. Reifenberg, Gegen den Hunger und Stalin. In: FAZ 7. 6. 1997.

26 K.-J. Ruhl, Neubeginn und Restauration, S. 460f.

27 Europa-Archiv 1948, S. 1437.

28 H. Lampert, Die Wirtschafts- und Sozialordnung der Bundesrepublik, S. 79.

29 Daten zur Luftbrücke finden sich im Einleitungskapitel von W. Benz, Die Gründung der Bundesrepublik.

30 K. Borchhardt/Ch. Buchheim, Die Wirkung der Marshallplan-Hilfe in Schlüsselbranchen der Deutschen Wirtschaft. In: VfZG 35 (1987), S. 317ff.

31 R. Morsey, Alle waren sich der geschichtlichen Stunde bewußt. In: FAZ 23. 5. 1990.

32 Aus einem Bericht des Generalsekretärs des Länderrates der US-Zone, Erich Roßmann. VfZG 23 (1965), S. 465.

33 Nach einer HICOG-Umfrage aus dem Jahr 1949 hielten 71 Prozent der Befragten den Kampf gegen die Ausbreitung des Kommunismus für wichtiger als die Überwindung der Teilung. A. J. Merritt/R. L. Merritt, Public Opinion in Semisovereign Germany, S. 28.

34 H.-P. Schwarz, Vom Reich zur Bundesrepublik, S. 494.

35 FAZ 17. 7. 1990.

36 Zum Stand der Forschung: W. Müller, Die Gründung der SED. In: H. Weber/E. Jahn (Hg.), Jahrbuch für Kommunismusforschung, Bd. 4, Berlin 1996.

37 Die Ost-Berliner SPD-Gründer sprachen, anders als die KPD-Führung, in ihrem ersten Aufruf vom 15. Juni 1945 ausdrücklich davon, daß sie »den Kampf um die Neugestaltung auf dem Boden der organisatorischen Einheit der Arbeiterklasse führen« wollten. O. K. Flechtheim, Dokumente zur parteipolitischen Entwicklung in Deutschland seit 1945, Bd. 3, S. 1ff.

38 Bei einer Beteiligungsquote von 72,9 Prozent votierten 82 Prozent der West-Berliner Sozialdemokraten gegen eine sofortige Fusion, immerhin 62 Prozent aber für ein Bündnis.

39 Ch. Hacke, Jakob Kaiser, S. 243.

40 E. Bahr, Zu meiner Zeit, S. 40.

41 K. Adenauer, Erinnerungen 1945–1953, S. 34f. und 39f.

42 Die Ministerpräsidenten der französischen und der Sowjetischen Besatzungszone durften an dem Bremer Ministerpräsidententreffen vom Oktober 1946 nicht teilnehmen. Trotzdem sind hier die Überlegungen zur Bildung eines gesamtdeutschen »Länderrates« als Organ der politischen Repräsentation aller Deutschen am weitesten fortgetrieben worden. 1946 hatte es immerhin einige Ministertreffen über die Ost-West-Grenze hinweg gegeben (nicht über die im Südwesten!), so daß sich mit solchen Überlegungen noch Hoffnungen verbinden konnten. H.-P. Schwarz, Vom Reich zur Bundesrepublik, S. 632.

43 Das Protokoll der nächtlichen Sitzung hat zuerst R. Steininger veröffentlicht: VfZG 23 (1975), S. 420ff. Aufschlußreich auch der Bericht von Erich Roßmann, VfZG 23 (1975), S. 459ff.

44 R. Maier, Ein Grundstein wird gelegt, S. 409.

45 Der Parlamentarische Rat 1948 bis 1949, Bd. 1, Nr. 4.

46 A. J. Merritt/R. L. Merritt, Public Opinion in Occupied Germany, S. 172.

47 Gefragt, wie sie sich entscheiden würden, wenn sie zwischen Nationalsozialismus und Kommunismus zu wählen hätten, antworteten im November 1946 von den Befragten 65 Prozent mit »weder noch«, fünfzehn Prozent zogen den Nationalsozialismus vor, knapp zehn Prozent den Kommunismus. Im Februar 1949 hatte sich das Ergebnis stark zugunsten des Nationalsozialismus verschoben. A. J. Merritt/R. L. Merritt, Public Opinion in Occupied Germany, S. 55.

48 Ebenda, S. 24, S. 249f. In einer Allensbach-Umfrage vom März 1949 sprachen sich 51 Prozent für die Bildung eines westdeutschen Staates aus, 23 Prozent dagegen. E. Noelle/E. P. Neumann, Jahrbuch der öffentlichen Meinung 1947–1955, S. 157.

49 W. Benz, Bewegt von der Hoffnung aller Deutschen, S. 487.

50 Die Protokolle dieser fünf Zusammenkünfte in: Der Parlamentarische Rat 1948 bis 1949, Bd. 1.

51 Ebenda, S. 143f.

52 Ebenda, S. 192.

53 Ebenda, S. 180.

54 C. Schmid, Erinnerungen, S. 357.

55 Die einschlägigen Quellen sind gesammelt in: Der Parlamentarische Rat 1948 bis 1949, Bd. 8.

56 M. Feldkamp, Der Parlamentarische Rat 1948–1949, S. 163ff.

57 K. Adenauer, Erinnerungen 1945–1953, S. 171.

58 In der zweiten Lesung des Grundgesetzentwurfes am 6. Mai 1949 war im Parlamentarischen Rat selbst noch einmal ein Volksentscheid beantragt worden. Der Antrag hatte aber keine Mehrheit gefunden.

59 I. v. Münch, Dokumente des geteilten Deutschlands, Bd. I, S. 71ff.

60 W. Benz, Bewegt von der Hoffnung aller Deutschen, S. 491.

61 Zitiert nach H.-P. Schwarz, Vom Reich zur Bundesrepublik, S. 551. Konrad Adenauer, Thomas Dehler, Ernst Reuter haben sich ähnlich geäußert. In einem Londoner Kabinettsprotokoll des Jahres 1948 findet sich die im Hinblick auf den Ausgang der Geschichte vielleicht verblüffendste Fassung des Gedankens. Ziel der westlichen Deutschlandpolitik müsse es sein, »to see established in the Western zones a political and economic system which the Germans in the East will use all their energy to join with and which will in the end prevail over the standards and systems of the Eastern zone«. J. Foschepoth, Kalter Krieg und Deutsche Frage, S. 220.

62 Heinrich v. Brentano in einer Bilanz der Arbeit des Parlamentarischen Rates. W. Benz, Bewegt von der Hoffnung aller Deutschen, S. 497.

63 O. Jung, Grundgesetz und Volksentscheid, sieht darin den entscheidenden Grund für den Verzicht auf ein Verfassungsreferendum.

64 D. Staritz, Die Gründung der DDR, S. 205. Das Denkmal findet sich nur in der ersten Auflage.

65 Materialien der Enquêtekommission »Aufarbeitung von Geschichte und Folgen der SED-Diktatur in Deutschland« des Deutschen Bundestages, Bd. V/2/S. 1948.

66 In Ost-Berlin hatte es nur 47 Prozent Ja-Stimmen gegeben. SBZ-Handbuch, S. 391f.

67 Materialien der Enquêtekommission »Aufarbeitung von Geschichte und Folgen der SED-Diktatur in Deutschland« des Deutschen Bundestages, Bd. V/2/S. 1964.

68 Die Rationen der ersten Nachkriegsjahre erreichten in den Großstädten etwa 25 Prozent des Vorkriegsniveaus: 750 bis 800 Kalorien statt 3000.

69 Charakteristisch für die Achtundsechziger-Perspektive E.-U. Huster u. a., Determinanten der westdeutschen Restauration 1945–1949. Als Ausgangspunkt der Debatte wird im allgemeinen angesehen W. Dirks, Der restaurative Charakter der Epoche. In: Frankfurter Hefte 1950, S. 942–959.

70 D. Welch, The Political Reeducation of Germany after World War II: A Need for Reappraisal? In: German History 1987/4, S. 23.

71 Aus der Weisung der Joint Chiefs of Staff 1067 vom 24. 4. 1945. K.-J. Ruhl, Neubeginn und Restauration, S. 59.

72 Ebenda.

73 Aus einer Rede vom 27. 1. 1946. P. Bucher, Nachkriegsdeutschland 1945–1949, S. 96ff.

74 H. O. Kleinmann, Geschichte der CDU, S. 16.

75 G. Giles, Stunde Null, S. 32.

76 Der schwedische Journalist S. Dagerman. H. M. Enzensberger, Europa in Trümmern, S. 210.

77 Es handelt sich um die Summe der Ergebnisse der ersten Landtags- bzw. Bürgerschaftswahlen ohne Berlin. Für Bremen ist die zweite Bürgerschaftswahl vom 12. 10. 1947 berücksichtigt.

78 F. Pfetsch, Ursprünge der zweiten Republik, S. 177.

79 Die dritte Landesverfassung, die nicht im Konsens verabschiedet wurde (in diesem Fall opponierte die CDU), war die von Schleswig-Holstein. In den Ländern der amerikanischen und der französischen Zone, auch in Nordrhein-Westfalen gab es Verfassungsreferenden. Dort, wo die Verfassungen vom Konsens der beiden großen Parteien getragen wurden, fielen die Mehrheiten deutlich höher aus.

80 So ordnete die hessische Verfassung an, im Geschichtsunterricht seien »die großen Wohltäter der Menschheit, die Entwicklung von Staat, Wirtschaft, Zivilisation und Kultur, nicht aber Feldherren, Kriege und Schlachten« in den Vordergrund zu stellen (Art. 56 Abs. 5). Und die bayerische Verfassung proklamierte das Bildungsziel »Aufgeschlossenheit für alles Wahre, Gute und Schöne« (Art. 131).

81 O. Jung, Grundgesetz und Volksentscheid, S. 283.

82 J. Foschepoth/R. Steininger, Britische Deutschland- und Besatzungspolitik 1945–1949, S. 136.

83 H. Ortlieb in: »Der Ruf« 1 (1946), S. 6.

84 O. K. Flechtheim, Dokumente zur parteipolitischen Entwicklung in Deutschland seit 1945, Bd. 3, S. 1ff.

85 E.-U. Huster u. a., Determinanten der westdeutschen Restauration 1945–1949, S. 371.

86 Dem Art. 41 der hessischen Verfassung (Vergesellschaftung des Bergbaus, der Eisen- und Stahl-

erzeugung, der Energiewirtschaft), der auf Anordnung von General Clay gesondert zur Abstimmung gestellt wurde, stimmten 72 Prozent zu; der Mitbestimmungsregelung der bremischen Verfassung (Art. 47 Abs. 2) 52 Prozent. In den Meinungsumfragen, die die amerikanische Besatzungsmacht veranstaltete, zeichneten sich zwischen 1947 und 1949 – nicht sehr starke – Mehrheiten für eine Vergesellschaftung der Schwerindustrie, nicht hingegen der gesamten Industrie ab. A. J. Merritt/R. L. Merritt, Public Opinion in Occupied Germany, S. 197, 301f.

87 K. Adenauer, Erinnerungen 1945–1953, S. 61.

88 P. Bucher, Nachkriegsdeutschland 1945–1949, S. 138ff.

89 O. K. Flechtheim, Dokumente zur parteipolitischen Entwicklung in Deutschland seit 1945, Bd. 2, S. 53ff.

90 Als Beispiele: E.-U. Huster u. a., Determinanten der westdeutschen Restauration 1945–1949; T. Pirker, Die verordnete Demokratie; E. Schmidt, Die verhinderte Neuordnung 1945–1952.

91 Art. 41 der hessischen Verfassung wollte die Enteignungen unmittelbar selbst vollziehen. Programmartikel in anderen Verfassungen, zu denen erst noch Ausführungsgesetze erlassen werden mußten, wurden genehmigt.

92 In der Weisung JCS 1779 vom 17. 7. 1947 heißt es: »Während es zwar Ihre Pflicht ist, dem deutschen Volk die Möglichkeit zu geben, die Grundsätze und Vorteile einer freien Wirtschaft kennenzulernen, werden Sie in der Frage des öffentlichen Besitzes von Unternehmen in Deutschland nur einschreiten, wenn es sich darum handelt sicherzustellen, daß jegliche Entscheidung für oder gegen das öffentliche Besitzverhältnis frei und durch das normale Verfahren innerhalb einer demokratischen Regierungsform getroffen wird.« K.-J. Ruhl, Neubeginn und Restauration, S. 381.

93 G. Müller, Die Grundlegung der westdeutschen Wirtschaftsordnung, S. 313.

94 Th. Eschenburg, Jahre der Besatzung, S. 434.

95 K.-J. Ruhl, Neubeginn und Restauration, S. 430ff.

96 E. Schmidt, Die verhinderte Neuordnung 1945–1952, S. 68.

97 U. Borsdorf/H. O. Schlemmer/M. Martiny (Hg.), Grundlagen der Einheitsgewerkschaft, Frankfurt am Main 1977, S. 250ff.

98 So wird es in einem Bericht des amerikanischen Militärgouverneurs vom 15. 4. 1946 formuliert. Ebenda, S. 288ff.

99 W. Benz, Versuche zur Reform des öffentlichen Dienstes in Deutschland 1945–1952, S. 224.

100 C. Heyland, Das Berufsbeamtentum im neuen demokratischen Staat, Berlin 1949, S. 32. Sehr aufschlußreiche Formulierungen finden sich in einem Beschluß des Bundesgerichtshofes aus dem Jahr 1954: »Der überwiegende Teil der deutschen Beamten fühlte sich nach wie vor nach 1933 trotz des schimpflichen, rechtswidrigen Druckes, der auf ihm lastete, in erster Linie dem Staat und seinen legitimen Aufgaben verpflichtet und nahm sein Amt in dieser Gesinnung wahr. Die Bindung an Hitler persönlich konnte zu Anfang und eine gewisse Zeit hindurch als Bindung an das oberste Staatsorgan verstanden werden (...) die Bindung an die Partei zunächst als die Respektierung einer politischen Mehrheitsentscheidung der Nation. Als sich aber die verbrecherischen Ziele und Methoden des Nationalsozialismus immer mehr enthüllten, wurden diese aufgezwungenen Bindungen überwiegend nur unwillig, unter scharfer innerer Ablehnung und unter schärfstem Terror ertragen.« BGHZ 13, S. 299.

101 Es gab sogar eine Kontrollratsdirektive (Nr. 54 vom 25. 6. 1947), durch die die Besatzungsmächte für alle vier Zonen Schulgeld und Studiengebühren verboten, Lernmittelfreiheit verordnet und die Einheitsschule für die Pflichtschulzeit vorgeschrieben hatten. Sie wurde allerdings nicht überall umgesetzt.

102 H.-J. Rupieper, Die Wurzeln der westdeutschen Nachkriegsdemokratie, S. 137f.

103 So N. Frei in: W. Benz, Die Geschichte der Bundesrepublik Deutschland, Bd. 4, S. 370.

104 L. D. Clay, Entscheidung in Deutschland, S. 321.

105 Die Überschrift der Einleitung bei C. Vollnhals, Entnazifizierung, lautet: »Das gescheiterte Experiment«.

106 Frankfurter Hefte 7/1947.

107 Am weitesten gingen die Franzosen in dem Ländchen Württemberg-Hohenzollern, in dem sie die Aufgabe ganz den Deutschen übertrugen. Die dort entwickelte Entnazifizierungspraxis erhält in der Literatur sehr gute Noten. C. Vollnhals, Entnazifizierung, S. 40.

108 J. Fürstenau, Entnazifizierung, S. 227f.

109 A. J. Merritt/R. L. Merritt, Public Opinion in Occupied Germany, S. 304f.

110 L. Niethammer, Mitläuferfabrik, S. 652.
111 Walter Dorn, ein Berater Clays, äußerte im Mai 1949: »Wenn wir heute zurückblicken, erkennen wir, daß die Aufspürung der aktiven Nazis die gigantische Aufgabe, alle Mitläufer einem Verfahren zu unterziehen, kaum wert war. (...) Meines Erachtens gibt es allgemeine Übereinstimmung darüber, daß wir mehr Erfolg gehabt hätten, wenn die Militärregierung willkürlich die Zahl von 100 000 bestimmt, das Beweismaterial gegen diese zusammengetragen und den Deutschen zur Aburteilung vorgelegt hätte.« W. Dorn, Inspektionsreisen in der US-Zone, Stuttgart 1973, S. 120f.
112 L. Edinger, Posttotalitarian Leadership. In: American Political Science Review 54 (1960), S. 58–82.
113 Unter den 68 Mitgliedern der Parlamentsprominenz des 1949 gewählten ersten Bundestages fanden sich vier ehemalige NSDAP-Mitglieder. 63 Prozent der Abgeordneten gaben an, daß sie unter nationalsozialistischen Sanktionen gelitten hätten. U. Wengst, Staatsaufbau und Regierungspraxis 1948–1953, S. 207. Andererseits ist festzuhalten: Im ersten Bundestag gab es insgesamt mindestens 53 ehemalige NSDAP-Mitglieder. D. Garbe, Äußerliche Abkehr, Erinnerungsverweigerung und »Vergangenheitsbewältigung«: Der Umgang mit dem Nationalsozialismus in der frühen Bundesrepublik. In: A. Schildt/A. Sywottek, Modernisierung im Wiederaufbau, S. 701.
114 Als Beispiel H.-J. Rupieper, Die Wurzeln der westdeutschen Nachkriegsdemokratie.
115 O. K. Flechtheim, Dokumente zur parteipolitischen Entwicklung in Deutschland seit 1945, Bd. 3, S. 313ff.
116 P. Bucher, Nachkriegsdeutschland 1945–1949, S. 55.
117 Ebenda, S. 111ff.
118 Ebenda, S. 103.
119 Die Frage, die den Abstimmenden vorgelegt wurde, lautete: »Stimmen Sie dem Gesetz über die Übergabe von Betrieben von Kriegs- und Naziverbrechern in das Eigentum des Volkes zu?«
120 E. Deuerlein, Deutsche Geschichte der neuesten Zeit von Bismarcks Entlassung bis zur Gegenwart. 3. Teil. Von 1945 bis 1955, Konstanz 1965, S. 108.
121 D. Staritz, Die Gründung der DDR, S. 110.
122 C. Vollnhals, Entnazifizierung, S. 53.
123 Ebenda, S. 54. Zu den Zahlen siehe auch N. M. Naimark, Die Russen in Deutschland, S. 473, und D. Staritz (Die Gründung der DDR), S. 100.
124 W. Loth behauptet das in seinem Buch »Stalins ungeliebtes Kind«.
125 Frankfurter Hefte 5/1950, 3/1952.

Zweiter Teil

1 Die Direktiven, mit denen McCloy sein Amt antrat, zeigen deutlich, wie sehr der westeuropäische Zusammenschluß auch für die Amerikaner auf das deutsche Problem bezogen war. Foreign Relations of the United States 1949, III, S. 319ff.
2 K. Adenauer, Erinnerungen 1945–1953, S. 34f., 39f.
3 Adenauer, Briefe 1945–1947 (Rhöndorfer Ausgabe), S. 191.
4 K. Adenauer, Erinnerungen 1955–1959, S. 426.
5 Als Beispiel sei eine für Dulles bestimmte Niederschrift aus dem Jahr 1959 genannt. K. Adenauer, Erinnerungen 1955–1959, S. 463ff.
6 Schon in der Kölner Universitätsrede vom 24. 3. 1946 wird dieser Gedanke klar formuliert. K. Adenauer, Reden 1917–1967, S. 104ff.
7 K. Adenauer, Erinnerungen 1945–1953, S. 97f.
8 G. Gaus, Zur Person, Bd. 2, München 1966, S. 52.
9 Verhandlungen des Deutschen Bundestages, I. Wahlperiode 1949, Bd. 1, Bonn 1950, S. 22ff.
10 Adenauer, Briefe 1947–1949 (Rhöndorfer Ausgabe), S. 479f. Der Brief ist an die Zentrumspolitikerin Helene Wessel gerichtet.
11 Sie finden sich in den beiden ersten Bänden der Edition »Akten zur Auswärtigen Politik der Bundesrepublik Deutschland«.
12 Europa-Archiv 1950, S. 3091f.
13 Ebenda.
14 K. Adenauer, Erinnerungen 1945–1953, S. 328.
15 L. Herbst, Option für den Westen, S. 213ff.
16 K. v. Schubert, Sicherheitspolitik der Bundesrepublik, Bd. 1, S. 79ff., 84f.
17 Die in Foreign Relations of the United States 1949, III, S. 319ff. abgedruckte Direktive für McCloy zeigt, daß selbst die Amerikaner – von den Franzosen zu schweigen –, das Besatzungsstatut ursprünglich keineswegs als Regelung für eine kurze Übergangszeit angesehen hatten.
18 K. Adenauer, Erinnerungen 1945–1953, S. 345.
19 W. Besson, Die Außenpolitik der Bundesrepublik, S. 151.

20 K. Adenauer, Erinnerungen 1953–1955, S. 289 und 298.
21 H. Blankenhorn, Verständnis und Verständigung, S. 194f.
22 Das Saarstatut wurde von den Saarländern mit 67,7 Prozent Nein-Stimmen abgelehnt.
23 I. v. Münch, Dokumente des geteilten Deutschlands, Bd. 1, S. 229f.
24 W. Abelshauser, Wirtschaftsgeschichte der Bundesrepublik Deutschland, S. 155 und 157.
25 Auf dem sozialdemokratischen Parteitag 1947. L. Herbst, Option für den Westen, S. 49.
26 W. Grewe, Rückblenden, S. 152f.
27 Zwischenruf Kurt Schumachers in der Bundestagsdebatte über das Petersburger Abkommen (24./25. 11. 1949).
28 Der aktuelle Erkenntnisstand findet sich bei H. Adomeit, Imperial Overstretch, Kap. 2, Abschnitte 5 und 6, und bei G. Wettig, Bereitschaft zur Einheit in Freiheit?
29 G. Wettig, Die Deutschland-Note vom 10. März 1952 auf der Basis diplomatischer Akten des russischen Außenministeriums. In: DA 26 (1993), S. 786ff.
30 B. Kreisky, Zwischen den Zeiten, Berlin 1986, S. 461.
31 Am entschiedensten hat R. Steininger die These von der vertanen Chance verfochten: R. Steininger, Eine Chance zu Wiedervereinigung? Die Stalin-Note vom 10. März 1952 und die Wiedervereinigung.
32 Archiv der Gegenwart 1952 3387 B.
33 R. Steininger, Deutsche Geschichte 1945–1961, Bd. II, S. 440f.
34 Akten zur Auswärtigen Politik der Bundesrepublik Deutschland, Bd. 1, Adenauer und die Hohen Kommissare, S. 381.
35 K. Adenauer, Erinnerungen 1953–1955, S. 88.
36 Ebenda, S. 216.
37 H. A. Kissinger, Memoiren 1968–1973, München 1979, S. 442.
38 J. Foschepoth, Adenauer und die deutsche Frage, S. 56.
39 Das Grundgesetz erklärte die Bundesrepublik einerseits für provisorisch, wies sie aber andererseits auf einen Weg durchaus definitiver außenpolitischer Grundentscheidungen, vor allem in Art. 24.
40 Das vor allem macht die vieldiskutierte Aktennotiz Sir Ivone Kirkpatricks vom 16. Dezember 1955 deutlich (abgedruckt bei J. Foschepoth, Adenauer und die deutsche Frage, S. 289f.). Sie besagt, daß Adenauer keine Wiedervereinigung wollte, die den Deutschen die Möglichkeit eröffnet hätte, sich aus der Westbindung zu lösen.
41 E. Gerstenmaier, Streit und Frieden hat seine Zeit, S. 422f.
42 L. Dehio, Deutsche Politik an der Wegegabel. In: Außenpolitik August 1955.
43 Die Montanunion war auf dreißig Jahre abgeschlossen, die Westeuropäische Union auf fünfzig Jahre; der Nordatlantikpakt konnte nach zwanzig Jahren gekündigt werden; in Art. 240 EWG-Vertrag hieß es: »Dieser Vertrag gilt auf unbestimmte Zeit.« Dazu hatte die Bundesregierung während der Verhandlungen allerdings erklärt, sie gehe von der Möglichkeit aus, daß im Fall der Wiedervereinigung eine Überprüfung des EWG- wie des Euratom-Vertrages stattfinde.
44 R. Löwenthal, Vom Kalten Krieg zur Ostpolitik, S. 604.
45 W. Brandt, Begegnungen und Einsichten, S. 84.
46 Dokumente zur Deutschlandpolitik, III. Reihe, Bd. 1, S. 227ff.
47 Archiv der Gegenwart 1956 5809 A und 5836 A.
48 H.-P. Schwarz, Entspannung und Wiedervereinigung, S. 39. Auch Carlo Schmids Bericht über das Gespräch, das er und Fritz Erler im März 1959 mit Chruschtschow führten, zeigt, daß mit der Sowjetunion in der zweiten Hälfte der fünfziger Jahre über die Wiedervereinigung nicht mehr zu reden war. C. Schmid, Erinnerungen, S. 647ff.
49 H.-P. Schwarz, Entspannung und Wiedervereinigung, S. 45.
50 H. Buchheim, Deutschlandpolitik 1949–1972, S. 86.
51 Welche Bedeutung Adenauer Streitkräften für die Bündnisfähigkeit der Bundesrepublik beimaß, zeigt der Nachdruck, mit dem er von 1955 an auf äußerste Beschleunigung bei ihrem Aufbau drängte. Die Bundeswehr hat das überhöhte Aufbautempo in erhebliche Schwierigkeiten gebracht.
52 Ausführlich von Adenauer selbst im zweiten Band seiner »Erinnerungen«, aber auch von Blankenhorn, v. Eckardt, Grewe und Carlo Schmid in ihren Memoirenwerken.
53 Als der Philosoph Karl Jaspers 1960 in seiner Schrift »Freiheit und Wiedervereinigung« für den Vorrang der Freiheit vor der Einheit plädierte, stellte sich dieses Plädoyer der Öffentlichkeit als eine grundsätzliche Kritik an der offiziellen Bon-

ner Deutschlandpolitik dar. Dabei wiederholte Jaspers der Sache nach nur, was Adenauer schon zwei Jahre zuvor Smirnow gegenüber gesagt hatte. Das zeigt, welche unguten Verwirrungen Adenauers deutschlandpolitische »Doppelstrategie« mit sich brachte.

54 Archiv der Gegenwart 1962 10171 A; die Äußerung von 1958 Archiv der Gegenwart 1958 6957 A.

55 K. Adenauer, Erinnerungen 1955–1959, S. 374.

56 R. Morsey/K. Repgen, Adenauer-Studien, Bd. III, S. 202ff.

57 Archiv der Gegenwart 1959 7413.

58 Knapp 2,2 Millionen DDR-Flüchtlinge wurden in der Zeit von Anfang 1949 bis zum Zeitpunkt von Chruschtschows Berlin-Ultimatum gezählt, noch einmal eine halbe Million in der Zeit zwischen Ultimatum und Mauerbau. P. Bender, Neue Ostpolitik, S. 361f.

59 Ebenda, S. 55.

60 Ebenda, S. 361f.

61 H. Kroll, Lebenserinnerungen eines Botschafters, S. 512.

62 P. Bender, Neue Ostpolitik, S. 222.

63 »Ein Staat, der nicht sein darf« ist der Untertitel von Ernst Richerts 1964 erschienener Analyse des politischen Systems der DDR »Das zweite Deutschland«.

64 E. Bahr, Der Schock des Mauerbaus aus der Sicht des Berliner Senats. In: Militärgeschichtliches Forschungsamt (Hg.), Vom kalten Krieg zur deutschen Einheit, München 1995, S. 148.

65 Wolfram Hanrieder bringt, was er das zentrale Paradox der westeuropäischen, insbesondere der westdeutschen Haltung gegenüber dem nuklearen Protektor nennt, auf die treffende Formel: »(...) die Europäer fürchteten nämlich gleichermaßen, daß die Vereinigten Staaten Nuklearwaffen anwenden würden wie daß sie es nicht täten.« W. Hanrieder, Deutschland, Amerika, Europa, S. 93. Die Passage findet sich nur in der ersten Auflage.

66 Archiv der Gegenwart 1957 6385 A.

67 H.-P. Schwarz, Adenauer. Der Staatsmann: 1952–1967, S. 394ff.

68 H. Haftendorn, Sicherheit und Entspannung, S. 662.

69 K. Adenauer, Erinnerungen 1955–1959, S. 250.

70 Der Vergleich der Berichte, die die beiden Gesprächspartner über das Treffen geben, ist aufschlußreich und reizvoll; bemerkenswert ist insbesondere, was sie jeweils verschweigen. K. Adenauer, Erinnerungen 1955–1959, S. 424 bis 436. Ch. de Gaulle, Memoiren der Hoffnung – Die Wiedergeburt 1958–1962, Wien u. a. 1971, S. 217–223.

71 W. Besson, Die Außenpolitik der Bundesrepublik, S. 304.

72 H. Blankenhorn, Verständnis und Verständigung, S. 439.

73 C. Schmid, Erinnerungen, S. 721.

74 Akten zur Auswärtigen Politik der Bundesrepublik Deutschland 1964, S. 714.

75 De Gaulle stellte diese Frage dem damaligen Staatssekretär im Auswärtigen Amt Karl Carstens. Ebenda, S. 768.

76 »Der unvollendete Bundesstaat« ist der Titel des Buches, das Hallstein nach seinem Ausscheiden aus dem Amt des Kommissionspräsidenten schrieb (Düsseldorf und Wien 1969).

77 Man kann das, beispielsweise, in dem 1971 geschriebenen Vorwort zur Neuauflage des ostpreußischen Erinnerungsbuches von Marion Gräfin Dönhoff »Namen, die keiner mehr nennt« nachlesen.

78 H. Wehner, Wandel und Bewährung, S. 232ff.

79 Dokumente zur Deutschlandpolitik, IV. Reihe, Bd. 9, S. 572ff.

80 P. H. Merkl, Die Rolle der öffentlichen Meinung in der westdeutschen Außenpolitik. In: W. Hanrieder/H. Rühle (Hg.), Im Spannungsfeld der Weltpolitik: 30 Jahre deutsche Außenpolitik (1949–1979), Stuttgart 1981, S. 251ff. Siehe auch W. Weidenfeld/M. Glaab, »Die deutsche Frage im Bewußtsein der Bevölkerung in beiden Teilen Deutschlands«. In: Materialien der Enquête-kommission »Aufarbeitung von Geschichte und Folgen der SED-Diktatur in Deutschland« des Deutschen Bundestages, Bd. V/3/S. 2888f.

81 P. Bender, Neue Ostpolitik, S. 114.

82 Bonn unterhielt diplomatische Beziehungen zu den arabischen Staaten, nicht zu Israel, lieferte aber seit Anfang der sechziger Jahre im geheimen Waffen an Israel. Zu der in dieser heiklen Konstellation unvermeidlichen Explosion kam es, als Staatspräsident Nasser, von der Sowjetunion unter Druck gesetzt, Anfang 1965 Ulbricht zu einem Staatsbesuch nach Ägypten einlud. Natürlich war diese Einladung vor allem eine Antwort auf die Waffenlieferungen der Bundesrepublik an Israel. Auf die scharfe Bonner Reaktion hin drohte Nasser mit der Anerkennung der DDR, falls Bonn die Waffenlieferungen nicht einstelle.

Bonn gab nach. Daraufreagierte Israel, unterstützt von den amerikanischen Juden, empört. Bonn versuchte mit der Aufnahme diplomatischer Beziehungen zu Israel zu beschwichtigen. Diesen Schritt beantworteten fast alle arabischen Staaten mit dem Abbruch der Beziehungen.

83 Auch Adenauer scheint das gesehen zu haben. Brandt berichtet von einer Bemerkung Adenauers zur Hallstein-Doktrin bei einer Begegnung kurz vor Ende von Adenauers Kanzlerzeit: »Gewisse Dinge muß man weggeben, solange man noch etwas dafür bekommt.« W. Brandt, Begegnungen und Einsichten, S. 65.

84 Ebenda, S. 431f.

85 V. Falin, Politische Erinnerungen, S. 112.

86 W. Brandt, Begegnungen und Einsichten, S. 364.

87 H. A. Kissinger, Memoiren 1968–1973, München 1979, S. 441.

88 A. Baring, Machtwechsel, S. 323f.

89 Texte zur Deutschlandpolitik, Bd. 10, S. 93ff.

90 Ebenda, S. 96f.

91 W. Brandt, Erinnerungen, S. 214.

92 I. v. Münch, Dokumente des geteilten Deutschlands, Bd. I, S. 94ff.

93 E. Noelle/E. P. Neumann, Jahrbuch der öffentlichen Meinung 1968–1973, S. 567ff. Im Mai 1972, dem Monat der Ratifizierung des Moskauer und des Warschauer Vertrages, sprachen sich 61 Prozent der Befragten für die Ostverträge, siebzehn Prozent dagegen aus (a. a. O., S. 573).

94 Texte zur Deutschlandpolitik, Bd. 10, S. 427ff.

95 In den Aufzeichnungen Rainer Barzels, der, hätte das konstruktive Mißtrauensvotum vom 27. April 1972 Erfolg gehabt, als Kanzler die Verhandlungen über den noch nicht ratifizierten Moskauer Vertrag wieder aufgenommen hätte, findet sich die selbstbewußte Bemerkung: »Ich traute mir zu, ein besseres Vertragswerk zu gestalten.« R. Barzel, Auf dem Drahtseil, S. 68.

96 Texte zur Deutschlandpolitik, Bd. 10, S. 97f.

97 Institut der deutschen Wirtschaft (Hg.), Zahlen zur wirtschaftlichen Entwicklung der Bundesrepublik Deutschland, Ausgabe 1990, Tabellen 142 und 153.

98 H. Haftendorn, Sicherheit und Stabilität, S. 183ff. (187).

99 H. Schmidt, Die Deutschen und ihre Nachbarn, S. 176.

100 Ebenda, S. 144.

101 Ebenda, S. 221.

102 Europa-Archiv 1968, D 74ff.

103 E. Bahr, Zu meiner Zeit, S. 425.

104 W. Brandt, Begegnungen und Einsichten, S. 459f.

105 E. Bahr, Zu meiner Zeit, S. 414f.

106 Ebenda, S. 420.

107 Europa-Archiv 1975, D 437ff.

108 H.-D. Genscher, Erinnerungen, S. 300ff.

109 H. Schmidt, Die Deutschen und ihre Nachbarn, S. 32.

110 Das Zitat stammt aus dem Londoner Vortrag vom 28. Oktober 1977, der später oft als Ausgangspunkt der Nachrüstungsentwicklung genannt worden ist. H. Haftendorn, Sicherheit und Stabilität, S. 196ff. (198).

111 So sagt es der Text des Londoner Vortrages (ebenda). Schmidt hat später sehr betont, daß es ihm nicht um die Nachrüstung, sondern um die Berücksichtigung der Mittelstreckenwaffen bei den Rüstungskontrollverhandlungen gegangen sei. H. Schmidt, Menschen und Mächte, S. 230.

112 H. Schmidt, Menschen und Mächte, S. 99.

113 H. Haftendorn, Das doppelte Mißverständnis. In: VfZG 33 (1985), S. 244f.

114 1977 ersuchte Präsident Carter den Kongreß um die Bewilligung von Mitteln für die Produktion atomarer Gefechtswaffen, deren Zerstörungskraft vor allem auf besonders intensiver Strahlung beruhte, während die Schadenswirkungen aufgrund von Hitze und Druck begrenzt blieben. Die europäischen NATO-Partner wurden aufgefordert, sich zur Stationierungsfrage zu äußern. Die öffentliche Reaktion in der Bundesrepublik war äußerst heftig – Egon Bahr sprach von einer Perversion menschlichen Denkens –, die Stellungnahme der Bundesregierung zurückhaltend, aber nicht ablehnend. Ähnlich war das Echo in ganz Westeuropa. Daraufhin stellte Carter die Produktionsentscheidung zurück, wodurch wiederum Helmut Schmidt, der in Deutschland dem Aufschrei moralischer Empörung entgegengetreten war, sich desavouiert fühlte.

115 J. Carter, Keeping Faith, Toronto/New York 1982, S. 538.

116 Die Bundesrepublik hatte sich 1975 vertraglich verpflichtet, mehrere Kernkraftwerke, eine kleinere Anreicherungs- und eine Wiederaufbereitungsanlage an Brasilien zu liefern. Sie stieß damit auf amerikanischen Einspruch. Die USA hielten die deutsche Lieferung für unvereinbar mit dem Nicht-Verbreitungs-Vertrag.

117 E. Bahr vermerkte in seinen Erinnerungen: »Ich habe zu meiner Zeit in Bonn keine größere takti-

sche Meisterschaft erlebt.« E. Bahr, Zu meiner Zeit, S. 485. Auch wenn sich das wohl mehr auf den Parteivorsitzenden als auf den Außenminister bezieht, es ist kennzeichnend für die Einschätzung des Politikers Genscher.

118 Die Umfragedaten, auf die der Text Bezug nimmt, finden sich in: Der Spiegel, Nr. 48–50/1981; FAZ 30. 10. 1981 und 16. 9. 1983; Die Zeit 7. 10. 1983.

119 Archiv der Gegenwart 1983 27195.

120 Ch. Hacke, Weltmacht wider Willen, S. 333.

121 Genscher (Erinnerungen, S. 507) berichtet, Gorbatschow habe 1993 im Gespräch bestätigt, daß der NATO-Doppelbeschluß »die eigentliche Ursache für den Kurswechsel in der sowjetischen Außenpolitik« gewesen sei. Gorbatschow scheint in dieser Frage allerdings geneigt gewesen zu sein, jedem Gesprächspartner das zu versichern, was er gern hören wollte. Jedenfalls berief sich auch die andere Seite auf ihn. T. Garton Ash, Im Namen Europas, S. 179.

122 W. Brandt, Begegnungen und Einsichten, S. 318.

123 In den Memoiren von Helmut Schmidt spielt die Europäische Gemeinschaft nicht zufällig nur eine Randrolle.

124 Europa-Archiv 1988, D 571ff.

125 Jahrbuch Europäische Integration 1987/88, S. 342, und 1988/89, S. 299.

126 Jahrbuch Europäische Integration 1989/90, S. 304.

127 Materialien der Enquêtekommission »Aufarbeitung von Geschichte und Folgen der SED-Diktatur in Deutschland« des Deutschen Bundestages, Bd. V/1/S. 885.

128 H.-D. Genscher, Erinnerungen, S. 527.

129 R. v. Weizsäcker, Vier Zeiten, S. 341f.

130 Archiv der Gegenwart 1989 33411.

131 H. Kohl, Ich wollte Deutschlands Einheit, S. 39ff.

Dritter Teil

1 Die Bundesrepublik war ziemlich genau halb so groß wie das Deutsche Reich 1937 (52Prozent). Auf dieser Fläche hatten 1939 knapp 40 Millionen Menschen gelebt.

2 E. Noelle/E.-P. Neumann, Jahrbuch der öffentlichen Meinung 1947–1955, S. 134 und 157.

3 Zur Entstehungsgeschichte des konstruktiven Mißtrauensvotums: A. Birke, Das konstruktive Mißtrauensvotum in den Verfassungsverhandlungen der Länder und des Bundes. In: ZParl 8 (1977), S. 77ff.

4 Von den insgesamt 77 Abgeordneten des Parlamentarischen Rates waren 53 vor 1900 geboren, nur fünf 1910 und später. M. Feldkamp, Der parlamentarische Rat 1948–1949, S. 185ff.

5 J. Falter, Kontinuität und Neubeginn. Die Bundestagswahl 1949 zwischen Weimar und Bonn. In: PVS 22 (1981), S. 236ff.

6 F. J. Strauß (Erinnerungen, S. 105ff.) stellt es so dar, als habe er den Beratungen die entscheidende Wendung gegeben. Im Protokoll von Gebhard Müller (Auftakt zur Ära Adenauer. Quellen zur Geschichte des Parlamentarismus und der politischen Parteien, 4. Reihe/Bd. 3, S. 33ff.) liest sich das ganz anders.

7 Verhandlungen des Deutschen Bundestages, I. Wahlperiode 1949, Band 1, Bonn 1950, S. 22ff.

8 Was Adenauer, die Bundestagswahlen 1953 im Blick, dem FDP-Vorsitzenden von Nordrhein-Westfalen Middelhauve im Juli 1952 schrieb, hatte für ihn natürlich auch 1949 gegolten: »Ich meine aber, für jeden Nichtsozialisten bleibt das oberste Gebot bei den nächsten Wahlen im Jahre 1953 zu erreichen, daß der Sozialismus nicht an die Macht kommt.« Adenauer, Briefe 1951–1953 (Rhöndorfer Ausgabe), S. 257.

9 H. Soell, Fritz Erler, Bd. 1, S. 246.

10 C. Schmid, Erinnerungen, S. 660.

11 Zwei Schriften Fritz Erlers, des späteren Reformers, aus dem Jahr 1946 sind mit ihren Titeln »Sozialismus als Gegenwartsaufgabe« und »Lebendiger Marxismus« sehr charakteristisch für diese Nachkriegsstimmung. H. Soell, Fritz Erler, Bd. 1, S. 108ff.

12 O. K. Flechtheim, Dokumente zur parteipolitischen Entwicklung in Deutschland, Bd. 3, S. 209ff.

13 Anträge, die den alten wirtschaftspolitischen Etatismus beibehalten wollten, fanden die Zustimmung von bis zu 30 Prozent der Delegierten. P. Lösche, F. Walter, Die SPD, S. 115.

14 In der Nacht zum 15. Januar 1953 ließ der britische Hohe Kommissar Sir Ivone Kirkpatrick sechs z. T. ranghohe ehemalige Nationalsozialisten um den früheren Goebbels-Staatssekretär Dr. Werner Naumann verhaften. Ihnen wurde eine nationalsozialistische Konspiration vorgeworfen. Tatsächlich gab es Pläne zur Unterwanderung der nordrhein-westfälischen FDP. Die gericht-

lichen Untersuchungen verliefen im Sande. N. Frei, Vergangenheitspolitik, S. 361ff.

15 Th. Heuß, Tagebuchbriefe 1955–1963, S. 143.

16 Das sogenannte Grabenwahlsystem, das in der Wahlrechtskommission des Bundestages von der Union auf den Tisch gelegt wurde, hätte das Verhältnis zwischen Wahlkreismandaten und Listenmandaten drastisch zugunsten der ersteren verändert.

17 F. R. Allemann, Bonn ist nicht Weimar, S. 311.

18 Bis 1961 waren die fünf wichtigsten Ministerien (Auswärtiges Amt, Innenministerium, Wirtschaftsministerium, Finanzministerium, Verteidigungsministerium) alle in der Hand der Union; bis 1966 immer noch vier – das Finanzministerium wurde an die FDP abgetreten. Nach 1966 ist das nie mehr so gewesen. Dem kleineren Partner fielen zwei, in der sozial-liberalen Koalition sogar drei der Schlüsselministerien zu.

19 K. Klotzbach, Der Weg zur Staatspartei, S. 238, 267f., 395.

20 Jede der beiden großen Parteien hat seit 1957 im Bundestag immer mehr als ein Drittel der Mandate innegehabt. Im Bundesrat könnte die Sperrminorität leichter verlorengehen.

21 BVerfGE 12, S. 205ff.

22 Süddeutsche Zeitung 29. 6. 1974.

23 F. R. Allemann, Bonn ist nicht Weimar, S. 368ff.

24 Von 600 überprüften Bewerbern wurden 480 für geeignet befunden. K. v. Schubert, Sicherheitspolitik und Bundeswehr. In: W. Benz, Die Geschichte der Bundesrepublik Deutschland, Bd. 1, S. 319.

25 Diese Sätze finden sich in einer Analyse des politischen Beraters des amerikanischen Hohen Kommissars. VfZG 37 (1989), S. 325.

26 F. R. Allemann, Bonn ist nicht Weimar, S. 337.

27 W. Brandt, Begegnungen und Einsichten, S. 62.

28 Zur (heftigen und unsachlichen) Kritik Adenauers am Bundesverfassungsgericht siehe Adenauer, Teegespräche 1950–1954, S. 365ff.

29 J. Seifert (Hg.), Die Spiegelaffäre, Freiburg i. B. 1966, Bd. 2, S. 422 und 293.

30 Die SPD-Fraktion im Deutschen Bundestag. Sitzungsprotokolle 1961–1966. Quellen zur Geschichte des Parlamentarismus und der politischen Parteien. 4. Reihe, Bd. 8/III, S. 1029ff.

31 Eine sozial-liberale Koalition hätte 1966 über 251 von 496 Stimmen verfügt. 1969 waren es dann 254 Sitze, und auch die reichten nicht für die ganze Legislaturperiode.

32 »In der engeren Führung der SPD fand das Unternehmen bestenfalls lauwarme Unterstützung«, heißt es in Brandts »Erinnerungen«, S. 186.

33 Archiv der Gegenwart 1969 15004ff.

34 Die Jahre 1969 bis 1972 sind nicht in jeder Hinsicht ein Ruhmesblatt für den deutschen Parlamentarismus. Weder bei den Versuchen der Opposition, Abgeordnete der Mehrheit auf ihre Seite hinüberzuziehen, noch bei den Versuchen der Regierungsmehrheit, das konstruktive Mißtrauensvotum abzuwehren, ging es nur mit rechten Dingen zu. Erwiesen ist, daß der CDU-Abgeordnete Julius Steiner für sein Votum gegen Barzel bezahlt worden ist. Er hat, wie sich sehr bald herausstellte, vom Geschäftsführer der SPD-Fraktion Karl Wienand 50 000 DM erhalten. Herbert Wehner, der Fraktionsvorsitzende, wußte von der Sache und billigte sie. Daß auch die DDR involviert war, trat erst viel später zutage. A. Baring, Machtwechsel, S. 580ff.

35 Wie sehr ihn diese Frage beschäftigt hat, ist daran abzulesen, daß er sie sich und dem Leser in allen Erinnerungsbüchern stellt, die er geschrieben hat. Und immer klingt an, daß er mit dem Rücktritt mehr Verantwortung übernommen habe, als der Sachlage nach geboten war.

36 Aufzeichnungen Brandts, die nach seinem Tode veröffentlicht wurden, sind wenig aufschlußreich. Aus ihnen geht aber hervor, daß Brandt Wehner einen entscheidenden Anteil an seinem Rücktritt zuschrieb. Daß Wehner Brandts Rücktritt betrieb, ist kaum zweifelhaft. Welche Drähte er dabei zog, bleibt unklar. FAZ 26. 1. 1994. Die »Notizen zum Fall G.« sind auch in der erweiterten Neuausgabe der »Erinnerungen« abgedruckt.

37 G. J. Glaeßner u. a., Die Bundesrepublik in den siebziger Jahren, S. 21.

38 Zahlen zu dieser Entwicklung bei H. J. Veen/P. Gluchowski, Sozialstrukturelle Nivellierung bei politischer Polarisierung – Wandlungen und Konstanten in den Wählerstrukturen der Parteien. In: ZParl 19 (1988), S. 225ff.

39 Zwischen 1919 und 1933 hatte es insgesamt nur drei Jahre sozialdemokratischer Kanzlerschaft gegeben.

40 Das Abstimmungsergebnis auf dem Nürnberger Parteitag 1968 lautete 173:139. Die Fraktion hatte 1966 mit 126 gegen 53 Stimmen bei acht Enthaltungen entschieden.

41 P. Lösche/F. Walter, Die SPD, S. 117.

42 Ebenda, S. 152.
43 Die 1976 gewählte Bundestagsfraktion hatte 224 Mitglieder. Von ihnen gehörten 89 der ÖTV und 36 der GEW an. Der Anteil stieg in den folgenden Legislaturperioden noch.
44 W. Brandt, Erinnerungen, S. 343. 1974, beim Wechsel, hatte Helmut Schmidt zu Brandt gesagt: »Du kannst die Partei zusammenhalten, ich nicht.« Ebenda, S. 330.
45 Ebenda, S. 345.
46 H.-O. Kleinmann, Geschichte der CDU, S. 217.
47 A. Mintzel/H. Oberreuter, Parteien in der Bundesrepublik, S. 568.
48 Erich Mende berichtet in seinen Erinnerungen, die SPD habe sich am Vorabend der Wahl Gustav Heinemanns zum Bundespräsidenten der F.D.P. gegenüber entsprechend geäußert. E. Mende, Von Wende zu Wende, S. 296.
49 W. Maihofer, Liberalismus 74. In: liberal 1974/2/ S. 92ff.
50 K.-H. Flach/W. Maihofer/W. Scheel, Die Freiburger Thesen der Liberalen, Reinbek 1972.
51 H. Vorländer, Die Freie Demokratische Partei. In: A. Mintzel/H. Oberreuter, Parteien in der Bundesrepublik, S. 317.
52 Für die Bundestagswahl 1987 ist ermittelt worden, daß drei von vier Wählern der Grünen aus dem Bewegungsmilieu kamen. M. Zwick, Neue soziale Bewegungen als politische Subkultur, S. 159.
53 Nach Daten aus dem Jahr 1985/86 stuften sich 58,6 Prozent der Wähler und 88,4 Prozent der Aktivisten der Grünen als links ein, 14,6 beziehungsweise 44,2 als extrem links. Das waren deutlich mehr als bei den Sozialdemokraten. Th. Poguntke, Alternative Politics, S. 97 und 63. P. Lösche/F. Walter, Die SPD, S. 60.
54 F. Müller-Rommel, Th. Poguntke, Die Grünen. In: A. Mintzel/H. Oberreuter, Parteien in der Bundesrepublik, S. 357. Th. Poguntke, Alternative Politics, S. 59ff. M. Zwick, der den Versuch einer exakten räumlichen Bestimmung der Distanzen macht, kam für 1987 zu dem Ergebnis, die Grünen-Wähler lägen weiter von den Wählern jeder konventionellen Partei entfernt als die Wähler aller übrigen Parteien zueinander. Neue soziale Bewegungen als politische Subkultur, S. 181.
55 O. Kirchheimer, Der Wandel des europäischen Parteiensystems. In: PVS 6 (1965), S. 20ff.
56 Richard von Weizsäcker im Gespräch, Frankfurt am Main 1992.
57 P. Schindler, Datenhandbuch zur Geschichte des deutschen Bundestages 1949–1999, Bd. 1, S. 320f.
58 Die Fünf-Prozent-Klausel galt 1949 zunächst länderbezogen. Seit 1953 bezieht sie sich auf das ganze Bundesgebiet, ist also beträchtlich verschärft worden.
59 Archiv der Gegenwart 1966 12862f.
60 Unmittelbar vor der Landtagswahl 1987 wartete »Der Spiegel«, gestützt auf die Aussagen eines dubiosen Referenten aus der Kieler Staatskanzlei namens Pfeiffer, mit schweren Vorwürfen gegen den schleswig-holsteinischen Ministerpräsidenten Uwe Barschel auf. Er habe den Versuch gemacht, mit infamen, ja kriminellen Methoden den Oppositionsführer Björn Engholm zu diskreditieren. Barschel bestritt alle Vorwürfe, geriet aber mit seinen eigenen Aussagen alsbald in schwere Bedrängnis und trat als Ministerpräsident zurück. Einen Monat später wurde er tot in einem Genfer Hotel aufgefunden. Bis heute ist nicht geklärt, ob es sich um einen Selbstmord gehandelt hat. Überhaupt kann die ganze Affäre trotz aller Anstrengungen, sie aufzuhellen, bis heute nicht als aufgeklärt gelten.
61 Ch. Landfried, Bundesverfassungsgericht und Gesetzgeber, Baden-Baden 1984, S. 152.
62 BVerfGE 39, S. 1ff.; 35, S. 79ff.; 48, S. 127ff.
63 BVerfGE 36, S. 1ff.
64 Strauß zählte das Urteil, das auf eine Klage der bayerischen Staatsregierung erging, zu seinen wichtigsten politischen Erfolgen. F. J. Strauß, Erinnerungen, S. 449.
65 Die Zeit Nr. 9/1978, Dossier.
66 W. Rudzio, Das politische System der Bundesrepublik Deutschland, Opladen ³1991, S. 316
67 K. v. Beyme, Das politische System der Bundesrepublik Deutschland, München/Zürich ⁸1996, S. 366.
68 Von Anfang an haben die beiden großen Parteien sich – ungern – wechselseitig Nominierungsrechte zugestanden, sich dabei aber ein Einspruchsrecht gegen die Vorschläge der anderen Seite vorbehalten. Gelegentlich ist es auch zu Konflikten gekommen. Seit den siebziger Jahren gilt die Regel, daß Union und SPD Nominierungsrechte für vier Richterstellen in jedem Senat haben und üblicherweise für drei Stellen Parteimitglieder, für eine Stelle einen Parteilosen vorschlagen.
69 Nach Angaben der Organisatoren über neun Millionen. Vier bis fünf Millionen hält Volk-

mann (Militärgeschichtliches Forschungsamt, Anfänge westdeutscher Sicherheitspolitik 1949–1956, Bd. 2, S. 497) für eine realistische Schätzung.

70 Auf die Frage nach der Bereitschaft, wieder Soldat zu werden, antworteten zwischen 1950 und 1952 konstant etwa siebzig Prozent der Befragten ablehnend. Anders bei der Frage, ob man für oder gegen die Wiederbewaffnung sei. Die Mehrheit der Gegner war von Anfang an nicht sehr groß (Oktober 1950: 55 Prozent), und bereits im September 1951 gab es eine Mehrheit von Befürwortern (52 Prozent). Militärgeschichtliches Forschungsamt, Anfänge westdeutscher Sicherheitspolitik 1945–1956, Bd. 2, S. 477.

71 D. Rucht, Protestbewegungen. In: W. Benz, Die Geschichte der Bundesrepublik, Bd. 3, S. 313.

72 Etwa zwei Drittel der Befragten lehnten sie ab. 52 Prozent billigten einen Streik gegen die atomare Bewaffnung der Bundesrepublik. H. K. Rupp, Außerparlamentarische Opposition in der Ära Adenauer, S. 89 und 167.

73 F. R. Allemann, Bonn ist nicht Weimar, S. 104.

74 P. Mosler, Was wir wollten, was wir wurden, S. 234.

75 L. Rolke, Protestbewegungen in der Bundesrepublik, S. 284.

76 B. Rabehl, Die inszenierte Revolution, FAZ 4. 9. 1996.

77 P. Mosler, Was wir wollten, was wir wurden, S. 116.

78 Th. Ellwein, Krisen und Reformen, S. 29.

79 Auf dem Steuer-Parteitag November 1971 in Bonn. K. D. Bracher/W. Jäger/W. Link, Republik im Wandel 1969–1971 (Geschichte der Bundesrepublik Deutschland Bd. 5/1), S. 41.

80 Ein Erlaß des Bundesinnenministers Gustav Heinemann aus dem Herbst 1950, der für dreizehn Organisationen, darunter KPD und SRP, die damals noch nicht verboten waren, feststellte, sie seien verfassungsfeindlich und ihre Mitglieder könnten nicht im öffentlichen Dienst bleiben, löste keinerlei Kontroversen aus. G. Braunthal, Politische Loyalität und öffentlicher Dienst, S. 22f.

81 BVerfGE 39, S. 334ff.

82 Es ist schwierig, ein genaues Bild zu gewinnen, nur die Größenordnungen sind eindeutig. U. Chaussy spricht ohne Quellenangaben für den Zeitraum 1972 bis 1982 von 1,4 Millionen Anfragen, etwa 16 000 Mitteilungen über vorläufige Erkenntnisse, mindestens 1107 Ablehnungen, wobei die Ablehnungsquote in den verschiedenen Bundesländern zwischen 0,05 Prozent und 2,4 Prozent schwankte. U. Chaussy, Jugend. In: W. Benz, Geschichte der Bundesrepublik, Bd. 3, S. 229. Dazu auch G. Braunthal, Politische Loyalität und öffentlicher Dienst, S. 64 und 117; H. Reckers, Wie wird die Verfassungstreue geprüft? In: W. Schönbohm, Verfassungsfeinde als Beamte, München/Wien 1979, S. 143ff.

83 Zahlen bei D. Conradt, Changing German Political Culture. In: G. A. Almond/S. Verba, The Civic Culture Revisited, Boston/Toronto 1980, S. 246. Nur 51 Prozent der Achtzehn- bis Neunundzwanzigjährigen mit höherer Bildung waren 1976 der Ansicht, daß man in der Bundesrepublik frei sprechen könne, gegenüber etwa 80 Prozent derer, die älter als dreißig waren.

84 S. Nadolny, Selim oder die Gabe der Rede, München/Zürich 1992, S. 323.

85 A. Andersch, Artikel 3(3), FAZ 28. 1. 1976.

86 F. Duwe, Aufbrüche, S. 788.

87 P. Mosler, Was wir wollten, was wir wurden, S. 287f.

88 Ebenda, S. 223.

89 Daß die Politiker sich im Fall des Politikers Lorenz zwei Jahre zuvor anders verhalten hatten, wirft einen Schatten auf die Schleyer-Entscheidung.

90 Die Ergebnisse eines von der Bundesregierung in Gang gebrachten Großprojektes liegen in vier Bänden vor: Bundesministerium des Innern (Hg.), Analysen zum Terrorismus, 4 Bde., Opladen 1981–1984.

91 Der Titel von Gillian Beckers seinerzeit vielgenanntem Buch »Hitler's Children«, 1977 erschienen, hatte freilich eine ganz andere Stoßrichtung. Er spielte auf die Beteiligung deutscher Terroristen an der Geiselnahme von Entebbe an. Allerdings sagt G. Becker im Vorwort (S. 15) zur Neuen Linken in Deutschland im allgemeinen: »So in West Germany the movement became essentially a violent backlash against the totalitarian state of the preceding generation.«

92 Als Beispiel: U. Meinhof, Natürlich kann geschossen werden, Der Spiegel 15. 6. 1970. Dort findet sich unter anderem der Satz, bezogen auf Polizisten: »Der Typ in Uniform ist ein Schwein, das ist kein Mensch.«

93 Will Ulrike Meinhof Gnade oder freies Geleit? In: H. Böll, Neue politische und literarische Schriften, Köln 1973, S. 230–238.

94 Die Zeit 16.9.1977.

95 Der Mescalero-Text ist abgedruckt bei J. Agnoli u.a., »... da ist nur freizusprechen«, Reinbek 1979, S. 198ff.

96 R. Zundel, Macht und Menschlichkeit, Reinbek 1990, S. 79.

97 In Wackersdorf traf der Bauherr, die Gesellschaft für Wiederaufbereitung von Kernbrennstoffen, in der sich zwölf Energieversorgungsunternehmen zusammengeschlossen hatten, die Entscheidung, nicht etwa der Staat in Gestalt des Landes Bayern, das sich geradezu düpiert fühlte. Das Beispiel zeigt, daß die Antikernkraftbewegung Vorteile daraus ziehen konnte, daß sie es nicht mit einem Gegenüber zu tun hatte, sondern mit dreien: den für die rechtlichen Rahmenbedingungen und, daraus folgend, für die Bau- und Bertiebsgenehmigungen zuständigen Staat, den Betreibern, das heißt den Energieversorgungsunternehmen, und der Industrie, die Reaktoren baute und verkaufte.

98 W. Rüdig, Anti-Nuclear Movements, Harlow 1990, S. 100, 102 und 348. 34 Prozent waren im internationalen Vergleich ein mittlerer Wert.

99 Zahlen für die erste Hälfte der achtziger Jahre zeigen, daß der Polarisierungsgrad in der Bundesrepublik deutlich höher war als in anderen westlichen Gesellschaften. R. Roth/D. Rucht, Neue soziale Bewegungen in der Bundesrepublik Deutschland, S. 53.

100 L. Rolke, Protestbewegungen in der Bundesrepublik, S. 354.

101 M. Zwick, Neue soziale Bewegungen als politische Subkultur, S. 167. Zwick hat für 1987, keine Phase hoher Mobilisierung, ein Potential (Aktive und Anhänger) von etwa vierzehn Prozent für die Antiatomkraftbewegung und zwölf Prozent für die Friedensbewegung ermittelt (ebenda, S. 147).

102 K.-W. Brand, Zur politischen Kultur der neuen sozialen Bewegungen. In: PVS Sonderheft 18/1987, Politische Kultur in Deutschland, S. 342.

103 G. Almond/S. Verba, Civic Culture, Princeton 1963.

104 Das ist eine Hauptthese seines Buches »Gesellschaft und Demokratie in Deutschland«.

105 M. R. Lepsius, Interessen, Ideen und Institutionen, Opladen 1990, S. 63. Dort taucht auch der Begriff »Vernunftdemokraten« für die Nachkriegsdeutschen auf.

106 D. Conradt, Changing German Political Culture. In: G. A. Almond/S. Verba, The Civic Culture Revisited, Boston/Toronto 1980, S. 226.

107 O. Gabriel, Politische Kultur, Postmaterialismus und Materialismus in der Bundesrepublik, S. 184. D. Conradt, Changing German Political Culture. In: G. A. Almond/S. Verba, The Civic Culture Revisited, Boston/Toronto 1980, S. 248.

108 E. Noelle-Neumann/E. Piel, Eine Generation später, S. 146.

109 H. Klages, Wertorientierungen im Wandel, S. 19.

110 D. Fuchs, Die Unterstützung des politischen Systems der Bundesrepublik Deutschland, S. 97.

111 E. Noelle-Neumann/E. Piel, Eine Generation später, S. 205.

112 D. Conradt, Changing German Political Culture. In: G. A. Almond/S. Verba, The Civic Culture Revisited, Boston/Toronto 1980, S. 230. G. Herdegen, Einstellungen der Deutschen (West) zur nationalen Identität. In: PVS Sonderheft 18/1987, Politische Kultur in Deutschland, S. 215.

113 S. Barnes/M. Kaase, Political Action, Beverly Hills/London 1979. Die Studie analysiert vergleichend das Protestpotential in fünf Ländern: der Bundesrepublik Deutschland, Großbritannien, den Niederlanden, Österreich und den USA.

114 K. v. Beyme, Das deutsche Nationalbewußtsein im internationalen Vergleich. In: K. v. Beyme, Der Vergleich in der Politikwissenschaft, München 1988, S. 314ff; D. Fuchs, Die Unterstützung des politischen Systems der Bundesrepublik Deutschland, S. 127; G. Herdegen, Einstellungen der Deutschen (West) zur nationalen Identität. In: PVS Sonderheft 18/1987, Politische Kultur in Deutschland, S. 209f.

115 J. Reifenberg, Der singuläre Staatsmann, FAZ 4.11.1995.

116 K. D. Bracher, Die deutsche Diktatur, Köln [5]1976, S. 544; ähnlich in vielen anderen Äußerungen.

117 D. Sternberger, Schriften X, Frankfurt am Main, S. 17ff.

118 Die demoskopischen Hinweise auf eine ungewöhnlich große Distanz zwischen den Generationen in Westdeutschland sind zahlreich. E. Noelle-Neumann/R. Köcher, Die verletzte Nation, S. 22ff. und 291ff.

119 F. Tenbruck, Alltagsnormen und Lebensgefühle in der Bundesrepublik. In: R. Loewenthal/H.-P. Schwarz, Die zweite Republik, S. 292.

120 W. Bleeck/H. Maull (Hg.), Ein ganz normaler Staat?, München 1989.

121 D. Zöllner, Sozialpolitik. In: W. Benz, Die Geschichte der Bundesrepublik, Bd. 2, S. 366.

122 Staatslexikon, 6. Auflage, Bd. 3, Spalte 357.

123 E. Hölder, Im Zug der Zeit, S. 54. FAZ 24. 2. 1996.

124 Gerd Bucerius in: Die Zeit 13. 4. 1979.

125 W. Abelshauser, Die langen fünfziger Jahre, S. 130.

126 H.-P. Schwarz, Adenauer. Der Aufstieg 1876–1952, S. 789.

127 Archiv der Gegenwart 1953 4212.

128 Adenauer wurde von seinem Sohn Paul auf eine Denkschrift des Bonner Privatdozenten Wilfried Schreiber aufmerksam gemacht, in der die Konzeption einer umlagefinanzierten dynamischen Rente entwickelt wurde. H.-G. Hockerts, Sicherung im Alter. In: W. Conze/M. R. Lepsius, Sozialgeschichte der Bundesrepublik Deutschland, S. 314f.; D. Zöllner, Sozialpolitik. In: W. Benz, Die Geschichte der Bundesrepublik, Bd. 2, S. 373.

129 Die Allensbacher Demoskopen vermeldeten: »Bisher ist kein Beispiel dafür bekannt, daß irgendein Gesetz, eine Institution oder gar Verfassung und Symbole des Staates eine auch nur annähernd so positive Resonanz gehabt haben wie die Rentenreform.« H. G. Hockerts, Sicherung im Alter. In: W. Conze/M. R. Lepsius, Sozialgeschichte der Bundesrepublik Deutschland, S. 315. Mit diesem etwas unbeholfen formulierten demoskopischen Befund läßt sich exemplarisch illustrieren, was die spätere Forschung zur politischen Kultur der Bundesrepublik immer wieder als den allmählichen Aufbau von Legitimität in einem – mit dem Systemtheoretiker David Easton gesprochen – Prozeß der Umwandlung von spezifischer in diffuse Unterstützung beschrieben hat.

130 H.-P. Schwarz, Die Ära Adenauer. Epochenwechsel 1957–1963 (Geschichte der Bundesrepublik Bd. 3), S. 162.

131 J. H. Kaiser (Hg.), Planung I, Baden-Baden 1966, S. 1.

132 P. Schindler, Datenhandbuch zur Geschichte des deutschen Bundestages 1949–1999, Bd. 2, S. 2430ff.

133 Stern 3. 6. 1971.

134 BVerfGE 39, S. 1ff.

135 BVerfGE 88, S. 203ff. 1992 hatte der Gesetzgeber mit Rücksicht auf die ehemalige DDR die Indikatorenlösung von 1976 durch eine Fristenlösung ersetzt. Diesmal akzeptierte das Gericht die Fristenlösung, freilich mit einem rechtlichen Vorbehalt: Sie bleibe rechtswidrig, auch wenn man sie für straffrei erkläre.

136 Zehn Jahre nach dem Urteil von 1975 stützten sich 85 Prozent aller registrierten legalen Abtreibungen in der Bundesrepublik auf die fast beliebig auslegbare Indikation sozialer Notlage. M. Lißke, Abtreibungsneuregelung in den USA und der Bundesrepublik, Freiburg 1989, S. 206.

137 M. G. Schmidt hat, wenn auch in etwas anderem Zusammenhang, zur Charakterisierung der für die Bundesrepublik typischen Politik die Formel von der Politik des mittleren Weges benutzt. M. G. Schmidt, Die Politik des mittleren Weges. In: APuZ B9/10 1990.

138 G.-J. Glaeßner u. a. (Hg.), Die Bundesrepublik in den siebziger Jahren, S. 160.

139 BVerfGE 50, S. 290ff.

140 H.-G. Hockerts, Sicherung im Alter. In: W. Conze/M. R. Lepsius, Sozialgeschichte der Bundesrepublik Deutschland, S. 318.

141 Bericht des Abgeordneten Thomas Ruf (CDU) über ein Gespräch mit Ernst Schellenberg. N. Blüm/H. F. Zacher, 40 Jahre Sozialstaat Bundesrepublik, S. 354f.

142 K. v. Beyme/M. G. Schmidt, Politik in der Bundesrepublik, S. 146.

143 G. Picht, Die deutsche Bildungskatastrophe, Olten 1964. R. Dahrendorf, Bildung ist Bürgerrecht, Hamburg 1965.

144 Bundesministerium für Bildung und Wissenschaft (Hg.), Bildungsbericht 70. Die bildungspolitische Konzeption der Bundesregierung, Bonn 1970.

145 BVerfGE 35, S. 79ff.

146 D. Meadows u. a., Die Grenzen des Wachstums, Stuttgart 1972.

147 Das ist die Grundthese von P. Katzenstein, Policy and Politics in West Germany. Auch M. G. Schmidt vertritt sie (M. G. S., Die Politik des mittleren Weges. In: APuZ B9/10 1990).

148 M. G. Schmidt, Staatsfinanzen. In: K. v. Beyme/M. G. Schmidt, Politik in der Bundesrepublik, S. 50ff.

149 D. Webber, Zur Geschichte der Gesundheitsreform in Deutschland II. In: Leviathan 17 (1989), S. 297.

150 In zahlreichen Beiträgen hat zum Beispiel Fritz Scharpf diese These vertreten. So in dem Aufsatz: Die Politikverflechtungs-Falle: Europäische Integration und deutscher Föderalismus im Vergleich. In: PVS 26 (1985), S. 323ff.

151 M. G. Schmidt, Die Politik des mittleren Weges. In: APuZ B9/10 1990. In ähnliche Richtung

weist eine andere Formel des gleichen Autors: M. G. Schmidt, The Grand Coalition State. In: J. Colomer, Political Institutions in Europe, London/New York 1996.

152 M. Kaase/G. Schmidt, Eine lernende Demokratie.

153 R. Dahrendorf, Gesellschaft und Demokratie in Deutschland, Kapitel 26: Das nationalsozialistische Deutschland und die soziale Revolution.

154 Das Kapitel stützt sich, was die Daten angeht, im wesentlichen auf die Statistischen Jahrbücher für die Bundesrepublik Deutschland. Andere Quellen sind im folgenden ausdrücklich angegeben. Zur Bevölkerungsentwicklung siehe S. Bethlehem, Heimatvertreibung, DDR-Flucht, Gastarbeiterzuwanderung.

155 Die Zeit 22. 9. 1949.

156 Er lag bei 75 Prozent, bei den Einheimischen nur bei 46,5 Prozent, P. Waldmann, Die Eingliederung der ostdeutschen Vertriebenen in die westdeutsche Gesellschaft. In: J. Becker/Th. Stammen/P. Waldmann, Vorgeschichte der Bundesrepublik, S. 180.

157 F. J. Bauer, Zwischen »Wunder« und Strukturzwang. Zur Integration der Flüchtlinge und Vertriebenen in der Bundesrepublik Deutschland. In: APuZ B32/1987, S. 27.

158 W. Benz, Die Vertreibung der Deutschen aus dem Osten, S. 202.

159 P. Waldmann, Die Eingliederung der ostdeutschen Vertriebenen in die westdeutsche Gesellschaft. In: J. Becker/Th. Stammen/P. Waldmann, Vorgeschichte der Bundesrepublik, S. 184.

160 Zu den Zahlen siehe S. Bethlehem, Heimatvertreibung, DDR-Flucht, Gastarbeiterzuwanderung; W. Köllmann, Die Bevölkerungsentwicklung in der Bundesrepublik Deutschland. In: W. Conze/M. R. Lepsius, Sozialgeschichte der Bundesrepublik Deutschland; ferner das Stichwort »Flüchtlinge« im DDR-Handbuch des Bundesministeriums für innerdeutsche Beziehungen 1985.

161 Walter v. Cube im Bayerischen Rundfunk. In: APuZ 32/1987, S. 39.

162 Zu den Zahlen siehe R. Münz/W. Seifert/R. Ulrich, Zuwanderung nach Deutschland, S. 35ff.; R. Geißler, Die Sozialstruktur Deutschlands, S. 214ff.; Statistisches Bundesamt, Datenreport 1992, S. 54ff.

163 Zu den Zahlen siehe R. Geißler, Die Sozialstruktur Deutschlands, S. 336ff.; W. Köllmannn, Die Bevölkerungsentwicklung in der Bundesrepublik Deutschland. In: W. Conze/M. R. Lepsius, Sozialgeschichte der Bundesrepublik Deutschland; W. Zapf, Sozialstruktur und gesellschaftlicher Wandel in der Bundesrepublik Deutschland. In: W. Weidenfeld/H. Zimmermann, Deutschland-Handbuch, S. 104f.; Statistisches Bundesamt, Datenreport 1992, S. 45ff.

164 In den USA wird jede zweite Ehe geschieden. Auch in Skandinavien ist die Scheidungsrate deutlich höher als in Deutschland.

165 E. Noelle-Neumann/R. Köcher, Die verletzte Nation, S. 109f. und 117f.

166 R. Geißler, Die Sozialstruktur Deutschlands, S. 319.

167 E. Noelle-Neumann/R. Köcher, Die verletzte Nation, S. 341.

168 R. Geißler, Die Sozialstruktur Deutschlands, S. 320.

169 H. Birg, Differentielle Reproduktion aus der Sicht der biographischen Theorie der Fertilität. In: E. Voland (Hg.), Fortpflanzung: Natur und Kultur im Wechselspiel, Frankfurt am Main 1992, S. 189ff.

170 Zitiert nach Ch. Kleßmann/G. Wagner, Das gespaltene Land, S. 281

171 Zu den Zahlen siehe R. Geißler, Die Sozialstruktur Deutschlands, S. 249ff. und 275ff.; E. Hölder, Im Zug der Zeit, S. 27ff.

172 Zu den Zahlen siehe Arbeitsgruppe Bildungsbericht am Max-Planck-Institut für Bildungsforschung, Das Bildungswesen der Bundesrepublik Deutschland; Statistisches Bundesamt, Datenreport 1992, S. 59ff.

173 A. Schmidt/A. Sywottek, »Wiederaufbau« und »Modernisierung«. Zur westdeutschen Gesellschaftsgeschichte in den fünfziger Jahren. In: APuZ B 6–7/1989, S. 27.

174 E. Hölder, Im Zug der Zeit, S. 233.

175 Ebenda, S. 176.

176 W. Zapf, Die Wohlfahrtsentwicklung in Deutschland seit der Mitte des 19. Jahrhunderts. In: W. Conze/M. R. Lepsius, Sozialgeschichte der Bundesrepublik Deutschland, S. 56.

177 Statistisches Bundesamt, Datenreport 1992, S. 190.

178 E. Noelle-Neumann/R. Köcher, Die verletzte Nation, S. 221.

179 Ebenda, S 226.

180 Zu den Zahlen siehe R. Geißler, Die Sozialstruktur Deutschlands, Kapitel 6–8; W. Zapf, Sozialstruktur und gesellschaftlicher Wandel in der

Bundesrepublik Deutschland. In: W. Weidenfeld/H. Zimmermann, Deutschland-Handbuch, S. 106ff.; Statistisches Bundesamt, Datenreport 1992, Kapitel 3, 12 und 13.

181 M. R. Lepsius, Sozialstruktur und soziale Schichtung in der Bundesrepublik Deutschland. In: R. Löwenthal/H.-P. Schwarz, Die zweite Republik, S. 265.

182 R. Geißler, Die Sozialstruktur Deutschlands, S. 80.

183 J. Mooser, Abschied von dem Proletariat. In: W. Conze/M. R. Lepsius, Sozialgeschichte der Bundesrepublik Deutschland, S. 164; W. Glatzer, Die materiellen Lebensbedingungen in der Bundesrepublik Deutschland. In: W. Weidenfeld/H. Zimmermann, Deutschland-Handbuch, S. 280ff.

184 B. Schäfers, Gesellschaftlicher Wandel in Deutschland, S. 237ff.

185 R. Geißler, Die Sozialstruktur Deutschlands, S. 61. W. Glatzer, Die materiellen Lebensbedingungen in der Bundesrepublik Deutschland. In: W. Weidenfeld/H. Zimmermann, Deutschland-Handbuch, S. 278. Nach der Berechnung bei K. M. Bolte/S. Hradil, Soziale Ungleichheit in der Bundesrepublik Deutschland, S. 135, für den Zeitraum 1950 bis 1980 sind die Verschiebungen noch etwas kleiner. Auch die folgenden Daten sind im wesentlichen den Untersuchungen von Geißler und Bolte/Hradil entnommen.

186 W. Krelle/J. Schunk/J. Siebke, Überbetriebliche Ertagsbeteiligung der Arbeitnehmer, Tübingen 1968.

187 R. Geißler, Die Sozialstruktur Deutschlands, S. 202ff.

188 W. Müller, Soziale Mobilität. In: M. Kaase (Hg.), Politische Wissenschaft und politische Ordnung, Opladen 1986, S. 339ff.

189 R. Geißler, Die Sozialstruktur Deutschlands, S. 94.

190 W. Zapf, Sozialstruktur und gesellschaftlicher Wandel in der Bundesrepublik Deutschland. In: W. Weidenfeld/H. Zimmermann, Deutschland-Handbuch, S. 107.

191 K. M. Bolte/S. Hradil, Soziale Ungleichheit in der Bundesrepublik Deutschland, S. 114.

192 Wolfgang Zapf (Sozialstruktur und gesellschaftlicher Wandel in der Bundesrepublik Deutschland. In: W. Weidenfeld/H. Zimmermann, Deutschland-Handbuch, S. 104) fügt noch das Telefon hinzu. Auch das Telefon ist erst nach 1960 in fast jeden Haushalt vorgedrungen. E. Hölder, Im Zug der Zeit, S. 83. Dort finden sich auch, soweit nichts anderes vermerkt ist, die folgenden Zahlen.

193 W. Zapf, Die Wohlfahrtsentwicklung in Deutschland seit der Mitte des 19. Jahrhunderts. In: W. Conze/M. R. Lepsius, Sozialgeschichte der Bundesrepublik Deutschland, S. 50.

194 W. Glatzer, Die materiellen Lebensbedingungen in der Bundesrepublik Deutschland. In: W. Weidenfeld/H. Zimmermann, Deutschland-Handbuch, S. 282.

195 E. Noelle-Neumann/R. Köcher, Die verletzte Nation, passim.

196 Ebenda, S. 92.

197 W. Abelshauser, Wirtschaftsgeschichte der Bundesrepublik Deutschland, S. 8

198 Zu den folgenden Daten siehe außer den Statistischen Jahrbüchern für die Bundesrepublik Deutschland H. Giersch/K. H. Paqué/H. Schmieding, The Fading Miracle, S. 2ff.

199 Dies ist der Titel der in Anm. 198 genannten Geschichte der Marktwirtschaft im Nachkriegsdeutschland.

200 E. Hölder, Im Zug der Zeit, S. 22ff.

201 M. G. Schmidt, Die Politik des mittleren Weges. In: APuZ B9/10 1990, S. 27f.

202 D. Grosser u. a., Soziale Marktwirtschaft, S. 8.

203 Der Begriff taucht zuerst in einem Aufsatz aus dem Jahr 1947 auf. A. Müller-Armack, Die Anfänge der Sozialen Marktwirtschaft. In: R. Löwenthal/H.-P. Schwarz, Die zweite Republik, S. 143ff.

204 L. Erhard, Wohlstand für alle, Düsseldorf 1957, S. 14.

205 L. Erhard, Deutsche Wirtschaftspolitik, Düsseldorf u. a. 1962, S. 67.

206 F. J. Strauß (Erinnerungen, S. 88f.) hebt das nachdrücklich hervor.

207 BVerfGE 4, S. 17ff.

208 H. Schmidt, Deutschland und seine Nachbarn, S. 223.

209 F. Scharpf, Sozialdemokratische Krisenpolitik in Europa, S. 176.

210 O. Schlecht, Die Genesis des Konzeptes der Sozialen Marktwirtschaft. In: O. Issing, Zukunftsprobleme der Sozialen Marktwirtschaft, S. 27.

211 W. Fischer, Währungsreform und soziale Marktwirtschaft, S. 79.

212 W. Bührer, Unternehmerverbände. In: W. Benz, Die Geschichte der Bundesrepublik, Bd. 2, S. 151.

213 S. Mielke/F. Vilmar, Die Gewerkschaften. In: Ebenda, S. 90.

214 Protokolle der Verhandlungen des Parteitages der Sozialdemokratischen Partei Deutschlands vom 10. bis 24. Juli 1956 in München, Bonn o. J., S. 194.

215 K. L. Baker/R. J. Dalton/K. Hildebrandt, Germany Transformed, S. 92.

216 So von Knut Borchardt (Die Konsequenzen der Sozialen Marktwirtschaft in heutiger Sicht. In: O. Issing, Zukunftsprobleme der Sozialen Marktwirtschaft) und von Karl. W. Rothschild (Zur Leistungsfähigkeit eines wirtschaftspolitischen Slogans, In: W. Fischer, Währungsreform und soziale Marktwirtschaft).

217 M. G. Schmidt, Die Politik des mittleren Weges. In: APuZ B9/10 1990, S. 26.

218 Werner Abelshauser, mit dessen Namen die Kontroverse vor allem verknüpft ist, hat diese Thesen seit 1975 in mehreren Veröffentlichungen vorgetragen. Zusammenfassend: W. Abelshauser, Wirtschaftsgeschichte der Bundesrepublik Deutschland, S. 54–63.

219 Ch. Buchheim, Die Währungsreform 1948 in Westdeutschland. In: VfZG 36 (1988), S. 189ff.

220 H. Lampert, Die Wirtschafts- und Sozialordnung der Bundesrepublik Deutschland, S. 83.

221 Ch. Buchheim, Zur Kontroverse über den Stellenwert der Währungsreform für die Wachstumsdynamik in der Bundesrepublik Deutschland. In: P. Hampe, Währungsreform und Soziale Marktwirtschaft, S. 86f.

222 E. Noelle-Neumann/E. Lomp, Die Entwicklung des Sozialstaates in der Bundesrepublik Deutschland im Lichte der Demoskopie. In: N. Blüm/ H. F. Zacher, 40 Jahre Sozialstaat Bundesrepublik, S. 770.

223 H. Giersch/K.-H. Paqué/H. Schmieding, The Fading Miracle, S. 48.

224 W. Abelshauser, Wirtschaftsgeschichte der Bundesrepublik Deutschland, S. 81.

225 K. Borchardt, Die Bundesrepublik in den säkularen Trends der wirtschaftlichen Entwicklung. In: W. Conze/M. R. Lepsius, Sozialgeschichte der Bundesrepublik Deutschland.

226 D. Grosser u. a., Soziale Marktwirtschaft, S. 86.

227 S. Mielke/F. Vilmar, Die Gewerkschaften. In: W. Benz, Die Geschichte der Bundesrepublik, Bd. 2, S. 125ff.

228 K.-H. Paqué, Unterbeschäftigung in der Sozialen Marktwirschaft. In: W. Fischer, Währungsreform und soziale Marktwirtschaft, S. 476.

229 W. Abelshauser sieht das anders: »Es wäre jedoch verfehlt, die ökonomischen Erfolge der 50er Jahre als das Ergebnis konsequenter Ordnungspolitik zu sehen. Weder war diese Politik konsequent, noch gehört Wirtschaftspolitik zu den entscheidenden Determinanten des Wirtschaftswunders.« W. Abelshauser, Wirtschaftsgeschichte der Bundesrepublik Deutschland, S. 169.

230 Ein Beispiel: G. Ambrosius, Das Wirtschaftssystem. In: W. Benz, Die Geschichte der Bundesrepublik, Bd. 2, S. 51.

231 Nicht nur W. Abelshauser urteilt skeptisch: »Der Durchbruch gelang im wesentlichen ohne Hilfe von außen.« (W. A., Wirtschaftsgeschichte der Bundesrepublik Deutschland, S. 44). Vorsichtiger, aber in der Tendenz ganz ähnlich ist das Urteil von H. Giersch u. a.: »The Marshallplan receipts were not a major cause of the growth spurt.« H. Giersch/K.-H. Paqué/H. Schmieding, The Fading Miracle, S. 99.

232 G. Hardach, Der Marshallplan, S. 244f.

233 H. Giersch/K.-H. Paqué/H. Schmieding, The Fading Miracle, S. 130.

234 W. Abelshauser, Wirtschaftsgeschichte der Bundesrepublik Deutschland, S. 85.

235 So urteilt etwa G. Ambrosius. G. A., Das Wirtschaftssystem. In: W. Benz, Die Geschichte der Bundesrepublik, Bd. 2, S. 44.

236 Institut der Deutschen Wirtschaft, Zahlen zur wirtschaftlichen Entwicklung der Bundesrepublik Deutschland 1983, Tabelle 21.

237 Ebenda, Tabelle 55.

238 Ebenda, Tabelle 15b. H. Scherf, Enttäuschte Hoffnungen, vergebene Chancen, S. 8.

239 Institut der Deutschen Wirtschaft, Zahlen zur wirtschaftlichen Entwicklung der Bundesrepublik Deutschland 1983, Tabelle 29. M. Schmidt, Staatsfinanzen. In: K. v. Beyme/ M. G. Schmidt, Politik in der Bundesrepublik, S. 50f.

240 Institut der Deutschen Wirtschaft, Zahlen zur wirtschaftlichen Entwicklung der Bundesrepublik Deutschland 1990, Tabelle 41.

241 H. Giersch/K.-H. Paqué/H. Schmieding, The Fading Miracle, S. 88.

242 E. Hölder, Im Zug der Zeit, S. 296.

243 W. Abelshauser, Wirtschaftsgeschichte der Bundesrepublik Deutschland, S. 148; D. Grosser u. a., Soziale Marktwirtschaft, S. 194 und 270. Auch die folgenden Zahlen finden sich dort.

244 Institut der Deutschen Wirtschaft, Zahlen zur

wirtschaftlichen Entwicklung der Bundesrepublik Deutschland 1990, Tabelle 153.

245 Ch. Buchheim, Die Wiedereingliederung Deutschlands in die Weltwirtschaft 1945–1958, S. 49.

246 H. Schmieding, Strategien zum Abbau von Handelshemmnissen. In: W. Fischer, Währungsreform und soziale Marktwirtschaft, S. 253.

247 W. Abelshauser, Wirtschaftsgeschichte der Bundesrepublik Deutschland, S. 163; D. Grosser u. a., Soziale Marktwirtschaft, S. 194.

248 E. Hölder, Im Zug der Zeit, S. 293.

249 W. Abelshauser, Wirtschaftsgeschichte der Bundesrepublik Deutschland, S. 159; Institut der Deutschen Wirtschaft, Zahlen zur wirtschaftlichen Entwicklung der Bundesrepublik Deutschland 1990, Tabelle 108.

250 FAZ 8. 2. 1979.

251 E. Hölder, Im Zug der Zeit, S. 53; Statistisches Bundesamt, Datenreport 1992, S. 231.

252 M. G. Schmidt, Sozialpolitik. In: K. v. Beyme/ M. G. Schmidt, Politik in der Bundesrepublik, S. 126.

253 G. Ambrosius, Das Wirtschaftssystem. In: W. Benz, Die Geschichte der Bundesrepublik, Bd. 2, S. 51.

254 M. G. Schmidt, Sozialpolitik. In: K. v. Beyme/ M. G. Schmidt, Politik in der Bundesrepublik, S. 137.

255 N. Blüm/H. F. Zacher, 40 Jahre Sozialstaat Bundesrepublik, S. 31.

256 F. X. Kaufmann, Die soziale Sicherheit in der Bundesrepublik Deutschland. In: W. Weidenfeld/H. Zimmermann, Deutschland-Handbuch, S. 319.

257 M. G. Schmidt, Die Politik des mittleren Weges. In: APuZ B9/10 1990, S. 26.

258 Statistisches Bundesamt, Datenreport 1992, S. 429.

Vierter Teil

1 I. v. Münch, Dokumente des geteilten Deutschlands, Bd. 1, S. 204.

2 Dokumente zur Außenpolitik der Regierung der DDR, Bd. 1, Berlin 1954, S. 12ff. (16).

3 H.-P. Schwarz, Adenauer. Der Staatsmann: 1952–1967, S. 185.

4 I. v. Münch, Dokumente des geteilten Deutschlands, Bd. 1, S. 229f.

5 K.-E. Hahn, Wiedervereinigungspolitik im Widerstreit, S. 296.

6 K. Klotzbach, Der Weg zur Staatspartei, S. 228.

7 Materialien der Enquêtekommission »Aufarbeitung von Geschichte und Folgen der SED-Diktatur in Deutschland« des Deutschen Bundestages, Bd. V/1/S. 259.

8 Neue Zeitung 17. 12. 1949.

9 1959 lehnten etwas mehr als fünfzig Prozent der Befragten substantielle Abgaben zugunsten der Wiedervereinigung ab. W. Weidenfeld/M. Glaab, Die deutsche Frage im Bewußtsein der Bevölkerung in beiden Teilen Deutschlands. In: Materialien der Enquêtekommission »Aufarbeitung von Geschichte und Folgen der SED-Diktatur in Deutschland« des Deutschen Bundestages, Bd. V/3/S. 2875.

10 F. R. Allemann, Bonn ist nicht Weimar, S. 127. Allemann spricht dort von »schierer Gewohnheit«.

11 Ebenda, S. 119. Das folgende Zitat S. 222.

12 Archiv der Gegenwart 1953 4035B.

13 Bundesministerium für gesamtdeutsche Fragen, Dokumente zur Deutschlandpolitik, III. Reihe, Bd. 1, S. 227ff.

14 Dokumente zur Außenpolitik der Regierung der DDR, Bd. 3, S. 280; Staatslexikon (7. Auflage), Stichwort »Deutschland«, Bd. 2, Spalte 793.

15 Bundesministerium für innerdeutsche Beziehungen, DDR-Handbuch (3. Auflage), Stichwort »Deutschlandpolitik der SED«, Bd. 1, S. 285.

16 Materialien der Enquêtekommission »Aufarbeitung von Geschichte und Folgen der SED-Diktatur in Deutschland« des Deutschen Bundestages, Bd. V/3/S. 2223.

17 E. Wollweber, Aus Erinnerungen. In: Beiträge zur Geschichte der Arbeiterbewegung 32 (1990), S. 376.

18 Dokumente zur Auseinandersetzung in der SED. In: Beiträge zur Geschichte der Arbeiterbewegung 32 (1990), S. 662.

19 M. Haendcke-Hoppe-Arndt, Interzonenhandel/ Innerdeutscher Handel. In: Materialien der Enquêtekommission »Aufarbeitung von Geschichte und Folgen der SED-Diktatur in Deutschland« des Deutschen Bundestages, Bd. V/2/S. 1543.

20 Ebenda, S. 1553.

21 W. Weidenfeld/M. Glaab, Die deutsche Frage im Bewußtsein der Bevölkerung in beiden Teilen Deutschlands. In: Materialien der Enquêtekommission »Aufarbeitung von Geschichte und Fol-

gen der SED-Diktatur in Deutschland« des Deutschen Bundestages, Bd. V/3/S. 2900f.

22 Bundesministerium für innerdeutsche Beziehungen, DDR-Handbuch (3. Auflage), Bd. 1, Stichwort »Flüchtlinge«, S. 419.

23 Ebenda.

24 Hanna Wolf auf dem 33. Plenum des ZK der SED. Beiträge zur Geschichte der Arbeiterbewegung 32 (1990), S. 511.

25 Ein Dokument von großer historischer Bedeutung. In: Beiträge zur Geschichte der Arbeiterbewegung 32 (1990), S. 648ff.

26 H. Krone, Tagebücher, Bd. 1. 1945–1961, S. 341.

27 Bundesministerium für gesamtdeutsche Fragen, Dokumente zur Deutschlandpolitik, IV. Reihe, Bd. 1, S. 1207ff.

28 P. Bender, Deutsche Parallelen, Berlin 1989, S. 110f.

29 K. Jaspers, Freiheit und Wiedervereinigung, München 1960, S. 110f.

30 Mindestens eine Äußerung Adenauers des Inhalts, daß er Jaspers völlig zustimme, ist überliefert, und zwar von Heinz Krekeler, dem ersten deutschen Nachkriegsbotschafter in den USA. H.-P. Schwarz, Entspannung und Wiedervereinigung, S. 69.

31 Materialien der Enquêtekommission »Aufarbeitung von Geschichte und Folgen der SED-Diktatur in Deutschland« des Deutschen Bundestages, Bd. V/3/S. 2399.

32 Man stößt in der Literatur auf sehr unterschiedliche Zahlen, ohne daß klar erkennbar wird, wie sich die unterschiedlichen Zählungen und Schätzungen erklären. Die Zentrale Ermittlungsstelle Regierungs- und Vereinigungskriminalität nennt 474 Tote, die Arbeitsgemeinschaft »13. August« 938. Zum Grenzregime: P. Lapp, Gefechtsdienst im Frieden. Das Grenzregime der DDR, Bonn 1999.

33 I. v. Münch, Dokumente des geteilten Deutschlands, Bd. 1, S. 450f.

34 Die geschichtliche Aufgabe der DDR und die Zukunft Deutschlands. Archiv der Gegenwart 1962 9766C.

35 Neues Deutschland 2. 12. 1967.

36 Bundesministerium für innerdeutsche Beziehungen, DDR-Handbuch (3. Auflage), Bd. 2, Stichwort »Nation und nationale Frage«, S. 925.

37 J. Hacker, Deutsche unter sich, Stuttgart 1977, S. 55.

38 Die Äußerung fiel bei Gelegenheit der Unterzeichnung des Freundschaftsvertrages zwischen der DDR und der Sowjetunion 1964. Archiv der Gegenwart 1964 11274.

39 P. Bender, Offensive Entspannung, Köln 1964, S. 110f.

40 Bundesministerium für innerdeutsche Beziehungen, Texte zur Deutschlandpolitik, Bd. 5, S. 189ff.

41 W. Weidenfeld/M. Glaab, Die deutsche Frage im Bewußtsein der Bevölkerung in beiden Teilen Deutschlands. In: Materialien der Enquêtekommission »Aufarbeitung von Geschichte und Folgen der SED-Diktatur in Deutschland« des Deutschen Bundestages, Bd. V/3/S. 2893.

42 Bundesministerium für gesamtdeutsche Fragen, Dokumente zur Deutschlandpolitik, V. Reihe, Bd. 1, S. 1321ff.

43 Archiv der Gegenwart 1969 15004ff.

44 W. Brandt, Erinnerungen, S. 226.

45 E. Bahr, Zu meiner Zeit, S. 371 und 373.

46 I. v. Münch, Dokumente des geteilten Deutschlands, Bd. 2, S. 301ff.

47 H. Potthoff, Bonn und Ost-Berlin 1969 bis 1983, S. 223.

48 Ebenda, S. 220.

49 P. Przybylski, Tatort Politbüro. Die Akte Honecker, S. 283.

50 »Was will Walter mit der Möglichkeit, durch nichts zu beweisenden Möglichkeit der Zusammenarbeit mit der westdeutschen Sozialdemokratie?« fragte Breschnew Honecker. Sein Mißtrauen kommt deutlicher noch in dem Satz zum Ausdruck: »Wir möchten gegen alle, auch bis jetzt undenkbaren Absichten von Walter gewappnet sein.« P. Przybylski, Tatort Politbüro. Die Akte Honecker, S. 283 und 282.

51 Ausgaben der beiden Zeitungen vom 8. November 1972.

52 BVerfGE 34, S. 1ff.

53 Die Bemerkung wurde in einer ZDF-Diskussion am 29. Januar 1970 gemacht.

54 Neues Deutschland 20. 1. 1970.

55 Neues Deutschland 16. 6. 1971.

56 E. Bahr, Zu meiner Zeit, S. 407.

57 FAZ 17. 2. 1981.

58 H. Schmidt, Deutschland und seine Nachbarn, S. 26.

59 T. Garton Ash, Im Namen Europas, S. 294.

60 P. Przybylski, Tatort Politbüro. Die Akte Honecker, S. 354.

61 Zitiert nach T. Garton Ash, Im Namen Europas, S. 205.

62 H. Potthoff, Bonn und Ost-Berlin 1969 bis 1983, S. 638.

63 P. Przybylski, Tatort Politbüro. Die Akte Honecker, S. 281. Breschnew war offensichtlich durchaus besorgt, es könne zu einer Art von Anschluß der DDR an die Bundesrepublik kommen. Ebenda, S. 287.

64 E. Bahr, Zu meiner Zeit, S. 407.

65 P. Przybylski, Tatort Politbüro. Die Akte Honecker, S. 345.

66 Zu den (nicht sehr konkreten) Vermutungen Brandts über die Rolle, die Wehner gespielt haben könnte, siehe die aus seinem Nachlaß in der FAZ vom 26. 1. 1994 veröffentlichten Aufzeichnungen über seinen Rücktritt. Der Brandt-Vertraute Egon Bahr hat sich präziser und schärfer geäußert. Wehner habe seine eigene Politik der Verständigung mit der DDR an Brandt vorbei getrieben. »War das Verrat? Nicht am Land, wohl aber an Brandt.« E. Bahr, Zu meiner Zeit, S. 444.

67 T. Garton Ash, Im Namen Europas, S. 295.

68 K. Wiegrefe/C. Tessmer, Deutschlandpolitik in der Krise. Herbert Wehners Besuch in der DDR 1973. In: DA 27 (1994), S. 616.

69 E. Bahr, Zu meiner Zeit, S. 424.

70 A. Volze, Innerdeutsche Transfers. In: Materialien der Enquêtekommission »Aufarbeitung von Geschichte und Folgen der SED-Diktatur in Deutschland« des Deutschen Bundestages, Bd. V/3/S. 2781ff.

71 Zu den folgenden Zahlen T. Garton Ash (Im Namen Europas, S. 204), der offenbar die Bundesrepublik und West-Berlin zusammenzählt, während es sich bei den Zahlen, die W. Weidenfeld/M. Glaab (Die deutsche Frage im Bewußtsein der Bevölkerung in beiden Teilen Deutschlands. In: Materialien der Enquêtekommission »Aufarbeitung von Geschichte und Folgen der SED-Diktatur in Deutschland« des Deutschen Bundestages, Bd. V/3/S. 2904) nennen, nur um die Reisen Westdeutscher in die DDR handelt.

72 P. Bender, Deutsche Parallelen, Berlin 1989, S. 186.

73 T. Garton Ash, Im Namen Europas, S. 219f.

74 K. F. Schumann, Flucht und Ausreise aus der DDR insbesondere im Jahrzehnt ihres Untergangs. In: Materialien der Enquêtekommission »Aufarbeitung von Geschichte und Folgen der SED-Diktatur in Deutschland« des Deutschen Bundestages, Bd. V/3/S. 2399.

75 T. Garton Ash, Im Namen Europas, S. 212ff.; A. Volze, Innerdeutsche Transfers. In: Materialien der Enquêtekommission »Aufarbeitung von Geschichte und Folgen der SED-Diktatur in Deutschland« des Deutschen Bundestages, Bd. V/3/S. 2779.

76 A. Volze, Innerdeutsche Transfers. In: Materialien der Enquêtekommission »Aufarbeitung von Geschichte und Folgen der SED-Diktatur in Deutschland« des Deutschen Bundestages, Bd. V/3/S. 2779.

77 Ebenda, S. 2787.

78 T. Garton Ash, Im Namen Europas, S. 220; A. J. McAdams, Germany Divided, S. 185.

79 H. Potthoff, Die Koalition der Vernunft, S. 234.

80 Neues Deutschland 18./19. 8. 1984.

81 Bulletin der Bundesregierung vom 10. 9. 1987.

82 Egon Bahr äußerte sich in diesem Sinn auf einer Tagung des Forschungsinstituts der Friedrich-Ebert-Stiftung. D. Dowe/Forschungsinstitut der Friedrich-Ebert-Stiftung, Die Ost- und Deutschlandpolitik der SPD in der Opposition 1982–1989, S. 23.

83 Die Protokolle der einschlägigen Gespräche hat Heinz Potthoff (H. P., Die Koalition der Vernunft) herausgegeben. Es handelt sich zwar fast ausschließlich um Aufzeichnungen der östlichen Seite, aber es gibt keinen vernünftigen Grund, für den hier in Rede stehenden Punkt ihre Authentizität zu bezweifeln.

84 H. Potthoff, Die Koalition der Vernunft, S. 453ff.

85 Das erste Gespräch Brandt/Honecker wurde im September 1985 geführt, elf Jahre nachdem Brandt als Kanzler über den DDR-Spion Guillaume zu Fall gekommen war, das zweite im September 1987 (H. Potthoff, Die Koalition der Vernunft, S. 354ff. und 636ff.). Brandt distanzierte sich, den östlichen Protokollen zufolge, indirekt vom Korb III der Helsinki-Vereinbarungen und stellte die Frage, ob man bei dem Trennungsstrich zwischen Sozialdemokraten und Kommunisten von 1918 stehenbleiben müsse.

86 H. Potthoff, Die Koalition der Vernunft, S. 898/902 (westdeutsches Protokoll), S. 911/913 (DDR-Protokoll).

87 Politik. Informationsdienst der SPD. Nr. 3 August 1987.

88 FAZ 23. 9. 1987.

89 T. Garton Ash, Im Namen Europas, S. 685 (dort Anm. zu S. 199).

90 T. Garton Ash, Im Namen Europas, S. 199.

91 W. Mommsen, Nation und Geschichte, München 1990, S. 76.

92 Die einschlägigen Äußerungen sind zusammengefaßt bei F. Roth, Die Idee der Nation im politischen Diskurs, S. 302ff.
93 Die Zeit 30. 1. 1981.
94 Zitiert nach W. Jäger, Die Deutschlandpolitik der Bundesregierungen der CDU/CSU-F.D.P.-Koalition 1982–1989. In: Materialien der Enquêtekommission »Aufarbeitung von Geschichte und Folgen der SED-Diktatur in Deutschland« des Deutschen Bundestages, Bd. V/2/S. 1600.
95 Über Deutschland reden. In: M. Walser, Deutsche Sorgen, Frankfurt am Main 1997, S. 406ff.
96 G. Gaus, Wo Deutschland liegt, Hamburg 1983.
97 Th. Sommer u. a., Reise ins andere Deutschland, Hamburg 1986.
98 Dies ist das Urteil Thomas Kielingers, damals Chefredakteur des »Rheinischen Merkur«. J. Hacker, Deutsche Irrtümer, S. 402.
99 Jens Hacker (J. H., Deutsche Irrtümer, S. 399) zitiert die Journalistin Carola Stern mit einer einschlägigen Äußerung.
100 W. Weidenfeld/M. Glaab, Materialien der Enquêtekommission »Aufarbeitung von Geschichte und Folgen der SED-Diktatur in Deutschland« des Deutschen Bundestages, Bd. V/1/S. 2900 und 2906. Siehe auch G. Herdegen, Nation und deutsche Teilung in der öffentlichen Meinung. In: DA 21 (1988), S. 402.
101 Archiv der Gegenwart 1989 33433f.
102 Die Zahl der inoffiziellen Mitarbeiter des Ministeriums für Staatssicherheit der DDR in Westdeutschland ist auf über 20 000 geschätzt worden. FAZ 26. 3. 1998.
103 Archiv der Gegenwart 1949 2100.
104 Die Frage nimmt den Titel eines Buches von G. Benser (Die DDR eine deutsche Möglichkeit? Potsdam 1992) auf. Ähnlich hatte Hermann Rudolph schon 1972 seine »Anmerkungen zum Leben im anderen Teil Deutschlands« überschrieben: H. R., Die Gesellschaft der DDR – eine deutsche Möglichkeit? München 1972. Die Fragestellung war damals freilich eine andere.
105 So Breschnew im Gespräch mit Honecker. P. Przybylski, Tatort Politbüro. Die Akte Honecker, S. 280.
106 Ebenda, S. 282.
107 Ebenda, S. 281.
108 E. Krenz, Anmerkungen zur Öffnung der Berliner Mauer im Herbst 1989. In: Osteuropa 42 (1992), S. 367.
109 P. Przybylski, Tatort Politbüro. Die Akte Honecker, S. 296.
110 Beiträge zur Geschichte der Arbeiterbewegung 32 (1990), S. 648ff.
111 Alle folgenden Zahlen finden sich im SBZ-Handbuch, hg. von M. Broszat und H. Weber, S. 381ff.
112 K. Schröder, Der SED-Staat, S. 702.
113 Archiv der Gegenwart 1960 8673D.
114 Ch. Wolf, Im Dialog, Frankfurt am Main 1990, S. 134f. D. Staritz, Geschichte der DDR, S. 373.
115 A. Mitter/S. Wolle, Untergang auf Raten, S. 112f.
116 Ebenda, S. 113.
117 S. Heym, Nachruf, München 1988, S. 600.
118 A. Mitter/S. Wolle, Untergang auf Raten, S. 352.
119 A. Simon, Antifaschismus als Loyalitätsfalle. In: FAZ 1. 2. 1993.
120 R. Havemann, Fragen, Antworten, Fragen, München 1970, S. 289.
121 P. Förster, Die deutsche Frage im Bewußtsein der Bevölkerung in beiden Teilen Deutschlands. In: Materialien der Enquêtekommission »Aufarbeitung von Geschichte und Folgen der SED-Diktatur in Deutschland« des Deutschen Bundestages, Bd. V/2/S. 1273.
122 Zitiert nach W. Schubarth u. a., Verordneter Antifaschismus und die Folgen. In: APuZ B9/1991, S. 4.
123 S. Wolle, Herrschaft und Alltag. Die Zeitgeschichtsforschung auf der Suche nach der wahren DDR. In: APuZ B26/1997, S. 32.
124 K. Schröder, Der SED-Staat, S. 721.
125 K. Jarausch, Realer Sozialismus als Fürsorgediktatur. In: APuZ B20/1998, S. 33ff.
126 M. R. Lepsius u. a., Der Plan als Befehl und Fiktion, S. 165.
127 D. Cornelsen, Die Volkswirtschaft der DDR. In: W. Weidenfeld/H. Zimmermann, Deutschland-Handbuch, S. 259. Es werden auch höhere Zahlen genannt (K. Schröder, Der SED-Staat, S. 113).
128 R. Karlsch, Allein bezahlt? S. 230f.
129 R. Geißler, Die Sozialstruktur Deutschlands, S. 49. X
130 Ebenda, S. 51.
131 H. J. Fischbeck, Das Mauersyndrom – die Rückwirkung des Grenzregimes auf die Bevölkerung der DDR. In: Materialien der Enquêtekommission »Aufarbeitung von Geschichte und Folgen der SED-Diktatur in Deutschland« des Deutschen Bundestages, Bd. V/2/S. 1194.
132 P. Förster, Die deutsche Frage im Bewußtsein der Bevölkerung in beiden Teilen Deutschlands. In: Materialien der Enquêtekommission »Aufarbei-

tung von Geschichte und Folgen der SED-Diktatur in Deutschland« des Deutschen Bundestages, Bd. V/2/S. 1347.

133 G.-J. Glaeßner, Der politische Prozeß in der DDR. In: W. Weidenfeld/H. Zimmermann, Deutschland-Handbuch, S. 517.

134 P. Przybylski, Tatort Politbüro. Die Akte Honecker, S. 355.

135 Ebenda, S. 347.

136 S. Meuschel, Legitimation und Parteiherrschaft, S. 10.

137 A. Grunenberg, Bewußtseinslagen und Leitbilder in der DDR. In: W. Weidenfeld/H. Zimmermann, Deutschland-Handbuch, S. 228.

138 Oberkirchenrat Martin Ziegler in einem Zeit-Forum über die Kirche im Sozialismus. In: Die Zeit 22. 3. 1991.

139 D. Staritz, Geschichte der DDR, S. 196.

140 Materialien der Enquêtekommission »Aufarbeitung von Geschichte und Folgen der SED-Diktatur in Deutschland« des Deutschen Bundestages, Bd. V/1/S. 843.

141 K. Schröder, Der SED-Staat, S. 70.

142 Ebenda, S. 111; D. Staritz, Geschichte der DDR, S. 99.

143 D. Staritz, Geschichte der DDR, S. 104.

144 Ebenda, S. 107.

145 Mehr als 3400 Menschen wurden in Schnellverfahren, in denen nicht einmal mehr ein Anschein von Rechtsstaatlichkeit gewahrt blieb, zu im vorhinein festgelegten Strafen verurteilt. 32 Todesstrafen wurden verhängt, 23 vollstreckt. W. Eisert, Die Waldheimer Prozesse, Esslingen 1993.

146 G. de Bruyn, Vierzig Jahre, Frankfurt am Main 1996, S. 231f.

147 C. Vollnhalls (Entnazifizierung, S. 53) schätzt die Zahl der Entlassenen auf etwa 200 000 und erklärt höhere Zahlen (etwa bei R. Geißler, Die Sozialstruktur Deutschlands, S. 240) aus Mehrfachzählungen.

148 R. Geißler, Die Sozialstruktur Deutschlands, S. 351.

149 Beiträge zur Geschichte der Arbeiterbewegung 32 (1990), S. 648ff.

150 A. Mitter/S. Wolle, Untergang auf Raten, S. 105.

151 So formulierte es im Rückblick ein hoher Wirtschaftsfunktionär. M. R. Lepsius u. a., Der Plan als Befehl und Fiktion, S. 50.

152 Zitiert nach E. Jesse, War die DDR totalitär? In: APuZ B40/1994, S. 20.

153 D. Staritz, Geschichte der DDR, S. 127.

154 Neues Deutschland 4. 3. 1956.

155 A. O. Hirschman, Exit, Voice and Loyalty, Cambridge/Mass. 1972.

156 D. Hoffmann u. a., Die DDR vor dem Mauerbau, S. 321ff.

157 D. Staritz, Geschichte der DDR, S. 176; K. Schröder, Der SED-Staat, S. 145.

158 D. Staritz, Geschichte der DDR, S. 180.

159 Ebenda, S. 183.

160 Bundesministerium für innerdeutsche Beziehungen, DDR-Handbuch (3. Auflage), Bd. 1, Stichwort »Landwirtschaftliche Betriebsformen«, S. 804.

161 G. de Bruyn, Vierzig Jahre, Frankfurt am Main 1996, S. 110.

162 Neues Deutschland 20. 10. 1961.

163 Das war die Kernthese des vielzitierten Buches von P. Ch. Ludz, Parteielite im Wandel, Köln/Opladen 1968.

164 P. Przybylski, Tatort Politbüro, S. 284.

165 Neues Deutschland 13. 9. 1967.

166 P. Przybylski, Tatort Politbüro. Die Akte Honecker, S. 299.

167 M. R. Lepsius u. a., Der Plan als Befehl und Fiktion, S. 23.

168 Diese Zahlen finden sich in der Analyse, die der Planungschef Gerhard Schürer im Oktober 1989 den Parteigremien vorlegte. DA 25 (1992), S. 1112ff.

169 Th. Pirker u. a., Der Plan als Befehl und Fiktion, S. 169.

170 Ebenda, S. 91.

171 D. Staritz, Geschichte der DDR, S. 311.

172 Als im Oktober 1989, nach Honeckers Sturz, der Offenbarungseid geleistet werden mußte, präsentierte ein Hauptabteilungsleiter des Ministeriums für Staatssicherheit (dort wußte man augenscheinlich am besten Bescheid!) den Verantwortlichen unter anderem folgende Zahlen: »Wir produzieren einen 256-Kilobit-Speicherschaltkreis zu 534,– Mark, geben ihn an die Industrie für 16,80 Mark ab und könnten ihn auf dem Weltmarkt zwischen 2 und 4 Dollar kaufen.« K. Schröder, Der SED-Staat, S. 718.

173 M. R. Lepsius u. a., Der Plan als Befehl und Fiktion, S. 112.

174 S. Meuschel, Legitimation und Parteiherrschaft, S. 235.

175 P. Förster, Die deutsche Frage im Bewußtsein der Bevölkerung in beiden Teilen Deutschlands. In: Materialien der Enquêtekommission »Aufarbei-

tung von Geschichte und Folgen der SED-Diktatur in Deutschland« des Deutschen Bundestages, Bd. V/2/S. 1212ff.

176 Neues Deutschland 18. 12. 1971.

177 S. Wolle, Die heile Welt der Diktatur, S. 284.

178 Ebenda, S. 285; K. Schröder, Der SED-Staat, S. 276f.

179 R. Geißler, Die Sozialstruktur Deutschlands, S. 242; J. Kocka, Ein deutscher Sonderweg. Überlegungen zur Sozialgeschichte der DDR. In: APuZ B40/1994, S. 49.

180 K. U. Mayer/M. Diewald, Kollektiv und Eigensinn. In: APuZ B46/1996, S. 12.

181 S. Wolle, Die heile Welt der Diktatur, S. 255.

182 FAZ 2. 2. 1991.

183 Zahlen: D. Staritz, Geschichte der DDR, S. 332; K. Schröder, Der SED-Staat, S. 311. Wenn die Schätzung von ca. 170000 inoffiziellen Mitarbeitern für die achtziger Jahre ungefähr zutrifft, hieße das: ein Mitarbeiter auf hundert Einwohner.

184 Die Staatssicherheit schätzte die aktive »Opposition« im Juni 1989, also vier Monate vor dem Zusammenbruch, auf etwa 160 Gruppen mit rund 2500 Mitgliedern, eine verschwindend kleine Minderheit also. D. Staritz, Geschichte der DDR, S. 339.

185 S. Wolle, Die heile Welt der Diktatur, S. 285.

186 Für die Spätzeit wird die Produktivität in der DDR auf zwanzig bis vierzig Prozent der westdeutschen geschätzt. K. Schröder, Der SED-Staat, S. 307; R. Geißler, Die Sozialstruktur Deutschlands, S. 53.

187 Im Januar 1989 hatte Honecker erklärt: »Sie, die Mauer, wird in fünfzig und auch in hundert Jahren noch bestehenbleiben, wenn die dazu vorhandenen Gründe noch nicht beseitigt sind.« K. Schröder, Der SED-Staat, S. 296.

188 A. O. Hirschman, Exit, Voice and Loyalty, Cambridge/Mass. 1972. Hirschman hat sein analytisches Schema auch selbst auf den Zusammenbruch der DDR angewandt: A. H., »Wir weinen ihnen keine Träne nach«. Das Zusammenspiel von Abwanderung und Widerspruch beim Untergang der DDR. In: FAZ 22. 8. 1992.

189 K. Schröder, Der SED-Staat, S. 299f.; D. Staritz, Geschichte der DDR, S. 369; S. Wolle, Die heile Welt der Diktatur, S. 324.

190 K. Schröder, Der SED-Staat, S. 302; S. Wolle, Die heile Welt der Diktatur, S. 324.

191 Zitiert nach S. Wolle, Die heile Welt der Diktatur, S. 322.

192 Materialien der Enquêtekommission »Aufarbeitung von Geschichte und Folgen der SED-Diktatur in Deutschland« des Deutschen Bundestages, Bd. V/1/S. 388.

193 Siehe die in Anm. 168 und 172 genannten Lageberichte.

194 H. H. Hertle, Der Fall der Mauer. In: APuZ B43–44/1999, S. 18. Mit größter Akribie hat Hertle die Ereignissequenz, die zur »unbeabsichtigten Selbstauflösung des SED-Staates« führte, in seinem Buch mit gleichem Titel dargestellt.

195 FAZ 9. 11. 1999.

196 H. H. Hertle, APuZ B43–44/1999, S. 19.

197 C. Schwartau/H. Vortmann, Die materiellen Lebensbedingungen in der DDR. In: W. Weidenfeld/H. Zimmermann, Deutschland-Handbuch, S. 292–296.

198 K. Belwe, Sozialstruktur und gesellschaftlicher Wandel in der DDR. In: W. Weidenfeld/H. Zimmermann, Deutschland-Handbuch, S. 129.

199 R. Dahrendorf, Gesellschaft und Demokratie in Deutschland, Kapitel 27. Die Zitate finden sich auf S. 444 und 445 der Taschenbuchausgabe München 1971.

200 R. v. Weizsäcker, Von Deutschland aus. Reden des Bundespräsidenten, Berlin 1988, S. 29.

201 W. Koeppen, Das Treibhaus. In: W. K., Tauben im Gras. Das Treibhaus. Der Tod in Rom. Drei Romane, Frankfurt am Main 1986, S. 251.

202 Ebenda, S. 309.

203 Ebenda, S. 400.

204 Ebenda, S. 252.

205 W. Koeppen, »Wahn«. In: W. Weyrauch, Ich lebe in der Bundesrepublik, München 1961, S. 36.

206 W. Weyrauch, Ich lebe in der Bundesrepublik, München 1961, S. 8.

207 Der Ruf 15. 8. 1946. Zitiert nach K. Wagenbach u. a., Vaterland, Muttersprache. Deutsche Schriftsteller und ihr Staat seit 1945, S. 56.

208 Zitiert nach K. Wagenbach, Ebenda, S. 96.

209 W. Koeppen, Das Treibhaus. In: W. K., Tauben im Gras. Das Treibhaus. Der Tod in Rom. Drei Romane, Frankfurt am Main 1986, S. 393.

210 G. Eich, Büchner-Preis-Rede 1959. In: Büchner-Preis-Reden 1951–1971, Stuttgart 1981, S. 79.

211 W. Koeppen, Tauben im Gras. In: W. K., Tauben im Gras. Das Treibhaus. Der Tod in Rom. Drei Romane, Frankfurt am Main 1986, S. 178.

212 H. Gollwitzer, Die sich selbst betrügen. In: W. Weyrauch, Ich lebe in der Bundesrepublik, München 1961, S. 130.

213 W. Koeppen, Das Treibhaus. In: W. K., Tauben im Gras. Das Treibhaus. Der Tod in Rom. Drei Romane, Frankfurt am Main 1986, S. 274.
214 H. Böll, Billard um halb zehn, Köln/Berlin 1959, S. 273.
215 Die Episode findet sich in dem Kapitel »Die letzte Straßenbahn«; die zitierte Passage auf S. 759, Bd. 3 der Werkausgabe, hg. von V. Neuhaus, Göttingen 1997.
216 S. Lenz, Deutschstunde, Hamburg 1968, S. 379.
217 Ebenda, S. 539f.
218 K. Jaspers, Wohin treibt die Bundesrepublik? München 1966, S. 183.
219 Dazu H.-P. Schwarz, Adenauer. Der Aufstieg 1876–1952, S. 658ff.
220 K. Jaspers, Wohin treibt die Bundesrepublik? München 1966, S. 177.
221 H. Böll, Billard um halb zehn, Köln/Berlin 1959, S. 273.
222 Zitiert nach V. Bohn, Deutsche Literatur nach 1945, Frankfurt am Main 1993, S. 175.
223 A. und M. Mitscherlich, Die Unfähigkeit zu trauern, München 1967.
224 Die Zeit 28. 6. 1996.
225 Statistische Übersichten über die strafrechtliche Verfolgung von nationalsozialistischen Verbrechern finden sich bei A. Rückerl, NS-Verbrecher vor Gericht; A. Götz, Bilanz der Verfolgung von NS-Straftaten; D. Garbe, Äußerliche Abkehr, Erinnerungsverweigerung und »Vergangenheitsbewältigung«. Der Umgang mit dem Nationalsozialismus in der frühen Bundesrepublik. In: A. Schildt/A. Sywottek, Modernisierung im Wiederaufbau, S. 702f.
226 P. Steinbach, Nationalsozialistische Gewaltverbrechen, S. 74.
227 N. Frei, Vergangenheitspolitik, S. 16.
228 G. Jasper, Wiedergutmachung und Westintegration. Die halbherzige justizielle Aufarbeitung der NS-Vergangenheit in der frühen Bundesrepublik. In: L. Herbst, Westdeutschland 1945–1955, S. 197.
229 A. und M. Mitscherlich, Die Unfähigkeit zu trauern, München 1967, S. 30.
230 H. M. Enzensberger, Europa in Trümmern, S. 87f.
231 S. Padover, »Lügendetektor«. Vernehmungen im besiegten Deutschland 1944/45, Frankfurt am Main 1999.
232 K.-J. Ruhl, Neubeginn und Restauration, S. 297.
233 H. Lübbe, Der Nationalsozialismus im deutschen Nachkriegsbewußtsein. In: HZ 236 (1983), S. 587.
234 Als erster hat es wohl Erich Kästner im Jahr 1956 gebraucht. K. Wagenbach u. a., Vaterland, Muttersprache, S. 132.
235 Der Spiegel 1. 12. 1965.
236 J. Habermas, Die andere Zerstörung der Vernunft. In: Die Zeit 10. 5. 1991.
237 K. Jaspers, Wohin treibt die Bundesrepublik? München 1966, S. 146.
238 Ebenda, S. 171.
239 K. Wagenbach u. a., Vaterland, Muttersprache, S. 257.
240 Der Spiegel 10. 1. 1972.
241 So Bölls eigene Formulierung in einem Rückblick zehn Jahre nach Erscheinen der Erzählung. H. Böll, Die verlorene Ehre der Katharina Blum, Köln 1999, S. 152.
242 K. Wagenbach u. a., Vaterland, Muttersprache, S. 297f.
243 Ebenda, S. 352f.
244 Ch. Hein, Als Kind habe ich Stalin gesehen, Berlin/Weimar 1990, S. 239.
245 J. Becker, Ende des Größenwahns, Frankfurt am Main 1996, S. 26.
246 Ebenda, S. 127.
247 In einem Gespräch über die DDR-Literatur hat der Ost-Berliner Literaturwissenschaftler Dieter Schlenstedt das beispielhaft für Christa Wolf und Stefan Hermlin hervorgehoben. Text + Kritik. Sonderband Literatur in der DDR. Hg. von Heinz Ludwig Arnold. München 1991, S. 170.
248 E. Loest, Durch die Erde ein Riß, Leipzig 1981/1990, S. 307.
249 Ch. Wolf, Im Dialog, Frankfurt am Main 1990, S. 135.
250 Ebenda, S. 134.
251 Ebenda, S. 26.
252 E. Loest, Durch die Erde ein Riß, Leipzig 1981/1990, S. 135.
253 Ch. Hein, Als Kind habe ich Stalin gesehen, Berlin/Weimar 1990, S. 133.
254 K. Wagenbach u. a., Vaterland, Muttersprache, S. 426.
255 Ebenda, S. 427.
256 Ebenda, S. 427.
257 Ebenda, S. 434.
258 E. Loest, Durch die Erde ein Riß, Leipzig 1981/1990, S. 381.
259 Ch. Wolf, Im Dialog, Frankfurt am Main 1990, S. 149.
260 Ch. Hein, Als Kind habe ich Stalin gesehen, Berlin/Weimar 1990, S. 106.

261 K. Wagenbach u. a., Vaterland, Muttersprache, S. 431.
262 Th. Grimm, Was von den Träumen blieb, Berlin 1993, S. 26.
263 Text + Kritik. Sonderband Literatur in der DDR. Hg. von Heinz Ludwig Arnold. München 1991, S. 181.
264 U. Johnson, Jahrestage 2. Edition Suhrkamp, Leipzig 1993, S. 696.
265 U. Johnson, Jahrestage 1, S. 421.
266 U. Johnson, Jahrestage 4, S. 1864.
267 U. Johnson, Jahrestage 1, S. 253.
268 Ebenda, S. 232.
269 G. Grass, Kurze Rede eines vaterlandslosen Gesellen. Die Zeit 9. 2. 1990. Dort auch die folgenden Zitate.

3. Oktober 1990

1 H. Kohl, Ich wollte Deutschlands Einheit, S. 195.
2 Dies ist der Titel von Horst Teltschiks Tagebuch, das am 9. November 1989 beginnt und am 3. Oktober 1990 endet. Teltschik war der wichtigste außenpolitische Mitarbeiter von Kohl.
3 Europa Archiv 1989 D 728ff.
4 H. Teltschik, 329 Tage, S. 52.
5 Ebenda, S. 239 und 243.
6 K. Kaiser, Deutschlands Vereinigung, Bergisch Gladbach 1991, S. 203.
7 H.-D. Genscher, Erinnerungen, S. 729.
8 K. Adomeit, Imperial Overstretch, S. 459f.
9 H.-D. Genscher, Erinnerungen, S. 696.
10 Die Regierung de Maizière hat sich für ihren – erfolgreichen – Widerstand gegen eine Infragestellung der frühen Enteignungen der Unterstützung Moskaus zu versichern versucht. Ob die Sowjetunion in dieser Sache förmliche Bedingungen formuliert hat, wird sich vielleicht nie ganz klären lassen – wie verläßlich die nachträglichen Äußerungen Gorbatschows sind, steht jedenfalls dahin. Unbestreitbar ist, daß die sowjetische Regierung in den entscheidenden Monaten den Standpunkt der DDR-Regierung in mehreren Erklärungen nachdrücklich unterstützt hat. Bundesministerium des Innern, Dokumente zur Deutschlandpolitik. Deutsche Einheit. S. 142 und 148.
11 Europa-Archiv 1990 D 509ff.
12 Im Herbst 1989 befürworteten drei von vier Westdeutschen die Wiedervereinigung. Die ablehnende Minderheit war vor allem unter den Wählern der SPD, der Grünen und den Jüngeren relativ stark. Im Herbst 1990 wurde der Höchstwert von 85 Prozent Zustimmung erreicht. B. Westle, Nationale Identität im Umbruch. In: Politische Bildung 25 (1992).
13 FAZ 29. 4. 1989.
14 FAZ 26. 7. 1990.

Bibliographie

Akteneditionen und andere Quellensammlungen

Adenauer und die Hohen Kommissare 1949–1952, hg. von H.-P. Schwarz und R. Pommerin, München 1989/90

Akten zur Auswärtigen Politik der Bundesrepublik Deutschland, hg. von H.-P. Schwarz u. a., München 1994ff. Erschienen sind bis jetzt Jahrgangsbände beziehungsweise -doppelbände für die Jahre 1949/50 bis 1952 und 1963 bis 1970

Akten zur Vorgeschichte der Bundesrepublik Deutschland, Bd. 1–5, hg. vom Bundesarchiv und Institut für Zeitgeschichte, München 1976–1981

Auswärtiges Amt (Hg.), 40 Jahre Außenpolitik der Bundesrepublik Deutschland. Eine Dokumentation, München 1989

Badstübner, R./Loth, W. (Hg.), Wilhelm Pieck. Aufzeichnungen zur Deutschlandpolitik 1945–1953, Berlin 1994

Benz, W. (Hg.), »Bewegt von der Hoffnung aller Deutschen«. Zur Geschichte des Grundgesetzes. Entwürfe und Diskussionen 1941–1949, München 1979

Beyme, K. v., Die großen Regierungserklärungen der deutschen Bundeskanzler. Von Adenauer bis Schmidt, München 1979

Bonwetsch, B., u. a. (Hg.), Sowjetische Politik in der SBZ 1945–1949, Bonn 1998

Bucher, P. (Hg.), Nachkriegsdeutschland 1945–1949, Darmstadt 1990

Bührer, W. (Hg.), Die Adenauer-Ära. Die Bundesrepublik Deutschland 1949–1963, München 1993

Die Protokolle des CDU-Bundesvorstandes, bearb. von G. Buchstab, Bd. 1: 1950–1953: Adenauer: »Es mußte alles neu gemacht werden«; Bd. 2: 1953–1957: Adenauer: »Wir haben wirklich etwas geschaffen«; Bd. 3: 1957–1961: Adenauer: »... um den Frieden zu gewinnen«; Bd. 4: 1961–1965: Adenauer: » Stetigkeit in der Politik«, Stuttgart später Düsseldorf 1986–1998

Die CDU/CSU im Frankfurter Wirtschaftsrat. Protokolle der Unionsfraktion 1947–1949, bearb. von R. Salzmann, Düsseldorf 1988

Die CDU/CSU im Parlamentarischen Rat. Sitzungsprotokolle der Unionsfraktion, bearb. von R. Salzmann, Stuttgart 1981

Die CSU 1945–1948. Protokolle und Materialien zur Frühgeschichte der Christlich-Sozialen Union, hg. von B. Fait u. a., 3 Bde., München 1993

Die Unionsparteien 1946–1950. Protokolle der Arbeitsgemeinschaft der CDU/CSU Deutschlands und der Konferenz der Landesvorsitzenden, bearb. von B. Kaff, Düsseldorf 1991

Deuerlein, E. (Hg.), Potsdam 1945. Quellen zur Konferenz der »Großen Drei«, München 1963

Dokumente zur Deutschlandpolitik, hg. vom Bundesministerium für gesamtdeutsche Fragen/Bundesministerium für innerdeutsche Beziehungen/Bundesministerium des Innern in fünf Reihen, Frankfurt am Main später München 1961ff. Erschienen sind bisher 49 Bde.

Texte zur Deutschlandpolitik, hg. vom Bundesministerium für gesamtdeutsche Fragen/Bundesministerium für innerdeutsche Beziehungen in drei Reihen, Bonn/Berlin 1968–1986. Erschienen sind 23 Bde.

Dokumente zur Deutschlandpolitik. Deutsche Einheit, Sonderedition aus den Akten des Bundeskanzleramtes 1989/90, hg. vom Bundesministerium des Innern, München 1998

Enzensberger, H. M. (Hg.), Europa in Trümmern. Augenzeugenberichte aus den Jahren 1944–1948, Frankfurt am Main 1990

Fischer, A. (Hg.), Teheran, Potsdam, Jalta. Die sowjetischen Protokolle von den Kriegskonferenzen der »Großen Drei«, Köln ^{2}1973

Flechtheim, O. K. (Hg.), Dokumente zur parteipolitischen Entwicklung in Deutschland seit 1945, 8 Bde., Berlin 1962–1970

Fülberth, G. (Hg.), Geschichte der Bundesrepublik in Quellen und Dokumenten, Köln 1983

Glaser, H. (Hg.), Bundesrepublikanisches Lesebuch. Drei Jahrzehnte geistiger Auseinandersetzung, München 1978/79

Hansel, D., u. a. (Hg.), Der 17. Juni 1953. Originaldokumente des Politbüros und des Zentralkomitees der SED von Juni bis Juli 1953, Berlin 1994

Hoffmann, D., u. a. (Hg.), Die DDR vor dem Mauer-

bau. Dokumente zur Geschichte des anderen deutschen Staates 1949–1961, München 1993
Jacobsen, H.-A. (Hg.), Der Weg zur Teilung der Welt. Politik und Strategie 1939–1945, Koblenz 1977
Die Kabinettsprotokolle der Bundesregierung hg. für das Bundesarchiv von H. Booms u. a., Boppard später München 1982ff. Erschienen sind bisher 10 Bde. (1949–1957)
Kleßmann, C./Wagner, G. (Hg.), Das gespaltene Land. Leben in Deutschland 1945–1990, München 1993
Kreikamp, H.-D. (Hg.), Quellen zur staatlichen Neuordnung Deutschlands 1945–1949, Darmstadt 1994
Krusch, H.-P./Malycha, A., Einheitsdrang oder Zwangsvereinigung? Die Sechziger-Konferenzen von KPD und SPD 1945 und 1946, Berlin 1990
Küchenmeister, D. (Hg.), Honecker – Gorbatschow. Vier-Augen-Gespräche, Berlin 1993
Kunz, R., u. a. (Hg.), Programme der politischen Parteien in der Bundesrepublik Deutschland, München ²1975
Maier, K. A./Thoss, B. (Hg.), Westintegration, Sicherheit und deutsche Frage. Quellen zur Außenpolitik in der Ära Adenauer 1949–1963, Darmstadt 1994
Meissner, B. (Hg.), Moskau – Bonn. Die Beziehungen zwischen der Sowjetunion und der Bundesrepublik Deutschland 1955–73, Dokumentation in 2 Bden., Köln 1975
Möller, H./Hildebrand, K. (Hg.), Die Bundesrepublik Deutschland und Frankreich. Dokumente 1949–1963, 3 Bde., München 1997
Mosler, P., Was wir wollten, was wir wurden. Zeugnisse der Studentenrevolte, Reinbek 1988
Münch, I. v. (Hg.), Dokumente des geteilten Deutschlands. Quellentexte zur Rechtslage des Deutschen Reiches, der Bundesrepublik Deutschland, der DDR, 2 Bde., Stuttgart 1968 und 1974
Münch, I. v. (Hg.), Dokumente der Wiedervereinigung Deutschlands, Stuttgart 1991
Nakath, D./Stephan, G.-R., Von Hubertusstock nach Bonn. Eine dokumentierte Geschichte der deutsch-deutschen Beziehung auf höchster Ebene 1980–1987, Berlin 1995
Nakath, D./Stephan, G.-R., Countdown zur deutschen Einheit. Eine dokumentierte Geschichte der deutsch-deutschen Beziehung 1987–1990, Berlin 1996
Niehuss, M./Lindner, V. (Hg.), Deutsche Geschichte in Quellen, Bd. 10, Besatzungszeit, Bundesrepublik und DDR 1945–1969, Stuttgart 1998
Der Parlamentarische Rat 1948–1949. Akten und Protokolle, hg. vom Deutschen Bundestag und vom Bundesarchiv, Boppard später München 1975ff. Bisher sind 12 Bde. erschienen.
Potthoff, H., Bonnn und Ost-Berlin 1969–1982. Dialog auf höchster Ebene und vertrauliche Kanäle. Darstellung und Dokumente, Bonn 1997
Potthoff, H., Die Koalition der Vernunft. Deutschlandpolitik in den 80er Jahren, München 1995
Przybylski, P., Tatort Politbüro. Die Akte Honecker, Berlin 1991
Przybylski, P., Tatort Politbüro. Honecker – Mittag – Schalck-Golodkowski, Berlin 1992
Quellen zur Geschichte der deutschen Gewerkschaftsbewegung im 20. Jahrhundert, Bd. 6: Organisatorischer Aufbau der Gewerkschaften 1945–1949, bearb. von S. Mielke u. a.; Bd. 7: Gewerkschaften in Politik, Wirtschaft und Gesellschaft 1945–1949, bearb. von S. Mielke u. a.; Bd. 8: Die Gewerkschaften und die Angestelltenfrage 1945–1949, bearb. von S. Mielke u. a.; Bd. 9: Die Industriegewerkschaft Metall in den Jahren 1956 bis 1963, bearb. von F. Mekel; Bd. 10: Die Industriegewerkschaft Metall in der frühen Bundesrepublik 1950–1956, bearb. von W. Dörrich/ K. Schönhoven; Bd. 11: Der Deutsche Gewerkschaftsbund 1949–1956, bearb. von J. Kaiser, Köln 1987ff.
Quellen zur Geschichte des Parlamentarismus und der politischen Parteien, Reihe 4, Deutschland nach 1945, hg. von K. D. Bracher/R. Morsey/ H.-P. Schwarz:
Bd. 1: Montanmitbestimmung. Das Gesetz über die Mitbestimmung der Arbeitnehmer in den Aufsichtsräten und Vorständen der Unternehmen des Bergbaus und der Eisen und Stahl erzeugenden Industrie vom 21. Mai 1951, bearb. von G. Müller-List, Düsseldorf 1984
Bd. 2: Grundlegung der Verfassungsgerichtsbarkeit. Das Gesetz über das Bundesverfassungsgericht vom 12. März 1951, bearb. von R. Schiffers, Düsseldorf 1984
Bd. 3: Auftakt zur Ära Adenauer. Koalitionsverhandlungen und Regierungsbildung 1949, bearb. von U. Wengst, Düsseldorf 1985
Bd. 4: Die Ruhrfrage 1945/46 und die Entstehung des Landes Nordrhein-Westfalen, bearb. von R. Steininger, Düsseldorf 1988
Bd. 5: Nordrhein-Westfalen – deutsche Quellen zur Entstehungsgeschichte des Landes 1945/46, bearb. von W. Hölscher, Düsseldorf 1988

Bd. 6: Neubeginn bei Eisen und Stahl im Ruhrgebiet: Die Beziehungen zwischen Arbeitgebern und Arbeitnehmern in der nordrhein-westfälischen Eisen- und Stahlindustrie 1945–48, bearb. von G. Müller-List, Düsseldorf 1990
Bd. 7.1.: Der FDP-Bundesvorstand. Die Liberalen unter dem Vorsitz von Theodor Heuss und Franz Blücher. Sitzungsprotokolle 1949–1954, 2 Halbbände, bearb. von U. Wengst, Düsseldorf 1990
Bd. 7.2.: Der FDP-Bundesvorstand. Die Liberalen unter dem Vorsitz von Thomas Dehler und Reinhold Maier 1954–1960, bearb. von U. Wengst, Düsseldorf 1991
Bd. 7.3: Der FDP-Bundesvorstand. Die Liberalen unter dem Vorsitz von Erich Mende 1960–1967, bearb. von R. Schiffers, Düsseldorf 1993
Bd. 8. 1–3: Die SPD-Fraktion im Deutschen Bundestag. Sitzungsprotokolle 1949–1966; Bd. 1: 1949–1957, bearb. von P. Weber, 2 Halbbände; Bd. 2: 1957–1961, bearb. von W. Hölscher; Bd. 3: 1961–1966, bearb. von H. Potthoff, 2 Halbbände
Bd. 9: Zonenbeirat. Zonal Advisory Council 1946–1948, bearb. von G. Stühler, 2 Halbbände, Düsseldorf 1993/94
Bd. 10: Politischer Liberalismus in der britischen Besatzungszone, bearb. von H. F. Gringmuth/L. Albertin, Düsseldorf 1995
Bd. 11: Die CDU/CSU-Fraktion im Deutschen Bundestag. Sitzungsprotokolle 1949–1953, bearb. von H. Heidemeyer, Düsseldorf 1998
Bd. 12: Der gesamtdeutsche Ausschuß. Sitzungsprotokolle 1949–1953, bearb. von A. Biefang, Düsseldorf 1998
Bd. 13: Der Auswärtige Ausschuß des Deutschen Bundestages 1949–1953, bearb. von W. Hölscher, 2 Halbbände, Düsseldorf 1998

Rössler, R. (Hg.), Die Entnazifizierungspolitik der KPD/SED 1945–1948. Dokumente und Materialien, Goldbach 1994

Ruhl, K.-J. (Hg.), Neubeginn und Restauration. Dokumente zur Vorgeschichte der Bundesrepublik Deutschland 1945–1949, München ²1984

Ruhl, K.-J. (Hg.), »Mein Gott was soll aus Deutschland werden?« Die Adenauer-Ära 1949–1963, München 1985

Schieder, T., Dokumentation der Vertreibung der Deutschen aus Ost-Mitteleuropa, 5 Bde., 3 Beihefte, Bonn 1953–1963

Schubert, K. v. (Hg.), Sicherheitspolitik der Bundesrepublik Deutschland. Dokumentation 1945–1977, 2 Bde., Köln 1978/79

Smith, J. E. (Hg.), The Papers of General Lucius D. Clay. Germany 1945–1949, 2 Bde., Bloomington 1974

Zentralkomitee der SED (Hg.), Dokumente der Sozialistischen Einheitspartei Deutschlands. Beschlüsse und Erklärungen des Zentralkomitees sowie seines Politbüros und seines Sekretariats, 20 Bde., Berlin (Ost) 1951–1986

Steininger, R., Deutsche Geschichte 1945–1961. Darstellung und Dokumente, 2 Bde., Frankfurt am Main 1983

Stephan, G. R./Küchenmeister, D. (Hg.), »Vorwärts immer, rückwärts nimmer!« Interne Dokumente zum Zerfall von SED und DDR 1988/89, Berlin 1994

Tüngel, R./Berndorff, H. R., »Zeitgeist, Wendegeist«. Deutschland unter den Besatzungsmächten. Reportagen, 1996

Vaterland, Muttersprache. Deutsche Schriftsteller und ihr Staat seit 1945, zusammengestellt von K. Wagenbach u. a., Berlin 1994

Vollnhals, C. (Hg.), Entnazifizierung. Politische Säuberung und Rehabilitierung in den vier Besatzungszonen 1945–1949, München 1991

Weber, H. (Hg.), Dokumente zur Geschichte der Deutschen Demokratischen Republik 1945–1985, München 1985

Wilharm, I. (Hg.), Deutsche Geschichte 1962–1983. Dokumente in 2 Bden., Frankfurt am Main 1989

Nachschlagewerke, Chroniken

Archiv der Gegenwart, hg. von H. v. Siegler, erscheint jährlich

Bahrmann, H./Links, C., Chronik der Wende. Die DDR zwischen 7. Oktober und 18. Dezember 1989, Berlin 1994

Broszat, M./Weber, H. (Hg.), SBZ-Handbuch. Staatliche Verwaltungen, Parteien, gesellschaftliche Organisationen und ihre Führungskräfte in der Sowjetischen Besatzungszone Deutschlands 1945–1949, München ²1993

Bundesministerium für innerdeutsche Beziehungen (Hg.), DDR-Handbuch, 2 Bde., Köln ³1985

Duve, F. (Hg.), Aufbrüche. Die Chronik der Republik 1961 bis 1986, Reinbek 1986

Eppelmann, R., u. a. (Hg.), Lexikon des DDR-Sozialismus, Paderborn 1996

Fischer, C. A. (Hg.), Wahlhandbuch für die Bundesrepublik Deutschland. Daten zu Bundestags-,

Landtags- und Europawahlen in der Bundesrepublik Deutschland, in den Ländern und in den Kreisen 1946–1989, 2 Teile, Paderborn 1990
Fuhr, E., Geschichte der Deutschen 1949–1990, Frankfurt am Main 1990
Heilemann, U., u. a., Wirtschaftspolitische Chronik der Bundesrepublik 1960 bis 1995, Stuttgart 1996
Hölder, E. (Hg.), Im Zug der Zeit. Ein Bilderbogen durch vier Jahrzehnte, Stuttgart 1989
Institut der deutschen Wirtschaft, Zahlen zur wirtschaftlichen Entwicklung der Bundesrepublik Deutschland, Köln, erscheint jährlich
Kraushaar, W., Die Protest-Chronik 1949–1959. Eine illustrierte Geschichte von Begegnung, Widerstand und Utopie, 4 Bde., Hamburg 1996
Noelle, E./Neumann, E. P. (Hg.), Jahrbuch der öffentlichen Meinung, 5 Bde. bis 1973, Allensbach 1956ff.
Ritter, G. A./Niehuss, M., Wahlen in Deutschland 1946–1990. Ein Handbuch, München 1991
Rytlewski, R./Hipt, M. op de, Die Bundesrepublik Deutschland in Zahlen 1945/49–1980, München 1987
Rytlewski, R./Hipt, M. op de, Die DDR in Zahlen 1945/49–1980, München 1987
Schindler, P., Datenhandbuch zur Geschichte des Deutschen Bundestages 1949–1999, 3 Bde., Baden-Baden 1999
Statistisches Bundesamt, Statistisches Jahrbuch für die Bundesrepublik Deutschland, erscheint jährlich
Statistisches Bundesamt, Datenreport 1992 – Zahlen und Fakten über die Bundesrepublik Deutschland, München 1992
Weisz, C. (Hg.), OMGUS-Handbuch. Die amerikanische Militärregierung in Deutschland 1945–1949, München 1994

Gesamtdarstellungen und -deutungen, auch Gesamtdarstellungen einzelner Abschnitte

Baring, A., Machtwechsel. Die Ära Brandt-Scheel, Stuttgart [4]1993
Barker, D. L./Gress, D. R., A History of West Germany, 2 Bde., Oxford 1989
Bender, P., Episode oder Epoche? Zur Geschichte des geteilten Deutschlands, München [2]1996
Benz, W. (Hg), Die Geschichte der Bundesrepublik Deutschland, 4 Bde., Frankfurt am Main 1989
Blanke, B./Wollmann, H. (Hg.), Die alte Bundesrepublik. Kontinuität und Wandel, Leviathan Sonderheft 12, Opladen 1991
Bleek, W./Maull, H. (Hg.), Ein ganz normaler Staat? Perspektiven nach 40 Jahren Bundesrepublik, München/Zürich 1989
Bracher, K. D. ,u. a. (Hg.), Geschichte der Bundesrepublik Deutschland, 5 Bde., Stuttgart 1981–1987
Bd. 1: Eschenburg, T., Jahre der Besatzung. 1945–1949
Bd. 2: Schwarz, H.-P., Die Ära Adenauer. Gründerjahre der Republik. 1949–1957
Bd. 3: Schwarz, H.-P., Die Ära Adenauer. Epochenwechsel. 1957–1963
Bd. 4: Hildebrand, K., Von Erhard zur großen Koalition. 1963–1969
Bd. 5/I: Bracher, K. D./Jäger, W./Link, W., Republik im Wandel. Die Ära Brandt. 1969–1974
Bd. 5/II: Jäger, W./Link, W., Republik im Wandel. Die Ära Schmidt. 1974–1982
Broszat, M. (Hg.), Zäsuren nach 1945. Essays zur Periodisierung der deutschen Nachkriegsgeschichte, München 1990
Conradt, D. P., The German Polity, New York [6]1996
Doering-Manteuffel, A., Die Bundesrepublik in der Ära Adenauer, Darmstadt [2]1988
Doering-Manteuffel, A. (Hg.), Adenauerzeit, Bonn 1993
X Ellwein, T./Holtmann, E. (Hg.), 50 Jahre Bundesrepublik Deutschland, PVS-Sonderheft 30, Opladen/Wiesbaden 1999
Gabriel, O. W./Holtmann, E. (Hg.), Handbuch Politisches System der Bundesrepublik Deutschland, München [2]1998
Gall, L., Die Bundesrepublik in der Kontinuität der deutschen Geschichte, in: HZ 239 (1984), S. 603ff.
Glaeßner, G.-J., u. a. (Hg.), Die Bundesrepublik in den siebziger Jahren. Versuch einer Bilanz, Opladen 1984
Glees, A., Reinventing Germany. German Political Development since 1945, Oxford/Providence 1996
Görtemaker, M., Geschichte der Bundesrepublik Deutschland, München 1999
Grosser, A., Das Deutschland im Westen. Eine Bilanz nach 40 Jahren, München 1985
Herbst, L. (Hg.), Westdeutschland 1945–1955. Unterwerfung, Kontrolle, Integration, München 1986
Hillgruber, A., Deutsche Geschichte 1945–1986. Die »deutsche« Frage in der Weltpolitik, Stuttgart u. a. [8]1996
Jarausch, K./Siegrist, H. (Hg.), Amerikanisierung

und Sowjetisierung in Deutschland 1945–1970, Frankfurt am Main/New York 1997
Kaase, M./Schmidt, G. (Hg.), Eine lernende Demokratie. 50 Jahre Bundesrepublik Deutschland, Berlin 1999
Kleßmann, C., Die doppelte Staatsgründung. Deutsche Geschichte 1945–1955, Bonn [5]1991
Kleßmann, C., Zwei Staaten, eine Nation. Deutsche Geschichte 1955–1970, Bonn [2]1997
Löwenthal, R./Schwarz, H.-P. (Hg.), Die zweite Republik. 25 Jahre Bundesrepublik Deutschland – eine Bilanz, Stuttgart [3]1979
Morsey, R., Die Bundesrepublik Deutschland. Entstehung und Entwicklung bis 1969, München [4]2000 (mit umfassender Bibliographie)
Nicholls, A. J., The Bonn Republic. West German Democracy 1945–1990, Harlow 1997
Ritter, G., Über Deutschland. Die Bundesrepublik in der deutschen Geschichte, München 1998
Schildt, A., Ankunft im Westen. Ein Essay zur Erfolgsgeschichte der Bundesrepublik, Frankfurt am Main 1999
Schröder, K., Der SED-Staat. Partei, Staat und Gesellschaft 1949–1990, München 1998
Staritz, D., Geschichte der DDR, Frankfurt am Main 1995 (erweiterte Neuauflage)
Süß, W. (Hg.), Die Bundesrepublik Deutschland in den 80er Jahren. Innenpolitik – politische Kultur – Außenpolitik, Leverkusen 1991
Thränhardt, D., Geschichte der Bundesrepublik, Frankfurt am Main [3]1989
Turner, H. A., Geschichte der beiden deutschen Staaten seit 1945, München 1989
Weber, H., Die DDR 1945–1990, München [3]1999 (mit umfassender Bibliographie)
Weidenfeld, W./Korte, K.-R., Die Deutschen – Profil einer Nation, Stuttgart 1991
Weidenfeld, W./Zimmermann, H. (Hg.), Deutschland-Handbuch. Eine doppelte Bilanz 1949–1989, München 1989 (mit umfassender Bibliographie)

Biographien

Albrecht, W., Kurt Schumacher, Bonn 1985
Barclay, D., »Schaut auf diese Stadt«. Der unbekannte Ernst Reuter, Berlin 2000
Bernecker, W. L./Dotterweich, V., Persönlichkeit und Politik in der Bundesrepublik Deutschland. Politische Portraits, 2 Bde., Göttingen 1982
Blumenwitz, D., u. a. (Hg.), Konrad Adenauer und seine Zeit. Bd. 1: Beiträge von Weg- und Zeitgenossen, Bd. 2: Beiträge der Wissenschaft, Stuttgart 1976
Bracher, K. D., Theodor Heuss und die Wiederbegründung der Demokratie in Deutschland, Tübingen 1965
Brandt, W./Löwenthal, R., Ernst Reuter – ein Leben für die Freiheit. Eine politische Biographie, München 1957
Carr, J., Helmut Schmidt, Düsseldorf [2]1993
Conze, W., Jakob Kaiser. Politiker zwischen Ost und West 1945–1949, Stuttgart 1969
Gosewinkel, D., Adolf Arndt. Die Wiederbegründung des Rechtsstaates aus dem Geist der Sozialdemokratie, Bonn 1991
Gotto, K. (Hg.), Der Staatssekretär Adenauers. Persönlichkeit und politisches Wirken Hans Globkes, Stuttgart 1980
Henning, F., Heuss, Gerlingen 1984
Hentschel, V., Ludwig Erhard, München 1996
Henzler, C., Fritz Schäffer 1945–1967. Eine biographische Studie, München 1994
Hirscher, G., Carlo Schmid und die Gründung der Bundesrepublik. Eine politische Biographie, Bochum 1986
Jodl, M., Amboß oder Hammer? Otto Grotewohl. Eine politische Biographie, Berlin 1997
Köhler, H., Adenauer. Eine politische Biographie, Berlin 1994
Kosthorst, E., Jakob Kaiser. Bundesminister für Gesamtdeutsche Fragen 1949–1957, Stuttgart 1972
Krieger, W., Franz Josef Strauß, Göttingen 1995
Kusterer, H., Der Kanzler und der General, Stuttgart 1995
Lindemann, H., Gustav Heinemann. Ein Leben für die Demokratie, München 1978
Marshall, B., Willy Brandt, Bonn 1993
Matz, K. J., Reinhold Maier (1889–1971). Eine politische Biographie, Düsseldorf 1989
Mayer, T. (Hg.), Jakob Kaiser. Gewerkschafter und Patriot, Köln 1988
Meier, A., Hermann Ehlers. Leben in Kirche und Politik, Bonn 1991
Merseburger, P., Kurt Schumacher, Berlin [2]1997
Metz, A., Die ungleichen Gründerväter. Adenauers und Erhards langer Weg an die Spitze der Bundesrepublik, Konstanz 1998
Möller, H., Theodor Heuss, Bonn 1990
Morsey, R., Brüning und Adenauer, Düsseldorf [2]1972.

Morsey, R., Heinrich Lübke. Eine politische Biographie, Paderborn 1996
Morsey, R./Repgen, K. (Hg.), Adenauer-Studien, 5 Bde., Mainz 1971–1986
Oppelland, T. (Hg.), Deutsche Politiker 1949–1969, 2 Bde., Darmstadt 1999
Osterheld, H., Konrad Adenauer. Ein Charakterbild, München ³1995
Pflüger, F., Richard v. Weizsäcker. Ein Portrait aus der Nähe, Stuttgart 1990
Pikart, E., Theodor Heuss und Konrad Adenauer. Die Rolle des Bundespräsidenten in der Kanzlerdemokratie, Stuttgart 1976
Podevin, N., Walter Ulbricht, Berlin 1995
Poppinga, A., »Das Wichtigste ist der Mut«. Konrad Adenauer – die letzten fünf Kanzlerjahre, Bergisch Gladbach 1994
Prittie, T., Willy Brandt, Frankfurt am Main 1973
Sarkowicz, H. (Hg.), Sie prägten Deutschland. Eine Geschichte der Bundesrepublik in politischen Portraits, München 1999
Scholz, G., Die Bundespräsidenten, Bonn ³1996
Scholz, G., Herbert Wehner, Düsseldorf 1986
Schröder, G., u. a. (Hg.), Ludwig Erhard. Beiträge zu seiner politischen Biographie, Frankfurt am Main 1972
Schütz, U., Gustav Heinemann und das Problem des Friedens im Nachkriegsdeutschland, Münster 1993
Schwarz, H.-P., Adenauer, Bd. 1, Der Aufstieg: 1876–1952, Stuttgart 1986
Schwarz, H.-P., Adenauer, Bd. 2, Der Staatsmann. 1952–1967, Stuttgart 1991
Seebacher-Brandt, B., Ollenhauer – Biedermann und Patriot, Berlin 1984
Siebenmorgen, P., Alles im Überfluß. Das Leben von Franz Josef Strauß, Berlin 1998
Soell, H., Fritz Erler, 2 Bde., Berlin 1976
Sommer, K.-L., Wilhelm Kaisen. Eine politische Biographie, Bonn 2000
Stern, C., Ulbricht. Eine politische Biographie, Köln/Berlin 1963
Thies, J., Helmut Schmidts Rückzug von der Macht. Das Ende der Ära Schmidt aus nächster Nähe, Bonn 1988
Weber, P., Carlo Schmid, München 1996
Wengst, U., Thomas Dehler (1897–1967). Eine politische Biographie, München 1997

Erinnerungen, Tagebücher, Briefe, Reden

Abs, H., Entscheidungen 1949–1953. Die Entstehung des Londoner Schuldenabkommens, Mainz ²1991
Acheson, D., Present at the Creation. My Years in the State Department, New York 1970
Adenauer, K., Erinnerungen, Bd. 1: 1945–53, Bd. 2: 1953–55, Bd. 3: 1955–59, Bd. 4: Fragmente, Stuttgart 1965–1968
Adenauer, K., Briefe 1945–57, Rhöndorfer Ausgabe, 6 Bde., hg. von R. Morsey und H.-P. Schwarz, Berlin 1983–1998
Adenauer, K., Teegespräche 1950–63, Rhöndorfer Ausgabe, 4 Bde., hg. von R. Morsey und H.-P. Schwarz, Berlin 1984–1992
Adenauer, K., Bundestagsreden, hg. von J. Selbach, Bonn ²1972
Adenauer, K., Reden 1917–1967. Eine Auswahl, hg. von H.-P. Schwarz, Stuttgart 1975
Adenauer, K./Heuss, T., Unter vier Augen. Gespräche aus den Gründerjahren 1949–1959, hg. von R. Morsey und H.-P. Schwarz, Berlin 1997
Apel, H., Der Abstieg. Politisches Tagebuch 1978 bis 1988, Stuttgart 1990
Bahr, E., Zu meiner Zeit, München 1996
Baker, J. A., Drei Jahre, die die Welt veränderten, Berlin 1996
Barzel, R., Auf dem Drahtseil, München/Zürich 1978
Barzel, R., Die Tür bleibt offen. Ostverträge, Mißtrauensvotum, Kanzlerschaft, Bonn 1998
Birrenbach, K., Meine Sondermissionen. Rückblick auf zwei Jahrzehnte bundesdeutscher Außenpolitik, Düsseldorf 1984
Blankenhorn, H., Verständnis und Verständigung. Blätter eines politischen Tagebuches 1949–1979, Frankfurt am Main 1980
Brandt, W., Begegnungen und Einsichten. Die Jahre 1960–1975, München ²1978
Brandt, W., Über den Tag hinaus. Eine Zwischenbilanz, Hamburg 1974
Brandt, W., Erinnerungen, Frankfurt am Main 1989. Erweiterte Ausgabe mit den »Notizen zum Fall G.«, Berlin 1994
Brandt, W., »... auf der Zinne der Partei«. Parteitagsreden 1960–1983, hg. von W. Krause und W. Gräf, Bonn 1984
Brandt, W., »... was zusammengehört«. Reden zu Deutschland, Bonn 1990
Brentano, H. v., Deutschland, Europa und die Welt.

Reden zur deutschen Außenpolitik, hg. von F. Böhm, Bonn 1962
Sehr verehrter Herr Bundeskanzler! Heinrich von Brentano im Briefwechsel mit Konrad Adenauer 1949–1964, hg. von A. Baring, Hamburg 1974
Carstens, K., Erinnerungen und Erfahrungen, hg. von K. von Jena und R. Schmoeckel, Boppard 1993
Clay, L. D., Entscheidung in Deutschland, Frankfurt am Main 1950
Dehler, T., Reden und Aufsätze, Köln 1969
Deutscher Bundestag (Hg.), Abgeordnete des Deutschen Bundestages. Aufzeichnungen und Erinnerungen, 15 Bde., Boppard 1982–1996
Djilas, M., Gespräche mit Stalin, Frankfurt am Main 1962
Eckardt, F. v., Ein unordentliches Leben, Düsseldorf/Wien 1967
Ehlers, H., Ausgewählte Reden, Aufsätze und Briefe 1950–1954, hg. von K. D. Erdmann, Boppard 1991
Ehmke, H., Mittendrin. Von der Großen Koalition zur deutschen Einheit, Berlin 1994
Emminger, O., D-Mark Dollar Währungskrisen. Erinnerungen eines ehemaligen Bundesbankpräsidenten, Stuttgart 1986
Eppler, E., Komplettes Stückwerk. Erfahrungen aus fünfzig Jahren Politik, Frankfurt am Main/Leipzig 1996
Erhard, L., Gedanken aus fünf Jahrzehnten. Reden und Schriften, hg. von K. Hohmann, Düsseldorf 1988
Falin, V., Politische Erinnerungen, München 1993
Genscher, H.-D., Erinnerungen, Berlin 1995
Gerstenmaier, E., Reden und Aufsätze, 2 Bde., Stuttgart 1956–1962
Gerstenmaier, E., Streit und Frieden hat seine Zeit. Ein Lebensbericht, Frankfurt am Main 1981
Gorbatschow, M., Erinnerungen, Berlin 1995
Gorbatschow, M., Wie es war. Die deutsche Wiedervereinigung, Berlin 1999
Grewe, W. G., Rückblenden. Aufzeichnungen eines Augenzeugen deutscher Außenpolitik von Adenauer bis Schmidt, Frankfurt am Main 1979
Heinemann, G., Reden und Schriften, 3 Bde., Frankfurt am Main 1975–1977
Herwarth, H. v., Von Adenauer zu Brandt, Berlin 1990
Heuss, T., Aufzeichnungen 1945–1947, hg. von E. Pikart, Tübingen 1966
Heuss, T./Adenauer, K., »Unserem Vaterland zugute.« Der Briefwechsel 1948–1963, Rhöndorfer Ausgabe, Berlin 1989
Heuss, T., »Lieber Dehler!« Briefwechsel mit Thomas Dehler, hg. von F. Henning, München 1983
Heuss, T., Tagebuchbriefe 1955–63, hg. von E. Pikart, Tübingen 1970
Heuss, T., Die großen Reden, 2 Bde., Tübingen 1965
Honecker, E., Moabiter Notizen, Berlin 1994
Kaisen, W., Meine Arbeit, mein Leben, München 1967
Kaiser, J., »Wir haben Brücke zu sein.« Reden und Aufsätze zur Deutschlandpolitik, hg. von C. Hacke, Köln 1979
Kennan, G. F., Memoiren eines Diplomaten 1925 bis 1950, Stuttgart 1968
Kiesinger, K. G., Stationen 1949–1969, Tübingen 1969
Kiesinger, K. G., Dunkle und helle Jahre. Erinnerungen 1904–1958, hg. von R. Schmoeckel, Stuttgart 1989
Kiesinger, K. G., Die große Koalition 1966–1969. Reden und Erklärungen des Bundeskanzlers, hg. von. D. Oberndörfer, Stuttgart 1979
Kohl, H., Ich wollte Deutschlands Einheit, Berlin 1996
Kroll, H., Lebenserinnerungen eines Botschafters, Köln/Berlin 1967
Krone, H., Tagebücher. Erster Band: 1945–1961, bearb. von H.-O. Kleinmann, Düsseldorf 1995
Lenz, O., Im Zentrum der Macht. Das Tagebuch von Staatssekretär Lenz 1951–1953, hg. von K. Gotto u. a., Düsseldorf 1989
Maier, R., Ein Grundstein wird gelegt. Die Jahre 1945–1947, Tübingen 1964
Maier, R., Erinnerungen 1948–1953, Tübingen 1966
McGhee, G., At the Creation of a New Germany. From Adenauer to Brandt. An Ambassador's Account, New Haven/London 1989
Mende, E., Die neue Freiheit 1945–1961, München 1984
Mende, E., Von Wende zu Wende 1962–1982, München 1986
Mitterrand, F., De l'Allemagne, de la France, Paris 1996
Modrow, H., Die Perestroika. Wie ich sie sehe, Berlin 1998
Möller, A., Genosse Generaldirektor, München/Zürich 1978
Monnet, J., Erinnerungen eines Europäers, München/Wien 1978
Müller-Armack, A., Auf dem Weg nach Europa. Erinnerungen und Ausblicke, Tübingen/Stuttgart 1971
Ollenhauer, E., Reden und Aufsätze, hg. von F. Sänger, Berlin 21977
Osterheld, H., »Ich gehe nicht leichten Herzens…«

Adenauers letzte Kanzlerjahre – ein dokumentarischer Bericht, hg. von R. Morsey und K. Repgen, Mainz 1986
Osterheld, H., Außenpolitik unter Bundeskanzler Ludwig Erhard 1963–1965. Ein dokumentarischer Bericht aus dem Kanzleramt, Düsseldorf 1992
Plück, K., Der schwarz-rot-goldene Faden. Vier Jahrzehnte erlebte Deutschlandpolitik, Bonn 1996
Pollock, J. K., Besatzung und Staatsaufbau nach 1945: Occupation Diary and Private Correspondence 1945–1948, hg. von I. Krüger-Bulcke, München 1994
Pünder, H., Von Preußen nach Europa, Stuttgart 1968
Reuter, E., Artikel, Briefe, Reden, Bde. 3 und 4 (1946–53), hg. von H. E. Hirschfeld und H. J. Reichardt, Berlin 1974/75
Schmid, C., Erinnerungen, München 1979
Schmidt, H., Menschen und Mächte, Berlin 1987
Schmidt, H., Die Deutschen und ihre Nachbarn, Berlin 1990
Schmidt, H., Weggefährten. Erinnerungen und Reflexionen, Berlin 1996
Schollwer, W., FDP im Wandel. Aufzeichnungen 1961–1966, München 1994
Schröder, G., »Wir brauchen eine heile Welt.« Politik in und für Deutschland, hg. von A. Rapp, Düsseldorf 1964
Schumacher, K., Reden, Schriften, Korrespondenzen 1945–1952, hg. von W. Albrecht, Berlin 1985
Semjonow, W. M., Von Stalin bis Gorbatschow. Ein halbes Jahrhundert in diplomatischer Mission. 1939–1991, Berlin 1995
Stoltenberg, G., Wendepunkte. Stationen deutscher Politik 1947 bis 1990, Berlin 1997
Strauß, F. J., Erinnerungen, Berlin ²1989
Strauß, F. J., Bundestagsreden und Zeitdokumente, Bonn ²1979
Teltschick, H., 329 Tage. Innenansichten der Einigung, Berlin 1991
Troeger, H., Interregnum. Tagebuch des Generalsekretärs des Länderrates der Bizone 1947–1949, hg. von W. Benz und C. Goschler, München 1985
Vogel, H.-J., Nachsichten, München 1996
Wehner, H., Wandel und Bewährung. Ausgewählte Reden und Schriften 1930–1980, hg. von G. Jahn, Frankfurt am Main ⁵1981
Weizsäcker, R. v., Vier Zeiten, Berlin 1997

Antoni, M., Das Potsdamer Abkommen – Trauma oder Chance? Geltung, Inhalt und staatsrechtliche Bedeutung, Berlin 1985
Backer, J. H., Die Entscheidung zur Teilung Deutschlands. Die amerikanische Deutschlandpolitik 1943–1948, München 1981
Backer, J. H., Die deutschen Jahre des Generals Clay. Der Weg zur Bundesrepublik 1945–1949, München 1983
Badstübner, R./Thomas, S. (Hg.), Restauration und Spaltung. Entstehung und Entwicklung der BRD 1945–1955, Köln 1975
Bauerkämper, A. (Hg.), »Junkerland in Bauernhand«? Durchführung, Auswirkungen und Stellenwert der Bodenreform in der Sowjetischen Besatzungszone, Stuttgart 1996
Becker, J./Stammen, T./Waldmann, P. (Hg.), Vorgeschichte der Bundesrepublik Deutschland. Zwischen Kapitulation und Grundgesetz, München ²1987
Becker, W. (Hg.), Die Kapitulation und der Neubeginn in Deutschland 1945, Köln/Wien 1987
Bender, K., Deutschland, einig Vaterland? Die Volkskongreßbewegung für deutsche Einheit und einen gerechten Frieden in der Deutschlandpolitik der Sozialistischen Einheitspartei Deutschlands, Frankfurt am Main u. a. 1992
Benz, W., Von der Besatzungsherrschaft zur Bundesrepublik, Frankfurt am Main ²1991
Benz, W., Potsdam 1945. Besatzungsherrschaft und Neuaufbau im Vier-Zonen-Deutschland, München ³1994
Benz, W., Die Gründung der Bundesrepublik. Von der Bizone zum souveränen Staat, München ⁵1999
Benz, W. (Hg.), Neuanfang in Bayern 1945 bis 1949. Politik und Gesellschaft in der Nachkriegszeit, München 1988
Benz, W. (Hg.), Die Vertreibung der Deutschen aus dem Osten. Ursachen, Ereignisse, Folgen, Neuausgabe Frankfurt am Main 1995
Benz, W., Versuche zur Reform des öffentlichen Dienstes in Deutschland 1945–1952. Deutsche Opposition gegen alliierte Initiativen, in: VfZG 29 (1981), S. 216–245
Blank, B., Die westdeutschen Länder und die Entstehung der Bundesrepublik. Zur Auseinandersetzung um die Frankfurter Dokumente im Juli 1948, München 1995

Boehling, R., Question of Priorities. Democratic Reform and Economic Recovery in Postwar Germany, Providence 1996
Broszat, M./Henke, K.-D./Woller, H., Von Stalingrad zur Währungsreform. Zur Sozialgeschichte des Umbruchs in Deutschland, München 1988
Buttlar, W. v., Ziele und Zielkonflikte in der sowjetischen Deutschlandpolitik 1945–1947, Stuttgart 1980
Carraciolo, L., Der Untergang der Sozialdemokratie in der sowjetischen Besatzungszone. Otto Grotewohl und die »Einheit der Arbeiterklasse« 1945/1946, in: VfZG 36 (1988), S. 281–318
Deighton, A., The Impossible Peace. Britain, the Division of Germany and the Origins of the Cold War, Oxford 1990
Dietrich, G., Politik und Kultur in der SBZ 1945–1949, Frankfurt am Main/New York 1993
Eisenberg, C., Drawing the Line. The American Decision to Divide Germany 1944–1949, New York 1996
Erker, P., Ernährungskrise und Nachkriegsgesellschaft in Bayern 1943–1953, Stuttgart 1990
Ermarth, M. (Hg.), America and the Shaping of German Society 1945–1955, Providence 1993
Fait, B., Demokratische Erneuerung unter dem Sternenbanner. Amerikanische Kontrolle und Verfassungsgebung in Bayern 1946, Düsseldorf 1998
Feldkamp, M. F., Der Parlamentarische Rat 1948–1949. Die Entstehung des Grundgesetzes, Göttingen 1998
Fichter, M., Besatzungsmacht und Gewerkschaften. Zur Entwicklung und Anwendung der US-Gewerkschaftspolitik in Deutschland 1944–1948, Opladen 1982
Fisch, J., Reparationen nach dem Zweiten Weltkrieg, München 1992
Fischer, A., Sowjetische Deutschlandpolitik im Zweiten Weltkrieg 1941–1945, Stuttgart 1975
Fischer, A., u.a., Die Deutschlandfrage und die Anfänge des Ost-West-Konflikts 1945–1949, Berlin 1984
Foelz-Schroeter, M. E., Föderalistische Politik und nationale Repräsentation 1945–1947. Westdeutsche Länderregierungen, zonale Bürokratien und politische Parteien im Widerstreit, Stuttgart 1974
Foitzik, J., Sowjetische Militäradministration in Deutschland (SMAD) 1945–1949, Berlin 1999
Foitzik, J., Sowjetische Hegemonie und Kommunismus in Ostmitteleuropa nach dem Zweiten Weltkrieg, in: APuZ B 37–38/96
Förster, U., u. a., Auftrag Luftbrücke, Berlin 1998
Foschepoth, J. (Hg.), Deutschland in der Nachkriegspolitik der Alliierten, Stuttgart 1984
Foschepoth, J. (Hg.), Kalter Krieg und deutsche Frage. Deutschland im Widerstreit der Mächte 1945–1952, Göttingen/Zürich 1985
Foschepoth, J./Steininger, R. (Hg.), Britische Deutschland- und Besatzungspolitik 1945–1949, Paderborn 1985
Fritsch-Bournazel, R., Die Sowjetunion und die deutsche Teilung, Opladen 1979
Frohn, A., Neutralisierung als Alternative zur Westintegration. Die Deutschlandpolitik der Vereinigten Staaten von Amerika 1945–1949, Frankfurt am Main 1985
Fromme, F. K., Von der Weimarer Verfassung zum Bonner Grundgesetz. Die verfassungspolitischen Folgerungen des parlamentarischen Rates aus Weimarer Republik und nationalsozialistischer Diktatur, Tübingen ²1962
Füssl, K.-H., Die Umerziehung der Deutschen, Jugend und Schulen unter den Siegermächten des Zweiten Weltkrieges 1945–1955, Paderborn 1994
Garner, C., »Zerschlagung des Berufsbeamtentums?« Der deutsche Konflikt um die Neuordnung des öffentlichen Dienstes 1946–1948 am Beispiel Nordrhein-Westfalens, in: VfZG 39 (1991), S. 55–101
Gerhardt, G., Das Krisenmanagement der Vereinigten Staaten während der Berliner Blockade (1948/49), Berlin 1984
Gimbel, J., Amerikanische Besatzungspolitik in Deutschland 1945–1949, Frankfurt am Main 1971
Gimbel, J., The Origins of the Marshall Plan, Stanford/Calif. 1976
Graml, H., Die Alliierten und die Teilung Deutschlands. Konflikte und Entscheidungen 1941–1948, Frankfurt am Main 1985
Grebing, H./Pozorski, P./Schulze, R., Die Nachkriegsentwicklung in Westdeutschland 1945–1949, 2 Bde., Stuttgart 1980
Grohnert, R., Die Entnazifizierung in Baden 1945 bis 1949, Stuttgart 1991
Heizer, H. W., Die CDU in der britischen Zone 1945–1949. Gründung, Organisation, Programm und Politik, Düsseldorf 1988
Henke, K.-D., Die amerikanische Besetzung Deutschlands, München ²1996
Heß, J./Lehmann, H./Sellin, V. (Hg.), Heidelberg 1945, Stuttgart 1996

Hoffmann, D./Wentker, H., Das letzte Jahr der SBZ. Politische Weichenstellungen und Kontinuitäten im Prozeß der Gründung der DDR, München 2000
Hogan, M. J., The Marshall Plan. America, Britain and the Reconstruction of Western Europe, 1947–1952, Cambridge 1987
Holtmann, E. (Hg.), Wie neu war der Neubeginn? Zum deutschen Kontinuitätsproblem nach 1945, Nürnberg/Erlangen 1989
Horstmann, T., Die Alliierten und die deutschen Großbanken. Bankenpolitik nach dem Zweiten Weltkrieg in Westdeutschland, Bonn 1991
Huhn, J., Lernen aus der Geschichte. Historische Argumente in der Föderalismusdiskussion 1945–1949, Melsungen 1990
Hurwitz, H., Die Stunde Null der deutschen Presse. Die amerikanische Pressepolitik in Deutschland 1945–1949, Köln 1972.
Huster, E.-U., u. a., Determinanten der westdeutschen Restauration 1945–1949, Frankfurt am Main 1973
Huster, E.-U., Die Politik der SPD 1945–1950, Frankfurt am Main 1978
Jerchow, F., Deutschland in der Weltwirtschaft 1944–47. Alliierte Deutschland- und Reparationspolitik und die Anfänge der westdeutschen Außenwirtschaft, Düsseldorf 1978
Jung, O., Grundgesetz und Volksentscheid. Gründe und Reichweite der Entscheidungen des Parlamentarischen Rates gegen Formen direkter Demokratie, Opladen 1994
Kessel, M., Westeuropa und die deutsche Teilung. Englische und französische Deutschlandpolitik auf den Außenministerkonferenzen von 1945 bis 1947, München 1989
Klonovsky, M./Flocken, J., Stalins Lager in Deutschland 1945–1950, Berlin/Frankfurt am Main 1991
Klotz, J. (Hg.), Zwangsvereinigung? Zur Debatte über den Zusammenschluß von SPD und KPD 1946 in Ostdeutschland, Heilbronn 1996
Kocka, J., Neubeginn oder Restauration? Deutschland 1945–1949, in: Stern, C./Winkler, H. A. (Hg.), Wendepunkte deutscher Geschichte 1848–1945, Frankfurt am Main 1979
Koop, V., Kein Kampf um Berlin? Deutsche Politik zur Zeit der Berlin-Blockade 1948/49, Bonn 1998
Kramer, A., Die britische Demontagepolitik am Beispiel Hamburgs 1945–1950, Hamburg 1991
Kraus, E., Ministerien für das ganze Deutschland? Der Alliierte Kontrollrat und die Frage gesamtdeutscher Zentralverwaltungen, München 1990
Kreikamp, H.-D., Die amerikanische Deutschlandpolitik im Herbst 1946 und die Byrnes-Rede in Stuttgart, in: VfZG 29 (1981), S. 269–285
Krieger, W., General Lucius D. Clay und die amerikanische Deutschlandpolitik 1945–1949, Stuttgart 1987
Krohn, C.-D./Mühlen, P. von zur (Hg.), Rückkehr und Aufbau nach 1945. Deutsche Remigranten im öffentlichen Leben, Marburg 1997
Lange, E. H. M., Die Würde des Menschen ist unantastbar. Der Parlamentarische Rat und das Grundgesetz, Heidelberg 1993
Leffler, M. P., A Preponderance of Power: National Security, the Truman Administration and the Cold War, Stanford 1992
Leffler, M. P., The Struggle for Germany and the Origins of the Cold War. German Historical Institute Washington Occasional Paper No. 16, 1996
Lehmann, H. G., Der Oder-Neiße-Konflikt, München 1979
Lilge, C., Die Entstehung der Oder-Neiße-Linie als Nebenprodukt alliierter Großmachtpolitik während des Zweiten Weltkrieges, Frankfurt am Main u. a. 1995
Loth, W., Die Teilung der Welt. Geschichte des Kalten Krieges 1941–1945, München [8]1990
Loth, W., Stalins ungeliebtes Kind. Warum Moskau die DDR nicht wollte, München [2]1996
Mai, G., Der Alliierte Kontrollrat in Deutschland 1945–1949: Alliierte Einheit – deutsche Teilung? München 1995
Mambach, W., Zwischen Morgenthau und Marshall. Das wirtschaftspolitische Deutschlandkonzept der USA 1944–1947, Düsseldorf 1996
Marquardt-Bigman, P., Amerikanische Geheimdienstanalysen über Deutschland 1942–1949, München 1995
Martens, S. (Hg.), Vom »Erbfeind« zum »Erneuerer«. Aspekte und Motive der französischen Deutschlandpolitik nach dem Zweiten Weltkrieg, Beiheft der Francia Bd. 27, Sigmaringen 1993
März, P./Oberreuter, H. (Hg.), 50 Jahre Verfassungskonvent Herrenchiemsee, München 1998
Mastny, V., Moskaus Weg zum Kalten Krieg, München/Wien 1980
Mayer, U./Stuby, G. (Hg.), Die Entstehung des Grundgesetzes, Köln 1976

Ménudier, H., L'Allemagne occupée: 1945–1949, Brüssel [2]1989
Merritt, A. J./Merritt, R. L., Public Opinion in Occupied Germany. The OMGUS Surveys 1945–1949, Urbana 1970
Moraw, F., Die Parole der Einheit und die Sozialdemokratie, Bonn [2]1990
Morsey, R., Entscheidung für den Westen. Die Rolle der Ministerpräsidenten in den drei Westzonen im Vorfeld der Bundesrepublik Deutschland, in: Westfälische Forschungen 1974, S. 1–24
Morsey, R. (Hg.), Konrad Adenauer und die Gründung der Bundesrepublik Deutschland, Bonn [2]1986
Mühlhausen, W./Regin, C. (Hg.), Treuhänder des deutschen Volkes. Die Ministerpräsidenten der westlichen Besatzungszonen nach den ersten freien Landtagswahlen, Melsungen 1991
Müller, G., Mitbestimmung in der Nachkriegszeit. Britische Besatzungsmacht – Unternehmer – Gewerkschaften, Düsseldorf 1987
Naimark, N. M., Die Russen in Deutschland. Die Sowjetische Besatzungszone 1945–1949, Berlin 1997.
Niclauß, K.-H., »Restauration« oder Renaissance der Demokratie? Die Entstehung der Bundesrepublik Deutschland 1945–1949, Berlin 1982
Niclauß, K.-H., Der Weg zum Grundgesetz. Demokratiegründung in Westdeutschland 1945–1949, Paderborn 1998
Niethammer, L., Die Mitläuferfabrik. Die Entnazifizierung am Beispiel Bayerns, Berlin 1982
Oberreuter, H./Weber, J. (Hg.), Freundliche Feinde? Die Alliierten und die Demokratiegründung in Deutschland, München/Landsberg 1996
Overesch, M., Deutschland 1945–1949. Vorgeschichte und Gründung der Bundesrepublik, Königstein/Ts. 1979
Peterson, E. N., The Many Faces of Defeat: The German People's Experience in 1945, New York 1990
Pfetsch, F. R., Verfassungspolitik der Nachkriegszeit. Theorie und Praxis des bundesdeutschen Konstitutionalismus, Darmstadt 1985
Pfetsch, F. R., Ursprünge der zweiten Republik, Wiesbaden 1990
Pirker, T., Die verordnete Demokratie. Grundlagen und Entscheidungen der »Restauration«, Berlin 1977
Pommerin, R. (Hg.), The American Impact on Postwar Germany, Oxford 1995
Pünder, T., Das bizonale Interregnum. Die Geschichte des Vereinigten Wirtschaftsgebietes 1946–1949, Waiblingen 1966
Quassowski, J. B., Neuordnung oder Restauration: das Demokratiekonzept der amerikanischen Besatzungsmacht und die politische Sozialisation der Westdeutschen. Wirtschaftsordnung – Schulstruktur – Politische Bildung, Opladen 1979
Richter, M./Rißmann, M. (Hg.), Die Ost-CDU. Beiträge zu ihrer Entstehung und Entwicklung, Weimar u. a. 1995
Rogers, D. E., Transforming the German Party System. The United States and the Origins of Political Moderation 1945–1949, in: Journal of Modern History 65 (1993), S. 512–541
Roseman, M., Recasting the Ruhr, 1945–1958: Manpower, Economic Recovery and Labour Relations, New York 1992
Rosenzweig, B., Erziehung zur Demokratie? Amerikanische Besatzungs- und Schulreformpolitik in Deutschland und Japan, Stuttgart 1998
Rudzio, W., Die ausgebliebene Sozialisierung an Rhein und Ruhr. Zur Sozialisierungspolitik von Labourregierung und SPD 1945–1948, in: Archiv für Sozialgeschichte 18 (1978), S. 1–39
Rupieper, H.-J., Die Wurzeln der westdeutschen Nachkriegsdemokratie. Der amerikanische Beitrag 1945–1952, Leverkusen 1993
Sandford, G.W., From Hitler to Ulbricht. The Communist Reconstruction of East Germany 1945–46, Princeton N. J. 1983
Scharf, C./Schröder, H. J. (Hg.), Die Deutschlandpolitik Großbritanniens und die britische Zone 1945–1949, Wiesbaden 1979
Scharf, C./Schröder, H.-J. (Hg.), Die Deutschlandpolitik Frankreichs und die französische Zone 1945–1949, Wiesbaden 1983
Schmidt, E., Die verhinderte Neuordnung 1945–1952, Frankfurt am Main 1973
Schmidt, U./Fichter, T., Der erzwungene Kapitalismus. Klassenkämpfe in den Westzonen 1945 bis 1949, Berlin 1971
Schmidt, W., Vom Feind zum Partner. Amerikanische Deutschlandpolitik von 1944 bis 1949, Bonn 1996
Schockenhoff, V., Wirtschaftsverfassung und Grundgesetz. Die Auseinandersetzung in den Verfassungsberatungen 1945–1949, Frankfurt am Main 1986
Schraut, S., Die Flüchtlingsaufnahme in Württemberg-Baden 1945–1949. Amerikanische Besatzungsziele und demokratischer Wiederaufbau im Konflikt, München 1995

Schröder, H.-J. (Hg.), Marshallplan und westdeutscher Wiederaufstieg, Stuttgart 1990
Schwarz, H.-P., Vom Reich zur Bundesrepublik. Deutschland im Widerstreit der außenpolitischen Konzeptionen in den Jahren der Besatzungsherrschaft 1945–1949, Stuttgart ²1980
Senarclens, P. d., From Yalta to the Iron Curtain. The Great Powers and the Origins of the Cold War, Oxford 1995
Shlaim, A., The United States and the Berlin Blockade 1948–1949, Berkeley 1983
Sörgel, W., Konsensus und Interesse. Eine Studie zur Entstehung des Grundgesetzes der Bundesrepublik Deutschland, Opladen ²1985
Staritz, D., Die Gründung der DDR. Von der sowjetischen Besatzungsherrschaft zum sozialistischen Staat, München 1984
Steininger, R., Reform und Realität. Ruhrfrage und Sozialisierung in der anglo-amerikanischen Deutschlandpolitik 1947/48, in: VfZG 27 (1979), S. 167–240
Thiess, J./Daak, K. v., Südwestdeutschlands Stunde Null. Die Geschichte der französischen Besatzungszone 1945–1948, Düsseldorf 1979
Trittel, G. J., Hunger und Politik. Die Ernährungskrise in der Bizone (1945–1949), Frankfurt am Main 1990
Turner, I. D. (Hg.), Reconstruction in Post-War Germany. British Occupation Policy and the Western Zones, Oxford u. a. 1989
Uffelmann, U., Der Weg zur Bundesrepublik. Wirtschaftliche, gesellschaftliche und staatliche Weichenstellungen 1945–1949, Düsseldorf 1988
Weber, J. (Hg.), Der Bauplan für die Republik. Das Jahr 1948 in der deutschen Nachkriegsgeschichte, München 1996
Wehner, G., Die Deutschland-Politik der Alliierten und die Londoner Sechs-Mächte-Konferenz im Jahr 1948, München 1989
Wehner, G., Die Westalliierten und das Grundgesetz 1948–1949, Freiburg 1994
Wember, H., Umerziehung im Lager. Internierung und Bestrafung von Nationalsozialisten in der britischen Besatzungszone, Essen 1991
Westdeutschlands Weg zur Bundesrepublik 1945–1949, Beiträge von Mitarbeitern des Instituts für Zeitgeschichte, München 1976
Wille, M., Entnazifizierung in der Sowjetischen Besatzungszone Deutschlands 1945–1948, Magdeburg 1993
Willett, R., The Americanization of Germany 1945–1949, London 1989
Winkler, H. A. (Hg.), Politische Weichenstellungen im Nachkriegsdeutschland. Geschichte und Gesellschaft Sonderheft 5, Göttingen 1979
Wolfe, R. (Hg.), Americans as Proconsuls. United States Military Governments in Germany and Japan 1944–1952, Carbondale, Illinois 1984
Wrobel, H., Verurteilt zur Demokratie. Justiz und Justizpolitik in Deutschland 1945–1949, Heidelberg 1989
Yergin, D., Der zerbrochene Frieden. Der Ursprung des Kalten Krieges und die Teilung Europas, Frankfurt am Main 1979
Young, J. W., France, the Cold War and the Western Alliance 1944–1949. French Foreign Policy and Postwar-Europe, London 1990
Zauner, S., Erziehung und Kulturmission. Frankreichs Bildungspolitik in Deutschland 1945–1949, München 1994

Literatur zum zweiten Teil

Adomeit, H., Imperial Overstretch: Germany in Soviet Foreign Policy from Stalin to Gorbatchev, Baden-Baden 1998
Arenth, J., Der Westen tut nichts! Transatlantische Kooperation während der zweiten Berlin-Krise (1958–1962) im Spiegel neuer amerikanischer Quellen, Frankfurt am Main 1993
Bald, D., Die Atombewaffnung der Bundeswehr. Militär, Politik und Öffentlichkeit in der Ära Adenauer, Bremen 1994
Baring, A., Im Anfang war Adenauer, München 1982 (ursprünglich unter dem Titel: Außenpolitik in Adenauers Kanzlerdemokratie, München 1969)
Becker, J./Knipping, F. (Hg.), Power in Europe? Great Britain, France, Italy and Germany in a Postwar World 1945–50, Berlin/New York 1986
Bender, P., Die »Neue Ostpolitik« und ihre Folgen. Vom Mauerbau bis zur Vereinigung, München ⁴1996
Besson, W., Die Außenpolitik der Bundesrepublik. Erfahrungen und Maßstäbe, München 1970
Bingen, D., Die Polenpolitik der Bonner Republik von Adenauer bis Kohl 1949–1991, Baden-Baden 1998
Bjørnstadt, S., The Soviet Union and German Unification during Stalin's last Years, Oslo 1998
Blasius, R. A. (Hg.), Von Adenauer zu Erhard. Studien

zur auswärtigen Politik der Bundesrepublik Deutschland 1963, München 1994
Booz, R.-M., Hallsteinzeit. Deutsche Außenpolitik 1955–1972, Bonn 1994
Bremen, C., Die Eisenhower Administration und die zweite Berlin-Krise 1958–1961, Berlin 1998
Buchheim, H., Deutschlandpolitik 1949–1972. Der politisch-diplomatische Prozeß, Stuttgart 1984
Bührer, W., Westdeutschland in der OEEC. Eingliederung, Krise, Bewährung 1947–1961, München 1997
Burr, W., The Berlin Crisis, 1958–1962, Washington D.C. 1992
Catudal, H. M., Kennedy in der Mauer-Krise, Berlin 1981
Clemens, C., Reluctant Realists. The Christian Democrats and West German Ostpolitik, London 1989
Conze, E., Die gaullistische Herausforderung. Die deutsch-französischen Beziehungen in der amerikanischen Europapolitik 1958–1963, München 1995
Dillgen, H., Deutsch- amerikanische Sicherheitsbeziehungen in der Ära Helmut Schmidt. Vorgeschichte und Folgen des NATO- Doppelbeschlusses, München 1991
Dittmann, K., Adenauer und die deutsche Wiedervereinigung. Die politische Diskussion des Jahrs 1952, Düsseldorf 1981
Enders, T., Die SPD und die äußere Sicherheit. Zum Wandel der sicherheitspolitischen Konzeptionen der Partei in der Zeit der Regierungsverantwortung (1966–1982), Melle 1987
Felken, D., Dulles und Deutschland, Die amerikanische Deutschlandpolitik 1953–1959, Bonn/Berlin 1993
Fischer, A. (Hg.), Wiederbewaffnung in Deutschland nach 1945, Berlin/München 1986
Foschepoth, J. (Hg.), Adenauer und die deutsche Frage, Göttingen ²1990
Friedrich, W.-U., Die USA und die deutsche Frage 1945–1990, Frankfurt am Main 1991
Fuchs, S., Dreiecksverhältnisse sind immer kompliziert. Kissinger, Bahr und die Ostpolitik, 1999
Gablick, A. F., Strategische Planung in der Bundesrepublik Deutschland 1955–1967. Politische Kontrolle oder militärische Notwendigkeit? Baden-Baden 1996
Gaddum, E., Die deutsche Europapolitik in den achtziger Jahren. Interessen, Konflikte und Entscheidungen der Regierung Kohl, Paderborn 1994
Garton Ash, T., Im Namen Europas. Deutschland und der geteilte Kontinent, München/Wien 1993
Gersdorff, G. v., Adenauers Außenpolitik gegenüber den Siegermächten 1954. Westdeutsche Bewaffnung und internationale Politik, München 1994
Gillingham, J., Coal, Steel, and the Rebirth of Europe 1945–1955. The Germans and French from Ruhr Conflict to Economic Community, Cambridge 1991
Görtemaker, M., Die unheilige Allianz. Die Geschichte der Entspannungspolitik 1943–1979, München 1979
Gossel, D., Briten, Deutsche und Europa. Die deutsche Frage in der britischen Außenpolitik 1945–1962, Wiesbaden 1999
Grabbe, H.-J., Unionsparteien, Sozialdemokratie und Vereinigte Staaten von Amerika 1945–1966, Düsseldorf 1983
Gress, D., Peace and Survival. West Germany, the Peace Movement and European Security, Stanford 1985
Griffith, W. E., Die Ostpolitik der Bundesrepublik Deutschland, Stuttgart 1981
Groeben, H. von der, Aufbaujahre der Europäischen Gemeinschaft. Das Ringen um den gemeinsamen Markt und die Politische Union (1958–1966), Baden-Baden 1982
Guldin, H., Die Bundesrepublik Deutschland auf dem Weg zur souveränen Gleichberechtigung: Die politisch-ökonomische Westintegration Westdeutschlands als Verhandlungsgegenstand zwischen der Alliierten Hohen Kommission und der Bundesregierung in den Jahren 1949 bis 1952, Frankfurt am Main u. a. 1990
Hacke, C., Die Ost- und Deutschlandpolitik der CDU/CSU, Köln 1975
Hacke, C., Die Außenpolitik der Bundesrepublik Deutschland. Weltmacht wider Willen?, Berlin ³1997 (ursprünglich unter dem Titel: Weltmacht wider Willen. Die Außenpolitik der Bundesrepublik Deutschland, Stuttgart 1988)
Haftendorn, H., Sicherheit und Entspannung. Zur Außenpolitik der Bundesrepublik Deutschland 1955–1982, Baden-Baden ²1986
Haftendorn, H., Sicherheit und Stabilität, Außenbeziehungen der Bundesrepublik zwischen Ölkrise und NATO-Doppelbeschluß, München 1986
Hahn, K. E., Wiedervereinigungspolitik im Widerstreit, Hamburg 1993

Hanrieder, W. F., Deutschland, Europa, Amerika. Die Außenpolitik der Bundesrepublik Deutschland 1949–1989, Paderborn u. a. 1990. Zweite völlig überarbeitete und erweiterte Auflage 1994
Heep, B. D., Helmut Schmidt und Amerika. Eine schwierige Partnerschaft, Bonn 1990
Herbst, L., Option für den Westen, Vom Marshallplan bis zum deutsch-französischen Vertrag, München ²1996
Herbst, L./Bührer, W./Sowade, H. (Hg.), Vom Marshallplan zur EWG. Die Eingliederung der Bundesrepublik Deutschland in die westliche Welt, München 1990
Hildebrand, K., Integration und Souveränität. Die Außenpolitik der Bundesrepublik Deutschland 1949–1982, Bonn 1991
Hoffmann, H., Die Atompartner Washington – Bonn und die Modernisierung der taktischen Kernwaffen. Vorgeschichte und Management der Neutronenwaffen und des Doppelbeschlusses der NATO, Koblenz 1986
Hölzenbein, B., Die Strategische Verteidigungsinitiative (SDI) als Problem bundesdeutscher Außen- und Sicherheitspolitik, Berlin 1990
Hoppe, C., Zwischen Teilhabe und Mitsprache: Die Nuklearfrage in der Allianzpolitik Deutschlands 1958–1966, Baden-Baden 1992
Hudemann, R./Poidevin, R. (Hg.), Die Saar 1946 bis 1955, München ²1995
Immerman, R. (Hg.), John Foster Dulles and the Diplomacy of the Cold War, Princeton N. J. 1990
Jacobsen, H. A./Tomala, M. (Hg.), Bonn–Warschau 1945–1991. Die deutsch-polnischen Beziehungen, Köln 1992
Jahn, E./Rittberger, V. (Hg.), Die Ostpolitik der Bundesrepublik. Triebkräfte, Widerstände, Konsequenzen, Opladen 1984
Kelleher, C. M., Germany and the Politics of Nuclear Weapons, New York 1975
Kipping, M., Zwischen Kartellen und Konkurrenz. Der Schumanplan und die Ursprünge der europäischen Einigung 1944–1952, Berlin 1996
Kirchner, E. J./Sperling, J. (Hg.), The Federal Republic of Germany and NATO: 40 Years after, Basingstoke 1992
Klingel, F., Das ganze Deutschland soll es sein. Thomas Dehler und die außenpolitischen Weichenstellungen der fünfziger Jahre, München 1987
Knipping, F./Müller, K.-J. (Hg.), Aus der Ohnmacht zur Bündnismacht. Das Machtproblem in der Bundesrepublik Deutschland 1945–1960, Paderborn u. a. 1995
Kosthorst, D., Brentano und die deutsche Einheit. Die Deutschland- und Ostpolitik des Außenministers im Kabinett Adenauer 1955 bis 1961, Düsseldorf 1993
Kroegel, D., Einen Anfang finden! Kurt Georg Kiesinger in der Außen- und Deutschlandpolitik der Großen Koalition, München 1997
Künzel, M., Bonn und die Bombe. Deutsche Atomwaffenpolitik von Adenauer bis Brandt, Frankfurt am Main/New York 1992
Küsters, H. J., Die Gründung der Europäischen Wirtschaftsgemeinschaft, Baden-Baden 1982
Larres, K., Politik der Illusionen. Churchill, Eisenhower und die deutsche Frage 1945–1955, Göttingen/Zürich 1995
Layritz, S., Der NATO-Doppelbeschluß. Westliche Sicherheitspolitik im Spannungsfeld von Innen-, Bündnis- und Außenpolitik, Frankfurt am Main u. a. 1992
Linsel, K., Charles de Gaulle und Deutschland 1914–1969, »Beihefte der Francia«, Bd. 44, hg. vom Deutschen Historischen Institut in Paris, Sigmaringen 1998
Lohse, E., Östliche Lockungen und westliche Zwänge. Paris und die deutsche Teilung 1949 bis 1955, München 1995
Longerich, M., Die SPD als »Friedenspartei« – mehr als nur Wahltaktik? Auswirkungen sozialdemokratischer Traditionen auf die friedenspolitischen Diskussionen 1959–1983, Frankfurt am Main u. a. 1990
Loth, W., Ost-West-Konflikt und deutsche Frage. Historische Ortsbestimmungen, München 1989
Loth, W./Picht, R. (Hg.), De Gaulle, Deutschland und Europa, Opladen 1991
Löwenthal, R., Vom kalten Krieg zur Ostpolitik, in: Löwenthal, R./Schwarz, H.-P., Die zweite Republik, S. 604–699
Lüders, C., Das Ruhrkontrollsystem. Entstehung und Entwicklung im Rahmen der Westintegration Westdeutschlands 1947–1953, Frankfurt am Main/New York 1988
Mager, O., Die Stationierung der britischen Rheinarmee. Großbritanniens EVG-Alternative, Baden-Baden 1990
Maier, C. S./Bischof, G. (Hg.), Deutschland und der Marshall-Plan, Baden-Baden 1992
Marcowitz, R., Option für Paris? Unionsparteien, SPD und Charles de Gaulle, 1958–1969, München 1996

März, P., Die Bundesrepublik zwischen Westintegration und Stalin-Noten, Frankfurt am Main 1982
Mayer, F. A., Adenauer and Kennedy. A Study in German-American Relations, 1961–1963, New York 1996
Miard-Delacroix, H., Partenaires de choix? Le chancelier Helmut Schmidt et la France (1974–1982), Bern u. a. 1993
Militärgeschichtliches Forschungsamt (Hg.), Anfänge westdeutscher Sicherheitspolitik 1945–1956, Band 1: Von der Kapitulation bis zum Pleven-Plan, bearb. von R. G. Foerster u. a., München 1982; Bd. 2: Die EVG-Phase, bearb. von L. Köllner u. a., München 1990; Bd. 3: Die NATO-Option, bearb. von H. Ehlert u. a., München 1993; Bd. 4: Wirtschaft und Rüstung, Souveränität und Sicherheit, bearb. von W. Abelshauser und W. Schwengler, München 1997
Moseleit, K., Die »Zweite« Phase der Entspannungspolitik der SPD 1983–1989. Eine Analyse ihrer Entstehungsgeschichte, Entwicklung und der konzeptionellen Ansätze, Frankfurt am Main u. a. 1991
Nolte, E., Deutschland und der Kalte Krieg, Stuttgart ²1985
Peters, S., The Germans and the NF Missiles. Getting Their Way in NATO's Strategy of Flexible Response, Baden-Baden 1990
Picht, R. (Hg.), Das Bündnis im Bündnis. Deutsch-französische Beziehungen im internationalen Spannungsfeld, Berlin 1982
Risse-Kappen, T., Die Krise der Sicherheitspolitik: Neuorientierungen und Entscheidungsprozesse im politischen System der Bundesrepublik Deutschland 1977–1984, Mainz/München 1984
Rupieper, H.-J., Der besetzte Verbündete. Die amerikanische Deutschlandpolitik 1949–1955, Opladen ²1991
Scherstjanoi, E., Die sowjetische Deutschlandpolitik nach Stalins Tod 1953, in: VfZG 46 (1998), S. 497–549
Schertz, A. W., Die Deutschlandpolitik Kennedys und Johnsons: Unterschiedliche Ansätze innerhalb der amerikanischen Regierung, Köln u. a. 1992
Schmid, G., Entscheidung in Bonn. Die Entstehung der Ost- und Deutschlandpolitik 1969/70, Köln 1979
Schöllgen, G., Die Außenpolitik der Bundesrepublik Deutschland, München 1999
Schubert, K. v., Wiederbewaffnung und Westintegration. Die innere Auseinandersetzung um die militärische und außenpolitische Orientierung der Bundesrepublik 1950–1952, Stuttgart ²1972
Schwabe, K. (Hg.), Die Anfänge des Schuman-Plans 1950/51, Baden-Baden 1988
Schwabe, K. (Hg.), Adenauer und die USA, Bonn 1994
Schwartz, T. A., America's Germany. John Mc Cloy and the Federal Republic of Germany, Cambridge Mass. 1991
Schwarz, H.-P. (Hg.), Entspannung und Wiedervereinigung. Deutschlandpolitische Vorstellungen Konrad Adenauers 1955–1958, Stuttgart 1979
Schwarz, H.-P. (Hg.), Die Legende von der verpaßten Gelegenheit. Die Stalin-Note vom 10. März 1952, Stuttgart 1982
Schwarz, H.-P. (Hg.), Die Wiederherstellung des deutschen Kredits. Das Londoner Schuldenabkommen, Stuttgart 1982
Schwarz, H.-P. (Hg.), Berlinkrise und Mauerbau, Bonn 1985
Schwarz, H.-P. (Hg.), Adenauer und Frankreich, Die deutsch-französischen Beziehungen 1958–1969, Bonn 1985
Schweigler, G., Grundlagen der außenpolitischen Orientierung der Bundesrepublik Deutschland, Baden-Baden 1985
Schwickert, R., Sicherheitspolitik und Friedensbewegung in der Bundesrepublik Deutschland. Nationale Selbstbehauptung ohne staatliche Verantwortung, Frankfurt am Main u. a. 1990
Seidelmann, R., Die Entspannungspolitik der Bundesrepublik Deutschland. Entstehungsursachen, Konzepte und Perspektiven, Frankfurt am Main/NewYork 1982
Siebenmorgen, P., Gezeitenwechsel. Aufbruch zur Entspannungspolitik, Bonn 1990
Siekmaier, M., Restauration oder Reform? Die FDP in den sechziger Jahren. Deutschland- und Ostpolitik zwischen Wiedervereinigung und Entspannung, 1998
Steinhoff, J./Pommerin, S., Strategiewechsel: Bundesrepublik und Nuklearstrategie in der Ära Adenauer-Kenney, Baden-Baden 1992
Steininger, R., Eine Chance zur Wiedervereinigung? Die Stalin-Note vom 10. März 1952, Berlin/Bonn 1985
Steininger, R., u. a. (Hg.), Die doppelte Eindämmung. Europäische Sicherheit und deutsche Frage in den Fünfziger Jahren, München 1993
Steininger, R., Wiederbewaffnung. Die Entscheidung für den westdeutschen Verteidigungsbeitrag.

Adenauer und die Westmächte 1950, Erlangen u.a. 1989
Stint, A. E., Wandel durch Handel? Die politisch-wirtschaftlichen Beziehungen zwischen der Bundesrepublik Deutschland und der Sowjetunion, Köln 1983
Tiggemann, A., CDU/CSU und die Ost- und Deutschlandpolitik 1969–1972, Zur »Innenpolitik der Außenpolitik« der ersten Regierung Brandt/Scheel, Frankfurt am Main 1998
Trachtenberg, M., A Constructed Peace. The Making of the European Settlement 1945–1963, Princeton N.J. 1999
Tuschhoff, C., Die Grundsteinlegung deutscher Sicherheitspolitik 1949–1955, Münster/Hamburg 1994
Weilemann, P., Die Anfänge der Europäischen Atomgemeinschaft. Zur Gründungsgeschichte von EURATOM (1955–1966), Baden-Baden 1982
Wettig, G., Bereitschaft zur Einheit in Freiheit? Die sowjetische Deutschland-Politik 1945–1955, München 1999
Wiggershaus, N. (Hg.), Die westliche Sicherheitsgemeinschaft 1948–1950. Gemeinsame Probleme und gegensätzliche Nationalinteressen in der Gründungsphase der Nordatlantischen Allianz, Boppard 1988
Wilkens, A., Der unstete Nachbar. Frankreich, die deutsche Ostpolitik und die Berliner Vier-Mächte-Verhandlungen 1969–1974, München 1990
Wolffsohn, M., Das deutsch-israelische Wiedergutmachungsabkommen von 1952 im internationalen Zusammenhang, in: VfZG 36 (1988), S. 691–731
Wurm, C. (Hg.), Western Europe and Germany. The Beginning of European Integration 1945–1960, Oxford/Providence 1995
Zündorf, B., Die Ostverträge, München 1979

Literatur zum dritten Teil

Abelshauser, W., Wirtschaft in Westdeutschland 1945–1948, Stuttgart 1975
Abelshauser, W., Die langen Fünfziger Jahre. Wirtschaft und Gesellschaft der Bundesrepublik Deutschland 1949–1966, Düsseldorf 1987
Abelshauser, W., Wirtschaftsgeschichte der Bundesrepublik Deutschland (1945–1980), Frankfurt am Main [7]1993
Alber, J., Der Sozialstaat in der Bundesrepublik 1950–1983, Frankfurt am Main/New York 1989
Albrecht, C., u.a., Die intellektuelle Gründung der Bundesrepublik, Frankfurt am Main/New York 1999
Albrecht, W., Der Sozialistische Deutsche Studentenbund (SDS), Bonn 1994
Allemann, F. R., Bonn ist nicht Weimar, Köln/Berlin 1956
Ambrosius, G., Die Durchsetzung der Sozialen Marktwirtschaft in Westdeutschland 1945 bis 1949, Stuttgart 1977
Armingeon, K., Die Entwicklung der westdeutschen Gewerkschaften 1950 bis 1985, Frankfurt am Main/New York 1988
Bäcker, G., u.a., Sozialpolitik und soziale Lage in der Bundesrepublik Deutschland, 2 Bde., Köln [2]1989
Baker, K. L., u.a., Germany Transformed. Political Culture and the New Politics, Cambridge (Mass.)/London 1981
Bald, D., Militär und Gesellschaft 1945–1990. Die Bundeswehr und die Bonner Republik, Baden-Baden 1994
Bellers, J., Außenwirtschaftspolitik der Bundesrepublik Deutschland 1949–1989, Münster u.a. 1990
Benz, W. (Hg.), Rechtsextremismus in der Bundesrepublik Deutschland. Voraussetzungen, Zusammenhänge, Wirkungen, Frankfurt am Main [4]1994
Berghahn, V., Unternehmer und Politik in der Bundesrepublik, Frankfurt am Main 1985
Bertram, H. (Hg.), Familiäre Lebensformen in Westdeutschland, Opladen 1991
Bethlehem, S., Heimatvertreibung, DDR-Flucht, Gastarbeiterzuwanderung. Wanderungsströme und Wanderungspolitik in der Bundesrepublik Deutschland, Stuttgart 1982
Beyme, K. v./Schmidt, M. (Hg.), Politik in der Bundesrepublik, Wiesbaden/Opladen 1990
Birke, A. M., Die Bundesrepublik Deutschland. Verfassung, Parlament und Parteien, München 1997
Blüm, N./Zacher, H. F. (Hg.), 40 Jahre Sozialstaat Bundesrepublik, Baden-Baden 1989
Bolte, K. M./Hradil, S., Soziale Ungleichheiten in der Bundesrepublik Deutschland, Opladen [6]1988
Borchhardt, K., Wachstum, Krisen, Handlungsspielräume der Wirtschaftspolitik. Studien zur Wirtschaftsgeschichte des 19. und 20. Jahrhunderts, Göttingen 1983
Brand, K. W., u.a., Aufbruch in eine andere Gesellschaft. Neue soziale Bewegungen in der

Bundesrepublik Deutschland, Frankfurt am Main ²1986
Brandes, V., Wie der Stein ins Rollen kam. Aufbruch in die Revolte der sechziger Jahre, Frankfurt am Main 1988
Braun, H., Das Streben nach »Sicherheit« in den 50er Jahren. Soziale und politische Ursachen und Erscheinungsweisen, in: Archiv der Sozialgeschichte 18 (1978), S. 279–306
Braunthal, G., Politische Loyalität und öffentlicher Dienst. Der Radikalenerlaß von 1972 und die Folgen, Marburg/Berlin 1992
Buchheim, C., Die Wiedereingliederung Deutschlands in die Weltwirtschaft 1945–1958, München 1990
Buchheim, C., Die Währungsreform 1948 in Westdeutschland, in: VfZG 36 (1988), S. 188–231
Bührer, W., Der Bundesverband der Deutschen Industrie 1949–1999, Paderborn 1999
Bundesministerium des Innern (Hg.), Vertriebene, Flüchtlinge, Aussiedler, Spätaussiedler. 1945–1995, Bonn 1996
Deutsche Bundesbank (Hg.), Fünfzig Jahre Deutsche Mark. Notenbank und Währung in Deutschland seit 1948, München 1998
Buruma, J., Erbschaft der Schuld. Vergangenheitsbewältigung in Deutschland und Japan, München 1994
Castles, F. G., Families of Nations. Patterns of Public Policy in Western Democracies, Dartmouth 1993
Conradt, D. P., Changing German Political Culture, in: G. A. Almond/S. Verba, The Civic Culture Revisited, Boston/Toronto 1980, S. 212–272
Conze, W./Lepsius, R. (Hg.), Sozialgeschichte der Bundesrepublik Deutschland. Beiträge zum Kontinuitätsproblem, Stuttgart 1983
Cornelius, I., u. a., Bevölkerungsentwicklung und Bevölkerungspolitik in der Bundesrepublik, Stuttgart u. a. 1988
Cramer, A., Familie und Familienpolitik in der Bundesrepublik Deutschland, Leverkusen 1982
Dowe, D. (Hg.), Herbert Wehner und die deutsche Sozialdemokratie, Bonn 1996
Ellwein, T., Krisen und Reformen. Die Bundesrepublik seit den sechziger Jahren, München ²1993
Emminger, O., Deutsche Geld- und Währungspolitik im Spannungsfeld zwischen innerem und äußerem Gleichgewicht 1948–1975, in: Deutsche Bundesbank (Hg.), Währung und Wirtschaft in Deutschland 1876–1975, Frankfurt am Main 1976, S. 485–554
Erker, P./Bierenkemper, T. (Hg.), Deutsche Unternehmer zwischen Kriegswirtschaft und Wiederaufbau, München 1999
Fels, G., Der Ursprung der 68er. Zu den geistigen und sozialen Grundlagen der Studentenrevolte, Bonn 1998
Fischer, W. (Hg.), Währungsreform und soziale Marktwirtschaft. Erfahrungen und Perspektiven nach 40 Jahren, Berlin 1990
Frantzioch-Immenkeppel, M., Die Vertriebenen. Hemmnisse, Antriebskräfte und Wege ihrer Integration in der Bundesrepublik Deutschland, Berlin 1987
Frei, N., Vergangenheitspolitik. Die Anfänge der Bundesrepublik und die NS-Vergangenheit, München 1997
Fuchs, D., Die Unterstützung des politischen Systems der Bundesrepublik Deutschland, Opladen 1989
Führ, C./Furck, C.-L. (Hg.), Handbuch der deutschen Bildungsgeschichte, Band VI: 1945 bis zur Gegenwart, 1. Teilband: Bundesrepublik Deutschland, München 1997
Gabriel, O. W., Politische Kultur. Postmaterialismus und Materialismus in der Bundesrepublik Deutschland, Opladen 1986
Gante, M., § 218 in der Diskussion. Meinungs- und Willensbildung 1945–1976, Düsseldorf 1991
Gauly, T., Katholiken. Machtanspruch und Machtverlust, Bonn 1991
Geißler, R., Die Sozialstruktur Deutschlands. Ein Studienbuch zur sozialstrukturellen Entwicklung im geteilten und vereinten Deutschland, Opladen ²1996
Giersch, H., u. a., The Fading Miracle: Four Decades of Market Economy in Germany, Cambridge 1992
Glaser, H., Kulturgeschichte der Bundesrepublik Deutschland, 3 Bde., München/Wien 1985–1989
Glastetter, W., u. a., Die wirtschaftliche Entwicklung der Bundesrepublik Deutschland 1950–1980, Frankfurt am Main 1983
Goschler, C., Wiedergutmachung. Westdeutschland und die Verfolgten des Nationalsozialismus, München 1992
Götz, A., Bilanz der Verfolgung von NS-Straftaten, Köln 1986
Grosser, D., u. a., Soziale Marktwirtschaft. Geschichte – Konzept – Leistung, Stuttgart u. a. ²1990
Hafner, G. M./Jacoby, E. (Hg.), Die Skandale der Republik, Frankfurt am Main 1989
Hampe, P. (Hg.), Währungsreform und Soziale

Marktwirtschaft. Rückblicke und Ausblicke, München 1989
Hardach, G., Der Marshallplan. Auslandshilfe und Wiederaufbau in Westdeutschland 1948–1952, München 1994
Hartwich, H.-H., Sozialstaatspostulat und gesellschaftlicher Status quo, Opladen [3]1980
Hartwich, H.-H./Wewer, G. (Hg.), Regieren in der Bundesrepublik, 5 Bde., Leverkusen 1990–1993
Hemmer, H. O./Schmitz, K. T. (Hg.), Geschichte der Gewerkschaften in der Bundesrepublik Deutschland, Köln 1990
Hermand, J., Kultur im Wiederaufbau. Die Bundesrepublik Deutschland 1945–1965, München 1986
Hermand, J., Kultur im Wiederaufbau. Die Bundesrepublik Deutschland 1965–1985, München 1988
Hockerts, H.-G., Sozialpolitische Entscheidungen im Nachkriegsdeutschland. Alliierte und deutsche Sozialpolitik 1945 bis 1957, Stuttgart 1980
Hockerts, H.-G. (Hg.), Drei Wege deutscher Sozialstaatlichkeit. NS-Diktatur, Bundesrepublik und DDR im Vergleich, München 1998
Hoffmann, D., u. a. (Hg.), Vertriebene in Deutschland, München 2000
Humphreys, P. J., Media and Media Policy in Germany. The Press and Broadcasting since 1945, Oxford/Providence 1994
Inglehart, R., Kultureller Umbruch. Wertewandel in der westlichen Welt, Frankfurt am Main/New York 1989
Issing, O. (Hg.), Zukunftsprobleme der Sozialen Marktwirtschaft, Berlin 1981
Jesse, E., Wahlrecht zwischen Kontinuität und Reform, Düsseldorf 1995
Jesse, E., Berufsverbote. Politische Kultur in Deutschland, Bonn 1994
Kadereit, R., Karl Jaspers und die Bundesrepublik Deutschland, Paderborn 1999
Katzenstein, P., Policy and Politics in West Germany. The Growth of a Semisovereign State, Philadelphia 1987
Kitschelt, H., Kernenergie. Arena eines gesellschaftlichen Konfliktes, Frankfurt am Main 1980
Kittel, M., Die Legende von der zweiten Schuld. Vergangenheitsbewältigung in der Ära Adenauer, Berlin/Frankfurt am Main 1993
Klages, H., Wertorientierungen im Wandel, Frankfurt am Main/New York 21985
Kleinmann, H.-O., Geschichte der CDU. Von der Gründung bis 1990, Stuttgart 1992
Kleinsteuber, H. J., Rundfunkpolitik in der Bundesrepublik. Der Kampf um die Macht über Hörfunk und Fernsehen, Opladen 1982
Klotzbach, K., Der Weg zur Staatspartei. Programmatik, praktische Politik und Organisation der deutschen Sozialdemokratie 1945 bis 1965, Berlin [2]1996
Klump, R., Wirtschaftsgeschichte der Bundesrepublik Deutschland, Wiesbaden 1985
Kmieciak, P., Wertestrukturen und Wertewandel in der Bundesrepublik Deutschland, Göttingen 1976
Koerfer, D., Kampf ums Kanzleramt. Erhard und Adenauer, Stuttgart 1987
Lampert, H., Die Wirtschafts- und Sozialordnung der Bundesrepublik Deutschland, München [11]1992
Lange, H. M., Wahlrecht und Innenpolitik. Entstehungsgeschichte und Analyse der Wahlgesetzgebung und Wahlrechtsdiskussion im westlichen Nachkriegsdeutschland 1945–1956, Meisenheim a. G. 1975
Lange, H. J., Responsivität und Organisation. Eine Stunde über die Modernisierung der CDU von 1973–1989, Marburg 1993
Langhorst, W., Beamtentum und Artikel 131 des Grundgesetzes, Frankfurt am Main u. a. 1994
Lepsius, M. R., Demokratie in Deutschland. Soziologisch-historische Konstellationsanalysen, Göttingen 1993
Lepsius, M. R., Das Erbe des Nationalsozialismus und die politische Kultur der Nachfolgestaaten, in: M. Haller, u. a. (Hg.), Kultur und Nation, Frankfurt am Main 1989
Lepsius, M. R., Die Prägung der politischen Kultur der Bundesrepublik durch institutionelle Ordnungen, in: ders., Interessen, Ideen und Institutionen, Opladen 1990
Lindlar, L., Das mißverstandene Wirtschaftswunder. Westdeutschland und die westeuropäische Nachkriegsprosperität, Tübingen 1997
Lindner, W., Jugendprotest seit den fünfziger Jahren. Dissens und kultureller Eigensinn, Opladen 1996
Lösche, P./Walter, F., Die SPD. Klassenpartei, Volkspartei, Quotenpartei. Zur Entwicklung der Sozialdemokratie von Weimar bis zur deutschen Vereinigung, Berlin 1992
Maier, C. S./Bischof, G. (Hg.), Deutschland und der Marshall-Plan, Baden-Baden 1992
Markovits, A., The Politics of West German Trade Unions. Strategies of Class and Interest Representation in Growth and Crisis, Cambridge 1986
Marsh, D., Die Bundesbank, München 1992

Marßolek, I./Potthoff, H. (Hg.), Durchbruch zum modernen Deutschland? Die Sozialdemokratie in der Regierungsverantwortung 1966–1982, Essen 1995

Max-Planck-Institut, Arbeitsgruppe Bildungsbericht am, Das Bildungswesen in der Bundesrepublik Deutschland, Reinbek 1997

Merritt, A. J./Merritt R. L. (Hg.), Public Opinion in Semisovereign Germany, Urbana 1980

Miegel, M., Die verkannte Revolution. Einkommen und Vermögen der privaten Haushalte, Stuttgart 1983

Mintzel, A./Oberreuter, H. (Hg.), Parteien in der Bundesrepublik Deutschland, Opladen ²1992

Müller, G., Die Grundlegung der westdeutschen Wirtschaftsordnung im Frankfurter Wirtschaftsrat 1947–1949, Frankfurt am Main 1982

Müller, W. D., Geschichte der Kernenergie in der Bundesrepublik Deutschland, Stuttgart 1990

Münz, R., u. a., Zuwanderung nach Deutschland, Frankfurt am Main/New York 1997

Nicholls, A. J., Freedom with Responsibility. The Social Market Economy in Germany 1918–1963, Oxford 1994

Niclauß, K., Kanzlerdemokratie. Bonner Regierungspraxis von Konrad Adenauer bis Helmut Kohl, Stuttgart u. a. 1988

Noelle-Neumann, E., Demoskopische Geschichtsstunde, Osnabrück 1991

Noelle-Neumann, E./Piel, E. (Hg.), Eine Generation später. Bundesrepublik Deutschland 1953–1979, München u. a. 1983

Noelle-Neumann, E./Köcher, R., Die verletzte Nation. Über den Versuch der Deutschen ihren Charakter zu ändern, Stuttgart 1987

Oehler, C., Hochschulentwicklung in der Bundesrepublik Deutschland seit 1945, Frankfurt am Main 1989

Peters, B., RAF. Terrorismus in Deutschland, Stuttgart 1991

Pflieger, K., Die Aktion »Spindy«. Die Entführung des Arbeitgeberpräsidenten Hanns-Martin Schleyer, Baden-Baden 1997

Pirker, T., Die blinde Macht. Die Gewerkschaftsbewegung in Westdeutschland 1945–1955, 2 Bde., München 1960

Poguntke, T., Alternative Politics. The German Green Party, Edingburgh 1993

Raschke, J., Die Grünen. Wie sie wurden, was sie sind, Köln 1993

Reich, S., The Fruits of Facism: Postwar Prosperity in Historical Perspective, Ithaca 1990

Renzsch, W., Finanzverfassung und Finanzausgleich. Die Auseinandersetzung um ihre politische Gestaltung in der Bundesrepublik zwischen Währungsreform und deutscher Vereinigung (1948 bis 1990), Bonn 1991

Ritter, G. A., Der Sozialstaat. Entstehung und Entwicklung im internationalen Vergleich, München ²1991

Rohe, K., Wahlen und Wählertradition in Deutschland. Kulturelle Grundlagen deutscher Parteien und Parteiensysteme im 19. und 20. Jahrhundert, Frankfurt am Main 1992

Rolke, L., Protestbewegungen in der Bundesrepublik. Eine analytische Sozialgeschichte des politischen Widerspruchs, Opladen/Wiesbaden 1987

Roth, R./Rucht, D. (Hg.), Neue soziale Bewegungen in der Bundesrepublik Deutschland, Bonn ²1991

Rückerl, A., NS-Verbrecher vor Gericht, Heidelberg ²1984

Rupp, H.-K., Außerparlamentarische Opposition in der Ära Adenauer, Köln ²1980

Schäfers, B., Gesellschaftlicher Wandel in Deutschland, Stuttgart ⁶1995

Scharpf, F., Sozialdemokratische Krisenpolitik in Europa. Das Modell Deutschland im Vergleich, Frankfurt am Main 1987

Scherf, H., Enttäuschte Hoffnungen, vergebene Chancen. Die Wirtschaftspolitik der sozial-liberalen Koalition 1969–1982, Göttingen 1986

Schiffers, R., Zwischen Bürgerfreiheit und Staatsschutz. Wiederherstellung und Neuanfang des politischen Strafrechts in der Bundesrepublik Deutschland 1949–1951, Düsseldorf 1949–1951

Schildt, A., Zwischen Abendland und Amerika. Studien zur westdeutschen Ideenlandschaft der 50er Jahre, München 1999

Schildt, A., Moderne Zeiten. Freizeit, Massenmedien und »Zeitgeist« in der Bundesrepublik der 50er Jahre, Hamburg 1995

Schildt, A./Sywottek, A. (Hg.), Modernisierung im Wiederaufbau. Die westdeutsche Gesellschaft der 50er Jahre, Bonn 1993

Schillinger, R., Der Entscheidungsprozeß beim Lastenausgleich 1945–1952, St. Katharinen 1985

Schlemmer, T., Aufbruch, Krise und Erneuerung. Die Christlich-Soziale Union 1945–1955, München 1996

Schmidt, M. G., Die Politik der inneren Reformen in

der Bundesrepublik Deutschland 1969–1976, in: PVS 19 (1978), S. 201–253
Schmidt, M. G., Sozialpolitik. Historische Entwicklung und internationaler Vergleich, Opladen 1988
Schmidt, M. G., Die Politik des mittleren Weges. Besonderheiten der Staatstätigkeit in der Bundesrepublik Deutschland, in: APuZ B 9/10, 1990
Schmidt, M. G., Regieren in der Bundesrepublik Deutschland, Opladen 1992
Schmitt, R., Die Friedensbewegung in der Bundesrepublik Deutschland, Opladen 1990
Schmoeckel, R./Kaiser, B., Die vergessene Regierung: die große Koalition 1966 bis 1969 und ihre langfristigen Wirkungen, Bonn 1991
Schröder, H. J. (Hg.), Marshallplan und westdeutscher Wiederaufstieg. Positionen – Kontroversen, Stuttgart 1990
Schwarz, H.-P., Modernisierung oder Restauration? Einige Vorfragen zur künftigen Sozialgeschichtsforschung über die Ära Adenauer, in: K. Düwell/W. Köllmann (Hg.), Rheinland-Westfalen im Industriezeitalter, Bd. 3, Wuppertal 1984, S. 278–293
Sontheimer, K., Die Adenauer-Ära. Grundlegung der Bundesrepublik, München ²1996
Sontheimer, K., So war Deutschland nie, München 1999
Steinbach, P., Nationalsozialistische Gewaltverbrechen. Die Diskussion in der deutschen Öffentlichkeit nach 1945, Berlin 1981
Steinbach, P., Widerstand im Streit. Der Widerstand gegen den Nationalsozialismus in der Erinnerung der Deutschen, Paderborn 1994
Wengst, U., Staatsaufbau und Regierungspraxis 1948–1953, Düsseldorf 1984
Wengst, U., Beamtentum zwischen Reform und Tradition. Beamtengesetzgebung in der Gründungsphase der Bundesrepublik Deutschland 1948–1953, Düsseldorf 1988
Werle, G./Wandres, T., Auschwitz vor Gericht. Völkermord und bundesdeutsche Strafjustiz, München 1995
Wildt, M., Am Beginn der »Konsumgesellschaft«. Mangelerfahrung, Lebenshaltung, Wohlstandshoffnung in Westdeutschland in den fünfziger Jahren, Hamburg 1994
Wolfrum, E., Geschichtspolitik in der Bundesrepublik Deutschland. Der Weg zur bundesrepublikanischen Erinnerung 1948–1990, Darmstadt 1999
Zapf, W., Wandlungen in der deutschen Elite. Zirkulationsmodell deutscher Führungsgruppen 1919–1961, München ²1966
Zwick, M., Neue soziale Bewegungen als politische Subkultur, FrankfurtFrankfurt am Main/New York 1990

Literatur zum vierten Teil

Amos, H., Justizverwaltung in der SBZ/DDR. Kommunistische Personalpolitik 1945 bis Anfang der 50er Jahre, Köln u. a. 1996
Amos, H., Die West-Arbeit der SED 1948/49–1961, Berlin 1999
Baring, A., Der 17. Juni, Köln/Berlin ³1983
Bender, P., Deutsche Parallelen. Anmerkungen zu einer gemeinsamen Geschichte zweier getrennter Staaten, Berlin 1989
Bergem, W., Tradition und Transformation. Zur Politischen Kultur in Deutschland, Opladen 1993
Bodensieck, H., u. a., Die Deutschlandfrage von der staatlichen Teilung Deutschlands bis zum Tode Stalins, Berlin 1994
Bouvier, B., Ausgeschaltet. Sozialdemokraten in der sowjetischen Besatzungszone und in der DDR 1945–1953, Bonn 1996
Buchheim, C. (Hg.), Wirtschaftliche Folgelasten des Krieges in der SBZ/DDR, Baden-Baden 1995
Buchheim, H., Deutschlandpolitik 1949–1972, Stuttgart 1984
Buchstab, G. (Hg.), Verfolgt und entrechtet. Die Ausschaltung der Christlichen Demokraten unter sowjetischer Besatzung und SED-Herrschaft 1945–1961, Düsseldorf 1997
Deutscher Bundestag (Hg.), Materialien der Enquêtekommission »Aufarbeitung von Geschichte und Folgen der SED-Diktatur in Deutschland«, 9 Bde. in 18 Teilbänden, Baden-Baden 1995
Childs, D., u. a. (Hg.), East Germany in Comparative Perspective, London 1989
Dowe, D./Forschungsinstitut der Friedrich-Ebert-Stiftung (Hg.), Die Ost- und Deutschlandpolitik der SPD in der Opposition 1982–1989, Bonn 1993
Eisenmann, P./Hirscher, G. (Hg.), Dem Zeitgeist geopfert. Die DDR in Wissenschaft, Publizistik und politischer Bildung, Mainz 1992
Fricke, K. W., Der Wahrheit verpflichtet. Texte aus fünf Jahrzehnten zur Geschichte der DDR, Berlin 2000

Fritze, L., Täter mit gutem Gewissen. Über moralisches Versagen im diktatorischen Sozialismus, Köln 1998
Fullbrook, M., Anatomy of a Dictatorship: Inside the GDR, 1949–1990, New York 1995
Garton Ash, T., Im Namen Europas. Deutschland und das geteilte Europa, München 1993
Glaab, M., Deutschlandpolitik in der öffentlichen Meinung. Einstellungen und Regierungspolitik in der Bundesrepublik Deutschland 1949 bis 1990, Opladen 1999
Hacker, J., Deutsche Irrtümer, Berlin 1992
Hagen, M., DDR – Juni '53. Die erste Volkserhebung im Stalinismus, Stuttgart 1992
Hahn, K.-E., Wiedervereinigungspolitik im Widerstreit. Die Deutschlandpolitik Adenauers 1949–1959, Hamburg 1993
Heidemeyer, H., Flucht und Zuwanderung aus der SBZ/DDR 1945/1949–1961. Die Flüchtlingspolitik der Bundesrepublik Deutschland bis zum Bau der Berliner Mauer, Düsseldorf 1993
Henke, K. D., u. a. (Hg.), Widerstand und Opposition in der DDR 1949 bis 1989, Köln u. a. 1999
Herbst, A., u. a. (Hg.), Die SED. Geschichte – Organisation – Politik. Ein Handbuch, Berlin 1997
Herdegen, G., Nation und deutsche Teilung in der öffentlichen Meinung, in: DA 20 (1987), S. 1259ff. und 21 (1988), S. 391ff.
Herf, J., Zweierlei Erinnerung. Die NS-Vergangenheit im geteilten Deutschland, Berlin 1998
Hertle, H. H., Der Fall der Mauer. Die unbeabsichtigte Selbstauflösung des SED-Staates, Opladen 1996
Heuer, U.-J. (Hg.), Die Rechtsordnung der DDR. Anspruch und Wirklichkeit, Baden-Baden 1995
Hirschman, A. O., Abwanderung, Widerspruch und das Schicksal der Deutschen Demokratischen Republik, in: Leviathan, 20 (1992), S. 330–358
Hübner, P. (Hg.), Eliten im Sozialismus. Beiträge zur Sozialgeschichte der DDR, Köln u. a. 1999
Humm, A. M., Auf dem Weg zum sozialistischen Dorf? Zum Wandel der dörflichen Lebenswelt in der DDR von 1952 bis 1969, Göttingen 1999
Hurwitz, H., Demokratie und Antikommunismus in Berlin nach 1945, 4 Bde., Köln 1983–1991
Jarausch, K./Sabrow, M. (Hg.), Weg in den Untergang. Der innere Zerfall der DDR, Göttingen 1999
Jesse, E., War die DDR totalitär? in: APuZ B 40 (1994), S. 12ff.
Joppke, C., East German Dissidents and the Revolution of 1989. Social Movement in a Leninist Regime, New York 1995
Kaelble, H., u. a. (Hg.), Sozialgeschichte der DDR, Stuttgart 1997
Kaiser, M., Machtwechsel von Ulbricht zu Honecker. Funktionsmechanismen der SED-Diktatur in Konfliktsituationen 1962 bis 1972, Berlin 1997
Karlsch, R., Allein bezahlt? Die Reparationsleistungen der SBZ/DDR 1945–53, Berlin 1993
Knabe, H., Die unterwanderte Republik. Stasi im Westen, Berlin 1999
Kocka, J. (Hg.), Historische DDR-Forschung, Berlin 1994
Kocka, J./Sabrow, M. (Hg.), Die DDR als Geschichte, Berlin 1994
Kopstein, J., The Politics of Economic Decline in East Germany, 1945–1989, Chapel Hill 1997
Korte, K.-R., Deutschlandpolitik in Helmut Kohls Kanzlerschaft. Entscheidungsprozeß und Regierungsstil 1982–1989, Stuttgart 1998 (Geschichte der deutschen Einheit Bd. I)
Kowalczuk, I., u. a. (Hg.), Der Tag X. 17. Juni 1953. Die »Innere Staatsgründung« der DDR als Ergebnis der Krise 1952/54, Berlin 1995
Kuhrt, E., u. a. (Hg.), Die SED-Herrschaft und ihr Zusammenbruch, Opladen 1996
Kumpf, C., Faktoren des Zerfalls. Die Regimekrise in der ehemaligen DDR. Eine sozio-politische Analyse, Frankfurt am Main u. a. 1995
Lemke, C., Die Ursachen des Umbruchs 1989. Politische Sozialisation in der ehemaligen DDR, Opladen 1991
Lemke, M., Die Berlinkrise 1958 bis 1963, Berlin 1995
Lemke, M. (Hg.), Sowjetisierung und Eigenständigkeit in der SBZ/DDR (1945–1953), Köln 1999
Lepsius, M. R., u. a. (Hg.), Der Plan als Befehl und Fiktion. Wirtschaftsführung in der DDR. Gespräche und Analysen, Opladen 1994
Maier, C. S., Das Verschwinden der DDR und der Untergang des Kommunismus, Frankfurt am Main 1999
Malycha, A., Die SED 1946–1953, Paderborn 1999
Manow-Borgwardt, P., Die Sozialversicherung in der DDR und der BRD, 1945–1990: Über die Fortschrittlichkeit rückschrittlicher Institutionen, in: PVS 35 (1994), S. 40–61
McAdams, A. J., Germany Divided: From Wall to Unification, Princeton 1993
Mehringer, H. (Hg.), Von der SBZ zur DDR. Studien zum Herrschaftssystem in der Sowjetischen Besatzungszone Deutschlands, München 1995
Meuschel, S., Legitimation und Parteiherrschaft. Zum

Paradox von Stabilität und Revolution in der DDR 1945–1989, Frankfurt am Main 1992
Mitter, A./Wolle, S., Untergang auf Raten. Unbekannte Kapitel der DDR-Geschichte, München 1993
Morsey, R., Die Deutschlandpolitik Adenauers. Alte Thesen und neue Fakten, Opladen 1991
Niemann, H., Meinungsforschung in der DDR. Die geheimen Berichte des Instituts für Meinungsforschung an das Politbüro der SED, Köln 1993
Pollack, D./Rink. D. (Hg.), Zwischen Verweigerung und Opposition. Politischer Protest in der DDR 1970–1989, Frankfurt am Main 1997
Roesler, J., Der Handlungsspielraum der DDR-Führung gegenüber der UdSSR, in: Zeitschrift für Geschichtswissenschaft 41 (1993), S. 293–304
Roos, S., Das Wiedervereinigungsgebot des Grundgesetzes in der deutschen Kritik zwischen 1982 und 1989, Berlin 1996
Roth, F., Die Idee der Nation im politischen Diskurs. Die Bundesrepublik Deutschland zwischen neuer Ostpolitik und Wiedervereinigung (1969–1990), Baden-Baden 1995
Scherstjanoi, E. (Hg.), »Provisorium für längstens ein Jahr«. Die Gründung der DDR 1949, Berlin 1993
Schmidt, K. H., Dialog über Deutschland. Studien zur Deutschlandpolitik von KPdSU und SED (1960–1979), Baden-Baden 1998
Schmidt, M., Die FDP und die deutsche Frage 1949–1990, Paderborn 1995
Schneider, E., Die politische Funktionselite der DDR. Eine empirische Studie zur SED-Nomenklatura, Opladen 1994
Schwarzer, O., Sozialistische Zentralplanwirtschaft in der SBZ/DDR. Ergebnisse eines ordnungspolitischen Experiments (1945–1989), Wiesbaden 1999
Schweigler, G., Nationalbewußtsein in der BRD und der DDR, Düsseldorf [2]1974
Schweitzer, C. C., u. a. (Hg.), Lebensläufe – hüben und drüben, Leverkusen 1993
Staadt, J., Die geheime Westpolitik der SED 1960 bis 1970, Berlin 1993
Staadt, J., »Dem Westen zugewandt«. Deutschlandpolitik der SED von 1970 bis 1989, Berlin 1996
Siebs, B.-E., Die Außenpolitik der DDR 1976–1989, Paderborn 1999
Skyba, P., Vom Hoffnungsträger zum Sicherheitsrisiko. Jugend in der DDR und Jugendpolitik der SED 1949–1961, Köln u. a. 1999
Steiner, A., Die DDR-Wirtschaftsreform der sechziger Jahre, Berlin 1999
Stern, F., Dogma und Widerspruch: SED und Stalinismus in den Jahren 1946–1958, München 1992
Torpey, J. C., Intellectuals, Socialism and Dissent: The East German Opposition and its Legacy, Minneapolis 1995
Voigt, D., u. a., Sozialstruktur der DDR, Darmstadt 1987
Vollnhals, C., Der Fall Havemann. Ein Lehrstück politischer Justiz, Berlin 1998
Weber, H., Aufbau und Fall einer Diktatur. Kritische Beiträge zur Geschichte der DDR, Köln 1991
Weber, P., Justiz und Diktatur. Justizverwaltung und politische Strafjustiz in Thüringen 1945–1961, München 2000
Weidenfeld, W./Korte, K.-R. (Hg.), Handbuch zur deutschen Einheit 1949–1989, Frankfurt am Main u. a. 1999
Wendler, J., Die Deutschlandpolitik der SED 1952–1958. Publizistisches Erscheinungsbild und Hintergründe der Wiedervereinigungsrhetorik, Köln u. a. 1991
Werkentin, F., Politische Strafjustiz in der Ära Ulbricht, Berlin 1995
Wippermann, W., Antifaschismus in der DDR: Wirklichkeit und Ideologie, Berlin 1980
Wolle, S., Die heile Welt der Diktatur. Alltag und Herrschaft in der DDR 1971–1989, Berlin 1998
Zieger, G., Die Haltung von SED und DDR zur Einheit Deutschlands 1949–1987, Köln 1988
Zimmer, M., Nationales Interesse und Staatsräson. Zur Deutschlandpolitik der Regierung Kohl 1982–1989, Paderborn 1992

Literatur zum 3. Oktober 1990

Adomeit, H., Imperial Overstretch: Germany in Soviet Foreign Policy from Stalin to Gorbatchev, Baden-Baden 1998
Beschloss, M. R./Talbott, S., Auf höchster Ebene. Das Ende des Kalten Krieges und die Geheimdiplomatie der Supermächte 1989–1991, Düsseldorf 1993
Biermann, R., Zwischen Kreml und Kanzleramt. Wie Moskau mit der deutschen Einheit rang, Paderborn 1997
Bruck, E./Wagner, P. M. (Hg.), Wege zum 2+4-Vertrag. Die äußeren Aspekte der deutschen Einheit, München 1996
Fischer, A., Entscheidungsprozeß zur deutschen

Wiedervereinigung. Der außen- und deutschlandpolitische Entscheidungsprozeß der Koalitionsregierung Kohl/Genscher in den Schicksalsjahren 1989/90, Frankfurt am Main u. a. 1996
Grosser, D., Das Wagnis der Währungs-, Wirtschafts- und Sozialunion, Stuttgart 1997 (Geschichte der deutschen Einheit Bd. 2)
Hämäläinen, P. K., Uniting Germany. Actions and Reactions, Dartmouth 1994
Hutchings, R. L., Als der Kalte Krieg zu Ende war. Ein Bericht aus dem Innern der Macht, Berlin 1999
Jäger, W., Entscheidung im Kanzleramt. Helmut Kohl und die Wiedervereinigung, Stuttgart 1996
Jäger, W./Walter, M., Die Überwindung der Teilung. Der innerdeutsche Prozeß der Vereinigung 1989/90, Stuttgart 1998 (Geschichte der deutschen Einheit Bd. 3)
Jarausch, K. H., Die unverhoffte Einheit 1989–1990, Frankfurt am Main 1995
Kaiser, K., Deutschlands Vereinigung. Die internationalen Aspekte, Bergisch Gladbach 1991
Kiessler, R./Elbe, F., Der diplomatische Weg zur deutschen Einheit, Frankfurt am Main 1996
Pawlow, N., Die deutsche Vereinigung aus sowjetrussischer Perspektive, Frankfurt am Main u. a. 1996
Pond, E., Beyond the Wall. Germany's Road to Unification, Washingten 1993
Schuh, P./von der Weiden, B. M., Die deutsche Sozialdemokratie 1989/90. SDP und SPD im Einigungsprozeß, München 1997
Weidenfeld, W., u. a., Außenpolitik für die deutsche Einheit. Die Entscheidungsjahre 1989/90, Stuttgart 1998 (Geschichte der deutschen Einheit Bd. 4)
Zelikow, P./Rice, C., Germany Unified and Europe Transformed. A Study in Statecraft, Cambridge/London 1995

Stichworte zum Inhalt

Personenregister

Abbildungsnachweis

Archiv der Evangelisch-Reformierten Kirche zu Leipzig: 623
Archiv für Kunst und Geschichte, Berlin: 35, 42, 57, 163, 186, 201, 207, 254, 299, 341, 361, 375, 424, 436, 459, 463, 501, 573, 590, 607, 614, 620 unten, 627, 635, 636, 649, 653
Bayer AG, Leverkusen: 480
Bilderdienst Süddeutscher Verlag, München: 303, 407
Romulus Candea, Düsseldorf: 486
Deutsches Historisches Museum, Berlin: 11, 17, 20, 31, 43, 52, 53, 65, 71, 77, 85, 111, 113, 119, 122, 123, 137, 151, 265, 325, 327, 336, 346, 352, 435, 465, 494, 497, 514, 557, 565, 568, 589, 593, 632
dpa, Frankfurt am Main: 240, 243, 312, 381, 398, 410, 443, 448, 452, 479, 515, 537, 613, 671
Das Fotoarchiv, Essen: 419
German Years, Hamburg: 59, 115, 135, 172, 192, 229, 257, 269, 275, 343, 348, 369, 383, 403, 415, 447, 453, 455, 476, 519, 578, 651
Hulton Getty, London: 640
Interfoto, München: 81, 143, 167, 213, 280, 284, 321, 457
Keystone Pressedienst, Hamburg: 250
Luftbildverlag Hans Bertram, Haar: 417
Stefan Moses, München: 290
Privatbesitz: 49, 584
Transglobe Agency, Hamburg: 425, 431
Ullstein Bilderdienst, Berlin: 24, 78, 101, 109, 133, 173, 197, 222, 235, 273, 338, 377, 478, 506, 521, 533, 542, 575, 577, 594, 595, 601, 608, 620 oben, 624

CIP-Titelaufnahme der Deutschen Bibliothek

Siedler Deutsche Geschichte. – Berlin: Siedler.
NE: Deutsche Geschichte

Kielmansegg, Peter Graf: Nach der Katastrophe. – 2000

Kielmansegg, Peter Graf:
Nach der Katastrophe: Eine Geschichte des geteilten Deuschland/
Peter Graf Kielmansegg. – Berlin: Siedler 2000
(Die Deutschen und ihre Nation) (Siedler Deutsche Geschiche)
ISBN 3-88680-329-5

Redaktion: Ditta Ahmadi, Berlin
Schutzumschlag: Rothfos + Gabler

Satz: Ditta Ahmadi, Berlin
Reproduktionen: Mega Satz Service, Berlin
Druck und Buchbinder: Spiegel, Ulm

Printed in Germany 2000
ISBN 3-88680-329-5